Das
Reichs-Erbschaftssteuergesetz
vom 3. Juni 1906

nebst

den Ausführungsbestimmungen des Bundesrats

sowie

den Vollzugsvorschriften der Königreiche Preußen, Bayern, Sachsen und Württemberg, der Großherzogtümer Baden und Hessen und des Herzogtums Braunschweig.

Erläutert von

Dr. F. W. R. Zimmermann,

Finanzpräsident zu Braunschweig.

Zweite vermehrte und ergänzte Auflage.

München und Berlin 1911.

J. Schweitzer Verlag (Arthur Sellier).

Druck: Dr. F. P. Datterer & Cie., G. m. b. H., Freising.

Vorwort.

Bei der Bearbeitung der zweiten Auflage des Kommentars ist, unter Aufrechterhaltung der bei der ersten beobachteten Grundsätze im allgemeinen, vorzugsweise Gewicht darauf gelegt, die einzelnen gesetzlichen Vorschriften in einer erweiterten Weise nach ihrem maßgebenden Gehalt klarzustellen und zu erläutern. Die Rechtsprechung unter der früheren Gesetzgebung, namentlich die des Reichsgerichts, und die zu dieser Gesetzgebung getroffenen Verwaltungsentscheidungen höchster Instanz, welche in der vorigen Auflage wegen der Notwendigkeit eines beschleunigten Erscheinens derselben Berücksichtigung nicht finden konnten, sind, soweit sie für das Reichserbschaftssteuergesetz noch als maßgebend in Betracht kommen können, nunmehr nachgeholt. Des weiteren sind die seit dem Inkrafttreten des Gesetzes dazu verlautbarten Beschlüsse des Bundesrats — die Neuaufnahme der Erbschaftssteuerstatistik war dadurch namentlich bedingt —, die bezüglich des Reichserbschaftssteuergesetzes ergangenen Urteile der höheren Gerichte, in erster Linie wiederum des Reichsgerichts, sowie die bezüglichen Verfügungen und Entscheidungen der oberen und obersten Verwaltungsbehörden, vornehmlich diejenigen der besonders berücksichtigten Staaten (Preußen, Bayern, Sachsen, Württemberg, Baden, Hessen, Braunschweig), entsprechend in die Erläuterung einbezogen. Endlich ist aber auch der Literatur und hierbei vorzugsweise den sonst erschienenen Kommentaren (Aron, Gämlich, Dr. Hoffmann, U. Hoffmann, Josewsky, Dr. Wunsch, E. Zimmermann) im einzelnen, und zwar insbesondere da, wo abweichende Ansichten hervortraten, Rechnung getragen worden. Von der Ansicht ausgehend, daß für die Kommentierung stets in erster Linie der praktische Bedarf bestimmend sein muß, daß aber der Praxis wesentlich nur mit einer Darlegung der maßgebenden Auffassungen über die Auslegung der einzelnen gesetzlichen Vorschriften gedient sein kann, ist stets in der Erläuterung vorwiegend die Entscheidung der letzten Instanzen des Rechtswegs und der Verwaltung bewertet, eine eventuell abweichende eigene Auffassung dahinter mehr oder weniger zurückgestellt.

Durch die Reichhaltigkeit des Materials mußte die Erläuterung ganz wesentlich an Umfang gewinnen; für das Gesetz selbst dürfte dieses etwa auf eine Verdoppelung hinauslaufen. Um aber einerseits die bisherige Handlichkeit für den praktischen Gebrauch zu wahren, andererseits die Möglichkeit zu geben, die neue Auflage unter den Bedingungen der alten erscheinen zu lassen, mußte darauf Bedacht genommen werden, in dem Rahmen der ersten Auflage entsprechenden Raum zu gewinnen. Es ist deshalb alles, was wesentlich für das erste Erscheinen des Kommentars von Wert war oder was für den Gebrauch in seiner breiteren Ausdehnung an sich als von weniger ausschlaggebender Bedeutung angesehen werden konnte, in der neuen Auflage lediglich unter Verweis auf die frühere fortgelassen worden, so die ausführlichere Einleitung über Wesen und Geschichte der Erbschaftssteuer und die Entstehung des Reichserbschaftssteuergesetzes, desgleichen die Vorbemerkungen zu den Ausführungsbestimmungen des Bundesrats über die Entstehung und Anordnung der letzteren, sodann namentlich aber alle Muster und Anlagen zu den Bundesratsausführungsbestimmungen sowohl wie zu den Vollzugsvorschriften der besonders berücksichtigten Bundesstaaten, unter ersteren auch das Verzeichnis der Erbschaftssteuerämter und Oberbehörden unter Angabe ihrer Geschäftsbezirke. Ebenso ist in der Erläuterung bei den einzelnen gesetzlichen Vorschriften der ständige Hinweis auf die bezügliche Regelung der früheren Landesgesetzgebung der oben genannten sieben Bundesstaaten als nunmehr weniger Interesse bietend in Wegfall gekommen. Endlich ist aber noch durch eine Erweiterung der Druckfläche eine größere Raumausnutzung erzielt, vermöge deren der Gehalt der einzelnen Seite sich durchschnittlich um etwa 15 % erhöht hat.

In der Form ist die frühere Ordnung durchweg beibehalten. Die Erweiterungen sind lediglich in entsprechender Weise dem früheren Text eingegliedert. Die Noten zu den einzelnen Paragraphen haben dabei meist an Umfang gewonnen; sie mußten aber auch der Zahl nach nicht unerheblich vermehrt werden, wobei die Einschaltung an der dem Inhalt entsprechenden Stelle erfolgte. Die Numerierung der Noten hat sich dadurch vielfach gegen die in der früheren Auflage verschoben. Nach ihrer allgemeinen Aneinanderreihung schließen sich die Noten auch jetzt für die Regel der Wortfolge der betreffenden Gesetzesvorschrift an.

Als das Manuskript soeben in Druck gegeben war, erschien die zweite erheblich erweiterte Auflage des Kommentars von U. Hoffmann. Eine Berücksichtigung der darin enthaltenen neuen Ausführungen, wenigstens der wesentlicheren, erschien dringend geboten. Eine vollkommene Einarbeitung des fraglichen Materials in den druckfertigen Text würde aber die Herausgabe der neuen Auflage wesentlich verzögert haben; mit Rücksicht hierauf wurde die erste Bearbeitung beibehalten, es sind derselben nur Bemerkungen, wie sie sich durch die neuen Darlegungen in dem Kommentar von U. Hoffmann als notwendig oder zweckdienlich erwiesen, unter besonderer äußerer Hervorhebung durch eckige Klammern eingefügt. Nach Lage der Sache mußten diese Bemerkungen kurz gefaßt werden, namentlich war eine nähere kritische Erörterung ausgeschlossen.

Soweit während der Drucklegung Entscheidungen usw. ergingen bzw. bekannt wurden, die an dem ihnen zukommenden Platze keine Aufnahme mehr finden konnten, sind solche in besonderen Nachträgen nachgeholt, welche an den Schluß hinter die Vollzugsvorschriften der einzelnen Bundesstaaten gestellt sind. Dem Sachregister ist wiederum eine besondere Aufmerksamkeit gewidmet; es ist nach jeder Richtung hin sorgfältigst weiter auszubauen gesucht.

Braunschweig, Juli 1911.

F. W. R. Zimmermann.

Inhaltsverzeichnis.

Reichs-Erbschaftssteuergesetz vom 3. Juni 1906.

Seite

Erbschaftssteuer-Ausführungsbestimmungen nach Beschluß des Bundesrats vom 16. Juni 1906.

Abkürzungen.

A. siehe BRAusfB.
a. a. O. = am angeführten Orte.
Abs. = Absatz.
a. E. = am Ende.
AG. = Ausführungsgesetz.
a. M. = anderer Meinung.
Aron = Das Reichserbschaftssteuergesetz mit Erläuterungen und Ausführungsbestimmungen. Herausgegeben von Erich Aron. Leipzig 1906.
Anm. oder Anmerk. = Anmerkung.
Art. = Artikel.
Aufl. = Auflage.
Bd. = Band; siehe auch BdA.
BdA. oder weiter gekürzt Bd. = Badische Vollzugsvollschriften zum Reichserbschaftssteuergesetz.
BdFM. = Badischer Finanzminister oder Badisches Finanzministerium.
BdStd. = Badische Steuerdirektion.
Becker Bad. EStG. = Becker, Das Badische Gesetz vom 14. Juni 1899 die Erbschafts- und Schenkungssteuer betreffend. Karlsruhe 1900.
Beibl. = Beiblatt.
Bek. = Bekanntmachung.
Beschl. = Beschluß.
BGB. = Bürgerliches Gesetzbuch für das Deutsche Reich vom 18. August 1896.
BGBl. = Bundes-Gesetzblatt des Norddeutschen Bundes.
BlfBF. = Blätter für das Bayerische Finanzwesen.
Br. siehe BrA.
BrA. oder weiter gekürzt Br. = Braunschweigische Vollzugsvorschriften zum Reichserbschaftssteuergesetz.
BRAusfB. oder weiter gekürzt A. = Ausführungsbestimmungen des Bundesrats = beschlossen unter dem 16. Juni 1906 — zum Reichserbschaftssteuergesetz.
Brem. ABl. = Amtsblatt des Oberzolldirektors der Freien Hansestadt Bremen.
By. siehe ByA.
ByA. oder weiter gekürzt By. = Bayerische Vollzugsvorschriften zum Reichserbschaftssteuergesetz.
d. a. G. = das angeführte Gesetz.
Dr. A. Hoffmann = Das Reichserbschaftssteuergesetz vom 3. Juni 1906 nebst den Ausführungsbestimmungen des Bundesrats und den Vollzugsanweisungen Preußens, Bayerns, Sachsens, Württembergs und Badens. Erläutert von Dr. Albrecht Rudolf Hoffmann. Leipzig 1907.
EG. z. BGB. oder EG. BGB. = Einführungsgesetz zum Bürgerlichen Gesetzbuche vom 18. August 1896.
Ent. = Entscheidung.
Erl. = Erlaß.

E. Zimmermann = Das Reichserbschaftssteuergesetz vom 3. Juni 1906 nebst den Ausführungsbestimmungen des Bundesrats und der Badischen Vollzugsverordnung. Erläutert von Emil Zimmermann. Karlsruhe 1907.
FM. = Finanzminister oder Finanzministerium.
Frommhold, Kommentar = Kommentar zum Bürgerlichen Gesetzbuch von Biermann, Frommhold (Erbrecht), Gareis, Niedner, Opet und Oertmann. Berlin 1898/99.
Gämlich = Deutsches Erbschaftssteuergesetz vom 3. Juni 1906 mit Erläuterungen, den Ausführungsbestimmungen und einem Sachregister. Herausgegeben von Richard Gämlich. Dresden 1906.
Geyer, Württ. EStG. = Geyer, Das Württembergische Gesetz über die Erbschafts- und Schenkungssteuer. Stuttgart 1900.
GruchotsBeitr. oder weiter gekürzt Gru. = Beiträge zur Erläuterung des deutschen Rechts. Begr. v. Gruchot.
H. siehe HA.
HA. oder weiter gekürzt H. = Hessische Vollzugsvorschriften zum Reichserbschaftssteuergesetz.
HABl. = Amtsblatt des Großherzogl. Hessischen Ministeriums der Finanzen, Abteilung für Steuerwesen.
HGB. = Handelsgesetzbuch für das Deutsche Reich vom 10. Mai 1897.
Hoffmann siehe Dr. A. Hoffmann und U. Hoffmann.
Hoffmann, Preuß. EStG. = Hoffmann, Die Preußischen Erbschaftssteuergesetze vom 30. Mai 1873, 19. Mai 1891 und 31. Juli 1895. Berlin 1905.
i. A. = im Anfang.
Hoyer-Gaupp — Hoyer-Gaupp, Die Preußische Stempelsteuergesetzgebung für die alten und die neuen Landesteile und das Preußische Erbschaftssteuergesetz. 5. Auflage. Berlin 1895.
JW. = Juristische Wochenschrift.
Josewski = Kommentar zum Reichserbschaftssteuer-Gesetz vom 3. Juni 1906 mit einem Anhange: Erbschaftssteuer-Ausführungsbestimmungen und Verzeichnis der Erbschaftssteuer-Ämter und Oberbehörden unter Angabe ihrer Geschäftsbezirke von Hermann Josewski. Köln 1906.
KO. = Konkursordnung für das Deutsche Reich in der Fassung vom 20. Mai 1898.
NF. = Neue Folge.
Nr. = Nummer.
P. siehe PA.
PA. oder weiter gekürzt P. = Preußische Vollzugsvorschriften zum Reichserbschaftssteuergesetz.
Pfaff, Bayer. EStG. = von Pfaff, Das Bayerische Gesetz über die Erbschaftssteuer in der Fassung der Bekanntmachung vom 11. November 1899, bearbeitet von Schmidt. München 1900.
Planck, Kommentar = Bürgerliches Gesetzbuch nebst Einführungsgesetz erläutert von Dr. G. Planck. 1. und 2. Auflage. Berlin 1898/1902.
Pr. oder Preuß. = Preußisch.
Preuß. AG. z. BGB. = Preußisches Ausführungsgesetz zum Bürgerlichen Gesetzbuch.
Preuß. AG. z. GBO. = Preußisches Ausführungsgesetz zur Grundbuchordnung vom 24. März 1897.
PrFM. = Preußischer Finanzminister oder Preußisches Finanzministerium.
Pr. Obertribunal oder PrObTrib. = Preußisches Obertribunal.

PrZBl. = Zentralblatt der Abgaben-Gesetzgebung und Verwaltung in den Königl. Preuß. Staaten.
RESt G. = Reichserbschaftssteuergesetz vom 3. Juni 1906.
RG. = Reichsgericht.
RGBl. = Reichsgesetzblatt.
RGE. = Entscheidungen des Reichsgerichts in Zivilsachen.
RGU. = Urteil des Reichsgerichts.
RK. = Reichskanzler.
RStGB. = Strafgesetzbuch für das Deutsche Reich in der Fassung vom 26. Februar 1876.
RTKomm. = Reichstagskommission.
RZBl. = Zentralblatt für das Deutsche Reich.
S. = Seite; siehe auch SA.
SA. oder weiter gekürzt S. = Sächsische (Königl.) Vollzugsvorschriften zum Reichserbschaftssteuergesetz.
Schr. = Schreiben.
SchutzgebG. = Schutzgebietsgesetz in der Fassung vom 10. September 1900.
s. d. = siehe dort.
SFM. = Königlich Sächsischer Finanzminister oder Königlich Sächsisches Finanzministerium.
Staudinger = J. v. Staudingers Kommentar zum Bürgerlichen Gesetzbuch und dem Einführungsgesetze 5./6. Auflage.
StPO. = Strafprozeßordnung für das Deutsche Reich vom 1. Februar 1877.
SVBl. = Verordnungsblatt der Königl. Sächs. Zoll- u. Steuerdirektion.
Thüring. ABl. = Amtsblatt der Oberzolldirektion für den Thüringischen Zoll- und Steuer-Verein.
U. Hoffmann = Das Erbschaftssteuergesetz für das Deutsche Reich vom 3. Juni 1906. Erläutert von Ulrich Hoffmann. Berlin 1906 (2. vermehrte und verbesserte Auflage, Berlin 1911, bei Anziehung besonders gekennzeichnet).
Urt. oder weiter gekürzt U. = Urteil.
Urt. d. RG. = Urteil des Reichsgerichts.
Verf. = Verfügung.
VGH. = Verwaltungsgerichtshof.
v. H. = vom Hundert.
Vorbem. = Vorbemerkung.
W. siehe WA.
WA. oder weiter gekürzt W. = Württembergische Vollzugsvorschriften zum Reichserbschaftssteuergesetz.
WABl. = Amtsblatt des Königl. Württembergischen Steuerkollegiums.
Wahl, Sächs. EStG. = Wahl, Das Königl. Sächsische Gesetz über die Erbschaftssteuer vom 13. November 1876 nebst Ausführungsverordnung vom 6. Dezember 1876 und den Abänderungsgesetzen vom 3. Juni 1879 und 9. März 1880.
Wunsch = Erbschaftssteuergesetz vom 3. Juni 1906 nebst Ausführungsbestimmungen. Erläutert von Dr. jur. Franz Wunsch. Berlin 1907.
Württ. = Württembergisch.
ZfZuSt. = Zeitschrift für Zollwesen und Reichssteuern, begründet von Kunckel.
Zimmermann siehe E. Zimmermann.
ZPO. = Zivilprozeßordnung für das Deutsche Reich in der Fassung vom 20. Mai 1898.

Berichtigung.

Seite 109 Abs. 1 der Note 9 zu § 12 a. E. muß es statt Urt. d. RG. vom 11. Februar 1911 heißen: Urt. d. RG. vom 17. Februar 1911.

Einleitung.

I. In der Einleitung zu der ersten Auflage wurde das Wesen und die Geschichte der Erbschaftssteuer überhaupt sowie die Entstehung des Reichs-Erbschaftssteuergesetzes unter besonderer Berücksichtigung der früheren bezüglichen bundesstaatlichen Gesetzgebung in großen Zügen näher dargestellt. Wesentlich um Raum für die in erster Linie im Bedürfnis liegende Erweiterung der Erläuterung der gesetzlichen Vorschriften selbst zu gewinnen, mußte diese, eine allgemeine Einführung in das Reichs-Erbschaftssteuergesetz als solches bildende Einleitung in der zweiten Auflage fortbleiben. Da die fragliche Einleitung nach ihrem Gehalt und Wesen irgend einer Umgestaltung oder Ergänzung nicht bedurfte, sondern unverändert noch den gleichen Anspruch auf Geltung machen kann, so durfte es für die zweite Auflage als genügend erachtet werden, bezüglich jener allgemeinen Einführung in das Gesetz auf die angegebene nähere Darstellung in der ersten Auflage zu verweisen. Es wird daneben nur noch dasjenige besonders zu erwähnen sein, was hinsichtlich des Reichs-Erbschaftssteuergesetzes selbst seit dem Erlaß desselben bzw. nach dem Abschluß der Darlegungen in der ersten Auflage sich ereignet hat.

II. Wie schon in der ersten Auflage (vgl. daselbst Vorbemerkungen zu den BRAusfB. I Abs. 2) berührt, hatte der Bundesrat bei Erlaß seiner Ausführungsbestimmungen zum RESt G. die Vorschriften über die Statistik zu dem Gesetze vorläufig zurückgestellt, um erst nach eingehenderer Sachprüfung hierfür eine festere Grundlage zu gewinnen. Nachdem letzteres geschehen, auch den Regierungen der einzelnen Bundesstaaten besonders die Gelegenheit zu einer bezüglichen Meinungsäußerung gegeben war, wurden in der Sitzung des Bundesrats vom 16. Mai 1907 (§ 445 der Protokolle des Bundesrats, Session 1907) die „Bestimmungen über die Reichserbschaftssteuerstatistik", welche in den Anlagen die Muster für die Erhebungspapiere enthalten, beschlossen. Die Bestimmungen sind sodann in dem Zentralblatt für das Deutsche Reich — 1907 S. 239 ff. — veröffentlicht worden und mit dem 1. April 1907 in Kraft getreten, so daß erst mit letzterem Zeitpunkt die statistische Festlegung der auf Grund des RESt G. sich vollziehenden Vorgänge beginnt. Es sei hier nur im allgemeinen hervorgehoben, daß die Reichserbschaftssteuerstatistik auf sehr breiter Grundlage angelegt ist und sich verhältnismäßig weit in die Einzelheiten verzweigt; es war solches aber notwendig durch den hauptsächlichsten Zweck der Statistik bedingt, jenen Zweck, eine festere zahlenmäßige Unterlage zu gewinnen für eine etwaige demnächstige Änderung oder weitere Ausgestaltung des Steuergesetzes, mit der man sei es früher sei es später rechnen zu müssen glaubte. Im übrigen ist zu vergleichen BRAusfB. Vorbem. II, Anhang zu den BRAusfB. Vorbem. I—IV.

III. Die von Anfang an schon sozusagen in der Schwebe befindliche Frage, ob nicht dem stetig wachsenden finanziellen Bedürfnis des Reichs gegenüber eine Erweiterung der Erbschaftssteuer insbesondere eine Ausdehnung derselben auf die Abkömmlinge und die Ehegatten vorzunehmen sei, wurde nach verhältnismäßig kurzer Zeitfolge schon bei der großen Finanzreform des Reichs von 1908/09, die nach den Vorschlägen der verbündeten Regierungen in ihr gewissermaßen gipfelte, in praktischer Weise aufgerollt. Nach Maßgabe der Beschlüsse des Bundesrats wurden von dem Reichskanzler vermittelst Schreiben vom 3. November 1908 dem Reichstage zu verfassungsmäßiger Beschlußnahme vorgelegt:

1. der Entwurf eines Nachlaßsteuergesetzes,
2. der Entwurf eines Gesetzes über das Erbrecht des Staates und
3. der Entwurf eines Gesetzes wegen Änderung des Erbschaftssteuergesetzes. (Drucksachen des Reichstags, 12. Legislaturperiode, 1. Session 1907/09 Nr. 997, 998 u. 999).

Das Nachlaßsteuergesetz sollte wesentlich dazu dienen die Abkömmlinge und die Ehegatten in die Nachlaßbesteuerung mit einzubeziehen, war jedoch so gefaßt, daß es nicht unmittelbar gegen dieselben gerichtet erschien. Die Nachlaßsteuer sollte jeden Nachlaß ergreifen sowohl denjenigen, welcher von der Erbschaftssteuer befreit ist, wie denjenigen, welcher bereits der Erbschaftssteuer unterliegt. Den Gegenstand der Steuer bildete das Vermögen des Erblassers (Nachlaß), aber nicht insofern es als Ganzes mit dem Erbfall auf den Erben übergegangen ist, sondern insofern es in der Person des Erblassers zu einer Einheit zusammengefaßt war, so daß also von der Person des Rechtsnachfolgers und seinem Verhältnis zum Erblasser völlig abgesehen wird. Die im Zeitpunkt des Todes des Erblassers entstehende Steuerpflicht sollte die Gesamtheit der vermögenswerten Rechte, die dem Erblasser bei seinem Tode zustanden, ergreifen, soweit sie nicht mit dem Tode erloschen waren und ihr reiner Wert insgesamt den Betrag von 20000 Mark überstieg. Der Höhe nach war die Nachlaßsteuer nach dem reinen Werte des Nachlasses abgestuft; bei einem Wert von 20—30000 Mark betrug sie 0,5 vom Hundert und stieg sodann in 13 weiteren Stufen bis zu dem Höchstbetrage von 3 vom Hundert bei einem Wert von mehr als einer Million Mark an. Gleichzeitig war dem vielseitig geäußerten Verlangen nach einer Wehrsteuer in der Form eines Zuschlags zur Nachlaßsteuer (zu 1,5 vom Hundert) vom Nachlasse derjenigen Personen, die bei ihrem Tode ihrer militärischen Dienstpflicht nicht genügt haben, Rechnung getragen.

Das Gesetz über das Erbrecht des Staates wird, wenngleich es hier in den Rahmen der Steuergesetzgebung eingefügt erscheint, als ein eigentliches Steuergesetz nicht anzusehen sein. Es regelt vielmehr das bürgerliche Recht mit einem für den Fiskus dauernd günstigen finanziellen Erfolg. An Stelle des bisher durch keine äußere Grenze beschränkten Erbfolgerechts der Verwandten sollen nunmehr außer den Verwandten der ersten und zweiten Erbfolgeordnung nur noch die Großeltern zur gesetzlichen Erbfolge zugelassen werden. Ist zur Zeit des Erbfalls weder ein danach erbberechtigter Verwandter noch ein Ehegatte des Erblassers vorhanden, so ist der Fiskus des Bundesstaats oder des Schutzgebiets, in welchem der Erblasser zur Zeit seines Todes seinen Wohnsitz gehabt hat, gesetzlicher Erbe. Über die Verwaltung und Verwertung der dem bundesstaatlichen Fiskus auf die Weise angefallenen Nachlässe wurden sodann im Gesetz nähere Bestimmungen gegeben, welche im wesentlichen auf eine mehr oder weniger enge Angliederung an die Erhebung der Erbschaftssteuer hinausliefen. Die erzielte Reineinnahme sollte zu drei Vierteilen dem Reich überwiesen werden.

Das Gesetz wegen Änderung des Erbschaftssteuergesetzes war in der Hauptsache durch die vorberührten Gesetze bedingt. Es handelte sich dabei einmal um die Beseitigung einiger weitgehender Steuerbefreiungen und Steuerbegünstigungen, die in dem durch die neuen Gesetze für eine stärkere Heranziehung der Erbschaften zu den finanziellen Bedürfnissen des Reichs gegebenen Rahmen eine Berechtigung nicht mehr beanspruchen konnten. Auf der anderen Seite sollte, um unbillige Härten zu vermeiden, für die Entrichtung der Steuer in gewissen Fällen und mit Wirkung auch für die Nachlaßsteuer eine weitere Erleichterung geschaffen werden. Hierzu traten endlich noch einige Änderungen minderwichtiger Natur, die sich bei der Handhabung des Gesetzes als wünschenswert herausgestellt hatten.

Die Entscheidung darüber, ob behuf Deckung der finanziellen Bedürfnisse des Reiches überhaupt auf eine Erweiterung der Erbschaftsbesteuerung zurückgegriffen werden könne und solle, spitzte sich dann immer mehr aus einer steuerlichen zu einer wesentlich politischen Frage zu. Die Entwürfe wurden zwar in den bezüglichen Kommissionen des Reichstags durchberaten, demnächst aber nach erregteren Verhandlungen im Plenum vom Reichstag mit einer nur sehr geringen Stimmenmehrheit verworfen. Der erste Versuch einer weiteren Ausgestaltung der Erbschaftsbesteuerung des Reiches war auf diese Weise gescheitert. Daß damit eine endgültige Entscheidung über die Frage getroffen sei, dürfte nach Lage der Sache kaum anzunehmen sein.

IV. Bei der demnächst ohne Rückgriff auf die Erbschaftsbesteuerung durchgeführten Finanzreform von 1909 wurde auf einen im Reichstag gestellten Antrag, der wohl wesentlich infolge der Abspannung durch die langen Verhandlungen und unter dem Wunsch, schließlich zu einem praktischen Ergebnis zu kommen, von den Bundesregierungen und dem Reichstag einen Widerspruch nicht erfuhr, der Anteil der Bundesstaaten an der Reichserbschaftssteuer von ein Drittel auf ein Viertel herabgesetzt, eine Herabsetzung, die von den Bundesregierungen unter der Voraussetzung der Annahme des Nachlaßsteuergesetzes ꝛc. bei Vorlegung der fraglichen Entwürfe in Vorschlag gebracht war. Nach dem Gesetz betreffend Änderung im Finanzwesen vom 15. Juli 1909 (RGBl. 1909 S. 743) § 5 Abs. 1 erhält von dem Rohertrage, welcher aus der Besteuerung der Erbschaften aufkommt, das Reich $^3/_4$, den einzelnen Bundesstaaten verbleibt $^1/_4$ ihrer Roheinnahme. Diese Bestimmung ist mit dem 1. April 1909 in Kraft getreten; daneben ist jedoch die frühere Vorschrift des Gesetzes betreffend die Ordnung des Reichshaushaltsetats und die Tilgung der Reichsschuld vom 3. Juni 1906 (RGBl. 1906, S. 620) im § 7, nach welcher bis zum Ablaufe des Rechnungsjahres 1910 den einzelnen Bundesstaaten mindestens der Betrag ihrer Durchschnittseinnahmen an Erbschaftsteuer in den Rechnungsjahren 1901—1905 verbleiben soll, bestehen geblieben.

Reichs-Erbschaftssteuergesetz

vom 3. Juni 1906.

(Reichsgesetzblatt 1906 S. 654 ff.)

I. Gegenstand der Erbschaftssteuer.

Vorbemerkungen zu §§ 1—4.

1. Den Gegenstand der Erbschaftssteuer hat das RESt G. materiell im wesentlichen übereinstimmend mit der früheren Landesgesetzgebung der einzelnen Bundesstaaten dahin geordnet, daß alles, was dem Erben, dem Vermächtnisnehmer usw. aus dem Nachlaß anfällt, prinzipiell der Erbschaftssteuer unterstellt wird. Formell sind die Bestimmungen des REStG. umfassender und genauer wie in den meisten jener Landesgesetze gefaßt; sie schließen dadurch von vornherein die Möglichkeit eines Zweifels in höherem Grade aus. Materiell wie formell fügt sich die Regelung eng an das Bürgerliche Gesetzbuch an.

2. Allgemein ist im ersten Absatz des § 1 der Erwerb von Todes wegen als Gegenstand der Erbschaftssteuer hingestellt. In dem zweiten Absatz des § 1 und den folgenden §§ 2—4 wird eine Reihe von Erwerbsfällen herausgehoben, welche als Erwerb von Todes wegen gelten oder angesehen werden sollen beziehungsweise als solcher steuerlich zu behandeln sind. Unter Erweiterung des allgemeinen Grundsatzes werden nach § 55 des Gesetzes daneben auch die Schenkungen unter Lebenden der Erbschaftssteuer unterworfen, worüber dort das Nähere.

3. Der Erwerb von Todes wegen umfaßt, was durch Erbfolge, durch Vermächtnis oder als Pflichtteil erworben wird, wie solches im § 1369 des BGB. zum Ausdruck kommt:

„Vorbehaltsgut ist, was die Frau durch Erbfolge, durch Vermächtnis oder als Pflichtteil erwirbt (Erwerb von Todes wegen)."

4. Durch Erbfolge wird erworben, wenn mit dem Tode einer Person (Erbfall) deren Vermögen (Erbschaft) als Ganzes auf eine oder mehrere andere Personen (Erben) übergeht; vgl. BGB. § 1922. Der Erwerb durch Erbfolge kann entweder kraft Gesetzes (Intestaterbfolge) oder nach dem Willen des Erblassers sich vollziehen. Die gesetzliche Erbfolge ist im BGB. im § 1924 und folgende geregelt; die Erbfolge nach dem Willen des Erblassers kann wiederum auf einer einseitigen Verfügung von Todes wegen, Testament, oder

auf einer zweiseitigen solchen Verfügung, Erbvertrag, beruhen; im BGB. finden sich die näheren Vorschriften über das Testament im § 2064 und folgende, die über den Erbvertrag im § 2274 und folgende.

5. Die Erbfolge kraft Gesetzes (gesetzliche Erbfolge, Intestaterbfolge) tritt ein, soweit eine wirksame Verfügung von Todes wegen fehlt oder soweit der Erwerb des erwählten Erben als nicht erfolgt anzusehen ist. Als gesetzliche Erben beruft das BGB. die Verwandten, den Ehegatten und den Fiskus; nebeneinander kommen nur die ersteren beiden, die Verwandten und der Ehegatte, derart in Betracht, daß der Ehegatte stets neben den Verwandten berufen wird; der Fiskus ist nur in Ermangelung von Verwandten und Ehegatten als gesetzlicher Erbe berufen. Die Berufung der Verwandten beruht auf dem Parentelsystem, d. h. auf dem Grundsatze, daß Verwandte, die mit dem Erblasser die näheren Stammeseltern gemeinsam haben, solche Verwandte ausschließen, welche durch entferntere Stammeseltern mit dem Erblasser verbunden sind. In Anwendung dieses Grundsatzes stellt das BGB. fünf Ordnungen mit der Maßgabe auf, daß ein Verwandter zur Erbfolge nicht berufen wird, so lange ein Verwandter einer vorhergehenden Ordnung vorhanden ist. Innerhalb der drei ersten Ordnungen treten an die Stelle der näheren, zur Zeit des Erbfalls nicht mehr lebenden Verwandten die entfernteren Verwandten derselben Ordnung ein; in der vierten und den folgenden Ordnungen entscheidet die Gradesnähe. Wer in den ersten drei Ordnungen verschiedenen Stämmen angehört, erhält den in jedem dieser Stämme ihm zufallenden Anteil; jeder Anteil gilt als besonderer Erbteil.

Unter den Verwandten sind gesetzliche Erben erster Ordnung die Abkömmlinge des Erblassers, zweiter Ordnung die Eltern des Erblassers und deren Abkömmlinge, dritter Ordnung die Großeltern des Erblassers und deren Abkömmlinge, vierter Ordnung die Urgroßeltern des Erblassers und deren Abkömmlinge, und endlich fünfter und der ferneren Ordnungen die entfernteren Verwandten des Erblassers und deren Abkömmlinge. Neben den Verwandten ist stets der überlebende Ehegatte, dem das BGB. ein volles gesetzliches Erbrecht zuerkennt, berufen und zwar neben Verwandten der ersten Ordnung zu $^1/_4$, neben solchen der zweiten Ordnung und neben Großeltern zu $^1/_2$ der Erbschaft; treffen mit letzteren Abkömmlinge von solchen zusammen, so erhält der Ehegatte auch von der anderen Hälfte noch das, was nach den Grundsätzen für die dritte Ordnung auf diese Abkömmlinge fallen würde; sind weder Verwandte erster und zweiter Ordnung noch Großeltern vorhanden, so erbt der Ehegatte alles; außer dem Erbteil erhält der Ehegatte neben Verwandten der zweiten Ordnung oder neben Großeltern noch den sog. Voraus (vgl. Note 10 zu § 1).

Ist ein Verwandter oder ein Ehegatte nicht vorhanden, so ist der Fiskus des Bundesstaates, dem der Erblasser zur Zeit des Todes angehört hat, gesetzlicher Erbe; hat der Erblasser mehreren Bundesstaaten angehört, so ist der Fiskus eines jeden dieser Staaten zu gleichem Anteile zur Erbfolge berufen; war der Erblasser ein Deutscher, der keinem Bundesstaate angehörte, so ist der Reichsfiskus gesetzlicher Erbe; BGB. § 1936. Der Fiskus kann die Erbschaft nicht ausschlagen, BGB. § 1942. Unberührt bleiben einmal die landesgesetzlichen Vorschriften, nach welchen im Falle des § 1936 BGB. an Stelle des Fiskus eine Körperschaft, Stiftung oder Anstalt des öffentlichen Rechts gesetzlicher Erbe ist, und ferner die landesgesetzlichen Vorschriften, nach welchen dem Fiskus oder einer anderen juristischen Person in Ansehung des Nachlasses einer verpflegten oder unterstützten Person ein Erbrecht, ein Pflichtteilsanspruch oder ein Recht auf bestimmte Sachen zusteht, Art. 138 u. 139 EG. BGB.

6. Das BGB. kennt nur eine Form der einseitigen Verfügung von Todes wegen: die letztwillige Verfügung oder das Testament. Durch Testament kann der Erblasser einmal einen anderen als den gesetzlichen Erben zum Erben bestimmen, ferner einen Verwandten oder seinen Ehegatten von der gesetzlichen Erbfolge ausschließen, ohne einen Erben einzusetzen, ferner einem anderen, ohne ihn als Erben einzusetzen einen Vermögensvorteil zuwenden (Vermächtnis) und endlich den Erben oder einen Vermächtnisnehmer zu einer Leistung verpflichten, ohne einem anderen ein Recht auf die Leistung zuzuwenden (Auflage). Ein Testament kann der Erblasser nur persönlich errichten. Die Fähigkeit zur Errichtung eines Testaments bestimmt sich im allgemeinen durch die über die Geschäftsfähigkeit überhaupt geltenden Vorschriften; ein Testament können demnach nicht errichten die geschäftsunfähigen Personen, die wegen Geistesschwäche, Verschwendung oder Trunksucht entmündigten Personen, sowie Personen, welche sich im Zustande der Bewußtlosigkeit oder vorübergehender Störung der Geistestätigkeit befinden; Personen, welche in der Geschäftsfähigkeit beschränkt sind, bedürfen zur Errichtung eines Testaments der Zustimmung ihres gesetzlichen Vertreters nicht; ein Minderjähriger kann ein Testament errichten, wenn er das sechzehnte Lebensjahr vollendet hat.

Das BGB. gibt zwei ordentliche Formen für die Errichtung des Testaments, das öffentliche Testament vor dem Richter oder Notar und das eigenhändige (holographe) Testament. Das öffentliche Testament wird entweder in der Weise errichtet, daß der Erblasser dem Richter oder Notar seinen letzten Willen erklärt, oder in der Weise, daß er eine (offene oder verschlossene) Schrift mit der mündlichen Erklärung übergibt, dieselbe enthalte seinen letzten Willen. Das eigenhändige oder Privattestament in der ordentlichen Form wird durch eine von dem Erblasser unter Angabe des Orts und des Tages ihrem ganzen Inhalte nach eigenhändig geschriebene und unterschriebene Erklärung errichtet. Daneben sind noch drei außerordentliche Testamentsformen mit nur beschränkter Wirkung zugelassen: das Testament vor dem Gemeindevorsteher bei Gefahr im Verzuge, das Testament in einem wegen Seuchengefahr abgesperrten Orte und das Testament an Bord eines deutschen Schiffes (Seetestament). Die Aufhebung des Testaments geschieht durch Widerruf oder durch Errichtung eines abweichenden neuen Testaments.

Die Formvorschriften für die Errichtung eines Privattestaments sind streng auszulegen. So ist nach Erl. d. PrFM. vom 6. Januar 1909 eine Testamentserrichtung für rechtsungültig erklärt, weil die Ortsbezeichnung nicht wie es der § 2231 Ziff. 2 BGB. vorschreibt, von dem Erblasser selbst geschrieben, sondern vielmehr vorgedruckt war. In diesem Sinne hat auch das Urt. d. RG. vom 2. April 1908 (Rheinisches Archiv Bd. 105, — n. F. Bd. 3 — S. 257) entschieden.

Wenn in einem Testament lediglich von „Erben" gesprochen ist, so sind unter dem Ausdruck „Erben" nicht notwendig die gesetzlichen Erben zu verstehen, der Erblasser kann vielmehr dieses Wort in einem eingeschränkteren Sinne verstanden und insbesondere die Leibeserben bezeichnet haben. Der in dieser Beziehung festgestellte Wille des Erblassers wird für maßgebend zu erachten sein; Urt. d. RG. vom 30. April 1907. In den fraglichen Fällen ist durch Anhörung des Testamentsvollstreckers, der Person, welche das Testament verfaßt hat usw., festzustellen, in welchem Sinne der Erblasser den Ausdruck verstanden hat; Erl. d. PrFM. vom 12. August 1908.

Zur Vollstreckung seines letzten Willens kann der Erblasser einen oder mehrere Testamentsvollstrecker ernennen. Gesetzlich umfaßt der Wirkungskreis des Testamentsvollstreckers neben der Ausführung der letztwilligen Verfügungen des Erblassers auch ohne besondere Anordnung des Erblassers die Auseinandersetzung zwischen den Miterben, zu welchem Zwecke ihm die Verwaltung des Nachlasses eingeräumt ist. In erster Linie sind für den Umfang der Aufgabe des Testamentsvollstreckers stets die Anordnungen des Erblassers maßgebend, welche eine erweiternde oder einschränkende Begrenzung für denselben vornehmen können. Das Rechtsverhältnis zwischen dem Erben und dem Testamentsvollstrecker bestimmt sich im allgemeinen nach den Vorschriften über den Auftrag, jedoch ist die Stellung des Testamentsvollstreckers eine von den Erben unabhängigere; so können letztere namentlich in die Verwaltung desselben nicht eingreifen.

Neben einer Reihe von Auslegungsregeln meist mehr für spezielle Fälle stellt das BGB. bei der Möglichkeit einer verschiedenen Auslegung der Testamentsbestimmungen als Grundsatz auf, daß, wenn der Inhalt einer letztwilligen Verfügung verschiedene Auslegungen zuläßt, im Zweifel diejenige Auslegung vorzuziehen ist, bei welcher die Verfügung Erfolg haben kann.

7. Die zweiseitige Verfügung von Todes wegen ist der **Erbvertrag**, welchen das BGB. allgemein ohne Beschränkung auf bestimmte Personen (z. B. Eheleute, Verlobte) oder ein bestimmtes höheres Lebensalter der Vertragschließenden zugelassen hat. Ein Erbvertrag kann nur vor einem Richter oder vor einem Notar bei gleichzeitiger Anwesenheit beider Teile unter Beobachtung der für die Errichtung eines öffentlichen Testaments geltenden Vorschriften geschlossen werden, auch ist die persönliche Anwesenheit des Erblassers Vorbedingung; eine erleichterte Form ist für den Erbvertrag zwischen Ehegatten oder zwischen Verlobten, welcher mit einem Ehevertrag in derselben Urkunde verbunden ist, zugelassen. In einem Erbvertrage können vertragsmäßig nur Erbeinsetzungen, Vermächtnisse und Auflagen verfügt werden; außerdem kann aber jeder der Vertragschließenden in dem Erbvertrage einseitig jede Verfügung treffen, welche durch Testament angeordnet werden kann. Der Erbvertrag hat speziell deshalb eine besondere Bedeutung, weil er es ermöglicht, verschiedene Zwecke, für welche das BGB. besondere Normen nicht aufstellt, in juristischer Form zu erreichen; es gilt dieses namentlich für das vom BGB. nicht aufgenommene Institut der Einkindschaft, für die Verpfründungsverträge, für die Versorgungsverträge und für die Regelung bäuerlicher Verhältnisse.

8. Der Erwerb durch Vermächtnis bedingt, daß der Erblasser durch Testament oder Erbvertrag einem anderen, ohne ihn zum Erben einzusetzen einen Vermögensvorteil zugewendet hat (Vermächtnis); vgl. BGB. § 1939. Die näheren Vorschriften über das Vermächtnis enthält das BGB. im § 2147 und folgenden.

9. Das Vermächtnis ist die durch Testament oder Erbvertrag angeordnete Zuwendung eines Vermögensvorteils an einen anderen (Bedachten, Vermächtnisnehmer) ohne dessen Erbeinsetzung; auch mehrere können mit einem Vermächtnis bedacht werden und zwar in verschiedener Weise. Beschwert mit einem Vermächtnis kann sowohl der Erbe wie ein anderer Vermächtnisnehmer werden, doch ist im Zweifel ersteres anzunehmen; auch ein Erbe kann mit einem Vermächtnis bedacht werden und gilt solches insoweit, als es den Erben selbst beschwert, als Vermächtnis. Da das Vermächtnis eine testamentarische oder erbvertragliche Anordnung ist, so finden im allgemeinen die Vorschriften über diese letztwilligen Verfügungen hinsichtlich der Fähigkeit zu solchen Anordnungen, deren Gültigkeit, Anfechtung rc. auf das Vermächtnis Anwendung. Der Erwerb des Vermächtnisses tritt von selbst ein, doch ist Ausschlagung zugelassen; mit der Annahmeerklärung des Bedachten hört dessen Ausschlagungsrecht auf. Der Anfall des Vermächtnisses trifft in der Regel mit dem Erbfall zusammen. Die Zuwendung begründet für den Bedachten nur ein Forderungsrecht gegenüber dem Beschwerten, einen Anspruch auf Leistung des vermachten Gegenstandes seitens des letzteren, nicht ein dinglich oder unmittelbar wirkendes Recht in bezug auf den vermachten Gegenstand. Die Vermächtnisforderung ist Nachlaßverbindlichkeit, der Bedachte also Nachlaßgläubiger.

10. Nach gesetzlicher Vorschrift können den Pflichtteil ein Abkömmling, die Eltern und der Ehegatte des Erblassers, wenn sie durch Verfügung von Todes wegen von der Erbfolge ausgeschlossen sind, von dem Erben verlangen; vgl. BGB. § 2303. Das nähere hierüber ist im BGB. im § 2303 und folgende geregelt. Dementsprechend begründet die gesetzlich zuerkannte Berechtigung auf den Pflichtteil zwar ein Forderungsrecht gegen den Erben, aber kein Erbrecht.

11. Das Recht des Pflichtteils beruht darauf, daß nach dem BGB. die Verfügungsfreiheit des Erblassers zugunsten bestimmter nächster gesetzlicher Erben (der Pflichtteilsberechtigten) insofern beschränkt ist, als diesen Personen kraft Gesetzes ein Recht auf eine bestimmte Quote ihres gesetzlichen Erbteils (auf den Pflichtteil) gewährt ist, der ihnen nur aus besonderen Gründen durch letztwillige Verfügung entzogen werden kann. Das Recht auf den Pflichtteil steht den Abkömmlingen, den Eltern und dem Ehegatten des Erblassers zu. Der Pflichtteil besteht in allen Fällen in der Hälfte des Wertes des gesetzlichen Erbteils; bei der Berechnung wird der Bestand und der Wert des Nachlasses zur Zeit des Erbfalls zugrunde gelegt. Der Pflichtteilsberechtigte hat sich dasjenige, was ihm von dem Erblasser durch Rechtsgeschäft unter Lebenden mit der Bestimmung der Anrechnung zugewendet worden ist, auf den Pflichtteil anrechnen zu lassen. Der Pflichtteilsanspruch ist vererblich und übertragbar. Er begründet für den Pflichtteilsberechtigten aber nur ein Recht darauf, den Wert des Pflichtteils, sei es in Geld sei es in Form eines Erbanteils, zu erhalten.

Sofern der Pflichtteilsberechtigte als Erbe den Pflichtteil nicht voll und unbeschränkt und ohne Lasten erhält, hat er einen Anspruch auf das fehlende, bezüglich dessen das BGB. für die einzelnen möglichen Fälle besondere Vorschriften trifft. Der Pflichtteilsanspruch gehört zu den Nachlaßverbindlichkeiten; er ist weder ein Erbrecht noch ein gesetzliches Vermächtnis, sondern eine mit dem Erbfalle entstehende gesetzliche Nachlaßforderung. Der Pflichtteilsanfall ist eine durch Ausschlagung nicht zu vermeidende Bereicherung, Verf. SFM. vom 27. Mai 1910 Nr. 2394. Die Gründe, wegen deren der Erblasser den einzelnen Pflichtteilsberechtigten den Pflichtteil entziehen kann, führt das BGB. besonders auf; dieselben charakterisieren sich durchweg als schwere Verletzungen des zwischen dem Erblasser und dem Pflichtteilsberechtigten bestehenden natürlichen und sittlichen Verhältnisses; eine analoge Ausdehnung auf ähnliche Fälle erscheint nicht zulässig.

§ 1.

Gegenstand der Erbschaftssteuer ist der Erwerb von Todes wegen.

Als Erwerb von Todes wegen gilt, außer demjenigen, was durch Erbfolge, durch Vermächtnis oder als Pflichtteil erworben wird:

1. **ein Erwerb, auf welchen die für Vermächtnisse geltenden Vorschriften des bürgerlichen Rechtes Anwendung finden, sowie dasjenige, was durch eine nach den Vorschriften des bürgerlichen Rechts als Verfügung von Todes wegen zu beurteilende Schenkung erworben wird,**
2. **ein Erwerb, welcher infolge der Vollziehung einer durch Verfügung von Todes wegen angeordneten Auflage oder infolge der Bewirkung einer Leistung, von welcher der Erblasser einen Erwerb von Todes wegen abhängig gemacht hat, oder, sofern der Erwerb der Genehmigung einer Behörde bedarf, infolge der Vollziehung einer Anordnung dieser Behörde erlangt wird.**

Vergl. BRAusfB. §§ 5 (24).

Zu Absatz 1.

1. Von einem Erwerb von Todes wegen durch Testament, Erbvertrag oder Vermächtnis kann nur dann die Rede sein, wenn das demselben unterliegende Rechtsgeschäft (Testament, Erbvertrag, Vermächtnis) rechtsverbindlich und rechtlich wirksam ist. Nach dem BGB. gibt es verschiedene Arten der Unwirksamkeit eines Rechtsgeschäfts.

Einmal die Nichtigkeit. Ein nichtiges Rechtsgeschäft ist hinsichtlich der gewollten rechtlichen Wirkung so anzusehen, wie wenn es nicht vorgenommen wäre; es kann niemals wirksam werden. Generell werden vom BGB. als nichtig bezeichnet: die Rechtsgeschäfte, welche von einem Geschäftsunfähigen oder im Zustande der Bewußtlosigkeit oder der vorübergehenden Störung der Geistestätigkeit vorgenommen sind (BGB. § 105), die Rechtsgeschäfte, bei denen die vorgeschriebene Form nicht beobachtet ist (BGB. § 125), die Rechtsgeschäfte, welche gegen ein gesetzliches Verbot oder gegen die guten Sitten verstoßen (BGB. §§ 134, 138), sowie in besonderen Fällen die Rechtsgeschäfte, bei denen es an dem erforderlichen Willen fehlt (BGB. §§ 116—118). Daneben sind im BGB. Arten von Rechtsgeschäften oder auch einzelne Rechtsgeschäfte in größerer Zahl als nichtig oder unwirksam mit den Folgen der Nichtigkeit hingestellt worden; neben den Verträgen, die auf eine unmögliche Leistung gerichtet sind (BGB. § 306) wollen wir in dieser Beziehung nur folgende hier eventuell einschlagende Fälle herausheben: das einseitige Rechtsgeschäft des Minderjährigen ohne Einwilligung des gesetzlichen Vertreters (BGB. § 111); der Vertrag über den Nachlaß ꝛc. eines noch lebenden Dritten (BGB. § 312); letztwillige Verfügung zugunsten eines Ehegatten bei nichtiger oder vor dem Tode des Erblassers aufgelöster Ehe, desgl. zugunsten eines Verlobten bei Auflösung des Verlöbnisses vor dem Tode des Erblassers (BGB. § 2077); Einsetzung einer zur Zeit des Erbfalls noch nicht erzeugten Person anders wie als Nacherbe (BGB. § 2101); Annahme oder Ausschlagung eines Vermächtnisses unter einer Bedingung oder einer Zeitbestimmung (BGB. § 2180); Annahme oder Ausschlagung des Amtes eines Testamentsvollstreckers unter einer Bedingung oder Zeitbestimmung (BGB. § 2202); Zuwendung an eine bei der Errichtung des Testaments als Richter ꝛc. mitwirkende Person (BGB. § 2235); Verbot des Erblassers der Testamentseröffnung alsbald nach seinem Tode (BGB. § 2263); die das Recht des vertragsmäßig Bedachten beeinträchtigende Verfügung von Todes wegen nach Abschluß eines Erbvertrages (BGB. § 2289); Vertrag, durch den sich jemand verpflichtet, eine Verfügung von Todes wegen zu errichten oder nicht zu errichten, aufzuheben oder nicht aufzuheben (BGB. § 2302).

Zweitens die Anfechtbarkeit. Ein anfechtbares Rechtsgeschäft ist von Anfang an mit einen Mangel behaftet, welcher aber nur dann berücksichtigt wird, wenn er von demjenigen, welchem das Gesetz das Recht dazu einräumt, geltend gemacht wird. Das Rechtsgeschäft besteht und ist wirksam, solange die Anfechtung nicht erfolgt ist. Wird es von dem Anfechtungsberechtigten angefochten, so ist es als von Anfang an nichtig anzusehen (BGB. § 142 Abs. 1). Die Anfechtung ist ausgeschlossen, wenn der Anfechtungsberechtigte das Rechtsgeschäft bestätigt oder wenn die für die Anfechtung bestimmte Frist abgelaufen ist; das Rechtsgeschäft ist sodann voll wirksam. Allgemeine Gründe, aus denen das BGB. die Anfechtbarkeit zugesteht, sind Irrtum, widerrechtliche Drohung, arglistige Täuschung. Über die Anfechtbarkeit der letztwilligen Verfügung sind im BGB. besondere Bestimmungen in den §§ 2078 ff. getroffen, über die Anfechtbarkeit des Erbvertrags desgleichen in den §§ 2281 ff.; wann die Anfechtung zulässig, regeln dabei bezüglich der letztwilligen Verfügung die nachstehenden §§ 2078 und 2079, bezüglich des Erbvertrags der § 2281 Abs. 1:

„§ 2078. Eine letztwillige Verfügung kann angefochten werden, soweit „der Erblasser über den Inhalt seiner Erklärung im Irrtume war oder „eine Erklärung dieses Inhalts überhaupt nicht abgeben wollte und an„zunehmen ist, daß er die Erklärung bei Kenntnis der Sachlage nicht „abgegeben haben würde.

„Das gleiche gilt, soweit der Erblasser zu der Verfügung durch die irrige „Annahme oder Erwartung des Eintritts oder Nichteintritts eines Umstandes „oder widerrechtlich durch Drohung bestimmt worden ist.

„Die Vorschriften des § 122 finden keine Anwendung.

„§ 2079. Eine letztwillige Verfügung kann angefochten werden, wenn der „Erblasser einen zur Zeit des Erbfalls vorhandenen Pflichtteilsberechtigten „übergangen hat, dessen Vorhandensein ihm bei der Errichtung der Verfügung

„nicht bekannt war, oder der erst nach der Errichtung geboren oder pflicht- „teilsberechtigt geworden ist. Die Anfechtung ist ausgeschlossen, soweit an- „zunehmen ist, daß der Erblasser auch bei Kenntnis der Sachlage die „Verfügung getroffen haben würde."

„§ 2281. Der Erbvertrag kann auf Grund der §§ 2078, 2079 auch von „dem Erblasser angefochten werden; zur Anfechtung auf Grund des § 2079 „ist erforderlich, daß der Pflichtteilsberechtigte zur Zeit der Anfechtung „vorhanden ist."

Endlich ist noch die schwebende Unwirksamkeit und die relative Unwirksamkeit hervorzuheben, welche hier aber nur von geringerer Bedeutung sind. Bei der schwebenden Unwirksamkeit ist das Rechtsgeschäft zur Zeit unwirksam, kann aber noch wirksam werden. Wird gewiß, daß die Wirksamkeit nicht eintreten kann, so ist das Rechtsgeschäft im praktischen Ergebnis ebenso unwirksam wie ein nichtiges Rechtsgeschäft. Eine schwebende Unwirksamkeit liegt namentlich in den Fällen vor, wenn das BGB. für ein Rechtsgeschäft die Zustimmung eines Dritten erfordert, die Wirksamkeit einer Willenserklärung davon abhängig macht, daß ein bestimmter Tatumstand später nicht eintritt, oder dergleichen. Eine relative Unwirksamkeit hat das BGB. für einzelne bestimmte Fälle begründet. Das Rechtsgeschäft wird in solchen, obwohl es im allgemeinen wirksam ist, doch bestimmten Personen gegenüber so behandelt, wie wenn es nicht bestände.

2. Die Rechtsunwirksamkeit kann die ganze Erbschaft oder einen Teil derselben betreffen. Ersteres wird regelmäßig, wenn ein Testament oder ein Erbvertrag, letzteres wenn ein Vermächtnis sich als rechtsunwirksam erweist, der Fall sein. Wird durch die Rechtsunwirksamkeit der Gesamtnachlaß berührt, so tritt die gesetzliche Erbfolge, Intestaterbfolge, ein; wird nur ein Teil des Nachlasses berührt, so gelangt dieser Teil an denjenigen, an welchen er nach den Verhältnissen des betreffenden Falls gelangt sein würde, wenn die rechtsunwirksame Verfügung überhaupt nicht erlassen wäre. Dementsprechend entsteht auch die Steuerpflicht, welche durch irgend welche Verfügungen der Beteiligten nicht geändert werden kann. Liefert bei Vorhandensein eines rechtsunwirksamen Testaments der gesetzliche Erbe den Nachlaß an den Testamentserben aus, so wird dadurch an seiner Steuerpflicht nichts geändert, da er Erbe bleibt und der Testamentserbe nicht Erbe wird (Urt. d. RG. vom 26. Juni 1893, JW. 1893 S. 397 unter Nr. 56); je nach den Umständen kann sich die Auslieferung des Nachlasses als eine Schenkung des gesetzlichen Erben an den Testamentserben darstellen, welche dann neben der Steuerpflicht aus der Erbschaft (gesetzlicher Erbe) auch noch eine Steuerpflicht aus der Schenkung für den Beschenkten (Testamentserbe) begründen würde. Auch wenn die Auslieferung in Erfüllung eines vom Erblasser ausgesprochenen Wunsches erfolgen würde, kann ein erbschaftssteuerlicher Anfall nicht entstehen (Urt. d. RG. vom 15. Oktober 1901, JW. 1901 S. 813 unter Nr. 35). Ebensowenig kann die vorhandene Rechtsunwirksamkeit eines Testaments durch ein Anerkenntnis von seiten dessen, dem das Testament in erster Reihe entgegenstehen würde, beseitigt werden (Urt. d. RG. vom 27. Februar 1893, RGE. Bd. 31 S. 244).

3. Das RESt G. gliedert die Erbschaftssteuer in erster Linie und prinzipiell an den Rechtserwerb, welchen jemand von Todes wegen macht, an. Es hat dieses zur notwendigen Folge, daß die Steuerpflicht — nicht auch die Fälligkeit, wie Wunsch § 1 Note 3 annimmt — unmittelbar mit dem Rechtserwerb und nicht etwa erst mit dem tatsächlichen Erwerb, der Übernahme der Erbschaftsgegenstände durch den Berechtigten, entsteht. Für den

Erben ist demnach die Steuerpflicht mit dem Zeitpunkt begründet, zu welchem er die Erbschaft annimmt oder mit welchem sie für ihn wegen Ablauf der Ausschlagungsfrist als angenommen gilt (BGB. § 1943). Ebenso liegt die Sache auch für den Vermächtnisnehmer, da der § 2180 BGB. den Rechtserwerb desselben nach den gleichen Grundsätzen regelt. Der Pflichtteilsberechtigte wird mit dem Erbfalle steuerpflichtig, denn mit diesem letzteren entsteht nach § 2317 der Anspruch auf den Pflichtteil. Ist durch den mit den vorbezeichneten Zeitpunkten eintretenden Rechtserwerb die Steuerpflicht für den betreffenden Fall einmal begründet, so kann an derselben durch spätere Handlungen oder Maßnahmen des Berechtigten und gleicherzeit auch Steuerpflichtigen nichts mehr geändert werden. So ist namentlich ein späterer Verzicht des Erben, Vermächtnisnehmers oder Pflichtteilsberechtigten auf den angefallenen Erwerb auf die bereits entstandene Steuerpflicht ohne jede Wirkung, ebenso wie auch die rechtliche Lage, die Erbeigenschaft des verzichtenden Erben, seine Verpflichtungen gegen Erbschaftsgläubiger und Miterben, dadurch eine Veränderung nicht erleiden (Urt. d. PrObertribunals vom 24. April 1865, Entsch. dess. Bd. 54 S. 44; Urt. d. RG. vom 16. Februar 1891, RGE. Bd. 28 S. 363). Unter Umständen kann durch einen derartigen Verzicht eine neue weitere Steuerpflicht für den oder die dadurch berührten Dritten entstehen, da meist ein derartiger Verzicht sich als Schenkung darstellen dürfte; ein solcher Verzicht auf den Pflichtteil wird als Schenkung anzusehen sein, auch wenn er unter Auflage erfolgt, Verf. SFM. vom 9. November 1907 Nr. 4914. Zu beachten ist hierbei besonders der Unterschied in der rechtlichen Lage des Erben und des Vermächtnisnehmers auf der einen und des Pflichtteilsberechtigten auf der anderen Seite. Erstere beiden können nach dem Erbfall innerhalb der gesetzlichen Frist Erbschaft und Vermächtnis ausschlagen; machen sie von dieser Befugnis Gebrauch, so kommt für sie eine Steuerpflicht nicht weiter in Betracht. Der Pflichtteilsberechtigte hat kein Ausschlagungsrecht, weil sein Anspruch mit dem Erbfalle entsteht; er ist daher auch stets ohne weiteres steuerpflichtig. Der Verzicht auf den Pflichtteil steht demnach immer gleich dem Verzicht auf Erbschaft oder Vermächtnis nach erfolgter Annahme. Daß für die Erhebung der Erbschaftssteuer nur die Rechtslage maßgebend sein könne, wie sie sich nach den Vorschriften des Bürgerlichen Rechtes für den betreffenden Fall ergibt, hat der Bundesrat wiederholt anläßlich von Gesuchen um Steuererlaß ausgesprochen so in den Beschlüssen vom 21. Mai 1909 (§ 446 der Protokolle) und vom 10. März 1910 (§ 265 der Protokolle); es handelte sich dabei um Fälle, in denen der Erblasser einen Dritten (Nichtverwandten) zum Alleinerben mit dem letztwillig nicht zum Ausdruck gelangten Willen eingesetzt hatte, daß der eingesetzte Erbe lediglich als Testamentsvollstrecker fungieren und den Nachlaß an die Verwandten des Erblassers nach dessen mündlich bei Lebzeiten getroffenen Anordnungen herausgeben solle; die Erbschaftssteuer mußte von dem dem formell eingesetzten Erben rechtlich zugefallenen Erwerbe nach dessen Verhältnis zum Erblasser und ohne Abzug des Wertes der den eigentlichen Bedachten herauszugebenden Nachlaßteile entrichtet werden. Vgl. Note 25 zu § 36.

4. Da Annahme und Ausschlagung einer Erbschaft nach § 1947 BGB. nicht unter einer Bedingung oder Zeitbestimmung erfolgen können, so wird die Ausschlagung zugunsten eines anderen auf die Erbeneigenschaft des in dieser Weise Ausschlagenden keinen Einfluß ausüben, sofern jener Zusatz sich nicht überhaupt als unwirksam erweist. Planck Note 3 zu § 1947 sagt hierüber: „Aus § 1947 und § 1953 ergibt sich, daß die Ausschlagung einer Erbschaft „zugunsten eines anderen" unwirksam ist. Wird als

Begünstigter derjenige bezeichnet, welchem die Erbschaft nach § 1953 Abs. 2 zufolge der Ausschlagung anfällt, so ist der Zusatz bedeutungslos und unschädlich. Erfolgte jedoch die Ausschlagung zugunsten anderer Personen, die nicht oder nicht allein an Stelle des Ausschlagenden berufen sind, so muß der Zusatz als eine Bedingung aufgefaßt werden, die trotz der Unmöglichkeit ihres Inhalts nach § 1947 die Ausschlagung unwirksam macht." Für den ersteren Fall ist folgeweise die Ausschlagung wirksam; der Ausschlagende wird nicht Erbe und es kann für ihn eine Steuerpflicht nicht entstehen. Im zweiten Fall ist die Ausschlagung unwirksam; der Ausschlagende wird bzw. bleibt Erbe und unterliegt damit auch der Steuerpflicht so als wäre die bedingte Ausschlagung nicht erfolgt. Ob und wie im zweiten Fall die Ausschlagung zugunsten eines anderen als ein besonderes Rechtsgeschäft zu behandeln, ob darin eine rechtswirksame lästige oder schenkungsweise Veräußerung zu erblicken, entscheidet sich nach den besonderen Umständen des jeweiligen praktischen Falls. Vor dem BGB. ist vom RG. entschieden, daß die Ausschlagung einer Erbschaft zugunsten eines Dritten eine Antretung der Erbschaft mit gleichzeitiger Übertragung derselben auf einen Dritten sei (Urt. d. RG. vom 2. November 1880, RGE. Bd. 3 S. 193), auch daß eine derartige Ausschlagung für den zu dessen Gunsten sie erfolgt ist, wie eine Schenkung und zwar unmittelbar durch Erklärung und Akzeptation wirke (Urt. d. RG. vom 24. Februar 1892, RGE. Bd. 29 S. 193). Zu beachten ist, daß das BGB. besondere Formvorschriften sowohl für die Veräußerung der Erbschaft, Erbschaftskauf (§§ 2371, 2385), wie auch für die Veräußerung eines Erbanteils (§ 2033) gibt, von deren Erfüllung die Gültigkeit abhängt, ebenso wie bei einer schenkungsweisen Übertragung die Vorbedingungen der Schenkung, wie sie zu § 55 näher ausgeführt sind, erfüllt sein müssen. Stellt sich die Ausschlagung der Erbschaft zugunsten eines anderen als eine rechtsgültige Schenkung dar, so entsteht unbeschadet der Steuerpflicht des Erben und ohne irgend welche Veränderung derselben eine weitere Steuerpflicht des Beschenkten aus der Schenkung.

In einer ähnlichen Weise wie im letzteren Fall tritt unmittelbar aneinanderschließend eine zwiefache Steuerpflicht bezüglich ein und derselben Erbschaftsmasse ein, wenn ein Erbe vor Ablauf der Ausschlagungsfrist, ohne die Erbschaft ausgeschlagen zu haben, verstirbt und seine Erben einmal die ihnen von ihm zufallende Gesamterbschaft antreten, sowie ferner bezüglich der ihrem Erblasser angefallenen Erbschaft von dem Ausschlagungsrecht, das auf sie übergegangen, keinen Gebrauch machen. Die dem ersten Erben und demnächstigen Erblasser angefallene Erbschaft geht nach dem Stande bei seinem Tode also mit dem nach § 1952 Abs. 1 BGB. vererblichen Ausschlagungsrecht und der eventuell für die Erbschaftsmasse zur Entstehung kommenden Steuerpflicht auf seine Erben über. Treten die letzteren die Gesamterbschaft an und schlagen die ihrem Erblasser vor seinem Tode angefallene Erbschaft nicht aus, so liegen zwei Erbfälle vor und es entsteht danach auch eine zwiefache Steuerpflicht. Zunächst ist über die dem ersten Erben und demnächstigen Erblasser angefallene Erbschaft zu entscheiden; dieselbe ist ein Rechtserwerb für jenen geworden und es ist damit eine Steuerpflicht für den bezüglichen Erbfall entstanden, die nach dem Verhältnis des ersten Erben und demnächstigen Erblassers zu seinem Erblasser zu bemessen ist. Die Verpflichtung zur Entrichtung der bezüglichen Steuer ruht als eine Nachlaßverbindlichkeit auf dem Gesamtnachlaß des ersten Erben und demnächstigen Erblassers und geht mit letzterem auf seine Erben über. Zu dem letzteren Gesamtnachlaß gehört nun aber auch wiederum das Erbschaftsvermögen, welches dem ersten Erben und demnächstigen Erblasser von seinem Erblasser überkommen ist; ebenso wie für den übrigen Nachlaß entsteht demnach auch für dieses letztere Erbschaftsvermögen eine Steuerpflicht, welche sich nach dem Verhältnis der letzten Erben zu ihrem Erblasser bemißt. Auch diese Steuerpflicht wird durch die ersterwähnte Steuerpflicht nicht weiter berührt.

5. Wenngleich für die Erhebung der Erbschaftssteuer in erster Linie der Rechtserwerb, welchen jemand von Todes wegen macht, als maßgebend zu erachten ist, so ist doch bis zu einem gewissen Grade daneben auch der tatsächliche Erwerb, soweit er materiell als dem Rechtserwerb gleichstehend zu erachten ist, zu berücksichtigen. Dieses kommt zunächst in den Einzelbestimmungen der §§ 1—4 über dasjenige, was als Erwerb von Todes wegen anzusehen ist, zur Erscheinung und macht sich sodann im § 29 des Gesetzes geltend, welcher die Bereicherung des Erwerbers der Berechnung der Erbschaftssteuer zugrunde legt. Einen weiteren Hinweis darauf, daß ein tatsächlicher Erwerb der Erbschaftssteuer unterliegen solle, gibt die Begründung des Bundesrats zum Entwurf des Gesetzes, indem sie nach allgemeiner Charakterisierung des Gegenstandes der Erbschaftssteuer und des Erwerbes von Todes wegen fortfährt: „Hierher gehört auch, was vergleichsweise zur Befriedigung eines zweifelhaften oder bestrittenen Anspruchs auf einen Erwerb von Todes wegen gewährt wird." Diese Erklärung, welche an den Reichstag gelangte und dort unangefochten blieb, bildet danach als die übereinstimmende Absicht der beiden gesetzgebenden Faktoren beim Erlaß des Gesetzes eine authentische Interpretation, welche unbedingt zu beachten ist. Es ist damit die früher streitige Frage, ob durch Abmachungen der Erbbeteiligten über die Erbschaft der Gegenstand der Besteuerung beeinflußt werden könne, ob derartige Abmachungen bei der Steuerfestsetzung von der Steuerbehörde beachtet werden dürften beziehungsweise müßten, von vornherein in bejahendem Sinne entschieden. Die Rechtsprechung des Reichsgerichts, welche bezüglich der Preußischen Gesetzgebung erfolgte, hatte gegenüber der Frage einen verschiedenen Standpunkt eingenommen; die Urteile vom 4. Februar 1895, vom 27. Mai 1895 und vom 28. Mai 1897 (PrZBl. 1895 S. 88 ff.; JW. 1895 S. 364 unter 17, 1897 S. 367 unter 35) erklärten die Berücksichtigung von Abmachungen der Erbbeteiligten über die Erbschaft bei der Steuerfestsetzung für unzulässig, während die späteren Urteile vom 16. Oktober 1900 und vom 15. Februar 1901 (Gruchots Beitr. Bd. 45 S. 905; RGE. Bd. 48 S. 303), letzteres namentlich unter eingehenderer Begründung, die entgegengesetzte Ansicht aussprachen. Die Entscheidungen der obersten Landesfinanzbehörde in Preußen wechselten in der gleichen Weise wie die Rechtsprechung, wohl wesentlich im Hinblick auf letztere. Bei Erlaß des RESt.G. war die Ansicht, welche die Zulässigkeit einer Berücksichtigung der Abmachungen der Erbbeteiligten über die Erbschaft für die Steuerfestsetzung anerkannte, die vorherrschende, doch ging man mit dieser Anerkennung verschieden weit. Daß ein Vergleich Erbbeteiligter über die Gültigkeit eines Testaments von der Steuerbehörde unter Umständen zu berücksichtigen, auch eventuell die Abfindungssumme von der Masse abzurechnen sei, ist anerkannt in der Verf. SFM. vom 11. November 1907 Nr. 5021; desgleichen, daß ein Vergleich über Testamentsauslegung eventuell zu berücksichtigen in der Verf. SFM. vom 23. Oktober 1908 Nr. 4340. Daß dasjenige, was vergleichsweise zur Befriedigung eines zweifelhaften oder bestrittenen Anspruchs auf einen Erwerb von Todes wegen gewährt wird, auch zum Erwerb von Todes wegen gehört, ist in der Badischen Vollzugsordnung zum RESt.G. ausdrücklich hervorgehoben und näher ausgeführt Bd. II § 25; desgl. auch in Verf. BdFM. vom 22. April 1909 Nr. 4819.

6. Mit der in der vorstehenden Note 5 angeführten Erklärung der Begründung des Bundesrats ist die grundsätzliche Zulässigkeit einer Berücksichtigung der Abmachungen der Erbbeteiligten über die Erbschaft durch die Steuerbehörde bei der Steuerfestsetzung allgemein anerkannt; nach Lage der Sache ist die Erklärung in diesem weiteren Sinne aufzufassen und nicht lediglich auf den Wortlaut und eine „vergleichsweise" Gewährung zu beschränken. Damit ist aber keineswegs gesagt, daß jede fragliche Abmachung ohne weiteres die Anerkennung der Steuerbehörde für die Steuerfestsetzung zu finden hätte. Letzteres ist nach den allgemeinen zur Anwendung zu bringenden Grundsätzen vielmehr stets nur bei dem Vorhandensein ganz bestimmter Voraussetzungen der Fall. Diese Voraussetzungen sind folgende:

a) Durch die Abmachung muß eine Ungewißheit oder Unsicherheit, welche sich bezüglich der Erbschaft zwischen den Erbbeteiligten geltend gemacht hat, beseitigt sein. Ob diese Ungewißheit oder Unsicherheit zu einem förmlichen Rechtsstreit unter den Erbbeteiligten geführt hat oder nicht, ist ohne Bedeutung. Den Gegenstand der Ungewißheit ꝛc. kann sowohl eine rechtliche Frage — Zweifel über die Erbberechtigung, Kollision von Pflichtteilsrechten mit testamentarischen Ansprüchen ꝛc. — wie eine tatsächliche Frage — Verteilung von Erbschaftsgegenständen, nähere Bestimmung eines einzelnen Gegenstandes ꝛc. — bilden. Die Ungewißheit muß tatsächlich bestanden haben: sie darf nicht etwa nur scheinbar vorhanden oder gar fingiert gewesen sein, so daß sich hinter der Abmachung nur eine einseitige Verfügung des oder der Erbberechtigten verbirgt. Dahingegen kommt es lediglich darauf an, daß die Unsicherheit oder Ungewißheit zwischen den Erbinteressenten nach deren Auffassung über die rechtlichen und tatsächlichen Unterlagen ihres Verhältnisses zur Erbschaft bestanden hat; teilt die Steuerbehörde diese in der Abmachung natürlich bona fide zum Austrag gekommene Auffassung der Erbbeteiligten nicht, so kann sie daraus einen Grund, um der Abmachung die Anerkennung zu versagen, nicht herleiten. Anders liegt jedoch die Sache, wenn die Ungewißheit oder Unsicherheit nur in einem Irrtum der Erbbeteiligten über die Sachlage begründet ist; sofern der objektive Tatbestand, auf Grund dessen die Erbbeteiligten eine Abmachung getroffen haben, nicht derart, wie sie angenommen, ist und sofern bei Bekanntsein des richtigen Tatbestandes für die Erbbeteiligten ein Anlaß, um in fraglichem Fall Abmachungen zu treffen, überhaupt nicht gegeben war, kann eine Anerkennung derartiger Abmachungen durch die Steuerbehörde nicht in Frage kommen. Ohne Belang ist es aber wieder, wenn die vorhanden gewesene Ungewißheit oder Unsicherheit später in einer Weise, wie sie von Anfang an im Bereich der Möglichkeit gelegen hat, auch normalen Verhältnissen durchaus entsprechen würde, jedoch von den Interessenten nicht gewollt war bzw. von ihnen nicht erwartet werden sollte, z. B. durch ein von anderer Seite herbeigeführtes gerichtliches Urteil, beseitigt worden ist, ohne daß damit die Abmachungen als solche hinfällig wurden bzw. werden konnten.

b) Es muß ein wirkliches Abkommen zwischen den Erbbeteiligten getroffen sein, das sich materiell zum mindesten bis zu einem gewissen Grade als ein Ausgleich zwischen widerstreitenden Ansichten derselben darstellt. Das Abkommen als solches darf nicht fingiert sein, sich nicht in Wirklichkeit als eine einseitige Verfügung des einen Erbbeteiligten zugunsten des anderen charakterisieren, wie beispielsweise bei einer Abmachung über lediglich Erhöhung eines Vermächtnisses, selbst wenn eine solche im Sinne des Erblassers geschehen sein würde. Für die Beurteilung der bei dem Ausgleich gemachten gegenseitigen Zugeständnisse ist wiederum die Auffassung der Beteiligten maßgebend; die Steuerbehörde darf einem Abkommen nicht aus dem Grunde die Anerkennung verweigern, weil sie den einen Teil in dem Abkommen für übervorteilt erachtet.

c) Das Abkommen muß sich ausschließlich auf die Erbschaft oder die Erbschaftsmasse als solche beziehen. Sobald die Erbbeteiligten Abmachungen nicht allein über Erbschaft oder Erbschaftsmasse treffen, sondern gleichzeitig und ineinander greifend damit auch ein anderes zwischen ihnen bestehendes Verhältnis regeln, kann eine Berücksichtigung bei der Steuerfestsetzung nicht stattfinden. Ein solcher Fall würde beispielsweise vorliegen, wenn ein Erbberechtigter auf einen Teil seiner zweifellosen oder auch zweifelhaften Erbansprüche zugunsten eines anderen nur um deswillen verzichtete, weil ihm dieser andere in einem von ihnen gemeinsam betriebenen Geschäft entsprechende Vorteile einräumte.

d) Die Abmachung darf nicht zu dem Zwecke, um eine geringere Besteuerung herbeizuführen, getroffen sein. Liegt ein solcher Zweck klar zutage, so kann die Steuerbehörde ein Abkommen lediglich aus diesem Grunde und ohne dasselbe auf das Vorhandensein oder Fehlen der sonstigen Voraussetzungen zu prüfen, zurückweisen; sie hat dasselbe bei der Steuerfestsetzung unberücksichtigt zu lassen. Ist aber der Zweck der Steuerverminderung nicht gegeben, so bleibt es ohne Bedeutung, ob unter Zugrundelegung der Abmachungen der Erbbeteiligten der Steuerbetrag sich höher oder niedriger wie unter einem anderen eventuell für die Erb- oder Erbschaftsauseinandersetzung anzuwendenden Modus berechnet. Die Steuerbehörde wird die Berücksichtigung eines allen Voraussetzungen entsprechenden und nicht zum Zwecke der Steuerminderung abgeschlossenen Abkommens nicht aus dem Grunde verweigern können, weil sich danach ein geringerer Steuerbetrag, wie sonst möglicherweise zu erheben sein würde, ergäbe. Sie darf aber andererseits ebensowenig ein nicht den Voraussetzungen entsprechendes Abkommen lediglich aus dem Grunde, weil es sich für den Steuerfiskus besonders vorteilhaft darstellt, bei der Steuerfestsetzung berücksichtigen.

e) Im übrigen ist für die Abmachungen der Erbbeteiligten in Hinsicht auf die Anerkennung bei der Steuerfestsetzung keine weitere Beschränkung gegeben. Die Abmachungen können von sämtlichen Erbbeteiligten oder auch nur von einzelnen derselben getroffen werden, ebenso von jeder Kategorie von Erbbeteiligten in sich oder auch gegenüber anderen Kategorien; sie können sich auf die ganze Erbschaft oder nur auf einen Teil derselben, desgleichen auf jeden Gegenstand der Erbschaftsmasse beziehen. Namentlich ist es ohne Bedeutung, wenn behuf der tatsächlichen Durchführung eines Abkommens von einem Erbbeteiligten auch auf Mittel, welche nicht zur Erbschaftsmasse gehören sondern seinem eigenen Vermögen entstammen, gegriffen wird oder gegriffen werden muß. Besonders zu beachten sind jedoch die Wertfestsetzungen in den Abmachungen der Erbbeteiligten; es wird hier stets sorgfältig zu prüfen sein, ob es die Absicht der Beteiligten gewesen ist, den wirklichen Wert des oder der einzelnen Gegenstände festzulegen oder ob nicht aus speziellen durch das sonstige Verhältnis gegebenen Rücksichten eine besondere Bewertung, höhere oder niederere, vorgenommen ist; im letzteren Fall dürfte die Wertbemessung, welche auch der Voraussetzung unter b nicht entsprechen würde, bei der Steuerfestsetzung nicht zur Anwendung gebracht werden.

f) Unter welchem Rechtsgeschäft die Abmachungen der Erbbeteiligten im einzelnen Fall getroffen sind, bleibt auf die Frage nach Anerkennung bei der Steuerfestsetzung ohne Einfluß. Das Rechtsgeschäft muß gültig sein und den Anforderungen des BGB. entsprechen. Meist wird ein Vergleich vorliegen. Ebenso kann es sich auch um ein Anerkenntnis handeln. Für den Vergleich ist der § 779 des BGB. zu beachten: „Ein Vertrag, durch den der Streit oder die Ungewißheit der Parteien über ein Rechtsverhältnis im Wege gegenseitigen Nachgebens beseitigt wird (Vergleich), ist unwirksam, wenn der nach dem Inhalt des Vertrags als feststehend zugrunde gelegte Sachverhalt der Wirklichkeit nicht entspricht und der Streit oder die Ungewißheit bei Kenntnis der Sachlage nicht entstanden sein würde. — Der Ungewißheit über ein Rechtsverhältnis steht es gleich, wenn die Verwirklichung eines Anspruchs unsicher ist." Bezüglich des Anerkenntnisses ist maßgebend: „§ 781. Zur Gültigkeit eines Vertrages, durch den das Bestehen eines Schuldverhältnisses anerkannt wird (Schuldanerkenntnis), ist schriftliche Erteilung der Anerkennungserklärung erforderlich. Ist für die Begründung des Schuldverhältnisses, dessen Bestehen anerkannt wird, eine andere Form vorgeschrieben, so bedarf der Anerkennungsvertrag dieser Form. § 782. Wird ein Schuldversprechen oder ein Schuldanerkenntnis, auf Grund einer Abrechnung oder im Wege des Vergleichs erteilt, so ist die Beobachtung der in den §§ 780, 781 vorgeschriebenen schriftlichen Form nicht erforderlich."

Die vorstehenden Ausführungen finden in entsprechender Weise auf Abmachungen Anwendung, welche ein Erbe mit einem Dritten, nur an der Erbschaftsmasse aktiv oder passiv Beteiligten (Nachlaßgläubiger, Nachlaßschuldner), trifft, vgl. Note 14 zu § 29. Inwieweit die gleichen Grundsätze auch für Berücksichtigung gerichtlicher Urteile Platz greifen vgl. Note 2 zu § 29 insgesamt. Näheres über diese ganze Frage in meinem Aufsatz „Berücksichtigung von Abmachungen der Erbbeteiligten bei Festsetzung der Erbschaftssteuer" ZfZuSt. VIII. Band, 1908, S. 168 ff. und S. 213 ff. Vgl. auch Note 15 zu § 16 a. E.

7. Für den Nachlaß eines Verschollenen entsteht die Steuerpflicht durch die gerichtliche Todeserklärung, welche nach § 18 BGB. die Vermutung begründet, daß der Verschollene in dem Zeitpunkt verstorben sei, welcher in dem die Todeserklärung aussprechenden Urteile festgestellt ist. Letztere Feststellung hat das Gericht in dem Urteil nach § 970 Abs. 2 ZPO. stets vorzunehmen. Sofern und solange die Erbberechtigten eines Verschollenen das Vermögen desselben nur tatsächlich in Besitz haben, ohne daß eine Todeserklärung beantragt oder erfolgt ist, kann von einer Steuerpflicht nicht die Rede sein. Ist anzunehmen, daß die Erbberechtigten die Todeserklärung nicht herbeiführen werden, weil sie nach Maßgabe einer schon durchgeführten tatsächlichen Nachlaßregelung ein Interesse an einer solchen nicht haben, auch eventuell sich der Erbschaftssteuer entziehen wollen, so wird die Steuerbehörde die Todeserklärung in Antrag bringen können, denn nach § 962 Abs. 1 ZPO. ist jeder, der an der Todeserklärung ein rechtliches Interesse hat, antragsberechtigt. In allen den bezüglichen Fällen ist aber die Steuerpflicht stets an die Rechtsgültigkeit der Todeserklärung geknüpft; sie muß mit letzterer stehen und fallen. Überlebt eine für tot erklärte Person den Zeitpunkt, der als Zeitpunkt ihres Todes gilt (BGB. § 2031), oder wird infolge einer Anfechtungsklage die Todeserklärung aufgehoben (ZPO. § 973), so kann die für tot erklärte Person die Herausgabe ihres Vermögens nach den für den Erbschaftsanspruch geltenden Vorschriften verlangen. Eine notwendige weitere Folge ist aber, daß den nach Maßgabe der Todeserklärung zur Erbschaftssteuer herangezogenen Personen die gezahlte Steuer erstattet werden muß und zwar hat die Erstattung in vollem Umfange zu erfolgen, weil der Rechtsgrund für eine Besteuerung überhaupt hinfällig geworden ist und nach der nunmehrigen rechtlichen Klärung der Sachlage eine Steuerpflicht überall nicht mehr sowie zu keinem Zeitpunkte begründet erscheinen kann. Anderer Meinung: Dr. A. Hoffmann Anm. 1a zu § 1 und Aron Note 2 zu § 1, welche unter entsprechender Anwendung des

§ 21 Abs. 2 die Erbschaftssteuer im fraglichen Falle nur bis auf den der wirklichen Bereicherung entsprechenden Betrag erstatten wollen; für das frühere Recht vertritt die gleiche Ansicht Wahl Note 3 Abs. 2 zu Art. 1. Wird durch die Anfechtungsklage lediglich der Zeitpunkt des Todes des Verschollenen anderweitig festgestellt, so ist auch die Erbschaftssteuer nach Maßgabe des dadurch neu geschaffenen Verhältnisses anderweit zu regeln, was eventuell gleichfalls zu einer ganzen oder teilweisen Erstattung und einer Neuerhebung der Steuer führen kann. — Ist der Todestag eines Verschollenen auf einen Zeitpunkt festgesetzt, der nach dem Tode eines für ihn in Frage kommenden Erblassers liegt, so ist der Verschollene Erbe jenes Erblassers geworden, während sein Nachlaß auf seine Erben übergeht, Verf. d. PrFM. vom 24. März 1910, III 5418.

Zu Absatz 2 Ziffer 1.

8. Nach der Natur der Sache mußte dem Erwerb von Todes wegen ohne weiteres ein Erwerb gleichgestellt werden, auf welchen die für Vermächtnisse geltenden Vorschriften Anwendung finden. An sich fällt zunächst darunter ein Erwerb nach § 1969 des BGB., der sog. Dreißigste:

„Der Erbe ist verpflichtet, Familienangehörigen des Erblassers, die zur Zeit „des Todes des Erblassers zu dessen Hausstande gehört und von ihm Unter„halt bezogen haben, in den ersten dreißig Tagen nach dem Eintritt des „Erbfalls in demselben Umfange, wie der Erblasser es getan, Unterhalt zu „gewähren und die Benutzung der Wohnung und der Haushaltungsgegen„stände zu gestatten . . . .

„Die Vorschriften über Vermächtnisse finden entsprechende Anwendung."

Bezüglich dieses Erwerbes ist aber nach § 11 Ziffer 2 ausdrücklich eine Befreiung ausgesprochen.

9. Auch ist hierher der Fall zu rechnen, wo einem Dritten durch letztwillige Verfügung der Betrag zugewendet wird, der einem anteilsberechtigten Abkömmlinge nach Beendigung der fortgesetzten Gütergemeinschaft gebührt, ihm aber entzogen worden ist, was der § 1514 wie folgt zuläßt:

„Jeder Ehegatte kann den Betrag, den er nach § 1512 oder § 1513, Absatz 1, einem Abkömmling entzieht, auch einem Dritten durch letztwillige Verfügung zuwenden".

Der § 1512 und der § 1513 Abs. 1 des BGB. beziehen sich auf die Kürzung und Entziehung des berührten Anteils aus der fortgesetzten Gütergemeinschaft. Vgl. auch Planck, Kommentar zum BGB. Anm. 2 zu § 1514: „Die Zuwendung ist zwar rechtlich betrachtet kein Vermächtnis; denn ein solches kann nur einem Erben oder Vermächtnisnehmer auferlegt werden (§ 2147). Die Zuwendung hat aber wirtschaftlich die Natur eines Vermächtnisses und die Vorschriften über das Vermächtnis werden entsprechend anzuwenden sein".

10. Des ferneren gehört hierher der Fall des Voraus, welchen der § 1932 des BGB. folgendermaßen regelt:

„Ist der überlebende Ehegatte neben Verwandten der zweiten Ordnung „oder neben Großeltern gesetzlicher Erbe, so gebühren ihm außer dem Erb„teile die zum ehelichen Haushalte gehörigen Gegenstände, soweit sie nicht „Zubehör eines Grundstückes sind und die Hochzeitsgeschenke als Voraus. Auf „den Voraus finden die für Vermächtnisse geltenden Vorschriften Anwendung".

Auch dieser Erwerb würde nach § 11 Ziffer 4d steuerfrei bleiben.

11. Als in Betracht kommend sind weiter die Fälle des § 1505 und des § 1511 Abs. 2 BGB. noch anzuführen:

„§ 1505. Die Vorschriften über das Recht auf Ergänzung des Pflichtteils „finden zugunsten eines anteilsberechtigten Abkömmlings entsprechende An„wendung; an Stelle des Erbfalls tritt die Beendigung der fortgesetzten „Gütergemeinschaft, als gesetzlicher Erbteil gilt der dem Abkömmlinge zur „Zeit der Beendigung gebührende Anteil an dem Gesamtgut, als Pflichtteil „gilt die Hälfte des Wertes dieses Anteils".

„§ 1511 Abs. 2. Der ausgeschlossene Abkömmling kann, unbeschadet seines „Erbrechts, aus dem Gesamtgute der fortgesetzten Gütergemeinschaft die „Zahlung des Betrags verlangen, der ihm von dem Gesamtgute der ehe„lichen Gütergemeinschaft als Pflichtteil gebühren würde, wenn die fortge„setzte Gütergemeinschaft nicht eingetreten wäre. Die für den Pflichtteils„anspruch geltenden Vorschriften finden entsprechende Anwendung".

Sofern der anteilsberechtigte oder ausgeschlossene Abkömmling zu den ehelichen Kindern und deren Abkömmlingen gehört, ist nach Maßgabe des § 11 Ziffer 4a und c auch hier Steuerfreiheit gegeben; eine Steuerpflicht tritt aber unter weiterer Berücksichtigung des § 4 Abs. 1 und Abs. 3 RErbStG. für die an Kindes statt angenommenen Personen und ihre Abkömmlinge, soweit sich auf diese die Wirkungen der Annahme an Kindes statt erstrecken, ein.

12. Welche Schenkungen als Verfügungen von Todes wegen zu beurteilen sind, bestimmt der § 2301 des BGB. in folgender Weise:

„Auf ein Schenkungsversprechen, welches unter der Bedingung erteilt wird, „daß der Beschenkte den Schenker überlebt, finden die Vorschriften über „Verfügungen von Todes wegen Anwendung. Das gleiche gilt für ein „schenkweise unter dieser Bedingung erteiltes Schuldversprechen oder Schuld„anerkenntnis der in den §§ 780 und 781 bezeichneten Art.

„Vollzieht der Schenker die Schenkung durch Leistung des zugewendeten „Gegenstandes, so finden die Vorschriften über Schenkungen unter Lebenden „Anwendung".

Die §§ 780 und 781 des BGB. lauten:

„§ 780: Zur Gültigkeit eines Vertrags, durch den eine Leistung in der „Weise versprochen wird, daß das Versprechen die Verpflichtung selbständig „begründen soll (Schuldversprechen), ist, soweit nicht eine andere Form „vorgeschrieben ist, schriftliche Erteilung des Versprechens erforderlich".

„§ 781: Zur Gültigkeit eines Vertrags, durch den das Bestehen eines „Schuldverhältnisses anerkannt wird (Schuldanerkenntnis), ist schriftliche „Erteilung der Anerkennungserklärung erforderlich. Ist für die Begründung „des Schuldverhältnisses, dessen Bestehen anerkannt wird, eine andere Form „vorgeschrieben, so bedarf der Anerkennungsvertrag dieser Form".

13. Das BGB. hat demnach die früher vielfach umstrittene Schenkung auf den Todesfall (mortis causa donatio) als ein besonders in der Mitte zwischen Schenkung unter Lebenden und Vermächtnis stehendes Rechtsinstitut beseitigt und trifft lediglich nach dem tatsächlichem Verhältnis die Entscheidung, ob eine Behandlung als Verfügung von Todes wegen oder eine solche als Schenkung unter Lebenden Platz greifen soll. Jedes Schenkungsversprechen rc. unter der Bedingung, daß der Beschenkte den Schenker überlebt, ist als Verfügung von Todes wegen zu behandeln, jede durch Leistung des zugewendeten Gegenstandes vollzogene Schenkung als Schenkung unter Lebenden. Im ersteren Fall finden daher die für die Verfügungen von Todes wegen gegebenen Formvorschriften Anwendung, während sie im letzteren Fall nicht Platz greifen. Die erbschaftssteuerliche Regelung schließt sich dem eng an: für den ersten Fall ist sie hier im § 1 Absatz 2 Ziffer 1 erfolgt, für den zweiten dagegen kommen die Vorschriften des § 55 REStG. in Betracht. Die besonderen Vorschriften, welche das REStG. im § 56 für die Schenkungen unter Lebenden trifft, finden allein für den zweiten Fall, nicht aber für den ersten Anwendung.

Zu Absatz 2 Ziff. 2.

14. Die Ziff. 2 des zweiten Absatzes des § 1 gründet sich in ihrem ersten Teil auf die Auflage, deren Begriff der § 1940 BGB. in folgender Weise angibt:

„Der Erblasser kann durch Testament den Erben oder einen Vermächtnis-„nehmer zu einer Leistung verpflichten, ohne einem anderen ein Recht auf „die Leistung zuzuwenden (Auflage)."

Die näheren Bestimmungen über die Auflage gibt das BGB. in den §§ 2192—2196.

Von dem Vermächtnis unterscheidet sich die Auflage dadurch, daß sie nur die Verpflichtung zu einer Leistung für den beschwerten Erben oder Vermächtnisnehmer begründet, ohne dem Dritten ein Gläubigerrecht auf die Leistung, einen selbständigen Anspruch auf das Zugewendete zu gewähren. Die Auflage ist demnach nur eine Beschwerung, aber keine Zuwendung einer Bereicherung selbst wenn, wie häufig der Fall, der Vollzug dem Dritten zum Vorteil gereicht. Dem dem REStG. zugrunde liegenden Zweck und der Billigkeit mußte es entsprechen, die Auflagen in denjenigen Fällen, in welchen sie für den Dritten einen Vermögensvorteil bedeuten und ihm einen Erwerb bringen, für die Erbschaftssteuererhebung, ebenso wie unter Nr. 1 des Paragraphen die sog. gesetzlichen Vermächtnisse, den Vermächtnissen gleichzustellen. Hierzu bedurfte es einer besonderen gesetzlichen Vorschrift, wie sie hier gegeben ist.

Bei der Auflage kann es sich niemals um einen von dem tatsächlichen Erwerb zu unterscheidenden Rechtserwerb handeln; sie kommt für den durch sie Bereicherten stets nur durch den tatsächlichen Erwerb zum Vollzuge; folgeweise kann die Steuerpflicht hier nur mit dem tatsächlichen Erwerb entstehen. Die Steuerpflicht ist aber selbständig für den Erwerb durch Auflage begründet; es ist deshalb für dieselbe ohne Bedeutung, ob der mit der Auflage Beschwerte für seine Person der Steuerpflicht unterworfen ist oder Steuerfreiheit genießt und ob das durch die Auflage Erworbene aus dem Nachlaß des Erblassers oder aus dem Vermögen des Beschwerten stammt.

15. In dem zweiten Fall des Abs. 2, dem Erwerb durch eine Leistung, von welcher der Erblasser einen Erwerb von Todes wegen abhängig gemacht hat, liegt die Sache ganz ebenso wie bei der Auflage. Die Steuerpflicht entsteht auch hier mit dem tatsächlichen Erwerb in dem Augenblick, in welchem die Leistung vollzogen wird und eine Bereicherung dessen, zu dessen Gunsten die Leistung erfolgt, vorliegt. Auch hier ist es ohne Bedeutung, ob der Leistende zu den steuerpflichtigen oder steuerfreien Personen gehört, ob die Bereicherung durch die Leistung aus dem Nachlaß des Erblassers oder aus dem Vermögen des Leistenden entstammt.

16. Die Vorschrift am Schlusse des Abs. 2 Nr. 2 bezieht sich auf diejenigen Fälle, in welchen eine Zuwendung zu ihrer Gültigkeit der staatlichen Genehmigung (vgl. auch EG. BGB. Art. 86) bedarf, wie dies beispielsweise nach Art. 6 Preuß. AG. BGB. (Preußische Gesetz-Samml. 1899 S. 181) der Fall ist. Vor Erteilung einer solchen Genehmigung wird u. a. geprüft, ob der Zuwendende nicht etwa durch übertriebene Freigebigkeit sittliche Pflichten gegen hilfsbedürftige Angehörige verletzt habe, und es wird zutreffendenfalls die Genehmigung von der Bedingung abhängig gemacht, daß der mit der Zuwendung Bedachte diesen Angehörigen gewisse Beträge zukommen läßt. Es entspricht der Billigkeit, die letzteren nicht von dem Bedachten, sondern von den durch sie bereicherten Angehörigen nach ihrem Verhältnisse zum Erblasser versteuern zu lassen; hierzu bedurfte es, da die Angehörigen die Beträge nicht als Erben oder Vermächtnisnehmer erhalten, einer ausdrücklichen gesetzlichen Vorschrift. Nach § 5 BRAusfB. hat die staatliche Behörde, welche die Genehmigung erteilt, dem Erbschaftssteueramt entsprechende Mitteilung zu machen. Die Steuerpflicht entsteht auch hier mit dem tatsächlichen Erwerb, mit dem Zeitpunkte, zu welchem infolge der Vollziehung der behördlichen Anordnung die Bereicherung für den Bedachten eintritt.

§ 2.

Als Erwerb von Todes wegen ist außerdem anzusehen:

1. was durch Rechtsgeschäft unter Lebenden mit der Bestimmung zugewendet wird, daß es auf den Pflichtteil angerechnet werden soll;

2. was als Abfindung für einen Erbverzicht (§§ 2346, 2352 des Bürgerlichen Gesetzbuchs) oder für die Ausschlagung einer Erbschaft oder eines Vermächtnisses gewährt wird.

Vergl. BRAusfB. § (24).

Zu Ziffer 1.

1. Grundlegend für die Vorschrift unter Nr. 1 des Paragraphen ist der § 2315 BGB., welcher lautet:

„Der Pflichtteilsberechtigte hat sich auf den Pflichtteil anrechnen zu lassen, „was ihm von dem Erblasser durch Rechtsgeschäft unter Lebenden mit der „Bestimmung zugewendet worden ist, daß es auf den Pflichtteil angerechnet „werden soll.

„Der Wert der Zuwendung wird bei der Bestimmung des Pflichtteils dem „Nachlasse hinzugerechnet. Der Wert bestimmt sich nach der Zeit, zu welcher „die Zuwendung erfolgt ist.

„Ist der Pflichtteilsberechtigte ein Abkömmling des Erblassers, so findet die „Vorschrift des § 2051 Abs. 1 entsprechende Anwendung."

2. In der gleichen Weise wie der als Pflichtteil erhaltene Erwerb selbst sollen auch die fraglichen Zuwendungen zur Erbschaftssteuer herangezogen werden, da sie bei der Bestimmung des Pflichtteils dem Nachlasse hinzugerechnet werden und so nach dieser Richtung hin dem letzteren gleichgestellt sind. Die erbrechtliche Gleichstellung gibt die Berechtigung für die erbschaftssteuerliche. Von größerer Tragweite für den Ertrag aus der Erbschaftssteuer kann die Bestimmung niemals sein, so lange die Hauptmasse der Pflichtteilsberechtigten von der Erbschaftssteuer befreit bleibt (REStG. § 11 Ziffer 4a—d); die Bestimmung greift z. B. nur Platz, wenn Eltern und vom Erblasser an Kindes Statt angenommene Personen sowie Abkömmlinge der letzteren, sofern sich auf sie die Wirkungen der Annahme an Kindes Statt erstrecken, in Betracht kommen. Durch die Anziehung des § 2051 Abs. 1 im letzten Absatz des § 2315 kommt zum Ausdruck, daß, wenn ein Abkömmling, der eine auf den Pflichtteil anzurechnende Zuwendung erhalten hat, vor oder nach dem Erbfall ausfällt, der an seine Stelle tretende Abkömmling verpflichtet ist, sich die

Zuwendung auf seinen Pflichtteil anzurechnen. Da Abkömmlinge von der Erbschaftssteuer nach § 11 Ziff. 4 a—c RESt G. befreit sind, so ist die Vorschrift für das Aufkommen an Erbschaftssteuer zurzeit ohne Belang. Das letztere ist auch der Fall, wenn, wie es erbrechtlich möglich, der § 2315 mit dem § 2316 BGB. bei der Berechnung des Pflichtteils gleichzeitig zur Anwendung kommt; namentlich wird die im § 2316 im letzten Absatz unter bestimmter Voraussetzung vorgeschriebene Herabminderung des Wertes der auf den Pflichtteil anzurechnenden Zuwendungen auf die Hälfte in erbschaftssteuerlicher Beziehung kaum je von Bedeutung sein.

3. Die Steuerpflicht entsteht mit dem rechtsgültigen Abschluß des fraglichen Rechtsgeschäfts; der Zeitpunkt dieses Abschlusses ist für den Umfang der Steuerpflicht maßgebend, besonders auch für die Festlegung des Werts des Erwerbs (vgl. Abs. 2 Satz 2 des oben angeführten § 2315 BGB.). [And. M. U. Hoffmann 2. Aufl., Anm. 1 zu § 2, unter näherer Begründung, welche aber dem Wortlaut der Bestimmung und dem allgemeinen Grundsatz für den Eintritt der Steuerpflicht gegenüber nicht als stichhaltig angesehen werden kann; nach U. Hoffmann soll die Steuerpflicht beim Erbfall mit Rückwirkung auf die Zeit des Rechtserwerbs eintreten.] Ist das Rechtsgeschäft unter einer Bedingung, Befristung usw. abgeschlossen, so greifen die bezüglichen Sondervorschriften des REStG. Platz. Durch die Vorschrift des § 2 Ziff. 1 wird für den Erwerb durch fragliche Rechtsgeschäfte eine besondere Steuerpflicht begründet, die in sich selbständig und von keiner weiteren Voraussetzung abhängig ist; durch Erfüllung der Steuerpflicht ist der besondere Fall als solcher endgültig erledigt. Daraus folgt namentlich, daß es für die Steuerpflicht nach der fraglichen Gesetzesvorschrift ohne Einfluß ist, ob der Steuerpflichtige demnächst den Pflichtteilsanspruch als Erbe tatsächlich erwirbt oder nicht; die gezahlte Steuer kann nicht zurückgefordert und erstattet werden, wenn der Steuerpflichtige vor Erwerb des Pflichtteilsanspruchs verstirbt oder durch andere später eintretende Ereignisse von dem Pflichtteil ausgeschlossen wird. Bei der Festlegung der Steuer für den später tatsächlich entstandenen Pflichtteilsanspruch ist aber sowohl des früheren Erwerbs wie auch der bereits erfolgten Versteuerung Rechnung zu tragen. Der Pflichtteilsanspruch ist trotz früherer auf denselben anzurechnender Zuwendungen ein einheitlicher und als solcher steuerlich zu behandeln. Die Steuer ist für den Pflichtteilsanspruch insgesamt einschließlich der früheren Zuwendungen festzustellen, wobei eventuell der § 10 Abs. 2 REStG. zur Anwendung zu bringen ist; von dem so festgestellten Steuerbetrage ist die bereits für die frühere Zuwendung gezahlte Steuer abzusetzen. Die Begründung einer selbständigen Steuerpflicht für den im § 2 Ziff. 1 hervorgehobenen Erwerb hat auch die weitere Folge, daß es für die Steuererhebung keine Bedeutung hat, ob die Zuwendung, auf welcher der fragliche Erwerb beruht, sich als eine Schenkung darstellt oder nicht. Liegt in der Zuwendung, wie vielleicht in den meisten Fällen, eine Schenkung, so kann eine Besteuerung dieser Schenkung auf Grund des § 55 REStG. selbstredend nicht stattfinden, weil der betreffende Erwerb nach § 2 Ziff. 1 bereits der Erbschaftssteuer unterliegt; da auf den letzteren lediglich die Grundsätze der eigentlichen Erbschaftssteuer anzuwenden sind, so können für denselben namentlich auch niemals die besonderen Steuerbefreiungen des § 56 REStG. in Frage kommen.

Zu Ziffer 2.

4. Die in der Ziff. 2 des Paragraphen bezüglich des **Erbverzichts** angezogenen beiden Paragraphen des BGB. lauten:

„§ 2346. Verwandte sowie der Ehegatte des Erblassers können durch „Vertrag mit dem Erblasser auf ihr gesetzliches Erbrecht verzichten. Der

„Verzichtende ist von der gesetzlichen Erbfolge ausgeschlossen, wie wenn er „zur Zeit des Erbfalls nicht mehr lebte; er hat kein Pflichtteilsrecht.
„Der Verzicht kann auf das Pflichtteilsrecht beschränkt werden.
„§ 2352. Wer durch Testament als Erbe eingesetzt oder mit einem Vermächtnisse bedacht ist, kann durch Vertrag mit dem Erblasser auf die Zuwendung verzichten. Das gleiche gilt für eine Zuwendung, die in einem „Erbvertrag einem dritten gemacht ist. Die Vorschriften der §§ 2347, „2348 finden Anwendung."

5. Die nähere Regelung für den Erbverzicht geben neben den angeführten die §§ 2347—2351 BGB. Der Verzichtende, welcher unter Vormundschaft steht, bedarf der Genehmigung des Vormundschaftsgerichts; das gleiche gilt für die Regel, wenn er unter väterlicher Gewalt steht. Der Erblasser kann den Vertrag nur persönlich schließen, er bedarf aber, wenn er in der Geschäftsfähigkeit beschränkt ist, nicht der Zustimmung seines gesetzlichen Vertreters. Der Erbverzichtsvertrag erfordert die gerichtliche oder notarielle Beurkundung, ebenso ein Vertrag, durch welchen ein Erbverzicht aufgehoben werden soll. Verzichtet ein Abkömmling oder Seitenverwandter des Erblassers auf das gesetzliche Erbrecht, so erstreckt sich die Wirkung des Verzichts auf seine Abkömmlinge, sofern nicht ein anderes bestimmt ist. Verzichtet jemand zugunsten eines anderen auf das gesetzliche Erbrecht, so ist im Zweifel anzunehmen, daß der Verzicht nur für den Fall gelten soll, daß der andere Erbe wird. Verzichtet ein Abkömmling des Erblassers auf das gesetzliche Erbrecht, so ist im Zweifel anzunehmen, daß der Verzicht nur zugunsten der anderen Abkömmlinge und des Ehegatten des Erblassers gelten soll.

6. Das Recht der Ausschlagung einer Erbschaft findet seine allgemeine Begründung in dem § 1942 BGB., welcher folgendes bestimmt:
„Die Erbschaft geht auf den berufenen Erben unbeschadet des Rechtes über, „sie auszuschlagen (Anfall der Erbschaft).
„Der Fiskus kann die ihm als gesetzlichem Erben angefallene Erbschaft nicht „ausschlagen."

Die Ausschlagung der Erbschaft ist sodann in den folgenden §§ 1943 bis 1957 im einzelnen näher bestimmt; desgleichen sind auch in einzelnen Beziehungen die §§ 2306 ff. maßgebend; Sonderheiten finden sich verstreut in einer Anzahl weiterer Paragraphen geordnet. Die Ausschlagung der Erbschaft muß innerhalb einer bestimmten Frist — regelmäßig sechs Wochen, in besonderen Fällen sechs Monate — erfolgen; die Frist läuft in der Regel von dem Zeitpunkt, in welchem der Erbe von dem Anfall und dem Grunde der Berufung Kenntnis erlangt. Die Ausschlagung geschieht durch eine in öffentlich beglaubigter Form abzugebende Erklärung gegenüber dem Nachlaßgericht. Der Erbe kann die Erbschaft ausschlagen, sobald der Erbfall eingetreten ist, er braucht den Beginn der Ausschlagungsfrist nicht abzuwarten. Unter einer Bedingung oder Zeitbestimmung kann die Ausschlagung der Erbschaft nicht erfolgen, auch kann sie nicht auf einen Teil der Erbschaft beschränkt werden. Ist jemand zu mehreren Erbteilen berufen, so kann er, wenn die Berufung auf verschiedenen Gründen beruht, den einen Erbteil annehmen und den anderen ausschlagen; beruht die Berufung jedoch auf demselben Grunde, so gilt die Annahme oder Ausschlagung des einen Erbteils auch für die anderen. Die Ausschlagung erstreckt sich im Zweifel auf alle Berufungsgründe, die dem Erben zur Zeit der Erklärung bekannt sind. Das Recht des Erben, die Erbschaft auszuschlagen, ist vererblich; stirbt der Erbe vor dem Ablauf der Ausschlagungsfrist, so endigt die Frist nicht vor dem Ablauf der für die Erbschaft des Erben vorgeschriebenen Ausschlagungsfrist; von mehreren Erben des Erben kann jeder den seinem Erbteil entsprechenden Teil der Erbschaft ausschlagen.

7. Für das Recht zur Ausschlagung eines Vermächtnisses ist in entsprechender Weise der § 2176 BGB. mit folgendem Wortlaute grundlegend:
„Die Forderung des Vermächtnisnehmers kommt, unbeschadet des Rechtes,
„das Vermächtnis auszuschlagen, zur Entstehung (Anfall des Vermächtnisses)
„mit dem Erbfalle."

Die nähere Regelung erfolgt in der Hauptsache durch den § 2180 BGB., wobei zum Teil auf die bezüglichen Vorschriften für die Ausschlagung der Erbschaft als gleichfalls Platz greifend verwiesen wird; Spezialregelungen finden sich in den §§ 2397 ff. Das Ausschlagungsrecht ist hier nicht an eine bestimmte Frist gebunden, doch geht es mit der Annahme des Vermächtnisses verloren. Die Ausschlagung erfolgt durch Erklärung gegenüber dem Beschwerten, ohne daß bezüglich der Form etwas besonderes vorgeschrieben ist. Die Erklärung kann erst nach dem Eintritt des Erbfalles abgegeben werden und ist unwirksam, wenn sie unter einer Bedingung oder einer Zeitbestimmung erfolgt; ebensowenig kann sie auf einen Teil des Vermächtnisses beschränkt werden; eine Teilausschlagung ist unwirksam. Das Ausschlagsrecht ist in der gleichen Weise wie das Ausschlagsrecht der Erbschaft vererblich. Über die Annahme eines Vermächtnisses durch konkludente Handlungen s. Erl. d. WürttFM. vom 26. Mai 1908 WABl. 1908 Nr. 3 Beibl. S. 83.

8. Alle die Fälle unter Ziff. 2 des § 2 charakterisieren sich übereinstimmend dadurch, daß dasjenige, was in ihnen der Steuer unterworfen werden soll, tatsächlich wenigstens für die Regel der Erbschaftsmasse im weitesten Sinn, dem eigentlichen Erwerb von Todes wegen, entzogen und dadurch von der Erbschaftssteuer befreit sein würde. Hierin ruht die innere Berechtigung, die Steuerpflicht auf die berührten Fälle auszudehnen, wie in der besonderen Vorschrift unter Ziff. 2 des § 2 geschehen. Würde diese Vorschrift fehlen, so könnte das vielfach zur Umgehung der Erbschaftssteuer in einer ungerechtfertigten und deshalb zweifellos auszuschließenden Weise benützt werden.

9. Für dasjenige, was als Abfindung für einen Erbverzicht gewährt wird, tritt die Steuerpflicht mit dem Abschluß des Vertrages zwischen dem Erblasser und dem Verzichtenden ein; auch hier ist der Zeitpunkt dieses Vertragsabschlusses für alles Weitere maßgebend. Ohne Bedeutung sind spätere Ereignisse, durch welche der Verzichtende überhaupt von der Erbschaft ausgeschlossen sein würde, z. B. sein Tod vor dem Erblasser. Eine Steuerpflicht ist aber nur bezüglich der Abfindung für den wirklichen rechtlichen Erbverzicht, wie ihn das BGB. in seinen §§ 2346 und 2352 in Abmachungen zwischen dem Erblasser und seinen Verwandten, Ehegatten, eingesetzten Erben oder Vermächtnisnehmer zuläßt; es ergibt sich dieses einmal aus dem Wortlaut der Vorschrift und der ausdrücklichen Anziehung der genannten Paragraphen des BGB. sowie ferner aus dem Umstande, daß nur für diesen Fall das Bedürfnis einer besonderen Steuerpflichtbegründung gegeben sein konnte. Eine Ausdehnung der Steuerpflicht erscheint unstatthaft; letztere kann namentlich nicht für die Verträge des § 312 Abs. 2 BGB., welche nur eine obligatorische Wirkung unter den Vertragschließenden haben, die Erbfolge aber nicht zu ändern vermögen (Planck § 312 Note 6), in Frage kommen; anderer Meinung Dr. A. Hoffmann Note 3a zu § 2. Um die Steuerpflicht zu begründen, muß der Vertrag über den Erbverzicht selbstredend rechtsgültig sein; über die Frage, inwiefern ein Erbverzichtsvertrag ein wucherisches oder ein gegen die guten Sitten verstoßendes Geschäft sein kann vgl. Urt. d. RG. vom 28. Januar 1907 GruchotsBeitr. Bd. 51 S. 892.

10. Für dasjenige, was für die Ausschlagung einer Erbschaft oder eines Vermächtnisses gewährt wird, entsteht die Steuerpflicht mit dem Zeitpunkt der rechtsverbindlichen Verpflichtung zur Ausschlagung, gleichgültig auf welcherlei Rechtsgeschäft die Verpflichtung beruht. Es kann hier nach Lage der Sache nur der Rechtserwerb für die Begründung der Steuerpflicht in Frage kommen, demgegenüber der tatsächliche Erwerb ohne Bedeutung ist; anderer Meinung Dr. A. Hoffmann § 2 Note 4 a. E. [Die hier vertretene Ansicht teilt U. Hoffmann 2. Aufl. Anm. 3 zu § 2.] Wird ein Rechtsgeschäft über die Ausschlagung vor dem Erbfall abgeschlossen, so wird es, falls nicht aus den Umständen des besonderen Falls sich ein anderes ergibt, als unter der Bedingung des Eintritts des Erbfalls abgeschlossen anzusehen sein; die rechtsverbindliche Verpflichtung zur Ausschlagung entsteht mit dem Erbfall und damit zugleich die Steuerpflicht. Das REStG. stellt auch hier die Steuerpflicht als eine vollkommen selbständige hin; folgeweise ist dieselbe gänzlich unabhängig von der tatsächlichen Ausschlagung der Erbschaft oder des Vermächtnisses, ebenso von einer gültigen oder ungültigen Ausschlagung. Die Unterlassung der Ausschlagung oder eine ungültige, nicht rechtsverbindliche Ausschlagung wird regelmäßig zu einer doppelten Besteuerung führen, weil die Steuerpflicht nach § 2 Ziff. 2 selbständig für sich besteht und bestehen bleibt, daneben aber mangels rechtsgültiger Ausschlagung die Steuerpflicht aus dem Erbfall für den zur Ausschlagung Verpflichteten begründet ist. In der Vorschrift des § 2 Ziff. 2 war der Pflichtteilsanspruch nicht zu erwähnen, weil dieser nach BGB. § 2317 stets mit dem Erbfalle entsteht und einer Annahme nicht bedarf; der Pflichtteilsberechtigte ist daher in jedem Falle steuerpflichtig; eine Ausschlagung des Pflichtteils stellt sich stets als eine Verfügung über eine angefallene Erbschaft dar, welche besonders zu besteuern keinerlei Grund gegeben ist.

§ 3.

Als Erwerb von Todes wegen sind ferner anzusehen:

1. **was durch den Eintritt eines Lehens- oder Fideikommißfalls erworben wird;**
2. **Bezüge aus Familienstiftungen, sofern sie infolge Todesfalls an den stiftungsmäßig oder gesetzlich dazu Berufenen gelangen, sowie der Erwerb des Vermögens einer solchen Stiftung, sofern das Vermögen infolge Erlöschens der Stiftung an den stiftungsmäßig oder gesetzlich dazu Berufenen gelangt;**
3. **Vermögensvorteile, die auf Grund eines von dem Erblasser geschlossenen Vertrags unter Lebenden von einem Dritten mit dem Tode des Erblassers unmittelbar erworben werden;**
4. **was als Abfindung für den Verzicht auf einen Erwerb der unter Nr. 1, 2 bezeichneten Art gewährt wird.**

Vergl. BRAusfB. § (24).

Zu Ziffer 1:

1. Auf die Lehen und die Familienfideikommisse findet das BGB. keine Anwendung, denn der Art. 59 EG. BGB. bestimmt:

„Unberührt bleiben die landesgesetzlichen Vorschriften über Familienfideikommisse „und Lehen, mit Einschluß der allodifizierten Lehen, sowie über Stammgüter.“

Dementsprechend behält nicht nur die bisherige Gesetzgebung der Einzelstaaten in ihrem vollen Umfange Gültigkeit, sondern es ist auch den Einzelstaaten die Freiheit gegeben, noch für die Folge auf dem fraglichen Gebiete gesetzgeberisch regelnd vorzugehen. In der gleichen Weise bleibt aber dasjenige, was nach Maßgabe der betreffenden Landesgesetzgebung den bisherigen Rechtsstand der Familienfideikommisse und Lehen im einzelnen begründet, zu Kraft bestehen, so namentlich alle diejenigen bezüglichen Einzelregelungen, welche im Rahmen der Landesgesetzgebung durch Hausgesetze, Familienstatut, Herkommen, Stiftungsurkunden 2c. getroffen wurden. Als hauptsächlich in Frage kommende landesgesetzliche Vorschriften über die Lehen führt Niedner EG. BGB. in Ortmann Komm. z. BGB. an: Preuß. Landr. I Tit. 18 §§ 13 ff.; Bayer. Lehnsedikt vom 7. Januar 1808; Bad. Lehnsges. vom 12. August 1807; Gothaisch. Lehnsmandat vom 6. Januar 1800; Kursächs. Mandat vom 30. April 1764; Altenburgisches Lehnsmandat vom 5. Juni 1795; Waldecker Lehnsedikt vom 1. September 1670 (Ges. vom 19. Februar 1827). Als Landesgesetze über Familienfideikommisse hebt Gierke zu dem Artikel Fideikommisse im Handwörterbuch der Staatswissenschaften hervor: Bayer. Mandat von 1672; Cod. Max. Bav. civ. III c 10; Bayer. Edikt vom 26. Mai 1818 und Ges. vom 11. September 1829; Preuß. Allg. Landr. II Tit. 4 §§ 47 ff.; Preuß. Ges. vom 15. Februar 1840 und vom 5. März 1855; Preuß. Verfll. Art. 40; Ges. vom 5. Juli 1852; Bad. Landr. Art. 577 ca—cv.; Weimar. Ges. v. 22. April 1833; Hannov. Ges. vom 13. April 1836; Braunschw. Ges. vom 28. März 1837, vom 19. März 1850 und vom 20. Mai 1858; Oldenburg. Ges. vom 28. März 1852; Großherzl. hess. Ges. vom 13. September 1858; Sächs. BGB. §§ 2527—2541; Anhalt. Ges. vom 17. April 1870.

2. Auf den Lehens- und Fideikommißerwerber geht Eigentum über, aber nur ein beschränktes Eigentum. Der jeweilige Inhaber des Familienfideikommisses ist im Gebiet des Gemeinen Rechts stets als Eigentümer der Fideikommißgrundstücke anzusehen; die Fideikommißeigenschaft der Grundstücke hat für ihn nur die Bedeutung, daß er zugunsten seiner Nachfolger in der Veräußerungs- und sonstigen Verfügungsfähigkeit beschränkt ist (Urt. d. RG. vom 26. Mai 1905, RGE. Bd. 61 S. 29). In welcher Weise und bis zu welchem Grade die Beschränkung des Eigentums stattfindet, bestimmt sich für den einzelnen Fall unter großer Verschiedenheit nach der Landesgesetzgebung und den Regelungen der unter derselben weiter maßgebenden Faktoren. Der Eigentumsübergang bzw. der Erwerb vollzieht sich bei dem Lehen und dem Familienfideikommisse niemals unter der Gesamtnachfolge, wie sie sonst das Prinzip des Erbrechtes des BGB. bildet, sondern stets nur als eine gesonderte, aus der Masse der Erbschaft ausgeschiedene Erbfolge. Dabei ist aber noch auf die Sonderheit hinzuweisen, daß der Erwerb hier nicht ausschließlich infolge des Todes einer Person, sondern ebenso auch infolge Verzichts, Unfähigkeit, Entsetzung 2c. des früheren Inhabers stattfinden kann, daß es sich tatsächlich also nicht nur um einen Erwerb von Todes wegen, sondern auch um einen solchen unter Lebenden handeln kann. Nach dem Ber. d. RTKomm. S. 8 wurde in der Kommission die Frage berührt, wie es sich verhalte, wenn der Übergang eines Fideikommisses durch Verzichtleistung seitens des Fideikommißinhabers eintrete. Daraufhin erwiderte der Berichterstatter, „daß, wenn der Inhaber auf sein fideikommissarisches Recht vollständig Verzicht leiste, allerdings ein Fideikommißfall vorliege; daß ein solcher aber nicht vorliege, wenn der Inhaber unter Beibehaltung seines Rechts lediglich auf den Bezug der Nutzungen zum Vorteile eines anderen verzichte, in welchem Falle unter Umständen eine Schenkung anzunehmen sei. Ein Widerspruch gegen diese Auffassung wurde nicht erhoben".

3. Die Steuerpflicht entsteht mit dem Eintritt des Lehens- oder Fideikommißfalles, also für den regelmäßigen Fall in dem Augenblick, in welchem die Lehens- oder Fideikommißgüter nach der Sukzessionsordnung von dem einen Inhaber auf den anderen übergehen, wobei wiederum lediglich der Rechtserwerb, nicht der tatsächliche Erwerb maßgebend ist. In einer Verf. SFM. vom 21. Oktober 1908 Nr. 4020 ist ausgesprochen, daß der Anfall eines Fideikommisses erst beim Ableben des bisherigen Besitzers oder bei der sonstigen satzungsmäßigen Erledigung seines Besitzes begründet sei; vgl. auch Note 1 zu § 61 a. E. Zweifelhaft und unter der früheren Landesgesetzgebung bestritten (vgl. Becker, Bad. EStG. Note 19 zu § 1) ist die Frage, wie es sich mit der Steuerpflicht bei der Errichtung eines Familienfideikommisses rc. verhalte, ob bei dem Übergang schon ein Fideikommißfall vorliege oder eventuell eine Schenkung oder ein Vermächtnis, das entsprechend belastet sein würde; je nach der Entscheidung dieser Frage würde sich die Besteuerung verschieden zu gestalten haben, indem sie einerseits nach den Nutzungen andererseits nach der Substanz vorzunehmen sein würde. Dem Sinne des Gesetzes dürfte es am meisten entsprechen, wenn dem Lehens- und Fideikommißfall eine weitergehende Bedeutung beigelegt und dadurch die Steuerpflicht nach § 3 Ziff. 1 in weitere Grenzen gebracht wird. Demnach ist bei der Errichtung eines Familienfideikommisses rc. durch eine Verfügung von Todes wegen bei dem Eintritt des ersten Inhabers ein Fideikommißfall anzunehmen, auch wenn das Fideikommiß erst mit dem Anfall ins Leben tritt; vgl. hierzu auch Urt. d. RG. vom 20. Oktober 1884, JW. 1884 S. 315 Nr. 61. Erfolgt die Errichtung des Familienfideikommisses rc. durch Rechtsgeschäft unter Lebenden, so sind zwei Fälle zu unterscheiden. Einmal der Stifter beruft sich selbst zum ersten Besitzer des Fideikommisses; in diesem Falle liegt ein steuerpflichtiger Fideikommißfall nicht vor, denn es findet ein Eigentumsübergang bzw. ein Erwerb von Eigentum nicht statt, der Stifter hat lediglich das ihm bereits zustehende Eigentum am Stiftungsgut entsprechend beschränkt. Im anderen Fall beruft der Stifter einen Dritten zum ersten Besitzer, auf welchen zuerst das Fideikommißgut nach der Stiftungsurkunde in beschränktem Eigentum übergeht; für diesen Fall ist mit Dr. A. Hoffmann Anm. 1a zu § 3 anzunehmen, daß mit diesem ersten Eigentumsübergang der erste Fideikommißfall gegeben ist, daß folgeweise dieser Eigentumsübergang als ein Erwerb von Todes wegen nach § 3 Ziff. 1 REStG. und nicht als eine Schenkung nach § 55 steuerlich zu behandeln ist, vgl. auch E. Zimmermann Note 2 Abs. 2 zu § 3. Erfordern die maßgebenden landesgesetzlichen Vorschriften für die Errichtung von Familienfideikommissen rc. besondere Formalitäten wie eine besondere Verlautbarung, eine landesherrliche Genehmigung usw., so kann vom Eintritt des Familienfideikommißfalls unter allen Umständen erst mit Erfüllung dieser Formalitäten die Rede sein, weil erst dann ein bezüglicher Eigentumsübergang möglich ist; die Steuerpflicht ist von jenen Formalitäten in der gleichen Weise abhängig; vgl. Urt. d. RG. vom 24. Oktober 1905, RGE. Bd. 61 S. 402, JW. 1906 S. 45 Nr. 59.

4. Da bei dem Lehens- und Fideikommißfall Eigentum, wenn auch nur beschränktes übergeht, so würde an und für sich die Versteuerung nach dem Eigentumswert unter Berücksichtigung der Beschränkung zu erfolgen haben. Bei der wesentlichen Bedeutung der letzteren legt aber das REStG. nur die Nutzungen, welche das fragliche Eigentum gewährt, der Besteuerung zugrunde; es ergibt sich dieses aus dem Wortlaut der Vorschrift § 3 Ziff. 1 sowie aus der Begründung zum Gesetzentwurf, die ohne im Reichstag auf Widerspruch gestoßen zu sein sagt: „Beim Anfall eines Lehens oder Fideikommisses (Majorats,

Minorats u. dgl.) sowie bei Bezügen aus Familienstiftungen ist der Berechnung der nach Vorschrift der §§ 19 ff. (jetzt §§ 18 ff.) zu ermittelnde Wert der anfallenden Nutzungen oder Bezüge zugrunde zu legen". Daraus folgt ohne weiteres, daß der § 15 RErbStG. (Ermäßigung der Steuer für landwirtschaftliche 2c. Grundstücke) hier keine Anwendung finden kann, wogegen aber der § 18 Abs. 2 (Berechnung und Erstattung der Steuer nach der tatsächlichen Nutzungsdauer) bei Vorliegen seiner Voraussetzungen stets Platz greifen wird, also auch bei dem Entziehen des Lehens oder Fideikommisses oder bei dem Verzicht auf dasselbe. In der angeführten Begründung ist des Weiteren in der gleichen Weise ausgesprochen, daß, soweit ein Lehen oder Fideikommiß aus ausländischen Grundstücken besteht, nach § 7 Abs. 2 eine Steuer nicht zur Erhebung kommt (vgl. Note 6 zu § 7) und daß bei dem Anfall eines dem Anerbenrecht unterliegenden Grundstücks (EG. BGB. Art. 64), die Steuer nicht nach § 3 Abs. 1 Nr. 1, sondern nach § 1 erhoben wird. Der Steuersatz ist, wie sich aus § 5 Abs. 2 ergibt, nach dem Verwandtschaftsverhältnisse zwischen dem letzten Inhaber und seinem unmittelbaren Nachfolger zu bemessen. Eine Aufführung der Stammgüter (vgl. Art. 59 EG. BGB.) neben den Fideikommissen ist unterblieben, weil es sich bei den sogenannten Stammgütern entweder um solche Güter handelt, die ihrem Wesen nach, insbesondere mit Rücksicht auf die besondere Erbfolge, als Familienfideikommisse anzusehen sind, oder um solche Güter, die — lediglich mit gewissen Beschränkungen — nach der gewöhnlichen Erbfolge vererbt werden.

Zu Ziffer 2.

5. Als eine folgerichtige und notwendige Ergänzung der unter Ziff. 1 ausgesprochenen Steuerpflicht des Erwerbes durch Eintritt eines Lehens- oder Fideikommißfalles ist es anzusehen, wenn unter Ziff. 2 auch die Bezüge aus Familienstiftungen sowie der Erwerb des Vermögens einer solchen Stiftung der Erbschaftssteuer unterworfen werden. Eine gleichmäßige allgemeine steuerliche Behandlung der Familienfideikommisse und der Familienstiftungen wird schon dadurch bedingt, daß beide in der tatsächlichen Ausgestaltung für die einzelnen Fälle ihrem materiellen Inhalte nach vielfach ineinander übergehen; unter den beiden gegebenen Formen für die rechtliche Ausgestaltung finden sich Gebilde, welche nach ihrem ganzen inneren Gehalt und ihrem eigentlichen Gegenstand mehr oder weniger vollkommen übereinstimmend sind; es scheint aber kein genügender Grund gegeben, lediglich auf die verschiedene Form eine Verschiedenheit in der steuerlichen Behandlung zu gründen.

6. Was unter Familienstiftungen zu verstehen, bestimmt das RErbStG. nicht näher; es greifen hier also wiederum ausschließlich die Vorschriften des BGB. Platz, welches aber nur den Begriff der Stiftung als solcher kennt und die grundlegende Bestimmung hierfür durch den § 80 in der folgenden Weise trifft:

„Zur Entstehung einer rechtsfähigen Stiftung ist außer dem Stiftungs-
„geschäfte die Genehmigung des Bundesstaates erforderlich, in dessen Gebiete
„die Stiftung ihren Sitz haben soll. Soll die Stiftung ihren Sitz nicht in
„einem Bundesstaate haben, so ist die Genehmigung des Bundesrats
„erforderlich. Als Sitz der Stiftung gilt, wenn nicht ein Anderes bestimmt
„ist, der Ort, an welchem die Verwaltung geführt wird."

Wie und von wem die Genehmigung zu erteilen ist, bestimmt das Landesrecht der einzelnen Bundesstaaten, welches auch sonst hier in weiter Weise eingreift (vgl. § 85 BGB.) oder eingreifen kann (vgl. § 86 EG. BGB.). Die sonstigen Regelungen über die Stiftungen geben die §§ 81—88 BGB. Nach dem Berichte der Reichstagskommission (S. 45) sind Familienstiftungen „entsprechend dem gewöhnlichen Sprachgebrauche, Stiftungen, die wesentlich im Interesse der Angehörigen einer oder bestimmter Familien gemacht werden, wenn auch vorübergehend oder subsidiär Bezüge aus der Stiftung an andere Personen gelangen können". Nach Planck Bd. IV Vorbem. I wird die Familie durch den Kreis der durch die Ehe und durch Abstammung voneinander oder von gemeinschaftlichen Vorfahren verbundenen Personen gebildet; nach Staudinger Komm. z. BGB. Bd. IV S. 1 versteht das BGB. im wesentlichen übereinstimmend mit dem früheren Recht „unter Familie den Kreis der durch Ehevenwandtschaft oder Schwägerschaft verbundenen Personen". Vgl. auch Note 16 zu § 11. Von dem Familienfideikommiß unterscheidet sich die Familienstiftung dadurch, daß sie als ein ausschließlich den Zwecken der Familie gewidmetes und mit juristischer Persönlichkeit ausgestattetes Vermögen selbst ein Rechtssubjekt bildet, dem gegenüber den Stiftungsberechtigten nur ein Forderungsrecht auf Gewährung der stiftungsmäßigen Leistungen zusteht, welches gegen die Repräsentanten der Stiftung geltend zu machen ist, während bei den Familienfideikommissen die Berufenen als Eigentümer wenn auch nur mit Beschränkung in das Gut berufen werden und durch Sukzession mithin ein dingliches Recht erwerben, vgl. Urt. d. RG. vom 26. Mai 1905, RGE. Bd. 61 S. 29.

7. Neben den Bezügen aus Familienstiftungen ist auch der Erwerb des Vermögens einer solchen Stiftung unter die Steuerpflicht gestellt. Es wird sich dabei hauptsächlich um den Fall des Erlöschens der Stiftung handeln, für welchen § 88 BGB. den Heimfall an die in der Verfassung bestimmten Personen vorschreibt. Gerechterweise wird aber der Erwerb aus diesem Heimfall auf die gleiche Art wie der Bezug aus der Familienstiftung zu behandeln sein, zumal bei der Begründung der Familienstiftung eine Steuerpflicht schon an sich nicht in der gleichen Weise wie bei den Familienfideikommissen (vgl. oben Note 3) gegeben sein könnte, selbst wenn die im § 11 Ziff. 5 RESt G. ausgesprochene Befreiung von der Steuer nicht Platz greifen würde.

8. Die Steuerpflicht ist hier aber eine beschränktere wie bei den Fideikommissen; sie tritt nur ein, sofern die Bezüge oder das Stiftungsvermögen infolge Todesfalls oder infolge Erlöschens der Stiftung an den stiftungsmäßig oder gesetzlich dazu Berufenen gelangen, wogegen bei dem Familienfideikommiß jeder Erwerb durch Eintritt pflichtig ist (vgl. oben unter Note 4). Es ist demnach, wie der Bericht der Reichstagskommission (S. 36) ausdrücklich hervorhebt, eine Steuerpflicht in allen denjenigen Fällen allgemein nicht begründet, in denen die Bezüge nicht infolge Todesfalls eines vorher Berechtigten erworben werden, so besonders also nicht in denjenigen Fällen, in welchen solches ausschließlich durch die besondere Verfügung der Vertreter der Stiftung geschieht, wie bei Stipendien, Aussteuerbeihilfen ꝛc. Des ferneren kann in den Fällen, in denen durch Verzicht, Entsetzung ꝛc. die Bezüge bei Lebzeiten des Vorberechtigten an den Nachberechtigten gelangen, eine Pflichtigkeit zur Erbschaftssteuer erst mit dem Tode des Verzichtenden ꝛc. eintreten. Vgl. Becker, Bad. EStG. Note 28 zu § 1. Erfolgt der Verzicht jedoch sofort bei der Berufung in der Weise, daß der Berufene überhaupt nicht in den Genuß der Bezüge gelangt, so scheidet der Verzichtende ganz aus; es findet sofortige Versteuerung für den Nachfolger nach seinem Verhältnis zu dem zuletzt tatsächlich im Genuß der Bezüge Stehenden statt. Da die Steuerpflicht nur gegeben ist, wenn infolge Todesfalls die Bezüge

an den stiftungsmäßig oder gesetzlich dazu Berufenen gelangen, also nur wenn ein stiftungsmäßiger oder gesetzlicher Sukzessionsfall eintritt, so kann die Vorschrift des § 3 Ziff. 2 auf denjenigen, welcher nach Errichtung einer Familienstiftung als Erster in den Genuß der Bezüge gelangt, keine Anwendung finden, da hier ein Sukzessionsfall nicht vorliegt; and. M. U. Hoffmann Note 5 Abs. 2 zu § 3 [ebenso auch 2. Aufl. Anm. 5 d zu § 3], der eine Besteuerung nach dem Verhältnis zum Stifter eintreten lassen will; dem dürfte aber auch schon die Vorschrift und die Fassung des § 5 Abs. 2 entgegenstehen. Die Steuerpflicht entsteht in dem Augenblick, in welchem der Berufene einen Rechtsanspruch auf die Stiftungsbezüge oder auf das infolge Erlöschens der Stiftung freiwerdende Stiftungsvermögen erhält.

9. Das, was oben in Note 4 bezüglich der Berechnung der Steuer und des Steuersatzes für die Familienfideikommisse gesagt ist, findet in der gleichen Weise für die Familienstiftung Anwendung. Falls es sich um den Erwerb des Stiftungsvermögen infolge Erlöschens der Stiftung handelt, bestimmt sich der Steuersatz unter sachgemäßer Berücksichtigung der Vorschrift des § 5 Abs. 2 REStG. nach dem Verhältnis des zum Erwerb des Vermögens Berufenen zu dem, welcher zuletzt im stiftungsmäßigen rc. Genuß der Bezüge aus der Familienstiftung stand; geht das Vermögen auf denjenigen über, welchem die Bezüge aus der Familienstiftung bereits zustehen, so ist das Verhältnis desselben zu demjenigen, welcher vor ihm im Genuß der Bezüge war, maßgebend; and. M. U. Hoffmann Note 6 Abs. 2 zu § 3 [ebenso auch 2. Aufl. Anm. 6 b zu § 3], welcher stets das Verhältnis zum Stifter zugrunde gelegt wissen will; eine derartige vollkommene Ausschaltung der ausdrücklichen Vorschrift des § 5 Abs. 2 REStG. dürfte aber wohl gesetzlich unzulässig erscheinen. Der Erwerb des Stiftungsvermögen wird vom Gesetz als ein Fall mit besonderer selbständiger Steuerpflicht hingestellt, der mit der Versteuerung des Genusses der Bezüge aus der Familienstiftung in keinerlei Zusammenhang steht. Erwirbt daher ein bereits im Genuß der Bezüge aus der Familienstiftung Stehender infolge Erlöschens der Stiftung das Vermögen derselben, so ist dieser Erwerb selbständig nach dem Wert zur Zeit des Entstehens der Steuerpflicht zu versteuern, ohne irgend welche Rücksicht auf die bereits früher stattgehabte Versteuerung des Erwerbs der Bezüge; die letztere Versteuerung würde nur eventuell nach Maßgabe des § 18 Abs. 2 REStG. nach der tatsächlichen Dauer des Nutzungsgenusses vermindert werden.

Zu Ziffer 3.

10. Die Vorschrift unter Ziff. 3 trifft insbesondere den Fall, in welchem der Erblasser in einem Lebensversicherungsvertrage die Zahlung der Versicherungssumme an einen Dritten bedungen hat; es sind dafür im wesentlichen die §§ 330 und 331 BGB. maßgebend:

„§ 330. Wird in einem Lebensversicherungs- oder einem Leibrentenvertrage die Zahlung der Versicherungssumme oder der Leibrente an einen Dritten bedungen, so ist im Zweifel anzunehmen, daß der Dritte unmittelbar das Recht erwerben soll, die Leistung zu fordern. Das gleiche gilt, wenn bei einer unentgeltlichen Zuwendung dem Bedachten eine Leistung an einen Dritten auferlegt oder bei einer Vermögens- oder Gutsübernahme von dem Übernehmer eine Leistung an einen Dritten zum Zwecke der Abfindung versprochen wird.

„§ 331. Soll die Leistung an den Dritten nach dem Tode desjenigen erfolgen, welchem sie versprochen wird, so erwirbt der Dritte das Recht auf die Leistung im Zweifel mit dem Tode des Versprechensempfängers.

„Stirbt der Versprechensempfänger vor der Geburt des Dritten, so kann „das Versprechen, an den Dritten zu leisten, nur dann noch aufgehoben „oder geändert werden, wenn die Befugnis dazu vorbehalten worden ist."

11. Leistungen, die der Erblasser durch Vertrag zugunsten eines Dritten mit der Wirkung bedungen hat, daß dem Dritten das unmittelbare Recht auf die Leistungen zustehe (§ 328 BGB.), gehören an und für sich nicht zum Nachlasse und sind daher nicht erbschaftssteuerpflichtig, vgl. Urt. d. RG. vom 3. Juni 1902, RGE. Bd. 51 S. 403; nur wenn der Vertrag „zugunsten der Erben" abgeschlossen ist, gehört das im Vertrage Ausbedungene zum Nachlaß, vgl. Urt. d. RG. vom 26. Januar 1894, RGE. Bd. 32 S. 162, des weiteren auch unten Note 10 zu § 29. Um die Fälle, in welchen der Erwerb des Rechts auf die Leistung mit dem Tode des Erblassers eintritt, der Erbschaftssteuer zu unterwerfen, bedurfte es einer besonderen Vorschrift, wie sie die Ziffer 3 enthält. Der Grund für diese Einführung einer besonderen Steuerpflicht ist darin zu sehen, daß in den fraglichen Fällen eine ähnliche Wirkung wie mit den Schenkungen von Todes wegen erzielt wird, da auch hier der begünstigte Dritte mit dem Eintritt des Todes des Versicherungsnehmers unentgeltlich bereichert wird und deshalb eine gleichmäßige steuerliche Behandlung geboten ist.

12. Die Steuerpflicht entsteht mit dem Tode des Erblassers; sie kann gemäß der Fassung der Vorschrift nur insoweit entstehen, als durch Vertrag ein Vermögensvorteil für den Erwerber sich ergibt. Neben den im § 330 BGB. berührten Lebensversicherungs- und Leibrentenverträgen, Schenkungen unter einer Auflage, Vermögens- und Gutsübernahmen gehören auch Unfallversicherungsverträge, Verträge mit Sterbekassen u. dgl. hierher, sobald sich diese Verträge als zugunsten eines Dritten abgeschlossen darstellen. Nicht unter die Steuervorschrift fallen gesetzliche Ansprüche, welche ein Dritter mit dem Tode des Erblassers erwirbt, wie Ansprüche aus dem Unfallversicherungsgesetz, auf Witwengehalt, auf Waisengeld usw.

Zu Ziffer 4.

13. Die innere Begründung der Bestimmungen unter Ziffer 4 entspricht im allgemeinen derjenigen für die Sondervorschrift unter Ziffer 2 des § 2. Wie in letzterer dasjenige, was als Entgelt für eine Entziehung von dem eigentlichen Erwerb von Todes wegen erworben wird, besonders der Steuerpflicht unterworfen wird (vgl. Note 8 zu § 2), so ist hier das gleiche mit demjenigen geschehen, was als Abfindung, also in derselben Weise als Entgelt, für den Verzicht auf einen Erwerb der unter den Ziffern 1 und 2 dieses Paragraphen behandelten Art gewährt wird. Die Berechtigung für die Steuerunterstellung ist in demselben Maße wie bei dem früheren Falle gegeben.

14. Die Steuerpflicht entsteht mit dem Rechtserwerb, also in dem Augenblick, in welchem der Anspruch auf die Gewährung einer Abfindung rechtlich begründet ist. Eine Steuerpflicht ist nur bezüglich der Abfindungssumme für einen solchen Verzicht begründet, durch welchen der Verzichtende von dem Erwerb der fraglichen Art von vornherein ausgeschlossen wird, durch welchen er überhaupt nicht zu den Nutzungen des Lehens, des Familienfideikommisses oder der Familienstiftung kommt; es folgt dieses aus dem Wortlaut der Vorschrift unter Ziff. 4, welche ausdrücklich den Verzicht auf den Erwerb erfordert.

§ 4.

Für die Steuerpflicht an Kindesstatt angenommener Personen und ihrer Abkömmlinge, soweit sich auf diese die Wirkungen der Annahme an Kindesstatt erstrecken, gelten außerdem folgende besondere Vorschriften:

Als Erwerb von Todes wegen ist auch anzusehen:

1. ein Erwerb, auf welchen die für den Pflichtteilsanspruch geltenden Vorschriften des bürgerlichen Rechtes Anwendung finden;
2. was durch eine Zuwendung unter Lebenden erworben wird, sofern die Zuwendung von dem Erwerber bei einer Erbauseinandersetzung mit anderen Abkömmlingen des Zuwendenden nach gesetzlicher Vorschrift oder auf Grund einer bei der Zuwendung getroffenen Anordnung des letzteren zur Ausgleichung zu bringen sein würde.

Im Falle der Fortsetzung der ehelichen Gütergemeinschaft (§§ 1483 ff. des Bürgerlichen Gesetzbuchs) ist nach der Beendigung der fortgesetzten Gütergemeinschaft der einem anteilsberechtigten Abkömmling an dem Gesamtgute der fortgesetzten Gütergemeinschaft zustehende Anteil Gegenstand der Erbschaftssteuer in gleicher Weise, wie wenn der erstverstorbene Ehegatte zur Zeit der Beendigung der Gütergemeinschaft gestorben und der Anteil an dem Gesamtgute der gesetzliche Erbteil des Abkömmlinges wäre. Als Erwerb von Todes wegen ist auch eine Zuwendung anzusehen, die einem anteilsberechtigten Abkömmling unter Lebenden gemacht wird, soweit die Zuwendung bei der Auseinandersetzung zur Ausgleichung kommen würde, sowie eine Abfindung, die einem Abkömmlinge dafür gewährt wird, daß er vor oder nach dem Eintritte der fortgesetzten Gütergemeinschaft auf seinen Anteil am Gesamtgute verzichtet.

Vergl. BRAusfB. §§ (24, 26).

Zu Absatz 1 und Absatz 2 Ziff. 1.

1. Nach § 10 Abs. 1 Nr. II 6 REStG. sind der Erbschaftssteuer die an Kindes Statt angenommenen Kinder und deren Abkömmlinge, soweit sich auf diese die Wirkungen der Annahme an Kindes Statt erstrecken, unterworfen, vgl. auch Note 19—21 zu § 10. Zur näheren Bestimmung des Gegenstandes der Erbschaftssteuer bedurfte es daher besonderer Vorschriften, die sich daraus ergeben, daß dem an Kindes Statt angenommenen Kinde nach dem BGB. § 1757 die rechtliche Stellung eines ehelichen Kindes, insbesondere auch hinsichtlich des Erbrechts, gegenüber dem Annehmenden zukommt. Inwieweit sich die Wirkungen der Annahme an Kindes Statt auf die Abkömmlinge der so angenommenen Kinder beziehen, regelt § 1762 BGB. vgl. Note 20 zu § 10.

2. Wie nach § 1 Abs. 2 Ziff. 1 dem Erwerbe von Todes wegen ein Erwerb gleichgestellt ist, auf den die für Vermächtnisse geltenden Vorschriften des bürgerlichen Rechtes Anwendung finden, so wird das gleiche durch die Vorschrift unter Ziffer 1 des Abs. 2 hinsichtlich eines Erwerbes angeordnet, auf welchen die für den Pflichtteilsanspruch geltenden Vorschriften des bürgerlichen Rechtes Anwendung finden. Hierher gehören die Fälle des § 1505 und des § 1511 Abs. 2 BGB.:

„§ 1505. Die Vorschriften über das Recht auf Ergänzung des Pflichtteils „finden zugunsten eines anteilsberechtigten Abkömmlinges entsprechende Anwendung; an die Stelle des Erbfalls tritt die Beendigung der fortgesetzten Gütergemeinschaft, als gesetzlicher Erbteil gilt der dem Abkömmlinge „zur Zeit der Beendigung gebührende Anteil an dem Gesamtgut, als „Pflichtteil gilt die Hälfte des Wertes dieses Anteils.

„§ 1511, Abs. 2. Der ausgeschlossene Abkömmling kann, unbeschadet seines „Erbrechts, aus dem Gesamtgute der fortgesetzten Gütergemeinschaft die „Zahlung des Betrages verlangen, der ihm von dem Gesamtgute der ehelichen Gütergemeinschaft als Pflichtteil gebühren würde, wenn die fortgesetzte Gütergemeinschaft nicht eingetreten wäre. Die für den Pflichtteilsanspruch geltenden Vorschriften finden entsprechende Anwendung".

Außerdem kommt für die hier in Frage stehenden Kinder gleichmäßig die Vorschrift des § 2 Ziff. 1 in Betracht.

Die Steuerpflicht entsteht mit dem Erwerb d. h. mit dem Rechtserwerb, also in dem Augenblick, mit welchem der Rechtsanspruch auf den Erwerb begründet ist.

Zu Absatz 2 Ziffer 2.

3. Für die Vorschrift unter Ziffer 2 des Absatzes 2 greift namentlich der § 2050 BGB. Platz, der folgendermaßen lautet:

„Abkömmlinge, die als gesetzliche Erben zur Erbfolge gelangen, sind verpflichtet, dasjenige, was sie von dem Erblasser bei dessen Lebzeiten als „Ausstattung erhalten haben, bei der Auseinandersetzung untereinander zur „Ausgleichung zu bringen, soweit nicht der Erblasser bei der Zuwendung „ein Anderes angeordnet hat.

„Zuschüsse, die zu dem Zwecke gegeben worden sind, als Einkünfte verwendet zu werden, sowie Aufwendungen für die Vorbildung zu einem „Berufe sind insoweit zur Ausgleichung zu bringen, als sie das den Vermögensverhältnissen des Erblassers entsprechende Maß überstiegen haben.

„Andere Zuwendungen unter Lebenden sind zur Ausgleichung zu bringen, „wenn der Erblasser bei der Zuwendung die Ausgleichung angeordnet hat."

Ob der im Abs. 2 des vorstehenden § 2050 BGB. bezeichnete Fall vorliegt, wird sich zumeist erst beim Tode des Zuwendenden feststellen lassen.

Nach der im REStG. gewählten Fassung werden Zuwendungen, die nach gesetzlicher Vorschrift der Ausgleichungspflicht unterliegen, als Erwerb von Todes wegen behandelt, selbst wenn der Zuwendende bei der Zuwendung die Ausgleichung ausgeschlossen hat. Ebenso unterliegen solche Zuwendungen auch dann der Steuer, wenn etwa der Erwerber das einzige Kind des Zuwendenden ist, also im Falle des Todes tatsächlich eine Ausgleichung nicht in Frage kommen würde.

Die Steuerpflicht entsteht durch die Zuwendung, also in dem Augenblick, in welchem der Rechtsanspruch auf die Zuwendung begründet ist.

Zu Absatz 3.

4. Sind beim Tode eines Ehegatten gemeinschaftliche Abkömmlinge vorhanden und wird zwischen diesen und dem überlebenden Ehegatten die

Gütergemeinschaft fortgesetzt, so gehört der Anteil des verstorbenen Ehegatten am Gesamtgute (§ 1483 BGB.) nicht zum Nachlasse. Es liegt daher in diesem Falle, soweit das Gesamtgut in Betracht kommt, ein Erwerb von Todes wegen und ein Anlaß zur Erhebung von Erbschaftssteuer nicht vor. Das gleiche trifft zu, wenn während der Fortsetzung der Gütergemeinschaft einer der mehreren Abkömmlinge stirbt. Das RESTG. verschiebt demgemäß die Steuererhebung auf den Zeitpunkt der Beendigung der fortgesetzten Gütergemeinschaft und ordnet an, daß die Hälfte des alsdann vorhandenen Gesamtguts als Nachlaß des erstverstorbenen Ehegatten angesehen werden soll.

Hieraus folgt, daß im Falle der Beendigung der Gemeinschaft entweder durch Aufhebung seitens des überlebenden Ehegatten (§ 1492 BGB.) oder durch dessen Wiederverheiratung (§ 1493 daselbst) die Hälfte des Gesamtguts von den steuerpflichtigen Abkömmlingen zu ihrem Teile zu versteuern ist, während bei Beendigung der Gemeinschaft durch den Tod des überlebenden Ehegatten die steuerpflichtigen Abkömmlinge zu ihrem Teile für das Gesamtgut in vollem Umfange die Steuer zu entrichten haben.

Die Steuerpflicht entsteht mit der Beendigung der fortgesetzten Gütergemeinschaft.

5. Die Versteuerung des nicht zum Gesamtgute gehörigen Vermögens erfolgt nach den allgemeinen Vorschriften. Was nicht zu dem Gesamtgute zu rechnen ist, bestimmt sich namentlich nach den §§ 1439, 1440 und 1485 Abs. 2 BGB. wie folgt:

„§ 1439. Von dem Gesamtgut ausgeschlossen sind Gegenstände, die nicht „durch Rechtsgeschäft übertragen werden können. Auf solche Gegenstände „finden die bei der Errungenschaftsgemeinschaft für das eingebrachte Gut „geltenden Vorschriften, mit Ausnahme des § 1524, entsprechende An„wendung.

„§ 1440. Von dem Gesamtgut ausgeschlossen ist das Vorbehaltsgut. „Vorbehaltsgut ist, was durch Ehevertrag für Vorbehaltsgut eines der Ehe„gatten erklärt ist oder von einem der Ehegatten nach § 1369 oder 1370 „erworben wird.

„§ 1485 Abs. 2. Das Vermögen, das ein gemeinschaftlicher Abkömmling „zur Zeit des Eintritts der fortgesetzten Gütergemeinschaft hat oder später „erwirbt, gehört nicht zu dem Gesamtgute".

Daneben sind ferner die §§ 1483 (speziell Abs. 2) und 1486 BGB. in Betracht zu ziehen.

6. Die Doppelvorschrift im letzten Satz des § 4 korrespondiert in ihrer inneren Begründung wiederum mit den beiden Vorschriften im § 2 RESTG. (vgl. auch Note 8 zu § 2). Bezüglich der an einen anteilsberechtigten Abkömmling unter Lebenden gemachten Zuwendungen, welche bei der Auseinandersetzung zur Ausgleichung kommen würden, sind neben dem oben schon angeführten § 2050 BGB. (vgl. Note 3) auch die §§ 2053 und 2054 BGB. in Rücksicht zu ziehen. Betreffs der Abfindung, die einem Abkömmling aus dem Gesamtgute der fortgesetzten Gütergemeinschaft dafür gewährt wird, daß er auf seinen Anteil am Gesamtgute verzichtet, ist namentlich auf die §§ 1491, 1501 und 1517 zu verweisen.

Die Steuerpflicht entsteht mit der Zuwendung unter Lebenden bzw. mit Gewährung der Abfindung, also zu dem Zeitpunkte, mit welchem der Rechtsanspruch auf Zuwendung oder Abfindung begründet ist.

7. In einer Verf. d. PrFM. vom 7. Oktober 1908 III 17358 ist zunächst ausgesprochen, daß es beabsichtigt werde, den nachstehenden § 4a auf gesetz-

lichem Wege in das RESt G. einzufügen: „§ 4a. Hat der Erblasser in ehelicher Gütergemeinschaft gelebt oder geht die Erbschaft auf mehrere Erben über, so finden die in diesem Gesetze hinsichtlich des Erwerbes einzelner Gegenstände getroffenen Vorschriften in gleicher Weise Anwendung, wie wenn der Anteil des verstorbenen Ehegatten am Gesamtgut oder der Erbteil des Miterben ein Anteil an den einzelnen Gegenständen wäre". Im Einverständnisse mit dem Reichskanzler wurden die K. Oberzolldirektionen sodann angewiesen, im Sinne dieses Gesetzesvorschlags schon jetzt verfahren zu lassen; dabei sind Ersatzforderungen des verstorbenen Ehegatten an dem Gesamtgut mit dem vollen Betrage einzustellen und sind, wenn feststeht, welche Nachlaßbestandteile sie belasten, bei diesen, anderenfalls mit den anderen Verbindlichkeiten zusammen verhältnismäßig in Abzug zu bringen.

In den dem Reichstag bei der Reichsfinanzreform 1908/09 vorgelegten Entwurf eines Gesetzes wegen Änderung des RESt G. war die Vorschrift nach obigem Wortlaut mit folgendem Zusatze aufgenommen: „Das gleiche gilt, wenn zum Gesamtgut oder zur Erbschaft ein Anteil an einer nicht nach Bruchteilen bestehenden Gemeinschaft gehört."

II. Räumliche Herrschaft des Gesetzes.

Vorbemerkungen zu §§ 5—9.

1. Die §§ 5—9 regeln die räumliche Herrschaft des Deutschen Erbschaftssteuerrechts, wie es im RESt G. ausgestaltet ist, und entscheiden somit über die Frage, welches Nachlaßvermögen von dem deutschen Erbschaftssteuerrecht ergriffen wird. Nach den eigenartigen Verhältnissen des Deutschen Reiches muß sich wesentlich für das Gebiet der Steuerverwaltung enger als zweite Frage anschließen, nach welchen Grundsätzen sich die Zuständigkeit der einzelnen Bundesstaaten zur Erhebung der Abgabe von einem steuerpflichtigen Nachlasse zu richten habe. Die letztere Frage ist an anderer Stelle (§ 33) und zwar in dem Sinne geordnet, daß dafür im wesentlichen der Wohnsitz des Erblassers maßgebend ist. Hinsichtlich der ersteren Frage nimmt das RESt G. die das internationale Privatrecht betreffenden Rechtssätze des BGB. bezüglich des Erbrechts zur Grundlage.

2. Nach letzteren Rechtssätzen wird ein Deutscher, auch wenn er seinen Wohnsitz im Auslande hatte, nach den deutschen Gesetzen beerbt. Ein Ausländer, der zur Zeit seines Todes seinen Wohnsitz im Inlande hatte, wird nach den Gesetzen des Staates beerbt, dem er zur Zeit seines Todes angehörte. Gehört eine Person keinem Staate an, so werden ihre Rechtsverhältnisse nach den Gesetzen des Staates beurteilt, dem sie zuletzt angehört hat, und, wenn sie auch früher einem Staate nicht angehört hat, nach den Gesetzen des Staates, in welchem sie ihren Wohnsitz oder in Ermangelung eines Wohnsitzes ihren Aufenthalt gehabt hat. Im einzelnen maßgebend sind die Art. 24, 25 und 29 EG. BGB., die folgendermaßen lauten:

„Art. 24. Ein Deutscher wird, auch wenn er seinen Wohnsitz im Aus-
„lande hatte, nach den deutschen Gesetzen beerbt.

„Hat ein Deutscher zur Zeit seines Todes seinen Wohnsitz im Auslande „gehabt, so können die Erben sich in Ansehung der Haftung für die Nachlaß-„verbindlichkeiten auch auf die an dem Wohnsitze des Erblassers geltenden „Gesetze berufen.

„Erwirbt ein Ausländer, der eine Verfügung von Todes wegen errichtet „oder aufgehoben hat, die Reichsangehörigkeit, so wird die Gültigkeit der „Errichtung oder der Aufhebung nach den Gesetzen des Staates beurteilt, „dem er zur Zeit der Errichtung oder Aufhebung angehörte; auch behält „er die Fähigkeit zur Errichtung einer Verfügung von Todes wegen, selbst „wenn er das nach den deutschen Gesetzen erforderliche Alter noch nicht „erreicht hat. Die Vorschrift des Art. 11 Abs. 1 Satz 2 bleibt unberührt.

„Art. 25. Ein Ausländer, der zur Zeit seines Todes seinen Wohnsitz im „Inlande hatte, wird nach den Gesetzen des Staates beerbt, dem er zur „Zeit seines Todes angehörte. Ein Deutscher kann jedoch erbrechtliche An-„sprüche auch dann geltend machen, wenn sie nur nach den deutschen Gesetzen „begründet sind, es sei denn, daß nach dem Rechte des Staates, dem der „Erblasser angehörte, für die Beerbung eines Deutschen, welcher seinen „Wohnsitz in diesem Staate hatte, die deutschen Gesetze ausschließlich maß-„gebend sind.

„Art. 29. Gehört eine Person keinem Staate an, so werden ihre Rechts-„verhältnisse, soweit die Gesetze des Staates, dem eine Person angehört, „für maßgebend erklärt sind, nach den Gesetzen des Staates beurteilt, dem „die Person zuletzt angehört hat, und, wenn sie auch früher einem Staate „nicht angehört hat, nach den Gesetzen des Staates, in welchem sie ihren „Wohnsitz und in Ermangelung eines Wohnsitzes ihren Aufenthalt hat „oder zu der maßgebenden Zeit gehabt hat."

In dem angezogenen Satz des zweiten Absatzes des Art. 11 wird zum Ausdrucke gebracht, daß für die Form eines Rechtsgeschäftes die Beobachtung der Gesetze des Ortes, an dem das Rechtsgeschäft vorgenommen wird, genüge.

3. Den vorberührten Grundsätzen entsprechend sind im wesentlichen die Vorschriften der §§ 5 und 6 gefaßt worden. Dabei „sind jedoch teils mit Rücksicht auf die besondere Lage der Deutschen in den Schutzgebieten, teils, um die Ausländer nicht günstiger zu stellen als die Deutschen im Auslande gestellt sind, und endlich, um die Durchführung des Gesetzes zu erleichtern, die nachstehenden Ausnahmen gemacht:

1. Das Vermögen eines Reichsangehörigen, der keine deutsche Staatsangehörigkeit besitzt (§ 9 SchutzgebG. vom 10. September 1900, RGBl. 1900, S. 815), soll der Erbschaftssteuer nur unterworfen sein, soweit der Erblasser seinen Wohnsitz oder gewöhnlichen Aufenthalt im Inlande hatte und soweit sich sein Vermögen daselbst befindet; anderseits soll das Vermögen eines deutschen Staatsangehörigen, der in einem Schutzgebiete seinen Wohnsitz oder Aufenthalt hat, der in diesem Gesetze vorgesehenen Abgabe nicht unterliegen, soweit es sich in diesem Schutzgebiet befindet.
2. Das Vermögen eines Ausländers soll, soweit es sich im Inlande befindet, zur Steuer herangezogen werden, wenn der Ausländer im Inlande Wohnsitz oder Aufenthalt hat, und selbst wenn letzteres nicht der Fall ist, wenigstens

dann, wenn es einem Erwerber anfällt, der zur Zeit des Anfalls im Inlande seinen Wohnsitz hat. Soweit der Ausländer einem auswärtigen Staate angehört, soll sein Vermögen in derselben Weise behandelt werden, wie es in seinem Heimatstaate mit dem Vermögen eines Deutschen geschehen würde.

3. Die Besteuerung des Grundbesitzes folgt dem Rechte der belegenen Sache.“ (Motive.)

4. In Ansehung des unbeweglichen Vermögens ist der Rechtszustand, welcher durch das RESt G. geschaffen ist, nach den Motiven des Gesetzes der folgende:

„Von inländischen Grundstücken wird die Steuer in jedem Falle, ohne Rücksicht auf Staatsangehörigkeit oder Wohnsitz des Erblassers, erhoben (§ 7 Abs. 1). Umgekehrt bleiben ausländische Grundstücke in jedem Falle von der Steuer befreit (§ 7 Abs. 2). Zubehör und Früchte der Grundstücke (§§ 97, 98 BGB.) sind im Sinne dieser Vorschriften wie die Grundstücke selbst zu behandeln.

Den Grundstücken stehen Berechtigungen gleich, für welche die sich auf Grundstücke beziehenden Vorschriften gelten (§ 7 Abs. 3). Solche Berechtigungen sind das Erbbaurecht (§ 1017 BGB.), das Erbpachtrecht mit Einschluß des Büdnerrechts und des Häuslerrechts (Art. 63 EG. BGB.) sowie nach Maßgabe der Landesgesetzgebung Bergwerkseigentum, Schiffsmühlengerechtigkeiten (zu vergleichen Preuß. Allgem. Landrecht II, 15 §§ 229, 230), Fischereigerechtigkeiten, Fährgerechtigkeiten, Apothekergerechtigkeiten u. a. m. (zu vergleichen das Preuß. AG. BGB. Art. 40, das Preuß. AG. GO. Art. 22, 27, 28).“

5. In Ansehung des beweglichen Vermögens gibt das RESt G. nach seinen Motiven den folgenden Rechtszustand:

„Das Vermögen von Reichsangehörigen, die zugleich Angehörige eines Bundesstaates sind, unterliegt der Steuer ohne Rücksicht darauf, ob sich das Vermögen im In- oder Auslande befindet. Nur das in deutschen Schutzgebieten befindliche Vermögen ist, wenn der Erblasser dort seinen Wohnsitz oder gewöhnlichen Aufenthalt hatte, von der Besteuerung ausgenommen. Wird von dem in einem auswärtigen Staate befindlichen Vermögen eines deutschen Staatsangehörigen seitens dieses Staates eine Erbschaftssteuer erhoben, so ist hierauf insofern billige Rücksicht genommen, als die Anrechnung der im Auslande gezahlten Abgabe auf die deutsche Erbschaftssteuer zugelassen ist (§ 5 Abs. 1). Das im Auslande befindliche Vermögen eines Ausländers ist steuerfrei; sein im Inlande befindliches Vermögen unterliegt der Steuer, wenn er seinen Wohnsitz oder, sofern er weder im In- noch im Ausland einen Wohnsitz besaß, seinen gewöhnlichen Aufenthalt in einem Bundesstaate hatte (§ 6 Abs. 1), ferner, auch wenn weder das eine noch das andere der Fall ist, dann, wenn es einem Erwerber anfällt, der zur Zeit des Anfalls im Inlande seinen Wohnsitz hat (§ 6 Abs. 2). Das gleiche gilt in Ansehung des Vermögens solcher Personen, die, ohne einem Bundesstaat anzugehören, in einem deutschen Schutzgebiete die Reichsangehörigkeit erworben haben (§ 6 Abs. 5). Gehört ein Ausländer einem auswärtigen Staate an, in welchem in Ansehung der Behandlung des Nachlasses eines Deutschen günstigere Bestimmungen als die vorstehenden bestehen, so sollen diese auch deutscherseits angewendet werden (§ 6 Abs. 3).

Zur Vermeidung von Härten einerseits und zur Wahrung voller Gegenseitigkeit anderseits sollen im Verwaltungsweg auch hierüber hinaus Steuererleichterungen zugelassen, ebenso aber auch erschwerende Maßnahmen getroffen werden können (§ 6 Abs. 4).

Die Steuerpflichtigkeit des Nachlasses eines Erblassers, der nicht deutscher Staatsangehöriger ist, ist unter gewissen Voraussetzungen von seinem gewöhnlichen Aufenthalt abhängig gemacht, weil es nicht gerechtfertigt erschien, den rein zufälligen Umstand des bloß vorübergehenden Sichaufhaltens im Inlande — etwa auf der Durchreise — hierfür entscheidend sein zu lassen.

Staatsangehörigkeit, Wohnsitz und Aufenthalt desjenigen, welchem ein Erwerb von Todes wegen aus einem nach vorstehendem steuerpflichtigen Vermögen anfällt, kommen in den in Rede stehenden Fällen mit der im § 6 Abs. 2 bezeichneten Ausnahme nicht in Betracht".

§ 5.

Bewegliches Vermögen ist der Erbschaftssteuer unterworfen, wenn derjenige, aus dessen Vermögen der Erwerb anfällt (Erblasser), zur Zeit seines Todes oder, sofern der Erwerb bei seinen Lebzeiten anfällt, zur Zeit des Anfalls an den Erwerber ein Deutscher war und zugleich einem Bundesstaat angehörte. Soweit sich das Vermögen im Auslande befindet, wird auf Antrag die in dem auswärtigen Staate erweislich gezahlte Abgabe auf die Erbschaftssteuer angerechnet; soweit es sich in einem deutschen Schutzgebiete befindet, unterliegt es der Erbschaftssteuer nicht, wenn der Erblasser zu der bezeichneten Zeit seinen Wohnsitz oder in Ermangelung eines Wohnsitzes seinen gewöhnlichen Aufenthalt in diesem Schutzgebiete hatte.

In den Fällen des § 3 Nr. 1, 2 ist im Sinne dieses Gesetzes als Erblasser der zuletzt Berechtigte anzusehen.

Vergl. BRAusfB. § (12).

Zu Absatz 1.

1. Eine ausdrückliche Begriffsbestimmung darüber, was unter beweglichem Vermögen zu verstehen sei, gibt das RESTG. nicht. In der gleichen Weise ist es ausgeschlossen, hier bezüglich einer solchen wie sonst regelmäßig auf das BGB. zurückzugreifen, denn dieses kennt zwar bewegliches und unbewegliches Vermögen, aber nicht als Begriffe von allgemeiner Bedeutung; es bestimmt vielmehr stets für den einzelnen Fall, welche Rechte bei den in Betracht kommenden Rechtsverhältnissen zu der einen oder der anderen Art gehören, so z. B. bei der Fahrnisgemeinschaft in dem § 1551, dabei in der Regel wie im letzten Fall so verfahrend, daß allein das unbewegliche Vermögen positiv bestimmt wird, das bewegliche dagegen nur durch den Gegensatz dazu zu erklären ist. Vgl. Planck Vorbem. z. 2. Abschn. d. allg. Tl. Note 6 Abs. 2). Es bleibt auch hier nur übrig, das bewegliche Vermögen in letzterer Art fest-

zulegen und als bewegliches Vermögen alles anzusehen, was nicht nach dem § 7 REStG. dem unbeweglichen Vermögen zugezählt ist, also alles, abgesehen von den Grundstücken und den Berechtigungen, für welche die sich auf Grundstücke beziehenden Vorschriften gelten (vgl. Note 1 zu § 7). Damit ist es schon von selbst gegeben, daß man für die Auslegung im einzelnen möglichst weite Grenzen zu ziehen hat. Wenn man unter Vermögen den Inbegriff der einem Rechtssubjekt zustehenden wirtschaftlichen, also außerhalb der Person liegenden Güter versteht, so wird man zu dem beweglichen Vermögen alle die betreffenden Güter zu rechnen haben, welche sich nicht als Grundstücke oder als Berechtigungen, für welche die sich auf Grundstücke beziehenden Vorschriften gelten, darstellen. Im einzelnen sind zu dem beweglichen Vermögen zunächst die beweglichen Sachen zu zählen, für welche es übrigens auch im BGB., das lediglich den Begriff der Sachen als solche im § 90 — „Sachen im Sinne des Gesetzes sind nur körperliche Gegenstände" — festlegt, an einer Begriffsbestimmung mangelt. Außerdem gehören dann zu dem beweglichen Vermögen alle Forderungen und Ansprüche sowie Rechte jeder Art und zwar nicht nur die obligatorischen sondern ebensowohl auch die dinglichen, wenn sie nicht zu jenen besonders herausgehobenen Berechtigungen gehören. Da nach § 7 Abs. 3 den Grundstücken nur diejenigen Berechtigungen gleich geachtet werden sollen, für welche die sich auf Grundstücke beziehenden Vorschriften gelten, so sind für das deutsche Erbschaftssteuerrecht alle anderen Rechte an Grundstücken trotz ihres eventuell in Frage kommenden dinglichen Charakters dem beweglichen Vermögen zuzurechnen, so namentlich Nießbrauch, Hypothek, Grundschuld, Rentenschuld usw. Wird ein derartiges Recht, mit welchem ein im Auslande befindliches Grundstück belastet ist, von einem deutschen Erblasser vererbt, so ist der bezügliche Erwerb nach dem REStG. steuerpflichtig; dabei kann es keinen Unterschied ausmachen, ob das fragliche Recht schon früher bestand oder erst mit dem Tode des Erblassers zur Entstehung kommt; and. M. Dr. A. Hoffmann Anm. 1 b zu § 5, welcher den Nießbrauch, den der Erblasser an einem ihm gehörigen ausländischen Grundstück vermacht, der inländischen Steuer nicht unterworfen erachtet. Die bis zum Tode des Erblassers aufgelaufenen Miet- und Pachterträgnisse aus Grundstücken sind dem beweglichen Vermögen zuzuzählen. Auch Kuxe gehören zu letzterem. Endlich kommen als zum beweglichen Vermögen gehörig noch die sogenannten immateriellen Rechte in Frage, wenngleich bei ihnen sich vielfach ein eigentlicher Vermögenswert nur schwer feststellen läßt. Der Anteil an einem ungeteilten Nachlaß eines Dritten ist der Besteuerung zu dem Teil unterworfen, zu dem dieser Nachlaß im Inland belegen ist; Verf. BdStd vom 16. Januar 1908 Nr. 1762.

2. Wenn in der gesetzlichen Vorschrift hinter den Worten „derjenige, aus dessen Vermögen der Erwerb anfällt", in Klammer die Bezeichnung „Erblasser" hinzugefügt ist, so hat dieses keineswegs nur eine deklaratorische, sondern auch eine materielle Bedeutung. Es ist damit, wie nach der Natur der Sache nicht anders anzunehmen, zum Ausdruck gebracht, daß nicht etwa streng die Persönlichkeit desjenigen, aus dessen Vermögen der Erwerb unmittelbar entstammt, maßgebend sein soll, sondern die Persönlichkeit desjenigen, der für den Erwerb der eigentlich maßgebende gewesen ist, wenn solcher auch nur mittelbar seinem Vermögen entstammt. Es ist dieses namentlich für die besonderen Fälle von Bedeutung, in welchen gewisse Erwerbe nach den §§ 1—4 REStG. zu Erwerben von Todes wegen erklärt worden sind, so bei dem Erwerb der infolge einer Auflage oder einer Leistung nach § 1 Abs. 2 Ziff. 2 erlangt wird, vgl. oben Note 14 und Note 15 § 1, sowie bei einem Erwerb

aus einem Vertrag zugunsten Dritter nach § 3 Ziff. 3, vgl. oben Note 11 und 12 zu § 3. In diesen Fällen ist die inländische Steuerpflicht nicht nach der Persönlichkeit dessen, von dem der Erwerb unmittelbar anfällt (nach Erbschaftsverhältnis dem Dritten), sondern nach der Persönlichkeit dessen, von dem er mittelbar herrührt (dem Erblasser), zu bestimmen. Für die räumliche Begrenzung des Erbschaftssteuerrechts sind allgemein die gleichen Grundsätze maßgebend, wie sie für die Festlegung des Steuersatzes nach dem Verhältnis des Erwerbenden zum Erblasser Anwendung finden. So ist beispielsweise bei der Vorerbschaft und bei der Nacherbschaft die gleiche Persönlichkeit maßgebend, nämlich diejenige, auf deren Verfügung Vorerbschaft wie Nacherbschaft beruht.

3. Daß neben der Zeit des Todes des Erblasser, sofern der Erwerb bei seinen Lebzeiten anfällt, die Zeit des Anfalls als für die räumliche Begrenzung des Erbschaftssteuerrechts maßgebend hingestellt wird, war wiederum auf die in den §§ 1—4 berührten besonderen Fälle, in denen ein Erwerb von Todes wegen als gesetzlich vorhanden erklärt wird, notwendig. Die Zeit des Anfalls ist hier durchweg identisch mit dem Zeitpunkt des Entstehens der Steuerpflicht; es ist also für die Regel nicht der tatsächliche Erwerb, sondern der Rechtserwerb das Maßgebende; vgl. § 1 Note 14, 15, 16; § 2 Note 3, 9, 10; § 3 Note 3, 8, 12, 14; § 4 Note 2, 3, 4.

4. Die Eigenschaft als Deutscher oder als Angehöriger eines Bundesstaats bestimmt sich nach dem Gesetz über die Erwerbung und den Verlust der Bundes- und Staatsangehörigkeit vom 1. Juni 1870 (BGBl. S. 355 ff.), welches in Württemberg, Baden und Hessen durch den Art. 80 Nr. 24 der Verfassung des Deutschen Bundes vom 15. November 1870 (BGBl. 1870 S. 648) und den Vertrag zwischen dem Norddeutschen Bunde, Baden, Hessen einerseits und Württemberg andererseits betr. den Beitritt Württembergs zur Verfassung des Deutschen Bundes vom 25. November 1870, Art. 2 Nr. 6 (BGBl. 1870 S. 656), in Bayern durch das Gesetz betr. die Einführung norddeutscher Bundesgesetze in Bayern vom 22. April 1871 § 9 (BGBl. 1871 S. 89) und in Elsaß-Lothringen durch die Kaiserliche Verordnung vom 8. Januar 1873 zur Gültigkeit gelangt ist. Die Reichsangehörigkeit, also die Eigenschaft als Deutscher, ist mit der Staatsangehörigkeit in einem Bundesstaate in eine unmittelbare, untrennbare Verbindung gebracht; sie kann, abgesehen von der in Note 5 bei den Schutzgebieten hervorzuhebenden Ausnahme, nur mit der letzteren Staatsangehörigkeit erworben und verloren werden (§ 1 d. a. G.). Die einzelnen Gründe, vermöge deren ein Erwerb (§§ 2 ff. d. a. G.) oder ein Verlust (§§ 13 ff. d. a. G.) der Staatsangehörigkeit in einem Bundesstaate eintreten kann, sind in dem Gesetze des näheren festgelegt worden. Die Möglichkeit eines gleichzeitigen Besitzes der Staatsangehörigkeit in mehreren Bundesstaaten ist gegeben, da der Staatsangehörige eines Bundesstaates, ohne seine frühere Staatsangehörigkeit aufzugeben, daneben die Staatsangehörigkeit eines oder auch mehrerer Bundesstaaten erwerben und diese Mehrheit von Staatsangehörigkeiten auf seine Nachkommen übertragen kann. Ebenso kann es nach der maßgebenden Gesetzgebung vorkommen, daß ein Deutscher neben seiner deutschen Staatsangehörigkeit eine Staatsangehörigkeit als Ausländer besitzt; in diesem Falle ist die deutsche Staatsangehörigkeit bei der Bestimmung nach der räumlichen Begrenzung das Besteuerungsrecht stets ausschlaggebend. Bei der Erbschaft eines Verschollenen ist anzunehmen, daß der Verschollene in dem durch die Todeserklärung festgelegten Zeitpunkt seines Todes die gleiche Staatsangehörigkeit besessen hat, wie bei dem Beginn der Verschollenheit; vgl. EG. BGB. Art. 9; als Wohnsitz dürfte eventuell der letzte nachweisbare Wohnsitz zu gelten haben.

5. Unter Ausland sind alle diejenigen Gebiete und Länder zu verstehen, welche nicht zum Bundesgebiete des Deutschen Reiches also nicht zu den im Artikel 1 der Verfassung des Deutschen Reiches vom 16. April 1871 (BGBl. 1871 S. 64) aufgeführten, das Bundesgebiet bildenden einzelnen Staaten gehören. Die letzteren bilden das Inland. Zum Inland gehören die deutschen Staatsschiffe (d. h. in erster Linie die Kriegsschiffe, sodann aber auch alle anderen Schiffe, welche dauernd und ausschließlich im Dienste des Staats verwendet werden wie Zollkutter, Sanitätsschiffe usw.), selbst wenn sie in fremden Küsten- und Eigengewässern sich befinden, und die deutschen Handelsschiffe auf offener See und in fremden Küstengewässern (nicht in fremden Eigengewässern), weil völkerrechtlich die Schiffe „überhaupt und in allen Beziehungen als schwimmende Gebietsteile des Staates, dessen Flagge sie führen, gelten"; vgl. v. Liszt, Völkerrecht 5. Aufl. S. 92.

6. Gewissermaßen in der Mitte zwischen dem Inland und dem Ausland, keines von beiden voll ausmachend, stehen die deutschen Schutzgebiete. Völkerrechtlich gehören sie zum Deutschen Reich, da sie nach den für jedes einzelne Schutzgebiet erlassenen speziellen Schutzerklärungen (vgl. z. B. Allerhöchsten Erlaß, betreffend die Erklärung des Schutzes über die Samoainseln westlich des 171. Längengrades w. L. vom 17. Februar 1900, RGBl. 1900 S. 135) und dem § 1 des Schutzgebietsgesetzes vom 10. September 1900 (RGBl. S. 813) der Schutzgewalt des Deutschen Reiches unterstehen, welche der deutsche Kaiser im Namen des Reiches ausübt. Staatsrechtlich bilden sie aber keinen Teil des deutschen Bundesgebietes, denn der Artikel 1 der Verfassung des Deutschen Reiches erwähnt sie nicht und findet auf sie keine Anwendung. An und für sich sind daher die deutschen Schutzgebiete nicht als Inland anzusehen und zu behandeln; sofern vielmehr solches für eine bestimmte Angelegenheit Platz greifen soll, ist es besonders festzulegen, wie es gesetzlich z. B. im § 9 Absatz 3 des oben angeführten Schutzgebietsgesetzes oder im § 6 Abs. 1 der Seemannsordnung vom 2. Juni 1902 (RGBl. 1902 S. 175) geschehen ist, wie es aber auch durch kaiserliche Verordnung nach Maßgabe des § 3 des Schutzgebietsgesetzes beziehungsweise der §§ 19 und 26 des Gesetzes über die Konsulargerichtsbarkeit vom 7. April 1900 (RGBl. 1900 S. 213 ff.) — § 26 „Durch Kaiserliche Verordnung kann bestimmt werden, inwieweit die Konsulargerichtsbezirke im Sinne der in den §§ 19, 22 bezeichneten Gesetze als deutsches Gebiet oder Inland oder Ausland anzusehen sind" — geschehen kann. Diese gemischte rechtliche Stellung der deutschen Schutzgebiete bedingte wohl an sich schon eine besondere Berücksichtigung im REStG.; es ist eben durch dieselbe die besondere Vorschrift für das in den Schutzgebieten befindliche bewegliche Vermögen zu Ende des ersten Absatzes im § 5 begründet, auf welche oben in Note 3 zu §§ 5—9 bereits hingewiesen wurde.

7. In dem schon erwähnten Schutzgebietsgesetz vom 10. September 1900 (s. vor. Note) ist für die Schutzgebiete das Besondere im ersten und zweiten Absatz des § 9 bestimmt, daß Ausländern, welche sich in den Schutzgebieten niederlassen, sowie Eingeborenen durch Naturalisation die Reichsangehörigkeit von dem Reichskanzler oder von einem durch letzteren hierzu ermächtigten Kaiserlichen Beamten verliehen werden kann und daß auf die Naturalisation und das durch dieselbe begründete Verhältnis der Reichsangehörigkeit die Bestimmungen des Gesetzes über den Erwerb und Verlust der Bundes- und Staatsangehörigkeit vom 1. Juni 1870, sowie Art. 3 der Reichsverfassung und § 4 des Wahlgesetzes für den deutschen Reichstag vom 31. Mai 1869 entsprechende Anwendung finden sollen. Damit ist entgegen dem Prinzip des Gesetzes über den Erwerb und Verlust der Bundes- und

Staatsangehörigkeit die Möglichkeit des Erwerbes ausschließlich der Reichsangehörigkeit ohne und unabhängig von dem Besitz der Staatsangehörigkeit in einem Bundesstaate gegeben. Auch diesem Umstande mußte besonders Rechnung getragen werden und ist solches dadurch geschehen, daß in dem ersten Satz des Abs. 1 des § 5 für den Erblasser die doppelte Qualifikation, daß er Deutscher war und zugleich einem Bundesstaate angehörte, gefordert wurde.

8. Die deutschen Schutzgebiete sind: Deutsch-Ostafrika; Kamerun; Togo; Deutsch-Südwest-Afrika; Marschall-, Brown- und Providence-Inseln; Schutzgebiet von Deutsch-Neu-Guinea einschließlich des Inselgebiets der Karolinen, Palau und Marianen; Kiautschou; Samoa.

9. Eine Anrechnung der in dem auswärtigen Staate gezahlten Abgabe nach Maßgabe des zweites Satzes von Abs. 1 kann nur auf Antrag des Steuerpflichtigen erfolgen; der Antrag ist bei dem Erbschaftssteueramte in ordnungsmäßiger Form mündlich oder schriftlich und unter Beibringung der erforderlichen Nachweise zu stellen. Nach einer bei U. Hoffmann Preuß. ESt. Note 5 zu § 10 angeführten Entscheidung des PrFM. vom 8. November 1891 III 14827 kann die Anrechnung nur auf denjenigen Betrag der inländischen Steuer erfolgen, welcher denselben Nachlaßteil und denselben Erwerber trifft; dieser Grundsatz wird auch für das RESt. zur Anwendung zu bringen sein vgl. Dr. A. Hoffmann Anm. 4c zu § 5; U. Hoffmann RESt. Note 5 zu § 5; E. Zimmermann Note 3 zu § 5. Nach Entsch. d. BayerFM. vom 16. Oktober 1909 Nr. 31107 (BlfBF. 1909 S. 256) findet die Vorschrift auf Vermächtnisse dann Anwendung, wenn die Vermächtnisgegenstände, aus denen das Vermächtnis zu begleichen ist, räumlich im Auslande gelegen sind; ist die Erfüllung des Vermächtnisses nicht auf einen bestimmten Teil des Vermächtnisses angewiesen, so kommt die Anwendung insoweit in Frage, als das Vermächtnis bei entsprechender Anwendung des § 9 RESt. als auf dem ausländischen Vermögen anteilig ruhend anzusehen ist; soweit die Befriedigung der Vermächtnisnehmer in dem vorstehenden Sinne aus den bei einer Bank liegenden Werttiteln zu erfolgen hat, ist die hierfür im ausländischen Staate gezahlte Abgabe auf die nach dem RESt. zu berechnende Erbschaftssteuer in Anrechnung zu bringen. Von dem Steuerpflichtigen ist der Nachweis zu erbringen, daß die in dem ausländischen Staate nach dessen Recht geschuldete Steuer zu dem behaupteten Betrage tatsächlich gezahlt worden ist. Eine in Aussicht stehende Anrechnung ausländischer Steuer kann die Erhebung der inländischen Steuer nicht aufhalten; eventuell greift Erstattung der im Inlande erhobenen Steuer Platz. Nur bis zu dem nachgewiesenen Betrage der ausländischen Steuerzahlung kann eine Anrechnung stattfinden; ist ersterer Betrag höher als die im Inlande zu zahlende Steuer, so wird letztere nicht gehoben bzw. voll zurückgezahlt. Eine Gegenseitigkeit braucht von dem ausländischen Staat nicht gewährt zu sein. Der Steuerpflichtige kann die Anrechnung der auswärtigen Steuer auf die deutsche Erbschaftssteuer nur insoweit verlangen, als die ausländische Steuer als Erbschaftssteuer aus dem im ausländischen Staat befindlichen Mobiliarnachlaß erhoben worden ist; Verf. BdSt. vom 2. August 1907 Nr. 22113.

10. Was als Wohnsitz anzusehen ist, bestimmt sich wiederum ausschließlich nach den Vorschriften des BGB. in den nachstehenden §§ 7—11:

„§ 7. Wer sich an einem Orte ständig niederläßt, begründet an diesem „Orte seinen Wohnsitz.

„Der Wohnsitz kann gleichzeitig an mehreren Orten bestehen.

„Der Wohnsitz wird aufgehoben, wenn die Niederlassung mit dem Willen „aufgehoben wird, sie aufzugeben.

„§ 8. Wer geschäftsunfähig oder in der Geschäftsfähigkeit beschränkt ist, „kann ohne den Willen seines gesetzlichen Vertreters einen Wohnsitz weder „begründen noch aufheben.

„§ 9. Eine Militärperson hat ihren Wohnsitz am Garnisonorte. Als Wohnsitz „einer Militärperson, deren Truppenteil im Inlande keinen Garnisonort hat, „gilt der letzte inländische Garnisonort des Truppenteils.

„Diese Vorschriften finden keine Anwendung auf Militärpersonen, die nur „zur Erfüllung der Wehrpflicht dienen oder die nicht selbständig einen „Wohnsitz begründen können.

„§ 10. Die Ehefrau teilt den Wohnsitz des Ehemanns. Sie teilt den „Wohnsitz nicht, wenn der Mann seinen Wohnsitz im Auslande an einem „Orte begründet, an den die Frau ihm nicht folgt und zu folgen nicht „verpflichtet ist.

„So lange der Mann keinen Wohnsitz hat oder die Frau seinen Wohnsitz „nicht teilt, kann die Frau selbständig einen Wohnsitz haben.

„§ 11. Ein eheliches Kind teilt den Wohnsitz des Vaters, ein uneheliches „Kind den Wohnsitz der Mutter, ein an Kindesstatt angenommenes Kind „den Wohnsitz der Annehmenden. Das Kind behält den Wohnsitz, bis es „ihn rechtsgültig aufhebt.

„Eine erst nach dem Eintritt der Volljährigkeit des Kindes erfolgende „Legitimation oder Annahme an Kindesstatt hat keinen Einfluß auf den „Wohnsitz des Kindes."

Überall wo das RErbStG. vom Wohnsitz spricht, ist für die Begriffsbestimmung der rechtliche Wohnsitz, wie er in den angeführten Gesetzesvorschriften formuliert ist, maßgebend. Speziell kommt die Begriffsbestimmung des Wohnsitzes, welche das Doppelsteuergesetz vom 22. März 1909 (RGBl. 1909 S. 332) in seinem § 1 Abs. 2 gibt, nicht in Frage, zumal das Doppelsteuergesetz auf die sich als eine indirekte Abgabe darstellende Erbschaftssteuer überhaupt keine Anwendung findet; vgl. Urt. d. RG. vom 8. März 1897, RGZ. Bd. 39 S. 12.

Zur Begründung eines Wohnsitzes ist erforderlich die tatsächliche ständige Niederlassung an einem Orte und der hierauf gerichtete Wille der betreffenden Person eventuell ihres gesetzlichen Vertreters; vgl. BlfBF. 1909 S. 114. Wohnsitz eines Verschollenen s. oben Note 4.

11. Nicht festgelegt hat das Gesetz, was Aufenthaltsort ist. Es handelt sich dabei um ein rein tatsächliches Verhältnis, welches durch das rechtliche Verhältnis des Wohnsitzes begrenzt und in negativer Weise bestimmt ist. Ein Aufenthaltsort entsteht durch jede nicht nur ganz vorübergehende — wie bei der Durchreise — Aufenthaltnahme, durch welche ein Wohnsitz nicht begründet wird. Die Dauer der Aufenthaltsnahme ist dabei ohne Einfluß, ebenso auch eine vorübergehende Entfernung. Planck § 1320 Anm. 1 sagt dazu: „Es ist darunter das rein tatsächliche Verhältnis des längeren Verweilens an einem bestimmten Orte gemeint, ohne daß der Verweilende die Absicht hat, diesen Ort zum Mittelpunkt seiner wirtschaftlichen Tätigkeit zu machen. Die Beschränkungen, welche die §§ 8—11 (vgl. oben Note 10) hinsichtlich geschäftsunfähiger oder in der Geschäftsfähigkeit beschränkter Personen, hinsichtlich der Kinder, der Ehefrauen aufstellen, gelten in Hinsicht des Aufenthalts, eben weil es sich nur um ein tatsächliches Verhältnis handelt, nicht. Wie lange der Aufenthalt gedauert haben muß, damit er als gewöhnlicher angesehen gesehen werden kann, ist Tatfrage." Für die Regel dürfte der gewöhnliche

Aufenthalt mit dem augenblicklichen tatsächlichen Wohnort, sofern sich dieser nicht als ein ganz vorübergehender wie bei einer Reise darstellt, zusammenfallen. Vgl. auch Note 1 zu § 6.

Zu Absatz 2.

12. Bei dem als Erwerb von Todes wegen anzusehenden Anfall der Lehens- oder Fideikommißgüter, sowie der Bezüge oder des Vermögens von Familienstiftungen ist ein Erblasser nicht vorhanden. Gesetzlich mußte daher Bestimmung darüber getroffen werden, wer als Erblasser betrachtet werden, beziehungsweise wessen Persönlichkeit für die fraglichen Fälle maßgebend sein solle. Als lediglich der Natur der Sache entsprechend ist es anzusehen, wenn hierbei auf den zuletzt Berechtigten gegriffen ist, da von diesem in einer analogen Weise wie vom Erblasser der Uebergang des Vermögens erfolgt. Bei der Errichtung eines Familienfideikommisses wird nach den oben in Note 3 zu § 3 Ausgeführtem der Stifter als Erblasser zu gelten haben. Für die Errichtung einer Familienstiftung kommt eine Besteuerung nach § 3 Ziff. 2 nicht in Frage vgl. oben Note 8 zu § 3. Bei dem Verzicht auf ein Lehen oder Fideikommiß oder auf die Bezüge aus einer Familienstiftung ist zu unterscheiden, ob der Verzicht von vornherein bei der Berufung erfolgt ist und sich danach als Ausschlagung darstellt, oder ob erst später nach Eintritt in die Nutzung Verzicht geleistet ist. Im ersteren Fall scheidet der Verzichtende gänzlich aus der Sukzessionsordnung aus und kommt für das Recht auf die Nutzungen überhaupt nicht weiter in Frage; der Übergang der Berechtigung vollzieht sich über seine Person hinweg; folgeweise kann er nicht als der „zuletzt Berechtigte“ nach § 5 Abs. 2 angesehen werden; maßgebend ist danach in diesem Fall der von dem Verzichtenden zuletzt Berechtigte. Im zweiten Fall gilt der Verzichtende als der zuletzt Berechtigte, seine Persönlichkeit ist die maßgebende.

§ 6.

Von dem Vermögen eines ausländischen Erblassers wird die Steuer erhoben, wenn er zur Zeit seines Todes oder, sofern der Erwerb bei seinen Lebzeiten anfällt, zur Zeit des Anfalls an den Erwerber seinen Wohnsitz oder in Ermangelung eines Wohnsitzes seinen gewöhnlichen Aufenthalt in einem Bundesstaate hatte, jedoch nur insoweit, als sich das Vermögen im Inlande befindet.

Das im Inlande befindliche Vermögen eines ausländischen Erblassers, welcher zu dem nach Abs. 1 maßgebenden Zeitpunkte weder seinen Wohnsitz noch seinen gewöhnlichen Aufenthalt in einem Bundesstaate hatte, unterliegt der Steuer, wenn es einem Erwerber anfällt, der zur Zeit des Anfalls im Inlande seinen Wohnsitz oder in Ermangelung eines solchen seinen gewöhnlichen Aufenthalt hat. Der Steuerpflichtige hat das Recht des Abzugs einer für denselben Erwerb im Ausland entrichteten Steuer.

Die Steuer wird insoweit nicht erhoben, als in dem Heimatstaate des Erblassers im umgekehrten Falle in Ansehung der von

dem Erwerb aus dem Vermögen eines Deutschen zu entrichtenden Erbschaftssteuer Ermäßigung oder Befreiung gewährt wird.

Unter Zustimmung des Bundesrates kann der Reichskanzler zum Zwecke der Ausgleichung oder der Vermeidung einer Doppelbesteuerung Abweichungen von den Vorschriften des Abs. 1 anordnen.

Auf das Vermögen eines Deutschen, der einem Bundesstaate nicht angehörte, finden die Vorschriften der Abs. 1, 2 entsprechende Anwendung.

Zu Absatz 1 und 2.

1. Bezüglich der Begriffsbestimmungen für Erblasser, Zeit des Anfalls, Ausland, Wohnsitz und Aufenthaltsort in den beiden ersten Absätzen des Paragraphen findet Anwendung, was in den Noten 2, 3, 5, 10 und 11 des vorigen Paragraphen ausgeführt ist. Bezüglich der allgemeinen Grundsätze vgl. oben Note 5 zu den §§ 5—9. Durch den inneren Zusammenhang der §§ 5 und 6 ist der Begriff des „ausländischen Erblassers" lediglich im Gegensatz zu demjenigen Erblasser, der ein Deutscher war, gestellt; folgeweise ist im Sinne des Gesetzes jeder Erblasser, der die deutsche Staatsangehörigkeit nicht besaß (s. Note 4 zu § 5), ein ausländischer Erblasser; als letzterer hat also auch derjenige zu gelten der überhaupt keine Staatsangehörigkeit besaß, mag er früher die deutsche oder eine ausländische gehabt haben. Hatte der Erblasser im maßgebenden Zeitpunkt mehrere Wohnsitze, so ist die Vorschrift im Abs. 1 des § 6 zur Anwendung zu bringen, wenn nur einer der mehreren Wohnsitze in einem Bundesstaate gelegen war. Daß im Abs. 1 die Steuerpflichtigkeit des Nachlasses eines Erblassers, der nicht deutscher Staatsangehöriger ist, unter gewissen Voraussetzungen von seinem gewöhnlichen Aufenthalt abhängig gemacht wurde, ist nach der Begründung zum Regierungsentwurf (S. 26) „geschehen, weil es nicht gerechtfertigt erschien, den rein zufälligen Umstand des bloß vorübergehenden Sichaufhaltens im Inlande — etwa auf der Durchreise — hierfür entscheidend sein zu lassen". Daß auch bezüglich der Vorschrift im Abs. 2 in Ermangelung eines Wohnsitzes der gewöhnliche Aufenthalt maßgebend sein soll, ist durch die Kommission des Reichstages in der Erwägung hinzugefügt worden, „daß, wie im Falle des Abs. 1 des § 8 (jetzt § 6) für den Erblasser neben dem Wohnsitz auch der gewöhnliche Aufenthalt bedeutungsvoll werden kann, ebenso hier für den Erwerber der gewöhnliche Aufenthalt unter Umständen geeignet sein solle, den Wohnsitz zu ersetzen" (Kommissionsbericht, Drucksachen des Reichstags, 11. Legislatur-Periode. II. Session 1905/1906, Nr. 360 S. 8). Über die Frage, wann sich das Vermögen im Inlande befindet bzw. als im Inlande befindlich anzusehen ist, trifft der § 8 REStG. Bestimmungen, vgl. § 8 und die Noten zu demselben. Dabei ist zu beachten, daß das Vermögen sich nur in dem für die Anwendung oder Nichtanwendung des deutschen Erbschaftssteuerrechtes maßgebenden Zeitpunkte, also zur Zeit des Todes des Erblassers oder zur Zeit des Anfalls, wenn der Erwerb bei seinen Lebzeiten anfällt (vgl. Note 3 zu § 5), im Inlande befunden haben muß, um die Anwendbarkeit des deutschen Erbschaftssteuerrechts zu begründen, daß dagegen alle Veränderungen, welche sich nach jenem maßgebenden Zeitpunkte vollziehen, auch wenn sie vor Feststellung oder Feststellungsmöglichkeit der Steuer erfolgen, auf die bereits feststehende Anwendbarkeit des Erbschaftssteuerrechts keinen Einfluß weiter ausüben können; hierbei ist es auch ohne Bedeutung, wenn durch die Veränderung bewegliches Vermögen in unbewegliches umgestaltet ist z. B. mit inländischen Wertpapieren ausländischer Grundbesitz beschafft ist. Praktisch wird dieses namentlich bei dem Erwerb unter auflösender Bedingung und bei der Nacherbfolge.

2. In dem Absatz 2 des § 6 wird für den berührten Fall — als allein stehende Ausnahme, s. oben Note 5 zu §§ 5—9 l. A. — die Anwendbarkeit des deutschen Erbschaftssteuerrechts von dem Erwerber, ob er Wohnsitz bzw. Aufenthalt im Inlande oder im Auslande hat, abhängig gemacht. Hier muß die Verteilung der Erbschaftsmasse von Bedeutung sein, namentlich wenn mehrere Erben mit dem Wohnsitz teils im Inlande teils im Auslande und bewegliches Vermögen, welches teils im Inlande teils im Auslande belegen ist, in Frage kommen. Steht im letzteren oder in ähnlichen Fällen durch Verfügung des Erblassers rechtlich fest, welche bestimmten Gegenstände der Erbschaftsmasse den Erwerb der einzelnen Erben bilden, so liegt die Sache einfach, es bestimmt sich lediglich nach dieser rechtlichen Verteilung die Anwendbarkeit des Erbschaftssteuerrechts und die Steuerpflicht der einzelnen Erben. Das gleiche ist, wenn eine derartige rechtliche Festlegung nur für einen Teil des Nachlasses vorhanden war, bezüglich dieses Nachlaßteils der Fall. Wenn aber keine solche Verteilung vorliegt bzw. soweit eine solche nicht vorliegt, so ist davon auszugehen, daß der Nachlaß als Ganzes auf die Erben übergeht und gemeinschaftliches Vermögen derselben wird, an dem jeder einzelne zu seinem Erbenteil berechtigt ist. Lediglich hiernach bestimmt sich die Anwendbarkeit des deutschen Erbschaftssteuerrechts. Eine solche ist nicht gegeben einmal für die ausländischen Erben sowohl bezüglich ihres Erbanteils an dem ausländischen wie auch an dem inländischen Vermögen, sowie ferner für die inländischen Erben bezüglich ihres Erbanteils an dem ausländischen Vermögen; sie findet mithin nur statt für die inländischen Erben bezüglich ihres Erbanteils an dem inländischen Vermögen.

Wenn in dem Satz 2 des Abs. 2 dem Steuerpflichtigen das Recht, die für denselben Erwerb im Ausland entrichtete Steuer abzuziehen, zugesprochen ist, so hat dieses, wie auch vom Reichsschatzamt anerkannt worden, die Bedeutung, daß die im Auslande entrichtete Steuer in gleicher Weise wie im Falle des § 5 Abs. 1 Satz 2 auf die Reichserbschaftssteuer und nicht nur auf den Wert des Nachlaßvermögens angerechnet werden soll; die in der Bek. d. RK. vom 26. Februar 1908 (vgl. unten Note 8 unter b) für den Nachlaß eines britischen Staatsangehörigen vorgeschriebene Anrechnung der ausländischen Abgabe auf den Wert des Nachlaßvermögens enthält eine auf Grund des § 6 Abs. 4 erlassene Sondervorschrift, die durch die obige allgemeine Anordnung nicht berührt wird: Verf. BdStd. vom 15. April 1910 Nr. 397.

Zu Absatz 3.

3. Die besondere Begründung der Vorschrift des Absatzes 3 findet sich oben in Note 5 zu den §§ 5—9. Eine nähere Darstellung der einschlagenden ausländischen Erbschaftssteuergesetzgebung gibt für Belgien, Brasilien, Dänemark, England, Frankreich, Italien, Niederlande, Österreich, Rumänien, Rußland, Ungarn, Schweiz, Spanien und Türkei Josewski Anm. 4 zu den §§ 5 bis 9, sowie für England, Frankreich, Österreich und Ungarn E. Zimmermann Note 6—8 zu § 6 [nunmehr in seiner 2. Aufl. besonders eingehend auch U. Hoffmann als Anhang unter 5].

4. **Eine notwendige Voraussetzung für die Anwendbarkeit der Vorschrift des Absatz 3 bildet es stets, daß die Ermäßigungen und Befreiungen der auswärtigen Gesetzgebung sich auf die speziellen in den beiden ersten Absätzen des § 6 für Deutschland geregelten Fälle der Erbschaften be-**

ziehen, daß sie eine besondere steuerliche Behandlung des Vermögens eines ausländischen Erblassers nach den beiden in den ersten Absätzen des § 6 berührten Richtungen hin bedingen und daß hierin eine tatsächliche Begünstigung der betreffenden deutschen Gesetzgebung (§ 6 Abs. 1 und 2) gegenüber liegt. Dabei ist es aber keineswegs erforderlich, daß die fraglichen Ermäßigungen und Befreiungen der auswärtigen Gesetzgebung lediglich oder ausdrücklich für die Angehörigen des Deutschen Reichs getroffen sind, sondern es ist vollauf genügend, daß sie allgemein für die Ausländer überhaupt bestehen. Nicht als ausreichend für die Anwendbarkeit des Abs. 3 ist es zu erachten, wenn die allgemeinen Steuersätze, nach denen der auswärtige Staat seine Erbschaftssteuer erhebt, zwar niedrigere sind als die des deutschen Erbschaftssteuergesetzes, die Behandlung des Vermögens ausländischer Erblasser aber grundsätzlich in der gleichen Weise wie in dem § 6 Abs. 1 und 2 des deutschen Gesetzes geregelt ist, weil hierin eine Ermäßigung oder Befreiung für den speziellen Fall (Besteuerung des Vermögens eines ausländischen Erblassers) nicht zu sehen ist. Die deutsche Steuer soll insoweit nicht erhoben werden, als die fremde Gesetzgebung Ermäßigung oder Befreiung gewährt. Die Nichterhebung hat mithin in dem Verhältnis der fremden zur deutschen Gesetzgebung zu geschehen, wobei wiederum nur die Gesetzgebung für den berührten speziellen Fall (Besteuerung des Vermögens eines ausländischen Erblassers) als maßgebend zu betrachten ist und nicht etwa daneben oder auch für sich allein die allgemeine gesetzliche Regelung der Erbschaftssteuer. Schreibt beispielsweise eine fremde Gesetzgebung, deren Steuersätze nur die Hälfte der deutschen ausmachen, vor, daß die Erbschaftssteuer in den Fällen des § 6 Abs. 1 und 2 nur zur Hälfte erhoben werden solle, so wird bei der in Deutschland stattfindenden Besteuerung des Vermögens eines diesem fremden Staat angehörigen Erblassers nach Maßgabe des § 6 Abs. 3 RErbStG. die nach den deutschen Sätzen zu berechnende Steuer zur Hälfte nicht gehoben; der Umstand, daß die fremden Steuersätze schon an sich nur halb so hoch wie die deutschen sind, bleibt unberücksichtigt, so daß im fraglichen Fall nicht etwa nur ein Viertel des deutschen Steuersatzes zur Hebung gelangt. Läßt die fremde Gesetzgebung das Vermögen eines ausländischen Erblassers in den Fällen, in welchen nach dem § 6 Abs. 1 und 2 RErbStG. eine Besteuerung Platz greifen würde, von der Steuer frei, so hat bezüglich des Vermögens eines dem fraglichen Staat angehörigen Erblassers im Deutschen Reiche in der gleichen Weise volle Steuerbefreiung einzutreten.

5. Zum Abs. 3 sagt die Begründung des Regierungsentwurfs (S. 26): „Die Aufnahme der Anordnung im § 8 Abs. 3 (jetzt § 6 Abs. 3) ist, obwohl es ihrer wegen der weitergehenden Vorschrift im Abs. 4 vielleicht nicht bedurft hätte, insbesondere deshalb erfolgt, weil hiermit der Grundsatz, daß der Nachlaß der ausländischen Mitglieder fremder Vertretungen und ihrer Angehörigen der deutschen Erbschaftssteuer entzogen ist, soweit in deren Heimatstaate die deutschen Vertreter und ihre Angehörigen das gleiche Vorrecht genießen, noch ausdrücklich im Gesetze festgestellt wird." Nach der gesetzlichen Vorschrift und der vorstehenden Begründung zu derselben ist also die Grenze für die Nichtanwendbarkeit des deutschen Erbschaftssteuerrechts auf die ausländischen Mitglieder fremder Vertretungen, ob solche sich lediglich auf Gesandte oder auch auf Gesandtschaftspersonal, Konsuln usw. bezieht, lediglich durch die Gegenseitigkeit bestimmt.

Zu Absatz 4.

6. Ein Bedürfnis, im Verwaltungswege abweichende Ordnungen im einzelnen, wie sie der Abs. 4 des Paragraphen zuläßt, zu treffen, muß an-

erkannt werden. Eine Beteiligung der Einzelstaaten dabei erscheint durch die Natur der Sache geboten; sie ist in einer ausreichenden Weise dadurch gegeben, daß der Reichskanzler Anordnungen der fraglichen Art nur unter Zustimmung des Bundesrates treffen kann. Der in der Gesetzesvorschrift gebrauchte Ausdruck „Ausgleichung" gibt die Befugnis, nach beiden Richtungen hin abweichende Anordnungen zu treffen, also nicht etwa nur die Anwendbarkeit des deutschen Erbschaftssteuerrechts zu beschränken bzw. die Steuerpflicht zu erleichtern, sondern auch jene Anwendbarkeit zu erweitern bzw. die Steuerpflicht zu erschweren; begrenzt ist die Befugnis aber nach beiden Richtungen hin stets durch den Stand der Erbschaftssteuergesetzgebung desjenigen Staats, demgegenüber eine Ausgleichung geschafft werden soll. Wenn die Anordnungen nach Abs. 4 zur Vermeidung einer Doppelbesteuerung dienen sollen, so kann dabei nur eine Doppelbesteuerung mit Erbschaftssteuer in Frage kommen; über die Unanwendbarkeit des Doppelsteuergesetzes vom 22. März 1909 vgl. Note 10 zu § 5.

7. Vereinbarungen, welche nach vorbezeichneter Richtung hin von einzelnen Bundesstaaten vor Erlaß des REStG. mit auswärtigen Staaten getroffen waren, verbleiben in Kraft. Die Begründung zum Regierungsentwurf sagt hierzu: „Aus Gründen staatsrechtlicher Natur müssen auch die Vereinbarungen unberührt bleiben, die ein Bundesstaat bezüglich der Erbschaftssteuer mit einem ausländischen Staate vor dem Inkrafttreten dieses Gesetzes geschlossen hat. Indessen scheint es auch hier nicht erforderlich, dies etwa in der Weise, wie es im Art. 56 EG. BGB. geschehen ist, im Gesetz besonders zum Ausdruck zu bringen". Ein bezügliches Abkommen zwischen der badischen und der östereichischen Regierung von 1862 führt E. Zimmermann Note 8 Abs. 2 zu § 6 an, ein weiteres zwischen Preußen und Österreich von 1875 (ergänzt 1891) unter näheren Ausführungen Wunsch Note 3 zu § 6. Die letztere Vereinbarung zwischen Preußen und Österreich ist aber, wie durch Verf. PrFM. vom 11. Juli 1908 III 12485 mitgeteilt wurde, mit dem 30. Juni 1908 infolge preußischerseits ausgesprochener Kündigung außer Kraft getreten. Zu erwähnen ist hier auch die deutsch-russische Nachlaßkonvention vom $\frac{\text{12. November}}{\text{31. Oktober}}$ 1874 (RGBl. 1875 S. 136), über deren Handhabung bezüglich der Entrichtung der Erbschaftssteuer Zweifel entstanden waren, die dann durch einen Notenwechsel vom 24./11. Mai 1909 zwischen dem deutschen Botschafter in St. Petersburg und dem russischen Ministerium des Auswärtigen gehoben wurden, RZBl. 1909 S. 1476.

8. Seitens der maßgebenden Stellen hatte man zunächst generell übereinstimmend ausgesprochen, daß Anordnungen der im § 6 Abs. 4 REStG. bezeichneten Art auch für einen Einzelfall zulässig seien, und daß es demnach genüge, allgemeine Ausgleichsanordnungen zunächst nur solchen Staaten gegenüber zu treffen, bei denen ein besonderes Bedürfnis dazu vorliege, und im übrigen mit dem Erlaß solcher Anordnungen zu warten, bis ein Einzelfall dazu Veranlassung geben würde; Erl. d. PrFM. vom 29. August 1907 III 13660. Unter Zustimmung des Bundesrats sind auf Grund des § 6 Abs. 4 vom Reichskanzler bislang folgende Anordnungen getroffen:

a) gegenüber Rußland. Erl. vom 2. November 1907 (RZBl. 1907 S. 550; PrZBl. 1907 S. 365; WABl. 1908 S. 101; HABl. 1907 S. 327; SVBl. 1907 S. 252).

Das im Inland befindliche bewegliche Vermögen eines russischen Staatsangehörigen ist zur Erbschaftssteuer ohne Rücksicht darauf, daß der

Erblasser seinen Wohnsitz oder Aufenthalt in einem Bundesstaate hatte, uneingeschränkt heranzuziehen.

b) gegenüber Großbritannien. Erl. vom 26. Februar 1908 (RZBl. 1908 S. 106; PrZBl. 1908 S. 160; SBBl. 1908 S. 121; HABl. 1908 S. 173).

1. Das im Inlande befindliche bewegliche Vermögen eines britischen Staatsangehörigen ist zur Erbschaftssteuer ohne Rücksicht darauf, ob der Erblasser seinen Wohnsitz oder Aufenthalt in einem Bundesstaate hatte, uneingeschränkt heranzuziehen.

2. Das bewegliche Vermögen eines britischen Staatsangehörigen, der zur Zeit seines Todes seinen Wohnsitz in einem Bundesstaate hatte, ist zur Erbschaftssteuer auch dann heranzuziehen, wenn es sich im Auslande befindet. Doch ist in diesem Falle der Betrag der in dem ausländischen Staate, in welchem sich das Nachlaßvermögen befindet, erweislich gezahlten Erbschaftsabgabe von dem Werte dieses Nachlaßvermögens bei Berechnung der inländischen Erbschaftssteuer in Abzug zu bringen. (Vgl. hierzu oben Note 2, Abs. 2.)

c) gegenüber den Niederlanden. Erl. vom 14. April 1908 (RZBl. 1908 S. 157; PrZBl. 1908 S. 235; SBBl. 1908 S. 121; WABl. 1908 S. 127; HABl. 1908 S. 204).

Das bewegliche Vermögen eines niederländischen Staatsangehörigen, der zur Zeit seines Todes seinen Wohnsitz in einem deutschen Bundesstaate hatte, ist zur Erbschaftssteuer auch dann heranzuziehen, wenn es sich im Auslande befindet.

d) gegenüber Frankreich. Erl. vom 8. Dezember 1908 (RZBl. 1908 S. 516; PrZBl. 1909 S. 20; SBBl. 1908 S. 306; WABl. 1908 S. 262; HABl. 1908 S. 415).

1. Zum Nachlaß eines französischen Erblassers gehörende bewegliche körperliche Sachen mit Ausnahme der Wertpapiere sind, wenn sie sich im Inlande befinden, zur Erbschaftssteuer ohne Rücksicht darauf, ob der Erblasser zur Zeit seines Todes einen Wohnsitz oder seinen Aufenthalt in einem Bundesstaate hatte, uneingeschränkt heranziehen.

2. Zum Nachlaß eines französischen Erblassers gehörende Wertpapiere, Forderungen und andere Vermögensrechte sind, wenn der Erblasser zur Zeit seines Todes einen Wohnsitz in einem Bundesstaate hatte, zur Erbschaftssteuer ohne Rücksicht darauf, ob der Schuldner im Inland einen Wohnsitz hat oder die Wertpapiere sich im Inlande befinden, uneingeschränkt heranzuziehen. Hatte der Erblasser zur Zeit seines Todes keinen Wohnsitz in einem Bundesstaate, so sind sie zur Erbschaftssteuer nur dann, wenn der Schuldner im Inland einen Wohnsitz hat, in diesem Falle jedoch auch dann uneingeschränkt heranzuziehen, wenn die Wertpapiere sich im Auslande befinden.

e) gegenüber Dänemark. Erl. vom 8. Dezember 1908 (RZBl. 1908 S. 516; PrZBl. 1909 S. 20; SBBl. 1908 S. 306; WABl. 1908 S. 262; HABl. 1908 S. 416).

1. War beim Eintritt eines Lehens- oder Fideikommißfalls der zuletzt Berechtigte dänischer Staatsangehöriger, so unterliegt das zu einem inländischen Lehen oder Fideikommiß gehörige bewegliche Vermögen der Erbschaftssteuer uneingeschränkt auch dann, wenn der zuletzt Berechtigte weder seinen Wohnsitz, noch seinen gewöhnlichen Aufenthalt

in einem Bundesstaate hatte. Die Anordnung findet auf die Bezüge aus im Inlande befindlichen Familienstiftungen entsprechende Anwendung.

2. Der bewegliche Nachlaß eines dänischen Staatsangehörigen, welcher bei seinem Tode seinen Wohnsitz oder in Ermangelung eines Wohnsitzes seinen gewöhnlichen Aufenthalt in einem Bundesstaate hatte, unterliegt der Erbschaftssteuer auch dann, wenn die Nachlaßgegenstände sich im Auslande befinden.

3. Diese Anordnungen treten mit dem 1. Januar 1909 in Kraft.

f) gegenüber Belgien. Erl. vom 1. Dezember 1910 (RZBl. 1910 S. 673; PrZBl. 1911 S. 31; SZBl. 1910 S. 648; ZfZuSt. 1911 S. 22).

Das bewegliche Vermögen eines belgischen Staatsangehörigen, der zur Zeit seines Todes seinen Wohnsitz in einem deutschen Bundesstaat hatte, ist zur Erbschaftssteuer auch dann heranzuziehen, wenn es sich im Ausland befindet.

Zu Absatz 5.

9. Zum Absatz 5 ist zu vergleichen, was oben in den Noten 6, 7 und 8 zu dem § 5 bezüglich der deutschen Schutzgebiete ausgeführt ist. Die Eigenschaft als Deutscher ohne die Staatsangehörigkeit in einem Bundesstaat kann nur in den Schutzgebieten erworben werden. Die Gleichstellung des Vermögens eines nur die Reichsangehörigkeit besitzenden Deutschen mit dem Vermögen eines Ausländers rechtfertigt sich durch das oben Ausgeführte.

§ 7.

Von inländischen Grundstücken ist die Erbschaftssteuer zu erheben, ohne Unterschied, ob der Erblasser Deutscher oder Ausländer war und ob er im Inlande seinen Wohnsitz oder gewöhnlichen Aufenthalt hatte oder nicht.

Grundstücke, die sich im Auslande befinden, gehören nicht zur steuerpflichtigen Masse.

Den Grundstücken stehen Berechtigungen gleich, für welche die sich auf Grundstücke beziehenden Vorschriften gelten.

Vergl. BRAusfB. § (17).

1. Den Gegensatz zu dem beweglichen Vermögen bildet an sich das unbewegliche Vermögen und werden auch im BGB. beide Begriffe regelmäßig einander gegenübergestellt (vgl. z. B. §§ 1549 und 1551 daselbst). Das RESTG. gebraucht den Ausdruck unbewegliches Vermögen nicht, obwohl er in den Motiven als Bezeichnung für dasjenige, was im § 7 der Steuer unterworfen wird, sich findet. Der § 7 spricht nur von Grundstücken und von Berechtigungen, für welche die sich auf Grundstücke beziehenden Vorschriften gelten. Lediglich Grundstücke und diese Berechtigungen sind also im Sinne des RESTG. als unbewegliches Vermögen anzusehen und bestimmt sich durch den Gegensatz dazu der Begriff des beweglichen Vermögens wie in Note 1 zu § 5 näher ausgeführt worden. Der Begriff des unbeweglichen Vermögens ist demnach erbschaftssteuerlich nicht unerheblich enger begrenzt als im § 1551 BGB., woselbst er außer den Grundstücken nebst Zubehör noch die Rechte an Grundstücken, mit Ausnahme der Hypotheken, Grundschulden und Rentenschulden, sowie Forderungen, die auf die Uebertragung des Eigentums an Grundstücken oder auf die Begründung oder Uebertragung eines der bezeichneten Rechte oder auf die Befreiung eines Grundstücks von einem solchen Rechte gerichtet sind, umfaßt; demgegenüber ist aber der Begriff des beweglichen Vermögens auch ein entsprechend erweiterter, worauf hier nochmals besonders hinzuweisen ist.

2. Zu dem Grundstücke gehört der Grund und Boden und alles, was mit demselben rechtlich in Verbindung steht. Für die besondere Begriffsabgrenzung ist wiederum das BGB. maßgebend und zwar zunächst in seinen folgenden §§ 94—96;

„§ 94. Zu den wesentlichen Bestandteilen eines Grundstücks gehören die „mit dem Grund und Boden fest verbundenen Sachen, insbesondere Ge„bäude, sowie die Erzeugnisse des Grundstücks, solange sie mit dem Boden „zusammenhängen. Samen wird mit dem Aussäen, eine Pflanze wird „mit dem Einpflanzen wesentlicher Bestandteil des Grundstücks.

„Zu den wesentlichen Bestandteilen eines Gebäudes gehören die zur Her„stellung des Gebäudes eingefügten Sachen.

„§ 95. Zu den Bestandteilen eines Grundstücks gehören solche Sachen „nicht, die nur zu einem vorübergehenden Zwecke mit dem Grund und „Boden verbunden sind. Das Gleiche gilt von einem Gebäude oder „anderen Werke, das in Ausübung eines Rechtes an einem fremden Grund„stücke von dem Berechtigten mit dem Grundstücke verbunden worden ist. „Sachen, die nur zu einem vorübergehenden Zwecke in ein Gebäude ein„gefügt sind, gehören nicht zu den Bestandteilen des Gebäudes.

„§ 96. Rechte, die mit dem Eigentum an einem Grundstücke verbunden „sind, gelten als Bestandteile des Grundstücks."

3. Nach Maßgabe des letztangeführten Paragraphen sind als Bestandteile der Grundstücke namentlich anzusehen: die Grunddienstbarkeiten (§§ 1018 ff. BGB.), das zugunsten des jeweiligen Eigentümers eines anderen Grundstücks bestellte Vorkaufsrecht (§ 1094 Abs. 2 BGB.), die zugunsten des jeweiligen Eigentümers eines anderen Grundstücks bestellten Reallasten (§ 1105 Abs. 2 BGB.), nicht aber die Nutzungsrechte an Grundstücken und solche Rechte, welche letzteren gleich zu achten sind, so nicht der Nießbrauch (§§ 1030 ff. BGB.), die beschränkten persönlichen Dienstbarkeiten (§§ 1090 ff. BGB.), die nicht wie oben qualifizierten dinglichen Vorkaufsrechte (§§ 1094 ff. BGB.) und Reallasten (§§ 1105 ff. BGB.), sowie die nach deu Art. 113—116 EG. BGB. landesgesetzlich noch zu Kraft bestehenden Grundberechtigungen.

4. Das Zubehör eines Grundstückes gehört rechtlich nicht zu den Bestandteilen desselben, wie es auch keine unbewegliche Sache bildet. An und für sich würde man daher dasselbe hier nicht als unter den Begriff Grundstück fallend anzusehen und es dementsprechend als zum beweglichen Vermögen gehörend zu behandeln haben. In den Motiven zum RGStG. ist aber ausdrücklich hervorgehoben, daß Zubehör und Früchte der Grundstücke im Sinne des Gesetzes wie die Grundstücke selbst zu behandeln seien, vgl. oben Note 4 zu §§ 5—9. Da die Bundesregierungen und der Bundesrat diese Begründung beschlossen und seitens des Reichstages hiergegen kein Widerspruch erhoben ist, so ist es als Wille des Gesetzgebers anzunehmen, daß das Zubehör erbschaftssteuerlich dem Grundstück zugerechnet werden soll, wenngleich wir nicht verkennen wollen, daß gegen diese Zurechnung sich manche Bedenken bei der zweifellosen anderen Stellungnahme des bürgerlichen

Rechtes geltend machen lassen. [Anderer Meinung U. Hoffmann 2. Aufl. Anm. 2b zu § 7, welcher die allgemeine Regelung des BGB., nach welcher das Zubehör nicht wie das Grundstück zu behandeln ist, aufrecht erhalten will unter der an sich nicht ungewichtigen und auf Urt. d. RG. vom 25. März 1891 — RGE. Bd. 27 S. 411 — gestützten Begründung, daß durch eine Ausführung in den Motiven trotz Anerkennung der beiden gesetzgebenden Teile bindendes Recht und hier eine Abweichung vom BGB. nicht geschaffen werden könne; dem wird aber doch entgegenzuhalten sein, daß insbesondere bei der Auslegung von Steuergesetzen eine derartige gesetzgeberische Erklärung über Sinn und Umfang eines im Gesetz gebrauchten Ausdrucks in der praktischen Ausführung der Gesetze vielfach ohne Bedenken und ohne angefochten zu werden zur Anwendung gebracht wird]. Näher bestimmt wird das Zubehör in den nachstehenden §§ 97 und 98 BGB.:

„§ 97. Zubehör sind bewegliche Sachen, die, ohne Bestandteile der Haupt„sache zu sein, dem wirtschaftlichen Zwecke der Hauptsache zu dienen bestimmt „sind und zu ihr in einem dieser Bestimmung entsprechenden räumlichen „Verhältnisse stehen. Eine Sache ist nicht Zubehör, wenn sie im Verkehre „nicht als Zubehör angesehen wird.

„Die vorübergehende Benutzung einer Sache für den wirtschaftlichen Zweck „einer anderen begründet nicht die Zubehöreigenschaft. Die vorübergehende „Trennung eines Zubehörstückes von der Hauptsache hebt die Zubehör„eigenschaft nicht auf.

„§ 98. Dem wirtschaftlichen Zwecke der Hauptsache sind zu dienen bestimmt:
„1. bei einem Gebäude, das für einen gewerblichen Betrieb dauernd ein„gerichtet ist, insbesondere bei einer Mühle, einer Schmiede, einem Brauhaus, „einer Fabrik, die zu dem Betriebe bestimmten Maschinen und sonstigen „Gerätschaften;

„2. bei einem Landgute das zum Wirtschaftsbetriebe bestimmte Gerät und „Vieh, die landwirtschaftlichen Erzeugnisse, soweit sie zur Fortführung der „Wirtschaft bis zu der Zeit erforderlich sind, zu welcher gleiche oder ähnliche „Erzeugnisse voraussichtlich gewonnen werden, sowie der vorhandene, auf „dem Gute gewonnene Dünger."

5. Wenn in den Motiven zum REStG. neben dem Zubehör auch die Früchte als gleichwie Grundstücke zu behandeln hingestellt werden (vgl. oben Note 4 zu §§ 5—9), so wird man dieses nach der ganzen Lage der Sache nicht in dem weitgehendstem Sinne und so aufzufassen haben, daß damit alle Früchte, welche von dem Grundstücke gezogen und auf demselben noch befindlich sind, dem Grundstücke gleichgerechnet werden müssen. Zweifellos gehören schon nach dem oben angeführten § 94 BGB. zum Grundstück diejenigen Früchte desselben, welche noch mit dem Boden zusammenhängen. Sofern man aber erbschaftssteuerlich das Zubehör in das Grundstück einzurechnen hat, werden auch diejenigen Früchte des Grundstückes, welche zwar schon von dem Boden getrennt, aber noch auf oder bei dem Grundstücke vorhanden sind und zur Fortführung der Wirtschaft (vgl. Ziff. 2 des obenangeführten § 98 BGB.) dienen sollen, als zum Grundstücke gehörig angesehen werden müssen. [Letzteres wird nicht anerkannt von U. Hoffmann 2. Aufl. Anm. 2b zu § 7, weil er das Zubehör, und ebenmäßig die Früchte über die vom BGB. gesetzte Grenze hinaus, nicht als zum Grundstück gehörig gerechnet wissen will, vgl. Zusatz zu der vorhergehenden Note 4]. Darüber hinaus gehören aber Früchte auch erbschaftssteuerlich nicht zum Grundstück. Der Begriff der Früchte bestimmt sich nach dem folgenden § 99 BGB.:

„§ 99. Früchte einer Sache sind die Erzeugnisse der Sache und die sonstige „Ausbeute, welche aus der Sache ihrer Bestimmung gemäß gewonnen wird. „Früchte eines Rechtes sind die Erträge, welche das Recht seiner Bestimmung „gemäß gewährt, insbesondere bei einem Rechte auf Gewinnung von Boden-„bestandteilen die gewonnenen Bestandteile.

„Früchte sind auch die Erträge, welche eine Sache oder ein Recht vermöge „eines Rechtsverhältnisses gewährt."

6. Unbedingte Voraussetzung der Anwendung des § 7 ist, daß der Erblasser rechtsgültig Eigentümer des betreffenden Grundstücks bei seinem Tode war, daß sonach alle die besonderen Formalitäten, welche die maßgebende Gesetzgebung für den Erwerb des Eigentums an Grundstücken vorschreibt, bei seinem Ableben erfüllt waren. Sofern ein inländisches Grundstück in Betracht kommt, muß also nach §§ 873, 925 BGB. sowohl die Auflassung wie auch die Eintragung in das Grundbuch erfolgt sein; solange nicht beiden Erfordernissen genügt ist, verbleibt das Eigentum bei dem bisherigen Eigentümer, vgl. Urt. d. RG. vom 10. Oktober 1903, RGE. Bd. 55 S. 340; folglich ist ein Grundstück, das der Erblasser verkauft und aufgelassen hat, das aber beim Tode des Erblassers noch nicht auf den Käufer im Grundbuch umgeschrieben war, als noch im Eigentum des Erblassers stehend zu behandeln. Für das im Auslande belegene Grundstück bestimmen sich die Erfordernisse nach der einschlagenden Gesetzgebung des auswärtigen Staats, welche auch im übrigen speziell für die Frage, was als zu dem Grundstücke gehörig angesehen werden muß, maßgebend ist. Solange noch nicht alle Erfordernisse für den Eigentumserwerb am Grundstück erfüllt sind, kann nur ein Anspruch auf Übertragung des Eigentums an demselben in Frage kommen, der zu dem beweglichen Vermögen gehören und demgemäß nach den §§ 5 und 6 zu behandeln sein würde. Soweit an bestimmten Grundstücken wie bei Lehens- und Fideikommißgütern nur ein beschränktes Eigentum möglich ist, muß dieses als maßgebend angesehen werden; wenn daher ein Lehens- oder Fideikommißvermögen aus ausländischen Grundstücken besteht, so ist dasjenige, was durch den Eintritt bezüglichen Lehens- und Fideikommißfalles erworben wird, nach § 7 Abs. 2 als nicht zur steuerpflichtigen Masse gehörend anzusehen und steuerfrei zu belassen, wie solches in der Begründung zum Regierungsentwurf (vgl. S. 23 oben und Note 4 zu § 3) besonders zum Ausdruck gebracht ist. Beim Miteigentum an einem Grundstück greifen ebenmäßig die Grundsätze des § 7 Platz, da der Miteigentümer nach § 4008 BGB. Eigentümer zu einem Bruchteil ist und ein dementsprechendes Verfügungsrecht hat; das gleiche muß auch bezüglich der ehelichen Gütergemeinschaft gelten. Bei einem einheitlichen Gesamtgrundbesitz, welcher zu einem Teil im Inlande zu anderen im Auslande belegen ist, tritt eine getrennte steuerliche Behandlung für die beiden nach Inland und Ausland geschiedenen Teile ein. Wenn mit einem zum beweglichen Vermögen gehörigen Anspruch, welcher für den Erbfall nur als solcher in Betracht kommt, Grundstücke mit in Frage kommen, so ist dieses für die Anwendbarkeit des Erbschaftssteuerrechts bzw. für die Steuerpflicht ohne Bedeutung und kann nicht zu einer Anwendung des § 7 führen; es wird dieses namentlich praktisch, wenn es sich um die Vererbung eines Anteils an einer Aktiengesellschaft, an einer Kommanditgesellschaft, an einer offenen Handelsgesellschaft, an einer Gesellschaft des BGB. (§ 705) oder an einer Erbschaft, bezüglich deren die Auseinandersetzung noch nicht stattgefunden hatte, handelt; die daraus sich ergebenden Ansprüche unterliegen in vollem Umfange der Erbschaftssteuer, ohne daß es dabei irgendwie berücksichtigt wird,

wenn zu dem Gesellschaftsvermögen oder dem Nachlaß im Auslande belegene Grundstücke gehören; vgl. Note 4e zu § 8.

7. Die im REStG. den Grundstücken gleichgestellten Berechtigungen, für welche die sich auf Grundstücke beziehenden Vorschriften gelten, sind in den Motiven in der Hauptsache schon näher bezeichnet, vgl. oben Note 4 zu §§ 5—9. Allgemein nach Reichsrecht kommt hier wohl nur das Erbbaurecht in Frage, bezüglich dessen das BGB. jene Geltung im § 1017 ausdrücklich vorschreibt. Den Begriff des Erbbaurechts bestimmt der § 1012 BGB. folgendermaßen:

„Ein Grundstück kann in der Weise belastet werden, daß demjenigen, zu „dessen Gunsten die Belastung erfolgt, das veräußerliche und vererbliche „Recht zusteht, auf oder unter der Oberfläche des Grundstücks ein Bauwerk „zu haben (Erbbaurecht)."

Die weitere Regelung bezüglich des Erbbaurechtes enthalten die folgenden Paragraphen des BGB. bis zum § 1017. Die sonstigen hier noch einschlagenden Berechtigungen beruhen durchweg auf der in der betreffenden Beziehung von dem BGB. nicht berührten oder ausdrücklich in Gültigkeit gelassenen Landesgesetzgebung der Einzelstaaten und werden danach weitergehende charakteristische Verschiedenheiten äußern. Beispielsweise kommen in dieser Richtung in Betracht: für Preußen das Bergwerkseigentum und die selbständigen Kohlenabbaugerechtigkeiten, die Realgewerbeberechtigungen wie Apothekerprivilegien rc. (vgl. Hoffmann, Preuß. EStG. Note 4 zu § 9) [nunmehr ist weiter zu vergleichen U. Hoffmann 2. Aufl. Anm. 3 zu § 7, woselbst auch noch Kuxe alten Rechts, Schiffsmühlen- und Fährgerechtigkeiten, Fischereiberechtigungen, Salzabbaugerechtigkeiten als hierher gehörig angeführt werden]; für Bayern das Bergwerkseigentum, das Fischereirecht, Realgewerbeberechtigungen (vgl. Pfaff-Schmidt, Bayer. EStG. Note 3 zu Art. 7); für Sachsen (Königreich) die vom Staate verliehenen Bergbaurechte an metallischen Mineralien und die Kohlenabbaurechte, die Abbaurechte auf dem Bergrechte nicht unterliegenden Bodenbestandteilen (Ton, Sand, Kalk, Lehm, Porzellanerde usw.), die Fischereirechte, die Fährgerechtigkeiten, sowie unter bestimmten Voraussetzungen die vererblichen und übertragbaren Nutzungsrechte an Grundstücken und die Realgewerbeberechtigungen (vgl. Wahl, Sächs. EStG. Note 4 zu Art. 8); für Baden das Bergwerkseigentum, die an Grundstücken der Murgschifferschaft bestehenden vererblichen und übertragbaren Nutzungsrechte (Waldrechte) (vgl. Becker, Bad. EStG. Note 7 zu § 6); für Hamburg das Deicheigentum nach HambAG. BGB. § 54 (vgl. Geyer, Hamb. EStG. Note 14 zu § 1). Ob die Berechtigungen, für welche die sich auf Grundstücke beziehenden Vorschriften gelten, als im Inland oder als im Ausland belegen anzusehen sind, bestimmt sich regelmäßig nach der Belegenheit des Grundstücks, zu dem sie in Beziehung oder in Zusammenhang stehen.

8. In den Motiven zu dem REStG. ist ausdrücklich hervorgehoben, daß die Schiffe und die Schiffsparte — Schiffspart ist nach § 474 HGB. ein Anteil an einem zum Erwerbe durch die Seefahrt bestimmten Schiffe — nach dem bürgerlichen Rechte zu den beweglichen Sachen gehören. Es entspricht dieses der Natur der Sache. Wenn es auch weder im HGB. noch im BGB. ausdrücklich ausgesprochen ist, so folgt es doch notwendig aus der ganzen bezüglichen Stellungnahme der beiden Gesetze, so namentlich aus dem § 474 HGB. (RGBl. 1897 S. 336), welcher die allgemeinen Vorschriften über den Seehandel einleitet, und aus der Einreihung des Pfandrechts an Schiffen (§§ 1259 ff.) in den neunten Abschnitt des dritten Buches „Pfandrecht an beweglichen Sachen und Rechten" unter dem ersten Titel „Pfandrecht

an beweglichen Sachen" im BGB. Daß im Schiffsregister eingetragene Schiffe und Schiffsparte hinsichtlich der Pfandrechtsbestellung (§§ 1259 ff. BGB.) und hinsichtlich der Zwangsversteigerung (RG. über die Zwangsversteigerung usw. vom 24. März 1897 § 162) im allgemeinen den Grundstücken gleichgestellt werden, erweist sich dem Vorausgeführten gegenüber als Ausnahmebestimmung. Hierbei ist noch auf die besondere Bedeutung hinzuweisen, welche auch der nachfolgende § 8 für die Schiffe hat, vgl. Note 3 und 5 zu dem § 8.

9. Bezüglich der Staatsangehörigkeit (Deutscher, Ausländer) und der Begriffe von Ausland und Inland ist zu vergleichen, was oben in den Noten 4, 5 und 7 zu § 5 ausgeführt ist. Bezüglich der deutschen Schutzgebiete ist in § 7 irgend eine Sondervorschrift nicht getroffen; der in denselben belegene Grundbesitz gilt demnach als im Ausland befindlich und gehört nicht zur steuerpflichtigen Masse.

§ 8.

Ein Gegenstand, für den von einer deutschen Behörde ein zur Eintragung des Berechtigten bestimmtes Buch oder Register geführt wird, gilt als im Inlande befindlich. Ein Anspruch gilt als im Inlande befindlich, wenn für die Klage ein deutsches Gericht zuständig ist.

1. Die Bestimmungen des § 8 entsprechen wörtlich dem zweiten Absatz des § 2369 BGB. Dort sind sie gegeben, um die Zuständigkeit für die Erteilung eines gegenständlich beschränkten Erbscheines, welchen der erste Absatz des § 2369 zuläßt, näher klarzustellen; ihre entsprechende Anwendung für die Verschollenheitserklärung ist im Artikel 9 Abs. 2 EG. BGB. ausgesprochen. Diese Grundsätze allgemein für die Erbschaftssteuer zur Geltung zu bringen, wird nur als zweckentsprechend erachtet werden können; es mußte dazu aber gleicherweise eine besondere Aufnahme in das REStG. erforderlich erscheinen, um jeden Zweifel auszuschließen.

2. Das REStG. trifft in dem § 8 keineswegs eine vollständige und durchgreifende Lösung der Frage, an welchem Ort die Gegenstände des Nachlasses — unter Gegenständen sind hier nicht nur die körperlichen Gegenstände, die Sachen (§ 90 BGB.), sondern auch alle sonst zum Nachlaß gehörigen Gegenstände zu verstehen, welche wir kurz als Rechte im Gegensatz zu Sachen zusammenfassen wollen — sich befinden bzw. als befindlich anzusehen sind. Ohne generelle Entscheidung stellt es vielmehr in den beiden Sätzen des § 8 nur zwei besondere Regeln auf, die allerdings eine wesentliche Zahl der Fälle treffen werden und dann strikt anzuwenden sind. Dementsprechend wird in erster Linie immer der allgemeine und allgemein anerkannte Grundsatz die Unterlage bilden müssen, daß ein Gegenstand an demjenigen Orte, an welchem er sich tatsächlich befindet, auch rechtlich als befindlich anzusehen ist. Mit diesem Grundsatz stehen übrigens die beiden Regeln des § 8 vollkommen im Einklang; sie geben bezüglich vieler Fälle eine leichtere, sichere und zweifelsfreie Handhabe für die Durchführung jenes Grundsatzes. Daß sie den letzteren nicht haben beseitigen wollen, dürfte schon aus ihrem Inhalt und der durch denselben bedingten Tragweite folgen; sie treffen ausschließlich darüber Bestimmung, welche Gegenstände als im Inlande befindlich anzusehen sind; sollte in ihnen eine generelle Regelung enthalten sein, so würde daraus

folgen, daß alle Gegenstände, die nicht von den beiden Regeln getroffen würden, als im Auslande befindlich anzusehen seien; das würde aber zu den unhaltbarsten Folgeständen führen, so beispielsweise dazu, daß ein im Inlande belegenes Grundstück, welches wie immerhin möglich durch irgend ein Verfahren im Grundbuche nicht eingetragen wäre, als im Ausland befindlich angesehen werden müßte, was doch unmöglich vom Gesetzgeber beabsichtigt gewesen sein kann. Der allgemeine Grundsatz würde sich für die körperlichen Gegenstände, die Sachen, in der Regel wohl ohne weiteres und ohne besondere Schwierigkeiten durchführen lassen, nicht aber für die sonstigen Gegenstände die Rechte, die schon dadurch, daß sich bei ihnen fast stets ein Berechtigter und ein Belasteter gegenüber stehen und nach beiden sich die Lage in verschiedener Weise bestimmen läßt, Anlaß zu Zweifeln bieten. Für letztere sind daher jene beiden Regeln hauptsächlich von Bedeutung. Zu der zweiten Regel des § 8 ist noch ein wichtiger genereller Punkt vorweg hervorzuheben; nach derselben gilt ein Anspruch als im Inland befindlich, wenn für die Klage ein deutsches Gericht zuständig ist; die Zuständigkeit eines deutschen Gerichts ist also das Maßgebende; wenn der Anspruch irgendwie unter die Zuständigkeit eines deutschen Gerichts fällt, gilt er als im Inland belegen; sind für den Anspruch wie solches zivilprozessualisch oft vorkommen kann, mehrere Gerichtsstände gegeben, so genügt der Umstand, daß einer derselben bei einem deutschen Gerichte begründet ist, für die Annahme der Belegenheit des Anspruchs im Inlande.

3. Für die Sachen ergibt sich die tatsächliche Belegenheit meist ohne weiteres und ist damit auch die rechtliche Belegenheit, die Zugehörigkeit zum Inland oder zum Ausland, bestimmt. Für viele Fälle wird gleicherzeit der erste Satz des § 8 zutreffen. Im einzelnen ist zu unterscheiden:

a) Grundstücke. Sämtliche Grundstücke, welche innerhalb der Grenzen des deutschen Bundesgebiets belegen sind und in ihrer Gesamtheit wiederum dieses Gebiet selbst ausmachen, sind nach dem generellen Grundsatz im Inlande belegen. Auf dieselben wird durchweg auch der erste Satz des § 8 Anwendung finden, weil nach § 873 BGB. zum Erwerb des Eigentums an einem Grundstück die Eintragung in das Grundbuch erforderlich ist. Wenn ein innerhalb des deutschen Bundesgebiets belegenes Grundstück aus irgend einem Grunde in das Grundbuch nicht eingetragen sein sollte, so gilt es nach der allgemeinen Regel doch als im Inlande belegen. Die Grundstücke im deutschen Kolonial- und Schutzgebiet sind nicht als im Inland belegen anzusehen, auch wenn für sie ein zur Eintragung des Berechtigten bestimmtes Buch oder Register geführt werden sollte vgl. unten Note 5. Alle nicht im deutschen Bundesgebiete belegenen Grundstücke sind im Auslande befindlich.

b) Sachen, die als Zubehör von Grundstücken dienen. Dieselben sind Teile des Grundstücks zu dem sie gehören, und unterliegen daher denselben Grundsätzen wie letztere; bilden die Sachen Zubehör eines im Inlande belegenen Grundstücks, so sind sie als im Inlande belegen anzusehen, andernfalls als im Auslande belegen.

c) Schiffe. Die die deutsche Flagge führenden Schiffe, Staatsschiffe sowohl wie Handelsschiffe (Kauffahrteischiffe) stellen völkerrechtlich Inland dar, die Staatsschiffe überall, die Handelsschiffe, sofern sie nicht in die Eigengewässer eines fremden Staats eingelaufen sind (vgl. oben Note 5 zu § 5); entsprechend müssen sie auch selbst als im Inland befindlich gelten. Für die Kauffahrteischiffe werden nach RG. vom 22. Juni 1899 betr. das Flaggenrecht der Kauffahrteischiffe (§ 4) Schiffsregister von deutschen Behörden (Amtsgericht) geführt, welche die Berechtigung am Schiff nachweisen. Bezüglich der Kauffahrteischiffe greift daher auch die Vorschrift im Satz 1 des § 8 Platz; es hat dieses zur Folge, daß die Kauffahrteischiffe als solche überall also auch in fremden Eigengewässern als im Inland befindlich gelten; dieses hat aber nur Bedeutung, soweit das Schiff selber, der Schiffskörper mit dem, was unmittelbar mit ihm zusammenhängt, in Frage kommt. Schiffsparte stehen den Schiffen gleich.

d) Auf Schiffen befindliche Sachen. Sachen, welche sich auf den die deutsche Flagge führenden Schiffen befinden, sind solange als im Inland befindlich anzusehen, als das betreffende Schiff selbst Inland darstellt, mithin bei Staatsschiffen überall, bei Kauffahrteischiffen, soweit sie sich nicht in fremden Eigengewässern befinden. Ob die Sachen Zubehör des Schiffes bilden oder nicht, ist dabei ohne Einfluß.

e) Nicht besonders geeigenschaftete bewegliche Sachen. Auf bewegliche Sachen, welche nicht wie die im vorstehenden hervorgehobenen besonders geeigenschaftet sind, findet der allgemeine Grundsatz Anwendung, daß die tatsächliche Belegenheit auch rechtlich entscheidend ist, daß sie bei tatsächlicher Belegenheit im Inlande als im Inlande befindlich, bei tatsächlicher Belegenheit im Auslande als im Auslande befindlich anzusehen sind. Es greift dieses selbstredend nur Platz, soweit die Sachen selbst bzw. als solche in Frage kommen: handelt es sich lediglich um einen Anspruch auf oder an die Sachen, so ist nach dem zweiten Satz des § 8 zu entscheiden.

f) Wertpapiere. Nach der allgemeinen und vorherrschenderen Ansicht (vgl. Dr. A. Hoffmann Anm. 2a zu § 8; U. Hoffmann Note 1c zu § 8 [in der 2. Aufl. Anm. 1e III zu § 8 nicht in der früheren schärfer ausgesprochenen Weise, indem nebenbei auch eine Rücksichtnahme auf das dem Inhaberpapier unterliegende Recht und eine Bestimmung der Belegenheit nach diesem bzw. dem Ort der Geltendmachung desselben für zulässig erachtet wird]; Wahl, Sächs. EStG. Note 6 zu Art. 8; Becker, Bad. EStG. Note 10 zu § 7) sind Wertpapiere als bewegliche Sachen zu behandeln, sofern sie das in ihnen verbriefte Recht selbst verkörpern, sich mithin als Urkunden darstellen, bei denen die Geltendmachung des verbrieften Rechts an das Papier selbst geknüpft ist und bei denen die Übertragung des Papiers die Übertragung des Rechts bedeutet; vgl. Urt. d. RG. vom 23. November 1903; JW. 1904 S. 64 Nr. 27, speziell auch bezüglich der Dividendenscheine zu beachten. Zu den Wertpapieren mit der Eigenschaft beweglicher Sachen gehören namentlich die Inhaberpapiere, die Schuldverschreibungen auf den Inhaber (§ 793 BGB.) speziell die Staats- und Kommunalschuldverschreibungen, die Inhaberaktien, Pfand- und Rentenbriefe, die auf den Inhaber ausgestellten Grundschuldbriefe (§ 1195 BGB.), Orderpapiere, die mit Blankoindossament versehen sind (§ 234 BGB.), Zins- und Dividendenscheine (nicht aber Erneuerungsscheine, weil diese lediglich Ausweispapiere sind), Lose usw.; nach Staudinger Note 2 zu § 935 würden auch die sog. kleinen Inhaberpapiere, wie sie der § 807 BGB. im Auge hat, hierher zu zählen sein, also Karten, Marken und ähnliche Urkunden, Fahrkarten aller Art, Theaterbillet, Speisemarken usw., sofern sie wirklich auf den Inhaber gestellt sind; vgl. auch Planck Note 3b zu § 935 und Gaupp-Stein Note I Abs. 2 zu § 821 ZPO. Des weiteren gehören zu den bezüglichen Wertpapieren auch die Kuxe, die den Idealanteil an einer Gewerkschaft darstellen, weil sie in der maßgebenden Landesgesetzgebung (den Berggesetzen der Einzelstaaten) durchweg ausdrücklich zu den beweglichen Sachen erklärt werden; vgl. Gaupp-Stein a. a. O.; and. M. U. Hoffmann Note 1 f zu § 8 [und unverändert 2. Aufl. Anm. 1 e VI zu § 8]. Nicht zu den Wertpapieren mit der Eigenschaft beweglicher Sachen sind dagegen zu rechnen Papiere, die nur als Beweismittel einer Forderung zu dienen bestimmt sind, oder dem Schuldner die Legitimation erlassen oder erleichtern sollen (sog. Legitimationspapiere), wie Depotscheine über hinterlegte Wertpapiere, Lieferscheine, Orderpapiere ohne offenen Übertragungsvermerk, Pfandscheine, Hypothekenbriefe, Grundschuldbriefe auf Namen, Sparkassenbücher, Lebensversicherungspolicen, die in § 808 BGB. berührten Urkunden, Wechsel usw. Die Wertpapiere mit der Eigenschaft beweglicher Sachen sind in der gleichen Weise wie die nicht besonders geeigenschafteten beweglichen Sachen nach dem unter e Ausgeführten zu behandeln; bei tatsächlicher Belegenheit im Inlande gelten sie als im Inlande befindlich, bei tatsächlicher Belegenheit im Auslande als im Auslande befindlich. Es kann hierbei auch keinen Unterschied ausmachen, ob es sich im betreffenden Fall um Wertpapiere aus dem Deutschen Reich oder um solche aus dem Auslande handelt. Sind bei Wertpapieren die Mantelbogen und die Zins- und Erneuerungsscheine getrennt aufbewahrt, so entscheidet die Lage der Mantelbogen; sind letztere im Inland, so gelten die bezüglichen Wertpapiere als im Inland befindlich, sind sie im Ausland, so gelten auch die Wertpapiere als im Ausland befindlich. [And. M. U. Hoffmann 2. Aufl. Anm. 1 e zu § 8 unter III Abs. 2, welcher die Zinsscheine als selbständige Werte behandeln will; für die hier vertretene Ansicht übrigens Dr A. Hoffmann Anm. 2 a zu § 8]. Die grundsätzliche Behandlung der herausgehobenen Wertpapiere als bewegliche Sachen ist aber von dem bayerischen Verwaltungsgerichtshof nicht anerkannt worden; derselbe hat in einer Entscheidung vom 28. September 1908 an der schon früher ausgesprochenen Anschauung (Entscheidung vom 18. April 1882; Entscheidung vom 1. Juli 1884; vgl. Pfaff, Bayer. EStG. Note 4 zu Art. 9) festgehalten, wonach für die Belegenheit der Forderungen aus Schuldverschreibungen auf den Inhaber der Wohnort oder Wohnsitz des Erblassers maßgebend ist, gleichviel wo diese Papiere liegen; auf Aktien (auf Namen oder den Inhaber lautend) kann vorstehender Grundsatz keine Anwendung finden, da Aktien als Bescheinigungen über die Mitgliedschaft an der betr. Erwerbsgesellschaft die Anteilsrechte des Aktionärs gegenüber der Gesellschaft beurkunden und nicht Urkunden über Forderungsrechte darstellen (BlfBF. 1909 S. 114).

4. Bei den Rechten, den nicht körperlichen Gegenständen ist in den meisten Fällen der Ort ihrer Belegenheit nicht ohne weiteres außer Zweifel und einwandfrei nach dem allgemeinen Grundsatz zu bestimmen, weil schon die tatsächliche Belegenheit bei ihnen in der Regel eine verschiedenartige Lösung gestattet. Bei ihnen wird daher auf die beiden Regeln des § 8 und namentlich auf die des zweiten Satzes im umfassenderen Maße zurückgegriffen werden müssen.

a) Berechtigungen, für welche die sich auf Grundstücke beziehenden Vorschriften gelten. Bei ihnen ist durchweg die tatsächliche Belegenheit durch das Grundstück, an welchem sie haften bzw. mit welchem sie verbunden sind, bestimmt; nach diesem Grundstück richtet sich die rechtliche Belegenheit; ist das Grundstück im Inlande belegen, so gelten die Berechtigungen als im Inlande belegen und umgekehrt. Da die Berechtigungen regelmäßig im Grundbuch eingetragen sind, so würde in gleicher Weise der erste Satz des § 8 Anwendung finden. Der zweite Satz dürfte nur ganz ausnahmsweise Platz greifen können.

b) Rechte an Grundstücken. Die Rechte an Grundstücken, wie Dienstbarkeiten (Grunddienstbarkeiten, Nießbrauch, beschränkte persönliche Dienstbarkeit), Vorkaufsrecht, Reallasten, Hypothek, Grundschuld, Rentenschuld (BGB. §§ 1018—1203) sind als solche ebenso wie die Berechtigungen unter a an das Grundstück gebunden, welches für ihre tatsächliche wie ihre rechtliche Belegenheit bestimmend ist. Je nachdem das Grundstück, an dem sie haften, im Inlande oder im Auslande belegen ist, gelten auch die Rechte am Grundstück als im Inlande oder im Auslande befindlich. Neben dem allgemeinen Grundsatz her läuft hier durchweg die Regel im ersten Satz des § 8, weil auch die Rechte an Grundstücken regelmäßig der Verlautbarung im Grundbuch bedürfen. Das Vorausgeführte greift jedoch nur Platz, wenn die Rechte an Grundstücken lediglich als solche in Betracht kommen. Neben dem Recht am Grundstück und mit diesem untrennbar verbunden besteht aber durchweg ein persönlicher Anspruch des Berechtigten gegen den Eigentümer des pflichtigen Grundstücks, sei es daß dieser persönliche Anspruch die Grundlage für das Recht am Grundstück wie bei Hypothek usw. oder die Folge wie bei Dienstbarkeiten bildet. Für die Entscheidung der Frage nach der Belegenheit muß aber dieser persönliche Anspruch, welcher sich von dem Recht am Grundstück nicht loslösen läßt bzw. weil er sich nicht loslösen läßt, ebenmäßig mit zur Wirksamkeit kommen. Für diesen Anspruch gilt die Regel des zweiten Satzes des § 8; ist für irgend eine Klage aus demselben (vgl. oben Note 2) ein deutsches Gericht zuständig, so gilt der Anspruch und damit auch das Recht am Grundstück als im Inlande befindlich. Daraus folgt, daß ein Recht an einem im Ausland belegenen Grundstück als im Inland befindlich anzusehen ist, wenn der mit dem Recht verbundene Anspruch gegen den Grundstückseigentümer, z. B. weil dieser ein Inländer ist und im Inlande seinen Wohnsitz hat, bei einem deutschen Gericht eingeklagt werden kann. Hiermit steht das für die Frage stets in erster Linie angeführte Urt. d. RG. vom 16. April 1885 (RGE. Bd. 13 S. 278; JW. 1885 S. 199 Nr. 30; PrZBl. 1885 S. 190) im Einklang, welches eine Schuldforderung als im Ausland befindlich ansieht, wenn der Schuldner ein Ausländer und das dafür zur Hypothek eingesetzte Grundstück im Auslande belegen ist.

c) Rechte an beweglichen Sachen. Für die Rechte an beweglichen Sachen wie Nießbrauch, Pfandrecht, wird grundsätzlich das unter b Ausgeführte zu einer analogen Anwendung kommen, aber selbstredend und den besonderen Ausführungen unter b entsprechend nur dann, wenn das Recht an den beweglichen Sachen als solches, als sog. dingliches Recht, das die Herrschaft des Berechtigten über eine Sache begründet, in Frage steht. Bei der Verschiedenheit der rechtlichen Unterlagen und bei dem hier meist stärkeren Vorwiegen eines neben dem dinglichen Recht gegebenen persönlichen Anspruchs wird es sich tatsächlich wohl stets um eine Anwendung des zweiten Satzes des § 8 handeln. Das Recht gilt als im Inland befindlich, wenn der Anspruch aus demselben irgendwie durch eine Klage bei einem deutschen Gericht zu verfolgen ist.

d) Nicht besonders geeigenschaftete Forderungen aus Schuldverhältnissen. Die früher umstrittene Frage, ob für die Belegenheit der Schuldforderungen das Verhältnis des Gläubigers oder das des Schuldners als das Maßgebende zu betrachten sei, entscheidet das REStG. im letzteren Sinne, indem es nach Satz 2 des § 8 den Anspruch als im Inland befindlich gelten läßt, wenn für die Klage ein deutsches Gericht zuständig ist. Nach dem letzteren Satz, welcher bei den gewöhnlichen Schuldforderungen gleich in erster Linie und durchweg zur Anwendung zu bringen ist, wird tatsächlich für die Regel der Wohnort des Schuldners als dessen allgemeiner Gerichtsstand (§ 13 ZPO.) das Entscheidende für die Belegenheit bilden. Ist jedoch bezüglich der Schuldforderung nach Maßgabe der §§ 14—34 ZPO. irgend ein anderer Gerichtsstand gegeben, nach welchem die Klage bei einem deutschen Gerichte anzubringen sein würde, so gilt die Schuldforderung als im Inlande belegen, wenngleich ein allgemeiner Gerichtsstand des Schuldners im Inland nicht begründet sein würde. Dabei bleibt es ohne Einfluß, ob die Forderung aus dem Schuldverhältnis durch besondere Urkunde wie sog. Legitimationspapiere (Depotscheine, Lieferscheine, Lebensversicherungspolicen, Sparkassenbücher usw.) oder andere Urkunden (Wechsel, kaufmännische Orderpapiere, Orderpapiere ohne Blankoindossament, Interimscheine usw.) verbrieft ist oder nicht; bezüglich der Ausnahme für Inhaberpapiere als Wertpapiere vgl. oben Note 3 unter f.

e) Gesellschaftsanteile. Anteilsrechte an Gesellschaften jeder Art, so Aktiengesellschaften, Kommanditgesellschaften, Gesellschaften mit beschränkter Haftpflicht, Genossenschaften, offenen Handelsgesellschaften, Gesellschaften des BGB. usw. gelten als an dem Orte befindlich, an dem sich der Sitz der Gesellschaft befindet bzw. an dem in Ermangelung eines ausgesprochenen Sitzes die Verwaltung der Gesellschaft geführt wird. Es entspricht dieses dem zweiten Satz des § 8 und dem Gerichtsstand nach § 17 ZPO. Ist das Anteilsrecht in der darüber ausgestellten Urkunde speziell bei einer Aktiengesellschaft derart verbrieft, daß in der Urkunde das Recht selbst verkörpert wird, daß also die Voraussetzungen eines Wertpapieres nach Note 3 unter f vorliegen, so finden die dort ausgeführten Grundsätze Anwendung. Bei Namenaktien bildet regelmäßig das Anteilsrecht das Ausschlaggebende; sie werden demnach durchweg nur nach dem Anteilsrecht und nicht als Wertpapiere zu behandeln sein. Bei der Bestimmung der Belegenheit des Anteilsrechts können die einzelnen Vermögensstücke, welche die Gesellschaft besitzt, nicht weiter in Betracht kommen, weil an ihnen ein nach Quoten geteiltes Eigentum nicht besteht, sondern nur ein ungeteiltes Eigentum; dieses gilt nicht etwa nur für die Gesellschaften mit eigener selbständiger Persönlichkeit, sondern auch für die offene Handelsgesellschaft und die Gesellschaft nach dem BGB., bei denen eine Gemeinschaft zur gesamten Hand besteht; vgl. Urt. d. RG. vom 11. Dezember 1903, RGE. Bd. 56 S. 206; Urt. d. RG. vom 26. Januar 1904, RGE. Bd. 56 S. 430. Das Anteilsrecht an der Gesellschaft ist hier stets lediglich als solches zu behandeln, auch wenn zu dem Vermögen Grundstücke im Inlande oder im Auslande belegen gehören.

f) Urheberrechte. Die Rechte aus geistigem Eigentum wie das Urheberrecht an Werken der Literatur und Tonkunst, das Urheberrecht an Werken der bildenden Künste, das Schutzrecht der Photographien gegen unbefugte Nachbildung und die Rechte aus dem gewerblichen Eigentum wie das

Recht des Patentinhabers, das Recht auf Markenschutz, das Urheberrecht an Mustern und Modellen, das Schutzrecht für Gebrauchsmuster, das Schutzrecht für Warenbezeichnungen werden sich nach allgemeinem Grundsatz bezüglich der Belegenheit nur durch die Person des Berechtigten bestimmen lassen, weil es sich stets um ein Recht, das gegen jeden Dritten geltend zu machen ist und nur in der Person des Berechtigten einen festen Stützpunkt findet, handelt. Danach werden die fraglichen Rechte regelmäßig als am Orte des Erbfalls befindlich zu gelten haben. Meist wird aber hier die Regel des ersten Satzes des § 8 sich geltend machen, weil für die betreffenden Rechte ein zur Eintragung des Berechtigten bestimmtes Buch von einer deutschen Behörde geführt wird. Bezüglich der Rechte aus geistigem Eigentum ist dieses allerdings nur in einem beschränkterem Maße der Fall, weil die Eintragsrolle für das Urheberrecht an Werken der Literatur und der Tonkunst (RG. vom 19. Juni 1901, RGBl. 1901 S. 227, §§ 1, 2, 8, 31 Abs. 2, 56) und die Eintragsrolle für das Urheberrecht an Werken der bildenden Künste (RG. vom 9. Januar 1876, RGBl. 1876 S. 4, §§ 1, 2, 10) nur ganz bestimmten, mehr untergeordneten Fällen zu dienen hat und für den Schutz der Photographien gegen unbefugte Nachbildung (RG. vom 10. Januar 1876, RGBl. 1876 S. 8, §§ 1, 6, 7) eine Rolle überhaupt nicht geführt wird. Weit wesentlicher greift die Regel des Satz 1 § 8 bei den Rechten aus dem gewerblichen Eigentum ein, weil bei ihnen durchweg die Register für den ganzen Umfang der Berechtigung und alle Fälle derselben geführt werden, so für das Patentrecht die Patentrolle (Patentgesetz vom 7. April 1891, §§ 4 und 19, RGBl. 1891 S. 79), für das Recht auf Markenschutz durch das Handelsregister (RG. über Markenschutz vom 30. November 1874 § 1, RGBl. 1874 S. 143, für das Urheberrecht an Mustern und Modellen das Musterregister (RG. betr. das Urheberrecht an Mustern und Modellen vom 11. Januar 1876 §§ 9 und 13, RGBl. 1876 S. 11), für das Schutzrecht für Gebrauchsmuster die Rolle für Gebrauchsmuster (RG. betr. den Schutz von Gebrauchsmustern vom 1. Juni 1891 §§ 3 und 4, RGBl. 1891 S. 290) und für das Schutzrecht für Warenbezeichnungen die Zeichenrolle (RG. zum Schutz von Warenbezeichnungen vom 12. Mai 1894 §§ 2 und 7, RGBl. 1894 S. 441). Für die Rechte aus geistigem Eigentum kann eventuell auch die Übereinkunft betr. die Bildung eines internationalen Verbandes zum Schutze von Werken der Literatur und Kunst vom 9. September 1886 (RGBl. 1887 S. 493) speziell Art. 2 in der neuen Fassung der Zusatzakte vom 4. Mai 1896 Art. I, 1 (RGBl. 1897 S. 759) und für die Rechte aus gewerblichen Eigentum die Bek. d. Reichskanzlers betr. den Beitritt des Reichs zu dem Internationalen Verbande zum Schutz des gewerblichen Eigentums vom 1. April 1903 (RGBl. 1903 S. 147) speziell Art. 2—4 in Betracht kommen.

g) A n s p r u c h a u s e i n e r u n g e t e i l t e n E r b s c h a f t. Hat bezüglich einer dem Erblasser angefallenen Erbschaft eine Auseinandersetzung vor seinem Tode noch nicht stattgefunden, so geht auf seine Erben der Anspruch, wie er ihn bei seinem Tode besessen, also lediglich der Anspruch aus der ungeteilten Erbschaft, über und es kommen dabei die einzelnen Gegenstände, welche dem Erblasser bei der Auseinandersetzung zufallen oder zugefallen sein würden, nicht in Frage. Grundsätzlich wird auch bezüglich dieses Anspruchs nur die Person des ersten Erblassers das Maßgebende sein können. Im praktischen Erfolg stimmt hiermit die Regel des zweiten Satzes des § 8 überein, denn nach § 27 Abs. 1 ZPO. ist für die Klage aus dem fraglichen Anspruch der allgemeine Gerichtsstand, welchen der Erblasser zur Zeit seines Todes gehabt hat, maßgebend. Aus dieser Bestimmung und den weiteren Vorschriften der ZPO. in Abs. 2 des § 27 und dem daselbst angezogenen § 15 Abs. 1 Satz 2 und 3 ZPO. in Verbindung mit dem zweiten Satz des § 8 RErbStG. ergibt sich die allgemeine Regel, daß der Anspruch aus einer ungeteilten Erbschaft als im Inlande befindlich zu gelten hat, wenn der Erblasser ein Deutscher war.

5. Bücher oder Register, wie sie hier in Frage kommen, die zur Eintragung des Berechtigten bestimmt sind und von einer deutschen Behörde geführt werden, sind die Grundbücher, die Schiffsregister, das Reichs- und Staatsschuldbuch, die Patentrolle usw., ebenso die Handelsregister, sofern ein Handelsgeschäft als Vermögensgegenstand anzusehen ist. Vgl. auch die vorgehende Note 4 unter f; eine eingehendere Darlegung gibt U. Hoffmann in Note 5 zu § 8 [2. Aufl. Anm. 4 zu § 8]. Wenn das Gesetz schlechtweg von „deutschen Behörden" spricht, so ist dieses ungenau ausgedrückt, getroffen werden sollten nur die inländischen deutschen Behörden. Die Behörden in den Kolonien und Schutzgebieten sind auch deutsche Behörden, welchen eine entsprechende Buch- und Registerführung übertragen werden kann und übertragen worden ist. Wollte man den Ausdruck „deutsche Behörde" wörtlich nehmen, so würden beispielsweise nach Maßgabe des RG. über die Konsulargerichtsbarkeit vom 7. April 1900 (RGBl. 1900 S. 213) und der Kaiserl. Verordnung vom 25. Oktober 1900 (RGBl. 1900 S. 1000) die in den Grundbüchern der deutschen Niederlassungen in Tientsin und Hankau eingetragenen Grundstücke als im Inland belegen zu gelten haben; letzteres ist aber von dem Gesetzgeber, welcher selbst die Schutzgebiete unter keinen Umständen als Inland in erbschaftssteuerlicher Beziehung ansieht, zweifellos nicht gewollt, wie schon aus der Begründung zum Gesetzentwurf sich ergibt; vgl. oben Note 3 der Vorbem. zu §§ 5—9. Man wird daher den Ausdruck „deutsche Behörde" nur in der einschränkenden Bedeutung von „inländische deutsche Behörde" auffassen dürfen.

6. Die Zuständigkeit der deutschen Gerichte für eine Klage regelt sich nach den §§ 12 ff. ZPO. (RGBl. 1898 S. 412 ff.). Ob im Sinne der fraglichen Vorschrift der nur durch Vereinbarung geschaffene Gerichtsstand (ZPO. §§ 38—40) überhaupt in Frage kommen kann, erscheint zweifelhaft; jedenfalls wird ihm eine Bedeutung in erbschaftssteuerlicher Beziehung nicht beigemessen werden können, denn bei entsprechender Anwendung wäre es nicht ausgeschlossen, daß der Steuerpflichtige dadurch einen Einfluß auf die Steuerpflicht überhaupt oder auf die Höhe derselben ausüben könnte, was unter allen Umständen als unzulässig erscheinen müßte; die in der ersten Auflage in Übereinstimmung mit U. Hoffmann Note 6 zu § 8 vertretene Ansicht läßt sich demgegenüber bei näherer Prüfung nicht aufrecht erhalten. [Auch U. Hoffmann hat jetzt seine Ansicht in gleicher Weise geändert; 2. Aufl. Anm. 5 zu § 8 a. E.].

§ 9.

In den Fällen der §§ 5 bis 8 kommen Schulden und Lasten, welche nur auf einem steuerfreien oder nur auf einem steuerpflichtigen Teile der Masse haften, behufs der Berechnung der Steuer bei demjenigen Teile in Abzug, auf welchem sie haften.

Schulden und Lasten, welche sowohl auf dem steuerfreien als auf dem steuerpflichtigen Teile der Masse haften, kommen von dem letzteren nur nach dem Verhältnisse dieses Teiles zur gesamten Masse in Abzug.

In das Grundbuch eingetragene Schulden, für welche der Eigentümer zugleich persönlich haftet, gelten zunächst als Lasten des Grundstücks und kommen nur rücksichtlich des durch das Grundstück nicht gedeckten Betrags bei der übrigen Masse in Anrechnung.

1. Die Vorschriften der §§ 5 bis 7 können unter Umständen dazu führen, daß das Vermögen eines Erblassers zum Teil steuerfrei, zum Teil steuerpflichtig ist. Wie in solchen Fällen die Schulden und Lasten zum Zwecke der Steuerberechnung zu verteilen sind, ist im § 9 bestimmt. Es handelt sich also hier lediglich darum, wie die Belastung der Erbschaftsmasse einerseits auf den steuerpflichtigen und andererseits auf den steuerfreien Nachlaß in Anrechnung zu bringen ist. Die weitere Frage, welche auf der Erbschaftsmasse ruhenden Schulden und Lasten bei der Berechnung der Erbschaftssteuer überhaupt in Abzug zu bringen sind, ist unten in dem Abschnitt über die Berechnung der Erbschaftssteuer näher behandelt; das dort Ausgeführte findet nach dieser Richtung hin auch für den § 9 Anwendung; vgl. namentlich die Noten 11 ff. zu § 29. Die Verteilung der abziehbaren Schulden und Lasten auf steuerpflichtige und steuerfreie Erbschaftsmasse, wie sie der § 9 vornimmt, schließt sich lediglich an die tatsächliche Haftung an, und entspricht den allgemeinen Grundsätzen, wie sie insgesamt für die Berechnung der Erbschaftssteuer maßgebend sind.

2. Der erste Absatz des § 9 stellt zunächst den allgemeinen Grundsatz auf, daß die auf einem bestimmten Teil oder Gegenstand der Erbschaftsmasse haftenden Schulden und Lasten von diesem Teil oder Gegenstand in Absatz zu bringen sind. Eine maßgebende nähere Anweisung für die Anwendung enthält folgende Verf. PrFM. vom 26. Februar 1909 III 3213: „Nach § 2174 BGB. begründet das Vermächtnis allerdings nur ein Forderungsrecht des Bedachten. Wenn hiernach auch zivilrechtlich das Vermächtnis wie jede andere Nachlaßverbindlichkeit auf dem ganzen Nachlasse und nicht auf einem einzelnen Teile des Nachlasses ruht, so haftet doch im Sinne RErbStG., wie dessen § 9 ergibt, das Vermächtnis einer bestimmten Nachlaßsache auf dieser Nachlaßsache und nicht auf dem ganzen Nachlasse; denn nach § 9 a. a. O. haften Schulden und Lasten auf einem Gegenstande der Masse nicht nur dann, wenn sie eine dingliche Belastung des Gegenstandes bilden, sondern auch dann, wenn sie zwar nur in einer persönlichen Verbindlichkeit bestehen, aber, wie ein Teil der Landeserbschaftssteuergesetze sich ausdrückt, mit und wegen der Masse übernommen werden, wie die Vermächtnisse. Soweit es sich daher um Vermächtnisse handelt, die auf bestimmte Teile des Nachlasses angewiesen sind oder bestimmte Nachlaßgegenstände betreffen, gelten ausschließlich diese Gegenstände als mit dem Anspruch des Bedachten belastet, so daß diese Verbindlichkeiten lediglich von den vermachten Nachlaßgegenständen abgezogen werden dürfen .... Hiernach sind die dinglichen Lasten und Schulden sowie die auf bestimmte Gegenstände angewiesenen Vermächtnisse von dem Werte der hierbei in Betracht kommenden Nachlaßbestandteile in Abzug zu bringen. Auf den sodann verbleibenden — steuerpflichtigen und steuerfreien — Teil der Nachlaßmasse sind die allgemeinen Nachlaßschulden insbesondere auch die Geld-

vermächtnisse verhältnismäßig zu verteilen". Als Schulden und Lasten, welche nur auf einem Teile der Masse haften, werden neben den vorstehend gekennzeichneten Vermächtnissen, denen wiederum Pflichtteilsrechte und Auflagen gleichstehen, namentlich die dinglichen Belastungen der Grundstücke Grunddienstbarkeiten, Nießbrauch, beschränkte persönliche Dienstbarkeiten, Vorkaufsrecht, Reallasten, Hypothek, Grundschuld, Rentenschuld in Betracht kommen, bezüglich der beweglichen Sachen, speziell auch der Wertpapiere, der Nießbrauch. Hypothekzinsen sind bis zum Anfalle auf das Grundstück anzurechnen: Verf. FM. vom 30. Januar 1908 Nr. 143.

3. Sofern eine Belastung nach ihrem Wert von einem dafür besonders haftenden Teile oder Gegenstand der Masse in Abrechnung gebracht wird, muß der Wert jenes haftenden Teiles oder Gegenstandes der Masse als entsprechend vermindert gelten; Teil oder Gegenstand verbleibt sozusagen nur mit dem verminderten Wert in der Masse. Die notwendige Folge davon ist, daß, wenn weitere Schulden und Lasten auf die Gesamtmasse zu verteilen sind, jener Teil oder Gegenstand bei der weiteren Schuldenverteilung auf die Gesamtmasse, deren Wert sich übrigens auch um den Wert der besonders abgerechneten Belastung bereits verringert hat, nur zu seinem verminderten Wert in Ansatz gebracht werden kann.

4. Unter den Absatz 2 fallen alle Schulden und Lasten, welche überhaupt absetzbar und anrechnungsfähig sind, soweit sie nicht auf einem Erbschaftsteil besonders haften. Die Verteilung der Belastungen ist naturgemäß nur auf dasjenige zu erstrecken, was tatsächlich rechtlich zum Nachlaß gehört. Bezüglich der Verteilung von Eheleuten gemeinschaftlich angeordneter Vermächtnisse auf den Nachlaß beider Ehegatten hat ein Urt. d. RG. vom 17. Februar 1902 entschieden, daß solche gemeinschaftlich angeordnete Vermächtnisse nicht etwa je zur Hälfte auf den Nachlaß beider Ehegatten zu verteilen seien, sondern daß durch dieselben die beiden Nachlaßmassen im Verhältnis ihrer Größe zueinander belastet seien (Verf. PrFM. vom 12. April 1902; PrZBl. 1902 S. 96). — Hat der Erblasser durch Vertrag eine Lebensversicherung unter Ausbedingen der Zahlung der Versicherungssumme an einen Dritten abgeschlossen, so erhält der Dritte die Versicherungssumme zwar mit dem Erbfalle, aber nicht als einen Teil des Nachlasses, auch nicht aus dem Vermögen des Erblassers, sondern unmittelbar auf Grund des Vertrages; für die Erbschaftsmasse, auf welche Schulden und Lasten zu verteilen sind, bleibt die Versicherungssumme mithin außer Betracht (Urt. d. RG. vom 3. Juni 1902, RGE. Bd. 51 S. 403). — Über die Verteilung der Schulden und Lasten in den Fällen, in denen neben dem § 9 Abs. 2 der § 11 Ziff. 4 f und der § 15 Abs. 3 in Betracht kommen, vgl. Mirre, ZfZuSt. 1907 S. 283, II, welcher erläuternde praktische Beispiele anführt.

5. Der Absatz 3 bringt zum Ausdruck, daß in denjenigen Fällen, in denen ein gegen die Erbschaftsmasse bestehender Anspruch sich in zweifacher Weise nämlich einmal als dinglicher aus der besonderen Verhaftung eines Grundstücks und sodann auch als persönlicher aus der obligatorischen Verpflichtung des Grundstückseigentümers geltend machen läßt, die Anweisung nicht wahlweise nach der einen oder der anderen Art, wie der Anspruch zu verfolgen, geschehen könne, sondern daß stets der dinglichen Belastung Rechnung zu tragen sei und, daß nur, soweit hiermit volle Deckung nicht zu erlangen, die obligatorische Verpflichtung subsidiär zur Deckung kommen solle. Hauptsächlich in Frage kommen wird hierfür die Hypothek.

III. Betrag der Erbschaftssteuer.

Vorbemerkungen zu § 10.

1. Bei Festlegung des Betrages der Steuer berücksichtigt das RESt. in erster Linie, wie wohl durchweg die Erbschaftssteuergesetze, die Verwandtschaft und Verschwägerung mit dem Erlasser. Es scheidet nach dem Verwandtschafts- und Verschwägerungsgrade zunächst drei Klassen mit verschiedenen Steuersätzen so aus, daß die Steuersätze für die entfernteren Grade sich erhöhen; in eine vierte Klasse mit dem höchsten Steuersatz sind sodann alle weiteren nicht besonders herausgehobenen Fälle eingereiht. Die Steuersätze der einzelnen Klassen betragen vier, sechs, acht und zehn vom Hundert und sind immerhin als verhältnismäßig höhere anzusehen. Als im Grundsatz namentlich wesentlich ist dabei anzusehen, daß Abkömmlinge und Ehegatten überhaupt von der Steuer befreit bleiben, was allerdings erst im § 11 besonders zum Ausdruck kommt. Bei der großen Reichsfinanzreform von 1908/09 beabsichtigten die verbündeten Regierungen diese Befreiung durch ein besonderes Nachlaßsteuergesetz zu beseitigen, konnten aber die Zustimmung des Reichstages dazu nicht erlangen.

2. In dem REStG. ist aber neben und innerhalb der Staffelung der Steuer nach dem Verwandtschafts- und dem Verschwägerungsgrade gleichzeitig noch eine Staffelung der Steuer nach der Höhe des Erbanfalls durchgeführt. Nach der Begründung des Regierungsentwurfs wollte man damit neben dem Grad der Verwandtschaft auch dem Grad der Bereicherung und damit dem das neuere Steuerrecht beherrschenden Grundsatz, daß dem höheren Maße der Leistungsfähigkeit eine stärkere Besteuerung zu entsprechen habe, Berücksichtigung angedeihen lassen. Die im Regierungsentwurf zunächst vorgeschlagene bezügliche Staffelung wurde vom Reichstage nicht unwesentlich verschärft und auf die jetzige Höhe gebracht.

3. Für die Einstellung des Steuerpflichtigen in die bezüglich der Erbschaftssteuersätze speziell abgestuften Gruppen des Verwandtschafts- oder Verschwägerungsgrades ist sein Verhältnis zu dem Erblasser und zwar dieses Verhältnis, wie es im Augenblick des Erbfalls mit rechtlicher Wirkung besteht, bestimmend. Das REStG. gibt für die Bestimmung des in Frage stehenden Verwandtschaftsverhältnisses weitere Vorschriften nicht und finden daher lediglich die Grundsätze des bürgerlichen Rechtes Anwendung. Es kommt dafür zunächst der erste Absatz des Art. 24 EG. BGB.:

„Ein Deutscher wird, auch wenn er seinen Wohnsitz im Auslande hatte, „nach den deutschen Gesetzen beerbt."

und der erste Satz des Art. 25 daselbst:

„Ein Ausländer, der zur Zeit seines Todes seinen Wohnsitz im Inlande „hatte, wird nach den Gesetzen des Staates beerbt, dem er zur Zeit seines „Todes angehörte."

in Frage. Im gewöhnlichen Fall ist dementsprechend ausschließlich das BGB. maßgebend. Dasselbe bildet aber nicht nur die Richtschnur bezüglich der Begründung und des Bestehens eines Verwandtschafts- oder Verschwägerungsverhältnisses, sondern ebenmäßig auch bezüglich der Rechtswirkung etwaiger Nichtigkeiten und Anfechtbarkeiten in demselben. Wo das RESTG. unter Abweichung von den Grundsätzen des BGB. entsprechende Sondervorschriften trifft, wie bezüglich des Erwerbs von Vermögen ohne die Nutzung in den §§ 26 und 27, gehen diese naturgemäß vor und sind in erster Linie zur Anwendung zu bringen (vgl. das zu den genannten Paragraphen unten Ausgeführte). Findet zwischen dem Erblasser und dem Steuerpflichtigen — beziehungsweise auch lediglich dem Erwerber, soweit Steuerfreiheit mit in Frage kommt — ein mehrfaches Verhältnis der Verwandtschaft oder Verschwägerung bzw. gleichzeitig ein Verwandtschafts- und Verschwägerungsverhältnis statt, so ist das für den Steuerpflichtigen (beziehungsweise den Erwerber) günstigste Verhältnis bei der Beurteilung der Steuerpflicht zugrunde zu legen, weil dem Steuerpflichtigen (dem Erwerber) stets das Recht, sich auf dieses Verhältnis zu berufen, zur Seite steht. Bezüglich der Ausschlagung der Erbschaft, wie sich Sachlage und Beurteilung, wer als Erwerber dabei anzusehen, infolge davon besonders gestalten können, vergleiche die Noten 6 und 7 zu § 2.

Bezüglich der gemeinschaftlichen Testamente zwischen Ehegatten greift der § 2269 BGB. Platz:

„Haben die Ehegatten in einem gemeinschaftlichen Testamente, durch das „sie sich gegenseitig als Erben einsetzen, bestimmt, daß nach dem Tode des „Ueberlebenden der beiderseitige Nachlaß an einen Dritten fallen soll, so ist „im Zweifel anzunehmen, daß der Dritte für den gesamten Nachlaß als „Erbe des zuletzt versterbenden Ehegatten eingesetzt ist.

„Haben die Ehegatten in einem solchen Testament ein Vermächtnis an- „geordnet, das nach dem Tode des Ueberlebenden erfüllt werden soll, so ist „im Zweifel anzunehmen, daß das Vermächtnis dem Bedachten erst mit „dem Tode des Ueberlebenden anfallen soll."

(Vgl. auch Planck, Kommentar zum BGB. Note 4 zu § 2269). Daß bei einem in gleicher Weise abgeschlossenen Erbvertrage zwischen Ehegatten die Vorschrift des § 2269 ebenmäßig Anwendung finde, spricht § 2280 BGB. aus. Die Vorschrift des § 2269 greift bei bestehendem Zweifel — die stetige Voraussetzung für die Anwendbarkeit — für die gemeinschaftlichen Testamente von Ehegatten auch dann Platz, wenn die Ehegatten oder einer von ihnen vor dem 1. Januar 1900, dem Inkrafttreten des BGB., gestorben ist. (Urt. d. RG. vom 14. Oktober 1904, RGE. Bd. 59 S. 80; JW. Bd. 34 S. 12 Nr. 1; PrZBl. 1905 S. 18; Erl. d. PrFM. vom 17. Juni 1907 III 11110). Der § 2269 ist aber stets bei bestehendem Zweifel über den Willen der Erblasser zur Anwendung zu bringen; Urt. d. RG. vom 7. Februar 1905 (RGE. Bd. 60 S. 115; PrZBl. 1905 S. 538; Erl. d. PrFM. vom 6. Juli 1905 III 4698). Bei dem gemeinschaftlichen Testament kann der Wille der Ehegatten dahin gerichtet sein, daß der von den Ehegatten berufene Dritte nur Ersatzerbe beider Teile sein soll, so daß der Erbgang nach dem zuerst Gestorbenen sich mit dessen Beerbung durch den Überlebenden völlig erschöpft und der Dritte den ganzen Nachlaß, also auch das darin enthaltene Vermögen des zuerst Gestorbenen nur als (Ersatz-)Erbe des Überlebenden und nur Kraft seiner durch diesen erfolgten Einsetzung als

Erbe erhält. Der Wille des Ehegatten kann aber auch dahin gehen, daß der überlebende Ehegatte Vorerbe des Erstgestorbenen (§§ 2112 ff., 2136, 2137 BGB.) und der Dritte Ersatzerbe des Überlebenden wegen des von diesem herrührenden Vermögens und zugleich Nacherbe des zuerst Gestorbenen wegen des von diesem hinterlassenen Vermögens sein soll. Von diesen beiden Auslegungen ist im Zweifel der ersteren den Vorzug zu geben. Diese Bestimmung darf als eine Auslegungsregel nur Anwendung finden, wenn der Wille der Erblasser aus dem Inhalt des Testaments und aus dem ganzen inneren Zusammenhange der letztwilligen Verfügungen nicht zuverlässig ermittelt werden kann und auch bei Würdigung aller sonstigen in Betracht kommenden Verhältnisse Zweifel darüber bestehen bleiben, welche der beiden Beerbungsarten die Erblasser gewollt haben. Denn auch für Verfügungen von Todes wegen gilt die Bestimmung des § 133 BGB., wonach bei Auslegung einer Willenserklärung der wirkliche Wille zu erforschen und nicht an dem buchstäblichen Sinne des Ausdruckes zu haften ist; Erl. d. PrFM. vom 22. Oktober 1908 III 18512. Da in steuerlicher Beziehung hier allein das bürgerliche Recht maßgebend ist, so kann auch für die Steuerfestsetzung die Vorschrift des § 2269 nur in derjenigen Beschränkung, in welcher sie im BGB. zum Ausdruck gebracht ist, Geltung haben; sie kann nicht für alle entsprechend abgeschlossenen gemeinschaftlichen Testamente und Erbverträge — auch die anderer Personen als Ehegatten — Anwendung finden; a. M. nach einer Entscheidung des sächsischen Finanzministeriums Wahl, Sächs. EStG. Note 5 zu Art. 3; für die diesseitige Ansicht vgl. Frommhold, Kommentar zum BGB. Note 2 zu § 2280.

4. Für die Beurteilung des Verwandtschafts- und Schwägerschaftsverhältnisses ist der Zeitpunkt des Erbfalls der bestimmende. Das hat wiederum zur Folge, daß ein bezügliches Verhältnis, welches schon vor dem Erbfall rechtlich zu bestehen aufgehört hat, nicht in Rücksicht zu ziehen ist; gleichgültig ist es dabei, ob das Bestehen durch rechtskräftiges gerichtliches Urteil oder durch Vertrag oder in sonst möglicher Weise in Wegfall gekommen ist. Sofern es sich bezüglich der Verwandtschaft um eine nichtige oder anfechtbare Ehe handelt, kommen die gleichen Grundsätze nur durch die positiven Bestimmungen des BGB. eingeschränkt zur Anwendung. Ohne eine vorherige Nichtigkeitserklärung kann nach § 1329 BGB. die Nichtigkeit einer Ehe von jedem Dritten geltend gemacht werden, einmal wenn es sich um eine wegen eines Formfehlers nach § 1324 nichtige Ehe handelt und die Ehe nicht in das Heiratsregister eingetragen worden ist, und ferner ohne Rücksicht auf den Nichtigkeitsgrund, wenn die Ehe durch Tod, Scheidung oder Wiederverheiratung im Falle der Todeserklärung aufgelöst oder infolge durchgeführter Anfechtungsklage — bei Konkurrenz eines Anfechtungsgrundes — bereits als nichtig erklärt worden ist. In dem ersten dieser beiden Fälle tritt die Wirkung, daß die Ehe als nicht geschlossen anzusehen ist, ohne weiteres ein; für die Beurteilung des Verwandtschaftsverhältnisses, bezüglich dessen auch noch der § 1699 Abs. 2 BGB. in Betracht zu ziehen ist, kann eine solche nichtige Ehe mithin überhaupt nicht in Frage kommen und ist es ohne Einfluß, ob dieselbe als nichtig erklärt ist, beziehungsweise die Nichtigkeitserklärung vor oder nach dem Zeitpunkt des Erbfalls erfolgt ist. In dem zweiten Fall muß die ohne

weiteres geltend zu machende Nichtigkeit der Ehe bereis im Zeitpunkt des Erbfalls bestanden haben; es muß also die Auflösung der Ehe oder die nach Anfechtungsklage ausgesprochene Nichtigkeitserklärung vor dem Zeitpunkt des Erbfalls liegen; sodann bedarf es einer weiteren Nichtigkeitserklärung nicht und ist es gleichgültig, ob eine solche vor oder nach dem Zeitpunkt des Erbfalls erfolgt ist. Im übrigen, also abgesehen von jenen beiden Fällen, ist eine nichtige Ehe nicht ohne weiteres als eine nichtige Ehe zu behandeln; es muß vielmehr die Nichtigkeit infolge der Nichtigkeitsklage durch Urteil festgestellt, die Ehe mithin erst als nichtig erklärt sein. Die Nichtigkeitserklärung bildet also die Voraussetzung für den Eintritt der Wirksamkeit der Nichtigkeit. Infolgedessen ist für die Berücksichtigung der Nichtigkeit in steuerlicher Beziehung nicht nur die Nichtigkeitserklärung als solche erforderlich, sondern es ist auch des weiteren der Zeitpunkt dieser Nichtigkeitserklärung maßgebend; liegt dieser Zeitpunkt vor dem Zeitpunkt des Erbfalls, so ist die Nichtigkeit entsprechend zu berücksichtigen, liegt er hinter demselben, so bleibt sie unberücksichtigt. Mit der nichtigen Ehe in der letzten allgemeinen Beziehung steht die anfechtbare Ehe gleich; auch für diese ist die auf Grund der Anfechtung erfolgte Nichtigkeitserklärung das Ausschlaggebende; bis zur Nichtigkeitserklärung ist die anfechtbare Ehe als vollgültig anzusehen; in steuerlicher Beziehung ist daher für die Beurteilung der Ehe nach der einen oder nach der anderen Richtung hin der Zeitpunkt der Nichtigkeitserklärung in der gleichen Weise wie oben maßgebend. (Vgl. Planck, Kommentar zum BGB. Note 1 und 4 zu § 1329 und Note II zum dritten Titel des Abschnitt I des vierten Buches, sowie Note 1 zu § 1343.) Bezüglich des Verschwägerungsverhältnisses kommt das vorstehende ebenmäßig in Betracht, weil durch eine nichtige Ehe, auch wenn die Nichtigkeit auf Anfechtbarkeit beruht, zwar eine Schwägerschaft nicht begründet wird, aber die Nichtigkeit in der gleichen Weise für den regelmäßigen Fall erst durch die Nichtigkeitserklärung zur Wirkung kommen kann, vgl. unten Note 13 zu diesem Paragraphen. [Bezüglich der Grundlage des Vorausgeführten and. M. U. Hoffmann 2. Aufl. Vorbem. 2 zu §§ 10—15. Als zeitlich maßgebend für die Bestimmung des Familienverhältnisses nimmt derselbe den Eintritt der Steuerpflicht des Erwerbes an; ebenso will er berücksichtigt wissen, wenn eine Familienverbindung infolge Rückwirkung einer Rechtshandlung als bestehend oder nicht bestehend gilt.] — Für eine Reihe von Einzelfragen des Verwandtschafts- und Schwägerschaftsverhältnisses wird eventuell auch noch auf das frühere Landesrecht zurückgegriffen werden müssen, wie U. Hoffmann in Note 1 der Vorbemerkungen zu §§ 10, 11 näher hervorhebt [2. Aufl. Anm. 3 Vorbem. zu §§ 10—15].

§ 10.

Die Erbschaftssteuer beträgt:

I. vier vom Hundert:

1. für leibliche Eltern;

2. für voll- und halbbürtige Geschwister sowie für Abkömmlinge ersten Grades von Geschwistern;

II. sechs vom Hundert:
1. für Großeltern und entferntere Voreltern;
2. für Schwieger- und Stiefeltern;
3. für Schwieger- und Stiefkinder;
4. für Abkömmlinge zweiten Grades von Geschwistern;
5. für uneheliche, von dem Vater anerkannte Kinder und deren Abkömmlinge;
6. für an Kindes Statt angenommene Personen und deren Abkömmlinge, soweit sich auf diese die Wirkungen der Annahme an Kindes Statt erstrecken;

III. acht vom Hundert:
1. für Geschwister der Eltern;
2. für Verschwägerte im zweiten Grade der Seitenlinie;

IV. zehn vom Hundert in den übrigen Fällen, soweit es sich nicht um einen Erwerb der im § 12 bezeichneten Art handelt.

Übersteigt der Wert des Erwerbes den Betrag von
20 000 Mark, so wird das $1\frac{1}{10}$ fache,
übersteigt er den Betrag von

30 000	Mark,	so	wird	das	$1\frac{2}{10}$	fache,
50 000	"	"	"	"	$1\frac{3}{10}$	"
75 000	"	"	"	"	$1\frac{4}{10}$	"
100 000	"	"	"	"	$1\frac{5}{10}$	"
150 000	"	"	"	"	$1\frac{6}{10}$	"
200 000	"	"	"	"	$1\frac{7}{10}$	"
300 000	"	"	"	"	$1\frac{8}{10}$	"
400 000	"	"	"	"	$1\frac{9}{10}$	"
500 000	"	"	"	"	2	"
600 000	"	"	"	"	$2\frac{1}{10}$	"
700 000	"	"	"	"	$2\frac{2}{10}$	"
800 000	"	"	"	"	$2\frac{3}{10}$	"
900 000	"	"	"	"	$2\frac{4}{10}$	"
1 000 000	"	"	"	"	$2\frac{5}{10}$	"

der im Abs. 1 bestimmten Sätze erhoben.

Die im Abs. 2 geregelte Steigerung beginnt bei den Steuerpflichtigen der I. Klasse erst, wenn der Wert des Erwerbes den Betrag von 50 000 Mark übersteigt, mit dem im Abs. 2 für diesen Wert bestimmten Satze.

Übersteigt der Wert des Erwerbes eine der im Abs. 2 bezeichneten Wertgrenzen, so wird der Unterschiedsbetrag zwischen dem

nach Abs. 2 anzuwendenden höheren Satze und demjenigen der vorangehenden Wertklasse nur insoweit erhoben, als er aus der Hälfte des die Wertgrenze übersteigenden Betrags des Erwerbes gedeckt werden kann.

Zu Absatz 1, I.

5. Zu Ziff. I des Abs. 1 führen die Motive folgendes an: „Unter Nr. I, 1 sind nur die leiblichen Eltern, nicht auch die Adoptiveltern genannt; letztere würden also nach dem Entwurfe 10 bis 20 vom Hundert zu zahlen haben, während sie nach den bisherigen deutschen Erbschaftssteuergesetzen mit 1 bis 15 vom Hundert belegt sind." Wenn das Gesetz den Ausdruck „leibliche Eltern" gebraucht, so hat es damit nicht etwa dem bürgerlichen Recht gegenüber eine Abweichung oder einen Gegensatz insofern begründen wollen, als dadurch die Abstammung schlechthin, also auch die uneheliche dem Vater gegenüber, als maßgebend hat anerkannt werden sollen. Der fragliche Ausdruck ist vielmehr lediglich im Gegensatz zu den Adoptiveltern, welche ausgeschlossen werden sollten, gewählt, wie solches ja auch aus den soeben angegebenen Ausführungen der Motive mit Deutlichkeit erhellt. Für den Begriff „leibliche Eltern" sind daher auch hier ausschließlich die Vorschriften des BGB. maßgebend und es gelten als leibliche Eltern nur solche Personen, welche mit dem Erblasser nach bürgerlichem Recht als Eltern verwandt sind.

6. Der Begriff der Verwandtschaft, hier wie im folgenden, bestimmt sich in erster Linie nach dem § 1589 BGB.:

„Personen, deren eine von der anderen abstammt, sind in gerader Linie „verwandt. Personen, die nicht in gerader Linie verwandt sind, aber von „derselben dritten Person abstammen, sind in der Seitenlinie verwandt. „Der Grad der Verwandtschaft bestimmt sich nach der Zahl der sie vermittelnden Geburten.

„Ein uneheliches Kind und dessen Vater gelten nicht als verwandt."

Durch eheliche Abstammung wird an und für sich und ohne weiteres Verwandtschaft mit Vater und Mutter begründet, so daß beide als leibliche Eltern in Betracht kommen. Voraussetzung der ehelichen Abstammung gibt der § 1591 BGB.:

„Ein Kind, das nach der Eingehung der Ehe geboren wird, ist ehelich, wenn „die Frau es vor oder während der Ehe empfangen und der Mann innerhalb der Empfängniszeit der Frau beigewohnt hat. Das Kind ist nicht „ehelich, wenn es den Umständen nach offenbar unmöglich ist, daß die Frau „das Kind von dem Manne empfangen hat.

„Es wird vermutet, daß der Mann innerhalb der Empfängniszeit der Frau „beigewohnt habe. Soweit die Empfängniszeit in die Zeit vor der Ehe fällt, „gilt die Vermutung nur, wenn der Mann gestorben ist, ohne die Ehelichkeit des Kindes angefochten zu haben."

Durch eine Auflösung der Ehe durch Scheidung wird eine Veränderung in der Verwandtschaft nicht begründet, dieselbe ist daher hier ohne Einfluß; die geschiedenen Eltern kommen beide als Eltern in Betracht und ist es dabei des weiteren bedeutungslos, ob einer oder beide Ehegatten bei der Scheidung für schuldig erklärt sind.

7. Die Kinder aus nichtigen Ehen sind an und für sich unehelich; es greift für sie aber der § 1699 BGB. ein:

„Ein Kind aus einer nichtigen Ehe, das im Falle der Gültigkeit der Ehe „ehelich sein würde, gilt als ehelich, sofern nicht beide Ehegatten die Nichtig„keit der Ehe bei der Eheschließung gekannt haben.

„Diese Vorschrift findet keine Anwendung, wenn die Nichtigkeit der Ehe auf „einem Formmangel beruht und die Ehe nicht in das Heiratsregister ein„getragen worden ist."

Da nach den Ausführungen unter Nr. 4 der Vorbemerkungen zu diesem Paragraphen bei den nach Maßgabe des letzten Absatzes der vorstehenden Gesetzesbestimmung nichtigen Ehen die Wirkungen der Nichtigkeit ohne weiteres, d. h. ohne formelle Nichtigkeitserklärung, eintreten, so sind die Kinder aus solchen Ehen stets als uneheliche zu betrachten; sofern daher ein solches Erblasser ist, wird nur die Mutter unter der Gruppe leibliche Eltern in Betracht kommen können. In den übrigen Fällen muß stets, um die Nichtigkeit der Ehe in Wirksamkeit treten zu lassen, diese Nichtigkeit zunächst infolge der Nichtigkeitsklage durch Urteil festgestellt sein und ist dabei wiederum der Zeitpunkt der Nichtigkeitserklärung ausschlaggebend; liegt derselbe vor dem Zeitpunkt des Erbfalles, so sind die Wirkungen der Nichtigkeit in steuerlicher Beziehung zu berücksichtigen, liegt derselbe dahinter, so hat solches nicht zu geschehen. Praktisch wird das letztere aber nur in dem Ausnahmefall des ersten Absatzes des § 1699, also wenn die Nichtigkeitserklärung für eine nichtige Ehe erfolgt ist, deren Nichtigkeit beide Ehegatten bei der Eheschließung gekannt haben; ist die Nichtigkeitserklärung vor dem Eintritt des Erbfalles abgegeben, so steht nur die Mutter bezüglich der Gruppe leibliche Eltern in Frage, ist sie nach dem Eintritt des Erbfalles erst abgegeben, aber Vater wie Mutter. Treffen die beiden vorberührten Ausnahmefälle des § 1699 nicht zu, so gilt das Kind aus einer nichtigen Ehe als eheliches; es ist infolgedessen bezüglich eines solchen Kindes dasselbe Verwandtschaftsverhältnis wie bei einer gültigen Ehe begründet, wenn auch das Rechtsverhältnis zwischen Eltern und Kindern durch Sondervorschriften des BGB. (§§ 1700 ff.) ein modifiziertes ist. Hierbei hat auch der böse Glaube eines der Eheschließenden keinerlei Bedeutung; war nur einem der Eheschließenden die Nichtigkeit der Ehe bei der Eheschließung bekannt, so übt dieses auf das Verwandtschaftsverhältnis auch dieses Eheschließenden keinen Einfluß aus. In allen Fällen werden also Vater und Mutter als leibliche Eltern zu berücksichtigen sein.

8. Bezüglich der unehelichen Kinder greift neben der Vorschrift im zweiten Absatz des oben in Note 6 angeführten § 1589 noch der § 1705 BGB. Platz:

„Das uneheliche Kind hat im Verhältnisse zu der Mutter und zu den Ver„wandten der Mutter die rechtliche Stellung eines ehelichen Kindes."

Aus der Erbschaft eines unehelichen Kindes erwirbt daher nur die Mutter unter der Kategorie leibliche Eltern. Uneheliche Kinder können aber infolge der Legitimation durch nachfolgende Ehe oder durch Ehelichkeitserklärung die volle rechtliche Stellung ehelicher Kinder erlangen.

Für die Legitimation durch nachfolgende Ehe ist der § 1719 BGB. maßgebend:

„Ein uneheliches Kind erlangt dadurch, daß sich der Vater mit der Mutter „verheiratet, mit der Eheschließung die rechtliche Stellung eines ehelichen „Kindes."

Durch die Legitimation wird demnach ein Verwandtschaftsverhältnis zwischen dem legitimierten Kinde und dem Vater begründet, welches sofort mit der fraglichen Eheschließung entsteht. Bei dem Erbfall eines legitimierten Kindes zählt also neben der Mutter auch der Vater zu den leiblichen Eltern; Voraussetzung ist selbstredend, daß die die Legitimation begründende Eheschließung vor dem Erbfall stattgefunden hat; eine Eheschließung nach dem Erbfall bleibt für den letzteren ohne Wirkung.

Die allgemeinen Vorbedingungen der Ehelichkeitserklärung gibt der § 1723 BGB. an:

„Ein uneheliches Kind kann auf Antrag seines Vaters durch eine Verfügung „der Staatsgewalt für ehelich erklärt werden.

„Die Ehelichkeitserklärung steht dem Bundesstaate zu, dem der Vater an-„gehört; ist der Vater ein Deutscher, der keinem Bundesstaat angehört, so „steht sie dem Reichskanzler zu.

„Über die Erteilung der einem Bundesstaate zustehenden Ehelichkeitserklärung „hat die Landesregierung zu bestimmen."

und des weiteren bestimmt der § 1736:

„Durch die Ehelichkeitserklärung erlangt das Kind die rechtliche Stellung „eines ehelichen Kindes."

Die Ehelichkeitserklärung hat dieselbe Wirkung wie die Legitimation. Die Vorbedingung, daß sie vor dem Erbfall eintritt, braucht nicht besonders betont zu werden, da eine Ehelichkeitserklärung nach dem Tode des Kindes nach § 1733 BGB. ausgeschlossen ist. Folgeweise besteht durch die Ehelichkeitserklärung beim Erbfall auch eine Verwandtschaft zwischen dem für ehelich erklärten Kinde und dem Vater, der letztere gehört gleich der Mutter zu den leiblichen Eltern.

9. Vollbürtige Geschwister sind solche, die beide Eltern, halbbürtige Geschwister solche, welche nur den Vater oder nur die Mutter gemeinsam haben. Sowohl durch die eheliche wie durch die uneheliche Abstammung wird das Geschwisterverhältnis begründet. Mehrere uneheliche Kinder derselben Mutter sind halbbürtige Geschwister, desgleichen ein voreheliches Kind der Mutter mit den aus einer später abgeschlossenen Ehe derselben entsprossenen Kindern. Infolge der Legitimation durch nachfolgende Ehe erlangt das uneheliche Kind in allen Beziehungen die rechtliche Stellung eines ehelichen Kindes; die Wirkungen der Legitimation erstrecken sich demnach auch auf die Abkömmlinge des Vaters; durch die Legitimation wird ein Geschwisterverhältnis begründet. Letzteres ist dagegen nicht der Fall bei der Ehelichkeitserklärung, weil nach § 1737 Abs. 1 BGB. die Wirkungen der Ehelichkeitserklärung sich nicht auf die Verwandten des Vaters erstrecken, und ebenso nicht auf die Annahme an Kindesstatt, da auch für diese der § 1763 BGB. die Wirkung auf die Verwandten des Annehmenden ausschließt. Kinder, welche beide Eltern in die Ehe mitgebracht haben — Kinder des Mannes aus einer früheren Ehe und Kinder der Frau aus einer früheren Ehe oder voreheliche Kinder derselben — sog. zusammengebrachte Kinder, sind nicht miteinander verwandt und stehen in keinem Geschwisterverhältnis. Ebenso sind mehrere uneheliche Kinder desselben Vaters von verschiedenen Müttern nicht miteinander verwandt.

10. Daß neben den voll- und halbbürtigen Geschwistern auch die Abkömmlinge ersten Grades derselben unter I, 2 Aufnahme gefunden haben, beruht auf einem Beschluß des Reichstages nach dem Antrage aus

dessen Kommission, welche „dafür hielt, daß die Geschwisterkinder steuerlich nicht schlechter zu behandeln seien als wie ihr parens behandelt worden sein würde, wenn er am Leben geblieben wäre" (Drucksachen des Reichstages, 11. Legislatur-Periode, II. Session 1905/1906, Nr. 360, S. 42, vgl. auch S. 12); der Entwurf der Bundesregierungen hatte die Geschwisterkinder unter II gestellt. Als Abkömmlinge ersten Grades kommen eheliche und durch nachfolgende Ehe legitimierte Kinder der männlichen Geschwister, sowie eheliche und uneheliche Kinder der weiblichen Geschwister in Frage; Ehelichkeitserklärung und Annahme an Kindesstatt haben nach den in der vorigen Note angeführten Gesetzesvorschriften keine Wirkung. Unter Geschwistern sind hier wiederum voll- und halbbürtige Geschwister zu verstehen und finden die Ausführungen der vorigen Note in gleicher Weise Anwendung.

Zu Absatz 1, II.

11. Unter den „Großeltern und entfernteren Voreltern" sind die sämtlichen Voreltern getroffen, d. h. diejenigen Personen, von denen der Erblasser mittelbar abstammt. Die eheliche und die uneheliche Abstammung kommt in der gleichen Weise wie bei den Eltern in Frage. Beim Erbfall eines ehelichen Kindes können Voreltern väterlicherseits und Voreltern mütterlicherseits vorkommen, bei dem Erbfalle eines unehelichen Kindes nur Voreltern mütterlicherseits. Die volle Wirkung der Legitimation durch nachfolgende Ehe zeigt sich auch hier; die dadurch legitimierten Kinder stehen den ehelichen Kindern bezüglich ihrer Stellung zu den Voreltern gleich; auch auf die Abkömmlinge der legitimierten Kinder findet dieses nach § 1722 BGB. entsprechend Anwendung, selbst wenn das legitimierte Kind vor der Eheschließung gestorben ist. Bei der Ehelichkeitserklärung ist nach § 1737 eine Wirkung für die Abkömmlinge des für ehelich erklärten Kindes gegeben, sie erstreckt sich jedoch nur bis auf den Vater: letzterer wird daher bei einem Erbfall solcher Abkömmlinge unter der Gruppe der Voreltern in Betracht kommen. Die Wirkungen der Ehelichkeitserklärung erstrecken sich aber nicht auf die Verwandten des Vaters; die Eltern und Voreltern des Vaters sind deshalb niemals als Voreltern des für ehelich erklärten Kindes und seiner Abkömmlinge anzusehen. Ebensowenig kommt das für ehelich erklärte Kind zu der Frau des Vaters in eine verwandtschaftliche Beziehung; die Frau und ihre Eltern rc. sind daher als Voreltern ausgeschlossen. Dagegen bleibt das Verwandtschaftsverhältnis zwischen dem Kinde und seinen Verwandten nach § 1737 Abs. 2 BGB. durch die Ehelichkeitserklärung unberührt: die letzteren werden daher als Voreltern entsprechend in Frage kommen können. Die Wirkungen der Annahme an Kindesstatt sind ganz die gleichen wie die der Ehelichkeitserklärung, nur gibt der zweite Satz des § 1762 BGB. dazu folgende Sondervorschrift:

„Auf einen zur Zeit des Vertragsabschlusses schon vorhandenen Abkömmling „und dessen später geborene Abkömmlinge erstrecken sich die Wirkungen nur, „wenn der Vertrag auch mit dem schon vorhandenen Abkömmlinge ge„schlossen wird".

12. Mit den Schwieger- und Stiefeltern kommt zuerst das Verhältnis der Schwägerschaft in Frage, für welches der § 1590 BGB. bestimmend ist:

„Die Verwandten eines Ehegatten sind mit dem anderen Ehegatten ver„schwägert. Die Linie und der Grad der Schwägerschaft bestimmen sich „nach der Linie und dem Grade der sie vermittelnden Verwandtschaft.

„Die Schwägerschaft dauert fort, auch wenn die Ehe, durch die sie be-„gründet wurde, aufgelöst ist.“

Die Schwägerschaft wird nur durch die Ehe, nicht durch die uneheliche Beiwohnung begründet, so daß also bei dem Erbfall eines unehelichen Kindes zwar der Ehegatte seiner Mutter als Stiefvater, nicht aber die Frau des unehelichen Vaters als Stiefmutter in Frage kommen kann, vgl. auch unten Note 14. Der Ehegatte der Mutter eines unehelichen Kindes steht dem Ehegatten des letzteren (des unehelichen Kindes) nicht als Schwiegervater gegenüber.

Das RESt G. hat aber dem BGB. und speziell dem Abs. 2 des § 1590 gegenüber bezüglich der Berücksichtigung der Schwägerschaft eine Einschränkung zwar nicht ausdrücklich getroffen, aber doch gewollt, wie aus der im Reichstag nicht beanstandeten Begründung des Regierungsentwurfs zu § 30 Abs. 1 (jetzt § 28) S. 30 hervorgeht, die folgendes ausspricht: „Bei Bestimmung des Steuersatzes wird nicht auf ein Verhältnis zurückgegriffen werden können, das durch gerichtliches Urteil oder durch Vertrag schon vor dem Anfalle des Erwerbes zu bestehen aufgehört hat. Namentlich wird ein Erwerb, der nach erfolgter Trennung einer Ehe oder nach aufgehobener Einkindschaft anfällt, lediglich nach demjenigen Abgabensatze versteuert werden müssen, der ohne Rücksicht auf das aufgehobene Verhältnis anwendbar sein würde. Als Trennung der Ehe in diesem Sinne wird auch die Aufhebung der ehelichen Gütergemeinschaft (§ 1575 BGB.) anzusehen sein.“ Erbschaftssteuerrechtlich ist danach die Schwägerschaft nur dann als dauernd fortbestehend anzusehen, wenn die sie begründende Ehe durch den Tod gelöst ist; wurde die Ehe aber in anderer Weise, speziell durch gerichtliches Urteil, vor dem Erbanfall gelöst oder aufgehoben, so kommt das durch sie begründete Schwägerschaftsverhältnis nicht weiter zur Berücksichtigung. Es ist damit die schon früher in einem Erl. d. SFM. (1902, 2260) vertretene Ansicht zur Annahme gekommen, über welche Wahl (Note 13, Abs. 2 zu Art. 3) sagt: „Ist dagegen zur Zeit des Anfalls die das Schwäger- oder Stiefverhältnis begründende Ehe auf andere Weise (als durch Tod) gelöst oder aufgehoben, so ist der Anfall lediglich nach demjenigen Steuersatze zu versteuern, der ohne Rücksicht auf das aufgehobene Verhältnis anwendbar ist. Die Bestimmung im BGB. § 1590 Abs. 2 steht dem nicht entgegen, weil diese Gesetzesvorschrift (vgl. Motive zur 1. Lesung Bd. 1 S. 67) nur für diejenigen Fälle gilt, in denen die Schwägerschaft nach dem BGB. rechtlich von Bedeutung ist. Vgl. Dr. A. Hoffmann Anm. 5 b zu § 10. And. M. E. Zimmermann Note 4 zu § 10 [ebenso A. Hoffmann 2. Aufl. Vorbem. 4 c zu §§ 10—15]. In einer Verf. BdStd. vom 30. September 1910 Nr. 4553 ist unter gleichzeitiger Anziehung des vorangeführten Absatzes der Motive zum Regierungsentwurf ausgesprochen, daß die Anwendung des Steuersatzes der Klasse II des § 10 nicht dadurch berührt werde, daß der Ehegatte, durch den die Schwägerschaft oder Stiefverwandtschaft begründet war, vor dem Anfall gestorben ist. Ist die maßgebende Ehe erst nach dem Anfall auf eine andere Weise als durch den Tod gelöst oder aufgehoben, so verbleibt dieses außer Betracht; der Steuersatz bestimmt sich nach § 10, II und III.

13. Die Schwägerschaft setzt eine gültige Ehe voraus, auf eine nichtige Ehe kann sie sich nicht gründen. Es kommt dabei aber wiederum in Betracht, daß die Wirkungen der Nichtigkeit nicht immer ohne weiteres, sondern meist erst mit der Nichtigkeitserklärung eintreten; es findet deshalb bezüglich der Schwägerschaft in entsprechender Weise das gleiche, was bezüglich der Verwandtschaft oben in Note 4 zu diesem Paragraphen ausgeführt wurde, Anwendung; speziell hat der dort angeführte § 1699 BGB. dieselbe Tragweite bezüglich der Schwägerschaft wie bezüglich der Verwandtschaft.

Da die Legitimation durch nachfolgende Ehe dem unehelichen Kinde in allen Beziehungen und mit voller Wirkung die rechtliche Stellung eines ehelichen Kindes gibt, so begründet sie zwischen dem Ehegatten des legitimierten Kindes oder eines Abkömmlings desselben einerseits und dem Vater und der Mutter desselben andererseits ein Schwägerschaftsverhältnis. Beim Erbfall des Ehegatten eines legitimierten Kindes sind daher Vater und Mutter des letzteren in der Kategorie der Schwiegereltern zu berücksichtigen.

Durch die Ehelichkeitserklärung wird eine Schwägerschaft nicht herbeigeführt, da der zweite Satz des § 1737 Abs. 1 BGB. ausdrücklich vorschreibt:

„Die Frau des Vaters wird nicht mit dem Kinde, der Ehegatte des Kindes „wird nicht mit dem Vater verschwägert."

Ebensowenig bewirkt die Annahme an Kindesstatt eine Schwägerschaft nach der Bestimmung des § 1763 BGB.:

„Die Wirkungen der Annahme an Kindesstatt erstrecken sich nicht auf die „Verwandten des Annehmenden. Der Ehegatte des Annehmenden wird „nicht mit dem Kinde, der Ehegatte des Kindes wird nicht mit dem An„nehmenden verschwägert."

Beim Erbfall eines für ehelich erklärten oder eines an Kindesstatt angenommenen Kindes ist daher die Frau des Vaters oder des Annehmenden nicht als Stiefmutter zu behandeln, beim Tode des Ehegatten eines solchen Kindes der Vater oder der Annehmende nicht als Schwiegervater. Die frühere für den Geltungsbereich des Preuß. Allgem. Landrechts durch Erl. d. PrFM. vom 9. März 1875 III 3029 (Hoyer-Gaup S. 1107 Anm. 125) anerkannte mildere Auffassung, nach welcher Ehegatten von Adoptivkindern zu den Schwiegerkindern der Adoptiveltern zu rechnen waren, ist gegenüber den Vorschriften nicht mehr durchführbar, wie für die RESt. durch Erl. d. PrFM. vom 10. Oktober 1908 III 17506 ausdrücklich anerkannt ist.

14. Bezüglich der Schwieger- und Stiefkinder findet lediglich dasjenige, was in den Noten 12 und 13 des Paragraphen zu den Schwieger- und Stiefeltern ausgeführt worden ist, in entsprechender Weise Anwendung. Nach Maßgabe des in Note 12 Ausgeführten sind die außerehelichen Kinder einer Ehefrau als Stiefkinder des Ehemanns derselben anzusehen, was in einem auch vom Reichsschatzamt anerkannten Erl. d. PrFM. vom 8. Oktober 1909 III 16607 bestätigt ist. Der Ehegatte eines unehelichen Kindes ist nicht Schwiegerkind des Ehegatten der Mutter des unehelichen Kindes.

Die Schwieger- und Stiefkinder (3) sind ebenso wie die unter 5 und 6 aufgeführten unehelichen, von dem Vater anerkannten Kinder und deren Abkömmlinge (5), sowie die an Kindesstatt angenommenen Personen und deren Abkömmlinge, soweit sich auf diese die Wirkungen der Annahme an Kindesstatt erstrecken (6), erst durch den Reichstag aus der Klasse I, in welcher sie der Regierungsentwurf untergebracht hatte, in die Klasse II gesetzt. Der Bericht der Reichstagskommission führt zur Begründung an: „Um den durch die Verschiebung in höhere Klassen entstehenden Steuerausfall auszugleichen, empfehle es sich die in Klasse I Nr. 2, 5 und 6 aufgeführten Personen (die hier in Frage stehenden) in die Klasse II zu setzen, zumal auch erhebliche Gründe gegen die Gleichstellung dieser Personen mit Eltern und Geschwistern sprächen. Dazu komme, was die unter 5 und 6 aufgeführten unehelichen, vom Vater anerkannten und adoptierten Kinder anlange, daß zu ihren Gunsten bei § 13 (jetzt § 11) Erleichterungen vorgeschlagen werden sollten." Die fraglichen Erleichterungen haben demnächst im Gesetz im § 11 Ziffer 4 unter e Aufnahme gefunden.

15. Die Abkömmlinge zweiten Grades von Geschwistern, bezüglich deren zu dem bereits oben Ausgeführten weiteres nicht hervorzuheben ist, wurden durch den Reichstag aus der ihnen vom Regierungsentwurf angewiesenen Klasse III in die Klasse II mit folgender Motivierung im Kommissionsbericht geschoben: „Setze man die Geschwisterkinder aus der zweiten in die erste Klasse, so sei es ein Postulat der Logik, die Abkömmlinge zweiten Grades von Geschwistern aus der dritten in die zweite Klasse zu setzen."

16. Die Bestimmung, daß uneheliche vom Vater anerkannte Kinder und deren Abkömmlinge nur nach Klasse II steuerpflichtig sein sollen, bedeutet eine Abweichung von dem bürgerlichen Recht. Nach § 1589 Abs. 2 BGB. gelten ein uneheliches Kind und dessen Vater nicht als verwandt; hieran wird durch die Anerkennung des Vaters, welche nach dem BGB. überhaupt nur für den Beweis der Vaterschaft eine Bedeutung hat, nichts geändert. In erbschaftssteuerlicher Beziehung sind aber die vom Vater anerkannten Kinder und deren Abkömmlinge bestimmten Verwandtenkategorien gleichgestellt; es ist damit in gewisser Weise die uneheliche Abstammung auch dem Vater gegenüber als Verwandtschaft oder als der Verwandtschaft gleichstehend in steuerlicher Beziehung anerkannt.

Es kommen hier uneheliche Kinder jeder Art in Betracht, sofern sie nach dem BGB. als uneheliche gelten, also nicht nur die außer oder ohne jede Ehe erzeugten Kinder des Vaters, sondern auch die aus einer nichtigen Ehe desselben, einmal und zwar in diesem Falle ohne weiteres, wenn die Nichtigkeit der Ehe auf einem Formmangel beruht und die Ehe nicht in das Heiratsregister eingetragen ist, sowie ferner, aber hier erst nach der Nichtigkeitserklärung, sofern beide Ehegatten die Nichtigkeit der Ehe bei der Eheschließung gekannt haben; Kinder aus sonst nichtigen Ehen können nicht in Frage kommen, weil sie nach § 1699 BGB. als ehelich gelten; vgl. oben Note 4 zu diesem Paragraphen. Ebenso bleibt es ohne Bedeutung, wenn ein eheliches Kind von einem Dritten als von ihm erzeugt anerkannt wird; bei dem Erbfall dieses Dritten würde für die Steuervergünstigung nach Ziffer 5, weil sich diese ausdrücklich nur auf uneheliche Kinder bezieht, nicht Platz greifen können.

17. Das REStG. fordert lediglich die Anerkennung des Vaters ohne für diese Anerkennung irgend eine Form vorzuschreiben. Die Anerkennung kann daher in jeder beliebigen Form schriftlich wie mündlich geschehen. Es wird sogar schon als genügend anzusehen sein, wenn die Tatsache der Anerkennung aus der ganzen Handlungsweise des Vaters mit Sicherheit festzustellen ist, wenn durch die Handlungsweise die Anerkennung, welche als solche stets gegeben sein muß, tatsächlich begründet ist, nach welcher Richtung hin natürlich derjenige, welcher sich darauf beruft, den Beweis zu führen hat. Das Gesetz hat nach seinem unzweideutigen Wortlaut nur die „vom Vater anerkannten" Kinder entsprechend begünstigen wollen. Eine Anerkennung des Vaters bildet danach unter allen Umständen die Voraussetzung der Anwendbarkeit der fraglichen Steuervorschrift. Ist nachweislich diese Anerkennung nicht erfolgt, ist namentlich diese Anerkennung von dem Vater geradezu versagt, so kann der geringere Steuersatz nicht Platz greifen, so also auch nicht, wenn der Erblasser trotz Bestreitens der Vaterschaft durch Urteil für den Vater erklärt worden ist. Für den letzteren Fall ist allerdings unter dem PrESt. durch Erl. d. PrFM. als zulässig anerkannt worden, daß das gerichtliche Urteil die Anerkennung ersetzt. Es muß aber für das REStG. Dr. A. Hoffmann beigepflichtet werden, welcher (Note 6 zu § 10) anführt, daß der Grund der Steuervergünstigung nur in dem ethischen Moment gefunden werden könne, das darin liege, daß der Erblasser sich zur Vaterschaft bekannt habe, und daß andernfalls nicht einzusehen sei, warum die Anwendung des geringeren Steuersatzes nicht einfach von dem Nachweise der Vaterschaft abhängig gemacht wurde. Auch der § 894 ZPO. wird hier ohne Bedeutung sein, da das RESt G. selbständig Ordnung getroffen hat und treffen konnte. And. M. U. Hoffmann Note 6 Abs. 2 zu § 10 [2. Aufl. Anm. 7 Abs. 2 ist jedoch der hier vertretenen Ansicht beigepflichtet]; Josewski Anm. 9 Abs. 3 zu § 10.

In der Reihe der Aszendenten aufwärts kann die Vorschrift nicht über den anerkennenden Vater hinaus zur Anwendung kommen, so daß also die Abkömmlinge des anerkannten Kindes dem anerkennenden Vater gegenüber zwar entsprechend berücksichtigt werden, nicht aber das anerkannte Kind den Eltern und Voreltern des anerkennenden Vaters gegenüber.

18. Als Abkömmlinge des anerkannten Kindes sind nur solche Abkömmlinge in Betracht zu ziehen, welche mit dem anerkannten Kinde nach bürgerlichem Recht verwandt sind, denn eine weitere Abweichung von dem letzteren muß als ausgeschlossen gelten, da sie nicht ausdrücklich verlautbart ist. Als Abkömmlinge sind hier demgemäß zu berücksichtigen die eheliche Abstammung des männlichen anerkannten Kindes, einschließlich der durch nachfolgende Ehe legitimierten, und die gesamte Abstammung des weiblichen anerkannten Kindes. Die Ehelichkeitserklärung und die Annahme an Kindesstatt sind ohne Wirkung.

19. Eine weitere Abweichung von dem bürgerlichen Recht, aber nach der entgegengesetzten Richtung hin wie die vorberührte, da hier an der Stelle der Steuerfreiheit eine, wenngleich bevorzugte, Steuerpflicht gesetzt wird, enthält die Einreihung der an Kindesstatt angenommenen Personen und deren Abkömmlinge, soweit sich auf diese die Wirkungen der Annahme an Kindesstatt erstrecken (in Verbindung mit der Befreiungsvorschrift des § 11 unter 4a) unter Ziffer 6 in die Klasse II. Die Motive des Regierungsentwurfs führen hierzu folgendes an:

„Nach § 1757 BGB. stehen den an Kindesstatt angenommenen Kindern die Rechte ehelicher Kinder zu. Gleichwohl erschien es nicht angemessen, ihnen auch in bezug auf die Erbschaftssteuer die gleiche Befreiung wie den ehelichen Kindern zu gewähren, wie sie auch nach den meisten der bisherigen Steuergesetze diese Begünstigung nicht genossen haben. Insbesondere war die Befürchtung nicht ganz von der Hand zu weisen, daß die Annahme an Kindesstatt zu einer Umgehung der Erbschaftssteuer benutzt werden könnte. Die an Kindesstatt angenommenen Kinder sind aber wenigstens in die unterste Steuerklasse eingereiht worden. Die gleiche Behandlung hat auch in Ansehung der Abkömmlinge eines an Kindesstatt angenommenen Kindes im Falle des § 1762 BGB. Platz zu greifen."

Die Steuerpflicht trifft die sämtlichen an Kindesstatt angenommenen Personen und deren Abkömmlinge, soweit sich auf diese die Wirkungen der Annahme an Kindesstatt erstrecken, ohne irgendwelche Ausnahme; es ist namentlich eine eventuell die Steuerfreiheit nach § 11 Ziff. 4 begründende Unterscheidung wie sie das Preuß. EStG. in Ziffer 6 der allgemeinen Vorschriften im Tarif dahingehend enthält, daß den legitimierten Kindern eines Mannes diejenigen außer der Ehe erzeugten Kinder gleich zu achten seien, welche gegen ihn die Rechte ehelicher Kinder in anderer Art als durch nachfolgende Ehe erworben haben, nicht mehr statthaft, vgl. Note 5 zu § 11.

Für die Annahme an Kindesstatt ist im allgemeinen der § 1741 BGB. bestimmend:

„Wer keine ehelichen Abkömmlinge hat, kann durch Vertrag mit einem „Anderen diesen an Kindesstatt annehmen. Der Vertrag bedarf der Be„stätigung durch das zuständige Gericht."

Die weiteren Vorbedingungen und Einzelheiten sind in den §§ 1742 ff. geregelt. Nach § 1749 kann von einem Ehepaar, aber auch nur von einem Ehepaar, ein Kind als gemeinschaftliches Kind angenommen werden. Der § 1757 bestimmt:

„Durch die Annahme an Kindesstatt erlangt das Kind die rechtliche Stellung „eines ehelichen Kindes des Annehmenden.

„Wird von einem Ehepaar gemeinschaftlich ein Kind angenommen oder „nimmt ein Ehegatte ein Kind des anderen Ehegatten an, so erlangt das „Kind die rechtliche Stellung eines gemeinschaftlichen ehelichen Kindes der „Ehegatten."

20. Die bezüglich der Abkömmlinge getroffene Beschränkung beruht auf dem § 1762 BGB., welcher vorschreibt:

„Die Wirkungen der Annahme an Kindesstatt erstrecken sich auf die Ab„kömmlinge des Kindes. Auf einen zur Zeit des Vertragsabschlusses schon „vorhandenen Abkömmling und dessen später geborene Abkömmlinge er„strecken sich die Wirkungen nur, wenn der Vertrag auch mit dem schon „vorhandenen Abkömmlinge geschlossen wird."

21. Wie die Annahme an Kindesstatt nach den § 1763 in ihren Wirkungen auf den Annehmenden beschränkt ist und des weiteren keine Verwandtschaft oder Schwägerschaft begründet, so greift auch die Vorschrift unter Ziff. 6 nur bezüglich des Erbfalls des Annehmenden Platz, nicht aber auch bezüglich des Erbfalls der Eltern oder der Voreltern oder des Ehegatten desselben. Nur wenn nach Maßgabe des oben in Note 19 angeführten § 1757 Abs. 2 ein Kind von einem Ehepaar gemeinschaftlich angenommen oder ein Ehegatte ein Kind des anderen Ehegatten angenommen hat, greift die Vorschrift für den Erbfall der beiden Ehegatten Platz. Sofern es sich um den Erbfall des angenommenen Kindes handelt, kann die Vorschrift überhaupt nicht bezüglich des Annehmenden in Frage kommen. Selbstverständliche Voraussetzung ist, daß das durch die Annahme an Kindesstatt begründete Rechtsverhältnis zur Zeit des Erbfalls noch zu Recht besteht, daß es nicht, wie nach § 1768 BGB. zulässig, wieder aufgehoben ist; es trifft hier auch dasjenige zu, was aus der Begründung des Regierungsentwurfs zu § 30 Abs. 1 (jetzt § 28) S. 30 oben in der Note 14 zu diesem Paragraphen herausgehoben wurde. Die gerichtliche Bestätigung des Annahmevertrages, welche nach dem oben in Note 19 angeführten § 1741 BGB. erforderlich ist, braucht zur Zeit des Erbfalls noch nicht erteilt zu sein, da nach § 1753 Abs. 3 BGB. die nach dem Tode des Annehmenden erfolgte Bestätigung die gleiche Wirkung hat, wie wenn sie vor dem Tode erfolgt wäre.

Zu Absatz 1, III.

22. Als Geschwister der Eltern kommen bei der Gruppe III, 1 ganz in der gleichen Weise wie bei der Gruppe I, 2 Geschwister überhaupt in Frage, also ohne Rücksicht darauf, ob das Geschwisterverhältnis ein vollbürtiges oder halbbürtiges, ein eheliches oder uneheliches ist. Das oben in der Note 9 Ausgeführte gilt auch hier.

Unter Eltern sind wie bei der Gruppe I, 1 die leiblichen Eltern zu verstehen. Das oben in den Noten 5 ff. Ausgeführte findet entsprechende Anwendung. Die in Frage stehende Gruppe kann demgemäß bei dem Erbfall eines für ehelich erklärten Kindes sowie eines an Kindesstatt angenommenen Kindes nicht zur Berücksichtigung kommen, wohl aber bei dem Erbfall eines durch nachfolgende Ehe legitimierten Kindes.

23. Unter Ziff. 2 der Klasse III sind die Verschwägerten im zweiten Grade aber nur die der Seitenlinie herausgehoben. Es fallen demnach nur die Schwäger und Schwägerinnen oder die Geschwister des Ehegatten und die Ehegatten der Geschwister hierher, nicht aber die Eltern der Schwieger- und Stiefeltern und die Abkömmlinge der Schwieger- und Stiefkinder, welche sich zwar als Verschwägerte zweiten Grades, aber nicht als solche der Seitenlinie darstellen. Es kommt entsprechend zur Geltung, was oben bezüglich der Schwägerschaft bei den Gruppen II, 2 und 3 ausgeführt wurde, so vorzugsweise die Noten 12 und 13. Namentlich ist zu beachten, daß es ohne Einfluß ist, ob die Ehe, auf welche die Schwägerschaft sich gründete, aufgelöst ist oder nicht. Ebenso findet dasjenige Anwendung, was bezüglich der Geschwister bereits anzugeben war, also speziell die Note 9. Auch hier macht es keinen Unterschied aus, ob das Geschwisterverhältnis ein vollbürtiges oder ein halbbürtiges, ein eheliches oder uneheliches ist.

Zu Absatz 1, IV.

24. Sofern nicht die Befreiungen und Ermäßigungen in den nachstehenden Paragraphen in Betracht kommen, fallen in die Klasse IV alle anderen Anfälle, soweit sie überhaupt steuerpflichtig werden können, so die Anfälle an alle Verwandte und Verschwägerte, welche in den Klassen I—III nicht besonders herausgehoben sind, alle Anfälle an Nichtverwandte und Nichtverschwägerte — abgesehen von den unter II, 5 aufgeführten Personen —, sowie auch alle Anfälle an nicht physische Personen, Körperschaften und dergl.

Zu Absatz 2.

25. Die Begründung für die in dem Absatz 2 zur Durchführung gebrachte weitere Staffelung der Erbschaftssteuer nach der Höhe des Erbanfalles und für das zur Anwendung gebrachte Maß dieser Staffelung bis zu dem 2½ fachen des einfachen Satzes ist oben in Note 2 bereits gegeben. Die Erhöhung des Steuersatzes nach Maßgabe des Abs. 2 tritt nicht etwa schon ein, wenn der ganze Wert der gesamten Erbschaft oder der gesamten steuerpflichtigen Erbschaftsmasse die angeführten Sätze übersteigt, sondern nur dann, wenn solches bezüglich des Gesamterwerbes eines einzelnen Beteiligten der Fall ist, und lediglich bezüglich dieses Gesamterwerbes. Zweifelhaft kann es wiederum erscheinen, welcher Erwerb im einzelnen praktischen Fall für die Erfüllung der fest abgegrenzten Stufen der Staffelung als maßgebend anzusehen ist. Vorweg sei als zweifellos nur noch bemerkt, daß es sich in allen Fällen stets nur um den Reinerwerb, also um den Erwerb nach Abzug der darauf ruhenden Schulden und Lasten, handeln kann. Im übrigen gibt es aber für die Berücksichtigung als Reinerwerb eine dreifache Möglichkeit. Man kann einmal unter Erwerb den gesamten Erwerb des Steuerpflichtigen aus dem Erbfall ohne alle Rücksicht auf die Steuergesetzgebung überhaupt verstehen, so daß also darunter fiele, der Erwerb, auf den das REStG. in Gemäßheit der §§ 5—9 desselben überhaupt keine Anwendung findet, der Erwerb, der nach Vorschriften des REStG. speziell der des § 11 Ziffer 4 ff. — von den Fällen der Ziffern 2 und 3 des § 11, welche U. Hoffmann (Kommentar Note 11 zu § 10) [2. Aufl. Anm. 12 zu § 10] hier mit anführt, dürfte der der Ziffer 2 kaum je, der der Ziffer 3 niemals für eine

Staffelung der Steuer nach § 10 Abs. 2 in Frage kommen können, wohl aber würde solches möglich sein bei der gleichartigen Bestimmung des Begriffs Erwerb nach der Befreiungsvorschrift unter Ziffer 1 des § 11; vgl. unten und Note 2 zu § 11 — jeweilig steuerfrei bleibt, und der Erwerb, der nach dem REStG. zur Versteuerung gelangt. Zweitens wird man unter Erwerb hier alles dasjenige verstehen können, was überhaupt unter das REStG. fällt, gleichgültig ob bezüglich desselben im betreffenden Fall eine Steuerfreiheit begründet erscheint oder nicht. Endlich ist es möglich, den Begriff des Erwerbes allein auf dasjenige zu beschränken, was der Pflichtige aus dem Nachlaß im Einzelfall zu versteuern hat. Das Gesetz spricht lediglich von dem Wert des „Erwerbes" ohne irgend einen Zusatz oder eine Beschränkung. Hält man sich allein an diesen Wortlaut, so muß man notwendig zu der ersten, weitesten Auslegung kommen, denn der Begriff des Erwerbes ist an sich von der Steuergesetzgebung und der Steuerpflicht vollkommen unabhängig; ein Erwerb liegt vor gleichgültig, ob die Steuergesetzgebung dieses oder jenes Staates auf ihn Anwendung findet, ob er im betreffenden Fall vom Gesetz für steuerpflichtig erklärt wird oder nicht. Das gleiche, eine Anerkennung der ersten und weitesten Auslegung, muß aber auch aus dem inneren Grund für die Einführung einer Staffelung der Steuer nach der Höhe des Erbanfalls überhaupt gefolgert werden. Wie näher schon oben Note 2 ausgeführt hat man zu der fraglichen Staffelung der Steuer gegriffen, um damit dem das neuere Steuerrecht beherrschenden Grundsatz Rechnung zu tragen, daß dem höheren Maße der Leistungsfähigkeit auch eine höhere Besteuerung zu entsprechen habe. Die größere oder geringere Leistungsfähigkeit, wie sie durch den Erbanfall bedingt wird, soll demnach das Maßgebende für die Staffelung sein. Diese Leistungsfähigkeit und der Grad derselben kann an sich und als solche doch nur durch die Gesamtheit desjenigen, was der Erwerber durch den Erbanfall erhalten hat, bestimmt sein und ist es dabei ohne alle Bedeutung, ob ein Teil des bezüglichen Erwerbes unter dieses, ein Teil unter jenes Steuerrecht fällt, für einen Teil Steuer zu zahlen ist, für einen nicht, denn durch letzteren Unterschied wird die Leistungsfähigkeit, welche der Erwerber aus dem Erbanfall gewonnen hat, und um welche es hier sich allein handelt, keinerlei Veränderung erleiden. Demgemäß muß bei der Bestimmung der Wertgrenze, nach welcher die Zuschläge zu dem Einheitssteuersatz für die größeren Anfälle abgestuft sind, im einzelnen Fall alles in Rechnung gezogen werden, was der Steuerpflichtige aus dem Erbanfall erworben hat ohne weitere Rücksicht auf die tatsächliche Besteuerung, mithin ebenso wie der nach dem REStG. der Steuer unterliegende Erwerb auch der vom REStG. steuerfrei gelassene Erwerb und der Erwerb, der überhaupt nicht unter das REStG. fällt. Die gleiche Ansicht teilen U. Hoffmann Note 11 Abs. 2 zu § 10 [2. Aufl. Anm. 12 zu § 10] und E. Zimmermann Note 5 zu § 6, während Dr. A. Hoffmann Note 8 zu § 10 in Übereinstimmung mit der vom Verfasser in der ersten Auflage ausgesprochenen nunmehr aufgegebenen Ansicht nur den nach dem REStG. steuerpflichtigen Erwerb berücksichtigt wissen will. Eine Stütze fand die hier jetzt vertretene Ansicht durch eine Verfügung des PrFM. vom 23. Januar 1907 III 1117, welche sich auf die Steuerbefreiung eines Erwerbes von nicht mehr als 500 Mark bezieht und unten in Note 2 zu § 11 spezieller angeführt wird. In dem Entwurf zur Änderung des REStG., welcher von den verbündeten Regierungen bei der großen Finanzreform 1908/09 vorgelegt wurde, hatte man die Frage durch Einschiebung des Wortes „steuerpflichtigen" vor Erwerbes im Anfang des Abs. 2 in dem für die Anwendung der Staffelung mildesten Sinne zur Entscheidung bringen wollen. Nachdem aber das Abänderungsgesetz gescheitert war, hat sich auch der Reichskanzler (Reichsschatzamt) in einem

Schreiben vom 9. Februar 1910 II 530 (ZfZuSt. 1910 S. 54) allerdings nicht ohne Verkennung entgegenstehender Bedenken dahin ausgesprochen, daß unter dem jetzigen Gesetz die hier vertretene strengste Auffassung zur Anwendung zu bringen sei, wie solches auch durchweg mit der Auffassung der Bundesstaaten übereinstimme. Für Preußen war das gleiche schon früher durch Erl. d. PrFM. vom 14. November 1908 III 19 582 angeordnet worden, für Baden durch Verf. BdStd. vom 1. Februar 1908 Nr. 3558; für Preußen ist demnächst solches nochmals durch Erl. d. PrFM. vom 19. Februar 1910 III 3449 (PrZBl. 1910 S. 101) wiederholt worden. Vgl. auch Mirre ZfZuSt. 1907 S. 283 I.

Daß es sich bei der Staffelung der Steuer nach der Höhe des Erbanfalls um den Erwerb des Steuerpflichtigen als solchen bzw. in seiner Gesamtheit handelt, hat aber noch die weitere Folge, daß der einzelne Anfall und der Grund des Erwerbes gleicherweise unberücksichtigt bleibt, daß mithin eine Mehrheit von Einzelbewerben, welche demselben Erwerber aus einem Erbfall vermöge verschiedenen Rechtsgrunds (Erbteil, Vermächtnis usw.) anfallen, stets in Eins zusammengezogen werden muß und in dieser Zusammenziehung Berücksichtigung zu finden hat. Für die Ermittlung der Höhe jedes Erwerbes im einzelnen finden auch hier die Grundsätze über die Berechnung der Erbschaftssteuer in den §§ 28—30 und die dazu gegebenen Ausführungen entsprechende Anwendung. Zu beachten ist, daß dabei ein Vermächtnis, bezüglich dessen der Erblasser eine steuerfreie Auszahlung verfügt, die Entrichtung der Steuer also einem Dritten auferlegt hat, auch gemäß der in solcher Verfügung liegenden Erhöhung des Vermächtniswertes zu dem entsprechend erhöhtem Werte, wie er für die Besteuerung des Vermächtnisses maßgebend ist oder sein würde, in Betracht zu ziehen ist; vgl. Note 1 zu § 31; über die Berechnung des Gesamtwerts im fraglichen Fall, vgl. ZfZuSt. 1908 S. 60 III.

Ebensowenig wie der Rechtsgrund des Anfalls kann auch der Zeitpunkt des tatsächlichen Erwerbes für die Bestimmung der Wertgrenze der Staffelung zu einer besonderen abweichenden Behandlung führen. Für einen Erbanfall, bei welchem der tatsächliche Erwerb sich nicht sofort in Eins, sondern wegen Dazwischentretens bedingten Erwerbes, bedingter Belastung, Nutzungen, welche auf die Lebensdauer einer Person beschränkt sind, unsicherer Rechte, Erwerb von Vermögen ohne die Nutzung erst später bestimmen läßt, ist die Möglichkeit der Anwendung verschiedener Staffelsätze gegeben, weil eben die Besteuerung zu verschiedenen Zeiten stattzufinden hat. Es ist aber als ein unbedingtes Erfordernis hinzustellen, daß bei der zeitlich letzten Besteuerung, die also als die definitive sich darstellt, für den gesamten Erwerb aus dem Erbfall die Steuerstaffel zur Anwendung zu bringen ist, wie sie nach der Höhe dieses Gesamterwerbes geboten erscheint. Wird beispielsweise ein Teil des Anfalls eines Steuerpflichtigen sofort erworben, während für einen Teil der Erwerb von dem Eintritt einer aufschiebenden Bedingung abhängt, so ist zunächst der erstere Erwerb für sich zu besteuern und dabei der lediglich durch seine Höhe bedingte Staffelsatz der Besteuerung zugrunde zu legen. Tritt später die Bedingung ein, so ist bei der nunmehr weiter vorzunehmenden Besteuerung nicht etwa nur dieser spätere Erwerb zu berücksichtigen, sondern der Gesamterwerb aus dem Nachlaß; es ist der Wert des früheren Erwerbs und der des jetzigen durch Eintritt der Bedingung erfolgten zusammenzuziehen und nach dem dadurch erhaltenen Betrage der Staffelsatz festzulegen; nach diesem Satz ist für den Gesamterwerb (unbedingter Erwerb plus Erwerb nach Eintritt der Bedingung) die Steuer zu berechnen und die Differenz zwischen dieser Summe und der bereits beim ersten Erwerb erlegten Summe macht den Steuerbetrag für die Besteuerung des Erwerbs nach Eintritt der aufschiebenden Bedingung aus. Anderer Meinung bezüglich des letzteren Falles E. Zimmermann Note 8 zu § 10. Ist andererseits ein Teil des Erwerbes eines Steuerpflichtigen unter einer auflösenden Bedingung erworben, so ist in Gemäßheit des § 21 Abs. 2 die Besteuerung für den gesamten Erwerb, bedingten wie unbedingten, sofort vorzunehmen und dabei der Staffelsatz nach der Höhe dieses gesamten Erwerbes zur Anwendung zu bringen. Tritt später die auflösende Bedingung ein, so ist in Übereinstimmung mit dem Verfahren bei der aufschiebenden Bedingung nicht etwa nur die Steuer nach der Werthöhe des infolge der auflösenden Bedingung wegfallenden Erwerbes zu erstatten, sondern es ist die Steuer für den verbleibenden Erwerb unter Anwendung der für die Werthöhe dieses maßgebenden Staffelsatzes zu berechnen und der Steuerbetrag, welcher bei der ersten Besteuerung über die letztfestgesetzte Steuer hinaus erhoben wurde, zu erstatten. In einer entsprechenden Weise ist zu verfahren, wenn Nutzungen von unbestimmter Dauer, bedingte Belastungen, unsichere Rechte, Erwerb von Vermögen ohne die Nutzung neben sofortigem endgültigen Erwerb in Frage kommen. Vgl. Note 14 zu § 18, Note 7 zu § 19, Note 11 und 12 zu § 21, Note 6—10 zu § 22, Note 8 zu § 24.

Daß für denjenigen Erwerb, welcher nach § 12 des Gesetzes allgemein einer Erbschaftssteuer von fünf vom Hundert unterliegt, eine Staffelung der Steuer nach der Höhe des Werts nicht weiter in Frage kommen kann, ergibt sich aus der derzeitigen Fassung des Gesetzes; vgl. Note 17 zu § 12. Wenn in einem Vermächtnis usw. eine Einheitssumme mit der Bestimmung, sie sei nach irgendwelchen Teilbeträgen von einer bestimmten Person eventuell auch durch den Testamentsvollstrecker an dritte Personen zu verteilen, in der Weise ausgeworfen ist, daß diese dritten Personen als die Bedachten und Erwerbenden anzusehen sind (Urt. d. RG. vom 9. Januar 1893, RGE. Bd. 30 S. 287; Urt. d. RG. vom 1. November 1899, RGE. Bd. 45 S. 197), so kommt für die Berechnung der Steuer nicht jene Einheitssumme, sondern lediglich die den Dritten anfallenden Einzelbeträge als solche in Betracht.

Zu Absatz 3.

26. Der Absatz 3 des Paragraphen ist dem Gesetz durch die Reichstagskommission bei ihrer zweiten Lesung eingefügt worden, nachdem man die Staffelung nach der Höhe des Erbanfalles schon bei einem Erwerbe von mehr als 20000 Mark — entgegen dem Regierungsentwurfe der mit der Staffelung erst bei einem Erwerb von mehr als 50000 Mark einsetzte — hatte beginnen lassen. Indem man auf diese Weise eine Erleichterung für die Steuerpflichtigen der I. Klasse schaffte, kam man dem allgemeinen Bestreben, die Erbschaftssteuer für die nächsten Verwandten möglichst wenig drückend zu gestalten, entgegen. Vgl. Drucksachen des Reichstags, 11. Legislatur-Periode, II. Session 1905/1906 Nr. 360 S. 41 ff.

Die den Steuerpflichtigen der Klasse I gesetzlich zugestandene Erleichterung besteht aber lediglich darin, daß für sie bei einem Erwerb von mehr als 20000, aber nicht über 50000 Mark die Erhöhung des regelmäßigen oder einfachen Steuersatzes auf das 1 1/10 bezw. 1 2/10 fache in Wegfall kommt, ein Erwerb von nicht mehr als 50000 Mark mithin nur zu dem einfachen Steuersatz von 4 vom Hundert zur Steuer herangezogen wird. Geht der Wert des Erwerbes nur um etwas über 50000 Mark hinaus, so greift keine Vergünstigung für die Steuerpflichtigen der Klasse I mehr Platz; letztere haben einen Erwerb von solcher Höhe in der gleichen Weise wie die sonstigen Steuerpflichtigen mit dem 1 3/10 fachen des einfachen Steuersatzes oder mit 5,2 vom Hundert zu versteuern. Für die Steuerpflichtigen der Klasse I setzt mithin die Staffelung der Steuer nach der Höhe des Erbanfalls sofort mit dem 1 $^{3}/_{10}$-fachen ein. Übersteigt der Wert des Erwerbes eines Steuerpflichtigen der Klasse I den Betrag von 75000 Mark, so setzt sich die Staffelung ganz nach den Sätzen des § 10 Abs. 2 fort, geht zunächst auf das 1 $^{4}/_{10}$ fache und steigt bei den gesetzten Wertgrenzen entsprechend weiter.

Zu Absatz 4.

27. Zu Absatz 4 (nach dem Regierungsentwurf Absatz 3) führen die Motive folgendes aus, wodurch die Vorschrift genügend erklärt erscheint: „Die Vorschrift des Abs. 3 ist bestimmt, unbillige Härten auszugleichen. Es mußte vermieden werden, daß, wenn der Erwerb die Grenze von 50000, 100000, 300000, oder 500000 Mark übersteigt, der Erwerber weniger erhält als bei einem geringeren Betrage des Anfalls. Beträgt eine Zuwendung an eine der im § 12 Nr. 1 (jetzt § 10 Nr. 1) genannten Personen 501000 Mark, so verbleiben dem Erwerber nach dem Entwurfe 500 Mark mehr, als wenn ihm nur 500000 Mark ausgesetzt gewesen wären".

Die im § 28 Abs. 2 REStG. vorgesehene Abrundung des Steuerbetrages auf volle Mark nach unten greift auch bezüglich der im § 10 Abs. 4 berührten Fälle Platz, wie durch Erl. d. PrFM. vom 8. März 1907 III 4121 im Einverständnis mit dem Reichskanzler ausdrücklich angeordnet ist (PrZBl. 1907 S. 71); vgl. Note 4 zu § 14.

Wie die Vorschrift des Abs. 4 neben der des § 14 Abs. 2 in Verbindung mit § 11 Ziff. 4 f. zur Wirksamkeit kommt, und die praktische Behandlungsweise zeigt an einem Beispiel Mirre, ZfZuSt. 1907 S. 283 III.

IV. Befreiungen. (§§ 11—15).

§ 11.

Von der Erbschaftssteuer befreit bleiben:

1. ein Erwerb von nicht mehr als 500 Mark;
2. ein Erwerb in Gemäßheit des § 1969 des Bürgerlichen Gesetzbuchs;
3. die Befreiung von einer Schuld, sofern der Erblasser sie mit Rücksicht auf die Notlage des Schuldners angeordnet hat und eine Notlage auch durch den Erbfall im wesentlichen nicht beseitigt wird, soweit nicht die Steuer aus der Hälfte eines neben der erlassenen Forderung dem Bedachten zukommenden Anfalls gedeckt werden kann;
4. ein Erwerb, der anfällt:

   a) ehelichen Kindern und solchen Kindern, welchen die rechtliche Stellung ehelicher Kinder zukommt — jedoch mit Ausschluß der an Kindes Statt angenommenen Kinder —, sowie eingekindschafteten Kindern;

b) unehelichen Kindern aus dem Vermögen der Mutter oder der mütterlichen Voreltern;
c) Abkömmlingen der zu a, b bezeichneten Kinder;
d) Ehegatten;
e) den im § 10 I. 1, II. 1, 5, 6 aufgeführten Personen, sofern der Wert des Erwerbes den Betrag von 10000 Mark nicht übersteigt;
f) den im § 10 I. 2, II. 2, 3 bezeichneten Personen, sofern er in Kleidungsstücken, Betten, Wäsche, Haus- und Küchengerät besteht, diese Gegenstände nicht zum Gewerbebetrieb oder zum Verkaufe bestimmt waren und der Wert des Erwerbes dieser Art den Betrag von 5000 Mark nicht übersteigt; auf den Abzug der Schulden und Lasten von dem Werte der bezeichneten Gegenstände finden die Vorschriften des § 9 entsprechende Anwendung;
g) leiblichen Eltern, Großeltern und entfernteren Voreltern, soweit der Erwerb in Sachen besteht, die sie ihren Abkömmlingen durch Schenkung oder Übergabevertrag zugewandt hatten;
h) Personen, die in einem Dienst- oder Arbeitsverhältnisse zum Erblasser gestanden haben, sofern der Wert des Erwerbes den Betrag von 3000 Mark nicht übersteigt;

5. ein Erwerb, der anfällt Familienstiftungen auf Grund eines in einer Verfügung von Todes wegen bestehenden Stiftungsgeschäfts.

1. Zu § 11 führen die Motive des Regierungsentwurfes folgendes aus: „Wegen der Befreiung der im § 13 (jetzt § 11) genannten Abkömmlinge und Ehegatten ist auf das in der allgemeinen Begründung Gesagte Bezug zu nehmen. Die im Abs. 1 Nr. 2a erwähnte Einkindschaft ist dem BGB. unbekannt. Doch bleiben Einkindschaftsverträge, die vor dessen Inkrafttreten eingegangen sind, auch ferner in Geltung (vgl. Planck, Anm. 5 zu Art. 209 EG.). Die sonstigen Befreiungsvorschriften im Abs. 1 entsprechen in der Hauptsache dem in den einzelnen Staaten schon jetzt bestehenden Rechtszustande."

2. Unter Ziff. 1 sollte nach dem Regierungsentwurf ein Erwerb von nicht mehr als 300 Mark von der Erbschaftssteuer befreit bleiben. Durch den Reichstag ist die Befreiungsgrenze bis auf 500 Mark erhöht, weil sich eine solche Grenze „aus sozialen Gründen rechtfertige" (Kommissionsbericht). Die Bestimmung der Wertgrenze für den bezüglichen Erwerb hat sich nach ganz den gleichen Grundsätzen wie bei der Staffelung der Steuer nach der Höhe des Erbanfalls zufolge des § 10 Abs. 2 zu vollziehen. Der Begriff des Erwerbes bestimmt sich daher nach den näheren Ausführungen der Note 25 zu dem § 10, welche entsprechend zur Anwendung zu bringen sind. Ein steuerfrei vermachtes Vermächtnis von 500 Mark fällt stets unter § 11 Ziff. 1 (Verf. SFM. vom 22. Januar 1908 Nr. 3527), denn bei der an sich gege-

benen Steuerfreiheit kann eine Werterhöhung durch den unnötigerweise vom Erblasser gemachten Zusatz der Steuerfreiheit für den Erwerber nicht eintreten und die Befreiungsgrenze nicht überschritten werden. Daß in den für die Befreiungsgrenze maßgebenden Erwerb der Anfallwert der gleichzeitig erworbenen nach Ziff. 4 f des § 11 befreiten Gegenstände einzurechnen sei, wurde zunächst durch die Verf. PrFM. vom 23. Januar 1907 III 1117 bestimmt, und von dem Reichskanzler (Reichsschatzamt) vermittelst Schreibens vom 11. Februar 1907 II 967 an die bundesstaatlichen Regierungen anerkannt; vgl. auch Verf. BdStd. vom 5. Januar 1907 Nr. 671. Später wurde das gleiche auch bezüglich des wegen Belegenheit im Auslande und des nach § 11 Ziff. 4 g steuerfreien Nachlasses für angemessen erachtet und es wurde durch übereinstimmende Verfügungen des Reichskanzlers (Reichsschatzamt) vom 9. Februar 1910 II 530 (ZfZuSt. 1910 S. 54) und des PrFM. vom 19. Februar 1910 III 3449 (PrZBl. 1910 S. 101) ausgesprochen, daß bei der Beurteilung der Steuerfreiheit nach § 11 Ziff. 1 sowohl die nach § 11 Ziff. f und g steuerfreien Gegenstände als auch der im Auslande belegene bewegliche und unbewegliche steuerfreie Nachlaß dem maßgebenden Erwerbe zuzurechnen seien; vgl. auch Verf. BdStd. vom 23. Juli 1908 Nr. 20587. Daß die Befreiungsvorschrift Ziff. 1 nur Platz greife, wenn überhaupt ein Erwerb von nicht mehr als 500 Mark vorliege, also der Gesamterwerb einschließlich etwaiger nach sonstigen Vorschriften steuerfreier Teile 500 Mark nicht übersteigt, ist anerkannt in der Verf. SFM. vom 17. Dezember 1910 Nr. 6222. Dazu sei noch besonders hervorgehoben, daß naturgemäß der Wert der an den Erwerber gelangenden nach Ziff. 4 f und g des § 11 steuerfrei belassenen Gegenstände nur insoweit auf den übrigen Erwerb in Anrechnung zu bringen ist, wie er nach Absatz der auf dem Mobiliarerwerb anteilmäßig ruhenden Schulden und Lasten als tatsächliche Bereicherung dem Erwerber verbleibt. Selbstredend ist die Steuerfreiheit begründet, wenn der Erwerb lediglich dadurch, daß einem Dritten an demselben ein Nutzungsrecht zusteht, bis auf oder unter die Befreiungsgrenze herabgedrückt wird, weil in diesem Falle der Erwerb nach § 26 Abs. 1 um den Wert der Nutzung geringer zu veranlagen ist; vgl. Verf. BdStd. vom 5. Juni 1907 Nr. 17134. Zu beachten ist bezüglich der Befreiungsvorschrift die besondere Bestimmung des § 14 Abs. 1, nach welcher mehrere einem Erwerber seitens desselben Erblassers innerhalb fünf Jahren zugefallenen Vermögensvorteile unter Umständen als ein Erwerb anzusehen sind. Übersteigt der Wert des Erwerbes den Betrag von 500 Mark, so ist die Steuer von dem gesamten Betrage, nicht etwa nur von dem Überschuß über 500 Mark zu berechnen. Die Steuerfestlegung bei geringerer Überschreitung der Befreiungsgrenze regelt sich nach § 14 Abs. 2. Vermindert sich der Wert einer Leibrente oder anderen auf die Lebenszeit einer Person beschränkten Nutzung oder Leistung, für welche die Steuerfestsetzung bereits erfolgt war, nachträglich durch die Anwendung der Vorschrift des § 28 Abs. 2 unter den Betrag von 500 Mark, so kann die Befreiungsvorschrift des § 11 Ziff. 1 nicht Platz greifen, vgl. unten Note 15 zu § 18.

3. Die Befreiung unter Ziff. 2 ist durch den Reichstag in das Gesetz gebracht. Der § 1969 BGB. bestimmt über den sog. Dreißigsten:

„Der Erbe ist verpflichtet, Familienangehörigen des Erblassers, die zur Zeit „des Todes des Erblassers zu dessen Hausstande gehört und von ihm Unter„halt bezogen haben, in den ersten dreißig Tagen nach dem Eintritte des „Erbfalls in demselben Umfange, wie der Erblasser es getan hat, Unterhalt „zu gewähren und die Benutzung der Wohnung und der Haushaltungs-

„gegenstände zu gestatten. Der Erblasser kann durch letztwillige Verfügung „eine abweichende Anordnung treffen."

„Die Vorschriften über Vermächtnisse finden entsprechende Anwendung."

Ein gesetzlicher Erwerb nach Maßgabe dieses Paragraphen würde an sich nach § 1 Abs. 2 Ziff. 1 steuerpflichtig sein. Der Reichstag hat den bezüglichen Erwerb aber frei von der Steuer gelassen, „sowohl mit Rücksicht auf den keinesfalls erheblichen Wert des Erwerbes als auch darum, weil die auf die Feststellung der Steuer aufzuwendende Mühe und die damit verbundenen Belästigungen der Beteiligten in keinem richtigen Verhältnisse zu dem finanziellen Aufkommen aus dieser Steuer stehe" (Kommissionsbericht). [Nach der von U. Hoffmann 2. Aufl. Anm. 2 zu § 11 angeführten Verf. PrFM. vom 27. Februar 1908 III 1821 gehören außerordentliche Leistungen z. B. Trauerkleider aus Anlaß des Todes des Erblassers nicht zum Dreißigsten.] Die Steuerbefreiungen nach Ziff. 1 und 2 kommen nebeneinander zur Anwendung, wie schon aus den in Note 2 angeführten Verfügungen des Reichskanzlers (9. Februar 1910) und des PrFM. (19. Februar 1910) zu folgern ist; [and. M. U. Hoffmann 2. Aufl. Anm. 2 zu § 11]. In gleicher Weise wird auch der nach Ziff. 2 befreite Erwerb bei der Staffelung der Steuer nach § 10 Abs. 2 nicht mit in Ansatz zu bringen sein; vgl. Note 25 zu § 10.

4. Auch die Befreiung unter Ziff. 3 hat der Reichstag in das Gesetz gebracht trotz der geltend gemachten Zweifel, ob es nötig sei, diesen Fall besonders im Gesetz zu regeln, und ob nicht der Inhalt des Antrages sich schon aus den §§ 24 und 29 Abs. 2 ergebe. Nach der Art und Weise wie die Befreiungsvorschrift entstanden ist, kann nicht angenommen werden, daß eine besondere Privilegierung der Schuldbefreiung beabsichtigt wurde; es erscheint danach auch ausgeschlossen eine ausdehnende Auslegung bei der Vorschrift Platz greifen zu lassen. Die Steuerbefreiungsvorschrift setzt zunächst eine Anordnung des Erblassers voraus, welche mangels irgendeiner einengenden Bestimmung in jeder überhaupt für letztwillige Anordnungen zulässigen Form (Testament, Erbvertrag, Erbeseinsetzung, Vermächtnis, Auflage usw.) erfolgen kann; beruht eine Schuldbefreiung auf gesetzlicher Erbfolge, so kann die Steuerbefreiung nicht Platz greifen. Der Erblasser muß ferner die Anordnung mit Rücksicht auf die Notlage des Schuldners getroffen haben; daß er bei der Anordnung diesen notwendigen Bestimmungsgrund ausdrücklich erläutert habe, ist nicht erforderlich [wird nach U. Hoffmann 2. Aufl. Anm. 3b zu § 11 anerkannt in der Verf. PrFM. vom 11. April 1910 III 6000]; es ist lediglich auf irgend welche Art der Nachweis von dem Vorhandensein des Bestimmungsgrundes zu erbringen. Es muß aber ein bestimmter Nachweis in dieser Beziehung geführt werden und wird es nicht als genügend zu erachten sein, wenn nur die Möglichkeit, daß der Erblasser durch jene Rücksicht zu seiner Anordnung bestimmt worden sei, klargelegt wird. Nachzuweisen ist auch eine wirkliche Notlage des Schuldners sowohl für die Zeit der Anordnung wie für die Zeit des Anfalls; eine bedürftige oder bedrängte Lage ist nicht als ausreichend anzusehen. Eine Notlage ist noch nicht vorhanden, wenn jemand durch seine Verpflichtungen speziell durch zu tilgende Schulden in seinen Einnahmen lediglich bis auf das geringste Maß, welches zu seinem und der Seinen standesgemäßen Unterhalt ausreicht, hinabgesunken ist; erst wenn die verfügbaren Einkünfte über diese Grenze hinaus beschränkt sind, kann man von einer Notlage sprechen, wie sie die Befreiungsvorschrift voraussetzt. Andererseits ist die Notlage aber auch nicht gleichbedeutend mit dem Fall der äußersten Not oder der Entblößung von allen Subsistenzmitteln. Der Begriff der Notlage bestimmt sich im einzelnen

Fall individuell nach dem Lebensstand des Schuldners. Durch den freien Besitz einer standesgemäßen häuslichen Einrichtung wird eine Notlage keineswegs ausgeschlossen. Einen Anhalt für die Bestimmung der Notlage können die gesetzlichen Vorschriften, welche der § 850 ZPO. über die der Pfändung nicht unterworfenen Einkünfte gibt, bieten, doch können dieselben nicht als stets maßgebend für diese Bestimmung gelten. Die Notlage des Schuldners darf durch den Erbfall im wesentlichen eine Veränderung nicht erfahren haben; die Steuerbefreiung wird danach meist nur eintreten können, wenn es sich bei der Schuldbefreiung mehr um eine formale Befreiung und namentlich um eine Befreiung von einer unverzinslichen Schuld handelt. Die Notlage des Schuldners muß trotz des Nachlasses der Forderung fortbestehen nach Verf. BdStd. vom 19. März 1909 Nr. 9080. Die Steuerbefreiung tritt nicht ein, soweit die Steuer aus der Hälfte eines neben der erlassenen Forderung dem Bedachten zukommenden Anfalls gedeckt werden kann. Neben der Steuer für die Schuldbefreiung ist in diesem Fall die Steuer für den weiteren Anfall voll zu entrichten, wenn auch dadurch dem Bedachten von dem weiteren Anfall weniger als die Hälfte verbleibt; eine Berechnung wie nach dem § 14 Abs. 2 RESt G. kann gegenüber dem Wortlaut der Befreiungsvorschrift nicht stattfinden. Hat beispielsweise ein Erblasser einem mit ihm nicht verwandten Schuldner, an welchen er eine Forderung von 5000 Mark hatte, mit Rücksicht auf seine Notlage Befreiung von dieser Schuld und daneben noch 1000 Mark vermacht, so würde die Hälfte des letzten Betrages, 500 Mark, gerade zur Deckung der Steuer für die Schuldbefreiung ausreichen und folgeweise hierfür zur Hebung gebracht werden müssen; daneben wäre dann aber noch für den Anfall der 1000 Mark die Steuer mit 100 Mark zu entrichten, so daß dem Bedachten insgesamt nur 400 Mark von jenen 1000 Mark verbleiben würden. Vgl. hierzu meinen Aufsatz in ZfZuSt. 1909 S. 208.

5. Bezüglich der Befreiung unter 4a ist zunächst auf die Note 1 zu diesem Paragraphen Bezug zu nehmen. Über das Verhältnis der ehelichen Kinder ist das Nähere oben in Note 6 zu § 10 ausgeführt. Kinder, welchen die rechtliche Stellung der ehelichen Kinder zukommt, sind einerseits dem Vater und der Mutter gegenüber die durch nachfolgende Ehe legitimierten Kinder (vgl. Note 8 zu § 10) und abgesehen von den besonderen Ausnahmefällen, nach Maßgabe des § 1699 BGB. die Kinder aus nichtigen Ehen (vgl. Note 7 zu § 10) und andererseits lediglich dem Vater gegenüber die für ehelich erklärten Kinder (vgl. Note 8 zu § 10) und die an Kindesstatt angenommenen Kinder; die letzteren an Kindesstatt angenommenen Kinder sind hier ausgenommen, weil sie nach § 10, II, 6 besonders für steuerpflichtig erklärt worden sind; die Steuerpflicht trifft die an Kindesstatt angenommenen Kinder in ihrer Gesamtheit, es kann demnach eine Steuerfreiheit für die vom Vater an Kindesstatt angenommenen unehelichen Kinder nicht Platz greifen, wie U. Hoffmann Anm. 4e zu § 11 annimmt [vgl. auch 2. Aufl. Anm. 5 zu § 11]; nach Verf. PrFM. vom 16. März 1908 III 4959, zu der der Reichskanzler (Reichsschatzamt) Einverständnis erklärt hat, ist eine Steuerbefreiung der fraglichen Kinder nach der Fassung des RESt G. nicht begründet; der Bundesrat hat in Spezialfällen von der Erhebung der Steuer für eine Schenkung an das uneheliche, an Kindesstatt angenommene Kind aus Billigkeitsgründen abzusehen beschlossen (Sitzung vom 17. Dezember 1908, § 979 der Protokolle; Sitzung vom 21. Mai 1909, § 447 der Protokolle). Vgl. Note 19 zu § 10. Wie Planck (Anm. 5 zu Art. 209 EG. BGB.) näher ausführt, kennt das BGB. die Einkindschaft nicht, auch das EG. BGB. übergeht die Einkindschaftsverhältnisse mit Stillschweigen (vgl. auch die Motive, wie sie in Note 1 oben angeführt sind). „Unzweifelhaft und unbestritten ist,

daß die vermögensrechtlichen Wirkungen des Einkindschaftsvertrages durch den Eintritt des BGB. nicht berührt werden. Denn in vermögensrechtlicher Beziehung hat der Einkindschaftsvertrag den Charakter eines Erbvertrages bzw. Erbverzichts und die Wirksamkeit eines Erbvertrages oder Erbverzichtvertrages, der vor dem Inkrafttreten des BGB. abgeschlossen ist, bestimmt sich, auch wenn der Erblasser nach diesem Zeitpunkte stirbt, gemäß Art. 214, 217 nach den bisherigen Gesetzen. Es bleiben also insbesondere das Erbrecht der eingekindschafteten Kinder gegenüber dem Stiefelternteil und ihr Anspruch auf den Voraus nach Maßgabe der bisherigen Gesetze unberührt."

6. Die Befreiung unter 4b entspricht dem § 1705 BGB., nach welchem das uneheliche Kind im Verhältnis zu der Mutter und zu den Verwandten der Mutter die rechtliche Stellung eines ehelichen Kindes hat. (Vgl. auch Note 8 zu § 10).

7. Die Befreiung unter 4d greift allgemein nur Platz, wenn die Ehe eine gültige gewesen ist und bis zum Tode des verstorbenen Ehegatten fortgedauert hat. Dieselbe kann keine Anwendung finden, wenn es sich um eine nach § 1324 BGB. wegen eines Formfehlers nichtige Ehe, welche nicht in das Heiratsregister eingetragen ist, handelt und wenn die Ehe vor dem Zeitpunkt des Erbanfalls wegen Nichtigkeit oder Anfechtbarkeit rechtskräftig für nichtig oder infolge einer Klage auf Ehescheidung rechtskräftig für aufgelöst erklärt wurde. Bezüglich der nichtigen Ehe vgl. Note 4 zu § 10. Für den Fall, daß auf Grund des § 1575 BGB. eine Klage auf Aufhebung der ehelichen Gemeinschaft rechtskräftig durchgeführt ist, trifft der § 1586 folgende Bestimmung:
„Wird nach § 1575 die eheliche Gemeinschaft aufgehoben, so treten die mit „der Scheidung verbundenen Wirkungen ein; die Eingehung einer neuen „Ehe ist jedoch ausgeschlossen. Die Vorschriften über die Nichtigkeit und „Anfechtbarkeit der Ehe finden Anwendung, wie wenn das Urteil nicht „ergangen wäre."

Wenn danach auch die Ehe in gewisser beschränkter Beziehung dem Bande nach bestehen bleibt, so sind doch die eintretenden Wirkungen der Scheidung die weitaus überwiegenden. Als dem Sinn der Befreiungsvorschrift bezüglich der Ehegatten entsprechend wird es danach anzusehen sein, wenn hier dem rechtskräftigen Urteil auf Aufhebung der ehelichen Gemeinschaft dieselbe Wirkung wie dem rechtskräftigen Urteil auf Scheidung beigemessen wird. Daß nach § 1933 BGB. das Erbrecht des überlebenden Ehegatten sowie das Recht auf den Voraus ausgeschlossen ist, wenn der Erblasser zur Zeit seines Todes auf Scheidung wegen Verschuldens des Ehegatten zu klagen berechtigt war und die Klage auf Scheidung oder auf Aufhebung der ehelichen Gemeinschaft erhoben hatte, kann auf die Anwendbarkeit der Befreiungsvorschrift keinen Einfluß ausüben; and. M. Wahl, Sächs. EStG. Note 7 zu Art. 2.

8. Bezüglich des Umfangs der Steuerbefreiung nach Ziff. 4d bemerkte der Berichterstatter der Reichstagskommission (Kommissionsbericht S. 14), die Steuerfreiheit beziehe sich nicht nur auf den Erwerb, welchen der überlebende Ehegatte nach § 1931 BGB. mache, und den Voraus, den er nach § 1932 erhalte, sondern daneben auch auf den Erwerb, der ihm als Verwandten des verstorbenen Ehegatten in Gemäßheit des § 1934 zufalle. Wenngleich diese Auslegung der Befreiungsvorschrift in den späteren Verhandlungen des Reichstages und des Bundesrats unwidersprochen geblieben ist, so dürfte es doch zweifelhaft sein, ob man darin eine authentische Interpretation der gesetzgebenden Faktoren zu erblicken hat. In Übereinstimmung mit den meisten Kommentaren (vgl. U. Hoffmann, Anm. 9 zu § 11 [2. Aufl. Anm. 9 zu § 11];

Aron, Note 2 zu § 11; Wunsch, Note 7 zu § 11; Gämlich, Note 26 zu § 11) muß aber auch mit Rücksicht auf den keinerlei Einschränkung andeutenden Wortlaut der Befreiungsvorschrift — es ist befreit der Erwerb, der Ehegatten anfällt, und nicht ein solcher, welcher dem Erwerber als Ehegatten anfällt — jene Auslegung als zutreffend anerkannt werden; demgegenüber kann nicht geltend gemacht werden, daß nach § 1934 BGB. der Erbteil, der dem Ehegatten auf Grund der Verwandtschaft zufällt, als besonderer Erbteil gilt, denn das RESt G. kennt regelmäßig nur einen einheitlichen Erwerb aus dem Anfall. And. M. Dr. A. Hoffmann Anm. 4b zu § 11.

9. Während die Befreiungen unter 4a—d unverändert aus dem Regierungsentwurf übernommen sind, fehlten in demselben die folgenden drei Befreiungen unter 4e—g; sie verdanken dem Reichstag ihre Aufnahme, der dabei von dem Grundgedanken ausging, „daß die engere Familie des Erblassers besondere Schonung verdiene und möglichst vor Deklarationen zu bewahren sei. Deshalb sei vorgeschlagen unter dem Buchstaben e zunächst für leibliche Eltern, Großeltern und entferntere Voreltern einen Erwerb bis zum Werte von 10000 Mark steuerfrei zu lassen. Es rechtfertige sich dieselbe Vergünstigung den adoptierten Kindern zu gewähren. Nach der Begründung des Entwurfs würden diese Kinder, obwohl sie gesetzlich den ehelichen Kindern gleichstehen, hauptsächlich deshalb steuerlich nicht wie eheliche Kinder behandelt, weil erfahrungsgemäß die Adoption oft zur Umgehung der Erbschaftssteuer benützt wird. Daß aber eine Adoption zum Zwecke der Steuerumgehung vorgenommen werde, sei bei einer Vermögenszuwendung bis zu 10000 Mark nicht anzunehmen. Was sodann die natürlichen, vom Vater anerkannten, Kinder betreffe, so sei gewiß dagegen nichts einzuwenden, wenn durch die Steuerbefreiung für Zuwendungen an sie bis zu 10000 Mark ein Anreiz zur Anerkennung solcher Kinder gegeben werde" (Kommissionsbericht). Bezüglich Feststellung des Verwandtschaftsverhältnisses der betreffenden Personen gilt dasselbe, was dazu in den bezüglichen Noten des § 10 ausgeführt wurde. Die Befreiung zu e tritt nur ein, wenn der Gesamterwerb der genannten Personen einschließlich auch des eventuell aus anderen Gründen steuerfreien Erwerbs den Betrag von 10000 Mark nicht übersteigt, nicht aber etwa stets für den letzteren Betrag. Für die Steuerfestlegung bei geringerer Überschreitung der Befreiungsgrenze greift auch hier § 14 Abs. 2 Platz. Über die eigenartigerweise bestehen gebliebene landesgesetzliche Versteuerung des nach § 11 Ziff. 4e von der Reichserbschaftssteuer befreiten Erwerbes vgl. unten Note 2 zu § 59 und Note 4 zu § 60.

10. Für die Auslegung der Bestimmung unter 4f ist die Vorgeschichte derselben von Bedeutung. Die Befreiungsvorschrift war von den Berichterstattern der Reichstagskommission zunächst unter Ausdehnung auf die im § 10 unter I, 1 sowie unser II, 1 und 6 bezeichneten Personen und ohne eine Begrenzung nach dem Wert in Antrag gebracht. Die Begründung dazu sagt: „Unter dem Buchstaben f würden aufgeführt Eltern, Großeltern, Geschwister, Schwiegereltern, Schwiegerkinder und adoptierte Kinder, alles Personen, die namentlich in kleineren Verhältnissen zum Hausstande des Erblassers zu gehören pflegen und denen deshalb der Hausrat in weiterem Sinne steuerfrei verbleiben soll. Die bloß anerkannten und nicht legitimierten natürlichen Kinder gehörten in der Regel dem Hausstande des Erblassers nicht an und seien deshalb hier nicht mit aufgeführt." (Kommissionsbericht S. 14.) In der ersten Lesung der Kommission wurde von verschiedenen Mitgliedern an der Bestimmung „gerügt, daß sie unter Umständen doch zu weit führt, indem doch vielfach Hauseinrichtungen vorkämen, die einen sehr hohen Wert hätten;

es müsse deshalb eine Maximalwertgrenze hierfür beigefügt werden. Dieser Anregung schloß sich auch ein Vertreter der Reichsregierung an" (daselbst S. 15). Dementsprechend wurde eine Wertbegrenzung mit 10000 Mark vorgeschlagen und beschlossen. Bei der zweiten Lesung wurde die fragliche Bestimmung „sowohl von einem Regierungsvertreter als von verschiedenen Abgeordneten als zu weit gehend bezeichnet: Danach würden z. B. Mobiliareinrichtungen mit einem Taxwerte von 50—60000 Mark beim Übergang an 5—6 Erben steuerfrei bleiben. Bei der Vererbung an die Seitenlinie verlaufe die Sache übrigens in der Regel so, daß das Mobiliar versteigert würde und die Erben bares Geld erhielten; sie könnten dann die Steuer beinahe leichter bezahlen, als wenn sie Wertpapiere geerbt hätten" (daselbst S. 43). Ein Antrag der Befreiungsvorschrift die jetzige Fassung zu geben, wurde angenommen. „Danach besteht also jetzt Steuerfreiheit für einen Mobiliarerwerb in Höhe von 5000 Mark, soweit er anfällt Geschwistern und Geschwisterkindern, Schwieger- und Stiefeltern und Schwieger- und Stiefkindern" (daselbst S. 44). Gegenüber der Fassung der ersten Lesung ist die Vorschrift gleichzeitig noch in zweifacher Beziehung abgeändert, wofür Dr. A. Hoffmann (Kommentar Note 6 zu § 11 unter a) die folgende Begründung, welche der Kommissionsbericht nicht erwähnt, angibt. Es wurde nämlich einmal „hinter den Worten ‚und der Wert des Erwerbes' der Zusatz ‚dieser Art' eingefügt, um klarzustellen, daß die Steuerbefreiung auch dann eintritt, wenn die bedachten Personen außer dem 5000 Mark nicht übersteigenden Mobiliarerwerb noch weitere letztwillige Zuwendungen erhalten haben, infolge deren der Wert des gesamten Erwerbes mehr als 5000 Mark beträgt. Außerdem wurden aus der Befreiungsvorschrift die Eltern und Voreltern sowie die Adoptivkinder herausgelassen, da sie bereits nach Nr. 4e bis zur Höhe von 10000 Mark allgemein und also auch dann steuerfrei sind, wenn der Erwerb in Gegenständen der unter Nr. 4f aufgeführten Art besteht und es nicht in der Absicht lag, die Steuerfreiheit des Hausrats neben einem Erwerbe von 10000 Mark eintreten zu lassen." Durch Letzteres, durch die einfache Streichung der in Ziff. I, 1 sowie II, 1 und 6 des § 10 bezeichneten Personen bei der Befreiungsvorschrift 4f ergibt sich eine gewisse Ungleichmäßigkeit oder ein Widerspruch in der gesetzlichen Regelung; sofern es sich um einen Erwerb handelt, dessen Gesamtwert 10000 Mark übersteigt, in welchem aber ein Mobiliarwert von nicht mehr als 5000 Mark enthalten ist, kommt für die in Ziff. I, 1 sowie II, 1 und 6 des § 10 bezeichneten Personen keinerlei Befreiung mehr in Frage, während für die in Ziff. I, 2 sowie II, 2 und 3 des § 10 bezeichneten Personen die Befreiung nach 4f bezüglich des Mobiliarwerts Platz greift; wir haben hierin wohl wieder eine Folgeerscheinung der überstürzten Gesetzesarbeit zu erblicken. [Wenn U. Hoffmann 2. Aufl. Anm. 11a zu § 11 unter der Annahme, es liege ein Irrtum des Gesetzgebers vor, die Befreiungsvorschrift auch für Eltern usw. angewendet wissen will, so kann dem nicht beigepflichtet werden; die Begründung scheint unhaltbar.]

11. Nach der Entstehungsgeschichte der Befreiungsvorschrift 4f wird man von vornherein mehr zu einer einschränkenden wie zu einer ausdehnenden Auslegung kommen. Es soll keineswegs das Haushaltsmobiliar als solches steuerlich in einer bestimmten Weise privilegiert werden, sondern es soll für dasselbe nur da eine Steuerbefreiung eintreten, wo für den Erwerber durch eine Zugehörigkeit zum Hausstande des Erblassers, wenn auch nur in weiterem Sinne und in loserer Verbindung, eine gewisse Beziehung zu jenem Hausrat in weiterem Sinne bereits früher vorhanden gewesen ist. Demnach ist die Befreiung keineswegs stets und ohne weiteres für alle Gegenstände der

Hauseinrichtung des Erblassers als Platz greifend zuzugestehen, wenn auch der Kommissionsbericht schlechthin von der Hauseinrichtung spricht. Man hat sich streng an die in der gesetzlichen Vorschrift aufgeführten Gattungen zu halten und nur solche Gegenstände, welche zweifellos zu diesen zu rechnen sind, von der Steuer zu befreien; unter allen Umständen muß eine analoge Ausdehnung auf andere Gegenstände ausgeschlossen erscheinen. In der Gesetzesvorschrift sind speziell aufgeführt: Kleidungsstücke, Betten, Wäsche, Haus- und Küchengerät, also genau diejenigen Gattungen von Gegenständen, welche in den Abteilungen 7, 8 und 9 des Nachlaßverzeichnisses nach dem Muster zur Erbschaftssteuererklärung (Muster 5 BRAusfB.) erscheinen. Vorbehältlich einer Ausdehnung nach Sonderverhältnissen im Einzelfall wird man im allgemeinen nur dasjenige, was in den Abteilungen 7—9 des Nachlaßverzeichnisses zur Nachweisung gelangt, für die Befreiung in Rücksicht zu ziehen haben. Speziell können Gegenstände der Abteilungen 10 (Bücher, Landkarten, Schriften) und 11 (Instrumente, Waffen) des Nachlaßverzeichnisses nicht unter die Befreiung fallen; sie gehören zwar zu der Hauseinrichtung, aber nicht zum Hausgerät. Daß der Begriff des „Hausgeräts" nicht zu weit zu fassen ist, muß namentlich auch aus der unmittelbaren Zusammenfassung mit dem Küchengerät und aus der weiteren Angliederung an Kleidungsstücke, Betten und Wäsche in der Gesetzesbestimmung erhellen. Nach einer Verf. SFM. ist der Begriff des Hausgerät ein engerer und deckt sich keineswegs mit „Haushaltsgegenstände", wie sie in den §§ 1382, 1640, 1969 BGB. angezogen werden; er umfaßt insbesondere nicht Schmucksachen und Kunstgegenstände. Bezüglich der letzteren können jedoch Zweifel entstehen, da der Begriff des Kunstgegenstandes an sich ein flüssigerer ist, und ein Kunstgegenstand auch als Hausgerät in Frage kommen kann. Daß jeder Kunstgegenstand, sobald er als Hausgerät dient oder gar nur dienen kann bzw. gedient hat, ohne weiteres von der Steuer befreit sein sollte, ist als mit dem inneren Grund der Befreiungsvorschrift im Widerspruch nicht anzunehmen. Hier ist die Sonderprüfung des einzelnen Falls ein unabweisbares Bedürfnis. Originalgemälde werden regelmäßig zu den Kunstgegenständen zu rechnen sein; eine Sammlung von Originalgemälden gehört zweifellos nicht zu dem Hausgerät im Sinne der Befreiungsvorschrift. Reproduktionen von Gemälden wird leichter die Qualifikation als Hausgerät zuzuerkennen sein. Letzteres kann für die Regel aber wohl nicht geschehen, wenn ein einzelnes Möbelstück von besonderem Kunst- oder Antiquitätswert auf einen bestimmten Erwerber übergeht, und überhaupt, wenn es sich um den Übergang eines Einzelgegenstandes handelt, der zwar der Hauseinrichtung oder dem Hausgerät an sich zuzuzählen sein würde, der aber gleichzeitig auch als Kunstgegenstand einen höheren, selbstständigen Wert besitzt und wesentlich mit Rücksicht auf diesen gesondert vermacht ist. Befindet sich dagegen unter dem in Eins erworbenen Hausgerät ein Kunstgegenstand, so kann er unter entsprechenden Umständen unbedenklich als zum Hausgerät gehörig angesehen werden. Es wird stets nach den Verhältnissen des einzelnen Falles zu prüfen sein, ob der Erwerber lediglich Hausgerät oder einen selbständig und höher zu bewertenden Gegenstand erhalten sollte und erhalten hat. Nur wenn tatsächlich lediglich ein Erwerb von Hausgerät in Frage steht, ist die Befreiungsvorschrift anzuwenden. Ähnlich liegt die Sache auch bei der Abteilung 5, Gegenstände aus Edelmetall, Juwelen und andere Kostbarkeiten, sofern Gegenstände aus Edelmetall in Frage kommen, denn Juwelen und andere Kostbarkeiten werden für die Befreiungsvorschrift ganz ausfallen. Bei silbernem Eß- und Tafelgeschirr wird für die Regel der Charakter als Hausgerät vorwalten, während bei einem einzelnen kostbar ausgestatteten Prunkstück dieser Charakter so gut wie ganz in den Hintergrund treten kann. Eine Entscheidung ist auch hier nur je nach den besonderen Umständen des einzelnen Falls, im großen und ganzen nach den gleichen Grundsätzen wie bei den Kunstgegenständen zu treffen. [U. Hoffmann 2. Aufl. Anm. 11 b zu § 11 geht bei der sachlichen Begrenzung im einzelnen zum Teil weiter, aber ohne genaue Ausscheidung und deshalb wohl durchweg in einer schwerlich zu rechtfertigenden Weise; daß Klaviere z. B. als Hausgerät angesehen werden könnten, dürfte wohl nicht vorkommen.]

12. Die Befreiung nach 4f tritt nur ein, wenn die betreffenden Gegenstände nicht zum Gewerbebetrieb oder zum Verkauf bestimmt waren. Der Erblasser darf mithin die Gegenstände nicht in einem Gewerbebetriebe benutzt z. B. Wäsche-, Haus- und Küchengerät im Restaurationsbetriebe oder im Gastwirtschaftsbetriebe, Kleidungsstücke in einem bezüglichen Verleihgeschäft, oder nicht zum Verkaufe gehabt haben, so Möbel als Möbelhändler, Wäsche als Wäschehändler usw. Mit Rücksicht auf die innere Begründung der Befreiungsvorschrift, wie sie nach den Ausführungen in den Noten 10 und 11 eine gewisse Sonderbeziehung zwischen dem Erwerber und dem Erwerb für die Regel voraussetzt, ist auch diese Einschränkung nicht zugunsten der Befreiungsvorschrift auszulegen. Jedwede Bestimmung zum Gewerbebetrieb oder zum Verkauf muß jene Sonderbeziehung zwischen Erwerber und Erwerb ganz oder doch zum wesentlichen Teil aufheben. Folgeweise wird man annehmen müssen, daß jede derartige Bestimmung, mithin auch schon die teilweise, die Befreiungsvorschrift ausschließt. And. M. U. Hoffmann (Note 11 zu § 11), welcher, ohne solches näher zu begründen, eine Befreiung auch Platz greifen lassen will, wenn die Sachen gleichzeitig, nicht ausschließlich einem Gewerbebetriebe dienen [in ähnlicher Weise auch 2. Aufl. Anm. 11c zu § 11].

Die Vorschrift unter 4f spricht lediglich von dem Erwerb der betreffenden Gegenstände. Folgeweise kann auch allein dieser als von der Steuer befreit angesehen werden. Nur wenn die Gegenstände selbst rechtlich aus dem Nachlaß auf den Erbberechtigten übergehen — daß früher oder später tatsächlich eine Veräußerung der Gegenstände z. B. bei Vorhandensein mehrerer Erben behuf Erbteilung stattfindet und so der Berechtigte nur den Erlös aus den Gegenständen behält, macht keinen Unterschied aus vgl. unten Note 13 —, hat die Befreiungsvorschrift Platz zu greifen. Dieselbe über ihren Wortlaut hinaus auszudehnen verbietet ihr Ausnahmecharakter. Demgemäß wird man namentlich die Befreiungsvorschrift nicht anwenden dürfen, wenn lediglich ein Nießbrauch an bezüglichen Gegenständen vermacht worden ist. Letzteres ist in einem Schreiben des Reichskanzlers (Reichsschatzamt) vom 24. Mai 1910 II 6521 (ZfZuSt. 1910 S. 147), mit dem die Verf. PrFM. vom 9. Mai 1910 III 8950 übereinstimmt, grundsätzlich anerkannt, vgl. auch Amtsblatt für Bremen 1910 S. 205, BlfBF. 1910 S. 248; auf dem entgegengesetzten Standpunkt steht jedoch die Großherzogl. Hessische Staatsregierung, welche nach einem Schreiben vom 17. August 1910 den Nießbraucher ebenso wie den Eigentumserwerber, d. h. wenn der Wert der Gegenstände den Betrag von 5000 Mark nicht übersteigt, für steuerfrei hält, des ferneren die Fürstl. Regierung von Schwarzburg-Sondershausen und das Herzogl. Anhaltische Staatsministerium, das nach einem Schreiben vom 14. Oktober 1910 die Steuerfreiheit schon als gegeben erachtet, wenn der Wert des Nießbrauchs unter 5000 Mark verbleibt, der Wert der Gegenstände selbst aber diese Grenze überschreitet. [Die der diesseitigen entgegengesetzte Ansicht wird auch vertreten von U. Hoffmann 2. Aufl. Anm. 11e zu § 11; die gegebene Begründung kann nicht als zutreffend anerkannt werden.]

13. Der zweite Satz der Vorschrift unter 4 f, daß auf den Abzug der Schulden und Lasten von dem Werte der bezeichneten Gegenstände die Vorschriften des § 9 entsprechende Anwendung finden sollen, ist bei der zweiten Lesung in der Reichstagskommission beantragt und ohne Debatte angenommen (Kommissionsbericht S. 44). Die Schulden und Lasten des Nachlasses sind dementsprechend anteilmäßig auf den Wert der befreiten Gegenstände zu berechnen bzw. von diesem abzusetzen; es entspricht dieses dem allgemeinen Grundsatz, daß die Schulden und Lasten des Nachlasses auf letzterem in seiner Gesamtheit ruhen und daß es dabei keinen Unterschied ausmachen kann, ob die Nachlaßgegenstände der Steuerpflicht unterliegen oder nicht. (Vgl. Mirre, ZfZuSt. 1907 S. 283 II, welcher erläuternde Beispiele anführt).

Aus der Fassung der Befreiungsvorschrift 4 f und der Art und Weise, wie dieselbe entstanden ist (vgl. oben Note 10), ergibt sich unzweifelhaft, daß die bezeichneten Gegenstände, wenn sie bis zu dem gesetzten Wert an die betreffenden Personengruppen fallen, unter allen Umständen und ohne Rücksicht auf die sonstige Nachlaßverteilung von der Steuer befreit bleiben sollen. Die Befreiung wird demnach auch dann Platz zu greifen haben, wenn den durch dieselbe berührten Personen aus dem Nachlaß noch ein anderer Erwerb anfällt, der allein oder in Verbindung mit dem unter 4 f einzugliedernden Erwerb den Wert von 5000 Mark übersteigt; nur wenn der Wert der unter 4 f fallenden Gegenstände allein über 5000 Mark hinausgeht, kann die Befreiung keine Anwendung finden. Für die Befreiung kommt immer nur der Erwerb jedes einzelnen Erwerbers für sich in Frage und ist für diesen die Befreiungsgrenze maßgebend; demgegenüber bleibt es indifferent, ob und wie weit der Gesamtwert der unter 4 f fallenden Gegenstände eines Nachlasses über die Grenze von 5000 Mark hinausgeht. Entscheidend ist stets der Anfall, daß durch diesen die Gegenstände auf den Erwerber als solche kommen. Fällt ein Nachlaß, zu dem nach 4 f sich charakterisierende Gegenstände zum Wert unter 5000 Mark gehören, an mehrere Erben, so tritt eine Befreiung von der Steuer bezüglich jener Gegenstände nicht etwa nur dann ein, wenn sie reell unter die Erben geteilt bzw. so an einen oder einige derselben gelangen, sondern ebenmäßig auch dann, wenn die Gegenstände für die Gemeinschaft der Erben etwa von einem Testamentsvollstrecker usw. veräußert werden und von dem bezüglichen Erlös jeder Erbe lediglich seinen Anteil erhält. Keinen Einfluß kann es gleichfalls ausüben, wenn der Erbe die fraglichen Gegenstände, nachdem er sie in Wirklichkeit erworben hat, veräußert. [Letzteres ist in den von U. Hoffmann 2. Aufl. Anm. 11 d zu § 11 angezogenen Verf. PrFM. vom 14. November III 16533 und vom 30. Januar 1908 III 19672 von 1907 anerkannt worden.] Zweifelhaft konnte es zunächst erscheinen, wie die Wertgrenze für die Befreiungsvorschrift bei praktischer Anwendung zu berechnen, ob lediglich nach dem Eigenwert der Gegenstände, also dem Wert, den diese für sich allein haben, wie es U. Hoffmann Note 11 zu § 11 wollte [auch in der 2. Aufl. Anm. 11 f zu § 11 wird an der früheren Ansicht festgehalten mit einer näheren Begründung, welche jedoch als stichhaltig nicht angesehen werden kann], oder nach dem Besteuerungswert derselben, also dem Wert wie er der tatsächlichen Besteuerung im betreffenden Fall nach Absatz der darauf entfallenden Schulden und Lasten zugrunde zu legen war, wie Dr. A. Hoffmann Note 6 zu § 11 unter c annimmt und in gleicher Weise auch Mirre, ZfZuSt. 1907 S. 283, II, 4. Hier ist in Übereinstimmung mit dem Reichskanzler (Reichsschatzamt) eine Entscheidung im Sinne der letzteren Auffassung durch die Verf. PrFM. vom 15. Februar 1908 III 2566 (PrZBl. 1908 S. 131) dahin getroffen, „daß die Befreiungsvorschrift des § 11

Nr. 4 f REStG. schon dann Platz greift, wenn der Wert der daselbst aufgeführten Gegenstände abzüglich des darauf entfallenden Teils der Schulden und Lasten den Betrag von 5000 Mark nicht übersteigt und daß hierbei den Schulden und Lasten alle den Erben treffenden Verbindlichkeiten im Sinne der §§ 1967 und 1969 BGB. beizuzählen sind". Bezüglich der letzterwähnten Nachlaßverbindlichkeiten vgl. Note 11 zu § 29.

Hinsichtlich der Verwandtschaft und der Schwägerschaft ist wiederum dasjenige maßgebend, was oben in den Noten 8 ff. und 21 ff. zu § 10 ausgeführt wurde. Über die Zweifelsfrage, ob die Befreiungsvorschriften der Ziff. 4 f und des § 56 Abs. 2 Satz 2 in bezug auf Schenkungen unter Lebenden nebeneinander und unabhängig voneinander anzuwenden sind oder nur eine von beiden und zwar diejenige, welche für den Steuerpflichtigen am günstigsten ist, und die in dieser Beziehung durch die Verf. d. Reichskanzlers (Reichsschatzamt) vom 4. April 1910 II 3772 (ZfZuSt. 1910 S. 116) getroffene Entscheidung vgl. Note 27 zu § 56.

14. Zu der B e f r e i u n g 4 g führt der Bericht der Reichstagskommission an: „Die Bestimmung unter dem Buchstaben g lehne sich an den Art. 747 Code civil an; den in diesem Artikel aufgeführten Schenkungen seien die Übergabeverträge gleichgestellt mit Rücksicht auf die namentlich bei der Landbevölkerung des Ostens bestehenden Gepflogenheiten." Die Verwandtschaftsverhältnisse bestimmen sich wiederum nach den früheren Ausführungen zu § 10. Wird für einen Erwerb die Steuerbefreiung in Anspruch genommen, so ist von dem die Befreiung Beanspruchenden der Nachweis zu führen, daß er die fraglichen Sachen dem Erblasser durch Schenkung oder Übergabevertrag zugewendet habe. Nach dem Sinn und dem Wortlaut der Befreiung ist der Begriff „Sachen" hier nicht im weitesten Sinne zu fassen; vertretbare und verbrauchbare Sachen können nicht in Frage kommen [and. M. U. Hoffmann 2. Aufl. Anm. 12 o zu § 11], es wird sich vielmehr stets nur um fest durch sich bestimmte konkrete Gegenstände handeln, die von dem Befreiung Beanspruchenden dem Erblasser als solche entsprechend zugewendet worden sind; soweit letzteres zutrifft, ist aber jede Art von Gegenständen befreit, namentlich also nicht nur bewegliche Sachen sondern auch Grundstücke; da Wertpapiere als bewegliche Sachen anzusehen, können auch sie hier in Frage kommen. Ihrer inneren Begründung nach setzt die Steuerbefreiung aber voraus, daß die Sachen wesentlich in dem gleichen Zustande und auch in dem gleichen Umfang wieder auf die Eltern und Voreltern übergehen, in welchem der Erblasser sie von ihnen überkommen hat. Daraus folgt zunächst, daß alle Zubehörungen der Sache, soweit und wie sie dem Erblasser durch Schenkung oder Übergabevertrag zugewandt waren, von der Steuerbefreiung betroffen werden. Hatte jedoch der Erblasser während seiner Besitzzeit eine Verbesserung oder Erweiterung der Sache oder des Zubehörs derselben vorgenommen, z. B. ein Grundstück bebaut, einen hypothekarisch belasteten Besitz hypothekenfrei gemacht, ein Landgut durch Zukauf vergrößert oder mit erweitertem, wertvolleren Inventar versehen usw., so wird dem steuerlich Rechnung zu tragen sein; der Betrag, um den sich der Wert der Sache auf diese Weise erhöht hat, unterliegt der entsprechenden Besteuerung. Dem den Steuerbefreiungen 4 e—g zugrunde liegenden Zweck der möglichsten Schonung und geringsten Belästigung der engeren Familie des Erblassers (vgl. oben Note 9) dürfte es jedoch entsprechen, wenn nur nennenswertere Veränderungen, die sich augenfällig als eine Verbesserung von einem gewissen und nicht untergeordneten Wert darstellen, für die Steuererhebung berücksichtigt, unwesentliche und geringfügige Veränderungen aber außer acht gelassen werden. Daß letzteres bei Veränderungen, welche durch die Natur der Sache geboten waren, ohne weiteres zu geschehen hat, liegt auf der Hand. Dem wird es beispielsweise entsprechen, daß, wenn der Erblasser für eine auf der Sache haftende, einer regelmäßigen Tilgung unterliegende Hypothekschuld während seiner Besitzzeit die vorgeschriebenen Abträge geleistet und so die Hypothek vermindert hat, dieses bei Anwendnng der Befreiungsvorschrift unberücksichtigt bleiben würde, während andererseits, wenn der Erblasser einen außerordentlichen Abtrag über den vorgeschriebenen hinaus eingezahlt hätte, bezüglich der dadurch gegebenen Verbesserung der Sache eine Steuererhebung Platz greifen müßte. Daraus, daß die Steuerbefreiung für die Sache als solche ausgesprochen ist, ergibt sich als naturgemäße Folge, daß jede Werterhöhung, welche ohne Zutun des Erblassers lediglich durch Änderung in den Verhältnissen eingetreten ist, — wenn z. B. ein landwirtschaftliches Grundstück durch Verkehrsaufschließung zu Baugrund geworden ist — ohne Berücksichtigung bleibt. — Nach einer Verf. BdStd. vom 28. Januar 1907 Nr. 3133 steht die Steuerbefreiung dem erbenden Elternteil nur insoweit zu als die Zuwendungen in Sachen und nicht in Rechten bestehen und als die Sachen von ihm und nicht von seinem Ehegatten seinerzeit geschenkt worden sind. Sie greift auch nicht Platz, soweit die Sachen nicht dem Elternteil sondern einer anderen Person zufallen, Verf. BdStd. vom 11. Oktober 1907 Nr. 28623. Maßgebend ist der Wert zur Zeit des Erbfalls, nicht der zur Zeit der Schenkung; Verf. BdStd. vom 12. Dezember 1908 Nr. 27435. [U. Hoffmann 2. Aufl. Anm. 12 b zu § 11 führt Verf. PrFM. vom 4. November 1908 III 18994 an, nach welcher für Ersatzstücke, die z. B. bei einem Inbegriff von Sachen, einem Warenlager, dem Zubehör eines Landguts an die Stelle zugewandter Sachen getreten sind, oder die mit geschenktem baren Gelde gekauft sind, die Befreiung keine Anwendung findet].

15. Die Befreiung unter 4 h war in dem Regierungsentwurf auf die Personen, welche dem Hausstande des Erblassers angehört und darin in einem Dienstverhältnisse gestanden haben, sowie auf einen Erwerb von nicht mehr als 1000 Mark beschränkt. Die Reichstagskommission beschloß in der ersten Lesung, die Steuerbefreiung noch auf einen größeren Kreis von Personen auszudehnen, die zu dem Erblasser in einem persönlichen Dienstverhältnisse gestanden haben, und die Wertgrenze auf 3000 Mark zu erhöhen. In der zweiten Lesung wurde die jetzige Gesetzesfassung ohne Widerspruch, aber auch ohne im Kommissionsbericht eine weitere Begründung zu finden, angenommen. Das Moment einer besonderen persönlichen Verbindung mit dem Erblasser ist dadurch mehr zurückgedrängt und an die Stelle desselben in der Hauptsache lediglich das der Arbeitsgewährung getreten. Die Befreiung bezieht sich jetzt schlechthin auf alle Personen, welche zu dem Erblasser in einem Dienst- oder Arbeitsverhältnis gestanden haben. Sie findet daher auch Anwendung auf alle diejenigen Personen, welche in einem landwirtschaftlichen, gewerblichen rc. Betriebe des Erblassers beschäftigt sind: Voraussetzung ist dabei lediglich, daß der Erblasser tatsächlich Dienstherr oder Arbeitgeber gewesen ist. Daß das Dienst- oder Arbeitsverhältnis bei dem Tode des Erblassers noch bestanden hat, ist nicht erforderlich, es genügt vielmehr, wenn es zu irgend einer Zeit bestanden hat. Diese Folge der Fassung der Bestimmung ist vorhergesehen und beabsichtigt; in der Kommission des Reichstags (KommB. S. 15/16) ist geltend gemacht, es könne sich dagegen „der Einwand erheben, daß es nicht gerechtfertigt sei, Personen steuerfrei zu lassen, die vielleicht vor langer Zeit einmal beim Erblasser in Dienst oder Arbeit gestanden hätten; praktisch sei jedoch nur der Fall, daß solche Personen, wenn sie noch zur Zeit des Todes

des Erblassers oder kürzere Zeit vorher in seinem Dienste oder bei ihm in Arbeit gewesen seien, mit Vermächtnissen bedacht würden." Nicht jeder, der für den Erblasser Dienst oder Arbeit verrichtet hat, ist berechtigt, auf die Steuerbefreiung Anspruch zu machen; der Bedachte muß vielmehr zu dem Erblasser in einem Dienst- oder Arbeitsverhältnis gestanden haben; dieses setzt voraus, daß Dienst oder Arbeit nach besonderer Abmachung oder Vertrag und auch einen gewissen Zeitraum hindurch geleistet ist; vgl. Verf. PrFM. vom 10. September 1908 III 15777, nach welcher entgeltliches Vertragsverhältnis bestanden haben muß. Zwischen Stiefvater und Stieftochter besteht im Zweifel kein Dienstverhältnis; Verf. SFM. vom 11. Juni 1908 Nr. 2537. Bei dem Dienstverhältnis werden wesentlich häusliche bzw. in oder für das Haus geleistete Dienste in Frage kommen; Zugehörigkeit zum Haushalt ist dabei nicht vorausgesetzt; die Befreiung greift sowohl bei niederen, wie bei höheren Diensten Platz also sowohl bei Gesinde jeder Art wie auch bei Hauslehrern, Erzieherinnen, Gesellschafterinnen (bezüglich dieser für Preuß. Recht ausdrücklich anerkannt durch Urt. d. RG. vom 19. Juni 1888, JW. 1888 S. 315 Nr. 21, GruchotsBeitr. Bd. 32 S. 1102 und Verf. PrFM. vom 14. Januar 1890 III 517, PrZBl. 1890 S. 18) usw. Auf Witwen und sonstige Angehörige der Bediensteten findet die Befreiung keine Anwendung; Verf. BdStd. vom 22. Februar 1909 Nr. 5481. Das Arbeitsverhältnis bedingt, daß der Bedachte in einem eigenen Betriebe des Erblassers (auch bei Miteigentum vorhanden) in entsprechender Weise beschäftigt gewesen ist. Steht der Betrieb, in dem die Beschäftigung stattgefunden, im Eigentum einer Aktiengesellschaft, welche der Erblasser leitete oder zu deren Hauptaktionären derselbe gehörte, so sind die Vorbedingungen der Befreiungsvorschrift nicht erfüllt. Höheres und niederes Personal wird in der gleichen Weise betroffen; es kommen ebensowohl Betriebs- und Bureaubeamte, Handelsgehilfen usw. wie Aufseher, Gesellen, Arbeiter usw. in Betracht. — Auch hier findet eine Zusammenrechnung mehrerer einem Erwerber seitens desselben Erblassers innerhalb 5 Jahren zugefallener Vermögensvorteile in Gemäßheit des § 14 Abs. 1 statt. Wird die Befreiungsgrenze überschritten, so ist der ganze Erwerb jedoch unter der Beschränkung nach § 14 Abs. 2 steuerpflichtig, vgl. auch Verf. BdStd. vom 15. April 1908 Nr. 11723; and. M. Aron, welcher den Betrag von 3000 Mark stets als steuerfrei zu betrachten scheint. Sofern von einem Erblasser in einem Vermächtnis ein größerer Betrag einheitlich für seine Dienstleute und Arbeiter mit der Maßgabe, daß ein Dritter wie Wirtschaftsdirektor oder dergleichen die Verteilung auf die Einzelnen vornehmen solle, ausgeworfen ist, gelten nach einem Urt. d. RG. vom 9. Januar 1893 (RGE. Bd. 30 S. 287) die einzelnen Arbeiter und Dienstleute als bedacht und erwerben je zu ihrem Anteil; nach den letzteren und nicht nach dem Gesamtvermächtnis richtet sich daher auch die Anwendbarkeit der Befreiungsvorschrift unter Ziffer 4 g. Vgl. auch Note 21 zu § 12.

16. Die Befreiung unter 5 ist in der zweiten Lesung der Reichstagskommission zugefügt worden. Der Kommissionsbericht sagt dazu folgendes: „Zu beachten ist, daß Ziffer 5 nur von Familienstiftungen, nicht von Stiftungen schlechtweg redet. Bei sonstigen in einer Verfügung von Todes wegen vorgenommenen Stiftungen wird nach § 84 BGB. angenommen, daß sie schon bei Lebzeiten des Stifters entstanden seien; die ihnen gemachte Zuwendung ist zu versteuern nach § 12 (jetzt § 10) oder nach § 14 (jetzt § 12). Familienstiftungen sind, entsprechend dem gewöhnlichen Sprachgebrauche, Stiftungen, die wesentlich im Interesse der Angehörigen einer oder bestimmter Familien gemacht werden, wenn auch vorübergehend oder subsidiär Bezüge aus der

Stiftung an andere Personen gelangen können." Über die Begriffsbestimmung vgl. des weiteren oben Note 6 zu § 3. Der Begriff der Familie, wie er speziell für die Begründung einer Familienstiftung in Frage kommt, ist danach kein scharf abgegrenzter. Im Sinne des Gesetzgebers wird eine Einengung des Begriffs nicht liegen und wird deshalb eine weitere Auslegung Platz greifen müssen. Es erscheint nicht erforderlich, den Begriff der Familie nur auf einen zeitlich weiter entfernten Ausgangspunkt, auf eine Abstammung usw. durch mehrere Generationen hindurch zurückzubeziehen: auch wenn ein Stifter die Stiftung für seine gesamte Nachkommenschaft oder je nach dem Zweck der Stiftung nur für die männliche oder für die weibliche begründet, liegt eine Familienstiftung vor, wobei es nicht verschlägt, wenn einzelne Personen eventuell auch mit ihrer Nachkommenschaft aus bestimmten Gründen ausgeschlossen werden. Bei den seit längerer Zeit durch den Namen zusammengehaltenen Familien, wie bei adligen Geschlechtern, braucht eine Familienstiftung nicht allen Mitgliedern des gleichen Namens zu dienen, sie kann vielmehr auch für einzelne Linien oder Zweige errichtet werden, ohne den Charakter als Familienstiftung einzubüßen. Letzteres muß aber dann eintreten, wenn die Stiftung lediglich einzelnen bestimmten Persönlichkeiten der Familie zugute kommt, so daß dieselbe nicht dem Familieninteresse sondern lediglich dem Interesse dieser Einzelpersönlichkeiten dient. Die Familienstiftung muß ihren Hauptzweck darin finden die Familieninteressen zu fördern, so daß etwaige andere Zwecke, wie sie an sich zwar zulässig, nur nebensächlich oder subsidiär erscheinen. Eine Stiftung zugunsten unbemittelter, kurbedürftiger Personen bei vorzugsweiser Berücksichtigung von Familienangehörigen ist nicht als Familienstiftung anzusehen; Verf. SFM. vom 9. Januar 1908 Nr. 12. Für die Anwendbarkeit der Befreiungsvorschrift ist es ohne Bedeutung, ob der Sitz der Familienstiftung sich im Inlande oder im Auslande befindet bzw. in das Inland oder Ausland verlegt ist; eine diesbezügliche Unterscheidung macht der § 11 nicht, sie tritt erst in den Steuerermäßigungsvorschriften des § 12 hervor. [And. M. U. Hoffmann 2. Aufl. Anm. 14 zu § 11, welcher ausländischen Familienstiftungen die Befreiung nicht eingeräumt wissen will.] Nach der der Befreiungsvorschrift zugrunde liegenden Absicht der gesetzgebenden Faktoren wird man den Ausdruck „Stiftungsgeschäft" nicht in dem engeren nur die erste Begründung einer Stiftung umfassenden Sinne, sondern in einem weiteren oder erweiterten Sinne nehmen müssen, so daß auch Zuwendungen an schon bestehende Familienstiftungen darunter zu begreifen sind; zweifelhaft in dieser Beziehung E. Zimmermann Note 7 zu § 11, für Anwendung auf Zuwendungen Dr. A. Hoffmann Anm. 9 b zu § 11 und U. Hoffmann Anm. 14 zu § 11 [ebenso 2. Aufl. Anm. 14 zu § 11, woselbst für die vertretene Ansicht die Verf. PrFM. vom 27. Juli und vom 8. August 1907 III 13559, 7933 angeführt werden].

17. Bemerkung zu § 11 im allgemeinen. Für den Fall, daß die Entrichtung der Steuer einem anderen als dem Erwerber auferlegt ist, und daß der Gesamterwerb zu einem Teil aus steuerfreien Gegenständen z. B. nach § 11 Ziffer 4 f besteht, ist bezüglich der Berechnung des Gesamterwerbs und der Steuer auf ZfZuSt. 1908 S. 60, IV zu verweisen: vgl. auch Note 1 zu § 31.

§ 12.

Die Erbschaftssteuer beträgt fünf vom Hundert:

1. für einen Erwerb, der anfällt inländischen Kirchen;
2. für einen Erwerb, der anfällt solchen inländischen Stiftungen, Gesellschaften, Vereinen oder Anstalten, die ausschließlich kirchliche, mildtätige oder gemeinnützige Zwecke verfolgen, sofern ihnen die Rechte juristischer Personen zustehen;
3. für Zuwendungen, die ausschließlich kirchlichen, mildtätigen oder gemeinnützigen Zwecken innerhalb des Deutschen Reichs oder der deutschen Schutzgebiete gewidmet sind, sofern die Verwendung zu dem bestimmten Zwecke gesichert und die Zuwendung nicht auf einzelne Familien oder bestimmte Personen beschränkt ist;
4. für einen Erwerb, der anfällt Kassen oder Anstalten, welche die Unterstützung der zu dem Erblasser in einem Dienst- oder Arbeitsverhältnisse stehenden Personen, sowie der Familienangehörigen solcher Personen bezwecken. Das gleiche gilt, wenn der Erwerb anfällt Kassen oder Anstalten, welche die Unterstützung von Personen sowie deren Familienangehörigen bezwecken, die zu einem wirtschaftlichen Unternehmen, bei dem der Erblasser beteiligt war, in einem Dienst- oder Arbeitsverhältnisse stehen.

Unter Kirchen (Abs. 1, Nr. 1) und kirchlichen Zwecken (Abs. 1, Nr. 2 und 3) sind alle inländischen öffentlich zugelassenen Religionsgesellschaften, denen die Rechte juristischer Personen zustehen, sowie die Zwecke solcher Religionsgesellschaften zu verstehen.

Vermögensvorteile von nicht mehr als 5000 Mark sind in den Fällen des Abs. 1 von der Erbschaftssteuer befreit.

Die in den Abs. 1, 3 bezeichneten Vergünstigungen können zu Gunsten ausländischer Stiftungen, Gesellschaften, Vereine und Anstalten der im Abs. 1 Nr. 2 bezeichneten Art, zu Gunsten solcher Zuwendungen, die den dort unter Nr. 3 bezeichneten Zwecken im Auslande zu dienen bestimmt sind, und zu Gunsten ausländischer Kassen und Angestellten der dort unter Nr. 4 bezeichneten Art zugestanden werden, sofern der ausländische Staat dem Deutschen Reiche gegenüber die gleiche Rücksicht übt.

Die Entscheidung darüber, ob Zwecke der in den Abs. 1 Nr. 2, 3 und im Abs. 4 bezeichneten Art vorliegen, erfolgt durch die Landesregierung.

Vergl. BRAusfB. § (24).

Zu Absatz 1.

1. Der § 12 enthält abgesehen von seinem Abs. 3 nicht eigentlich Steuerbefreiungen, sondern nur Steuerermäßigungen. Der Abs. 1, welcher in dem Regierungsentwurf ungeteilt erscheint, ist in der zweiten Lesung der Reichstagskommission in drei Ziffern „der besseren Übersicht wegen" abgeteilt worden; es ist sodann als Ziffer 4 eine neue Vorschrift eingefügt. Die Motive zum Regierungsentwurf führen zum § 12 folgendes aus:

„Gegenüber den anerkannten Kirchen und Religionsgesellschaften sowie den Anstalten und Unternehmungen zu religiösen, mildtätigen und gemeinnützigen Zwecken hat der Entwurf von einer Besteuerung nach dem vollen Steuerbetrage absehen und mit der Einräumung einer bevorzugten steuerlichen Behandlung der Mehrzahl der deutschen Erbschaftssteuergesetzgebungen folgen zu sollen geglaubt. Nach § 14 (jetzt § 12) soll hiernach unter völliger Freilassung aller Zuwendungen von nicht mehr als 3000 Mark im übrigen nur die Hälfte des an sich in Betracht kommenden Steuersatzes von 10 bis 20 vom Hundert erhoben werden.

Kirchliche Zwecke sind nicht bloß die dem Interesse der inländischen Kirchen dienenden, sondern auch die von den übrigen, mit dem Rechte juristischer Personen ausgestatteten, inländischen Religionsgesellschaften verfolgten Zwecke. Die in verschiedenen deutschen Gesetzen besonders erwähnten Unterrichtszwecke sind im Entwurfe nicht ausdrücklich genannt, weil sie den gemeinnützigen Zwecken zuzuzählen sind."

2. Zu Ziffer 1 ist zu bemerken, daß nunmehr dasjenige, was unter „inländischen Kirchen" zu verstehen ist, im Abs. 2 des Gesetzes näher erläutert worden ist. Das zu diesem Absatz unten in Note 19 Ausgeführte ist zu vergleichen. Die Steuerermäßigung nach Ziffer 1 greift bei jedem Erwerb, der einer inländischen Kirche anfällt, Platz, ohne daß dabei die möglicherweise getroffene Verwendungsbestimmung von irgendwelchem Einfluß sein könnte; auch wenn der Erwerb zu einem Zweck erfolgte, der nicht als ausschließlich kirchlicher, ja überhaupt nicht als ein kirchlicher angesehen werden kann, tritt die Steuermäßigung ein; and. M. U. Hoffmann Anm. 1a zu § 12 [ebenso 2. Aufl. Anm. 1b zu § 12 unter einer Begründung, der der klare Wortlaut der Gesetzesbestimmung entgegensteht]. Der Ausdruck Kirche begreift hier nicht nur die öffentlich zugelassene Religionsgesellschaft in ihrer Gesamtheit, soweit sie einheitlich als solche in Erscheinung tritt, sondern ebenmäßig auch alle die einzelnen Teile, die organischen Glieder und selbständigen Einrichtungen derselben, sofern sie als Träger kirchlichen Zwecks anzusehen und als solche entsprechend anerkannt sind. Es kommen demnach Kirchengemeinden und Pfarrverbände, die darüber stehenden zusammenfassenden Verwaltungskörper verschiedener Art, sowie auch besondere Organisationsausgestaltungen in Betracht. Vorbedingung ist immer Zugehörigkeit und unmittelbare Einfügung in den Gesamtorganismus der betreffenden Religionsgesellschaft, während lediglich ein engerer innerer oder äußerer Anschluß an letztere nicht als maßgebend erachtet werden kann. Folgeweise findet die Steuermäßigung keine Anwendung auf kirchliche Orden und Klöster, geistliche Gesellschaften und Stiftungen usw. Bezüglich der Anwendbarkeit auf den Bischöflichen Stuhl vgl. Urt. d. RG. vom 5. Januar 1897 (RGE. Bd. 38 S. 324, JW. 1897 S. 98 Nr. 59). In einer Verf. SFM. vom 18. Mai 1909. Nr. 2250 ist eine Neuapostolische Gemeinde als unter die Befreiungsvorschrift fallend anerkannt worden. Der Begriff des „inländisch" bestimmt sich lediglich nach dem Sitz der kirchlichen Organisation, welcher der Erwerb anfällt; eine

inländische Kirche hat erworben, wenn dieser Sitz im Inlande, eine ausländische, wenn der Sitz im Auslande ist; dabei wird es keinen Unterschied ausmachen, wenn zu der Organisation mit ausländischen Sitz inländisches Gebiet gehört oder umgekehrt zur inländischen Organisation auswärtiges Gebiet; and. M. U. Hoffmann Anm. 1a zu § 12 [ebenso 2. Aufl. Anm. 1c zu § 12, woselbst ausgesprochen, daß es auf den Sitz des kirchlichen Organs nicht ankommen könne, sondern nur auf die Zweckerfüllung, eine Behauptung, die nicht haltbar erscheint]; für die hier vertretene Ansicht Dr. A. Hoffmann Anm. 2c zu § 12. Kirchliche Organisationen in den Schutzgebieten können nicht in Frage kommen.

3. Für die unter Ziffer 2 befreiten Stiftungen usw. sind zunächst zwei allgemeine Erfordernisse aufgestellt: sie müssen inländische sein und die Rechte juristischer Personen besitzen. Unter inländischen Stiftungen usw. sind nur diejenigen zu verstehen, welche innerhalb des Deutschen Reiches ihren Sitz haben; die Schutzgebiete können hier nicht in Frage kommen, um so mehr als dieselben nach Beschluß des Reichstages in der folgenden Befreiung unter Ziffer 3 ausdrücklich angezogen sind, während solches bei der vorliegenden Bestimmung nicht geschehen. Dahingegen ist es, ebenfalls im Gegensatz zu der Steuerermäßigung der Ziffer 3, nicht erforderlich, daß die in Frage stehenden Zwecke der Stiftung usw. auch im Inlande verfolgt werden. Nach Verf. BdFM. vom 20. Februar 1907 Nr. 1801 ist es gleichgültig, ob freie Mittel im In- oder Ausland verwendet werden, es sei denn, daß Zuwendung an einen ausländischen Zweigverein in Frage steht. In den Verhandlungen der gesetzgebenden Faktoren ist ausdrücklich anerkannt, daß die Steuerermäßigung der Ziffer 2 auch dann Anwendung findet, wenn die Stiftung erst durch das Stiftungsgeschäft, welches in der Verfügung von Todes wegen enthalten ist, ins Leben gerufen wird (Stenogr. Reichstagsbericht, XI. LegPer., II. Sess. 1905/06 Bd. IV S. 3350c). Juristische Personen können entweder solche des Privatrechtes oder solche des öffentlichen Rechtes sein; nur für die ersteren trifft das BGB. unter der Scheidung in Vereine und in Stiftungen in den §§ 21—88 eine Regelung, welche hier, was Rechtsfähigkeit usw. anlangt, als maßgebend zu betrachten ist; für die juristischen Personen des öffentlichen Rechts ist die Landesgesetzgebung der Bundesstaaten bestimmend und können nur diejenigen Körperschaften, Anstalten 2c. als juristische Personen in Frage kommen, welche diese Eigenschaft nach der für sie maßgebenden Landesgesetzgebung tatsächlich besitzen, bzw. auf Grund dieser als juristische Personen anerkannt werden. Wo der Art. 8 EG. BGB. in Frage kommt, kann von einem Erwerb erst die Rede sein, wenn und soweit die landesgesetzlichen Vorschriften bezüglich desselben erfüllt sind; auch das Eintreten der Steuerermäßigung ist dementsprechend davon abhängig. Bei einer Zuwendung an eine juristische Person ist es ohne Bedeutung und schließt namentlich auch eine Bereicherung nicht aus, wenn die Zuwendung in ihrem vollen Umfang sofort oder nach kurzer Frist für die Zwecke der juristischen Person aufgebraucht wird bzw. bestimmungsgemäß aufgebraucht werden muß; denn die juristische Person ist von ihrem Zwecke nicht zu trennen; was sie diesem widmet, verwendet sie für sich selbst; Urt. d. RG. vom 7. Mai 1909 (JW. 1909 S. 397 Nr. 20; PrZBl. 1909 S. 229). Von den juristischen Personen des öffentlichen Rechtes können hier der Staatsfiskus, sowohl der des Reichs wie der der Bundesstaaten, und die größeren und kleineren Verwaltungsverbände wie Provinzialverbände, Kreisverbände, Gemeinden usw. nicht in Frage kommen [and. M. U. Hoffmann 2. Aufl. Anm. 2a zu § 12, dessen Ausführungen nicht als stichhaltig anzuerkennen sind]; für dieselben bestehen keinerlei Vergünstigungen, sie unterliegen vielmehr der allgemeinen Steuerpflicht nach § 10 Abs. 1 IV und Abs. 2 (vgl. auch Be-

gründung des Regierungsentwurfs unten in Note 1 zu § 13 Abs. 4); sofern ihnen zu einem kirchlichen, mildtätigen oder gemeinnützigen Zwecke Zuwendungen gemacht werden, kann eine Steuerermäßigung nach Ziffer 3 Platz greifen, vgl. dazu des Näheren unten Note 10.

4. Stiftungen und Anstalten sind von den Gesellschaften und Vereinen dadurch unterschieden, daß bei ersteren ein sog. Zweckvermögen, bei letzteren eine Vereinigung von Personen die Unterlage bildet, welche sodann vermöge einer besonderen Organisation, die auf gesetzlichen Vorschriften beruht und diesen entsprechen muß, mit eigener Persönlichkeit ausgestattet ist und dadurch selbständig Rechte und Pflichten erwerben kann.

5. Die Stiftungen usw. müssen, um die Steuerermäßigung zu genießen, ausschließlich kirchliche, mildtätige oder gemeinnützige Zwecke verfolgen. Sofern also eine Stiftung usw. neben ihrem Hauptzweck, der ein kirchlicher, mildtätiger oder gemeinnütziger ist, noch einen anderen Zweck nebenher verfolgt, welcher sich nicht als ein kirchlicher, mildtätiger oder gemeinnütziger darstellt, kann die Steuererleichterung nicht Platz greifen; vgl. dazu Erl. d. PrFM. vom 16. März 1907 III 4878; PrZBl. 1907 S. 102. Dabei macht es keinen Unterschied aus, ob der nebenher verfolgte Zweck, dem die Steuererleichterung nicht zugestanden ist, dem befreienden Hauptzweck gegenüber nur in einer ganz untergeordneten oder in einer wesentlicheren Weise in Frage kommt. Das Reichsschatzamt hat aber in einer nicht weiter veröffentlichten Verfügung entschieden, daß eine Zuwendung an eine Stiftung, deren Satzung dem Wortlaute nach eine Verwendung des Stiftungsvermögens zu anderen als zu mildtätigen Zwecken nicht ausschließt, unter Umständen gleichwohl als vom Erblasser ausschließlich mildtätigen Zwecken gewidmet angesehen werden könne, wenn nach der tatsächlichen Übung das Stiftungsvermögen ausschließlich zu mildtätigen Zwecken verwendet wird. Notwendig, um die Befreiung auszuschließen, ist es jedoch, daß es sich bei dem fraglichen Zweck um einen wirklich selbständigen Zweck handelt, der sich neben dem Hauptzweck als ein Selbstzweck darstellt und nicht etwa nur der Förderung des ersteren dient. Ausgeschlossen muß die Steuerermäßigung aber namentlich in allen den Fällen sein, in welchen die Stiftung usw. neben dem privilegierten Zwecke auch noch Vorteile für ihre Mitglieder im Auge hat, wirtschaftliche oder sonstige Zwecke in derem Interesse verfolgt; vgl. dazu die unten angeführten besonderen Entscheidungen. Bei gleichzeitigem Vorhandensein zweier Zwecke, von denen jeder die Befreiung begründet, kann selbstverständlich von einem Wegfall der letzteren nicht die Rede sein, vgl. unten Note 8.

6. Was unter kirchlichen Zwecken zu verstehen ist, erklärt wiederum der zweite Absatz des Paragraphen; vgl. unten Note 19. Wie durch die Verhandlungen der gesetzgebenden Faktoren ausdrücklich festgestellt (vgl. Stenograph. Reichstagsberichte XI. LegPer. II. Sess. 1905/06 Bd. IV S. 3350 CD.), ist der Begriff des mildtätigen Zwecks hier in weitestem Sinne zu nehmen, so daß er auch den wohltätigen Zweck, wie ihn speziell das frühere Preuß. EStR. kannte, mit umfaßt, vgl. auch Erl. d. PrFM. vom 16. März 1907 III 4878 (PrZBl. 1907 S. 102). Allgemein wird man danach als Zuwendungen zu mildtätigen Zwecken solche bezeichnen können, welche einer gewissen Bedürftigkeit, die aber noch keineswegs eine Notlage zu sein oder an diese heranzukommen braucht, in irgend einer Weise ausgleichend entgegenzukommen oder auch nur beschränkteren Verhältnissen ohne eine eigentliche Hilfsbedürftigkeit fördernd aufzuhelfen bestimmt sind. Die engere Eingrenzung des milden Zwecks

auf eine Unterstützung Hilfsbedürftiger durch unentgeltliche Zuwendungen, wie sie früher für das Preuß. Recht gegeben war (Urt. d. RG. vom 5. Oktober 1900, JW. 1900 S. 769 Nr. 57), ist im RErbStG. nicht anerkannt; der milde Zweck erfordert keine ausgesprochene materielle Hilfsbedürftigkeit, welcher aufgeholfen werden soll, ebensowenig setzt er das Vorhandensein unmittelbarer äußerer körperlicher Not oder eines sittlichen Elends voraus; letzteres ist für den Begriff der Wohltätigkeit in dem Urt. d. RG. vom 8. November 1886 (JW. 1886 S. 455 Nr. 41) besonders ausgesprochen. Daß der mildtätige Zweck einer politisch begrenzten Gesamtheit, auch nur der Gesamtheit einer kleinsten politischen Körperschaft zugute kommen muß, ist nicht erforderlich; er kann auch lediglich einem kleineren Personenkreis wie einem Familienverbande zu dienen haben [and. M. U. Hoffmann 2. Aufl. Anm. 2e zu § 12 mit einer Begründung, welche als zutreffend nicht anzuerkennen ist, weil sie willkürlich eine für Ziffer 3 gegebene Beschränkung auch auf Ziffer 2 anwendet]. Für die Stiftungen, Gesellschaften, Vereine und Anstalten werden in der Regel allgemeinere und sich auf breiterer Grundlage bewegende Zwecke — gegenüber der sich anschließenden Steuerermäßigung unter Ziffer 3 — in Frage kommen, welche sich in dem gegebenen Umfang als mildtätige darstellen müssen. Einen Hauptfall wird die milde Stiftung bilden, welche sich als eine Stiftung charakterisiert, deren Zweck hauptsächlich darin besteht, der Notlage Hilfsbedürftiger zu steuern (Urt. d. RG. vom 29. Oktober 1888, JW. 1888 S. 448 Nr. 23). Dabei ist aber zu beachten, daß durch die Verleihung der Rechte einer juristischen Person eine Stiftung keineswegs schon als milde Stiftung anerkannt ist, es vielmehr stets noch der Festlegung des bezüglichen Zwecks bedarf (Urt. d. RG. vom 16. Dezember 1891, GruchotsBeitr. Bd. 36 S. 1102). Daß die Stiftungen usw. ihre mildtätigen Zwecke ohne jedwedes Entgelt von Seiten der Betroffenen, der Verwandten und Angehörigen derselben oder auch Dritter ausüben, ist nicht erforderlich, nur darf das Entgelt nicht dem vollen Wert der Leistungen entsprechen (vgl. Urt. d. RG. vom 20. September 1890, JW. 1890 S. 365 Nr. 15; Urt. d. RG. vom 8. Mai 1893, PrZBl. 1893 S. 270, JW. 1893 S. 372 Nr. 92; Urt. d. RG. vom 21. Dezember 1900, JW. 1901 S. 95 Nr. 46). Durch die Rechtsprechung sind als Stiftungen usw. mit mildtätigen Zwecken ausdrücklich anerkannt: Hilfsverein mit dem Zweck, mittellosen Studierenden zinslose Darlehen auf unbestimmte Zeit unter der Verpflichtung einer Rückerstattung bei besseren Verhältnissen zu gewähren (Urt. d. RG. vom 8. November 1886, JW. 1886 S. 455 Nr. 41); Stiftung zur Unterstützung unverschuldet in Not geratener Handwerker durch Gewährung zinsfreier Darlehen (Urt. d. RG. vom 20. September 1890, JW. 1890 S. 365 Nr. 15); Heil- und Pflegeanstalt für Epileptische (Urt. d. RG. vom 16. Dezember 1891, GruchotsBeitr. Bd. 36 S. 1102); öffentliches Waisenhaus (Urt. d. RG. vom 27. Mai 1892, PrZBl. 1892 S. 381, JW. 1892 S. 324 Nr. 51); Erziehungshaus zur Aufnahme schwachsinniger und blödsinniger Mädchen (Urt. d. RG. vom 8. Mai 1893, PrZBl. 1893 S. 270, JW. 1893 S. 372 Nr. 92; in dem letzteren Urteil ist es besonders hervorgehoben, daß der Begriff der unentgeltlichen Zuwendung dadurch nicht ausgeschlossen werde, daß ein Teil des Unterhalts der hilfsbedürftigen Personen aus ihren eigenen Mitteln oder aus den von ihnen oder für sie gezahlten Pflegegeldern bestritten werde); Gesellschaft zur Unterstützung hilfsbedürftiger Mitglieder und deren Witwen und Waisen, sowie zur Ehrung des Andenkens verstorbener Mitglieder durch Totenfeiern (jüdisch) usw. (Urt. d. RG. vom 6. März 1899, JW. 1899 S. 292 Nr. 42). Im Gegensatz dazu ist der Charakter einer milden Stiftung ausdrücklich abgesprochen Witwen- und Waisenversorgungsanstalten, Sterbekassen,

u. dgl., welche ihre Leistungen lediglich auf Grund der Mitgliedschaft und ohne Rücksicht auf die Vermögensverhältnisse oder die Hilfsbedürftigkeit der Empfänger gewähren (Urt. d. RG. vom 9. November 1885, GruchotsBeitr. Bd. 32 S. 1067; Urt. d. RG. vom 21. Februar 1895, JW. 1895 S. 212 Nr. 50; Urt. d. RG. vom 21. Dezember 1900, JW. 1901 S. 95 Nr. 46).

7. Für den Begriff der Gemeinnützigkeit ist im wesentlichen das allgemeine Wohl das Bestimmende. Gemeinnützig ist eine Stiftung usw., wenn sie unmittelbar dem allgemeinen Besten zu dienen bestimmt ist, wenn sie Zwecke verfolgt, die der Allgemeinheit förderlich sind und dieser zugute kommen; vgl. Urt. d. RG. vom 20. Januar 1896, JW. 1896 S. 275 Nr. 37; Urt. d. RG. vom 28. September 1891, GruchotsBeitr. Bd. 36 S. 1097. Eine Beschränkung auf einen kleineren Personenkreis innerhalb der Gemeinheit etwa auf einen Familienverband ist hier ausgeschlossen; dahingegen ist es nicht erforderlich, daß die Stiftung usw. für die Gemeinheit in ihrer weitesten Ausdehnung, wie den Staat oder das Reich, zu wirken bestimmt ist; es genügt vielmehr die kleinste örtlich abgeschlossene Gemeinheit, also regelmäßig der Gemeindeverband. Innerhalb des betreffenden Verbandes muß aber der Zweck unmittelbar der Allgemeinheit zugute kommen. Damit ist jedoch nicht gesagt, daß jeder Einzelne des Verbandes einen direkten Vorteil aus dem Vereins- usw. -Zweck haben muß; nur in seinem Gesamtergebnis muß der Zweck der Allgemeinheit unvermittelt förderlich sein. Ob eine Förderung des Allgemeinwohls in materieller oder in ideeller Beziehung vorliegt, ist dabei ohne Belang. Öffentliche Zwecke sind nicht ohne weiteres als gemeinnützige Zwecke anzusehen, denn die letzteren bedingen stets noch eine gewisse Zuspitzung auf einen speziellen Nutzen für die Allgemeinheit. Unterrichtszwecke sind nach den maßgebenden Verhandlungen der gesetzgebenden Faktoren (vgl. oben Note 1 a. E. Die bezügliche Auffassung der Begründung des Regierungsentwurfs ist im Reichstag unwidersprochen geblieben) als gemeinnützige Zwecke anzusehen. Ebenso sind nach einer im Einverständnis mit dem Reichskanzler (Reichsschatzamt) erlassenen Verf. PrFM. vom 13. August 1910 III 15 699 wissenschaftliche Zwecke den gemeinnützigen beizuzählen. Als Stiftungen usw. mit gemeinnützigem Zweck sind unter der früheren Landesgesetzgebung anerkannt: Baugenossenschaften behuf Herstellung gesunder und billiger Wohnungen für minderbemittelte Familien, freiwillige Feuerwehren, Volksbadeanstalten, Verschönerungsvereine, Vereine zur Hebung des Fremdenverkehrs, Tierschutzvereine, Vereine zur Förderung der Blindenbildung, Vereine für Gesundheitspflege, für arzneilose Heilweise, Kunstvereine, Arbeiterbildungsvereine usw. Durch Verf. SFM. sind als ausschließlich gemeinnützige bzw. gemeinnützige und mildtätige Zwecke verfolgende Vereine ausdrücklich anerkannt: Tierschutzverein (3. Mai 1907 Nr. 1965), Rennverein (6. September 1907 Nr. 3554), Verein für Familien- und Volkserziehung (5. September 1910 Nr. 4377), Allgemeine ständige Lehrausstellung für die Fortschritte der Maschinentechnik (27. Juni 1910 Nr. 3140), Allgemeine Lehrer-, Witwen- und Waisenkasse (26. November 1907 Nr. 5292), Guttemplerloge (24. März 1909 Nr. 1078), Pensionsfonds für städtische Theaterangestellte und Pensionsanstalt eines städtischen Theaters (29. Juni 1907 Nr. 2889), Heilsarmee-Grundstücks-Gesellschaft m. b. H. (29. März 1908 Nr. 1164), Hilfs- und Töchterpensionskasse einer Universität (7. Juli 1909 Nr. 3057), Turnvereine (14. Februar 1908 Nr. 790; 16. Februar 1909 Nr. 687), Stiftungen, welche dem Ministerium des Innern unterstellt sind (15. April 1908 Nr. 7766); eine ausschließliche Verfolgung gemeinnütziger bzw. mildtätiger Zwecke ist als nicht vorhanden bei folgenden Vereinen angenommen: Tierschutzverein, welcher grundsätzlich Vivisektion bekämpft (18. November 1907 Nr. 4214; 3. Dezember 1910 Nr. 6053;

das Reichsschatzamt hat sich hierzu auf den gleichen Standpunkt gestellt in einem Schreiben vom 30. Dezember 1910 II 16 170, weil, wenn nach dem Stande der Wissenschaft und der allgemeinen Anschauung die Auffassung darüber, was ausschließlich gemeinnützig anzusehen ist, der Wandlung unterliegt, die Steuerverwaltung, um nicht selbst Partei in dem Streite der Meinungen zu ergreifen, sich auf den Boden des positiven Rechtszustandes stellen müsse, ein Grundsatz, der später in dem unten angezogenen Schreiben vom 21. März 1911 II 2165 nochmals ausdrücklich anerkannt wurde), Zoologischer Garten (weil Erwerbsgesellschaft; 17. November 1907 Nr. 4042), Schwimmanstalt (weil Erwerbsgesellschaft; 7. November 1907 Nr. 3966), Witwen- und Waisenkasse städtischer Offizianten und Subalternbeamten (weil Bezüge aus der Kasse ohne Rücksicht auf Bedürftigkeit gewährt werden; 22. Januar 1907 Nr. 294), Verein Frauenschutz (18. November 1907 Nr. 4119), Verein Volkswohl (weil Einrichtungen nur Mitgliedern oder bedingungsweise zugelassenen Nichtmitgliedern zugänglich; 27. Juli 1907 Nr. 3376), Verein für naturgemäße Gesundheitspflege (weil Zwecke im Gegensatz zu den überwiegend anerkannten Grundsätzen stehen; 30. November 1907 Nr. 5174), Verein Kunsthütte (weil Pflege von Interessen der Mitglieder gegeben, 23. Juli 1910 Nr. 6053), Frauengewerbeverein (1. Juli 1907 Nr. 2342), Rudergesellschaft (17. Oktober 1910 Nr. 5093), Internationaler Verein für Bekämpfung der Vivisektion (3. Dezember 1910 Nr. 6053), Freimaurerloge (31. August 1908 Nr. 3558). Durch Verf. BdStd. ist ein ausschließlich gemeinnütziger Zweck angenommen für freireligiöse Gemeinden und für Militärvereine (20. Dezember 1907 Nr. 37 801). Durch die vorher angeführte Verf. PrFM. vom 13. August 1910 ist der Keplerbund zur Förderung der Naturwissenschaften als gemeinnütziger Verein anerkannt, weil er wissenschaftliche Zwecke verfolge und es dabei nicht in Betracht komme, ob diejenigen, welche über die Steuerfrage zu entscheiden haben, mit den wissenschaftlichen Ansichten übereinstimmen, deren Verbreitung der Verein sich vorgenommen hat. Vereine für Feuerbestattung, sofern sie allgemein und für die Allgemeinheit die Förderung der Feuerbestattung bezwecken, werden als Vereine mit gemeinnützigen Zwecken da angesehen werden müssen, wo die Feuerbestattung staatlich zugelassen ist; bezügliche Vereine mit dem Sitz in Staatsgebieten, in denen die Feuerbestattung nicht zugelassen bzw. verboten ist, können jedoch nicht als Vereine mit gemeinnützigem Zweck betrachtet werden, weil die Nichtzulassung oder das Verbot die Möglichkeit einer Gemeinnützigkeit ausschließt. Vorstehendes ist im allgemeinen grundsätzlich anerkannt in einem Schreiben des Reichskanzlers (Reichsschatzamt) vom 21. März 1911 II 2165; auch der preuß. Finanzminister steht auf gleichem Standpunkt und hat einem Verein für Feuerbestattung die Steuervergünstigung des § 12 versagt, weil in Preußen die Feuerbestattung gesetzlich nicht zugelassen sei, deshalb die Anerkennung der Zwecke der Feuerbestattungsvereine als ausschließlich gemeinnützige zur Zeit nicht erfolgen, sondern erst dann in Frage kommen könne, wenn die Feuerbestattung gesetzlich gestattet sei.

8. Der Begriff sowohl der mildtätigen wie der gemeinnützigen Stiftungen usw. bleibt aber immer ein mehr oder weniger fließender vermöge der großen Verschiedenheit der hier möglichen Fälle; er wird sich erst nach und nach in der praktischen Auslegung mehr festlegen. Dem Sinne des ganzen Gesetzes dürfte es aber entsprechen, wenn bei der praktischen Auslegung nicht zu enge Grenzen gezogen und die fiskalischen Interessen nicht vorwiegend ins Auge gefaßt werden; andererseits darf aber die Befreiungsvorschrift nicht zu sehr ins Ungemessene ausgedehnt werden. Bei dem Fließen der Begriffe kommt es namentlich auch vor, daß die privilegierten Zwecke selbst ineinander

übergehen, daß bei einer Stiftung usw. eine Verbindung von zwei — kirchlich und mildtätig, kirchlich und gemeinnützig, mildtätig und gemeinnützig — oder von allen drei privilegierten Zwecken in Frage kommt. In diesen Fällen muß selbstredend die Befreiungsvorschrift zur Anwendung kommen, ohne daß dem das Wort „ausschließlich" in derselben entgegengesetzt werden könnte; dieses ist ausdrücklich anerkannt in Verf. des Reichskanzlers (Reichsschatzamt) vom 26. Januar 1910 II 15568/09 unter Ziffer 3 (ZfZuSt. 1910 S. 53). In der Rechtsprechung ist ein Zusammenfallen von mildtätigen und gemeinnützigen Zwecken speziell festgestellt bezüglich der Waisenhäuser, die über den Rahmen der bestimmungsmäßigen Aufgaben der Waisenhäuser oder der Armenpflege hinausgehen (Urt. d. RG. vom 27. Mai 1892, PrZBl. 1892 S. 381, JW. 1892 S. 324 Nr. 51; Urt. d. RG. vom 23. September 1895, PrZBl. 1895 S. 415, JW. 1895 S. 513 Nr. 35, 36 u. 38), bezüglich der Unterstützung hilfsbedürftiger Personen und der Förderung der öffentlichen Gesundheitspflege (Urt. d. RG. vom 7. Mai 1894, JW. 1894 S. 329 Nr. 61), bezüglich Versorgungsanstalten für das weibliche Geschlecht gleichzeitig mit Fürsorge für eine höhere wissenschaftliche, künstlerische oder technische Ausbildung und Dotierung im Heiratsfall (Urt. d. RG. vom 6. Oktober 1898, PrZBl. 1898 S. 453, JW. 1898 S. 652 Nr. 34).

Zu den Ausführungen in den Noten 5—8 ist zu vergleichen mein Aufsatz in ZfZuSt. Bd. IX 1909 S. 295 ff.

9. Die Steuerermäßigung unter Ziffer 3 charakterisiert sich insofern eigenartig und von den übrigen Steuerbefreiungen und -Ermäßigungen unterschiedlich, als sie nicht wie durchweg die letzteren an eine Persönlichkeit, welcher ein Erwerb anfällt, physische oder nicht physische, sondern an die Zuwendung selbst unter der besonderen Zweckbestimmung derselben angegliedert ist. Maßgebend für die steuerliche Behandlung ist hier demnach nicht die Eigenart einer Person, sondern die in der Zweckbestimmung liegende bzw. durch sie zum Ausdruck kommende Eigenart der Zuwendung als solcher. Bei der Beurteilung ist der innere Grund für die Vorschrift nicht außer acht zu lassen, daß der Gesetzgeber mit derselben die fraglichen Zweckzuwendungen nicht besonders mit einer Steuer hat belegen, sondern daß er gerade eine Steuerermäßigung für dieselben hat zur Einführung bringen wollen, um jene Zwecke, deren Verfolgung durch eigens dazu errichtete Stiftungen usw. bereits nach Ziffer 2 privilegiert war, allgemein in der gleichen Weise zu begünstigen. Die Zuwendung selbst muß stets derart sein, daß durch sie ein besonderer und in sich selbstständiger Rechtserwerb begründet ist; nach Lage der Sache wird sie für die Hauptmasse der Fälle durch Auflage geschehen, sie kann aber ebensowohl auch bei Erbeseinsetzung und durch Vermächtnis zur Wirkung kommen. Jenem inneren Grund der Ermäßigungsvorschrift wird es entsprechen, daß in denjenigen Fällen, in welchen die Zuwendung zu dem privilegierten Zweck an eine in gleicher Weise nach Ziffer 2 privilegierte Stiftung usw. fällt, im allgemeinen die Zweckbestimmung nicht weiter besonders steuerlich berücksichtigt wird, mithin einer bezüglichen Verwendungsanordnung des Erblassers nur eine deklaratorische Wirkung beigelegt wird; nur wenn aus den Umständen unzweideutig die Absicht des Erblassers erhellt, durch die Zweckbestimmung etwas Besonderes, rechtlich Selbständiges zu schaffen, wird unter dem Gesichtspunkt der Auflage eine getrennte steuerliche Behandlung für Substanzerwerb und Nutzungserwerb einzutreten haben. Bei der derzeitigen Übereinstimmung des Steuersatzes für die Ermäßigungen nach Ziffer 2 und nach Ziffer 3 hat letzteres für den zu erhebenden Steuerbetrag keine besondere Bedeutung: es bewirkt für den Steuerpflichtigen in der Hauptsache nur dadurch eine Er-

schwerung, daß für die Zweckzuwendung eine Sicherung bezüglich entsprechender Verwendung beschafft werden muß. [Wenn U. Hoffmann 2. Aufl. namentlich in der Einleitung der Anm. 2 zu § 12 oder sonst in der fraglichen Anmerkung die Steuerermäßigungen der Ziffern 2 und 3 unter dem jetzigen gleichen Steuersatz und der Zusammenstellung derselben in einem Paragraphen mehr oder weniger in Eins zusamenziehen und Sondervorschriften der einen Ziffer auch für die andere anwenden zu dürfen glaubt, so bietet das Gesetz dafür keine Handhabe; speziell kann der bei beiden Ermäßigungen übereinstimmend maßgebende innere Grund nicht als eine solche angesehen werden, wie U. Hoffmann annimmt. Die beiden Steuermäßigungen unter Ziffer 2 und 3 sind gesetzlich je für sich in besonderer Weise festgelegt und dementsprechend auch als solche selbständig nebeneinander zu behandeln nach Maßgabe der jeder vom Gesetz gegebenen Sonderregelung. Durch die Zusammenziehung der beiden Ermäßigungen kommt U. Hoffmann im einzelnen zu verschiedenen unrichtigen Folgerungen, welche an den betreffenden Stellen zu berichtigen sind.] Da früher nach Preuß. EStG. die milden Stiftungen und eine größere Zahl besonderer Anstalten, die unter Ziffer 2 des § 12 REStG. fallen würden, Steuerfreiheit genossen, so hatte die Frage derzeit eine größere Bedeutung und hat folgeweise auch zu einer größeren Zahl gerichtlicher Entscheidungen geführt, in denen durchweg mehr oder weniger scharf der selbständige Charakter der Zweckbestimmung betont und ausgesprochen ist, daß die Zweckzuwendung steuerpflichtig sei ohne Unterschied, ob die beauftragte Person Steuerfreiheit genieße oder nicht; vgl. Urt. d. RG. vom 5. Februar 1881, GruchotsBeitr. Bd. 25 S. 1083; Urt. d. RG. vom 4. Dezember 1893, JW. 1894 S. 72 Nr. 48; Urt. d. RG. vom 8. November 1894, JW. 1895 S. 53 Nr. 50; Urt. d. RG. vom 15. November 1895, JW. 1896 S. 19 Nr. 74; Urt. d. RG. vom 1. November 1899, JW. 1899 S. 786 Nr. 39; desgl. auch Anw. PrM. des Innern vom 9. Mai 1887, PrZBl. 1887 S. 133. Unmittelbar hat diese Rechtsprechung nur noch eine eingeschränktere Bedeutung, sie trifft im wesentlichen lediglich diejenigen Fälle, in denen einer der im § 11 Ziffer 4 a—d bezeichneten Personen eine Auflage zu bezüglicher Zweckverwendung gemacht worden ist; die Zuwendung zu dem bestimmten Zweck ist danach zu versteuern, wenngleich die belastete Persönlichkeit Steuerfreiheit genießt. Die Steuerpflicht beruht in diesen Fällen aber auf dem § 1 REStG. und nicht auf § 12, welcher letzterer lediglich den Steuersatz regelt und regeln will. Weitere Folgerungen sind aus jener Rechtsprechung nicht mehr zu ziehen. Die Hauptbedeutung der Vorschrift unter Ziffer 3 ist darin zu sehen, daß nach ihr Zuwendungen zu den privilegierten Zwecken, welche an die nicht nach Ziffer 2 privilegierten Stiftungen usw. sowie an sonstige Persönlichkeiten gemacht werden, nunmehr auch der Steuerermäßigung teilhaftig sind. Vgl. hierzu das unten in Note 13 angeführte Urt. d. RG. vom 11. Februar 1911.

Eine weitere unabweisbare Folge jener oben bezeichneten besonderen steuerlichen Heraushebung der Zuwendungen zu einem der genannten Zwecke muß es aber sein, daß die Zuwendung selbst wiederum eine gewisse Selbständigkeit, etwas in sich Abgeschlossenes erhält. Sie erscheint von dem mittelbar oder unmittelbar Bedachten mehr oder weniger losgelöst, was sich dann des weiteren dadurch noch schärfer ausprägt, daß allein in fraglichem Falle die Steuer für die Zuwendung nicht von dem Erwerber sondern von dem mit der Zuwendung Beschwerten nach § 31 des Gesetzes zu entrichten ist. Es muß dieses namentlich von Bedeutung werden, wenn es sich um mehrere Zuwendungen zu verschiedenen Zwecken, die von dem Erblasser in irgend einer Weise wie namentlich in der Person des Beschwerten vereinigt sind, handelt. Vorausgesetzt, daß jede Zuwendung zu dem einzelnen Zweck als solche abgegrenzt und speziell auch der Höhe nach ausgeworfen ist, wird eine jede derartige Zuwendung, weil sie durch den Verwendungszweck selbständig charakterisiert ist, auch steuerlich als etwas Selbständiges zu behandeln sein; die Steuerfestsetzung und -erhebung hat stets für die einzelne Zuwendung als solche und ohne Rücksicht auf die sonst noch vorliegenden Zuwendungen ähnlicher Art zu geschehen. Wenn beispielsweise einer Stadtgemeinde insgesamt 10000 Mark unter der Auflage vermacht sind, davon 6000 Mark für bestimmte Schulzwecke, 3000 Mark für eine städtische Kunstsammlung und 1000 Mark für gewisse Armenzwecke zu verwenden und bezüglich aller drei Zuwendungen die Anwendbarkeit des § 12 Ziffer 3 anzuerkennen ist, so handelt es sich um drei besondere steuerbegünstigte Zweckverwendungen, die jede für sich steuerlich zu behandeln sind; die die Erbschaftssteuer tragende Stadt hat also nicht etwa von der Gesamtsumme zu 10000 Mark eine Steuer von 5% zu entrichten, sondern sie hat nur die erste Zuwendung zu 6000 Mark mit dem Satz von 5% zu versteuern, weil die beiden anderen Zuwendungen nach § 12 Abs. 3 als je unter 5000 Mark verbleibend überhaupt von der Steuer befreit sind. Vgl. u. Hoffmann Note 8 zu § 1 [2. Aufl. Anm. 8 Abs. 2 zu § 1].

10. Bei der Steuerermäßigungsvorschrift unter 3 kommt zunächst, was die Ausschließlichkeit der Zweckbestimmung sowie die Zweckbestimmung als solche anlangt, in entsprechender Weise das oben in den Noten 5—8 Ausgeführte in Betracht, doch sind dazu noch einige Sonderbemerkungen zu machen. Die eine Voraussetzung der Vorschrift unter Ziffer 3 bildende Ausschließlichkeit muß auch hier die Wirkung ausüben, daß die Steuerermäßigung nicht eintritt, sobald der Zweck, zu welchem die Zuwendung erfolgt ist, nur irgendwie über die einzelne privilegierten Zwecke hinausgeht, und besonders, sobald die privilegierten Zwecke nur innerhalb eines darüber hinausgehenden Gesamtzwecks zur Erscheinung kommen. Nur wenn innerhalb des umfassenden Gesamtzwecks einer der privilegierten Zwecke sich so ausscheiden läßt, daß ein materiell zu bestimmender Teil der Zuwendung lediglich auf den letzteren kommen könnte, ist für einen solchen tatsächlich ausgeschiedenen Teil der Zuwendung die Steuerermäßigung anzuerkennen. Bezüglich der kirchlichen Zwecke ist den Ausführungen in Note 19 unten nichts hinzuzufügen. Hinsichtlich der mildtätigen und gemeinnützigen Zwecke können aber Zweifel namentlich dann entstehen, wenn Korporationen, Stiftungen, Anstalten u. dgl., welche zwar auch die fraglichen Zwecke, aber doch nur neben andern, eventuell als die Hauptzwecke anzusehenden, verfolgen, eine Zuwendung schlechthin und ohne besondere Heraushebung des Zwecks gemacht ist, wobei der bestimmte Zweck dann wieder aus den Umständen zu folgern sein kann oder nicht. In dieser Beziehung liegt zunächst ein Beschluß des K. Bayer. Verwaltungsgerichtshofes vom 25. Mai 1908 (63 III/09, BlfBF. 1908 S. 314) vor, welcher besagt, daß eine letztwillige Verfügung an eine Gemeinde keine Zuwendung zu einem gemeinnützigen Zweck darstelle, wenn der Erblasser der bedachten Gemeinde freie Verfügung über den zugewendeten Gegenstand oder Betrag eingeräumt habe. Ebenmäßig ist in einer Verf. SFM. vom 15. Januar 1907 Nr. 37 anerkannt, daß eine Zuwendung an eine Gemeinde ohne Bestimmung des Verwendungszwecks nicht steuerbegünstigt sei und daß bei Verwendungsbestimmung hinsichtlich eines Teils getrennte Beurteilung einzutreten habe. Gegenteilig entscheidet Verf. BdStd. vom 24. Oktober 1907 Nr. 31741. Des weiteren greift die oben in Note 8 schon angezogene Verfügung des Reichskanzlers (Reichsschatzamt) vom 26. Januar 1910, II 15568/09 (ZfZuSt. 1910 S. 53) ein. Grundsätzlich erkennt dieselbe an, daß Zuwendungen an einen Staat oder eine Gemeinde ohne jede weitere Zweckbestimmung nicht unter die Vergünstigungen des § 12 fallen sondern dem allgemeinen Steuersatz nach § 10 Abs. 1 IV und Abs. 2 unterliegen, weil derartige Zuwendungen, denen jede Beziehung auf eine besondere Betätigung des Gemeinwohls fehlt und die demnach lediglich einen Einnahmezuwachs des Staates oder der Gemeinde darstellen, tatsächlich keine andere Bedeutung als die einer Entlastung der Steuerzahler haben. Gewissermaßen eine Ausnahme hiervon ist dann aber bezüglich der Gemeindearmenkassen gemacht. Nach den Ausführungen in meinem Aufsatz in der ZfZuSt. 1909 S. 295 ff. unter Ziffer 2 b würde an sich die Zuwendung an eine gemeindliche Armenkasse ohne weitere Zweckbestimmung nicht nach der Vorschrift § 12 Ziffer 3 steuerlich behandelt werden können. Nachdem aber der Bundesrat durch Beschluß vom 9. Dezember 1909 (§ 971 der Protokolle) anerkannt hat, daß ein der städtischen Armenkasse zu Gotha ohne nähere Zweckbestimmung zugewendetes Vermächtnis unter 5000 Mark gemäß § 12 Abs. 1 Ziffer 3 und Abs. 3 von der Reichserbschaftssteuer befreit sei, hat der Reichskanzler in der gedachten Verf. den Bundesregierungen behuf Herbeiführung eines gleichmäßigen Verfahrens anheimgestellt, in gleichartigen Fällen die Entscheidung nach § 12 Abs. 5 in dem Sinne des Bundesrats zu treffen, welchem Anheimstellen allseitig nachgekommen sein dürfte. Begründet wird dieses damit, daß die Betätigung der Gemeindearmenpflege an sich ein gemeinnütziger Zweck sei; dies höre sie auch dann nicht auf zu sein, wenn die Mittel dazu unter Entlastung der Steuerzahler durch letztwillige Zuwendungen aufgebracht würden; es komme nach dem Wortlaut für die Anwendung des § 12 Abs. 1 Ziffer 3 alsdann nur darauf an, daß der Geber bei der Zuwendung den gemeinnützigen Zweck und nicht die Entlastung der Steuerzahler im Auge gehabt habe. In dem die Verfügung des Reichskanzlers für Preußen zur Anwendung bringenden Erl. d. PrFM. vom 7. Februar 1910 III 2285 wird die vorstehende Begründung als nicht ohne Bedenken bezeichnet. Für Bayern ist die fragliche Verfügung durch gleichlautende Entsch. d. Bayer. Staatsministeriums der Finanzen vom 18. Februar 1910 Nr. 4585 (BlfVF. 1910 S. 90) zur Einführung gebracht. [U. Hoffmann 2. Aufl. Anm. 2a zu § 12 verficht hierzu eine besondere abweichende Ansicht, ohne daß ihm eine zutreffende Begründung derselben gelungen ist.] — Unter dem früheren Landesrecht ist durch reichsgerichtliche Entscheidung eine Reihe bestimmter Zwecke ausdrücklich als mildtätig oder als gemeinnützig anerkannt, die in gleicher Weise nach dem REStG. zu beurteilen sein würden und sonach auch einen Anhalt für anderweitige Beurteilungen ebenso wie die oben in den Noten 6 und 7 angeführten Stiftungszwecke bieten dürften, so die Zweckbestimmung aus den Zinsen eines Kapitals jährlich Stipendien an Studierende zu verleihen (Urt. d. RG. vom 10. März 1887; PrZBl. 1887 S. 500), Zuwendung an Universitäten zu Stipendienzwecken (Urt. d. RG. vom 31. Mai 1904; PrZBl. 1904 S. 213), Fonds zur Errichtung eines zu Konzerten, theatralischen Aufführungen usw. geeigneten Gebäudes (Urt. d. RG. vom 30. Januar 1896; JW. 1896 S. 275 Nr. 37), Verstärkung des Pensionsfonds eines bestehenden städtischen Orchesters, wobei als ohne Einfluß ausdrücklich anerkannt, daß sich aus der Zuwendung auch Vorteile für die Mitglieder des fraglichen Orchesters ergeben müßten (Urt. d. RG. vom 16. Januar 1903; RGE. Bd. 55 S. 294); neuerdings ist in einem durch Schr. des Reichskanzlers (Reichsschatzamt) vom 25. März 1911 II 2553 den Bundesregierungen mitgeteilten Urt. d. RG. vom 3. Januar 1911 als ausschließlich gemeinnützigen Zwecken dienend anerkannt eine Zuwendung an eine Aktiengesellschaft (Fabrik) unter der Auflage, den zugewendeten Betrag zur Errichtung freundlicher und gesunder Arbeiterwohnungen auf dem Grund und Boden der Bedachten zu verwenden und diese Wohnungen an in der

Fabrik beschäftigte Meister, Arbeiter und Arbeiterinnen zu solchen Mietpreisen zu vermieten, daß nach Abzug der Unterhaltungskosten und Steuern höchstens eine einprozentige Verzinsung sich ergebe, die zu Reparaturen, Erneuerungs- und Verbesserungsbauten zurückgestellt werden sollte. Des ferneren sind für Preußen durch Entscheidung der obersten Landesfinanzbehörde nach U. Hoffmann (PrEStG. Anm. 1b zu Tarifstelle Ce) als den privilegierten Zwecken dienend früher anerkannt: Zuwendungen an eine Stadt zur Verschönerung der Stadt und zur Feier vaterländischer Gedenktage, Zuwendungen zur Anlegung eines Stadtparks, Zuwendungen für Schulkinder zu Festlichkeiten aus Anlaß vaterländischer Feiern, Zuwendungen zur Errichtung von Denkmälern für deutsche Kaiser, Zuwendungen zur Belohnung besonders pflichttreuer städtischer Krankenwärter, Zuwendungen zu religiösen und Missionszwecken. Vgl. auch Josewski Note 26 und 27 zu §§ 11—15. [Vgl. jetzt hierzu U. Hoffmann 2. Aufl. Anm. 2e und f zu § 12, woselbst aus der Neuzeit hinzugefügt sind: Verf. PrFM. vom 10. Juni 1910 III 11321, nach welcher eine Zuwendung zur Gewährung von Zulagen für verdiente Wachtmeister eines Regiments als gemeinnützig anerkannt ist; Verf. PrFM. vom 12. November 1909 III 18704, zufolge welcher eine Zuwendung für Zuschüsse zu Tischgeldern von Offizieren mit geringstem Einkommen nicht als mildtätig anzusehen ist]. Durch Verf. SFM. sind als ausschließlich zu mildtätigem oder gemeinnützigen Zweck erfolgt anerkannt: Zuwendung um Grundstück mit Turnhalle zu bebauen (11. Februar 1907 Nr. 594), Zuwendung zur Anlage einer Schwimmhalle bzw. einer städtischen Wasserleitung (4. März 1907 Nr. 972), Legat zur Verwendung für Kinder einer Volksschule (21. Mai 1907 Nr. 2258), Zuwendung für Zahlungen an eine Gemeindeschwester (28. Mai 1910 Nr. 2670), Zuwendung für jährliches Kinderfest (19. Februar 1907 Nr. 697); Zuwendung an ein Regiment mit dem Zweck, unverschuldet in bedrängte Lage gelangte Offiziere daraus zu befreien und eventuell zur Verbilligung des Mittagstisches für unverheiratete weniger bemittelte Offiziere des Regiments beizutragen (14. Januar 1909; andererseits ist Gemeinnützigkeit wie Mildtätigkeit verneint bei einer Zuwendung an ein Regiment mit dem Zweck einen geeigneten Offiziersersatz für dasselbe zu sichern, Verf. vom 13. August 1908 Nr. 3483); die Anerkennung eines privilegierten Zwecks wurde versagt einer Zuwendung zur Unterstützung der Insassen eines erst zu errichtenden Bürgerhospitals (19. Juni 1907 Nr. 2728). Nach einer Verf. BdFM. vom 29. Januar 1908 Nr. 1065 sind gemeinnützige Zwecke nur solche, deren Gemeinnützigkeit außer Zweifel steht; die Begünstigung von Bestrebungen, deren Nützlichkeit bestritten ist, müßte auch die steuerliche Begünstigung der Bekämpfung solcher Bestrebungen zur Folge haben. Eine weitere Verf. BadFM. vom 14. November 1908 Nr. 12144 besagt, daß ein Vereinszweck, der zwar an sich nicht gemeinnützig sei, zu einem gemeinnützigen werde, wenn er lediglich der Förderung der gemeinnützigen Zwecke des Vereins dient; daher schließe Pflege der Geselligkeit die Anwendung des § 12 nicht aus.

11. Für die Steuerermäßigung nach Ziffer 3 sind sodann drei einschränkende Voraussetzungen gesetzlich begründet. Zunächst eine ortsgebietliche Begrenzung. Die Steuerermäßigung tritt nur ein für Zuwendungen, welche den privilegierten Zwecken im Deutschen Reich oder seinen Schutzgebieten gewidmet sind; es wird eine Erfüllung oder Verwirklichung im Inlande oder in den Schutzgebieten verlangt. [U. Hoffmann 2. Aufl. Anm. 2c zu § 12 vertritt die abweichende Ansicht, daß es lediglich darauf ankommen müsse, ob die Zwecke dem Reiche einschließlich der Schutzgebiete förderlich seien, vermag aber diese der Gesetzesfassung gegenüber willkürliche und nicht zu haltende Ansicht keineswegs in einer befriedigenden Weise zu begründen.] Für die Vorschrift unter Ziffer 2 blieb der Erfüllungs- oder Verwirklichungsort ohne Belang; die dort vergünstigten Stiftungen usw. mußten sich aber als inländische charakterisieren; letzterem gegenüber bedeutet die hier zugelassene Erfüllung in den Schutzgebieten eine Erweiterung, welche dem Gesetz vom Reichstag eingefügt ist, weil die Einschließung der deutschen Schutzgebiete sich aus deren Stellung zum Mutterlande ergebe. Gleichgültig bleibt es ebensowohl, ob die Erfüllung des Zwecks einem Inländer oder einem Ausländer obliegt, wie auch ob die Zuwendung selbst zum Besten von Inländern oder Ausländern dient. Dementsprechend würde, wenn sonst die Vorbedingungen für eine Versteuerung gegeben sind, eine Zuwendung an einen Ausländer oder an einen ausländischen Verein lediglich zu dem Zwecke der Unterstützung von Ausländern im Deutschen Reich die Steuerermäßigung nach Ziffer 3 zuzusprechen sein. Bezüglich des Erfüllungsgebiets des Zweckes ist aber die Ausschließlichkeit nicht mit der gleichen Schärfe wie bezüglich der bestimmten Charakterisierung desselben betont. Man wird daraus den Schluß ziehen können, daß ein gewisses Übergreifen der Zweckverwirklichung über das gesetzte Gebiet hinaus, wie es namentlich bei wissenschaftlichen Zwecken häufiger vorkommen dürfte, die Steuerermäßigung nicht ohne weiteres ausschließt, sofern nur der Zweck im wesentlichen und weitaus überwiegend im Reich oder dem Schutzgebiet zur Erfüllung gelangt. Eine Entscheidung wird stets nach den besonderen Verhältnissen des einzelnen Falls zu treffen sein. Die Zweckverwendung innerhalb des Deutschen Reichs oder der Schutzgebiete muß vom Erblasser gewollt sein, sei es daß sich dieses aus einer ausdrücklichen Anordnung desselben (Verf. PrFM. vom 17. September und 12. Oktober 1908 III 16073, 14945) oder aus den allgemeinen Verhältnissen ergibt.

12. Die zweite einschränkende Voraussetzung ist die Sicherung der Zweckverwendung. Zum Eintritt der Steuerermäßigung wird verlangt, daß die Verwendung zu dem gedachten Zweck gesichert sei. Ob eine derartige Sicherung gegeben ist, bleibt stets eine Tatfrage. Nach der konkreten Sachlage des einzelnen Falls hat die Steuerbehörde unter pflichtmäßigem Ermessen zu entscheiden, ob genügende Umstände für die bezügliche Sicherung vorliegen (Urt. d. RG. vom 27. Juni 1899, JW. 1899 S. 548 Nr. 61). Lediglich aus dem Umstande, daß dem Testamentsvollstrecker oder einem Erben im Testament der Auftrag zu bezüglicher Verwendung erteilt sei, kann die Sicherung nicht hergeleitet werden (Urt. d. RG. vom 21. Oktober 1895, JW. 1895 S. 611 Nr. 76). Unter Umständen wird eine genügende Sicherung aber schon durch die Persönlichkeit usw. dessen gegeben sein, in dessen Hände die Zuwendung behuf Zweckerfüllung gelangt, so wenn die Zweckverwendung einer öffentlichen Körperschaft, einer Gemeinde obliegt (Urt. d. RG. vom 16. Januar 1903, RGE. Bd. 55 S. 294), wenn sie unter staatlicher Oberaufsicht steht oder landesherrlich genehmigt werden muß (Urt. d. RG. vom 8. November 1886; Bolze, Praxis des RG. in Zivils. Bd. 3 Nr. 968), wenn die Zuwendung an eine nicht privilegierte Stiftung, Anstalt oder dergleichen gelangt, dadurch daß die Stiftung usw. die fraglichen Zwecke schon lange Zeit hindurch fortdauernd ausgeübt hat (Urt. d. RG. vom 6. März 1899, JW. 1899 S. 292 Nr. 42) oder durch die anerkannte Zuverlässigkeit und das allgemeine Ansehen der Stiftung usw. (das oben angeführte Urt. d. RG. vom 8. November 1886), oder durch die angesehene Stellung derjenigen, welche an der Spitze der Stiftung usw. stehen (Erl. d. PrFM. vom 13. August 1910 III 15699 im Einverständnisse mit dem Reichskanzler). Die Sicherung hat sich stets darauf mit zu beziehen, daß die Zweckverwendung innerhalb des Deutschen Reichs oder der deutschen Schutzgebiete stattfindet, denn die Steuerermäßigung fordert nicht nur die Zweckverwendung als solche sondern auch die bestimmte örtliche Zweckverwendung. Bezüglich der Frage, ob im einzelnen Fall die Zweckverwendung genügend gesichert erscheint, ist nach § 57 RESt G. der Rechtsweg zulässig. Dadurch daß im Spezialfall die Sicherung der Zweckverwendung als vorhanden anerkannt und die Steuer nach dem ermäßigten Satz festgesetzt ist, wird für später ein weiteres Eingreifen der Steuerbehörde nicht ausgeschlossen; letztere hat vielmehr das Recht und entsprechend auch die Pflicht, trotz der anerkannten Sicherung die tatsächliche Verwendung der ausgesetzten Beträge zu dem bestimmten Zwecke in ihr geeignet erscheinender Weise nachzuprüfen und eventuell nach dem Ergebnis der Nachprüfung eine neue Steuerfestsetzung vorzunehmen.

13. Die dritte einschränkende Voraussetzung ist die Bestimmung für das gemeine Beste. Die Steuerermäßigung bedingt, daß die Zuwendung nicht auf einzelne Familien oder bestimmte Personen beschränkt sein darf. Es sollen demnach nur diejenigen Zuwendungen der Steuererleichterung teilhaftig werden, welche nicht nur einem individuell festgelegten Personenkreise sondern unmittelbar dem gemeinen Besten zu dienen bestimmt sind (Urt. d. RG. vom 28. September 1891, GruchotsBeitr. Bd. 36 S. 1097). Nach der Sachlage und der Zusammenstellung mit „einzelnen Familien" sind unter „bestimmten Personen" hier nur „individuell bestimmte Personen" zu verstehen und nicht etwa Personenkreise, welche sich in der Allgemeinheit in einer bestimmten Weise abheben, wie z. B. Studierende, oder auch Studierende einer bestimmten Fakultät, eines bestimmten Glaubens. Die Notwendigkeit, daß die Zuwendung dem allgemeinen Besten diene, bedingt aber nicht, daß sie auch jedem aus der Allgemeinheit tatsächlich zugute kommen müsse oder zugute kommen könne; es ist nur erforderlich, daß an sich die Allgemeinheit einen Nutzen von der Zuwendung habe; dementsprechend kann die Zuwendung auf gewisse in der Allgemeinheit sich besonders charakterisierende Kreise, wie Berufs- und Standeskreise usw. beschränkt sein. Nichts verschlagen wird es auch, wenn die Zuwendung als solche dem gemeinen Besten bestimmt ist, dabei aber gleichzeitig eine gewisse Bevorzugung der Familienangehörigen des Stifters oder anderer Personen ausbedungen wurde, so wenn bei einer allgemeinen Zuwendung für Stipendienzwecke vorgeschrieben würde, daß bei der Verleihung des einzelnen Stipendiums unter gleicher Qualifikation Verwandte des Stifters oder sonstige Personen den Vorzug haben sollen. Nach einem durch Schreiben des Reichskanzlers (Reichsschatzamt) vom 21. März 1911 II 3755 den Bundesstaaten mitgeteilten Urt. d. RG. vom 17. Februar 1911 bildet, wenn gewisse Vermögensstücke einem anderen mit der Auflage zugewendet werden, sie zu einem bestimmten, nicht auf einen abgegrenzten Kreis von Personen beschränkten Zweck nutzbar zu machen, nicht der Erwerb, sondern die Zuwendung den Gegenstand der Besteuerung; soweit nicht die Steuervergünstigungen des § 12 Abs. 1 Ziffer 3 und Abs. 3 Platz greifen, ist die Zuwendung mit der regelmäßigen Steuer zu belegen.

Zu den Noten 9—13 ist bezüglich des Näheren zu vergleichen mein Aufsatz in ZfZuSt. Bd. IX S. 295 ff.

14. Die Vorschrift unter Ziffer 4 beruht auf einem Antrag des Berichterstatters der Reichstagskommission, welcher im Kommissionsberichte dazu folgendes anführt: „Die Bestimmung unter 4 habe er dem Tarife zum Preußischen Erbschaftssteuergesetze entnommen. In diesem sei die Befreiung durch die Novelle vom 31. Juli 1895 eingeführt worden; sie bezwecke sozialen Bedürfnissen der Gegenwart abzuhelfen. Der letzte Satz sei von ihm

neu hinzugefügt, um in der preußischen Praxis hervorgetretene Mißstände zu beseitigen, die er an einzelnen Fällen veranschaulichte, wie sie bei Hoffmann, die Preußischen Erbschaftssteuergesetze (Guttentagsche Sammlung preußischer Gesetze) 1905 S. 406 mitgeteilt sind."

15. Die Befreiung kann nur für einen Erwerb, der den betreffenden Kassen oder Anstalten anfällt, in Frage kommen; er darf also nicht unmittelbar zum Besten der zu dem Erblasser in einem Dienst- oder Arbeitsverhältnis stehenden Personen bestimmt sein, sondern nur mittelbar dadurch, daß er die Kassen und Anstalten für ihren Unterstützungszweck leistungsfähiger macht. Die Kassen und Anstalten wiederum müssen der Unterstützung der bezeichneten Personen dienen; die Ermäßigung des Steuersatzes findet lediglich für Kassen und Anstalten mit Unterstützungszweck statt, die Begrenzung ist demnach eine engere wie bei den vorbehandelten Ermäßigungen für Stiftungen und Erwerbungen zu mildtätigen Zwecken; andererseits ist es nicht als erforderlich zu erachten, daß den Kassen oder Anstalten die Rechte juristischer Personen zustehen, wie solches für die Stiftungen usw. bei Ziffer 2 ausdrücklich vorgeschrieben ist. Daß die Kassen oder Anstalten beim Tode des Erblassers bereits bestanden haben, ist an und für sich als eine Voraussetzung für den Eintritt der Steuermäßigung anzusehen; letztere muß aber auch dann Platz greifen, wenn die Begründung der Kasse beim Erbfall noch in Verhandlung stand oder erst durch die Zuwendung des Erblassers erfolgte. Nach der in der vorigen Note angegebenen Entstehungsgeschichte wird man bei der unveränderten Übernahme aus dem Preuß. EStG. mit dem Ausdruck „Unterstützung" die an sich engere Begrenzung, welche Hoffmann, Preuß. EStG. in der Note zu Befreiung 2k des Tarifs (S. 406) gibt, auch für das RES tG. als maßgebend erachten müssen: „Aus dem Begriffe des Wortes „Unterstützung" ergibt sich, daß die Kassen oder Anstalten nur Bedürftigen Hilfe leisten dürfen, allerdings auch nach Maßgabe der Lebensstellung der zu Unterstützenden. Dagegen werden Kassen und Anstalten, bei welchen keine Rücksicht auf die Bedürftigkeit genommen wird, z. B. Pensionskassen, aus denen jeder Arbeitnehmer Pension erhält, keine Befreiung genießen." [U. Hoffmann 2. Aufl. Anm. 4b zu § 12 will das Wort Unterstützung im weitesten Sinne verstanden wissen, so daß die Ziffer 4 auch für Pensionskassen zu gelten habe, die ohne Rücksicht auf die Bedürftigkeit Unterstützungen zahlen, und führt zur Bekräftigung eine Verf. PrFM. vom 9. Januar 1908 III 302 an; letztere ist mir nicht bekannt geworden und kann ich die Tragweite derselben nicht übersehen; das von Hoffmann weiter zur Vergleichung angezogene Urt. d. RG. vom 11. Februar 1910, RGE. Bd. 73 S. 46, berührt die Frage in keiner Weise, sondern handelt nur von Schenkungen aus einer auf den Anstand zu nehmenden Rücksicht.] Daß die Kassen oder Anstalten ausschließlich und dauernd nur für die zu dem Erblasser in einem Dienst- oder Arbeitsverhältnisse stehenden Personen sowie für die Familienangehörigen derselben bestimmt sind, ist nicht erforderlich; es genügt, wenn sie zunächst und in erster Linie den bezeichneten Personen dienen, namentlich ist der regelmäßige Wechsel, wie er sich stets für die länger wirkenden Kassen und Anstalten vollziehen wird und vollziehen muß ohne Belang und ebenso auch der Umstand, daß dadurch die Wohltaten aus der Zuwendung des Erblassers tatsächlich andere Personen mitgenießen werden.

16. Die Voraussetzung einer besonderen Beziehung zu dem Erblasser in dem Arbeits- oder Dienstverhältnis ist dem Preuß. ESt G. gegenüber durch den zweiten Satz absichtlich abgeschwächt worden, so daß die Befreiung nunmehr in weiteren Grenzen Platz greifen kann. Das Wort „beteiligt" in dem zweiten Satz der Ziffer 4 ist nach der Entstehungsgeschichte der Vorschrift in einem weiteren Sinne aufzufassen, so daß dadurch nicht nur die finanzielle oder wirtschaftliche Beteiligung an dem Unternehmen sondern auch die persönliche Betätigung für und an demselben getroffen wird. Bei den Verhandlungen im Plenum des Reichstags war ein Gesamtantrag eingebracht, der neben einschneidenderen und bedeutungsvolleren Vorschlägen hinter dem Wort „beteiligt" die Worte „oder tätig" einschieben wollte, um es auf diese Weise zweifellos zu stellen, daß der erweiterte Begriff der Beteiligung hier maßgebend sein sollte. Lediglich mit Rücksicht auf die weitergehenden Prinzipalvorschläge gelangte jener Gesamtantrag im Reichstage nicht zur Annahme, ohne daß über die untergeordnetere Einschiebung der Worte „oder tätig" näher verhandelt wäre. Der Reichstag hat demnach über die Frage, ob das Wort „beteiligt" in einem engeren oder in einem weiteren Sinn zu nehmen sei, nicht entschieden. Der innere Grund, welcher für die Einfügung der ganzen Vorschrift maßgebend war, läßt aber annehmen, daß das Wort „beteiligt" von vornherein in dem weiteren Sinne hat gebraucht werden sollen und so wird man den Erblasser als beteiligt an einem Unternehmen anzusehen haben nicht nur wenn er Teilhaber desselben als Aktionär usw. gewesen ist, sondern auch wenn er in dem Unternehmen und für dasselbe persönlich tätig gewesen ist als Direktor, Geschäftsführer oder auch nur in untergeordneterer Stellung. Die gleiche Ansicht vertritt im wesentlichen E. Zimmermann Note 12 zu § 12, nicht ganz unbedingt Dr. A. Hoffmann Anm. 7 Abs. 2 zu § 12; and. M. U. Hoffmann Anm. 4 zu § 12 [desgleichen auch 2. Aufl. Anm. 4c Abs. 2 zu § 12]. Aus der inneren Begründung der Vorschrift, welche auf einer gewissen besonderen und näheren Beziehung zwischen Unternehmer und Erblasser beruht, folgt aber ferner, daß jene Beteiligung im weiteren Sinn beim Tode des Erblassers noch bestanden haben muß: waren beim Erbfall alle maßgebenden Beziehungen des Erblassers zum Unternehmen gelöst, so kann die Steuerermäßigung nicht zur Anwendung kommen; and. M. Verfasser in 1. Aufl. Note 13 zu § 12 sowie Dr. A. Hoffmann Anm. 7 zu § 12. [Die jetzt vertretene Ansicht teilt U. Hoffmann 2. Aufl. Anm. 4c Abs. 2 zu § 12.]

17. Bezüglich der Art des Dienst- oder Arbeitsverhältnisses ist keinerlei Beschränkung getroffen. Es ist daher ohne Einfluß, ob die Kassen nur für dauernd beschäftigte oder auch für vorübergehend beschäftigte Personen bestimmt sind, ob lediglich für gewöhnliche Arbeiter oder daneben, beziehungsweise auch allein, für mittleres oder höheres Betriebs- und Beamtenpersonal. Unter Familienangehörigen sind hier nur diejenigen zu verstehen, welche einen gesetzlichen Unterhaltsanspruch an den im Dienst- oder Arbeitsverhältnis Stehenden haben, beziehungsweise vor dem Todesfalle desselben gehabt haben: and. M. U. Hoffmann Anm. 4 Abs. 2 zu § 12 [desgleichen auch 2. Aufl. Anm. 4b zu § 12].

18. Über das Verhältnis des § 12 Abs. 1 zu § 56 Abs. 2 RErbStG. und die Anwendbarkeit sowie die Wirksamkeit beider nebeneinander ist Näheres unten zu § 56 Abs. 2 in Note 24 ausgeführt. Daß nachträgliche Vereinbarungen eine Zuwendung nicht zu einer steuerbegünstigten machen können, ist ausgesprochen in Verf. SFM. vom 8. Oktober 1907 Nr. 4322.

Zu Absatz 2.

19. Die nähere Erklärung, was unter Kirchen und kirchlichen Zwecken zu verstehen, im Absatz 2 des Paragraphen entspricht dem Sinne

nach der in den Motiven des Regierungsentwurfs gegebenen Erläuterung (vgl. Note 1 zu diesem Paragraphen). Die Reichstagskommission hielt es für „zweckmäßig, diesen Gedanken im Gesetz selbst auszudrücken" (Kommissionsbericht) und ist infolgedessen und lediglich aus diesem Grunde der zweite Absatz neu eingeschoben. Der Begriff der Kirche ist nicht auf die christliche Kirche beschränkt, sondern umfaßt auch nichtchristliche Religionsgesellschaften, wenn sie unter Verleihung der Rechte juristischer Personen öffentlich zugelassen, d. h. vom Staate anerkannt sind (nach der Fassung in der Begründung des Regierungsentwurfs). Für letzteres ist der Stand und die Landesgesetzgebung in den einzelnen Bundesstaaten maßgebend; welcher Bundesstaat dabei in Frage kommt, bestimmt sich nach dem Sitz derjenigen kirchlichen Organisation, welcher im einzelnen Fall der Erwerb zufällt [and. M. U. Hoffmann 2. Aufl. Anm. 1 c zu § 12]; die Zuständigkeit zur Steuererhebung ist demgegenüber ohne Einfluß. Für die Regel dürften überall in Betracht kommen die evangelisch-lutherische, die reformierte, die römisch-katholische Kirche und die israelitische Religionsgemeinschaft. Für Preußen führt als in Rücksicht zu ziehen Dr. A. Hoffmann (Note 2 a zu § 12) „außer der römisch-katholischen und der evangelischen Landeskirche die altkatholischen Kirchen, die Altlutheraner, die evangelischen Brüdergemeinden (Herrenhuter), die Mennonitengemeinden, die Baptistengemeinden, die Synagogengemeinden der Juden" an. [Vgl. auch U. Hoffmann 2. Aufl. Anm. 1 zu § 12.] In Baden gehören nach Verf. BdStd. vom 25. Juli 1910 Nr. 983 und vom 15. September 1910 Nr. 315 zu den öffentlich zugelassenen Religionsgesellschaften, denen die Rechte juristischer Personen zustehen, die vereinigte evangelisch-protestantische Landeskirche, die römisch-katholische Kirche, die Altkatholiken, die Israeliten und die evangelische Brüdergemeinde zu Königsfeld, sowie die freireligiöse Gemeinde in Mannheim. Nähere Angaben über die bezügliche Landesgesetzgebung finden sich bei Josewski (Anm. 11 zu §§ 11—15). Als kirchliche Zwecke sind die Zwecke der inländischen öffentlich zugelassenen Religionsgesellschaften mit juristischer Persönlichkeit also kurz der anerkannten Religionsgesellschaften hingestellt. Damit hat aber nicht gesagt sein sollen, daß jeder Zweck, den eine Religionsgesellschaft tatsächlich verfolgt, als ein kirchlicher anzusehen sei. Der kirchliche Zweck muß vielmehr auf dem kirchlichen Gebiete als solchem liegen; seine Verfolgung muß eine Beteiligung der anerkannten Religionsgesellschaft als Religionsgesellschaft, als Kirche, darstellen, wie sie ihrer inneren kirchlichen Ordnung und Ausgestaltung nach Maßgabe ihrer staatlichen Zulassung und den ihr hiernach als Kirche gestellten Aufgaben entspricht. Danach kann unter Umständen auch eine Verschiedenheit in der Begriffsbegrenzung durch die bundesstaatliche Zulassung, sofern durch oder nach derselben die kirchliche Wirksamkeit der Religionsgesellschaft näher festgelegt oder festzulegen ist, begründet sein. Für Preußen sind unter der früheren Gesetzgebung nach U. Hoffmann (Anm. 1 a zu § 12 a. E.) als kirchliche Zwecke anerkannt Armenpflege in christlicher Liebestätigkeit und innere Mission, sowie Pflege des Begräbniswesens und Ehrung der Toten [vgl. auch U. Hoffmann 2. Aufl. Anm. 1 b zu § 12], nicht dagegen (vgl. U. Hoffmann, Preuß. EStG. Anm. 3 zu der Tarifbefreiung 2 i) die Heidenmission; ebenso ist eine Zuwendung an eine unter kirchlicher Verwaltung stehende Prediger-Witwen- und Waisenkasse nicht als zu kirchlichen Zwecken betrachtet, vgl. Josewski Note 24 zu §§ 11—15.

20. Die nach § 10 Abs. 2 des Gesetzes zur Einführung gebrachte Staffelung der Steuer nach der Höhe des Erbanfalls war in dem Regierungsentwurf auch bezüglich des im Abs. 1 des Paragraphen aufgeführten erleichterten Steuersatzes durch einen besonderen Absatz des Paragraphen ausdrücklich angeordnet, so daß infolgedessen der erleichterte Steuersatz immerhin bis auf 10 bzw. nach der späteren Erweiterung der Staffelung auf 12,5 vom Hundert ansteigen konnte. In der gleichen Weise hatte sodann die Kommission des Reichstags (vgl. Kommissionsbericht S. 66) die Staffelung beibehalten und desgleichen das Plenum des Reichstags (vgl. Stenographische Berichte XI. LegPer. Sess. II 1905/06 S. 3111) in der zweiten Lesung dementsprechend beschlossen. In der dritten Lesung hat aber das Plenum des Reichstags (vgl. daselbst S. 335) den die Staffelung anordnenden Absatz beseitigt, so daß also nunmehr die Steuererleichterung des § 12 Abs. 1 stets unverändert und ohne Rücksicht auf die Höhe des Erbanfalls auf 5 vom Hundert sich stellt (vgl. oben Note 25 zu § 10).

Zu Absatz 3.

21. In dem Regierungsentwurf war eine gänzliche Befreiung von der Erbschaftssteuer hier nur für Vermögensvorteile von nicht mehr als 3000 Mark vorgesehen; der Reichstag nahm eine Erweiterung bis zu der Grenze von 5000 Mark vor, denn solches „sei sowohl innerlich gerechtfertigt als auch zweckmäßig, um eine Übereinstimmung mit dem Artikel 86 des Einführungsgesetzes zum BGB. herzustellen" (Kommissionsbericht). Nach dem angeführten Artikel 86 sollen die landesgesetzlichen Vorschriften unberührt bleiben, welche den Erwerb von Rechten durch juristische Personen beschränken oder von staatlicher Genehmigung abhängig machen, soweit diese Vorschriften Gegenstände im Werte von mehr als 5000 Mark betreffen. Ist in einer testamentarischen Anordnung ein größerer Geldbetrag in einer Summe behuf Verwendung zu milden Zwecken ausgeworfen, gleichzeitig aber die Verteilung der Summe an eine Anzahl einzelner Stiftungen usw., welche nach § 12 begünstigt sind, vorgenommen, so bestimmt sich die Steuerpflichtigkeit und damit auch die Anwendbarkeit von Abs. 3 nach der Höhe des jeder einzelnen Stiftung usw. tatsächlich zufließenden Betrages, denn das für jeden der einzelnen Zwecke verwendete Vermögensobjekt bildet ein für sich bestehendes Zweckvermögen, das auch hinsichtlich der Steuerpflichtigkeit besonders beurteilt werden muß (Urt. d. RG. vom 1. November 1899, RGE. Bd. 45 S. 197). Ist aber eine nach Abs. 1 Ziffer 2 begünstigte Stiftung usw. mit einer Gesamtsumme bedacht, welche gleichzeitig auf verschiedene Sonderzwecke der Stiftung in Einzelbeträgen verteilt ist, so hat sich die Versteuerung nach der Gesamtsumme und nicht nach den Einzelbeträgen zu richten. [Nach U. Hoffmann 2. Aufl. Anm. 2 b zu § 12 bestätigt letzteres eine Verf. PrFM. vom 16. März 1910 III 4209.] Vgl. auch Note 15 zu § 11 und oben Note 9 Abs. 2 zu § 12. Zuwendungen, welche den Betrag von 5000 Mark überschreiten, sind ihrem vollen Werte nach steuerpflichtig; Verf. SFM. vom 15. Dezember 1908 Nr. 5223.

Zu Absatz 4 und 5.

22. Die Absätze 4 und 5 entsprechen, nur mit denjenigen redaktionellen Änderungen, welche nach den Umgestaltungen der vorgehenden Vorschriften des Paragraphen notwendig wurden, dem Regierungsentwurf. Zu Absatz 4 ist zunächst zu bemerken, daß sich infolge des beschleunigten Gesetzerlasses ein Druckfehler eingeschlichen hat, der aber aus dem ganzen Zusammenhang leicht aufzuklären ist; in der dritten Zeile von unten muß es statt „Angestellten" „Anstalten" heißen. Einen weiteren belanglosen Druckfehler enthält auch Absatz 5, woselbst statt „im Abs. 1" „in den Abs. 1" gesagt ist. Der Absatz 4 verbürgt bei Gegenseitigkeit ausländischen Stiftungen usw., Kassen und Anstalten die Steuerermäßigung bzw. Steuerbefreiung nach Absatz 1 und 3 des § 12. Bei bestehenden Zweifeln ist der Nachweis der verbürgten Gegenseitigkeit von demjenigen zu erbringen, der sich darauf beruft. Die Frage,

ob den ausländischen Stiftungen, Gesellschaften, Vereinen oder Anstalten die Rechte juristischer Personen zustehen, entscheidet sich nach dem ausländischen Recht; besitzen die Stiftungen usw. nach letzterem die juristische Persönlichkeit, so ist solches diesseits ohne weiteres anzuerkennen; den Nachweis über den bezüglichen Besitz haben diejenigen zu führen, welche die Steuerermäßigung oder Steuerbefreiung beanspruchen wollen. Ebenmäßig haben letztere darüber den Nachweis zu erbringen, daß die ausländischen Stiftungen usw. ausschließlich kirchlichen, mildtätigen oder gemeinnützigen Zwecken dienen bzw. daß die nach Ziffer 4 des Absatz 1 gekennzeichneten Kassen und Anstalten den dort herausgehobenen Unterstützungszweck erfüllen; die Entscheidung hierüber ist nach Absatz 5 des § 12 (vgl. die folgende Note 23) den Landesregierungen bzw. denjenigen Behörden, welchen die Landesregierungen eine bezügliche Entscheidung übertragen, zu; daß der Bundesrat dabei in Frage kommen kann, wie Wunsch Note 12 zu § 12 annimmt, erscheint ausgeschlossen. Das praktische Verfahren behuf Feststellung des Vorhandenseins oder Nichtvorhandenseins der Gegenseitigkeit bei den ausländischen Staaten hat sich durchweg in der Weise abgespielt, daß der Reichskanzler (Reichsschatzamt) unmittelbar bezügliche Feststellungen auf bezügliches Ansuchen der einzelnen Landesregierungen veranlaßt und das erzielte Ergebnis dann sämtlichen Bundesregierungen mitgeteilt hat, worauf die Bundesregierungen entsprechend Anordnungen getroffen haben, um die Festlegungen zur Kenntnis ihrer Behörden zu bringen. Daß eine Gegenseitigkeit nach der ausländischen bezüglichen Steuergesetzgebung nicht zu gewähren steht und daß daher der Absatz 4 dem betreffenden Staat gegenüber nicht zur Anwendung gebracht werden kann, ist festgestellt für England (Schr. d. Reichskanzlers [Reichsschatzamt] vom 3. Mai 1907 II 3813, Erl. d. PrFM. vom 15. April 1907 III 7137, WABl. 1907 S. 64); für Frankreich (Schr. d. Reichskanzlers vom 25. Oktober 1907 II 9154, Erl. d. PrFM. vom 4. November 1907 III 19362, BlfBF. 1907 S. 288, SBBl. 1907 S. 267, WABl. 1907 S. 199); für Österreich (SBBl. 1907 S. 267); für Italien (Schr. d. Reichskanzlers vom 23. Februar 1909 II 1651, Erl. d. PrFM. vom 4. März 1909 III 3524, BlfBF. 1909 S. 119) und für Ungarn (Schr. d. Reichskanzlers vom 13. Mai 1909 II 4711, Erl. d. PrFM. vom 22. Mai 1909 III 8333). Bezüglich Rußlands ist eine Gegenseitigkeit nach folgendem Stande (Schr. d. Reichskanzlers 25. Januar 1909 II 12381/08, Erl. d. PrFM. vom 8. Februar 1909 III 1990; BlfBF. 1909 S. 118) begründet: Der russischen Erbschaftssteuer unterliegen letztwillige Zuwendungen beweglichen oder unbeweglichen Vermögens an ausländische Wohltätigkeitsanstalten usw., die im Auslande ihren Sitz haben, dann nicht, wenn sich das vermachte Vermögen außerhalb des russischen Staatsgebiets befindet, selbst wenn der Erblasser ein russischer Staatsangehöriger war. Soweit in Rußland befindliches, bewegliches oder unbewegliches Vermögen in Frage kommt, tritt die Befreiung von der russischen Erbschaftssteuer nur ein, wenn das Vermögen an den russischen Fiskus, an Wohltätigkeitsanstalten, wissenschaftliche Institute oder Lehranstalten, an Kirchen, Klöster und die Geistlichkeit vermacht ist und die betreffenden Anstalten sich in Rußland befinden. Unter diesen Voraussetzungen wird die Steuerfreiheit in Übereinstimmung mit den Rechten und Vergünstigungen, die den deutschen Staatsangehörigen in Rußland durch den deutsch-russischen Handels- und Schiffahrtsvertrag vom 10. Februar/29. Januar 1894 gewährt sind, auch den deutschen Anstalten zugebilligt. Vermächtnisse an Personen und Anstalten, die nicht zu den voraufgeführten gehören, unterliegen der russischen Erbschaftssteuer, auch wenn es sich um Wohltätigkeitszwecke handelt. Über das Verhältnis zur Schweiz ist zunächst festgelegt, daß die Schweiz als solche eine staatliche Erbschaftssteuer nicht erhebt, daß aber für einzelne Kantone oder auch für einzelne Gemeinden innerhalb der letzteren eine kantonale bzw. kommunale Erbschaftssteuer besteht; es ist als unbedenklich erachtet, die nach § 12 Abs. 4 gegenüber ausländischen Staaten zu übende Rücksichtnahme auch für diese kantonale und kommunale Besteuerung bei bestehender Gegenseitigkeit zur Anwendung zu bringen (Schr. d. Reichskanzlers vom 4. März 1909 II 1150, Erl. d. PrFM. vom 13. März 1909 III 4027, BlfBF. 1909 S. 119). Des weiteren ist das Bestehen der Gegenseitigkeit in einem gewissen Umfange für die Gemeinde Davos (vgl. die vorher aufgeführten Schreiben usw.) und für den Kanton Basel-Stadt (Schr. d. Reichskanzlers vom 6. Juni 1910 II 7281, ZfZuSt. 1910 S. 185, Erl. d. PrFM. vom 18. Juni 1910 III 11 686, BlfBF. 1910 S. 249) festgestellt. Nach dem in der Gemeinde Davos geltenden Gesetz über die Erhebung einer Erbschaftssteuer vom 4. Februar 1908 sind Vermächtnisse und Schenkungen zu gemeinnützigen Zwecken von der Erbschaftssteuer befreit, auch hat die Gemeinde die Zusicherung gegeben, daß eine Steuerbefreiung auch in dem Fall eintritt, wenn ein Einwohner der Gemeinde ein Vermächtnis errichtet zugunsten einer schweizerischen Wohltätigkeitsanstalt oder eines schweizerischen Vereins, der dem gleichen Zwecke dient, aber im Auslande seinen Sitz hat; hieraus ist zu schließen, daß die Steuerbefreiung seitens der Gemeinde Davos gegebenenfalls einem Verein, der ausschließlich mildtätige oder gemeinnützige Zwecke verfolgt, auch dann gewährt werden würde, wenn er seinen Sitz in Deutschland hat, oder für Zuwendungen, die solchen Zwecken innerhalb des Deutschen Reiches gewidmet sind. Nach den für den Kanton Basel-Stadt geltenden gesetzlichen Bestimmungen sind Erbschaften, Vermächtnisse und Schenkungen zugunsten öffentlicher, gemeinnütziger oder wohltätiger Zwecke von der Erbschaftssteuer befreit; es macht hiebei keinen Unterschied, ob die mit Zuwendungen bedachten Stiftungen, Gesellschaften, Anstalten und Vereine ihren Sitz im Kanton Basel-Stadt, in anderen Kantonen der Schweiz oder im Ausland haben: die Missionsgesellschaften sind im Kanton Basel-Stadt als Gesellschaften, welche gemeinnützige Zwecke verfolgen, anerkannt.

23. Wenn im Abs. 5 die Entscheidung darüber, ob Zwecke der im Abs. 1 Ziffer 2 und 3 sowie im Abs. 4 bezeichneten Art vorliegen, den Landesregierungen vorbehalten ist, so hat dieses zunächst die Bedeutung, daß die Landesregierungen die Behörden ihres Staates, welche vorkommendenfalls die Entscheidung zu treffen haben, bestimmen. Diese Bestimmung der zuständigen Behörden kann von der Landesregierung entweder lediglich im Hinblick auf den § 12 REStG. durch Vollzugsordnung zu letzterem getroffen werden, oder sie kann auch schon in der sonstigen allgemeinen Gesetzgebung und Verwaltungsordnung des einzelnen Staates gegeben sein, z. B. wenn nach der Regelung der Stiftungsgenehmigung eine Rücksichtnahme auf den Stiftungszweck und die nähere Festlegung desselben erforderlich ist. Sofern in einer dieser beiden Weisen für einen Bundesstaat die Bestimmung der zuständigen Behörden vorliegt, ist die Steuerbehörde bei der Steuerberechnung und Steuerfestsetzung an die Entscheidung der betreffenden Behörden gebunden und darf nicht etwa nach eigener Ansicht eine Entscheidung über den fraglichen Zweck treffen. Liegt eine Entscheidung der zuständigen Behörden für den einzelnen Fall nicht vor, so ist eventuell die Abgabe einer solchen von seiten der Steuerbehörde zu veranlassen. Die Entscheidungen, welche von den mit der besonderen Zuständigkeit ausgestatteten Behörden in vorschrifsmäßiger Weise bezüglich der fraglichen Zwecke abgegeben wurden, sind eventuell nach Erschöpfung des Instanzenzuges endgültige, sie können im Rechtswege nicht angefochten werden (vgl. Urt. d. RG. vom 20. Dezember 1910, den Bundesstaaten mitgeteilt durch Schr. des Reichskanzlers (Reichsschatzamt) vom 9. Februar 1911 II 1264). Wenn in keiner der beiden obenbezeichneten Weisen über die behördliche Zuständigkeit der Landesregierung eine Regelung vorgenommen ist, so werden die Steuerstellen, welche von der Landesregierung nach § 34 RESt G. zur Verwaltung des Erbschaftssteuerwesens bestimmt sind, also zunächst die Erbschaftssteuerämter und in letzter Instanz die oberste Landesfinanzbehörde, auch eine Entscheidung über die fraglichen Zwecke abzugeben haben; die Befugnis zur Abgabe einer solchen Entscheidung gründet sich aber lediglich auf den § 34 des Gesetzes und nicht auf den § 12 Abs. 5; die Entscheidung stellt sich ausschließlich als eine im Steuerberechnungs- und -Festsetzungsverfahren erfolgte dar und ist dementsprechend zu behandeln; folgeweise muß gegen dieselbe auch der Rechtsweg als zulässig erscheinen. Der durch von Dr. v. Rogister in den BlfBF. 1907 S. 100 ff. vertretenen Ansicht, daß durch den § 1 der Bayerischen Vollzugsverordnung (Bekanntmachung des Ministeriums der Justiz, des Innern und der Finanzen vom 10. August 1906), welcher die Verwaltung des Erbschaftssteuerwesens, insbesondere die Feststellung und Erhebung der Erbschaftssteuer, den Rentämtern unter der Leitung der Regierungsfinanzkammern und unter der Oberaufsicht des Staatsministeriums der Finanzen zuweist, auch, ohne daß solches irgendwie angedeutet, die generelle Regelung der Zuständigkeit bezüglich des § 12 Abs. 5 REStG. getroffen und die Entscheidung über die fraglichen Zwecke von der Landesregierung ganz allgemein auf die Rentämter übertragen worden sei, kann nicht beigepflichtet werden, denn um eine solche Zuständigkeit zu begründen muß eine bezügliche ausdrückliche Vorschrift oder zum Mindesten der Begründungswille verlautbart sein; jene angefochtene Ansicht würde übrigens nicht nur die bayerische Vollzugsordnung sondern in der gleichen Weise auch die der übrigen Bundesstaaten treffen. Ausgeschlossen muß es ebenmäßig erscheinen, den § 12 Abs. 5 dahin auszulegen, daß für jeden einzelnen Fall die Landesregierung stets die Entscheidung bezüglich der fraglichen Zwecke abzugeben habe, bzw. auf Antrag der Beteiligten abgeben müßte; es würde dadurch, weil regelmäßig die Landesregierung durch das Gesamtministerium vertreten zu werden, dieses aber wieder eine über dem Finanzministerium (oberste Landesfinanzbehörde) stehende Instanz zu bilden pflegt, für die in Frage stehende Entscheidung eventuell eine vierte Instanz im Verwaltungswege begründet werden, was an und für sich schon als vom Gesetzgeber nicht gewollt anzusehen sein dürfte. Vgl. über die ganze Frage meinen Aufsatz in der ZfZuSt. 1908 S. 99 ff., welchem das Vorstehende entspricht. Zweifelhaft muß es jedoch jetzt nach den in der folgenden Note angeführten Erlassen erscheinen, ob sich die Ausführungen in jenem Aufsatz insoweit aufrecht erhalten lassen, als sie annehmen, daß bei dem Mangel einer bezüglichen Landesregelung ohne weiteres die Erbschaftssteuerämter bezügliche Entscheidung zu treffen befugt seien, eine Frage, die mit Rücksicht auf die oben bezeichneten Erlasse aber nur noch von einer untergeordneten praktischen Bedeutung sein dürfte. Nach Maßgabe auch der bisherigen praktischen Gestaltung wird man wohl jetzt davon auszugehen haben, daß überall, wo die bezügliche Zuständigkeit durch Landesregelung festgelegt worden ist (vgl. Note 23 nachstehend), in jedem einzelnen Falle die zuständigen Behörden die Entscheidung abzugeben haben, sofern nicht eine früher bereits abgegebene Entscheidung ohne weiteres auf den betreffenden Fall zur Anwendung zu bringen sein würde, daß aber da, wo eine bezügliche Landesregelung fehlt, stets die Landesregierung selbst für den einzelnen Fall Entscheidung zu treffen habe, eine Entscheidung, die von den Erbschaftssteuerämtern von Amts wegen zu veranlassen sein würde. Die von den Landesregierungen schon vor dem Inkrafttreten des RESt G. abgegebenen bezüglichen Entscheidungen für Einzelfälle werden als auch unter dem RESt G. noch in Geltung stehend anzusehen sein.

Die Hauptbedeutung der Vorschrift des Abs. 5 liegt darin, daß gegen die Entscheidungen der zuständigen Landesbehörden, welche sich jedoch lediglich auf die Frage zu beziehen haben, ob Zwecke der im Abs. 1 Nr. 2, 3 und im Abs. 4 des § 12 bezeichneten Art vorliegen, der Rechtsweg ausgeschlossen ist. Fragen wie die, ob die bezügliche Entscheidung im Einzelfall von der zuständigen Behörde tatsächlich getroffen ist, ob sie vom Erbschaftssteueramt bei der Steuerfestsetzung in richtiger Weise zur Anwendung gebracht wurde usw., werden im Rechtswege zum Austrag gebracht werden können. Durch die Vorschrift des Abs. 5 wird ferner die Berechtigung des Reichs zur Überwachung der Einhaltung eines gesetzlichen Verfahrens, wie es nach Art. 36 Abs. 2 der Reichsverfassung gegeben ist, nicht berührt. Daß das Überwachungsrecht des Reichs nach Art. 36 Abs. 2 der Verfassung auf die Erbschaftssteuer Anwendung findet, kann an sich und namentlich auch im Hinblick auf den § 35 RESt G. nicht bezweifelt werden; dieses Überwachungsrecht bezieht sich aber allgemein auf das ganze Verfahren der bundesstaatlichen Behörden bei der Erhebung und der Verwaltung der Reichserbschaftssteuer, mithin auch im vollen Umfang darauf, wie in diesem Verfahren dem § 12 RESt G. Rechnung getragen ist: die Vorschrift des Abs. 5 des letzteren Paragraphen ändert daran nichts.

24. Unter den Bundesstaaten waren Meinungsverschiedenheiten darüber entstanden, welche Regierung als L a n d e s r e g i e r u n g im Sinne des Abs. 5 § 12 dann anzusehen sei, wenn im Falle des § 12 Abs. 1 Ziff. 2 die bedachte juristische Person ihren Sitz n i c h t i n d e m B u n d e s s t a a t e hat, d e m d a s z u s t ä n d i g e E r b s c h a f t s s t e u e r a m t a n g e h ö r t. Nach einem Schreiben des Reichskanzlers (Reichsschatzamt) vom 14. September 1908 II 7766 (vgl. BlfBF. 1909 S. 31) haben sodann sämtliche Bundesregierungen und der Kaiserliche Statthalter in Elsaß-Lothringen ihr Einverständnis damit erklärt, daß bei letztwilligen Zuwendungen oder bei Schenkungen an inländische Stiftungen, Gesellschaften, Vereine oder Anstalten die Entscheidung darüber, ob diese zu den im § 12 Abs. 1 Ziffer 2 RESt G. erwähnten gehören, durch die Regierung desjenigen Bundesstaates erfolge, in dem die bedachte juristische Person ihren Sitz hat. Was die Regelung der behördlichen Zuständigkeit in den einzelnen Bundesstaaten anlangt, so ist für Preußen, nachdem zunächst durch die Erl. d. PrFM. vom 11. Januar 1907 III 438, vom 16. März 1907 III 4878 und vom 28. Mai 1907 III 8801 (PrZBl. 1907 S. 23, 102 und 171) den Provinzialsteuerdirektoren, jetzigen Oberzolldirektionen, die Entscheidung über das Vorliegen der fraglichen Zwecke übertragen war, nunmehr zur Vereinfachung des Verfahrens in Erbschafts- und Schenkungssteuersachen durch Erl. d. PrFM. vom 18. April 1908 III 7032 (PrZBl. 1908 S. 236) bestimmt, daß allgemein die Erbschaftssteuerämter die Entscheidung nach § 12 Abs. 5 RESt G. abzugeben haben und daß nur in Zweifelsfällen die Entscheidung der Oberbehörde (Oberzolldirektion), erforderlichenfalls des Finanzministers, einzuholen sei. Für Bayern ist durch Entschließung des Bayer. Staatsministeriums vom 28. Mai 1908 (BlfBF. 1908 S. 191) das zur Feststellung und Erhebung der Reichserbschaftssteuer zuständige Rentamt unter der Aufsicht der vorgesetzten Regierungsfinanzkammer und unter der Oberaufsicht des Staatsministeriums der Finanzen als zuständig für die Abgabe der Entscheidungen nach § 12 Abs. 5 erklärt. Ähnlich wie in Preußen hatte man in Sachsen anfänglich die bezüglichen Entscheidungen durch Verordnung vom 9. Dezember 1907 (SVBl.

1907 S. 266) und vom 19. September 1908 (SVBl. 1908 S. 283) der Zoll- und Steuerdirektion übertragen; durch Generalverordnung vom 28. Dezember 1909 (SVBl. 1909 S. 1167) ist jedoch diese Befugnis den Erbschaftssteuerämtern beigelegt; nur in Zweifelsfällen ist die Entscheidung der Generalzolldirektion einzuholen. In Baden hat nach der Staatsministerialentschließung vom 10. Oktober 1906 Nr. 1094 (vgl. E. Zimmermann Note 15 zu § 12) hinsichtlich der Anfälle an ausländische Stiftungen usw. das Finanzministerium, im übrigen die Steuerdirektion über das Vorliegen der fraglichen Zwecke zu entscheiden. Gleichfalls eng an Preußen schließt sich die Regelung für Braunschweig an; nach Verf. d. Herzgl. Staatsministeriums vom 31. Oktober 1910 Nr. 3845 A ist das Erbschaftssteueramt ermächtigt, Entscheidungen auf Grund des § 12 Abs. 5 REStG. abzugeben, in Zweifelsfällen ist die Entscheidung der Zoll- und Steuerdirektion, erforderlichenfalls ministerielle Entscheidung einzuholen. Durch die Bremische Vollzugsordnung vom 14. Juli 1907 (GBl. 1907 S. 135, ABl. des Oberzolldirektors 1907 S. 173) ist die bezügliche Entscheidung der Steuerkommission des Senats übertragen, die bei Meinungsverschiedenheit die Entscheidung des Senats einzuholen hat. Sofern bei der Landesregelung der Zuständigkeit die Entscheidung einer unter der obersten Landesfinanzbehörde stehenden Amtsstelle übertragen ist, muß in entsprechender Weise das Beschwerdeverfahren als zulässig zu erachten sein.

§ 13.

Von der Entrichtung der Erbschaftssteuer befreit sind der Landesfürst und die Landesfürstin.

1. In dem Entwurf der Bundesregierungen war dem § 13 als zweiter Satz des ersten Absatzes und als zweiter Absatz zugefügt: „Das gleiche gilt von den Mitgliedern des landesfürstlichen Hauses in Ansehung eines Erwerbes aus dem Vermögen anderer Mitglieder dieses Hauses. Auf fürstliche Personen, die hinsichtlich der Steuerfreiheit dem Landesfürsten oder den Mitgliedern des landesfürstlichen Hauses durch Gesetz oder Staatsvertrag gleichgestellt sind, finden die Vorschriften des Abs. 1 entsprechende Anwendung". Die Motive zu dem Paragraphen haben dazu folgende Begründung:

„Die Vorschrift des Abs. 1 gibt im wesentlichen bereits bestehendes Recht wieder. Sie findet ihre Rechtfertigung in der besonderen staatsrechtlichen Stellung der Landesfürsten und ihrer Familien. Die Vorschrift des Abs. 2 betrifft insbesondere die Mitglieder der fürstlichen Familie Hohenzollern, die in bezug auf Steuerbefreiungen den Mitgliedern des preußischen Königshauses gleichgestellt sind (Vertrag wegen Abtretung der Fürstentümer Hohenzollern-Hechingen und Hohenzollern-Sigmaringen vom 7. Dezember 1849 und Gesetz vom 12. März 1850 — Preuß. GesS. 1850 S. 282 sowie Kabinettsorder vom 14. August 1852 — Preuß. GesS. S. 771 —).

Die Befreiung beschränkt sich dem bestehenden Rechte entsprechend auf das Staatsgebiet des Landesfürsten; eine Erweiterung in Ansehung auch desjenigen Erwerbes, zu dessen Versteuerung ein anderer Bundesstaat zuständig sein würde (§ 35, jetzt § 33), ist nicht vorgesehen.

Sonstige subjektive Befreiungen von der Erbschaftssteuer enthält der Entwurf nicht. Insbesondere ist die Aufrechterhaltung der Steuerprivilegien anderer Personen als der im § 15 (jetzt § 13) genannten Mitglieder von Fürstenhäusern nicht ausgesprochen. Auch eine Befreiungsvorschrift in Ansehung des (Reichs- oder Landes-) Fiskus ist nicht aufgenommen, da eine solche in Anbetracht der Teilung des Ertrags der Steuer zwischen Reich und Bundesstaaten weder notwendig noch zweckmäßig erschien."

Nachdem in der ersten Lesung der Reichstagskommission der ganze Paragraph abgelehnt worden war, wurde in der zweiten Lesung der erste Satz als einzige Vorschrift des Paragraphen wieder hergestellt; dem bezüglichen Kommissionsantrag trat der Reichstag im Plenum nach längerer Verhandlung bei.

2. Die Befreiung des Landesfürsten und der Landesfürstin ist eine rein persönliche, die auf staatsrechtlichen Gesichtspunkten beruht, die aber nur Platz greift, wenn dem Landesfürsten oder der Landesfürstin für ihre Person eine Zuwendung gemacht ist, nicht auch wenn solches für andere Zwecke, speziell für Staatszwecke, geschehen sein sollte. Sie ist nach Maßgabe des zweiten Absatzes der in Note 1 angeführten Motive auf das Staatsgebiet des Landesfürsten beschränkt, wie solches auch in dem Kommissionsberichte des Reichstags (Kommissionsbericht S. 47) anerkannt worden ist. Sie kann natürlich nur dann in Frage kommen, wenn es sich um Anfälle handelt, welche an den Landesfürsten oder die Landesfürstin gelangen, nicht aber auch bei solchen Anfällen, welche von denselben herrühren. Die Gesetzesvorschrift wird nach den Verhandlungen, welche über dieselbe in der Kommission sowohl wie in dem Plenum des Reichtages (vgl. oben und Stenographische Reichstagsberichte XI. Legislaturperiode II. Session 1905/06 S. 3113 ff.) geführt wurden, nur in engster Weise nach ihrem Wortlaut ausgelegt werden dürfen, so daß sie weder auf die Witwe des Landesfürsten, obwohl sie früher und eventuell auch zur Zeit der Erbeseinsetzung Landesfürstin war, noch auf den Regenten, obwohl er den Landesfürsten repräsentiert, zur Anwendung gebracht werden kann. Durch Verf. PrFM. vom 17. Februar 1911 III 2741 ist bei einer Zuwendung an einen Landesfürsten unter der Auflage, den zugewendeten Betrag für von ihm zu bestimmende wohltätige oder gemeinnützige Zwecke zu verwenden, die Steuerbefreiung nach § 13 versagt, einmal weil es sich um eine unter § 12 Abs. 1 Ziff. 3 RESt. fallende Zuwendung handele, bei der der Zuwendung selbst die Steuer zu entnehmen gewesen sein würde, und der Gesetzgeber bei der Befreiungsvorschrift des § 13 davon ausgegangen sei, daß die Landesfürsten nur von derjenigen Steuer befreit sein sollten, die ihnen selbst zur Last gefallen sein würde, sowie ferner weil unter Landesfürsten im Sinne des § 13 mit Rücksicht auf § 33 Abs. 1 RESt. — es handelte sich um eine Schenkung, bei der der Schenker seinen Wohnsitz in einem dem beschenkten Landesfürsten nicht unterstehenden Bundesstaate hatte — der Landesherr desjenigen Bundesstaates zu verstehen sei, in dem der Schenkgeber wohne.

§ 14.

Im Sinne des § 10 Abs. 2, des § 11 Nr. 1, 4 e, f, h und des § 12 Abs. 3 sind mehrere einem Erwerber seitens desselben

Erblassers innerhalb fünf Jahren zugefallene Vermögensvorteile der in den §§ 1 bis 3 gedachten Art als ein Erwerb anzusehen, wenn anzunehmen ist, daß die Art und Weise der Zuwendung nur zur Vermeidung des höheren Steuersatzes oder zur Erlangung der Steuerfreiheit gewählt worden ist.

Übersteigt der Wert des Erwerbes die im § 11 Nr. 1, 4 e, f, h und im § 12 Abs. 3 bezeichneten Beträge, so wird die Steuer nur insoweit erhoben, als sie aus der Hälfte des die Wertgrenze übersteigenden Betrags gedeckt werden kann.

1. Zu dem § 14 geben die Motive des Regierungsentwurfs folgende allgemeine Begründung:

„Die Vorschrift im Abs. 1 soll einer Schädigung der fiskalischen Interessen vorbeugen, die dadurch herbeigeführt werden könnte, daß an Stelle einer steuerpflichtigen Zuwendung mehrere Zuwendungen in Höhe eines steuerfreien Betrags oder an Stelle einer nach einem erhöhten Steuersatze steuerpflichtigen Zuwendung mehrere nach einem niedrigeren Steuersatze steuerpflichtige Zuwendungen gemacht werden.

Die Vorschrift des Abs. 2 beruht auf der gleichen Erwägung wie diejenige des § 12 Abs. 3 (jetzt § 10 Abs. 4). Wäre sie nicht getroffen, so würde beispielsweise von zwei dem Erblasser nicht verwandten Personen, von denen eine mit 300, die andere mit 320 Mk. bedacht ist, die erstere die Summe von 300 Mk. abzugsfrei erhalten; der letzteren dagegen, der nach der Absicht des Erblassers ein höherer Betrag zugewendet werden sollte, würden nach Abzug der Steuer mit 10 vom Hundert nur 288 Mk. zufließen, während ihr nach dem Entwurfe 310 Mk. verbleiben."

2. Die Anziehung auch des § 12 Abs. 3 und die Worte „innerhalb 5 Jahren" sind von der Kommission des Reichstags eingeschaltet, wodurch ein zweiter Satz des ersten Absatzes des Regierungsentwurfes, nach welchem im Falle des § 12 Abs. 3 bezügliche Zuwendungen innerhalb zweier Jahre die entsprechende Wirkung haben sollten, hinfällig wurde. Der Kommissionsbericht sagt dazu, die Änderung „bezwecke zweierlei:

1. den Fall des § 14 Absatz 3 (jetzt § 12 Absatz 3) bezüglich der Beweislast auf gleiche Linie mit den anderen in diesem Paragraphen erwähnten Fällen zu stellen und
2. einen Zeitraum zu fixieren, innerhalb dessen die mehreren Zuwendungen liegen müssen, damit die Steuerbehörde überhaupt die Behauptung aufstellen dürfe, es handelt sich um einen Versuch der Gesetzesumgehung."

3. Wie die Schenkungssteuer an die Erbschaftssteuer behuf Vermeidung einer Umgehung der letzteren im allgemeinen angegliedert wurde, so bezweckt die Vorschrift des Abs. 1 ebenmäßig einer Umgehung des Gesetzes und namentlich der Verschärfungen desselben vorzubeugen, wie sie durch eine Verbindung von Zuwendung von Todes wegen und Schenkung sowie durch mehrere vereinzelte Schenkungsakte gegeben sein könnte. Sofern es sich lediglich um Erbschaftssteuer im engeren Sinne d. i. Steuer aus Erwerb von Todes wegen und den

gleichgestellten Fällen (§§ 1—4 RESt.G.) handelt, hätte es einer besonderen Vorschrift, wie sie § 14 Abs. 1 gibt, nicht bedurft, da eine bezügliche Umgehung des Gesetzes schon durch den § 28 ausgeschlossen sein würde, weil nach diesem die Steuer nach Maßgabe des ganzen Erwerbs, welcher dem einzelnen Beteiligten zugekommen ist, berechnet werden soll, so daß also weder der verschiedene Rechtsgrund noch der verschiedene Zeitpunkt bei dem Erwerb einen Einfluß ausüben können (vgl. die Ausführungen zu § 28, desgl. Note 25 zu § 10). Auf dem Gebiete der Schenkungssteuer liegt daher die eigentliche Bedeutung der Vorschrift, welche nur praktisch wird, wenn eine Schenkung und eine Zuwendung von Todes wegen oder mehrere Schenkungsakte derselben Person von dem gleichen Erwerber in Frage kommen. Als Vermögensvorteil im Sinne der Vorschrift gilt der ganze Erwerb, welcher einem Erwerber aus dem Erbfall oder dem einzelnen Schenkungsakt zuteil wird; auch in dieser Beziehung ist der § 28 des Gesetzes maßgebend; daß nicht nur der eigentliche Erwerb von Todes wegen sondern auch jeder Erwerb, der nach §§ 1—4 als Erwerb von Todes wegen gilt, so namentlich auch der Erwerb durch Auflage, zu berücksichtigen ist, braucht als selbstverständlich wohl kaum hervorgehoben zu werden. Der allgemeinen Regel nach ist auch hier in erster Linie der Rechtserwerb, durch welchen die Steuerpflicht begründet wird, maßgebend für die gesamte Beurteilung; nur in denjenigen Fällen, in welchen wie bei dem Erwerb durch Auflage (vgl. Note 14 zu § 1) die Steuerpflicht durch den tatsächlichen Erwerb entsteht, richtet sich nach letzterem auch die weitere Beurteilung. Dieses findet namentlich bei der Bestimmung über die Frage, ob der Vermögensvorteil innerhalb des kritischen Zeitraums von 5 Jahren zugefallen ist oder nicht, Anwendung; für jeden Vermögensvorteil, bezüglich dessen die Steuerpflicht in dem fraglichen Zeitraum begründet ist, greift die Vorschrift des § 14 Abs. 1 Platz, gleichgültig, ob der tatsächliche Erwerb oder die Steuererhebung und Berechnung sich erst nach jenem Zeitraum vollzieht oder vollziehen muß. Durch letzteres ist auch die Zulässigkeit einer späteren oder nachträglichen Anwendung der Vorschrift des § 14 Abs. 1 bedingt; beruht beispielsweise von mehreren innerhalb von 5 Jahren begründeten Rechtserwerben einer auf einer aufschiebend bedingten Zuwendung und tritt die Bedingung für diesen Erwerb erst später vor oder nach Ablauf der fünf Jahre ein, so ist bei der Festlegung der Steuer für diesen späteren tatsächlichen Erwerb dem gesamten Erwerb und der nach § 14 Abs. 1 vorgeschriebenen Einheitlichkeit Rechnung zu tragen; wird durch die Zurechnung dieses späteren Erwerbes zu den früheren Erwerben in dem Gesamterwerbsbetrage die Grenze einer Steuerstaffel oder der Steuerfreiheit überschritten, so ist für den Gesamterwerb nach dem betreffenden höheren Staffelsatze oder nunmehr überhaupt die Steuer nachträglich in Ansatz zu bringen und — im ersteren Fall nach Abzug des bereits erhobenen Steuerbetrages — einzuziehen. Die Zusammenziehung der mehreren Vermögensvorteile für die Steuerfestlegung soll aber nur Platz greifen, wenn anzunehmen ist, daß die Art und Weise der Zuwendung zur Vermeidung des höheren Steuersatzes oder zur Erlangung der Steuerfreiheit gewählt wurde. Der innere Grund für die Vorschrift ist mithin in dieselbe als Vorbedingung ihrer Anwendbarkeit eingefügt. Damit ist der Steuerbehörde die Beweislast darüber, daß jene Annahme zutrifft, auferlegt. Die Vorschrift selbst hat dadurch eine nicht unwesentliche Abschwächung erfahren, welche vielleicht nicht mehr erforderlich gewesen wäre, nachdem durch die Reichstagskommission die Fixierung auf den fünfjährigen Zeitraum vorgenommen war. Der Steuerbehörde liegt die volle Beweispflicht auf; sie ist nicht etwa nur beweispflichtig dafür, daß die besagte Annahme im betreffenden Fall möglich, sondern daß sie auch tatsächlich begründet ist. Eine Verf. SFM. hat in einem Fall, in welchem ein Erblasser, welcher früher ein Testament errichtet und darin seine Wirtschafterin bedacht hatte, noch nachträglich letzterer durch notariell verlautbarten Schenkungsakt eine namhaftere Summe zugewendet hatte, angenommen, daß diese Art der Zuwendung in der ausgesprochenen Absicht, Erbschaftssteuer zu ersparen, erfolgt sei. Andererseits ist durch Verf. SFM. vom 14. Februar 1910 Nr. 280 die Absicht der Verminderung der Steuerpflicht verneint bei der formlosen Zuwendung einer Jahreszahlung seitens einer Stadt zur Unterhaltung eines Universitäts-Freitisches.

4. Der Absatz 2 des Paragraphen entspricht der Vorschrift im Absatz 4 des § 10 des Gesetzes, wie schon in den Motiven (vgl. oben Note 1) hervorgehoben wurde. Unter Erwerb ist wiederum der Gesamterwerb des Steuerpflichtigen aus dem betreffenden Erbfall zu verstehen. In Berücksichtigung dessen, was oben in Note 2 zu § 10 ausgeführt wurde, und unter analoger Anwendung der dort hervorgehobenen Entscheidungen wird also sowohl der steuerpflichtige wie auch der steuerfreie Erwerb bei der bezüglichen Steuerberechnung in Betracht zu ziehen sein. Sofern im Fall des § 14 Abs. 2 in Frage kommt, daß die Entrichtung der Steuer einem anderen als dem Erwerber ausdrücklich auferlegt wurde, ist über die Berechnung des Gesamterwerbs und der Steuer zu vergleichen ZfZuSt. 1908 S. 60 II; vgl. auch unten Note 1 zu § 31. Die im § 28 Abs. 2 des Gesetzes vorgesehene Abrundung des Steuerbetrages auf volle Mark nach unten findet auch bezüglich der im § 14 Abs. 2 berührten Fälle statt, wie durch Erl. d. PrFM. vom 8. März 1907 III 4121 im Einverständnis mit dem Reichskanzler ausdrücklich angeordnet ist (PrZBl. 1907 S. 71); daß in den Mustern (so speziell in den Mustern 3, 7, 8, 11—14) zu den Ausführungsbestimmungen des Bundesrats bei der Angabe der zu zahlenden Steuer auch Pfennige anzugeben sind, beruht auf Versehen; vgl. Note 27 zu § 10. Für die Steuerberechnung bei zusammentreffender Anwendung der Vorschrift des Absatz 2 mit der des § 10 Abs. 4 führt Mirre, ZfZuSt. 1907 S. 283 III ein erläuterndes Beispiel an. Über das Zusammentreffen der fraglichen Steuerermäßigung mit der des § 15 Abs. 1 vgl. Note 5 zu § 15.

§ 15.

Soweit Grundstücke, die dauernd land- oder forstwirtschaftlichen Zwecken zu dienen bestimmt sind, einschließlich der dazu gehörenden, denselben Zwecken dienenden Gebäude und des Zubehörs, den Gegenstand des Erwerbes bilden, wird ein Viertel des auf diesen Teil des Erwerbes entfallenden, nach den Vorschriften dieses Gesetzes berechneten Steuerbetrags nicht erhoben.

Für Steuerpflichtige der Klasse I (§ 10 Abs. 1 I) tritt Befreiung von der Steuer ein, soweit im Laufe der dem Anfalle vorhergehenden fünf Jahre die Grundstücke Gegenstand eines nach diesem Gesetze steuerpflichtigen Erwerbes geworden sind. Ermäßigung der Steuer auf die Hälfte tritt ein, soweit der frühere Steuerfall zwar mehr als fünf Jahre, aber nicht über zehn Jahre zurückliegt. Die Befreiung oder Ermäßigung tritt nicht ein, wenn die Grundstücke innerhalb des bezeichneten Zeitraums gegen Entgelt an Personen veräußert worden sind, die nicht dem Veräußerer gegenüber in einem die Befreiung von der Erbschaftssteuer begründenden Verhältnisse stehen.

Auf den Abzug der Schulden und Lasten von dem Werte der Grundstücke finden die Vorschriften des § 9 entsprechende Anwendung.

Vergl. BRAusfB. §§ 15—18.

Zu Absatz 1.

1. Zur allgemeinen Begründung des § 15 führen die Motive des Regierungsentwurfes folgendes an:

„Die Steuerermäßigung für landwirtschaftliche und forstwirtschaftliche Grundstücke verfolgt den Zweck, die schwierige Lage, in welcher sich der Erwerber eines solchen Grundstücks zur Zeit des meist mit der Übernahme erheblicher Lasten verbundenen Anfalls regelmäßig befinden wird, wenigstens für die von der Steuer nicht befreiten nächststehenden Erben in etwas zu erleichtern. Die Vorschrift erscheint auch noch insofern berechtigt, als der Entwurf für die Wertermittelung ländlicher Grundstücke zum Zwecke der Erbschaftssteuerberechnung davon abgesehen hat, eine ähnliche Auslegungsvorschrift zu geben, wie sie unter Berücksichtigung der ländlichen Erbverhältnisse im § 2049 BGB. getroffen worden ist. Es erscheint aber hart, wenn der Erbe, der das Gut übernimmt und vielleicht gar nicht daran denkt, es zu veräußern, es vielmehr der Familie erhalten will, den vollen Verkaufswert versteuern soll, wie es gemäß § 18 (jetzt § 16) nach der gewöhnlichen Regel zu geschehen haben würde.

In gleicher Richtung bewegt sich die Vorschrift des Abs. 2 Satz 1, die zugunsten der Steuerpflichtigen der Klasse I einer unverhältnismäßigen Belastung des landwirtschaftlichen und forstwirtschaftlichen Grundbesitzes in dem Falle vorbeugen will, wo sich eine Vererbung der Grundstücke innerhalb eines kurzen Zeitraums wiederholt, die wiederholte Erbschaftssteuerentrichtung die erwähnte schwierige Lage des Grundstückserwerbers also in erhöhtem Maße ungünstig beeinflussen müßte. Der Grund für die Steuerermäßigung entfällt aber selbstverständlich, wenn die Grundstücke in der Zwischenzeit zwischen dem ersten und dem zweiten steuerpflichtigen Erwerbsfalle gegen Entgelt veräußert worden sind.“

Zu dem Schlußsatz im ersten Absatz der vorstehenden Motive, der sich auf den Regierungsentwurf bezieht, ist zunächst zu bemerken, daß er insofern nicht mehr voll zutreffend ist, als durch die vom Reichstag vorgenommene Änderung des § 16 bei Grundstücksanfällen der hier in Frage kommenden Art nicht der volle Verkaufswert, sondern ein nach den tatsächlichen Verhältnissen zu berechnender Ertragswert zugrunde zu legen ist.

2. Nach dem Regierungsentwurf war die Ermäßigung um ein Viertel des Steuerbetrages nur für die Steuerpflichtigen der Klasse I (§ 10 Abs. 1 Nr. I) ausgesprochen und sollte sodann für diese eine Ermäßigung auf die Hälfte bei dem sich innerhalb zweier Jahre wiederholenden Anfall eintreten. Hierin ist durch die Reichstagskommission in erster und zweiter Lesung eine Erweiterung bis zu der jetzt das Gesetz bildenden Vorschrift vorgenommen und wird dazu im Kommissionsbericht aus der Begründung der Antragsteller folgendes angeführt: „Der erste Absatz ihres Antrages (auf den ersten Absatz des Paragraphen bezüglich) wolle die im Entwurfe ausgedrückte Begünstigung nicht nur den Steuerpflichtigen der Klasse I, sondern allen Erben, zugute kommen lassen. Der Grund für die Begünstigung liege eben nicht sowohl in den Verhältnissen der einzelnen Erben, als in der Besonderheit der landwirtschaftlichen Verhältnisse. Der Absatz 2 erweitere die Frist für die in Absatz 2 des Entwurfs vorgesehene Ermäßigung von zwei auf acht Jahre (durch Kommissionsbeschluß der zweiten Lesung auf zehn ausgedehnt) und wolle für die ersten drei Jahre (nach Beschluß der zweiten Lesung fünf Jahre) nicht nur eine Ermäßigung der Steuer, sondern eine Befreiung von derselben eintreten lassen; hier sei die Beschränkung auf die Steuerpflichtigen der Klasse I gerechtfertigt. Die Ausnahmebestimmung rechtfertige sich um deswillen, weil durch häufigere Erbschaftssteuerzahlungen in kurzer Aufeinanderfolge der ländliche Grundbesitz leicht zugrunde gerichtet werden könne. In Betracht komme gerade der freie mittlere und kleine Grundbesitz; für den großen gebundenen Besitz schlage ihr Antrag zu § 20 des Entwurfs (§ 18 des Gesetzes, vgl. unten Note 7 zu § 18) eine Milderung vor."

3. Der Regierungsentwurf hatte ferner nur von „land- und forstwirtschaftlichen Grundstücken" gesprochen, ohne dafür im Gesetz eine nähere Erklärung, wie sie jetzt nach Maßgabe eines Beschlusses der Kommission des Reichstages Aufnahme gefunden hat, zu geben. In den Motiven der Regierung wird der Begriff der land- und forstwirtschaftlichen Grundstücke folgendermaßen erläutert:

„In Ansehung der landwirtschaftlichen und forstwirtschaftlichen Grundstücke ist eine Begriffsbestimmung im BGB. nicht gegeben, doch wird der Begriff als feststehend vorausgesetzt (vgl. §§ 591, 592 BGB., Art. 64, 164 des zugehörigen EG.). Es werden hiezu alle Grundstücke zu rechnen sein, welche zu einem land- oder forstwirtschaftlichen Betriebe bestimmt sind. Zu den landwirtschaftlichen Grundstücken zählen danach u. a. auch die Landgüter (BGB. § 98 Nr. 2); doch kommt es auf die Lage des Grundstücks in Stadt oder Land nicht an. Wie einerseits auch in der Stadt ein landwirtschaftlicher Betrieb denkbar ist, so dienen auch häufig ländliche Grundstücke — Landhäuser als solche, Gebäude der im § 98 Nr. 1 a. a. O. bezeichneten Art u. a. m. — nicht landwirtschaftlichen Zwecken.

Es ist auch der Fall nicht ausgeschlossen, daß der in ländlichem Besitze bestehende Nachlaß eines Erblassers nur zum Teil zu den ländlichen Grundstücken im Sinne des § 17 (jetzt § 15) gehört.

Gebäude sind wie land- oder forstwirtschaftliche Grundstücke zu behandeln, soweit sie zu den Bestandteilen der letzteren gehören (§§ 94, 95 BGB.)."

Aus dem Kommissionsbericht des Reichstags zu der oben berührten Abänderung ist nur herauszuheben, daß derselbe sagt: „zu den Gebäuden, wovon Abs. 1 (des Gesetzes) rede, gehörten auch die forst- und landwirtschaftlichen Nebenbetrieben (z. B. Brennereien u. dgl.) dienenden Gebäulichkeiten nebst Zubehör (§§ 97 und 98 BGB.)." Was als land- und forstwirtschaftliches Grundstück hier in Frage kommen soll, ist danach im allgemeinen geklärt. Über den Begriff des Landgutes vgl. Planck, Kommentar zum BGB. Note 3 zu § 98.

Die Frage, ob ein Grundstück dauernd land- oder forstwirtschaftlichen Zwecken zu dienen bestimmt ist, wird stets nach den Verhältnissen, wie sie beim Erbfall, also beim Tode des Erblassers bestanden, zu entscheiden sein. Nach diesem Zeitpunkte eintretende Veränderungen in der Eigenart der Grundstücke sind ebensowenig zu berücksichtigen wie der Verwendungszweck, den der neue Erwerber mit denselben verfolgt. Folgeweise muß es ohne Einfluß bleiben, wenn der Erwerber in kürzerer oder längerer Frist nach seinem Erwerb die Grundstücke veräußert, obwohl in diesem Falle der innere Grund für die Nichterhebung der Steuer hinfällig wird; es ist dieses ausdrücklich anerkannt in einem Erl. d. PrFM. vom 17. September 1909 III 14307, welcher im Einverständnis mit dem Reichskanzler (Reichsschatzamt) ergangen ist; desgleichen in Verf. BdStd. vom 1. Februar 1909 Nr. 3796, während die Praxis dort zunächst anders war vgl. Verf. BdStd. vom 3. Dezember 1906 Nr. 35058, vom 24. Juli 1907 Nr. 20077 und E. Zimmermann Note 4 zu § 15. Ebenmäßig wird man die Vorschrift auch dann anzuwenden haben, wenn der Erblasser testamentarisch den Verkauf angeordnet hatte und der Verkauf nach dem Rechtserwerb des Erben erfolgte. [Nach einer von U. Hoffmann 2. Aufl. Anm. 1a zu § 15 angeführten Verf. PrFM. vom 20. Oktober 1909 III 16881 finden § 15 und § 16 Abs. 2 auch auf bloße Landstücke, welche nicht selbständig bewirtschaftet, sondern nur verpachtet werden können, Anwendung.] Schwierigkeiten werden namentlich entstehen bei der Entscheidung über Grundstücke, für welche die Spekulation behufs einer höheren Verwertung derselben einsetzt, so namentlich bezüglich des Grundbesitzes in der Nähe bewohnter Orte. Daß auf Spekulationsgrundstücke die Vorschrift des § 15 Abs. 1 keine Anwendung finden solle, steht speziell auch nach den Verhandlungen im Plenum des Reichstags (vgl. Stenographische Reichstagsberichte XI. Legislaturperiode II. Session 1905/06 S. 3353) außer Zweifel; in der tatsächlichen Frage liegt die Schwierigkeit, die durch den mit Rücksicht hierauf erfolgten Zusatz des Wortes „dauernd" keineswegs voll beseitigt ist. Hat der Erblasser die Grundstücke ausgesprochenermaßen oder nach Lage der Sache lediglich oder wesentlich zu Spekulationszwecken gekauft, so kann die Vorschrift des § 15 Abs. 1 nicht Platz greifen, wenngleich die Grundstücke tatsächlich beim Erbfall noch wie früher in landwirtschaftlicher Nutzung stehen. Gehören anderseits zu einem unbedingt landwirtschaftlichen größeren Besitz des Erblassers von alters her Grundstücke in der Nähe der Ortslage, welche beim Erbfall unverändert und im Zusammenhang mit dem Gesamtbesitz landwirtschaftlich genutzt werden, so muß auf sie die teilweise Nichterhebung der Steuern Anwendung finden trotz der gegebenen Möglichkeit oder

Wahrscheinlichkeit, daß sie über kurz oder lang als Baugrund zur Verwendung gezogen werden können; es dürfte hieran auch nichts ändern, wenn in der Nähe belegene Grundstücke bereits zu Spekulationszwecken gehandelt sein sollten. Die jeweiligen Umstände des einzelnen Falls werden hier stets mit besonderer Sorgfalt zu berücksichtigen sein. Daß ein Grasgarten nicht als landwirtschaftliches Grundstück anzusehen sei, ist ausgesprochen in Verf. SFM. vom 17. September 1910 Nr. 4500.

Bei der näheren Regelung der Ermittelung des Ertragswertes geben die BRAusfB. in den §§ 15—18 über verschiedene auch hier einschlägige Einzelfragen eine besondere Bestimmung, so darüber, inwieweit der Obst- und Gartenbau zu den landwirtschaftlichen Zwecken zu rechnen ist (§ 15), wann Grundstücke, bei denen die Ergebnisse des Wirtschaftsbetriebs, wie bei Sand- und Lehmgruben, Stein- oder Kalkbrüchen, Torfstichen usw. dem Boden unmittelbar entnommen werden, als land- oder forstwirtschaftlichen Zwecken dienende anzusehen sind (§ 16), welche zu den Grundstücken gehörende Gebäude als land- oder forstwirtschaftlichen Zwecken dienend betrachtet werden müssen (§ 17 Abs. 1), wie der Begriff des Zubehörs zu einem Grundstück sich näher bestimmt (§ 17 Abs. 2) und endlich inwiefern land- oder forstwirtschaftlich genutzte Grundstücke auch als Bauland in Frage kommen können (§ 18). Es sind hiezu die Noten 17, 18 und 19 zu § 16 zu vergleichen; über den Begriff des Zubehörs vgl. auch oben Note 2 zu § 7. Vieh, landwirtschaftliche Gerätschaften und dgl. können nur wenn sie zu einem landwirtschaftlichen Gute gehören, als dessen Zubehör angesehen werden; Verf. BdStd. vom 1. Februar 1907 Nr. 3528 (vgl. E. Zimmermann Note 2 zu § 15). Auf das Inventar ist der § 15 auch dann anzuwenden, wenn das Inventar eines verkauften landwirtschaftlichen Grundstücks dem Käufer geschenkt wird; Verf. SFM. vom 21. Mai 1908 Nr. 1991.

4. Die Vorschrift des Abs. 1 soll nur Platz greifen, wenn Grundstücke Gegenstand des Erwerbes bilden. Das Grundstück selbst muß also für den Erwerb in Frage kommen, sofern es sich lediglich um Rechte an Grundstücken handelt, kann die Nichthebung der Steuer nicht zur Geltung gelangen. Letzteres trifft namentlich bei dem Nießbrauch zu, bei welchem die Vorschrift des § 15 Abs. 1 in der gleichen Weise wie die Vorschrift des § 11 Ziff. 4 f (vgl. oben Note 13 zu § 11) keine Anwendung finden kann, wie sowohl in dem Schreiben des Reichskanzlers (Reichsschatzamt) vom 24. Mai 1910 II 6521 (ZfZuSt. 1910 S. 147) als in dem Erl. d. PrFM. vom 9. Mai 1910 III 8950 ausdrücklich hervorgehoben ist und für diesen Fall auch von dem Großh. hessischen Staatsministerium in dem Schreiben vom 17. August 1910 Nr. 6593 anerkannt ist; vgl. BOBl. der Bremischen Oberzolldirektion 1910 S. 205 und BlfBF. 1910 S. 248. Der Vorerbe ist nach § 27 Abs. 1 RESt G. als Nießbraucher steuerlich zu behandeln; dieses muß auch maßgebend für die Anwendbarkeit des § 15 Abs. 1 sein; da er steuerlich lediglich als Nießbraucher erscheint, ist er auch hier als solcher zu behandeln; die teilweise Nichterhebung der Steuer kann für die Vorerbschaft nicht in Frage kommen, mag letztere Grundstücke der fraglichen Qualifikation ausschließlich oder auch nur zu einem Teil umfassen. Bei dem nach § 3 Ziff. 1 steuerpflichtigen Eintritte eines Lehns- oder Fideikommißfalls geht zwar Eigentum, aber nur ein in bestimmter und hier nicht als maßgebend anzusehender Weise beschränktes Eigentum über; auch das wird für die Erfüllung der Vorschrift des § 15 Abs. 1, welche den

vollen Erwerb voraussetzt, nicht als genügend betrachtet werden können, zumal dieses bei Einfügung der fraglichen Vorschrift beabsichtigt war und solches durch die Kommissionsverhandlungen des Reichstages (S. 19) belegt wird, welche angeben: „In Betracht komme gerade der freie größere und kleinere Grundbesitz; für den großen gebundenen Besitz schlage ihr Antrag zu § 20 des Entwurfs (§ 18 des Gesetzes) eine Milderung vor"; dazu kommt, daß steuerlich der Eintritt eines Lehns- und Fideikommißfalls nach § 18 RESt G. nur als Nutzung in Betracht kommt und entsprechend zu behandeln ist; auch für einen Erwerb nach § 3 Ziff. 1, bei welchem entsprechend qualifizierte Grundstücke gerade vorwiegend in Betracht kommen dürften, findet demnach die Vorschrift des § 15 Abs. 1 keine Anwendung. Eine nähere Begründung für diese auch von anderen (vgl. U. Hoffmann Anm. 1 zu § 15 [desgleichen auch 2. Aufl. Anm. 4 zu § 15 jedoch mit einer gewissen Beschränkung]; E. Zimmermann Note 5 zu § 15) geteilten Auffassung gibt Dr. A. Hoffmann Anm. 3 zu § 15. In einem durch Schreiben des Reichskanzlers (Reichsschatzamt) vom 23. Januar 1911 II 531 den Bundesregierungen mitgeteilten Urt. d. RG. vom 29. November 1910 ist ausgeführt, daß die Steuervergünstigung des § 15 Abs. 1 sich nur auf den Erwerb von land- oder forstwirtschaftlichen Grundstücken bezieht, auf einen durch den Eintritt eines Fideikommißfalles herbeigeführten Erwerb daher nicht anwendbar ist, auch wenn zum Fideikommiß land- oder forstwirtschaftliche Grundstücke gehören.

5. Wie hinsichtlich der Steuerberechnung insgesamt und der Berechnung des nicht zur Hebung gelangenden Steuerbetrages zu verfahren, wenn land- und forstwirtschaftliche Grundstücke neben anderem Vermögen Gegenstand des Erwerbes sind, erläutern die Motive des Regierungsentwurfes in folgender Weise:

„Nach § 30 (jetzt § 28) wird die Erbschaftssteuer nach dem ganzen Erwerbe jedes einzelnen Beteiligten berechnet. Bilden daher den Gegenstand des Erwerbes eines einzelnen Beteiligten neben einem land- oder forstwirtschaftlichen Grundstücke noch andere Vermögensstücke, so würde die Erbschaftssteuer, insbesondere auch unter Berücksichtigung der im § 12 Abs. 2 (jetzt § 10 Abs. 2) vorgesehenen erhöhten Steuersätze, von dem Werte des gesamten Erwerbes zu berechnen sein, und nur von dem hienach auf das Grundstück verhältnismäßig entfallenden Teile der Erbschaftssteuer ein Viertel und im Falle des § 17 Abs. 2 (jetzt § 15 Abs. 2) die Hälfte unerhoben bleiben. Es würde also, wenn im Falle des § 17 Abs. 1 (jetzt § 15 Abs. 1) der Bruder des Erblassers ein landwirtschaftliches Grundstück im Werte von 90 000 Mk. und daneben andere Vermögenswerte im Betrage von 60 000 Mk. erbt, die Erbschaftssteuer nach Höhe von 6 vom Hundert von 150 000 Mk., also mit 9000 Mk., zu berechnen sein. Von den hiernach auf das Grundstück entfallenden drei Fünfteln des Erbschaftssteuerbetrags, mithin von 5400 Mk. würde ein Viertel oder 1350 Mk. unerhoben zu bleiben haben."

Die Ermittlung des Wertes und die Berechnung des Steuerbetrages im einzelnen und im ganzen hat also zunächst genau nach den dafür in den nachstehenden Paragraphen gegebenen allgemeinen Grundsätzen zu geschehen. Für die Wertermittlung der land- und forstwirtschaftlichen Grundstücke ist der zweite Absatz des § 16 maßgebend. Die entstandenen

Zweifel darüber wie bei der Berechnung der Steuer nach § 15 Abs. 1 die Vorschrift des § 28 Abs. 2 über die Abrundung auf volle Mark anzuwenden, ob der Gesamtsteuerbetrag, der auf die landwirtschaftlichen Grundstücke entfallende Betrag und das Viertel hievon je für sich auf volle Mark abgerundet und sodann durch Abrechnung des abgerundeten Viertels vom abgerundeten Gesamtbetrag der Steuerbetrag ermittelt wird, ob der Gesamtbetrag, der auf die landwirtschaftlichen Grundstücke entfallende Betrag und das Viertel hievon bis auf Pfennige berechnet und ausgeglichen wird und die Abrundung nur bei dem sich ergebenden endgültigen Steuerbetrage erfolgt, ist durch eine Verfügung des Reichskanzlers (Reichsschatzamt) vom 30. September 1908 II 8455 im letzteren Sinne entschieden, so daß also die Abrundung auf volle Mark nur einmal und zwar bei dem dem Steuerpflichtigen in Rechnung zu stellenden Betrage zu erfolgen hat: übereinstimmend Verf. d. PrFM. vom 8. Oktober 1908 III 17 498 (PrZBl. 1908 S. 394) und Entsch. d. Bayer. Staatsminist. d. Finanz. vom 12. Oktober 1908 26 742 (BlfBF. 1908 S. 227). Steht im Fall des § 15 Abs. 1 in Frage, daß die Entrichtung der Steuer einem anderen als dem Erwerber ausdrücklich auferlegt wurde, so ist über die Berechnung des Gesamterwerbs und der Steuer zu vergleichen ZfZuSt. 1908 S. 60 V; vgl. auch Note 1 zu § 31. Kommt die Vorschrift des § 15 Abs. 1 gleichzeitig mit der des § 14 Abs. 2 zur Anwendung, so ist zunächst die Steuer unter Berücksichtigung der ersteren Vorschrift (§ 15 Abs. 1) vollständig auszuwerfen und auf diesen Steuerbetrag der § 14 Abs. 2 anzuwenden; ein umgekehrtes Verfahren erscheint unzulässig. Beispielsweise ist, wenn es sich um den Erwerb eines Grundstücks-Vermächtnisses zum Werte von 580 Mk. durch einen zum Erblasser in keinem Verwandtschaftsverhältnis Stehenden handelt, die Steuer zunächst mit 10% von 580 Mk. also mit 58 Mk. auszuwerfen, sodann ist nach der Vorschrift des § 15 Abs. 1 ein Viertel = 14 Mk. 50 Pf. von diesem Betrage abzusetzen, so daß sich eine Steuersumme von 43 Mk. 50 Pf. ergibt, welche gemäß § 28 Abs. 2 auf 43 Mk. abzurunden wäre; nunmehr endlich ist dem § 14 Abs. 2 Rechnung zu tragen und folgeweise die letztere Steuersumme auf 40 Mk. (80 Mk. : 2) zu ermäßigen. Es ist aber nicht auf den 10% Steuerbetrag von 580 Mk. = 58 Mk. die Steuerermäßigung nach § 14 Abs. 2 in Anwendung zu bringen und von der danach erzielten Summe = 40 Mk. nach § 15 Abs. 1 ein Viertel = 10 Mk. abzuziehen, so daß das Endergebnis 30 Mk. betragen würde. Die Frage, wem tatsächlich die Vergünstigung des § 15 zugute zu rechnen, hat die Verf. BdStd. vom 10. November 1906 Nr. 31 608 dahin entschieden, daß die Begünstigung in erster Linie demjenigen, der nach der Bestimmung des Erblassers die land- oder forstwirtschaftlichen Grundstücke erhalten soll, beim Mangel einer solchen letztwilligen Verfügung des Erblassers aller Erben nach dem Verhältnis ihrer Erbanteile zukommt. Letztere Berechnung hat auch stattzufinden ohne Rücksicht auf die tatsächliche Auseinandersetzung zwischen den Erben; Verf. BdStd. vom 22. August 1907 Nr. 21 747.

Zu Absatz 2:

6. Steuerpflichtige der Klasse I sind die leiblichen Eltern, die voll- und halbbürtigen Geschwister und die Abkömmlinge ersten Grades von Geschwistern. Bezüglich der Bestimmung der Verwandt-

schaft greift lediglich dasjenige Platz, was oben zu § 10 in den Noten 5ff. ausgeführt worden ist.

7. Die Befreiung bzw. die weitergehende Steuerermäßigung für die Steuerpflichtigen der Klasse I nach Abs. 2 des Paragraphen kann überhaupt erst in Frage kommen, wenn das betreffende land- oder forstwirtschaftliche Grundstück zum zweiten Male unter dem REStG. Gegenstand eines steuerpflichtigen Erwerbes geworden ist. Der steuerpflichtige Erwerb unter der früheren Erbschaftssteuergesetzgebung eines Bundesstaates kann, wenn wiederum ein steuerpflichtiger Erwerb unter dem REStG. vor Ablauf des Zeitraums von fünf bzw. zehn Jahren nach jenem ersten Erwerb stattfindet, die Befreiung bzw. weitergehende Steuerermäßigung nicht begründen. Ebensowenig würde solches aber auch möglich sein, wenn der erste innerhalb der betreffenden Zeit liegende Erwerb sich zwar unter dem REStG., aber als ein steuerfreier vollzogen hätte, denn auch die Steuerpflichtigkeit des ersten Erwerbes ist Voraussetzung für die Anwendbarkeit der Vorschrift des Abs. 2 des Paragraphen; entsprechend wird jeder frühere steuerfreie Übergang unberücksichtigt zu bleiben haben. Sind die Grundstücke nur zu einem Teil Gegenstand eines steuerpflichtigen Erwerbs gewesen, so tritt die Steuerermäßigung lediglich dementsprechend ein, weil das Gesetz letztere nur zuläßt, soweit ein steuerpflichtiger Erwerb stattgefunden hat. Ohne Einfluß ist es zu welchem Betrage, ob voll, ob unter Ermäßigung, die Steuer in dem früheren Falle steuerpflichtigen Erwerbes gezahlt ist, denn das Gesetz verlangt einen steuerpflichtigen Erwerb überhaupt; ob der letztere auf Erbfall oder auf Schenkung beruht, macht gleicherweise keinen Unterschied für die Anwendbarkeit des Abs. 2 aus. Der frühere steuerpflichtige Erwerb muß sich selbstredend auf das Grundstück als solches, nicht etwa nur auf die Nutzungen desselben bezogen haben, vgl. oben Note 4. Für die Steuerberechnung im Falle des zweiten Satzes finden dieselben Grundsätze wie zu Abs. 1 statt, vgl. oben Note 5.

8. Nach dem Regierungsentwurf sollte die weitere Begünstigung der Steuerpflichtigen der Klasse I überhaupt nicht eintreten, wenn die Grundstücke innerhalb der maßgebenden Zeit gegen Entgelt veräußert wurden. Durch die Kommission des Reichstages ist hier dem Gesetz eine Ausnahme bezüglich derjenigen entgeltlichen Veräußerungen, welche an die dem Veräußerer gegenüber in einem die Befreiung von der Erbschaftssteuer begründenden Verhältnisse stehenden Personen erfolgten, eingefügt, ohne daß in dem Kommissionsberichte eine Begründung für diese Abänderung gegeben wäre. Als Personen, welche dem Veräußerer gegenüber in einem die Befreiung von der Erbschaftssteuer begründenden Verhältnisse stehen, können nur solche Personen in Frage kommen, welche eine volle Steuerbefreiung nach ihrem Verhältnis zu dem Veräußerer genießen würden, also nur die nach Maßgabe des § 11 Ziff. 4a—d voll befreiten Abkömmlinge und Ehegatten; die Befreiung nach Ziff. 4e—h übt keinen Einfluß aus.

Zu Absatz 3:

9. Die Vorschrift des Abs. 3 hat eine praktische Bedeutung nur, wenn es sich im Falle des Abs. 2 um eine vollständige Befreiung von der Erbschaftssteuer für das land- oder forstwirtschaftliche Grund-

stück neben anderem steuerpflichtigen Vermögen handelt. Es kommen sodann die Ausführungen zu § 9 in Betracht. Für die Fälle, in denen neben dem § 15 Abs. 3 der § 9 Abs. 2 und der § 11 Ziff. 4 f in Frage kommen, gibt bezüglich der Verteilung der Schulden und Lasten erläuternde Beispiele Mirre, ZfZuSt. 1907 S. 283 II.

V. Ermittelung des Wertes der Masse.

Vorbemerkungen zu §§ 16—20.

1. Bezüglich der Ermittelung des Wertes der Masse sind in dem Gesetz zunächst unter dem mit dieser Beischrift bezeichneten Abschnitt die Grundsätze für die regelmäßigen Erbschaftserwerbfälle gegeben und dem sind sodann in eigenen Abschnitten die für gewisse Sonderfälle anzuwendenden Grundsätze nachgestellt, so die bei bedingtem Erwerb (VI), die bei bedingter Belastung (VII), die für unsichere Rechte (VIII) und die beim Erwerb von Vermögen ohne die Nutzung (IX).

2. In den Bestimmungen für die regelmäßigen Fälle, welche den vorliegenden Abschnitt begreifen, ist wiederum der allgemeine Grundsatz für die Wertermittlung, welcher Wert derselben zugrunde zu legen und der Wert welches Zeitpunkts zugrunde zu legen, an die Spitze gestellt (§ 16) und danach sind Spezialvorschriften bezüglich der auf bestimmte Zeit beschränkten Nutzungen oder Leistungen (§ 17), bezüglich der Leibrenten usw. (§ 18), bezüglich der von der Lebenszeit mehrerer Personen abhängenden Nutzungen (§ 19) und bezüglich der regelmäßigen Wertannahme bei der Nutzung eines Geldbetrages (§ 20) gegeben. Die Grundsätze finden in gleicher Weise Anwendung für die Ermittlung des Wertes sowohl der gesamten Masse wie einzelner Teile derselben und zwar auch dann, wenn letztere eine selbständige Bedeutung für die Berechnung der Steuer haben.

§ 16.

Der Ermittelung des Betrags der Masse wird der Wert zur Zeit des Anfalls zu Grunde gelegt.

Bei Grundstücken der im § 15 Abs. 1 bezeichneten Art wird der Ertragswert zu Grunde gelegt. Als Ertragswert gilt das Fünfundzwanzigfache des Reinertrags, den die Grundstücke nach ihrer bisherigen wirtschaftlichen Bestimmung bei ordnungsmäßiger Bewirtschaftung nachhaltig gewähren können.

Vergl. BRAusfB. §§ 14—22, sowie Muster 4, Abschnitt 1, III, A.

Zu Absatz 1.

1. Unter dem Betrag der Masse ist der Geldbetrag derselben zu verstehen, welcher zunächst als Grundlage für die weitere Steuerfestsetzung zu ermitteln ist; denn die Steuer ist nach Prozentsätzen zu dem Geldbetrage der Erbschaftsmasse festzulegen und naturgemäß auch in Geld zu entrichten. Demgemäß ist „Wert" hier zunächst gleichbedeutend mit Geldwert, da Geld allein den allgemeinen und offiziell anerkannten Maßstab für die Ausgleichung der einen Wert in sich schließenden Gegenstände und Verhältnisse bildet.

2. Was im übrigen unter Wert zu verstehen ist, gibt das REStG. nicht näher an. Auch auf das BGB. können wir nicht zurückgreifen, da dieses, obwohl es häufig von Wert spricht, ebenmäßig eine Begriffsbestimmung dafür nicht gibt. Es fehlt uns also ein rechtlicher Begriff des Wertes und wir haben uns lediglich an den wirtschaftlichen Begriff zu halten und zwar an denjenigen Begriff, welcher dem Wert im praktischen, wirtschaftlichen Leben regelmäßig sowie allgemein und in erster Linie beigelegt wird. Danach ist der Wert aber durchweg mit dem Tausch- oder Verkaufswert identisch. Als Geldwert, wie er hier nur in Frage kommt, umfaßt also der Wert diejenige Geldsumme, welche aus einem Gegenstand oder Verhältnis zu einem bestimmten maßgebenden Zeitpunkt unter normaler, lediglich durch die regelmäßigen Eigenschaften des Gegenstandes oder Verhältnisses sich bestimmender Sachlage für jedermann zu erzielen ist, beziehungsweise für welche jedermann den Gegenstand unter normalen Verhältnissen an einen dritten abgeben würde oder abgeben könnte. In der Regel wird man diesen Wert durch Schätzung d. h. durch genaue Abwägung aller einzelnen maßgebenden Umstände und demnächstiger Bemessung nach ihrer zu berücksichtigenden Tragweite festzustellen haben und kann man insofern auch von einem Schätzungswert in diesem bestimmten Sinne sprechen. Wenn bei der Erbteilung oder in besonderen Abmachungen der Erbbeteiligten über die Erbschaft oder die Erbschaftsmasse für einzelne Gegenstände der letzteren ein bestimmter Wert festgesetzt ist, so sind derartige Wertfestsetzungen nicht ohne weiteres als zutreffend anzunehmen. Es hat in diesen Fällen vielmehr stets eine nähere Prüfung stattzufinden, bei der namentlich und in erster Linie zu ermitteln ist, ob die Erbbeteiligten den wahren Wert festzustellen beabsichtigt haben oder ob sie aus besonderen, in den sonstigen Verhältnissen liegenden Rücksichten eine eigene, den wirklichen gemeinen Wert nicht zum Ausdruck bringende Bewertung vorgenommen haben. Ist zweifellos der erstere Fall gegeben, so wird für die Regel die Wertfeststellung als zutreffend anerkannt werden können, während im letzteren Falle eine derartige Anerkennung niemals stattfinden darf. Vgl. Note 6 zu § 1.

3. In erster Linie ist zu berücksichtigen, daß es sich stets nur um einen objektiven Wert handeln kann, also um einen Wert, welchen der Gegenstand usw. als solcher und an und für sich, gleichgültig in wessen Besitz er sich befindet oder kommt, hat, welchen derselbe also auch für jedermann in demselben Maße haben muß. Es ist der Wert, den der Gegenstand usw. abstrakt im wirtschaftlichen Verkehr auf dem Markte darstellt. Darunter ist aber nicht zu verstehen, daß nur ein Durchschnittswert in Rücksicht gezogen werden darf; es sind vielmehr im

Gegenteil bezüglich des einzelnen Gegenstandes alle Momente zu berücksichtigen, welche auf den Wert erhöhend oder vermindernd wirken, sofern sie nur diese Wirkung bleibend, allgemein und für jedermann haben. Beispielsweise ist bei einem Grundstück die größere oder geringere Fruchtbarkeit, bei einer beweglichen Sache deren bessere oder schlechtere Beschaffenheit und Nutzbarkeit für ihren eigentlichen Zweck entsprechend in Rechnung zu ziehen.

4. Demgegenüber muß also alles dasjenige außer Betracht bleiben, was lediglich als **subjektives Moment** im besonderen Fall einen Einfluß auf die Höhe des Wertes ausübt, also alles dasjenige, was den Wert eines bestimmten Gegenstandes nur dadurch erhöht oder vermindert, daß gerade diejenige Person, welche den Gegenstand tatsächlich erwirbt, in den Besitz desselben gelangt. So wenn jemand ein Grundstück erhält, welches er besonders nutzbringend zu einem nur in seiner Person oder in seinen früher schon vorhandenen Besitzverhältnissen gegebenen Zweck gebrauchen kann und deshalb höher wie jeder andere bewerten muß. Oder es ist jemand im Besitz einer Reihe von zusammengehörigen Einzelgegenständen, welche wiederum auch als Ganzes einen besonderen Wert besitzen und erhält nun den einzigen ihm aus dieser Reihe noch fehlenden Einzelgegenstand, so daß er nunmehr die Reihe vollständig hat und durch diese Vervollständigung gleichzeitig auch noch den höheren Wert, welchen die Reihe als ein vollständiges Ganzes hat, erwirbt. Es folgt hieraus speziell auch, daß man nicht sagen kann, jede Bereicherung aus einem Anfall sei in vollem Umfang unter Steuerpflicht gestellt, denn eine Bereicherung liegt auch in jenen subjektiven Momenten, welche bei der Berechnung der Erbschaftssteuer nicht mit in Ansatz gebracht werden dürfen. Ein eigenartiges subjektives Moment bildet sodann der sogen. Affektionswert, welcher darauf beruht, daß jemand, sei es aus diesem sei es aus jenem Grunde, eine besondere Vorliebe für einen Gegenstand besitzt und denselben lediglich um dieserhalben höher einschätzt.

5. Als Wert im Sinne des REStG. ist ferner nur der **ordentliche, der bleibende oder normale Wert** anzusehen, mithin derjenige Wert, den ein Gegenstand vermöge seiner regelmäßigen Eigenschaften und seines bleibenden Zustandes für eine seinem Wesen entsprechende Zeitdauer besitzt. Dadurch ist aber keineswegs ein Wechsel in der Höhe des Wertes, ein Auf- und Niedersteigen desselben ausgeschlossen, nur muß natürlich dieser Wechsel auch wieder in den regelmäßigen und normalen Verhältnissen liegen. Letzteres tritt uns am deutlichsten ausgesprochen in dem Börsen- oder Markt-Wert beziehungsweise -Preis entgegen, worunter derjenige Wert oder Preis zu verstehen ist, welcher für eine Sache bestimmter Gattung und Art von durchschnittlicher Güte an dem Handelsplatze, wo sie einen Markt hat, und in dessen Handelsbezirke zu einer gewissen Zeit im Durchschnitt gewährt wird. Der Börsen- und Marktwert ist stetig ein mehr oder weniger schwankender; wo er aber anwendbar ist, muß man ihn ansetzen. Ebenso steht es mit dem Kurswert, d. i. dem Börsenpreis für Wertpapiere. Aber auch bezüglich sonstiger Gegenstände kann ein Wechsel im Wert in völlig normaler Weise eintreten, dem entsprechend Rechnung zu tragen ist. Es sei in dieser Richtung nur auf die Verschiebung in den Grundstückpreisen hingewiesen.

6. Nicht in Betracht zu ziehen sind auf der anderen Seite die außerordentlichen Werte, das sind diejenigen, welche nur vorübergehend durch außerordentliche Umstände gegeben und daher nicht als bleibende zu betrachten sind. In gewissem Sinne wird man als hierunter fallend auch jene subjektiven Momente ansehen können, welche wir oben in Note 4 schon erörtert haben. Im übrigen ist hier alles herzurechnen, was einem Gegenstand nur vorübergehend zu einem gewissen Zeitpunkt einen höheren oder niederen Wert verleiht, einen Wert, der gegenüber der dauernden Beschaffenheit der Sache nicht zu halten ist.

7. Der innere Wert d. i. derjenige Wert, welchen ein Gegenstand ausschließlich bezüglich seiner Substanz ohne Rücksicht auf seine Ausgestaltung und sonstigen Umstände hat, wird regelmäßig nicht als ausschlaggebend anzusehen sein, wenn er auch nebenher als bestimmend mit in Betracht kommen kann. Die Bewertung muß sich auf alle die dauernden Eigenheiten und Eigenschaften, welche zur Zeit der Bewertung vorhanden sind, erstrecken; sie muß die äußere Ausgestaltung und alles, was dadurch für Brauchbarkeit usw. erreicht worden ist, ebenso wie den inneren Gehalt berücksichtigen. Dementsprechend kommt beispielsweise für einen durch Verarbeitung hergestellten Gegenstand nicht der Materialwert, sondern der Gebrauchswert des Gegenstandes, der Wert, den er durch die Verarbeitung erlangt hat, in Betracht. Daß stets der dauernde Wert der Verarbeitung zu berücksichtigen, ist selbst bis in die letzten Konsequenzen durchzuführen; der Grundsatz gilt auch da, wo der Materialwert gegenüber der Verarbeitung so gut wie ganz verschwindet. Gleichzeitig ist aber auch auf die Eigenart der Verarbeitung Rücksicht zu nehmen, sofern dadurch ein bleibender höherer Wert für einen Gegenstand geschaffen wird. Dementsprechend wird namentlich unter Umständen der Kunstwert mit in Betracht kommen müssen. Beispielsweise wird bei einem künstlerisch ausgestalteten Goldgefäß nicht der Goldwert, auch nicht der durch die Verarbeitung als solche erzielte Gebrauchswert, sondern der Kunstwert, der durch die künstlerische Ausgestaltung bedingt ist, in Rechnung zu ziehen sein. In weiterer Konsequenz führt dieses dazu, daß Werte, welche lediglich auf gewissen Eigenheiten des Güterverkehrs beruhen und eigentlich nur durch diese zur Entstehung kommen, eine gewisse Dauer vorausgesetzt, ebenmäßig Berücksichtigung zu finden haben. Hieher fallen speziell der Altertumswert und der Sammlungswert, welche beide je nach der Sachlage voll in Ansatz kommen müssen. Bei letzterem kann es sogar vorkommen, wie z. B. bei Briefmarken, daß ein Gegenstand denjenigen Wert, der ihm nach Maßgabe seines Zwecks innewohnt, bereits völlig verloren hat, aber als Sammlungsgegenstand wieder einen anderen unter Umständen weit höheren Wert gewonnen hat.

8. Der Ertragswert d. i. derjenige Wert, welcher lediglich nach Maßgabe des Reinertrages bemessen wird, der aus einem Gegenstand zu der gegebenen Zeit tatsächlich erzielt wird beziehungsweise zu erzielen ist, kommt regelmäßig nicht in Frage, schon weil er nicht alle Momente, welche für die Wertbestimmung maßgebend sind, berücksichtigt und aus diesem Grunde sich unter Umständen abweichend stellen wird, und dann wohl für die Regel geringer. Kraft der eine Ausnahme von der allgemeinen Regel bildenden Vorschrift im Abs 2 des Para-

graphen ist aber der Ertragswert in besonderen dort hervorgehobenen Fällen zur Anwendung zu bringen, vgl. unten Note 15ff.

9. Der Wert, wie ihn das REStG. nach seiner allgemeinen Vorschrift im Abs. 1 auffaßt, stimmt demnach durchweg mit dem überein, was man früher als „gemeiner Wert" zu bezeichnen pflegte. Das BGB. kennt hiefür nur den einfachen Ausdruck „Wert" und dem hat sich das REStG. angeschlossen. Der Anregung statt der Worte „der Wert" „der gemeine Wert (Verkaufswert)" zu setzen, um dadurch zum bestimmten Ausdruck zu bringen, daß der außerordentliche Nutzen, den eine Sache nur unter gewissen Verhältnissen oder nur für gewisse Personen gewähren kann, sowie der Wert der besonderen Vorliebe nicht zu berücksichtigen ist, wurde daher nicht stattgegeben, weil durch das Wort „Wert" schon das gleiche zum Ausdruck gebracht werde. Dahingegen haben die BRAusfB. im § 14 auf den Ausdruck wieder zurückgegriffen, indem sie ausdrücklich sagen, der Ermittelung des Betrags der Masse sei der „gemeine Wert" zugrunde zu legen, und weiter erklären: „Unter dem gemeinen Wert ist der Verkaufs- oder Verkehrswert zu verstehen, der durch den Preis bestimmt wird, welcher im gewöhnlichen Geschäftsverkehre nach der Beschaffenheit des Gegenstandes ohne Rücksicht auf andere ungewöhnliche oder persönliche Verhältnisse zu erzielen ist.". Dieses deckt sich vollkommen mit unseren vorgehenden Ausführungen.

10. Wann der Anfall erfolgt, bestimmt sich wiederum nach den betreffenden Grundsätzen des BGB. Bezüglich der Erbschaft kommt hier einesteils der erste Absatz des § 1922:

„Mit dem Tode einer Person (Erbfall) geht deren Vermögen (Erb- „schaft) als Ganzes auf eine oder mehrere andere Personen (Erben) „über."

anderenteils der erste Absatz des § 1942:

„Die Erbschaft geht auf den berufenen Erben unbeschadet des Rechtes „über, sie auszuschlagen (Anfall der Erbschaft)."

in Betracht. Dementsprechend hat das BGB. den Grundsatz „Der Tote erbt den Lebendigen" angenommen. Der Anfall erfolgt mit dem Tode des Erblassers und gleichzeitig vollzieht sich kraft Gesetzes, von Rechts wegen, der Erbschaftserwerb, ohne daß es dazu einer besonderen Antrittshandlung oder Erklärung bedarf. Vermöge des zugelassenen Ausschlagungsrechts ist der Erbschaftserwerb allerdings zunächst nur ein vorläufiger, der dann aber durch Annahme oder Versäumung der Ausschlagsfrist zum endgültigen wird. Für die Bestimmung des Zeitpunkts des Anfalls in erbschaftssteuerlicher Beziehung ist der letztere Umstand im allgemeinen indifferent. Übereinstimmend ist die Regelung des Anfalls des Vermächtnisses, für welchen der § 2176 BGB. in Frage kommt:

„Die Forderung des Vermächtnisnehmers kommt, unbeschadet des „Rechtes, das Vermächtnis auszuschlagen, zur Entstehung (Anfall des „Vermächtnisses) mit dem Erbfalle"

und die des Anfalls des Pflichtteils, den Abs. 1 des § 2317 bestimmt:

„Der Anspruch auf den Pflichtteil entsteht mit dem Erbfalle."

In beiden Fällen ist der Zeitpunkt des Anfalls der Regel nach der des Erbfalls, also der des Todes des Erblassers. Das Ausschlagungsrecht beim Vermächtnis hat die gleiche Bedeutung wie bei der Erbschaft.

Für den Nachlaß eines Verschollenen kann der Anfall erst durch die rechtsgültige gerichtliche Todeserklärung erfolgen, ebenso wie auch dann erst eine Steuerpflicht entstehen kann, vgl. oben Note 7 zu § 1. Maßgebend für die Wertfeststellung ist danach in diesem Falle der Zeitpunkt, zu welchem das die Todeserklärung aussprechende Urteil die Rechtskraft erlangt, und nicht etwa der in dem Urteil festgestellte Zeitpunkt des Todes des Verschollenen.

In denjenigen Fällen, in welchen ein Erwerb nach den besonderen Vorschriften des REStG. in § 1 Abs. 2 und in den §§ 2—4 als ein Erwerb von Todes wegen zu gelten hat, kann ein Anfall, wie er sonst durch den Tod des Erblassers begründet wird, regelmäßig nicht in Betracht kommen; hier steht dem Anfall teils der tatsächliche Erwerb, teils der Abschluß eines Rechtsgeschäfts usw. gleich; in demselben Maße wie letztere Umstände für das Entstehen der Steuerpflicht maßgebend sind (vgl. oben die Noten 14, 15 und 16 zu § 1, die Noten 3, 9 und 10 zu § 2, die Noten 3 und 14 zu § 3 sowie die Noten 2, 3, 4 und 6 zu § 4), müssen sie auch den Zeitpunkt für die Wertermittlung bestimmen.

11. An und für sich setzt jeder Anfall die Existenz des Erwerbers zur Zeit des Anfalls voraus. Nach dieser Richtung hin sind aber zwei Sonderbestimmungen als Ausnahmefälle herauszuheben, nämlich einmal der Abs. 2 des § 1923 BGB.:

„Wer zur Zeit des Erbfalls noch nicht lebte, aber bereits erzeugt „war, gilt als vor dem Erbfalle geboren."

und ferner der § 84 BGB.:

„Wird die Stiftung erst nach dem Tode des Stifters genehmigt, so „gilt sie für die Zuwendungen des Stifters als schon vor dessen Tode „entstanden."

In beiden Fällen erfolgt der Anfall tatsächlich erst nach dem Tode des Erblassers (mit der Geburt beziehungsweise Genehmigung), er ist dann aber nach Maßgabe der vorbezeichneten Gesetzesvorschriften auf den Tod des Erblassers in seinen Wirkungen zurückzubeziehen. Letzteres hat gleicherweise in erbschaftssteuerlicher Beziehung Platz zu greifen; auch für die Wertermittelung zu der Erbschaftssteuer bestimmt der Tod des Erblassers den Zeitpunkt des Anfalls. Ob es sich um den Anfall einer Erbschaft oder den eines Vermächtnisses handelt, macht hiefür keinen Unterschied aus; vgl. Planck, Kommentar zum BGB. Note 1 zu § 84, Note 2 zu § 2176.

12. Für Fälle, in denen als Ausnahme von der allgemeinen Regel nach den Bestimmungen des BGB. der Anfall nicht mit dem Tode des Erblassers eintritt wie bei dem bedingten oder zeitlich ungewissen Erwerb (BGB. §§ 2074, 2177, 2178) und dem Erwerb des Nacherben (BGB. § 2139) oder des Nachvermächtnisnehmers (BGB. § 2191) trifft das REStG. in den §§ 21, 23, 27 besondere Bestimmungen. Nicht unter die vorerwähnten besonderen Regelungen fällt übrigens eine Zeitbestimmung, welche sich nach sachgemäßer Auslegung als ein dies certus an certus quando charakterisiert und dementsprechend nur als eine Betagung anzusehen ist; im Fall einer solchen findet lediglich eine Wertermittelung nach dem allgemeinen Grundsatz des § 16 statt, vgl. Note 5 zu § 23 und Note 6 zu § 54.

13. Die Wertermittelung ist also regelmäßig für den Augenblick des Todes des Erblassers vorzunehmen. Die Notwendigkeit, gesetzlich einen festen Zeitpunkt für die Wertermittelung zu bestimmen, ist schon dadurch gegeben, daß der Wert durchweg kein stetig festliegender und unveränderlicher ist, sondern vielmehr fortgesetzt durch neue Einflüsse berührt und dadurch zu einem zeitlich wechselnden wird. Bei der Wertermittelung sind alle diejenigen dieselbe beeinflussenden Umstände, welche in dem maßgebenden Zeitpunkte schon vorhanden waren, in einer entsprechenden Weise zu berücksichtigen; es gilt dieses ebensowohl für die Werterhöhungen wie für die Wertverminderungen. Andererseits sind alle bezüglichen werterhöhend oder wertvermindernd wirkenden Umstände, welche erst nach dem entscheidenden Augenblicke eintreten, außer acht zu lassen; vgl. dazu Entsch. d. Bayer. VGH. vom 26. November 1906, BlfVF. 1907 S. 142. Demgemäß ist bei Wertpapieren ein Kursrückgang zu berücksichtigen, wenn er unmittelbar vor dem Tode des Erblassers eintritt, nicht aber, wenn er unmittelbar nach demselben sich vollzieht; allein entscheidend ist der Kurswert im Augenblick des Todes des Erblassers. Bei Lotterielosen oder Anteilscheinen aus Prämienanleihen ist derjenige Wert in Ansatz zu bringen, den die fraglichen Lose oder Anteilscheine beim Tode des Erblassers bereits haben, mithin der Kurswert oder der Wert, zu welchem sie im wirtschaftlichen Leben zu veräußern sind, nicht aber ein Gewinn, welcher auf Los oder Anteilschein erst nach dem für die Wertfestsetzung entscheidenden Augenblick entfällt. In jenem Kurs- oder Veräußerungswert kann sich die Aussicht auf den Gewinn, die mehr oder weniger große Gewinnwahrscheinlichkeit allerdings schon ausprägen und ist dementsprechend zu berücksichtigen, da es sich hiebei um eine im entscheidenden Augenblick bereits vorhandene Eigenart handelt, welche auch im regelmäßigen wirtschaftlichen Verkehr stets nach Vorhandensein berücksichtigt wird. Bei einem Prämienanlehen mit zeitlich getrennter Serien- und Nummernziehung ist danach ein beim Tode des Erblassers bereits in der Serie gezogener Anteilschein zu dem besonderen Kurs- oder Veräußerungswert, den er als bereits in der Serie gezogen hat und der in der Regel höher, oft erheblich höher als der Kurswert der nicht in der Serie gezogenen Anteilscheine zu sein pflegt, in Ansatz zu bringen und ist es dabei von keinem Einfluß, ob bei der nach dem Tode des Erblassers erfolgenden Nummernziehung ein höherer Gewinn oder nur der hinter dem früheren Kurswert durchweg und häufig stark zurückbleibende Normalsatz auf den Anteilschein entfällt. Auch hierin zeigt es sich schon, daß bei der Wertermittelung für einen bestimmten Zeitpunkt doch Momenten, die erst in der Zukunft zur eigentlichen und vollen Wirkung gelangen, in gewisser Weise bereits Rechnung zu tragen ist; es ist dabei aber vorausgesetzt, daß für den allgemeinen wirtschaftlichen Verkehr das fragliche Moment immer schon eine feste den Wert beeinflussende Bedeutung hat und daß die Bewertung nur nach Maßgabe dieser bereits vorhandenen Bedeutung stattfindet. Wenn beispielsweise durch eine vor dem Tode des Erblassers eintretende Verkehrsverschiebung ein bisher lediglich landwirtschaftlich genutztes Grundstück des Erblassers die Eigenschaft als Baustelle erworben hat, so ist dieses bei der Wertermittelung zu berücksichtigen, wenngleich beim Tode des Erblassers noch keine Veränderung in der Benutzung des Grundstücks eingetreten war und eine tatsächliche Verwertung als Baugrund sich erst später vollzieht; vgl. Note 3 zu § 15.

14. Über den Ort, auf welchen sich die Wertermittelung zu beziehen hat, trifft das Gesetz keine Bestimmung. Nach der ganzen Lage der Sache kann allgemein und in erster Linie nur derjenige Ort in Frage kommen, welcher rechtlich für den vererbten Gegenstand usw. entscheidend ist; die Persönlichkeit des Erblassers sowohl wie die des Erwerbers bleibt dabei außer Betracht. Bei körperlichen Gegenständen und solchen gleichstehenden Verhältnissen wird sich die Wertermittelung regelmäßig auf den Ort, an welchem sich die Gegenstände usw. befinden, zu beziehen haben, bei Rechten auf den Ort, an welchem sie auszuüben sind, beziehungsweise an welchem die Leistung zu erfolgen hat.

15. Einige praktische Folgerungen, welche sich daraus ergeben, daß für die Wertermittelung ausschließlich ein bestimmter Zeitpunkt nach dem Vorerörterten maßgebend sein muß, seien nachstehend noch besonders hervorgehoben. Der Preis, welchen der Erwerber bei dem Verkauf eines Nachlaßgegenstandes erzielt hat, ist keineswegs für die Wertfeststellung ohne weiteres maßgebend; er kann berücksichtigt werden, wenn in der Zeit vom Anfall bis zum Verkauf keine Veränderung im Wert des Gegenstandes sich vollzogen hat und nach Lage der Sache anzunehmen ist, daß bei dem Verkauf der gemeine Wert zugrunde gelegt ist (vgl. Urt. d. RG. vom 5. Juli 1901, JW. 1901 S. 665 Nr. 41); [nach einer von U. Hoffmann 2. Aufl. Anm. 1b zu § 16 angeführten Verf. PrFM. vom 4. Juni 1908 III 9632 kann, wenn die Beteiligten nach dem Anfall Nachlaßbestandteile verkauft haben, die Berücksichtigung des Preises weder zu ihrem Vorteil noch zu ihrem Nachteil verlangt werden, falls der Preis dem Wert beim Anfall nicht entspricht]; der Preis einer Veräußerung nach endgültiger Wertfeststellung oder nach Erlaß des Erbschaftssteuerbescheids unter dem früheren gemeinen Wert ist ohne Einfluß, auch wenn die Veräußerung für den Erwerber sich als eine Notwendigkeit erweist, denn es kann sich dabei nur um eine Wertminderung handeln, die nach dem Erbfall hervorgetreten und deshalb nicht zu berücksichtigen ist. In der gleichen Weise ist es belanglos, wenn ein Anspruch, der beim Erbfall vollwertig war und dementsprechend bei der Wertermittelung und der Steuerfestsetzung Berücksichtigung gefunden hatte, später sich als nicht zu verwirklichen oder als nicht einziehbar zeigt. Hat der Erblasser einen zu seinem Nachlaß gehörigen Gegenstand erst kurz vor seinem Tode gekauft, so ist der Kaufpreis nur dann der Wertermittelung zugrunde zu legen, wenn eine Veränderung im Wert des Gegenstandes in der Zeit vom Ankauf bis zum Erbfall nicht eingetreten und der Gegenstand zum gemeinen Wert angekauft ist. Für Grundstücke, die nicht land- oder forstwirtschaftlichen Zwecken dienen, ist der gemeine Wert und zwar der zur Zeit des Anfalls durch Schätzung festzustellen; dabei ist nur nach den allgemein für eine Schätzung maßgebenden Grundsätzen zu verfahren, während besondere für andere Zwecke vorgeschriebene Abschätzungsgrundsätze nicht zur Anwendung gelangen dürfen (Urt. d. RG. vom 2. Januar 1900, JW. 1900 S. 142 Nr. 31. Vgl. über bezügliche Einzelheiten Wunsch Note 8—10 zu § 16). Handelt es sich um eine Schenkung von Grundstücken gegen die Verpflichtung einer vollständigen Verpflegung des Schenkers, so sind für die Werterhebung nicht etwa nur die Zuschüsse, welche der Beschenkte über das zu erwartende Erträgnis des Grundstücks hinaus für die Verpflegung des Schenkers zu leisten haben würde, zu berücksichtigen, sondern es ist auf der einen Seite der volle Wert des Grundstücks unter entsprechender Rücksichtnahme seines Erträgnisses in Ansatz zu bringen und auf der anderen Seite der volle Wert der darauf ruhenden Verpflegungsbelastung; durch Abzug des letzteren Werts von dem ersteren ergibt sich die Bewertung für die Steuerfestsetzung; Urt. d. RG. vom 1. März 1892 (JW. 1892 S. 188 Nr. 34). Bleibt es zweifelhaft, ob ein landwirtschaftliches Grundstück vorliegt oder nicht, so ist nach einer Verf. SFM. der Mittelwert zwischen gemeinem Wert von Grund und Boden nebst Baulichkeit und dem Ertragswert maßgebend. Gleichfalls nach einer Verf. SFM. ist bei Zuwendung eines Hausgrundstücks mit der Auflage es abzureißen und die Grundfläche in einen Volksgarten umzuwandeln, nur der Wert des Grund und Bodens angerechnet, weil davon ausgegangen, daß Kosten des Abbruchs und Wert der dadurch erzielten Materialien sich ausgeglichen haben. Bei einer verzinslichen Forderung sind die bis zum Erbfall aufgelaufenen nicht erhobenen Zinsen dem Wert der Forderung zuzurechnen und zwar in der Höhe des für die Forderung maßgebenden Zinsfußes; das gleiche gilt auch für Wertpapiere, deren Wert sich nach dem Kurse bestimmt: eine vierprozentige Verzinsung nach allgemeinem Grundsatz kann nur angenommen werden, wenn der Zinsfuß nicht feststeht oder festzustellen ist, and. M. Aron Note 2 zu § 16, welcher bei den an deutschen Börsen gehandelten Aktien stets 4% als laufende Zinsen hinzurechnen will. Bei einer Hypothek wird regelmäßig der Kapitalbetrag das Maßgebende für die Bewertung bilden, woneben der Zinsbetrag bis zum Anfall noch in Ansatz kommt; nur wenn zur Zeit des Anfalls feststeht, daß die Hypothek ihren Nominalwert nicht mehr besitzt, wird dem entsprechend Rechnung zu tragen sein. Forderungen sind regelmäßig nach dem Betrag, auf den sie lauten, zu berechnen, sofern nicht wertmindernde Umstände glaubhaft gemacht werden, Verf. BdStd. vom 14. Mai 1908 Nr. 15 202; für betagte verzinsliche Forderungen das gleiche ausgesprochen durch Verf. SFM. vom 17. Juni 1909 Nr. 2668. Bei einer unverzinslichen Forderung ist der Fälligkeitstermin mit in Rücksicht zu ziehen; fällt der Zeitpunkt des Anfalls mit dem der Fälligkeit nicht zusammen, so ist von dem Nennwert der Forderung der nach den bezüglichen Vorschriften des RE StG. zu berechnende Wert der Nutzung für die Zeit vom Anfall bis zur Fälligkeit abzusetzen. Wertpapiere, welche bereits beim Anfall für einen späteren Zeitpunkt ausgelost waren, sind nach ihrem Nennwert bzw. dem zur Auszahlung gelangenden Betrage in Rechnung zu stellen; hiezu geht einerseits der Betrag der nicht erhobenen Zinsscheine für die Zeit bis zum Erbfall hinzu, anderseits aber ist der Betrag der Zinsscheine für die Zeit vom Erbfall bis zum Rückzahlungstermin in Absatz zu bringen. Bezüglich des Anteils an einer offenen Handelsgesellschaft, Kommanditgesellschaft, Gesellschaft m. b. H., Genossenschaft usw. und ebenso bezüglich der immateriellen Rechte wird wesentlich der Verkaufswert zur Zeit des Anfalls die Richtschnur geben müssen; näheres hiezu und bezüglich des Anteils an einer ehelichen Gütergemeinschaft gibt Josewski Note 1—5 zu §§ 16—20. Bezüglich des Anteils an einer offenen Handelsgesellschaft ist auch zu vergleichen Urt. d. RG. vom 17. November 1899 (RGE. Bd. 45 S. 215; JW. 1899 S. 840 Nr. 40): Wert des Geschäfts als solchen nicht besonders zu berechnen, aber Grund für Bestimmung des Werts der einzelnen Bestandteile, Verf. BdStd. vom 11. Mai 1909 Nr. 14 591. Nicht zu übersehen ist bei der Wertberechnung, daß in der Bestimmung des Erblassers, nach welcher die Erbschaftssteuer für ein Vermächtnis zu tragen ist, eine Erhöhung des Werts des Vermächtnisses einerseits und der Belastung des Erben anderseits liegt; als Wert der Zuwendung ist hier der Betrag anzusehen, der, wenn davon die Erbschaftssteuer in Abzug gebracht wird, das Vermögen des Vermächtnisnehmers um die ausgesetzte Vermächtnissumme vermehrt; vgl. Urt. d. RG. vom 1. Februar 1892 (RGE. Bd. 29 S. 180; JW. 1892 S. 174 Nr. 61; PrZBl. 1892 S. 154), Urt. d. RG. vom 30. Januar 1893 (JW. 1893 S. 170 Nr. 50), Urt. d. RG. vom 4. Dezember 1893 (JW. 1894 S. 72 Nr. 49); über die Berechnung für die einzelnen möglichen Fälle vgl. Mirre, ZfZuSt. 1908 S. 59, vgl. unten Note 1 zu § 31. Die Wertberechnung hat sich stets an die Rechtslage des Erbfalls anzuschließen; eine Erbauseinandersetzung, die durch Vertrag zwischen den Erbberechtigten tatsächlich den Erbfall geregelt hat, ist dabei an und für sich nicht maßgebend; nur unter gewissen Voraussetzungen, speziell wenn durch die Auseinandersetzung zweifelhafte oder strittige Fragen ausgeglichen sind, werden derartige Vereinbarungen zu berücksichtigen sein, vgl. die näheren Ausführungen hiezu oben in Note 6 zu § 1, welche in gleicher Weise auch Anwendung finden müssen, wenn die Abmachungen sich unmittelbar auf die Bewertung von Nachlaßgegenständen beziehen.

Zu Absatz 2:

16. Der Absatz 2 des § 16 war in dem Regierungsentwurf nicht enthalten; letzterer kannte nur einen Wert, welcher für alle der Erbschaftssteuer unterliegenden Gegenstände zur Anwendung gebracht werden sollte, den Wert, wie er in den vorstehenden Noten 2 bis 9 näher charakterisiert worden ist. Der Absatz 2, welcher für land- und forstwirtschaftliche Grundstücke den Ertragswert zu dem maßgebenden macht, ist von der Kommission des Reichstages in das Gesetz gebracht. Zur Begründung wurde dafür namentlich angeführt: „bei land- und forstwirtschaftlichen Grundstücken, die ihrer Natur nach dazu bestimmt seien, zur Bewirtschaftung zu dienen, nicht aber Verkaufsobjekte zu sein, sei es an sich richtig, den Wert nach dem Ertrage zu bestimmen. Auf diesem Standpunkt stehe auch das BGB., welches im § 2049 eine Anordnung des Erblassers, daß einer der Miterben das Recht haben solle, ein zum Nachlasse gehörendes Landgut zu übernehmen, im Zweifel dahin ausgelegt wissen will, daß das Landgut nach seinem Ertragswerte angesetzt werden solle. . . . . Das zur Beratung stehende Erbschaftssteuergesetz fuße in seinem materiellen Inhalte auf dem Erbrechte des BGB.; es müßten also besonders zwingende Gründe nachgewiesen werden, wenn von erbrechtlichen Bestimmungen des BGB. hier abgewichen werden solle. Solche Gründe ließen sich aber nicht vorbringen. Unrichtig sei die Behauptung, daß die Ermittelung des Ertragswertes schwieriger sei, als die des Verkaufswertes; gerade das Gegenteil sei der Fall. Noch irriger sei die Annahme, daß die Zugrundelegung des Ertragswertes als solche eine Begünstigung der Landwirtschaft darstelle; es komme dabei darauf an, das wievielfache des Ertrages als Ertragswert gelten solle . . ." Trotz mannigfacher namentlich regierungsseitig vorgebrachter Gegengründe behielt diese Auffassung die Oberhand und der Abs. 2 ist zum Gesetz erhoben. [U. Hoffmann 2. Aufl. Anm. 1 zu § 16 will, wenn die Schätzung nach dem Ertrage einen höheren Betrag als den Verkehrs- oder gemeinen Wert ergibt, auch für land- und forstwirtschaftliche Grundstücke nur den gemeinen Wert nach § 16 Abs. 1 angesetzt wissen und begründet dieses mit der allgemeinen Absicht, welche die Antragsteller bei Einfügung der Vorschrift des Abs. 2 des § 16 gehabt; ob sich dieses dem Wortlaut des Gesetzes gegenüber aufrecht erhalten läßt, erscheint sehr zweifelhaft.]

17. Grundstücke der in § 15 Abs. 1 bezeichneten Art sind diejenigen Grundstücke, welche dauernd land- und forstwirtschaftlichen Zwecken zu dienen bestimmt sind, einschließlich der dazu gehörenden denselben Zwecken dienenden Gebäude und des Zubehörs. Vgl. Note 3 zu § 15. Die BRAusfB. geben hiezu in den §§ 15 und 16 eine Erläuterung. Sie bestimmen zunächst (§ 15), daß zu den landwirtschaftlichen Zwecken der Obst- und Gartenbau nur zu rechnen sei, sofern er in unmittelbarer wirtschaftlicher Verbindung mit einem landwirtschaftlichen Betrieb erfolge, und des ferneren (§ 16), daß Grundstücke, bei denen die Ergebnisse des Wirtschaftsbetriebs dem Boden unmittelbar entnommen werden, wie Sand-, Lehm-, Tongruben, Stein-, Schiefer-, Kalk- oder Kreidebrüche, Torfstiche usw., zu den Grundstücken, welche land- und forstwirtschaftlichen Zwecken zu dienen bestimmt sind, nur dann zu zählen seien, wenn die Ausbeutung in unmittelbarer Verbindung mit einem Land- oder Forstwirtschaftsbetrieb erfolge.

18. Von besonderer Bedeutung ist es, daß die Grundstücke dauernd land- und forstwirtschaftlichen Zwecken dienen müssen, um nach dem Ertragswert zu der Steuer herangezogen zu werden. Der Bericht der Reichstagskommission (a. a. O. S. 20) sagt dazu: „Endlich solle der Ertragswert nur für solche Grundstücke maßgebend sein, die dauernd land- und forstwirtschaftlichen Zwecken zu dienen bestimmt seien; damit fielen aus die Spekulationsgrundstücke, wenn sie auch zeitweilig noch landwirtschaftlich benutzt würden. Ob ein Grundstück unter die eine oder die andere Kategorie falle, sei leichter im Einzelfalle zu sagen als durch eine gesetzliche Definition außer Zweifel zu stellen." Danach kann der Abs. 2 dem nicht entgegenstehen, was oben in Note 13 a. E. in dem Beispiel angeführt ist. Die BRAusfB. erklären im § 18 besonders, daß die Vorschrift des § 16 Abs. 2 des Gesetzes auf land- oder forstwirtschaftlich genutzte Grundstücke, deren gemeiner Wert durch ihre Lage als Bauland bestimmt wird, keine Anwendung findet, wenn sich nicht aus den Umständen ergibt, daß die Grundstücke dauernd land- oder forstwirtschaftlichen Zwecken zu dienen bestimmt sind. Vgl. auch Note 3 zu § 15. Bauland, das bis zur Bebauung landwirtschaftlich genutzt wird, dient nicht dauernd landwirtschaftlichen Zwecken; anerkannt in Verf. SFM.

Für die Entscheidung der Frage, ob der Steuerberechnung der Ertragswert zugrunde zu legen ist, muß bezüglich des einzelnen Falls stets das tatsächliche Verhältnis im Augenblicke des Anfalls maßgebend sein, wie solches allein den allgemeinen Grundsätzen und der ausdrücklichen Bestimmung im Absatz 1 des § 16 entsprechen kann. War nach dem Stand im Augenblick des Anfalls anzunehmen, daß die Grundstücke dauernd land- und forstwirtschaftlichen Zwecken zu dienen bestimmt seien und waren derzeit alle die erforderlichen Voraussetzungen hiefür erfüllt, so ist bei der Wertermittelung der Ertragswert zur Anwendung zu bringen. Wird durch später eintretende Umstände der beim Anfall gegebene Stand verschoben, so bleibt solches ohne Einfluß auf die Wertermittelung, welche unverändert nach dem Ertragswert zu erfolgen hat; es ist dabei auch bedeutungslos, wenn die fraglichen Umstände schon von der Steuerfestsetzung sich ereignen. Würde bei dem in Note 13 a. E. angeführten Beispiel die Verkehrsverschiebung, welche dem bisher lediglich landwirtschaftlich genutzten Grundstück des Erblassers nunmehr die Eigenschaft als Baugrund verleiht, erst nach dem Anfall, also nach dem Tode des Erblassers, eintreten, so würde dem bei der Steuerberechnung und Feststellung nicht weiter Rechnung zu tragen sein; ebenso wie das Grundstück lediglich nach seiner früheren Eigenart als landwirtschaftlich genutztes Grundstück zu bewerten wäre, würde auch für die Wertermittelung der Ertragswert zur Anwendung zu bringen sein. Hiemit stand der erste Satz des § 18 der Anweisung der Großh. badischen Steuerdirektion vom 25. Juni 1906 im Widerspruch, indem er als Voraussetzung für die Berechnung des Ertragswerts forderte, „daß die Grundstücke und Gebäude auch in der Hand der Erben oder sonstigen Erwerber dauernd dem landwirtschaftlichen Zwecke dienen werden": derselbe hat nunmehr durch Verf. Großherzogl. Steuerdirektion vom 18. Oktober 1909 Nr. 354 eine entsprechende Änderung erfahren; vgl. unten BdA. II zu § 18.

Durch den im Einverständnis mit dem Reichskanzler (Reichsschatzamt) ergangenen Erl. d. PrFM. vom 17. September 1909 III 14 307 ist anerkannt, daß die Bestimmungen des § 16 Abs. 2 ebenso wie die des § 15 Abs. 1 (vgl. oben Note 3 zu § 15) auch dann zur Anwendung gelangen, wenn der Verkauf von land- oder forstwirtschaftlichen Grundstücken von dem Erben oder Vermächtnisnehmer bald nach Eintritt des Erbfalls erfolgt oder in Aussicht genommen ist: es ist dabei besonders darauf hingewiesen, daß für die Beurteilung der Frage, ob ein zu einem Nachlaß gehöriges Grundstück dauernd land- oder forstwirtschaftlichen Zwecken zu dienen bestimmt ist, es sowohl nach dem Wortlaut als auch der Entstehungsgeschichte und der Absicht des Gesetzes lediglich auf die Eigenschaft des Grundstückes zur Zeit des Erbanfalls ankomme, wogegen es unerheblich bleibe, ob später eine andere Verwendung oder Verwertung des Grundstücks zu erwarten sei, sofern nur die Verwendung zu der bestimmten Zeit nicht nur vorübergehender Natur sei.

19. Daß die fraglichen Grundstücke einschließlich der dazu gehörenden denselben Zwecken dienenden Gebäude und des Zubehörs nach dem Ertrage für die Steuer zu bewerten sind, daß also auch Gebäude und Zubehör wie die Grundstücke selbst zu behandeln, läßt die Entstehungsgeschichte der Vorschrift nicht zweifelhaft. Ursprünglich waren die Grundstücke entsprechend näher bezeichnet und ist erst in der zweiten Lesung der Reichtagskommission die Bezugnahme auf § 15 Abs. 1 statt dessen eingefügt. Der Kommissionsbericht bemerkt aber dazu (a. a. O. S. 50): „Unter Grundstücken der in § 17 Abs. 1 (jetzt § 15) bezeichneten Art seien also zu verstehen Grundstücke, die dauernd land- und forstwirtschaftlichen Zwecken zu dienen bestimmt sind, einschließlich der dazu gehörigen denselben Zwecken dienenden Gebäude und des Zubehörs." Nach § 17 Abs. 1 BRAusfB. sind zu den land- oder forstwirtschaftlichen Zwecken dienenden Gebäuden außer den dem land- oder forstwirtschaftlichen Betriebe dienenden Wohn- und Wirtschaftsgebäuden auch solche Gebäudeanlagen zu rechnen, die dem Betriebe eines land- oder forstwirtschaftlichen Nebengewerbes (Brennerei, Brauerei usw.) dienen, sofern der Betrieb des gewerblichen Unternehmens in unmittelbarer Verbindung mit dem land- oder forstwirtschaftlichen Wirtschaftsbetriebe des Landguts, zu dem sie gehören, erfolgt, insbesondere die zu verarbeitenden Rohstoffe ausschließlich oder doch

in der Hauptsache jenem Wirtschaftsbetriebe entnommen oder die Erzeugnisse oder Rückstände in diesem verwendet werden. Weiter bestimmt sodann der Absatz 2 des § 17 BRAusfB., daß zu dem Zubehör bei einem Landgute zu rechnen sind das zum Wirtschaftsbetriebe bestimmte Gerät und Vieh, die landwirtschaftlichen Erzeugnisse, soweit sie zur Fortführung der Wirtschaft bis zu der Zeit erforderlich sind, zu welcher gleiche oder ähnliche Erzeugnisse voraussichtlich gewonnen werden, sowie der auf dem Gute vorhandene Dünger, ferner speziell bei Gebäuden, die zu einem landwirtschaftlichen Nebenbetriebe dauernd eingerichtet sind, die zu dem Betriebe bestimmten Maschinen und sonstigen Gerätschaften, soweit sie nicht schon als Bestandteile der Gebäude in Betracht kommen. Vgl. auch Note 3 und 4 zu § 7.

20. Ertragswert ist, wie schon oben in Note 8 angeführt, im allgemeinen derjenige Wert, welcher lediglich nach Maßgabe des Reinertrages bemessen wird, der aus einem Gegenstand zu der gegebenen Zeit tatsächlich erzielt wird, bzw. zu erzielen ist. In welcher Weise der Reinertrag aus dem Grundstück hier zugrunde gelegt werden soll, ist in dem zweiten Satz des Absatzes bestimmt worden. Da das REStG. die Grundsätze, nach welcher der Ertragswert festgelegt werden soll, ausdrücklich festlegt, so können die vom BGB. nach Art. 137 EG. BGB. unberührt gebliebenen landesgesetzlichen Vorschriften über die Grundsätze, nach denen in den Fällen des § 1515 Abs. 2, 3 und der §§ 2049, 2312 BGB. der Ertragswert eines Landguts festzustellen ist, nicht in Betracht kommen.

21. Als Reinertrag soll in Frage kommen nicht etwa dasjenige, was der Erblasser bislang tatsächlich aus den Grundstücken erzielt hatte, sondern dasjenige, was die Grundstücke nach ihrer bisherigen wirtschaftlichen Bestimmung bei ordnungsmäßiger Bewirtschaftung nachhaltig gewähren können. Es entspricht dieses, und zwar nach der ausgesprochenen Absicht der Reichstagskommission, welche eine volle Übereinstimmung mit dem bürgerlichen Rechte hier erzielen wollte (vgl. Kommissionsbericht a. a. O. S. 20), dem § 2049 Abs. 2 BGB., welcher lautet:

„Der Ertragswert bestimmt sich nach dem Reinertrage, den das Land„gut nach seiner bisherigen wirtschaftlichen Bestimmung bei ordnungs„mäßiger Bewirtschaftung nachhaltig gewähren kann."

„Danach ist nicht der tatsächliche Ertrag maßgebend, den das Landgut während einer gewissen Reihe von Jahren im Durchschnitt abgeworfen hat, sondern es soll der Ertrag ermittelt werden, den das Gut bei ordnungsmäßiger Bewirtschaftung nachhaltig gewähren kann ... Bei der Schätzung ist davon auszugehen, daß das Gut seiner bisherigen wirtschaftlichen Bestimmung erhalten bleibt, wodurch jedoch die Berücksichtigung einer Ertragserhöhung, die sich durch zweckmäßige Änderungen in der Bestellung usw. erreichen läßt, nicht ausgeschlossen wird." (Planck, Kommentar z. BGB. Note 3 zu § 2049.) Von besonderer Bedeutung ist hiebei, daß der Ertragswert der Grundstücke nach ihrer bisherigen wirtschaftlichen Bestimmung bestimmt werden soll; damit ist wiederum zum Ausdruck gebracht, daß nicht die konkreten Verhältnisse unter dem Erblasser — die besondere Art in welcher er die Grundstücke genutzt, daß eventuell gar keine Nutzung stattgefunden — zugrunde gelegt werden sollen, sondern der abstrakte Charakter der Grundstücke als solcher, wie er sich aus der ganzen Beschaffenheit und der Natur der

Grundstücke ergibt. Darüber, wie bei der Berechnung des Reinertrages im einzelnen zu verfahren ist, geben die BRAusfB. in den §§ 19—22 die näheren Anweisungen, auf welche hier nur verwiesen aber nicht näher eingegangen zu werden braucht, zumal in kürzerer Frist eine Abänderung der einschlagenden Ausführungsbestimmungen zu erwarten steht; vgl. unten BRAusfB. Vorbemerkung zu XII §§ 15—22. Besonders ist dazu hervorzuheben, daß bei der Ermittelung der jährlichen Reinerträge landwirtschaftlich genutzte Grundstücke die Grund- und Gebäudesteuern nicht als abzugsfähig anzusehen sind; ihre Abzugsfähigkeit ist namentlich deshalb für ausgeschlossen zu erachten, weil in dem die in Abzug zu bringenden Ausgaben einzeln aufführenden Absatz 2 des § 20 BRAusfB. (Ziff. II) die direkten Steuern überhaupt nicht, wohl aber die indirekten Abgaben ausdrücklich (Ziff. 8) erwähnt sind. Nach Angabe bei E. Zimmermann Note 5 zu § 16 gilt für Baden die Sonderbestimmung, daß bei Waldungen, für die ein Forsteinrichtungswerk nicht besteht, der zur Vermögenssteuer festgestellte Wert als Ertragswert genommen werden kann. Über die Ermittelung des Ertragswerts geben nähere Anweisung namentlich auch die Verfügungen des Königl. Württ. Steuerkollegiums vom 3. Mai 1907 Nr. 3012 und vom 22. Februar 1908 Nr. 1571 (vgl. unten WA. IIa und IIb). [Nach einer bei U. Hoffmann 2. Aufl. Anm. 3c zu § 16 angezogenen Verf. PrFM. vom 28. April 1910 III 3342 sind Lasten des Grundstücks nicht vom Ertrage sondern vom Ertragswerte abzurechnen und zwar namentlich Lasten von vorübergehender Dauer mit dem nach §§ 17ff. zu bestimmenden Werte.]

22. In dem Gesetz ist der Ertragswert auf das Fünfundzwanzigfache des Reinertrages festgesetzt. Wie aus der Begründung der ganzen Bestimmung ausdrücklich herausgehoben, hat man eine Begünstigung der Landwirtschaft nicht gewollt. „Das Elsaß-Lothringische Gesetz nehme als Ertragswert das Zwanzigfache des Jahresertrages, der Antrag in Übereinstimmung mit dem preußischen Anerbenrechte für Westfalen das Fünfundzwanzigfache an. Bei dieser Multiplikation könnte von einer Bevorzugung nicht gesprochen werden.“ (Kommissionsbericht a. a. O. S. 20.) Es hat dieses immerhin Bedeutung für die praktische Durchführung, die sich demnach lediglich an die tatsächlichen Verhältnisse zu halten und nicht etwa die für den Steuerpflichtigen günstigen Momente besonders zu berücksichtigen hat.

23. Der § 16 gibt, wie schon oben bemerkt und wie speziell auch die Überschrift ausweist, die allgemeinen Grundsätze für die Ermittelung des Wertes der Masse und zwar stellt er zwei besondere Grundsätze auf, die im Vorstehenden näher dargelegt sind. Nach Lage der Sache sind diese beiden Grundsätze überall zur Anwendung zu bringen, wo es sich um die Ermittelung des Wertes der Masse handelt. Folgeweise muß sowohl der Grundsatz des Abs. 1 wie der des Abs. 2 auch dann Platz greifen, wenn es sich um die Bestimmung des Wertes der auf dem Nachlaß haftenden abzugsfähigen Schulden und Lasten handelt. Die Bestimmung hat sich auf den Zeitpunkt des Anfalls zu beziehen und bei Grundstücken ist nur der Ertragswert in Rechnung zu bringen. Bezüglich der Anwendbarkeit des Abs. 2 and. M. U. Hoffmann Note 1 zu zu § 16 [desgleichen 2. Aufl. Anm. 1a zu § 16]; vgl. dagegen Mirre, ZfZuSt. 1907 II 3.

§ 17.

Bei Nutzungen oder Leistungen, die entweder ausdrücklich oder durch anderweitige die Dauer begrenzende Umstände auf bestimmte Zeit beschränkt sind, ist der Gesamtwert unter Abrechnung der Zwischenzinsen durch Zusammenzählung der einzelnen Jahreswerte zu berechnen. Der Gesamtwert darf den zum gesetzlichen Zinssatze kapitalisierten Jahreswert nicht übersteigen. Bei immerwährenden Nutzungen wird das Fünfundzwanzigfache des einjährigen Betrags, bei Nutzungen von unbestimmter Dauer, sofern nicht die Vorschriften der §§ 18, 19 Anwendung finden, das Zwölfundeinhalbfache des einjährigen Betrags als Wert angenommen.

Vergl. BRAusfB. § 23.

Zu Satz 1 und 2.

1. Den Begriff der Nutzung bestimmt der § 100 BGB.: „Nutzungen sind die Früchte einer Sache oder eines Rechtes sowie die Vorteile, welche der Gebrauch der Sache oder des Rechtes gewährt." Der Begriff der Leistung ist nicht in der gleichen Weise als solcher gesetzlich festgelegt, doch ist nach § 241 BGB. anzunehmen, daß unter Leistung alles dasjenige zu verstehen ist, was der Gläubiger kraft eines Schuldverhältnisses von dem Schuldner zu fordern berechtigt ist und daß eine Leistung auch in einem Unterlassen bestehen kann. Daß die Leistungen neben den Nutzungen mit angezogen sind, bedeutet eine nicht unwesentliche Erweiterung der Vorschrift. Die Leistungen sind neben den Nutzungen aber nur im Anfang des § 17 angeführt, nicht auch im letzten Satz desselben und gleicherweise nicht im ersten Satz des § 18 und im § 19. Der gewissermaßen mit dem § 17 RErbStG. im Einklang stehende § 9 ZPO. spricht gleichfalls in seinem ersten Satz von Nutzungen oder Leistungen und zieht beide im zweiten Satz in dem Ausdruck „Bezugsrechte" zusammen. Die Fassung im RErbStG. gestattete nicht den letzteren Ausdruck anzuwenden. Wenn im letzten Satz des § 17 und in den §§ 18 und 19 nur von Nutzungen schlechthin gesprochen wird, so ist anzunehmen, daß man im Interesse einer kürzeren Ausdrucksweise die Nutzungen in dem erweiterten Begriff, so daß auch die Leistungen dadurch mitumfaßt werden, hat nehmen wollen. Es spricht dafür einerseits die entsprechende Sachbehandlung in dem im Einklang stehenden § 9 ZPO., sowie anderseits der Umstand, daß im § 18 im Anfang auch Berechtigungen auf Leistungen mitangeführt sind und am Schluß ohne sonstige besondere Ursache wiederum Nutzungen und Leistungen nebeneinandergestellt sind; auch daß überall nur von „Nutzungen oder Leistungen" und nicht von „Nutzungen und Leistungen" gesprochen wird, dürfte die Annahme, daß der Begriff Nutzungen hier nicht in dem beschränkteren Sinn des BGB. sondern in einem wie oben bezeichnet erweiterten gebraucht ist, unterstützen. Vgl. Dr. A. Hoffmann Anm. 1 zu § 17; nähere Ausführungen über Nutzungen und Leistungen gibt Josewski Note 8 und 9 zu §§ 16—20. [A. Hoffmann 2. Aufl. Anm. 2 zu § 17 vertritt die gleiche Ansicht.]

2. Für die Wertermittelung bei Nutzungen oder Leistungen die auf eine bestimmte Zeit beschränkt sind, gibt der § 17

besondere Vorschriften, die sich sachgemäß an die grundsätzliche Regelung im § 16 anschließen. Daß in diesen Fällen der Wert zur Zeit des Anfalls nicht lediglich dadurch ermittelt werden kann, daß die Jahreswerte der betreffenden Nutzungen oder Leistungen für die bestimmte Zeitdauer, auf welche sie bewilligt worden sind, einfach zusammengerechnet werden, liegt wohl auf der Hand, denn eine Leistung oder Nutzung, auf welche jemand erst nach einem gewissen Zeitraum — maßgebend bei den nachfolgenden Jahren — Anspruch hat, kann nicht den gleichen Wert haben, wie die sofort zu erfüllende Leistung oder Nutzung. Das Gesetz bestimmt daher, daß nach der Zusammenzählung der Jahreswerte die Zwischenzinsen abgerechnet werden sollen. Die gegebene Vorschrift hat überall Anwendung zu finden, wo entsprechende Nutzungen oder Leistungen bezüglich der Erbschaftssteuer zu bewerten sind, also nicht nur für den Fall, daß die Nutzungen und Leistungen erst durch den Erbfall entstehen sondern ebensogut auch dann, wenn sie für den Erblasser bestanden und so als Teil der Nachlaßmasse auf den Erwerber usw. übergehen.

3. Das Gesetz nimmt eine auf bestimmte Zeit beschränkte Nutzung oder Leistung nicht nur dann an, wenn eine ausdrückliche Zeitbestimmung in festen Terminen vorgenommen ist, sondern schon dann, wenn durch anderweitige die Dauer begrenzende Umstände eine Beschränkung auf Zeit getroffen ist. Die Vorschrift in den beiden ersten Sätzen des § 17 findet demnach nicht nur auf Fälle, in denen eine terminlich abgegrenzte Zeitfrist, eine Anzahl von Jahren usw. vorgeschrieben ist, Anwendung, sondern auch auf solche Fälle, in denen den ersteren gegenüber die Dauer allerdings insofern zunächst noch unbestimmt ist, als der Endpunkt statt auf einen festen Jahrestermin auf ein bestimmtes Ereignis gestellt ist, dessen Eintritt einerseits mit Sicherheit zu erwarten, andererseits zeitlich schon im voraus abschätzbar ist: es genügt dabei, wenn für die mutmaßliche Dauer eine hinlängliche sichere Schätzung aus den obwaltenden Verhältnissen hergeleitet werden kann (vgl. Urt. d. RG. vom 18. Januar 1907, JW. 1907 S. 157 Nr. 43). Zu den Fällen der letzteren Art ist beispielsweise zu rechnen, wenn eine Rente bis zur Ablegung eines Examens oder bis zur Erlangung einer Erwerbsstellung, oder für die Zeit eines Studiums, oder für die Zeit einer bestimmten Berufsstellung, oder für die Dauer eines Rechtsstreits vermacht worden ist (vgl. Hoffmann, Preuß. EStG. Note 2b zu § 15); des weiteren auch, wenn das Bezugsrecht von dem Leben eines Tieres abhängig gemacht ist, wobei der Anwendung des § 17 nicht entgegensteht, daß für die menschliche Lebensdauer im § 18 besondere Sondervorschriften gegeben sind (vgl. das oben angeführte Urteil). Dahingegen muß stets eine Behandlung nach der im letzten Satz des § 17 enthaltenen Vorschrift eintreten, wenn die Zeitdauer der Nutzung oder Leistung im Augenblick des Anfalles nach den obwaltenden Verhältnissen noch nicht bestimmbar ist.

4. Eine in der Sache selbst liegende notwendige Voraussetzung für die Anwendbarkeit der Vorschrift des § 17 ist es, daß sich ein Wert für die Nutzung oder Leistung überhaupt ermitteln läßt. Es genügt dabei, daß dieser Wert durch eine Schätzung, welche nach billigem Ermessen alle die für den einzelnen Fall obwaltenden Verhältnisse zu berücksichtigen hat, festlegen läßt: durch die Festlegung muß ein

Jahreswert und zwar ein solcher in Geld bestimmt werden; je nach Lage der Sache wird dabei auf einen Durchschnittswert zu greifen sein. Keineswegs ist sonach notwendig, daß die Nutzung oder Leistung von vornherein irgendwie auf einen Jahresbetrag gestellt ist.

Über den Zinsfuß, welcher bei der Abrechnung der Zwischenzinsen zur Anwendung zu bringen ist, bestimmt das REStG. nichts. Es greift demnach der § 246 BGB. über die Höhe der gesetzlichen Zinsen Platz:

„Ist eine Schuld nach Gesetz oder Rechtsgeschäft zu verzinsen, so sind „vier vom Hundert für das Jahr zu entrichten, sofern nicht ein anderes „bestimmt ist."

Die gesetzliche vierprozentige Verzinsung stimmt mit der nachfolgenden Vorschrift im § 20, nach welcher der einjährige Betrag der Nutzung eines Geldbetrages mangels anderer Bestimmung zu vier vom Hundert anzunehmen ist, überein.

5. Für die tatsächliche Wertermittelung des steuerpflichtigen Kapitalwerts der auf bestimmte Zeit beschränkten Nutzungen und Leistungen, wie er sich für die vollen Jahre bei der Zusammenzählung der einzelnen Jahreswerte und der Abrechnung der vierprozentigen Zwischenzinsen ergibt, ist eine Hilfstabelle, welche dafür die Grundlage zu bilden hat, aufgestellt. Die BRAusfB. schreiben im § 23 vor, daß der Kapitalwert der auf bestimmte Zeit beschränkten Nutzungen und Leistungen nach der beigefügten Hilfstafel zu ermitteln sei und geben gleichzeitig als Anlage 6 die „Hilfstabelle über den gegenwärtigen Kapitalwert einer Rente oder Nutzung im Werte von 1 Mk. auf eine bestimmmte Anzahl von Jahren behufs Berechnung der davon zu entrichtenden Erbschaftssteuer". [U. Hoffmann 2. Aufl. Anm. 3a zu § 17 hebt hervor, daß die Hilfstabelle, welche für das erste Jahr einen Zwischenzins nicht abzieht, die Nutzung oder Leistung als im Voraus fällig behandelt habe, und will deshalb, wenn die Nutzung oder Leistung tatsächlich nachträglich in einem Jahresbetrage fällig ist, dieses berücksichtigt wissen, indem eine um ein Jahr längere Dauer zugrunde gelegt und der Betrag für das Anfangsjahr abgezogen werden müsse. Es scheint dieses aber nicht begründet, weil das Gesetz lediglich die Zusammenzählung der Jahreswerte ohne Rücksicht auf die Fälligkeit vorschreibt: andernfalls würde eine Fälligkeit in kürzeren als Jahresbeträgen berücksichtigt werden müssen, was wohl hat vermieden werden sollen.]

6. Die Jahreswerte (volle wie unvollständige) und die Zwischenzinsen, welche abzusetzen sind, müssen genau für die bestimmte Zeit, auf welche die Nutzung oder Leistung beschränkt worden ist, angesetzt und berechnet werden, denn es ist keinerlei Abrundung auf größere Zeitabschnitte im Gesetz vorgeschrieben und kann daher auch nicht zur Anwendung gebracht werden. Speziell ist es nicht zulässig, eine Abrundung auf volle Jahre sei es zugunsten sei es zuungunsten des Steuerpflichtigen mangels einer ausdrücklichen gesetzlichen Anordnung dafür vorzunehmen. Beginnt das Bezugsrecht für die Nutzung oder Leistung erst zu einem bestimmten Zeitpunkt nach dem Tode des Erblassers, so wird die Wertermittelung in der Weise vorzunehmen sein, daß der Wert des Bezugsrechts für den ganzen Zeitraum vom Tode des Erblassers bis zum Wegfall des Rechts entsprechend fest-

gelegt und davon sodann der Wert für die Zeit vom Erbfall bis zum Beginn des Bezugsrechts, welcher gleicherweise nach der Regel des Paragraphen zu ermitteln ist, abgesetzt wird.

7. Die Bestimmung im zweiten Satz, daß der Gesamtwert den zum gesetzlichen Zinssatze kapitalisierten Jahreswert nicht übersteigen darf, ist wohl wesentlich aus dem als triftig anzuerkennenden Grunde getroffen, um den steuerpflichtigen Gesamtwert der auf bestimmte Zeit beschränkten Nutzungen und Leistungen nicht über den für immerwährende Nutzungen anzunehmenden Gesamtwert hinaus kommen zu lassen. In den Motiven ist eine Begründung nicht gegeben.

8. Die Wertermittelung und die sich darauf gründende Berechnung der Erbschaftssteuer (§ 28), sowie die danach wieder erfolgende Festsetzung der Steuer in dem Erbschaftssteuerbescheid (§ 45) ist hier und in den folgenden Fällen dieses Paragraphen wie auch in denen der §§ 18—23, abgesehen von der im zweiten Absatz des § 18 ausdrücklich festgesetzten Ausnahme, stets als endgültig anzusehen, so daß es keinen Einfluß mehr ausüben kann, wenn im Fall des ersten Satzes unseres Paragraphen der die Dauer begrenzende Umstand tatsächlich nach kürzerer oder nach längerer Frist, wie bei der Schätzung angenommen war, eintritt, sowie entsprechendes sich in den Fällen der anderen Paragraphen vollzieht. Nach Lage der Sache muß die Endgültigkeit in dem Augenblicke eintreten, wo der Erbschaftssteuerbescheid unanfechtbar wird. Rückerstattungen bereits gezahlter Erbschaftssteuer sind in diesen Fällen ebenso wie auch etwaige Nachforderungen von seiten der Erbschaftssteuerämter ausgeschlossen. [Das gleiche wird vertreten von U. Hoffmann 2. Aufl. Anm. 2 zu § 17, ebenmäßig von Dr. A. Hoffmann Anm. 7 zu § 17.] Vgl. Urt. d. RG. vom 5. März 1894 (JW. 1894 S. 248 Nr. 31) desgl. Verf. PrFM. vom 7. November 1894 III 14920 (PrZBl. 1894 S. 520).

9. Eine Nutzung oder Leistung, welche eine physische Person für eine bestimmte Zeit zu fordern berechtigt ist, hängt in ihrer Dauer gleicherzeit von dem Fortleben der physischen Person ab: für die Wertberechnung der Nutzung oder Leistung wird daher auch der § 18 mit in Rücksicht zu ziehen sein (vgl. Verf. PrFM. vom 7. November 1894 III 14920, PrZBl. 1894 S. 520). Sind nun auch in den fraglichen Fällen die Vorschriften beider Paragraphen zu berücksichtigen, so ist doch der Wertfestsetzung stets nur diejenige zugrunde zu legen, welche den geringeren Wert ergibt. Wenngleich das letztere im Gesetz nicht ausdrücklich vorgeschrieben ist, so wird es trotzdem als in der Natur der Sache liegend und hiedurch ohne weiteres bedingt zur Anwendung zu bringen sein, denn eine Nutzung oder Leistung, welche in zweifacher Richtung bezüglich ihrer Dauer beschränkt ist, kann nur nach der engeren der beiden Beschränkungen bewertet werden: es ist dieses durch Urt. d. RG. vom 8. Juli 1889 (RGE. Bd. 24 S. 373) als grundsätzlich anerkannt anzusehen. Die unter Berücksichtigung des Vorstehenden vorgenommene Wertermittelung ist aber in ihrem Ergebnisse stets eine endgültige; es findet für sie das in der vorgehenden Note Ausgeführte Anwendung. Sollte nach der tatsächlichen Entwicklung sich die nicht zur Anwendung gekommene gesetzliche Vorschrift für den einzelnen Fall als die dem Steuerpflichtigen günstigere erweisen, so kann dieses eine Änderung in dem Verfahren und die Anwendung der zunächst nicht berücksichtigten

Vorschrift nicht herbeiführen. Nur die eine gesetzliche Ausnahme greift hier Platz, daß, wenn die Wertermittelung nach der Vorschrift des § 18 Abs. 1 vorgenommen war, zutreffendenfalls auch der Abs. 2 des § 18 zur Anwendung zu bringen ist. Die Möglichkeit, daß auch der § 19 mit zur Anwendung gebracht werden müßte, ist gegeben. Vgl. hierzu auch Urt. d. RG. vom 2. März 1896 (JW. 1896 S. 258 Nr. 65). [A. Hoffmann 2. Aufl. Anm. 4 zu § 15 will, wenn es sich um die Nutzung eines land- oder forstwirtschaftlichen Grundstücks handelt und die Wertermittelung für die Nutzung nach § 17 zu einem höheren Betrage wie die Festlegung des zu versteuernden Werts für das Eigentum nach § 15 (unter Berücksichtigung der hierbei zur Anwendung kommenden Steuerermäßigung) führt, nur den letzteren geringeren Steuerbetrag zur Hebung gebracht wissen, weil unmöglich beabsichtigt sein könne, immerwährende Nutzungen, die dem Ertragswerte des Gegenstandes gleich sind, und Nutzungen, die noch dahinter zurückbleiben, also dasselbe oder geringeres, höher zu besteuern als das Eigentum; das Gesetz bietet hiefür keinerlei Handhabe, die Abweichung vom Gesetz muß willkürlich und unzulässig erscheinen.]

Zu Satz 3.

10. Immerwährende Nutzungen sind solche, welche in ihrem Bestande von dem Leben und Sterben des Nutzungsberechtigten oder des zur Leistung Verpflichteten unabhängig sind, welche mithin auf den Rechtsnachfolger des Nutzungsberechtigten wie des zur Leistung Verpflichteten übergehen. Als solche können beispielsweise in Frage kommen Grunddienstbarkeiten (BGB. §§ 1018 ff.), Reallasten (BGB. §§ 1105 ff.), die Geldrente zur Entschädigung für den Überbau in das Nachbargrundstück (BGB. §§ 912 ff.).

11. Nutzungen von unbestimmter Dauer sind solche, bei denen der künftige Wegfall gewiß, der Zeitpunkt dieses Wegfalls aber so ungewiß ist, daß die Dauer der Nutzung von vornherein auch nicht annähernd abgeschätzt werden kann. In dem letzteren Umstande liegt das unterscheidende Moment von den im ersten Satz des Paragraphen berührten Nutzungen, welche durch besondere die Dauer begrenzende Umstände auf bestimmte Zeit beschränkt sind, vgl. oben Note 3. Zu den Nutzungen von unbestimmter Dauer ist es beispielsweise unter anderen zu rechnen, wenn der Erblasser bestimmt hat, daß einzelne Angestellte seines Geschäfts einen Gewinnanteil beziehen sollen, so lange sie in ihren bisherigen Funktionen bleiben und sich das Geschäft in den Händen eines seiner Kinder befindet (vgl. Urt. d. RG. vom 5. Mai 1894, JW. 1894 S. 248 Nr. 31). Die Entscheidung darüber, ob die Wertermittelung im einzelnen Fall nach den Grundsätzen für Nutzungen von unbestimmter Dauer oder nach denen für Nutzungen von bestimmter Dauer stattzufinden hat, ist lediglich nach dem vorbezeichneten Unterscheidungsmoment (von vornherein Schätzungsmöglichkeit der Dauer oder nicht) zu treffen und ohne Rücksicht auf das etwaige verschiedenartige Ergebnis (höhere oder niedere Steuersumme); denn das Gesetz hat seine Bestimmungen schlechthin getroffen und weder das fiskalische Interesse noch das des Steuerpflichtigen in den Vordergrund gestellt. Die Vorschrift des Satzes 3 wird immer eine Anwendung finden können, wenn das Bezugsrecht sich in seiner Dauer auf eine lange Reihe von Jahren erstreckt oder zu erstrecken pflegt, wenn es seiner Be-

schaffenheit nach von dauerndem Bestande ist, jedenfalls aber nicht, wenn sein Wegfall nach einem kürzeren als zwölfeinhalbjährigem Zeitraume gewiß ist (vgl. Urt. d. RG. vom 8. Juli 1889, RGE. Bd. 24 S. 373). Als in der Natur der Sache liegend muß es angesehen werden, daß eine einheitliche Nutzung oder Leistung von unbestimmter Dauer, auch wenn deren unbestimmte Dauer von mehreren Umständen gleichzeitig abhängig ist, nur einmal als Nutzung oder Leistung von unbestimmter Dauer steuerlich behandelt werden kann; die ein für allemal festliegende Eigenart als Nutzung von unbestimmter Dauer kann nicht dadurch beeinflußt werden, daß der eine Umstand die Dauer mehr beschränkt als der andere; die Dauer als solche kann hier im Enderfolg nur durch den zeitlich am weitesten ausgreifenden Umstand bestimmt werden; wollte man in dem fraglichen Falle mehrere Nutzungen von unbestimmter Dauer annehmen und danach die Steuer erheben, so würde man die Nutzung trotz ihrer zweifellosen Eigenart als solche von unbestimmter Dauer ebenso wie eine immerwährende Nutzung, ja wenn mehr als zwei die Dauer bestimmende Umstände in Frage kämen, sogar darüber hinaus steuerlich belasten, wie es vom Gesetzgeber niemals gewollt sein kann. Es hat dieses namentlich Bedeutung, wenn die Nutzung als Beschwerung zu berücksichtigen ist und trifft speziell den Fall, welchen U. Hoffmann in Note 2 zu § 19 [2. Aufl. Anm. 1d zu § 19] zuerst anführt, wenn zwei Personen ein Nießbrauch bis zur Verheiratung dergestalt vermacht ist, daß im Falle einer Verheiratung der Anteil der verheirateten der andern anwüchse. Im letzteren Falle handelt es sich um eine einheitliche Beschwerung mit einer Nutzung von unbestimmter Dauer, die allerdings von mehreren Umständen, der Verheiratung zweier Personen, abhängig ist und tatsächlich in ihrer Dauer erst durch den Eintritt der zweiten Verheiratung begrenzt wird. Als Wert der Beschwerung ist danach sofort und endgültig derjenige Wert anzusetzen, welcher sich für die Nutzung als solche von unbestimmter Dauer berechnet. Damit dürfte sich im wesentlichen dasjenige erledigen, was U. Hoffmann in Note 2 zu § 19 [2. Aufl. Anm. 1d zu § 19] über die analoge Ausdehnung der Vorschrift des § 19 ausführt. [Nach einer von U. Hoffmann 2. Aufl. Anm. 5a zu § 17 angezogenen Verf. PrFM. vom 17. September 1908 III 15 776 darf, wenn bei einer auf Lebenszeit einer oder mehrerer Personen beschränkten Nutzung oder Leistung die Dauer der Nutzung oder Leistung außerdem an den Eintritt eines anderen ungewissen Ereignisses z. B. die Verheiratung geknüpft ist, das $12\frac{1}{2}$fache des Jahreswerts nicht überschritten werden; diese Verfügung dürfte die vorstehenden Ausführungen bekräftigen.]

12. Zu den Nutzungen von unbestimmter Dauer gehören auch diejenigen, deren Dauer durch die Lebenszeit einer oder mehrerer Personen bedingt ist. Für diese Nutzungen sind in den folgenden §§ 18 und 19 besondere Vorschriften getroffen. Steht die Berechtigung auf eine Nutzung oder Leistung von unbestimmter Dauer einer physischen Person zu, so ist sie in ihrer Dauer gleicherzeit von dem Fortleben der physischen Person abhängig, so daß auch der § 18 bei der Wertermittelung berücksichtigt werden müßte. Die Ausführungen oben in Note 9 finden unverändert auf diese Fälle Anwendung.

13. Die Festlegung des Wertes der immerwährenden Nutzung auf das Fünfundzwanzigfache ihres einjährigen Be-

trages entspricht einer Kapitalisierung des letzteren Betrages nach Maßgabe des gesetzlichen Zinsfußes zu 4 %. Die gleiche Kapitalisierung und ebenmäßig die Bewertung der Nutzungen von unbestimmter Dauer zur Hälfte der immerwährenden Nutzungen findet nach § 9 ZPO. statt, wo nach dem Gesetze über die Gerichtsverfassung die Zuständigkeit der Gerichte von dem Werte des Streitgegenstandes abhängt.

14. Das oben in Note 8 Gesagte über die Endgültigkeit der Wertermittelung sowie der Steuerberechnung und der Steuerfestsetzung in dem Erbschaftssteuerbescheid findet auf die Fälle des letzten Satzes des § 17 uneingeschränkte Anwendung.

§ 18.

Der Wert von Leibrenten oder anderen auf die Lebenszeit einer Person beschränkten Nutzungen, einschließlich des im § 3 Nr. 1 bezeichneten Erwerbes, wird nach dem Lebensalter der Person, mit deren Tode das Bezugsrecht erlischt, berechnet, und zwar wird als Wert bei einem Alter

1.		**bis zu 25**	**Jahren**	**das**	**20 fache,**
2.	**von mehr als 25**	**bis zu 35**	**Jahren**	**das**	**18 fache,**
3.	**„ „ „ 35**	**„ „ 45**	**„**	**„**	**16 „**
4.	**„ „ „ 45**	**„ „ 55**	**„**	**„**	**14 „**
5.	**„ „ „ 55**	**„ „ 65**	**„**	**„**	**12 „**
6.	**„ „ „ 65**	**„ „ 70**	**„**	**„**	**10 „**
7.	**„ „ „ 70**	**„ „ 75**	**„**	**„**	**8 „**
8.	**„ „ „ 75**	**„ „ 80**	**„**	**„**	**6 „**

9. „ „ „ 80 Jahren das 4 fache des Wertes der einjährigen Nutzung angenommen.

Ist jedoch die Nutzung oder Leistung

im Falle des Abs. 1 Nr. 1 schon innerhalb eines Zeitraums von 10 Jahren,

im Falle des Abs. 1 Nr. 2 schon innerhalb eines Zeitraums von 9 Jahren,

im Falle des Abs. 1 Nr. 3 schon innerhalb eines Zeitraums von 8 Jahren,

im Falle des Abs. 1 Nr. 4 schon innerhalb eines Zeitraums von 7 Jahren,

im Falle des Abs. 1 Nr. 5 schon innerhalb eines Zeitraums von 6 Jahren,

im Falle des Abs. 1 Nr. 6 schon innerhalb eines Zeitraums von 5 Jahren,

in den Fällen des Abs. 1 Nr. 7 bis 9 schon innerhalb eines Zeitraums von 4 Jahren

nach dem Anfall erloschen, so wird ihr Wert nach Maßgabe der wirklichen Dauer bestimmt und die gezahlte Steuer bis auf den diesem Werte entsprechenden Betrag erstattet. In gleicher Weise wird, wenn die steuerpflichtige Masse um den nach Abs. 1 berechneten Wert einer Nutzung oder Leistung geringer veranlagt war, im Falle des früheren Erlöschens der Nutzung oder Leistung ein entsprechender Steuerbetrag nacherhoben.

Vergl. BRAusfB. §§ (26) (29).

Zu Absatz 1.

1. Die Leibrente regelt das BGB. in den §§ 759—761 ohne eine Begriffsbestimmung dafür zu geben. Nach der deutschrechtlichen Entwickelung umfaßt die Leibrente das Recht einer Person auf bestimmte, periodisch wiederkehrende Leistungen zum Unterhalte seitens eines Dritten. Unter den anderen auf die Lebenszeit einer bestimmten Person beschränkten Nutzungen ist wohl die wesentlichste der im BGB. in den §§ 1030—1089 geregelte Nießbrauch. Zu beachten ist die besondere Hervorhebung des im § 3 Ziff. 1 bezeichneten Erwerbes, also desjenigen durch den Eintritt eines Lehns- oder Fideikommißfalles: obwohl durch letzteren ein beschränktes Eigentum auf den Erwerber übergeht (vgl. oben Note 2 zu § 3), soll der fragliche Erwerb doch lediglich nach der Nutzung, welche der Lehens- oder Fideikommißbesitz gewährt, bewertet und steuerlich behandelt werden. Neben den speziell aufgeführten Lehens- und Fideikommißanfällen wird ebenso der Erwerb lebenslänglicher Nutzungen aus Familienstiftungen in Frage kommen. Auf Grund des § 27 RESt G. fällt auch die Vorerbschaft im Falle der Einsetzung eines Nacherben (§§ 2100 ff. BGB.) hierher. Ebenmäßig werden die Vorschriften für Leibgedinge, Leibzuchten, Altenteile usw., wie sie nach Art. 96 EG. BGB. der Landesgesetzgebung der Bundesstaaten vorbehalten sind, je nach Umständen Anwendung zu finden haben, wie überhaupt eine einem Dritten ausgeworfene lebenslängliche Alimentation nach den Vorschriften des § 18 zu behandeln ist, vgl. Urt. d. RG. vom 29. April 1892 (JW. 1892 S. 284 Nr. 50).

2. Die Vorschriften des Paragraphen sind stets zur Anwendung zu bringen, gleichgültig ob die Nutzung auf die Lebenszeit des Berechtigten beschränkt ist oder auf die Lebenszeit eines Dritten, ob die Nutzung schon bei Lebzeiten des Erblassers bestanden hat oder erst durch den Anfall zur Entstehung gelangt. Hängt die Dauer der Nutzung oder Leistung von der Lebenszeit mehrerer Personen ab, so greift die Sondervorschrift des § 19 Platz. Sofern eine Nutzung oder Leistung gleichzeitig sowohl von der Lebensdauer einer Person abhängig wie auch in anderer Weise auf eine bestimmte Zeit oder auf eine unbestimmte Dauer beschränkt ist, finden nicht nur die Vorschriften des § 18 sondern auch die des § 17 Anwendung; wie schon in den Noten 9 und 12 zu § 17 näher ausgeführt, ist in diesen Fällen für die endgültige Wertfestsetzung stets nur diejenige maßgebend, nach welcher sich der geringere Wert ergibt. Ist das Recht auf eine Nutzung oder Leistung mehreren Personen nacheinander vermacht, so daß also erst nach dem Ableben des ersten Berechtigten ein Erwerb für die weiteren Personen in Frage kommen kann,

so ist zunächst bei dem Erbfall nur die erste Nutzung als für den Erwerber steuerpflichtige nach Maßgabe des § 18 zu bewerten; die weiteren Nutzungen sind als je durch das Ableben der vorberechtigten Person oder Personen bedingt nach § 21 zu behandeln, sie unterliegen erst nach Eintritt der Bedingung der Besteuerung; soweit es sich in den fraglichen Fällen um die Belastung des Erben oder des Substanzerwerbers durch die Entziehung der Nutzung für die Dauer der mehrfachen Berechtigungen handelt, hat die steuerliche Regelung sofort in Eins unter Anwendung des § 19 zu erfolgen. Soll eine von der Lebensdauer einer Person abhängige Nutzung oder Leistung erst eine bestimmte Zeit nach dem Erbfall beginnen, so ist sie, wie schon aus dem Vorausgeführten sich ergibt, zunächst aufschiebend bedingt, denn der Erwerb ist davon abhängig, daß der Bedachte den Zeitpunkt des Beginns erlebt; die Steuerpflicht entsteht nach § 21 erst mit dem Eintritt der Bedingung und sind dementsprechend für dieselbe die Verhältnisse maßgebend, wie sie im Augenblick des Eintritts der Bedingung liegen; das Nutzungsrecht bestimmt sich danach wieder nach dem Lebensalter des Berechtigten zu diesem letzteren Zeitpunkt.

3. Für die Berechnung des Lebensalters sind die Bestimmungen des BGB. (§§ 186 ff.) und zwar vorzugsweise der zweite Absatz des § 187 maßgebend:

„Ist der Beginn eines Tages der für den Anfang einer Frist maß„gebende Zeitpunkt, so wird dieser Tag bei der Berechnung der Frist „mitgerechnet. Das Gleiche gilt von dem Tage der Geburt bei der „Berechnung des Lebensalters."

Demgemäß ist der Geburtstag selbst als voller Tag mitzurechnen und das Lebensjahr gilt als vollendet mit dem Ablauf des vor der Wiederkehr des Geburtsdatums, des Geburtstages in diesem Sinn, liegenden Tages. Vgl. Planck, Kommentar zum BGB. Anm. 2 zu § 187.

4. Maßgebend ist das Lebensalter der betreffenden Person in dem Zeitpunkt des Anfalls, wie solches durch den § 16 REStG. geboten erscheint. Auch hiebei ist es ohne Einfluß, ob die Nutzung auf die Lebensdauer des Berechtigten oder die eines Dritten beschränkt ist. Beginnt die Nutzung oder Leistung erst zu einem gewissen Zeitpunkt nach dem Erbfall, so ist dieser Zeitpunkt für das anzusetzende Lebensalter bestimmend, vgl. oben Note 2a—f.

5. Die Sätze, welche bei den einzelnen ausgeschiedenen Altersklassen Anwendung finden sollen, sind einerseits nach der mutmaßlichen Lebensdauer, wie sie durch die Statistik über die Bewegung der Bevölkerung und die darauf beruhenden Berechnungen festgestellt beziehungsweise danach anzunehmen ist, und anderseits nach dem durch die Zeitlage bedingten durchschnittlichen Nutzungswert, wie er in dem allgemeinen und üblichen Zinsfuß zum Ausdruck kommt, bestimmt, so daß der zu ermittelnde Wert tunlichst dem Kapitalwert der Nutzung zur Zeit des Anfalls gleichkommt. Wie sich schon in den Erbschaftssteuergesetzen der Bundesstaaten eine Bewegung der Einzelsätze nach oben mit Rücksicht auf die Veränderung in jenen beiden Momenten für die neuere Zeit geltend macht, so ist auch in dem REStG. gegenüber den meisten der zuletzt in Kraft gewesenen landesgesetzlichen Bestimmungen eine durchgehende Erhöhung in den Einzelsätzen vorgenommen. Es hat damit der inzwischen wiederum eingetretenen Verschiebung Rech-

nung getragen werden sollen; zugrunde gelegt sind die Sätze des erst im Jahre 1903 erlassenen Hamb. EStG., das sich auf die neuesten Erfahrungen der Lebensversicherungsgesellschaften gestützt hat.

6. Während nach § 17 der Gesamtwert der auf Zeit beschränkten Nutzungen usw. durch Zusammenzählen der Jahreswerte „unter Abrechnung der Zwischenzinsen" gefunden werden soll, ist im § 18 der Wert von Leibrenten und anderen auf die Lebenszeit einer Person beschränkten Nutzungen lediglich nach dem je bei den einzelnen Altersstufen verschiedenen Mehrfachen des einjährigen Nutzungswerts bemessen, ohne daß der Zwischenzinsen Erwähnung getan ist. Folgeweise haben bei der Berechnung des Werts von Leibrenten usw. die Zwischenzinsen unberücksichtigt zu bleiben, der Wert der einjährigen Nutzung ist lediglich mit den Sätzen, wie sie der Paragraph für die einzelnen Altersklassen vorschreibt, zu multiplizieren, ohne daß ein Absatz wegen der Zwischenzinsen, die schon in der Festlegung der Sätze des Mehrfachen für die einzelnen Altersklassen entsprechend berücksichtigt sind, und eine Umrechnung nach der in Anlage 6 der Bundesratsausführungsvorschriften gegebenen Hilfstafel stattzufinden hätte.

7. Voraussetzung für die Anwendung des § 18 ist gleicherweise wie bei dem § 17, daß der W e r t d e r e i n j ä h r i g e n N u t z u n g überhaupt abschätzbar ist, vgl. Note 4 zu § 17. Die Wertermittelung für die einjährige Nutzung hat sich nach den allgemeinen Grundsätzen des § 16 zu bemessen; es sind dabei die zu diesem Paragraphen gegebenen Ausführungen im einzelnen auch hier zu beachten. Besonders häufig wird es sich um eine Wertermittelung für einen Nießbrauch handeln; es ist dabei den oben angezogenen besonderen Vorschriften, welche das BGB. über den Nießbrauch trifft, Rechnung zu tragen. Über das Zusammentreffen eines vermachten und eines gesetzlichen Nießbrauchs vgl. unten Note 15 zu § 29. Ist der Testamentsvollstrecker bindend beauftragt, aus der Erbschaftsmasse dem Erben eine Leibrente zu kaufen, so hat der Erbe nicht die für den Ankauf der Rente verwendete Summe sondern an Stelle derselben den Wert der Leibrente, welcher nach § 15 festzulegen ist, zu versteuern; die Anwendbarkeit des § 18 Abs. 2 ist dadurch gewahrt; die bezügliche Beauftragung des Testamentsvollstreckers muß eine absolut zwingende sein. Hat der Erbe laut Testaments einem Dritten eine Leibrente zu kaufen, so besteht die Beschwerung des Erben in der für den Ankauf der Leibrente aufgewendeten Geldsumme, die Bereicherung des Dritten aber in dem Wert der Leibrente, welcher nach § 18 festzulegen ist; ein vorzeitiges Erlöschen der Nutzung, das die Anwendung des § 18 Abs. 2 zur Folge haben würde, bleibt in diesem Falle auf die Besteuerung des Erwerbs des Erben ohne Einfluß.

Zu Absatz 2.

8. Während im allgemeinen auch bezüglich der Vorschrift im § 18 die W e r t e r m i t t e l u n g nach der Steuerberechnung und der Steuerfestsetzung in dem Erbschaftssteuerbescheid als e n d g ü l t i g anzusehen ist und damit das in Note 8 zu § 17 Ausgeführte Platz greift, ist in dem Abs. 2 des § 18 eine A u s n a h m e für den Fall zugelassen, daß die Nutzung schon innerhalb eines gewissen kürzeren Zeitraumes nach dem Anfall erlischt; in diesem Falle tritt Wertermittelung nach der wirklichen Dauer ein. Der Regierungsentwurf wollte, ohne eine nähere Begründung dafür zu geben, eine Berechnung der Rente nach der wirk-

lichen Dauer eintreten lassen, wenn die Nutzung oder Leistung innerhalb eines Zeitraums von vier Jahren nach dem Anfalle erlösche. Um dem dieser Verbesserung (gegenüber der früheren Landesgesetzgebung mit einem durchweg nur einjährigen Zeitraum) zugrunde liegenden Gedanken weiter auszuspinnen, wie der Kommissionsbericht nur bemerkt, hat die Reichstagskommission die nunmehr im Gesetz verlautbarte weitergehende Abstufung, nach welcher die wirkliche Dauer im äußersten Falle bis zu einem Zeitraum von zehn Jahren Berücksichtigung finden soll, angenommen.

9. Die Ausnahmebestimmung kann nur auf die im ersten Absatz des § 18 geregelten Fälle, also nur für die auf die Lebenszeit einer bestimmten Person beschränkten Nutzungen, Anwendung finden, nicht aber auch auf die vorher geregelten unbestimmten Nutzungen oder die durch Abschätzung bestimmbaren, wobei die Anwendbarkeit aber nicht dadurch ausgeschlossen werden kann, daß die auf die Lebenszeit einer Person beschränkte Nutzung des weiteren von einer auflösenden Bedingung abhängig gemacht ist, welche gleichfalls zu einer Beendigung der Nutzung und zwar bei Lebzeiten des Nutzungsberechtigten führen kann, vgl. das am Schluß der Note angeführte reichsgerichtliche Urteil. Es ist dieses als die sachgemäße Folge daraus anzusehen, daß die Ausnahmevorschrift lediglich an die Regelung im § 18 angegliedert und in derselben keinerlei Bezugnahme auf den vorgehenden Paragraphen zum Ausdruck gebracht ist, woraus auf den Willen des Gesetzgebers, die Ausnahme auch für den anderen Paragraphen gelten zu lassen, ein Schluß gezogen werden könnte. Es kommt hinzu, daß der folgende Paragraph inhaltlich vollkommen mit der Vorschrift im ersten Satz des § 18 zusammenhängt, daß also die Ausnahmebestimmung in keiner Weise allein steht, sondern in ein zusammenhängendes Ganzes eingefügt ist. Der unmittelbare Zusammenhang der beiden Absätze des Paragraphen ist für das Preuß. EStG., welches eine grundsätzlich im allgemeinen übereinstimmende Vorschrift in der gleichen Fassung unter Teilung in zwei Absätze enthielt, durch Urt. d. RG. vom 29. April 1892 (JW. 1892 S. 284 Nr. 50) besonders ausgesprochen worden. Eine Folge dieses unmittelbaren Zusammenhangs ist es auch, daß die Anwendbarkeit des Abs. 2 nicht ausgeschlossen werden kann, wenn der Nutzungsberechtigte durch einen weiteren Erbfall Eigentümer des Gegenstandes, auf welchen sich die Nutzung bezieht, wird; es hat dieses zur Folge, daß der weitere Erbfall, auf den sich der Erwerb des Eigentums gründet, in die Überwachungsliste aufzunehmen ist. In dem durch Schreiben des Reichskanzlers (Reichsschatzamt) vom 6. Dezember 1910 II 14559 den Bundesregierungen mitgeteilten Urt. d. RG. vom 18. Oktober 1910 ist ausgeführt, daß die den Rücksichten der Billigkeit entsprechende Steuerermäßigung des § 18 Abs. 2 auch dann Platz greife, wenn eine auf Lebenszeit einer Person beschränkte Nutzung außerdem von einer auflösenden Bedingung, z. B. der Wiederverheiratung des Bedachten, abhängig gemacht worden ist und die Nutzung infolge Eintritts dieser Bedingung vor Ablauf des der Steuerberechnung zugrunde gelegten Zeitraums erlischt.

10. Für den Beginn der Frist, welcher stets durch den Anfall bestimmt wird, ist hier der erste Absatz des § 187 BGB. maßgebend: „Ist für den Anfang einer Frist ein Ereignis oder ein in den Lauf

„eines Tages fallender Zeitpunkt maßgebend, so wird bei der Be-„rechnung der Frist der Tag nicht mitgerechnet, in welchen das Er-„eignis oder der Zeitpunkt fällt."

Das Ende der Frist regelt sich sodann nach Abs. 2 und 3 des § 188 BGB.:

„Eine Frist, die nach Wochen, nach Monaten oder nach einem mehrere „Monate umfassenden Zeitraume — Jahre, halbes Jahr, Vierteljahr „— bestimmt ist, endigt im Falle des § 187 Abs. 1 mit dem Ablauf „desjenigen Tages der letzten Woche oder des letzten Monats, welcher „durch seine Benennung oder seine Zahl dem Tage entspricht, in den „das Ereignis oder der Zeitpunkt fällt....

„Fehlt bei einer nach Monaten bestimmten Frist in dem letzten Monate „der für ihren Ablauf maßgebende Tag, so endigt die Frist mit dem „Ablaufe des letzten Tages dieses Monats."

Die Frist läuft demnach stets mit dem Datumstage des Anfalls ab, nur wenn es sich um den 29. Februar handelt und dieser in dem entscheidenden Jahr fehlt, mit dem 28. Februar. Ohne Einfluß ist es dabei, ob der Endtag ein Sonn- oder Feiertag ist, da hier die Bestimmung des § 193 BGB. nicht Platz greift. [And. M. U. Hoffmann 2. Aufl. Anm. 2c zu § 18, der aber übersieht, daß auch die eine Leibrente usw. außer dem Tod möglicherweise endigenden Handlungen oder Umstände nicht unter den § 193 BGB. fallen können: der angezogene § 222 ZPO. kann nicht in Frage kommen, weil er sich nur auf richterliche Fristen bezieht.] Die Frist ist naturgemäß stets streng auszulegen; erlischt die Nutzung nur einen Tag später, so kann die Ausnahmevorschrift keine Anwendung finden.

11. Die Erstattung der Steuer findet in der Weise statt, daß der Wert der Leibrente usw. nach Maßgabe ihrer wirklichen Dauer bestimmt und die gezahlte Steuer bis auf den diesem Wert entsprechenden Betrag erstattet wird. Es soll also nicht etwa die tatsächliche Bereicherung, welche dem Berechtigten durch den Genuß der Leibrente usw. zuteil geworden ist, berücksichtigt werden, sondern in Übereinstimmung mit dem sonstigen Verfahren soll der Gesamtwert nach dem Wert der einjährigen Nutzung und der Dauer der Nutzung berechnet werden. Der Wert der einjährigen Nutzung bestimmt sich lediglich nach der Festsetzung bei der ersten Versteuerung; es ist unverändert der gleiche Wert zugrunde zu legen, weil die ganze Berechnung auf den Anfall zurückbezogen wird und danach nur der derzeitige Wert und zwar so, wie er derzeit festgestellt wurde, als maßgebend anzusehen ist. Bezüglich der Dauer kommen nicht etwa nur, eventuell entsprechend abgerundet, die Jahre in Betracht, sondern die wirkliche Dauer nach Jahren, Monaten und Tagen, wie insgesamt die Leibrente usw. tatsächlich von dem Berechtigten genossen worden ist. Daraus daß nach Abs. 1 des § 18 der Wert der einjährigen Nutzung ohne weiteres mit einer nach der Dauer verschieden festgelegten Zahl zu multiplizieren ist, ist der Schluß zu ziehen und wird auch allgemein so gezogen, daß bei der Festlegung des Gesamtwerts nach Absatz 2 auch ausschließlich eine entsprechende Berechnung nach der wirklichen Dauer der Nutzung und dem einjährigen Wert derselben, also ohne eine Berücksichtigung der Zwischenzinsen zur Anwendung zu bringen ist, obwohl auch für eine Anwendbarkeit der allgemeinen Regel des § 17, Berechnung unter Berücksichtigung der Zwischenzinsen, sich nicht ungewichtige Gründe vor-

bringen lassen würden. [Nach U. Hoffmann 2. Aufl. Anm. 2d soll die neue Berechnung nach § 17 Satz 1, 2 unter Zugrundelegung der wirklichen Dauer erfolgen.]

12. Die Vorschrift des Absatz 2 besagt ausdrücklich: bei vorzeitigem Erlöschen der Nutzung oder Leistung „wird ihr Wert nach Maßgabe der wirklichen Dauer bestimmt und die gezahlte Steuer bis auf den diesem Werte entsprechenden Betrag erstattet". Die anderweite Bestimmung des Werts und die Erstattung der Steuer soll also ohne weiteres in jedem Falle eintreten: beide sind an keine weitere Vorbedingung namentlich also auch nicht an einem Antrag des Steuerpflichtigen, wie ihn Wunsch Note 4 zu § 18 fordert, geknüpft. Die Steuerbehörde kann aber zu einer besonderen Tätigkeit lediglich im Interesse der Steuerpflichtigen nicht für verpflichtet erachtet werden; in denjenigen Fällen, in denen es sich ausschließlich um die Möglichkeit einer Steuererstattung handelt, muß daher der Steuerpflichtige selbst sein Interesse wahrnehmen und eventuell einen Erstattungsantrag stellen. Die Steuerbehörde hat nach § 26 Abs. 1 BRAusfB. eine Überwachung des Erwerbsfalls und eine Eintragung in die Überwachungsliste nicht vorzunehmen. Kommt aber das vorzeitige Erlöschen der Nutzung oder Leistung irgendwie amtlich zu ihrer Kenntnis, so ist eine anderweite Wertermittelung und dementsprechende Erstattung der Steuer auch ohne Antrag von Amts wegen vorzunehmen. In vielen Fällen werden die Nacherhebung der Steuer nach dem zweiten Satz, bezüglich deren Möglichkeit der Erwerbsfall nach dem § 26 BRAusfB. vermittelst der Überwachungsliste behördlich zu verfolgen ist, und die Erstattung sich gegenseitig bedingen und gleichzeitig in Frage kommen; in diesen Fällen wird die Steuerbehörde sowohl die Nacherhebung wie die Erstattung der Steuer ohne weiteres anzuordnen haben. [U. Hoffmann 2. Aufl. Anm. 2 i. A. zu § 18 folgert, daß die Erstattung ohne Antrag geschehen könne, aber nicht daß sie geschehen müsse; bei einer Nachforderung von Steuer sei die Herbeiführung der entsprechenden Erstattung allerdings Anstandspflicht.]

13. Nach der Regierungsvorlage, in welcher der letzte Satz des Abs. 2 fehlte, konnte die Ausnahmebestimmung nur bezüglich des mit der Nutzung Bedachten, nicht auch bezüglich des mit derselben Beschwerten Platz greifen. Nunmehr findet aber nach Maßgabe des fraglichen Satzes die Ausnahmebestimmung in ihren Folgen sowohl auf den mit der Nutzung Bedachten wie auf den mit der Nutzung Beschwerten eine entsprechende Anwendung. Die vom Reichstag vollzogene Einfügung des Schlußsatzes begründet der Kommissionsbericht folgendermaßen: „Der Antrag ziehe die logische Konsequenz aus der in erster Lesung zum § 20 (jetzt § 18) beschlossenen Änderung. Wenn beispielsweise jemand ein Haus und ein anderer, der 20 Jahre alt ist, die Nutznießung daran durch Verfügung von Todes wegen erwerbe, so berechne sich die Steuer des Nießbrauchs nach § 20 (jetzt 18) Ziff. 1 unter Zugrundelegung einer Masse, die dem Zwanzigfachen des Wertes der einjährigen Nutzung entspricht. Bei der Besteuerung des Eigentümers des Hauses werde die steuerpflichtige Masse um den Wert des Nießbrauches vermindert. Sterbe nun der Nießbraucher nach neun Jahren, so werde dessen Erben gemäß den Beschlüssen der ersten Lesung auf Antrag die zu viel erhobene Steuer erstattet. Der neue Antrag

wolle nun verhindern, daß in solchem Falle für den Fiskus ein ungerechtfertigter Ausfall entstehe und verfüge deshalb, daß der steuerpflichtigen Masse des Hauseigentümers nachträglich wieder zugesetzt werde, was sich als zu Unrecht früher abgezogen herausstelle, und daß von dem Mehrbetrage der Masse der entsprechende Steuerbetrag nacherhoben werde. Anders verlaufe die Sache selbstverständlich, wenn der steuerpflichtige Hauseigentümer von dem ihm im § 28 Abs. 2 (jetzt § 26 Abs. 2) gewährten Rechte Gebrauch machend die Aussetzung der Versteuerung bis zum Erlöschen des Nießbrauchs verlangt habe."

14. Die Nacherhebung der Steuer, welche infolge vorzeitigen Erlöschens einer auf die Lebenszeit einer Person beschränkten Nutzung oder Leistung nach Maßgabe des Abs. 2 des § 18 stattfinden soll, ist so zu bemessen, daß der erhöhte Steuerbetrag genau dem entspricht, was der Pflichtige an Steuer zu entrichten gehabt haben würde, wenn der Wert der Nutzung oder Leistung von vornherein nach der wirklichen Dauer der letzteren zu bestimmen gewesen sein würde. Wird der Gesamtwert des Anfalls durch die anderweite nunmehr unter Zugrundelegung der wirklichen Dauer sich vollziehende Wertberechnung der Nutzung oder Leistung in einer Weise beeinflußt, daß nach § 10 Abs. 2 REStG. ein anderer Steuersatz zur Anwendung zu bringen wäre, so ist dem ebenso wie bei der Erstattung auch bei Nacherhebung der Steuer entsprechend Rechnung zu tragen; die Nacherhebung ist auf das Plus auszudehnen, das unter Anwendung des anderweiten Steuersatzes an Steuer zu entrichten sein würde. Im Falle der Steuererstattung ergibt sich dieses ohne weiteres einfach dadurch, daß die Steuer auf der neuen Grundlage festgestellt und die bezahlte Steuer bis auf diesen Betrag in der Weise zurückerstattet wird, wie solches oben in Note 11 dargestellt ist. Kommt aber eine Nacherhebung der Steuer in Frage, so ist nicht etwa nur ein Steuerbetrag, wie er sich aus der Verminderung der Belastung des Anfalls durch das frühere Erlöschen der Nutzung oder Leistung ergibt, nachzuerheben, sondern eventuell daneben auch der weitere Steuerbetrag, der dadurch bedingt ist, daß infolge der eingetretenen Verminderung der Belastung der Gesamtwert des Anfalls nach § 10 Abs. 2 unter einem höheren Steuersatze zur Steuer heranzuziehen wäre. Wir wollen dies an einem Beispiel erläutern. Ein Neffe des Erblassers erhält durch den Erbfall 90000 Mk. mit der Belastung, einer 50jährigen Person eine Leibrente von jährlich 3000 Mk. zu zahlen. Der Wert der Leibrente berechnet sich nach § 18 Abs. 1 auf das 14fache der einjährigen Nutzung also auf 42000 Mk. (3000 Mk. × 14). Der Neffe hat mithin 48000 Mk. (90000 Mk. – 42000 Mk.) nach § 10 Abs. 1 zu dem nach der Verwandtschaft mit dem Erblasser ihn treffenden Satz von vier vom Hundert zu versteuern, weil nach § 10 Abs. 3 die Steigerung des § 10 Abs. 2 bei ihm als Steuerpflichtigen I. Klasse erst bei einem Erwerb von mehr als 50000 Mk. beginnt; die Steuer berechnet sich danach auf 1920 Mk. Bei Ablauf des dritten Jahres nach dem Anfall verstirbt der Rentenempfänger, so daß der Wert der Rente auf Grund des § 18 Abs. 2 nach der wirklichen Dauer zu bestimmen und demgemäß auf 9000 Mk. (3000 Mk. × 3) anzusetzen ist. Die Belastung des Anfalls des Neffen verringert sich also um 33000 Mk. (42000 Mk. — 9000 Mk.) und wird dementsprechend die Steuer nachzuerheben sein. Dabei ist aber nicht etwa nur die maßgebende Steuer für diese 33000 Mk. nach dem regelmäßigen Verwandtschaftssteuersatz zu vier vom Hundert zu berechnen und mit dem bezüglichen Betrage von 1320 Mk. nachzuerheben, sondern es ist auch zu berücksichtigen, daß der Gesamtanfall für den Neffen sich nunmehr auf 81000 Mk. (48000 Mk. + 33000 Mk.) erhöht hat und dementsprechend nunmehr unter der Steigerung des § 10 Abs. 2 mit dem $1^4/_{10}$fachen des nach der Verwandtschaft maßgebenden Satzes zu versteuern ist. Die Berechnung der nachzuerhebenden Summe geschieht am einfachsten in der Weise, daß man für den nunmehr sich ergebenden Gesamtbetrag des Anfalls — für 81000 Mk. — nach dem maßgebenden Satze — $1^4/_{10}$fache von vier vom Hundert — die Steuer feststellt — für unseren Fall würde die Feststellung auf 4536 Mk. kommen — und sodann nacherhebt, was durch die früher entrichtete Steuer — 1920 Mk. — nicht gedeckt erscheint — in unserem Fall 4536 Mk. — 1920 Mk. oder 2616 Mk. Für die Nacherhebung der Steuer sind selbstredend diejenigen Werte maßgebend, welche bei der ersten Steuerfestsetzung die Unterlage bildeten, also die Werte zur Zeit des Anfalls; jede Veränderung in diesen Werten, welche inzwischen eingetreten ist, bleibt außer Rücksicht, wenn auch dadurch die tatsächliche Bereicherung der Beteiligten eine Veränderung erfahren hat.

15. Wird durch die Anwendung der Vorschrift unter Absatz 2 der Gesamtwert einer vermachten Leibrente oder anderen auf die Lebenszeit einer Person beschränkten Nutzung oder Leistung geringer als 500 Mk., so kann die Befreiungsvorschrift des § 11 Ziff. 1 nicht Platz greifen, weil über die Frage, ob ein steuerpflichtiger oder ein steuerfreier Erwerb für den betreffenden Fall vorliegt, schon früher bei der ersten Steuerfestsetzung Entscheidung getroffen ist. Diese letztere Entscheidung ist dem § 18 Abs. 2 gegenüber als endgültige anzusehen, denn jener Absatz 2 des Paragraphen schreibt lediglich vor, daß die gezahlte Steuer bis auf den dem wirklichen Wert entsprechenden Betrag erstattet werden soll, läßt mithin die frühere Steuerfestsetzung an sich und lediglich als solche bestehen.

§ 19.

Hängt die Dauer der Nutzungen von der Lebenszeit mehrerer Personen ab, so ist, wenn das Bezugsrecht mit dem Tode der zuerst versterbenden Person erlischt, das Lebensalter der ältesten Person, wenn das Bezugsrecht mit dem Tode der letztversterbenden Person erlischt, das Lebensalter der jüngsten Person maßgebend.

1. Der § 19 zieht lediglich eine weitere Folgerung aus dem im vorigen Paragraphen im einzelnen zur Anwendung gebrachten naturgemäßen Grundsatz, daß die mutmaßliche Lebensdauer mit dem zunehmenden Alter abnimmt, indem er von der Annahme ausgeht, daß von zwei Personen verschiedenen Alters die ältere zuerst, die jüngere aber zuletzt sterben wird, und dementsprechend je nach der einen oder anderen Seite des Falls das Lebensalter der älteren oder der jüngeren Person für die Wertermittelung maßgebend sein läßt.

2. Die Bestimmung kann nur Platz greifen, sofern es sich um ein und dieselbe Nutzung handelt, welche von der Lebensdauer mehrerer Personen abhängig gemacht ist, wobei es aber wieder-

um gleichgültig ist, in welcher Weise dieses Abhängigmachen durchgeführt ist, ob dabei von vornherein nur eine Nutzung oder mehrere in Frage kommen, beispielsweise ob eine einheitliche Nutzung zwei Ehegatten bis zum Tode des zuletzt Versterbenden vermacht ist oder getrennt lebenslänglich dem A die Nutzung eines bestimmten Gutes und dem B die Nutzung eines bestimmten Gutes, aber mit der Bestimmung, daß beim Tode des A dessen Nutzung an B und beim Tode des B dessen Nutzung an A für die Lebensdauer fallen solle.

3. Regelmäßig wird die Vorschrift nur für die Wertermittelung bezüglich der Beschwerung des Erben usw. durch die Nutzung zur Anwendung gebracht werden, da nur bezüglich dieser stets eine einheitliche Feststellung in Frage kommen kann. Nach § 28 soll die Erbschaftssteuer nach dem ganzen Erwerbe jedes einzelnen Beteiligten für diesen besonders berechnet werden; es ist demgemäß die Wertermittlung der Nutzung als Nutzung oder Bereicherung für jeden Beteiligten je nach den bezüglich desselben in Betracht zu ziehenden Sonderverhältnissen vorzunehmen, wobei jene Vorschrift durchweg gegenstandslos sein wird; denn wenn das Recht auf eine Nutzung oder Leistung mehreren Personen nacheinander vermacht ist, so sind alle Rechte, die nach dem des ersten Nutznießers zum Zuge kommen können, aufschiebend nach der Lebenszeit der Vorbesitzer bedingt und dementsprechend steuerlich nach § 21 zu behandeln; vgl. oben Note 2 zu § 18. Die Wertermittelung bezüglich der Beschwerung ist regelmäßig eine endgültige, sofern nicht die Ausnahmevorschrift im zweiten Absatz des § 18 zur Anwendung zu bringen ist; vgl. das in der Note 8 zu § 17 und in der Note 13 zu § 18 Ausgeführte.

4. In einem Falle ist die Vorschrift des § 19 nicht nur für den Beschwerten, sondern auch für den mit der Nutzung Bedachten zu berücksichtigen, nämlich dann, wenn die einem einzigen Berechtigten vermachte Nutzung von der Lebenszeit mehrerer anderer Personen abhängig gemacht ist, beispielsweise wenn jemand von einem Dritten eine Nutzung für die Lebenszeit seiner Eltern vermacht würde. In diesem Falle ist die Wertermittelung bezüglich der Bereicherung ganz die gleiche, wie bezüglich der Beschwerung; beide sind endgültig, sofern später nicht die Ausnahmebestimmung des Abs. 2 des § 18 in Wirkung treten sollte. Die Durchführung des Beispiels mag dieses näher veranschaulichen: Der Erblasser vermacht seinem Neffen A 50000 Mk. mit der Auflage, einem nicht verwandten Dritten B jährlich 200 Mk. für die Lebenszeit seiner Eltern (Vater 60 Jahre alt, Mutter 50 Jahre alt) zu zahlen. Da die Rente bis zu dem Tode der zuletzt versterbenden Person zu gewähren ist, berechnet sie sich nach dem Lebensalter der jüngsten Person, der Mutter, also auf das 14fache = 2800 Mk. Es hat demnach an Erbschaftssteuer zu entrichten:

der Erbe 4% von 47200 Mk. (50000 — 2800 Mk.) = 1888 Mk.
der Nutzungsberechtigte 10% von 2800 Mk. = 280 Mk.

Übereinstimmend bleibt hier Wertermittelung und Steuerfestsetzung bestehen, wenn nicht der Vater und die Mutter schon innerhalb eines Zeitraums von 7 Jahren nach dem Anfalle versterben sollten. Von der Lebensdauer der Mutter hängt nach Maßgabe des § 19 die Wertermittelung ab, der tatsächliche Bezug, der für die Ausnahmebestimmung des § 18 Abs. 2 in Frage kommt, gleichzeitig auch von der Lebensdauer des Vaters. Wenn die Mutter zwar vor Ablauf von 7 Jahren verstirbt, der Vater aber beim Tode der Mutter noch am Leben ist, so erlischt die Nutzung noch nicht und folgeweise ist auch § 18 Abs. 2 nicht anwendbar: demnach kann also eine Änderung der ersten Wertermittelung und Steuerfestsetzung nur eintreten, wenn auch der Vater innerhalb des fraglichen Zeitraumes verstirbt. Sofern eine Änderung in den Steuerbeträgen demnächst nach Maßgabe des § 18 Abs. 2 vorzunehmen sein sollte, ist dabei in der gleichen Weise wie in den sonstigen Fällen zu verfahren: die Beispiele in den Noten 6 und 7 werden dafür den nötigen Anhalt bieten.

5. Die Wertermittelung der Nutzung für den Nutzungsberechtigten hat stets getrennt von der Wertermittelung bezüglich der Beschwerung zu geschehen und sind dabei neben dem § 18 einschließlich der Ausnahmebestimmung im zweiten Absatz desselben auch die nachfolgenden §§ 21—23, soweit sie nach Lage der Sache zur Berücksichtigung kommen können, als maßgebend zu betrachten und alle die für jeden einzelnen in Frage kommenden Sonderverhältnisse entsprechend in Rechnung zu ziehen. Wird nach dem obigen Beispiel zwei Ehegatten gemeinsam eine Nutzung bis zum Tode des zuletzt versterbenden vermacht, so ist die Wertermittelung darauf zu gründen, daß jedem der Ehegatten die lebenslängliche Nutzung zu der einen Hälfte des Gesamtbetrages unbedingt und zu der anderen Hälfte unter der aufschiebenden Bedingung, daß er den anderen Ehegatten überlebe, vermacht ist. Zunächst hat also jeder der Ehegatten einen Wert zu versteuern, der sich nach der Hälfte des einjährigen Nutzungswertes, vervielfältigt mit dem im § 18 für sein Lebensalter festgestellten Satz, berechnet. Die letztere Wertermittelung ist endgültig, wenn nicht einer oder beide Ehegatten bereits innerhalb eines solchen Zeitraums vom Anfall an versterben würden, daß die Ausnahmebestimmung des § 18 Abs. 2 Platz greifen und Wertermittelung nach der tatsächlichen Dauer unter Rückerstattung der darüber hinaus gezahlten Steuer eintreten würde. Beim Tode des zuerst versterbenden Ehegatten tritt dann die weitere Wertermittelung und Versteuerung für die dem überlebenden unter der oben bezeichneten aufschiebenden Bedingung vermachte zweite Hälfte der Nutzung gemäß der Vorschrift im Abs. 1 des § 18 ein, für welche das derzeitige Lebensalter des überlebenden bestimmend ist; auch für diese zweite Wertermittelung und Versteuerung würde wieder die Ausnahmebestimmung des § 18 Abs. 2 Geltung finden. Wird nun aber zwei Ehegatten gemeinsam eine Nutzung bis zum Tode des zuerst versterbenden vermacht, so handelt es sich, was die Nutzungsberechtigung, die Bereicherung der Ehegatten, anlangt, auch hier nicht um einen einheitlichen Anfall, für welchen bezüglich der Besteuerung des Erwerbs der Nutzung die Vorschrift des § 19 Platz greifen könnte. Auch hier erwirbt jeder Ehegatte selbständig die Hälfte der Nutzung und ist dieser Anfall von dem eigenen Leben des Erwerbers lediglich so wie jeder andere Anfall einer Nutzung abhängig. Jedem der beiden Ehegatten ist aber seine Nutzungshälfte unter einer auflösenden Bedingung, Tod des anderen Ehegatten, angefallen, doch bleibt diese auflösende Bedingung, weil es sich um eine Nutzung von unbestimmter Dauer handelt, nach der Vorschrift des Abs. 2 des § 21 unberücksichtigt. Der Wert der Nutzung bestimmt sich daher für jeden Ehegatten nach seinem Lebensalter auf Grund der näheren Ordnung des § 18, dessen zweiter Absatz

für den Fall, daß der entscheidende Tod des einen Ehegatten innerhalb der dort gesetzten maßgebenden Frist nach dem Anfall eintreten sollte, für beide Ehegatten übereinstimmend zur Anwendung gebracht werden müßte. Setzten wir als Beispiel einen anderen Fall, wo dem A die Nutzung eines bestimmten Gutes und dem B die Nutzung eines bestimmten Gutes unter gegenseitiger Substitution lebenslänglich vermacht worden, so würde dieser im Erfolg ganz dem erstberührten Fall gleichen, nur daß statt der Nutzungshälften hier selbständige Einzelnutzungen von vornherein in Frage kommen. Würde hier statt der Substitution gesagt sein, daß beide Nutzungen beim Tode des zuerst Versterbenden das Ende erreichen sollten, so wäre das gleiche wie zu zweit beim ersten Fall gegeben. [Nach U. Hoffmann 2. Aufl. Anm. 1b zu § 19 haben die vorerörterten Grundsätze im allgemeinen eine Anerkennung in den Verf. PrFM. vom 25. Februar 1909 III 2548 und vom 10. November 1909 III 10011 gefunden.]

6. Zur näheren Erläuterung wollen wir die oben genannten Hauptbeispiele zahlenmäßig bezüglich der Beschwerung und bezüglich der Bereicherung durchführen, wobei wir, um die Sache möglichst einfach zu gestalten, die Anfallbeträge so wählen werden, daß eine Staffelung der Steuer nach der Höhe des Erwerbes in Gemäßheit des § 10 Abs. 2 nicht in Frage kommen kann.

Erster Hauptfall: Der Erblasser vermacht seinem Neffen A 50000 Mk. mit der Auflage, den mit ihm nicht verwandten Eheleuten B (60 Jahre alt) und C (50 Jahre alt) jährlich 500 Mk. bis zum Tode des zuletzt Versterbenden auszubezahlen. Nach Maßgabe der letzteren Anordnung bestimmt sich die Beschwerung für den Erben nach dem Lebensalter des jüngsten Ehegatten, bei 50 Lebensjahren also auf das 14fache der jährlichen Gesamtnutzung = 7000 Mk. B erhält die halbe Nutzung zu 250 Mk. und bestimmt sich deren Wert nach seinen 60 Lebensjahren auf das 12fache = 3000 Mk.; C bekommt gleichfalls eine Nutzung von 250 Mk., deren Wert sich bei dem Lebensalter von 50 Jahren auf das 14fache = 3500 Mk. berechnet. An Erbschaftssteuer hat demnach zunächst zu entrichten:

der Erbe A	4%	von 43000 Mk.	=	1720 Mk.
der Nutzungsberechtigte B	10%	von 3000 Mk.	=	300 Mk.
der Nutzungsberechtigte C	10%	von 3500 Mk.	=	350 Mk.

Damit ist die Sache aber weder für den Erben noch für die Nutzungsberechtigten abgeschlossen; Wertermittelung und Steuerfestsetzung sind noch nicht endgültig, sie können sich nach Maßgabe des § 18 Abs. 2 durch die tatsächliche Lebensdauer der Nutzungsberechtigten ändern. Wir wollen dabei vier Unterfälle scheiden.

Erster Unterfall: B stirbt nach 10 Jahren, C nach 20 Jahren. Die Besteuerung des Erben bleibt unberührt, weil für sie der § 18 Abs. 2 nicht Platz greifen kann. Bezüglich der Besteuerung der von B genossenen Nutzung tritt eine Veränderung nicht ein. Die C hat die ihr beim Tode des B anfallende zweite Hälfte der Nutzung nach ihrem derzeitigen Lebensalter (60 Jahre), mithin 250 Mk. mit dem 12fachen = 3000 Mk. zu versteuern. Es hat also noch zu entrichten an Erbschaftssteuer:

die Nutzungsberechtigte C 10% von 3000 Mark = 300 Mk.

Damit ist die Sache für diesen Fall endgültig abgeschlossen, da die C erst nach weiteren 10 Jahren verstirbt.

Zweiter Unterfall: B stirbt nach 2 Jahren 73 Tagen, C nach 10 Jahren. Auch hier kann sich die Besteuerung des Erben nicht ändern, da die Nutzung insgesamt erst nach 10 Jahren also nicht innerhalb eines Zeitraums erlischt, daß nach § 18 Abs. 2 die Wertermittelung nach der wirklichen Dauer zulässig erscheinen würde. Für die Nutzung des B greift jetzt die Ausnahmevorschrift des § 18 Abs. 2 Platz; ihr Wert bestimmt sich nur nach Maßgabe der wirklichen Dauer von $2^1/_5$ Jahr, also auf 550 Mk., dem eine Steuer von 55 Mk. entsprechen würde. Beim Anfall der Nutzungshälfte des B hat die Nutzungsberechtigte C das 55. Lebensjahr noch nicht erreicht, es ist demnach für den zweiten Anfall ganz der gleiche Satz wie für den ersten zur Anwendung zu bringen. Demnach ist

1. auf die frühere Erbschaftssteuer zurückzuzahlen:
   anläßlich der Nutzung des B 300 Mk. — 55 Mk. = 245 Mk.
2. an Erbschaftssteuer ferner zu entrichten:
   von der Nutzungsberechtigten C 10% von 3500 = 350 Mk.

Auch in diesem Falle hat damit die Sache ihre endgültige Erledigung gefunden, da die Nutzungsberechtigte C länger als 7 Jahre über den zweiten Anfall hinaus am Leben verbleibt.

Dritter Unterfall: B stirbt nach 10 Jahren, C nach 12 Jahren 73 Tagen. Beim Ableben des B vollzieht sich die Sache zunächst genau in der gleichen Weise wie im ersten Unterfall. Die Besteuerung der von B genossenen Nutzung ist endgültig abgeschlossen; aus dem Anfall der B'schen Nutzung hat an Erbschaftssteuer ferner zu entrichten:

die Nutzungsberechtigte C 10% von 3000 Mk. = 300 Mk.

Damit ist aber der Steuerfall zwar für den Erben, da die Gesamtnutzung über die für ein Eintreten des § 18 Abs. 2 maßgebende Zeit hinaus gedauert hat, endgültig, nicht aber für die Nutzungsberechtigte C erledigt. Da die C $2^1/_5$ Jahr nach dem zweiten Anfall verstirbt, so greift bezüglich des letzteren die Ausnahmevorschrift des § 18 Abs. 2 ein; die Nutzung ist nur nach der wirklichen Dauer zu bewerten, also mit 250 Mk. $\times$ $2^1/_5$ = 550 Mk., für welchen Wert die Steuer 55 Mk. beträgt. Es sind mithin zurückzuzahlen

von der anläßlich des zweiten Anfalls an C entrichteten Erbschaftssteuer
300 Mk. — 55 Mk. = 245 Mk.

Erst damit hat der Steuerfall seinen Abschluß gefunden.

Vierter Unterfall: B verstirbt nach 2 Jahren, C nach 4 Jahren. Beim Tode des B ändert sich die Besteuerung des B und es tritt die weitere Versteuerung für den Anfall an C ein; die Besteuerung des Erben bleibt zunächst unberührt. Die Steuer des B wird nach der tatsächlichen Dauer, also nach einem Wert von 500 Mk. (2 $\times$ 250 Mk.) mit 50 Mk. (10% von 500 Mk.) berechnet. Es ist demnach

1. an Steuer zurückzuerstatten aus dem Anfall B: 300 Mk. — 50 Mk. = 250 Mk.
2. an Steuer zu entrichten aus dem neuen Anfall C 10% von 3500 Mk. = 350 Mk.

Beim Tode der C ist die Gesamtnutzung innerhalb eines Zeitraumes von 7 Jahren nach dem Anfall erloschen, es ändert sich damit nach § 18 Abs. 2 auch die Besteuerung des Erben; der Wert der Gesamtnutzung ist jetzt für 4 Jahre also auf 2000 Mk. zu berechnen und nur in dieser Höhe erscheint der Erbe belastet, er hätte also 50000 Mk. — 2000 Mk. = 48000 Mk. mit 4% oder mit 1920 Mk. zu versteuern; da er bislang nur 1720 Mk. Steuer entrichtet hat, wird er 200 Mk. nachzuzahlen haben. Für den ersten Anfall der C kommt eine 4jährige, für den zweiten eine 2jährige Dauer in Betracht, da für beide Anfälle der § 18 Abs. 2 Platz greift; der Gesamtwert der C'schen Nutzung berechnet sich danach auf 1000 Mk. + 500 Mk. = 1500 Mk. während sie einen Wert von 7000 Mk. (zweimal 3500 Mk.) versteuert hat. Für 1500 Mk. beträgt die Steuer 150 Mk., gezahlt sind 700 Mk. (zweimal 350 Mk.), es sind mithin 550 Mk. (700 Mk. — 150 Mk.) an Steuer zu erstatten.

Zweiter Hauptfall: Der Erblasser vermacht seinem Neffen A 40000 Mk. mit der Auflage, den ihm nicht verwandten Eheleuten B (50 Jahre alt) und C (40 Jahre alt) jährlich 400 Mk. bis zum Tode des zuerst Versterbenden auszuzahlen. Die Beschwerung des Erben bestimmt sich hier nach dem Lebensalter des ältesten Ehegatten: sie ist demnach bei 50 Lebensjahren auf das 14fache der gesamten Jahresnutzung, auf 400 Mk. × 14 = 5600 Mk. zu bewerten. B bekommt die Hälfte der Nutzung zu 200 Mk. Jahresbetrag; der Wert derselben ist nach seinem Lebensalter gleichfalls auf das 14fache zu berechnen, so daß sich 200 Mk. × 14 = 2800 Mk. ergibt. Für die der C anfallende halbe Nutzung von 200 Mk. Jahresbetrag ist deren Lebensalter bestimmend, der Wert beläuft sich demnach auf das 16fache oder 200 Mk. × 16 = 3200 Mk. An Erbschaftssteuer ist zu entrichten:

von dem Erben A	4%	von 34400 Mk. =	1376 Mk.
von dem Nutzungsberechtigten B	10%	von 2800 Mk. =	280 Mk.
von der Nutzungsberechtigten C	10%	von 3200 Mk. =	320 Mk.

Auch hier ist die Sachlage eine ähnliche; je nach dem Ableben der Nutzungsberechtigten sind zwei Unterfälle zu scheiden.

Erster Unterfall: B stirbt nach 12 Jahren, C später.

Beide Nutzungen erlöschen mit dem Tode des B und zwar für B, weil die Nutzung mit seinem Tode für ihn unter allen Umständen erlöschen müßte und für C, weil die auflösende Bedingung, unter welcher ihm die Nutzung vermacht war (Tod des B), eingetreten ist. Da aber bei der hier in Frage kommenden Nutzung von unbestimmter Dauer der auflösenden Bedingung nach Maßgabe der ausdrücklichen Vorschrift im zweiten Absatz des § 21 eine weitere Wirkung nicht beizumessen ist, so bleibt der bisherige Stand vollkommen unverändert; der Steuerfall erscheint mit der ersten oben bezeichneten Regelung abgeschlossen.

Zweiter Unterfall: B stirbt nach 2 Jahren 73 Tagen, C später.

Beide Nutzungen erlöschen mit dem Tode des B, also schon innerhalb des für die Wirkung des § 18 Abs. 2 maßgebenden Zeitraumes nach dem Anfall. Für beide Nutzungen ist daher die Ausnahmebestimmung des § 18 Abs. 2 zur Anwendung zu bringen und der Wert der Nutzung nach Maßgabe der wirklichen Dauer von $2^1/_5$ Jahr zu bestimmen; das ergibt in beiden Fällen 200 Mk. × $2^1/_5$ = 440 Mk., so daß sich die Steuer zu 10% auf 44 Mk. berechnet. Zum Abschluß des Steuerfalls ist dementsprechend an Steuer zurückzuerstatten:

aus der B'schen Nutzung 280 Mk. — 44 Mk. = 236 Mk.
aus der C'schen Nutzung 320 Mk. — 44 Mk. = 276 Mk.

Entsprechend wird aber auch die Besteuerung des Erben beeinflußt. Von dem Erbteil wird nur der Wert der Nutzung nach der tatsächlichen Dauer abzurechnen sein, das Erbteil bewertet sich danach auf 40000 Mk. — 880 Mk. (400 Mk. × $2^1/_5$), also auf 39120 Mk., von welcher Summe die Steuer 1564 Mk. betragen würde. Der Erbe hat bislang nur 1376 Mk. an Steuer entrichtet, er wird also noch 188 Mk. (1564 Mk. — 1376 Mk.) nachzuzahlen haben.

7. Bezüglich einer hier eintretenden Erstattung oder Nacherhebung der Steuer hat aber alles dasjenige Platz zu greifen, was in Note 11 und 14 zu § 18 über Steuererstattung oder -Nacherhebung, welche infolge vorzeitigen Erlöschens einer auf die Lebenszeit einer Person beschränkten Nutzung oder Leistung nach Maßgabe des § 18 Abs. 2 stattfinden muß, im allgemeinen ausgeführt wurde. Dementsprechend ist für die Erstattung oder Nacherhebung nicht etwa nur der wegfallende oder zugehende Erwerb als solcher zu berücksichtigen und lediglich nach diesem ein bezüglicher Steuerbetrag für Erstattung und Nacherhebung auszuwerfen, sondern es ist die Gesamtveränderung, welche bezüglich des steuerpflichtigen Erwerbs aus dem Erbfall unter den nach § 18 Abs. 2 maßgebenden Umständen eingetreten ist, ins Auge zu fassen und danach der endgültige Steuerbetrag so zu bemessen, daß seitens der einzelnen Pflichtigen nunmehr dasjenige an Steuer zur Entrichtung kommt bzw. verbleibt, was zu entrichten gewesen wäre, wenn von vornherein die Steuer nach den jetzt maßgebenden Unterlagen hätte festgesetzt werden müssen. Bei Berechnung des Erstattungs- oder Nacherhebungsbetrages ist demnach namentlich zu berücksichtigen, ob und inwieweit der Gesamterwerb des einen oder mehrerer der betreffenden Steuerpflichtigen sich derart verändert, daß nach Maßgabe des § 10 Abs. 2 ein anderer Steuersatz wie bisher zur Anwendung zu bringen wäre. Durch ein Beispiel wollen wir die hier möglichen Spezialfälle etwas näher kennzeichnen und zwar werden wir das Beispiel so wählen, daß für die Nutzungsberechtigten auch eine Veränderung des Steuersatzes unter der Vorschrift des § 10 Abs. 2 Platz zu greifen hat. Der Erblasser vermacht seinem Stiefkinde A 160000 Mk. mit der Auflage den mit ihm nicht verwandten Eheleuten B (46 Jahr alt) und C (32 Jahr alt) jährlich 3600 Mk. bis zum Tode des zuletzt Versterbenden auszuzahlen. Die Beschwerung des Erben bestimmt sich nach dem Lebensalter des jüngsten Ehegatten in Gemäßheit der Nr. 2 des § 18 Abs. 1 auf das 18fache der jährlichen Gesamtnutzung zu 3600 Mk. = 64800 Mk. Für B berechnet sich der Wert des Erwerbs unter Zugrundelegung der halben Nutzung zu 1800 Mk. nach Nr. 4 des § 18 Abs. 1 auf das 14fache der ersteren = 25200 Mk., für C bei gleicher Nutzung nach Nr. 2 des § 18 Abs. 1 auf das 18fache derselben = 32400 Mk. Danach hat sich die erste Steuerfestsetzung folgendermaßen zu gestalten:

der Erbe A vom Erwerbswert zu 95200 Mk. das $1^4/_{10}$fache des Einheitssatzes zu 6 vom Hundert oder 8,4% = 7996 Mk.

der Nutzungsberechtigte B vom Erwerbswert zu 25200 Mk. das $1^1/_{10}$fache des Einheitssatzes zu 10 vom Hundert oder 11% = 2772 Mk.

die Nutzungsberechtigte C vom Erwerbswert zu 32400 Mk. das $1^2/_{10}$fache des Einheitssatzes zu 10 vom Hundert oder 12% = 3888 Mk.

In der gleichen Weise wie beim ersten Hauptfall der Note 6 scheiden wir auch hier nach den Möglichkeiten einer Anwendbarkeit der Vorschrift des § 18 Abs. 2 vier Unterfälle aus.

Erster Unterfall: B stirbt nach 10 Jahren, C nach 20 Jahren. Da der Tod des zuletzt Versterbenden nicht innerhalb eines Zeitraums von 9 Jahren eingetreten ist, so kann für die Besteuerung des Erben eine Veränderung nicht eintreten. Auch die Besteuerung des B bleibt unberührt, weil der § 18,2 nicht Platz greifen kann. Die C tritt mit dem Tode des B in den Genuß der zweiten Hälfte der Rente; der Wert des bezüglichen Erwerbes ist nach ihrem derzeitigen Lebensalter (42 Jahre) auf das 16fache der Jahresnutzung (1800 Mk. × 16) = 28 800 Mk. zu bemessen. Der Gesamterwerb der C, welcher für die Besteuerung in Frage kommt, beläuft sich folgeweise auf 61 200 Mk. (32 400 Mk. + 28 800 Mk.). Der hiefür zugrunde zu legende Steuersatz beträgt wiederum das $1^3/_{10}$fache des Einheitssatzes zu 10% oder 13%. Dementsprechend würden insgesamt von der C 7956 Mk. an Steuer zu entrichten sein; es sind also, da bislang nur 3888 Mk. Steuer erhoben waren, noch 4068 Mk. nachzuzahlen. Das Ableben der C erfolgt erst nach weiteren 10 Jahren also nicht innerhalb des nach § 18 Abs. 2 herausgehobenen Zeitraums; die Besteuerung des bezüglichen Erbfalls ist daher mit der zweiten Festsetzung endgültig erledigt.

Zweiter Unterfall: B stirbt nach $2^1/_5$ Jahren, C nach 12 Jahren. Auch hier bleibt die Besteuerung des Erben unberührt, weil der für die Anwendung des § 18 Abs. 2 maßgebende Zeitraum in dem Ableben der C überschritten ist. Für den Nutzungsberechtigten B ist aber nunmehr, da er innerhalb des im § 18 Abs. 2 normierten Zeitraums verstirbt, der Wert des Erwerbs nach Maßgabe der wirklichen Dauer zu bestimmen, also auf 1800 Mk. × $2^1/_5$ = 3960 Mk.; die Steuer berechnet sich davon nur nach dem einfachen Satz zu 10% — Erwerb unter 20 000 Mk. Wert — zu 396 Mk., so daß von der zunächst entrichteten Steuer zu 2772 Mk. der Betrag von 2376 Mk. (2772 Mk. — 396 Mk.) zur Rückzahlung zu bringen sein würde. Die Nutzungsberechtigte C erwirbt die zweite Hälfte der Rente im Alter von $34^1/_5$ Jahr, so daß der Wert der Rente ebenso wie bezüglich der ersten Hälfte nach dem 18fachen zu bemessen ist und den gleichen Betrag von 32 400 Mk., wie er der ersten Besteuerung zugrunde gelegt wurde, ausmacht. Die Nutzungsberechtigte C hat nun aber nicht etwa noch einmal denselben Steuerbetrag wie bei der ersten Besteuerung zu erlegen, sondern eine darüber hinausgehende Summe, da für die Festsetzung der Steuer der Gesamterwerb der C in Rücksicht zu ziehen ist. Dieser Gesamterwerb beläuft sich auf einen Wert von 64 800 Mk. (32 400 Mk. × 2) und bedingt mithin, weil er jetzt 50 000 Mk. übersteigt, wie im ersten Unterfall eine Versteuerung mit dem $1^3/_{10}$fachen des Einheitssatzes oder zu 13%. Bei letzterem Steuersatz ist insgesamt von dem Erwerb zu 64 800 Mk. eine Steuer von 8424 Mk. zu erheben; es sind mithin von der C, welche bislang 3888 Mk. Steuer erlegte, noch 4536 Mk. an Steuer nachzuzahlen. Damit ist dieser Erbanfall für die Besteuerung erledigt, weil die Nutzungsberechtigte C nicht innerhalb des die Anwendung des § 18 Abs. 2 bedingenden Zeitraums verstirbt.

Dritter Unterfall: B verstirbt nach 10 Jahren, C nach $12^1/_5$ Jahren. Bei dem Tode des B, der zu demselben Zeitpunkt erfolgt, muß hier natürlich das gleiche wie im ersten Unterfall eintreten; die Besteuerung des Erben bleibt unberührt; die Besteuerung des Nutzungsberechtigten B ändert sich gleicherweise nicht und ist endgültig abgeschlossen; die Nutzungsberechtigte C hat ihren nunmehrigen Gesamterwerb zu 61 200 Mk. mit dem $1^3/_{10}$fachen des Einheitssatzes oder zu 13% zu versteuern und folgeweise an Steuer 4068 Mk. nachzuzahlen. Damit ist der Steuerfall bezüglich des Erben abgeschlossen, nicht aber bezüglich der Nutzungsberechtigten C. Letztere verstirbt $2^1/_5$ Jahr nach dem Erwerb der Nutzung der zweiten Rentenhälfte, mithin innerhalb des im § 18 Abs. 2 gesetzten Zeitraums, so daß also der Wert dieser Rente nach der tatsächlichen Dauer zu bestimmen ist. Der Wert der zweiten Hälfte der Rente ist danach nur mit 3960 Mk. (1800 Mk. × $2^1/_5$) in Ansatz zu bringen und ergibt sich dementsprechend für den Erwerb der Nutzungsberechtigten C insgesamt ein Wert von 36 360 Mk., nach Maßgabe dessen die Besteuerung zu erfolgen hat. Der genannte Wertbetrag bedingt aber nur einen Steuersatz von dem $1^2/_{10}$fachen des Einheitssatzes oder von 12%, während bislang für den Erwerb der C ein Steuersatz von 13% zur Anwendung zu bringen war. Die Gesamtsteuer berechnet sich demgemäß jetzt auf 4363 Mk.; da nach der zweiten Festsetzung insgesamt 7956 Mk. erlegt sind, so ist nunmehr ein Betrag von 3593 Mk. zur Rückzahlung zu bringen, womit der Steuerfall endgültig zum Abschluß gelangt ist.

Vierter Unterfall: B verstirbt nach 4 Jahren, C nach 5 Jahren. Mit dem Ableben des B wird die Besteuerung des Erben noch nicht endgültig: sie bleibt vielmehr vorläufig in der Schwebe und ist von der weiteren Lebensdauer der C abhängig. Bezüglich des Anfalls des Nutzungsberechtigten B findet der § 18 Abs. 2 Anwendung und berechnet sich bei der 4jährigen Nutzung der Wert auf 7200 Mk. (1800 Mk. × 4), welcher mit dem einfachen Satz zu 10% oder mit 720 Mk. zu versteuern ist; von der zuerst erhobenen Steuer zu 2772 Mk. sind mithin 2052 Mk. (2772 Mk. — 720 Mk.) zu erstatten. Die Nutzungsberechtigte C hat in dem Augenblick, in welchem sie die zweite Hälfte der Nutzung erwirbt, das 36. Lebensjahr erreicht; der Wert dieses zweiten Erwerbes ist demgemäß auf das 16fache zu bestimmen. Die Besteuerung regelt sich genau in der gleichen Weise wie im ersten Unterfall, so daß unter Anwendung des höheren Staffelsatzes schließlich der Betrag von 4068 Mk. an Steuer nachzuerheben ist.

Dadurch daß das Ableben der C schon ein Jahr nach dem des B und 5 Jahre nach dem Anfall erfolgt, ist der Wert der Beschwerung des Erben gleicherweise in Gemäßheit des § 18 Abs. 2 nach der tatsächlichen Dauer zu bestimmen. Der Wert der Beschwerung beläuft sich nunmehr auf 18 000 Mk. (3600 Mk. × 5) und der Wert des Erbanfalls auf 142 000 Mk. (160 000 Mk. — 18 000 Mk.); die Höhe des letzteren Wertes bedingt eine Besteuerung mit dem $1^5/_{10}$fachen des Einheitssatzes (6%) oder mit 9%: danach ist die Gesamtsteuer auf 12 780 Mk. (9% von 142 000 Mk.) festzusetzen; da der Erbe beim Anfall nur 7996 Mk. Steuer entrichtet hat, ist noch ein Betrag von 4784 Mk. (12 780 Mk. — 7996 Mk.) nachzuzahlen. Bezüglich des Erwerbs der C sind beide Nutzungshälften auf Grund des § 18 Abs. 2 nach der tatsächlichen Dauer (5 bzw. 1 Jahr) zu bewerten, also mit 1800 Mk. × 5 = 9000 Mk. und mit 1800 Mk. × 1 = 1800 Mk., so daß ein Gesamtwert von 10 800 Mk. herauskommt, welcher unterhalb der Wertgrenze, bei welcher die Staffelung des Steuersatzes beginnt, verbleibt und dementsprechend nur mit dem einfachen Steuersatz von 10% oder mit 1080 Mk. zur Steuer heranzuziehen ist. Der Gesamterwerb der Nutzungsberechtigten C ist bislang mit 7956 Mk. besteuert; es sind mithin von diesem Betrage 6876 Mk. (7956 Mk. — 1080 Mk.) zu erstatten.

8. Die Vorschrift des § 19 hat bezüglich der Wertermittelung der Beschwerung auch für diejenigen Fälle Geltung, in denen dieselbe Nutzung nacheinander mehreren Personen lebenslänglich vermacht wird. Die Beschwerung stellt sich für diese Fälle ebenmäßig als ein einheitliches Ganzes dar, das von der Lebenszeit mehrerer Personen abhängt; es ist damit die Vorbedingung für die Anwendung des § 19 gegeben. Maßgebend wird in diesen Fällen stets nur das Lebensalter der jüngsten Person sein können. Von einer Anwendbarkeit auf die Nutzungsberechtigten kann niemals die Rede sein, weil es sich hier um selbständige Anfälle derselben Nutzung an mehrere Personen nacheinander — also in keiner Weise um etwas Einheitliches — handelt, welche sich zeitlich nacheinander eventuell nach Eintritt der aufschiebenden Bedingung vollziehen und dementsprechend je bei dem Anfall ausschließlich nach dem derzeitigen Lebensalter des Nutzungsberechtigten zu bewerten sind.

9. Eine analoge Ausdehnung des Grundsatzes des § 19 auf alle Nutzungen von unbestimmter Dauer erscheint gegenüber der bestimmten Fassung des Paragraphen und der ausdrücklichen Beschränkung desselben auf die von der Lebenszeit bestimmter Personen abhängigen Nutzungen nicht zulässig; and. M. U. Hoffmann Note 2 zu § 19 [2. Aufl. Anm. 1d zu § 19]; vgl. dazu oben Note 11 zu § 17. In gewisser tatsächlicher Übereinstimmung zu der Vorschrift des § 19 befindet sich eine frühere aber noch jetzt unter dem REStG. anwendbare allgemeine Verf. PrFM. vom 14. Juni 1899 III 4741 über die Feststellung des Kapitalwertes eines mit einer lebenslänglichen Rente belasteten lebenslänglichen Nießbrauchs, welche folgendes vorschreibt: In den Fällen, in welchen ein lebenslängliches Nießbrauchsrecht mit einer lebenslänglichen Rente belastet und der Rentenempfänger die ältere Person ist, ist die jährliche Nutzung ohne Abzug der auf ihr lastenden Rente nach dem Lebensalter des jüngeren Nießbrauchers zu kapitalisieren und von dem so ermittelten Kapitalwerte die nach dem Lebensalter des älteren Rentenempfängers kapitalisierte Rente abzusetzen. Dieser Grundsatz muß auch zur Anwendung kommen, wenn der Rentenempfänger die jüngere Person ist, jedoch mit der Abweichung, daß in diesem Falle der von der Nutzung in Abzug zu bringende Kapitalwert der Rente nicht nach dem Lebensalter des jüngeren Rentenempfängers, sondern nach dem Lebensalter des älteren Nießbrauchers festzustellen ist (PrZBl. 1899 S. 143).

§ 20.

Der einjährige Betrag der Nutzung eines Geldbetrags ist, wenn er nicht anderweit feststeht, zu vier vom Hundert anzunehmen.

1. Das REStG. hat den Ausdruck „Geldbetrag" gebraucht, während die früheren Landeserbschaftssteuergesetze teils von „Geldkapital", teils von „Kapital" schlechthin sprachen. Man konnte nun von vornherein versucht sein, anzunehmen, daß das REStG. durch

den Gebrauch des Ausdrucks Geldbetrag den früheren gegenüber materiell eine neue Regelung habe treffen wollen. Auch wir sind in der ersten Auflage von dieser Annahme ausgegangen und haben den im § 20 festgelegten Wertsatz für die Nutzung nur da Platz greifen lassen wollen, wo es sich um die Nutzung eines lediglich in einer Geldsumme ausgeworfenen beziehungsweise lediglich auf eine solche gestellten Erbschaftsanteils handele. Die Begründung zu dem Gesetzentwurf gibt ausdrücklich an: Die Paragraphen, „welche die Feststellung des Werts der steuerpflichtigen Masse, die Steuerberechnung und die Haftung für die Steuer betreffen, enthalten im wesentlichen Vorschriften, wie sie sich ähnlich auch in den zurzeit in Geltung stehenden Steuergesetzen vorfinden"; wo abweichende Bestimmungen getroffen sind, werden diese in der Begründung näher berührt; zu unserem Paragraphen ist aber keinerlei weitere Ausführung gemacht, ebenso wie die Vorschrift desselben in dem Bericht über die Verhandlungen der Reichstagskommission nicht besonders hervorgehoben, sondern nur die unveränderte Annahme derselben nach dem Entwurf verlautbart ist. Demgegenüber ist davon auszugehen, daß das REStG. den festen Wertsatz für die Nutzung in materieller übereinstimmung mit den bezüglichen Vorschriften der früheren Landesgesetze hat bestimmen wollen und daß man lediglich an Stelle des in den letzteren gebrauchten Fremdworts „Kapital" einen entsprechenden deutschen Ausdruck eingefügt hat. Dem Vorstehenden gemäß ist in einer Entscheidung des Preußischen Finanzministers vom 12. Oktober 1907 III 17666 verfügt. Geldbetrag im Sinne des § 20 umfaßt dementsprechend sowohl bares Geld in jeder Form wie auch Rechte auf eine Leistung in Geld, sofern damit eine wirtschaftliche Nutzung verknüpft ist oder verknüpft sein kann, welches letztere ja an sich schon eine Voraussetzung für die Anwendung der Vorschrift des § 20 bilden würde. Es kommt hier also im wesentlichen alles dasjenige in Frage, was man mit dem Fremdwort Kapital zu bezeichnen pflegt (Urt. d. RG. vom 2. Juni 1902, JW. 1902 S. 403 Nr. 51). An und für sich wird die Vorschrift des § 20 demnach Platz greifen, nicht nur wenn es sich um die Nutzung eines Gelddarlehns, einer Schuldverschreibung, das Vermächtnis des Zinsgenusses an einer festbegrenzten Geldsumme usw. handelt, sondern auch wenn die Nutzung einer Hypothek, einer Grundschuld oder die Nutzung von Wertpapieren aller Art, wie Anleihepapiere der Staaten, Gemeinden, öffentlichen Verbände, Pfandbriefe, Prioritäten, Aktien, Kuxen, Gesellschaftsanteilen usw. in Frage steht. In den letzteren Fällen wird allerdings wohl für die Regel anzunehmen sein, daß der Betrag der Nutzung anderweit feststeht, und deshalb die Vorschrift des § 20 nicht zur Anwendung kommen können (vgl. die folgende Note 2). Der Ausdruck Geldbetrag, wie er allgemein und uneingeschränkt hier gebraucht ist, begreift den belegten Geldbetrag aber ebensogut wie den unbelegten in sich und folgeweise auch die letztbezeichneten auf Geld gestellten Vermögensgegenstände. [And. M. U. Hoffmann 2. Aufl. Anm. 1 zu § 20, welcher den § 20 nur auf die Nutzung an Geld und Geldersatzmitteln, Geldvermächtnissen und anderem auf Geld angewiesenen Erwerbe anwenden will; die Begründung, welche Hoffmann für seine Ansicht gibt, ist nicht als durchschlagend anzuerkennen.]

2. Die Vorschrift des § 20 ist an sich eine zwingende, allgemein und stets in erster Linie anzuwendende; der Betrag

der Nutzung eines Geldbetrages ist überall zu vier vom Hundert anzunehmen. Die Bestimmung ist so gefaßt, daß sie nicht etwa als eine nur subsidiäre, lediglich in Zweifelsfällen Platz greifende angesehen werden kann. Eine wichtige Voraussetzung ist dabei aber gemacht: der durch die Vorschrift gegebene Nutzungssatz findet nur Anwendung, wenn der Betrag der Nutzung des Geldbetrages nicht anderweit feststeht. Eine Nutzung ist aber dann noch nicht als „feststehend" anzusehen, wenn der Nutzungsbetrag tatsächlich beim Erbfall in irgend einer Weise geregelt ist und auch eventuell während der Dauer der Nutzung in derselben Weise fortbestehen könnte, wenn aber dem Nutzungsberechtigten oder dem Eigentümer (Erben) die Möglichkeit gegeben ist, in der fraglichen Regelung eine Änderung eintreten zu lassen, wenn also dem Nutzungsberechtigten die Verfügung über den Geldbetrag selber zusteht, dem Eigentümer (Erben) eine bezügliche Verfügung nicht entzogen oder beschränkt ist. Im Sinne des Paragraphen steht der Betrag der Nutzung nur dann fest, wenn eine bestimmte Regelung des Nutzungsbetrages bereits vorliegt und während der Dauer der Nutzung, ohne daß dem Nutzungsberechtigten oder dem Eigentümer (Erben) darauf eine Einwirkung möglich ist, beibehalten werden muß, wenn dem Nutzungsberechtigten wie dem Eigentümer (Erben) mithin bei vorliegender bestimmter Regelung jede Verfügung über den Geldbetrag selbst entzogen ist. Diese strengere Auslegung des Wortes „feststeht" ist einerseits durch den obenbezeichneten allgemeinen Charakter der Vorschrift bedingt, anderseits aber auch durch die Vorgeschichte der Bestimmung. Die letztere ist genau dem Wortlaut nach — abgesehen von der Verdeutschung des „Geldkapitals" in „Geldbetrags" — dem früheren Preußischen Erbschaftssteuergesetz entnommen. Wie Ulrich Hoffmann, Preuß. EStG. Note 1 zu § 19 mit einer ganzen Reihe von Entscheidungen des Preußischen Finanzministers belegt, ist die fragliche Vorschrift in Preußen stets dahin ausgelegt, daß ein anderer Zinsfuß als vier vom Hundert nur dann angenommen werden dürfe, wenn das Kapital (der Geldbetrag) zu diesem Zinsfuße derart festgelegt ist, daß eine Änderung desselben für die ganze Dauer der Nutzung ausgeschlossen scheint. In der oben in Note 1 angezogenen Verf. PrFM. vom 12. Oktober 1907 ist die frühere Auslegung für das REStG. angewendet, indem als folgerichtig bezeichnet wurde, den Zinsfuß zu vier vom Hundert auch bei Bestimmung des Wertes der Nutzung an belegten Kapitalien zugrunde zu legen, da der Nutzungsberechtigte es in seiner Hand hat, ein zu einem geringeren Zins belegtes Kapital zu kündigen und anderweit zu vier vom Hundert zu belegen, es sei denn, daß die Kündigung durch besondere Bestimmungen ausgeschlossen oder beschränkt ist. [And. M. U. Hoffmann 2. Aufl. Anm. 1a zu § 20.] Ähnlich ist durch Verf. BdStd. vom 4. November 1907 Nr. 31 830 ausgesprochen, daß der § 20 bei dem Vermächtnis der Nutzungen aus einem Kapital Anwendung finde, das nur hinsichtlich des Geldbetrags bestimmt, im übrigen aber dem Erben oder Testamentsvollstrecker zur Verwaltung überlassen ist. In gleicher Weise hat auch SFM. in den Verf. vom 27. November 1907 Nr. 5323 und vom 28. Februar 1908 Nr. 928 den gesetzlichen Wertsatz der Nutzung zu 4% für tatsächlich geringer verzinsliche Wertpapiere angenommen, weil eine andere Anlegung möglich bzw. nicht ausgeschlossen war. In dem Falle des Vermächtnisses der Nutzung eines festbelegten Geldbetrages wird allerdings die Vorschrift des § 20 insofern weniger praktisch werden, als vielfach anzunehmen sein wird, daß dem Nutzungsberechtigten eine Verfügung über den belegten Geldbetrag nicht hat eingeräumt und daß dem Eigentümer (Erben) die bezügliche Verfügung während der Nutzung hat entzogen werden sollen. Ist beispielsweise jemand die Nutzung einer bestimmten zur Erbschaftsmasse gehörigen Hypothek, die Nutzung gewisser wenn auch nur der Art nach bezeichneten Wertpapiere (z. B. Reichsanleihe, Preußische Konsols zu dem Betrage), wie sie sich in der Erbschaftsmasse befinden, vermacht, so wird wohl nach Lage der Sache meist anzunehmen sein, daß die Verfügung über das belegte Kapital nicht dem Nutzungsberechtigten, sondern von vornherein dem Erben zustehen soll, dessen Verfügungsrecht aber im Interesse des Nutzungsberechtigten insofern beschränkt erscheint, als er eine Veränderung an der Belegung des Kapitals während der Dauer der Nutzung nicht vornehmen darf. Ist aus den Umständen des besonderen Falls jedoch zu schließen, daß der Erblasser dem Vermächtnisnehmer das Verfügungsrecht über die Hypothek, die Wertpapiere hat einräumen, dem Eigentümer (Erben) nicht hat entziehen wollen, so muß die Vorschrift des § 20 Platz greifen. Bei belegten Kapitalien ist der Berechnung nach § 20, da dieser ausschließlich auf dem Geldbetrag fußt, der Nominalbetrag derselben zugrunde zu legen, also bei der Hypothek die Summe über welche sie lautet, und nicht etwa der tatsächliche Wert im Augenblick des Anfalls, bei Wertpapieren der Nominalwert und nicht der Kurswert. Charakterisiert sich ein belegtes Kapital oder überhaupt der zur Nutzung überwiesene Geldbetrag als eine unsichere Forderung, so ist in analoger Weise zu verfahren. Ist dem Nutzungsberechtigten eine Verfügung über den Geldbetrag (unsichere Forderung) selbst nicht eingeräumt, dem Eigentümer (Erben) eine solche nicht entzogen, so ist der Wert der Nutzung als solcher nach den Grundsätzen des § 24 festzustellen und der Besteuerung zugrunde zu legen. Kann der Nutzungsberechtigte oder der Eigentümer (Erbe) aber über den Geldbetrag verfügen, so ist der Wert des Geldbetrages (der unsicheren Forderung) unter Anwendung des § 24 zu ermitteln und nach diesem Wert ist gemäß § 20 der Betrag der Nutzung mit vier vom Hundert zu berechnen; wird die unsichere Forderung in irgend einer Weise zur Einziehung gebracht, so ist der an Stelle derselben tretende Geldbetrag und zwar nach seinem Nominalbetrage und nicht etwa nach dem Nominalbetrage der ursprünglichen unsicheren Forderung der Berechnung nach § 20 zugrunde zu legen, vier vom Hundert desselben bilden den einjährigen Betrag der bezüglichen Nutzung. Nach einer von Wunsch Note 4 zu § 20 angeführten Entsch. d. PrFM. vom 19. Dezember 1905 III 16182 soll bei Berechnung der Nutzungen von Fideikommißkapitalien nur dann ein geringerer Zinsfuß als vier vom Hundert angenommen werden dürfen, wenn in der Stiftungsurkunde eine dem Nutznießer auf einen solchen niedrigeren Zinsfuß beschränkende Anordnung getroffen ist. Zu den Ausführungen in den Noten 1 und 2 ist zu vergleichen mein Aufsatz in ZfZuSt. 1909 S. 252ff.

3. Der Betrag der Nutzung des Geldbetrages ist in Übereinstimmung mit der Höhe der gesetzlichen Zinsen, welche der § 246 BGB. (vgl. Note 4 zu § 17), regelt, festgelegt. In denjenigen Fällen, in denen der Betrag der Nutzung anderweit feststeht, ist lediglich dieser Betrag der Steuerberechnung zugrunde

zu legen. Vielfach wird der fragliche Betrag gleichzeitig der Höhe nach festliegen, so daß er ohne weiteres bei der Berechnung zur Anwendung gebracht werden kann, so beispielsweise wenn es sich bei der Nutzung um Hypotheken, um Anleihepapiere der Staaten, Gemeinden, öffentlicher Verbände, um Pfandbriefe, um Prioritäten u. dgl. handelt. Es kommt aber auch vor, daß die Höhenbemessung des Nutzungsbetrages jedesmal noch von einem besonderen Umstande so speziell einer jährlichen Gewinnverteilung abhängt, wie bei Aktien und allen Dividendenpapieren, bei Kuxen u. dgl. In den letzteren Fällen ist ebenso, wie wenn sonstige Nutzungswerte (Nutzung eines anderen Gegenstandes als eines Geldbetrages) in Betracht kommen, lediglich nach den allgemeinen Grundsätzen, die für die Ermittelung der Werte der Erbschaftsmasse überhaupt maßgebend sind, die Feststellung des Gesamtwertes der Nutzung vorzunehmen. Das Verfahren richtet sich dabei nach dem § 43 REStG. — Die Vorschrift des § 20 kann aber nur Anwendung finden, wenn der Betrag einer Nutzung festzustellen ist, nicht etwa auch dann, wenn es sich lediglich um Schulden der Erbschaftsmasse handelt; letztere sind stets nur nach dem tatsächlichen Verhältnis, der faktischen Verzinsung usw. zu bewerten: vgl. Urt. d. RG. vom 11. Juli 1894, RGE. Bd. 33 S. 328.

VI. Bedingter Erwerb. (§ 21).

§ 21.

Vermögen, dessen Erwerb von dem Eintritt einer aufschiebenden Bedingung abhängt, unterliegt der Besteuerung erst beim Eintritte der Bedingung; für den Steuerbetrag muß jedoch auf Verlangen des Erbschaftssteueramts (§ 34) Sicherheit geleistet werden.

Vermögen, das unter einer auflösenden Bedingung erworben ist, wird, abgesehen von den Nutzungen von unbestimmter Dauer (§§ 17 bis 19), wie unbedingt erworbenes behandelt. Tritt die Bedingung ein, so wird die gezahlte Steuer bis auf den der wirklichen Bereicherung entsprechenden Betrag erstattet.

Vergl. BRAusfB. §§ (10) (26) (28) (29).

1. Auch bei dem bedingten Erwerb hat das REStG. über die rechtliche Seite keinerlei Bestimmung getroffen, sondern sich lediglich auf die Regelung der Steuerpflicht beschränkt. Es kommen daher, was diese rechtliche Seite, den Begriff, die Wirkung, die Zulässigkeit der Bedingung usw. anlangt, ausschließlich die Vorschriften des BGB. und zwar sowohl die allgemeinen in den §§ 158—163 als auch die besonderen erbrechtlichen wie in den §§ 2074—2076, 2104—2106, 2139, 2162, 2177, 2178 in Betracht. Den Begriff der Bedingung als solcher bestimmt das BGB. nicht. Bedingung ist die einer Willenserklärung zugefügte Beschränkung des Inhaltes, daß eine Rechtswirkung mit dem Eintritt eines wenigstens subjektiv ungewissen Ereignisses beginnen (aufschiebende

Bedingung) oder endigen (auflösende Bedingung) soll. In erster Linie maßgebend ist der § 158 BGB.:

„Wird ein Rechtsgeschäft unter einer aufschiebenden Bedingung vor„genommen, so tritt die von der Bedingung abhängig gemachte Wir„kung mit dem Eintritt der Bedingung ein.

„Wird ein Rechtsgeschäft unter einer auflösenden Bedingung vor„genommen, so endigt mit dem Eintritte der Bedingung die Wirkung „des Rechtsgeschäfts; mit diesem Zeitpunkte tritt der frühere Rechts„zustand wieder ein."

Dem in diesem Paragraphen ausgesprochenen Grundsatz schließt sich das RErbStG. bei der Regelung der Steuerpflicht und Steuerbestimmung in dem bezüglichen Fall allgemein an, indem es Steuerpflicht und Steuerbestimmung durchweg gleichzeitig mit der Rechtswirkung eintreten läßt. Eine Scheinbedingung d. i. eine Bedingungsvorschrift, die eine Bedingung nur scheinbar, nicht aber tatsächlich und rechtlich enthält, gilt als nicht gestellt, Verf. SFM. vom 9. April 1908 Nr. 1380.

2. Charakteristisch für die in Frage kommenden Fälle ist, daß es sich in der Regel um **zwei unter sich in Wechselwirkung zusammenhängende Erwerbe eines und desselben Gegenstandes** oder eines im wesentlichen gleichen oder gleichbestimmten Gegenstandes **durch zwei oder mehrere Personen nach einander** handelt, für welche steuerlich wiederum eine unterschiedliche Behandlung einzutreten hat. Die rechtliche Grundlage für die Bestimmung des gegenseitigen Verhältnisses hat das BGB. in der Nacherbfolge beziehungsweise dem Nachvermächtnis gegeben, der dann wiederum die Vorerbfolge entspricht (BGB. §§ 2100—2146, 2191). Danach gestaltet sich die rechtliche Lage regelmäßig so, daß bei dem aufschiebend bedingten Erwerbe sowohl wie bei dem auflösend bedingten Erwerbe der erste Erwerber ohne Rücksicht auf seinen Berufungsgrund (gesetzliche, testamentarische, vertragsmäßige Erbfolge) als Vorerbe, der zweite oder spätere Erwerber dagegen als Nacherbe eintritt. Der Vorerbe beziehungsweise Vorvermächtnisnehmer erwirbt stets mit dem Erbfall, also beim Tode des Erblassers (BGB. §§ 1922, 2176), der Nacherbe beziehungsweise Nachvermächtnisnehmer mit dem Eintritte des Falles der Nacherbfolge (BGB. §§ 2139, 2177). Hieraus sind die weiteren Folgerungen für den Eintritt und den Umfang der Steuerpflicht zu ziehen. Nach einer Verf. SFM. vom 4. November 1907 Nr. 4902 sind als Nachvermächtnisse diejenigen Vermächtnisse zu behandeln, welche von einem Vermächtnisnehmer auf einen anderen übergehen; Vermächtnisse, die dem Nacherben auferlegt sind, gelten als aufschiebend bedingte, Bedingung ist Eintritt des Nacherbfalls.

3. Da abgesehen von festbestimmten Ausnahmefällen Voraussetzung für den Anfall das Leben des zu demselben Berufenen zur Zeit des Anfalles bildet, so ist es regelmäßig Vorbedingung für die Nacherbfolge nach einer Bedingung, daß beim Eintritt derselben der zu ihr Berufene am Leben ist (vgl. BGB. § 2074). Das gleiche greift stets bezüglich der Besteuerung bei der Nacherbfolge nach einer Bedingung Platz; der Berufene muß den Eintritt der Bedingung erlebt haben, erst dann findet die Besteuerung statt. Eine gewisse Berücksichtigung der Nacherbfolge nach einer Bedingung schon beim Eintritt des Erbfalles ist hinsichtlich der Besteuerung jedoch insofern

gegeben, als von der Steuerbehörde eine Sicherheitsleistung verlangt werden kann. Eine Ausnahme von der allgemeinen Regel tritt nur ein, wenn der Erblasser dem bedingt Bedachten von vornherein eine vererbliche Anwartschaft auf die Zuwendung ausdrücklich eingeräumt hat. Der bedingten Zuwendung ist hier eine festere Form gegeben, nach der sie auf den Erben übergeht; das Leben des zuerst Bedachten beim Eintritt der Bedingung ist nicht mehr eine Voraussetzung des Anfalls. Dem schließt sich die Besteuerung an, aber nur insoweit, als das Erfordernis des Lebens des zuerst Bedachten beim Eintritt der Bedingung wegfällt. Im übrigen nimmt sie auf die fester begründete, vererbliche Anwartschaft keine Rücksicht. Demgemäß wird beim Erbfall die Anwartschaft noch nicht zur Steuer herangezogen, wenn sie vielleicht auch einen besonderen Grund für das Verlangen einer Sicherheitsleistung abgeben kann. Ebenso bleibt es steuerlich unberücksichtigt, wenn die Anwartschaft von dem zuerst Bedachten weiter vererbt wird: die ganze Besteuerung setzt erst bei dem tatsächlichen Eintritt der Bedingung, also bei dem Anfall, ein.

4. Der Zeitpunkt des Eintritts der Bedingung ist für die Bestimmung der infolge desselben eintretenden Nacherbfolge der allein maßgebende und zwar ganz in der gleichen Weise wie für den einfachen, unbedingten Erwerb von Todes wegen der Augenblick des Anfalls; jedes Zurückbeziehen auf letzteren Augenblick ist ausgeschlossen. Für die Bewertung hat dieses zunächst die Folge, daß dabei der allgemeine Wert, wie er sich zu dem späteren Zeitpunkt des Bedingungseintrittes stellt und nicht der zur Zeit des Anfalles zugrunde gelegt wird, daß also beispielsweise bei Wertpapieren die inzwischen eingetretene Kurserhöhung oder Kursverminderung, wie und soweit sie in dem Kurs im Zeitpunkt des Bedingungseintritts sich ausdrückt, Berücksichtigung findet. Ebenso ist aber auch jeder Veränderung, welche an einem bestimmten Gegenstand in der Zwischenzeit zwischen Anfall und Bedingungseintritt eingetreten ist, in vollem Maße Rechnung zu tragen, gleichgültig, ob es sich dabei um eine Verbesserung oder Verschlechterung, um eine Substanzvermehrung oder -Verminderung handelt. Für die Steuerfestsetzung hat der Grundsatz die Folge, daß der Steuersatz sich, sofern eine Vererbung der Anwartschaft auf den bedingten Erwerb zulässig und tatsächlich eingetreten ist, nach dem Verhältnis des Erblassers zu dem bei Eintritt der Bedingung tatsächlich Erwerbenden bestimmt und nicht nach dem Verhältnis zu dem zuerst zu dem bedingten Erwerb Berufenen. Genießt nach diesem Verhältnis der Letztere Steuerfreiheit, der tatsächliche Erwerber aber nicht, so ist durch Vererbung während des Schwebens der Bedingung aus dem ursprünglich als steuerfrei anzusehenden Erbfall ein steuerpflichtiger geworden. Sofern aber der bedingt Bedachte über den bedingten Erwerb vor Eintritt der Bedingung eine Verfügung zu treffen in der Lage ist, bzw. tatsächlich über denselben verfügt, verbleibt dieses ohne Einfluß auf die Steuerpflicht und die demnächstige steuerliche Behandlung beim Eintritt der Bedingung. In einem Beschl. d. Bayer. VerwGH. vom 18. April 1910 (BlfBF. 1911 S. 29) ist folgendes ausgesprochen: Wenn der Erblasser eine letztwillige Verfügung unter der Bedingung gemacht hat, daß der Bedachte während eines Zeitraums von unbestimmter Dauer etwas unterläßt und wenn das Unterlassen lediglich in dem Willen des Bedachten liegt, so ist im Zweifel anzunehmen, daß die Zuwendung von

der auflösenden Bedingung abhängig sein soll, daß der Bedachte die Handlung vornimmt. Wenn aber die Zuwendung davon abhängig gemacht ist, daß der Bedachte 6 Jahre nach dem Tode des Erblassers — also während eines Zeitraums von bestimmter Dauer — nicht geheiratet habe, so kann es keinem Zweifel unterliegen, daß die Zuwendung aufschiebend bedingt ist: das Recht des Bedachten auf die Zuwendung kann nicht früher als nach 6 Jahren entstehen und auch dann nur, wenn er keine Ehe eingegangen ist.

5. Der erste Erwerber ist bei dem bedingten Erwerb regelmäßig wie der Vorerbe zu behandeln. Dem entspricht es wiederum, daß für die Wertermittelung seines Erwerbes nur die Verhältnisse im Zeitpunkt des Anfalls ganz wie bei dem unbedingten Erwerb zugrunde gelegt werden müssen. Da sich die tatsächliche Bereicherung des ersten Erwerbers in Anbetracht der Ungewißheit des Bedingungseintrittes beim Anfall nicht feststellen läßt, dagegen immerhin die Möglichkeit gegeben ist, daß der bedingte Erwerb durch Ausfall der Bedingung zu einem unbedingten wird, so hat man in steuerlicher Hinsicht als den einfachsten Ausweg auf die letztere Möglichkeit zurückgegriffen und behandelt den Vorerben zunächst wie den Erben schlechthin, also ganz ohne Rücksichtnahme auf die gesetzte Bedingung; er hat den Erwerb zu versteuern, als wenn er ein unbedingter wäre. Tritt später die Bedingung ein, so läßt sich die Bereicherung des Vorerben genau ermitteln und wird die Erbschaftssteuer hierauf zurückgeführt, indem das über die Bereicherung hinaus an Steuer Entrichtete zurückerstattet wird. Die Bereicherung und deren steuerpflichtiger Wert bestimmt sich, da das Gesetz von „wirklicher Bereicherung" spricht, genau nach den tatsächlichen Verhältnissen. Im regelmäßigen Fall wird die Bereicherung der vollen Nutzung oder dem Nießbrauch des bedingt erworbenen Gegenstands für die Zeit vom Anfall bis zum Bedingungseintritt entsprechen und wird demgemäß die Wertermittelung vorzunehmen sein. Es ist dabei aber nicht ausschließlich der Nutzungswert zur Zeit des Anfalls zugrunde zu legen, sondern es ist vielmehr auch jeder Veränderung in diesem Wert, welche innerhalb der Bezugszeit nach oben oder nach unten eingetreten ist, entsprechend Rechnung zu tragen, ebenso wie sonstige besondere Umstände, die sich in der fraglichen Zeit bezüglich der Nutzung geltend gemacht haben, zu berücksichtigen sind. [And. M. U. Hoffmann 2. Aufl. Anm. 6 zu § 21, welcher, wenn dem ersten Erwerber nur die Nutzungen aus dem Vermögen verbleiben, den Fall stets so behandelt wissen will, als ob der Erwerber von vornherein nur ein Nutzungsrecht erworben hätte und der Zeitpunkt von vornherein bekannt gewesen wäre. Es entspricht dieses der früheren preußischen Verwaltungsübung, die auch Dr. A. Hoffmann für das REStG. als sinn- und sachgemäß anerkennt, obgleich die fragliche Übung sich auf den Wortlaut des § 23 Preuß. EStG. stützte, der nicht in der gleichen Weise in das REStG. übergegangen ist. Für die hier vertretene Ansicht E. Zimmermann Anm. 5 zu § 21.] Der Rückerstattungsanspruch ist unabhängig von der Person des Steuerpflichtigen, welcher die Steuer entrichtet hat: falls letzterer vor Eintritt der Bedingung verstorben ist, geht der Anspruch auf seine Erben über. Eine Verf. PrFM. vom 6. Juni 1910 III 11 011 entscheidet bezüglich eines Falles, in welchem eine Erblasserin zunächst ihrer Schwester den lebenslänglichen Nießbrauch an dem den minderjährigen Kindern der Schwester

zugewendeten Erbteil vermacht hat, dahin, daß es sich in steuerlicher Hinsicht für die Schwester um einen aufschiebend bedingten Erwerb und für die Kinder hinsichtlich der Nutzung ihrer Erbteile um einen auflösend bedingten Erwerb handele; da sowohl der der Schwester vermachte Nießbrauch wie auch die Erbteile der Kinder derselben steuerpflichtig sind, so ist von den minderjährigen Kindern zunächst die Erbschaftssteuer von den vollen Erbteilen zu entrichten, während der Nießbrauch der Schwester erst nach dem Aufhören des elterlichen Nutzungsrechts infolge Ablebens oder erreichter Volljährigkeit der Kinder zur Versteuerung zu ziehen ist.

6. Die gesetzlichen Vorschriften über den bedingten Erwerb finden nicht nur für diejenigen Fälle Anwendung, in welchen der Erwerb durch eine Verfügung des Erblassers zu einem bedingten wird, sondern in der gleichen Weise auch für diejenigen, in denen die Bedingung schon für den Erblasser bestand und derselbe einen davon abhängigen Besitz oder Anspruch hinterlassen hat. Von den beiden Seiten, die wir oben als Nacherbfolge und Vorerbfolge nebeneinander zu berühren hatten, kommt in den letzteren Fällen stets bloß die eine erbschaftssteuerlich in Betracht, denn nur bei einer kann es sich überhaupt um einen Anfall von Todes wegen handeln, während die andere lediglich als Rechtsverhältnis unter Lebenden in Betracht kommt, das als solches nicht steuerpflichtig sein kann.

7. In denjenigen Fällen, in denen derselben Persönlichkeit zunächst die Nutzung eines Vermögens oder bestimmten Vermögensgegenstandes vermacht ist, daneben aber aufschiebend bedingt auch das Vermögen oder der Vermögensgegenstand selbst, würde beim Anfall die Nutzung als Erwerb von unbestimmter Dauer und beim Eintritt der Bedingung das Vermögen usw. als Gegenstand eines besonderen Erwerbes nach dem derzeitigen Stand zu versteuern sein. Daß auf diese Weise der bedingt Berechtigte ungünstiger wie der unbedingt Berechtigte steuerlich behandelt wird, dürfte als eine unbillige Härte erscheinen. Um diese auszugleichen war durch Verf. PrFM. vom 16. Dezember 1887 (Hoyer-Gaupp, Preuß. Stempelgesetzgebung S. 1078 Anm. 68a) nachgelassen, sogleich bei dem Beginn der Nutzung das Vermögen selbst zu versteuern und den Fall im Wege der Pauschversteuerung so zu behandeln, als hätte der Berechtigte letzteres unter einer auflösenden Bedingung erworben, so daß er es herausgeben müßte, wenn die an sich aufschiebende Bedingung eintritt. Ob dieser Verfügung unter der neuen Gesetzgebung noch eine fortdauernde Bedeutung beigemessen werden kann, ist zweifelhaft, wenngleich nicht zu verkennen, daß der innere Grund derselben mit der allgemeinen Richtung des REStG. im Einklang sich befindet; mit Rücksicht auf letzteres dürfte einer fortgesetzten Anwendung wohl beizupflichten sein. Vgl. hiezu Dr. A. Hoffmann Anm. 14 zu § 21 [A. Hoffmann 2. Aufl. Anm. 1c zu § 21 führt eine Verf. PrFM. vom 17. September 1908 III 15776 an, welche die weitere Anwendung des Vorbezeichneten auch unter dem REStG. für zulässig erklärt]. In einer weiteren Verf. PrFM. vom 9. November 1893 III 13662 (PrZBl. 1893 S. 326) ist anerkannt, daß ein Vermächtnisnehmer, der zunächst die Nutzung eines Kapitals oder eine Rente und an deren Stelle nach dem Eintritt einer aufschiebenden Bedingung ein Kapital erhält, bei

dem Anfalle des Kapitals allerdings nicht um den vollen Betrag des Kapitals bereichert werde; eine Bereicherung trete vielmehr nur insoweit ein, als das Kapital selbst den Kapitalwert der dem Vermächtnisnehmer bereits zustehenden Nutzungen übersteigt; dieser Kapitalwert könne indessen zur Zeit des Anfalls des Kapitals nicht mehr in der ursprünglichen, zur Zeit des Anfalls der Nutzungen berechneten Höhe, sondern nur mit demjenigen Betrage in Anrechnung kommen, der sich nach dem beim Eintritt der Bedingung erreichten Lebensalter des Vermächtnisnehmers ergibt. [A. Hoffmann 2. Aufl. Anm. 1c zu § 21 spricht sich für ein abweichendes Verfahren unter Anwendung der Vorschrift des § 18 Abs. 2 aus.]

8. Für die Nutzungen von unbestimmter Dauer, zu welchem auch diejenigen, welche gleicherzeit von dem Fortleben einer Person (bis zu einem gewissen Zeitpunkt, eine gewisse Dauer hindurch) abhängig sind, gerechnet werden müssen (vgl. oben Note 9 zu § 17), greifen ausschließlich die Bestimmungen der §§ 17—19 Platz. Es hat dieses namentlich für die Rückerstattung der Steuer bei Eintritt der Bedingung Bedeutung. Dieselbe kann nicht in Frage kommen, selbst wenn die Nutzungen von unbestimmter Dauer an und für sich den Gegenstand einer auflösend bedingten Zuwendung bilden. Eine Rückerstattung ist vielmehr nur da möglich, wo die besonderen Umstände des § 18 Abs. 2 zutreffen; die steuerliche Behandlung gestaltet sich hier durchweg verschieden von der des regelmäßigen Falles, in welchem lediglich die Vorschrift des § 21 zur Anwendung kommt. In der Hauptsache sind drei Fälle zu scheiden, die wir an einfachen Beispielen erörtern wollen. Einem Stiefkinde ist eine Rente von 2000 Mk. jährlich bis zur Verheiratung vermacht. Die Nutzung ist also auf Zeit beschränkt und dabei von unbestimmter Dauer, so daß der letzte Satz des § 17 zur Anwendung zu bringen und als Wert der Nutzung das $12^1/_2$fache des einjährigen Nutzungswertes anzunehmen ist. Das Stiefkind hat 2000 Mk. $\times$ $12^1/_2$ = 25000 Mk. mit dem $1^1/_{10}$fachen des maßgebenden Einheitssatzes zu 6% oder mit 6,6% zu versteuern und demgemäß 1650 Mk. Steuer zu entrichten. Die Besteuerung des Erbfalls ist damit endgültig abgeschlossen. — Einem Neffen ist auf Lebenszeit die Nutzung eines städtischen Wohngebäudes zugewendet worden; der Wert der einjährigen Nutzung beläuft sich auf 3000 Mk.; beim Anfall ist der Neffe 30 Jahre alt, er verstirbt im Alter von 65 Jahren. In diesem Falle greift nur der erste Absatz des § 18 Platz, da es sich um eine auf die Lebenszeit einer Person beschränkte Nutzung handelt und die Nutzung nicht innerhalb des im Absatz 2 des § 18 gesetzten Zeitraums erlischt. Bei dem Alter des Nutzungsberechtigten von 30 Jahren beträgt der Gesamtwert der Nutzung nach § 18 Abs. 1 das 18fache des Werts der einjährigen Nutzung; der Gesamtwert berechnet sich mithin auf 3000 Mk. $\times$ 18 = 54000 Mk. Da dieser Wert den Betrag von 50000 Mk. übersteigt, so hat der Neffe nach § 10 Abs. 2 und 3 von jenen 54000 Mk. eine Steuer zum $1^3/_{10}$fachen des Einheitssatzes von 4% oder zu 5,2% oder zum Betrage von 2808 Mk. zu bezahlen, womit die Besteuerung dieses Erbfalles endgültig abgeschlossen ist. — In dem dritten Fall endlich sollen die Einzelheiten genau so liegen wie in dem zweiten, nur tritt der Tod des nutzungsberechtigten Neffen bereits 8 Jahre nach dem Anfall ein. Beim Anfall wird die Steuer in ganz der gleichen Weise wie im vorerörterten Fall erhoben; der Neffe hat also 2808 Mk. zu bezahlen.

Später greift aber der zweite Absatz des § 18 ein, weil die Nutzung innerhalb eines Zeitraums von 9 Jahren nach dem Anfall erloschen ist; der Wert der Nutzung ist nunmehr nach Maßgabe der wirklichen Dauer von 8 Jahren zu bestimmen. Der tatsächliche Gesamtwert der Nutzung des Neffen berechnet sich demnach auf 8 × 3000 = 24000 Mk. Da es sich um einen Steuerpflichtigen der Klasse I des § 10 handelt, kommt bei diesem Wert, obwohl er die Grenze von 20000 Mk. überschreitet nach § 10 Abs. 3 doch nur der Einheitssatz von 4% zur Anwendung und stellt sich danach der Steuerbetrag auf 960 Mk. (4% von 24000 Mk.). Da beim Anfall eine Steuer von 2808 Mk. entrichtet ist, so sind nunmehr 1848 Mk. (2808 Mk. — 960 Mk.) an Steuer zu erstatten; damit ist der Steuerfall endgültig abgeschlossen.

9. Eine Bedingung kann ohne weiteres auch in einer Zeitbestimmung enthalten sein und zwar in den Fällen eines dies incertus an certus quando (ungewisser Eintritt, aber bestimmter Zeitpunkt) und eines dies incertus an incertus quando (ungewisser Eintritt und unbestimmter Zeitpunkt), die sich in der Form einer Zeitbestimmung lediglich als Bedingungen charakterisieren. Für diese Fälle sind auch in steuerlicher Beziehung die Vorschriften über den bedingten Erwerb zur Anwendung zu bringen, wenngleich im Gesetze solches nicht besonders ausgesprochen ist. Vgl. Note 6 zum § 23.

10. Die Bestimmung des § 21 kann nicht in Frage kommen, wenn es sich um einen zur Zeit des Erbfalles schon als solchen feststehenden Erwerb handelt, der zwar eine gewisse Möglichkeit oder Aussicht auf einen späteren größeren Erwerb in sich schließt, gleichzeitig aber schon zur Zeit des Anfalls einen im wirtschaftlichen Verkehr feststehenden oder durch Schätzung zu ermittelnden Wert, in dem jene Aussicht oder Möglichkeit auf größeren Erwerb zum Ausdruck kommt, darstellt, wie solches bei Lotterielosen, den Anteilscheinen der Prämienanleihen und dergleichen der Fall ist. Vgl. oben Note 13 zu § 16.

11. Wenn aus einem Erbfall der gleichen Person sowohl Vermögen, dessen Erwerb sofort eintritt, als auch Vermögen, dessen Erwerb von dem Eintritt einer aufschiebenden Bedingung abhängt, anfällt, so sind, wenn die Bedingung eintritt, beide Erwerbe bezüglich der Besteuerung als Einheit zu behandeln. Es entspricht dieses den scharf und bestimmt gefaßten Vorschriften des § 28 Abs. 1 und des § 29 Abs. 1 des Gesetzes; and. M. E. Zimmermann Note 8 zu § 10, welcher im fraglichen Falle beide Anfälle als gesonderte steuerpflichtige Erwerbungen behandelt wissen will. Folge der einheitlichen Behandlung der beiden Erwerbe ist, daß der Steuersatz nach dem Wert des Gesamterwerbs zu bemessen ist, daß mithin eventuell die Staffelung der Steuer nach der Höhe des Erwerbs in Gemäßheit des § 10 Abs. 2 des Gesetzes zur Anwendung zu bringen ist. Letzteres ist nach Lage der Sache erst bei der zweiten Besteuerung, der des bedingten Erwerbes, möglich. Beim Anfall gelangt lediglich das unbedingt erworbene Vermögen nach dessen Wert zur Versteuerung. Tritt dann die aufschiebende Bedingung und damit der weitere Erwerb aus dem Erbanfall ein, so ist der Wert des unbedingten und des bedingten Erwerbs zusammenzuziehen und nach dieser Gesamtsumme unter Anwendung des ihr entsprechenden Steuersatzes eventuell nach § 10 Abs. 2 die Steuer auszuwerfen; den Unterschied dieses Steuerbetrages und der

bereits bei der ersten Besteuerung bezahlten Steuer hat der Erwerber als Steuer für den bedingten Erwerb zu entrichten. Zum Beispiel ein Erblasser hat einem Schwiegerkinde 18000 Mk. unbedingt und weitere 14000 Mk. unter einer aufschiebenden Bedingung vermacht. Zunächst sind lediglich die unbedingt erworbenen 18000 Mk. zu dem einfachen Steuersatze von 6%, da die Wertgrenze von 20000 Mk. nicht überschritten ist, zu versteuern; es ist mithin eine Steuer von 1080 Mk. zu entrichten. Tritt später die aufschiebende Bedingung ein, so ist nicht etwa nur eine gleiche Steuer zu 6% von 14000 Mk. oder 840 Mk. in Ansatz zu bringen, sondern es ist vielmehr der Gesamterwerb aus dem Erbfall, welcher sich nunmehr auf 32000 Mk. beläuft, in Rücksicht zu ziehen. Bei einem Gesamtwert von 32000 Mk. hat nach § 10 Abs. 2 ein Steuersatz von dem $1^2/_{10}$fachen des Einheitssatzes zu sechs vom Hundert also ein Satz von 7,2 vom Hundert zur Anwendung zu kommen, so daß sich die Gesamtsteuer auf 2304 Mk. (7,2% von 32000 Mk.) berechnen würde. Da bei der ersten Besteuerung für den unbedingten Erwerb 1080 Mk. Steuer entrichtet sind, so sind jetzt bei der Besteuerung des bedingten Erwerbs noch 1224 Mk. (2304 Mk. — 1080 Mk.) zu erheben. Selbstredend würde eventuell aber auch die Vorschrift des § 10 Abs. 4 Platz greifen müssen, nach welcher bei einem geringfügigeren Überschreiten einer der Staffelgrenzen des § 10 Abs. 2 der Unterschiedsbetrag zwischen dem danach anzuwendenden Satze und demjenigen der vorangehenden Wertklasse nur insoweit erhoben werden soll, als er aus der Hälfte des die Wertgrenze übersteigenden Betrags des Erwerbs gedeckt werden kann. Vgl. Note 25 zu § 10 und Note 14 zu § 18.

12. Das unter einer auflösenden Bedingung erworbene Vermögen ist abgesehen von den Nutzungen von unbestimmter Dauer wie unbedingt erworbenes zu behandeln; bei Eintritt der Bedingung soll die gezahlte Steuer bis auf den der wirklichen Bereicherung entsprechenden Betrag erstattet werden. Es kommt dabei jeder Vermögenserwerb in Frage, dessen der bedachte Erwerber sei es infolge einer Willenserklärung des Erblassers sei es kraft Gesetzes bei dem Eintritt eines ungewissen Ereignisses wieder verlustig geht; vgl. Urt. d. RG. vom 21. November 1892, JW. 1893 S. 90 Nr. 49. Die erste Besteuerung bei dem Anfall vollzieht sich ganz in der gewöhnlichen Weise; nach den gegebenen Grundsätzen ist wie in sonstigen Fällen der Wert des gesamten Erwerbs des Steuerpflichtigen aus dem Erbfall festzustellen, ohne dabei irgendwie darauf Rücksicht zu nehmen, daß der gesamte Erwerb oder ein Teil desselben unter eine auflösende Bedingung gestellt ist. Nach dem Gesamtwert des ganzen Erwerbs des Steuerpflichtigen ist der Steuersatz zu bestimmen und die Steuer zu berechnen, wobei eventuell § 10 Abs. 2 entsprechend zur Anwendung zu bringen ist. Weniger einfach ist die Feststellung der „wirklichen Bereicherung" des unter auflösender Bedingung Bedachten bei dem Eintritt der auflösenden Bedingung. Man wird dabei in erster Linie die unterliegenden tatsächlichen Verhältnisse speziell die Festsetzungen und den Willen des Erblassers zu berücksichtigen haben; es werden dadurch aber so ungleichartige und innerlich verschiedene Fälle bedingt, daß die Aufstellung eines einzigen festen Grundsatzes, nach dem die wirkliche Bereicherung zu bemessen wäre, sich als undurchführbar erweisen dürfte. Speziell scheint es ausgeschlossen als allgemein anzu-

wendenden Grundsatz hinzustellen, daß alle Vermögensvorteile, welche sich der Erwerber in Wirklichkeit durch die besondere persönliche Nutzung seines Erwerbes verschafft habe, die wirkliche Bereicherung bildeten. Einen solchen Grundsatz aufzustellen, würde mit dem ganzen Charakter des RESt. nicht vereinbar sein, welches in derartigen Fällen die Sachlage stets nach dem allgemeinen und normalen Verhältnis und nicht nach dem Verhältnis des besonderen Erwerbers beurteilt. Unter wirklicher Bereicherung ist hier für die Regel diejenige Bereicherung zu verstehen, welche im betreffenden Fall als tatsächlich entstanden nach den sonst geltenden allgemeinen Grundsätzen anzuerkennen ist, wobei nicht ausgeschlossen ist, daß diese Bereicherung im einzelnen Fall wenn auch mehr ausnahmsweise mit der vollen Bereicherung, welche der Erwerber in Wirklichkeit gezogen hat, zusammenfällt. Eine wesentliche Verschiedenheit für die Feststellung der Bereicherung muß zunächst durch den Gegenstand des Erwerbes bedingt sein, so namentlich ob es sich bei dem Erwerb um vertretbare und verbrauchbare Sachen wie speziell Geld und Geldeswert oder um Sachen, welche in der Substanz zurückzugeben sind, handelt, ob nach der Natur des Gegenstandes eine bestimmte Nutzung, ein normaler Gebrauch, der in Geld ohne weiteres und nach festen Grundsätzen zu bewerten ist, von vornherein gegeben ist, oder ob ein eigentlicher Nutzungs- und Gebrauchswert bei dem Gegenstand nur in unbestimmter und beschränkter Weise oder vielleicht auch gar nicht in Betracht kommen kann. Sofern der Gegenstand einen bestimmten und normalen Gebrauchswert hat, ist dieser zugrunde zu legen, im anderen Falle ist schätzungsweise ein Gebrauchs- oder Nutzungswert zu bestimmen. Die Feststellung der Bereicherung des bedingten Erwerbers hat nach Maßgabe des so erlangten Gebrauchs- oder Nutzungswerts und unter Berücksichtigung der Besitzzeit also des Zeitraums zwischen Anfall und Rückgabe zu geschehen. Was die weitere praktische Durchführung der Festlegung der Bereicherung anlangt, so wird man das unter dem Preußischen Gesetz herausgebildete und anerkannte Verfahren, daß es so anzusehen sei, „als wenn der Berechtigte von vornherein nur ein Nutzungsrecht erworben habe, und der Zeitpunkt der Erledigung sogleich bekannt gewesen wäre" (vgl. A. Hoffmann, Die PrESt. Note 3 zu § 22 und die dort angeführten Finanzministerialerlasse) auch für das RESt. unbedenklich zur Anwendung zu bringen haben wie Dr. A. Hoffmann Note 13 zu § 21 näher nachweist. Dabei wird dann des weiteren der § 17 RESt. beobachtet werden müssen, desgleichen auch der § 20. Am einfachsten regelt sich die Sache, wenn eine Geldsumme, ohne daß eine weitere Bestimmung bezüglich derselben für den Erwerber getroffen ist, den Gegenstand des bedingten Erwerbes bildet. Nach dem Betrage der ausgesetzten Geldsumme wird unter der Zugrundelegung einer Verzinsung mit vier vom Hundert in Gemäßheit des § 20 RESt. der Wert der einjährigen Nutzung berechnet und aus dem einjährigen Nutzungswert je nach der Dauer des Besitzes des bedingten Erwerbs der Gesamtwert nach § 17 des Gesetzes unter Abrechnung der Zwischenzinsen durch Zusammenzählung der einzelnen Jahreswerte festgestellt. Anders würde die Sache aber liegen, wenn nicht eine unter freier Verfügung stehende Geldsumme, sondern eine Quantität bestimmter unlosbarer Wertpapiere, welche in Substanz zurückgegeben werden sollen, oder ein unkündbares Hypothekkapital, das als solches auf einen anderen überzugehen bestimmt ist, vermacht wurde: in diesen

Fällen kommen lediglich die tatsächlich bezogenen Zinsen zur Berechnung. Handelt es sich um losbare Wertpapiere und sind dem bedingten Erwerber durch Auslosung und Neubeschaffung Kosten entstanden, so würden die von der Bereicherung abzusetzen sein. Bei der Berücksichtigung der tatsächlichen Bereicherung kann auch die Möglichkeit gegeben sein, daß der Betrag der gesamten Bereicherung den Betrag der unter auflösender Bedingung vermachten Geldsumme übersteigt: in diesem Falle würde eine Erstattung der von dem bedingt Bedachten entrichteten Steuer nicht eintreten können, weil die gezahlte Steuer nicht über den der Bereicherung entsprechenden Betrag hinausgehen würde; eine Nacherhebung von Steuer bezüglich desjenigen Betrages, um welchen die tatsächliche Bereicherung über die bedingt vermachte Summe hinausgeht, kann bei dem Mangel irgend welcher gesetzlicher Unterlage, speziell da § 21 des Gesetzes nur von einer Erstattung spricht, nicht in Frage kommen. Sind andere vertretbare Gegenstände unter einer auflösenden Bedingung vermacht, so wird sich die Feststellung der Bereicherung entsprechend in ähnlicher Art vollziehen. Es wird dabei durchweg der normale Nutzen, welcher aus Gegenständen der fraglichen Art zu ziehen ist, als maßgebend zu erachten sein. Sofern dieser normale Nutzen nicht nachweisbar und allgemein niedriger oder höher zu bewerten ist, wird der Satz des § 20 analog Anwendung zu finden haben. Handelt es sich um Gegenstände, welche in der Substanz zurückzugeben sind, so ist gleicherweise in erster Linie festzulegen, ob und welche Nutzungen der Erwerber unter normalen Verhältnissen und im regelmäßigen Lauf der Dinge hat ziehen können und welchen Geldeswert diese Nutzungen darstellen. Kommt man dabei zu dem Ergebnis, daß bezüglich des zeitweisen Besitzes des bedingt vermachten Gegenstandes ein in Geld zu bestimmender Nutzungswert überhaupt nicht in Betracht kommen kann, so wird die bei dem bedingten Erwerb gezahlte Steuer in ihrem vollen Betrage wieder zurückzuzahlen sein. Zu beachten ist, daß auch hier nur solche Nutzungen des Gegenstandes Berücksichtigung zu finden haben, welche als durch den Gegenstand selbst regelmäßig bedingt erscheinen und nicht auch solche, welche durch besondere, mit dem Gegenstand als solchen nicht zusammenhängende und sich daher als außerordentliche darstellende Umstände gegeben sind. Ist die eigenartige und außergewöhnliche Nutzung durch die Verfügung des Erblassers bedingt, so daß die dadurch erzielte Bereicherung als vom Erblasser gewollt erscheinen muß, so ist der tatsächlichen Bereicherung Rechnung zu tragen. Der Steuersatz, welcher zur Anwendung zu bringen ist, bestimmt sich ausschließlich nach der Werthöhe der Bereicherung: er ist selbständig festzulegen, es ist namentlich nicht etwa der beim ersten Erwerb angewandte Satz maßgebend. Es ist dieses vornehmlich von Bedeutung, sofern der § 10 Abs. 2 in Frage kommt. Vgl. Note 25 zu § 10 und Note 14 zu § 18.

13. Die Steuerbehörde hat bezüglich des bedingten Erwerbs nicht erst beim Eintritt der Bedingung, sondern sofort beim Erbfall tätig zu werden, indem sie einmal eine Überwachung anzuordnen und durchzuführen hat, worüber die BRAusfB. § 26 die näheren Vorschriften geben und ferner nach ausdrücklicher Vorschrift des Abs. 1 § 21 Sicherheitsleistung verlangen kann, was § 28 BRAusfB. im einzelnen regelt. Die Sicherheitsleistung hat eventuell nach § 31 Abs. 1 des Gesetzes aus der steuerpflichtigen Masse zu geschehen. Die Höhe der

Sicherheitsleistung bestimmt sich zunächst nach dem Wert des bedingten Erwerbs zur Zeit des Erbanfalls; erhöht sich vor Eintritt der Bedingung dieser Wert in einer erheblicheren Weise, so kann eine entsprechende Erhöhung der Sicherheit gefordert werden; die Sicherheit ist nach der dem Wert entsprechenden Steuer, wie sie nach dem Verhältnis des Erblassers zu dem bedingt Bedachten sich berechnet, zu bemessen.

VII. Bedingte Belastung. (§§ 22, 23.)

§ 22.

Lasten, die den Wert der steuerpflichtigen Masse vermindern, werden, soweit sie von dem Eintritt einer aufschiebenden Bedingung abhängen, nicht berücksichtigt. Tritt die Bedingung ein, so wird die gezahlte Steuer bis auf den der veränderten Rechtslage entsprechenden Betrag erstattet.

Lasten, deren Fortdauer von einer auflösenden Bedingung abhängt, werden, sofern sie nicht nach den in den §§ 17 bis 19 enthaltenen Grundsätzen behandelt werden können, wie unbedingte in Abzug gebracht. Tritt die Bedingung ein, so wird ein entsprechender Steuerbetrag nacherhoben. Das Erbschaftssteueramt kann Sicherheitsleistung für diesen Anspruch fordern.

Für zweifelhafte Lasten gilt das Gleiche wie für Lasten, die von einer aufschiebenden Bedingung abhängen.

Vergl. BRAusfB. §§ (10) (26) (28) (29).

Zu § 22 allgemein.

1. Bei der bedingten Belastung, d. i. der den Wert der steuerpflichtigen Masse vermindernden Belastung, welche von einer aufschiebenden oder von einer auflösenden Bedingung abhängig ist, liegen die Verhältnisse und die auf dieselben sich gründende Regelung im allgemeinen zwar analog denen bei dem bedingten Erwerb, jedoch mit einigen Änderungen im einzelnen. Der der Belastung gegenüberstehende Erwerb stellt sich stets als ein bedingter Erwerb dar und ist demnach regelmäßig nur nach den für diesen maßgebenden Grundsätzen steuerlich zu behandeln. Sofern nun aber der durch die Belastung beschwerend betroffene Erwerb, der die andere Seite ausmacht, in Frage kommt, liegt immer zur Zeit des Erbfalls ein Erwerb schon vor; unbestimmt und unbestimmbar ist dabei zur Zeit des Erbfalls nur, um wie viel der Wert des Erwerbes durch die bedingte Belastung verringert wird. Da die Höhe der durch die Belastung gegebenen Wertminderung erst mit dem Eintritt der Bedingung zu bestimmen ist, so haben wir auch hier eine vorläufige Steuerregelung (beim Anfall) und eine endgültige (beim Bedingungseintritt). Irgend eine Veranlassung, die bedingte Belastung grundsätzlich anders zu behandeln wie die unbedingte, liegt nicht vor und da für letztere lediglich das Verhältnis im Augenblick des Erbfalls das bestimmende

ist, so muß auch bei der bedingten Belastung die gleiche Behandlung eintreten. Bei der endgültigen Steuerregelung für die bedingte Belastung ist daher stets auf die Zeit des Erbfalles zurückzugreifen und die Wertermittlung auf diese zurückzubeziehen.

2. Die Bestimmungen des § 22 gelten nicht nur für bedingte Belastungen, welche vom Erblasser durch letztwillige Verfügung einem Bedachten auferlegt worden sind, sondern auch für solche, welche schon bei Lebzeiten des Erblassers durch Rechtsgeschäft unter Lebenden begründet waren und vor beziehungsweise beim Tode des Erblassers bereits auf dem Nachlaß ruhten. Es greift hier das in Note 6 zu dem vorigen Paragraphen Ausgeführte Platz. Der der bedingten Belastung im letzteren Fall gegenüberstehende Erwerb kann in steuerlicher Beziehung nicht in Betracht kommen, da es sich im fraglichen Falle nicht um einen Erwerb von Todes wegen handelt.

3. Die von einer ohne weiteres eine Bedingung in sich schließenden Zeitbestimmung (**dies incertus an certus quando, dies incertus an incertus quando**) abhängig gemachte Belastung ist in der gleichen Weise steuerlich zu behandeln wie der bezügliche Erwerb und wird in dieser Beziehung auf das in Note 8 zum vorigen Paragraphen Ausgeführte Bezug zu nehmen sein. Vgl. auch Note 6 zu § 23.

Zu Absatz 1.

4. Ist die Last von dem Eintritt einer aufschiebenden Bedingung abhängig, so wird die steuerpflichtige Masse beim Erbfall immer nur mit dieser Belastung erworben; die Belastung ist, wenn auch nur als bedingte, im Augenblicke des ersten Anfalls vorhanden und dementsprechend steuerlich zu berücksichtigen. Durch die aufschiebende Bedingung ist es jedoch ausgeschlossen, schon zur Zeit des Anfalls zu bestimmen, ob und inwieweit die steuerpflichtige Masse durch die Last in ihrem Wert vermindert wird; dadurch kann aber nur die tatsächliche Bewertung zeitlich beeinflußt werden, nicht der für die Bewertung maßgebende Zeitpunkt, der immer der des Anfalls, also der des Erbfalls bleibt. Tritt die Bedingung ein, so ist es nunmehr möglich, die Wertermittelung bezüglich der Last vorzunehmen; dieselbe hat sodann stattzufinden. Dabei ist aber lediglich die Sachlage zur Zeit des Anfalls in Rechnung zu ziehen und nicht die zur Zeit des Bedingungseintritts; es sind mithin Veränderungen in dem Jahreswert der Belastung, welche in der Zeit von dem Erbfall bis zum Bedingungseintritt sich vollzogen haben, außer Betracht zu lassen, gleichgültig ob die Veränderungen nach oben oder nach unten wirken.

5. Bezüglich der steuerlichen Behandlung im fraglichen Fall ist vorgeschrieben, daß eine Wertermittelung und dementsprechend Steuerfestsetzung und Steuereinziehung beim Erbfall zunächst von der vollen steuerpflichtigen Masse stattzufinden habe; die Last bleibt unberücksichtigt. Es steht dieses mit dem tatsächlichen Verhältnis im Einklang, nach dem beim Erbfall sofort in gewisser Weise ein voller Erwerb der steuerlichen Masse eintritt. Läßt sich später infolge der Entscheidung über die Bedingung übersehen und bestimmen, ob und in welchem Umfang eine Wertminderung vermöge der Last gegeben ist, so wird die gezahlte Steuer „bis auf den der veränderten Rechtslage entsprechenden Betrag" erstattet. Bei der späteren Wertermittelung, welche zu der endgültigen Steuerregelung führt, sind demnach keineswegs die in der Zwischenzeit zwischen Erbfall und Bedingungsvollzug eingetretenen Veränderungen in den tatsächlichen Verhältnissen

wie Verschiebung in dem Einzelwert der Last, Veränderung in den Persönlichkeiten und die dadurch gleichzeitig mögliche Veränderung in dem maßgebenden Verwandtschaftsverhältnis zum Erblasser usw. zu berücksichtigen, sondern nur die Veränderungen in der Rechtslage, die sich lediglich auf die nunmehr eingetretene rechtliche Entscheidung bezüglich der Last nach Maßgabe des Eintritts der Bedingung beziehen. In der Ausdrucksweise des RESt G. kommt dieses klar und bestimmt zur Geltung.

6. Die Erstattung der Steuer soll der veränderten Rechtslage entsprechen. Die Rechtslage ist aber durch den Eintritt der aufschiebenden Bedingung, von welcher die Belastung abhängig war, insofern geändert, als dem belasteten Erwerber nunmehr nur sein ursprünglicher Erwerb abzüglich der Belastung verbleibt und daneben als Erwerb von der aufschiebend bedingten Belastung die Nutzung des beim Eintritt der Bedingung Herauszugebenden für die Zeit vom Anfall bis zum Bedingungseintritt in Frage kommt. Der verbleibende Haupterwerb und der Nutzungserwerb sind nach Maßgabe des § 28 des Gesetzes steuerlich in Eins zu behandeln; der Gesamtwert beider ist der Besteuerung zugrunde zu legen und nach diesem Gesamtwert bestimmt sich der anzuwendende Steuersatz besonders unter Berücksichtigung des § 10 Abs. 2. Das praktische Verfahren bei der Erstattung der Steuer hat sich danach im wesentlichen ganz in der gleichen Weise wie bei dem Erwerb unter auflösender Bedingung zu regeln. Folgeweise greifen die Ausführungen in Note 12 zu § 21 entsprechend Platz; es ist namentlich auf dasjenige Bezug zu nehmen, was über die Bewertung der Nutzung des unter Bedingung gestellten Vermögens gesagt wurde. Wenn an Stelle einer Rente bei Eintritt einer Bedingung ein Kapital bezahlt werden muß, kann nur der Unterschied zwischen dem Kapital und dem Wert der Rente nachträglich zum Abzug zugelassen werden, Verf. BdStd. vom 1. April 1909 Nr. 10243.

Zu Absatz 2.

7. Kommt eine Last, deren Fortdauer von einer auflösenden Bedingung abhängt, in Frage, so tritt gleicherweise beim Erbfall bereits der Erwerb mit der Belastung ein. Dadurch, daß diese Belastung eine auflösend bedingte ist, wird nicht der Erwerb als solcher für die Folge beeinflußt, sondern es handelt sich auch hier wiederum nur darum, daß die Wertminderung durch die Last, welche von vornherein gegeben und beim Erbfall an und für sich schon vorhanden ist, sich nicht im voraus abschätzen läßt, daß dazu vielmehr erst nach Entscheidung über die Bedingung die Möglichkeit geschaffen wird. Dementsprechend können ebenmäßig bei der späteren Wertermittelung für die endgültige Steuerregelung nur die tatsächlichen Verhältnisse im Augenblick des Erbanfalls und nicht die zur Zeit des Bedingungseintritts maßgebend sein.

8. Die steuerliche Behandlung entspricht dem Vorstehenden und stellt sich in gewisser Beziehung als das Umgekehrte von dem Verfahren im Fall der aufschiebend bedingten Last dar. Bei der ersten vorläufigen Wertermittelung und Steuerfestsetzung beim Erbanfall wird die Last wie eine unbedingte in Abzug gebracht, weil ja in dem Augenblicke der Erwerb mit dem vollen zeitlichen Betrage der Last beschwert ist. Ist später mit der Entscheidung über die Bedingung die Möglichkeit einer genauen Wertschätzung der Last eingetreten, so ist der „entsprechende Steuerbetrag" nachzuerheben. Der Betrag, welcher nachzuerheben ist, wird in der Weise ermittelt, daß von dem zunächst in Abzug gebrachten vollen Werte der Last als einer dauernden diejenige Summe abzusetzen ist, die sich als Wert der Belastung für die Dauer

vom Erbfall bis zum Bedingungseintritt nach Maßgabe der Verhältnisse zur Zeit des Erbfalles ergibt; der Unterschied zwischen dem letzteren Werte und dem ersteren bildet die Grundlage für die nachzuerhebende Steuer, jedoch stets unter entsprechender Berücksichtigung des Gesamterwerbs des Bedachten. Demgemäß greifen hier namentlich auch die Ausführungen in Note 11 zu § 21 Platz. Zufolge Verf. BdSt. vom 6. November 1907 Nr. 33091 ist nach Abs. 2 § 22 auch zu verfahren, wenn ein von der Lebensdauer des Berechtigten abhängiger Nießbrauch oder eine Rentenlast wegfällt.

9. Entspricht die unter einer auflösenden Bedingung auferlegte Last einer Nutzung von unbestimmter Dauer, so ist der Fall nach ausdrücklicher Vorschrift nicht nach den Grundsätzen des § 22, sondern nach denen der §§ 17—19 zu behandeln. Danach ist in diesen Fällen die erste Wertermittelung und Steuerfestsetzung usw. stets eine endgültige, sofern nicht die Ausnahmebestimmung des § 18 Abs. 2 zur Anwendung zu bringen ist. Vgl. auch Note 8 zu § 21.

Zu Abs. 3.

10. Die Vorschrift des dritten Absatzes des Paragraphen, welche zweifelhafte Lasten den von einer aufschiebenden Bedingung abhängenden gleichstellt, beruht auf der Erwägung, daß das tatsächliche Verhältnis, wie es für die Besteuerung in Rücksicht zu ziehen ist, bei den zweifelhaften Lasten ein ganz ähnliches wie bei den von einer aufschiebenden Bedingung abhängenden ist und daß deshalb eine gleichmäßige steuerliche Behandlung beider gerechtfertigt erscheinen muß. Es ist damit in voll berechtigter Weise eine andere Regelung für die zweifelhafte Belastung wie für die zweifelhafte Berechtigung (unsicheres, ungewisses Recht) gegeben, denn die letztere ist nach § 24 steuerlich zu behandeln. Das oben bezüglich der Lasten unter aufschiebender Bedingung Ausgeführte gilt demnach auch für zweifelhafte Lasten. Namentlich ist zu beachten, daß bei der anderweiten Besteuerung, wie sie bei Beseitigung der Zweifel über die Belastung durch die nunmehr gegebene unbedingte Klarheit über das Vorhandensein der Belastung einzutreten hat, nicht nur auf die Belastung als solche, sondern, wie in sonstigen ähnlichen Fällen und speziell auch bei der Belastung unter aufschiebender Bedingung, bei dem Eintritt der Bedingung auf den gesamten Erwerb des betroffenen Bedachten aus dem Erbfall Rücksicht zu nehmen ist. Die Erstattung der Steuer hat sich demnach für den Fall, daß eine zweifelhafte Last sich zu einer unzweifelhaften, tatsächlich vorhandenen herausgestaltet bzw. als solche erweist, ganz nach den gleichen Grundsätzen zu vollziehen, wie sie oben in der Note 6 klargelegt sind, und ist speziell auch der entsprechenden Verschiebung der Werthöhe des Gesamterwerbs durch Anwendung eines anderweiten Steuersatzes nach Maßgabe des § 10 Abs. 2 Rechnung zu tragen.

§ 23.

Die Vorschriften der §§ 21, 22 finden entsprechende Anwendung, wenn der Erwerb oder die Last von einem Ereignis abhängt, das nur hinsichtlich des Zeitpunkts seines Eintritts ungewiß ist.

Vergl. BRAusfB. §§ (10) (26) (28) (29).

1. Ist der Erwerb von Todes wegen oder eine Last desselben von einem Zeitpunkt, sei es direkt durch Bezeichnung eines Kalenderpunktes oder

indirekt durch Beziehung auf ein künftiges Ereignis oder die Vollendung einer gewissen Dauer eines Zustandes abhängig gemacht, so ist für die Bestimmung der Tragweite immer dasjenige maßgebend, was im einzelnen Fall mit der Einstellung des Zeitpunktes gewollt und beabsichtigt ist. Dieses festzulegen, ist Sache der freien Auslegung. Die für die Beurteilung der Tragweite des Zeitpunktes gegebenen Möglichkeiten scheiden sich, soweit sie gerade hier in Frage kommen, am zweckmäßigsten nach der in letzter Zeit unter dem gemeinen Recht üblich gewesenen Einteilung in **dies certus an certus quando** (gewisser Eintritt zu einem bestimmten Zeitpunkt), **dies certus an incertus quando** (gewisser Eintritt zu einem unbestimmten Zeitpunkt), **dies incertus an certus quando** (ungewisser Eintritt aber bestimmter Zeitpunkt), **dies incertus an incertus quando** (ungewisser Eintritt und unbestimmter Zeitpunkt).

2. Eine gesetzliche Grundlage für die Bedeutung der Einstellung eines Zeitpunktes gibt uns das BGB. nur allgemein in dem § 163:

„Ist für die Wirkung eines Rechtsgeschäfts bei dessen Vornahme ein An„fangs- oder Endtermin bestimmt worden, so finden im ersteren Falle die „für die aufschiebende, im letzteren Falle die für die auflösende Bedingung „geltenden Vorschriften der §§ 158, 160, 161 entsprechende Anwendung."

Aber auch für die Anwendbarkeit dieser Gesetzesvorschrift ist wiederum die Absicht des den Anfangstermin Einstellenden zunächst maßgebend, die eine zweifache sein kann; es kann entweder der Eintritt der durch das Rechtsgeschäft bezweckten rechtlichen Wirkung selbst oder nur deren Geltendmachung hinausgeschoben werden sollen; nur auf den ersteren Fall bezieht sich aber der § 163 BGB. (Vgl. Planck, Kommentar zum BGB. Note 1—3 zu § 163.)

3. Für die Auslegung bei den Verfügungen auf den Todesfall von besonderer Bedeutung und deshalb hier speziell hervorzuheben ist es noch, daß die Auslegungsregel des § 2074 BGB.:

„Hat der Erblasser eine letztwillige Zuwendung unter einer aufschiebenden „Bedingung gemacht, so ist im Zweifel anzunehmen, daß die Zuwendung „nur gelten soll, wenn der Bedachte den Eintritt der Bedingung erlebt."

für letztwillige Zuwendungen, welche unter Bestimmung eines Anfangstermins gemacht sind, nicht gilt (vgl. Planck, Kommentar zum BGB. Note 2 zu § 2074; Frommhold, Kommentar zum BGB. Note 3 zu § 2074). Die Absicht des Erblassers ist hier allein maßgebend und es ist unbeschränkt Sache der freien Auslegung, diese Absicht festzustellen. Hauptsächlich wird dieses wesentlich sein bei der Entscheidung der Frage, ob ein **dies certus an certus quando** oder ein **dies incertus an certus quando** in denjenigen Fällen vorliegt, in welchen lediglich ein Anfangstermin unter Bezeichnung eines Kalenderpunktes gesetzt ist. Demgemäß gelangt hier die Anwartschaft auf eine Zuwendung, welche, wenn der Bedachte nur den Erbfall erlebt hat, auf den Rechtsnachfolger weiter vererbt wird, zu einer größeren Bedeutung. Man wird stets mit besonderer Sorgfalt zu prüfen haben, ob der Erblasser bei seiner Zuwendung eine solche Anwartschaft hat begründen wollen, ob sein Wille gewesen ist, daß nur für den Fall, wenn der Bedachte auch den gesetzten Anfangstermin erlebt hat, die Zuwendung wirksam sein, andernfalls aber als nicht geschehen betrachtet werden soll, oder daß bereits, wenn der Bedachte nur den Erbfall erlebt hat, also mit diesem Erbfall selbst, die Zuwendung zur Wirkung kommen und danach dem Bedachten sofort eine vererbliche Anwartschaft auf dieselbe zustehen solle. Vgl. namentlich auch bezüglich der Vererbung der Anwartschaft Note 3 zu § 21.

4. In gleicher Weise wie für die Anwendbarkeit des § 163 BGB. oben Note 2 zu diesem Paragraphen hervorgehoben, liegt bezüglich des Anfangstermins für die praktische Entscheidung des einzelnen Falles der Schwerpunkt darin, ob nach dem Inhalt der auszulegenden Bestimmung anzunehmen ist, daß für den befristeten Erwerb oder die befristete Last die Wirkung sofort oder erst später zur Entstehung gelangen, daß der Anfall mit dem Erbfall oder mit dem Eintritt des Termins erfolgen soll. In den nachstehenden Noten 5—8 wollen wir die Folgen der verschiedenen Möglichkeiten näher berühren, wobei es aber stets die Voraussetzung bildet, daß für den einzelnen Fall das Vorhandensein der betreffenden Möglichkeit durch Auslegung der maßgebenden Absicht festgestellt ist. Denn durch rein äußerliche Momente in den Bestimmungen selbst lassen sich die Möglichkeiten nicht von einander scheiden, weil jene äußeren Momente vielfach ineinander übergreifen und in sich einen verschiedenen inneren Kern haben können.

5. Der dies certus an certus quando enthält weder eine Bedingung noch eine eigentliche Befristung, wie sie hier als solche in Frage kommt, sondern lediglich eine Betagung. Die Sondervorschriften über Bedingung und Befristung finden keine Anwendung. Das betreffende Rechtsverhältnis kommt sofort beim Erbfall zur Entstehung und ist lediglich in seiner Geltendmachung hinausgeschoben; es stellt sich nur als ein betagtes dar. Dementsprechend hat hier die Wertermittelung ausschließlich nach dem allgemeinen Grundsatz des § 16 und zwar endgültig beim Anfall stattzufinden. Ein Bedürfnis zu anderweiter besonderer Regelung kann nicht entstehen. Vgl. Note 12 zu § 16 und Note 6 zu § 54.

6. Der dies incertus an certus quando und der dies incertus an incertus quando schließen beide, soweit sie hier in Betracht kommen können, stets eine Bedingung ein, denn beide machen eine Rechtswirkung von dem Eintritt eines ungewissen Ereignisses abhängig, wie solches die Voraussetzung der Bedingung. Beide sind daher, weil gleichzeitig eine Bedingung enthaltend, ohne weiteres nach den Vorschriften über den bedingten Erwerb und die bedingte Belastung zu behandeln, ohne daß es dazu einer besonderen gesetzlichen Anordnung bedürfte. Vgl. Note 9 zu § 21 und Note 3 zu § 22.

7. Der dies certus an incertus quando kann, weil sein Eintritt gewiß ist, unter keinen Umständen als Bedingung angesehen werden; er enthält vielmehr lediglich eine Terminsbestimmung, deren Zeitpunkt ungewiß ist. Mit Rücksicht auf letzteren Umstand zeigt allerdings die ganze Sachlage hier eine gewisse Ähnlichkeit mit der der Bedingung und ist aus dieser Erwägung der § 23 RESt.G. hervorgegangen, welcher ausdrücklich bestimmt, daß auf den dies certus an incertus quando die Sondervorschriften über den bedingten Erwerb und die bedingte Belastung entsprechend Anwendung finden sollen, wie solches auch gegenüber dem § 163 BGB., der wesentlich gerade für den **dies certus an incertus quando** Platz greift, schon so wie so begründet sein mußte. Dementsprechend ist der **dies certus an incertus quando** kraft besonderer gesetzlicher Anordnung als Bedingung in erbschaftssteuerlicher Beziehung zu behandeln. Vgl. Note 6 zu § 54.

8. Die entsprechende Anwendung für den dies certus an incertus quando bezieht sich auf alle Einzelheiten, wie sie in den §§ 21 und 22 geregelt sind, und so namentlich darauf, daß bei den Nutzungen

von unbestimmter Dauer, sowohl wenn sie für den Erwerb, wie auch wenn sie für die Belastung in Frage kommen, nicht die Vorschriften der §§ 21 und 22, sondern die der §§ 17 bis 19 Geltung finden.

VIII. Unsichere Rechte. (§§ 24, 25.)

§ 24.

Ungewisse oder unsichere Rechte und andere zur sofortigen Wertermittelung nicht geeignete Gegenstände kommen mit ihrem mutmaßlichen Werte in Ansatz, den der Steuerpflichtige in Vorschlag zu bringen hat. Findet keine Einigung statt, so kann das Erbschaftssteueramt von dem ihm angemessen erscheinenden Werte die Steuer einziehen und die Berichtigung des Wertansatzes sowie die entsprechende Nachforderung oder Erstattung der Steuer bis zum Ausgange derjenigen Verhandlungen vorbehalten, von welchen die Bezahlung der Forderung oder die Wertermittelung abhängt.

Vergl. BRAusfB. §§ (26) (29), Muster 4, Absch. 1, III, A, 6, Abs. 2.

1. Ungewisse Rechte sind solche Rechte, bei denen es zur Zeit des Erbfalls aus irgend einem Grunde zweifelhaft ist, ob sie überhaupt bestehen oder nicht bestehen, bei denen aber in meist absehbarer, wenn auch nicht fest bestimmbarer Zeit jener Zweifel nach der einen oder anderen Seite gehoben werden wird. Gelangen ungewisse Rechte später zu gewissem Bestand, so handelt es sich dabei aber stets um einen Bestand, welcher an und für sich schon zur Zeit des Erbfalls gegeben war, so daß für die erst später zu gewissen gewordenen Rechte doch immer nur der erste Anfall in rechtlicher wie in steuerlicher Beziehung in Frage kommen kann. Derartige ungewisse Rechte sind namentlich bestrittene Rechte, bestrittenes Eigentumsrecht, bestrittene Forderung usw.

2. Für die unsicheren Rechte ist es beim Erbfall unzweifelhaft, daß sie bestehen, dagegen wiederum aus irgend einem Grunde zweifelhaft, ob und in welchem Betrage sie zu verwirklichen sein werden. Auch bei ihnen kommt der letztere Zweifel nach Ablauf einer gewissen, von vornherein meist nicht bestimmbaren Zeit zur Entscheidung. Da die unsicheren Rechte als Rechte schon zur Zeit des Erbfalls bestehen, so kann für sie, obwohl der tatsächliche Erwerb aus dem Rechte erst später eintritt, doch immer nur der Zeitpunkt des Erbfalls rechtlich und steuerlich maßgebend sein; auch kann es sich bei ihnen lediglich um einen ersten Anfall handeln. Unsichere Rechte sind beispielsweise die lediglich nach Umfang oder Betrag bestrittenen Rechte, Rechte gegen einen zahlungsunfähigen oder im Konkurs befindlichen Schuldner, Rechte, denen die Klagbarkeit nach dem BGB. versagt ist, wie Forderungen aus Spiel- und Wettverträgen usw.

3. Für die anderen zur sofortigen Wertermittelung nicht geeigneten Gegenstände braucht lediglich ein zur Zeit des Erbfalls und noch eine weitere Frist nachher bestehender Umstand in Frage zu kommen,

welcher eine genaue Abschätzung auf sicherer Grundlage zur Zeit ausschließt, während in der Folge allerdings die nötigen Unterlagen für eine solche gegeben sein können, beziehungsweise gegeben sein werden. Auch hier ist immer nur der Zeitpunkt des Erbfalls und ein alleiniger erster Anfall in Rücksicht zu ziehen. Als hierher gehörig sind anzuführen Nutzungsrechte, deren Jahreswert zunächst noch nicht bestimmbar ist, sowie die, welche in unbestimmbaren Zwischenräumen wiederkehren, unvollendete wissenschaftliche oder künstlerische Werke usw.

4. Die Entscheidung über die Anwendbarkeit der Vorschrift des § 24 wird sich regelmäßig mehr oder weniger eng an die Anmeldung des Erbfalls und die Erbschaftssteuererklärung anschließen (vgl. Muster 4 der BRAusfB. 1. Abschn. III A 6) und auf diese Weise von dem Steuerpflichtigen angeregt werden, welcher nach der Vorschrift auch den mutmaßlichen Wert in Vorschlag zu bringen hat. Die Entscheidung über die Anwendung selbst trifft aber stets die Steuerbehörde, welche in dieser Beziehung nicht an einen Antrag des Steuerpflichtigen gebunden ist und ohne solchen Antrag entscheiden kann. Da das ganze Verfahren nach § 24 nur ein vorläufiges ist und gesetzlich vollständig in das Ermessen der Steuerbehörde gestellt wird, so erscheint ein Klagerecht ausgeschlossen und zwar ebensowohl eine Klage gegen die Anwendung der Vorschrift des § 24 überhaupt, wie gegen die vorläufige Feststellung und Einziehung des Steuerbetrages bei nicht erfolgter Einigung; der Rechtsweg ist erst gegeben, wenn die Ausgleichung durch Nacherhebung oder Erstattung der Steuer erfolgt. [And. M. zum Teil U. Hoffmann 2. Aufl. Anm. 1a zu § 24, welcher dem Steuerpflichtigen ein Klagerecht zuerkennt, wenn derselbe den § 24 für unanwendbar und den vorläufig besteuerten Wert als wirklichen Wert für zu hoch hält.] Das Beschwerdeverfahren im Verwaltungswege ist jedoch in keiner Beziehnng ausgeschlossen. Vorwiegend dürfte die Vorschrift des § 24 bei Forderungen und Ansprüchen, die zum Nachlaß gehören und schon vor dem Erbfall entsprechend bestanden, zur Anwendung kommen; sie ist aber keineswegs darauf beschränkt (vgl. Urt. d. RG. vom 14. November 1884; JW. 1885 S. 22 Nr. 21). Die tatsächliche Anwendung wird vielfach durch Abmachungen und Vereinbarungen zwischen dem Erben und den Erbschaftsschuldnern bzw. zwischen den Erben untereinander, durch welche Unsicherheit und Ungewißheit beseitigt wird, ausgeschlossen werden, da gerade in diesen Fällen bezügliche Abmachungen und Vereinbarungen für die Regel Berücksichtigung verdienen werden; vgl. Note 5 und 6 zu § 1. Die vorläufige Steuerfestlegung nach § 24 ist nur zulässig, wenn es sich um Berechtigungen oder einen Erwerb für den Steuerpflichtigen handelt, nicht auch wenn eine zweifelhafte Belastung in Frage steht, bezüglich derer nach § 22 Abs. 3 zu verfahren ist; vgl. Note 10 zu § 22 a. E.

5. Bei der Ermittelung des mutmaßlichen Wertes sind alle diejenigen Umstände, welche auf die tatsächliche Verwirklichung der fraglichen Rechte usw. von Einfluß sind, soweit sie feststehen oder nach den Aussichten, welche sie in dem regelmäßigen Lauf der Dinge gewähren können, entsprechend zu berücksichtigen. Was und in welcher Tragweite das Einzelne dabei in Rechnung zu ziehen ist, bleibt dem gewissenhaften Ermessen der Steuerbehörde überlassen, die in erster Linie das fiskalische Interesse zu wahren hat, dabei aber nicht unberücksichtigt lassen darf, daß eine sofortige endgültige steuerliche Regelung des Erbfalls in gewisser Weise auch dem fiskalischen Interesse entspricht, wie ja die ganze Anordnung des § 24 mit auf diesem letzteren Gesichtspunkte beruht. Wie in dem speziellen Falle, wenn die

Nutzung an einem unsicheren oder ungewissen Recht vermacht ist, verfahren werden muß, wurde oben in Note 2 zu § 20 ausgeführt. Der Erbe erscheint auch hier in dem vorläufigen Feststellungsverfahren verpflichtet, auf Anfordern der Steuerbehörde seine ersten Angaben über den Wert entsprechend zu ergänzen, jedoch können dabei die Vorschriften des § 43 nicht zur Anwendung gebracht werden. Über das Verfahren bei Feststellung des Werts unsicherer Nachlaßforderungen gibt der Beschl. d. Bayr. VGH. vom 26. November 1906 (BlfVF. 1907 S. 142) für praktischen Fall nähere Aufschlüsse. Der § 24 kann nicht zur Anwendung kommen, wenn der Erwerber des Anfalls selbst der Schuldner ist und derselbe durch den Anfall von seiner Schuld befreit wird; die Schuldbefreiung wird hier voll als Bereicherung des Erwerbers in Ansatz zu bringen sein.

6. Wird eine Einigung über den mutmaßlichen Wert erzielt und demgemäß die Steuerberechnung und Steuerfestsetzung vorgenommen, so ist damit eine endgültige Ordnung des Erbfalls in der fraglichen Beziehung erzielt. Ob und in welcher Weise, beziehentlich in welcher Richtung die Unsicherheiten und Zweifel, welche bezüglich der fraglichen Rechte usw. bestanden, gehoben werden, bleibt vollkommen ohne Einfluß; mag bei der Wertfestsetzung usw. der tatsächlichen Entwicklung gegenüber der Wert zu hoch oder zu niedrig gegriffen sein, es findet weder Rückerstattung der Steuer noch eine Nacherhebung derselben statt; auch ist das Maß der Abweichung zwischen angenommenem und wirklichem Wert dabei ohne jeden Einfluß. Die von der Steuerbehörde mit den Steuerpflichtigen erzielte Einigung ist als ein Vergleich anzusehen und dementsprechend rechtlich zu beurteilen; sie ist für beide Teile bindend; vgl. Urt. d. RG. vom 10. Dezember 1894 (RGE. Bd. 34 S. 280; JW. 1895 S. 78 Nr. 32—34).

7. Wird eine Einigung über den mutmaßlichen Wert nicht erzielt, so hat die Steuerbehörde die Befugnis zu sofortiger Einziehung der Steuer von dem ihr als angemessen erscheinenden Wert unter dem Vorbehalt definitiver Berichtigung nach dem Eintritt der Entscheidung bezüglich der fraglichen Rechte usw. Nach dem Wortlaut des § 24 ist der Steuerbehörde aber nur die Befugnis zu sofortiger Einziehung der Steuer eingeräumt, nicht auch die Verpflichtung zu solcher auferlegt. Die Steuerbehörde kann daher, wenn sie solches in dem einzelnen Fall für zweckentsprechend erachtet, ebensowohl die ganze fragliche Regelung vorläufig aussetzen und wie sonst die Berichtigung bis zum Eintritt der vollen Entscheidung verschieben. Das letztere wird jedoch mehr den Ausnahmefall bilden schon nach dem ganzen Gehalt der Bestimmung des § 24. Bei eventuell uneinbringlichen Forderungen ist dem Steuerpflichtigen der spätere Ausgleich der Erbschaftssteuer vorzubehalten, Verf. SFM. vom 25. Februar 1909 Nr. 404.

8. Bei der nach dem Fallen der Entscheidung eintretenden Berichtigung des vorläufigen Wertansatzes, welche nach beiden Seiten hin, zugunsten und zuungunsten des Fiskus wie des Steuerpflichtigen, mit Nacherhebung von Steuer wie mit Rückerstattung von solcher, je nach der Lage des einzelnen Falles vorzunehmen ist, wird die Ermittelung des tatsächlichen Wertes in ihren maßgebenden Einzelheiten stets auf den Zeitpunkt des Erbfalls zurückzuführen sein, weil lediglich der erste Anfall das Entscheidende bildet und die spätere Festsetzung auf den Wert als solchen keinen Einfluß ausüben darf. Im übrigen ist bei Feststellung der zu erstattenden oder nachzuerhebenden Steuerbeträge nicht lediglich die Verminderung oder die Vermehrung des Erwerbs, wie sie sich für den betroffenen Steuer-

pflichtigen durch die Beseitigung der Ungewißheit oder Unsicherheit usw. ergibt sondern die Veränderung im Gesamterwerb des Pflichtigen, welche sich vermöge jener Verminderung oder Vermehrung vollzogen hat, als maßgebend zugrunde zu legen, wie solches in gleicher Weise bei dem bedingten Erwerb (vgl. Note 11 und 12 zu § 21), bei der bedingten Belastung (vgl. Note 6—9 zu § 22) und bei der zweifelhaften Belastung (vgl. Note 10 zu § 22) zu geschehen hatte. Dabei ist es ohne weiteren Einfluß, ob es sich im einzelnen Fall ausschließlich um einen Erwerb, bezüglich dessen sei es in vollem Umfange sei es zu einem Teil eine Rechtsunsicherheit oder Ungewißheit usw. in Frage stand und nunmehr gehoben ist, oder um einen solchen Erwerb in Verbindung mit sonstigen Erwerb, dessen Wert von vorneherein endgültig festzulegen war, handelte.

9. Eine Sicherheitsleistung bezüglich der eventuell vom Steuerpflichtigen nachzuerhebenden Steuer kann nicht gefordert werden, weil das Gesetz hier eine solche nicht vorschreibt, während es in anderen Fällen stets bezügliche Bestimmung trifft; vgl. auch BRAusfB. § 28, in welchem der § 24 des Gesetzes nicht mit angezogen ist. Dieses greift auch dann Platz, wenn die Steuerbehörde die ganze Regelung der Steuer bis zum Eintritt der vollen Entscheidung verschiebt. Eine Überwachung durch Eintragung in die Überwachungsliste ist die Steuerbehörde jedoch berechtigt vorzunehmen sofern in besonderen Fällen ein Bedürfnis hiezu vorliegt; vgl. BRAusfB. § 26 Abs. 5.

§ 25.

Sind bei der Berechnung der Steuer unbekannte Ansprüche der Masse oder an die Masse außer Berücksichtigung geblieben, so hat, wenn sie später zur Verwirklichung gelangen, die der veränderten Sachlage entsprechende Ausgleichung durch Nacherhebung oder Erstattung der Steuer zu erfolgen.

Vergl. BRAusfB. § (29).

1. Für die Anwendbarkeit des Paragraphen genügt allein der tatsächliche Umstand, daß Ansprüche der Masse oder an die Masse bei der Berechnung der Steuer unbekannt geblieben sind, d. h. speziell der Steuerbehörde unbekannt geblieben sind, denn diese hat die Berechnung der Steuer auf Grund der ihr bekannten Tatsachen vorzunehmen. Der Grund, weshalb dieses geschehen, ist dabei gleichgültig; namentlich ist die Frage, ob und inwieweit dem Erwerber ein Verschulden beizumessen sein könnte, für die Berechnung der Steuer ohne Einfluß; eventuell wird daneben die Strafvorschrift des § 50 Platz greifen müssen. In der Regel wird es sich bei den unbekannten Ansprüchen um solche handeln, von deren Vorhandensein auch der Erbe bei der ersten Regelung der Steuerfrage keine Kenntnis hatte, wie beispielsweise versteckte Wertgegenstände, Wertpapiere, Schuldurkunden, welche erst nachträglich aufgefunden werden usw.

2. Die Steuerpflicht kann durch das spätere Bekanntwerden des Anspruchs nicht beeinflußt werden. Der Anfall gilt auch hier regelmäßig als im Augenblick des Erbfalls erfolgt; dementsprechend ist der letztere Zeitpunkt für die Berechnung der Steuer der maßgebende, die spätere Berechnung muß auf diesen zurückbezogen werden. Handelt es sich um einen bedingten Anspruch, so finden die Sondervorschriften über den bedingten Erwerb und bedingte

Belastung gleicherweise Anwendung. Voraussetzung für die Anwendung des § 25 ist jedoch immer, daß es sich um neu hervorgetretene Ansprüche handelt, nicht etwa nur um eine nachträgliche Veränderung bekannter und bereits berücksichtigter Ansprüche; es ist dieses namentlich bezüglich der ungewissen oder unsicheren Rechte und der zweifelhaften Belastung zu beachten, welche von Anfang an zur Berücksichtigung gezogen; für deren steuerliche Behandlung bleiben ausschließlich die §§ 24 und 22 maßgebend.

3. Die allgemeine Anmeldepflicht des steuerpflichtigen Erwerbes von Todes wegen nach § 36 REStG. bezieht sich auch auf diejenigen Ansprüche, welche dem Erben zunächst unbekannt geblieben waren; sie tritt mit der erlangten Kenntnis ein. Bei Verletzung der Anmeldepflicht greift ebenmäßig die Strafbestimmung des § 49 Platz. [And. M. U. Hoffmann 2. Aufl. Anm. 2 zu § 25, welcher die Pflicht des Erben zur Mitteilung unbekannter Ansprüche auf den § 37 REStG. gestützt wissen will, weil der § 36 die Mitteilung des Erwerbes als Ganzen und der § 37 die der einzelnen Teile betreffe; letztere Annahme ist willkürlich und in keiner Weise stichhaltig zu begründen, denn, wie schon die Überschriften im Gesetz ergeben, handelt der § 36 von der Anmeldung schlechthin, der § 37 von der Erbschaftssteuererklärung, also von der erst auf Verlangen des Erbschaftssteueramtes eintretenden Ergänzung der Anmeldung. Hiermit muß es hinfällig werden wenn U. Hoffmann die Strafvorschrift des § 50 Platz greifen lassen will, dem außerdem aber auch schon der Inhalt der §§ 49, 50 selbst entgegenstehen würde].

4. Die der veränderten Sachlage entsprechende Ausgleichung erfolgt nach beiden Seiten hin; es wird sowohl die bei der ersten Festsetzung zu viel gezahlte Steuer erstattet, wie die derzeit zu wenig entrichtete Steuer nacherhoben. Die Ausgleichung soll erfolgen, wenn der Anspruch zur Verwirklichung gelangt; nach der historischen Entwicklung der bezüglichen Vorschrift hat damit nicht vorausgesetzt werden sollen, daß der Anspruch tatsächlich bereits erfüllt sei, sondern nur, daß die Erfüllung desselben keinem Zweifel unterliege, sein Bestand gewiß sei; vgl. Dr. A. Hoffmann Anm. 3 zu § 25. Bei der Ausgleichung selbst ist wiederum diejenige Veränderung in Rechnung zu ziehen, welche durch die nachträgliche Berücksichtigung der erst später bekannt gewordenen Ansprüche der Masse oder an die Masse in dem Gesamterwerb des oder der betroffenen Steuerpflichtigen aus dem Erbfall herbeigeführt wird. Das praktische Verfahren wird in der Hauptsache darauf hinauszulaufen haben, daß für den Gesamterwerb jedes einzelnen betroffenen Steuerpflichtigen, wie er sich nunmehr unter der Berücksichtigung der erst später bekannt gewordenen Ansprüche der Masse oder an die Masse stellt, nach dessen Werthöhe die danach zu erhebende Steuer ausgeworfen wird, wobei unter der Einwirkung der Vorschrift des § 10 Abs. 2 gegen früher auch eine Veränderung im Steuersatz bedingt sein kann; der so berechnete Steuerbetrag ist derjenige, welcher von dem Pflichtigen endgültig zu erheben ist; die Differenz zwischen ihm und der früher bereits entrichteten Steuer ist je nach der Lage des Falls, ob es sich um Ansprüche der Masse oder um solche an die Masse handelt, zur Nacherhebung oder zur Erstattung zu bringen; vgl. Note 11 und 12 zu § 21 und Note 6—10 zu § 22.

IX. Erwerb von Vermögen ohne die Nutzung.

Vorbemerkungen zu §§ 26 und 27.

1. Die bezüglich des Erwerbs von Vermögen ohne die Nutzung in den §§ 26 und 27 gegebenen Sondervorschriften beziehen sich ausschließlich auf den Erwerber des mit dem Nutzungsrechte beschwerten Vermögens, auf den Substanzerwerber, nicht aber auf den Erwerber der Nutzung. Der Nutzungsberechtigte kann speziell das dem Substanzerwerber eingeräumte Wahlrecht in der Versteuerungsart nicht in Anspruch nehmen; es gelten für ihn vielmehr lediglich die allgemeinen Vorschriften über den Zeitpunkt des Erwerbes und die sich daran unmittelbar anschließende Wertermittelung, Steuerberechnung und Steuerfestsetzung; vgl. Urt. d. RG. vom 12. Juli 1883 (RGE. Bd. 9 S. 300; JW. 1883 S. 245 Nr. 67).

2. Vorbedingung für die Anwendbarkeit der Sondervorschriften ist weiter, daß dem Substanzerwerber die Nutzung des Vermögens d. h. regelmäßig die volle Nutzung des Vermögens entzogen ist. Für den Begriff der Nutzung ist wiederum der § 100 BGB. maßgebend:

„Nutzungen sind die Früchte einer Sache oder eines Rechtes sowie die Vor„teile, welche der Gebrauch der Sache oder des Rechtes gewährt."

In der Hauptsache wird es sich hier stets um den Nießbrauch handeln, dessen Begriff der § 1030 Abs. 1 GBB. folgendermaßen bestimmt:

„Eine Sache kann in der Weise belastet werden, daß derjenige, zu dessen „Gunsten die Belastung erfolgt, berechtigt ist, die Nutzungen der Sache zu „ziehen (Nießbrauch)."

Daneben wird möglicherweise auch noch das Nutzungspfandrecht, bei dem nach § 1213 BGB. der „Pfandgläubiger berechtigt ist, die Nutzungen des Pfandes zu ziehen," in Frage kommen können, während die ehemännliche Nutznießung (BGB. § 1363) und die elterliche Nutznießung (BGB. § 1649) als Erwerb von Todes wegen außer Betracht stehen wird. Ist das Vermögen nicht mit dem Nutzungsrecht eines Dritten, sondern in einer anderen Art wie beispielsweise mit der Zahlung einer Rente, einer Leistung beschwert, so greifen die hier in Frage stehenden Sondervorschriften nicht Platz, sondern nur die allgemeinen Regelungen und damit namentlich die sofortige Besteuerung beim Erwerb. [U. Hoffmann 2. Aufl. Anm. 1 b zu § 26 stimmt dem grundsätzlich zu, während Dr. A. Hoffmann nach Anm. 1a zu § 26 in Verbindung mit Anm. 1 zu § 17 das Wort Nutzung hier in einem weiteren, die Renten mit umfassenden Sinne nimmt. Vgl. dazu Verf. BdStd. vom 13. November 1907 Note 1 zu § 26 a. E.]. Das Verhältnis dieser anderweiten Belastung zu dem Vermögen, beispielsweise die Höhe einer auferlegten Rentenzahlung gegenüber dem Wert und dem Erträgnis des Vermögens, bleibt dabei grundsätzlich ohne Einfluß. Andererseits ist es aber auch für die Anwendbarkeit der Sondervorschriften ohne Bedeutung zu erachten, wenn die als solche zweifellos gegebene Vermögensnutzung in einzelnen Beziehungen wiederum beschränkt ist, wie der § 1030 Abs. 2 bezüglich des Nießbrauches bestimmt:

„Der Nießbrauch kann durch den Ausschluß einzelner Nutzungen beschränkt „werden."

Ohne Einfluß sind einerseits die besonderen tatsächlichen Verhältnisse unter welchen die Abtrennung der Nutzung von dem Vermögen vorgenommen ist, ob das Nutzungsrecht dem Dritten auf bestimmte Zeit, auf unbestimmte Zeit oder auf Lebenszeit eingeräumt ist, und andererseits der Rechtsgrund, auf welchem die Abtrennung beruht, ob sie beim Tode des Erblassers durch eine letztwillige Verfügung oder schon bei Lebzeiten desselben durch Rechtsgeschäft unter Lebenden entstanden ist; vgl. Urt. d. RG. vom 9. Januar 1890 (JW. 1890 S. 170 Nr. 50; GruchotsBeitr. Bd. 34 S. 738).

3. Eine weitere Voraussetzung für die Anwendbarkeit der Sondervorschriften ist es, daß tatsächlich ein Erwerb des von der Nutzung getrennten Vermögens, also ein Anfall desselben, stattgefunden hat. Ist der Erwerb von einer aufschiebenden Bedingung, oder von dem hinsichtlich des Zeitpunktes ungewissen Eintritt eines Ereignisses abhängig gemacht, so greifen nicht die Sondervorschriften, sondern die allgemeinen Vorschriften der §§ 21 und 23 Platz. Im übrigen ist es auch hier ohne Bedeutung, aus welchem Grunde der der Erbschaftssteuer unterliegende Erwerb eines Vermögens ohne Nutzen sich vollzieht, ob der Erwerber als Erbe, als Vermächtnisnehmer, infolge einer Schenkung von Todes wegen, infolge einer durch Auflage verordneten Leistung, als Erbe eines für tot erklärten Verschollenen usw. berufen ist.

4. Die Sondervorschriften setzen ferner für ihre Anwendbarkeit voraus, daß der Erwerber des von der Nutzung getrennten Vermögens eine für den betreffenden Fall steuerpflichtige Person ist. Es folgt dieses aus dem Wortlaut der Vorschriften selbst, der immer nur von einem steuerpflichtigen Erwerb handelt, und ist auch ohne weiteres in der Natur der Sache gegeben. Ist der erste Erwerber steuerfrei, so kommen die fraglichen Vorschriften nicht in Betracht, weil die Besteuerung überhaupt unterbleibt. Stirbt aber dieser erste steuerfreie Erwerber vor der Vereinigung der Nutzung mit dem Vermögen und hinterläßt das von der Nutzung getrennte Vermögen einem Erben, welcher im Verhältnis zu ihm steuerpflichtig ist, so kommen bei diesem Erbfall die Sondervorschriften zur Anwendung, weil es sich nunmehr erneut um einen Erwerb von Vermögen ohne die Nutzung und zwar durch einen Steuerpflichtigen handelt; selbstredend bestimmt sich hier die Steuerpflicht und der Steuersatz nicht nach dem Verhältnis des zweiten Erwerbers zum ursprünglichen Erblasser, sondern nach dem Verhältnis dieses zweiten Erwerbers zu dem ersten Erwerber, der für den zweiten Fall der Erblasser ist.

5. Endlich ist es noch eine Vorbedingung für das Platzgreifen der Sondervorschriften, daß die Nutzung des Vermögens einem Dritten oder mehreren anderen Personen zusteht. Ist der Nutzungsberechtigte zugleich Erwerber des Vermögens unter einer Bedingung, so ist die Steuerpflicht beziehungsweise die Besteuerung nicht nach den fraglichen Sondervorschriften, sondern ausschließlich nach dem § 21 zu regeln; vgl. Note 7 zu § 21.

§ 26.

Vermögen, dessen Nutzung einem andern als dem Steuerpflichtigen zusteht, wird um den nach den Vorschriften der §§ 17 ff. berechneten Wert der Nutzung geringer veranlagt.

Der Steuerpflichtige kann verlangen, daß die Versteuerung bis zum Erlöschen des Nutzungsrechts ausgesetzt bleibt. In diesem Falle findet die Vorschrift des Abs. 1 keine Anwendung. Das Erbschaftssteueramt kann die Leistung einer Sicherheit für die zu entrichtende Erbschaftssteuer fordern.

Wenn im Falle des Abs. 2 das mit dem Nutzungsrechte belastete Vermögen vor dem Erlöschen des Nutzungsrechts im Wege der Erbfolge auf eine andere Person übergeht, so wird die Erbschaftssteuer für diesen Uebergang nicht erhoben, vielmehr tritt die gleiche Behandlung ein, wie wenn derjenige, dem das Vermögen zur Zeit des Erlöschens des Nutzungsrechts gehört, das Vermögen unmittelbar von dem ursprünglichen Erblasser erworben hätte.

Vergl. BRAusfB. §§ (10) (26) (28).

Zu Absatz 1.

1. Nach dem im § 29 Abs. 1 aufgestellten Grundsatze soll die Erbschaftssteuer nur von demjenigen Betrage berechnet werden, um welchen der Erwerber durch den Anfall bereichert worden ist. Dem entspricht es, daß nach der Vorschrift des Abs. 1 der Wert des Vermögens ohne die Nutzung um den Wert der Nutzung geringer veranlagt werden soll. Die Wertermittelung ist hier also eine zweifache; es ist einerseits der Wert des Vermögens als solchen und andererseits der Wert der Nutzung festzustellen. Bei einer Rentenbelastung kann die Anwendung des § 26 Abs. 1 nicht in Frage kommen; Verf. BdStd. vom 13. November 1907 Nr. 34502.

2. Der Wert des Vermögens ist ganz ohne Rücksicht darauf, daß die Nutzung von dem Vermögen abgetrennt ist, zu ermitteln, genau so, als wenn es sich um ein unbelastetes Vermögen handelte. Alle den Wert beeinflussenden Umstände usw., sei dieser Einfluß werterhöhend oder wertvermindernd, sind dabei wie sonst zu berücksichtigen und zwar nach ihrer vollen Tragweite. Der für die Wertermittelung maßgebende Zeitpunkt ist der des Erbfalls, der Augenblick des Todes des Erblassers.

3. Bezüglich der Nutzung regelt sich die Wertermittelung nach den dafür in den §§ 17 ff. besonders gegebenen Vorschriften. Für den einzelnen Fall sind wieder in erster Linie die Möglichkeiten ausschlaggebend, unter denen die Nutzung von dem Vermögen abgetrennt worden ist, so speziell ob die Abtrennung auf bestimmte Zeit oder auf unbestimmte Zeit oder auf Lebenszeit des Nutzungsberechtigten erfolgt ist usw. Über die allgemeine Zulässigkeit der fraglichen Möglichkeiten ist Note 2 zu den §§ 26 und 27 zu vergleichen. Ebenso sind alle sonstigen Umstände, welche den Wert der Nutzung beeinflussen können, in entsprechender Weise zu berücksichtigen und findet überhaupt das oben in den Noten zu den §§ 17 ff. Ausgeführte Anwendung. Sofern die allgemeine Nutzung in zulässiger Weise durch Ausschluß einer einzelnen Nutzung beschränkt ist (vgl. oben Note 2 zu §§ 26 und

27), ist hierauf entsprechend Rücksicht zu nehmen. Der maßgebende Zeitpunkt ist regelmäßig der des Anfalls, namentlich bestimmt sich nach diesem Zeitpunkt das Lebensalter des Nutzungsberechtigten: vgl. Urt. d. RG. vom 11. Juli 1894 (RGE. Bd. 33 S. 328; JW. 1894 S. 445 Nr. 79).

4. Die schließliche Wertfeststellung gestaltet sich dann so, daß von dem für das volle Vermögen ermittelten Wert (oben Note 2) der für die Nutzung ermittelte Wert (oben Note 3) in Absatz gebracht und der Restbetrag als der Wert des Vermögens ohne die Nutzung angesetzt wird. Nach diesem Restbetrag wird also die Steuer berechnet und festgestellt. Ist durch die entsprechende Entrichtung der Steuer der Abschluß erreicht, so ist der bezügliche Steuerfall damit endgültig erledigt und es ist ohne Einfluß, ob nach der weiteren zeitlichen Entwicklung der für die Nutzung berechnete und angenommene Wert sich als zu hoch oder als zu niedrig — gleichgültig bis zu welchem Grade — erweist. Eine Ausnahme hiervon tritt nur im Falle des § 18 Abs. 2 ein, wenn eine auf die Lebenszeit einer Person beschränkte Nutzung wegen vorzeitigen Erlöschens geringer zu bewerten ist und dementsprechend eine Rückerstattung der für die Nutzung gezahlten Steuer nachträglich stattfindet; hier ist nach der ausdrücklichen Bestimmung im letzten Satze des angeführten Absatzes auch bezüglich der Besteuerung der Masse, also in unserem Fall des Vermögens ohne Nutzung, eine entsprechende Ausgleichung nachträglich durch Nacherhebung der Steuer vorzunehmen. Die nachträgliche Steuerfestsetzung hat sich wiederum wie sonst regelmäßig an den Gesamterwerb des betreffenden Steuerpflichtigen aus dem Erbfall anzuschließen, an den Gesamterwerb, wie sich dieser nunmehr unter den veränderten Verhältnissen darstellt. Nach der Werthöhe dieses Gesamterwerbs bestimmt sich folgeweise der anzuwendende Steuersatz, für welchen eventuell der § 10 Abs. 2 Platz zu greifen hat; der Steuersatz kann daher unter Umständen ein anderer sein wie bei der früheren Versteuerung, so daß die Nacherhebung der Steuer keineswegs nur dem Betrage entspricht, um welchen der Gesamterwerb des Pflichtigen unter der eingetretenen Veränderung höher zu bewerten war. In der Hauptsache wird dasjenige Anwendung zu finden haben, was in der Note 14 zu § 18 näher ausgeführt ist.

Zu Absatz 2.

5. Der zweite Absatz, welcher die materiell wesentlichste Bestimmung des Paragraphen enthält, gibt dem Steuerpflichtigen das Recht auf Aussetzung der Versteuerung bis zum Erlöschen des Nutzungsrechts. Die Zulassung dieses Rechts auf Aussetzung der Versteuerung beruht darauf, daß bei dem Erwerb des Vermögens ohne die Nutzung mit dem Erbfall zwar sofort ein endgültiger Erwerb und damit die Steuerpflicht begründet wird, daß aber dieser Erwerb materiell zunächst eine Bedeutung kaum oder doch nur in untergeordneter Weise hat und namentlich eine Bereicherung, aus welcher ohne weiteres der Steuerbetrag bestritten werden könnte, regelmäßig nicht enthält, während sonst prinzipiell eine solche Bereicherung gerade die Grundlage für die Besteuerung überhaupt bildet. Die dem schließlichen Erwerb entsprechende, derartige auch tatsächliche Bereicherung des Erwerbers tritt erst mit dem Erlöschen des Nutzungsrechts ein und mußte es demnach billig erscheinen, dem Steuerpflichtigen das Recht, die Versteuerung bis zu diesem Zeitpunkt zu verschieben, einzuräumen. Diesem inneren Grunde entspricht es, daß die Aussetzung der Versteuerung nicht allgemein zugelassen, sondern daß nur ein Recht des Steuerpflichtigen, eine solche Aussetzung zu verlangen, begründet ist. Demgemäß steht der Steuer-

behörde aus dem alleinigen Grunde, weil es sich um den Anfall eines Vermögens ohne die Nutzung handelt, ein Recht, die Versteuerung auszusetzen, nicht zu: sie würde ein derartiges Recht hier nur aus den besonderen Gründen haben, nach welchen ein Zurücksetzen der Versteuerung allgemein für sie gerechtfertigt sein würde. Die Steuerfestlegung und Erhebung bleibt ausgesetzt, bis daß das Nutzungsrecht rechtlich erlischt; jede anderweite Veränderung mit dem Nutzungsrecht ist dagegen ohne Einfluß, namentlich die Überlassung der Ausübung des Rechts an einem Dritten, welche der § 1059 BGB. beim Nießbrauch als zulässig erklärt; auch die Überlassung der Ausübung an den Erwerber des Stammvermögens kann dem Erlöschen des Rechts nicht gleichgeachtet werden, denn der Nießbrauch selbst bleibt in diesem Falle weiter zu Recht bestehen, weil er nach § 1059 BGB. nicht übertragbar ist [and. M. U. Hoffmann, 2. Aufl. Anm. 3 c zu § 26, dessen Begründung aber als zutreffend nicht anerkannt werden kann]; die unentgeltliche Überlassung der Nutzung stellt sich eventuell als Schenkung dar und kann als solche selbständig wiederum steuerpflichtig werden. (Vgl. Urt. d. RG. vom 24. Februar 1885; PrZBl. 1885 S. 124.) Verzichtet der Nutzungsberechtigte von vornherein auf das ihm vermachte Nutzungsrecht, so daß ein solches überhaupt nicht zur Entstehung gelangt, so greift der § 26 nicht Platz, weil es sich dann für den Erwerber des Vermögens um den Erwerb eines vollen Vermögens und nicht um einen solchen von Vermögen ohne Nutzung handelt; in diesem Falle kann ebenmäßig durch den Verzicht eine Schenkung begründet sein. Durch das Erlöschen des Nutzungsrechts muß Nutzung und Vermögen wieder zu Eins vereinigt werden; es muß ein volles Vermögen entstehen. Folgeweise ist es für die steuerliche Behandlung, besonders für die Beendigung der Aussetzung, ohne Einfluß, wenn der erste Erwerber des Vermögens für den Fall des Erlöschens des Nutzungsrechts das letztere weiter einem Dritten vermacht hat und sodann vor dem Erlöschen des Nutzungrechts des ersten Berechtigten verstirbt; der Erbe des ersten Erwerbers hat bei dem Erlöschen des ersten Nutzungsrechts nicht etwa die Wahl zwischen sofortiger Versteuerung und Aussetzung der Versteuerung bis zum Erlöschen des zweiten Nutzungsrechts, sondern die Aussetzung läuft ohne weiteres bis zu dem letzteren Zeitpunkte fort.

6. Wählt der Steuerpflichtige die *sofortige Versteuerung*, so tritt das regelmäßige Verfahren des Abs. 1 des § 26 nach Maßgabe der oben in den Noten 1—4 gegebenen Ausführungen ein. Die Besteuerung ist endgültig und ist der Steuerfall mit Abschluß dieses Verfahrens durch Steuerentrichtung erledigt, sofern nicht nach der Ausnahmevorschrift des § 18 Abs. 2 letzter Satz wegen Herabsetzung des Nutzungswerts einer auf die Lebenszeit einer Person beschränkten Nutzung auf den tatsächlichen Ertrag derselben eine Nacherhebung der entsprechenden Steuer von dem zunächst ohne Nutzung vererbten Vermögen zugelassen ist.

7. Der endgültige Abschluß des Steuerfalls bei der *sofortigen Versteuerung* zeigt seine materielle Hauptwirkung bei der *Weitervererbung des Vermögens ohne die Nutzung*, solange es tatsächlich noch Vermögen ohne Nutzung geblieben ist. Tritt eine Vererbung des Vermögens vor der Vereinigung mit der Nutzung ein, so handelt es sich um einen selbständigen neuen Steuerfall, welcher wiederum ganz den Vorschriften des § 26 unterliegt. Maßgebend ist dabei ausschließlich das Verhältnis des zweiten Erwerbers zu seinem Erblasser, also zu dem ersten Erwerber. Es bestimmt sich danach zunächst, ob eine Steuerpflicht vorhanden ist oder nicht. Liegt Steuer-

pflicht vor, so hat der zweite Erwerber in der gleichen Weise wie der erste Erwerber die Wahl zwischen sofortiger Versteuerung und Aussetzung derselben. Bei der sofortigen Versteuerung hat sich die Wertermittelung auf den neuen Anfall also auf den Zeitpunkt des Todes des ersten Erwerbers zu beziehen. Wählt der zweite Erwerber die Aussetzung der Versteuerung, so hat er bei dem Erlöschen des Nutzungsrechts die Steuer nach derselben Weise zu entrichten, wie sein Erblasser, der erste Erwerber, wenn letzterer den Zeitpunkt des Erlöschens erlebt hätte, nur bestimmt sich der Steuersatz nicht nach dem Verhältnis des ersten Erwerbers zum ersten Erblasser, sondern nach dem Verhältnis des zweiten Erwerbers zum ersten Erwerber und gleichzeitigem zweiten Erblassers. Ohne allen Einfluß ist es dabei, wenn nach dem Tode des ersten Erwerbers noch eine Nacherhebung von Steuer aus dem ersten Anfall nach Maßgabe des letzten Satzes des § 18 Abs. 2 notwendig wird. Diese Nacherhebung bedeutet hier nur eine allgemeine Belastung der Erbschaftsmasse und ist derselben dementsprechend Rechnung zu tragen; die Besteuerungsart für das Vermögen ohne Nutzung anläßlich des zweiten Anfalls kann dadurch nicht berührt werden.

8. Wählt der Steuerpflichtige die Aussetzung der Versteuerung bis zum Erlöschen des Nutzungsrechts, so wird die Verwirklichung der Steuerpflicht von dem Zeitpunkte des An- oder Erbfalls auf den Zeitpunkt des Erlöschen des Nutzungsrechts verschoben und zwar in der Weise, daß der letztere Zeitpunkt nach jeder Richtung hin voll an die Stelle des ersteren tritt. Die Nutzung besteht nicht mehr und bleibt deshalb ganz außer Betracht; es handelt sich jetzt lediglich um das Vermögen, das durch die Vereinigung mit der Nutzung aus einem Vermögen ohne Nutzung zu einem vollen Vermögen geworden ist. Für die Bewertung des Vermögens als eines vollen ist der Zeitpunkt des Erlöschens des Nutzungsrechts der bestimmende und nicht etwa der Zeitpunkt des Anfalls, welcher ganz ausscheidet; sowohl die Werterhöhung wie die Wertverminderung, welche das Vermögen in der Zeit von dem Anfall bis zu dem Erlöschen des Nutzungsrechts erfahren hat, ist zu berücksichtigen. Ebenmäßig wird ein Steuersatz zugrunde gelegt, wie er sich nach dem Verhältnis des tatsächlichen Erwerbers zu dem ersten Erblasser ergibt, so daß also in dem Falle einer Weitervererbung vor der Vereinigung der Nutzung mit dem Vermögen nicht das Verhältnis des ersten Erblassers zu dem ersten Erwerber, sondern das Verhältnis jenes zu dem zweiten oder weiteren Erwerber, welcher im Augenblicke der Vereinigung von Vermögen und Nutzung als der Steuerpflichtige erscheint, maßgebend ist. Die Steuer ist so zu entrichten, als wenn der Anfall im Augenblicke des Erlöschens des Nutzungsrechts stattgefunden hätte, so daß also eine Verzinsung für die Zeit der Aussetzung nicht in Frage kommen kann. Durch das Recht des Steuerpflichtigen, die Aussetzung der Versteuerung zu verlangen, wird die Verpflichtung zur Anmeldung des fraglichen Erwerbes (§ 36) nicht berührt; vgl. Erk. d. PrObertribunal vom 25. Oktober 1877, PrZBl. 1878 S. 209; desgleichen Note 3 zu § 36.

9. Die Aussetzung der Versteuerung kann nicht ohne weiteres erfolgen; sie geschieht nur auf Verlangen. Es bedarf dazu also eines Antrags des Steuerpflichtigen an die Steuerbehörde. Irgend welche gesetzliche Vorschriften sind für die fragliche Beantragung nicht getroffen und finden danach nur die allgemeinen bezüglich jedes Antrags zu stellenden Erfordernisse Anwendung. Der Antrag muß von dem Steuerpflichtigen selbst oder dem berechtigten Vertreter oder dem ordnungsmäßig Bevollmächtigten

desselben ausgehen. Hat ein Dritter den Antrag gestellt, so muß er erst durch die Einwilligung des Steuerpflichtigen oder eines Vertreters desselben bekräftigt werden; ob diese Einwilligung eine ausdrückliche zu sein hat, oder auch eine stillschweigende sein kann, wird je nach den Verhältnissen des einzelnen Falles zu bestimmen sein, da in der Lage der Sache kein Grund gegeben ist, eine stillschweigende Einwilligung vollständig auszuschließen. Eine Frist für die Stellung des Antrags ist gesetzlich nicht vorgeschrieben; der Steuerpflichtige hat demnach das Recht der Antragstellung bis zur Erledigung des Steuerfalls, welche sich erst durch die Steuerentrichtung vollzieht. Das Recht der Antragstellung noch bis zur Erledigung des Steuerfalls durch Steuerentrichtung muß aber als dem Steuerpflichtigen unter allen Umständen gleichmäßig zustehend angesehen werden. Es kann deshalb nicht verloren gehen, wenn die Versteuerung sich aus irgend welchen Gründen ohne ein Verschulden des Steuerpflichtigen verzögert und inzwischen eine Vereinigung der Nutzung mit dem Vermögen tatsächlich bereits stattgefunden hat. Auch in diesem Falle steht dem Steuerpflichtigen noch das Wahlrecht zu zwischen der sofortigen Versteuerung, die auf den Anfall unter Berücksichtigung des derzeit anzunehmenden Nutzungswerts zurückzubeziehen wäre, und der Aussetzung der Versteuerung, für welche der Zeitpunkt des hier bereits eingetretenen Erlöschens der Nutzung und der volle Wert des Vermögens ohne Berücksichtigung der Nutzung maßgebend sein müßte und die sich hier tatsächlich auch als eine sofortige Versteuerung darstellen würde; a. M. Dr. A. Hoffmann Anm. 3 b zu § 26. [Der Ansicht des Dr. A. Hoffmann ist U. Hoffmann, 2. Aufl. Anm. 3 a zu § 26 beigetreten.] Ist der Antrag auf Aussetzung der Versteuerung ordnungsmäßig gestellt, so ist die Frage, ob sofortige Versteuerung oder Aussetzung stattfinden soll, damit endgültig entschieden; eine Zurücknahme des Antrags ist nicht zugelassen und erscheint deshalb unstatthaft. [Die gleiche Ansicht vertritt im Grundsatz U. Hoffmann, 2. Aufl. Anm. 3 a zu § 26, welcher eine Anfechtung nach Maßgabe der §§ 119 ff. BGB. für zulässig erachtet.] In einem Schreiben des Reichskanzlers (Reichsschatzamt) vom 30. Juli 1908 II 4682 ist ausgesprochen, daß die Erben an ihr einmal gestelltes Verlangen auf Aussetzung der Versteuerung gebunden sind; das Verlangen, sobald es gestellt, habe bestimmte Rechtsfolgen in Ansehung der Berechnung der Steuer; um dem Steuerpflichtigen das Recht zu geben, diese Rechtsfolgen durch Änderung seines Antrags später zu beseitigen, hätte es einer besonderen Vorschrift im Gesetz bedurft; der Ausschluß eines Rechts des Steuerpflichtigen, in seiner Erklärung zu wechseln, hindere indessen die Steuerbehörde nicht, zur Vermeidung von Weiterungen oder aus anderen Gründen einem nachträglichen Wunsche des Steuerpflichtigen auf sofortige Vornahme der Besteuerung stattzugeben, falls nicht in der Zwischenzeit die Verhältnisse sich derart verändert hätten, daß die Berücksichtigung des Widerrufs eine Schädigung des Fiskus zur Folge haben würde. Nach Verf. BdStd. vom 28. April 1908 Nr. 10150 kann Aussetzung der Versteuerung nicht mehr verlangt werden, wenn die Steuer im Einverständnis mit dem Pflichtigen festgesetzt und bezahlt ist. Den ordnungsmäßig gestellten Antrag des Steuerpflichtigen auf Aussetzung der Versteuerung kann die Steuerbehörde nicht ablehnen; vgl. Urt. d. RG. vom 19. September 1881, GruchotsBeitr. Bd. 26 S. 1138.

10. Das Recht die Aussetzung der Versteuerung zu verlangen, ist ohne jede Beschränkung allen Steuerpflichtigen, denen ein Vermögen ohne die Nutzung anfällt, zugesprochen; es kann also jeder Steuerpflichtige für sich dieses Recht geltend machen. Infolge hiervon und der weiteren Vorschrift in § 28 Abs. 1, daß die Erbschaftssteuer für jeden einzelnen Beteiligten nach dessen Erwerbe besonders zu berechnen ist, wird also in dem Falle, daß mehrere steuerpflichtige Personen gemeinsam ein Vermögen ohne die Nutzung von Todes wegen erwerben, jedem einzelnen derselben das Recht, Aussetzung der Steuer für sich und seinen Anteil zu verlangen, zustehen und er kann dieses Recht ausüben, ohne daß er dabei irgend wie von seinen Miterben und deren bezüglichen Entschließungen abhängig ist. Auf diese Weise ist es möglich, daß bezüglich desselben Vermögens ohne Nutzung zu einem Teile eine sofortige Versteuerung, zu dem anderen Teile eine Aussetzung der Versteuerung stattfindet. Der einzelne Steuerpflichtige muß jedoch das ihm ohne die Nutzung angefallene Vermögen in seiner Gesamtheit einheitlich versteuern: er kann nicht für einen Teil desselben sofortige Versteuerung verlangen und für den anderen Aussetzung beantragen; er hat nur die Wahl zwischen sofortiger Versteuerung und Aussetzung für das ihm ohne Nutzung angefallene Vermögen insgesamt: es folgt dieses aus der Vorschrift des § 28.

11. Bei der Aussetzung der Versteuerung ist aber eine gewisse sofortige Inanspruchnahme des Steuerpflichtigen insofern zugelassen, als eine Sicherheitsleistung für die demnächst zu entrichende Erbschaftssteuer verlangt werden kann. Ob die Sicherheit im einzelnen Fall zu leisten ist, entscheidet die Steuerbehörde. Dieselbe bestimmt in gleicher Weise, in welcher Höhe die Sicherheit bestellt werden soll; selbstredend darf die Sicherheit nur im Verhältnis zu dem später zu entrichtenden Steuerbetrage gefordert und dabei über den höchstmöglichen Betrag nicht hinausgegangen werden. Eine Sicherheitsleistung aus der Masse kann in diesem Falle nicht gefordert werden, da im Abs. 1 des § 31 auf § 26 nicht Bezug genommen ist. Ohne Einfluß für die Forderung einer Sicherheitsleistung ist es, ob der Steuerpflichtige sofort beim Erbanfall aus der Masse einen tatsächlichen Erwerb hat oder nicht, da die Forderung der Sicherheitsleistung im Gesetz unbedingt ausgesprochen ist. Das Recht des Steuerpflichtigen, die Aussetzung der Besteuerung zu verlangen, ist von der Sicherheitsleistung unabhängig; letztere kann nicht zur Bedingung für die Gewährung der Aussetzung gemacht werden, ebensowenig wie die Aussetzung zurückgenommen oder verweigert werden darf, wenn die geforderte Sicherheit nicht geleistet wird; vgl. Dr. A. Hoffmann Anm. 3 b zu § 26 [jetzt auch U. Hoffmann, 2. Aufl. Anm. 3 a zu § 26]. Bezüglich der Sicherheitsleistung trifft der § 28 BRAusfB. nähere Anordnungen. Der Steuerbehörde liegt im Falle der Aussetzung der Versteuerung, abgesehen von der Entscheidung über die Sicherheitsleistung, die weitere Pflicht ob, den entsprechenden Anfall in die Überwachungsliste einzutragen und dadurch zu überwachen; BRAusfB. § 26.

12. Wird das Vermögen ohne Nutzung vor dem Erlöschen der letzteren weiter vererbt, so bleibt die Aussetzung der Versteuerung bestehen, denn der Steuerfall als solcher wird dadurch nicht geändert. Dem neuen Erwerber steht namentlich ein Wahlrecht in bezug auf die Versteuerungsart — sofortige Versteuerung oder Aussetzung — nicht zu; die Entscheidung in dieser Richtung ist beim ersten Anfall endgültig getroffen. Der neue Erwerber tritt lediglich an die Stelle seines Erblassers. Vereinigt sich die Nutzung mit dem Vermögen, so ist so zu verfahren, als ob der letzte Erwerber unmittelbar von dem Erblasser erworben hätte; es liegt dieses in der Natur der Sache und entspricht dem oben Note 3 zu § 21 Ausgeführten, ist aber ausdrücklich auch noch in dem dritten Absatz des § 26 verlautbart. Für die Wertermittelung ist der Wert im Zeitpunkt der Vereinigung von Nutzung und Vermögen maßgebend; den Steuersatz bestimmt das Verhältnis des letzten Erwerbers zum ursprünglichen Erblasser und nicht etwa das Verhältnis des letzten Erwerbers zu seinem Erblasser, dem vorgehenden Erwerber.

Zu Absatz 3.

13. Der dritte Absatz des Paragraphen trifft bei Aussetzung der Versteuerung eine Sonderbestimmung für den Fall, daß das mit dem Nutzungsrechte belastete Vermögen vor dem Erlöschen des Nutzungsrechts weitervererbt wird. Da das Gesetz ganz allgemein von einem Übergang durch Erbfolge spricht, so greift die Vorschrift des Abs. 3 bei jeder Art der Erbfolge, nicht etwa nur bei der gesetzlichen Erbfolge, Platz. Es soll für diesen Übergang Erbschaftssteuer nicht erhoben werden. Dieses steht im Einklang mit dem, was oben in Note 3 zu § 21 ausgeführt wurde. Weiter soll die gleiche Behandlung eintreten, wie wenn derjenige, dem das Vermögen zur Zeit des Erlöschens des Nutzungsrechts gehört, das Vermögen unmittelbar von dem ursprünglichen Erblasser erworben hätte; hierauf und auf die dadurch bedingten Folgen ist in der vorigen Note schon hingewiesen. Die Vorschriften greifen nicht nur für die erste Weitervererbung des mit dem Nutzungsrechte belasteten Vermögens Platz, sondern in der gleichen Weise auch für jede etwa noch folgende, wie schon aus der Fassung des letzten Satzes des Absatzes hervorgeht.

14. Wird bei ausgesetzter Versteuerung das Vermögen ohne Nutzung durch Rechtsgeschäft unter Lebenden veräußert, so hat dieses auf die Steuerpflicht keinen Einfluß; es finden auch die Vorschriften des dritten Absatzes des Paragraphen keine Anwendung. Der Veräußerer bleibt als Steuerpflichtiger nach wie vor verhaftet und nach seiner Person, seinem Verhältnis zum Erblasser bestimmt sich der Steuersatz. Handelt es sich um eine Schenkung unter Lebenden, so wird diese ohne Rücksicht auf den früheren Steuerfall und ohne eine Änderung desselben wiederum besonders steuerlich zu behandeln sein. [And. M. U. Hoffmann, 2. Aufl. Anm. 5 zu § 26, welcher behauptet, der Ausdruck Übergang durch Erbfolge sei ungenau, gemeint sei Erwerb von Todes wegen und sonstiger unentgeltlicher Erwerb aller Art; diese nicht weiter begründete Behauptung erscheint dem vollkommen klaren und bestimmten Wortlaut des Gesetzes gegenüber willkürlich und nicht haltbar.]

15. Zur Erläuterung des praktischen Unterschiedes zwischen sofortiger Versteuerung und Aussetzung der Versteuerung wollen wir ein Beispiel einfügen.

Der Erblasser A hat seinem Vater B ein Kapital von 20 000 Mk., dem mit ihm nicht verwandten 66 Jahre alten C aber die lebenslängliche Nutzung dieses Kapitals vermacht.

I. Regelmäßiger Fall, B erlebt die Vereinigung von Nutzung und Vermögen.

1. Sofortige Versteuerung:

B hat zu versteuern 20 000 Mk. abzüglich des Wertes der Nutzung, der sich auf 800 Mk. × 10 = 8000 Mk. berechnet.

Die Steuer beträgt also 4% von 12 000 Mk. (20 000 — 8000) oder 480 Mk. C hat den Wert der Nutzung also 8000 Mk. mit 10% zu versteuern, also 800 Mk. zu zahlen. Die Versteuerung ist endgültig, sofern nicht der § 18 Abs. 2 Platz greift. Stirbt C drei Jahre nach dem Erbfall, so ist nur der Wert der Nutzung nach deren tatsächlicher Dauer (800 × 3) oder

2400 Mk. mit 240 Mk. zu versteuern und es würden demnach an Steuer 800 Mk. — 240 Mk. oder 560 Mk. zurückerstattet.

Von B wird nach dem Schlußsatz des Abs. 2 des § 18 eine entsprechende Steuer nacherhoben. Von dem Kapitalwert zu 20 000 Mk. ist nur ein Nutzungswert von 2400 Mk. (3 × 800 Mk.) abzusetzen, so daß nunmehr ein Betrag von 17 600 Mk. (20 000—2400) mit 4 % oder mit 704 Mk. zu versteuern ist; demnach wird von B eine Steuer von 704 Mk. — 480 Mk. oder 224 Mk. nachzuerheben sein.

2. Aussetzung der Versteuerung.

Die Versteuerung der Nutzung vollzieht sich für C in der gleichen Weise wie unter 1, auch übt der Tod des C die gleiche Wirkung auf die Nutzungsversteuerung aus. Dieses trifft ebenmäßig für alle weiter noch zu berührenden Fälle zu, es wird deshalb die Nutzungsversteuerung im folgenden nicht weiter besonders berücksichtigt werden.

B hat erst im Zeitpunkte des Erlöschens der Nutzung die Erbschaftssteuer zu entrichten und zwar vom derzeitigen vollen Kapitalwerte, also bei einem Gleichbleiben desselben 4 % von 20 000 Mk. oder 800 Mk. Ob der Tod des C früher oder später erfolgt, übt in dieser Beziehung keinen Einfluß aus und namentlich wird die Steuerpflicht des B hier durch eine Steuerermäßigung für die Nutzung nach Maßgabe des § 18 Abs. 2 nicht berührt.

II. Erster Vererbungsfall. B stirbt vor dem Erlöschen der Nutzung und vererbt das mit dem Nutzungsrechte beschwerte Vermögen auf seinen Bruder D weiter.

1. Sofortige Versteuerung.

Der frühere Steuerfall wird nicht berührt; soweit noch Verpflichtungen aus demselben in Frage kommen können (Nachzahlung von Steuer nach Maßgabe des § 18 Abs. 2) ruhen dieselben als Last auf der Gesamterbschaftsmasse. Es liegt wiederum der Erwerb eines Vermögens ohne Nutzung von B für D vor und bildet dieser Erwerb einen neuen Steuerfall, der selbständig ganz in der gleichen Weise wie der erste unter I nur nach dem Verhältnis von D zu B zu behandeln ist und für welchen D wiederum Wahl zwischen sofortiger Versteuerung oder Aussetzung derselben zusteht. Wählt D erstere und ist B zwei Jahre nach seinem Erbfall verstorben, so daß also die Altersstufe für die Bewertung der Nutzung nicht verändert ist, so hat D ganz die gleichen Steuersätze wie unter I, 1 B zu entrichten, nur daß für die Wirkung des Abs. 2 des § 18 eine entsprechende Änderung nach der hier sich vom zweiten Erbfall ab berechnenden Dauer eintritt.

2. Aussetzung der Versteuerung.

Es ist kein neuer Steuerfall gegeben. D tritt lediglich in die Steuerpflicht des B ein, die sich aber insofern für ihn zu einer selbständigen gestaltet, als sein Verhältnis zu A für den Steuersatz maßgebend wird. Für den Erwerb des Vermögens ohne Nutzung von B hat D eine Erbschaftssteuer nicht zu entrichten. Erlischt die Nutzung, so hat D die Steuer nach dem derzeitigen Kapitalwert und seinem Verhältnis zu A zu entrichten, also bei gleichbleibendem Kapitalwert mit 8 % von 20 000 Mk. oder 1600 Mk. Im übrigen greift alles zu I, 2 Ausgeführte Platz.

III. Zweiter Vererbungsfall. Auch D stirbt vor dem Erlöschen der Nutzung und vererbt das mit dem Nutzungsrecht beschwerte Vermögen auf den weder mit ihm noch mit dem A verwandten E.

1. Sofortige Versteuerung (beim Anfall und ersten Vererbungsfall).

Auch der weitere Vererbungsfall ist auf die früheren Steuerfälle ohne Einfluß. Es liegt ein dritter Steuerfall vor, der ebenmäßig wie die früheren als selbständiger zu behandeln ist. Es findet das unter II, 1 Ausgeführte auch hier volle Anwendung. Wählt E sofortige Versteuerung, so hat er, falls auch D drei Jahre nach A verstorben und sonach die für die Wertermittelung der Nutzung maßgebende Altersstufe nicht verändert ist, 10 % von 12000 Mk. (20000—8000) oder 1200 Mk. an Steuer zu entrichten.

2. Aussetzung der Versteuerung (beim Anfall beziehungsweise erst beim ersten Vererbungsfall).

Hier tritt gleichfalls kein neuer Steuerfall ein; E übernimmt die Steuerpflicht des D, nur daß jetzt sein, des E, Verhältnis zu A, dem ersten Erblasser, (nicht etwa zu D) für dieselbe bestimmend wird. Es gilt alles zu II, 2 Ausgeführte auch hier. Vollzieht sich die Vereinigung von Vermögen und Nutzung, so hat E als mit A nicht verwandt, 10 % von dem vollen Kapitalwert zu 20000 Mk., also 2000 Mk. an Steuer zu entrichten.

§ 27.

Bei der Einsetzung eines Nacherben (§§ 2100 ff. des Bürgerlichen Gesetzbuchs) wird der Vorerbe als Nießbraucher, der Nacherbe als Erbe des herauszugebenden Vermögens behandelt.

Ist die Einsetzung des Nacherben auf dasjenige beschränkt, was beim Tode des Vorerben noch vorhanden sein wird, so haben sowohl der letztere von dem vollen Betrage des Erwerbes als der Nacherbe von dem vollen Betrage des an ihn herauszugebenden Vermögens nach ihrem Verhältnisse zum Erblasser die Steuer zu entrichten. Die von dem Vorerben entrichtete Steuer wird für den Teil der Erbschaft, für den der Nacherbe steuerpflichtig ist, auf Antrag insoweit erstattet, als sie den Betrag übersteigt, den der Vorerbe als Nießbraucher geschuldet haben würde. Diese Vorschriften finden auch Anwendung, wenn der Vorerbe zur freien Verfügung berechtigt ist.

Dem Falle der Nacherbfolge steht der Fall des Nachvermächtnisses gleich.

Vergl. BRAusfB. § (26) (29).

Zu § 27 insgesamt.

1. Die Nacherbfolge, deren rechtlicher Ordnung der dritte Titel des 3. Abschnittes im fünften Buch des BGB. gewidmet ist, wird im § 27 in steuerlicher Beziehung geregelt. Dabei wird die gewöhnliche Nacherbfolge, welche der erste Absatz behandelt, von der Nacherbfolge auf den Überrest, der der zweite Absatz dient, geschieden. Ein dritter Absatz endlich stellt das Nachvermächtnis der Nacherbfolge gleich.

2. Die rechtliche Grundlage für die Nacherbfolge bildet der § 2100 BGB.:

„Der Erblasser kann einen Erben in der Weise einsetzen, daß dieser erst „Erbe wird, nachdem zunächst ein Anderer Erbe geworden ist (Nacherbe)."

Rechtlich wird danach der Nacherbe erst Erbe mit dem Zeitpunkt oder dem Ereignis, mit welchem nach der Bestimmung des Erblassers die Nacherbfolge eintreten soll, oder mit dem Tode des Vorerben (Eintritt der Nacherbfolge); er erlangt jedoch bereits beim Erbfalle ein festes Recht auf die Nacherbfolge, welches er, sofern nicht ein anderer Wille des Erblassers anzunehmen ist, auf seine Erben überträgt, auch wenn er nur den Erbfall und nicht den Eintritt der Nacherbfolge erlebt hat. Der Vorerbe ist wirklicher Erbe; es ist sein Recht nur durch die Anwartschaft des Nacherben, mit Rücksicht auf welche ihm gesetzlich einzelne Beschränkungen auferlegt sind, gebunden, sonst ist grundsätzlich seine Stellung zunächst die gleiche, die er haben würde, wenn die Nacherbfolge nicht angeordnet wäre.

Zu Absatz 1.

3. Die steuerliche Regelung der gewöhnlichen Nacherbfolge weicht im Grundsatz von der rechtlichen ab, indem im ersten Absatz des § 27 für dieselbe ausdrücklich bestimmt ist, daß der Vorerbe als Nießbraucher, der Nacherbe als Erbe des herauszugebenden Vermögens zu behandeln sei. Obwohl der Vorerbe rechtlich wahrer Erbe ist, wird er steuerlich doch nur als Nießbraucher angesehen und ebenso gilt der Nacherbe in steuerlicher Beziehung schon beim Erbfall als Erbe, während er rechtlich solches erst mit dem Eintritt der Nacherbfolge wird. Für die praktische Durchführung der Besteuerung ergibt sich daraus, daß lediglich die Vorschriften des § 26 für die gewöhnliche Nacherbfolge Platz greifen. Steuerlich ist für den Vorerben allein die Nutzung der Erbschaft maßgebend, welche er sofort beim Erbfall und zwar abgesehen von dem möglichen nachträglichen Einfluß des § 18 Abs. 2 endgültig zu versteuern hat; für die Wertermittelung finden die Vorschriften der §§ 17 ff. je nach den für den Eintritt der Nacherbfolge im einzelnen Falle getroffenen Anordnungen Anwendung; ebenso gilt das oben in Note 3 zu § 26 Ausgeführte auch für die Vorerbschaft. Der Nacherbe wird steuerlich sofort beim Erbfall wie der Erbe eines Vermögens ohne die Nutzung behandelt; dabei stehen ihm selbstredend alle Rechte, welche dem letzteren nach dem § 26 eingeräumt sind, in der gleichen Weise zu, und so namentlich auch das Recht, zwischen sofortiger Versteuerung und Aussetzung der Versteuerung bis zum Eintritt der Nacherbfolge nach freiem Ermessen zu wählen. Im einzelnen greift alles, was in den Noten 1—15 zu dem § 26 oben enthalten ist, entsprechend Platz. Die vom BGB. abweichende grundsätzliche Regelung bezüglich der Nacherbfolge zeigt sich auch von Einfluß, wenn land- und forstwirtschaftlich genutzte Grundstücke bei der Erbschaft in Frage kommen; der Vorerbe, da er nur als Nießbraucher behandelt wird, hat keinen Anspruch auf die besondere Begünstigung des fraglichen Grundbesitzes, wie sie § 15 begründet; für den Nacherben dagegen wird der § 15 in seiner vollen Tragweite bei Vorliegen der sonstigen Voraussetzungen zur Anwendung zu bringen sein, besonders auch der Abs. 2 desselben für den Fall der Weitererwerbung des bezüglichen Erbschaftsanspruchs; vgl. oben Note 4 zu § 15. Über den besonderen Fall der Erbeseinsetzung in einem gemeinschaftlichen Testament von Ehegatten, durch welches sich diese zunächst gegenseitig zu Erben einsetzen (BGB. § 2269), vgl. oben Note 3 zu § 10; bei Einsetzung der Kinder bzw. Stiefkinder auf den Überrest im fraglichen Fall regelt sich die Steuerpflicht bei Zweifel nach § 2269 BGB., auch wenn die Stiefmutter beerbt wird und das Vermögen vom leiblichen Vater herrührt, Verf. SFM. vom 30. April 1907 Nr. 1860.

Wenn der Erblasser den Kreis der Nacherben zwar bezeichnet, es aber dem Fiduziarerben überlassen hat, durch letztwillige Verfügung die einzelnen Nacherben namhaft zu machen und deren Erbteile zu bestimmen, so begründet die bezügliche testamentarische Anordnung des Fiduziarerben keinerlei Erbrecht ihm gegenüber, für die Steuerpflicht ist lediglich das Verhältnis des Nacherben zum ersten Erblasser maßgebend: vgl. Urt. d. RG. vom 18. Januar 1894 (RGE. Bd. 32 S. 359: JW. 1894 S. 153 Nr. 45). Wenn Vermächtnisanwartschaft vor dem 1. Januar 1900 begründet war, so findet bei Wegfall eines Anwärters nach dem 1. Juli 1906 kein Anwachsungsrecht, sondern Erwerb des Beschwerten statt, weil der Tod des Anwärters nach 1. Juli 1906 Erbschaftssteuerpflicht nach dem REStG. begründet, Verf. SFM. vom 1. Februar 1908 Nr. 129.

4. Abgesehen von dieser abweichenden allgemeinen steuerlichen Behandlung der gewöhnlichen Nacherbfolge bestimmt sich die Nacherbfolge als solche ausschließlich nach der rechtlichen Grundlage, welche ihr durch das BGB. gegeben ist. So macht es auch in steuerlicher Beziehung keinen Unterschied aus, ob es sich um eine sog. effektive Nacherbfolge, welche auf einer bezüglichen Willenskundgebung des Erblassers beruht (§ 2100 BGB.), oder um eine sog. konstruktive Nacherbfolge handelt, wenn ohne ausdrückliche Anordnung des Erblassers nach gesetzlicher Vorschrift eine Nacherbfolge anzunehmen ist (§§ 2101—2105 BGB.). Maßgebend sind für die Erbschaftssteuer ebenfalls die Bestimmungen des BGB. über den Eintritt der Nacherbfolge (§ 2106), über die Vererblichkeit der Rechte des Nacherben (§ 2108), über die zeitlich beschränkte Wirksamkeit der Nacherbfolge (§ 2109), über den Umfang des dem Nacherben zustehenden Rechtes (§ 2110, 2111) rc. Von besonderer Bedeutung ist dabei steuerlich die Vererblichkeit der Rechte des Nacherben; tritt eine derartige Vererbung ein, so ist für die Bestimmung des Steuersatzes stets das Verhältnis des die Nacherbfolge begründenden Erblassers zu dem tatsächlich in den Genußtretenden maßgebend; es kann auf diese Weise der Erwerb durch die Nacherbfolge aus einem ursprünglich steuerfreien zu einem steuerpflichtigen und umgekehrt werden; vgl. Urt. d. RG. vom 9. Januar 1890 (GruchotsBeitr. Bd. 34 S. 738), Urt. d. RG. vom 22. Dezember 1898 (RGE. Bd. 43 S. 209; JW. 1899 S. 119 Nr. 87); desgleichen Verf. PrFM. vom 3. Mai 1893 III 5455 (PrZBl. 1893 S. 180).

5. Vorbedingung für die Anwendbarkeit des Absatzes 1 des Paragraphen ist es, daß beim Erbfall bereits die Anwartschaft des Nacherben welche denselben nach rechtlicher Vorschrift zusteht, tatsächlich begründet ist. Hängt die Anwartschaft von einer aufschiebenden Bedingung oder von dem hinsichtlich des Zeitpunktes ungewissen Eintritt eines Ereignisses ab, so kann auch in erbschaftssteuerlicher Beziehung kein Anfall zur Zeit des Erbfalls angenommen werden und es kommen lediglich die Vorschriften der §§ 21 und 23 zur Anwendung. Vgl. oben Note 3 zu §§ 26 und 27.

6. Darf der Vorerbe einen Teil der Erbschaft zurückbehalten so handelt es sich bezüglich dieses Teils der Erbschaft um den regelrechten Erwerb eines vollen Vermögens sofort beim Erbfall. Für diesen Teil der Erbschaft kann mithin der § 27 nicht in Frage kommen. Da die gemeinrechtlichen Vorschriften über die Quarta Falcidia und Qnarta Trebellianica, welche den beschwerten Erben und Universalfideikommissar gegen Überschwerung Schutz boten, im BGB. keine Aufnahme gefunden haben, so hat der fragliche Fall die frühere vorwiegendere Bedeutung verloren.

Zu Absatz 2.

7. Die Nacherbfolge auf den Überrest, der in rechtlicher wie in steuerlicher Beziehung, kraft beider nach ausdrücklicher Anordnung, die Vorerbschaft zu freier Verfügung gleichsteht, ordnet der § 2137 BGB.:
„Hat der Erblasser den Nacherben auf dasjenige eingesetzt, was von der „Erbschaft bei dem Eintritte der Nacherbfolge übrig sein wird, so gilt die „Befreiung von allen im § 2136 bezeichneten Beschränkungen und Ver„pflichtungen als angeordnet.
„Das Gleiche ist im Zweifel anzunehmen, wenn der Erblasser bestimmt hat, „daß der Vorerbe zur freien Verfügung über die Erbschaft berechtigt „sein soll."

Nach Lage der Sache wird durch Rückschluß anzunehmen sein, daß, sofern das Gegenteil nicht erweislich, der Erblasser eine Nacherbfolge auf den Überrest auch dann gewollt habe, wenn er den Vorerben von allen im § 2136 BGB. angezogenen Beschränkungen und Verpflichtungen befreit hat, wogegen jene Annahme nicht Platz greifen kann, wenn nur eine Befreiung von einzelnen Beschränkungen und Verpflichtungen stattgefunden hat.

8. Bezüglich der Nacherbfolge auf den Überrest schließt das RErbStG. die steuerliche Regelung wiederum an die des BGB. an und zeigt auch die weitere Übereinstimmung, daß die Vorerbschaft zu freier Verfügung der Nacherbschaft auf den Überrest gleichgestellt wird. Der Vorerbe wie der Nacherbe werden hier als Erben ganz nach den allgemeinen Regeln mit dem Zeitpunkt ihres Erwerbes, welcher beim Vorerben mit dem Erbfall, beim Nacherben mit dem Eintritt der Nacherbfolge gegeben ist, besteuert; nach einer Verf. BdStd. vom 16. März 1908 Nr. 7808 ist der bedingt Eingesetzte nicht als Nacherbe zu behandeln. Maßgebend für Wertermittelung und Versteuerung ist also in jeder Beziehung das Verhältnis, wie es in den letzteren entscheidenden Zeitpunkten besteht: es wird alles, aber auch nur das, was je in dem fraglichen Augenblick vorhanden ist, voll versteuert; dabei wird der Wert des betreffenden Augenblicks zugrunde gelegt und für den Steuersatz ist das Verhältnis zwischen dem Erblasser und dem tatsächlichen Erwerber bestimmend, also für den Fall einer Vererbung einer Nacherbfolgeschaft das Verhältnis des Rechtsnachfolgers des Nacherben zum ersten Erblasser. Der Einfluß der Steuerfreiheit und der Steuerpflichtigkeit bestimmt sich nach den Ausführungen in Note 4 zu den §§ 26 und 27.

9. Die Vorschrift des Abs. 2 bezieht sich aber nur „auf den Fall, in welchem der Nacherbe auf das beim Tode des Vorerben noch vorhandene Vermögen eingesetzt ist. Ist die Einsetzung auf dasjenige beschränkt, was zu einem andern Zeitpunkt als beim Tode des Vorerben (z. B. bei dessen Wiederverheiratung) noch vorhanden sein wird, so greift die Vorschrift im Abs. 1 Platz" (Motive). [And. M. U. Hoffmann, 2. Aufl. Anm. 3 a zu § 27, dessen Ausführungen aber nicht beizupflichten ist.] Ist durch Rechtsgeschäft unter Lebenden eine ähnliche Rechtslage wie bei der Nacherbfolge in den Überrest geschaffen, so kann die Vorschrift gleicherweise keine Anwendung finden.

10. Die getrennte Versteuerung des vollen Anfalls des Vorerben und des Nacherben muß für diejenige Erbschaftsmasse, welche tatsächlich an den Nacherben gelangt, zu einer Doppelbesteuerung führen. Die darin zu sehende Unbilligkeit will der zweite Satz unseres Absatzes ausgleichen; die Motive sagen in dieser Beziehung: „Die Einsetzung des Nacherben in der im § 29 Abs. 2 (jetzt § 27 Abs. 2) bezeichneten Weise wird häufig nur zu dem Ende geschehen, um dem Vorerben für eine wirtschaftlich angemessene Verwaltung des Erbschaftsvermögens die nötige Bewegungsfreiheit zu gewähren und es wird in diesen Fällen ebenso häufig der Wille des Erblassers wie das Bestreben des Vorerben selbst durchaus darauf gerichtet sein, dem ihnen etwa verwandtschaftlich nahestehenden Nacherben das Vermögen im vollen Umfange zu erhalten. In diesen Fällen erscheint es unbillig, den vollen Betrag des jedesmaligen Erbanfalls zur Steuer heranzuziehen. Im Abs. 2 Satz 2 ist daher Vorsorge getroffen, daß von dem auf den Nacherben überkommenen Nachlaß im ganzen nicht mehr an Steuer entrichtet wird, als zu zahlen gewesen sein würde, wenn der Nacherbe auf diesen Nachlaß als Erbe und der Vorerbe als Nießbraucher eingesetzt gewesen wäre." Hieraus ist wohl mit Dr. A. Hoffmann Anm. 2 b zu § 27 zu folgern, daß der Erstattungsanspruch nach Satz 2 des Abs. 2 ausschließlich dem Nacherben zustehen und ihm allein zu gute kommen soll, daß er daher nicht zum allgemeinen Nachlaß des Vorerben gehört, wenngleich solches nicht über allen Zweifel erhaben zu sein scheint. [Im wesentlichen and. M. A. Hoffmann, 2. Aufl. Anm. 3 b zu § 27, dessen Begründung in der Hauptsache nicht als zutreffend anerkannt werden kann.]

11. Von dem Nacherben kann eine Sicherheitsleistung bezüglich des von ihm demnächst zu erwartenden steuerpflichtigen Erwerbes nicht gefordert werden, da sie nicht besonders vorgeschrieben ist und auch im Gegensatz zu der ganzen steuerlichen Behandlung der Nacherbfolge im fraglichen Fall stehen würde; vgl. auch Note 9 zu § 24. Durch die Überwachungsliste hat jedoch die Steuerbehörde die Nacherbfolge in allen Fällen zu verfolgen; vgl. BRAusfB. § 26.

Zu Absatz 3.

12. Bezüglich des Nachvermächtnisses trifft der § 2191 BGB. Anordnung:

„Hat der Erblasser den vermachten Gegenstand von einem nach dem An-„falle des Vermächtnisses eintretenden bestimmten Zeitpunkt oder Ereignis „an einem Dritten zugewendet, so gilt der erste Vermächtnisnehmer als „beschwert.

„Auf das Vermächtnis finden die für die Einsetzung eines Nacherben „geltenden Vorschriften des § 2102, des § 2106 Abs. 1, des § 2107 und „des § 2110 Abs. 1 entsprechende Anwendung."

13. Das Nachvermächtnis ist steuerlich in jeder Beziehung ebenso wie die Nacherbfolge zu behandeln. Für das gewöhnliche Nachvermächtnis gilt demnach der Abs. 1 des Paragraphen und finden in gleicher Weise die Ausführungen in den Noten 3 bis 6 zu diesem Paragraphen entsprechende Anwendung, während für das Nachvermächtnis auf den Überrest der Abs. 2 und die Ausführungen in den Noten 8 bis 11 in Frage kommen.

X. Berechnung der Erbschaftssteuer. (§§ 28—30).

§ 28.

Die Erbschaftssteuer wird nach dem ganzen Erwerbe jedes einzelnen Beteiligten für diesen besonders unter Berücksichtigung seines Verhältnisses zum Erblasser berechnet.

Der Steuerbetrag wird auf volle Mark nach unten abgerundet.

Zu Absatz 1.

1. Die Notwendigkeit für jeden einzelnen Beteiligten die Erbschaftssteuer besonders zu berechnen, ergibt sich ohne weiteres schon daraus, daß der Steuersatz, nach welchem der Einzelne die Erbschaftssteuer zu entrichten hat, sich je nach seinem Verhältnis zu dem Erblasser bestimmt, und daß mithin an der Gesamterbschaftsmasse eines Erblassers eine Beteiligung verschiedener Personen zu ganz verschiedenen Steuersätzen möglich sein kann.

2. Für jeden Beteiligten ist bezüglich seines gesamten Erwerbes die Berechnung in Eins zu machen. Es ist gleichgültig, ob es sich dabei um mehrere Erwerbe aus verschiedenen Rechtsgründen, zugleich aus Erbschaft und Vermächtnis, aus Erbvertrag und Vermächtnis usw. handelt; vgl. Verf. BdStd. vom 31. Juli 1908 Nr. 22831. Prinzipiell wird die einheitliche Berechnung auch Anwendung finden können bzw. Anwendung zu finden haben, wenn es sich um zeitlich auseinanderliegende steuerpflichtige Anfälle derselben Persönlichkeit handelt, doch wird es sich dabei nach den besonderen Verhältnissen des einzelnen Falles bestimmen, ob und inwieweit die einheitliche Berechnung zweckmäßig oder geboten erscheint. Ohne Einfluß bleibt es, wenn die Versteuerung des Erbfalls sich in verschiedenen Bundesstaaten vollzieht, wie es z. B. der Fall wäre, wenn zu einem größeren Erbschaftsanteil Grundstücke, welche in einem anderen Bundesstaat belegen sind, gehören; der Steuerberechnung ist der Gesamtwert des Erbschaftsanteils einschließlich des Werts der Grundstücke zugrunde zu legen. Wie die Vorschrift des § 28 unter gewissen Sonderbestimmungen des RESt G. zur Wirkung kommt, ist bei diesen Sondervorschriften dargelegt, so die Wirkung unter der Bestimmung des § 10 Abs. 2 in Note 25 zu § 10, die unter den Bestimmungen des § 14 in Note 3 zu § 14. Bei dem bedingten Erwerb und der bedingten Belastung kommt die Einheitlichkeit des Erwerbs eventuell erst bei der endgültigen Steuerregelung zum Durchbruch, vgl. Noten 11 und 12 zu § 21 und Note 6 ff. zu § 22; ebenso verhält es sich bei ungewissen und unsicheren Rechten (vgl. Note 8 zu § 24), bei erst nachträglich bekannt werdenden Ansprüchen (vgl. Note 4 zu § 25) und bei dem Erwerb von Vermögen ohne die Nutzung (vgl. Note 4 zu § 26). Abmachungen der Erbbeteiligten über die Verteilung der Erbschaftsmasse werden unter Umständen zu berücksichtigen sein; vgl. oben Note 6 zu § 1. Eine Reihe von Einzelvorschriften für die Berechnung der Erbschaftssteuer gibt die Verf. d. Württ. Steuerkollegiums vom 3. Mai 1907 Nr. 3012 Z. unter II, 2.

3. Die Motive zum RESt G. führen zum Abs. 1 folgendes an:

„Bei Bestimmung des Steuersatzes wird nicht auf ein Verhältnis zurückgegriffen werden können, das durch gerichtliches Urteil oder durch Vertrag schon vor dem Anfalle des Erwerbes zu bestehen aufgehört hat. Namentlich wird ein Erwerb, der nach erfolgter Trennung einer Ehe oder nach aufgehobener Einkindschaft anfällt, lediglich nach demjenigen Abgabensatze versteuert werden müssen, der ohne Rücksicht auf das aufgehobene Verhältnis anwendbar sein würde.

Als Trennung der Ehe in diesem Sinne wird auch die Aufhebung der ehelichen Gemeinschaft (§ 1575 BGB.) anzusehen sein."

Vgl. hierzu auch die Ausführungen in den Noten 12—14 zu § 10. Im allgemeinen ist noch hervorzuheben, daß sich das Verhältnis des Erwerbers zum Erblasser nach dem tatsächlichen Stand beim Erbanfall, also beim Tode des Erblassers, bestimmt; bei dem Verschollenen tritt an die Stelle der Zeitpunkt, der nach der Todeserklärung als Zeitpunkt des Todes desselben gilt (vgl. oben Note 7 zu § 1). Bezüglich des durch § 3 Ziff. 1 und 2 für steuerpflichtig erklärten Erwerbs gilt nach der besonderen Vorschrift in § 5 Abs. 2 der zuletzt Berechtigte als Erblasser. Bezüglich des Sonderfalls eines Erwerbs durch Erbeseinsetzung in einem gemeinschaftlichen Testament von Ehegatten, welche sich zunächst gegenseitig zu Erben eingesetzt haben (§ 2269 BGB.), vgl. oben Note 3 zu § 10. [Zu dem letzteren Fall gibt U. Hoffmann, 2. Aufl. Anm. 2 a zu § 28 weitere Ausführungen über die Auslegungsmöglichkeiten bei einem bezüglichen gemeinschaftlichen Testament von Ehegatten.]

Zu Absatz 2.

4. Die Abrundung auf volle Mark nach unten ist nur für den Steuerbetrag, nicht auch für die Wertermittelung vorgeschrieben. Hat ein Erblasser beispielsweise 10 334 Mk. an 10 Personen, welche die Erbschaftssteuer mit sechs vom Hundert zu entrichten haben, gemeinschaftlich zu gleichen Teilen vermacht, so hat jeder Einzelne die Erbschaftssteuer für seinen Anteil zu 1033,40 Mk. zu bezahlen, also volle 62 Mk. und nicht etwa nur die Erbschaftssteuer von 1033 Mk., die sich auf 61,98 Mk. also abgerundet auf nur 61 Mk. berechnen würde. Die vorstehende Auffassung hat eine offizielle Anerkennung durch die Verf. d. Reichskanzlers (Reichsschatzamt) vom 30. September 1908, II, 8455 gefunden, welche bestimmt, daß die Abrundung auf volle Mark nur einmal und zwar bei den dem Steuerpflichtigen in Rechnung zu stellenden Betrage zu erfolgen habe; vgl. oben Note 5 zu § 15 a. E.

§ 29.

Die Erbschaftssteuer wird von dem Betrage berechnet, um welchen der Erwerber durch den Anfall bereichert worden ist.

Die infolge des Anfalls durch Vereinigung von Recht und Verbindlichkeit oder von Recht und Belastung erloschenen Rechtsverhältnisse gelten als nicht erloschen.

Bei der Feststellung des Wertes des Nachlasses kommen behufs der Berechnung der von einem Erben zu entrichtenden Erbschaftssteuer als Nachlaßverbindlichkeiten insbesondere auch in Abzug die Kosten der Beerdigung des Erblassers einschließlich der Kosten der landesüblichen, kirchlichen und bürgerlichen Leichenfeierlichkeiten und der Kosten eines angemessenen Grabdenkmals, die gerichtlichen und außergerichtlichen Kosten der Regelung des Nachlasses und der für die Masse geführten Rechtsstreite. Die Erbschaftssteuer wird nicht in Abzug gebracht.

Zu § 29 insgesamt.

1. Der Paragraph 29 stellt es als zweiten Grundsatz für die Berechnung der Erbschaftssteuer auf, daß nur derjenige Betrag, um welchen der Erwerber durch den Anfall bereichert worden ist, den Gegenstand der Besteuerung bilden und der Steuerberechnung zugrunde gelegt werden solle. Es entspricht dieses vollkommen dem allgemeinen Charakter der Erbschaftssteuer, welche eine Unterart der zu den Verkehrssteuern und damit auch zu den indirekten Steuern gehörenden Anfallsteuern bildet, weil sie sich unmittelbar an den Rechtsakt des Anfalls angliedert und in diesem den inneren Grund und den äußeren Anlaß der Besteuerung findet, bei welcher aber den Gegenstand der Besteuerung immer nur ein Vermögenszugang, also eine Bereicherung des Anfallerwerbers, abgeben kann, welcher nicht aus der eigenen Tätigkeit des letzteren hervorgeht und nicht zu den ordentlichen, sondern nur zu den außerordentlichen Einkünften zu rechnen ist.

2. Für die Feststellung des Betrages, um welchen jeder einzelne Erwerber durch den Anfall bereichert worden ist, wird namentlich auch das rechtskräftige gerichtliche Urteil, welches bezüglich des Nachlasses zwischen Erbbeteiligten oder zwischen diesen und den Nachlaßbeteiligten (Nachlaßschuldner, Nachlaßgläubiger) ergangen ist, von einer besonderen Bedeutung sein. Das gerichtliche Urteil als solches hat materielle Rechtskraft lediglich bezüglich der am Prozeß beteiligten Parteien. Bei der Steuerberechnung usw. bildet das gerichtliche Urteil nur ein Einzelmoment in dem Gesamtverhältnis der zu berücksichtigenden Sachlage und ist dementsprechend zu behandeln. Wie bei jedem anderen Moment ist genau zu prüfen, ob das Urteil nach Maßgabe aller der in Betracht kommenden Umstände geeignet erscheint, bei der Festlegung der Erbschaftssteuer als tatsächliches Moment zugrunde gelegt zu werden. Das gerichtliche Urteil ist demnach nicht nur auf seine äußeren oder formellen Eigenschaften — ob rechtsgültig ergangen, ob rechtskräftig geworden usw. —, sondern bis zu einem gewissen Grade auch inhaltlich näher auf seine Anwenbarkeit bei Berechnung und Festsetzung der Steuer zu prüfen. Regelmäßig und in vollem Umfange wird nur dasjenige Urteil die Anerkennung der Steuerbehörde finden können, welches sich ausschließlich auf den Nachlaß und die durch denselben und mit demselben begründeten Verhältnisse bezieht. Möglicherweise wird aber auch bei einem Rechtsstreit, in welchen mit den Nachlaßverhältnissen andere Gegenstände gleichzeitig behandelt und vermischt sind, ein Teil des Urteils eine Berücksichtigung erlangen können, sofern dieser Teil des Urteils ausschließlich ein Nachlaßverhältnis als solches unbeeinflußt durch andere Verhältnisse klarstellt und zur Entscheidung bringt. Ist das Urteil in einem nur zum Schein geführten Prozesse ergangen, so wird es bei der Steuerfestsetzung niemals berücksichtigt und zugrunde gelegt werden können; vgl. Urt. d. RG. vom 14. Oktober 1905, JW. 1905 S. 684 Nr. 4; Urt. d. RG. vom 30. November 1895, RGZ. Bd. 36 S. 249; Urt. d. RG. vom 6. Oktober 1897, daselbst Bd. 39 S. 142. Einem Urteil, welches nachweislich lediglich deshalb veranlaßt worden ist, um nach dem Spruch desselben eine niedrigere Versteuerung Platz greifen zu lassen, wird die Steuerbehörde schon aus diesem Grunde die Berücksichtigung versagen dürfen und müssen; andererseits kann es aber bei einem Urteil, das wirklich und einwandfrei eine Streitfrage zwischen den Erbbeteiligten usw. zum Austrag bringt, niemals einen Grund für die Versagung einer Berücksichtigung abgeben, daß bei einer solchen Berücksichtigung die zu erhebende Steuer sich verringern würde. Hat die nähere Prüfung ergeben, daß das Urteil nach jeder Richtung hin in einwandfreier Weise erfolgt ist, so muß die Steuerbehörde das Urteil bei der Steuerberechnung und Steuerfestsetzung zugrunde legen und zwar ganz in der Weise, wie es ergangen ist. In dieser Beziehung und insofern erscheint die Steuerbehörde allerdings an das rechtskräftige gerichtliche Urteil gebunden, als sie im Fall einwandsfreier Abgabe desselben nach der Rechtsauffassung des Urteils ihre Steuerberechnung vornehmen muß, gleichgültig ob sie diese Rechtsauffassung teilt oder nicht. Dem Urteilsspruch als solchem gegenüber hat die Steuerbehörde sodann ein weiteres Prüfungsrecht nicht. Vgl. hierzu meinen Aufsatz in JfZuSt. 1909 S. 178 ff.

Zu Absatz 1.

3. Die erste Voraussetzung für die Berechnung der Steuer oder für die tatsächliche Steuerpflicht ist die Bereicherung des Anfallerwerbers, und zwar muß sich eine Bereicherung als Endergebnis des gesamten Anfalls, also nach entsprechender Ausgleichung der auf dem Anfall beruhenden Berechtigungen und Verpflichtungen, herausgestellt haben; vgl. Urt. d. RG. vom 1. März 1892, JW. 1892 S. 188 Nr. 34. Damit ist es ausgeschlossen, daß für den Erben eines überschuldeten Nachlasses eine Erbschaftssteuer berechnet wird. Andererseits kann aber auch bei einem überschuldeten Nachlaß ein einzelner Anfallerwerber, wie z. B. der Vermächtnisnehmer, sofern der Erbe den Nachlaß angetreten hat, als durch seinen Anfall bereichert zur Steuer herangezogen werden, weil die Steuer nicht für die Gesamterbmasse in Eins, sondern nach Maßgabe des § 28 für den Erwerb jedes einzelnen Beteiligten zu berechnen ist; Bereicherung, wenn neben überschuldetem Nachlaß Lebensversicherungsanspruch anfällt, Verf. BdSt. vom 19. Juni 1909 Nr. 17608. Dementsprechend kann andererseits bei einem weitaus nicht überschuldeten Gesamtnachlaß der einzelne Anfallerwerber durch Überlastung seines Erwerbes von der Besteuerung ausgeschlossen sein. Eine Bereicherung kann nicht in Frage kommen, wenn die Zuwendung nur eine scheinbare und deshalb für den Erwerber tatsächlich ohne Bedeutung ist, wie bei der Zuwendung eines Gegenstandes, der dem Bedachten bereits gehört, ihm eventuell vom Erblasser bereits früher übereignet war, auf den er bereits anderweit einen fälligen Rechtsanspruch hat, oder wenn die Zuwendung sich von vornherein als eine unwirksame darstellen muß, z. B. weil der Bedachte auf den Gegenstand derselben schon früher endgültig verzichtet hatte oder aus besonderem Grunde von dem tatsächlichen Erwerb unbedingt ausgeschlossen ist.

4. Die Bereicherung des Anfallerwerbers muß sich gleichzeitig als ein wirklicher Vermögenszugang, als der Zugang eines Vermögens, d. h. eines in Geld schätzbaren Wertes, darstellen. Die Erbschaftssteuer wird stets nach einem Geldbetrage, in einem Prozentverhältnis zu einem solchen, berechnet und daher muß die Bereicherung in einem Geldbetrage ausdrückbar sein, um zur Steuer veranlagt werden zu können. Jeder durch den Anfall bewirkte Erwerb, der sich nicht in Geld schätzen läßt, bleibt für die Berechnung der Erbschaftssteuer gänzlich außer Betracht, nach aktiver Seite sowohl als nach passiver Seite; es gehören hierher namentlich kirchliche und politische Rechte, auch Familienrechte, soweit sie für einen Anfall überhaupt in Frage kommen können. Andererseits ist aber jeder in Geld schätzbare Vorteil, welchen der Bedachte durch den Anfall erlangt, sofern der Wert nicht rein subjektiver Natur ist (vgl. oben Note 4 zu § 16), bei der Berechnung der Erbschaftssteuer zu berücksichtigen, ein Gesichtspunkt, auf welchem namentlich die spezielle Vorschrift des Absatz 2 dieses Paragraphen beruht.

5. Um der Berechnung für die Erbschaftssteuer zu unterliegen, muß die Bereicherung durch Anfall herbeigeführt sein, weil allein der Erwerb von Todes wegen den Gegenstand der Erbschaftssteuer (§ 1 des Gesetzes) bildet, ein Erwerb von Todes wegen sich aber nur auf den Erbfall bzw. den Anfall gründen kann: inwieweit als Bereicherung auch dasjenige hier in Frage zu kommen habe, was vergleichsweise zur Befriedigung eines zweifelhaften oder bestrittenen Anspruchs auf einen Erwerb von Todes wegen gewährt worden ist, bzw. überhaupt dasjenige, was durch Abmachungen der Erbbeteiligten von der Erbschaftsmasse erworben wird, vgl. oben Note 5 und 6 zu § 1. In einem Falle, in welchem zunächst ein Rechtsstreit über die

Gültigkeit eines Testaments geführt, solcher sodann aber durch Vergleich unter Auswerfung von Abfindungssummen beigelegt war, ist durch Verf. SFM. vom 11. November 1907 Nr. 5021 entschieden, daß dasjenige zur Besteuerung heranzuziehen sei, was jeder Einzelne als Abfindungssumme erhalten habe; die Abfindungssumme sei also nur in der Hand des Abgefundenen zu besteuern; die Kosten des Prozesses seien weder Nachlaßverbindlichkeiten, noch Kosten der Regelung des Nachlasses; letzteres um deswillen nicht, weil der Prozeß nur um das Erbrecht selbst geführt wurde und daher mit der Nachlaßregelung nichts zu tun hatte. Ist dem Erben die Zahlung der Erbschaftssteuer für ein Vermächtnis auferlegt, so erhöht sich die Bereicherung durch das Vermächtnis um den Betrag der Erbschaftssteuer, Verf. SFM. vom 18. Mai 1907 Nr. 2269. Ferner bleibt beispielsweise die elterliche oder eheliche Nutznießung, welche an dem minderjährigen Kindern oder einer Ehefrau vermachten Vermögen dem Vater oder Ehemann nach Maßgabe familienrechtlicher oder familiengüterrechtlicher Gesetzesbestimmung (BGB. § 1649, § 1363) zusteht, bei der Berechnung der Erbschaftssteuer nach jeder Richtung hin außer Betracht; der Vater bzw. Ehemann kann zur Erbschaftssteuer nicht herangezogen werden, weil für ihn der Erwerb der Nutznießung, als nicht auf dem Anfall, sondern auf familienrechtlicher bzw. familiengüterrechtlicher Gesetzesbestimmung beruhend, sich nicht als ein Erwerb von Todes wegen darstellt; die Kinder bzw. die Ehefrau haben aber den vollen Wert des ihnen vermachten Vermögens ohne irgend welche Rücksicht auf die Nutznießung zu versteuern, denn diesen haben sie durch den Anfall erworben, wogegen die Nutznießung nicht auf dem Anfall beruht und demnach von dem Anfallwert nicht in Abzug gebracht werden kann; vgl. Verf. PrFM. vom 6. Juni 1910 III 11011. Ebenso liegt die Sache, wenn der Bedachte über Nachlaßgegenstände, ohne eine rechtliche Verpflichtung dazu zu haben, nach den besonderen, nur in moralisch bindender Form zum Ausdruck gebrachten Absichten des Erblassers verfügt; auch hier kann es nicht in Frage kommen, von denjenigen, welchen der Bedachte die Nachlaßgegenstände zugewendet hat, eine Erbschaftssteuer als eine Steuer aus Erbfall — ob wegen der Übereignung als eines selbständigen Aktes von Freigebigkeit eine Schenkungssteuer in Betracht kommt, bestimmt sich nach den besonderen Umständen der Übereignung — zu erheben, letztere trägt nur der Bedachte, der allein die fraglichen Gegenstände durch Anfall erworben hat; nähere Ausführungen hierzu und über die Frage, wann freiwillige Leistung des Erben oder Erfüllung einer rechtlichen Verpflichtung vorliegt, in dem Beschl. d. Bayr. VGH. vom 4. Mai 1908, BlfBF. 1909 S. 91 ff. Das Gleiche würde gelten, wenn der Erbe, welchem die Auszahlung eines Vermächtnisses an einen Dritten auferlegt ist, den Betrag dieses Vermächtnisses nach eigenem Willen erhöht, selbstredend aber nur bezüglich dieser eigenwilligen Erhöhung; auch letztere kann sich selbständig als Schenkung darstellen und dadurch zu besonderer Besteuerung Anlaß bieten. Hierzu ist eine Verf. SFM. vom 26. Juli 1907 Nr. 3291 anzuführen, nach welcher die Erhöhung eines Vermächtnisses, auch wenn solche auf mündlicher, nicht rechtsverbindlicher Anordnung des Erblassers beruht, als Schenkung steuerpflichtig ist. Anschließend sei besonders eines im praktischen Leben sich häufiger wiederholenden Falles gedacht, nämlich der Zuwendungen, welche von dem oder den Erben einem Hausgenossen des Erblassers, der sich um die Pflege desselben oder in sonstiger Beziehung um seine Person — sei es in dienstlicher Stellung oder ohne eine solche — besonders verdient gemacht hatte, in Anerkennung hiefür gleichgültig in welcher Weise durch feste Geldsumme, als Rente usw. gemacht werden. Beruht die Zuwendung auf einer rechtsgültigen Verfügung des Erblassers, welche die Erben lediglich zur Ausführung bringen, so kann bezüglich der Zuwendung eine Bereicherung der Erben nicht vorliegen; der Betrag der Zuwendung ist wie bei jedem Legat von dem Anfall der Erben abzusetzen und ist selbständig von dem dadurch Bereicherten, dem Hausgenossen des Erblassers, zu versteuern, sofern nicht die Befreiungsvorschrift des § 11 Ziffer 4 h Platz greifen sollte. Liegt eine letztwillige Verfügung des Erblassers bezüglich der Zuwendung nicht vor, so kann es sich immer nur um eine Zuwendung der Erben aus deren Vermögen handeln. Es macht dabei keinerlei Unterschied aus, ob für die Zuwendung eine zweifellos nicht rechtsgültige Verfügung des Erblassers Veranlassung bot, ob durch dieselbe einem in mehr oder weniger bindender Form geäußerten Wunsch des Erblassers entsprochen wird, ob dieselbe lediglich aus dem freien Willen der Erben erfolgte oder ob etwas zwischen diesen Fällen Liegendes gegeben ist. Ebenso ist es ohne Belang, ob die Zuwendung tatsächlich aus der Erbschaftsmasse oder aus dem sonstigen Vermögen der Erben entnommen wird. Bei der Berechnung der Erbschaftssteuer aus dem Erbfall kann die Zuwendung überall nicht in Betracht gezogen werden; sie ist von der an die Erben fallenden und von diesen zu versteuernden Erbschaftsmasse nicht abzusetzen und ebensowenig ist sie als Erbanfall selbständig zu versteuern; die Befreiungsvorschrift des § 11 Ziffer 4 h wird gleicherweise niemals zur Anwendung gebracht werden dürfen. Die Zuwendung stellt sich in den fraglichen Fällen regelmäßig als eine Schenkung der Erben an den Hausgenossen ihres Erblassers dar und ist dementsprechend nach den Vorschriften für die Schenkungen und auf Grundlage des Verhältnisses der Erben zu dem Hausgenossen zur Versteuerung zu bringen. Inwiefern die Befreiungsvorschrift des § 56 Abs. 2 für Schenkungen, durch welche einer sittlichen Pflicht oder einer auf den Anstand zu nehmenden Rücksicht entsprochen wird, Platz greifen kann vgl. Note 21 zu § 56.

6. Zu beachten ist ferner, daß nur diejenige Bereicherung durch Anfall der Besteuerung zugrunde gelegt werden kann, welche sich als solche rechtlich wirksam darstellt. Bezüglich des Anfalls durch Testament, durch Erbvertrag oder durch Vermächtnis kommen daher hier die Vorschriften über die Rechtswirksamkeit bzw. die Unwirksamkeit der Rechtsgeschäfte (vgl. auch Note 1 zu § 1) besonders in Frage. Eine letztwillige Verfügung usw., welche nichtig ist, kann, da sie rechtlich unwirksam ist und als nicht vorhanden angesehen werden muß, niemals eine Grundlage für die Besteuerung bilden; die Nichtigkeit bedingt auch für die Steuerbehörde Nichtbeachtung der betreffenden Verfügung bei der Steuerberechnung und Steuerfestsetzung. Die Nichtigkeit kann bezüglich der Verfügung in ihrem vollen Umfange oder nur bezüglich eines Teils der Verfügung vorhanden sein; sie kann eine Verfügung über den ganzen Nachlaß ebenso wie eine Verfügung über Teile des Nachlasses treffen; dementsprechend erstreckt sich die Wirkung auf die ganze Verfügung oder auf den betreffenden Teil derselben, sie berührt den gesamten Nachlaß oder nur einen Teil desselben. Die tatsächliche Ausführung einer nichtigen Verfügung von Todes wegen seitens der Erbbeteiligten kann eine Änderung für die Sachbehandlung nicht begründen und bleibt für die Besteuerung des Erbfalls als solchen ohne Bedeutung. Ist ein Testament nichtig, so tritt die gesetzliche Erbfolge ein: liefert der gesetzliche Erbe den Nachlaß an den Testamenterben aus, so wird letzterer dadurch nicht Erbe; ebensowenig erwerben Vermächtnisnehmer durch Auszahlung nach nichtiger letztwilliger Verfügung durch Anfall; der gesetzliche Erbe ist allein Nachlaßerwerber und kommt ausschließlich für die Besteuerung des Erbfalls in Frage; die Auslieferung der Erbschaft und die Auszahlung der Vermächtnisse wird sich regelmäßig als Schenkung darstellen und der Schenkungssteuer unterliegen (vgl. Urt. d. RG. vom 26. Juni 1893, JW. 1893 S. 397 Nr. 56; desgl. Urt. d. RG. vom 15. Oktober 1901, JW. 1901 S. 813 Nr. 35). Die vorhandene Nichtigkeit einer letztwilligen Verfügung kann auch nicht durch ein Anerkenntnis von seiten dessen, dem die Verfügung in erster Linie entgegenstehen würde, mit objektiver Wirkung gegen Dritte beseitigt werden und bleibt sonach für die Steuerberechnung ebenfalls ohne Bedeutung (vgl. Urt. d. RG. vom 27. Februar 1893, RGE. Bd. 31 S. 244). Liegt nur bezüglich einer Einzelverfügung Nichtigkeit vor, so regelt sich die Sache in der gleichen Weise; an die Stelle des in der nichtigen Verfügung Bedachten treten diejenigen, welche ohne die Verfügung zum Anfall berufen sind (Erben, Anwachsungsberechtigte, Ersatzerben, Nacherben, Ersatzvermächtnisnehmer, Nachvermächtnisnehmer); diese letzteren allein sind steuerpflichtig; ihre Steuerpflicht wird auch nicht durch eine tatsächliche Ausführung der nichtigen Verfügung, die sich für die Regel wieder als Schenkung darstellen würde, beeinflußt. Liegt nicht Nichtigkeit sondern nur Anfechtbarkeit vor, so ändert sich die Sache. Die anfechtbare letztwillige Verfügung usw. besteht, solange die Anfechtung nicht erfolgt ist, zu Recht und ist wirksam. Sie kann also an und für sich sehr wohl die Grundlage für eine Besteuerung bilden. Die Steuerbehörde ist deshalb zweifellos berechtigt, die Berechnung und Festsetzung der Steuer nach der anfechtbaren Verfügung vorzunehmen. Ob sie von dieser Berechtigung Gebrauch machen soll oder nicht, wird sich stets nach den besonderen Umständen des jeweiligen Falls bestimmen. Solange die Anfechtbarkeit besteht, befindet sich der Rechtsstand in der Schwebe; eine endgültige Klärung findet derselbe erst mit der Entscheidung über die Anfechtung, wenn also solche durch Anfechtungserklärung usw. erfolgt oder durch ausdrücklichen oder stillschweigenden Verzicht (durch Genehmigung, Erfüllung usw.) bzw. Unterlassung in der etwa gegebenen Frist endgültig ausgeschlossen ist. Ist von dem Anfechtungsrecht Gebrauch gemacht, so ist die angefochtene Verfügung als von Anfang an nichtig anzusehen; es treten mithin die gleichen Folgen wie bei der Nichtigkeit ein. Hatte bereits eine Steuerberechnung und Steuerfestsetzung auf Grund der angefochtenen Verfügung stattgefunden, so ist dieselbe hinfällig und es hat eine neue Berechnung und Festsetzung — eventuell unter Erstattung bereits erlegter Steuerbeträge — stattzufinden, wobei die frühere Verfügung als nicht vorhanden anzusehen und überhaupt wie bei der Nichtigkeit nach unserer obigen Darstellung zu verfahren ist. Ein gleiches Verfahren ist als erstes einzuschlagen, sofern die Besteuerung mit Rücksicht auf die Anfechtbarkeit nicht sogleich erfolgt, sondern ausgesetzt war. Wird die Anfechtbarkeit aber endgültig beseitigt, so gewinnt nunmehr die letztwillige Verfügung die volle rechtliche Wirksamkeit. Folgeweise ist sie auch der Steuerberechnung und Steuerfestsetzung ihrem ganzen Inhalt nach zugrunde zu legen; war dieses schon vor Beseitigung der Anfechtbarkeit geschehen, so bleibt die frühere Berechnung und Festsetzung bestehen und wird jetzt zu einer endgültigen. In gleicher Weise wie die Nichtigkeit kann auch die Anfechtbarkeit sowohl bezüglich einer letztwilligen Verfügung im ganzen wie auch nur bezüglich eines Teils einer solchen Verfügung, sowohl bezüglich einer Verfügung über den Gesamtnachlaß wie bezüglich einer Verfügung über einen Nachlaßteil Platz greifen. Im Fall der Anfechtung ist die tatsächliche Regelung der Besteuerung die gleiche wie bei der Nichtigkeit. Die Anfechtbarkeit einer letztwilligen Verfügung kann an sich ein Erbrecht der gesetzlichen Erben noch nicht begründen; dasselbe tritt vielmehr immer erst ein, wenn von dem Recht der Anfechtung Gebrauch gemacht ist. Geschieht letzteres nicht, so sind die in der letztwilligen Verfügung Bedachten selbständig zur Erbschaft berufen und dementsprechend steuerpflichtig; ein zweiseitiges Verhältnis wie bei der tatsächlichen Durchführung einer nichtigen letztwilligen Verfügung findet hier nicht statt, es kommt der Anfechtungsberechtigte nicht weiter in Betracht.

7. Die Berechnung der Erbschaftssteuer soll gemäß dem § 28 des Gesetzes nach dem ganzen Erwerbe jedes einzelnen Beteiligten erfolgen und ist danach diejenige Bereicherung der Berechnung zugrunde zu legen, welche sich als der ganze Erwerb des Beteiligten aus dem Anfall ergibt. Diese als ganzer Erwerb sich darstellende Bereicherung kann aber erst nach vollständiger Ausgleichung der positiven und der negativen Seite des Anfalls, der Gegenrechnung der Aktiva und der Passiva nach Maßgabe der im einzelnen vorzunehmenden Wertermittlung, zur Erscheinung kommen. Danach sind auf der einen Seite als Aktiva alle Vermögenswerte, d. h. in Geld schätzbare Werte, welche dem Bedachten aus dem Anfalle zugeflossen sind, in Rücksicht zu ziehen, mag es sich dabei um körperliche Sachen, um Forderungen, um Rechte oder um sonstige wirtschaftliche, in Geld ausdrückbare Vorteile handeln, während auf der anderen Seite als Passiva alles dasjenige in Betracht kommt, was dem Bedachten durch den Anfall an Verpflichtungen auferlegt ist, auch hier natürlich unter der Voraussetzung der Schätzbarkeit in Geld; es fallen hierher alle Nachlaßverbindlichkeiten (BGB. §§ 1967 ff.), zu denen speziell gehören einerseits alle Schulden und Lasten, welche schon bei Lebzeiten des Erblassers auf dem Erwerbe ruhten und mit dem Anfalle auf den Bedachten übergehen, und andererseits alle Verpflichtungen, die dem Bedachten durch den Erblasser anläßlich des Anfalls auferlegt und von ihm mit und durch den Anfall zu erfüllen sind, wie Vermächtnisse, Auflagen usw., sowie endlich auch die gesetzlich dem Erben auferlegten Verpflichtungen, wie die Erfüllung des Pflichtteilanspruchs, Tragung der Kosten der standesmäßigen Beerdigung des Erblassers usw. Maßgebend für dasjenige, was im einzelnen zu den Aktivis und Passivis des Anfalls zu rechnen ist, sind in erster Linie die Vorschriften des bürgerlichen Rechtes, wie sie speziell das BGB. gibt. Die Ausgleichung zwischen den Aktivis und Passivis bestimmt sich wiederum nach der Wertermittelung, welche für jeden Posten gesondert vorzunehmen ist, sofern nicht eine Zusammenfassung nach den besonderen Verhältnissen möglich oder geboten erscheint. Bei der Wertermittelung sind zunächst die dafür im REStG. selbst §§ 16 ff. aufgenommen Vorschriften zu beachten; im übrigen hat eine sachgemäße Abschätzung und Wertbemessung zu erfolgen, welche den Umständen des besonderen Falls nach Tunlichkeit Rechnung zu tragen und sich des weiteren an die gesetzlichen Bestimmungen in den §§ 37 ff. in entsprechender Weise zu halten hat. Den entscheidenden Zeitpunkt, auf welchen die Wertermittelung im einzelnen sowie die Ausgleichung zwischen Aktivis und Passivis zurückzubeziehen ist, bildet stets der des Anfalls bzw. des Eintritts der Steuerpflicht.

8. Daß einerseits in die steuerpflichtige Masse alle zu dem Nachlaß gehörigen Forderungen oder die ausstehenden Forderungen einzurechnen seien, daß andererseits von der steuerpflichtigen Masse alle Schulden und Lasten, welche mit und wegen derselben übernommen werden, in Abzug kommen sollen, hat das REStG. nicht ausdrücklich hervorgehoben; es erübrigte dieses, weil sachlich das Bezügliche schon ohne weiteres als durch den Abs. 1 des Paragraphen gegeben zu erachten ist und neben der allgemeinen Ordnung des letzteren nur das bürgerliche Recht nach Maßgabe des BGB. Anwendung finden soll. Um so mehr hat man sich bei der Bestimmung im einzelnen rein an das letztere zu halten. In der Begründung zu diesem Para-

graphen ist folgendes ausgeführt: „Der steuerpflichtigen Masse ist auch der Wert der Forderungen und Rechte hinzuzurechnen, die der Masse gegen den Erwerber selbst zustehen oder die ihm erst mit dem Anfall erlassen werden. Dagegen kommen in Abzug nicht bloß die Schulden und Lasten, die auf dem Vermögen des Erblassers ruhten, z. B. die im Entwurfe nicht besonders erwähnten Kosten seiner letzten Krankheit, sondern auch die nach dem Tode des Erblassers erwachsenen Schulden und Lasten des Nachlasses, zu denen u. a. auch die im Abs. 3 bezeichneten Kosten gehören. Als abzugsfähig sind in dem Entwurfe zur Vermeidung von Weiterungen die Kosten der Beerdigung als solche, also nicht bloß die Kosten der standesgemäßen Beerdigung (BGB. § 1968, KO. § 224 Nr. 2) bezeichnet. Die Kosten eines Rechtsstreits unter den Erbbeteiligten selbst kommen für die Ermittelung der steuerpflichtigen Masse nicht in Betracht."

9. Bei der Feststellung der Aktiva des Nachlasses machen besondere Schwierigkeiten die Forderungen bezüglich der Frage, ob und in welcher Höhe sie zu berücksichtigen sind. Grundsätzlich ist dabei folgendes als mit den obigen allgemeinen Ausführungen im Einklang stehend bzw. lediglich auf denselben beruhend zu beachten:

a) Die Forderung muß beim Tode des Erblassers bereits und noch als Anspruch bestanden haben, die Forderung muß im maßgebenden Zeitpunkt, dem des Anfalls, existent sein. Es ist dieses eine naturgemäße Vorbedingung. Auf der einen Seite fallen danach aus der steuerpflichtigen Masse alle diejenigen Forderungen aus, welche beim Erbfall noch nicht entstanden waren, und auf der anderen Seite alle diejenigen, welche in dem fraglichen Augenblick bereits erloschen waren und dem Erblasser nicht mehr zustanden. Demnach ist die Forderung auf einen Lotteriegewinn in die steuerpflichtige Masse nur dann einzurechnen, wenn der Gewinn bereits vor dem Erbfall gezogen war, nicht aber, wenn die Ziehung erst nach dem Erbfall stattfand. Ebenso steht es bezüglich der Anteilscheine aus einem Prämienanlehen, bei denen Serienziehung und Prämienziehung maßgebend sein kann; der Prämiengewinn kommt nur in Frage, wenn er vor dem Erbfall gezogen ist, die Wertsteigerung für einen in der Serie gezogenen Anteilschein, wenn die Serienziehung dem Erbfall vorherging; vgl. Note 13 zu § 16. Ist eine Forderung vor dem Tode des Erblassers durch Zahlung oder Aufrechnung oder sonst getilgt oder hat der Erblasser sie bereits bei Lebzeiten abgetreten, so kann dieselbe für die steuerpflichtige Masse nicht weiter in Betracht kommen. Eine Ausnahme bildet hier die Vorschrift im Abs. 2 des Paragraphen für diejenigen Forderungen des Erblassers, welche der Anfallerwerber beim Anfall schuldet. Verjährte Forderungen werden an sich zu der steuerpflichtigen Masse zu zählen sein; durch die Verweigerung der Leistung seitens des Verpflichteten (BGB. § 222) verlieren sie aber den Wert und würden insofern außer Betracht bleiben.

b) Die Forderung muß in einem wirklichen Anspruch, in einem Recht bestehen. Lediglich Aussichten oder Hoffnungen auf das Entstehen einer Forderung oder auf eine Forderung, sowie gewöhnliche Anwartschaften ohne irgend welchen Anspruch müssen daher für die steuerpflichtige Masse unberücksichtigt bleiben. Anders verhält es sich jedoch mit denjenigen Anwartschaften, welche schon einen gewissen Anspruch in sich schließen, welche auf den Rechtsnachfolger übertragbar und vererblich sind; diese sind, soweit sie einen wirklichen Anspruch enthalten, in die Masse einzustellen, vgl. Note 4 und 5 zu § 27. Genügend für die Einrechnung in die steuerpflichtige Masse ist es aber, daß die Forderung vom bürgerlichen Recht irgendwie als rechtlicher Anspruch anerkannt ist, und nicht erforderlich, daß dieselbe sich danach auch als eine volle klagbare Verbindlichkeit darstellt. Forderungen, denen das BGB. wesentlich nur die Klagbarkeit versagt, wie die aus Spiel- und Wettverträgen (BGB. § 762), die aus staatlich nicht genehmigten Lotterie- oder Ausspielungsverträgen (BGB. § 763) usw., sind zu der steuerpflichtigen Masse zu zählen, aber selbstredend nur entsprechend dem ihnen anhaftenden Mangel.

c) Die Forderung muß tatsächlich zum Nachlaß gehören. Das bedingt, daß sie dem Erblasser zugestanden hat und von diesem vererbt und auf den Nachlaß übertragen ist. Es können demgemäß rein persönliche Forderungen des Erblassers, welche nicht vererblich sind, für die steuerpflichtige Masse nicht in Frage kommen, ebensowenig Forderungen, welche dem Erblasser nicht zugestanden haben, auch wenn sie anläßlich des Erbfalls aber lediglich für dritte Personen zur Geltung gekommen sind. Zu den letzteren Forderungen gehören namentlich die Ansprüche der Erben gegeneinander aus der Ausgleichungspflicht (BGB. §§ 2050 ff.) und die Ansprüche aus einem vom Erblasser zugunsten eines Dritten geschlossenen Vertrage (BGB. §§ 328 ff.). Einen wesentlichen Fall der letzteren Ansprüche bildet unter Umständen die Forderung aus einem vom Erblasser abgeschlossenen Lebensversicherungsvertrag, vgl. darüber die folgende Note.

10. Für die Forderungen aus einem vom Erblasser abgeschlossenen Lebensversicherungs- oder Leibrentenvertrage sind wiederum zunächst die Vorschriften des BGB. maßgebend, welche die oben in Note 10 zu § 3 bereits angeführten §§ 330, 331 enthalten. Nach Maßgabe dieser Vorschriften würden im regelmäßigen Fall Forderungen aus einem Lebensversicherungs- oder Leibrentenvertrage des Erblassers zugunsten eines Dritten nicht zu der steuerpflichtigen Masse gehören und demnach bei Berechnung der Erbschaftssteuer außer Ansatz bleiben müssen; denn es handelt sich in der Regel um das Recht des Dritten, welches er unmittelbar aus dem Vertrage bereits erworben hat und nicht etwa erst durch den Nachlaß erhält, welcher letztere vielmehr gänzlich unbeteiligt ist und mit der Forderung aus dem Lebensversicherungsvertrage gar nicht in Verbindung kommt, so daß auch an einer in dieser Weise zugunsten eines Dritten abgeschlossenen Lebensversicherung usw. die Pflichtteilsberechtigten keinen Anspruch haben. Hier greift jedoch die Sondervorschrift des § 3 Ziff. 3 ein, welche bestimmt, daß Vermögensvorteile, die auf Grund eines von dem Erblasser abgeschlossenen Vertrages unter Lebenden von einem Dritten mit dem Tode des Erblassers unmittelbar erworben werden, als Erwerb von Todes wegen anzusehen sind. Damit ist der regelmäßige Fall des Lebensversicherungs- und Leibrentenvertrages ausdrücklich der Erbschaftssteuer unterworfen. Sofern aber aus einem solchen Vertrage mit Deutlichkeit der Wille des Erblassers erhellt, daß dem Dritten ein unmittelbares Recht aus demselben noch nicht zustehe, sondern daß er ein solches erst mit und durch den Erbfall erwerben solle, gehört die Forderung aus dem Lebensversicherungs- und Leibrentenvertrage ohne weiteres zu dem Nachlaß, zu der steuerpflichtigen Masse, und ist bei der Berechnung der Erbschaftssteuer dementsprechend zu berücksichtigen. Hat der Erblasser in dem Lebensversicherungsvertrage nur unbestimmt zugunsten seiner Erben, seiner Rechtsnachfolger die Vereinbarung getroffen, so kann von einem Dritten, dem unmittelbar aus eigenem Rechte die Forderung aus dem Vertrage zustehen würde, nicht die Rede sein; für die Erben oder Rechtsnachfolger kann nur ein Erwerb aus dem Nachlaß in Frage kommen, so daß auch in diesen Fällen die Forderung aus dem Lebensversicherungsvertrage ohne weiteres bei der Berechnung der Erbschaftssteuer in Betracht kommen würde. Ebenmäßig ist das letztere gegeben, wenn der Erblasser in dem Lebensversicherungsvertrage eine Persönlichkeit, zu deren Gunsten er abgeschlossen seine solle, überhaupt nicht bezeichnet hat. Es werden demnach wenn auch auf verschiedener rechtlicher Grundlage alle Forderungen aus einem für den Todesfall abgeschlossenen Lebensversicherungs- oder Leibrentenverträge der Erbschaftssteuer unterliegen und bei der Berechnung derselben zu berücksichtigen sein. Bezüglich der Versicherungs- und Leibrentenverträge, bei denen die Versicherungssumme nicht für den Todesfall, sondern bei Lebzeiten des Versicherten anfällt vgl. Note 4 zu § 55. Vgl. Goßner BlfBF. 1910 S. 289 ff.

11. Die für die steuerpflichtige Masse zu berücksichtigenden Passiven sind in der gleichen Weise wie die Aktiven festzustellen. Die Passiven umfassen die sämtlichen Nachlaßverbindlichkeiten, wie sie in den §§ 1967—1969 BGB. näher hervorgehoben sind:

„§ 1967. Der Erbe haftet für die Nachlaßverbindlichkeiten.

„Zu den Nachlaßverbindlichkeiten gehören außer den vom Erblasser herrührenden Schulden die den Erben als solchen treffenden Verbindlichkeiten, „insbesondere die Verbindlichkeiten aus Pflichtteilsrechten, Vermächtnissen „und Auflagen.

„§ 1968. Der Erbe trägt die Kosten der standesmäßigen Beerdigung des „Erblassers.

„§ 1969. Der Erbe ist verpflichtet, Familienangehörigen des Erblassers, die „zur Zeit des Todes des Erblassers zu dessen Hausstande gehört und von „ihm Unterhalt bezogen haben, in den ersten dreißig Tagen nach dem „Eintritte des Erbfalls in demselben Umfange, wie der Erblasser es getan „hat, Unterhalt zu gewähren und die Benutzung der Wohnung und der „Haushaltsgegenstände zu gestatten. Der Erblasser kann durch letztwillige „Verfügung eine abweichende Anordnung treffen.

„Die Vorschriften über Vermächtnisse finden entsprechende Anwendung."

Die Nachlaßverbindlichkeiten umfassen danach einerseits die vom Erblasser herrührenden Schulden und andererseits die den Erben als solchen treffenden Verbindlichkeiten.

12. Bezüglich der vom Erblasser herrührenden Schulden findet das gleiche, was bei den Aktivis bezüglich der Forderungen oben in der Note 9 ausgeführt wurde, Anwendung. Die Schuld muß zur Zeit des Erbfalls ihrem Wesen nach rechtsbeständig gewesen sein; da jedoch der Erbe auch für diejenigen Schulden haftet, welche der causa nach vom Erblasser herrühren, aber erst später entstanden sind (vgl. Planck, Kommentar zum BGB., Note 2a zu § 1967), so werden diese gleichfalls von der steuerpflichtigen Masse in Abzug zu bringen sein. Der Schuld muß eine rechtliche Verpflichtung zur Bezahlung gegenüberstehen; Zahlungen, welche der Erbe ohne eine solche rechtliche Verpflichtung mit Rücksicht auf Sitte oder auf eine gewisse moralische Verpflichtung macht, können nicht als abziehbar in Betracht kommen, auch wenn sie dem Sinne des Erblassers entsprechen sollten. Sofern der Erbe verjährte Ansprüche tilgt, gilt dieses nicht, da hier immer noch ein Anspruch vorhanden war und dem Erben lediglich das Recht, die Leistung zu verweigern, zustand, ein Recht, von dem er nach freiem Ermessen Gebrauch machen und damit die Entscheidung auch bezüglich der Steuerpflicht nach der einen oder nach der andern Seite hin treffen kann; and. M. E. Zimmermann Note 8 zu § 29 [U. Hoffmann, 2. Aufl. Anm. 4 zu § 29 teilt die hier vertretene Ansicht]. Die Schuld muß tatsächlich zum Nachlaß gehören und diesen verpflichten; es darf sich dabei um keine rein persönliche Schuld des Erblassers, welche unvererblich ist, handeln, sowie nicht um eine Schuld, die der Erbe für sich erst übernommen, wenn er beispielsweise ein bestimmtes Vermächtnis um einen festen Betrag zu erhöhen versprochen hat oder dergleichen.

13. Die den Erben als solchen treffenden Verbindlichkeiten sind zum Teil in dem § 1967 BGB. allgemein hervorgehoben — Verbindlichkeiten aus Pflichtteilsrechten, Vermächtnissen und Auflagen — zum Teil in den beiden folgenden §§ 1968 und 1969 besonders bestimmt — Beerdigungskosten, Unterhaltspflicht für Familienangehörige des Erblassers. Daneben können in Betracht kommen die Kosten der Testamentseröffnung, die Kosten der gerichtlichen Sicherung des Nachlasses, die Kosten einer Nachlaßpflegschaft oder Nachlaßverwaltung, die Kosten des Aufgebots der Nachlaßgläubiger, die Kosten der Inventarisierung, die Kosten des Nachlaßkonkurses, sowie die gegenüber einem Nachlaßpfleger, einem Testamentsvollstrecker oder einem Erben, der die Erbschaft ausgeschlagen hat, aus der Geschäftsführung dieser Personen entstandenen Verbindlichkeiten. Die bezüglich der Schulden des Erblassers maßgebenden Grundsätze sind nach Lage der Sache entsprechend in Anwendung zu bringen.

14. Abmachungen, welche der Erbe oder die Erben mit Dritten an der Erbschaftsmasse aktiv oder passiv Beteiligten, dem Nachlaßgläubiger oder dem Nachlaßschuldner, in rechtsgültiger Weise treffen, sind im allgemeinen ebenso wie die Abmachungen unter den Erbbeteiligten selbst bei der Steuerberechnung und Steuerfestsetzung zu berücksichtigen. Bezüglich ihrer grundsätzlichen Anerkennnng greift dasjenige Platz, was oben in Note 5 zu § 1 über die Abmachungen unter den Erbbeteiligten ausgeführt wurde; den letzteren stellt die Abmachungen des Erben mit dem Nachlaßgläubiger ausdrücklich schon das an der fraglichen Stelle angezogene Urteil des Reichsgerichts vom 15. Februar 1901 gleich, das auch jetzt noch als maßgebend zu erachten sein wird. Um für die Steuerberechnung und Steuerfestsetzung anerkannt zu werden, müssen die Abmachungen zwischen Erben und Nachlaßgläubiger oder Nachlaßschuldner über Nachlaßschuld oder Nachlaßforderung im wesentlichen den gleichen Voraussetzungen wie die Abmachungen unter den Erbbeteiligten, wie sie Note 6 zu § 1 angibt, entsprechen. Bezüglich des Rechtsverhältnisses der Erbschaftsmasse, um welches es sich bei der Abmachung handelt, muß tatsächlich eine Ungewißheit oder Unsicherheit bestanden haben, welche beseitigt werden sollte und beseitigt worden ist; das Abkommen darf nicht bei durchaus klarer und zweifelloser Tat- und Rechtslage getroffen sein. Das Abkommen darf sich auch nicht als eine einseitige Verfügung der Erbschaftsmasse gegenüber darstellen, sondern als eine wirkliche zweiseitige Abmachung zwischen dem Erben und dem Nachlaßschuldner oder Nachlaßgläubiger, das unter einem gewissen gegenseitigen Nachgeben beider Teile erreicht ist. Das Abkommen muß lediglich die Erbschaftsmasse betreffen; wenn beziehungsweise auch soweit ein zwischen den Beteiligten sonst noch bestehendes rechtliches Verhältnis in dem Abkommen zugleich mit der Auseinandersetzung wegen Erbschaftsschuld oder Erbschaftsforderung seine Regelung erfahren hat, so wird das Abkommen bei der Steuerfestsetzung nicht zugrunde gelegt werden können. Es darf sich nicht um eine Abmachung handeln, welche zu dem Zweck getroffen ist, eine geringere Versteuerung der Erbschaftsmasse herbeizuführen; andererseits ist aber eine unter alle den maßgebenden Voraussetzungen getroffene Abmachung ohne eine Rücksichtnahme darauf anzuerkennen, ob sie zu einem für den Steuerfiskus günstigeren oder ungünstigeren Ergebnis führt. Als unterliegendes Rechtsgeschäft wird der Vergleich und das Anerkenntnis in Betracht kommen können; Rechtsgültigkeit des gewählten Rechtsgeschäfts nach dem BGB. und Beobachtung der in letzterem vorgeschriebenen Form ist als ein Erfordernis für die steuerliche Anerkennung der Abmachung zu erachten. Zu vergleichen oben Note 6 zu § 1 und mein Aufsatz in ZfZuSt. VIII. Bd. 1908 S. 168 ff. und 213 ff.

15. Besonders häufig auch im Rechtswege ist die Frage behandelt, wie zu verfahren, wenn jemand der Nießbrauch eines Vermögens vermacht ist, an dem ihm schon sowieso kraft Gesetzes (als Ehemann bzw. Vater des zum Eigentum des Vermögens Gelangenden) die Nutznießung zustehen würde. Soweit sich der vermachte Nießbrauch und die gesetzliche Nutznießung decken, wird eine Steuerpflicht nicht in Frage kommen können. Rechtlich stehen aber Nießbrauch und Nutznießung nicht gleich, da sowohl die ehemännliche wie die väterliche Nutznießung durch Sondervorschriften des BGB. (vgl. § 1418, § 1656 Abs. 2) dem Nießbrauch gegenüber eingeschränkt ist. Als durchweg anerkannt ist nunmehr anzunehmen, daß der in der fraglichen Weise Bedachte insoweit zur Steuer heranzuziehen ist, als er durch das ihm zugewendete Nießbrauchsrecht wirtschaftlich günstiger gestellt ist, wie durch das gesetzliche Nutznießungsrecht; inwieweit dies der Fall ist, unterliegt lediglich tatsächlicher Beurteilung; die für jeden Einzelfall je nach den besonderen Verhältnissen desselben zu treffende Entscheidung kann leicht und häufig darauf hinauslaufen, daß eine wirtschaftlichere Bereicherung nicht vorliegt. Vgl. Urt. d. RG. vom 17. März 1881 (RGE. Bd. 5 S. 211); Urt. d. RG. vom 9. November 1891 (GruchotsBeitr. Bd. 36 S. 698; PrZBl. 1892 S. 56); Urt. d. RG. vom 19. Mai 1891 (GruchotsBeitr. Bd. 40 S. 1096); Urt. d. RG. vom 1. April 1896 (JW. 1896 S. 294 Nr. 70); Urt. d. RG. vom 8. Juni 1893 (RGE. Bd. 31 S. 282; PrZBl. 1893 S. 272); Urt. d. RG. vom 17. Februar 1903 (RGE. Bd. 54 S. 25); Urt. d. RG. vom 18. Dezember 1908 (JW. 1909 S. 145 Nr. 31); Urt. d. RG. vom 19. April 1910 (PrZBl. 1910 S. 285; BlfBF. 1910 S. 216); desgleichen Verf. PrFM. vom 6. Juni 1910 III 11011 und vom 23. Juli 1910 III 12038. Erstreckt sich der dem Vater vermachte Nießbrauch über die Volljährigkeit des Kindes hinaus, so ist für diese Zeit als Bereicherung der Wert des vollen Nießbrauchs nach den allgemeinen Grundsätzen in Rechnung zu bringen. Beerbt der Vater ein Kind innerhalb der Zeit, für welche ihm an dem Vermögen desselben noch die gesetzliche Nutznießung zusteht, so hat der letztere Umstand auf die Besteuerung keinen Einfluß; die Steuer ist von dem vollen Wert des Vermögens zu zahlen, da die Nutznießung kraft väterlicher Gewalt mit dem Tode des Kindes erlischt. Zu einem Fall, in welchem der die elterliche Gewalt besitzenden Mutter der Nießbrauch am Vermögen der Kinder vermacht war, hat der PrFM. mit Verf. vom 18. Februar 1910 III 2308 ausgesprochen, daß nach § 1697 BGB. die Mutter durch Eingehung einer neuen Ehe die elterliche Gewalt und mithin auch das aus der elterlichen Gewalt nach §§ 1649 und 1686 BGB. folgende Recht der Nutznießung am Vermögen der Kinder verliere, daß sie folgeweise sodann kein gesetzliches Recht mehr habe, sondern lediglich Nutznießung nach letztwilliger Anordnung des Erblassers, welche nach § 1 in Verbindung mit § 10 REStG. zu versteuern sei. Erbt jemand ein Vermögen, an dem ihm nach besonderem Rechtsgrund der volle Nießbrauch bereits zusteht, so erscheint er, da der Nießbrauch nicht erloschen ist, nur durch Wert, welchen das Vermögen ohne die

Nutzung hat, bereichert; die Besteuerung hat sich nach § 26 zu vollziehen. Eine gleiche Sachbehandlung würde nach der Verf. PrFM. vom 16. Dezember 1887 einzutreten haben, wenn jemand zunächst der Nießbrauch eines Vermögens vermacht ist, daneben aber aufschiebend bedingt das Vermögen selbst; vgl. Note 7 zu § 21, desgleichen Verf. PrFM. vom 9. November 1893 III 13662.

16. Auch dadurch, daß gewisse finanzielle bzw. nach Geldeswert bestimmbare Verpflichtungen, welche jemand rechtlich zu erfüllen hat, durch besondere Verfügung des Erblassers in anderer Weise ohne Inanspruchnahme des Verpflichteten geregelt werden, kann für letzteren eine Bereicherung gegeben sein; sie besteht in dem Wegfall der Aufwendungen, welche der Verpflichtete zur Erfüllung seiner Verpflichtung hätte machen müssen. Es trifft dieses namentlich zu, wenn der Erblasser bestimmt hat, daß die Erbschaftssteuer für ein Vermächtnis von dem Erben zu tragen sei; eine derartige Bestimmung enthält eine Erhöhung des Werts des Vermächtnisses und ist deshalb die Erbschaftssteuer für das Vermächtnis von dessen hiernach sich ergebenden höheren Wert zu berechnen; der Wert der Zuwendung insgesamt entspricht einem Geldbetrage, welcher nach Abzug der Erbschaftssteuer das Vermögen des Bedachten um ausgesetzten Vermächtniswert bereichert; über die Berechnung für die einzelnen möglichen Fälle gibt Näheres Mirre, ZfZuSt. 1908 S. 59; vgl. oben Note 15 zu § 16, woselbst die ergangenen Urt. d. RG. angeführt sind, desgleichen Dr. A. Hoffmann Anm. 2 a zu § 29 und E. Zimmermann Note 3 zu § 29.

17. Über die Bemessung der Bereicherung im einzelnen geben nähere Nachweise Dr. A. Hoffmann Anm. 7 und 8 zu § 29, U. Hoffmann Note 1—4 zu § 29 [ebenso 2. Aufl. Anm. 1—4 zu § 29], Wunsch Note 5—14 zu § 29. Verschiedene Einzelfälle seien nachstehend besonders hervorgehoben:

a) Wenn eine Summe mit der Bestimmung, es solle die Zahlung erst ein Jahr nach dem Tode des Erblassers erfolgen, vermacht ist, so kann in keinem Falle der Nennwert der Zuwendung in Betracht kommen, vielmehr müssen, da der Zinsengenuß während jenes Jahrs nicht dem Vermächtnisnehmer, sondern dem Erben zuteil wird, die vorschriftsmäßigen Zinsen von der vermachten Summe in Abzug gebracht werden, um den Betrag der Zuwendung zu ermitteln (vgl. Urt. d. RG. vom 15. Juni 1896; GruchotsBeitr. Bd. 40 S. 1071). Die abgesetzten Zinsen bilden andererseits eine Bereicherung des Erben.

b) Bei der Erbschaftssteuerberechnung von Fideikommißanfällen ist für die Ermittlung des Werts der Nutzungen nicht der Ertrag des Grundstücks zur Zeit des Fideikommißfalls, sondern der Zinsgenuß des an Stelle des Grundstücks getretenen Kapitals maßgebend, wenn mit der Ersetzung des Grundstücks durch ein zinstragendes Kapital zur Zeit des Fideikommißfalles zu rechnen war, und also ein zur sofortigen Wertermittlung nicht geeigneter Gegenstand vorlag; Urt. d. RG. vom 4. Oktober 1910; Schreiben des Reichskanzlers (Reichsschatzamt) vom 9. November 1910 II 13718.

c) Wenn der Erbe einen Nachlaß, welcher lediglich durch die Höhe der ausgesetzten Vermächtnisse überschuldet ist, antritt und die Vermächtnisse auszahlt, so erscheinen die Vermächtnisnehmer durch Erwerb von Todes wegen bereichert und haben die Vermächtniswerte ohne Rücksicht auf die Überschuldung des Nachlasses zum vollen Betrage zu versteuern.

d) Steht einem Erwerber das ihm vom Erblasser Zugewendete schon aus einem anderen Rechtsgrunde zu, so gilt er nicht als durch einen Erwerb von Todes wegen bereichert; die fragliche Zuwendung ist nicht zu versteuern; Urt. d. RG. vom 30. Mai 1873 RGE. Bd. 5 S. 211.

e) Dasjenige, was an Eltern durch den Tod eines Abkömmlings bei der fortgesetzten Gütergemeinschaft gelangt, gilt nach Maßgabe des § 1490 BGB. nicht als eine Bereicherung durch Erwerb von Todes wegen, sondern stellt sich als Anwachsung dar: es ist nicht zur Steuer heranzuziehen.

f) Über die Berechnung der Steuer für einen praktischen Fall, in dem sich in dem Nachlaß landwirtschaftliche Grundstücke, ein mit Hypotheken nebst Stückzinsen belastetes Wohnhaus und Hausgerät usw., welches steuerfrei bleibt, befinden, der Nachlaß gleichzeitig mit Vermächtnissen belastet ist, vgl. BlfBF. 1908 S. 193 und 225.

Zu Absatz 2.

18. Der Absatz 2 des § 29 stellt bezüglich eines besonderen Falles für die steuerliche Behandlung einen von dem bürgerlichen Recht in gewisser Beziehung abweichenden Grundsatz auf. Wenn durch den Anfall eine Vereinigung von Recht und Verbindlichkeit oder von Recht und Belastung herbeigeführt wird, wie solches der Fall ist, wenn Erbe und Erblasser für Recht und Verbindlichkeit oder für Recht und Belastung einander gegenüberstehen, so erlischt nach bürgerlichem Recht das bezügliche Rechtsverhältnis ohne weiteres und kann demnach für den Nachlaß als solches nicht weiter in Frage kommen: es kann einerseits nicht von einem Erwerbe des Erben und andererseits nicht von einer Belastung der Erbschaft die Rede sein. Dennoch ist die Vereinigung von Recht und Verbindlichkeit oder von Recht und Belastung für die durch den Erbfall herbeigeführte Umgestaltung in der wirtschaftlichen Lage der Beteiligten im ganzen immerhin von einer tatsächlichen Bedeutung; sie übt in Wirklichkeit einen Einfluß nach der aktiven oder nach der passiven Seite hin auf die Bereicherung des Erben, also auf das für die Steuerpflicht nach Abs. 1 des Paragraphen wesentliche Moment, aus. Danach konnte es aber nur gerechtfertigt erscheinen, eine Steuerpflicht durch eine besondere gesetzliche Vorschrift, wie sie der Abs. 2 des Paragraphen gibt, zu begründen oder zweifellos außer Frage zu stellen. Übrigens läßt auch das BGB. für eine Reihe von Einzelheiten in der gleichen Weise, wie das RESt G. in steuerlicher Beziehung allgemein, die durch Vereinigung von Recht und Verbindlichkeit oder von Recht und Belastung erloschenen Rechtsverhältnisse als nicht erloschen gelten, so nach den Vorschriften in den §§ 1976, 1991, 2143, 2175, 2377; die bezügliche Bestimmung des REStG. bewegt sich danach keineswegs vollkommen außerhalb des Rahmens des bürgerlichen Rechts.

19. Die weitere Behandlung der durch Vereinigung von Recht und Verbindlichkeit oder von Recht und Belastung an sich erloschenen aber für die Besteuerung nicht als erloschen geltenden Rechtsverhältnisse, so die Wertermittelung für dieselben, die Berechnung der Erbschaftssteuer usw. vollzieht sich ganz in der gleichen Weise wie bei den übrigen regelrechten Aktivis und Passivis der steuerpflichtigen Masse; es finden lediglich die allgemeinen Regeln ohne alle Einschränkung je nach den Sonderheiten des einzelnen Falles Anwendung und gilt das bezüglich dieser Ausgeführte auch hier.

Zu Absatz 3.

20. In dem Abs. 3 des § 29 werden einzelne bestimmte Verbindlichkeiten als bei Berechnung der Steuer abzugsfähig besonders herausgehoben. Zweck dieses Heraushebens ist wohl wesentlich eventuell mögliche Zweifel von vornherein auszuschließen. Voraussetzung für die Anwendbarkeit der Bestimmung bleibt es dabei immer, daß es sich im einzelnen Fall tatsächlich um eine Nachlaßverbindlichkeit handelt; es greift dementsprechend das oben Note 12 zu diesem Paragraphen Ausgeführte auch hier Platz. Ist beispielsweise kraft der besonderen Rechtslage des Falles ein Dritter am Nachlaß überhaupt nicht Beteiligter zur Tragung der Beerdigungskosten des Erblassers verpflichtet, so kann der Nachlaß dafür in keiner Weise in Frage kommen und selbstredend der bezügliche Aufwand des Dritten von der steuerpflichtigen Masse nicht in Abzug gebracht werden.

21. Eine Erweiterung dem bürgerlichen Recht gegenüber enthält der Abs. 3 des Paragraphen bezüglich der Beerdigungskosten und zwar in doppelter Beziehung, einmal nämlich, indem er schlechthin von „Kosten der Beerdigung des Erblassers" spricht, während nach § 1968 BGB. der Erbe nur die „Kosten der standesmäßigen Beerdigung des Erblassers" zu tragen hat (vgl. oben Note 11 zu diesem Paragraphen). Diese Ausdehnung ist zur Vermeidung von Weiterungen vorgenommen, wie schon in der Begründung ausgeführt worden, vgl. oben Note 8. Die zweite Erweiterung liegt in der Zufügung der Worte „einschließlich der Kosten der landesüblichen, kirchlichen und bürgerlichen Leichenfeierlichkeiten und der Kosten eines angemessenen Grabdenkmals"; sie ist erst durch den Reichstag bei der kommissarischen Beratung vorgenommen. Nach dem Kommissionsbericht des Reichstags war der durch Annahme gebilligte Zweck der Änderung, „Differenzen der Behörden mit den Steuerpflichtigen, wie sie in der Praxis oft beobachtet worden seien, für die Zukunft möglichst auszuräumen"; auch war bei dem Antrag ferner betont, „daß es dringend wünschenswert sei, daß die Erbschaftsämter im Wege der Instruktion angewiesen würden, jede unnötige Belästigung der Steuerpflichtigen durch allzu kleinliches Vorgehen zu vermeiden".

22. Einen für die Praxis bedeutsamen Fall bilden hier wiederum die Forderungen, welche für den Unterhalt und die Verpflegung des Erblassers geltend gemacht werden. Das Gesetz hebt diese Forderungen in keiner Weise besonders hervor; es ist deshalb auch keine Veranlassung — etwa unter Berücksichtigung scheinbarer Billigkeitsgründe — gegeben, dieselben irgend wie anders wie jede sonstige Erbschaftsschuld zu behandeln. Behufs Anerkennung derartiger Forderungen als Nachlaßverbindlichkeiten muß überzeugend nachgewiesen sein, daß nach Vereinbarung bzw. dem übereinstimmenden Willen von Erblasser und Fordernden die Verpflegung usw. des Erblassers gegen Entgelt und zwar gegen Entgelt in der geforderten Höhe geleistet werden sollte und geleistet worden ist. Irgend welche Erleichterungen sind bei diesem Anlaß nicht zuzulassen (übereinstimmend hiermit Schreiben des Großherz. hess. Finanzministeriums vom 30. August 1907). Ein Fall, in welchem einer Person ein Vermächtnis von 2000 Mk. ausgesetzt war, zu welchem der Erblasser auf seinem Krankenlager geäußert, daß sie 1000 Mk. von den ausgesetzten 2000 Mk. für die Pflege haben solle, ist nach einer Verf. PrFM. vom 20. März 1911 III 4858 dahin zu verstehen, daß die Bedachte eine besondere Vergütung für die Pflege nicht solle fordern dürfen, daß vielmehr das Vermächtnis in der Höhe von 1000 Mk. als Belohnung für die Pflege anzusehen sei; gleichwie aber nach § 56 Abs. 2

REStG. die Schenkungsabgabe auch von Schenkungen zu entrichten sei, die zur Belohnung gemacht würden, ebenso seien Vermächtnisse nicht deshalb von der Erbschaftssteuer befreit, weil der Erblasser sich zur Errichtung der Vermächtnisse durch Dienste veranlaßt gefühlt habe, die ihm von den Vermächtnisnehmern geleistet wurden. Durch einen Beschl. d. Bayr. VGH. vom 24. Mai 1909 (vgl. nebst Begründung BlfVF. 1909 S. 276) ist, wenn Abkömmlinge Eltern Unterhalt gewähren, auf Grund des § 685 Abs. 2 BGB. im Zweifel anzunehmen, daß die Absicht fehlt, von dem Empfänger Ersatz hierfür zu verlangen; solche Aufwendungen dürfen hiernach bei Beerbung des Abkömmlings auch nicht von dem steuerpflichtigen Betrage als Nachlaßschulden in Abzug gebracht werden, wenn keine genügenden Anhaltspunkte dafür bestehen, daß der Wille, Ersatz für den Abkömmling zu gewähren, zur Zeit der Unterhaltsgewährung vorhanden war. Hierzu sind noch verschiedene im allgemeinen mit dem Vorausgeführten im Einklang stehende Verfügungen ergangen: Ansprüche der fraglichen Art sind nicht zum Abzug zuzulassen, wenn der testamentarisch Bedachte, ohne sich vertragsmäßig verpflichtet zu haben, dem Erblasser die Dienste oder Pflegeleistungen aus verwandtschaftlicher Rücksicht oder im Hinblick auf die Erbanwartschaft gewährt hat; Verf. BdStd. vom 28. Januar 1908 Nr. 3093 und Verf. BdFM. vom 31. Januar 1908 Nr. 1205. Wenn die im Testament ausgesetzte Vergütung für geleistete Dienste reichlicher bemessen ist, als üblicher Belohnung entspricht, ist sie teilweise steuerpflichtig; Verf. BdStd. vom 14. Februar 1908 Nr. 5247. Keine Nachlaßverbindlichkeiten sind Verpflegungskosten, die in Erwartung der Schadloshaltung durch Erwerb von Todes wegen aufgewendet sind, Verf. SFM. vom 20. Juni 1907 Nr. 3097; andererseits sind in einem Falle durch Verf. SFM. vom 4. April 1908 Nr. 1435 die Kosten der Verpflegung und des Unterhalts des Erblassers als Nachlaßschulden anerkannt, weil aus den Umständen zu entnehmen war, daß die Aufwendungen nicht unentgeltlich in Erwartung der Erbschaft erfolgt waren, sondern den späteren Erben ein Forderungsrecht auf Ersatz seiner Auslagen und Bezahlung seiner Dienstleistungen schon bei Lebzeiten des Erblassers zustand. Nicht abzugsfähig ist Entgelt für Dienstleistungen, die in kinderähnlichem Verhältnisse annehmbar ohne eigentlichen Lohnanspruch geleistet sind; Verf. SFM. vom 30. März 1910 Nr. 1597. Den Aufwendungen für Unterhalt und Verpflegung sind sonstige in derselben Weise gemachte Leistungen gleichzustellen. Grundsätzlich ist davon auszugehen, daß nur die mit oder wegen der Erbschaft übernommenen Nachlaßverbindlichkeiten nicht aber die zu deren Erlangung gemachten Aufwendungen abzugsfähig sind. Die von dem Erben mit Rücksicht auf eine zu erwartende oder bereits erfolgte Erbeseinsetzung freiwillig übernommenen Leistungen geben ihm keinen klagbaren Ersatzanspruch gegen den Erblasser oder gegen dessen Nachlaß und gehören mithin nicht zu den Nachlaßverbindlichkeiten; vgl. Urt. d. RG. vom 8. Juni 1893 (RGE. Bd. 31 S. 282; PrZBl. 1893 S. 272) und Urt. d. RG. vom 16. April 1901 (GruchotsBeitr. Bd. 45 S. 953; PrZBl. 1901 S. 186); desgleichen Verf. PrFM. vom 30. April 1910 III 7753. Nähere Ausführungen hierzu bei Josefski Anm. 11 zu §§ 28—30.

23. Auch hier greifen die oben in Note 17 angezogenen näheren Nachweise Platz. Wir wollen dazu noch einige Spezialfälle herausgreifen:

a) Zu den Schulden und Lasten, welche in Abzug kommen, sind nur diejenigen zu zählen, welche der Erbe zu übernehmen rechtlich verpflichtet ist (Urt. d. RG. vom 11. Dezember 1879; JW. 1880 S. 56; GruchotsBeitr. Bd. 24

S. 1083). [Nach einer von U. Hoffmann, 2. Aufl. Anm. 4 b zu § 29 angeführten Verf. PrFM. vom 18. Dezember 1908 III 20646 sind nichtige Vermächtnisse und Auflagen, abgesehen von Fällen vergleichsweiser Anerkennung nicht abzugsfähig.] Dementsprechend sind die Kosten der Instandhaltung des Grabes des Erblassers, wenn der Erbe zu der Übernahme derselben nicht letztwillig verpflichtet war, die Leistung vielmehr freiwillig auf sich genommen hatte, als abzugsfähige Nachlaßverbindlichkeiten nicht anzuerkennen.

b) Sind aus der Erbschaftsmasse zu derselben gehörige Wertpapiere auf einen der Erben in der Weise übergegangen, daß für diesen Übergang der Beschaffungsstempel zu entrichten war (Urt. d. RG. vom 26. Januar 1904; RGE. Bd. 56 S. 430), so ist der tatsächlich gezahlte Anschaffungsstempel als Nachlaßverbindlichkeit von der zu versteuernden Erbschaftsmasse abzusetzen: Verf. des Reichskanzlers (Reichsschatzamt) vom 6. Januar 1908 II 10 178/07. Dementsprechend dürfte auch, wenn durch die Nachlaßregelung bei einer Mehrheit von Erben die Veräußerung eines Grundstücks notwendig geworden ist, die Wertzuwachssteuer, die anläßlich solcher Veräußerung zu entrichten wäre, zu den Kosten der Nachlaßregelung zu zählen und als abzugsfähige Nachlaßverbindlichkeit anzusehen sein.

c) Bei Berechnung des von dem Werte der Substanz in Abzug zu bringenden Wertes des Nießbrauches sind die dem Nießbraucher zur Last fallenden Zinsen der auf den Nachlaßgrundstücken haftenden Hypotheken und sonstigen Schulden zu berücksichtigen und zwar nach dem Zinsfuße, zu welchen sie tatsächlich verzinst werden, nicht etwa nach dem Normalsatz des § 20; vgl. Urt. d. RG. vom 11. Juni 1894 (RGE. Bd. 33 S. 328; JW. 1894 S. 445 Nr. 79). Sind in einem derartigen Fall auf eine Hypthekschuld, die auf einem Nachlaßgrundstück ruht, vertragsmäßig regelmäßige Abträge zu zahlen, so können diese Abträge bei der Wertberechnung nicht mit berücksichtigt werden, weil dem Nießbraucher eine gesetzliche Verpflichtung zur Zahlung dieser Abträge nach Maßgabe des § 1047 BGB. nicht obliegt.

d) Die Kosten der Veräußerung von Nachlaßgegenständen, die ein Alleinerbe vornimmt, speziell auch die Vergütung, welche einem Verkaufsvermittler zu zahlen ist, können nicht in Absatz gebracht werden, da dieselben als nach dem Tode des Erblassers enstandene den gemeinen Wert der Masse und die Bereicherung des Erben nicht vermindert haben, auch zu den Kosten der Verlassenschaftsbehandlung als über den Rahmen einer solchen hinausgehend nicht zu rechnen sind; vgl. Entsch. d. Bayr. VGH. vom 20. November 1906 (BlfBF. 1907 S. 142).

e) Verpflichtung Erbschaftssteuer zu zahlen ist keine Nachlaßverbindlichkeit; Verf. SFM. vom 15. August 1908 Nr. 3485.

f) Zu den Kosten der Beerdigung des Erblassers bzw. denen der Leichenfeierlichkeiten sind die Reisekosten des Trauergefolges, die lediglich durch Teilnahme an der Beerdigung entstanden sind, nicht zu rechnen; dieselben sind folgeweise nicht als abzugsfähige Nachlaßverbindlichkeit anzusehen.

g) Die Anwaltsgebühren für den Abschluß eines Vergleichs zwischen den gesetzlichen oder testamentarischen Erben oder sonstigen Erbberechtigten (über ihr Erbrecht bzw. ihre Anteile) und die sonstigen dadurch etwa erwachsenen Kosten sind nicht zu den Kosten der Regelung des Nachlasses zu zählen; sie bilden keine abzugsfähige Nachlaßverbindlichkeit. [Nach einer von U. Hoffmann, 2. Aufl. Anm. 7 zu § 29 angezogenen Verf. PrFM. vom 7. Januar 1909 III 22454/08 sind Prozeßkosten nicht als abzugsfähig anzusehen, wenn ein Rechtsstreit nicht für die Masse, sondern um ein Recht auf den Erwerb der Masse geführt worden ist, obwohl die Bereicherung durch die Kosten geschmälert wird.]

h) Als Kosten der Regelung des Nachlasses sind allgemein nur diejenigen Kosten anzusehen, welche tatsächlich für die Regelung des Nachlasses als solchen aufzuwenden sind, also nur diejenigen Kosten, welche entstehen, um den Nachlaß in entsprechender Weise an diejenigen auszuantworten, die an demselben berechtigt sind, um also die Bereicherung wie sie für die Steuerpflicht in Frage kommt, zu vollziehen. Es gehören dazu aber nicht auch diejenigen Kosten, welche lediglich bedingt sind, um den Nachlaß für den oder die Erben nach der Eigenart derselben nutzbar zu machen. Die Kosten der Veräußerung von Nachlaßgegenständen werden demnach als Nachlaßverbindlichkeiten nur anzuerkennen sein, wenn sie, speziell mangels barer Mittel, notwendig waren, um Erbschaftsschulden zu bezahlen, Vermächtnisnehmer zu befriedigen usw. oder die Ausgleichung unter den Erben herbeizuführen, nicht aber wenn die Veräußerung ausschließlich im Interesse eines Erben vorgenommen wurde und für die Nachlaßregelung und -verteilung keine Bedeutung hatte, so beispielsweise, wenn der Erbe die ihm angefallenen Gegenstände nicht in eigene Nutzung nehmen kann und sie deshalb veräußert werden; auch eine Veräußerung, welche behufs Entrichtung der Erbschaftssteuer sich als notwendig gezeigt, würde zu letzterem zu rechnen sein. Ob die Veräußerung im fraglichen Falle durch einen Testamentsvollstrecker erfolgt oder nicht, ist ohne Einfluß. Vgl. auch die oben unter d angeführte Entsch. d. Bayr. VGH.

§ 30.

Ist eine Zuwendung unter einer Auflage gemacht, die in Geld veranschlagt werden kann, so ist die Zuwendung nur insoweit steuerpflichtig, als sie den Wert der Leistung übersteigt.

1. Der § 30 hat die jetzige Fassung erst durch den Reichstag erhalten. In dem Entwurf der Bundesregierungen lautete er: „Ist eine Zuwendung unter einer Auflage gemacht, die in Geld veranschlagt werden kann, so kommt der Wert der Leistung von der Zuwendung in Abzug." Vom Reichstage ist die Fassung in der fraglichen Weise geändert, um klarzustellen, „daß die Steuerbehörde beweispflichtig ist, wenn sie behaupten will, daß in dem hier vorgesehenen Falle der Wert der Zuwendung den Wert der Leistung des Bedachten übersteigt" (Kommissionsbericht).

2. In der Begründung des Gesetzes ist zu diesem Paragraphen folgendes ausgeführt:

„Die Vorschrift findet auf den einem Testamentsvollstrecker als Vergütung für seine Tätigkeit durch Verfügung von Todes wegen zugewandten Betrag Anwendung; letzterer ist somit steuerpflichtig, wenn und insoweit nach den Umständen angenommen werden kann, daß der Wert der Zuwendung denjenigen der Leistung übersteigt." In einem Urt. d. RG. vom 8. Januar 1892 (PrZBl. 1892, S. 94) war bereits ausgesprochen, das durch den Erblasser festgelegte Honorar des Testamentsvollstreckers habe, soweit es die Vergütung für die von dem Testamentsvollstrecker aufzuwendende Mühewaltung überschreite, den Charakter eines Vermächtnisses und unterliege insofern der Erbschaftssteuer.

3. Als Zuwendung kann hier jeder Erwerb von Todes wegen in Frage kommen und ist es ebenmäßig gleichgültig, auf welchen oder auf einen wie gearteten Gegenstand sich die Zuwendung bezieht. Die Wertermittelung für den bezüglichen Erwerb hat vollständig nach den allgemeinen Regeln zu erfolgen.

4. Bezüglich der Auflage kommt wiederum dasjenige, was oben in Note 9 zu § 29 ausgeführt wurde, in einer entsprechenden Weise zur Anwendung. Die Auflage muß einmal durch den Anfall begründet und mit demselben existent werden. Die Auflage muß ferner die rechtliche Verpflichtung zur Erfüllung für den mit der Zuwendung Bedachten enthalten; sofern der Erblasser keine rechtliche Verpflichtung auferlegt, sondern nur die Erwartung oder den Wunsch auf Erfüllung der Auflage ausgesprochen hat, greift die Bestimmung des § 30 nicht Platz; der Bedachte kann in letzterem Fall die Auflage lediglich nach seinem freien Willen erfüllen; wenn er dieses aber tut, so kann er den Wert von der Zuwendung nicht in Abzug bringen. Daß die Auflage bereits vollzogen ist, bildet keine Voraussetzung für die entsprechende Berücksichtigung derselben; es genügt das rechtswirksame Bestehen, wie es vorstehend gekennzeichnet wurde. [Damit im allgemeinen übereinstimmend U. Hoffmann, 2. Aufl. Anm. 2 b zu § 30, wenn er verlangt, daß die Erfüllung der Leistung gesichert oder wenigstens zu erwarten sein müsse; desgleichen aber auch Dr. A. Hoffmann, den U. Hoffmann nicht richtig auslegt, da er nicht nur Möglichkeit, sondern auch Wirksamkeit der Auflage voraussetzt.] Die Auflage muß endlich vom Erblasser bestimmt bezeichnet sein und einen Vermögenswert enthalten, d. h. sie muß in Geld abschätzbar sein. Im übrigen kann die Auflage sowohl ein Tun wie auch ein Unterlassen zum Gegenstande haben und sind Beschränkungen in dieser Beziehung nicht gegeben; wenn in der Begründung der Gesetzesvorschrift nur die Zuwendung an den Testamentsvollstrecker herausgehoben ist (vgl. oben Note 2), so hat damit keineswegs gesagt sein sollen, daß diese den einzigen hier möglichen Fall abgeben könne; es ist vielmehr lediglich ein Hauptfall herausgegriffen. Der Auflage der Testamentsvollstreckung stehen beispielsweise gleich die Auflagen zur Unterhaltung und Pflege von Gräbern, zur Verrichtung von Gebeten, zum Lesen von Messen usw.; auch die dem Erben auferlegte Verpflichtung, die Erbschaftssteuer für Vermächtnisse zu entrichten, gehört hieher. Auch nicht rechtsfähige Vereine werden steuerpflichtig; Verf. BdStd. vom 7. Juli 1908 Nr. 8003.

5. Die Auflage als solche bestimmt sich im übrigen nach den Vorschriften des BGB., dessen § 1940 folgende Begriffsbestimmung gibt:

„Der Erblasser kann durch Testament den Erben oder einen Vermächtnis„nehmer zu einer Leistung verpflichten, ohne einem Anderen ein Recht auf „die Leistung zuzuwenden (Auflage)."

Die Zulässigkeit der Auflage im Erbvertrag spricht sodann der § 1941 BGB. aus. Die weiteren Einzelheiten bezüglich der Auflage sind im fünften Titel des Abschnitts III des fünften Buches des BGB. in den §§ 2192—2196 gegeben.

6. Die Anrechnungsfähigkeit einer Auflage wird dadurch ausgeschlossen, daß der mit derselben Beschwerte schon sowieso aus irgend einem anderen Rechtsgrunde zu der in der Auflage bezeichneten Leistung verpflichtet ist. Grundsätzlich übereinstimmend liegt der Fall, wenn einer für gewisse festliegende Zwecke errichteten Stiftung, Anstalt usw. eine Zuwendung mit der Bestimmung, dieselbe für die fraglichen Zwecke zu ver-

wenden, gemacht ist; auch hier ist die Anrechnungsfähigkeit ausgeschlossen, weil die Stiftung oder Anstalt die Zuwendung schon ohne weiteres in der fraglichen Weise zu verwenden hatte: anerkannt in der Verf. SFM. vom 27. November 1907 Nr. 5348, vom 7. Dezember 1907 Nr. 5433 und vom 15. Juni 1909 Nr. 2669. Ebenmäßig wird man von einer Anrechnung abzusehen haben, wenn die Auflage lediglich den Interessen des mit derselben Beschwerten dient, der Beschwerte mithin die Auflage zu eigenen Gunsten auszuführen hat; hier findet dadurch, daß die Auflage selbst und der Vorteil aus der Auflage die gleiche Person treffen, eine Ausgleichung statt.

7. Der Wert der Zuwendung und der Wert der Auflage sind je für sich zu ermitteln und festzustellen und sodann gegeneinander auszugleichen. Die Wertfestlegung vollzieht sich im übrigen nach den allgemeinen Grundsätzen, doch ist besonders hervorzuheben, daß die Steuerbehörde an etwaige in dieser Beziehung getroffene Bestimmungen des Erblassers nicht gebunden ist, sondern stets den wahren Wert der Auflage zu ermitteln hat: vgl. Urt. d. RG. vom 10. Oktober 1881 (GruchotsBeitr. Bd. 26 S. 1135) und Urt. d. RG. vom 8. Januar 1892 (PrZBl. 1892 S. 94). Über die Bewertung der Stiftung eines oder mehrerer jährlicher Seelenämter oder Messen (Anniversarien, Jahrestagstiftungen) sind für Baden besondere Bestimmungen erlassen, welche E. Zimmermann in der Note zu § 30 näher anführt. Nur der Überschuß des Wertes der Zuwendung über den Wert der Auflage ist steuerpflichtig. Bezüglich der Befreiungsvorschrift des § 11 Nr. 1 (Befreiung eines Erwerbes von nicht mehr als 500 Mk.) ist lediglich dieser Überschuß als der tatsächliche Erwerb maßgebend und nicht etwa der Gesamtwert der Zuwendung ohne den Abzug.

XI. Haftung für die Erbschaftssteuer.

Vorbemerkungen zu §§ 31 und 32.

1. Die Haftung für die Steuer hat das RESt G. auf einer breiten, den Staat mit seiner Steuerforderung möglichst sichernden Grundlage geregelt. In erster Linie kommt dabei natürlich der Erwerber des steuerpflichtigen Anfalls — und nach Spezialvorschrift in dem besonderen Fall einer Zuwendung der im § 12 Abs. 1 Nr. 3 bezeichneten Art an dessen Stelle der mit der Zuwendung Beschwerte — in Betracht, welcher als Steuerpflichtiger dem Staat für die Steuer aufzukommen und nach jeder Richtung hin bezüglich des richtigen Eingangs der Steuer zu haften hat. Neben dem steuerpflichtigen Erwerber haftet aber für die Steuer noch: einmal uneingeschränkt die ganze steuerpflichtige Masse, sodann in der Höhe des Wertes des aus der Erbschaft Empfangenen der Erbe, bzw. auch der Miterbe als Gesamtschuldner und endlich, aber nur bedingungsweise und subsidiär, der gesetzliche Vertreter sowie der Bevollmächtigte der Steuerpflichtigen und die weiter im § 32 aufgeführten, an der Erbschaftsregelung beteiligten Personen.

2. Eine besondere Regelung der Haftung für die Erbschaftssteuer war namentlich dadurch geboten, daß an sich der Steuerforderung des Staates nur die persönliche, wenn auch öffentlichrechtliche Verpflichtung des Erwerbers des

steuerpflichtigen Anfalls vermöge der unmittelbaren gesetzlichen Anknüpfung der Steuer an den Erwerb gegenübersteht und die Steuer als solche zu den Nachlaßverbindlichkeiten nicht zählt, wie ja schon der Schlußsatz des § 29 Abs. 3 zum Ausdruck bringt; danach konnte aber an sich eine unmittelbare Beitreibung der Steuer aus dem Nachlaß nicht möglich erscheinen: vgl. auch § 29 Note 23 a. E.

§ 31.

Die Erbschaftssteuer ist von dem Erwerber, bei einer Zuwendung der im § 12 Abs. 1 Nr. 3 bezeichneten Art jedoch von dem mit der Zuwendung Beschwerten zu entrichten. Im letzteren Falle kann die Steuer, sofern sich nicht aus der Anordnung ein anderes ergibt, auf die Zuwendung angerechnet werden. Für die Steuer haftet die ganze steuerpflichtige Masse; auf Verlangen muß aus dieser in den Fällen der §§ 21 bis 23 Sicherheit geleistet werden.

Neben dem Erwerber oder dem mit der Zuwendung Beschwerten (Abs. 1) haftet der Erbe in Höhe des Wertes des aus der Erbschaft Empfangenen für die Steuer als Gesamtschuldner. Sind mehrere Erben vorhanden, so haftet jeder in gleicher Weise auch für die von den Miterben zu entrichtende Steuer. Auf Nachforderungen erstreckt sich diese Haftung nicht.

Absatz 1.

1. Der Steuerpflichtige bezüglich der Erbschaftssteuer ist der Erwerber des steuerpflichtigen Anfalls, dessen Steuerpflicht sich ganz nach den allgemeinen Grundsätzen bestimmt. Der Erwerber ist daher der alleinige Schuldner der Erbschaftssteuer, er ist ein Schuldner kraft öffentlichrechtlicher Verbindlichkeit, wie sie durch das Erbschaftssteuergesetz begründet worden ist. Die notwendige Folge hiervon ist, daß der Erwerber dem Staat gegenüber stets und unbedingt allein zur Zahlung der Steuer verpflichtet wird und bleibt, daß mithin letztwillige Verfügungen des Erblassers oder Vereinbarungen der an einer Erbschaft Beteiligten, durch welche eine anderweite Regelung bezüglich der Entrichtung der Erbschaftssteuer festgestellt worden ist, an jener Verpflichtung des Erwerbers als einer öffentlichrechtlichen nichts ändern und den Staat in keiner Weise beschränken oder binden können. Letztwillige Verfügungen und Vereinbarungen der fraglichen Art sind als solche, sofern ihnen nicht sonst ein Mangel anhaftet, in privatrechtlicher Beziehung vollkommen rechtsgültig und können demnach einen privatrechtlichen Anspruch des Steuerpflichtigen gegen die mit der Steuerzahlung Beschwerten auf Schadloshaltung begründen; sie sind aber dem Staat gegenüber, welcher sich nur an den Steuerpflichtigen zu halten hat und zu halten braucht, ohne Rechtswirkung. Das lediglich die eigentliche Haftung für die Steuer betreffende Vorausgeführte schließt aber nicht aus, daß bei der Steuerfestsetzung und der Steuererhebung den tatsächlichen Verhältnissen, wie sie durch besondere Festsetzungen des Erblassers über die Tragung der Erbschaftssteuer gegeben sind, in gewisser Weise Rechnung getragen wird, zumal jene

Festsetzungen privatrechtlich vollständig gültig sind; es trifft dieses namentlich insofern zu, als durch eine die Steuer für die Vermächtnisse dem Erben auferlegende Verfügung des Erblassers eine Erhöhung der Vermächtnisse und eine Leistung des Erben vermittelst Auflage begründet wird; vgl. oben Note 16 zu § 29 und Note 4 zu § 30.

2. Die Pflicht des Erwerbers zur Entrichtung der Steuer stellt sich als eine vollgültige persönliche Verbindlichkeit desselben dar, welche mit dem Nachlaß als solchem in einer weiteren Verbindung nicht steht und mithin vom letzteren vollständig unabhängig ist. Der Anspruch auf Erfüllung der Verbindlichkeit richtet sich demnach nicht nur gegen das aus dem Nachlaß Erworbene oder gar nur gegen das von dem so Erworbenen noch Vorhandene, sondern ohne jede Beschränkung gegen das gesamte Vermögen des Erwerbers, also auch gegen dasjenige, was er außer dem Nachlaß noch besitzt. Bei einer eventuellen zwangsweisen Durchführung seiner Steuerforderung kann der Staat ohne weiteres auf das übrige Vermögen des Erwerbers greifen, ebenso aber auch auf das zum Nachlaß gehörige Vermögen, soweit es bereits Vermögen des Erwerbers geworden ist; handelt es sich um einen Steueranspruch gegen einen Miterben, so wird man sich an das Nachlaßvermögen des letzteren erst nach erfolgter Auseinandersetzung, bis zu welcher nach § 2032 BGB. der Nachlaß gemeinschaftliches Vermögen der Erben ist, vorher aber nur an den Anteil am Gesamtnachlaß halten können. Ob der Erwerb auf Erbschaft, oder auf Vermächtnis, oder auf sonstigem Grund beruht, macht keinen Unterschied aus; der Grundsatz ist stets entsprechend zur Anwendung zu bringen. Von dem Vermächtnisnehmer kann beispielsweise die Steuer aus dem bisherigen Vermögen desselben, oder aus dem ihm bereits überantworteten Vermächtniserwerb, oder durch Pfändung des Vermächtnisanspruchs beigetrieben werden.

3. Die Steuer ist von dem Erwerber zu entrichten. Das tatsächliche Vorhandensein eines Erwerbers und zwar eines bestimmten Erwerbers, da es sich um eine persönliche Verpflichtung handelt, ist also stets die Voraussetzung für die Entstehung der Verpflichtung zur Steuerentrichtung. Ist die Person des Erwerbers noch nicht gewiß, weil die Annahme der Erbschaft noch nicht feststeht oder weil der Erbe unbekannt ist, so ist ein Verpflichteter für die Steuerentrichtung noch nicht gegeben. Wird die Erbschaft bzw. das Vermächtnis innerhalb der gesetzten Frist rechtsgültig ausgeschlagen, so kann in dem regelmäßigen Fall, wenn es sich lediglich um eine Ausschlagung — also um eine reine Ausschlagung ohne weitere Bestimmung oder um eine Ausschlagung lediglich zugunsten der nächsten Berechtigten, an die der Anfall schon kraft Gesetzes ohne diese Bestimmung gelangen würde, — handelt, von einem Erwerb des Anfalls und dem Entstehen einer Verpflichtung zur Steuerentrichtung nicht die Rede sein. Anders stellt sich aber die Sache, wenn die Ausschlagung zugunsten eines Dritten, an den der Anfall beim Wegfall des Ausschlagenden nicht ohne weiteres gesetzlich kommen würde, vorgenommen wird; hier liegt in der besonders gestalteten Ausschlagung ein Erwerb des Anfalls durch den Ausschlagenden verbunden mit einer Schenkung des letzteren an den Dritten; dementsprechend ist in diesem Falle der Ausschlagende als Erwerber anzusehen und zur Entrichtung der Steuer verpflichtet. Da das Recht des Erben, die Erbschaft auszuschlagen, nach § 1952 Abs. 1 BGB. vererblich ist, so haben, wenn ein Erbe vor Ablauf der Ausschlagungsfrist ohne Erklärung über die Ausschlagung verstirbt, die Erben dieses Erben, sofern sie die eigene Erbschaft annehmen und von dem auf sie übergegangenen Aus-

schlagungsrecht bezüglich der früheren Erbschaft keinen Gebrauch machen, eine doppelte Steuerpflicht zu erfüllen, nämlich einmal die Steuerpflicht, welche ihrem Erblasser aus dem an ihn gelangten Anfall durch den Nichtgebrauch des Ausschlagungsrechts entstanden sein würde und welche auf sie übergegangen bzw. mit ihrem Nichtgebrauch des Ausschlagungsrechts rechtsgültig geworden ist, nach Maßgabe des Verhältnisses ihres Erblassers zu dem ursprünglichen Erblasser, und sodann die Steuerpflicht aus dem gesamten Anfall von ihrem Erblasser nach Maßgabe ihres Verhältnisses zu diesem Erblasser; der Vermögenszuwachs, auf den sich die erstere Steuerpflicht bezieht, der Anfall des ersten Erblassers an den zweiten, ist in den letzteren Gesamtanfall einzurechnen, jedoch ist dabei das nach der erstberührten Steuerpflicht zu zahlende, da es aus einer Nachlaßverbindlichkeit gezahlt wird und dementsprechend den zweiten Anfall kürzt, in Absatz zu bringen, weil der § 29 Abs. 3 Schlußsatz keine Anwendung finden kann. Wenn es sich in gleicher Weise um ein Vermächtnis handelt, so tritt dieselbe Sachbehandlung ein, da nach § 2180 Abs. 3 BGB. die für die Ausschlagung einer Erbschaft geltende Vorschrift des § 1952 Abs. 1 bei Vermächtnissen entsprechende Geltung hat. Vgl. hierzu Stützel, Erbschaftsausschlagung zugunsten eines Anderen und Steuerpflicht (BlfBF. 1911 S. 41). — Bei Erläuterung der Haftung des Erwerbers sagt der Bericht der Reichstagskommission (S. 51): „Sei der Erwerber unbekannt, so könne auf Antrag der Steuerbehörde nach den §§ 1960, 1961 BGB., gegebenenfalls auch nach § 1913 daselbst ein Pfleger bestellt werden." Der auf diese Weise ernannte Nachlaßpfleger steht dem Erwerber nicht gleich, er haftet lediglich nach Maßgabe des § 32.

4. Die Ausnahmebestimmung, daß bei einer Zuwendung der in § 12 Abs. 1 Nr. 3 bezeichneten Art (Zuwendungen, die ausschließlich kirchlichen, mildtätigen oder gemeinnützigen Zwecken innerhalb des Deutschen Reiches oder der deutschen Schutzgebiete gewidmet sind, sofern die Verwendung zu dem bestimmten Zweck gesichert und die Zuwendung nicht auf einzelne Familien oder bestimmte Personen beschränkt ist) die Erbschaftssteuer nicht von dem Erwerber, sondern von dem mit der Zuwendung Beschwerten zu entrichten ist, und die daran sich unmittelbar anschließende Bestimmung des zweiten Satzes im Abs. 1 des Paragraphen, daß in dem letzteren Fall die Steuer, sofern sich nicht aus der Anordnung ein anderes ergibt, auf die Zuwendung angerechnet werden könne, sind durch den Reichstag in das Gesetz eingeschaltet worden. Nach dem Kommissionsbericht (Drucksachen des Reichstags, 11. Legislaturperiode, II. Session 1905/06 Nr. 360 S. 51) ist vom Berichterstatter zur Rechtfertigung folgendes bemerkt: „In den Fällen des § 14 Nr. 3 (jetzt § 12 Abs. 1 Nr. 3) handle es sich um Zuwendungen für die im Zeitpunkt der Steuererhebung vielfach konkrete Destinatäre nicht vorhanden seien; es empfehle sich daher aus praktischen Gründen, hier in erster Linie dem Fiskus gegenüber an Stelle der Destinatäre den mit der Zuwendung Beschwerten haften zu lassen. Der zweite Satz, der dem Beschwerten die Befugnis gebe, die Steuer, sofern sich nicht aus der Anordnung ein anderes ergebe, von der Zuwendung abzuziehen, enthalte allerdings eine materielle Rechtsvorschrift, die streng genommen nicht in das Steuergesetz gehöre, um Zweifel auszuschließen aber doch hier aufgenommen sei."

5. In dem in der vorigen Note berührten Ausnahmefall tritt der mit der Zuwendung Beschwerte vollständig an die Stelle des Erwerbers; er wird zum Steuerpflichtigen und hat die gleiche Pflicht zur Steuerentrichtung wie der Erwerber; er haftet nach seiner persönlichen öffentlichen

Verbindlichkeit in dem gleichen Umfang wie dieser für die Steuer. Das oben in der Note 2 Ausgeführte greift bezüglich des mit der Zuwendung Beschwerten ebenso Platz. In einem den Bundesregierungen mittels Schreibens vom 25. März 1911 II 2553 vom Reichskanzler (Reichsschatzamt) mitgeteilten Urt. d. RG. vom 3. Januar 1911 ist für einen Fall, in dem es sich um eine unter § 12 Abs. 1 Ziff. 3 fallende Schenkung handelte, ausgesprochen, daß der Beschwerte unbedingt die Abgabe zu zahlen habe; sei er damit nicht einverstanden — insbesondere auch dann, wenn die Anrechnung der Steuer auf die Zuwendung durch die Anordnung ausgeschlossen sei und er die Steuer aus eigener Tasche entrichten müßte —, so stehe es ihm frei, die Annahme der Schenkung abzulehnen: erfolge aber die Annahme, so müsse der Beschwerte nach der Sondervorschrift des § 31 Satz 1 die Entrichtung der Steuer bewirken.

6. Die Bestimmung, daß für die Steuer die ganze steuerpflichtige Masse haften solle, steht in einem gewissen Widerspruche zu der sonst in steuerlicher Beziehung vorgeschriebenen getrennten Behandlung jedes einzelnen Anfalls oder Erwerbes (vgl. §§ 28, 29), indem hier die Steuer für den ganzen Erbfall der gesamten steuerpflichtigen Masse aus demselben als Ganzes gegenübergestellt wird. Von einer steuerpflichtigen Masse und einer Haftung derselben kann aber nur die Rede sein, wenn und solange eine solche, und zwar als solche, vorhanden ist. Die Haftung, soweit sie nicht bereits namentlich bezüglich der demnächst zu berührenden Sicherstellungen geltend gemacht ist, fällt also mit der Teilung der Erbschaft und der Ausantwortung der einzelnen Vermögensteile an die Berechtigten weg; es kommt sodann die im Abs. 2 geregelte Haftung der Erben zur praktischen Geltung; and. M. Dr. A. Hoffmann Anm. 2 a zu § 31, nicht aber U. Hoffmann Note 4 zu § 31 [desgleichen auch 2. Aufl. Anm. 3 b zu § 31]. Die Haftung hört bezüglich eines einzelnen Erbschaftsgegenstandes auch auf, sobald er rechtsgültig von der Masse abgetrennt, beispielsweise veräußert oder an einen Vermächtnisnehmer ausgeantwortet ist. [Wie U. Hoffmann, 2. Aufl. Anm. 3 b zu § 31 anführt, ist in der Verf. PrFM. vom 24. Juli 1909 III 11376 anerkannt, daß sich die Haftung nicht mehr auf veräußerte oder einem Vermächtnisnehmer als Vermächtnis ausgeantwortete Gegenstände erstrecke.] Desgleichen kann von einer Haftung nicht die Rede sein bezüglich derjenigen Rechtsverhältnisse, welche infolge des Anfalls durch Vereinigung von Recht und Verbindlichkeit oder von Recht und Belastung erloschen sind, denn der § 29 Abs. 2 gibt nur eine Sonderbestimmung für die Berechnung der Erbschaftssteuer, er kann hier keine Anwendung finden. Die Haftung begründet kein dingliches, gegen jeden Dritten wirksames Recht, desgleichen kein Absonderungsrecht im Konkurse und wird deshalb nur von geringerer praktischer Bedeutung gehalten werden können.

7. Die Haftung umfaßt die ganze steuerpflichtige Masse. Sie ist danach einerseits auf die steuerpflichtige Masse beschränkt. Dementsprechend ist sie, wie schon aus der Natur der Sache folgt, für jeden Erwerb, welcher nach den Bestimmungen in den §§ 5—9 RErbStG. über die räumliche Herrschaft desselben der Erbschaftssteuer überhaupt nicht unterliegt, ausgeschlossen. Sie ist aber ebenso auch ausgeschlossen für den nach § 11 (bzw. auch § 13) RErbStG. von der Erbschaftssteuer befreit bleibenden Erwerb, der sich als steuerfreie Masse darstellt, da im § 11 die Befreiung von der Steuer, wenn sie auch materiell an den Anfall an bestimmte Personen geknüpft ist, doch auf den Erwerb als solchen gestellt ist: daß die befreite Masse der Haftung

nicht unterliege, ist vom Berichterstatter der Reichstagskommission zur Erläuterung des Paragraphen ausdrücklich hervorgehoben: „Es hafte sodann dem Fiskus gegenüber für die ganze Steuer die ganze steuerpflichtige — nicht die befreite — Masse ohne Rücksicht darauf, wem sie zufalle" (vgl. Drucksachen des Reichstags, 11. Legislaturperiode, II. Session 1905/1906 Nr. 360 S. 51); and. M. Dr. A. Hoffmann Anm. 2 a zu § 31: U. Hoffmann Note 4 zu § 31 [desgleichen auch 2. Aufl. Anm. 3 a zu § 31], die unter steuerpflichtiger Masse das der Steuerhoheit des Reichs unterworfene Vermögen ohne Rücksicht darauf, ob es tatsächlich besteuert wird, verstanden wissen wollen. Der Haftung unterliegt aber andererseits die ganze steuerpflichtige Masse, so daß es im übrigen keinen Unterschied ausmacht, an wen der Erwerb der einzelnen Vermögensteile kommt und beispielsweise die den Erben anfallenden Vermögensteile für die Steuer der Vermächtnisnehmer, sowie umgekehrt Vermögensanfälle der Vermächtnisnehmer für die Steuer der Erben haften.

8. Die Haftung bezieht sich stets nur auf die Steuer und nicht auch auf sonstige Verpflichtungen des Steuerpflichtigen oder des Erwerbers gegen den Staat, z. B. nicht auf die gegen Steuerpflichtigen oder Erwerber verhängten Strafen.

9. Die Haftung der ganzen steuerpflichtigen Masse ist ausdrücklich auf die Sicherheitsleistung ausgedehnt, welche die Steuerbehörde bei dem bedingten Erwerb nach § 21 Abs. 1 und bei der bedingten Belastung nach § 22 Abs. 2 verlangen kann. Die Haftung der ganzen steuerpflichtigen Masse ist hier von einer besonderen Bedeutung, weil die individuelle Steuerpflicht erst später und nach ungewisser Zeitdauer eintritt. Die Einzelheiten bezüglich der Sicherheitsleistung sind durch die BRAusfB. im § 28 geordnet. [Nach der von U. Hoffmann, 2. Aufl. Anm. 4 b zu § 31 angeführten Verf. PrFM. vom 17. Juni 1909 III 9903 ist Schuldner der Sicherheitsleistung der Erwerber der steuerpflichtigen Masse, wenn er auch persönlich steuerfrei ist und nicht Schuldner der sicherzustellenden Erbschaftssteuer werden kann.]

Zu Absatz 2.

10. Nach der Vorschrift des Abs. 2 haften neben dem Erwerber die Erben für die Steuer. [Nach der von U. Hoffmann, 2. Aufl. Anm. 5 zu § 31 i. A. angeführten Verf. PrFM. vom 19. April 1910 III 4630 bezieht sich der Absatz 2 auf Erben des Erblassers, nicht des Erwerbers.] Die Haftung ist hier für die Erben als solche ohne weitere Einschränkung aber auch nur für diese ausgesprochen. Dementsprechend bezieht sich die Haftung auf die sämtlichen Erben und es macht keinen Unterschied aus, ob der Erwerb derselben steuerpflichtig oder von der Steuer befreit ist, wie solches besonders in der Erläuterung des Berichterstatters der Reichstagskommission bemerkt, aber auch wohl nicht bestritten ist (vgl. Drucksachen des Reichstags an dem in Note 7 angeführten Ort). Die Haftung ist anderseits auf die Erben beschränkt und erstreckt sich nicht auf sonstige Erwerber von Todes wegen, wie Vermächtnisnehmer, Erwerber einer Schenkung von Todes wegen usw. Die Haftung des Erben vererbt sich weiter auf seine Erben und geht auch auf denjenigen über, welcher durch Erbschaftskauf die Erbschaft erwirbt (§ 2371 ff. BGB.).

11. Die Erben haften neben dem Erwerber als Gesamtschuldner. Es ist wiederum für die Haftung namentlich der § 421 BGB. maßgebend, der lautet:

„Schulden Mehrere eine Leistung in der Weise, daß jeder die ganze „Leistung zu bewirken verpflichtet, der Gläubiger aber die Leistung nur „einmal zu fordern berechtigt ist (Gesamtschuldner), so kann der Gläubiger „die Leistung nach seinem Belieben von jedem der Schuldner ganz oder „zu einem Teile fordern. Bis zur Bewirkung der ganzen Leistung bleiben „sämtliche Schuldner verpflichtet."

Die Erben haften demnach nicht nur als Bürgen, sondern als Selbstschuldner (vgl. Urt. d. RG. vom 9. Dezember 1881; JW. 1882 S. 39); sie haften als Gesamtschuldner nicht nur im Verhältnis zueinander, sondern nach dem Wortlaut der Gesetzesbestimmung auch im Verhältnis zu dem eigentlich Steuerpflichtigen, dem nach Abs. 1 in erster Linie zur Entrichtung der Steuer verpflichteten Erwerber. Als Gesamtschuldner entbehren die Erben der Einrede der Vorausklage und der Teilung.

12. Die Haftung der Erben ist dem Umfange nach eine beschränkte und zwar auf die Höhe des Wertes des aus der Erbschaft Empfangenen. Die Haftung bezieht sich also nicht auf das aus der Erbschaft Empfangene selbst, sondern auf den Wert desselben. Folgeweise macht es keinen Unterschied aus, ob der Erbe noch etwas von der Erbschaftsmasse besitzt oder nicht, und wieviel er aus derselben besitzt. Die Haftung erstreckt sich in der gedachten Höhe auch auf das sonstige Vermögen des Erben. Für die Berechnung des Wertes des aus der Erbschaft Empfangenen ist der Zeitpunkt des Anfalls maßgebend; die steuerfreien Anfälle sind dabei in der gleichen Weise zu berücksichtigen wie die steuerpflichtigen. Wenn das Gesetz den Ausdruck „des aus der Erbschaft Empfangenen" wählt, welcher Ausdruck in dem Berichte der Reichstagskommission (S. 51) mit „des vom Erben aus der Masse Bezogenen" gleichgestellt wird, so ist mit U. Hoffmann Note 6 b zu § 31 [desgleichen auch 2. Aufl. Anm. 5 b zu § 31 mit einer ausführlicheren im allgemeinen anzuerkennenden Begründung] anzunehmen, daß die Haftung des Erben nur in der Höhe der ihm durch den Erbfall tatsächlich zuteil gewordenen wirtschaftlichen Bereicherung stattfinden soll, wie sie sich nach Absatz nicht nur der vom Erblasser herrührenden Schulden und Lasten der Masse, sondern auch der Pflichtteilsansprüche, Vermächtnisse und Auflagen ergibt; and. M. Dr. A. Hoffmann Anm. 4 e zu § 31, welcher die letzteren (Pflichtteilsrechte, Vermächtnisse, Auflagen) nicht abgesetzt wissen will.

13. Die Haftung der Erben besteht bezüglich der Steuer — aber auch nur für diese, es gilt wiederum das in Note 8 Ausgeführte — für jeden Erwerb aus demselben Erbfall. Es ist mithin für die Haftung in einer ähnlichen Weise, wie oben in Note 7 am Schluß ausgeführt, ohne Einfluß, ob es sich um den Erwerb eines anderen Erben, eines Vermächtnisnehmers, eines Erwerbers einer Schenkung von Todes wegen usw. handelt. Die Haftung bezieht sich auch auf denjenigen Erwerb, für welchen die Steuerpflicht erst nach dem Zeitpunkt des Erbfalls eintritt, so auf den bedingten Erwerb, den Erwerb des Vermögens ohne die Nutzung [and. M. U. Hoffmann, 2. Aufl. Anm. 6 Abs. 1 zu § 31; die hier vertretene Ansicht wird dagegen von Dr A. Hoffmann Anm. 4 f zu § 31 geteilt], kraft ausdrücklicher Bestimmung im letzten Satz des Absatzes aber nicht auf Nachforderungen, vgl. unten Note 16. Auch hier wird aber eine Haftung bezüglich derjenigen Rechtsverhältnisse, welche infolge des Anfalls durch Vereinigung von Recht und Verbindlichkeit oder von Recht oder Belastung erloschen sind, nicht in Frage kommen; vgl. oben Note 6.

14. Die selbstverständliche Voraussetzung für die Haftung eines Erben ist daß derselbe tatsächlich bereits Erbe geworden ist. Zeitlich beginnt die Haftung daher mit der Annahme der Erbschaft, bzw. mit dem Ablauf der Ausschlagungsfrist. Der Nacherbe wird erst mit dem Eintritt des Falles der Nacherbfolge Erbe und beginnt deshalb mit diesem Zeitpunkte die Haftung für ihn, welche sich sodann aber auf die ganze noch ausstehende Erbschaftssteuer, also auch auf die bereits früher fällig gewordene, bezieht. Der Vorerbe ist nach dem bürgerlichen Recht stets Erbe, er wird jedoch nach der Sondervorschrift des § 27 RESTG. bezüglich der Wertermittelung usw. seines Erwerbes als Nießbraucher behandelt. Diese letztere, eine Abweichung vom bürgerlichen Recht enthaltene Sondervorschrift geht aber keineswegs so weit, zu bestimmen, daß der Vorerbe stets in steuerlicher Beziehung nur als Nießbraucher angesehen werden solle; ihrem ganzen Charakter nach wird sie auch nicht ausdehnend ausgelegt werden können. Für den § 31 Abs. 2 hat man, da er unbeschränkt von Erben spricht, lediglich das bürgerliche Recht als maßgebend anzunehmen, dementsprechend liegt dem Vorerben die Haftung für die Steuer nach § 31 Abs. 2 ob.

15. Wenn in dem zweiten Satz des Absatzes noch besonders vorgeschrieben, daß unter Miterben jeder in gleicher Weise auch für die von den Miterben zu entrichtende Steuer zu haften habe, so ist dieses nur ein folgerichtiger Schluß aus der Hauptbestimmung über die Haftung des Erben. Es finden hierauf die Ausführungen in den vorigen Noten entsprechende Anwendung.

16. Im letzten Satz des Absatzes ist endlich noch bestimmt, daß sich die Haftung auf Nachforderungen nicht beziehen solle. Nachforderungen sind solche Steuerfestsetzungen, welche nachträglich zur Einbesserung der ursprünglichen, bereits abgeschlossenen Steuerfestsetzung sei es wegen vorgekommener Fehler im Verfahren (unrichtige Wertermittelung, unrichtige Steuerberechnung usw.) sei es wegen nachträglich bekannt gewordener Tatsachen (wie im Fall des § 25) vorgenommen sind. Die Bestimmung ist wohl aus dem Grunde getroffen, um die Haftung der Erben nicht zu sehr auszudehnen und mit der ersten Steuerfestsetzung zu einem festen Abschluß zu bringen.

§ 32.

Gesetzliche Vertreter sowie Bevollmächtigte der Steuerpflichtigen, Testamentsvollstrecker, Nachlaßpfleger und Verwalter von Familienstiftungen haften persönlich für die Steuer, wenn sie die Erbschaft, einzelne Erbteile, Vermächtnisse, Schenkungen, Bezüge aus der Familienstiftung usw. vor der Berichtigung oder Sicherstellung der darauf entfallenden Erbschaftssteuer ausantworten und die Beitreibung von den Steuerpflichtigen nicht erfolgen kann.

Auf Nachforderungen erstreckt sich diese Haftung nicht.

Die Vorschriften der Abs. 1, 2 finden in den Fällen des § 6 auf diejenigen, in deren Gewahrsam sich das Vermögen des Erblassers befindet, entsprechende Anwendung.

1. Die Haftung für die Erbschaftssteuer nach § 32 trifft nur die im ersten Absatz des Paragraphen speziell aufgeführten Personen, deren Kreis sodann für einen bestimmten Fall durch den dritten Absatz noch erweitert wird. Eine analoge Anwendung und Ausdehnung der Haftung auf andere Personen ist ausgeschlossen; es kann namentlich nicht daran gedacht werden, die Haftung auf einen jeden zu erstrecken, welcher Nachlaßgegenstände irgendwie in Gewahrsam hatte.

2. Gesetzliche Vertreter der Steuerpflichtigen sind diejenigen Personen, welche ohne weiteres durch Gesetz zur Vertretung berufen sind, welche ihre Vertretungsbefugnis auf das Gesetz stützen, so beispielsweise nach § 1630 BGB. der Vater für ein eheliches Kind, desgleichen die Mutter nach § 1686, der Vormund für den Mündel nach § 1793 BGB., der Pfleger nach § 1915 BGB. usw.; der Ehemann ist nicht zum gesetzlichen Vertreter seiner Ehefrau berufen (BGB. § 1354), desgleichen nicht der Konkursverwalter zum gesetzlichen Vertreter des Gemeinschuldners. In gleicher Weise kommen hier in Betracht die gesetzlichen Vertreter der Körperschaften des öffentlichen Rechts, der juristischen Personen, der Genossenschaften, Handelsgesellschaften usw. Es kommen nur die gesetzlichen Vertreter der Steuerpflichtigen, nicht auch die des Erblassers für die Haftung in Frage.

3. Bevollmächtigte der Steuerpflichtigen sind diejenigen Personen, welche durch den Willen der Vertretenen mit der Vertretung betraut sind, welche ihre Vertretungsbefugnis auf den Willen der Vertretenen stützen. Bezüglich der Erteilung der Vollmacht ist der § 167 BGB. maßgebend:

„Die Erteilung der Vollmacht erfolgt durch Erklärung gegenüber dem zu „Bevollmächtigenden oder dem Dritten, dem gegenüber die Vertretung statt„finden soll.

„Die Erklärung bedarf nicht der Form, welche für das Rechtsgeschäft be„stimmt ist, auf das sich die Vollmacht bezieht."

Die Haftung trifft nicht etwa nur den oder die Bevollmächtigten der Gesamtheit der Steuerpflichtigen eines Erbfalls, sondern auch jeden Sonderbevollmächtigten des einzelnen Steuerpflichtigen, sofern er sich als ein wirklicher Vertreter darstellt und nicht nur einen besonderen Auftrag, wenn auch bezüglich der Steuer, zu erfüllen hat; vgl. Urt. d. RG. vom 25. November 1889 (JW. 1889 S. 522 Nr. 28; GruchotsBeitr. Bd. 34 S. 494). Nach der Natur der Sache können nur solche Bevollmächtigte der Steuerpflichtigen in Frage kommen, deren Vollmacht sich auf die Erbschaftsmasse bezieht und ihnen ein Verfügungsrecht über letztere gibt. Unter Umständen können Bevollmächtigte des Erblassers durch den Erbfall zu Bevollmächtigten der Steuerpflichtigen werden; sie sind sodann in letzterer Eigenschaft haftbar. Bei einer Geschäftsführung ohne Auftrag (BGB. § 677) findet die Vorschrift keine Anwendung.

4. Die Haftung als Testamentsvollstrecker bezieht sich auf jeden, der nach den Vorschriften des BGB. (§§ 2197 ff.) gültig als Testamentsvollstrecker bestellt ist. Daß der Testamentsvollstrecker auch tatsächlich mit der Nachlaßverwaltung betraut ist, bildet keine Voraussetzung für das Eintreten der Haftung, andererseits ist aber ein Nachlaßverwalter (§ 1985 BGB.) lediglich als solcher nicht nach dem Paragraphen verhaftet, sofern er nicht als gesetzlicher Vertreter des Steuerpflichtigen in Frage kommt, vgl. folgende Note.

5. Als Nachlaßpfleger haftet nur derjenige, der nach dem bürgerlichen Recht als solcher sich darstellt. Bestimmend ist dafür der § 1960 BGB.:

„Bis zur Annahme der Erbschaft hat das Nachlaßgericht für die Sicherung „des Nachlasses zu sorgen, soweit ein Bedürfnis besteht. Das Gleiche gilt,

„wenn der Erbe unbekannt oder wenn ungewiß ist, ob er die Erbschaft an-
„genommen hat.
„Das Nachlaßgericht kann insbesondere die Anlegung von Siegeln, die
„Hinterlegung von Geld, Wertpapieren und Kostbarkeiten sowie die Auf-
„nahme eines Nachlaßverzeichnisses anordnen und für denjenigen, welcher
„Erbe wird, einen Pfleger (Nachlaßpfleger) bestellen.
„Die Vorschrift des § 1958 findet auf den Nachlaßpfleger keine Anwendung."

Vgl. auch Note 3 zu § 31 a. E. Da das Gesetz ausdrücklich nur den Nachlaßpfleger aufführt, so dürfte sich die Haftung auf den Nachlaßverwalter (§ 1975 BGB.) nicht beziehen, zumal die Nachlaßverwaltung lediglich zum Zwecke der Befriedigung der Nachlaßgläubiger anzuordnen ist und der Nachlaßverwalter nur die Nachlaßverbindlichkeiten aus dem Nachlaß zu befriedigen (§ 1985 BGB.) und nach solcher Befriedigung den Nachlaß an den Erben herauszugeben hat (§ 1986 BGB.); and. M. Dr. A. Hoffmann Anm. 16 zu § 32; U. Hoffmann Note 5 zu § 32 [desgleichen auch 2. Aufl. Anm. 4 zu § 32].

6. Wer als Verwalter einer Familienstiftung anzusehen ist, bestimmt sich im einzelnen Fall nach den Satzungen der betreffenden Stiftung, welche wiederum auf Stiftungsurkunde, Stiftungsstatut usw. beruhen können. Haftbar ist stets nur der rechtlich und rechtmäßig zur Verwaltung Berufene, nicht aber ein Geschäftsführer ohne Auftrag. Regelmäßig wird der Vorstand der Familienstiftung zur Verwaltung derselben berufen sein und kommt hierfür in Betracht, daß nach § 86 BGB. auf Stiftungen die für Vereine getroffene Vorschrift des § 26 Anwendung findet, welche lautet:

„Der Verein muß einen Vorstand haben. Der Vorstand kann aus mehreren
„Personen bestehen.
„Der Vorstand vertritt den Verein gerichtlich und außergerichtlich; er hat
„die Stellung eines gesetzlichen Vertreters. Der Umfang seiner Vertretungs-
„macht kann durch die Satzung mit Wirkung gegen Dritte beschränkt werden."

7. Die Haftung der in dem Paragraphen bezeichneten Personen ist eine persönliche. Sie erstreckt sich auf das gesamte Privatvermögen der Betreffenden und ist vollständig unabhängig davon, ob sie noch etwas von der Erbschaftsmasse besitzen oder einen Erwerb aus der Erbschaft bezogen haben. Vgl. auch Note 12 zu § 31.

8. Die Haftung nach § 32 ist eine bedingte, und zwar insofern bedingt, als sie nur eintritt, wenn die haftpflichtigen Personen die Erbschaft usw. vor der Berichtigung oder Sicherstellung der darauf entfallenden Erbschaftssteuer ausgeantwortet haben, was wiederum voraussetzt, daß die Betreffenden die tatsächliche und die rechtliche Verfügungsgewalt über die Erbschaftsmasse oder deren Teile gehabt haben. Das Entstehen der Haftung setzt also ein bestimmtes Handeln der betreffenden Personen voraus, welches den steuerlichen Interessen zuwiderläuft und deshalb als pflichtwidrig hingestellt wird. Kommen mehrere Personen gleichzeitig für die Haftung nach § 32 in Frage, so haften sie an und für sich gemäß der Vorschrift des § 840 BGB. als Gesamtschuldner; für die Haftung des einzelnen, die eigene wie die als Gesamtschuldner, bildet es aber immer die Voraussetzung, daß bezüglich seiner das besagte Handeln bzw. die rechtliche Verantwortlichkeit für dasselbe tatsächlich vorliegt. Ist letzteres bezüglich eines der Betreffenden nicht der Fall, so trifft ihn die Haftung nicht, weder für sich selbst noch als Gesamtschuldner. Aus der Fassung der Gesetzesvorschrift besonders aus dem gebrauchten Ausdruck „ausantworten" ergibt sich, daß die Haftung nur dann eintreten soll, wenn die Erbschaft oder Teile derselben an den durch den Erbfall Berechtigten, den

Erben, Vermächtnisnehmer usw. vor Steuerentrichtung oder Sicherstellung hingegeben sind. Sind die Erbschaftsgegenstände einem Dritten, an dem Erbfall nicht Beteiligten herausgegeben z. B. bei Veräußerung, so tritt die Haftung nach § 32 nicht ein; im letzteren Fall, Herausgabe an einen am Erbfall nicht Beteiligten, ist es auch ohne Einfluß, ob die Herausgabe innerhalb der Befugnis des Bevollmächtigten, Testamentsvollstreckers, Nachlaßpflegers usw. glegen hat oder nicht, eine Haftung nach § 32 ist niemals begründet; hat der Bevollmächtigte usw. seine Befugnisse überschritten und dadurch ein Verschulden begangen, so kann er aus diesem Verschulden lediglich nach den Grundsätzen des allgemeinen Rechts haftbar gemacht werden, wobei die Steuerbehörde aber nur unter bestimmten Umständen in Frage kommen würde. Die Haftung besteht nur insoweit als eine Ausantwortung stattgefunden hat, also bei Ausantwortung einzelner Erbschaftsteile nur bezüglich dieser Erbschaftsteile. Letzteres ist so zu verstehen, daß die Haftung ihrer Höhe nach durch den Wert der ausgeantworteten Gegenstände bestimmt wird; die Haftung als solche besteht aber nicht etwa nur bezüglich der auf den ausgeantworteten Gegenständen ruhenden Steuer, sondern bezüglich der gesamten Steuer aus dem Erbfall; [and. M. U. Hoffmann, 2. Aufl. Anm. 1 b zu § 32, welcher eine Haftung nur bezüglich derjenigen Erbschaftssteuer eintreten lassen will, die das ausgeantwortete Vermögen trifft.] Die Haftung geht in dieser Begrenzung auf die Erben des Bevollmächtigten, Testamentsvollstreckers usw. über. Tatsächlich sichern werden sich die nach § 32 Haftpflichtigen insofern können, als sie einen der Steuer entsprechenden Wertbetrag bei der Ausantwortung zurückbehalten; für die gesetzliche Haftung selbst ist dieses aber ohne Bedeutung.

9. Die Haftung ist eine subsidiäre, indem sie nur eintritt, wenn die Beitreibung von dem Steuerpflichtigen nicht erfolgen kann. Nach dem Wortlaut des Gesetzes muß es für den Eintritt der Haftung als genügend angesehen werden, daß feststeht, die Beitreibung könne von den Steuerpflichtigen nicht erfolgen; es erscheint jedoch nicht erforderlich, daß tatsächlich die Beitreibung für sämtliche Steuerpflichtige fruchtlos durchgeführt ist. Als Steuerpflichtige sind im Sinne des § 32 auch die nach § 31 für die Steuer haftpflichtigen Personen anzusehen und muß auch von diesen die Beitreibung der Steuer nicht erfolgen können, bevor die Haftung nach § 32 eintritt.

10. Die Haftung bezieht sich lediglich auf die Steuer und nicht etwa auch auf Nebenforderungen wie Strafen usw. vgl. Note 8 zu § 31. Nach dem zweiten Absatz des Paragraphen ist sie speziell für Nachforderungen ausgeschlossen und gilt in dieser Beziehung das in Note 16 zu § 31 Ausgeführte auch hier.

11. Zu dem letzten Absatz des Paragraphen ist in den Motiven folgendes aufgeführt:

„Der Abs. 3 bezweckt die Sicherung der Steuererhebung von dem im Inlande befindlichen Vermögen im Falle des § 6. Hienach wird beispielsweise ein inländisches Bankgeschäft, bei welchem der ausländische Erblasser Wertpapiere hinterlegt hatte, diese nicht ausfolgen dürfen oder wenigstens einen Betrag in Höhe der möglicherweise darauf entfallenden Steuer zurückhalten müssen, solange nicht das zuständige Erbschaftssteueramt erklärt hat, daß Bedenken gegen die Ausfolgung nicht bestehen."

XII. Zuständigkeit für Erhebung und Verwaltung der Erbschaftssteuer. (§§ 33—35).

§ 33.

Für die Erhebung der Erbschaftssteuer ist der Bundesstaat zuständig, in welchem der Erblasser zur Zeit seines Todes oder, sofern der Erwerb bei seinen Lebzeiten anfällt, zur Zeit des Anfalls an den Erwerber seinen Wohnsitz gehabt hat. Hatte der Erblasser in mehreren Bundesstaaten einen Wohnsitz, so ist der Staat zuständig, in welchem der Wohnsitz liegt, an dem er sich zuletzt aufgehalten hat.

Soweit die Steuer von einem Grundstücke (§ 7 Abs. 1, 3) zu entrichten ist, ist der Bundesstaat zuständig, in welchem sich das Grundstück befindet.

Hatte der Erblasser keinen Wohnsitz im Inlande, so ist im Falle des § 5 Abs. 1 der Bundesstaat, welchem er angehört hat, in den Fällen des § 6 Abs. 1, 5 der Bundesstaat, in welchem er seinen gewöhnlichen Aufenthalt gehabt hat, für die Erhebung der Steuer zuständig. Im Falle des § 6 Abs. 2 ist für die Zuständigkeit der Wohnsitz oder der Aufenthalt des Erwerbers maßgebend.

Bestehen zwischen mehreren Bundesstaaten Meinungsverschiedenheiten über ihre Zuständigkeit, so bestimmt auf Anrufen eines dieser Bundesstaaten der Bundesrat den für die Erhebung der Steuer zuständigen Staat.

Vergl. BRAusfB. § (12).

1. Da in der gleichen Weise wie bei den übrigen Reichssteuern die eigentliche Verwaltung bei der Erbschaftssteuer den Bundesstaaten überlassen bleibt, so waren hier in großen Zügen nur allgemeine Vorschriften zu treffen, wie sie zur Erzielung der notwendigen Einheitlichkeit und zur Vermeidung von Uneinigkeiten zwischen den Verwaltungen der einzelnen Bundesstaaten notwendig erscheinen mußten. Im Einzelnen ist im § 33 die Zuständigkeit der einzelnen Bundesstaaten für die Erhebung der Erbschaftssteuer gegeneinander abgegrenzt, im § 34 ist der notwendige Instanzenzug im allgemeinen vorgeschrieben und im § 35 werden endlich die für die Gleichmäßigkeit in der praktischen Durchführung erforderlichen Kontrollen vorgeschrieben.

2. Zu dem § 33 führen die Motive folgendes aus:

„§ 35 (jetzt § 33) übernimmt den der Mehrzahl der bestehenden deutschen Erbschaftssteuergesetzgebungen eigenen Grundsatz, daß für die Erhebung der Erbschaftssteuer der Bundesstaat zuständig ist, in welchem der Erblasser zur Zeit des Anfalls des steuerpflichtigen Erwerbes seinen Wohnsitz gehabt hat, oder, soweit es sich um Grundstücke oder diesen gleichgestellte Berechtigungen handelt

16*

der Bundesstaat, in welchem der Gegenstand des Erwerbes sich befindet. Hierbei ist unter Wohnsitz der Wohnsitz im Sinne des BGB. (§ 7 ff.) verstanden. Hatte der Erblasser in mehreren Bundesstaaten einen Wohnsitz, so soll die Entscheidung der Zuständigkeit davon abhängen, an welchem der mehreren Wohnsitze sich der Erblasser zuletzt aufgehalten hat. Der hienach in Betracht kommende Staat wird also auch dann zuständig sein, wenn der Erblasser zwar in dem anderen Staate aber an einem Orte verstorben ist, der nicht sein Wohnsitz war.

Die durch § 35 Abs. 2 (jetzt § 33 Abs. 2) gegebene Möglichkeit, daß rücksichtlich desselben Erbschaftserwerbes mehrere Bundesstaaten zu ihrem Teile an der Erhebung der Erbschaftssteuer beteiligt sind, soll an der einheitlichen Berechnung der Erbschaftssteuer selbst nichts ändern. Gehört also zu der von einem Beteiligten zu versteuernden Erbmasse ein landwirtschaftliches Grundstück, das in einem anderen als dem für die sonstige Erbschaftssteuerregelung zuständigen Bundesstaate liegt, und übersteigt der Wert des Grundstücks erst zusammen mit dem sonstigen Erwerbe den Betrag von 50000 Mk., so ist gleichwohl der sich aus letzterem Betrag nach § 12 Abs. 2 (jetzt § 10 Abs. 2) ergebende Steuersatz bei der Berechnung der Erbschaftssteuer auch in Ansehung dieses Grundstücks in Anwendung zu bringen, und es hat im übrigen die Berechnung in der gleicher Weise, wie dies zu § 17 (jetzt § 15) des Gesetzes erläutert worden ist, zu geschehen.

Die Frage, wo eine Person ihren Wohnsitz hat, oder ob eine Mehrheit von Wohnsitzen vorliegt, ist nach Lage der tatsächlichen Verhältnisse nicht immer leicht zu entscheiden. Soweit sich hieraus oder aus sonstigen Gründen Meinungsverschiedenheiten zwischen mehreren Bundesstaaten über ihre Zuständigkeit ergeben, soll nach Absatz 4 auf Anrufung eines von ihnen der Bundesrat den zur Erhebung der Steuer zuständigen Staat bestimmen. Dagegen hat für den Steuerpflichtigen selbst ein Recht, in dieser Beziehung die Entscheidung des Bundesrats anzurufen, nicht begründet werden sollen.

Für die Ausnahmefälle, in denen eine Steuer zu entrichten ist, ohne daß der Erblasser im Inland einen Wohnsitz hat, wird die Zuständigkeit zur Steuererhebung durch den Abs. 3 geregelt."

Bezüglich des B e g r i f f s d e s W o h n s i t z e s nach dem BGB. ist das in Note 10 zu § 5 Ausgeführte zu vergleichen, über A u f e n t h a l t s o r t die Note 11 zum § 5.

3. Die Zuständigkeit für die Erhebung der Erbschaftssteuer muß sich nach dem Stande im Zeitpunkt des Anfalls bzw. des Entstehens der Steuerpflicht bestimmen; sie kann durch eine spätere Änderung in den Verhältnissen nicht beeinflußt werden. Ist beim Anfall in einer Erbschaftsmasse ein Grundstück vorhanden, für dessen Besteuerung nach der Belegenheit ein anderer Bundesstaat wie für die Besteuerung der sonstigen Erbschaft zuständig ist, so wird der Bundesstaat nach der Belegenheit des Grundstücks zuständig und verbleibt zuständig, auch wenn das Grundstück bald nach dem Anfall veräußert wird. Das gleiche muß gelten, wenn das Grundstück ohne die Nutzung vermacht ist und eine Veräußerung vor Beendigung der Nutzung eintritt.

§ 34.

Die Verwaltung des Erbschaftssteuerwesens wird durch die von der Landesregierung hierzu bestimmten Steuerstellen (Erbschaftssteuer-

ämter) geführt. Diese unterstehen anderen, gleichfalls von der Landesregierung zu bestimmenden Behörden (Oberbehörden) und letztere der obersten Landesfinanzbehörde.

Vergl. BRAusfB. §§ 1, 12, 25.

1. Zu dem § 34 führen die Motive folgendes an:

„§ 36 (jetzt § 34) erhält, um den Übergang in den neuen gesetzlichen Zustand ohne Schwierigkeit sich vollziehen zu lassen, für die Bundesstaaten, welche bereits eine Erbschaftsabgabe besitzen, die bisherige Organisation der zu ihrer Erhebung zuständigen Behörden im wesentlichen aufrecht. Unter den im Entwurfe sogenannten Erbschaftssteuerämtern sind die Behörden erster, unter den Oberbehörden diejenigen zweiter Instanz zu verstehen. Wo solche Behörden noch nicht bestehen, wären sie neu zu errichten oder ihre Geschäfte andern bereits vorhandenen Amtsstellen zu übertragen. Daß den gedachten Behörden die Bezeichnung als „Erbschaftssteueramt" oder „Oberbehörde" beigelegt werde, ist nach dem Entwurfe nicht erforderlich. In dritter Instanz würde in jedem Falle die oberste Landesfinanzbehörde zu entscheiden haben. Im übrigen soll der Landesverwaltung freiestes Ermessen darüber eingeräumt bleiben, in welcher Weise sie die im Gesetze vorgesehenen drei Instanzen ordnen will."

2. Die näheren Vorschriften über die behördliche Organisation für die Erhebung der Erbschaftssteuer sind in den Ausführungsvorschriften der einzelnen Bundesstaaten von diesen selbst zu treffen. Sie haben sich natürlich in dem vom § 34 gegebenen Rahmen zu bewegen. Im § 25 Abs. 1 BRAusfB. ist die Ermächtigung der obersten Landesfinanzbehörden zu der Anordnung, daß die Einziehung und Verrechnung der Steuer durch eine andere Behörde als das Erbschaftssteueramt erfolge, ausdrücklich festgelegt. Die örtliche Zuständigkeit der Erbschaftssteuerämter bestimmt der § 12 Abs. 2 BRAusfB. näher.

3. Bezüglich der in den einzelnen Bundesstaaten getroffenen Organisation ist von dem Reichskanzler in Gemäßheit des § 1 BRAusfB. ein „Verzeichnis der Erbschaftssteuerämter und Oberbehörden unter Angabe ihrer Geschäftsbezirke" unter dem 11. August 1906 im RZBl. 1906 S. 1103 ff. veröffentlicht worden, welches bislang nur wenige untergeordnete Veränderungen erfahren hat. Danach sind mit der Verwaltung des Erbschaftssteuerwesens in erster Instanz und als Oberbehörde (in Klammer beigefügt unter der Bezeichnung OB.) betraut: in Preußen die Stempel- und Erbschaftssteuerämter (insgesamt 23, zum Teil mit mehreren Abteilungen, in der Regel für jede Provinz 1 oder 2, vereinzelt mehr) und ein Erbschaftssteueramt für Sigmaringen (OB. Provinzialsteuerdirektoren jetzt Oberzolldirektionen); für Bayern die Rentämter (insgesamt 214, weit überwiegend für jeden Amtsgerichtsbezirk, zum Teil auch für 2; OB. die Kammern der Finanzen bei den Regierungen); für Sachsen (Königreich) die Hauptzollämter (insgesamt 5; OB. einheitlich Zoll- und Steuerdirektion); für Württemberg die Kameralämter (insgesamt 63, für die Oberamtsbezirke) und das Hauptsteueramt Stuttgart (OB. Steuerkollegium, Abteilung für Zölle und indirekte Steuern); für Baden bestimmte Notariate (insgesamt 163; OB. Steuerdirektion); für Hessen Erbschaftssteueramt (1; OB. Abteilung für Steuerwesen des Ministeriums der Finanzen); für Mecklenburg-Schwerin Erbschaftssteueramt (1; OB. Landessteuerdirektion); für Sachsen (Großherzogtum) Erbschaftssteueramt (1; OB. Generaldirektor des Thüringischen Zoll- und Steuervereins); für Mecklenburg-Strelitz Erbschaftssteuerämter (2, für Herzogtum Strelitz

[OB. Zentralsteuerdirektion] und für Fürstentum Ratzeburg [OB. Landvogtei]); für Oldenburg Ämter (13 für Amtsbezirke zum Teil mit Einschluß der Städte; OB. Oberbehörde für Erbschaftssteuersachen) und Erbschaftssteuerämter (2, für Fürstentum Lübeck und Fürstentum Birkenfeld; OB. Regierungspräsident); für Braunschweig Erbschaftssteueramt (1; OB. Zoll- und Steuerdirektion); für Sachsen-Meiningen Steuerämter (15, für die Amtsgerichtsbezirke; OB. Generaldirektor des Thüringischen Zoll- und Steuervereins); für Sachsen-Altenburg Steuer- und Rentamt (1; OB. Generaldirektor des Thüringischen Zoll- und Steuervereins); für Sachsen-Koburg-Gotha Staats- und Domänenkasse (Koburg) und Steueramt (1, Gotha; OB. Generaldirektor des Thüringischen Zoll- und Steuervereins); für Anhalt Erbschaftssteueramt (1; OB. Finanzdirektion); für Schwarzburg-Sondershausen Erbschaftssteuerämter (insgesamt 5; OB. Generaldirektor des Thüringischen Zoll- und Steuervereins); für Schwarzburg-Rudolstadt Erbschaftssteueramt (1; OB. Generaldirektor des Thüringischen Zoll- und Steuervereins): für Waldeck Preuß. Stempel- und Erbschaftssteueramt und Preußische Oberbehörde (Provinz Westfalen); für Reuß älterer Linie Erbschaftssteuerämter (3, für Amtsgerichtsbezirke; OB. Generaldirektor des Thüringischen Zoll- und Steuervereins); für Reuß jüngerer Linie Erbschaftssteueramt (1; OB. Generaldirektor des Thüringischen Zoll- und Steuervereins); für Schaumburg-Lippe Landratsämter (2; OB. Ministerialabteilung für Gewerbe- und Gemeindeangelegenheiten); für Lippe Magistrate (8, für Städte) und Verwaltungsämter (5, für Ämter; OB. Regierung); für Lübeck Erbschaftssteueramt (1; OB. Steuerbehörde); für Bremen Generalsteueramt (1; OB. Oberzolldirektor); für Hamburg Erbschaftssteuerämter (2 für Hamburg und Ritzebüttel; OB. Aufsichtsbehörde für die Erbschaftssteuerverwaltung); für Elsaß-Lothringen Verkehrssteuerämter (83, für Amtsbezirke; OB. Direktor der Verkehrssteuern). Das Verzeichnis der Erbschaftssteuerämter und Oberbehörden ist in der 1. Auflage mit den sonstigen Ausführungsbestimmungen des Bundesrats zum Abdruck gebracht, vgl. dort S. 360 ff.

§ 35.

Die Reichsbevollmächtigten für Zölle und Steuern haben in Ansehung der Verwaltung der Erbschaftssteuer dieselben Rechte und Pflichten, welche ihnen in Ansehung der Zölle und Verbrauchssteuern beigelegt sind.

In denjenigen Staaten, in welchen die Geschäfte der Oberbehörde für die Erbschaftssteuer anderen Behörden als den Zolldirektivbehörden übertragen sind, werden der Umfang und die Art der Tätigkeit der Reichsbevollmächtigten vom Reichskanzler im Einvernehmen mit der beteiligten Bundesregierung geregelt.

Unter Zustimmung des Bundesrats kann der Reichskanzler die Wahrnehmung der Geschäfte der Reichsbevollmächtigten, soweit das Erbschaftssteuerwesen in Betracht kommt, anderen Beamten übertragen.

Vergl. BRAusfB. § (40).

1. Zum § 35 führen die Motive aus:

„An dem Ertrage der nach diesem Gesetze veranlagten Steuer hat gemäß § 2 Abs. 2 des Entwurfs eines Gesetzes, betreffend die Ordnung des

Reichshaushalts und die Tilgung der Reichsschuld, das Reich Teil. Aus diesem Grunde und zur Sicherung eines einheitlichen Verfahrens stellt sich, während grundsätzlich die einzelne Bundesregierung für ihr Verwaltungsgebiet die endgültige Entscheidung in Erbschaftssteuerfragen behalten soll, eine gewisse Mitwirkung auch der übrigen Bundesregierungen beziehungsweise des Bundesrats sowie der Reichsverwaltung bei der Ausführung des Gesetzes als notwendig heraus.

Der Entwurf schlägt daher vor (§ 37 Abs. 1 — jetzt § 35 Abs. 1), den Reichsbevollmächtigten für Zölle und Steuern die Befugnis zur Überwachung der Einhaltung des gesetzlichen Verfahrens, die ihnen für die Zölle und Verbrauchssteuern gemäß Artikel 36 der Reichsverfassung beigelegt und für die Reichsstempelabgaben auf Grund besonderer Vereinbarungen zwischen den einzelnen Regierungen und dem Reichskanzler eingeräumt ist, auch bezüglich der Erbschaftssteuer zu übertragen.

In denjenigen Fällen, in welchen, wie in dem weitaus größten Teile des Reichs, die Erbschaftssteuerverwaltung in zweiter Instanz den Zoll- und Steuer-Direktivbehörden, denen die Reichsbevollmächtigten beigeordnet sind, zusteht, läßt sich die Maßnahme ohne jede Schwierigkeit, durch Ausdehnung der für die Zölle geltenden Bestimmungen auf die vorliegende Steuer, durchführen. Soweit andere Behörden — z. B., wie dies vereinzelt der Fall, die Bezirksregierungen — damit betraut sind, werden die bezeichneten Bestimmungen entsprechend geändert werden müssen. Dies bleibt jedoch, da hierbei auf die jeweiligen besonderen Verhältnisse Rücksicht genommen werden muß, besser der Ordnung im Verwaltungswege vorbehalten (§ 37 Abs. 2 — jetzt § 35 Abs. 2); für die Regelung der Angelegenheit bieten die in Ansehung der Reichsstempelabgaben hierüber getroffenen Bestimmungen eine geeignete Unterlage.

Der Umstand, daß die derzeitigen Reichsbevollmächtigten in der Hauptsache nur auf dem Gebiete der Zölle und Verbrauchssteuern beschäftigt gewesen sind, könnte es vielleicht zweckmäßig erscheinen lassen, für die Wahrnehmung der hier in Rede stehenden Geschäfte neben den Reichsbevollmächtigten und mit den gleichen Befugnissen wie diese andere Beamte abzuordnen, die mit dem Erbschaftssteuerwesen besonders vertraut sind. Um diese Möglichkeit offen zu halten, ist die Vorschrift des § 37 Abs. 3 (jetzt § 35 Abs. 3) aufgenommen worden. Eine solche Maßnahme würde jedenfalls nur im Einvernehmen mit den Bundesregierungen zu treffen sein; eintretendenfalls würde es sich wohl empfehlen, den bezeichneten Beamten erheblich größere Dienstbezirke zuzuweisen, als den derzeitigen Reichsbevollmächtigten für Zölle und Steuern.

Im Wege der Ausführungsverordnung könnte ferner der Reichsfinanzverwaltung — in weiterer Ausgestaltung einer ähnlichen Vorschrift in Nr. 74 Abs. 2 der Ausführungsbestimmungen zum Reichsstempelgesetze — vielleicht die Befugnis eingeräumt werden, auch ohne besonderen Anlaß die Akten der Landes-Erbschaftssteuerbehörden einzufordern.“ Vgl. zu letzterem § 40 Abs. 4 BRAusfB.

2. Bezüglich der Reichsbevollmächtigten für Zölle und Steuern trifft der Art. 36 der Verfassung des Deutschen Reiches (RGBl. 1871 S. 63) in seinen Absätzen 2 und 3 folgende Bestimmung:

„Der Kaiser überwacht die Einhaltung des gesetzlichen Verfahrens durch Reichsbeamte, welche er den Zoll- und Steuerämtern und den Direktivbehörden der einzelnen Staaten, nach Vernehmung des Ausschusses des Bundesrats für Zoll- und Steuerwesen, beiordnet.

Die von diesen Beamten über Mängel bei der Ausführung der gemeinschaftlichen Gesetzgebung (Art. 35) gemachten Anzeigen werden dem Bundesrate zur Beschlußnahme vorgelegt."

Hinsichtlich der Überwachung der Verwaltung der Erbschaftssteuer ist in einem Schreiben des Reichskanzlers (Reichsschatzamt vom 13. Juni 1907 II 5392) ausgesprochen, daß es im allgemeinen als genügend anzusehen sein werde, wenn die Reichsbevollmächtigten von den laufenden Geschäften der Erbschaftssteuerverwaltung nur insoweit Kenntnis nehmen, als die Oberbehörden mit diesen befaßt werden, und daß sie sich im übrigen darauf beschränken, eine Anzahl an der Hand der Erbschaftssteuerlisten ausgewählter abgeschlossener Erbschaftssteuerakten nachzuprüfen und hiebei diejenigen Akten auszuwählen, die geeignet erscheinen, auf den im § 40 Abs. 4 BRAusfB. bezeichneten Wege zur Kenntnis des Reichsschatzamtes gebracht zu werden.

3. Nachdem zunächst die Überwachung der Verwaltung der Erbschaftsteuer den bereits früher bestellten Reichsbevollmächtigten für Zölle und Steuern mit übertragen war, es sich aber gezeigt hatte, daß wegen mannigfacher Sonderverhältnisse sich eine derartige Regelung für die Dauer nur in beschränkterer Weise aufrecht erhalten lassen werde, traf der Bundesrat nach einem Beschluß vom 27. Juni 1907 (§ 604 der Protokolle) eine vorläufige Regelung dahin, daß für die Überwachung der Erbschaftssteuerverwaltung vier besondere juristisch gebildete Beamte und zwar einer mit dem Sitze in Berlin für die Provinz Brandenburg mit Berlin, die Provinz Schlesien und das Königreich Sachsen, einer mit dem Sitze in München für das Königreich Bayern, einer mit dem Sitze in Straßburg für das Königreich Württemberg, das Großherzogtum Baden und für Elsaß-Lothringen und einer mit dem Sitze in Hamburg für die Großherzogtümer Mecklenburg-Schwerin und Mecklenburg-Strelitz sowie Oldenburg, die Thüringischen Staaten, die Herzogtümer Braunschweig und Anhalt, die Fürstentümer Waldeck-Pyrmont, Schaumburg-Lippe und Lippe, sowie die Hansestädte Lübeck, Bremen und Hamburg bestellt wurden, während die Überwachung in den übrigen Bezirken den bislang schon im Amt befindlichen Reichsbevollmächtigten für Zölle und Steuern bezüglich ihres Amtsgebiets übertragen bleiben sollte, daß dem Reichsbevollmächtigten zu Darmstadt zu besagtem Prüfungszweck ein aus der Landeserbschaftsverwaltung hervorgegangener Bureaubeamter beigegeben werde und daß den besonderen Beamten wie den Reichsbevollmächtigten die abgeschlossenen Erbschaftssteuerlisten zur Auswahl der von ihnen an ihrem Standorte nachzuprüfenden Erbfälle regelmäßig zuzusenden seien. Die Bestellung der besonderen Prüfungsbeamten für die Erbschaftssteuer erfolgte zum 1. Oktober 1907. Nachdem sich die zutreffenden Einrichtungen in mehrjährigem Bestehen bewährt hatten, ist denselben in Gemäßheit eines Beschlusses der Ausschüsse des Bundesrats für Zoll- und Steuerwesen, für Handel und Verkehr und für Rechnungswesen vom 18. März 1910 (Nr. 63 der Drucksachen des Bundesrats Session 1910) eine dauernde Gestalt gegeben, indem die bislang zwecks Ausübung der Reichsaufsicht über die Erbschaftssteuer tätigen vier juristisch gebildeten Beamten vom 1. April 1910 ab als Reichsbevollmächtigte für die Erbschaftssteuer in dem ihnen zugewiesenen Dienstbezirke ständig berufen sind, sowie die Stellung des dem Reichsbevollmächtigten für Zölle und Steuern zu Darmstadt als Prüfungsbeamten für das Reichserbschaftssteuerwesen beigegebenen Beamten mit der Dienstbezeichnung als Stationskontrolleur vom gleichen Tage in eine dauernde umgewandelt ist.

XIII. Anmeldung des Erwerbes. (§ 36).

§ 36.

Jeder, dem ein steuerpflichtiger Erwerb von Todes wegen (§ 1 bis 4) anfällt, ist verpflichtet, ihn binnen einer Frist von drei Monaten oder, wenn er sich bei dem Beginne der Frist im Ausland aufhält, binnen einer Frist von sechs Monaten nach erlangter Kenntnis von dem Anfalle dem zuständigen Erbschaftssteueramte schriftlich anzumelden.

Einer Anmeldung bedarf es nicht, wenn der Erwerb auf einer von einem deutschen Gericht oder einem deutschen Notar eröffneten Verfügung von Todes wegen beruht.

Vergl. BRAusfB. §§ (11) 12 (13) 34; Muster 4 Abschn. 1, I

Zu Absatz 1.

1. Jeder, dem ein steuerpflichtiger Erwerb von Todes wegen anfällt, ist zur Anmeldung desselben verpflichtet. In der gleichen Weise wie nach § 28 die Berechnung der Erbschaftssteuer für jeden Beteiligten besonders vorgenommen werden muß, ist auch jedem einzelnen Erwerber die Anmeldepflicht auferlegt. Dieselbe trifft also nicht etwa nur den oder die Erben, sondern ebenmäßig die Vermächtnisnehmer, die Pflichtteilsberechtigten und überhaupt jeden Erwerber von Todes wegen. Die dadurch gegebene Zersplitterung und weitere Verzweigung der Anmeldepflicht wird in der praktischen Durchführung vermöge der Vorschrift im § 39 im wesentlichen wieder aufgehoben und entsprechend vereinfacht werden.

2. Nur derjenige, dem ein steuerpflichtiger Erwerb anfällt, ist zur Anmeldung verpflichtet. Ein Erwerb, der wegen einer sachlichen oder persönlichen Befreiung in dem Einzelfall nicht steuerpflichtig ist, braucht nicht angemeldet zu werden. Daß durch den gewählten Wortlaut diese Einschränkung hat getroffen werden sollen, ergibt sich speziell auch aus der Fassung des § 42, nach welchem zur Auskunfterteilung in Erbschaftssachen, für die sachgemäß doch die weitere Grenze zu ziehen ist, jeder, dem ein Erwerb von Todes wegen — also nicht nur ein steuerpflichtiger — anfällt, verpflichtet wird. Daß aber nur derjenige zur Anmeldung verpflichtet sein solle, dem ein steuerpflichtiger Erwerb von Todes wegen zufällt, ist bei den Kommissionsverhandlungen des Reichstags ausdrücklich auch von dem Vertreter des Reichsschatzamtes anläßlich eines zu § 37 gestellten Antrags hervorgehoben worden, vgl. Drucksachen des Reichstages 11. Legislatur-Periode II. Session 1905/1906 Nr. 360 S. 52. Sofern jemand die Anmeldung unterläßt, weil er den Erwerb irrtümlich für steuerfrei hält, hat er selbstredend die Folgen der unterlassenen Anmeldung entsprechend zu tragen.

3. Der Erwerb, der anfällt, ist anzumelden. Die Anmeldepflicht wird also durch den Anfall begründet; es ist nicht erforderlich, daß schon ein tatsächlicher Erwerb stattgefunden, daß die Anfallgegenstände in Besitz genommen usw. Da es sich lediglich um eine Anmeldung behufs Genügung der Steuerpflicht handelt, so bestimmt sich der Anfall nach den besonderen

Grundsätzen des RESt G. auch da, wo sie von dem bürgerlichen Recht abweichen. Der Nacherbe wird demnach in der gleichen Weise wie der Erwerber eines Vermögens ohne die Nutzung sogleich mit dem Vorerben, der als Nutznießer gilt, anmeldepflichtig und auch sonst sind die Grundsätze der §§ 21 ff. als maßgebend anzuwenden, wozu das zu diesen Paragraphen Ausgeführte zu vergleichen ist. Vgl. auch Urt. d. PrObertribunal vom 25. Oktober 1877 (PrZBl. 1878 S. 209). Aus der gewählten Fassung folgt ferner, daß nur der eigene steuerpflichtige Erwerb anzumelden ist. Die Anmeldepflicht kann daher auch nicht für denjenigen in Frage kommen, der mit einer Zuwendung der im § 12 Abs. 1 Ziff. 3 bezeichneten Art beschwert ist, obwohl derselbe nach § 31 die Erbschaftssteuer für eine derartige Zuwendung zu entrichten hat [and. M. U. Hoffmann, 2. Aufl. Anm. 2 zu § 36, weil der Erwerb des beschwerten Erben oder Vermächtnisnehmers trotz oder gerade wegen der Beschwerung steuerpflichtig sei, eine Begründung, die nicht als zutreffend erachtet werden kann, da ein Erwerb des Beschwerten nicht in Frage kommt; für die hier vertretene Ansicht Dr. A. Hoffmann Anm. 1 zu § 36]. Da demjenigen, welcher eine Erbschaft innerhalb der gesetzlichen Frist ausschlägt, ein Erwerb aus der Erbschaft nicht anfällt, so muß durch die Ausschlagung der Erbschaft die Anmeldepflicht beseitigt werden.

4. Die Anmeldepflicht entsteht aber nicht mit dem Anfall, sondern erst in dem Augenblick, in welchem der Bedachte Kenntnis von dem Anfall erhält. Eine Rechtsvermutung, daß diese Kenntnis innerhalb einer bestimmten Zeit nach dem Anfall erlangt seine werde, spricht das RESt G. nicht aus. Um aus einer Versäumnis der Anmeldepflicht Folgen ziehen zu können, wird daher die Steuerbehörde usw. nachweisen müssen, daß und wann der Bedachte Kenntnis von dem Anfall erlangt habe. Nach Ausschlagung einer Erbschaft kann für denjenigen, welcher infolge der Ausschlagung zu der Erbschaft berufen wird, die Anmeldepflicht erst entstehen, wenn er von der Ausschlagung und damit von seinem Anfall Kenntnis erhält. Die Berechnung der Frist hat nach den §§ 186 ff. BGB. zu erfolgen, vgl. auch das in Note 10 zu § 18 Ausgeführte.

5. Unter Ausland sind die nicht zum Bundesgebiet des Deutschen Reiches gehörigen Länder zu verstehen, vgl. Note 3 zu § 5. Nach dem Ausdruck kann es zweifelhaft bleiben, wohin die deutschen Schutzgebiete zu rechnen sind; man muß sie aber hier dem unbedingten Ausland gleichrechnen, weil der innere Grund für eine längere Fristbewilligung bei ihnen in dem gleichen Maße wie bei letzterem zutrifft.

6. Die Anmeldung hat bei dem zuständigen Erbschaftssteueramt zu geschehen. Für die Bestimmung der Zuständigkeit sind zunächst die §§ 33 und 34 RESt G. mit dem § 12 Abs. 2 BRAusfB. maßgebend, des weiteren die Ausführungsvorschriften der Einzelstaaten. Die Anmeldung bei einem nicht zuständigen Erbschaftssteueramt kann an sich den Pflichtigen von seiner Verpflichtung nicht befreien, doch wird sie tatsächlich regelmäßig von der unzuständigen Stelle an die zuständige weitergegeben und so zu einer ordnungsmäßigen gemacht werden; vgl. BRAusfB. § 12 Abs. 3. [And. M. U. Hoffmann, 2. Aufl. Anm. 7 zu § 36, welcher die Anmeldung bei einem unzuständigen Erbschaftssteueramte nach § 12 Abs. 3 der BRAusfB. als genügend ansieht.]

7. Die Verpflichtung zur Anmeldung liegt demjenigen, dem anfällt, persönlich ob: er hat derselben persönlich nachzukommen. Sofern er sich dazu eines Bevollmächtigten oder Vertreters bedient, trägt er die volle Verantwortung und wird nicht entlastet, wenn der Bevollmächtigte oder Vertreter auch gegen den Auftrag die Anmeldung mangelhaft ausführt oder sie unterläßt. Für geschäftsunfähige, in der Geschäftsfähigkeit beschränkte und für juristische Personen sind die gesetzlichen Vertreter ohne weiteres verpflichtet. Vgl. auch § 38 RESt G. und das dazu Ausgeführte.

8. Die Anmeldung ist schriftlich zu machen. Hiefür ist wiederum der § 126 BGB. Abs. 1 und 3 maßgebend:

„Ist durch Gesetz schriftliche Form vorgeschrieben, so muß die Urkunde von „dem Aussteller eigenhändig durch Namensunterschrift oder mittelst gerichtlich oder notariell beglaubigten Handzeichens unterzeichnet werden. „Die schriftliche Form wird durch die gerichtliche oder notarielle Beurkundung ersetzt."

Der schriftlichen Anmeldung gleichzuachten ist es, wenn das zuständige Erbschaftssteueramt über die mündliche Erklärung des Pflichtigen eine Verhandlung zu Protokoll aufnimmt und diese vom Pflichtigen unterschreiben läßt. Vgl. Note 4 zu § 37. [U. Hoffmann, 2. Aufl. Anm. 8 zu § 36 führt aus, daß das Erfordernis der Schriftform nicht streng genommen zu werden brauche, z. B. auch eine Unterzeichnung durch einen anderen, Maschine, Stempel usw. ausreiche.] Die BRAusfB. haben die Erklärung zu Protokoll der schriftlichen Anmeldung ausdrücklich im § 12 Abs. 1 gleichgestellt. Über den Inhalt der Anmeldung ist das Nähere in den BRAusfB. § 12 Abs. 5 und 6 bestimmt.

Zu Absatz 2.

9. Der in Abs. 2 des Paragraphen ausgesprochene Wegfall der Anmeldepflicht trifft ohne Ausnahme alle diejenigen, denen nach der von einem deutschen Gericht oder einem deutschen Notar eröffneten Verfügung von Todes wegen ein Erwerb anfällt. Nicht befreit wird ein Pflichtteilsberechtigter, welcher der Verfügung entgegen Ansprüche erhebt. „Unter den im § 36 Abs. 2 genannten Gerichten sind auch diejenigen nicht gerichtlichen Behörden zu verstehen, die nach landesgesetzlicher Vorschrift für die dem Nachlaßgericht obliegenden Verpflichtungen zuständig sind (vgl. Art. 147 Abs. 1 EG. z. BGB.)" (Motive). Der angeführte Art. 147 Abs. 1 läßt die landesgesetzlichen Vorschriften unberührt bestehen, nach welchen für die dem Vormundschaftsgericht oder dem Nachlaßgericht obliegenden Verrichtungen andere als gerichtliche Behörden zuständig sind. Aus der angeführten Stelle der Motive folgt, daß in gleicher Weise wie die Gerichte hier auch die vom Reichskanzler zur Ausübung der Gerichtsbarkeit ermächtigten Konsuln (§ 6 KonsGG. vom 7. April 1900; RGBl. 1900 S. 213) und die ebenso zur Ausübung der Gerichtsbarkeit in den Schutzgebieten ermächtigten Beamten (§ 2 SchutzgebietsG. vom 10. September 1900; RGBl. 1900 S. 812) in Betracht kommen, da dieselben nach dem auch für die Gerichtsverfassung in den Schutzgebieten geltenden § 7 Ziff. 2 der angezogenen KonsGG. für die nach Reichsgesetz den Amtsgerichten übertragenen Angelegenheiten der freiwilligen Gerichtsbarkeit zuständig sind, den Amtsgerichten aber wiederum als Nachlaßgerichten (§ 72 RG. über Angelegenheiten der freiwilligen Gerichtsbarkeit vom 17. Mai 1898 (RGBl. 1898 S. 189) die Eröffnung der Testamente obliegt (§ 2260 BGB.). Da in der Vorschrift des Abs. 2 nur gesagt ist, daß es einer Anmeldung in den fraglichen Fällen „nicht bedarf", so ist die an sich bestehende Anmeldepflicht für den steuerpflichtigen Erwerb nicht als solche beseitigt; es besteht keine absolute Befreiung für die betreffenden steuerpflichtigen Erwerber; letztere werden an sich zu den Anmeldepflichtigen zu rechnen sein; vgl. Note 3 zu § 37.

XIV. Erbschaftssteuererklärung. (§§ 37—43).

§ 37.

Auf Verlangen des Erbschaftssteueramts und innerhalb einer von diesem zu bestimmenden Frist hat der zur Anmeldung eines Erwerbes von Todes wegen Verpflichtete dem Amte eine Erbschaftssteuererklärung einzureichen. Die Frist muß mindestens einen Monat betragen. Die Erklärung muß ein vollständiges Verzeichnis der zu der steuerpflichtigen Masse gehörenden Gegenstände unter Angabe ihres Wertes und der in Abzug zu bringenden Verbindlichkeiten oder Lasten sowie eine Darlegung der für die Steuerpflicht in Betracht kommenden Verhältnisse enthalten.

Für die Erklärung kann ein besonderes Muster vorgeschrieben werden.

Die Erbschaftssteuererklärung ist unter der Versicherung zu erstatten, daß die Angaben nach bestem Wissen und Gewissen gemacht sind.

Vergl. BRAusfB. §§ 13, 35; Muster 4, Abschn. 1, III; Muster 5.

Zu Absatz 1.

1. Die Einreichung einer Erbschaftssteuererklärung wird von dem RESt G. nicht ohne weiteres jedem, dem ein steuerpflichtiger Erwerb von Todes wegen anfällt, zur Pflicht gemacht; es wird vielmehr das Verlangen einer Erbschaftssteuererklärung in das Ermessen des Erbschaftssteueramts gestellt, wodurch eine nicht unwesentliche Erleichterung für die Steuerpflichtigen bedingt ist. In welchen Fällen das Erbschaftssteueramt von der Berechtigung zum Einfordern einer Erbschaftssteuererklärung Gebrauch machen will oder Gebrauch machen zu müssen glaubt, unterliegt lediglich seiner freien Beurteilung. Nach Maßgabe der Anmeldung hat das Erbschaftssteueramt in jedem Fall die einschlagenden Verhältnisse näher zu prüfen; wenn danach zur gründlichen Klärung der Sachlage in steuerlichem Interesse, das hierbei in erster Linie in Frage kommt, die Einreichung einer Erbschaftssteuererklärung notwendig erscheint, so hat das Erbschaftssteueramt eine solche anzuordnen. Die BRAusfB. geben hierfür im § 13 einen näheren Anhalt. Gegen die die Einreichung einer Erbschaftssteuererklärung anordnende Verfügung des Erbschaftssteueramts kann der Betroffene unter Vorbringung besonderer Gründe vorstellig werden oder auch beschwerend im Instanzenwege vorgehen.

2. Die Frist, innerhalb welcher die Erbschaftssteuererklärung einzureichen ist, hat das anordnende Erbschaftssteueramt zu bestimmen. Es wird die Festsetzung je nach den verwickelteren oder einfacheren Verhältnissen des einzelnen Falles für einen längeren oder kürzeren Zeitraum zu treffen haben. Der Natur der Sache wird es entsprechen, daß die gesetzte Frist nicht schon innerhalb des Laufes der Anmeldungsfrist ihr Ende erreicht. [U. Hoffmann, 2. Aufl. Anm. 3 zu § 37 vertritt die Ansicht, daß die Frist vor Ablauf der Anmeldefrist endigen könne, während Dr. A. Hoffmann Anm. 5 zu § 37

für das Entgegengesetzte sich ausspricht.] Nach ausdrücklicher Gesetzesvorschrift soll die Frist mindestens einen Monat betragen; diese Vorschrift ist vom Reichstag eingefügt, weil man nach dem Kommissionsbericht der Ansicht war, „daß eine gesetzliche Mindestfrist für die Deklaration, die nach Bedarf zu erstrecken sei, im Interesse der Steuerpflichtigen eingeführt werden müsse." Die Fristfestsetzung ist von dem Erbschaftssteueramt in der Verfügung, mit welcher die Erbschaftssteuererklärung verlangt wird, zu treffen. Auf entsprechendes Ansuchen eine Verlängerung der zunächst von ihm bestimmten Frist eintreten zu lassen, muß das Erbschaftssteueramt nach Lage der Sache und nach allgemeinem Grundsatz als befugt angesehen werden, wenn auch das REStG. eine besondere Vorschrift nach dieser Richtung hin nicht vorgesehen hat. Die Berechnung der gesetzten Frist erfolgt nach den allgemeinen Grundsätzen, wozu das in Note 10 zu § 18 und in Note 4 zu § 36 Ausgeführte zu vergleichen ist.

3. Verlangt werden kann die Erbschaftssteuererklärung von dem zur Anmeldung eines Erwerbes von Todes wegen Verpflichteten. Es ist hierzu aus dem Bericht der Reichstagskommission (S. 52) folgendes anzuführen: „Zwei Kommissionsmitglieder führten sodann aus, daß bezüglich steuerfreier Erwerbe eine Deklarationspflicht nicht bestehen dürfe; habe man doch wesentlich um einer solchen aus dem Wege zu gehen, die Steuerbefreiung im § 13 Nr. 4 f (jetzt § 11 Ziffer 4 f) angeordnet. Ein hierauf bezüglicher Antrag wurde von ihnen zurückgezogen, nachdem ein Vertreter des Reichsschatzamtes folgende Erklärung zu Protokoll gegeben hatte: ‚Mit der Tendenz des Antrags sei er vollständig einverstanden. Der § 39 (jetzt § 37) stehe hinsichtlich der Person des zur Anmeldung Verpflichteten in untrennbarem Zusammenhange mit § 38 (jetzt 36). An letzterer Stelle sei aber klar ausgesprochen, daß nur derjenige zur Anmeldung verpflichtet sei, dem ein steuerpflichtiger Erwerb von Todes wegen zufällt. Diejenigen Personen, denen Hausgerät zufalle, das zweifellos nach § 13 IV f (jetzt § 11 Ziffer 4 f) steuerfrei sei, seien daher weder zu einer schriftlichen Anmeldung noch zur Einreichung einer Erbschaftssteuererklärung noch auch zu einer Wertangabe nach § 45 (jetzt § 43) verpflichtet. In Zweifelsfällen würden die Steuerbehörden von der Vorschrift des § 44 (jetzt 42) Gebrauch machen können; doch würde ihnen auch bezüglich dieser Vorschrift eine milde Handhabung empfohlen werden.'" In der gleichen Weise wie die Anmeldung nur bezüglich eines steuerpflichtigen und nicht bezüglich eines steuerfreien Erwerbes gefordert werden kann (vgl. Note 2 zu § 36), ist demnach auch das Verlangen einer Erbschaftssteuererklärung nur bezüglich eines steuerpflichtigen Erwerbes und nur von einem steuerpflichtigen Erwerber zulässig. Der Absicht der Gesetzgeber entspricht nach dem Obigen unbedingt eine milde Handhabung im allgemeinen, soweit eine solche mit der Durchführung der gesetzlichen Vorschriften vereinbar erscheint. Dadurch, daß es in den Fällen des § 36 Abs. 2 einer Anmeldung nicht bedarf, wird die an sich für den steuerpflichtigen Erwerber bestehende Verpflichtung zur Anmeldung als solche nicht aufgehoben (vgl. Note 9 zu § 36); der steuerpflichtige Erwerber ist auch in diesen Fällen zu den anmeldepflichtigen Personen zu rechnen und folgeweise wird auch von ihm, obgleich er nicht anzumelden braucht, eine Erbschaftssteuererklärung verlangt werden können. Sofern bezüglich der Steuerpflicht Zweifel bestehen, wird die Erbschaftssteuererklärung gleicherweise gefordert werden dürfen, um die Zweifel zu heben (vgl. BRAusfB. § 13 Abs. 2). Der Kreis der zur Abgabe einer Erbschaftssteuererklärung verpflichteten Personen wird durch den folgenden § 38 unter gewissen Beschränkungen noch erweitert.

4. Die Erbschaftssteuererklärung ist mit einem Verzeichnis der steuerpflichtigen Masse rc. beim Erbschaftssteueramte einzureichen; sie ist dementsprechend schriftlich abzugeben. In den Motiven ist aber besonders gesagt: „Der Einreichung der Erbschaftssteuererklärung (§ 39 [jetzt § 37] Abs. 1 Satz 1 des Gesetzes) steht die Abgabe dieser Erklärung zu Protokoll des Erbschaftssteueramts gleich." Diese Bemerkung haben übrigens die BRAusfB. § 13 Abs. 5 zur Bestimmung erhoben. Aus der Hervorhebung der Motive zu § 37 kann aber nicht ohne weiteres gefolgert werden, daß das Gesetz für die Anmeldung eine Erklärung zu Protokoll habe ausschließen wollen; nach allgemeinen Grundsätzen ist auch hier eine Erklärung zu Protokoll des Erbschaftssteueramts für zulässig zu erachten; vgl. Note 8 zu § 36.

5. Ebenso wie nach Lage der Sache und ohne daß solches im Gesetz besonders hervorgehoben zu werden brauchte, das Verlangen einer Erbschaftssteuererklärung nur ein zuständiges Erbschaftssteueramt stellen kann, ebenso hat der Anmeldepflichtige dem bezüglichen Verlangen eines jeden zuständigen Erbschaftssteueramtes Folge zu leisten. Wenn Zweifel über die Zuständigkeit entstanden sind, sei es wegen einer unvollständigen ersten Feststellung der Sachlage, sei es wegen Meinungsverschiedenheiten nach Maßgabe des letzten Absatzes des § 33, und es ist sodann nach voller Klärung der Sachlage bzw. Bestimmung des Bundesrats die Zuständigkeit endgültig festgelegt, so hat der Anmeldepflichtige dem Verlangen des danach zuständigen Erbschaftssteueramtes auf eine Erbschaftssteuererklärung stattzugeben, auch wenn er die bezügliche Anmeldung seines steuerpflichtigen Erwerbes bei einem anderen Erbschaftssteueramte gemacht hatte. Das gleiche ist der Fall, wenn der Anmeldepflichtige seine Anmeldung an ein nicht zuständiges Erbschaftssteueramt gesendet und das letztere die Anmeldung an das zuständige abgegeben hatte. Eine entsprechende Aufklärung über die Zuständigkeit wird in derartigen besonderen Fällen aber dem Anmeldepflichtigen beim Verlangen der Erbschaftssteuererklärung von dem Erbschaftssteueramte gegeben werden müssen; vgl. BRAusfB. § 12 Abs. 3. Eine Erbschaftssteuererklärung zu Protokoll wird nur das zuständige Erbschaftssteueramt entgegenzunehmen haben.

6. Eine Erbschaftssteuererklärung kann von jedem Anmeldepflichtigen also von jedem, dem ein steuerpflichtiger Erwerb von Todes wegen anfällt verlangt werden, mithin nicht nur vom Erben, sondern auch vom Vermächtnisnehmer, dem Erwerber aus einer Schenkung von Todes wegen usw., sofern nur das Erbschaftssteueramt solches nach Lage der Sache für geboten erachtet. Es findet hier vollständig dasjenige Anwendung, was bezüglich der Anmeldung oben in Note 1 zu § 36 ausgeführt wurde. Unter mehreren Verpflichteten kann das Erbschaftssteueramt nach freiem Ermessen denjenigen auswählen, von dem es die Erbschaftssteuererklärung verlangt, auch dabei der Erweiterung der Abgabepflicht durch § 38 Rechnung tragen; eine gewisse Anleitung für die Wahl ist aus den § 13 Abs. 3 BRAusfB. zu entnehmen. Bekommt das Erbschaftssteueramt von dem zuerst gewählten Pflichtigen eine ausreichende Erbschaftssteuererklärung nicht, weil demselben eine entsprechende Kenntnis oder die erforderlichen Unterlagen fehlen, so kann es auf einen anderen Pflichtigen greifen und von diesen ebenfalls eine Erbschaftssteuererklärung fordern, sofern ihm eine Ergänzung nach § 42 nicht genügend erscheint.

7. Das in die Erbschaftssteuererklärung aufzunehmende oder derselben gesondert beizufügende vollständige Verzeichnis der zu der steuerpflichtigen Masse gehörenden Gegenstände muß im großen und ganzen einer Inventur des bezüglichen Anfalls entsprechen. Aus der weiter-

gehenden Fassung des Satzes 3 des ersten Absatzes des § 37 läßt sich schon ersehen, daß eine Erbschaftssteuererklärung nach dem Willen des Gesetzes und entsprechend den allgemeinen Grundgedanken desselben, wenngleich sie von jedem Anmeldepflichtigen verlangt werden kann (vergleiche die vorstehende Note), doch nur in den weniger durchsichtigen und an sich verwickelteren Fällen, bei denen eine Reihe verschiedener und eventuell verschiedenartiger Umstände zur Berücksichtigung kommt, also namentlich von dem oder den Erben, tatsächlich verlangt werden soll. Das Verzeichnis muß alle die einzelnen Aktiva und Passiva genau mit ihrer Bewertung und den sonst in steuerlicher Beziehung wesentlichen Umständen enthalten, so daß daraufhin die Wertermittelung und die Steuerberechnung von dem Erbschaftssteueramte vorgenommen werden kann. Eine genaue Beschreibung der einzelnen Nachlaßgegenstände erscheint dabei nur soweit erforderlich als danach eine Wertprüfung stattfinden kann. Die weiteren Einzelheiten sind im Wege der Ausführungsverordnung zu regeln; das Muster 5 der BRAusfB. bietet für dieselben den nötigen Anhalt.

8. Wenn in das Verzeichnis nach dem Wortlaut des Gesetzes „die zu der steuerpflichtigen Masse gehörenden Gegenstände" aufgenommen werden sollen, so bezieht sich solches regelmäßig bzw. in erster Linie immer nur auf die steuerpflichtige Masse des gesamten Anfalls des bezüglichen Anmeldepflichtigen. Sofern jedoch der Anfall durch andere Anfälle bedingt oder irgend wie für die Besteuerung bedeutungsvoll beeinflußt wird, hat sich das Verzeichnis auch auf diese Anfälle in allen ihren bedeutungsvollen Einzelheiten zu erstrecken. So hat speziell der Erbe die Beschwerung seines Anfalls mit Vermächtnissen usw. in dem Verzeichnis seiner Erbschaftssteuererklärung entsprechend zum Ausdruck zu bringen; es gewinnt dadurch der nachfolgende § 39 des Gesetzes wesentlich an Bedeutung.

9. Die Wertangabe in der Erbschaftssteuererklärung hat keine definitiv bestimmende Bedeutung, sondern sie soll nur zu einem Anhalt für das Erbschaftssteueramt dienen, dem die endgültige Wertermittelung ebenso wie die Steuerberechnung obliegt und das darüber auf Grund weiterer freier Prüfung zu entscheiden hat.

10. Die Frage, ob eine Erbschaftssteuererklärung nach den Verhältnissen des einzelnen Falls als genügend zu erachten ist, hat das Erbschaftssteueramt zu entscheiden. Erachtet das Erbschaftssteueramt die Erbschaftssteuererklärung als ungenügend, so kann es das Verlangen nach einer solchen wiederholen; es wird in diesem Fall die erste Einreichung einer Erbschaftssteuererklärung nicht weiter in Betracht kommen, so daß die Strafbestimmung des § 49 von neuem Platz greifen würde [and. M. U. Hoffmann, 2. Aufl. Anm. 5 zu § 37, welcher es unzulässig erachtet, eine Erklärung, die als Erbschaftssteuererklärung abgegeben ist, wegen Unvollständigkeit und Unrichtigkeit zurückzuweisen]. Leidet die Erbschaftssteuererklärung nur an geringeren Mängeln, so wird eine bezügliche Ergänzung derselben zu fordern oder nach Maßgabe des § 42 Abhilfe zu schaffen sein.

11. Irgend welche sich auf den Anfall oder einzelne Gegenstände desselben beziehende Urkunden, Dokumente usw. sind an und für sich nach der Vorschrift des Gesetzes der Erbschaftssteuererklärung nicht beizugeben. Es steht aber selbstredend dem Anmeldepflichtigen eine derartige Beifügung frei, sofern er davon eine sichere und zweckmäßige Klärung der Sache erwartet. Erachtet das Erbschaftssteueramt die Vorlegung der sich auf den Erwerb beziehenden Urkunden für notwendig, so kann es dieselbe nach Maßgabe des § 42 Abs. 2 verlangen.

Zu Absatz 3.

12. Der dritte Absatz des Paragraphen ist von dem Reichstag auf den Vorschlag von dessen Kommission dem Gesetze eingefügt. Der Kommissionsbericht (Drucksachen des Reichstags, 11. Legislaturperiode, II. Session 1905/1906 Nr. 360 S. 26) sagt dazu, man halte „auf Grund der bisherigen praktischen Erfahrungen dafür, daß von dem Verlangen einer eidesstattlichen Versicherung abgesehen werden könne, die §§ 46 und 55 demnach zu streichen seien, wenn man im Anschlusse an das Preußische Einkommensteuergesetz (§ 24) allgemein eine Versicherung nach bestem Wissen und Gewissen für die Deklarationen vorschreibe". Der § 46 des Regierungsentwurfs berechtigte in Übereinstimmung mit der Mehrheit der früheren Landesgesetze das Erbschaftssteueramt, demjenigen, welchem ein Erwerb von Todes wegen anfällt, eine Versicherung an Eidesstatt über die Richtigkeit und Vollständigkeit der eingereichten Erbschaftssteuererklärung oder einzelner Teile der Erklärung und der geforderten weiteren Angaben abzunehmen, und zwar konnte diese eidesstattliche Versicherung vor dem Erbschaftssteueramt selbst oder vor einer ersuchten Behörde — für die Amtsgerichte war die Verpflichtung dazu besonders ausgesprochen — abgegeben werden. Der § 55 enthielt dann eine Strafbestimmung für denjenigen, welcher der Verpflichtung zur Abgabe der eidesstattlichen Versicherung innerhalb der ihm bestimmten Frist nicht genügt. Beide Paragraphen des Entwurfs sind nach Einfügung des Abs. 3 des § 37, mit welcher wie mit der weiteren Folge sich der Vertreter der Reichsregierung von vornherein einverstanden erklärte, aus dem Gesetz fortgelassen.

§ 38.

Die in den §§ 36, 37 bezeichneten Verpflichtungen gelten auch für Testamentsvollstrecker, Nachlaßpfleger und gesetzliche Vertreter der Erwerber in Ansehung der ihrer Verwaltung unterliegenden Gegenstände. Die im § 36 bezeichneten Fristen beginnen für diese Personen nicht vor der Uebernahme der Verwaltung.

Vergl. BRAusfB. §§ (11) 12, 13 Abs. 3.

1. Der § 38 steht in gewisser Beziehung mit dem § 32 REStG. im Verhältnis. Wie im letzteren bestimmten Persönlichkeiten neben dem Erwerber eine Haftung für die Erbschaftssteuer, wenn auch in beschränkterer Weise, auferlegt wird, so verpflichtet der § 38 einen hier allerdings enger gezogenen Kreis von Personen neben demjenigen, dem ein steuerpflichtiger Erwerb von Todes wegen anfällt, zur Anmeldung und zur Erbschaftssteuererklärung, aber auch nur mit einer bestimmten Beschränkung.

2. Eine Verpflichtung zur Anmeldung und zur Erbschaftssteuererklärung wird nach § 38 nur für den Testamentsvollstrecker, für den Nachlaßpfleger und für die gesetzlichen Vertreter der Erwerber begründet. Eine analoge Ausdehnung der Gesetzesvorschrift auf andere ähnlich stehende Personen ist nicht zulässig, vgl. auch Note 1 zu § 32. Bezüglich des Testamentsvollstreckers ist zu vergleichen Note 4 zu § 32, bezüglich des Nachlaßpflegers Note 5 zu § 32, bezüglich der gesetzlichen Vertreter Note 2 zu § 32.

3. Die betreffende Verpflichtung ist im § 38 nur in Ansehung der der Verwaltung der fraglichen Persönlichkeiten unterliegenden Gegenstände gegeben. Diese Beschränkung ist als durchaus sachgemäß zu erachten, denn nur hinsichtlich der berührten Gegenstände liegt eine unmittelbare Beziehung der betreffenden Persönlichkeiten zu dem Erbfall vor und ist es für die Persönlichkeiten ohne weiteres möglich, der Verpflichtung zur Anmeldepflicht und zur Erbschaftssteuererklärung nachzukommen. In gleicher Weise liegt es in der Natur der Sache, daß die bezüglich der Anmeldung im § 36 gesetzten Fristen für die nach § 38 verpflichteten Personen nicht vor der Übernahme der Verwaltung beginnen können, wie es der zweite Satz des Paragraphen ausdrücklich hervorhebt.

4. Im übrigen gelten aber alle die Einzelvorschriften, welche im § 36 für die Anmeldung und im § 37 für die Erbschaftssteuererklärung getroffen sind, auch für die hier verpflichteten Personen und finden danach die bezüglichen Ausführungen in den Noten zu diesen Paragraphen entsprechend Anwendung. Als ohne weiteres in der Natur der Sache liegend muß es angesehen werden, daß die Verpflichtung zur Anmeldung und zur Abgabe einer Erbschaftssteuererklärung für die betreffenden Persönlichkeiten nur solange besteht, als sie die für die Verpflichtung maßgebenden Stellungen bekleiden; mit Wegfall oder Aufhören der Stellung endigt die Verpflichtung [and. M. U. Hoffmann 2. Aufl. Anm. 1 zu § 38, welcher ein Erlöschen der Verpflichtung beim Ausscheiden aus dem Amte nur dann annimmt, wenn durch letzteres die Erfüllung der Pflicht unmöglich geworden ist; die hier vertretene Ansicht teilt Dr. A. Hoffmann Anm. 1 zu § 38].

§ 39.

Sind mehrere Personen zur Erstattung der Anmeldung verpflichtet, so kommt die von einem Verpflichteten bewirkte Anmeldung auch den übrigen zustatten, sofern der diesen angefallene Erwerb daraus erkennbar ist.

Vergl. BRAusfB. §§ (11) 12.

1. Die Bestimmung des § 39 soll Platz greifen, wenn „mehrere Personen zur Erstattung der Anmeldung verpflichtet" sind. Eine Berücksichtigung lediglich des Wortlauts der Gesetzesvorschrift kann, vielleicht sogar in erster Linie, zu der Auslegung führen, daß die Verpflichtung der mehreren Personen bezüglich ein und derselben Anmeldung, also auch ein und desselben Erwerbes, vorliegen müsse. Es würde sodann die Bestimmung wesentlich nur in Frage kommen, wenn die nach § 36 verpflichteten Personen mit den nach § 38 verpflichteten zusammentreffen, also in einer verhältnismäßig so untergeordneten Weise, daß dafür der Erlaß einer besonderen Vorschrift kaum gerechtfertigt erscheinen dürfte. Da aber ihrem inneren Zweck nach die Vorschrift in der gleichen Weise wie die im Abs. 2 des § 36 zu einer Erleichterung der Anmeldepflicht im ganzen und zu einer Beschränkung der Zahl der Anmeldungen dienen soll, so wird man die obigen Worte in einem weiteren Sinne dahin auszulegen haben, daß es sich dabei nur um mehrere zu einer Anmeldung verpflichtete Personen aus ein und demselben Erbfall — also nicht Anfall oder Erwerb — handeln solle. Diese Auslegung ist nach dem Wortlaut des Schlusses des Paragraphen als durchaus zulässig

zu erachten; nur unter ihr gewinnt die Bestimmung selbst eine Bedeutung, wie sie für deren Erlaß überhaupt als notwendig bezeichnet werden müßte. Vgl. auch § 13 Abs. 3 BRAusfB. And. M. Dr. A. Hoffmann Anm. 1 zu § 39, während E. Zimmermann Note 1 zu § 39 und Aron Note zu § 39 nach der angewandten Ausdrucksweise die diesseitige Auffassung zu teilen scheinen.

2. Nach den Ausführungen in voriger Note findet die Vorschrift des § 39 Anwendung, wenn ein aus einem Erbfall Anmeldepflichtiger die Anmeldung auch für die übrigen aus dem fraglichen Erbfall Pflichtigen — sämtlich oder zum Teil — macht. In der Praxis wird es sich dabei namentlich um den Fall handeln, wenn ein Erbe, der ja die Beschwerungen seines Erwerbes so wie so aufzuführen hat, gleichzeitig die Anmeldungen bezüglich der ganzen Erbschaft, also auch für die Vermächtnisnehmer usw., macht. Die Pflicht des eigentlich Anmeldepflichtigen als solche wird durch die Bestimmung des § 39 zunächst nicht berührt; speziell wird sie nicht eingeschränkt oder vermindert. Macht beispielsweise der Dritte die Anmeldung für den Pflichtigen nicht rechtzeitig, so treffen die Folgen lediglich den Pflichtigen, welcher ebenmäßig bei einer unvollständigen Anmeldung zur Ergänzung herangezogen werden kann. Nimmt der Anmeldepflichtige — und zwar nach Lage der Sache mit voller Berechtigung — an, ein anderer aus dem Erbfall gleichfalls Pflichtiger, etwa der Erbe, werde für ihn die Anmeldung machen, letzterer versäumt solches aber, so ist der eigentlich Anmeldepflichtige allein für diese Versäumnis dem Erbschaftssteueramt gegenüber verantwortlich. Eine Rechtswirkung auf die Verpflichtung des eigentlich Anmeldepflichtigen wird nur ausgeübt, wenn die Anmeldung von dem Dritten sachgemäß und rechtzeitig erstattet wird; in diesem Falle wird der eigentlich Anmeldepflichtige von seiner Verpflichtung, weil derselben Genüge geleistet ist, befreit.

3. Zu beachten ist ferner, daß für denjenigen, welcher die Anmeldung an Stelle des eigentlich Anmeldepflichtigen erstattet, irgend eine Pflicht nicht besteht und auch durch die Bestimmung des § 39 nicht hat begründet werden sollen; demselben ist lediglich die Befugnis, für einen andern mit entsprechender Rechtswirkung anzumelden, eingeräumt worden. Daraus folgt wiederum, daß der ohne Verpflichtung Anmeldende aus seiner Anmeldung für einen Dritten nicht verantwortlich, und zwar auch nicht etwa nur subsidiär verantwortlich werden kann, natürlich sofern nicht die Anmeldung ein besonderes, an sich durch dieselbe nicht gegebenes Verschulden in sich schließt. Speziell wird derselbe wegen nicht rechtzeitiger Anmeldung für den Dritten niemals strafbar werden.

4. Die Anmeldung, welche ein Nichtpflichtiger für den Pflichtigen erstattet, muß vollständig sein und den allgemeinen Anforderungen entsprechen; es findet hier das zu § 36 Ausgeführte in entsprechender Weise Anwendung. Irgend welche besondere Anforderungen speziell hinsichtlich der Form sind bezüglich der Anmeldung für einen Dritten nicht zu stellen; nach dem Gesetz genügt es, daß der dem Dritten angefallene Erwerb aus der Anmeldung erkennbar ist. Danach erscheint eine vollständige Verbindung der eigenen Anmeldung mit der für den Dritten unbedingt zulässig, wenn daraus der Erwerb des Dritten nur genügend zu erkennen ist.

5. Die Vorschrift des § 39 bezieht sich ausschließlich auf die Anmeldung des Erwerbes, wie sie der § 36 regelt, nicht auch auf die durch § 37 geordnete Abgabe einer Erbschaftssteuererklärung. Die Verpflichtung zu letzterer besteht demnach unverändert fort, wenn auch das Erbschaftssteueramt von einem anderen Pflichtigen bereits eine Erbschaftssteuererklärung gefordert hat; erforderlichenfalls kann das Erbschaftssteueramt eine Erbschaftssteuererklärung auch von dem zweiten oder dritten Pflichtigen verlangen, ohne daß es die doppelte Anforderung besonders zu begründen brauchte; vgl. Note 6 zu § 37. [Nicht ganz stimmt hiermit überein, wenn U. Hoffmann 2. Aufl. Anm. 4 zu § 37 die von einem Pflichtigen abgegebene Erbschaftssteuererklärung allen Pflichtigen zugute kommen lassen will, obwohl § 39 nur für die Anmeldung gelte; er verlangt von den anderen Pflichtigen allerdings noch Versicherung der Richtigkeit und Berichtigung. Vgl. für die diesseitige Stellungnahme unten Note 3 zu § 42.]

§ 40.

Den Erbschaftssteuerämtern sind seitens der nachbenannten Behörden und Beamten die folgenden Mitteilungen zu machen:

1. seitens der Standesämter
von den eingetretenen Sterbefällen,

2. seitens der Gerichte
von den ergangenen Todeserklärungen,

3. seitens der Gerichte und Notare
von den von ihnen beurkundeten Schenkungen und den von ihnen eröffneten Verfügungen von Todes wegen,

4. seitens der Gerichte und Verwaltungsbehörden
von den zu ihrer Kenntnis gelangenden Zuwiderhandlungen gegen die Vorschriften dieses Gesetzes.

Vergl. BRAusfB. §§ 2, 3, 4 (6) (7) (8) 31.

1. Der § 40 regelt die Mitwirkung, welche den Erbschaftssteuerämtern bei der Erhebung der Erbschaftssteuer von den sonst nicht mit dieser Erhebung betrauten anderen Behörden zuteil werden muß, um eine allgemeine ausnahmslose Durchführung der Steuererhebung zu ermöglichen. Als solche zur Mitwirkung berufene Behörden kommen namentlich die Standesbeamten und die Gerichte in Frage. Mit Rücksicht darauf, daß die Anordnung der Mitwirkung der in Betracht kommenden Behörden immerhin in das allgemeine Verwaltungsrecht und die bestehende Verwaltungsordnung der einzelnen Bundesstaaten eingreifen mußte, war es notwendig, die Verpflichtung der fraglichen Behörden zur Mitwirkung im Gesetz selbst festzulegen. Auf Grund der gesetzlich normierten Mitwirkungspflicht erscheint der Bundesrat zweifellos befugt, die näheren Anordnungen hierfür in den Ausführungsvorschriften zu treffen. Wenn aber in dem § 40 festgelegt ist, daß bestimmte Behörden den Erbschaftssteuerämtern bestimmte Mitteilungen zu machen haben, so hat dieses keineswegs die Bedeutung, daß die Erbschaftssteuerämter weitere Mitteilungen oder Mitteilungen von anderen Behörden nicht verlangen könnten. In einem derartigen beschränkenden Sinne darf die fragliche Gesetzesvorschrift nicht aufgefaßt werden; den Erbschaftssteuerämtern muß vielmehr neben derselben uneingeengt die Befugnis, andere Behörden requisitionsweise in Anspruch zu nehmen, zuerkannt werden, soweit eine derartige Inanspruchnahme zur Erledigung der Erbschaftsbesteuerung

erforderlich wird; die in Anspruch genommenen Behörden werden dem nach Maßgabe der allgemeinen Aushilfs- und Interessenunterstützungspflicht der öffentlichen Amtsstellen Folge zu geben haben; vgl. auch BRAusfB. § 5.

2. Wesentlich muß es zunächst erscheinen, daß die Erbschaftssteuerämter von jedem Sterbefalle Kenntnis erhalten, um danach zu prüfen, ob ein steuerpflichtiger Anfall begründet ist oder nicht. Diese Kenntnis ist sachgemäß nur durch die mit der amtlichen Verlautbarung der Sterbefälle betrauten Standesbeamten zu erlangen und folgeweise sind diese zu der Mitteilung der eingetretenen Sterbefälle verpflichtet worden. Wie diese Mitteilungen im einzelnen zu machen sind, bestimmen die BRAusfB. im § 2 unter Beigabe eines besonderen Formulars für eine Totenliste. Für die Erbschaftssteuerämter muß es von Interesse sein und gleichzeitig zur Vereinfachung des ganzen Verfahrens dienen, wenn die zu gebenden Mitteilungen von vornherein in einzelnen Beziehungen über dasjenige, was von den Standesbeamten in dem Sterberegister zu verlautbaren ist, hinausgehen; demgemäß enthalten die Totenlisten einige Fragen, die nicht ohne weiteres aus dem Sterberegister zu beantworten sind. Da es nicht angängig erscheint, den Standesbeamten mit einer außerhalb seiner eigentlichen Dienstverrichtungen liegenden Tätigkeit zu belasten, so ist er zur Beantwortung der letzteren Fragen nur verpflichtet, soweit er es aus eigenem Wissen oder infolge Befragung des den Sterbefall Anmeldenden vermag: weitere besondere Ermittelungen anzustellen hat er nicht nötig, doch steht natürlich nichts entgegen, wenn er sich dem freiwillig im Interesse der Sache unterzieht.

3. In der gleichen Weise wie die Sterbefälle können die Todeserklärungen die Möglichkeit zu einem steuerpflichtigen Anfall bieten; es sind deshalb die Gerichte verpflichtet, von den ergangenen Todeserklärungen den Erbschaftssteuerämtern Mitteilung zu machen. Verpflichtet zu den Mitteilungen sind diejenigen Gerichte, welche die Todeserklärung ausgesprochen haben. Zu machen sind die Mitteilungen dem zuständigen Erbschaftssteueramt und zwar sofort nach Erlaß des bezüglichen Urteils. Die BRAusfB. geben in ihrem § 3 näheres.

4. Von besonderer Bedeutung für die Erbschaftssteuerämter sind weiter die Eröffnungen von Verfügungen von Todes wegen und die Beurkundungen der Schenkungen, daher die Anordnung, daß Gerichte und Notare über die von ihnen beurkundeten Schenkungen und die von ihnen eröffneten Verfügungen von Todes wegen Mitteilung zu machen haben. Die Mitteilung geschieht durch Übersendung von Abschriften der eröffneten Verfügungen von Todes wegen und der beurkundeten Schenkungen, welche gleicherweise alsbald nach Eröffnung beziehungsweise Beurkundung zu erfolgen hat. In den BRAusfB., welche das Nähere hierüber in den §§ 4 und 31 bestimmen, ist die Verpflichtung der Gerichte und Notare auf die Mitteilung derjenigen für die Erbschaftssteuer erheblichen Umstände ausgedehnt, welche ihnen bei Gelegenheit der Eröffnung einer Verfügung von Todes wegen bekannt werden; auch ist ihnen auferlegt, sofern der Urkundeninhalt einer Schenkung das Verwandtschaftsverhältnis zwischen dem Schenker und dem Beschenkten, sowie den Wert der Schenkung nicht ergibt, solches durch Befragen der Schenker festzustellen und deren Angaben dem Erbschaftssteueramt zugehen zu lassen. Nach einer Verf. SFM. vom 18. Dezember 1907 Nr. 6037 haben die Stempelfiskale die Beobachtung der Benachrichtigungsverpflichtung zu überwachen.

5. Endlich sind die Gerichte sowie die Verwaltungsbehörden ausdrücklich verpflichtet worden, von den zu ihrer Kenntnis gelangenden Zuwiderhandlungen gegen die Vorschriften des Erbschaftssteuergesetzes den Erbschaftssteuerämtern Nachricht zu geben, welche daraufhin das weitere behufs Bestrafung usw. zu veranlassen haben. Nach Lage der Sache wird man den Begriff der Verwaltungsbehörde hier in weiterem Sinne zu fassen und darunter nicht nur die staatlichen Verwaltungsbehörden, sondern in gleicher Weise auch alle kommunalen Verwaltungsbehörden zu verstehen haben. Eine ähnliche Vorschrift über eine weitergehende Anzeigepflicht von Zuwiderhandlungen findet sich übrigens auch in anderen Gesetzen, so speziell in dem Reichsstempelgesetz, neue Fassung vom 16. Juni 1906 § 77 (Reichsgesetzblatt 1906 S. 695).

6. Die gleiche Verpflichtung wie den Standesämtern liegt, wie schon § 2 Abs. 8 BRAusfB. besonders hervorhebt, den zur Beurkundung der Sterbefälle von Deutschen ermächtigten diplomatischen Vertretern und Konsuln des Reichs bezüglich der von ihnen beurkundeten Sterbefälle von Deutschen ob. Den Gerichten stehen die vom Reichskanzler zur Ausübung der Gerichtsbarkeit ermächtigten Konsuln und die ebenso zur Ausübung der Gerichtsbarkeit in den Schutzgebieten ermächtigten Beamten gleich; bezüglich der Eröffnung der Testamente ist das Nähere über die Zuständigkeit unter Belegung mit den maßgebenden gesetzlichen Vorschriften oben in Note 9 zu § 36 angeführt; bezüglich der Todeserklärungen ergibt sich das gleiche daraus, daß die betr. Konsuln und Beamten nach § 7 Ziff. 1 des Gesetzes über die Konsulargerichtsbarkeit vom 7. April 1900 (RGBl. 1900 S. 213) für die durch das Gerichtsverfassungsgesetz, die Prozeßordnungen und die Konkursordnung den Amtsgerichten zugewiesenen Sachen zuständig sind und daß das Aufgebotsverfahren, in welchem die Todeserklärungen auszusprechen sind, wiederum nach §§ 946, 961, ZPO. und § 23 des Gerichtsverfassungsgesetzes vom 20. Mai 1898 (RGBl. 1898 S. 371) zur Zuständigkeit der Amtsgerichte gehört.

§ 41.

Die Gerichte und die Notare haben den Erbschaftssteuerämtern auf Verlangen die Einsicht in die den Nachlaß betreffenden Verhandlungen zu gestatten.

1. Nach seinem Wortlaut legt der § 41 den Gerichten und Notaren nur eine Verpflichtung bezüglich der den Nachlaß betreffenden Verhandlungen auf. Da aber nach § 56 Abs. 1 des Gesetzes die Vorschriften über die Erbschaftssteuer auf die Erhebung und Verwaltnng der Schenkungssteuer, soweit nicht ein anderes bestimmt ist, Anwendung finden sollen, so wird man mangels einer bezüglichen Ausnahmebestimmung anzunehmen haben, daß die Verpflichtung auch darauf geht, die Einsicht in die eine Schenkung betreffenden Verhandlungen zu gestatten, wenngleich hierfür vielleicht seltener ein Bedürfnis gegeben sein sollte. Für eine gegenteilige Ansicht würde allerdings geltend gemacht werden können, daß in dem vorhergehenden § 40 unter Ziff. 3 der Schenkungen besonders Erwähnung geschehen, was im § 41 aber unterblieben sei; dem glauben wir auf eine solche Tragweite nicht beilegen zu dürfen, daß dadurch die an sich gegebene Erweiterung der Verpflichtung hätte ausgeschlossen werden sollen.

2. Die Bestimmung greift auch Platz, wenn die Gerichte und Notare einem anderen Bundesstaate als das Erbschaftssteueramt angehören. Die sonstigen über die gegenseitige Beistandsleistung der Behörden bestehenden Vorschriften der Reichsgesetzgebung (vgl. z. B. Gesetz über den Beistand bei Einziehung von Abgaben und Vollstreckung von Vermögensstrafen vom 9. Juni 1895 (RGBl. 1895 S. 256) und der Landesgesetzgebung der Bundesstaaten werden durch die Bestimmung des § 41 nicht berührt, namentlich nicht, soweit sie sich etwa als weitergehend zeigen, außer Kraft gesetzt. Wenn das Gesetz sagt, die Einsicht in die Verhandlungen sei zu gestatten, so soll dieses die Übersendung der Verhandlungen zur Einsicht zum mindesten für die Regel einschließen, denn der Gesetzgeber wird unmöglich gewollt haben, daß sich in jedem Falle ein Beamter des Erbschaftssteueramts zur Einsicht der Verhandlungen nach dem Gericht oder dem Notar begeben solle [U. Hoffmann 2. Aufl. Anm. 1 zu § 41 vertritt die gleiche Ansicht].

§ 42.

Jeder, dem ein Erwerb von Todes wegen anfällt, ist zur Erteilung der von dem Erbschaftssteueramte geforderten Auskunft über die den Erwerb betreffenden tatsächlichen Verhältnisse insoweit verpflichtet, als diese für die Festsetzung der Steuer von dem an ihn selbst oder an andere Beteiligte gelangenden Erwerb erheblich sind. Diese Vorschrift findet auf die im § 38 bezeichneten Personen entsprechende Anwendung.

Auf Verlangen müssen dem Erbschaftssteueramte die sich auf den Erwerb beziehenden Urkunden zur Einsicht vorgelegt werden.

Das Erbschaftssteueramt entscheidet nach freier Ueberzeugung darüber, ob die von dem Steuerpflichtigen behaupteten Schulden sowie die von ihm behaupteten Umstände, auf Grund deren Abzüge von der Masse gemacht oder Teile aus der Masse ausgeschieden werden sollen, vorhanden sind.

Zur Befolgung seiner Anordnungen kann das Erbschaftssteueramt die Verpflichteten durch Ordnungsstrafen anhalten, auch kann das Amt die zur Erledigung der Anordnungen erforderlichen Maßregeln auf Kosten der Säumigen treffen. Die einzelne Ordnungsstrafe darf den Betrag von dreihundert Mark nicht übersteigen.

Vergl. BRAusfB. §§ (11) (37).

Zu Absatz 1.

1. Eine Auskunft nach Maßgabe des § 42 zu erteilen ist jeder, dem ein Erwerb von Todes wegen anfällt, verpflichtet. Die Verpflichtung trifft danach einerseits jeden Erwerber ohne Rücksicht auf den Rechtsgrund des Erwerbes, also nicht etwa nur den Erben, sondern in der gleichen Weise den Vermächtnisnehmer, Pflichtteilsberechtigten usw.; in dieser Beziehung findet auch das in Note 1 zu § 36 Ausgeführte Anwendung. Andererseits ist aber die Verpflichtung hier nicht wie bei der Anmeldung (vgl. Note 2 zu § 36) oder wie bei der Erbschaftssteuererklärung (vgl.

Note 3 zu § 37) auf den steuerpflichtigen Erwerb beschränkt; sie bezieht sich vielmehr in dieser Beziehung auf jeden Erwerb, auf den steuerpflichtigen sowohl wie auf den steuerfreien. Daß der steuerfreie Erwerb hier einbezogen ist, hat seinen guten praktischen Grund, denn es kann für das Erbschaftssteueramt sehr wohl das Bedürfnis entstehen, auch einen steuerfreien Erwerber bezüglich seines Anfalls um Auskunft anzugehen, sei es, daß noch ein Zweifel besteht, ob die Steuerfreiheit als solche anzuerkennen, sei es, daß über steuerpflichtige Belastungen nähere Angaben notwendig erscheinen. Bestätigt wird diese Auffassung durch die in den Kommissionsverhandlungen des Reichstags abgegebene Erklärung des Vertreters des Reichsschatzamts zu § 37 des Gesetzes (Kommissionsbericht S. 52), welche oben in Note 3 zu § 37 zum Abdruck gebracht ist. [U. Hoffmann 2. Aufl. Anm. 1 zu § 42 pflichtet der hier vertretenen Ansicht bei.]

2. Die A u s k u n f t ist n u r a u f A n f o r d e r n d e s E r b s c h a f t s s t e u e r a m t e s zu erteilen. Das Verhältnis ist also ein ähnliches wie bei der Erbschaftssteuererklärung und greift im allgemeinen das in Note 1 zu § 37 Ausgeführte Platz. Anfordern kann berechtigt nur das zuständige Erbschaftssteueramt; es ist in dieser Beziehung auf die Ausführungen in Note 5 zu § 37 zu verweisen.

3. Dem Erbschaftssteueramt ist die Befugnis der Auskunftsforderung zu einem d o p p e l t e n Z w e c k beigelegt. Es kann einmal dadurch die Anmeldung ergänzen und infolgedessen die Erbschaftssteuererklärung unnötig machen; es kann aber ferner die Erbschaftssteuererklärung selbst entsprechend vervollständigen und dadurch eventuell die sonst notwendige Abgabe einer neuen Erbschaftssteuererklärung vermeiden. Wann, wie und in welchem Umfange das Erbschaftssteueramt von der ihm beigelegten Befugnis Gebrauch machen will, hat es nach freiem Ermessen zu entscheiden, soweit nicht durch die Vorschrift selbst Beschränkung (vgl. die nachstehenden Noten 4—6) getroffen ist; im großen und ganzen treffen hier die bezüglichen Ausführungen in Note 1 zu § 37 zu. Daß von den in §§ 36, 38 aufgeführten verpflichteten Personen die Auskunft erst nach Abgabe der Anmeldung und Erbschaftssteuererklärung gefordert werden könne, wie Dr. A. Hoffmann Anm. 2d zu § 42 will, ist m. E. nicht anzunehmen; vgl. auch U. Hoffmann Note 1 zu § 42 [desgleichen 2. Aufl. Anm. 1 zu § 42].

4. Eine A u s k u n f t kann nur b e z ü g l i c h d e s j e n i g e n E r w e r b e s gefordert werden, d e r d e m B e f r a g t e n s e l b s t a n f ä l l t, wie der Wortlaut der Vorschrift zweifellos ergibt. Von einem an einem ausgedehnteren Erbfall nur in gewisser Beziehung Beteiligten kann demnach nicht eine Auskunft über alle Einzelheiten des Erbfalls verlangt werden, sondern lediglich über diejenigen, welche seinen Erwerb betreffen. Letzteres ist jedoch nach Lage der Sache in einem weiteren Sinne aufzufassen, so daß die Auskunftspflicht nicht etwa nur auf den eigentlichen Erwerb, die durch denselben herbeigeführte Bereicherung, sondern auf alle diesen Erwerb irgend wie beeinflussenden Umstände in vollem Umfang auszudehnen ist, sich also auch auf die Belastung des Erwerbes mit Vermächtnissen, mit Auflagen usw. erstreckt und in dieser Weise zugleich fremden Erwerb berühren kann. Gerade in letzterer Richtung wird die Auskunftsforderung möglichenfalls einen besonderen Wert für das Erbschaftssteueramt zur Ergänzung und Nachprüfung der Anmeldung des anderen Erwerbers haben. [U. Hoffmann, 2. Aufl. Anm. 2 zu § 42 dehnt die Auskunftspflicht auch auf den mit einer Zuwendung der im § 12 Abs. 1 Ziff. 3

bezeichneten Art Beschwerten vermöge seiner in dieser Beziehung besonderen Stellungnahme — vgl. oben Note 3 zu § 36 — aus.]

5. Eine Auskunft darf nur über die tatsächlichen Verhältnisse, welche den Erwerb betreffen, von dem Erwerber verlangt werden. Allein auf die Angabe von Tatsachen erstreckt sich danach die Verpflichtung zur Auskunft. Die wesentlichste Folge hiervon ist, daß Wertangaben bezüglich seines Erwerbes von dem Erwerber nicht gefordert werden dürfen, wohl aber die Angaben über alle diejenigen tatsächlichen Unterlagen, auf Grund deren der Wert abgemessen werden kann. [Nach U. Hoffmann 2. Aufl. Anm. 1 zu § 43 bestätigt eine Verf. PrFM. vom 30. August 1909 III 13094, daß Wertangaben nicht erzwungen werden können.] Nach dieser Richtung hin ist also die Auskunftspflicht enger begrenzt als die Erbschaftssteuererklärung, welcher die Wertangabe nach ausdrücklicher Gesetzesvorschrift beizufügen ist.

6. Auch bezüglich der tatsächlichen Verhältnisse braucht eine Auskunft nur insoweit erteilt zu werden, als sie für die Festsetzung der Steuer von dem an den Befragten oder an andere Beteiligte gelangenden Erwerb erheblich sind; die Auskunftspflicht besteht also nur bezüglich des für die Steuerfestsetzung Erheblichen. Die Entscheidung darüber, was für die Festsetzung der Steuer als erheblich anzusehen ist, steht wiederum dem Erbschaftssteueramte zu. Daß besonders im Gesetz gesagt ist, auch über Verhältnisse, welche für die Steuerfestsetzung von dem an andere Beteiligte gelangenden Erwerbe erheblich sind, könne Auskunft gefordert werden, bestätigt wiederum dasjenige, was oben am Schluß der Note 4 ausgeführt ist.

7. Nach der ausdrücklichen Vorschrift im letzten Satz des Abs. 1 soll die Auskunftspflicht die im § 38 bezeichneten Personen, also den Testamentsvollstrecker, den Nachlaßpfleger und den gesetzlichen Vertreter der Erwerber, in entsprechender Weise treffen. Neben den soeben in den Noten 4 bis 6 behandelten Beschränkungen greift hier die weitere Beschränkung des § 38 Platz. Eine Verpflichtung zur Auskunftserteilung besteht für die fraglichen Personen nur bezüglich der ihrer Verwaltung unterliegenden Gegenstände und ist in dieser Beziehung das in Note 3 zu § 38 Ausgeführte hier maßgebend. Durch analoge Ausdehnung noch für weitere Personen eine Auskunftspflicht zu begründen, erscheint ausgeschlossen, vgl. Note 2 zu § 38 und Note 1 zu § 32.

Zu Absatz 2 und 3.

8. In dem Regierungsentwurf waren dem einzigen Satz des Abs. 2 noch die Worte angefügt: „insbesondere Verfügungen von Todes wegen, Erwerbsurkunden sowie die Beweismittel über Massenschulden und andere Ansprüche, auf Grund deren Abzüge von der Masse gemacht oder Teile der Masse ausgeschieden werden sollen", während der jetzige Abs. 3 fehlte. Die Änderung in die jetzige Fassung ist von der Kommission des Reichstags in der zweiten Lesung vorgenommen und dazu im Kommissionsbericht (S. 53) ausgeführt: „Abs. 1 unterscheide sich von der Vorlage nur dadurch, daß die hier angeführten Beispiele, weil doch nicht erschöpfend, weggelassen seien. Abs. 2 bezwecke die Einführung des Grundsatzes der freien Beweiswürdigung in das Erbschaftssteuererhebungsverfahren; dieser Grundsatz werde selbstverständlich nicht auf dem Wege von Ausführungsbestimmungen wieder beseitigt werden können."

9. Die Vorlage der fraglichen Urkunden kann von allen denjenigen Personen verlangt werden, welche zur Auskunftserteilung nach dem ersten Absatz des Paragraphen verpflichtet sind, mithin einerseits von jedem, dem ein Erwerb von Todes wegen anfällt, und anderseits auch von den im § 38 bezeichneten Personen. Zum Ausdruck gebracht ist dieses allerdings in dem Absatz 2 nicht, es geht aber aus der ganzen Stellung des Absatzes und dem unmittelbaren Anschluß desselben an den Absatz 1 hervor. Danach wird das in den Noten 1 und 7 oben Ausgeführte entsprechend Anwendung zu finden haben. Voraussetzung wird selbstredend immer sein, daß derjenige, von dem die Vorlage einer Urkunde gefordert wird, dieselbe tatsächlich im Besitz hat, bzw. über dieselbe eine Verfügungsgewalt hat. Sofern er selbst nur zur Einsichtnahme berechtigt ist, muß er verpflichtet erscheinen, das Erbschaftssteueramt in dieses Recht eintreten zu lassen.

10. Es kann nur die Vorlage der Urkunden selbst zur Einsicht gefordert werden. Die Verpflichtung erstreckt sich demnach lediglich auf die Vorlage, nicht etwa auch auf eine weitere Tätigkeit des Verpflichteten in bezug auf die Urkunde, namentlich nicht auf eine solche Tätigkeit, welche für den Verpflichteten irgend wie mit Kosten verknüpft sein würde, wie das Nehmen von Abschriften, Anfertigung von Übersetzungen fremdsprachiger Urkunden usw. Erachtet das Erbschaftssteueramt Maßnahmen der letzteren Art für notwendig, so hat es die Kosten derselben zu tragen. Will der Verpflichtete seiner Verpflichtung durch Eingabe einer vorschriftsmäßig beglaubigten Abschrift der Urkunde nachkommen, so wird dem in der Regel nichts entgegenstehen, sofern nicht im einzelnen Fall ein besonderes Interesse des Erbschaftssteueramts, gerade die Urkunde selbst einzusehen, vorliegt.

11. Nur die Vorlage solcher Urkunden kann verlangt werden, welche sich auf den Erwerb beziehen. Erwerb ist in demselben Sinne aufzufassen, wie beim ersten Absatz, so daß das in Note 4 oben Ausgeführte entsprechend Platz greift. Die Verpflichtung erstreckt sich auf alle Urkunden, welche sich auf den Erwerb beziehen; die Aufführung bezüglicher Urkunden im Regierungsentwurf war nur eine beispielsweise und keine erschöpfende, wie der Bericht der Reichstagskommission hervorhebt; immerhin sind damit die großen Hauptkategorien getroffen. Bemerkt sei noch, daß die Vorlage von Standesurkunden — Bescheinigungen über Geburten, Eheschließungen, Todesfälle — nicht gefordert werden darf, weil diese als auf den Erwerb sich beziehend nicht angesehen werden können.

12. Der Absatz 3 ist schon in der Begründung des Berichts der Reichstagskommission entsprechend erläutert. Das Erbschaftssteueramt soll die tatsächlichen Verhältnisse, welche für die Abgrenzung der steuerpflichtigen Masse im einzelnen Fall von Bedeutung sind, lediglich nach bestem Wissen und Gewissen würdigen und dabei nicht durch äußere Formen und schematisch zwingende Vorschriften irgend wie eingeengt werden; es hat nach freier Überzeugung die Entscheidung zu treffen.

Zu Absatz 4.

13. Durch die Vorschrift des vierten Absatzes wird das Erbschaftssteuergesetz in Stand gesetzt, die Forderungen, welche es nach den beiden ersten Absätzen des Paragraphen stellen kann, gegen die

Verpflichteten mit Erfolg durchzuführen. Über den inneren Unterschied der hier zugelassenen Ordnungsstrafe von der im § 49 angeordneten bemerkt der Bericht der Reichstagskommission (S. 53) folgendes: „Die in dem Absatz 3 des § 44 (jetzt Absatz 4 des § 42) der Vorlage erwähnte Ordnungsstrafe hat ein völlig anderes Wesen als die Ordnungsstrafe des § 53 (jetzt § 49). Sie gehört dem Verwaltungszwangsverfahren, nicht dem Verwaltungsstrafverfahren an. Ihre Festsetzung erfolgt daher auch nicht im Wege des Strafbescheides (StPO. §§ 459 ff.), sondern durch eine einfache Verwaltungsverfügung, die seitens der zuständigen Verwaltungsinstanz gegebenenfalls auch wieder zurückgenommen werden kann. Der Rechtsweg ist ausgeschlossen. Der Berichterstatter hatte ursprünglich beabsichtigt, den sachlichen Unterschied zwischen den beiden Ordnungsstrafen dadurch zum Ausdruck zu bringen, daß er die Ordnungsstrafe des § 44 Abs. 3 (jetzt § 42 Abs. 4) „Verwaltungsstrafe" bzw. „Zwangsstrafe" nennen wollte (Antrag Nr. 101 XII 2). Hievon nahm er indessen Abstand mit Rücksicht auf die Terminologie anderer Reichsgesetze." Den bis auf den Schluß richtigen Ausführungen wäre weiteres nicht hinzuzufügen. Zu bedauern ist nur, daß der Berichterstatter der Reichstagskommission seine Absicht, den inneren Unterschied der beiden sogenannten Ordnungsstrafen durch eine andere Bezeichnung im § 42 Abs. 4 Rechnung zu tragen, nicht weiter verfolgt hat, namentlich da der Grund, welcher ihn hierzu veranlaßt hat, der tatsächlichen Unterlage entbehrt. Die Terminologie der bisherigen Reichsgesetze über die indirekte Besteuerung kann als entgegenstehend nicht angesehen werden, da in den fraglichen Gesetzen bei Zulassung von Zwangsmaßnahmen und exekutivischen Maßregeln der Ausdruck „Ordnungsstrafen" nicht gebraucht wird, sondern lediglich allgemein von Geldstrafen gesprochen wird, so im Branntweinsteuergesetz § 134, im Zuckersteuergesetz § 57, im Schaumweinsteuergesetz § 21 und auch in den mit dem RESt G. gleichzeitig erlassenen Gesetzen über die Änderung des Brausteuergesetzes Artikel I § 37a (nach der neuen Fassung des Gesetzes von 1909 § 50) und über die Zigarettensteuer § 22. Wenn daher das RESt G. die Ordnungsstrafe in dem berührten doppelten Sinn hat, so stellt sich dieses gerade als etwas Außerordentliches, den übrigen Reichsgesetzen nicht Entsprechendes, dar. Es wäre nur erwünscht gewesen, wenn hier irgend wie Abhilfe geschaffen wäre, um so mehr als der Begriff der Ordnungsstrafe sich zu einem festeren, in sich geschlossenen, für die indirekte Besteuerung ausgebildet hat.

14. Die beiden Zwangsmaßnahmen des Absatz 4 — Ordnungsstrafe und Anordnung der erforderlichen Maßregeln auf Kosten des Säumigen — setzen eine ordnungsmäßige Verfügung des Erbschaftssteueramts an den Verpflichteten, einer bestimmten und genau bezeichneten Verpflichtung binnen einer gewissen Frist nachzukommen, voraus. Die Verfügung wird entweder schriftlich abzugeben, oder, wenn mündlich dem Verpflichteten eröffnet, zu Protokoll zu verlautbaren sein; bei schriftlicher Verfügung ist die Zustellung zu bescheinigen. Aus der Verfügung des Erbschaftssteueramts muß der Verpflichtete deutlich und ohne Zweifel ersehen können, welchen Verpflichtungen im einzelnen er nachkommen soll. Daß eine Frist für die Erfüllung der Verpflichtungen gesetzt wird, bei deren Versäumen sodann die Zwangsmaßnahmen eintreten, liegt in der Natur der Sache.

15. Das Erbschaftssteueramt hat frei darüber zu entscheiden, in welcher Weise es von den beiden Zwangsmaßnahmen Gebrauch machen will. Es kann sofort zur Anordnung der erforderlichen Maßregeln auf Kosten des Säumigen greifen, es kann eine oder mehrere Ordnungsstrafen vorhergehen lassen, es kann endlich aber auch gleichzeitig Ordnungsstrafe und Anordnung der Maßregeln eintreten lassen. Werden mehrere Ordnungsstrafen anläßlich desselben Verpflichtungsfalls verhängt, so darf nach dem letzten Satz des Paragraphen die Einzelstrafe über den Betrag von 300 Mk. nicht hinausgehen; der Gesamtbetrag der Strafen ist jedoch an diese Grenze nicht gebunden und kann im äußersten Fall eine Höhe erreichen, wie sie durch die Multiplikation des Maximalbetrages der Einzelstrafe (300 Mk.) mit der Zahl der Straffälle sich ergibt.

16. Der tatsächlichen Durchführung der beiden Zwangsmaßnahmen hat eine ausdrückliche Androhung derselben in einer Verfügung des Erbschaftssteueramts an den Verpflichteten vorauszugehen. Bezüglich der Ordnungsstrafen ergibt sich dieses aus dem Wortlaut des Gesetzes; denn mit Ordnungsstrafen jemand zu etwas anhalten kann man nur, wenn man ihm als Folge der Nichterfüllung die Ordnungsstrafe bezeichnet, sie ihm also bei Nichterfüllung androht. Dadurch, daß die Anordnung der betreffenden Maßregeln auf Kosten des Säumigen in dem gleichen Satz mit der Ordnungsstrafe verbunden ist, läßt sich auf den Willen des Gesetzgebers, daß beide in der gleichen Weise zu behandeln seien, schließen; es erscheint deshalb auch hier die Androhung Erfordernis. [A. Hoffmann 2. Aufl. Anm. 5c zu § 42 führt ohne weitere Begründung aus, eine Androhung brauche der Straffestsetzung nicht vorauszugehen, sie entspreche jedoch der Billigkeit und sei zweckmäßig; das gleiche gelte wegen der Androhung der Kosten. Es scheint dieses nicht haltbar.] Bezüglich der Verfügung des Erbschaftssteueramts gilt entsprechend dasselbe, was in Note 14 oben ausgeführt wurde. Der regelmäßige Fall wird sein, daß von dem Erbschaftssteueramt die Androhung der Zwangsmaßnahmen mit der Verfügung, der Verpflichtung nachzukommen, verbunden wird. Das Erbschaftssteueramt ist aber auch befugt, wenn es die letztere Verfügung ohne eine bezügliche Androhung erlassen hat, in einer besonderen Verfügung nachträglich die Zwangsmaßnahmen anzudrohen, ohne dabei an eine bestimmte Frist von Abgabe der ersten Verfügung an gebunden zu sein.

17. Ebenso wie gegen die Verfügung, welche die Verpflichtung auferlegt und gegen die Verfügung, welche die Androhung einer Zwangsmaßnahme enthält, im Instanzenwege vorgegangen werden kann, ebenso ist auch bezüglich der Durchführung der Zwangsmaßnahmen, also gegen die Einziehung der Ordnungsstrafen und der durch die selbständige Ausführung der Maßregeln entstandenen Kosten, nur ein Vorgehen im Verwaltungsinstanzenzuge vermittelst Beschwerde an die Oberbehörde und die oberste Landesfinanzbehörde zulässig; es ist solches schon im allgemeinen in dem Bericht der Reichstagskommission (vgl. Note 13 oben) ausgedrückt. Dieses ist die naturgemäße Folge davon, daß es sich hier lediglich um Verwaltungszwangsmaßnahmen und nicht um Bestrafungen handelt. [A. Hoffmann 2. Aufl. Anm. 6 zu § 42 führt bezüglich der Kosten der Maßnahmen aus, Rechtsmittel, Einziehung und Verjährung bestimmten sich nach den Landesgesetzen; in Preußen sei die

Beschwerde im Verwaltungswege und der Rechtsweg zulässig. Letzteres dürfte fraglich erscheinen.] Ebenmäßig gründet sich darauf die Zulässigkeit der Rücknahme der bereits angeordneten Zwangsmaßnahmen durch die anordnende Verwaltungsbehörde. überzeugt sich das Erbschaftssteueramt nachträglich, daß im einzelnen Fall die Durchführung der angeordneten Zwangsmaßnahmen zu unbilligen Härten führen würde, so erscheint es berechtigt, selbständig die Zwangsmaßnahme zurückzuziehen, sofern die Sache noch nicht an eine höhere Instanz gelangt ist, bzw. noch bei dieser höheren Instanz sich befindet.

18. Die Einziehung der verwirkten Ordnungsstrafen und der dem Erbschaftssteueramt durch die selbständige Ausführung der Maßregeln entstandenen Kosten von dem Pflichtigen hat im Verwaltungszwangsverfahren zu erfolgen: es sind dafür die bezüglichen Verwaltungsgesetze der einzelnen Bundesstaaten maßgebend, nach denen sich auch die Verwendung der Strafen bestimmt. Das Eintreten einer Ordnungsstrafe nach § 42 Abs. 4 schließt, zufolge des besonderen Charakters dieser Ordnungsstrafe nicht als Strafe sondern als Zwangsmaßnahme, ein gleichzeitiges Strafverfahren nach § 49 nicht aus.

§ 43.

Trägt das Erbschaftssteueramt Bedenken, die Wertangabe (§ 37) als richtig anzunehmen, so hat es hiervon dem Steuerpflichtigen unter Bezeichnung der beanstandeten Punkte und unter Bestimmung einer angemessenen Frist zur Gegenerklärung Mitteilung zu machen. Erfolgt innerhalb der gesetzten Frist keine Gegenerklärung oder führen die Verhandlungen nicht zu einer Einigung, so ist das Erbschaftssteueramt befugt, selbständig den Wert zu ermitteln und danach die Steuer zu erheben.

Die Kosten der Wertermittelung fallen dem Steuerpflichtigen zur Last, wenn der ermittelte Wert den von dem Steuerpflichtigen angegebenen Wert um mehr als ein Drittel übersteigt. Die etwa gezahlten Kosten werden erstattet, wenn im Verwaltungsweg oder im Rechtswege die Ermäßigung des Wertes auf einen Betrag erfolgt, bei dem die Verpflichtung zum Kostenersatze nicht begründet sein würde.

Vergl. BRAusfB. §§ (37)

Zu Absatz 1.

1. Der § 43 Abs. 1 ordnet an, daß für den Fall einer Beanstandung der von dem Steuerpflichtigen usw. gemachten Wertangaben durch das Erbschaftssteueramt das letztere nicht ohne weiteres zu der selbständigen Wertermittelung schreiten, sondern zunächst versuchen solle, eine Einigung über den Wert des Anfalls mit dem Steuerpflichtigen herbeizuführen. Die Regierungsvorlage hatte eine kürzere Fassung, in welcher jedoch gleichfalls auf eine Einigung Bezug genommen

war. Die Kommission des Reichstages hat die jetzige Fassung des Gesetzes gewählt, „um den Sinn des Absatz 1 der Vorlage, daß eine Einigung mit dem Steuerpflichtigen zu versuchen sei, außer Zweifel zu setzen" (Kommissionsbericht a. a. O. S. 53).

2. Voraussetzung für das Eintreten der fraglichen Vorschrift ist, daß das Erbschaftssteueramt Bedenken trägt, die Wertangabe als richtig anzunehmen. Es muß also eine Wertangabe vorliegen und damit gleichzeitig eine Erbschaftssteuererklärung abgegeben sein, da nur in dieser die Wertangabe verlangt werden kann. Dadurch, daß im Gesetz hinter Wertangabe der von der Erbschaftssteuererklärung handelnde § 37 angezogen ist, hat noch besonders zum Ausdruck gebracht werden sollen, daß eine sozusagen offizielle Wertangabe in der Erbschaftssteuererklärung gefordert wird. Die Abgabe einer Erbschaftssteuererklärung ist mithin unabweisbare Vorbedingung für das Platzgreifen der Vorschrift des § 43. [And. M. U. Hoffmann 2. Aufl. Anm. 1 zu § 43, welcher den § 43 auch für anwendbar hält, wenn keine Wertangabe gemacht ist, und ihn des weiteren für jede Wertangabe gelten lassen will.] Sofern eine Erbschaftssteuererklärung nicht vorliegt, kann lediglich eine Wertermittelung nach Maßgabe des § 24 RESt G. stattfinden. Hat der Steuerpflichtige bei der Anmeldung oder bei einer Auskunftserteilung nach Maßgabe des § 42 Wertangaben, zu denen er gesetzlich nicht verpflichtet war, gemacht, so kann das Erbschaftssteueramt diese Wertangaben allerdings berücksichtigen und bei dagegen bestehenden Bedenken mit dem Steuerpflichtigen darüber verhandeln; diese Verhandlungen sind aber lediglich als Sachermittelungsverhandlungen des Erbschaftssteueramts und nicht als ein Einigungsverfahren nach § 43 anzusehen; das Erbschaftssteueramt ist in diesem Falle in der Lage, sowohl von vornherein wie zu jedem weiteren Zeitpunkt ohne weiteres selbständig die Wertermittelung vorzunehmen; es hat namentlich der Steuerpflichtige keinerlei Recht die Einleitung eines Einigungsverfahrens nach § 43 auf Grund seiner Wertangaben zu verlangen. Ein solches Recht steht ihm aber zu, sobald die Wertangabe auf Grund formeller Verpflichtung in der Erbschaftssteuererklärung und damit unter der Versicherung besten Wissens und Gewissens gemacht ist. Ebenso liegt das Verhältnis, wenn es sich lediglich darum handelt, den Wert ungewisser oder unsicherer Rechte (§ 24) festzulegen; auch in diesem Falle kann auf das bezügliche Verfahren die Vorschrift des § 43 nicht zur Anwendung kommen; vgl. Note 5 zu § 24. Hat das Erbschaftssteueramt Bedenken gegen die Wertangaben des Steuerpflichtigen nicht gehabt und deshalb daraufhin einen Steuerbescheid bereits erlassen, so wird es nicht noch einmal auf das Einigungsverfahren nach § 43 zurückgreifen können; es dürfte dieses auch zutreffen, wenn von der Oberbehörde im Prüfungsverfahren (BRAusfB. §§ 40—42) Beanstandungen erfolgen und weitere Ermittelungen vorgeschrieben werden.

3. Die Wertangabe, welche zu Bedenken Veranlassung gibt, kann von jedem, der zu der Abgabe einer Erbschaftssteuererklärung verpflichtet und im Einzelfall von der Behörde zu dieser Verpflichtung herangezogen ist, erfolgt sein, um die Vorschrift des § 43 zu begründen. Sie braucht daher nicht von dem Steuerpflichtigen selbst herzurühren, sondern kann ebensogut von den nach § 38 beschränkt zur

Abgabe einer Erbschaftssteuererklärung verpflichteten Personen ergangen sein, also dem Testamentsvollstrecker, dem Nachlaßpfleger und dem gesetzlichen Vertreter der Erwerber.

4. Das Einigungsverfahren nach Maßgabe des § 43 ist von dem Erbschaftssteueramte immer nur mit dem Steuerpflichtigen selbst einzuleiten, wie solches das Gesetz ausdrücklich vorschreibt. Der berechtigte innere Grund dafür ist, daß ausschließlich der Steuerpflichtige hier als Beteiligter in Frage kommen kann und daher notwendigerweise für die Verhandlungen die allein gegebene Person ist. Ist der Steuerpflichtige geschäftsunfähig oder in der Geschäftsfähigkeit beschränkt, so haben seine gesetzlichen Vertreter ihn in dem Einigungsverfahren ihrer Befugnis gemäß zu vertreten. Das gleiche trifft entsprechend zu, wenn es sich um eine steuerpflichtige juristische Person handelt.

5. Das Einigungsverfahren ist durch eine Verfügung des Erbschaftssteueramtes an den Steuerpflichtigen einzuleiten, in welcher die Bedenken gegen die Wertangabe nach ihren einzelnen Punkten genau anzugeben und soweit nötig zu begründen sind; eventuell wird gleich ein Einigungsvorschlag mit der Verfügung verbunden sein können. Die Frist, welche für die Gegenerklärung in der Verfügung zu setzen ist, kann das Erbschaftssteueramt nach freiem Ermessen unter Würdigung der ganzen Sachlage bestimmen; die gesetzlichen Fristen des Erbschaftssteuergesetzes, welche der besonderen dabei in Frage kommenden Umstände wegen meist verhältnismäßig weit gegriffen sind, brauchen und haben dabei nicht unbedingt als Anhalt zu dienen. Erfolgt innerhalb der gesetzten Frist eine Gegenerklärung, so ist darüber weiter zu verhandeln. Wie diese Verhandlungen zu führen und wie weit sie auszudehnen, steht wieder im Ermessen des Erbschaftssteueramts, das sich dabei wesentlich je nach der im einzelnen Fall vorhandenen Aussicht auf Einigung leiten lassen wird. Ebenso wie zur Einleitung und Führung der Verhandlungen nach § 43 erscheint das Erbschaftssteueramt als die mit der Verwaltung des Erbschaftssteuerwesens in erster Linie betraute Behörde an und für sich auch für den Abschluß einer Einigung mit dem Steuerpflichtigen zuständig (vgl. Urt. d. RG. vom 10. Dezember 1894; RGE. Bd. 34 S. 280; JW. 1895 S. 78 Nr. 32—34); den Bundesstaaten ist es aber unbenommen, in dieser Beziehung anderweite Bestimmungen durch Gesetz oder im Verordnungswege zu treffen z. B. Genehmigung durch eine Oberbehörde zu verlangen; diese Bestimmungen würden für den betreffenden Bundesstaat maßgebend sein.

6. Die durch die Verhandlungen mit dem Steuerpflichtigen erzielte Einigung, welche sich indirekt gleichzeitig als eine Einigung über den Steuerbetrag darstellt, hat im allgemeinen den Charakter eines Vergleichs nach Maßgabe des § 779 BGB., wenn auch in einem unvollkommeneren und abgeschwächteren Maße wie die Pauschversteuerung, die der nächste Paragraph ordnet. Das zwischen der Steuerbehörde und dem Steuerpflichtigen in vorschriftsmäßiger Weise abgeschlossene Rechtsgeschäft stellt sich als eine Vereinbarung dar, durch welche die Wertermittelung der zu einer steuerpflichtigen Masse gehörigen Gegenstände zwischen der Steuerbehörde und dem Steuerpflichtigen nach Art eines Vergleichs also unter gegenseitigem Nachlassen zum Abschluß gebracht wird. Durch eine vorschriftsmäßig nach § 43 erfolgte

Einigung sind beide Teile gebunden; für die Steuerbehörde im weitesten Sinn hat das die Bedeutung, daß eine Steuerforderung, welche auf einen nachträglich angenommenen höheren Wert gestützt würde, sich als unzulässig erweisen muß; vgl. Urt. d. RG. vom 21. Oktober 1892 (JW. 1892 S. 492 Nr. 45) und Urt. d. RG. vom 10. Dezember 1894 (RGE. Bd. 34 S. 280; JW. 1895 S. 78 Nr. 32—34). Auch im Prüfungsverfahren bei der Oberbehörde (BRAusfB. §§ 40—42) kann von der durch Einigung nach § 43 erzielten Wertfestlegung nicht abgewichen, eine Änderung jener Festlegung nicht vorgenommen werden; nach Wunsch Note 4 Abs. 3 zu § 43 [desgleichen U. Hoffmann 2. Aufl. Anm. 2b zu § 43] sind in Preußen die Erbschaftssteuerämter durch Erl. PrFM. vom 19. Februar 1895 III 2381 angewiesen, Werteinigungen mit den Steuerpflichtigen nur unter Vorbehalt der Abänderung durch die vorgesetzten Dienstbehörden zu treffen. Im übrigen wird das in Note 7 zu dem § 44 Ausgeführte Geltung haben.

7. Ist eine Einigung mit dem Steuerpflichtigen infolge Verstreichens der gesetzten Frist ohne Gegenerklärung oder infolge fruchtlosen Verlaufs der Verhandlungen nicht erzielt, so tritt die selbständige Wertermittelung seitens des Erbschaftssteueramts ein. Das Erbschaftssteueramt hat die Wertermittelung auf Grund der gegebenen Unterlagen unter Beobachtung der besonderen gesetzlichen Vorschriften und der in den BRAusfB. in den §§ 14 bis 23 enthaltenen Anleitung vorzunehmen und kann im übrigen dabei nach freiem Ermessen verfahren. Namentlich steht ihm die Entscheidung darüber zu, ob bezüglich spezieller Wertfeststellung im einzelnen Fall weitere Sachverständige zuzuziehen, Gutachten einzuholen sind usw. In diesen Fällen ebenso wie bei den oben Note 2 berührten nicht unter § 43 fallenden Wertfestlegungen ist die Steuerbehörde an den angenommenen Wert nicht gebunden; das Erbschaftssteueramt ist berechtigt, denselben später zu ändern und in gleicher Weise können Änderungen namentlich durch das Prüfungsverfahren (BRAusfB. §§ 40—42) veranlaßt werden.

Zu Absatz 2.

8. In dem Regierungsentwurf waren die Kosten der Wertermittelung dem Steuerpflichtigen schon auferlegt, wenn der ermittelte Wert den von ihm angegebenen Wert um mehr als zehn vom Hundert übersteigt. In der Kommission des Reichstags war zunächst beantragt, den ganzen Abs. 2 zu streichen, denn „die in Abs. 2 der Vorlage angeordnete Sukkumbenzstrafe empfehle sich nicht, weil ihr Eintritt nicht an Böswilligkeit oder grobes Verschulden des Steuerpflichtigen geknüpft sei.“ Dagegen wurde aber regierungsseitig geltend gemacht: „Es werde bei den Steuerpflichtigen immer die Neigung vorhanden sein, den der Steuer zugrunde liegenden Wert möglichst niedrig anzugeben. Der Behörde erwüchsen durch derartige zu niedrige Angaben Kosten für weitschichtige Untersuchungen, für die sich kein Ersatz fände. Es sei auch vielleicht im Interesse aller in Frage kommenden Personen, wenn durch die im Abs. 2 angedrohte Auferlegung der Ermittelungskosten die Steuerpflichtigen zu einer genaueren Wertangabe veranlaßt würden, da dann die Erbschaftssteuerämter hinsichtlich der Beanstandung der Wertangaben milder zu Werke gehen könnten.“ (Kommissionsbericht a. a. O. S. 53 und 54.) Der Absatz 2 wurde danach beibehalten und nur

die Begrenzung für die Kostenauferlegung auf eine Abweichung um ein Drittel statt auf eine solche um zehn vom Hundert gesetzt.

9. Unter den Kosten der Wertermittelung, welche eventuell dem Steuerpflichtigen zur Last fallen, sind die sämtlichen baren Aufwendungen, welche anläßlich der Wertermittelung beim Erbschaftssteueramt oder sonst entstanden sind, zu verstehen. Ein Ersatz für die Tätigkeit des Erbschaftssteueramtes selbst oder die etwa angegangenen Behörden kann dabei nicht in Frage kommen. Die Berechnung und Festsetzung der Kosten hat durch das Erbschaftssteueramt zu geschehen, welches dem Steuerpflichtigen eine entsprechende Auflageverfügung, die wiederum im Verwaltungsinstanzenzuge anfechtbar ist, zugehen läßt. Die Einziehung der Kosten erfolgt im Verwaltungszwangsverfahren und gilt das in Note 18 zu § 42 Ausgeführte.

10. Die Kosten der Wertermittelung können nur von dem Steuerpflichtigen selbst eingezogen werden, nicht aber von den nach den §§ 31 und 32 des Gesetzes für die Erbschaftssteuer sonst noch haftenden Personen, da die Haftung der letzteren sich lediglich auf die Steuer selbst erstreckt (vgl. Note 8 zu § 31 und Note 10 zu § 32). Kommen für den Anfall, bezüglich dessen die Kosten der Wertermittelung entstanden sind, mehrere Steuerpflichtige in Frage, so sind für die fraglichen Kosten nur diejenigen haftbar, mit welchen keine Einigung zu erzielen war, während die, mit welchen eine Einigung erreicht wurde, frei bleiben. Die mehreren haftbaren Steuerpflichtigen haben die Kosten je nach ihrem Anteil an dem Anfall zu tragen.

XV. **Pauschversteuerung.** (§ 44).

§ 44.

Die oberste Landesfinanzbehörde ist ermächtigt, auf Antrag des Steuerpflichtigen von der genauen Ermittelung der Masse und der Vorlegung eines Verzeichnisses (§ 37) ganz oder zum Teil abzusehen und einen Pauschbetrag für die Erbschaftssteuer anzunehmen, auch die Pauschversteuerung solcher Anfälle, deren Versteuerung sonst noch ausgesetzt bleiben müßte, zu gestatten.

1. Die Pauschversteuerung (Aversionalversteuerung, Abkommensversteuerung, Steuerabfindung, Abfindungsversteuerung) bedarf als eine ausnahmsweise Versteuerungsform mit abgekürztem Verfahren im Einzelfall der Genehmigung der obersten Landesfinanzbehörde. Letztere kann die Pauschversteuerung nach freiem Ermessen erteilen oder versagen; der Steuerpflichtige hat kein Recht, dieselbe zu verlangen. Über das Verfahren enthalten weder das Gesetz noch die BRAusfB. nähere Bestimmungen. Soweit nicht die oberste Landesfinanzbehörde, welche das Nähere bezüglich der Pauschversteuerung zu regeln befugt erscheint, anderweite Vorschriften trifft, ist die Pauschversteuerung bei dem Erbschaftssteueramte zu beantragen beziehungs-

weise von diesem zu veranlassen und weiter zu verhandeln, sowie demnächst im Instanzenwege zur Entscheidung der obersten Landesfinanzbehörde zu bringen.

2. Nach dem Gesetz sind zwei verschiedene Fälle der Pauschversteuerung zugelassen, einmal eine solche auf Antrag des Steuerpflichtigen, ohne daß dabei bezüglich des Anfalls besondere Bedingungen vorgeschrieben wären, und sodann eine solche ohne Antrag des Steuerpflichtigen bezüglich solcher Anfälle, deren Versteuerung sonst noch ausgesetzt bleiben müßte. Diese Unterscheidung, welche aber in der Fassung der gesetzlichen Vorschrift liegen dürfte, wird im allgemeinen nicht gemacht; namentlich Dr. A. Hoffmann Anm. 4 zu § 44 und U. Hoffmann Note 1 zu § 44 [ebenso 2. Aufl. Anm. 1 zu § 44] wollen eine Pauschversteuerung nur auf Antrag des Steuerpflichtigen zulassen; eine größere praktische Bedeutung wird dieser Meinungsverschiedenheit nicht beizumessen sein, denn die Pauschversteuerung setzt stets eine Vereinbarung mit dem Steuerpflichtigen voraus; für den Fall, daß eine solche zu erzielen ist, wird das Erbschaftssteueramt regelmäßig in der Lage sein, den Steuerpflichtigen zur Stellung eines Antrags zu veranlassen.

3. Die Pauschversteuerung auf Antrag des Steuerpflichtigen wird, da es sich dabei stets um ein ausnahmsweises Versteuerungsverfahren handelt, auch mangels einer speziellen gesetzlichen Vorschrift doch immer eines besonderen Grundes bedürfen, der regelmäßig in den außerordentlichen Schwierigkeiten bestehen dürfte, welche eine Versteuerung im ordentlichen Verfahren bereiten würde. Solche Schwierigkeiten können durch außerordentliche und verwickelte Verhältnisse, welche für die steuerpflichtige Masse in tatsächlicher oder in rechtlicher Beziehung bestehen und welche eine Ermittelung des Bestandes und des Wertes im einzelnen in einer ungewöhnlichen Weise hemmend beeinflussen müssen, gegeben sein. Das Vorhandensein außerordentlicher Umstände wird stets die Vorbedingung für die Gewährung der Pauschversteuerung bilden. Ob für letztere der vorgebrachte Grund genügt, entscheidet lediglich die oberste Landesfinanzbehörde. Da die besonderen Schwierigkeiten für die Bestandesaufnahme und die Wertermittelung in der Regel nicht allein den Steuerpflichtigen, sondern in einem ähnlichen Grade das Erbschaftssteueramt treffen werden, so ist auch für letzteres ein Interesse an der Pauschversteuerung meist vorhanden. Daß ein solches behördliches Interesse stets gegeben sein müßte, um die Pauschversteuerung zu begründen, kann nicht als notwendig erscheinen; denn in der ausdrücklichen Gewährung des Antragsrechts an den Steuerpflichtigen liegt, daß seine Interessen hier in erster Linie in Betracht kommen sollen. Nach Verf. BdStd. vom 18. Januar 1908 Nr. 2133 ist in einem Falle, in welchem das Vermögen genau verzeichnet und nur wegen der Beibringung von Ausständen der Wert zweifelhaft war, die Pauschversteuerung als unzulässig angesehen.

4. Den Antrag auf Pauschversteuerung kann nur der Steuerpflichtige oder sofern derselbe geschäftsunfähig oder in der Geschäftsführung beschränkt ist, sein gesetzlicher Vertreter stellen. Der Antrag wird von vornherein entsprechend zu begründen sein; es ergibt sich daraus die Notwendigkeit, daß er schriftlich einzubringen ist. Der Antrag muß die tatsächlichen Unterlagen, nach welchen die Zulassung

der Pauschversteuerung sich rechtfertigt, enthalten, des weiteren die Unterlagen für die Festsetzung oder Vereinbarung eines Pauschbetrages für die Erbschaftssteuer. Ausreichendes und vollständiges Material in beiden Beziehungen beizubringen muß im Interesse des Antragstellers liegen, da er nur dadurch auf einen Erfolg seines Antrags rechnen kann. Hält das Erbschaftssteueramt den Antrag in einzelnen Punkten einer Ergänzung bedürftig, so kann es den Antragsteller zu einer solchen anhalten. Zu dem Zweck wie auch sonst steht ihm die volle Befugnis nach § 42 des Gesetzes gegenüber dem Antragsteller zu, da die Stellung des Antrags auf Pauschversteuerung die allgemeine Verpflichtung zur Auskunfterteilung für den Antragsteller nicht beseitigen kann, während nach Lage der Sache allerdings anzunehmen ist, daß der Antrag auf Pauschversteuerung die Verpflichtung zur Abgabe einer Erbschaftssteuererklärung zum mindesten insoweit aufschiebend beeinflußt, als die Erbschaftssteuererklärung erst wieder verlangt werden kann, wenn der Antrag auf Pauschversteuerung abgelehnt ist; wird dem Antrage stattgegeben, so ist damit die Verpflichtung zur Erbschaftssteuererklärung ohne weiteres beseitigt. Die Auskunftspflicht nach § 42 bleibt aber auch nach zugelassener Pauschversteuerung bestehen, sofern es sich um Tatumstände handelt, welche der Steuerbehörde die Berechtigung, die Pauschversteuerung aufzuheben bzw. Nachforderungen zu stellen, geben (vgl. unten Note 7).

5. Sofern ihm ein entsprechender Grund zur Seite steht, ist jeder Steuerpflichtige berechtigt, den Antrag auf Pauschversteuerung zu stellen, also nicht etwa nur der Erbe, sondern in der gleichen Weise der Vermächtnisnehmer, der Erwerber einer Schenkung von Todes wegen usw. In dieser Richtung greift das in Note 1 zu § 36 und Note 6 zu § 37 Ausgeführte Platz. Nach dem Gesetz braucht der Antrag auf Pauschversteuerung sich nicht auf den ganzen Anfall des Steuerpflichtigen zu beziehen, sondern letzterer ist auch berechtigt, einen Teil des Anfalls für den Antrag herauszugreifen, wenn nur für diesen entsprechende Verhältnisse vorliegen. Ebenso wird es als zulässig erscheinen, daß sich mehrere oder die sämtlichen Steuerpflichtigen eines Erbfalls zu dem Antrag auf Pauschversteuerung vereinigen, wenn für die Gesamtheit ihrer Anfälle oder die Erbschaft als Ganzes Schwierigkeiten, wie sie für die Begründung des Antrags erforderlich sein würden, geltend zu machen sind.

6. Die Pauschversteuerung ohne Antrag des Steuerpflichtigen ist auf solche Anfälle, deren Versteuerung sonst noch ausgesetzt bleiben müßte, beschränkt, also auf Anfälle, bei denen der Erwerb von dem Eintritt einer aufschiebenden Bedingung abhängt nach § 21 und auf Anfälle des Vermögens ohne die Nutzung nach § 26. Eine Berechtigung zu einer Antragstellung ist bezüglich dieser Fälle jedoch für den Steuerpflichtigen bei dem Vorhandensein entsprechender Gründe nicht ausgeschlossen; es ist aber das Erbschaftssteueramt seinerseits berechtigt, die Pauschversteuerung nach eigenem Ermessen einzuleiten. Gegen den Willen des Steuerpflichtigen kann die Pauschversteuerung selbst in diesen Fällen nicht durchgeführt werden, da sie stets eine Einigung mit dem Steuerpflichtigen voraussetzt. Auch in diesen Fällen wird die Pauschversteuerung immer nur ausnahmsweise eintreten können. Das Erbschaftssteueramt wird dieselbe nur einleiten dürfen, wenn ganz be-

sondere Verhältnisse vorliegen, durch welche das Hinausschieben der Versteuerung gegen das Interesse des Fiskus sein würde, sei es, daß für die spätere Versteuerung besondere Schwierigkeiten durch inzwischen mögliche Verdunklung der Sachlage voraussichtlich entstehen würden, sei es, daß eine Unsicherheit bezüglich des Steuereingangs zu befürchten wäre oder sonst dergleichen. Regelmäßig wird in diesen Fällen das Interesse des Steuerpflichtigen an der Pauschversteuerung mit dem des Erbschaftssteueramts mehr oder weniger übereinstimmen, so daß immer auch eine Unterlage für eine Vereinbarung, wie sie die Pauschversteuerung voraussetzt, gefunden werden dürfte.

7. Die genehmigte Pauschversteuerung ist rechtlich als ein Vergleich zwischen der Steuerbehörde und dem Steuerpflichtigen über die von diesem zu erlegende Erbschaftssteuer aufzufassen; vgl. Urt. d. RG. vom 8. März 1886 (JW. 1886 S. 159 Nr. 52). Der Kommissionsbericht des Reichstags (a. a. O. S. 54) enthält in dieser Beziehung folgendes: „Der Berichterstatter bemerkte, daß nach seiner Auffassung die zwischen dem Steuerfiskus und dem Steuerpflichtigen getroffene Einigung, auf Grund derer die Annahme des Pauschbetrages erfolgt, den Charakter eines Vergleichs im Sinne des § 779 BGB. habe. Ein Vertreter der Reichsregierung bestätigte die Richtigkeit dieser Auffassung." Der angezogene, für den Vergleich im Sinne des Privatrechts maßgebende § 779 BGB. lautet:

„Ein Vertrag, durch den der Streit oder die Ungewißheit der Par-
„teien über ein Rechtsverhältnis im Wege gegenseitigen Nachgebens
„beseitigt wird (Vergleich), ist unwirksam, wenn der nach dem Inhalte
„des Vertrags als feststehend zu Grunde gelegte Sachverhalt der Wirk-
„lichkeit nicht entspricht und der Streit oder die Ungewißheit bei
„Kenntnis der Sachlage nicht entstanden sein würde.
„Der Ungewißheit über ein Rechtsverhältnis steht es gleich, wenn die
„Verwirklichung eines Anspruchs unsicher ist."

Bezüglich der rechtlichen Wirkungen der Pauschversteuerung finden die vorstehenden Vorschriften des bürgerlichen Rechts entsprechende Anwendung. Es hat dieses namentlich Bedeutung für die Frage, ob und wann einerseits eine ganze oder besonders teilweise Rückerstattung des bezahlten Pauschbetrages von der Steuerbehörde an den Steuerpflichtigen, anderseits eine Nachforderung der Steuerbehörde gegen den Steuerpflichtigen Platz greifen kann. Beides, Rückerstattung wie Nachforderung, wird für die Regel ausgeschlossen sein und kann nur eintreten, wenn der Vergleich nach dem § 779 BGB. sich als unwirksam erweist. Eine solche Unwirksamkeit kann aber nicht in Frage kommen, wenn sich lediglich die unbestimmten und ungewissen Verhältnisse, welche den Grund für die Pauschversteuerung gebildet haben, später klären und sich dadurch der gezahlte Pauschbetrag den nunmehrigen klaren tatsächlichen Verhältnissen gegenüber als zu hoch oder als zu niedrig — gleichgültig auch in welchem Grade — erweisen sollte; denn in diesem Falle hat die Ungewißheit, welche die Voraussetzung des Vergleichs bildet, zur Abschlußzeit vorgelegen und damit ist der rechtlichen Vorbedingung genügt, eine Unwirksamkeit nach dieser Richtung hin ausgeschlossen. Eine Änderung des Pauschbetrages zugunsten oder zuungunsten des Steuerpflichtigen kann demnach nur dann sich vollziehen, wenn die Grundlage der Pauschversteuerung der Wirklichkeit nicht entspricht und die Ungewißheit bei Kenntnis der wirklichen Sachlage überhaupt nicht entstanden sein würde, ein Fall, der bei den besonderen Verhältnissen der Pauschversteuerung wohl nur selten eintreten wird, aber doch immerhin möglich sein kann. Auch im allgemeinen bei Irrtum (§ 119 BGB.) wird eine Anfechtung des bezüglich der Pauschversteuerung getroffenen Abkommens sowohl für die Steuerbehörde wie für den Steuerpflichtigen zulässig erscheinen. Daß bei arglistiger Täuschung (§ 123 BGB.), wenn der Steuerpflichtige wissentlich falsche Angaben gemacht oder die tatsächlichen Verhältnisse entstellt hat, die Pauschversteuerung angefochten und aufgehoben werden kann, bedarf wohl kaum der Hervorhebung.

XVI. Erbschaftssteuerbescheid. (§ 45, 46).

§ 45.

Ist die Erbschaftssteuer berechnet, so erteilt das Erbschaftssteueramt einen Erbschaftssteuerbescheid, welcher den Betrag der steuerpflichtigen Masse, die einzelnen Erbanfälle, das Verhältnis der Erwerber zum Erblasser und die Beträge der von ihnen zu entrichtenden Steuer angibt und zugleich die Anweisung zur Entrichtung der Steuer innerhalb einer zu bestimmenden Frist enthält. Die Frist muß mindestens einen Monat betragen. Der Steuerbescheid muß die Punkte bezeichnen, in denen er von der Steuererklärung abweicht.

Die Verzögerung der Auseinandersetzung der Erben darf die Entrichtung der Steuer nicht aufhalten, soweit diese aus dem Nachlaß entnommen werden kann.

Vergl. BRAusfB. §§ 24, 25, 36.

Zu Absatz 1.

1. Der Erbschaftssteuerbescheid bildet den eigentlichen Abschluß des aus Bestandes-, Steuerpflicht- und Wertermittelung sowie Berechnung der Steuer sich zusammensetzenden Steuerfeststellungsverfahrens. Derselbe ist nach gesetzlicher Vorschrift formgerecht auszufertigen, wofür die BRAusfB. im § 24 bzw. durch Muster 7 und 8 die nähere Anweisung geben. In gewisser Übereinstimmung mit den Vorschriften des § 37 über die Erbschaftssteuererklärung ist der Erbschaftssteuerbescheid einheitlich und ungetrennt für den ganzen Erbfall in eins auszustellen, natürlich unter Ausscheidung der einzelnen Anfälle nach Beteiligten innerhalb des Bescheides selbst.

2. Der Inhalt des Erbschaftssteuerbescheides ist gesetzlich in einer Weise festgelegt, daß aus dem Bescheide alle für die Steuerfestsetzung maßgebenden Punkte zu ersehen sind und damit dem Steuerpflichtigen die Möglichkeit der vollen Nachprüfung gegeben ist. Das Muster in den BRAusfB. trägt dem in den Einzelheiten Rechnung, indem es getrennte Rubriken für den bzw. die Erwerber, für das Ver-

hältnis des Erwerbers zum Erblasser, für den Betrag des steuerpflichtigen Erwerbes im einzelnen und im ganzen, für den Steuersatz nach § 10 Abs. 1 des Gesetzes (%), für den Staffelsatz nach § 10 Abs. 2 des Gesetzes (nach der Höhe des Erwerbes), für den im ganzen zu erhebenden Prozentsatz und für den Steuerbetrag vorschreibt. Daneben ist ferner der Betrag, auf welchen die steuerpflichtige Masse im ganzen festgestellt worden ist, anzugeben, auch sind die Punkte einzeln zu bezeichnen, in welchen der Steuerbescheid von der Steuererklärung abweicht; das Erfordernis der letzteren Angabe ist von der Kommission des Reichstags dem Gesetz eingefügt, ohne daß der Kommissionsbericht näheres zur Begründung anführt. Nach Maßgabe dieser Unterlagen enthält der Erbschaftssteuerbescheid endlich die Anweisung zur Entrichtung der Steuer an eine bestimmte Zahlstelle (die zur Empfangnahme der Zahlung zuständige Kassenstelle) innerhalb einer bestimmten Frist. Neben der Steuerfeststellung ist diese Anweisung, die Steuer innerhalb einer bestimmten Frist zu zahlen, das wesentlichste des Erbschaftssteuerbescheids. Durch die Anweisung wird die Steuer fällig. Wenn Wunsch Note 3 zu § 1 die Fälligkeit mit dem Erbfall eintreten lassen will, so ist dabei wohl nur ein Irrtum bezüglich des Ausdrucks untergelaufen, indem Fälligkeit mit der Begründung der Steuerpflicht als gleichbedeutend angenommen ist; von der Fälligkeit einer Steuer kann man aber nach dem allgemeinen Brauch erst sprechen, wenn dieselbe ihrem Betrage nach bestimmt und eventuell entsprechend auferlegt ist. Daß eine Frist in den Erbschaftssteuerbescheid gesetzt werden muß, sowie die fernere Gesetzesvorschrift, daß diese Frist mindestens einen Monat betragen soll, ist wiederum durch die Kommission des Reichstags ohne nähere Begründung im Kommissionsbericht aufgenommen. Über die Frist bestimmen die BRAusfB. nichts; die Festsetzung ist demnach dem freien Ermessen des Erbschaftssteueramts überlassen, welches sie je nach den besonderen Verhältnissen des einzelnen Falls unter Berücksichtigung der gesetzlichen Mindestdauer von einem Monat zu treffen hat. Die Berechnung der Frist vollzieht sich nach den Vorschriften des bürgerlichen Rechts, vgl. oben Note 3 und 10 zu § 18 und Note 13 zu § 57. Durch Verf. SFM. vom 22. März 1907 Nr. 1269 sind die Erbschaftssteuerämter ermächtigt, die in der Gesetzesvorschrift bestimmte Frist bis längstens 2 Monate vom Tage der Zustellung ab zu erstrecken.

3. Die Zustellung des Erbschaftssteuerbescheids erfolgt in erster Linie an den Testamentsvollstrecker, sofern ein solcher ohne Beschränkung der Verwaltungsbefugnis auf einzelne Gegenstände bestellt ist und die Verwaltung übernommen hat, oder an den Nachlaßpfleger, wenn ein solcher ernannt und in die Verwaltung eingetreten ist, andernfalls an den Erben ohne Rücksicht darauf, ob er für seine Person steuerpflichtig ist oder nicht. Sind mehrere Erben vorhanden, so kann das Erbschaftssteueramt nach freier Wahl an einen derselben zustellen, falls nicht einer von ihnen die Berichtigung der Erbschaftssteuer übernommen hat, an den sodann auch die Zustellung zu erfolgen hat. Hinsichtlich eines steuerpflichtigen Erwerbes, der nicht aus dem Nachlaß anfällt (§ 1 Abs. 2 Nr. 2, §§ 2, 3, 4 Abs. 2 und 3 des Gesetzes) ist der Erbschaftssteuerbescheid dem Erwerber zuzustellen. Die Zustellung hat nach den in dem betreffenden Bundesstaate für amtliche Zustellungen in Verwaltungssachen maßgebenden Vorschriften zu geschehen. Vgl. BRAusfB. § 24 Abs. 1, 2 und 4, auch Note 6 zu § 46.

4. Wenn die besonderen Verhältnisse solches bedingen, kann das Erbschaftssteueramt neben dem Erbschaftssteuerbescheid auch einem einzelnen Erwerber bzw. im Falle des § 12 Abs. 1 Nr. 3 des Gesetzes dem mit der Zuwendung Beschwerten einen als solchen zu bezeichnenden Auszug aus dem Bescheid, für welchen die BRAusfB. gleichfalls ein Muster (8) geben, zustellen. War eine Erbschaftssteuererklärung abgegeben und weicht der Steuerbescheid von der Erklärung ab, so ist der Erbschaftssteuerbescheid oder ein Auszug aus demselben stets auch demjenigen zuzustellen, der die Erklärung abgegeben hat; vgl. BRAusfB. § 24 Abs. 3.

5. Kommt ein Steuerpflichtiger der Anweisung zur Entrichtung der Steuer innerhalb der gesetzten Frist nicht nach, so ist gegen ihn das Verwaltungszwangs- oder Verwaltungsvollstreckungsverfahren zur Anwendung zu bringen. Hierfür sind die bezüglichen gesetzlichen Vorschriften der einzelnen Bundesstaaten maßgebend. Die Beschwerde gegen den Erbschaftssteuerbescheid hält das Vollstreckungsverfahren nicht auf (vgl. Note 11 zu § 46). Eine Strafe oder eine besondere nachteilige Folge ist mit der Versäumung der Zahlungsfrist nicht verbunden.

6. Die rechtliche Bedeutung gibt dem Erbschaftssteuerbescheid die in ihm enthaltene Anweisung zur Entrichtung eines bestimmten Steuerbetrages bzw. die damit gleichzeitig verbundene Entscheidung über etwaige Steuerbefreiungen. Alle weiteren Einzelheiten, welche der Erbschaftssteuerbescheid noch enthalten muß, bilden gewissermaßen nur die Begründung für jenen Hauptpunkt. Die Anweisung zur Steuerentrichtung stellt sich als eine Zahlungsauflage dar und hat als solche die Eigenschaft eines vollstreckbaren Schuldtitels. Wenngleich der Erbschaftssteuerbescheid das Steuerfestsetzungsverfahren abschließt, so ist dieser Abschluß doch keineswegs ein unbedingt endgültiger, auch sofern man die dem Steuerpflichtigen mögliche Anfechtung im Beschwerde- oder Rechtswege (§§ 46 und 57) außer Betracht läßt. Der Erbschaftssteuerbescheid ist für die Steuerbehörde wie für den Steuerpflichtigen bindend nur insoweit als in ihm ein Vergleich nach Maßgabe der §§ 24, 43, 44 verlautbart wird. Insbesondere ist die Steuerbehörde berechtigt, nach Erlaß des Erbschaftssteuerbescheides weitere Steuerforderungen aus dem Erbfall in entsprechender Weise geltend zu machen; der Steuerpflichtige kann solchen Nachforderungen nicht den Einwand der entschiedenen Sache entgegensetzen; vgl. Urt. d. RG. vom 21. Oktober 1892 (JW. 1892 S. 492 Nr. 45). Die formale Bedeutung des Erbschaftssteuerbescheids zeigt sich in der Zulässigkeit der Zwangsvollstreckung, welche durch die Beschwerde des Steuerpflichtigen ebensowenig (§ 46 Abs. 6) wie durch eine Klaganstellung (vgl. Urt. d. RG. vom 20. März 1890; RGE. Bd. 25 S. 406) aufgehalten werden kann und auch schon bei einem vorläufigen Erbschaftssteuerbescheid Geltung hat (vgl. Urt. d. RG. vom 16. Mai 1899; JW. 1899 S. 460 Nr. 84).

Zu Absatz 2.

7. Der Absatz 2 des § 45 setzt das Vorhandensein einer Nachlaßmasse und zwar einer verfügbaren Nachlaßmasse voraus. Für die Bestimmung kommt einerseits der § 31 Abs. 1, nach welchem die ganze steuerpflichtige Masse für die Erbschaftssteuer haftet, und anderseits

namentlich aber auch der § 48 in Frage, nach welchem die Versteigerung eines Grundstückes zum Zwecke der Einziehung der Erbschaftssteuer, wenn der Steuerpflichtige ein Deutscher ist, ohne seine Zustimmung nicht zulässig ist. Daß, wenn der Absatz 2 von „Nachlaß“ spricht, nur der steuerpflichtige Nachlaß gemeint sein kann, liegt in der Natur der Sache. Die Vorschrift des Absatz 2 soll namentlich unmöglich machen, daß die Erben durch Hinausschieben der Auseinandersetzung die Steuerentrichtung hinziehen. Anderseits wird es unter Umständen für die Steuerbehörde zweckmäßig erscheinen, den Erbschaftssteuerbescheid erst nach der Auseinandersetzung der Erben zu erlassen; daß sie nach ihrem Ermessen hierzu befugt ist, dürfte keinem Zweifel unterliegen.

§ 46.

Die Beschwerde gegen den Steuerbescheid ist binnen einer Frist von zwei Monaten bei dem Erbschaftssteueramt anzubringen. Es genügt auch die Einlegung bei der Oberbehörde (§ 34). Die Frist beginnt mit der Zustellung des Bescheids. Ueber die Beschwerde entscheidet, sofern ihr nicht das Erbschaftssteueramt abhilft, die Oberbehörde.

Gegen die Entscheidung der Oberbehörde ist das Rechtsmittel der weiteren Beschwerde zulässig. Die weitere Beschwerde ist binnen einer Frist von zwei Monaten seit der Zustellung einzulegen. Sie kann bei der Oberbehörde, bei dem Erbschaftssteueramte oder bei der obersten Landesfinanzbehörde eingelegt werden.

Ueber die weitere Beschwerde entscheidet, soweit ihr nicht die Oberbehörde abhilft, die oberste Landesfinanzbehörde.

Verspätete Beschwerden sind zuzulassen, wenn die Steuerbehörde zu der Annahme gelangt, daß der Beschwerdeführer ohne sein Verschulden verhindert war, die Frist einzuhalten.

Der Steuerbescheid und die auf Beschwerde ergehende Entscheidung der Oberbehörde müssen, sofern die Oberbehörde der Beschwerde nicht abhilft, eine Belehrung über das dagegen zulässige Rechtsmittel enthalten.

Die Beschwerde und die weitere Beschwerde haben keine aufschiebende Wirkung.

Zu Absatz 1—3.

1. Das RErbStG. läßt gegen den Erbschaftssteuerbescheid sowohl ein Beschwerdeverfahren im Verwaltungswege, wie auch nach erfolgter Entrichtung oder Stundung der Steuer den Rechtsweg unbeschränkt zu, ohne daß die beiden Rechtsmittel sich gegenseitig ausschließen oder sonstwie beeinflussen. Es entspricht dieses den derzeitigen grundsätzlichen Anschauungen, wie sie auch in der Theorie vertreten sind; vgl. Schäffle, Steuern, Bd. 1 S. 389, § 252. Das Beschwerdeverfahren im

Verwaltungswege regelt der § 46 im Anschluß an den sonst gegebenen Instanzenzug, indem er zunächst gegen den Erbschaftssteuerbescheid die Beschwerde an die Oberbehörde und gegen die Entscheidung der letzteren die weitere Beschwerde an die oberste Landesfinanzbehörde gibt. Die besonderen Behörden, welche in den einzelnen Bundesstaaten als Beschwerdeinstanz einzutreten haben, sind nach § 34 des Gesetzes von den Landesregierungen zu bestimmen.

2. Der § 46 ist von der Kommission des Reichstages in verhältnismäßig ausgedehnterer, aber nicht weittragender Weise gegen den Regierungsentwurf umgestaltet worden. Meist sind die Änderungen nur redaktioneller Natur und bedürfen einer besonderen Heraushebung nicht. Die materiellen Änderungen werden zu den einzelnen Punkten berührt werden, vgl. unten Note 4 usw.

3. Darüber, wer zur Beschwerdeführung berechtigt sein soll, gibt das REStG. keine nähere Vorschrift. Die Beschwerde ist danach uneingeschränkt für jeden, der durch den Erbschaftssteuerbescheid belastet wird oder belastet werden kann, gegeben; an wen die Zustellung des Erbschaftssteuerbescheids ergangen ist, macht dabei keinen Unterschied. In erster Linie steht das Beschwerderecht dem Steuerpflichtigen, dessen Steuerpflicht durch den Steuerbescheid festgelegt ist, zu und wird für diesen wieder, sofern er geschäftsunfähig oder in der Geschäftsführung beschränkt ist, desgleichen wenn es sich um eine juristische Person handelt, der gesetzliche Vertreter berechtigt sein. Berechtigt zur Beschwerde erscheinen des ferneren diejenigen, welche nach Maßgabe der §§ 31 und 32 des Gesetzes für die Erbschaftssteuer zu haften haben bzw. diejenigen allerdings in den vorbezeichneten Paragraphen schon aufgeführten Personen, welchen nach § 38 eine Verpflichtung zur Anmeldung des Erwerbs und zur Erbschaftssteuererklärung obliegt, aber nur insoweit als ihre bezügliche Haftung in Frage kommen kann bzw. eine Verpflichtung zur Erwerbsanmeldung und Erbschaftssteuererklärung tatsächlich besteht. Ob der Testamentsvollstrecker lediglich als solcher die Beschwerde einlegen kann, hängt davon ab, inwieweit für seine Verwaltungsbefugnis die Grenzen gezogen sind; für die Regel wird er zur Beschwerdeeinlegung, schon unter Berücksichtigung der Folgen aus den oben angezogenen §§ 31, 32, 38, befugt erscheinen, besonders namentlich in allen Fällen, in denen für seine Verwaltungsbefugnis lediglich die Bestimmungen des BGB., welches grundsätzlich die Verwaltungsbefugnis auf das Weiteste ausdehnt, Platz zu greifen hat.

4. Der Grund zur Beschwerde kann aus jedem einzelnen Punkt des Erbschaftssteuerbescheides, sofern derselbe irgend wie für die Berechnung und Festsetzung der Erbschaftssteuer von Bedeutung ist, entnommen werden. Ebenmäßig kann sich die Beschwerde sowohl darauf richten, daß eine Erbschaftssteuerpflicht überhaupt nicht vorliege, wie darauf, daß sie nicht in der angesetzten Höhe vorliege. Die Beschwerde sowohl wie die weitere Beschwerde sind in jedem einzelnen Fall entsprechend zu begründen und mit den bezüglichen Nachweisen zu versehen, erfordern auch nach Lage der Sache eine schriftliche Form, welche eventuell für einfacher liegende Fälle durch eine Erklärung zu Protokoll des Erbschaftssteueramts, aber nur in dessem Einverständnisse und ohne einen Zwang für dasselbe, zu ersetzen sein dürfte. Bezüglich der Anbringung oder Einlegung ist weitgehendste Freiheit gegeben; sie kann

für die Beschwerde bei dem Erbschaftssteueramte oder bei der Oberbehörde, für die weitere Beschwerde bei dem Erbschaftssteueramte oder bei der Oberbehörde oder bei der obersten Landesfinanzbehörde, also stets bei allen berührten Instanzen erfolgen. Daß die Einlegung je auch bei den entscheidenden Stellen (Oberbehörde, bzw. oberste Landesfinanzbehörde) geschehen kann, ist durch die Kommission des Reichstages in das Gesetz gekommen.

5. Wenngleich die Beschwerde und die weitere Beschwerde nach dem Wortlaut des § 46 keiner besonderen Form bedürfen, so setzen sie doch stets die deutlich erkennbare Absicht, die Sache an die höhere Instanz zur Entscheidung zu bringen, und eine dementsprechende Willenserklärung voraus. Nicht jede Eingabe, welche infolge der Abgabe eines Erbschaftssteuerbescheids an das Erbschaftssteueramt gelangt, ist lediglich aus dem Grunde, weil in derselben Einzelheiten des Erbschaftssteuerbescheids bemängelt werden, als eine an die höhere Instanz zur Entscheidung abzugebende Beschwerde anzusehen. Die Frage, welche Eingaben sich als wirkliche Beschwerden darstellen, ist nicht allgemein abzugrenzen, sondern für den einzelnen Fall nach dessen Sachlage zu entscheiden. Durch eine Eingabe an das Erbschaftssteueramt, welche nach dem Vorstehenden als Beschwerde nicht anerkannt bzw. nicht anzuerkennen ist, wird der Lauf der zweimonatigen Frist für Einbringung der Beschwerde nicht geändert. Wenn abweichend von Vorstehendem für die Einkommen- und Ergänzungssteuer ausgesprochen ist, daß für das Rechtsmittel der Beschwerde es nur erforderlich bzw. wesentlich sei, daß aus dem betreffenden Schriftsatz zweifellos die Unzufriedenheit des Steuerpflichtigen mit der getroffenen Entscheidung der Berufungskommission und der Zweck eine Abänderung derselben herbeizuführen, ersichtlich ist (Entsch. d. PrOBVGH. vom 19. Dezember 1896, Entsch. d. PrOBVGH. in Staatssteuersachen Bd. 5 S. 304; Fuisting, Kommentar z. Preuß. EStG. Note 8 zu § 44; Erk. d. Braunschw. VGH. vom 29. Januar 1909, ZfRpfl. i. H. Braunschw. Bd. 49 Beilage I S. 61), so ist das für das StG. nicht in gleicher Weise maßgebend.

6. Die Beschwerde und die weitere Beschwerde sind innerhalb der gesetzlichen Frist von zwei Monaten anzubringen, bzw. einzulegen. Die Fristen beginnen mit der Zustellung des Erbschaftssteuerbescheides oder der Beschwerdeentscheidung der Oberbehörde, und zwar für alle Betroffenen zu dem gleichen Zeitpunkt, also im ersteren Falle für alle im Erbschaftssteuerbescheid aufgeführten Steuerpflichtigen zugleich; gibt derjenige an den die Zustellung des Erbschaftssteuerbescheides erfolgt ist, einem durch den Erbschaftssteuerbescheid betroffenen Steuerpflichtigen verspätet von dem Bescheid Kenntnis, so ist das auf den Lauf der Frist ohne Einfluß; möglicherweise wird letzterer Umstand aber als schuldloser Verhinderungsgrund für eine verspätete Beschwerde nach Absatz 4 des Paragraphen zur Geltung zu bringen sein. Die Zustellung hat demgemäß in einer Form zu erfolgen, durch welche der Zeitpunkt der erfolgten Zustellung in rechtsverbindlicher Weise festgelegt wird; die näheren Vorschriften in dieser Beziehung haben die Landesregierungen zu treffen, vgl. Note 3 zu § 45. Bezüglich des Laufs der Frist gilt das zu § 18 in Note 3 und 10 Ausgeführte. Mit Ablauf der Frist ist jedwedes Recht zur Beschwerdeführung im Verwaltungswege, abgesehen von der nach Absatz 4 des Paragraphen besonders zugelassenen Ausnahme, ausgeschlossen.

7. Über das Verfahren, welches für die Beschwerde und die weitere Beschwerde zur Anwendung zu bringen ist, gibt das Gesetz keine Bestimmung. Nach Lage der Sache ist anzunehmen, daß für das weitere Verfahren in der Hauptsache die Grundsätze der sog. Verhandlungsmaxime maßgebend sein muß, daß also die Beschwerdeinstanz sich bei ihrer Entscheidung auf die mit der Beschwerde bzw. der weiteren Beschwerde angegriffenen Punkte zu beschränken hat, daß sie nur das vom Beschwerdeführer Vorgebrachte berücksichtigen kann und daß sie über die Anträge desselben nicht hinausgehen darf. Das Beschwerdeverfahren ist hier lediglich in Rücksicht auf das persönliche Recht des Einzelnen, um für dieses eine Sicherung zu bieten, eingeführt; daraus folgt, daß es sich auch nach dem persönlichen Willen des Einzelnen bestimmen muß, wann und wie weit sein persönliches Recht in der betreffenden Beziehung tatsächlich zum Durchbruch gebracht werden soll. Dem bezüglichen allgemeinen Interesse wird durch die Vorschriften der BRAusfB. über das Prüfungsverfahren in den §§ 40—42 zur Genüge Rechnung getragen, so daß keinerlei Bedürfnis vorhanden ist, dasselbe weiter im Beschwerdeverfahren zu berücksichtigen und in diesem nach der sog. Untersuchungsmaxime zu verfahren, bei welcher die Beschwerdeinstanz nicht an die Anträge des Beschwerdeführers gebunden sein würde. [And. M. U. Hoffmann 2. Aufl. Anm. 1b zu § 46, welcher Oberbehörde und oberste Landesfinanzbehörde nicht an die Anträge gebunden wissen will und beliebige Abänderung der Vorentscheidung zugunsten und zum Nachteil der Beschwerdeführer für zulässig hält.] Wo aber für den einzelnen Bundesstaat, wie in der Regel, die gleichen Behörden für das Beschwerdeverfahren und für das Prüfungsverfahren eingesetzt sind, muß es im Interesse der Vereinfachung und der Beschleunigung der Sache zulässig erscheinen, daß die betreffenden Behörden das Prüfungsverfahren sofort mit dem Beschwerdeverfahren verbinden, daß sie abändernde oder ergänzende Entscheidungen, welche sie, wie bereits feststeht, im Prüfungsverfahren notwendig zu treffen haben würden, schon im Beschwerdeverfahren abgeben. Bei diesen Entscheidungen, welche auf dem Prüfungsverfahren beruhen, sind die Behörden selbstredend nicht an die vom Beschwerdeführer gestellten Anträge gebunden oder auf diese beschränkt, denn die Nachprüfung der Oberbehörde bezieht sich uneingegrenzt auf die ganze Erledigung des Steuerfalls in allen seinen einzelnen Teilen. Ein Zwang, das Prüfungsverfahren mit dem Beschwerdeverfahren zu verbinden, besteht nicht; die betreffenden Behörden haben vielmehr darüber je nach den besonderen Umständen des einzelnen Falls aus freiem Ermessen Entscheidung zu treffen, wobei namentlich Zweckmäßigkeitsgründe maßgebend sein werden. Entscheidet die Behörde zunächst lediglich als Beschwerdeinstanz, so ist damit über den Gegenstand der Beschwerde hinaus keinerlei Beschränkung für die Nachprüfung begründet. Nicht als erforderlich ist zu betrachten, daß in einer Entscheidung, welche bezüglich der Beschwerde- und der Prüfungsinstanz zugleich erfolgt, dieser doppelte Charakter und die Abgrenzung nach demselben auch äußerlich zur Erscheinung gebracht wird. Vgl. meinen Aufsatz ZfZuSt. 1904 S. 96.

8. Den Behörden, deren Entscheidungen im Beschwerdewege angefochten werden, ist gesetzlich die Befugnis eingeräumt, vor Weitergabe der Beschwerde in den zu letzterer Anlaß bietenden Punkten selbst Abhilfe zu schaffen. Es ist dadurch eine nicht unwesentliche Ver-

einfachung des Verfahrens erzielt, weil auf diese Weise die fraglichen Behörden in die Lage gesetzt sind, etwaige Irrtümer oder falsche Auffassungen in ihren Entscheidungen, die sie nachträglich als solche erkennen, ohne Weiterungen selbst einzubessern. Über die Art und Weise, wie im einzelnen Fall den Beschwerdepunkten abzuhelfen ist, entscheidet die zur Abhilfe berechtigte Behörde; sie kann auch eine Vereinbarung mit dem Beschwerdeführer treffen, auf Grund welcher dieser die Beschwerde zurückzieht. Voraussetzung ist immer eine wirksame Abhilfe, d. h. eine Abhilfe, durch welche der Beschwerdeführer voll befriedigt wird, bzw. sich für befriedigt erklärt. Daß auch die Oberbehörde eine derartige Abhilfe noch treffen kann, ist von der Kommission des Reichstags dem Gesetz eingefügt.

Zu Absatz 4.

9. Die Zulassung verspäteter Beschwerden, die im allgemeinen der zivilprozessualischen Wiedereinsetzung in den vorigen Stand (ZPO. § 233) gleich zu achten ist, erfolgt nur, wenn der Beschwerdeführer ohne sein Verschulden verhindert war, die Frist einzuhalten. Die Bestimmung greift ebenso für die Beschwerde wie für die weitere Beschwerde Platz. Einen formgerechten Beweis für die Verhinderung, die Frist einzuhalten, hat der Beschwerdeführer nicht zu erbringen; nach dem Wortlaut des Gesetzes genügt es, wenn er der Steuerbehörde die Verhinderung glaubhaft macht, die Behörde zu der Überzeugung von der Verhinderung bringt. Als Gründe der Verhinderung gibt die ZPO. a. a. O. Naturereignisse und andere unabwendbare Zufälle an; diese werden auch hier in erster Linie in Betracht kommen, ohne aber eine feste Abgrenzung zu bilden. Ist die Anbringung der Beschwerde zunächst ohne besonderen Grund verzögert und die Innehaltung der gesetzten Frist aus erst in dem Auslauf derselben vortretenden Ursachen vereitelt worden, so wird man darin unter Umständen schon ein Verschulden des Beschwerdeführers erblicken müssen. Unter Steuerbehörde ist diejenige Behörde zu verstehen, die für die Entscheidung über die betreffende Beschwerde zuständig ist, also bei der Beschwerde die Oberbehörde, bei der weiteren Beschwerde die oberste Landesfinanzbehörde.

Zu Absatz 5.

10. Daß eine Belehrung über die zulässigen Rechtsmittel in den Erbschaftssteuerbescheid und die auf Beschwerde ergehende Entscheidung der Oberbehörde aufzunehmen sei, ist erst durch die Kommission des Reichstages in das Gesetz gekommen. Das den BRAusfB. beigegebene Muster für den Erbschaftssteuerbescheid trägt dem entsprechend Rechnung und hat die Belehrung in den Vordruck aufgenommen.

Zu Absatz 6.

11. Eine aufschiebende Wirkung hat die Beschwerde und die weitere Beschwerde — letztere schon ohne weiteres als notwendige Folge der für erstere erlassenen Vorschrift — nicht. Das Verwaltungsvollstreckungsverfahren, welches nach Ablauf der für die Steuerzahlung im Erbschaftssteuerbescheid gesetzten Frist einzutreten hat (vgl. Note 5 zu § 45), wird demnach durch die Beschwerde nicht aufgehalten. Ob die Einreichung der Beschwerde Veranlassung zu einer Stundung bieten

kann, wird nach den besonderen Verhältnissen des einzelnen Falles zu beurteilen sein. Im Beschwerdewege kann nur die Rückzahlung der zu Unrecht gezahlten Steuerbeträge erlangt werden, nicht aber auch eine Verzinsung vom Zahlungstage bis zum Tage der Rückzahlung. Vom Reichsgericht ist wiederholt entschieden, daß der Fiskus zurückzuzahlende Stempelbeträge regelmäßig nicht vom Tage der Zahlung, sondern erst vom Tage der Klagzustellung ab zu verzinsen habe; vgl. Urt. d. RG. vom 17. Februar 1903 (RGE. Bd. 54 S. 25); Urt. d. RG. vom 29. Oktober 1909. Der gleiche Grundsatz muß für die Erbschaftssteuer Anwendung finden.

XVII. Stundung. (§ 47).

§ 47.

In den Fällen, in denen die sofortige Einziehung der Steuer mit erheblichen Härten für den Steuerpflichtigen verbunden sein würde, ist die Steuer, nötigenfalls gegen Sicherheitsleistung, zu stunden, auch die Entrichtung in Teilbeträgen zu gestatten.

Soweit der Erwerb aus Grundstücken besteht, ist dem Steuerpflichtigen, nötigenfalls gegen ausreichende Sicherung, nach Maßgabe des von ihm zu stellenden Antrags die Abführung der Steuer in höchstens zehn Jahresteilbeträgen zu gestatten, sofern nicht seine Vermögensverhältnisse eine mit sofortiger Einziehung der Steuer verbundene Härte ausschließen. Die Stundungsbewilligung kann zurückgenommmen werden, wenn die Voraussetzungen der Stundung wegfallen. Als ausreichende Sicherheitsleistung gilt die Eintragung einer Sicherungshypothek für die Steuerforderung auf die bezeichneten Grundstücke, sofern der Hypothek andere Rechte als die zur Zeit des Anfalls bestehenden nicht vorgehen. Soweit die Bestellung einer Hypothek an einem Grundstück in der Art zulässig ist, daß Befriedigung aus dem Grundstücke lediglich im Wege der Zwangsverwaltung gesucht werden muß, genügt die Bestellung einer solchen Hypothek.

Vergl. BRAusfB § 27.

Zu § 47 insgesamt.

1. Die Motive zum Regierungsentwurf, welcher übrigens nur den ersten Absatz des jetzigen § 47 enthielt und in demselben lediglich vorschrieb, daß bei erheblichen Härten die Steuer, nötigenfalls gegen Sicherheitsleistung, gestundet und insbesondere die Entrichtung von Teilbeträgen gestattet werden könne, führen bezüglich der Stundung folgendes an: „Die Stundung der Abgabe gemäß § 50 (jetzt § 47) hängt von dem Ermessen der Steuerbehörde ab, die auch über die Art der Sicher-

heitsleistung zu befinden hat und hiebei insbesondere an die entsprechenden Vorschriften des bürgerlichen Rechtes (§ 232 BGB.) nicht gebunden ist." Der § 232 BGB. bezieht sich auf die Sicherheitsleistung und bestimmt, auf welche Weise dieselbe zu bewirken ist.

2. Durch die Kommission des Reichstages hat einmal der jetzige Absatz 1 des § 47 eine andere Fassung erhalten und ist ferner der Absatz 2 neu hinzugefügt. Die allgemeine Begründung für diese Änderungen gibt der Kommissionsbericht (S. 28), wie nachsteht: „Absatz 1 des § 50 (jetzt § 47) stelle die Regel auf, Absatz 2 gewähre eine Vergünstigung für den unbeweglichen Besitz und zwar nicht nur für land- und forstwirtschaftlichen Grundbesitz. Nach Absatz 1 habe die Steuerbehörde pflichtgemäß darüber zu entscheiden, ob die sofortige Einziehung der Steuer mit erheblichen Härten für den Steuerpflichtigen verbunden sein würde. Bejahe sie diese Frage, so müsse sie Stundung gewähren und zwar für so lange, bis die Einziehung der Steuer, ohne zu erheblichen Härten zu führen, erfolgen könne. Regelmäßig werde die Härte vermieden werden können durch Gewährung von angemessenen Teilzahlungen. Aus diesem Grunde gebe Absatz 1 der Steuerbehörde ausdrücklich die Ermächtigung, solche zu gewähren. Eine Sicherheitsleistung soll nur dann — also nicht regelmäßig — verlangt werden, wenn sich nach den besonderen Umständen des Falles eine solche als notwendig erweist. Wenn auch Absatz 1 im Gegensatze zu Absatz 2 keine Fristbestimmung enthalte, so sei doch nicht anzunehmen, daß in der Praxis Fälle vorkommen würden, wo die Steuerbehörde über den Zeitraum von 10 Jahren hinaus stunden würde. — Auf einem wesentlich anderen Standpunkte bewege sich die Bestimmung des Absatzes 2. Hier handele es sich nicht darum, im Einzelfalle konkrete Härten bei der Steuereinziehung zu vermeiden, sondern darum, dem Grundvermögen als solchem eine bevorzugte Stellung vor dem mobilen Kapitale zu gewähren. Die innere Berechtigung hierfür liege darin, daß der immobile Besitz sich der Steuer nicht entziehen könne, während beim mobilen Kapital Schiebungen und Verheimlichungen möglich seien; dazu komme, daß in der Regel — und diese, nicht die denkbaren Ausnahmen müßten den Ausschlag geben — der Erbe unbeweglichen Vermögens weniger in der Lage sei, sich die zur Steuerzahlung erforderlichen Gelder zu verschaffen als der Erbe von mobilem Kapital. Deshalb sei in Absatz 2 bestimmt, daß der Steuerpflichtige, soweit sein Erwerb in Grundvermögen bestehe, Zahlung in Raten bis zu 10 Jahren verlangen könne; diesem Anspruche auf Teilzahlungen stehe aber gegenüber die Verpflichtung, stets ausreichende Sicherheit zu leisten, und als solche soll immer eine Sicherungshypothek, eventuell in der Form der Revenuenhypothek (Art. 60 EG. BGB.), von der Steuerbehörde angenommen werden müssen."

3. Für die Fassung des Absatz 2 des § 47, welche zunächst eine andere war, wurden mehrfache Vorschläge gemacht, die aber sämtlich nach der einen oder anderen Richtung hin Bedenken boten. Der Staatssekretär des Reichsschatzamtes machte deshalb bei der zweiten Lesung geltend, es scheine ihm besser, wenn die Angelegenheit nicht durch das Gesetz selbst, sondern durch eine von ihm abzugebende Erklärung geregelt werde, die für die vom Bundesrat zu erlassenden Ausführungsbestimmungen maßgebend sein solle. Demgegenüber hielt es jedoch die Kommission für wünschenswert, daß das, was gesetzlich geregelt werden

könne, auch gesetzlich geregelt werde, da die Bundesratsbestimmungen Gesetzeskraft nicht hätten und ihnen genügende Festigkeit nicht innewohne. Es gelangte die jetzige Fassung des Gesetzes zur Annahme, nachdem der Staatssekretär des Reichsschatzamtes sich dahin geäußert, daß die von ihm abgegebene Erklärung auch für den Fall dieser Annahme gelten solle. Die Erklärung des Staatssekretärs des Reichsschatzamtes lautet: „Im Hinblick auf die besonderen Verhältnisse des Grundbesitzes geht die Regierung von der Auffassung aus, daß bei einem erbschaftssteuerpflichtigen Erwerbe von Grundstücken oder von Berechtigungen, für welche die sich auf Grundstücke beziehenden Vorschriften gelten, der Fall des § 50 Abs. 1 (jetzt § 47) der Regel nach, ohne daß es noch eines besonderen Nachweises der dort bezeichneten tatsächlichen Voraussetzung bedarf, als gegeben anzusehen ist. — Auch wenn daher der Abs. 2 des § 50 (jetzt § 47) in der Fassung der Kommissionsbeschlüsse erster Lesung nicht bestehen bleibt, wird die Regierung dem § 50 (jetzt § 47) die Auslegung geben, daß bei einem erbschaftssteuerpflichtigen Erwerbe der vorbezeichneten Art die Erbschaftssteuerbehörden der Regel nach ohne weiteres gehalten sind, einem Antrag auf Stundung und auf Gestattung der Abführung der Steuer in Jahresteilbeträgen gegen Bestellung ausreichender Sicherheit stattzugeben. Es bestehen regierungsseitig auch keine Bedenken, daß die Entrichtung der Jahresteilbeträge bei vorhandenem Bedürfnisse bis auf einen Zeitraum von 10 Jahren erstreckt werden dürfe. Die Gestattung von Teilzahlungen zu versagen, muß aber allerdings für Fälle vorbehalten werden, wo nach den besonderen Verhältnissen die Annahme, daß die sofortige Einziehung der Steuer mit Härten verbunden sein würde, als ausgeschlossen angesehen werden muß. Dies könnte z. B. zutreffen bei Grundstücken, die offenkundig Spekulationszwecken dienen oder auch in dem Falle, daß der steuerpflichtige Erwerb neben dem Grundbesitz erhebliches Barvermögen umfaßt. Ebenso muß vorbehalten bleiben, die Stundungsbewilligung im Falle eines Verkaufs des Grundstücks vor Ablauf der Stundungsfrist zurückzuziehen. Doch würde auch von einer solchen Zurückziehung nur Gebrauch gemacht werden, wenn die Fortgewährung billigerweise nicht gerechtfertigt erscheint. — Als ausreichende Sicherheitsleistung wird die Eintragung einer Sicherungshypothek für die Steuerforderung auf die in Rede stehenden Grundstücke angesehen werden, sofern der Hypothek andere Rechte als die zur Zeit des Anfalls bestehenden nicht vorgehen. Soweit die Bestellung einer Hypothek an einem Grundstück in der Art zulässig ist, daß Befriedigung aus dem Grundstücke lediglich im Wege der Zwangsverwaltung gesucht werden muß, wird die Bestellung auch einer solchen Hypothek für genügend erachtet werden." Vgl. Kommissionsbericht S. 55 ff.

Zu Absatz 1.

4. Ob eine Stundung der Steuer oder eine Entrichtung derselben in Teilbeträgen zu gestatten ist, bestimmt sich nicht nach dem Ermessen der Steuerbehörde. Eine Stundung oder Entrichtung von Teilbeträgen ist für den gewöhnlichen Fall ausgeschlossen, da das Gesetz nach dieser Richtung hin keinerlei Bestimmung, wie solches sonst bei den indirekten Reichssteuern regelmäßig geschehen ist, trifft und damit den Einzelstaaten die Verpflichtung zu sofortiger Einziehung und entsprechender Abführung an das Reich aufer-

legt ist. Stundung und Entrichtung in Teilbeträgen muß aber von der Steuerbehörde gewährt werden, sofern die sofortige Einziehung der Steuer mit erheblichen Härten für den Steuerpflichtigen verbunden sein würde; in diesen Fällen besteht ein Zwang für die Gewährung, dem sich die Steuerbehörde nicht entziehen kann, und mithin auf der anderen Seite ein Recht des Steuerpflichtigen auf Stundung oder Entrichtung in Teilbeträgen. Ein Recht die Stundung zu verlangen bzw. dieselbe zu beantragen steht nur dem Steuerpflichtigen und auch nur bezüglich der Steuer, die er für eigenen Erwerb — abgesehen von dem Falle nach § 12 Abs. 1 Nr. 3 — zu entrichten hat, zu, ebenso wie auch die Härten, welche den Grund für die Stundung abzugeben haben, den Steuerpflichtigen treffen bzw. in seiner Person begründet sein müssen. Hat der Erblasser bestimmt, daß die Erbschaftssteuer von einem Dritten entrichtet werden solle, so kann dieser Dritte eine Stundung nicht beantragen, ebensowenig aber auch der Steuerpflichtige, da für ihn eine Härte betreffs der Steuerzahlung nicht in Frage kommen kann. [U. Hoffmann 2. Aufl. Anm. 3 zu § 47 führt aus, daß im letzteren Fall die Steuer gestundet werden könne, wenn die Einziehung den mit ihr Belasteten gleichfalls hart treffen würde; daß die Steuer sodann gestundet werden müsse, scheint er aber nicht anzunehmen. Des weiteren zieht U. Hoffmann a. a. O. eine Verf. PrFM. vom 29. Februar 1908 III 3820 zur Bekräftigung dafür an, daß die Anwendung des § 47 nicht ausgeschlossen werde, wenn ein anderer als der Erwerber die Steuer ohne Auftrag des letzteren gezahlt habe, daß jedoch bei Anwendung die Steuer dem Einzahler zu erstatten sei.]

5. Daß der zu Gewährung von Stundung und Entrichtung in Teilbeträgen verpflichtende bzw. berechtigende Fall tatsächlich vorliegt, ist von dem Steuerpflichtigen nachzuweisen, wobei es sich wiederum wie beim § 46 Abs. 3 (vgl. Note 9 zu § 46) nicht um einen strengen vollen Beweis, sondern lediglich darum handeln kann, daß der Steuerbehörde die Überzeugung von dem Vorhandensein der betreffenden Umstände verschafft wird. Voraussetzung ist, daß die sofortige Einziehung der Steuer mit erheblichen Härten verbunden sein würde. In der Kommission des Reichstages hat man über die Weglassung des Wortes „erheblich" verhandelt, derselben aber nicht stattgegeben, weil man dafür hielt, „daß mit jeder Steuereinforderung eine gewisse Härte für den Steuerpflichtigen verbunden sei und daß daher bei Weglassung des „erheblich" eigentlich in allen Fällen eine Stundung eintreten müsse." (Kommissionsbericht S. 55.) Hiemit ist für die Auslegung ein Anhalt geboten. Das Vorhandensein erheblicher Härten ist anzunehmen, wenn die sofortige Einziehung der Steuer über das gewöhnliche und durchschnittliche Maß jeder Steuereinziehung hinaus mit Schwierigkeiten verknüpft sein würde. Die Entscheidung darüber, ob ein derartiger Zustand gegeben ist, steht der Steuerbehörde zu und zwar zunächst dem Erbschaftssteueramt, sofern nicht landesgesetzlich eine andere Regelung getroffen wird. Gegen die Entscheidung ist ein Vorgehen im Instanzenzuge zulässig; der Rechtsweg ist ausgeschlossen, da der § 57 ausdrücklich bestimmt, über die Frage, ob Stundung in Gemäßheit des § 47 eintreten solle, entscheide endgültig die Steuerbehörde.

6. Bei Gewährung von Stundung und Entrichtung von Teilzahlungen ist nach dem Gesetz nötigenfalls Sicherheitsleistung zu ver-

langen. Die BRAusfB. bestimmen hierzu im § 27 Abs. 1, daß Stundung und Bewilligung von Teilzahlungen in der Regel nur gegen Sicherheitsleistung zulässig sein solle. [Gegenüber letzterem behauptet U. Hoffmann 2. Aufl. Anm. 4 zu § 47, die Sicherheitsleistung solle nicht in der Regel, sondern nur nötigenfalls verlangt werden, d. h. wenn sie sich nach den besonderen Umständen des Falles als notwendig erweise.] In welcher Art für gestundete Erbschaftssteuer Sicherheit zu leisten ist, wird, soweit das Gesetz nicht ein anderes vorschreibt, durch die oberste Landesfinanzbehörde bestimmt. Die letztere hat ferner anzuordnen, inwieweit es zur Stundung ohne Sicherheitsleistung der Genehmigung der Oberbehörde oder der obersten Landesfinanzbehörde bedarf. Sofern nicht in dieser Beziehung besondere Regelungen getroffen werden, kommen die bestehenden bezüglichen landesgesetzlichen Vorschriften zur Anwendung.

7. Die Frage, ob gestundete Erbschaftssteuerbeträge von dem Steuerpflichtigen zu verzinsen seien, kam in der Kommission des Reichstages zur Erörterung und erklärte dazu der Staatssekretär des Reichsschatzamtes, „eine Verzinsung gestundeter Steuerbeträge werde bei den übrigen Steuerzweigen im Reiche nicht gefordert und es sei auch im vorliegenden Falle eine solche Verzinsung nicht vorgesehen" (Kommissionsbericht S. 56). Die BRAusfB. § 27 Abs. 2 bestimmen, daß eine Verzinsung der gestundeten Steuerbeträge nicht stattfinde.

8. Nach den BRAusfB. § 27 Abs. 3 ist die Gewährung von Teilzahlungen an die Bedingung zu knüpfen, daß bei dem Ausbleiben auch nur einer Teilzahlung die sofortige Beitreibung der ganzen noch rückständigen Steuerschuld erfolgen wird. Die Beitreibung hat jedoch erst zu geschehen, wenn eine Mahnung zur Entrichtung der fälligen Teilzahlung erfolglos geblieben ist.

Zu Absatz 2.

9. Wenn es sich um den Erwerb von Grundstücken handelt, müssen Teilzahlungen nach der Vorschrift des Abs. 2 stets zugelassen werden, sofern nicht die Vermögensverhältnisse des Steuerpflichtigen eine mit sofortiger Einziehung der Steuer verbundene Härte ausschließen. Auch bezüglich der Gewährung dieser Vergünstigung besteht für die Steuerbehörde demnach ein gesetzlicher Zwang. Dem Sinne nach soll die Vorschrift des Abs. 2 eine Erweiterung der des Abs. 1 bilden; die letztere findet daher bei dem Grundstückserwerb neben der erstgenannten Anwendung und wird nicht etwa durch solche ausgeschlossen.

10. Die Vergünstigung des Abs. 2 bezieht sich auf Grundstücke schlechthin, demnach auf Grundstücke jedweder Art und nicht nur in Übereinstimmung mit § 15 des Gesetzes auf diejenigen, welche dauernd land- oder forstwirtschaftlichen Zwecken zu dienen bestimmt sind. Den Grundstücken stehen Berechtigungen gleich, für welche die sich auf Grundstücke beziehenden Vorschriften gelten; ein bei den Beratungen der Reichstagskommission gestellter Zusatzantrag (vgl. Kommissionsbericht S. 27 und 99) wollte die fraglichen Berechtigungen in die Gesetzesvorschrift aufgenommen wissen, es wurde solches aber für nicht erforderlich erachtet, weil eine Gleichstellung jener Berechtigungen mit den Grundstücken als durch § 7 Abs. 3 für die Erbschaftssteuer allgemein angeordnet anzunehmen sei. Im Sinne der Erklärung des Staatssekretärs des Reichsschatzamtes (vgl. oben Note 3) schreiben aber die BRAusfB. im § 27 Abs. 4 vor: „In dem Falle des § 47 Abs. 2 des Gesetzes ist die Gewährung von Teilzahlungen zu versagen, wenn nach den obwaltenden Verhältnissen die Annahme ausgeschlossen ist, daß die sofortige Einziehung der Steuer mit Härten verbunden sein würde. Dies wird der Regel nach z. B. bei Grundstücken, die offenkundig Spekulationszwecken dienen, sowie dann zutreffen, wenn der steuerpflichtige Erwerb neben dem Grundbesitze Barvermögen umfaßt, aus welchem die Steuer ohne irgend welche Härte gedeckt werden kann. Im Falle des Verkaufs eines Grundstücks vor Ablauf der Stundungsfrist ist die Stundungsbewilligung zurückzuziehen, falls nicht etwa die Fortgewährung billigerweise gerechtfertigt erscheint." Durch letztere Vorschrift ist der zweite Satz in der Gesetzbestimmung näher ergänzt, nach welchem die Stundungsbewilligung zurückgenommen werden kann, wenn die Voraussetzungen der Stundung wegfallen.

11. Im Abs. 2 ist die Stellung eines Antrags des Steuerpflichtigen ausdrücklich vorgeschrieben; ein solcher Antrag wird aber auch im Fall des Absatzes 1 regelmäßig erforderlich sein. Eine besondere Form ist nicht angeordnet, doch wird schriftliche Anbringung oder zu Protokoll des Erbschaftssteueramts, sofern solches dazu bereit ist, notwendig sein. In dem Antrage ist die Vorbedingung der Bewilligung in gleicher Weise wie bei Abs. 1 (vgl. oben Note 5 i. A.) nachzuweisen; auch werden in demselben die Wünsche des Steuerpflichtigen über die Einrichtung der Teilzahlung nach Zahl und Höhe der Jahresleistungen vorzubringen sein.

12. Die Vergünstigung ist auf die Zulassung von höchstens zehn Jahresteilbeträgen beschränkt. Wie weit im einzelnen Fall bis an diese Grenze zu gehen ist, bestimmt das Erbschaftssteueramt nach den besonderen Verhältnissen des Falls. Über die Höhe der einzelnen Teilzahlung sind keine Vorschriften getroffen; das Erbschaftssteueramt hat also freie Hand; es kann, wie wohl regelmäßig, die Gesamtsteuer gleichmäßig auf die zugelassenen Jahresraten verteilen, es kann aber auch die Jahresraten in verschiedener Höhe festsetzen, wenn die Umstände des Falles solches erwünscht erscheinen lassen. Die Gewährung der Teilzahlungen ist an die Bedingung zu knüpfen, daß bei dem Ausbleiben einer Teilzahlung die sofortige Beitreibung der ganzen noch rückständigen Steuerschuld erfolgen werde, vgl. oben Note 8.

13. In den beiden letzten Sätzen des Absatz 2 sind besondere Vorschriften bezüglich der Sicherheitsleistung getroffen, welche als reichsgesetzliche selbstredend der im übrigen zur Anwendung zu bringenden Regelung der einzelnen Bundesstaaten vorgehen und diese entsprechend einschränken. Da es sich um Sonderbestimmungen handelt, ist eine analoge Anwendung auf andere Fälle, speziell auf den Absatz 1, ausgeschlossen.

14. Für den Begriff der Sicherungshypothek ist § 1184 BGB. maßgebend mit folgendem Wortlaut:

„Eine Hypothek kann in der Weise bestellt werden, daß das Recht des „Gläubigers aus der Hypothek sich nur nach der Forderung bestimmt „und der Gläubiger sich zum Beweise der Forderung nicht auf die „Eintragung berufen kann (Sicherungshypothek).

„Die Hypothek muß im Grundbuch als Sicherungshypothek bezeichnet „werden."

Es sind danach diejenigen für die Hypotheken im allgemeinen geltenden Vorschriften bezeichnet, welche bei der Sicherungshypothek nicht Platz greifen sollen. Unter diesen Vorschriften findet sich aber die des § 1147 nicht, die folgendermaßen lautet:

„Die Befriedigung des Gläubigers aus dem Grundstück und den „Gegenständen, auf die sich die Hypothek erstreckt, erfolgt im Wege der „Zwangsvollstreckung."

Die Mittel der Zwangsvollstreckung sind die Zwangsversteigerung und die Zwangsverwaltung. Wenn nun aber auch an und für sich beide Vollstreckungsarten dem Gläubiger einer Sicherungshypothek gegeben sind, so wird für eine Sicherungshypothek anläßlich der Erbschaftssteuer in unserem Falle die erstere, die Zwangsversteigerung, doch nur in einer sehr beschränkten Weise in Frage kommen können, weil hier der nachfolgende § 48 eingreift, der zum Zwecke der Einziehung der Erbschaftssteuer die Zwangsversteigerung eines Grundstücks, wenn der Steuerpflichtige ein Deutscher ist, ohne seine Zustimmung nicht zuläßt. Im regelmäßigen Fall wird demnach die Möglichkeit einer Zwangsversteigerung an die Zustimmung des Steuerpflichtigen gebunden sein. Mit Rücksicht hierauf ist aber zwischen der nach dem § 1184 BGB. zugelassenen gewöhnlichen Sicherungshypothek und der in der nachstehenden Note zu behandelnden sogenannten Revenuenhypothek bezüglich einer Sicherheitsleistung nach dem Absatz 2 des § 47 kein großer Unterschied vorhanden.

15. Der letzte Satz des Paragraphen hat seine Grundlage im Art. 60 EG. BGB., der folgendes bestimmt:

„Unberührt bleiben die landesgesetzlichen Vorschriften, welche die Be„stellung einer Hypothek, Grundschuld oder Rentenschuld an einem „Grundstücke, dessen Belastung nach den in den Artikeln 57—59 be„zeichneten Vorschriften nur beschränkt zulässig ist, dahin gestatten, „daß der Gläubiger Befriedigung aus dem Grundstücke lediglich im „Wege der Zwangsverwaltung suchen kann."

Damit sind also die landesrechtlichen Vorschriften über die Revenuenhypotheken auch nach dem Inkrafttreten des BGB., welches selbst die Revenuenhypothek nicht kennt, in Gültigkeit geblieben. Soweit solches für die einzelnen Bundesstaaten zutrifft, genügt für die Sicherheitsleistung wegen der Erbschaftssteuer aus dem Erwerb des Grundstücks die Bestellung nur einer solchen Revenuenhypothek. Diese Zulassung wird man um so mehr als gerechtfertigt ansehen müssen, als nach den Ausführungen in der vorigen Note 14 mit der gewöhnlichen Sicherungshypothek des BGB. bezüglich der Erbschaftssteuer tatsächlich in der großen Mehrheit der Fälle für den Staat keine weitergehende Sicherstellung zu erlangen ist, indem die Zwangsverwaltung, welche für die Revenuenhypotheken als einziges Mittel der Zwangsvollstreckung besteht, auch bei den Sicherungshypotheken des BGB. infolge der Vorschrift des § 48 REStG. meist nur allein in Frage kommen kann.

XVIII. Zwangsvollstreckung. (§ 48.)

§ 48.

Wenn der Steuerpflichtige ein Deutscher ist, so ist zum Zwecke der Einziehung der Erbschaftssteuer die Zwangsversteigerung eines Grundstücks ohne seine Zustimmung nicht zulässig.

1. Die Vorschrift des § 48 ist durch die Kommission des Reichstages dem Gesetze eingefügt. Die Begründung gibt der Kommissionsbericht (a. a. O. S. 29) folgendermaßen: „Nach § 57 des Entwurfs (jetzt § 52) sei im Anschlusse an § 47 Preuß. EStG. die Zwangsversteigerung von Grundstücken zum Zwecke der Eintreibung verwirkter Steuerstrafen, wenn der Bestrafte ein Deutscher sei, ohne seine Zustimmung nicht zulässig; per argumentum a majore ad minus empfehle es sich, dieses Verbot auf die Beitreibung der Steuer auszudehnen."

2. Von Bedeutung wird namentlich die Frage sein, ob die Vorschrift des § 48 auch dann Anwendung finde, wenn für die Erbschaftssteuer Sicherheit mit einem Grundstück bestellt ist und es sich um die Realisierung dieser Sicherheit handelt. Es wird dabei wiederum zu unterscheiden sein, ob das Grundstück zur Erbschaftsmasse gehört und lediglich für die aus dem Erwerb desselben sich begründende Erbschaftssteuer haftet, mithin der Fall des Absatz 2 des § 47 gegeben ist, oder ob das Grundstück, gleichgültig, ob es zur Erbschaftsmasse selbst gehört oder nicht, für eine an sich nicht auf ihm haftende Erbschaftssteuer zur Sicherheit dient. Im ersteren Fall ist die Anwendbarkeit der Vorschrift des § 48 wohl zweifellos, vgl. Note 14 zu § 47; aber auch für den letzteren Fall wird man nach Maßgabe einerseits der ganz allgemeinen Fassung der Vorschrift — die Zwangsversteigerung ist „zum Zwecke der Einziehung der Erbschaftssteuer" für unzulässig erklärt —, anderseits der Stellung des § 48 — derselbe ist unmittelbar den Vorschriften über die Stundung angeschlossen — die Anwendbarkeit annehmen müssen, zumal dieses auch dem ganzen Sinn und inneren Grunde der Vorschrift selber entsprechen dürfte. Allerdings wird der volle Zweck der Sicherheitsleistung, die unbedingte Möglichkeit einer sofortigen Einbringung des Steuerbetrages in dem entsprechenden Augenblick zu schaffen, durch die Anwendbarkeit der Vorschrift mehr oder weniger in Frage gestellt. Dem wird aber von der Steuerbehörde bei Annahme eines Grundstückes als Sicherheit für eine an sich nicht auf ihm haftende Erbschaftssteuer entsprechend Rechnung getragen werden müssen und dürfte es unter Umständen für die Steuerbehörden geboten erscheinen, sich bei einer derartigen Sicherheitsannahme von vornherein der Zustimmung des Steuerpflichtigen zu einer eventuellen Zwangsversteigerung zu versichern. Nur scheinbar ist der Widerspruch gegen den § 48, der möglicherweise in einem solchen Verfahren erblickt werden könnte; denn bei einer Sicherstellung kommt stets in erster Linie das Interesse dessen, der gesichert werden soll, — in unserem Fall der Staat — in Betracht und das Interesse des Pflichtigen, dem der § 48 ganz allgemein dient, muß für diesen Spezialfall zurücktreten.

3. An und für sich ist für die Zwangsvollstreckung wegen der Erbschaftssteuer in den einzelnen Bundesstaaten die Landesgesetzgebung und zwar in Sonderheit dasjenige, was diese behufs Beitreibung von Staatsgefällen und Geldbeträgen im Verwaltungszwangsverfahren anordnet, maßgebend. In die landesgesetzliche Regelung greift lediglich die Sondervorschrift des § 48 ein, sie in der fraglichen Beziehung unbedingt beschränkend, im übrigen aber unberührt bestehen lassend. Die reichsgesetzliche Vorschrift schließt nur die Zwangsversteigerung des Grundstücks ohne Zustimmung aus, nicht dagegen die Zwangsverwaltung und die Belastung des Grundstücks mit einer Sicherungshypothek. Den Grundstücken stehen die Berechtigungen gleich, für welche die sich auf Grundstücke beziehenden Vorschriften gelten; vgl. das in Note 10 zu § 47 Ausgeführte; and. M. U. Hoffmann Note 6 zu § 48 [nicht mehr in der 2. Aufl., in welcher die fraglichen Berechtigungen als den Grundstücken auch hier gleich zu achten anerkannt werden]. Was unter einem Deutschen zu verstehen, ist in Note 4 zu § 5 erklärt. [Nach einer von U. Hoffmann 2. Aufl. Anm. 1 zu § 48 angeführten Verf. PrFM. vom 28. Februar 1910 III 4135 kann die Erbschaftssteuer niedergeschlagen werden, wenn sie im Inland nicht zu erlangen ist und der Schuldner im Ausland wohnt.]

XIX. Strafen.

Vorbemerkungen zu §§ 49, 50.

1. In Übereinstimmung mit den übrigen Reichsgesetzen über die indirekte Besteuerung scheidet das RErbStG. zwei Arten von Straftaten und danach Strafen. Die eine Art der Straftaten bedingt regelmäßig die Absicht, die Steuer zu hinterziehen, (Defraude) und ist mit einer Strafe, die lediglich als Geldstrafe bezeichnet wird, belegt. Die andere Art der Straftaten charakterisiert sich mehr als eine Ordnungswidrigkeit, als eine Pflichtverletzung ohne die Absicht der Steuerhinterziehung und wird mit einer als Ordnungsstrafe bezeichneten Strafe belegt, eine Bezeichnung, welche sich durch die Reichssteuergesetzgebung, der sich dann vielfach auch die Landessteuergesetzgebung angeschlossen hat, mehr oder weniger zu einem festen selbständigen Begriff gestaltet hat. Die Ordnungsstrafe als Zwangsmaßnahme, wie sie der § 42 Abs. 4 des Gesetzes anordnet, ist von der eigentlichen Ordnungsstrafe als Strafmittel grundsätzlich geschieden, vgl. oben Note 13 zu § 42.

2. Die Reichsgesetze über die indirekte Besteuerung scheiden sich wiederum je nach der Art und Weise, wie sie die durch die Absicht der Steuerhinterziehung sich kennzeichnende Straftat äußerlich im einzelnen abgrenzen, in zwei Gruppen. Die erste Gruppe stellt von vornherein und schlechthin die Defraude als solche, also die absichtliche Steuerhinterziehung, unter Strafe und gibt sodann in weiteren Einzelbestimmungen durchweg eine Reihe besonderer und als solche

gekennzeichneter Handlungen oder Unterlassungen, durch welche ohne weiteres für die fragliche Besteuerungsart der Tatbestand der Defraude begründet sein soll. Zu dieser Gruppe gehört die Mehrzahl der Reichssteuergesetze, nämlich das Gesetz betreffend die Erhebung einer Abgabe von Salz vom 12. Oktober 1867 (RGBl. 1867 S. 41 ff.) mit seinen §§ 11—14, das Brausteuergesetz (in der neuen Fassung) vom 15. Juli 1909 (RGBl. 1909 S. 773 ff.) mit seinen §§ 39—46, das Tabaksteuergesetz (in der neuen Fassung) vom 15. Juli 1909 (RGBl. 1909 S. 793 ff.) mit seinen §§ 41—48, das Branntweinsteuergesetz vom 15. Juli 1909 (RGBl. 1909 S. 661 ff.) mit seinen §§ 111—113, 115, 141 und 142, das Zuckersteuergesetz vom 27. Mai 1896 (RGBl. 1896 S. 117 ff.) mit seinen §§ 43—50, das Schaumweinsteuergesetz vom 9. Mai 1902 (RGBl. 1902 S. 155 ff.) mit seinen §§ 16—18, das Zigarettensteuergesetz vom 3. Juli 1906 (RGBl. 1906 S. 631 ff.) mit seinen §§ 17 und 18, das Zündwarensteuergesetz vom 15. Juli 1909 (RGBl. 1909 S. 814 ff.) mit seinen §§ 23—25 und 27 und das Leuchtmittelsteuergesetz vom 15. Juli 1909 (RGBl. 1909 S. 880 ff.) mit seinen §§ 17—19. Die zweite Gruppe stellt lediglich, ohne dabei von einer Absicht einer Steuerhinterziehung überhaupt zu sprechen, gewisse mit der fraglichen Steuerart in Verbindung stehende und danach näher gekennzeichnete Handlungen oder Unterlassungen unter Strafe und ist nur aus der nachfolgenden Regelung der Ordnungsstrafen, für welche bei den gleichen und ähnlichen Handlungen oder Unterlassungen das Fehlen der Absicht der Steuerhinterziehung die zum Ausdruck gebrachte Voraussetzung bildet, sowie auch aus der Härte des Strafmaßes, der Höhe der angedrohten Geldstrafen zu ersehen, daß es sich hier nicht um Defraudationsstrafen handeln soll. Diese zweite Gruppe umfaßt das Gesetz betreffend den Spielkartenstempel vom 3. Juli 1878 (RGBl. 1878 S. 133 ff.) in seinen §§ 10—15, das Wechselstempelgesetz in der neuen Redaktion vom 15. Juli 1909 (RGBl. 1909 S. 825) in seinen §§ 18—21 und endlich das Reichsstempelgesetz, neue Redaktion vom 15. Juli 1909 (RGBl. 1909 S. 833) in seinen §§ 25—27, 33, 43, 44, 64, 69, 75, 88 und 95. Das REStG. schließt sich nach der Fassung seiner Strafbestimmungen in den §§ 49 und 50 der zweiten kleineren Gruppe der Reichssteuergesetze an.

3. Wie allgemein bei den Zoll- und Steuergesetzen so gehen auch bei dem REStG. die von ihm getroffenen besonderen Strafbestimmungen den allgemeinen des Strafgesetzbuches für das Deutsche Reich vor und schließen insoweit die letzteren aus. Es ist dieses namentlich insofern von Bedeutung, daß, wenn eine Handlung sich als Straftat sowohl nach dem Steuergesetz wie nach dem RStGB. darstellt, eine Bestrafung nur nach dem Steuergesetz stattfinden kann; vgl. Urt. d. RG. vom 2. Juli 1894 (JW. 1894 S. 498 Nr. 6). Für die Strafen des REStG. gelten aber, soweit bezüglich ihrer nicht besondere Vorschriften im Gesetz selbst festgelegt sind, die allgemeinen Vorschriften des RStGB. Es ist das Letztere zunächst der Fall bezüglich der Einteilung der strafbaren Handlungen in Verbrechen, Vergehen und Übertretungen (RStGB.

§ 1) und der sich an diese Einteilung im weiteren anschließenden besonderen Folgen; für das RESt G. kommen nur Vergehen und Übertretungen in Frage. Geltung hat die Vorschrift (RStGB. § 3) über die Anwendung der Strafvorschriften, die sich auf alle im Gebiet des Deutschen Reichs begangenen strafbaren Handlungen erstreckt, auch wenn der Täter ein Ausländer ist; die Vorschrift über den Mindestbetrag der Geldstrafe (RStGB. § 27; vgl. unten Note 8 zu § 49); die Vorschrift über den Versuch (RStGB. § 43), wobei namentlich zu beachten, daß der Versuch einer Übertretung straflos bleibt; die Vorschrift über die Teilnahme (RStGB. § 47); die Vorschrift über die Anstiftung (RStGB. § 48), bezüglich derer hervorzuheben, daß auch die Anstiftung zu einer Übertretung strafbar ist; die Vorschrift über die Strafausschließung (RStGB. § 51); die Vorschrift über die Strafmündigkeit (RStGB. §§ 55 ff.); die Vorschrift über die Verjährung (RStGB. §§ 66 ff.) und andere mehr. Nicht zur Anwendung kommen kann für Straftaten nach dem RESt G. die Bestimmung über die Strafumwandlung, da hierüber das Gesetz im § 52 eine besondere Anordnung enthält.

§ 49.

Ist die gesetzliche Verpflichtung zur Einreichung der Erbschaftssteueranmeldung oder Erbschaftssteuererklärung innerhalb der vorgeschriebenen Frist nicht erfüllt, so unterliegt der Verpflichtete einer Geldstrafe im zwei- bis vierfachen Betrage der Erbschaftssteuer von dem betreffenden Erwerb oder, wenn der Betrag der Steuer nicht ermittelt werden kann, einer Geldstrafe bis zu 20 000 Mark.

Ist nach den obwaltenden Umständen anzunehmen, daß die rechtzeitige Erfüllung der Verpflichtung nicht in der Absicht, die Erbschaftssteuer zu hinterziehen, unterlassen worden ist, so tritt statt der im Abs. 1 vorgesehenen Strafe eine Ordnungsstrafe bis zu 150 Mark ein.

Die gleiche Ordnungsstrafe tritt ein für Zuwiderhandlungen gegen die Vorschriften dieses Gesetzes oder die zu seiner Ausführung erlassenen Bestimmungen, die im Gesetze mit keiner besonderen Strafe bedroht sind.

Die Einziehung der Steuer erfolgt unabhängig von der Bestrafung.

Zu Absatz 1.

1. Lediglich durch die Versäumung der gesetzlichen Pflicht zur Einreichung der Erbschaftssteueranmeldung oder Erbschaftssteuererklärung innerhalb der vorgeschriebenen Frist wird der Tatbestand der Straftat des Absatz 1 erfüllt. An und für sich wird daher bei jeder Versäumnis der fraglichen Art Bestrafung nach Absatz 1 einzutreten haben und ist es dabei ohne Einfluß, ob die Versäumnis eine vorsätzliche gewesen ist oder nicht. Insbesondere ist nicht erforderlich, daß dem Versäumenden die Absicht einer Steuerhinterziehung nachgewiesen ist, da für den einfachen Tatbestand der Versäumung, welcher die Bestrafung begründet, diese Absicht in keiner Weise in Frage kommt. Lediglich dadurch, daß im Absatz 2 des Paragraphen gesagt ist „statt der im Absatz 1 vorgesehenen Strafe" solle bei Mangel der Hinterziehungsabsicht nur die Ordnungsstrafe eintreten, gewinnt diese Absicht für den Absatz 1 überhaupt Bedeutung. Diese Bedeutung geht jedoch nur dahin, daß eine Bestrafung nach Absatz 1 ausgeschlossen sein soll, wenn nach den obwaltenden Umständen der Mangel der Steuerhinterziehungsabsicht bei der unter Strafe gestellten Pflichtversäumnis anzunehmen ist. Es wird aber stets Sache des Versäumenden sein, in dieser Beziehung den Nachweis zu erbringen, um sich von der Bestrafung zu befreien. Er hat entweder geradezu zu beweisen, daß er die Absicht der Steuerhinterziehung bei seiner Versäumnis nicht gehabt habe, bzw. nicht gehabt haben könne, oder er hat zum mindesten solche Umstände nachzuweisen, die auf den Mangel einer solchen Absicht schließen lassen. Gelingt ihm der letztere Nachweis nur unvollkommen, kann er der urteilenden Behörde die Überzeugung davon, daß ihm bei seiner Pflichtversäumung die Absicht der Steuerhinterziehung gefehlt habe, nicht verschaffen, so wird immer eine Bestrafung nach Absatz 1 einzutreten haben. Die Steuerbehörde wird, sofern nur die Möglichkeit, daß der Steuerpflichtige die Steuer habe hinterziehen wollen, vorliegt, stets in erster Linie eine Strafverfolgung nach § 49 Abs. 1 einleiten müssen und nur, wenn sofort feststeht, daß eine Steuerhinterziehung nicht hat verübt werden können oder nicht beabsichtigt worden ist, von vornherein zu einer Ordnungsstrafe nach § 49 Abs. 2 greifen dürfen; vgl. dazu Urt. d. RG. vom 29. Mai 1899 (PrZBl. 1899 S. 297). Für die Frage, wann eine Absicht der Steuerhinterziehung anzunehmen, ist ein in einer Zolldefraudationssache ergangenes Urt. d. RG. vom 20. Dezember 1895 (RGE. i. StS. Bd. 28 S. 114) maßgebend, welches ausspricht, daß es in fraglicher Beziehung als ausreichend zu erachten sei, „wenn der Täter in dem Bewußtsein handelte, daß seine Handlung geeignet war, eine Hinterziehung der Abgaben herbeizuführen und der von ihm verursachte Erfolg von seinem Willen umfaßt wurde"; eine weitere Bestätigung hat diese Ausführung in dem Urt. d. RG. vom 3. Januar 1899 (RGE. i. StS. Bd. 31 S. 415) gefunden; der in dem Reichsgerichtsurteil berührten Handlung steht hier die Unterlassung, wie sie die Strafvorschrift des REStG. bedingt, gleich.

2. Eine Nichterfüllung der oben berührten gesetzlichen Verpflichtung liegt aber auch dann vor, wenn der Pflichtige die Erbschaftssteueranmeldung oder die Erbschaftssteuererklärung zwar eingereicht, aber in einer vollkommen ungenügenden Weise eingereicht hat, sofern das Erbschaftssteueramt demselben hiervon mit der Auflage einer neuen Einreichung Mitteilung gemacht und er nunmehr dieser Auflage keine Folge leistet. In der Praxis wird dieser Fall weniger bei der Erbschaftssteueranmeldung, leichter aber bei der Erbschaftssteuererklärung eintreten, vgl. dazu Note 10 zu § 37. Wenn auch in der Regel in diesem Falle tatsächlich nicht die Defraudestrafe nach Absatz 1, sondern nur die Ordnungsstrafe nach Absatz 2 begründet sein wird, so ist diese keineswegs ohne weiteres gegeben und es wird immer der Nachweis, daß die Hinterziehungsabsicht gefehlt habe,

noch zu erbringen sein, ein Nachweis, der nur durch die ungenügende Einreichung mehr oder weniger wesentlich erleichtert wird. Ähnlich ist die Sachlage, wenn lediglich die vorgeschriebene Frist versäumt, die Erbschaftssteueranmeldung oder die Erbschaftssteuererklärung verspätet eingereicht wird; eine Verf. BdStd. vom 24. März 1908 Nr. 9736 besagt hierzu, daß Straflosigkeit durch Nachholung einer Steuererklärung nicht begründet sei. Auch hier wird es sich immer um die Erbringung des mehrfach berührten Nachweises handeln, der aber wieder infolge der tatsächlich noch erfolgten Einreichung mit weniger Schwierigkeiten für die Regel zu führen sein wird. In beiden Fällen ist jedoch trotzdem die Möglichkeit vorhanden, daß der nötige Nachweis mißlingt und folgeweise Bestrafung nach Abs. 1 eintritt.

3. Die Gesetzesvorschrift bezieht sich auf zwei gesonderte Straftaten: die Versäumung der Verpflichtung zur Erbschaftssteueranmeldung und die Versäumung der Verpflichtung zur Erbschaftssteuererklärung. In der gleichen Weise wie die erstere Verpflichtung unabhängig von der zweiten ist, ebenso ist die Bestrafung wegen der einen Versäumung unabhängig von der anderen. Es handelt sich um zwei selbständige Verpflichtungen, deren Versäumung je den besonderen Tatbestand für eine Bestrafung bildet, so daß auch zwei vollkommen selbständige Vergehungen gegeben sind. Folgeweise kann bezüglich desselben Anfalls ein Steuerpflichtiger wegen beider Vergehungen zur Rechenschaft gezogen werden, denn es stehen zwei getrennte und in sich selbständige strafbare Handlungen in Frage, von denen jede für sich abzuurteilen ist.

4. Notwendige Voraussetzung für das Eintreten einer Bestrafung ist, daß tatsächlich eine gesetzliche Verpflichtung zur Einreichung der Erbschaftssteueranmeldung oder der Erbschaftssteuererklärung vorhanden gewesen ist. In dieser Beziehung ist es namentlich von Bedeutung, daß der Erwerb, welcher die Grundlage für Anmeldung und Erklärung bildet, ein steuerpflichtiger sein muß, da nur, wenn solches der Fall, die fragliche gesetzliche Verpflichtung gegeben sein kann. Es greift hier das oben in Note 2 zu § 36 und in Note 3 zu § 37 Ausgeführte Platz. Daß die Bestrafung nur bei einem steuerpflichtigen Erwerbe eintreten soll, folgt außerdem schon aus dem äußeren Umstande, daß die Strafe selbst nach dem Betrage der Erbschaftssteuer von dem betreffenden Erwerbe zu bestimmen ist. Als verpflichtete Personen können für die Bestrafung aber neben demjenigen, welchem ein steuerpflichtiger Erwerb von Todes wegen anfällt, in Gemäßheit des § 38 des Gesetzes auch der Testamentsvollstrecker, der Nachlaßpfleger und der gesetzliche Vertreter der Erwerber, soweit sie in Ansehung der ihrer Verwaltung unterliegenden Gegenstände zu der Erbschaftssteueranmeldung und der Erbschaftssteuererklärung verpflichtet sind, in Betracht kommen. Die gesetzliche Verpflichtung zu einer Anmeldung muß jedoch nach § 39 als erfüllt erscheinen, wenn das durch die Anmeldung Festzulegende in entsprechender Weise durch die Anmeldung eines anderen Verpflichteten klargestellt ist; in diesen Fällen wird die Nichterfüllung der Verpflichtung straffrei bilden. Ein nachträgliches oder verspätetes Erfüllen der Verpflichtung, mag es durch den Verpflichteten oder durch einen anderen erfolgen, bewirkt keine Straffreiheit, da die Vorschrift des § 50 Abs. 2 auf die nach § 49 strafbaren Handlungen keine Anwendung findet; vgl.

Urt. d. PrObertribunals vom 25. Oktober 1877 (PrJBl. 1878 S. 209). Auch für den Fall des § 25 RESt G., wenn bei Berechnung der Steuer unbekannte Ansprüche der Masse oder an die Masse später zur Verwirklichung gelangen, ist eine gesetzliche Verpflichtung zur Anmeldung gegeben, deren Nichterfüllung nach § 49 strafbar sein würde.

5. Da das Gesetz die Strafe selbst in eine unmittelbare Beziehung zu dem Betrage bzw. zu der Ermittelung der Erbschaftssteuer setzt, so kann die Bestrafung erst nach dem Abschluß des Steuerfestsetzungs oder -Ermittelungsverfahrens erfolgen: denn erst wenn der Betrag der maßgebenden Erbschaftssteuer bestimmt ist, oder wenn es feststeht, daß dieser Betrag nicht zu ermitteln ist, kann die Strafe der Höhe nach überhaupt ausgeworfen werden.

Zu Absatz 2.

6. Die Ordnungsstrafe nach Abs. 2 setzt den gleichen objektiven Tatbestand wie die Defraudestrafe des Absatz 1 voraus; bei ihr kommt aber das subjektive Moment hinzu, daß der seine gesetzliche Verpflichtung Versäumende die Absicht der Steuerhinterziehung nicht gehabt hat. Über das letztere Moment muß Klarheit geschaffen sein und zwar ist hierzu der Säumige verpflichtet, da anderseits seine Bestrafung nach Absatz 1 Platz greifen würde; vgl. oben Note 1. Demnach müssen sich die Bestrafung nach Absatz 1 und die nach Absatz 2 stets gegenseitig ausschließen. Es trifft dieses aber immer nur für je dieselbe der beiden in eins geregelten Vergehungen (vgl. oben Note 3) zu, also einerseits nur für die Versäumung der Verpflichtung zur Erbschaftssteueranmeldung, anderseits nur für die Versäumung der Verpflichtung der Erbschaftssteuererklärung, so daß mithin die Möglichkeit einer Defraudestrafe bezüglich der ersteren Versäumung und einer Ordnungsstrafe bezüglich der zweiten aus ein und demselben Anfall immerhin gegeben sein kann. Daß ein Verschulden des Steuerpflichtigen bei den unter Strafe gestellten Ordnungswidrigkeiten vorliegt oder nachgewiesen wird, ist nicht erforderlich; ein hierfür als maßgebend zu erachtendes, wegen einer Branntweinsteuerkontravention ergangenes Urt. d. RG. vom 3. Dezember 1897 (RGE. i. StS. Bd. 30 S. 363) führt aus: „Täter des Deliktes ist also derjenige, durch dessen an sich ordnungswidriges Tun oder Lassen die Ordnungswidrigkeit verursacht ist, insofern seine Handlung mit Bewußtsein vorgenommen wurde, oder seine Unterlassung stattgefunden hat, obwohl ein Handeln geboten war. Nur wenn die Ordnungswidrigkeit lediglich durch einen nicht vorherzusehenden und unabwendbaren Zufall herbeigeführt wurde, kann sie straflos bleiben."

7. Die Ordnungsstrafe hat voll den Charakter einer wirklichen Strafe, welche in dem nach § 51 des Gesetzes sich bestimmenden Strafverfahren zu erledigen ist; sie unterscheidet sich dadurch von der als Ordnungsstrafe bezeichneten Zwangsmaßnahme des § 42 (vgl. Note 13 zu § 42); während letztere behuf Erzwingung einer Erfüllung der gesetzlichen Verpflichtung wiederholt werden kann, ist solches bei ersterer nicht der Fall; ebenmäßig dürfte ein gleichzeitiges Vorgehen nach § 42 Abs. 4 und § 49 Abs. 2 nicht zulässig erscheinen. Die Ordnungsstrafe findet sich in der gleichen Weise und unter derselben Bezeichnung, die sich dadurch gewissermaßen schon zu einem eigenen und selbständigen Begriff für die Bestrafung steuerlicher Vergehungen

herausgebildet hat, in den sämtlichen Reichsgesetzen über die indirekte Besteuerung, so im Salzabgabengesetz von 1867 in den §§ 13 und 15, im Brausteuergesetz von 1909 in den §§ 47, 48, im Wechselstempelsteuergesetz von 1909 im § 20, im Spielkartenstempelgesetz von 1878 in den §§ 11, 12 und 16, im Tabaksteuergesetz von 1909 in den §§ 49 und 50, im Branntweinsteuergesetz von 1909 in den §§ 130 und 143, im Zuckersteuergesetz von 1896 in den §§ 51—53, im Reichsstempelgesetz von 1909 im § 95, im Schaumweinsteuergesetz von 1902 im § 19, im Zigarettensteuergesetz von 1906 in seinem § 20, im Zündwarensteuergesetz von 1909 in seinen §§ 26 und 30 und im Leuchtmittelsteuergesetz von 1909 in seinem § 27.

8. Der Mindestbetrag der Ordnungsstrafe ist nach § 27 RStGB., da es sich um eine Übertretung handelt, 1 Mk. Die Ordnungsstrafe bedeutet als solche eine wesentliche Milderung gegenüber der Defraudestrafe; sie wird daher im einzelnen Fall stets zu einem geringeren Satze, wie die Defraudestrafe betragen würde, auszuwerfen sein. Im übrigen ist sie für jeden Fall nach der Schwere der der Versäumnis zugrunde liegenden Nachlässigkeit zu bemessen.

Zu Absatz 3.

9. Wenn im Absatz 3 die gleiche Ordnungsstrafe wie im Absatz 2 für Zuwiderhandlungen gegen die Vorschriften des Gesetzes usw., welche sonst nicht besonders unter Strafe gestellt sind, angedroht wird, so handelt es sich dabei gleicherweise um eine eigentliche Strafe, welche ausschließlich im Strafverfahren nach § 51 zu erledigen ist, und nicht etwa um eine Zwangsmaßnahme. Ordnungsstrafen als Zwangsmaßnahmen sind lediglich im Fall des § 42 zulässig. Das oben in Note 7 zu Abs. 2 Ausgeführte trifft auch hier zu.

10. Eine Strafbestimmung wie die des Absatzes 3 findet sich in sachlich vollständiger, meist sogar wörtlicher Übereinstimmung wiederum in fast sämtlichen Reichsgesetzen über die indirekte Besteuerung, so im Salzabgabengesetz im § 15, im Brausteuergesetz im § 47, im Spielkartenstempelgesetz im § 16, im Tabaksteuergesetz im § 49, im Branntweinsteuergesetz im § 130, im Zuckersteuergesetz im § 52, im Reichsstempelgesetz im § 95, im Schaumweinsteuergesetz im § 19, im Zigarettensteuergesetz im § 20, im Zündwarensteuergesetz im § 30 und im Leuchtmittelsteuergesetz im § 27.

Zu Absatz 4.

11. Daß neben der Bestrafung auch die Einziehung der hinterzogenen Steuer zu erfolgen hat, entspricht einem bei der indirekten Besteuerung allgemein durchgeführten und meist auch in den Reichsgesetzen besonders verlautbarten Grundsatz. Die Festsetzung und Einziehung der Steuer hat nicht im Strafverfahren, sondern in dem regelmäßigen Steuerfestsetzungs- und -erhebungsverfahren zu geschehen.

§ 50.

Die Vorschriften des § 49 finden Anwendung auf denjenigen, welcher wissentlich zu einem steuerpflichtigen Erwerbe gehörende Gegenstände, zu deren Angabe er verpflichtet ist, verschweigt oder

über die Tatsachen, welche die Steuerpflichtigkeit, die Höhe des Steuersatzes oder des Steuerbetrags bestimmen, wissentlich unrichtige Angaben macht.

Eine Bestrafung findet jedoch nicht statt, wenn der Verpflichtete vor erfolgter Strafanzeige oder bevor eine Untersuchung gegen ihn eingeleitet ist, aus freien Stücken seine Angaben berichtigt.

Zu Absatz 1.

1. Für beide Vergehungen, welche der § 50 als solche hinstellt, die Unterlassung einer Angabe und die Erstattung einer unrichtigen Angabe, ist es Voraussetzung, daß eine Verpflichtung zu den Angaben der Steuerbehörde gegenüber vorhanden gewesen ist. Jemand, der überhaupt zu bezüglichen Angaben nach den Bestimmungen des Erbschaftssteuergesetzes nicht besonders herangezogen ist, kann durch diese besondere erbschaftssteuerliche Strafbestimmung nicht getroffen werden; es würde für ihn nur eine Bestrafung auf Grund des allgemeinen Strafrechts in Frage kommen, sofern sein bezügliches Handeln oder Unterlassen danach eine Straftat begründen sollte. [And. M. in gewisser Beziehung U. Hoffmann 2. Aufl. Anm. 1 zu § 50.] Daß bezüglich der zweiten Straftat, unrichtige Angabe, die Verpflichtung nicht besonders im Gesetz hervorgehoben wird, ist ohne weitere Bedeutung; die Verpflichtung ist auch bei ihr Voraussetzung. Der Kreis der der Strafbestimmung unterliegenden Personen ist hier aber ein weiterer als nach dem § 49, da außer den durch letzteren betroffenen Personen alle diejenigen, auf welche der § 42 des Gesetzes Anwendung finden kann, in Betracht kommen; nach dieser Richtung hin ist das in den Noten 1 bis 7 zum § 42 Ausgeführte zu vergleichen.

2. Eine weitere Voraussetzung der Strafbarkeit ist, daß die Unterlassung der Angabe bzw. die unrichtige Erstattung derselben wissentlich geschehen ist. Eine Fahrlässigkeit wird daher nicht in Frage kommen können. Der Betreffende muß im ersteren Fall gewußt haben, daß die von ihm verschwiegenen Gegenstände zu einem steuerpflichtigen Erwerbe gehörten, und im zweiten Fall, daß die Tatsachen sich nicht so, wie er angegeben, verhalten haben. Daß er dieses gewußt hat, bildet einen notwendigen Bestandteil der Straftat und ist demgemäß von der Anklage nachzuweisen. Es trifft dieses sowohl bezüglich der Defraudestrafe wie auch bezüglich der Ordnungsstrafe zu; ein nicht wissentliches Verschweigen oder unrichtiges Angeben kann eine Ordnungsstrafe nach § 50 nicht begründen; and. M. Dr. A. Hoffmann Anm. 3 zu § 50 [für die hier vertretene Ansicht dagegen U. Hoffmann 2. Aufl. Anm. 1 zu § 50]; vgl. auch unten Note 4.

3. Die Angabe, welche unterlassen bzw. unrichtig gemacht ist, muß die Besteuerung zu beeinflussen an sich geeignet gewesen sein; daß ein derartiger Einfluß tatsächlich stattgefunden, also wirklich eine unrichtige Besteuerung herbeigeführt ist, bildet keine Voraussetzung der Bestrafung. Die letztere kann vielmehr, abgesehen von dem im zweiten Absatz geregelten Ausnahmefall, auch eintreten, wenn das Unterlassen oder die unrichtige Erstattung der Angabe infolge anderer Umstände tatsächlich ohne allen Einfluß auf die Besteuerung geblieben ist. Der besonderen Feststellung, daß demjenigen, welcher eine

unrichtige Auskunft erteilt hat, die Erheblichkeit der fraglichen Tatsachen für die Erbschaftssteuerberechnung bekannt gewesen sei, bedarf es nicht; Urt. d. PrObertribunals vom 13. September 1876 (PrZBl. 1877 S. 77). Der Einfluß, der auf die Besteuerung an sich ausgeübt werden kann, braucht aber keineswegs ein den Fiskus benachteiligender zu sein. In dem ersteren Fall, dem Verschweigen eines zu einem steuerpflichtigen Erwerbe gehörenden Gegenstandes, wird allerdings nur ein für den Fiskus nachteiliger Einfluß in Frage kommen können. Im zweiten Fall kann jedoch eine unrichtige Angabe der die Steuerpflichtigkeit, die Höhe des Steuersatzes oder des Steuerbetrages bestimmenden Tatsachen sehr wohl auch die Folge haben, daß die Entscheidungen über die Steuerpflicht zu hoch gegriffen werden. In diesem Fall ist ebenmäßig nach dem Gesetz die Strafbarkeit begründet, nur muß hier die Absicht einer Steuerhinterziehung von vornherein ausgeschlossen erscheinen und es wird regelmäßig nur eine Ordnungsstrafe Platz zu greifen haben. Kommt ein durch den § 50 nicht getroffenes Handeln oder Unterlassen in schädigender Weise in Frage, so wird eine Verfolgung nach dem allgemeinen Strafrecht eintreten können, wenn sich das Handeln oder Unterlassen nach diesem als Straftat darstellt.

4. Auf die beiden im § 50 herausgehobenen Vergehungen sollen die Vorschriften des § 49 Anwendung finden. Demgemäß ist auch bei ihnen sowohl eine Defraudestrafe wie eine Ordnungsstrafe zulässig. Das unterscheidende Moment bezüglich des Eintritts einer von beiden ist hier ebenmäßig die Absicht der Steuerhinterziehung. Die Absicht bildet aber insofern keine Voraussetzung der Defraudestrafe, als das Vorhandensein derselben nicht nachgewiesen zu werden braucht, um die Defraudestrafe zu begründen. Die letztere ist vielmehr an sich gegeben, wenn der Beschuldigte nicht nachweist, daß er die Hinterziehungsabsicht nicht gehabt haben kann oder nicht gehabt hat. Nur wenn seitens des Beschuldigten ein dementsprechender Nachweis erbracht wird, kann die Ordnungsstrafe Anwendung finden. Das in Note 1 zu § 49 Ausgeführte hat hier in gleicher Weise Geltung. Da stets ein wissentliches Unterlassen oder Handeln des Verpflichteten in Frage steht, so wird allerdings in den meisten Fällen eine Defraudeabsicht vorliegen und die Belegung mit einer Ordnungsstrafe nur seltener Anwendung finden. Ein Urt. d. RG. vom 7. Oktober 1910, 4 D 629/10 läßt die Anerkennung des Vorstehenden zweifelhaft; es führt aus, daß es zur Anwendung des § 50 in Verbindung mit § 49 REStG. der Feststellung einer Hinterziehungsabsicht nicht bedürfe, es genüge vielmehr die Feststellung einer wissentlichen Verschweigung von zu einem steuerpflichtigen Erwerbe gehörenden Gegenständen; im übrigen stehe aber auch der Umstand, daß der für seine Person steuerfreie Erbe durch das Verschweigen von Vermögensstücken nur seinen steuerpflichtigen Miterben die Kenntnis des wahren Standes des Nachlasses und so die ihnen zugefallenen Erbteile vorenthalten wollte, dem Vorliegen einer Hinterziehungsabsicht nicht entgegen.

5. Auch hier ist die Strafe selbst nicht durch festliegende Geldbeträge, sondern in einem Verhältnis zu der von dem Erwerb zu entrichtenden Steuer durch das Gesetz begrenzt. Es trifft also ebenmäßig das in Note 5 zu § 49 Ausgeführte zu. Die Bestrafung kann in der Regel erst nach Abschluß des Steuerfestsetzungs- und

-ermittelungsverfahrens durchgeführt werden. Maßgebend ist derjenige Erwerb, welcher durch das Verschweigen oder die unrichtigen Angaben des Straffälligen berührt wird. Meist dürfte es sich um Teilbeträge des Erbfalls oder auch um einzelne besondere Anfälle handeln, deren Wert eventuell besonders zu ermitteln sein wird, um dadurch den notwendigen Anhalt für das Strafmaß im einzelnen Fall zu gewinnen.

6. Eine Bestrafung wegen Verschweigens soll in dem Falle erfolgen, wenn zu einem steuerpflichtigen Erwerbe gehörige Gegenstände nicht angegeben sind. Sofern der Verpflichtete in einer Erbschaftssteueranmeldung oder in einer Erbschaftssteuererklärung Angaben, die für die Feststellung der Steuer wesentlich sind, nicht gemacht hat, kann derselbe zunächst zu einer Ergänzung seiner Angaben vom Erbschaftssteueramt aufgefordert werden. Letzteres Verfahren kann wohl als die Regel angesehen werden, wenn nicht von vornherein anzunehmen ist, daß der Verpflichtete wissentlich behufs Steuerhinterziehung die Gegenstände verschwiegen hat. Ist eine derartige Annahme begründet, so wird die Strafbestimmung des § 50 ohne weiteres zur Anwendung zu bringen sein. Gegenstände sind nicht nur die körperlichen Gegenstände, Sachen (BGB. § 90), sondern auch Rechte, vgl. Note 2 zu § 8. Ungewisse und unsichere Rechte (§ 24) bilden ebenfalls einen Gegenstand der Erbschaftsmasse und dürfen folgeweise nicht verschwiegen werden; ein Verschweigen erfüllt die strafbare Handlung nach § 50. Das gleiche gilt, wenn bei Berechnung der Steuer unbekannte Ansprüche der Masse später zur Verwirklichung gelangen (§ 25) und die pflichtmäßige Anmeldung unterlassen wird; vgl. oben Note 4 zu § 49.

7. Eine Bestrafung wegen unrichtiger Angaben darf nur erfolgen, wenn die Angaben über Tatsachen der bezeichneten Art gemacht worden sind. Tatsachen, welche die Steuerpflichtigkeit, die Höhe des Steuersatzes oder des Steuerbetrages bestimmen, sind namentlich die Staatsangehörigkeit des Erblassers, das Verwandtschaftsverhältnis des Erwerbers zu dem Erblasser, das Vorhandensein eines Dienst- oder Arbeitsverhältnisses zum Erblasser, das Alter bei Nutzungsberechtigten, der Zweck eines Grundstücks usw. Wertangaben sind keine Angaben über Tatsachen (vgl. Note 5 zu § 42); eine Unrichtigkeit bezüglich derselben wird also keine Bestrafung nach sich ziehen, wenngleich durch den Wert des Erwerbes der Steuersatz mit bestimmt sein kann wie nach Maßgabe des Absatzes 2 des § 10; and. M. E. Zimmermann Note 1 zu § 50. Dieses trifft aber wiederum nur bei wirklichen Wertangaben, sofern sie lediglich die Bewertung eines Gegenstandes enthalten und diesen selbst nicht berühren, zu. Dementsprechend ist es beispielsweise nicht als eine der Strafbestimmung nicht unterliegende Wertangabe anzusehen, wenn der Betrag eines Barvermögens zu niedrig angegeben wird, wenn die Stückzahl eines bestimmten Wertpapiers, das in der Erbschaftsmasse vertreten ist, gegen den tatsächlichen Bestand herabgesetzt ist usw. Ebenso ist es stets als unrichtige Angabe einer Tatsache anzusehen, wenn jemand Eigenschaften, welche den Wert eines Gegenstandes der Erbschaftsmasse bedingen, in einer falschen Weise darstellt. Da der § 50 ganz allgemein unrichtige Angaben über Tatsachen, welche die Steuerpflichtigkeit usw. bestimmen, unter Strafe stellt, so ist der Zeitpunkt, zu welchem die unrichtigen Angaben gemacht werden, ohne Einfluß, sofern nur die Angaben in der fraglichen Richtung

bestimmend zu wirken geeignet sind. Folgeweise müssen als unter die Strafbestimmung fallend auch bezügliche unrichtige Angaben erachtet werden, welche im Beschwerdeverfahren und im Erstattungsverfahren gemacht wurden; Angaben beim Verfahren im Rechtswege können nicht in Betracht kommen.

8. Der Absatz 4 des § 49 findet auch bezüglich der Bestrafungen nach § 50 statt; die Einziehung der Steuer erfolgt unabhängig von der Bestrafung.

Zu Absatz 2.

9. Der Absatz 2 ist sachlich neu von der Kommission des Reichstags in das Gesetz eingefügt. Nach dem Regierungsentwurf sollte Straffreiheit eintreten, wenn der Verpflichtete auf erforderte eidesstattliche Versicherung seine Angaben berichtigte. Infolge der Beseitigung der eidesstattlichen Versicherungen (vgl. Note 12 zu § 37) hätte der Absatz nunmehr wegfallen müssen; statt dessen hat ihm aber ohne eine nähere Begründung dafür die Reichstagskommission die jetzige Fassung, welche an und für sich eine vollkommen neue Bestimmung enthält, gegeben. In den sonstigen Reichsgesetzen über die indirekte Besteuerung kommt eine derartige Bestimmung nicht vor.

10. Die Berichtigung der Angaben ist in einem weiteren Sinne aufzufassen, so daß die beiden im ersten Absatz berührten Straffälle davon getroffen werden; sie umfaßt demnach sowohl die Nachholung der unterlassenen Angaben, wie die Richtigstellung der falsch gemachten Angaben. Die Berichtigung der Angaben muß dem zuständigen Erbschaftssteueramt bzw. demjenigen Erbschaftssteueramt gegenüber erfolgt sein, bei welchem die Erbschaftssteueranmeldung oder die Erbschaftssteuererklärung eingereicht ist. Eine besondere Form ist nicht vorgeschrieben; die Berichtigung muß jedoch derart auch der Form nach sein, daß das Erbschaftssteueramt daraufhin seinerseits eine entsprechende Berichtigung im Steuerfestsetzungsverfahren eintreten lassen kann.

11. Der Verpflichtete muß aus freien Stücken zu der Berichtigung seiner Angaben gekommen sein. Er darf namentlich nicht in irgend einer Weise von dem Erbschaftssteueramt dazu veranlaßt sein. Aus welchem inneren Grunde er die Berichtigung vornimmt, ist dabei ohne Bedeutung. So hat es namentlich wiederum keinen Einfluß, ob er nach besonderen Umständen die Befürchtung hegen mußte, das Erbschaftssteueramt habe von dem Fehlen oder der Unrichtigkeit seiner Angaben bereits Kenntnis erlangt oder werde eine solche Kenntnis voraussichtlich erlangen; er darf nur nicht durch das Erbschaftssteueramt direkt und zu dem fraglichen Zweck veranlaßt sein, eine derartige Befürchtung zu hegen.

12. Zweifelhaft kann es sein, ob die Bestimmung des § 39 REStG. einen Einfluß auf die Strafbarkeit nach § 50 ausüben kann, ob also eine Strafbarkeit des wissentlichen Verschweigens und der wissentlich unrichtigen Angabe dadurch ausgeschlossen wird, daß ein anderer Verpflichteter die bezügliche Anmeldung vollständig und richtig innerhalb der gesetzlichen Frist bewirkt. Dieses wird m. E. zu verneinen sein, weil der innere Grund der Strafbestimmung wohl wesentlich in der Absicht des Steuerpflichtigen, die Steuerbehörde zu hintergehen, zu suchen ist, eine Vereitelung dieser Absicht durch einen Dritten für die Straftat an sich ohne Bedeutung ist und mit der freiwilligen Beseitigung

etwaiger Folgen der Straftat durch den Steuerpflichtigen selbst, wie sie nach Abs. 2 des § 50 wirksam werden soll, nicht gleichgestellt werden kann. And. M. Dr. A. Hoffmann Anm. 4 unter b zu § 50. [Für die hier vertretene Ansicht U. Hoffmann 2. Aufl. Anm. 6 zu § 50.]

XX. Strafverfahren. (§ 51.)

§ 51.

Hinsichtlich des Verwaltungsstrafverfahrens, der Strafmilderung und des Erlasses der Strafe im Gnadenwege sowie hinsichtlich der Strafvollstreckung und der Verjährung der Strafverfolgung kommen, auch für die von der Zollgrenze ausgeschlossenen Gebietsteile, die sich auf die Zollstrafen beziehenden Vorschriften mit der Maßgabe zur Anwendung, daß an die Stelle der Hauptzollämter und Zolldirektivbehörden die Erbschaftssteuerämter und Oberbehörden (§ 34) treten.

Die festgesetzten Geldstrafen fallen der Staatskasse des Bundesstaats zu, von dessen Behörden die Strafentscheidung getroffen ist.

1. Die sich auf die Zollstrafen beziehenden Vorschriften sind in dem Vereinszollgesetze vom 1. Juli 1869 (BGBl. 1869 S. 317 ff.) gegeben. Bezüglich des Verwaltungsstrafverfahrens kommt zunächst der § 165 des Vereinszollgesetzes in Betracht, welcher bestimmt:

„Hinsichtlich des Strafverfahrens verbleibt es bei den Bestimmungen „der Landesgesetze".

Daneben ist dann ferner der § 6 EG. StPO. vom 1. Februar 1877 (RGBl. 1877 S. 346 ff.) maßgebend, welcher nach seinem hier Interesse bietenden Inhalt bestimmt:

„Die prozeßrechtlichen Vorschriften der Landesgesetze treten für alle „Strafsachen, deren Entscheidung in Gemäßheit des § 3 nach den Vor„schriften der Strafprozeßordnung zu erfolgen hat, außer Kraft, inso„weit nicht in der Strafprozeßordnung auf sie verwiesen ist. Unbe„rührt bleiben die landesgesetzlichen Bestimmungen:
„1. . . .
„2. . . .
„3. über das Verfahren im Verwaltungswege bei Übertretungen, „wegen deren die Polizeibehörden zum Erlaß einer Strafverfügung „befugt sind, und bei Zuwiderhandlungen gegen die Vorschriften über „die Erhebung öffentlicher Abgaben und Gefälle, insoweit nicht die „§§ 453, 454, 455 und 459—463 der Strafprozeßordnung abändernde „Bestimmungen treffen."

Von den letztangeführten Paragraphen der Strafprozeßordnung sind hier nur die §§ 459—463 maßgebend, welche im sechsten Buch dieser Ordnung, Besondere Arten des Verfahrens, den dritten Abschnitt, über das Verfahren bei Zuwiderhandlungen gegen die Vorschriften über die

Erhebung öffentlicher Abgaben und Gefälle, umfassen. Geltung haben demnach für das Verfahren bezüglich der Strafbestimmungen des Erbschaftssteuergesetzes die Landesgesetze der einzelnen Bundesstaaten, welche für das Strafverfahren bei Zuwiderhandlungen gegen die Zoll- bzw. Steuergesetze erlassen sind; diese Landesgesetze sind lediglich durch die Vorschriften der vorbezeichneten Paragraphen der Strafprozeßordnung ergänzt, mit denen sie aber durchweg in Einklang gebracht sind. Die danach maßgebenden Landesgesetze sind für Preußen das Verwaltungsstrafgesetz vom 26. Juli 1897 (Gesetz-Sammlung 1897 S. 237 ff.), für Bayern das Gesetz zur Ausführung der Reichsstrafprozeßordnung vom 18. August 1879 (Gesetz- und Verordnungsblatt 1879 S. 781 ff.) in seinen Artikeln 86 ff., für Sachsen das Gesetz, das Verfahren in Verwaltungsstrafsachen betreffend vom 8. März 1879 (Gesetz- und Verordnungsblatt 1879 S. 87 ff.), für Württemberg das Gesetz, betreffend das Verfahren der Verwaltungsbehörden bei Zuwiderhandlungen gegen die Zoll- und Steuergesetze vom 25. August 1879 (Regierungs-Blatt 1879 S. 259 ff.), für Baden die Verordnung vom 25. Oktober 1879, das Finanz- und Polizeiverfahren der Finanzbehörden betreffend (Gesetz- und Verordnungsblatt 1879 S. 789 ff.), für Hessen das Gesetz, betreffend die Einführung des Verwaltungsstrafbescheides bei Zuwiderhandlungen gegen die Vorschriften über die Erhebung öffentlicher Abgaben und Gefälle vom 20. September 1890 (Regierungs-Blatt 1890 S. 193 ff.) und für Braunschweig das Gesetz, betreffend das Verwaltungsstrafverfahren bei Zuwiderhandlungen gegen die Zollgesetze und die sonstigen Vorschriften über indirekte Reichs- und Landesabgaben vom 16. August 1903 (Gesetz- und Verordnungs-Sammlung 1903 Nr. 46 S. 353 ff.).

2. Das Recht der Strafmilderung und des Erlasses der Strafe im Gnadenwege ist ein Hoheitsrecht, das nach den Grundsätzen des Staatsrechtes überall dem Staatsoberhaupt zusteht; letzteres ist regelmäßig in den Verfassungsurkunden der einzelnen Bundesstaaten ausdrücklich verlautbart, so beispielsweise in der Preußischen Verfassung Artikel 49, der Bayerischen Verfassung Artikel VIII § 4, der Sächsischen Verfassung § 52, der Württembergischen Verfassung § 97, der Braunschweigischen neuen Landschaftsordnung § 208. Die Reichsgesetzgebung hat hier in keiner Weise eingegriffen, vielmehr hat sie die gegebene rechtliche Lage in der Strafprozeßordnung dadurch anerkannt, daß sie dort nach § 484 in den Sachen, in denen das Reichsgericht in erster Instanz erkannt hat, das Begnadigungsrecht dem Kaiser überträgt und im § 485 die Vollstreckung eines Todesurteils erst zuläßt, wenn die Entschließung des Staatsoberhauptes und in Sachen, in denen das Reichsgericht in erster Instanz erkannt hat, die Entschließung des Kaisers ergangen ist, von dem Begnadigungsrechte keinen Gebrauch machen zu wollen.

3. Die Strafvollstreckung ist durchweg gleichzeitig mit dem Verwaltungsstrafverfahren geregelt und kommen dafür demnach die in Note 1 oben angeführten Landesgesetze in Frage.

4. Bezüglich der Verjährung der Strafverfolgung greift wieder das Vereinszollgesetz vom 1. Juli 1869 (RGBl. 1869 S. 317 ff.) mit seinem § 164 Abs. 1 Platz, welcher folgendermaßen lautet:

„Die Vergehen der Kontrebande und der Defraudation (§§ 134 und „135) verjähren in drei Jahren, Ordnungswidrigkeiten (§§ 151 und

„152) in einem Jahre, von dem Tage an gerechnet, an welchem sie „begangen sind."

Demgemäß verjähren die nach § 49 Abs. 1 abzuurteilenden und die nach § 50 mit der Defraudestrafe zu belegenden Straftaten in drei Jahren, während die nach § 49 Abs. 2 und 3 abzuurteilenden und die nach § 50 mit der Ordnungsstrafe zu belegenden Straftaten schon in einem Jahre verjähren. Die Verjährungsfrist beginnt in den Fällen des § 49 Abs. 1 und 2 mit dem Ablauf der zur Einreichung der Erbschaftssteueranmeldung oder Erbschaftssteuererklärung vorgeschriebenen Frist, in den Fällen des § 49 Abs. 3 mit dem Tage, an welchem die Zuwiderhandlung begangen ist, und in den Fällen des § 50 mit dem Tage, an welchem die Angaben, welche durch Verschweigen oder Unrichtigkeit die Strafbarkeit begründeten, der Behörde gegenüber gemacht bzw. schriftlich bei derselben eingegangen sind. Im übrigen finden die allgemeinen Vorschriften über die Verjährung, wie sie im Reichsstrafgesetzbuche gegeben sind, Anwendung; es trifft dieses namentlich hinsichtlich der Unterbrechung der Verjährung der Strafverfolgung zu.

5. Da das RESTG. für das Gesamtgebiet des Deutschen Reiches zu Kraft bestehen soll, so war es notwendig, die von der Zollgrenze ausgeschlossenen Gebietsteile besonders herauszuheben, weil für diese die angezogene Zollgesetzgebung an sich keine Geltung hat. Die von der Zollgrenze ausgeschlossenen Gebietsteile sind die Freihäfen Hamburg, Kuxhaven, Bremerhaven, Geestemünde, Emden, die Insel Helgoland, das Zollausschlußgebiet Bremen und einige badische Gemeinden an der Grenze gegen die Schweiz.

6. Die Bestimmung des Absatz 2, nach welcher die festgesetzten Geldstrafen der Staatskasse des Bundesstaates zufallen, von dessen Behörden die Strafentscheidung getroffen ist, hat ihre innere Begründung darin, daß nach § 33 des Gesetzes für die Erhebung der Erbschaftssteuer die Bundesstaaten zuständig sind. Über die Verwendung der Strafen hat die Landesgesetzgebung Bestimmung zu treffen.

7. Die Bestimmungen des § 51 über das Strafverfahren und die Vereinnahmung der Strafen entsprechen im wesentlichen den bezüglichen Vorschriften in den sonstigen Reichsgesetzen über die indirekte Besteuerung. Über die Verjährung hat in dem größeren Teile der letzteren eine besondere Verlautbarung stattgefunden, so im Wechselstempelgesetz § 23, im Brausteuergesetz § 54, im Reichsstempelgesetz § 97, im Spielkartenstempelgesetz § 20, im Tabaksteuergesetz § 54, im Branntweinsteuergesetz § 136, im Zuckersteuergesetz § 61, im Schaumweinsteuergesetz § 27, im Zigarettensteuergesetz § 30, im Zündwarensteuergesetz § 36 und im Leuchtmittelsteuergesetz § 31.

XXI. Umwandlung der Geldstrafen. (§ 52.)

§ 52.

Die Umwandlung einer nicht beizutreibenden Geldstrafe in eine Freiheitsstrafe findet nicht statt. Auch ist, wenn der Verurteilte ein Deutscher ist, die Zwangsversteigerung eines Grundstücks ohne seine Zustimmung nicht zulässig.

1. Nach dem Grundsatz des RStGB. (vgl. §§ 28ff. desselben) ist eine nicht beizutreibende Geldstrafe auf eine entsprechende gesetzlich näher festgelegte Weise in eine Freiheitsstrafe umzuwandeln. Auch das Vereinszollgesetz vom 1. Juli 1869 hat in seinem § 162 den gleichen Grundsatz, welcher sodann ebenfalls in denjenigen Reichsgesetzen über die indirekte Besteuerung, welche den Charakter der Gebrauchs- und Verbrauchssteuern tragen, zur Annahme gelangt und abgesehen von dem Schaumweinsteuergesetze und dem Zigarettensteuergesetz besonders verlautbart ist, so im Salzabgabengesetz § 17, im Brausteuergesetz § 53, im Spielkartenstempelgesetz § 17, im Tabaksteuergesetz § 53, im Zuckersteuergesetz § 10, im Branntweinsteuergesetz § 135, im Zündwarensteuergesetz § 33 und im Leuchtmittelsteuergesetz § 29. Dagegen ist in denjenigen Reichsgesetzen der indirekten Besteuerung, welche unter die Verkehrssteuern fallen, die Umwandlung einer nicht beizutreibenden Geldstrafe in eine Freiheitsstrafe ausdrücklich ausgeschlossen worden, so im Wechselstempelgesetz § 22 und im Reichsstempelgesetz § 98. Da die Erbschaftssteuer als eine indirekte Steuer zu den Verkehrssteuern im weiteren Sinne zu zählen ist, so ist sie folgerichtig hier jenen letzteren Reichssteuern gleichgestellt und bezüglich ihrer Bestrafungen die Umwandlung einer nicht beizutreibenden Geldstrafe in Freiheitsstrafe ausgeschlossen.

2. Die Bestimmung des zweiten Satzes des § 52, daß die Zwangsversteigerung eines Grundstücks ohne die Zustimmung des Verurteilten, sofern dieser ein Deutscher ist, nicht zulässig sein solle, findet sich gleichfalls in dem Wechselstempelgesetz wie in dem Reichsstempelgesetz in den oben angeführten Paragraphen, wodurch sich ohne weiteres die Aufnahme in das REStG. erklären dürfte; vgl. dazu aber auch Note 1 zu § 48. Die übrigen Reichsgesetze der indirekten Besteuerung enthalten eine gleiche Vorschrift nicht. Das in Note 3 zu § 48 Ausgeführte hat für den § 52 die gleiche Bedeutung; es sind namentlich die Berechtigungen, für welche die sich auf Grundstücke beziehenden Vorschriften gelten, den Grundstücken gleich zu achten, auch wird durch das Verbot der Zwangsversteigerung die Zwangsverwaltung und die Belastung des Grundstücks mit einer Sicherheitshypothek nicht berührt, so daß letztere Maßnahmen ohne irgend eine Zustimmung zulässig erscheinen.

XXII. Kosten. (§ 53.)

§ 53.

Das Verfahren in Erbschaftssteuerangelegenheiten ist kosten-, gebühren- und stempelfrei. Für das Strafverfahren bewendet es bei den sonst geltenden Vorschriften.

Vergl. BRAusfB. § 37.

1. Die im § 53 ausgesprochene Kosten- und Gebührenfreiheit des Verfahrens in Erbschaftssteuerangelegenheiten bezieht sich nach § 37 BRAusfB. auf das gesamte Steuerermittelungsverfahren, einschließlich des Beschwerdeverfahrens und des Ver-

fahrens wegen Erstattung der Erbschaftssteuer, nicht dagegen auf das Verfahren im Rechtswege. Auch ist zu den Kosten des Verfahrens die Postgebühr zu rechnen, welcher die Sendungen der Steuerbehörden an die Steuerpflichtigen unterliegen; diese fällt daher den letzteren nicht zur Last; dagegen haben die Steuerpflichtigen die Postgebühr für die von ihnen an die Steuerbehörden zu richtenden Sendungen zu tragen; es ist dieses bei den Verhandlungen in der Kommission des Reichstags von einem Regierungsvertreter ausdrücklich anerkannt und daraufhin ein Antrag, eine bezügliche Vorschrift in das Gesetz aufzunehmen, fallen gelassen (vgl. Kommissionsbericht S. 30).

2. Daß das Verfahren in Erbschaftssteuerangelegenheiten stempelfrei — selbstredend wird sowohl Reichs- wie Landesstempelpflicht durch die Bestimmung ausgeschlossen — bleibt, liegt in der Natur der Sache; denn die Stempelsteuer, welche wiederum für ein anderes Steuerverfahren erhoben wird, würde sich tatsächlich nur als eine Erhöhung oder ein Zuschlag für die andere Steuer darstellen.

3. Die Befreiung von Kosten und Stempel bezieht sich nur auf diejenigen amtlichen Handlungen usw., welche notwendig und in erster Linie dem Steuerermittelungsverfahren dienen, sofern letzteres der Fall aber nicht nur auf die amtlichen Handlungen usw. des Erbschaftssteueramts und der sonstigen Steuerbehörden, sondern ebenmäßig auch auf die anderer Behörden, aber nur, soweit sie das Steuerermittelungsverfahren als solches betreffen. Ist die Ausfertigung einer Urkunde für die Auseinandersetzung der Erben oder zu sonstigem Zweck notwendig, so tritt Kosten- und Stempelbefreiung nicht ein, auch wenn die Urkunde später im Steuerverfahren mit zur Benutzung kommt. Ebenso sind beglaubigte Aktenauszüge und Abschriften, welche das Erbschaftssteueramt unabhängig von dem Steuerermittelungsverfahren usw. eventuell zu erteilen in die Lage kommt, weder kosten- noch stempelfrei. Durch Verf. SFM. vom 21. Mai 1907 ist die Steuerfreiheit einer dem Erbschaftssteueramt vorgelegten Schenkungsurkunde vom Landesstempel anerkannt.

4. Die Befreiung greift nicht Platz bezüglich derjenigen Kosten, Gebühren und Stempel, welche durch die zwangsweise Beitreibung der Erbschaftssteuer von dem Verpflichteten erwachsen. Hier sind die Kosten usw. lediglich dadurch entstanden, daß der Verpflichtete seiner Verpflichtung nicht ordnungsmäßig nachgekommen ist; es ist dadurch gerechtfertigt, daß er diese Kosten usw. zu tragen hat, ebenso wie ihm auch in den Fällen des § 42 Abs. 4 und des § 43 Abs. 2 des Gesetzes die Verpflichtung auferlegt ist, Kosten, die lediglich durch ihn ungerechtfertigterweise veranlaßt sind, zu tragen. Nach Verf. SFM. vom 21. August 1907 Nr. 3757 ist für Zahlungserinnerungen die Erinnerungsgebühr zu erheben.

5. Auch auf die Kosten usw., welche durch das Strafverfahren begründet sind, soll die Befreiung nach der ausdrücklichen Vorschrift im zweiten Satz des Paragraphen keine Anwendung finden; es bewendet bezüglich dieser vielmehr bei den sonst geltenden Vorschriften. Es kommen also die landesgesetzlichen Regelungen in Frage, welche oben in Note 1 zu § 51 berührt sind.

XXIII. Verjährung der Erbschaftssteuer. (§ 54.)

§ 54.

Der Anspruch der Staatskasse auf die Erbschaftssteuer verjährt in zehn Jahren. Die Frist beginnt mit dem Schlusse des Jahres, in welchem der Anspruch auf die Steuer entstanden ist, im Falle einer Sicherheitsleistung für die Steuer jedoch nicht vor dem Ablaufe des Jahres, in welchem die Sicherheit erlischt.

1. Der Anspruch des Fiskus auf die Erbschaftssteuer hat seine rechtliche Grundlage lediglich in dem Erbschaftssteuergesetz. Die Bestimmungen des letzteren sind daher stets in erster Linie für diesen Anspruch maßgebend. Wenn das Erbschaftssteuergesetz im allgemeinen bezüglich der rechtlichen Verhältnisse auf das bürgerliche Recht zurückgreift und sich demselben in seiner Ordnung stillschweigend oder ausdrücklich anschließt, so hat dieses nur insoweit eine Bedeutung, als ein solches Zurückgreifen und Anschließen tatsächlich gewollt ist. Überall wo das Erbschaftssteuergesetz nach Maßgabe der für dasselbe in Frage kommenden besonderen Umstände eine von den Bestimmungen des BGB. abweichende Regelung trifft, kommt diese für die Beurteilung des Anspruchs des Fiskus auf die Erbschaftssteuer in ihrem vollen Umfange und nicht die anderweite Bestimmung des BGB. in Betracht.

2. Der Anspruch des Fiskus auf die Erbschaftssteuer entsteht nicht stets ohne weiteres mit dem Erwerbe von Todes wegen oder dem gesetzlich letzteren gleichgestellten Erwerbe, wenn auch für den Erwerb die Steuerpflicht im Prinzip bereits begründet ist. Der Anspruch auf die Steuer gelangt vielmehr erst mit dem Zeitpunkte zur Entstehung, zu welchem der Erwerb gesetzlich der Besteuerung unterworfen wird; erst von diesem Zeitpunkte an hat der Fiskus oder die Staatskasse den Anspruch auf die Erbschaftssteuer. In den meisten Fällen wird allerdings dieser Zeitpunkt mit dem Erwerb, also mit dem Anfall oder dem Augenblick des Erbfalls, zusammenfallen; die bedeutungsvollen Ausnahmen zeigen die Ausführungen in der Note 6—11 zu diesem Paragraphen. Der Steueranspruch des Staats als solcher richtet sich gemäß § 31 Abs. 1 abgesehen von dem Ausnahmefall des § 12 Abs. Nr. 3 stets gegen den Erwerber. Wenn der § 54 den „Anspruch der Staatskasse auf die Erbschaftssteuer" der Verjährung unterwirft, so hat er den eigentlichen Steueranspruch des Staates gegen den Erwerber treffen wollen und allein treffen können, wie solches auch schon in dem gebrauchten Ausdruck liegen dürfte. Neben dem Erwerber haften nach § 31 Abs. 2 und § 32 unter gewissen Voraussetzungen auch andere Personen für die Steuer. Die Haftung ist aber der Natur der Sache nach abhängig von dem Bestehen oder Nichtbestehen des Steueranspruchs des Staates gegen den Erwerber; dieser eigentliche Steueranspruch bildet die Grundlage für die Haftung, welche folgeweise mit demselben stehen und fallen muß; ist der Steueranspruch gegen den Erwerber verjährt, so kann auch von einer Haftung Dritter für diesen Anspruch nicht mehr die Rede sein. Dadurch daß das Gesetz in den § 31 Abs. 2 und § 32 eine Steuerhaftung für bestimmte Personen anordnet, entsteht aller-

dings ein selbständiger Anspruch des Staats gegen diese Personen; es muß aber als ausgeschlossen angesehen werden, daß durch den § 54 auch eine selbständige Verjährung für diese Ansprüche hat eingeführt werden sollen. Die Haftung der in Betracht kommenden Personen ist stets an gewisse Voraussetzungen geknüpft, welche durchweg zeitlich hinter dem Entstehen des Steueranspruchs gegen den Erwerber liegen müssen, je unter Umständen erheblich hinter solchen liegen können; da die Sonderverjährung erst bei dem Vorhandensein der Voraussetzungen beginnen könnte, so würde sie stets über die Verjährung des Steueranspruchs gegen den Erwerber hinauslaufen müssen, so daß die nur subsidiär für die Steuer Haftenden länger in Anspruch genommen werden könnten, als derjenige, dem die Zahlung der Steuer an sich obliegen würde; lediglich durch den dem reinen Zufall unterworfenen Umstand, daß besondere Haftpflichtige für die Steuer vorhanden sind, würde der Staat in der Lage sein, die Steuer über die Verjährungsfrist des eigentlichen Steueranspruchs hinaus zur Geltung zu bringen; es steht nicht anzunehmen, daß solches vom Gesetzgeber gewollt sein könnte. Im tatsächlichen Erfolge entspricht die hier vertretene Ansicht [welche U. Hoffmann 2. Aufl. Anm. 2a zu § 54 teilt] den sonst abweichenden Ausführungen von Dr. A. Hoffmann in Anm. 2b zu § 54.

3. Den **Begriff des Anspruchs**, wie er im allgemeinen nach dem bürgerlichen Recht für die Verjährung in Frage kommt, bestimmt der § 194 Abs. 1 BGB. in folgender Weise:

„Das Recht, von einem anderen ein Tun oder ein Unterlassen zu verlangen (Anspruch), unterliegt der Verjährung."

Die Verjährung selbst hat das RErbStG. einheitlich geregelt; sie hängt davon ab, ob und inwieweit der Steueranspruch bereits geltend gemacht ist, ob ein Erbschaftssteuerbescheid bezüglich desselben schon abgegeben wurde oder nicht. Die Versäumung der Anmeldepflicht (§ 36) ist für den Beginn und den Lauf der Verjährung ohne Bedeutung; auf die Verjährung des Steueranspruchs darf sich auch derjenige berufen, welcher der Anmeldepflicht nicht genügt hat; vgl. Urt. d. RG. vom 27. März 1893 (JW. 1893 S. 279 Nr. 51).

4. Der **Beginn der Verjährungsfrist** ist im Anschluß an den § 201 BGB. auf den Schluß des Kalenderjahres gestellt; er erfolgt danach stets mit dem 1. Januar. Die Berechnung der Frist regelt sich nach dem § 187 Abs. 2 und dem § 188 BGB.; es ist auf das in den Noten 3 und 10 zu § 18 Ausgeführte Bezug zu nehmen.

5. Das **Jahr, mit welchem die Verjährungsfrist zu laufen beginnt**, bestimmt sich, abgesehen von dem Fall einer Sicherheitsbestellung, durch das Entstehen des Anspruchs auf die Steuer. Maßgebend ist also der Zeitpunkt des Entstehens des Anspruchs und kommt hiefür zunächst im allgemeinen dasjenige in Betracht, was in den Noten 1 und 2 oben ausgeführt wurde. Für die Regel entsteht der Anspruch auf die Erbschaftssteuer mit dem steuerpflichtigen Erwerb selbst, also mit dem Zeitpunkt des Anfalls oder Erbfalls. Demgemäß ist auch regelmäßig das Jahr, in welchem der Anfall oder Erbfall liegt, das für den Lauf der Verjährungsfrist maßgebende. Von dieser Regel sind aber einige wichtige Ausnahmen hervorzuheben, die mit dem bürgerlichen Recht teils im Einklang stehen, teils nicht.

6. Vermögen, dessen Erwerb von dem Eintritt einer aufschiebenden Bedingung abhängt, unterliegt nach der Vorschrift des § 21 des Gesetzes der Besteuerung erst bei dem Eintritt der Bedingung. Dementsprechend entsteht der Anspruch auf die Steuer erst zu diesem Zeitpunkte und in weiterer Folge beginnt gleichfalls der Lauf der Verjährung erst mit dem Eintritt der Bedingung. Die vorberührte Vorschrift des § 21 über die aufschiebende Bedingung findet aber in Gemäßheit des § 23 des Gesetzes entsprechende Anwendung auch dann, wenn der Erwerb von einem Ereignis abhängt, das nur hinsichtlich des Zeitpunktes seines Eintrittes ungewiß ist (dies certus an incertus quando vgl. Note 7 zu § 23). Auch hier entsteht danach der Steueranspruch mit dem Eintritt des Ereignisses und es beginnt folgeweise die Verjährungsfrist ebenmäßig erst nach diesem Zeitpunkt zu laufen. Da der dies incertus an incertus quando und der dies incertus an certus quando sich stets als Bedingungen charakterisieren, so findet auf sie das für die aufschiebende Bedingung Vorgeschriebene ohne weiteres gleichfalls Anwendung, also Beginn der Verjährungsfrist entsprechend dem Eintritt des Ereignisses (vgl. Note 6 zu § 23). Anders verhält es sich mit dem dies certus an certus quando; bei ihm tritt mangels besonderer Vorschrift der Anfall sofort ein, und gleicherzeit erwächst auch der Anspruch auf die Steuer; die Verjährung beginnt demnach nach Maßgabe des Zeitpunkts des Anfalls, also mit dem Schlusse des Jahres des Erbfalls (vgl. Note 5 zu § 23 und Note 12 zu § 16).

7. Bei dem Erwerb eines Vermögens ohne die Nutzung kann der Erwerber der Substanz nach § 26 des Gesetzes die Aussetzung der Versteuerung bis zum Erlöschen des Nutzungsrechtes verlangen. Macht er von diesem Rechte Gebrauch, so wird der an sich schon entstandene Anspruch der Staatskasse auf die Steuer hinfällig und gelangt erst mit dem Zeitpunkt des Erlöschens des Nutzungsrechtes wieder zur Entstehung. Entsprechend dem letzteren Zeitpunkt kann daher in diesem Falle die Verjährungsfrist erst zu laufen beginnen.

8. Bei der Einsetzung eines Nacherben soll nach § 27 des Gesetzes der Vorerbe als Nießbraucher, der Nacherbe als Erbe des herauszugebenden Vermögens behandelt werden. Es tritt hier also für den regelmäßigen Fall (bezüglich der Ausnahme siehe folgende Note) ganz das gleiche ein wie bei dem Erwerb eines Vermögens ohne die Nutzung. Der Steueranspruch des Fiskus gegen den Vorerben entsteht sofort mit dem Anfall und kann hierin für die Folge keine Veränderung eintreten; die Verjährung läuft ohne Veränderung von dem Schluß des Jahres des Erbfalls an. Auch gegen den Nacherben entsteht sofort ein Anspruch auf die Steuer; dieser Anspruch wird aber hinfällig, wenn der Nacherbe von seinem Rechte, die Aussetzung der Versteuerung bis zum Erlöschen des Nutzungsrechts zu verlangen, Gebrauch macht; im letzteren Fall beginnt also die Verjährungsfrist erst nach Maßgabe des Erlöschens des Nutzungsrechts, wie solches in der vorhergehenden Note ausgeführt ist.

9. Handelt es sich jedoch um eine Nacherbfolge auf den Überrest oder um eine Vorerbschaft zu freier Verfügung (vgl. Note 1 und Note 7 zu § 27), so gilt auch in steuerlicher Beziehung der Vorerbe wie der Nacherbe als Erbe und zwar erwirbt der Vor-

erbe mit dem Erbfall, der Nacherbe aber erst beim Eintritt der Nacherbfolge. Der Anspruch auf die Steuer entsteht gegen den Vorerben dementsprechend im Zeitpunkt des Erbfalls und gegen den Nacherben im Zeitpunkt des Eintritts der Nacherbfolge; beide Zeitpunkte sind folgeweise für den Beginn der beiden verschiedenen Verjährungen entscheidend.

10. Hat bei ungewissen oder unsicheren Rechten oder anderen zur sofortigen Wertermittelung nicht geeigneten Gegenständen mangels einer Einigung über den Wert auf Grund des § 24 des Gesetzes das Erbschaftssteueramt nach eigenem Ermessen die Steuer ausgeworfen und dabei entsprechende Nachforderungen bis zum Ausgang derjenigen Verhandlungen vorbehalten, von welchen die Wertermittelung abhängt, so hat bezüglich dieser Nachforderungen der Anspruch auf die Steuer als bis zum letzteren Zeitpunkt hinausgeschoben bzw. aufgehoben zu gelten und kommt zu diesem Zeitpunkt wieder zur Entstehung, so daß der Lauf der Verjährung erst nach ihm einsetzt. Das gleiche greift Platz, wenn das Erbschaftssteueramt für die ganze Erbschaftsmasse ein derartiges Verfahren eintreten läßt oder wenn wegen besonderer Umstände die Versteuerung einer Erbschaftsmasse bis zum Eintritt eines bestimmten Ereignisses oder bis zu einem bestimmten Zeitpunkte hinausgeschoben werden muß.

11. Bezüglich des Nachlasses eines Verschollenen entsteht, wie schon oben Note 7 zu § 1 ausgeführt wurde, die Steuerpflicht durch die gerichtliche Todeserklärung, weil erst von diesem Zeitpunkte an von einem rechtswirksamen Erwerbe die Rede sein kann. Folgeweise bestimmt sich bezüglich des Steueranspruchs für den Erwerb aus einem Verschollenennachlaß der Lauf der Verjährung nach dem Datum der Rechtskraft des Urteils, durch welches die Todeserklärung des Verschollenen ausgesprochen ist. Für diejenigen Fälle, in welchen nach den besonderen Vorschriften in den §§ 1—4 des Gesetzes ein bestimmter Erwerb in steuerlicher Beziehung als ein Erwerb von Todes wegen anzusehen ist, bestimmt sich der Beginn der Verjährung in gleicher Weise nach dem Entstehen der Steuerpflicht, welches sich hier nach den eigenartigen Verhältnissen der einzelnen Fälle verschiedenartig gestaltet, wie in den Noten zu den fraglichen Paragraphen des näheren angeführt ist.

12. Über die Unterbrechung der Verjährung trifft das Gesetz, abgesehen von der Regelung wegen der Sicherheitsleistung (vgl. folgende Note), keine Bestimmung. Nach Lage der Sache wird daher eine Unterbrechung der Verjährung nur eintreten, wenn der Anspruch auf die Steuer dem Verpflichteten gegenüber von der Steuerbehörde geltend gemacht wird. Eine einseitige Handlung der Steuerbehörde, die anläßlich des Anspruchs vorgenommen wird, kann nicht als zur Unterbrechung der Verjährung genügend angesehen werden, da das Gesetz den Anspruch ohne alle Rücksicht auf derartige Handlungen der Verjährung unterstellt. Es muß dem Verpflichteten gegenüber die Absicht der Steuerbehörde, den Anspruch auf die Steuer zur Durchführung zu bringen, ausdrücklich oder durch eine entsprechende ihm gegenüber vorgenommene Handlung verlautbart werden. Eine solche Verlautbarung liegt schon in der Übersendung der Belehrung über die Pflichten des Erwerbers eines steuerpflichtigen Anfalls, wie sie nach § 11 Abs. 1 BRAusfB. durch das Erbschaftssteueramt, wenn es eine Steuerpflicht als vorliegend ansieht, zu erfolgen hat, sofern nur der Anlaß der Übersendung — das

für die fragliche Belehrung zu § 11 vorgeschriebene Muster 4 der BRAusfB. schreibt eine bezügliche Angabe vor — in der übersandten Belehrung mit entsprechender Deutlichkeit, und damit der Wille, den bestimmten Anspruch durchzuführen, zum Ausdruck gebracht ist. Die Übersendung der Belehrung ist die erste amtliche Handlung der Steuerbehörde in dem Steuerermittelungs- und -festsetzungsverfahren dem Pflichtigen gegenüber und bildet daher die Einleitung und den Beginn dieses Verfahrens. Mit diesem dem Verpflichteten zur Kenntnis gebrachten Beginn muß aber die Verjährung als unterbrochen angesehen werden. Während des Steuerermittelungs- und -festsetzungsverfahrens muß jede Handlung der Steuerbehörde, die sich gegen den Pflichtigen richtet, die Verjährung unterbrechen und ebenso nach der Steuerfestsetzung jede Zahlungsaufforderung. Die Unterbrechung wirkt aber stets nur bezüglich desjenigen Steueranspruchs, welchen der Staat gegen den bestimmten Steuerpflichtigen hat, dem gegenüber er bezüglich des Anspruchs entsprechend handelnd tätig geworden ist; haften mehrere Pflichtige für einen Anspruch, so unterbricht das Einschreiten gegen einen derselben nicht die Verjährung bezüglich des Anspruchs gegen die übrigen. Nach der Unterbrechung der Verjährung beginnt sofort eine neue Verjährungsfrist zu laufen, für welche das gleiche wie für die ursprüngliche Verjährung gilt. [U. Hoffmann 2. Aufl. Anm. 2 i. A. und unter b will nicht die vorerörterten, naturgemäß sich ergebenden allgemeinen Grundsätze angewandt wissen, sondern nimmt in fraglicher Beziehung ein Fortbestehen der früheren Landesgesetzgebung über die Erbschaftsbesteuerung — für Preußen weitere Gültigkeit des § 50 PrESt.G. — an, eine Ansicht, der nicht beigepflichtet werden kann.]

13. Bezüglich der Wirkung der Sicherheitsleistung trifft das Gesetz eine besondere Bestimmung. Danach unterbricht eine Sicherheitsleistung die Verjährung; für die Zeit, während welcher Sicherheit bestellt ist, ruht die Verjährung, sie ruht sogar eventuell noch über diese Zeit hinaus bis zu dem Ablauf desjenigen Jahres, in welchem die Sicherheit erlischt. Der Lauf der Verjährung nimmt hier stets mit dem 1. Januar des auf das Erlöschen der Sicherheit folgenden Jahres seinen Anfang und findet wegen der Fristberechnung lediglich das oben in Note 4 Ausgeführte Anwendung. Die besagte Wirkung tritt natürlich nur für den besonderen Steueranspruch ein, bezüglich dessen die Sicherheitsleistung erfolgt ist, wobei es aber ohne Einfluß, ob volle oder teilweise Sicherheit bestellt ist.

14. Durch den § 54 ist die Verjährung lediglich für den Anspruch des Staats auf die Erbschaftssteuer, nicht aber für den Anspruch des Steuerzahlers auf Erstattung zu Unrecht entrichteter Steuer geregelt. Der letztere Erstattungsanspruch kann zunächst im Beschwerdeverfahren innerhalb der im § 46 gesetzten Fristen geltend gemacht werden. In seinem rechtlichen Bestande ist er durch die im § 57 für den Rechtsweg zugelassenen Fristen bedingt, welche sich als Verjährungsfristen darstellen, vgl. Note 8 zu § 57. Der Erstattungsanspruch verjährt demnach innerhalb der für den Rechtsweg angeordneten Fristen, für deren Berechnung usw. genau das gleiche wie beim Rechtsweg maßgebend ist. Mit Ablauf der Rechtswegfristen ist der Erstattungsanspruch verjährt; and. M. Dr. A. Hoffmann Anm. 6 zu § 54, welcher für den Erstattungsanspruch die Verjährung ausschließt, [während U. Hoffmann

2. Aufl. Anm. 54 zu § 29 BRAusfB. unter Anziehung von E. Zimmermann Anm. 11 zu § 12 und Wunsch Anm. 1 zu § 57 des Gesetzes die allgemeine 30jährige Verjährung Platz greifen lassen will]. Während des Laufs der Verjährungsfrist wird die Steuerbehörde den Erstattungsanspruch, wenn auch die Frist für die Beschwerde im Verwaltungswege (§ 46) verstrichen sein sollte, zur Prüfung und Entscheidung entgegennehmen müssen, denn andernfalls würde unter dem dann stets notwendig werdenden Beschreiten des Rechtswegs der eventuell bei Sachfälligkeit zu erstattende Betrag von der Klageerhebung an dem Steuerzahler zu verzinsen sein; vgl. Note 6 zu § 57. Nach Ablauf der Verjährungsfrist ist noch ein Erlaß aus Billigkeitsrücksichten gegeben. In den Beschluß des Bundesrats vom 16. Juni 1906 (§ 466 Protokolle des Bundesrats, Session 1906), durch welchen die Ausführungsbestimmungen zum REStG. erlassen wurden, ist gleicherzeit bestimmt, daß über Erlasse der Erbschaftssteuer aus Billigkeitsrücksichten der Bundesrat zu entscheiden habe und daß solche Erlasse von ihm nur mit Zustimmung der beteiligten Landesregierung bewilligt werden sollen. Die Befugnis aus Billigkeitsrücksichten Steuern zu erlassen, dürfte dem Bundesrat ohne weiteres zustehen, wie sie auch tatsächlich bezüglich anderer indirekter Reichssteuern von ihm ausgeübt worden ist; näheres hierüber ist in den Vorbemerkungen zu den BRAusfB. unter VI in der ersten Auflage ausgeführt worden, worauf hier verwiesen werden soll. Wenn der Erlaß aus Billigkeitsgründen bei der Erbschaftssteuer an die Zustimmung der beteiligten Landesregierung geknüpft ist, so hat das darin seinen berechtigten Grund, daß der Ertrag der Erbschaftssteuer auf das Reich und die Bundesstaaten verteilt wird und ein Steuererlaß folgeweise das Reich sowohl wie auch die Bundesstaaten unmittelbar berührt. Ein Erlaß aus Billigkeitsgründen ist aber nicht etwa nur bei einer Verjährung des Erstattungsanspruchs möglich, sondern auch ohne solche überall da, wo durch die Erhebung eine außerordentliche Härte für den Pflichtigen und damit eine Unbilligkeit begründet sein würde; letzteres muß gleicherweise aber auch vorliegen, wenn ein verjährter Erstattungsanspruch als Billigkeitsrücksichten anerkannt werden soll. Der Erlaß aus Billigkeitsrücksichten bildet immer nur eine für seltenere Ausnahmen zu treffendes Abhilfsmittel. Grundsätzlich werden deshalb vom Bundesrat strengere Anforderungen in der fraglichen Beziehung gestellt, wie schon daraus erhellt, daß von den Gesuchen eines etwa zweijährigen Zeitraums nach dem Durchschnitt nur ungefähr ein Siebentel Gewährung fanden; Billigkeitsgründe wurden anerkannt bei Zahlung von Erbschaftssteuer und Schenkungssteuer seitens unehelicher an Kindesstatt angenommener Kinder des Erblassers oder Schenkers, bei Zahlung von Schenkungssteuer für ein vor Erlaß des REStG. tatsächlich geschenktes, aber erst nach Erlaß aufgelassenes Grundstück, für eine Schenkung, bei der Annahme und Leistung ebenmäßig liegt, wenn eine Person nur formell zum Erben eingesetzt ist, um die Erbschaft nach dem mündlich ausgesprochenen Willen des Erblassers zu verteilen oder Dritten auszuantworten usw.

XXIV. Schenkungen unter Lebenden.

Vorbemerkungen zu §§ 55, 56.

1. Die Motive zum Regierungsentwurf geben folgende allgemeine Begründung für die Gleichbehandlung der Schenkungen unter Lebenden mit dem Erwerb von Todes wegen hinsichtlich der Steuerpflicht:

„Der mit der Besteuerung der Schenkungen unter Lebenden in erster Linie verfolgte Zweck, einer Umgehung der Erbschaftssteuer wirksam zu begegnen, läßt sich nur erreichen, wenn die Besteuerung nach denselben Grundsätzen wie diejenige des Erwerbes von Todes wegen geordnet wird. Der Entwurf tut dies in der Weise, daß er die Schenkungen unter Lebenden der gleichen Steuer unterwirft, wie den Erwerb von Todes wegen (§ 60 — jetzt § 55 —). Das besagt, daß auf Schenkungen unter Lebenden nicht nur die gleichen Steuersätze wie auf jenen, sondern auch alle sonstigen für die Erbschaftssteuer getroffenen materiellen Vorschriften, wozu auch diejenigen über die Bestrafung von Zuwiderhandlungen gehören, Anwendung finden, soweit nicht etwas anderes bestimmt ist oder aus dem Begriffe der Schenkung sich ergibt."

2. In der Kommission des Reichstages wurde gerade über die Besteuerung der Schenkungen unter Lebenden eingehender verhandelt. Über die Beratungen in der ersten Lesung gibt der Kommissionsbericht (Drucksachen des Reichstags, 11. Legislaturperiode II. Session 1905/06, Nr. 360 S. 32) folgendes an:

„Mit Rücksicht auf die Höhe der beschlossenen Steuersätze sei zu befürchten, daß die Erbschaftssteuer in vielen Fällen durch Schenkungen unter Lebenden umgangen werden würde, wenn sie nicht durch eine Schenkungssteuer ergänzt würde. Die Schenkungssteuer könne aber ihren Zweck nur dann ganz erreichen, wenn sie der Erbschaftssteuer vollständig nachgebildet werde, mit anderen Worten, wenn auf die Schenkungen unter Lebenden grundsätzlich nicht nur die gleichen Steuersätze wie auf den Erwerb von Todes wegen, sondern auch die sonstigen, für die Erbschaftssteuer geltenden materiellen Grundsätze angewendet würden. Dies sei auch der Standpunkt des Entwurfes. Es sei zuzugeben, daß die Schenkungssteuer in einzelnen Fällen zu Unbequemlichkeiten führen könne; das sei aber kein hinreichender Grund für ihre Ablehnung, die den finanziellen Erfolg des Gesetzes in Frage stellen würde. Eigentliche Härten würden durch die Befreiungen des § 61 (jetzt § 56), namentlich wenn diese noch weiter ausgestaltet würden, ferngehalten werden.

Bei der Besprechung der Schenkungssteuer wurden von mehreren Abgeordneten die gegen eine solche Steuer bestehenden Bedenken, deren Vorhandensein auch von einem Regierungsvertreter zugegeben wurde, ausführlich gewürdigt; indessen kam schließlich die Mehrheit zu der Überzeugung, daß die Schenkungssteuer zur Sicherung des finanziellen Erfolges des Gesetzes unentbehrlich sei. Während dann aber die Mehrheit der Kommission mit dem Berichterstatter darin einig war, daß es sich empfehle, die gegen die Schenkungssteuer sprechenden Bedenken durch eine weitere Ausgestaltung der Befreiungsvorschriften des § 61 Abs. 2 (jetzt § 56 Abs. 2) möglichst abzuschwächen, hielt eine Minderheit die Befreiungen überhaupt für unnötig und sprach sich deshalb für die Streichung des § 61 Abs. 2 (jetzt § 56 Abs. 2) aus."

In der zweiten Lesung wurde sodann der Antrag eingebracht, nur diejenigen Schenkungen unter Lebenden der Steuerpflicht zu unterwerfen, welche durch ein zum Zwecke der Beurkundung der Schenkung dienendes Schriftstück nachgewiesen würden, oder eventuell neben der vorgenannten Besteuerung auch noch diejenigen Schenkungen, welche der Erblasser innerhalb der letzten zwei Jahre vor seinem Tode gemacht habe, allgemein, also auch ohne Beurkundung, der Erbschaftssteuer zu unterstellen. Zur Rechtfertigung wurde von einem der Antragsteller nach dem Kommissionsbericht (a. a. O. S. 58) folgendes ausgeführt:

„Der zu § 60 (jetzt § 55) eingebrachte Antrag und Eventualantrag solle die durch Besteuerung der Schenkung unter Lebenden entstehenden Unzuträglichkeiten beseitigen oder tunlichst mildern. Die Gleichstellung der Schenkung unter Lebenden mit der Erbschaft lasse sich nicht anders begründen als mit der Sorge wegen Umgehung der Erbschaftssteuer. Hier sei aber zu berücksichtigen, daß der Gesetzentwurf in Übereinstimmung mit den Kommissionsbeschlüssen Ehegatten und Kinder von der Erbschaftssteuer frei lasse. In weniger nahen Verhältnissen sei die Gefahr einer Umgehung der Erbschaftssteuer durch Schenkung unter Lebenden verschwindend gering. Die beste Gewähr liege in dem natürlichen menschlichen Egoismus, der es in der Regel ausschließen werde, daß jemand bei Lebzeiten ein großes Opfer bringe, damit nach seinem Tode andern verhältnismäßig fernstehenden Personen ein kleines erspart werde. Dagegen würden durch die allgemeine Besteuerung der Schenkung unter Lebenden ganz formlos sich vollziehende Akte des innersten Privatlebens der fiskalischen Aufsicht unterstellt, und die Nötigung für den Beschenkten, alsbald den Wert des Geschenkes festzustellen, wirke als Verstoß gegen Takt und gute Sitten.

Soweit man der Besteuerung der Schenkung eine fiskalische Bedeutung überhaupt beimesse, sei ein sehr wichtiger Gesichtspunkt, daß alle flüchtigeren Vermögenswerte sich ihr entziehen könnten, so daß schließlich eine einseitige Besteuerung des Immobiliarbesitzes übrig bleiben werde. Dabei brauche nicht einmal die Absicht der Hinterziehung vorausgesetzt zu werden. Vielfach würden sich die Beteiligten der Steuerpflicht gar nicht bewußt sein. In allen solchen Fällen werde der Mobiliarbesitz steuerfrei ausgehen, der Immobiliarbesitz aber von den Behörden herangezogen werden.

Das größte Bedenken aber sei, daß die Besteuerung der Schenkung das Publikum zur Defraude geradezu erziehe. Das Gefühl, daß die Besteuerung moralisch berechtigt sei, werde sich im Volke schwerlich ausbilden. Es gehöre ein sehr hoher Grad von staatsbürgerlichem Pflichtgefühl dazu, um sich selbst zu einer hohen Steuer anzumelden, wo nach Lage der Dinge die Gefahr der Entdeckung nahezu ausgeschlossen sei und der Pflichtige sein Gewissen damit beruhigen könne, daß wahrscheinlich alle anderen Verpflichteten sich der Steuer gleichfalls entzögen. Der Redner berief sich auf Adolf Wagner, Finanzwissenschaft Band III § 242, und verlas zum Teil die dort enthaltene abfällige Kritik der Schenkungssteuer."

Gegen den fraglichen Antrag und Eventualantrag wurden aber sowohl aus der Kommission wie auch regierungsseitig gewichtigere Bedenken geltend gemacht. Namentlich hielt man es mit Rücksicht darauf, daß die Schriftlichkeit nur vereinzelt nach dem BGB. (§ 518) für Schenkungen erforderlich ist, nicht für angebracht, dieselbe als Voraussetzung der Steuerpflichtigkeit einzuführen. Auch der Vorschlag, die Steuerpflicht auf die innerhalb der letzten zwei Jahre vor dem Tode des Erblassers von diesem gemachten Schenkungen zu beschränken, fand in der Kommission keinen Beifall und so wurde die Regierungsvorlage, für welche das gleiche wie bei der ersten Lesung spezieller angeführt wurde, schließlich unverändert angenommen, wie sie dann für die Folge Gesetz geworden ist.

3. Die Steuerpflicht der Schenkungen unter Lebenden nach dem RESt G. hat Ladenberger näher in den BlfVF. 1909 S. 33 ff. und S. 65 ff. behandelt; auf die eingehenderen Ausführungen werden wir im nachstehenden verschiedentlich Bezug nehmen. Über die frühere Besteuerung der Schenkungen in den einzelnen Bundesstaaten ist in der ersten Auflage in Note 3 der Vorbemerkungen zu den §§ 55 und 56 das Nähere angegeben; entsprechend dem Gesamtplan der 2. Auflage sind diese Angaben nunmehr fortgefallen.

§ 55.

Schenkungen unter Lebenden unterliegen der gleichen Steuer wie der Erwerb von Todes wegen mit der Maßgabe, daß an Stelle der Verhältnisse des Erblassers und des Erwerbers die Verhältnisse des Schenkers und des Beschenkten berücksichtigt werden.

Als ein Erwerb durch Schenkung gilt auch ein Erwerb, der infolge der Vollziehung der einer Schenkung beigefügten Auflage oder infolge der Bewirkung einer Leistung, von welcher der Schenker eine Schenkung abhängig gemacht hat, oder, sofern die Schenkung der Genehmigung einer Behörde unterliegt, infolge der Vollziehung einer Anordnung dieser Behörde erlangt wird.

Einer Schenkung unter Lebenden steht gleich das in einem Stiftungsgeschäft unter Lebenden von dem Stifter zugesicherte und auf die Stiftung übergegangene Vermögen.

Vergl. BRAusfB. § 30.

Zu Absatz 1.

1. Der Begriff der Schenkung, den das RESt G. nicht näher erläutert, bestimmt sich wiederum lediglich nach dem bürgerlichen Recht; es sind dafür die §§ 516 und 517 BGB. maßgebend:

„§ 516. Eine Zuwendung, durch die Jemand aus seinem Vermögen „einen andern bereichert, ist Schenkung, wenn beide Teile darüber „einig sind, daß die Zuwendung unentgeltlich erfolgt.

„Ist die Zuwendung ohne den Willen des Andern erfolgt, so kann ihn „der Zuwendende unter Bestimmung einer angemessenen Frist zur Er„klärung über die Annahme auffordern. Nach dem Ablaufe der Frist „gilt die Schenkung als angenommen, wenn nicht der Andere sie vor„her abgelehnt hat. Im Falle der Ablehnung kann die Herausgabe „des Zugewendeten nach den Vorschriften über die Herausgabe einer „ungerechtfertigten Bereicherung gefordert werden.

„§ 517. Eine Schenkung liegt nicht vor, wenn jemand zum Vorteil „eines Anderen einen Vermögenserwerb unterläßt, oder auf ein an„gefallenes, noch nicht endgültig erworbenes Recht verzichtet oder eine „Erbschaft oder ein Vermächtnis ausschlägt."

Die Schenkung stellt sich demnach als ein Vertrag dar, dessen Voraussetzung die Einigung zwischen dem Schenker und dem Beschenkten bildet. Nur wenn der Schenkungsvertrag in rechtskräftiger Weise zum Abschluß gekommen, wenn also allen Erfordernissen, durch welche die Schenkung bedingt wird, genügt ist, kann die Steuerpflicht für die Schenkung unter Lebenden eintreten. Vgl. hierzu und zu den folgenden Noten 2—5 Ladenberger a. a. O. S. 34. Bezüglich des subjektiven Moments bei der Schenkung hebt eine Verf. SFM. vom 21. Mai 1908 hervor, daß nicht jeder gegenseitige Vertrag, bei dem Leistung und Gegenleistung einander nicht gleich sind, eine Schenkung sei, daß vielmehr bezüglich des Wertunterschiedes eine unentgeltliche Zuwendung beabsichtigt sein müsse.

2. Die Schenkung muß eine Zuwendung enthalten. Eine Beschränkung auf bestimmte Arten der Zuwendung ist nicht gegeben; es kann daher jedwede Zuwendung in Frage kommen. Es ist ohne Einfluß, ob die Zuwendung ein ganzes Vermögen — soweit die Zuwendung eines solchen nicht ausgeschlossen, vgl. BGB. § 310 — oder nur einzelne Teile eines solchen umfaßt. Die Zuwendung kann im besonderen sich ebenso auf Sachen wie auf Rechte beziehen; sie kann durch Verschaffen von Eigentumsrechten, von dinglichen Rechten, von Forderungsrechten, desgleichen aber auch durch Erlaß einer Schuld, durch Befreien von Verbindlichkeiten oder Lasten, durch Ersparung von Ausgaben usw. vollzogen werden. Eine Schenkung kann ferner durch die Abtretung einer Forderung ausgeführt werden; die Abtretung hat hierbei keine andere Bedeutung als die Übergabe bei der Schenkung körperlicher Sachen; Urt. d. RG. vom 25. April 1887; GruchotsBeitr. Bd. 31 S. 1055. Vereinbarungen, bei denen zur Rettung einer Forderung auf gewisse Rechte verzichtet wird, stellen sich nicht als steuerpflichtige Schenkung dar; Verf. BdStd. vom 19. Mai 1909 Nr. 13840. Für die in einem Kaufvertrage enthaltene Bestimmung, daß ein Teil des Kaufpreises an einen Dritten zu zahlen sei, ist Schenkungssteuer zu entrichten, falls der Verkäufer dem Dritten ein Geschenk hat machen wollen; Urt. d. RG. vom 17. November 1903 (PrZBl. 1904 S. 23). Wenn ein Hofannehmer die im Übernahmever-

trag ausgeworfenen Abfindungen freiwillig erhöht, so liegt darin regelmäßig eine Schenkung. Was der Staat oder andere öffentliche Verbände in Erfüllung ihres öffentlichen Zwecks zur Unterstützung gemeinnütziger Anstalten und Vereine aufwenden, wird in der Regel nicht als Schenkung angesehen werden können; nach Verf. FM. vom 29. Juni 1908 Nr. 2841 ist die Zuwendung einer Gemeinde an einen Verein zur Errichtung einer Fachschule nicht als Schenkung betrachtet. Zuwendung einer Stadtgemeinde an eine unselbständige Stiftung, bei welcher das Kapital im Eigentum der Stadtgemeinde verbleibt, zu einem Stiftungszweck enthält weder eine Schenkung noch eine Auflage, Verf. FM. vom 11. November 1907 Nr. 5045.

3. Die Zuwendung muß des weiteren für den Beschenkten eine Bereicherung darstellen, d. h. durch die Zuwendung muß eine Vermehrung des Vermögens des Beschenkten bewirkt sein. Hierin liegt eine gewisse Beziehung zu der Vorschrift des § 29 REStG., nach welcher die Erbschaftssteuer von dem Betrage, um welchen der Erwerber durch den Anfall bereichert worden ist, berechnet werden soll; die bezüglichen Ausführungen zu letzterem Paragraphen müssen entsprechend hier Platz greifen. Es ist danach namentlich notwendig, daß es sich bei der Zuwendung um einen wirklichen Vermögenswert handelt, der sich entsprechend in Geld abschätzen läßt; letzteres wird namentlich schon dadurch bedingt, daß hier die gleichen Steuersätze wie bei der Erbschaftssteuer zur Anwendung zu bringen sind, also Prozentsätze vom Geldwert des steuerpflichtigen Gegenstands. Von einer Bereicherung kann besonders nicht in Fällen einfacher Freigebigkeit die Rede sein, wie bei Erteilung von Unterricht, von Auskunft, bei überlassen von Abonnementsbillets für Theater, Konzerte, Bäder usw., desgleichen nicht bei Übernahme einer Bürgschaft, Bestellung eines Pfandes, Leihe eines Gegenstandes usw., weil in allen diesen Fällen eine Vermehrung des Vermögens für den Empfänger nicht gegeben ist. Da die juristische Person von ihrem Zwecke nicht zu trennen ist, so wird man das für den Begriff der Schenkung wesentliche Merkmal der Bereicherung nicht deshalb verneinen können, weil die einer juristischen Person, die einen bestimmten Zweck verfolgt, zugewendete Summe nach den Satzungen oder dem Beschlusse der gesetzlichen Vertreter für den Zweck verausgabt werden und keine dauernde Kapitalvermehrung bilden soll; Urt. d. RG. vom 7. Mai 1909 (RGE. Bd. 71 S. 140; JW. 1909 S. 369 Nr. 20; Sächs. ZBl. 1909 S. 1098; Württ. Amtsbl. Beibl. 1910 S. 30). Übereinstimmend ist in einer Entsch. Herzogl. Sächs. Staatsministeriums zu Gotha vom 24. August 1908 ausgeführt, bei einer Zuwendung an eine Stiftung zu dem Stiftungszweck liege eine Bereicherung der Stiftung vor, wenngleich die Stiftung über den Vermögenszuwachs nicht frei, sondern nur in dem Rahmen ihres Stiftungszwecks verfügen könne, denn die rechtliche Natur des in der Stiftung verkörperten Vermögens werde durch die in der Verfassung und dem Zweck der Stiftung liegende Verfügungsbeschränkung in keiner Weise geändert, das Vermögen der Stiftung sei trotz dieser Beschränkung wirkliches Vermögen im Rechtssinn, eine Vermehrung des Stiftungsvermögens eine Bereicherung der Stiftung. Wenn zur Ehrung einer Person eine Geldsammlung veranstaltet, dieser Person der Betrag der Sammlung für mildtätige oder gemeinnützige Zwecke überreicht und der Betrag von dieser Person demnächst seiner Bestimmung zugeführt wird, so ist nach Urt. d. RG. vom 6. Februar 1906

(RGE. Bd. 62 S. 386; PrJBl. 1907 S. 170; BlfBF. 1907 S. 148; Brem. Amtsbl. 1907 S. 113) anzunehmen, daß eine Schenkung an die bezeichnete Mittelsperson nicht vorliegt, da dieser, nachdem sie die ihr zur Verfügung gestellte Geldsumme dem bestimmten Zweck zugeführt hat, eine Bereicherung nicht verbleibt und die Schenkung begrifflich voraussetzt, daß die Bereicherung des Beschenkten eine endgültige, materielle, nicht bloß eine formelle sei (vgl. dazu jedoch das unten Note 6 angeführte Urt. d. RG. vom 13. März 1908 und die weiteren Ausführungen in Note 6); bei derartigen (Jubiläums- und ähnlichen) Gaben kann daher, wie in dem Schreiben des Reichskanzlers (Reichsschatzamt) vom 15. Mai 1907 II 4408 besonders ausgesprochen, rechtlich nur von Schenkungen an die gemeinnützige oder mildtätige Stiftung, Anstalt usw. die Rede sein, welcher die Sammelspende schließlich überwiesen wird; vom steuerrechtlichen Standpunkte aus ist hierbei der einzelne Spender in der Höhe seines Betrags als Schenker anzusehen und daher, wenn keine der Einzelspenden zu dem ausschließlich wohltätigen oder gemeinnützigen Zweck den Betrag von 5000 Mk. übersteigt, eine Erbschaftssteuer nicht zu entrichten, auch wenn die Sammelspende mehr als 5000 Mk. beträgt. Zu vgl. Bundesratsbeschluß vom 11. Mai 1910 — § 302 der Protokolle — Zeppelin-Spende betr. Das Vorhandensein einer einheitlichen Schenkung bei einer Mehrheit von Schenkern ist in der Verf. SFM. vom 8. Oktober 1907 Nr. 4152 aus den Tatsachen geschlossen, daß die Schenkung in einer Urkunde niedergelegt ist, zum Teil Wertpapiere umfaßt, die im Miteigentum der Schenker standen und der Barbetrag der Schenkung einheitlich ausbezahlt ist, überdies der Anlaß der Schenkung für die Einheitlichkeit sprach. In einer weiteren Verf. SFM. ist einheitliche Schenkung bei Erfüllung eines unverbindlichen Wunsches des Erblassers seitens mehrerer Erben angenommen. Zuwendungen vor der Erbauseinandersetzung sind als Zuwendungen der Erbengemeinschaft anzusehen; Verf. SFM. vom 13. Juli 1908 Nr. 3079. Die Übertragung des Vermögens eines sich auflösenden Vereins auf einen anderen Verein, der gleiche Zwecke verfolgt, ist steuerpflichtige Schenkung, insoweit als der Wert des Vermögens die übergehenden Verpflichtungen übersteigt; Verf. BdStd. vom 6. Februar 1908 Nr. 3479.

4. Die Zuwendung muß aus dem Vermögen des Schenkers gemacht werden. Hierdurch wird nach Maßgabe des gebrauchten Ausdrucks „Vermögen" das in der vorigen Note erörterte Bedingnis, daß es sich um einen Vermögenswert bei der Bereicherung handeln müsse, verstärkt. Ebenso wie das Vermögen des Beschenkten durch die Zuwendung vermehrt werden soll, ebenso soll das Vermögen des Schenkers durch dieselbe verringert werden. Der Schenkungsgegenstand muß einen Vermögensteil bilden und dem Gesamtvermögen des Schenkers entzogen werden. Es kann sich daher bei der Schenkung auf der einen Seite nur um solche Vermögensgegenstände und Rechte handeln, die der Schenker bereits erworben hatte, die tatsächlich schon einen Bestandteil seines Vermögens bildeten. Damit kommen vornehmlich die Fälle, welche der oben in Note 1 angeführte § 517 BGB. besonders heraushebt, außer Betracht, wie das Unterlassen eines Vermögenserwerbs, der Verzicht auf ein noch nicht endgültig erworbenes Recht, das Ausschlagen einer Erbschaft usw. — nicht jedoch der Verzicht auf einen Pflichtteilsanspruch, weil dieser bereits durch den Erbfall ent-

standen ist, und ebenso nicht der Verzicht auf einen Teil der Nacherbschaft, vgl. Urt. d. RG. vom 10. Oktober 1895 (PrZBl. 1896 S. 6), Verzicht auf Pflichtteil ohne Entgelt unter einer Auflage ist Schenkung, Verf. SFM. vom 9. November 1907 Nr. 4914 —; es ist dabei ohne Bedeutung, ob bei dem Unterlassen, dem Verzicht oder dem Ausschlagen die Absicht, einem anderen einen Vorteil zuzuwenden, obgewaltet hat oder nicht. In der gleichen Weise wie bei den vorberührten Fällen kann in dem Verjährenlassen eines Anspruchs (BGB. §§ 194 ff.), in dem Unterlassen der Anfechtung (BGB. §§ 142 ff.) in dem Unterlassen der Geltendmachung der Gewährleistung (BGB. §§ 459 ff.) und ähnlichem eine Schenkung nicht erblickt werden. Auf der anderen Seite wird übereinstimmend die unentgeltliche Leistung von Diensten nicht unter den Begriff der Schenkung fallen, gleichgültig, ob die Dienste regelmäßig als entgeltliche oder als unentgeltliche geleistet zu werden pflegen. Wenn ein Lebensversicherungs- oder Leibrentenvertrag zugunsten eines Dritten unter unmittelbarer Berechtigung desselben in der Weise abgeschlossen ist, daß die Versicherungssumme bei Lebzeiten des Versicherten bei Erreichung eines gewissen Alters verfällt, so wird in der Auszahlung der Versicherungssumme an den Dritten eine Schenkung des zugunsten des letzteren Versichernden nicht erblickt werden können, weil hier die Zuwendung nicht aus dem Vermögen des Zuwendenden kommt, vgl. Urt. d. RG. vom 3. Juni 1902 (RGE. Bd. 51 S. 403), desgleichen Goßner in BlfVF. 1910 S. 289; durchweg wird aber durch den Abschluß des Versicherungsvertrages eine Schenkung begründet werden, wofür sich jedoch eine allgemeine Regel nicht aufstellen lassen wird, da stets die besonderen Umstände des einzelnen Falles, welche die verschiedenartigsten Gestaltungen zeitigen können, maßgebend sein müssen.

5. Darüber, daß die Zuwendung unentgeltlich erfolge, muß Einigkeit unter beiden Teilen herrschen. Einerseits setzt dieses voraus, daß die Zuwendung nicht auf Grund einer rechtlichen Verpflichtung des Zuwendenden gemacht ist. Eine Grenze dafür, was als rechtliche Verpflichtung anzusehen ist, wird sich nicht allgemein und grundsätzlich ziehen lassen; es werden dafür immer die besonderen Umstände der einzelnen Arten von Fällen eventuell auch des einzelnen Sonderfalls maßgebend sein müssen. Eine Schenkung liegt nicht vor, wenn ein Vater sich der Militärbehörde gegenüber verpflichtet, seinem Sohn einen Zuschuß zu zahlen, bis dessen Einkommen eine bestimmte Höhe erreicht, weil hier der Vater in Erfüllung der ihm obliegenden Unterhaltungspflicht (§§ 1601, 1610 BGB.) gehandelt hat; Entsch. d. PrFM. vom 21. März 1910 III 21310/09. Zu beachten ist hier auch, obwohl für die Regel Steuerfreiheit nach § 11 Ziff. 4a und b begründet sein wird, der § 1624 Abs. 1 BGB.: „Was einem Kinde mit Rücksicht auf seine Verheiratung oder auf die Erlangung einer selbständigen Lebensstellung zur Begründung oder zur Erhaltung der Wirtschaft oder der Lebensstellung von dem Vater oder der Mutter zugewendet wird (Ausstattung), gilt, auch wenn eine Verpflichtung nicht besteht, nur insoweit als Schenkung, als die Ausstattung das den Umständen, insbesondere den Vermögensverhältnissen des Vaters oder der Mutter, entsprechende Maß übersteigt." Über die Verpflichtung zur Gewährung einer Aussteuer gibt § 1620 BGB. nähere Bestimmung. Die Umschreibung einer als Ausstattung gewährten Hypothek auf den Schwiegersohn (jüdische Sitte) ist keine Schenkung, Verf. SFM. vom 7. Dezember 1907

Nr. 5431. Die Zuweisung eines Teils des Kaufpreises durch den Verkäufer an die Braut des Käufers als Mitgift unter Vorbehalt einer Leibrente sowie einiger Auszugsleistungen gegenüber dem Käufer ist nicht unentgeltlich; auch Heirat ist Gegenleistung; Verf. SFM. vom 4. Mai 1907 Nr. 1862. Die Zuwendung eines Kapitals seitens einer Firma an eine mit juristischer Persönlichkeit ausgestattete Pensionskasse ist nicht als Schenkung angesehen, weil der Pensionskasse dafür in ihren Satzungen die rechtlich erzwingbare Verpflichtung auferlegt ist, den Angestellten der Firma als Zwangsmitgliedern der Kasse die in den Satzungen für die Mitglieder usw. festgesetzten Pensionen und Erziehungsgelder zu gewähren und diese Leistungen der Kasse rechtlich als Vergütung für die Dienstleistungen der Angestellten an die Firma sich darstellen; Verf. PrFM. vom 9. Mai 1910 III 9122 (an die Bundesstaaten weitergegeben durch Schr. d. Reichsschatzamts vom 31. Mai 1910 II 6721). Wenn in einem Vertrage zur Regelung eines dem öffentlichen Recht angehörigen Rechtsverhältnisses z. B. in einem Vertrage über Abtretung von Gelände zur Herstellung oder Verbreiterung einer Straße eine unentgeltliche Leistung von einem Vertragsteil zugesagt wird, so ist im Zweifel keine Schenkung anzunehmen; Verf. BdStd. vom 16. April 1907 Nr. 11861 und vom 17. Mai 1907 Nr. 15409, vgl. E. Zimmermann Note 3 zu § 55. [Nach einer von U. Hoffmann 2. Aufl. Anm. 2c VII zu § 55 angeführten Verf. PrFM. vom 24. Januar 1910 III 1361 liegt keine Schenkung vor, wenn Jemand, um die Genehmigung einer Lotterie zu erlangen, sich verpflichten muß, aus dem Ertrage einer wohltätigen Anstalt einen Betrag zu überweisen; die Behörde, welche die Überweisung zur Bedingung macht, ist nicht Schenkerin, weil die Zuwendung nicht aus ihrem Vermögen kommt. Des weiteren zieht U. Hoffmann a. a. O. unter IX eine Verf. PrFM. vom 24. Juni 1909 III 7712 an, nach welcher die Zuwendung einer öffentlichen Bibliothek von seiten des Staats an die Stadt, in der sich die Bibliothek befindet, keine Schenkung ist, wenn die Stadt sich zur Erhaltung der Bibliothek für die Allgemeinheit gegen Gewährung eines Zuschusses verpflichtet; es wollten vielmehr beide Teile ihre öffentlichrechtlichen Aufgaben erfüllen und ihre gegenseitigen Leistungen danach bemessen.] Durch Hinterlegung eines Betrages bei einer Bank zugunsten einer Anstalt ohne deren Annahme ist eine Schenkung noch nicht begründet, sondern vielmehr erst durch den notariellen Vertrag, in welchem die Annahme erklärt wurde; da letzterer Vertrag nach dem 1. Juli 1906 geschlossen, so unterliegt die Schenkung der Besteuerung nach dem REStG., obwohl die Hinterlegung vor dem Inkrafttreten des Gesetzes erfolgte; Verf. SFM. vom 12. Dezember 1907 Nr. 5432. Die Überlassung der Hälfte der Aktien seitens der Aktionäre einer Aktiengesellschaft gegen Übernahme der Verpflichtung dafür zu sorgen, daß jeder andere Aktionär der Gesellschaft gleichfalls die Hälfte seines Aktienbesitzes überlasse, ist keine Schenkung; Verf. SFM. vom 9. September 1907 Nr. 3978. Dahingegen ist in der Quittungserteilung über einen Teil des Kaufpreises mit Rücksicht auf Dienste, welche die Käuferin (Schwiegertochter) und ihr Ehemann dem Verkäufer geleistet haben, eine steuerpflichtige Schenkung zu sehen; Verf. SFM. vom 25. April 1907 Nr. 1671. Die Erfüllung einer sittlichen oder einer Anstandspflicht wird nicht als rechtliche Verpflichtung anzusehen sein, denn wenn der § 534 BGB. auch für die Schenkungen, durch welche einer sittlichen Pflicht oder einer auf den Anstand zu nehmenden Rücksicht entsprochen wird, die Rückforderung und den Widerruf ausschließt, so entzieht er ihnen dabei keineswegs den Charakter als Schenkungen, und, da sie als solche rechtlich bestehen bleiben, unterliegen sie ebenso wie jede andere Schenkung der Steuerpflicht. Es dürfte hier einschlagen, wenn durch Verf. SFM. vom 16. Januar 1908 Nr. 63 die Durchführung wesentlicher Testamentsbestimmungen eines ungültigen Testaments, dessen Aufrechterhaltung durch einen wegen Formmangels nichtigen Vertrag vereinbart war, unter den Begriff der Schenkung gestellt ist. Dahingegen wird bei denjenigen Zuwendungen, welche nach einer weiter vorherrschenden Üblichkeit an das Personal für häusliche oder wirtschaftliche Dienstleistungen oder an Angestellte in Gewerbebetrieben zu bestimmten Gelegenheiten, wie namentlich Weihnachten, gemacht zu werden pflegen, regelmäßig wohl die rechtliche Verpflichtung das überwiegende sein; man wird sie meist nicht als unentgeltliche ansehen können, weil sie in erster Linie in Rücksicht auf die geleisteten Dienste und als eine teilweise wenn auch außerordentliche Vergeltung für diese erfolgen: (vgl. auch Note 28 zu § 56). Sind dieselben im Dienstvertrage besonders, wenn auch ohne feste Abgrenzung der Höhe nach mit ausbedungen, so können sie natürlich niemals als Schenkungen in Frage kommen. Aber selbst da, wo sie den Schenkungscharakter tragen, bleiben sie von der Steuer nach Maßgabe des ersten Satzes im Abs. 2 des § 56 befreit, vgl. Note 17 und Note 20 zu § 56. Im übrigen wird man vielfach nur nach den besonderen Verhältnissen des Einzelfalls eine Entscheidung zu fällen haben. Letzteres wird im großen und ganzen auch bei den sogenannten remuneratorischen Schenkungen, den Schenkungen zur Vergeltung, der Fall sein. Vielfach werden dieselben mit den erstberührten Schenkungen des § 534 BGB. identisch sein; das BGB. hat auch über die Schenkungen zur Vergeltung keine weiteren Bestimmungen. An und für sich ist der Zweck einer gewissen Vergeltung oder einer Belohnung dem Schenkungsbegriff nicht entgegengesetzt und kann als den letzteren ausschließend nicht angesehen werden. Es wird immer Tatfrage, die für den einzelnen Fall zu entscheiden ist, bleiben, ob es sich mehr um die Bezahlung einer Schuld handelt oder ob die Schenkungsabsicht das Vorwiegende ist; es bestimmt sich danach wiederum das Nichtvorhandensein oder das Vorhandensein einer Steuerpflicht, vgl. Note 28 zu § 56. Anderseits setzt die Unentgeltlichkeit der Zuwendung aber voraus, daß der Beschenkte zu einer Gegenleistung nicht verpflichtet wird. Eine solche Verpflichtung darf weder unmittelbar noch mittelbar, namentlich aber auch nicht versteckt oder verschleiert entstehen. Eine Ausnahme bildet die Schenkung unter Auflage, bezüglich derer die folgende Note das Nähere ausführt. Eine gewisse moralische Bindung, welche durch die Zuwendung für den Empfänger dem Zuwendenden gegenüber entsteht, kann als eine den Schenkungsbegriff ausschließende Verpflichtung an und für sich nicht angesehen werden; auch hier wird immer nach den Verhältnissen des einzelnen Falls zu entscheiden sein, ob eine Schenkung und damit die Steuerpflicht vorliegt. Nach einer feststehenden Rechtsprechung des Reichsgerichts ist die Annahme einer Schenkung ausgeschlossen, wenn die Parteien ausgesprochenermaßen die Eheschließung und das Mitgiftversprechen im Verhältnis von Leistung und Gegenleistung einander gegenüber gestellt und die Eheschließung als eine dem Mitgiftversprechen entsprechende Leistung zum Gegenstand eines Vertrages gemacht haben: vgl. Urt. d. RG. vom 11. Januar 1906 (RGE.

Bd. 62 S. 273, und Urt. d. RG. vom 1. Oktober 1906 (PrZBl. 1907 S. 110). Dieser Grundsatz ist nicht nur, wenn es sich um das Mitgiftversprechen eines Dritten handelt, sondern auch dann anwendbar, wenn die Eltern dem Kinde eine Ausstattung versprechen und diese das den Vermögensverhältnissen entsprechende Maß übersteigt (BGB. § 1624); die dieses Maß übersteigende Ausstattung ist keineswegs notwendig Schenkung, vielmehr entscheidet auch in diesem Falle der § 516 BGB. über das Vorliegen einer Schenkung; vgl. das angeführte Urt. d. RG. vom 1. Oktober 1906. Nach Entsch. BdStd. vom 26. Februar 1907 Nr. 6316 ist eine Schenkung, welche der Bräutigam der Braut im Ehevertrage verspricht, sofern sie nicht vor dem Eheabschluß vollzogen wird, nicht zu versteuern, weil sie an die aufschiebende Bedingung der Eheschließung geknüpft ist und mit dem Eintritt der Bedingung nach § 11 Ziff. 4d Steuerfreiheit begründet ist (E. Zimmermann Note 4 zu § 55). Ist das Versprechen einer Ausstattung von einem zur Ausstattung nicht Verpflichteten nur bei Gelegenheit einer Eheverbindung abgegeben, so ist es als aus bloßer Freigebigkeit geschehen und damit als Schenkung anzusehen; Urt. d. PrObertribunal vom 28. Oktober 1879 (PrZBl. 1879 S. 93).

6. Die Schenkung unter Auflage läßt das bürgerliche Recht als vollwertige Schenkung zu; sie kommt daher als solche in der gleichen Weise für die Steuerpflicht in Frage. Maßgebend sind im wesentlichen die §§ 525 und 526 BGB. in folgendem Wortlaut:

„§ 525. Wer eine Schenkung unter einer Auflage macht, kann die „Vollziehung der Auflage verlangen, wenn er seinerseits geleistet hat.

„Liegt die Vollziehung der Auflage im öffentlichen Interesse, so kann „nach dem Tode des Schenkers auch die zuständige Behörde die Voll„ziehung verlangen.

„§ 526. Soweit infolge eines Mangels im Rechte oder eines Mangels „der verschenkten Sache der Wert der Zuwendung die Höhe der zur „Vollziehung der Auflage erforderlichen Aufwendungen nicht erreicht, „ist der Beschenkte berechtigt, die Vollziehung der Auflage zu ver„weigern, bis der durch den Mangel entstandene Fehlbetrag ausge„glichen wird. Vollzieht der Beschenkte die Auflage ohne Kenntnis „des Mangels, so kann er von dem Schenker Ersatz der durch die Voll„ziehung verursachten Aufwendungen insoweit verlangen, als sie in „Folge des Mangels den Wert der Zuwendung übersteigen."

Die Auflage besteht in der Festlegung eines Nebenzwecks, der eben dadurch erreicht werden soll, daß die Annahme der Zuwendung zu der Erfüllung desselben zwingt. Dieselbe bedarf keiner besonderen Form; daß sie bei Handgeschenken mündlich gemacht sein kann, spricht eine Verf. BdStd. vom 13. Januar 1908 Nr. 1387 aus. Sie ist hier nicht wie beim Testament im § 1940 BGB. gesetzlich bestimmt (vgl. Note 4 und 5 zu § 30) und kann ebensowohl in einer geldwerten Leistung, wie z. B. Unterhaltsgewährung, Setzung eines Grabdenkmals, als in einer Handlung ohne Vermögenswert, z. B. Annahme eines Namens, bestehen; desgleichen kann sie sowohl zugunsten des Schenkers, wie zugunsten des Beschenkten wie auch zugunsten eines Dritten gemacht werden. Nach Urt. d. RG. vom 13. März 1908 liegt eine Schenkung auch dann vor, wenn mit der Zuwendung eine Auflage verbunden ist, die den Wert der Zuwendung erschöpft. Durch die Auflage wird der Wert der Schenkung in entsprechender Weise vermindert und muß dieses wiederum ebenmäßig Einfluß auf die Steuerpflicht haben. Nach Maßgabe des im § 30 REStG. ausgesprochenen Grundsatzes erscheint die Schenkung unter Lebenden im fraglichen Falle nur insoweit steuerpflichtig, als die Bereicherung des Beschenkten den Wert der Auflage übersteigt. Besteht die Auflage in einer Handlung ohne Vermögenswert, so bleibt sie an sich unberücksichtigt; sind jedoch mit derselben gewisse Unkosten verknüpft, wie eventuell Gebühren oder Stempel bei Annahme eines Namens, so werden diese in Absatz gebracht werden können. Übersteigen wie im Falle des § 526 BGB. die zur Vollziehung der Auflage notwendigen Aufwendungen den Wert der Zuwendung, so muß überhaupt die Steuerpflicht fortfallen. Eine zurzeit noch nicht ausgeglichene Meinungsverschiedenheit besteht jedoch bezüglich der steuerlichen Behandlung der Schenkungen unter Auflage bzw. der rechtlichen Begründung einer solchen Behandlung für den Fall, daß die mit der Zuwendung verbundene Auflage den Wert der Zuwendung erschöpft. Nach der rechtlich vielleicht nicht ganz zweifellosen, dem praktischen Gesichtspunkt am zweckgemäßesten entsprechenden Ansicht, welche der PrFM. in einem Schreiben vom 29. April 1910 III 6001[II] vertritt und der auch wir uns als der jedenfalls praktischsten Lösung anschließen müssen, erscheint es zunächst zweifellos, daß der unter Auflage Beschenkte für seine Person nicht zu einer Schenkungsabgabe heranzuziehen ist, da diese nach der Höhe der Bereicherung sich bemißt, ihm aber eine wirkliche Bereicherung nicht verbleibt. Dem steht auch nicht entgegen, wenn in dem Urt. d. RG. vom 7. März 1905 (RGE. Bd. 60 S. 238; JW. 1905 S. 286 Nr. 10; vgl. auch Urt. d. RG. vom 13. März 1908 mit gleicher Entscheidung) ausgesprochen ist, daß bei einer Schenkung unter Auflage der ganze Gegenstand aus dem materiellen Rechtsgrunde der Schenkung in das Vermögen des Beschenkten übergehe und daß dieser Gegenstand auch zu dem Wertteile ein an Bedachte geschenkter sei, der durch den Wert der Auflage gedeckt und aufgewogen werde. Denn trotz des Vermögensübergangs kann infolge der notwendigen Herausgabe eine Bereicherung, wie sie behufs Heranziehung zur Steuer erforderlich ist, ausgeschlossen sein. Eine Verf. SFM. vom 27. Mai 1910 Nr. 389 spricht aus, daß eine Schenkung nicht vorliege, wenn ein Zweckvermögen vom Träger der Auflage auf eine mit dem Zweckvermögen begründete rechtsfähige Stiftung übertragen werde. Nach der dem Beschenkten auferlegten Verpflichtung sind des weiteren drei Fälle zu unterscheiden. Erstens das Zugewandte ist an einen bestimmten Dritten weiter zu übertragen; in diesem Fall hat der Dritte den ihm zugeflossenen Vermögensanteil nach seinem Verhältnis zum Geschenkgeber zu versteuern. Zweitens das Zugewandte ist zu einem unpersönlichen Zweck der im § 12 Abs. 1 Ziff. 3 REStG. erwähnten Art (z. B. zu bestimmten wissenschaftlichen Forschungen) zu verwenden; hier richtet sich die Besteuerung ohne Rücksicht auf die Person des Zwischenmannes nach dem Zwecke der Zuwendung, so daß, wenn dieser Zweck z. B. ein gemeinnütziger ist, Zuwendungen bis zu 5000 Mk. steuerfrei bleiben, größere Zuwendungen aber einer Steuer von fünf vom Hundert unterliegen, oder wenn der Zweck nicht unter die Ermäßigungsvorschrift des § 12 fällt, die Steuer nach § 10 IV sich bestimmt; für die Steuer haftet nach § 31 Abs. 1 der unter Auflage Beschenkte, doch kann er die Steuer von dem ihm zugewandten Betrage zurückbehalten; ist die Zuwendung an eine juristische

Person gemacht und ihr die Pflicht auferlegt, das Erhaltene zu einem Zwecke zu verwenden, dessen Förderung zu ihren bestimmungs- oder satzungsmäßigen Aufgaben gehört, so tritt eine Abweichung von Vorstehendem insofern ein, als in diesem Falle die juristische Person als bereichert gilt und die Steuer zu tragen hat, wobei das tatsächliche Endergebnis allerdings das gleiche bleibt. Drittens der in der Mitte zwischen den vorerörterten stehende Fall, wenn der Zweck, zu dem der Beschenkte das ihm Zugewandte verwenden soll, zwar kein unpersönlicher ist, sondern einzelnen Personen zugute kommt, diese Personen aber nicht von vornherein fest bestimmt sind, das Kapital vielmehr für immer oder doch für längere Zeit in der Art festgelegt werden soll, daß es von späteren Ereignissen oder von späteren Bestimmungen abhängt, welchen Personen die Erträge zuteil werden sollen; beispielsweise seien als Fälle der gedachten Art angeführt: die Zuwendung eines Geldbetrages an ein Husarenregiment mit der Auflage die Zinsen zu vierteljährlichen Zuschüssen an Wachtmeister des Regiments zu verwenden, die Zuwendung eines Kapitals an eine Stadtgemeinde mit der Auflage, die Zinsen zu Stipendien für Studierende aus der Stadt zu verwenden, die Zuwendung an einen Schriftstellerverein mit der Auflage die Zinsen als Preise an diejenigen Schriftsteller zu verteilen, die im Laufe des Jahres die besten Werke über einen bestimmten Gegenstand herausgegeben haben usw.; auch in diesem dritten Fall muß es ebenso wie in dem zweiten gerechtfertigt erscheinen, die Bestimmung des § 12 Abs. 1 Ziff. 3 zur Anwendung zu bringen und die gleiche steuerliche Behandlung wie unter 2 eintreten zu lassen; als Erwerber ist danach derjenige anzusehen, dem die Zuwendung gemacht wird, also in den angeführten Fällen das Husarenregiment, die Stadtgemeinde, der Schriftstellerverein; da er aber die ganze Zuwendung zu dem bestimmten Zweck verwenden muß, so kann er nach § 31 Abs. 1 die Steuer von der ihm gemachten Zuwendung entnehmen.

7. Ist mit einer Schenkung ein entgeltliches Geschäft verbunden, so spricht man von einer gemischten Schenkung. Über die letztere führen die Motive des Regierungsentwurfs das folgende aus:

„Die sogenannten gemischten Schenkungen (vgl. Entscheidungen des Reichsgerichts in Zivilsachen Bd. 29 S. 265) sind nicht besonders erwähnt. Ist ein entgeltliches Geschäft zwar ernsthaft gemeint, stehen aber Leistung und Gegenleistung in einem so auffallenden Mißverhältnisse, daß an der Absicht der Vertragschließenden, einen von ihnen zu bereichern, nicht gezweifelt werden kann, so hat die Praxis bisher auch ohne ausdrückliche Bestimmung kein Bedenken getragen, eine gemischte Schenkung anzunehmen und den den Wert der Gegenleistung übersteigenden Wert der Leistung mit dem Schenkungsstempel zu belegen."

Da diesen Ausführungen bei den Verhandlungen durch den Reichstag kein Widerspruch entgegengestellt wurde, so müssen sie als eine zu beachtende Grundlage für die Beurteilung angesehen werden. Die gemischten Schenkungen, denen auch die sog. verschleierten Schenkungen d. h. diejenigen, bei denen die Schenkung in die Form eines lästigen Vertrages gekleidet ist, gleichzuachten sind, unterliegen daher, soweit sie sich als Schenkungen darstellen, der Steuerpflicht wie jede andere Schenkung. In erster Linie wird man die gemischte Schenkung in ihre beiden Teile, das entgeltliche Geschäft und die Schenkung, zu zerlegen haben und sodann lediglich die Schenkung, bzw. denjenigen Teil des Geschäfts, welcher als solche anzusehen ist, der Steuerpflicht unterstellen. Erscheint nach Lage der Sache eine derartige Trennung in die beiden Geschäfte nicht möglich, so wird eine analoge Behandlung wie bei der Schenkung unter Auflage nach den Ausführungen in der vorigen Note einzutreten haben. Es ist einerseits der Wert der gesamten Zuwendung oder des gesamten Vorteils, welchen der sogenannte Beschenkte aus dem ganzen Geschäfte bezieht, und anderseits der Wert der ganzen Belastung, die dem Beschenkten aus dem Gesamtgeschäfte erwächst, festzustellen; diese beiden Werte sind miteinander auszugleichen, wobei sich als Endresultat ergeben muß, um welchen Betrag der Beschenkte unentgeltlich aus dem Vermögen des Schenkers bereichert worden ist; letzterer Betrag ist sodann zur Steuer heranzuziehen (vgl. auch Note 28 zu § 56, desgl. Ladenberger a. a. O. S. 37 und 38).

8. Eine besondere Schenkungsabsicht auf seiten des Schenkers, animus donandi, wird zu einer gültigen Schenkung unter Lebenden nicht erfordert; es genügt vielmehr die einfache Tatsache der unentgeltlichen Bereicherung des Beschenkten aus dem Vermögen des Schenkers; vgl. Urt. d. RG. vom 29. Oktober 1903 (JW. 1903 Beil. S. 131), vom 16. Oktober 1908 (RGE. Bd. 70 S. 15), vom 29. Oktober 1909 (Sächs. VBl. 1909 S. 155 und vom 11. Februar 1910 (RGE. Bd. 73 S. 46). Lediglich durch die letztere entsteht daher die Steuerpflicht für die Schenkung und wird namentlich von irgend einem Nachweis der Schenkungsabsicht nicht geredet werden können. Es unterliegen vielmehr selbst diejenigen Schenkungen der Steuerpflicht, bei denen, sei es mit mehr sei es mit weniger Offensichtlichkeit, eine solche Absicht nicht vorhanden ist, wenn der Schenker wesentlich ein eigenes Interesse daran hat, sich der Schenkungsgegenstände zu entäußern, wenn er sie seinen Gläubigern oder seinen Erben entziehen will usw.

9. Für die Form der Schenkung ist wiederum der § 518 BGB. maßgebend:

„Zur Gültigkeit eines Vertrags, durch den eine Leistung schenkweise „versprochen wird, ist die gerichtliche oder notarielle Beurkundung des „Versprechens erforderlich. Das Gleiche gilt, wenn ein Schuldver-„sprechen oder ein Schuldanerkenntnis der in den §§ 780, 781 be-„zeichneten Art schenkweise erteilt wird, von dem Versprechen oder „der Anerkennungserklärung.

„Der Mangel der Form wird durch die Bewirkung der versprochenen „Leistung geheilt."

Nur die obligatorische schenkweise Verpflichtung bedarf also einer besonderen Form, nicht dagegen die Realschenkung durch sofortige Überweisung der Schenkungsgegenstände, welcher Grundsatz in dem zweiten Absatz des angeführten Paragraphen zum Durchbruch kommt. Der Wille eine Schenkung zu beurkunden kann auch einem anderen als dem Beschenkten insbesondere einem Vermögensverwalter gegenüber zur äußeren Erscheinung gelangen, Urt. d. RG. vom 11. April 1902, Gruchots Beitr. Bd. 46 S. 1153. Die Heilung eines Formmangels des Schenkungsversprechens wirkt steuerlich nicht auf die Zeit des ungültigen Versprechens zurück, Verf. SFM. vom 30. Juni 1910 Nr. 3278 und vom 19. September 1910 Nr. 4770. Die Annahme der Schenkung kann unter allen Umständen formlos geschehen, sie bedarf auch einer ausdrücklichen Erklärung nicht. [Nach einer von U. Hoffmann 2. Aufl.

Anm. 2 c I zu § 55 angeführten Verf. PrFM. vom 10. Juni 1910 III 11321 kann die Zuwendung eines Unbekannten Schenkung sein.] Das unter Außerachtlassung der Formvorschrift des § 518 Abs. 1 abgegebene Schenkungsversprechen verliert nach Abs. 2 des § 518 seinen Mangel durch Erfüllung, durch Bewirkung der versprochenen Leistung. Eine rechtswirksame Schenkung ist darnach im fraglichen Fall erst mit der Erfüllung gegeben; zu diesem Zeitpunkt entsteht folgeweise die Steuerpflicht; maßgebend für die steuerliche Behandlung ist der Stand der Verhältnisse im Zeitpunkt der Erfüllung und nicht derjenige zur Zeit der Abgabe des Schenkungsversprechens; and. M. Dr. A. Hoffmann Anm. 2 A b zu § 55; die hier vertretene Ansicht teilt Ladenberger a. a. O. S. 41, desgl. Wunsch Note 4 zu § 55; dieselbe ist anerkannt in dem Schreiben des Reichsschatzamts vom 22. Februar 1910 II 1863 (ZfZuSt. 1910 S. 55). Bei ratenweiser Erfüllung eines formlosen Schenkungsversprechens muß jede einzelne Leistung als ein in sich abgeschlossener, von früheren oder späteren Leistungen unabhängiger Schenkungsakt angesehen werden und unterliegt daher auch der Steuer nur in demselben Maße wie jede andere durch eine Zuwendung in gleicher Höhe vollzogene Schenkung; ausdrücklich verlautbart in dem vorstehend bezeichneten Schreiben des Reichsschatzamts, desgl. u. a. in den Entsch. BayFM. vom 4. März 1910 Nr. 7410 (BlfBF. 1910 S. 123). Wegen der Verpflichtung der Gerichte und Notare, von den bezüglichen Beurkundungen den Erbschaftssteuerämtern Mitteilung zu machen, vgl. den § 40 RESTG., sowie Note 7 zu § 56.

Zu Absatz 2.

10. Die Vorschrift des Absatz 2 des § 55 entspricht der gleichen bezüglich des Erwerbs von Todes wegen unter Ziff. 2 im zweiten Absatz des § 1 getroffenen Bestimmung. Es greift hier im wesentlichen das in den Noten 14—16 zu dem § 1 Ausgeführte Platz. Wenn ein Dritter infolge der Vollziehung der einer Schenkung beigefügten Auflage oder infolge der Bewirkung einer Leistung, von welcher der Schenker eine Schenkung abhängig gemacht hat, einen Erwerb hat und dementsprechend bereichert wird, so ist materiell eine gleiche Sachlage wie bei der Schenkung gegeben und es würde ungerecht erscheinen, den so Bereicherten steuerlich anders wie den Beschenkten zu behandeln. Das gleiche Verhältnis findet statt bei den der Genehmigung einer Behörde unterliegenden Schenkungen, wenn der Erwerb erst infolge der Anordnung der Behörde erlangt wird. Um für die fraglichen Fälle die Steuerpflicht zu begründen, bedurfte es aber wiederum einer besonderen gesetzlichen Vorschrift, wie sie im zweiten Absatz des § 55 getroffen ist. Als Schenker ist derjenige anzusehen, welcher die Auflage oder Leistung angeordnet hat.

Zu Absatz 3.

11. Wie die Begründung einer Stiftung von Todes wegen nach § 1 des Gesetzes — besonders unter der Bestimmung des § 84 BGB., der die Stiftung für die Zuwendungen des Stifters stets als schon vor dessen Tode entstanden gelten läßt, — steuerpflichtig ist, so unterstellt der Abs. 3 des § 55 das Stiftungsgeschäft unter Lebenden der Steuerpflicht. Nachdem im § 80 BGB. allgemein bestimmt worden, daß zur Entstehung einer rechtsfähigen Stiftung außer dem Stiftungsgeschäfte die Genehmigung des Bundesstaats erforderlich ist,

in dessen Gebiete die Stiftung ihren Sitz haben soll, geben die §§ 81 und 82 die näheren Vorschriften bezüglich der Stiftungen unter Lebenden:
„§ 81. Das Stiftungsgeschäft unter Lebenden bedarf der schriftlichen „Form.
„Bis zur Erteilung der Genehmigung ist der Stifter zum Widerrufe „berechtigt. Ist die Genehmigung bei der zuständigen Behörde nach„gesucht, so kann der Widerruf nur dieser gegenüber erklärt werden.
„Der Erbe des Stifters ist zum Widerrufe nicht berechtigt, wenn der „Stifter das Gesuch bei der zuständigen Behörde eingereicht oder im „Falle der gerichtlichen oder notariellen Beurkundung des Stiftungs„geschäfts das Gericht oder den Notar bei oder nach der Beurkundung „mit der Einreichung betraut hat.
„§ 82. Wird die Stiftung genehmigt, so ist der Stifter verpflichtet, „das in dem Stiftungsgeschäfte zugesicherte Vermögen auf die Stiftung „zu übertragen. Rechte, zu deren Übertragung der Abtretungsver„trag genügt, gehen mit der Genehmigung auf die Stiftung über, „sofern nicht aus dem Stiftungsgeschäfte sich ein anderer Wille des „Stifters ergibt."

Die Steuerpflicht für die Stiftungen unter Lebenden tritt mit der staatlichen Genehmigung der Stiftung ein, da erst mit dieser die rechtsfähige Stiftung zur Entstehung gelangt. Steuerpflichtig ist die Stiftung als solche. Während Zuwendungen, durch die eine rechtsfähige Stiftung begründet wird, nach § 55 Abs. 3 steuerpflichtig sind, werden Zuwendungen, mit denen eine nicht rechtsfähige Stiftung errichtet worden, nach § 55 Abs. 2 zu beurteilen sein, Verf. SFM. vom 22. Juli 1910 Nr. 3962. Die durch § 40 RESt G. begründete Verpflichtung der Gerichte und Notare zur Mitteilung der von ihnen beurkundeten Schenkungen an die Erbschaftssteuerämter bezieht sich ohne weiteres auch auf die Beurkundungen von Stiftungsgeschäften unter Lebenden, da die letzteren steuerlich als Schenkungen unter Lebenden angesehen werden.

Zu § 55 insgesamt.

12. Die Besteuerung der Schenkungen unter Lebenden ist im einzelnen nicht weiter geregelt worden; es ist vielmehr nur bestimmt, daß die Schenkungen der gleichen Steuer wie der Erwerb von Todes wegen unterliegen sollen, mit der Maßgabe, daß an Stelle der Verhältnisse des Erblassers und des Erwerbers die Verhältnisse des Schenkers und des Beschenkten berücksichtigt werden. Es kommen demnach in entsprechender Weise voll die Grundsätze der eigentlichen Erbschaftsbesteuerung zur Anwendung. Bezüglich der praktischen Gestaltung soll für die Hauptpunkte in den nachstehenden Noten einiges Nähere ausgeführt werden.

13. Gegenstand der Schenkungssteuer ist jeder Erwerb aus einer Schenkung unter Lebenden; Erwerb ist auch hier Rechtserwerb. Wie oben ausgeführt (vgl. speziell Note 3 und 4), bedingt die Schenkung als solche einen Vermögenswert, der in Geld schätzbar ist und eine Bereicherung des Beschenkten bedeutet, so daß nach dieser Richtung eine Einschränkung auf einen besonderen, lediglich steuerpflichtigen Erwerb nicht notwendig ist. Die besonderen Fälle, in denen ein Erwerb steuerlich wie ein aus einer Schenkung unter Lebenden herrührender zu behandeln ist, sind in den Absätzen 2 und 3 des § 55 speziell herausgehoben, vgl. Note 10 und 11 oben. Die Sonderfälle, welche die

§§ 1—4 bezüglich der Erbschaftssteuer berühren, können für die Schenkungssteuer nicht in Frage kommen. Ebenso wie für einen Erwerb von Todes wegen durch Testament, Erbvertrag oder Vermächtnis eine Steuerpflicht nur in Betracht kommt, wenn Testament, Erbvertrag oder Vermächtnis rechtsverbindlich und rechtlich wirksam ist, ebenso setzt die Besteuerung nach § 55 die Rechtsverbindlichkeit und rechtliche Wirksamkeit der Schenkung voraus. Es müssen daher alle die einzelnen Voraussetzungen der Schenkung, wie sie in den Noten 1—9 zum ersten Absatz des Paragraphen nachgewiesen wurden, gegeben sein und besonders kein Umstand vorliegen, welcher die Schenkung unwirksam machen könnte. Bezüglich der Unwirksamkeit der Schenkungen greifen die allgemeinen Grundsätze des BGB. über die Unwirksamkeit der Rechtsgeschäfte ebenso wie bezüglich der letztwilligen Verfügungen usw. Platz; das Nähere ist in Note 9 zu § 1 oben bereits ausgeführt und findet ebenmäßig entsprechend Anwendung. Über die praktische Sachbehandlung ist außerdem Note 6 zu § 29 zu vergleichen. [Nach einer von U. Hoffmann 2. Aufl. Anm. 1b II zu § 56 angeführten Verf. PrFM. vom 16. März 1908 III 2209 sind, sofern die Schenkung einer besonderen Genehmigung bedarf, vor Erteilung solcher Genehmigung bezügliche Zuwendungen nicht steuerpflichtig, selbst wenn sie bereits in der Hand des Bedachten sind, da sie erst mit der Genehmigung als Schenkung wirksam werden.] Daß Gültigkeit und Rechtswirksamkeit der Schenkung die Vorbedingung für deren Steuerpflichtigkeit bildet, führen ausdrücklich auch die Motive zum Regierungsentwurf bei der Erstattungsvorschrift des vierten Absatzes des § 56 an, wie sie in Note 29 zum § 56 wiedergegeben sind. Danach können namentlich auch die gegen ein gesetzliches Verbot oder gegen die guten Sitten verstoßenden Schenkungen, weil sie nach § 134 bzw. § 138 BGB. nichtig sind, der Besteuerung nicht unterliegen; and. M. von Rogister (BlfBF. 1907 S. 100ff.), welcher die Steuerpflicht für den fraglichen Fall nachzuweisen sucht; vgl. dazu meinen Aufsatz in ZfZuSt. 1908 S. 294ff. Auf Grund ausdrücklicher Vorschrift des BGB. ist eine Unwirksamkeit der Schenkung noch in mehreren besonderen Fällen ausgesprochen, vgl. BGB. § 1446, § 1641 und § 1804.

14. Bezüglich der räumlichen Herrschaft gelten für die Schenkungssteuer die Vorschriften der §§ 5—9 des Gesetzes in der gleichen Weise, wie für die eigentliche Erbschaftssteuer. Es ist danach zunächst zu scheiden, ob der Gegenstand der Schenkung ein Grundstück ist oder ob er zum beweglichen Vermögen gehört. Ist der Gegenstand der Schenkung ein inländisches Grundstück, so ist der Schenkungserwerb steuerpflichtig; ist er ein ausländisches Grundstück, so tritt keine Steuerpflicht ein. Handelt es sich um bewegliches Vermögen, so ist des weiteren die Staatsangehörigkeit des Schenkers von Einfluß. War der Schenker Reichsangehöriger, so ist das Vermögen steuerpflichtig ohne Rücksicht darauf, ob es sich im Inlande oder im Auslande befindet. So ist nach einer Verf. SFM. die Schenkung eines Deutschen an eine Pfarrgemeinde in Österreich für steuerpflichtig erklärt. Ist der Schenker Ausländer, so bleiben die im Auslande befindlichen Schenkungsgegenstände steuerfrei; die im Inlande befindlichen dagegen unterliegen der Steuer, wenn der Schenker seinen Wohnsitz oder gewöhnlichen Aufenthalt in einem Bundesstaate hatte, bzw. auch dann, wenn der Beschenkte zur Zeit der Schenkung im Inlande seinen Wohnsitz hatte. Maßgebend für die Beurteilung ist stets der Zeitpunkt, in welchem die Steuerpflicht entsteht. Wird eine Realschenkung durch Übersendung des geschenkten Gegenstandes aus dem Auslande in das Inland vollzogen, so ist für die steuerliche Behandlung der Gegenstand als im Inlande befindlich anzusehen, weil er im maßgebenden Zeitpunkte bereits im Inlande war. Wird eine Schenkung lediglich durch Übersendung des Schenkungsgegenstandes vom Schenker an den Beschenkten bewirkt, so ist für die steuerliche Behandlung der Wohnort des Schenkers maßgebend. Bezüglich der einzelnen weiteren in Frage kommenden Eigenheiten, welche hier aber für die Praxis nicht die Bedeutung wie bei der Erbschaftssteuer haben werden, sind die Vorbemerkungen zu den §§ 5—9 und die Noten zu diesen einzelnen Paragraphen zu vergleichen, welche eventuell entsprechend Anwendung finden werden. Vgl. Ladenberger a. a. O. S. 69.

15. Der Betrag der Schenkungssteuer regelt sich nach den gleichen Steuersätzen wie die Erbschaftssteuer; es ist lediglich der § 10 des Gesetzes maßgebend. Demgemäß findet zunächst die Abstufung der Steuer nach der Verwandtschaft und der Schwägerschaft statt; dabei sind nach der ausdrücklichen Vorschrift des § 55 Abs. 1 an Stelle der Verhältnisse des Erblassers und des Erwerbers die Verhältnisse des Schenkers und des Beschenkten zu berücksichtigen. Weiter greift die Staffelung der Steuer nach der Höhe des Schenkungsbetrages Platz und zwar ganz in der gleichen Weise bis zu dem $2^1/_2$fachen des einfachen Steuersatzes. Es sind ebenmäßig alle die weiteren Einzelheiten, welche der § 10 bietet, zur Anwendung zu bringen und ist nach dieser Richtung hin auf die weiteren Ausführungen in den Noten zu § 10 Bezug zu nehmen.

16. Die Befreiungen von der Schenkungssteuer sind im folgenden § 56 Abs. 2 besonders geregelt und werden dort in eins zur Erörterung gelangen, vgl. Note 15—28 zu § 56.

17. Der für die Höhe der Steuer maßgebende Wert des Schenkungserwerbs wird in der gleichen Weise wie bei der eigentlichen Erbschaftssteuer ermittelt und finden hierfür, was die allgemeinen Voraussetzungen anlangt, die Vorschriften der §§ 16—20 des Gesetzes entsprechend Anwendung. Zu berücksichtigen ist der Wert, welchen der Schenkungsgegenstand in dem Augenblicke hatte, in welchem die Schenkung unter Lebenden rechtswirksam wurde. Bei der Realschenkung tritt die Rechtswirksamkeit sofort mit der Übergabe und Annahme des Schenkungsgegenstandes ein; der Zeitpunkt der letzteren ist mithin der für die Wertermittelung maßgebende. Das Schenkungsversprechen wird erst rechtswirksam, wenn eine gerichtliche oder notarielle Beurkundung desselben stattgefunden hat und die an keine Form gebundene Annahmeerklärung erfolgt ist, bzw. ohne eine solche die Annahme nach gesetzlicher Voraussetzung als erfolgt angesehen wird, oder wenn ohne die Erfüllung der gesetzlichen Formen die versprochene Leistung bewirkt ist. Bei dem Schenkungsversprechen ist demnach der für die Wertermittelung maßgebende Zeitpunkt für die Regel je nach den besonderen Verhältnissen des Falles entweder der Zeitpunkt der Annahmeerklärung oder der Zeitpunkt, für welchen die Annahme nach gesetzlicher Voraussetzung als erfolgt gilt oder der Zeitpunkt der tatsächlichen Leistung; vgl. das oben in Note 9 Ausgeführte. Sofern nicht ein dauernd land- und forstwirtschaftlichen Zwecken dienendes Grundstück in Frage kommt, ist als Wert dasjenige anzunehmen, was man für gewöhnlich etwa als

gemeinen Wert bezeichnet; es ist darunter der Verkaufs- oder Verkehrswert zu verstehen, der durch den Preis bestimmt wird, welcher im gewöhnlichen Geschäftsverkehr nach der Beschaffenheit des Gegenstandes ohne Rücksicht auf andere ungewöhnliche oder lediglich persönliche Verhältnisse zu erzielen ist. Bei Grundstücken, welche dauernd land- und forstwirtschaftlichen Zwecken zu dienen bestimmt sind, einschließlich der dazu gehörenden und denselben Zwecken dienenden Gebäude und des Zubehörs wird der Ertragswert zugrunde gelegt, als welcher wiederum das Fünfundzwanzigfache des Reinertrags, den die Grundstücke nach ihrer bisherigen wirtschaftlichen Bestimmung bei ordnungsmäßiger Bewirtschaftung nachhaltig gewähren können, gilt. Was im einzelnen für den Wert an sich und speziell den Ertragswert maßgebend ist, bestimmen die BRAusfB. näher in den §§ 13—24, welche auch bezüglich der Schenkungssteuer Platz zu greifen haben. Für die Nutzungen oder Leistungen, die auf bestimmte Zeit begrenzt sind, sowie für Leibrenten oder andere auf die Lebenszeit einer bestimmten Person beschränkte Nutzungen kommen die in den §§ 17—19 des Gesetzes gegebenen Grundsätze in Betracht; namentlich findet bei den Leibrenten usw. bei einem früheren Erlöschen die nachträgliche Wertermittelung nach der wirklichen Dauer und die dementsprechende anderweite Steuerfestsetzung statt, wie sie der § 18 Abs. 2 zuläßt. Der einjährige Betrag der Nutzung einer Geldsumme ist, wenn er nicht anderweit feststeht, zu vier vom Hundert anzunehmen. Bezüglich der sonstigen Einzelheiten und Eigentümlichkeiten ist auf die Ausführungen in den Noten zu den genannten Gesetzesparagraphen zu verweisen.

18. Für diejenigen Fälle, in denen der Erwerb aus einer Schenkung unter Lebenden entweder von einer Bedingung abhängt — sei es, daß er an eine auflösende oder eine aufschiebende Bedingung geknüpft oder unter einer solchen Bedingung belastet ist — oder von einer Befristung, oder nach den gegebenen rechtlichen Ansprüchen ungewiß oder unsicher ist, oder ein Vermögen ohne die Nutzung in sich begreift, ist nach den Grundsätzen zu verfahren, welche in den §§ 21—27 des Gesetzes gegeben sind; es greifen wiederum die Ausführungen, welche bezüglich des einzelnen in den Noten zu diesen Paragraphen gemacht worden sind, entsprechend Platz. Dieses gilt im besonderen auch bezüglich der Vorschriften über die Sicherheitsleistung. [U. Hoffmann 2. Aufl. Anm. 1g zu § 56 nimmt an, daß Sicherheit für die Steuer in den Fällen der §§ 21—23 nur gefordert werden könne, wenn der Beschenkte über den Gegenstand der Schenkung bereits verfügen oder seinerseits vom Schenker Sicherheit verlangen kann.]

19. Berechnet wird die Schenkungssteuer nach den Vorschriften der §§ 28—30 des Gesetzes. Handelt es sich um eine gemeinsame Schenkung an mehrere Beschenkte, so ist die Steuer nach dem ganzen Erwerbe jedes einzelnen Beschenkten für jeden besonders nach seinem Verhältnis zum Erblasser zu berechnen. Der Steuerbetrag ist auch bei der Schenkungssteuer stets auf volle Mark nach unten abzurunden. Steuerpflichtig ist der Erwerb aus der Schenkung unter Lebenden nur insoweit, als er tatsächlich zu einer Bereicherung des Beschenkten, einer Vermehrung des Vermögens desselben, führt, vgl. auch oben Note 3. Ist daher die Schenkung mit einer eine finanzielle Belastung darstellenden Auflage beschwert, so ist sie nur insoweit steuerpflichtig, als

ihr Wert den Wert der Belastung übersteigt. Im einzelnen finden die Ausführungen in den Noten zu den §§ 28—30, soweit sie für die Schenkungssteuer überhaupt in Frage kommen können, entsprechende Anwendung. Bei mehreren innerhalb von 5 Jahren erfolgten Schenkungen desselben Schenkers an denselben Beschenkten ist eventuell der § 14 zur Anwendung zu bringen, vgl. namentlich Note 3 zu diesem Paragraphen; besonderes Beispiel für Berechnung der Steuer in diesem Fall siehe bei Dr. A. Hoffmann Anm. 2F zu § 55.

20. Die Pflicht zur Entrichtung der Schenkungssteuer und die Haftung für dieselbe bestimmt sich nach den §§ 31 und 32 des Gesetzes. Regelmäßig ist zur Entrichtung der Schenkungssteuer der Beschenkte verpflichtet, für dessen persönliche Verbindlichkeit nicht nur der Erwerb aus der Schenkung, sondern auch das sonstige Vermögen desselben haftet. Zu beachten ist, daß jede einzelne Schenkung ohne Rücksicht auf eine etwaige zusammenfassende Form einen in sich geschlossenen Rechtsakt darstellt und abgesehen von dem Ausnahmefall des § 14 REStG. steuerlich als solcher zu behandeln ist. Folgeweise werden mehrere Beschenkte, welche zugleich von einem Schenker Zuwendungen erhalten haben, nicht als Gesamtschuldner haften können, auch wenn die Schenkungen in einer Urkunde zusammen verlautbart sind, und anderseits wird ein Beschenkter, welcher von mehreren Schenkern zugleich in übereinstimmender Weise beschenkt worden ist, jede einzelne Schenkung als solche und nicht etwa den Gesamtwert aus den zusammengefaßten Schenkungen zu versteuern haben, sofern nicht nach besonderen Umständen eine einheitliche Schenkung anzunehmen ist; vgl. oben Note 3. Ist die Schenkung mit einer Auflage, welche sich als eine finanzielle Belastung darstellt, beschwert, so ist der so beschwert Beschenkte für diese Belastung an sich nicht steuerpflichtig, es ist vielmehr, wie in der vorigen Note bemerkt, der Wert der Belastung von dem Wert des gesamten Schenkungserwerbes abzusetzen. Stellt sich die Beschwerung wiederum als eine Schenkung unter Lebenden an einen Dritten dar, so hat dieser Dritte die entsprechende Schenkungssteuer zu entrichten. Sofern aber die als Schenkung an einen Dritten anzusehende Auflage eine Zuwendung der im § 12 Abs. 1 Nr. 3 bezeichneten Art — also eine Zuwendung, die ausschließlich kirchlichen, mildtätigen oder gemeinnützigen Zwecken innerhalb des Reichs oder der deutschen Schutzgebiete gewidmet, deren Verwendung zu dem bestimmten Zweck gesichert und die nicht auf einzelne Familien oder bestimmte Personen beschränkt ist — enthält, ist nach der ausdrücklichen Vorschrift des § 31 Abs. 1, welche auch für die Schenkungen unter Lebenden entsprechend Platz greift, der mit der Zuwendung Beschwerte zur Entrichtung der Steuer verpflichtet; derselbe kann jedoch die Steuer, sofern sich nicht aus der Anordnung des Schenkers ein anderes ergibt, auf die Zuwendung anrechnen. Die Haftung Dritter für die Schenkungssteuer wird nach der besonderen Sachlage tatsächlich weniger als bei der eigentlichen Erbschaftssteuer in Frage kommen können; soweit solches aber wie namentlich bezüglich der gesetzlichen Vertreter und der Bevollmächtigten des Beschenkten der Fall ist, greifen die gesetzlichen Vorschriften der genannten Paragraphen in der gleichen Weise Platz. Auch hier haben wir uns wegen der Einzelheiten auf die Ausführungen in den Noten zu den §§ 30—32, die entsprechend Anwendung finden, zu beziehen.

§ 56.

Auf die Erhebung und Verwaltung der Steuer finden, soweit nicht nachstehend ein anderes bestimmt ist, die Vorschriften über die Erbschaftssteuer Anwendung.

Eine Befreiung von der Steuer tritt außer in den Fällen des § 11, des § 12 Abs. 3 und des § 13 bei Schenkungen an Bedürftige zum Zwecke ihres Unterhalts oder ihrer Ausbildung oder bei dem schenkungsweise erfolgten Erlasse von Forderungen, die durch Gewährung von Mitteln für solche Zwecke begründet sind, sowie dann ein, wenn durch die Schenkung einer sittlichen Pflicht oder einer auf den Anstand zu nehmenden Rücksicht entsprochen wird. Eine Befreiung tritt ferner ein bei Schenkungen beweglicher Sachen im Werte von nicht mehr als 3000 Mark an Personen der im § 10 I bis III bezeichneten Art, sofern die Sachen dem persönlichen Gebrauche des Beschenkten oder seiner Familienangehörigen zu dienen bestimmt sind. Im übrigen wird die Steuerpflicht nicht dadurch ausgeschlossen, daß die Schenkung zur Belohnung oder unter einer Auflage gemacht oder in die Form eines lästigen Vertrags gekleidet wird.

Der Anmeldung der Schenkung (§ 36) bedarf es nicht, wenn die Schenkung gerichtlich oder notariell beurkundet ist.

Die entrichtete Steuer ist zu erstatten, soweit das Geschenk wegen eines auf Gesetz beruhenden Rückforderungsrechts hat herausgegeben werden müssen, ferner wenn die Herausgabe nach Maßgabe des § 528 Abs. 1 Satz 2 des Bürgerlichen Gesetzbuchs abgewendet worden ist oder wenn der Schenker die Erfüllung des schenkweise erteilten Versprechens auf Grund des § 519 des Bürgerlichen Gesetzbuchs verweigert hat.

Vergl. BRAusfB. §§ 30–36.

Zu Absatz 1 und 3.

1. Die Erhebung und Verwaltung der Schenkungssteuer hat sich nach der Vorschrift in Abs. 1 des § 56 in der gleichen Weise, wie die der Erbschaftssteuer zu vollziehen, soweit nicht bezüglich einiger Einzelheiten Besonderes gesetzlich festgelegt ist. Ebenso finden die BRAusfB., welche zunächst speziell bezüglich des Erwerbes von Todes wegen in den §§ 2—29 getroffen sind, auf die Schenkungen unter Lebenden sinngemäße Anwendung. Wir werden die bezüglichen Hauptpunkte in den folgenden Noten kurz hervorheben.

2. Die Zuständigkeit der einzelnen Bundesstaaten für die Erhebung der Schenkungssteuer regelt sich nach dem § 33 des Gesetzes. Demgemäß ist allgemein für die Erhebung der Schenkungssteuer derjenige Bundesstaat zuständig, in welchem der Schenker in dem Augenblick, in welchem die Schenkung rechtswirksam wurde

(vgl. Note 9 und 17 zu § 55), seinen Wohnsitz hatte. Besaß der Schenker in mehreren Staaten einen Wohnsitz, so ist derjenige Staat als zuständig anzusehen, in welchem die Schenkung rechtswirksam wurde, da das Rechtswirksamwerden der Schenkung dem Anfall der Erbschaft gleichzustellen ist. Handelt es sich bei der Schenkung um ein Grundstück, so ist derjenige Bundesstaat zuständig, in welchem sich das Grundstück befindet. Meinungsverschiedenheiten zwischen mehreren Bundesstaaten über die Zuständigkeit hat der Bundesrat zum Ausgleich zu bringen. Des weiteren sind die Ausführungen zu § 33 zu vergleichen, sowie Ladenberger a. a. O. S. 71.

3. Daß die Verwaltung der Schenkungssteuer von den gleichen Behörden wie die der Erbschaftssteuer geführt werden müsse, ist in dem Reichsgesetz nicht ausgesprochen, obwohl die ganze Richtung des Gesetzes als darauf hinauslaufend angesehen werden kann und auch die BRAusfB. bei der Schenkungssteuer lediglich von Erbschaftssteuerämtern als den zuständigen Steuerstellen sprechen. Immerhin dürfte rechtlich die Möglichkeit gegeben sein, daß ein Bundesstaat, da ihm die Bestimmung der Steuerstellen für die Verwaltung der Steuer allein obliegt, die Schenkungssteuer getrennt von der Erbschaftssteuer verwalten läßt; nur muß für jede der beiden Steuerarten der gesetzlich vorgeschriebene Instanzenzug angeordnet sein. Tatsächlich würden allerdings wohl nur ganz besondere Umstände zu einer solchen Maßregel führen können, denn an und für sich ist es sachlich stets das Richtige, die beiden in allem Wesentlichen ganz übereinstimmenden Steuerarten, wie sie formell in eins durch die gesetzliche Regelung zusammengezogen sind, auch von den gleichen Steuerstellen verwalten zu lassen. Demgemäß wird wohl durchweg von den Bundesstaaten verfahren werden. Eine Kontrolle über die Verwaltung der Schenkungssteuer in den Bundesstaaten übt das Reich behufs einer gleichmäßigen Anwendung der getroffenen Vorschriften ebenso wie bezüglich der Erbschaftssteuer aus und ist hierfür der § 35 des Gesetzes maßgebend.

4. Der Erwerb aus einer Schenkung unter Lebenden ist ebenso wie der Erwerb von Todes wegen der zuständigen Steuerstelle schriftlich anzumelden. Die Anmeldepflicht besteht aber nur für den steuerpflichtigen Erwerb. Die Fristen, innerhalb welcher die Anmeldung zu erfolgen hat, sind die im § 36 festgesetzten. Die Frist beginnt mit dem Augenblick zu laufen, in welchem die Schenkung rechtswirksam wurde; bezüglich dieses Zeitpunktes vgl. Note 9 und 17 zu § 55. Sofern mehrere Personen zur Anmeldung verpflichtet sind, befreit die von einem Verpflichteten bewirkte Anmeldung die übrigen Pflichtigen, wenn aus der Anmeldung auch die Schenkung an letztere erkennbar ist. Was die Anmeldung einer steuerpflichtigen Schenkung, welche mit der Angabe ihres Tages und des Wohnortes des Anmeldenden zu versehen und von diesem zu unterschreiben ist, sonst im einzelnen zu enthalten hat, ist im § 34 Abs. 1 BRAusfB. näher angegeben; die einzelnen Angaben stimmen in der Hauptsache mit denen der Erbschaftssteueranmeldung überein. Wenn der Absatz 3 des § 56 die spezielle Bestimmung trifft, daß es der Anmeldung der Schenkung nicht bedarf, wenn die Schenkung gerichtlich oder notariell beurkundet ist, so ist damit eine vom sonstigen Verfahren abweichende Sondervorschrift für die Schenkungen nicht getroffen, sondern es ist nur dasjenige, was der

zweite Absatz des § 36 für den Erwerb von Todes wegen regelt, entsprechend für die Schenkung umgestaltet; der bestehende Grundsatz ist dabei voll gewahrt.

5. Die Vorschriften über die Erbschaftssteuererklärung usw., wie sie in den §§ 37—43 des Gesetzes gegeben sind, greifen grundsätzlich in der gleichen Weise für die Schenkungssteuer Platz. Da aber nach Lage der Sache die Verhältnisse bei den Schenkungen unter Lebenden für den regelmäßigen Fall einfachere und leichter zu übersehende sein werden, so hat die Steuererklärung hier eine ungleich geringere praktische Bedeutung und wird im allgemeinen wohl nur ausnahmsweise zu fordern sein. Dem trägt der § 35 BRAusfB. entsprechend Rechnung. Zunächst soll die Anleitung, welche das Erbschaftssteueramt nach § 11 BRAusfB. bei jedem ihm bekannt werdenden steuerpflichtigen Erwerb von Todes wegen an den zur Anmeldung des Erwerbes Verpflichteten zu senden hat und welche namentlich eine Belehrung über die Pflichten des Erwerbers eines steuerpflichtigen Anfalls enthält, bei den Schenkungen unter Lebenden nur im Falle der Aufforderung zur Einreichung der Steuererklärung gleichzeitig mit dieser Aufforderung übersendet werden. Sodann kann die Zusendung der Anleitung und die Aufforderung zur Steuererklärung unterbleiben, wenn es zur Feststellung der Steuerfreiheit der Schenkung oder zur Berechnung der Steuer nur einer Auskunft über bestimmte tatsächliche Verhältnisse bedarf. Endlich ist die Abgabe der Steuererklärung nicht an ein bestimmtes Muster gebunden; es bedarf also namentlich nicht des sehr eingehenden Musters 5, welches die BRAusfB. für die Erbschaftssteuererklärung vorschreiben. Wie bezüglich der angemeldeten oder sonst zur Kenntnis gelangten Schenkungen von dem Erbschaftssteueramte weiter zu verfahren ist, regeln die §§ 32 und 33 BRAusfB.

6. Die Verpflichtung zur Abgabe einer Steuererklärung besteht für den Beschenkten in dem gleichen Maße wie für den Erwerber von Todes wegen. Sie wird für den einzelnen Fall stets erst durch ein besonderes Verlangen des Erbschaftssteueramts begründet. Die Frist, innerhalb welcher die Erklärung abzugeben ist, bestimmt je nach der Lage des Falls das Erbschaftssteueramt, jedoch nicht unter einem Monat. Die Steuererklärung ist unter der Versicherung zu erstatten, daß die Angaben nach bestem Wissen und Gewissen gemacht sind. Dritte Personen werden bei der Schenkung für die Steuererklärung nur ausnahmsweise in Frage kommen; eine grundsätzliche Verpflichtung ist aber auch für sie nach Maßgabe des § 38 des Gesetzes gegeben. Für die weiteren Einzelheiten finden die Ausführungen in den Noten zu den §§ 37 und 38 entsprechende Anwendung.

7. Die Verpflichtung der Behörden und Beamten zu Mitteilungen an die Erbschaftssteuerämter ist durch den § 40 des Gesetzes im wesentlichen auch schon für die Schenkungen unter Lebenden geregelt und sind die zu diesem Paragraph gegebenen Noten zu vergleichen, ebenfalls aber auch Note 11 zu § 55. Nach den BRAusfB. § 31 haben die Gerichte und Notare dem zuständigen Erbschaftssteueramte beglaubigte Abschriften der von ihnen beurkundeten Schenkungen unter Lebenden alsbald nach der Beurkundung zu übersenden. Auf den Urschriften ist zu vermerken, wann und an welches Erbschaftssteueramt die Übersendung geschehen ist. Ergibt der Urkundeninhalt nicht das

Verwandtschaftsverhältnis zwischen dem Schenker und dem Beschenkten und den Wert der Schenkung, so ist der Schenker hierüber zu befragen. Die erhaltenen Angaben sind dem Erbschaftssteueramt ebenfalls mitzuteilen. Die Einsichtnahme der Akten haben die Gerichte und Notare den Erbschaftssteuerämtern in entsprechender Weise nach § 41 des Gesetzes zu gestatten. Die Verpflichtung der Gerichte und Notare wird als sich auch auf die von ihnen verlautbarten Stiftungsgeschäfte beziehend angesehen werden müssen, da die Stiftungsgeschäfte unter Lebenden als Schenkungen nach § 55 Abs. 3 gelten (vgl. Note 11 zu § 55). Vgl. Ladenberger a. a. O. S. 72.

8. Bei dem verhältnismäßigen Zurücktreten der Steuererklärung muß die Verpflichtung zur Auskunftserteilung nach Maßgabe des § 42 des Gesetzes eine größere praktische Bedeutung gewinnen, weil sie in höherem Maße die Steuererklärung ersetzen wird. Jeder Beschenkte ist zur Erteilung der von dem Erbschaftssteueramte geforderten Auskunft über die die Schenkung betreffenden tatsächlichen Verhältnisse insoweit verpflichtet, als diese für die Festsetzung der Steuer von dem an sich selbst oder bei einer gemeinsamen Schenkung an andere Beteiligte gelangenden Erwerb erheblich sind; desgleichen hat er die sich auf die Schenkung beziehenden Urkunden zur Einsicht vorzulegen. Die Steuerstellen sind befugt, ihren fraglichen Anordnungen auch bezüglich der Schenkungen unter Lebenden durch die im § 42 Abs. 4 zugelassenen Zwangsmaßregeln — sog. Ordnungsstrafen im Einzelfall bis zu 300 Mk. oder Ausführung der erforderlichen Maßregeln auf Kosten des Säumigen — Geltung zu verschaffen. Bezüglich der dabei in Betracht kommenden Einzelheiten ist wiederum auf die Ausführungen in den Noten zu § 42 zu verweisen.

9. Das in dem § 43 geregelte Einigungsverfahren bezüglich des Wertes, welcher der Besteuerung zugrunde zu legen ist, findet bei den Schenkungen unter Lebenden in der gleichen Weise statt und kommen daher auch die Ausführungen in den Noten zu diesem Paragraphen entsprechend zur Anwendung.

10. Die Pauschversteuerung ist ebenfalls bei der Schenkungssteuer zulässig, obwohl im praktischen Leben ein Bedürfnis dafür wohl seltener wie bei der Erbschaftssteuer gegeben sein wird. Zuständig die Pauschversteuerung anzuordnen sind, wie der § 44 des Gesetzes vorschreibt, die obersten Landesfinanzbehörden; das Nähere bezüglich derselben regelt sich nach den oben gegebenen Ausführungen zum § 44.

11. Bezüglich der Schenkungssteuer ist in gleicher Weise wie bei der Erbschaftssteuer nach Berechnung derselben von dem Erbschaftssteueramte ein Steuerbescheid abzugeben, welcher zugleich die Anweisung zur Entrichtung der Steuer innerhalb einer zu bestimmenden Frist (mindestens von einem Monat) enthält. Nach § 36 BRAusfB. hat die Erteilung des Steuerbescheides nach dem beigegebenen Muster 12 zu erfolgen. Gegen den Steuerbescheid stehen dem Steuerpflichtigen im Verwaltungswege die Rechtsmittel nach Maßgabe des § 46 des Gesetzes zu und zwar zunächst die Beschwerde bei der Oberbehörde und danach die weitere Beschwerde bei der obersten Landesfinanzbehörde. Für Anbringung und Einlegung, Fristen, Zulassung verspäteter Beschwerden, Abhilfeschaffung durch die mit der Beschwerde angegriffene Behörde usw. gelten lediglich die Vorschriften des § 46 des Gesetzes und greifen die

näheren Ausführungen, welche in den Noten zu diesem Paragraphen und dem vorhergehenden oben gemacht worden sind, entsprechend Platz.

12. Die Notwendigkeit, die Schenkungssteuer zu stunden oder ihre Entrichtung in Teilbeträgen zuzulassen, wird nach Lage der Sache wohl seltener gegeben sein, die Möglichkeit ist aber immerhin ebenso wie bei der Erbschaftssteuer vorhanden und sind dafür die Vorschriften des § 47 maßgebend. Namentlich greift die Erleichterung der Stundung für die Schenkungen von Grundstücken nach Maßgabe des zweiten Absatzes des genannten Paragraphen Platz, ebenso wie es unzulässig ist, behufs Einziehung der Schenkungssteuer das Grundstück eines Deutschen ohne seine Zustimmung zur Zwangsversteigerung zu bringen. Wegen des näheren sind die Noten zu den §§ 47 und 48 zu vergleichen.

13. Die Versäumung der Pflicht zur Anmeldung und zur Steuererklärung wegen der Schenkungssteuer sowie das Verschweigen steuerpflichtiger Schenkungsgegenstände usw. ziehen die Strafen der §§ 49 und 50 nach sich. Zulässig ist sowohl die Defraudationsstrafe wie die Ordnungsstrafe; ebenso erfolgt die Einziehung der Steuer unabhängig von der Bestrafung. Das Strafverfahren bestimmt sich nach dem § 51 des Gesetzes. Eine Umwandlung nicht beizutreibender Geldstrafen in Freiheitsstrafen findet nicht statt; die Zwangsversteigerung eines Grundstücks ist in gleicher Weise wie oben (vgl. Note 12) ausgeschlossen. Im Strafverfahren werden nach den allgemeinen Vorschriften für dieses Kosten erhoben, während das sonstige Verfahren in Schenkungssteuerangelegenheiten kosten-, gebühren- und stempelfrei ist. Bezüglich der Einzelheiten finden die Ausführungen in den Noten zu den §§ 49—53 entsprechend Anwendung.

14. Die Verjährung des Anspruchs der Staatskasse auf die Schenkungssteuer ist gleichwie bei der Erbschaftssteuer eine zehnjährige. Die Frist beginnt mit dem Schlusse desjenigen Jahres, in welchem der Anspruch auf die Schenkungssteuer entstanden ist, im Falle einer Sicherheitsleistung für die Steuer jedoch nicht vor dem Ablaufe desjenigen Jahres, in welchem die Sicherheit erlischt. Ueber den Zeitpunkt des Entstehens des Anspruchs auf die Schenkungssteuer ist Note 9 und 17 zu dem § 55 zu vergleichen, wegen der sonstigen Einzelheiten die Noten zu dem § 54.

Zu Absatz 2.

15. Der Abs. 2 des § 56 regelt die Befreiung von der Schenkungssteuer in einer etwas abweichenden, der Befreiung von der Erbschaftssteuer gegenüber erweiterten Weise. Dabei ist aber der Ausdruck „Befreiung" in dem eigentlichen und engeren Sinn der gänzlichen Befreiung von der Steuerentrichtung gebraucht worden, in Abweichung von der Überschriftsbezeichnung „Befreiung" bei der Erbschaftssteuer, welche auch die Steuerermäßigungen (vgl. Note 1 zu § 12) mit umfaßt. Nach der Art und Weise, in der der Abs. 2 behandelt ist, und aus der ganzen Sachlage, nach der lediglich eine Erweiterung der Befreiungsvorschriften bei der Schenkungssteuer erfolgen sollte, ist jedoch mit Sicherheit anzunehmen, daß jene Steuerermäßigungen des § 12 Abs. 1, 2 und 4 auch bei der Schenkungssteuer Anwendung zu finden haben. Aus dem Umstande, daß die Steuerermäßigungen in dem Abs. 2 des § 56 nicht ausdrücklich mit aufgeführt sind, ist nicht zu folgern, daß man dieselben hat ausschließen wollen, denn der Ausdruck Befreiung ist

hier eben in dem oben bezeichneten engeren Sinne gebraucht. [In den von U. Hoffmann 2. Aufl. Anm. 2 zu § 56 angeführten Verf. PrFM. vom 8. Februar 1908 III 2207 und vom 29. April 1909 III 2881 ist dieses anerkannt.] Die Steuerermäßigungen des § 12 haben daher für die Schenkungssteuer nach der allgemeinen Vorschrift des § 55 ganz in der gleichen Weise wie für die Erbschaftssteuer Geltung und ist wegen der Einzelheiten auf die bezüglichen Noten zu § 12 Bezug zu nehmen.

16. Es sind sodann zunächst die Erbschaftssteuerbefreiungen des § 11, des § 12 Abs. 3 und des § 13 ausdrücklich als auch für die Schenkungssteuer gültig anerkannt worden. Dieselben haben ganz in der gleichen Weise wie bei der Erbschaftssteuer Platz zu greifen; es regeln sich die Einzelheiten nach den Ausführungen in den Noten zu den genannten Paragraphen, auf welche hier zu verweisen ist. Zweifelhaft erscheint es zunächst, ob die Steuerbefreiung bzw. -Ermäßigung, welche der § 15 Abs. 2 bezüglich der dauernd land- und forstwirtschaftlichen Zwecken dienenden Grundstücke für die Steuerpflichtigen der Klasse 1 des § 10 Abs. 1 trifft, bei Schenkungen unter Lebenden anzuwenden ist oder nicht. Auf die Erhebung der Schenkungssteuer sollen die Vorschriften über die Erbschaftssteuer Anwendung finden, soweit nicht ein anderes bestimmt ist; daß der § 15 Abs. 2 keine Anwendung finden solle, ist nicht ausdrücklich bestimmt, wenngleich der § 15 in dem zweiten die Befreiungen regelnden Absatz des § 56 nicht mit angezogen ist, was jedoch möglicherweise ohne bestimmte Absicht geschehen sein könnte. Letztere Schlußfolgerung erweist sich aber bei einer näheren Prüfung als nicht stichhaltig. Die Gründe, welche für die Vorschrift des § 15 Abs. 2 maßgebend gewesen sind — vgl. Motive zu dem Gesetzentwurf der Regierung, wie sie oben in Note 1 zu § 15 angegeben wurden —, treffen auf die Schenkung keineswegs in der gleichen Weise wie auf die Vererbung zu, da der Eintritt bei ersterer vom freien Willen abhängig ist, bei letzterer nicht; schon im Regierungsentwurf war bei der Regelung der Befreiungen von der Schenkungssteuer die fragliche Vorschrift nicht angezogen, daß es sich derzeit nur um Steuerermäßigung handelte, ist ohne Bedeutung, weil die übrigen Steuerermäßigungen angeführt sind; daß der § 15 Abs. 2 im § 56 Abs. 2 nicht angezogen ist, muß als vom Gesetzgeber speziell beabsichtigt angesehen werden, der durch die Nichtanziehung die anderweite Bestimmung, wie sie § 56 Abs. 1 voraussetzt, treffen und überhaupt die Befreiung von der Schenkungssteuer einheitlich gegenüber der Regelung für die Erbschaftssteuer ordnen wollte. Dazu kommt noch, daß die Zulassung des § 15 Abs. 2 für die Schenkungen unvermeidbar zu Umgehungen der Erbschaftssteuer führen würde, während die Schenkungssteuer wesentlich zu dem Zweck, Umgehungen der Erbschaftssteuer zu verhindern, vom Gesetzgeber eingeführt wurde; die erstere Auffassung würde daher insofern der Absicht des Gesetzgebers zuwiderlaufen. Die Steuerbefreiungs- bzw. -Ermäßigungsvorschrift des § 15 Abs. 2 ist demnach bei Schenkungen unter Lebenden nicht zur Anwendung zu bringen. And. M. Dr. A. Hoffmann Anm. 2 G zu § 55 und U. Hoffmann Note 1 c zu § 56 [desgleichen 2. Aufl. Anm. 1 c V zu § 56]; für die hier vertretene Ansicht Aron Note 1 zu § 56.

17. Der § 56 Abs. 2 gibt dann noch in seinem ersten Satz eine Erweiterung der Befreiungen von der Schenkungssteuer für Schenkungen an Bedürftige zum Zwecke ihres Unterhalts oder ihrer Ausbildung und für Schenkungen, zu denen der Schenker sittlich oder sozial verpflichtet ist. Die Motive des Regierungsentwurfs führen hierzu folgendes an:

„Im § 61 Abs. 2 Satz 1 (jetzt § 56 Abs. 2 Satz 1) sind außer den auch für den Erwerb von Todes wegen geltenden Befreiungsgründen noch einige besondere Befreiungen vorgesehen. Die nach dem Vorgang einer Anzahl von Landesgesetzen aufgenommene Befreiung der Schenkungen an einzelne bedürftige Personen zum Zwecke ihres Unterhalts oder ihrer Ausbildung empfiehlt sich schon aus der Erwägung, daß sich in diesen Fällen der Schenker häufig scheuen wird, mit seiner Wohltätigkeit, wäre es auch nur der Behörde gegenüber, an die Öffentlichkeit zu treten. In diesen Fällen würde daher häufig die Entrichtung der Steuer unterbleiben, ohne daß eine Benachteiligung des Fiskus in der Absicht gelegen hat.

Zu den im § 61 Abs. 2 Satz 1 (jetzt § 56 Abs. 2 Satz 1) weiter befreiten Schenkungen, durch welche einer sittlichen Pflicht oder einer auf den Anstand zu nehmenden Rücksicht entsprochen wird (vgl. auch § 534 BGB.), sind insbesondere auch die üblichen Gelegenheitsgeschenke zu zählen."

18. Die Befreiung der Schenkungen zum Unterhalt usw. an Bedürftige ist ganz unbeschränkt ausgesprochen. [Nach einer von U. Hoffmann 2. Aufl. Anm. 2 zu § 56 angeführten Verf. PrFM. vom 2. September 1907 III 15414 gilt die Befreiung auch für den Erwerb aus Auflagen.] Sie tritt daher ein bei der Schenkung an jeden Bedürftigen; sie muß aber an einen oder mehrere bestimmte Bedürftige gemacht sein, bei Schenkungen lediglich „zugunsten" Bedürftiger greift die Befreiung nicht Platz, Verf. SFM. vom 15. Dezember 1908 Nr. 5223. Im allgemeinen auch zu vergleichen Urt. d. RG. vom 16. Oktober 1908, RGE. Bd. 70 S. 15. Der Beschenkte braucht in keinerlei Zusammenhang mit dem Schenker zu stehen, namentlich ist ein Verwandtschaftsverhältnis irgend welcher Art zu demselben nicht erforderlich. Auch bezüglich der Höhe der Schenkung ist keinerlei Grenze gezogen, doch ist es selbstredende Voraussetzung, daß die Schenkung der Höhe nach im Verhältnis zu dem Zweck derselben stehen muß; soweit die Schenkung über diesen Zweck hinausgeht, kann die Befreiungsvorschrift auf dieselbe keine Anwendung finden; sie ist aber nur für den das gebotenene Maß überschießenden Betrag und zwar nach dem Steuersatze, wie er sich lediglich aus diesem Überschuß ergibt, steuerpflichtig; and. M. Dr. A. Hoffmann Anm. 3a zu § 56, welcher in diesem Fall die Befreiungsvorschrift als nicht anwendbar und die Schenkung in ihrem Gesamtbetrage als steuerpflichtig ansieht; für die hier vertretene Ansicht U. Hoffmann Note 2 zu § 56. [Desgleichen unter näherer Begründung 2. Aufl. Anm. 2 zu § 56.] In gewisser Weise steht dem Vorstehenden das Urt. d. RG. vom 12. März 1909 (RGE. Bd. 70 S. 383) entgegen, welches für Schenkungen aus sittlicher Pflicht ergangen ist und ausführt, daß eine höhere Schenkung nicht bis zu dem Betrage, der einer sittlichen Pflicht entspreche, frei bleiben könne; das Gesetz gewähre an verschiedenen Stellen Steuerfreiheit oder Ermäßigung für Zuwendungen bis zu einer bestimmten Höhe; daß dieser befreite Betrag aber auch dann frei bleibe, wenn die Zuwendung selbst höher ist, lasse das Gesetz nirgends zu und deshalb könne dieser Gedanke auch nicht für die durch eine sittliche Pflicht gebotenen Schenkungen fruchtbar gemacht werden. Wenn eine Schenkung zum Unterhalt in Frage kommt, so wird der Begriff des Unterhalts für den einzelnen Fall je nach der wirtschaftlichen Lage des Schenkers und des Beschenkten zu bestimmen sein, wesentlich aber nach der Lage des letzteren; es kommt im wesentlichen der standesmäßige Unterhalt nach § 1610 BGB. in Frage, Verf. PrFM. vom 14. April 1910 III 5290. Daß die Einräumung eines Wohnungsrechts an eine bedürftige

Haushälterin unter die Befreiungsvorschrift fällt, besagt eine Entsch. BadStd. vom 27. März 1908 Nr. 10039. Eine Schenkung zur Ausbildung kann alles, was irgendwie für die Ausbildung in Betracht kommt, umfassen und ist nicht etwa auf das unbedingt Notwendige zu beschränken; eine Entscheidung wird nur für den einzelnen praktischen Fall je nach den Verhältnissen desselben zu treffen sein; es liegt aber wohl im Sinne der ganzen Befreiungsvorschrift, daß bezüglich derselben keine zu enge Grenze gezogen wird. Auch der Begriff der Bedürftigkeit ist hier im weitesten Sinne zu fassen; er setzt insbesondere irgend eine Notlage nicht voraus. Daß ein gewisser Besitz das Vorhandensein einer Bedürftigkeit nicht ausschließt, ist anerkannt in einer Verf. SFM. vom 24. Mai 1909 Nr. 1060, durch welche Steuerfreiheit angenommen, obwohl die bedürftige Beschenkte Hauseigentümerin war. Des weiteren ist in der Verf. SFM. vom 14. November 1907 Nr. 5175 als steuerfrei erachtet eine Schenkung an die Mutter eines hilfsbedürftigen Studierenden, um ihm die Vollendung des Studiums zu ermöglichen. [Nach einer von U. Hoffmann 2. Aufl. Anm. 2 zu § 56 angeführten Verf. PrFM. vom 1. Dezember 1909 III 19519 kann die Ausbildung und im Zusammenhang damit auch der Unterhalt zu einem besseren Fortkommen dienen, als es der Bedürftige oder seine Eltern sonst hätten ermöglichen können.]

19. Die Bestimmung, daß auch der Erlaß von Forderungen, welche durch Hingabe für die fraglichen Zwecke entstanden sind, von der Schenkungssteuer befreit sein solle, ist von der Kommission des Reichstags dem Gesetze eingefügt worden, deren Bericht darüber wie überhaupt zu der Befreiung der Schenkungen zum Unterhalt usw. folgendes angibt: „Hierher gehöre z. B. der Fall, daß jemand einen bedürftigen jungen Mann studieren lasse. Es komme nun nicht selten vor, daß der Wohltäter bona mente, um den Studenten mehr am Zügel zu behalten, demselben das zum Studieren erforderliche Geld zunächst als Darlehen gebe und es von seiner Führung abhängig sein lasse, ob er ihm später seine Schuld erlassen wolle. Trete der Erlaß ein, so entspreche es der Billigkeit, daß dieser ebenfalls steuerfrei bleibe."

20. Zu der Befreiung der Schenkung von der Steuer, wenn durch dieselbe einer sittlichen Pflicht oder einer auf den Anstand zu nehmenden Rücksicht entsprochen wird (vgl. auch oben Note 17 a. E.), führt der Bericht der Reichstagskommissiou folgendes aus:

„Ob eine solche Verpflichtung vorliege, lasse sich nur von Fall zu Fall entscheiden. Es komme dabei — auch was die Höhe der Schenkung anlange — auf die betreffenden Gesellschaftskreise, auf Vermögen und Berufsstellung, sowie auf die zwischen den beteiligten Personen bestehenden persönlichen Beziehungen an. Mit Rücksicht auf letztere könnten unter Umständen selbst solche Schenkungen, die in der Unsittlichkeit ihren Grund hätten, durch Anstandspflicht geboten sein. (Nach einer zu Letzterem in Anm. 3c zu § 56 von Dr. A. Hoffmann gemachten Bemerkung ist hier z. B. an Fälle gedacht, wo jemand zur Lösung eines unsittlichen Verhältnisses eine Schenkung macht.)

Zweifellos gehörten hierher Gaben zu wohltätigen Zwecken, Weihnachts-, Namenstags-, Geburtstags-, Braut-, Hochzeitsgeschenke nach der jeweiligen Verkehrssitte (wenn sie auch einen größeren Wert als 500 Mark hätten). Auch in dem von einem Kommissionsmitgliede bei Besprechung des § 60 (jetzt § 56) erwähnten Falle, daß ein Fideikommißbesitzer seinen Familienangehörigen über den Rahmen seiner rechtlichen Verpflichtung hinaus angemessene Unterstützung gewähre, müsse Steuerfreiheit eintreten; das folge aus dem Wesen und Zwecke der Fideikommisse."

21. Die Befreiungsvorschrift für „Schenkungen, durch die einer sittlichen Pflicht oder einer auf den Anstand zu nehmenden Rücksicht entsprochen wird" schließt sich in ihrem Wortlaut wiederum an das BGB. an, welches einerseits die dem entsprechenden Schenkungen der Rückforderung und dem Widerrufe nicht unterliegen läßt (§ 534) und sie sonst in verschiedener Weise (§ 1446 Abs. 2, § 1641, § 1804, § 2113 Abs. 2, § 2205, § 2330) besonders heraushebt, anderseits auch die Rückforderung wegen ungerechtfertigter Bereicherung ausschließt, wenn die Leistung einer sittlichen Pflicht oder einer auf den Anstand zu nehmenden Rücksicht entsprach (§ 814). Nach Maßgabe der durchgängigen engen Verbindung des RESt.G. mit dem BGB. wird man bei Bestimmung der Tragweite der Befreiungsvorschrift zu berücksichtigen haben, wie bezüglich jener Bestimmungen des BGB., die Begriffe der sittlichen Pflicht und der auf den Anstand zu nehmenden Rücksicht abgegrenzt werden. Als unter den Begriff der fraglichen Schenkungen fallend führt Planck (Kommentar zum BGB. Bd. IV Note 2 zu § 1804) die üblichen Patengeschenke, Geschenke an Dienstboten und sonstige allgemein übliche Gelegenheitsgeschenke z. B. Hochzeitsgeschenke an, Oertmann (Kommentar zum BGB., Recht der Schuldverhältnisse, Note 1 zu § 534) ebenso Weihnachtsgeschenke an Dienstboten, Neujahrsgeschenke, gewisse Trinkgelder usw.; entscheidend sei auch hier nur die Eigenart des Einzelfalles; ähnlich auch v. Staudinger (Kommentar Bd. 2, Anm. 2 zu § 534), welcher als Schenkungen zur Erfüllung einer sittlichen Pflicht beispielsweise Unterhaltsreichnisse an dürftige nahe Angehörige, welche keinen rechtlichen Unterhaltsanspruch haben, ferner Gaben zu wohltätigen Zwecken, bei öffentlichen Unglücksfällen, in Fällen großer Not u. dgl. hervorhebt und als Schenkungen mit Rücksicht auf den Anstand die meisten im täglichen Leben sich vollziehenden Gelegenheitsgaben, Weihnachts-, Geburtstags-, Hochzeitsgeschenke und ähnliches aber unter besonderer Betonung des Geschenkcharakters bezeichnet, dabei noch darauf hinweisend, daß bei Anstandsschenkungen die örtliche und standesgemäße Verkehrssitte eine große Rolle spiele und auch für die Umgrenzung des Rechtsbegriffs von wesentlichem Einfluß sei. In der Hauptsache deckt sich diese Begriffsbestimmung mit den in erster Linie maßgebenden Ausführungen im Bericht der Reichstagskommission, wie sie die Note 20 oben wiedergibt. [Nach einer von U. Hoffmann 2. Aufl. Anm. 3 c I zu § 56 angeführten Verf. PrFM. vom 11. Oktober 1908 III 17567 sind Hochzeitsgeschenke der Städte, Provinzen usw. an Mitglieder der landesherrlichen Familie steuerfrei.] Bezüglich des Wegfalls einer Rückforderung wegen ungerechtfertigter Bereicherung bemerkt Planck (Kommentar zum BGB. Bd. II Note 2 b zu § 813) des weiteren, die Leistung von Zinsen auf eine unverzinsliche Schuld werde nicht als eine Anstandspflicht anzusehen sein, ebenso werde, wenn auf Grund eines wegen Formmangels ungültigen Geschäfts z. B. einer mündlich übernommenen Bürgschaft geleistet sei, die Rückforderung nicht deshalb verweigert werden dürfen, weil Sitte und Anstand erforderten, auch eine formell nichtige Zusage zu erfüllen oder weil es unanständig sei, sich auf den Formmangel zu berufen. Auch diese Hinweise können uns einen Anhalt für die Auslegung der Befreiungsvorschrift bieten. Nach alledem wird man sich namentlich davor zu hüten haben, bezüglich derselben eine allzuweite Ausdehnung anzuerkennen. Bei der Bestimmung der Tragweite wird man stets das Moment einer wirklichen Verpflichtung, die Notwendigkeit einer Rücksichtnahme auf den Anstand schärfer zu betonen haben und nur in denjenigen Fällen, wo solches das Maßgebende bildet, eine Befreiung zugestehen dürfen. Es wird also namentlich nicht stets schon dann, wenn bis zu einem gewissen Grade auch eine moralische Verpflichtung vorhanden zu sein scheint, die Befreiungsvorschrift Platz zu greifen haben. Als eine notwendige Vorbedingung des letzteren wird es insbesondere zu bezeichnen sein, daß für die sittliche Pflicht oder die Rücksichtnahme auf den Anstand eine direkte und unmittelbare Beziehung zwischen dem Schenker und dem Beschenkten in Frage kommt und daß nicht etwa diese Beziehung durch die Person eines Dritten vermöge einer Bindung, welche in erster Linie diesen Dritten treffen würde, die aber durch rechtliche oder moralische Verpflichtung auf den Schenker übergeleitet wurde, gegeben ist. Mit Rücksicht hierauf wird regelmäßig der häufiger vorkommende Fall für die Befreiung auszuscheiden haben, wenn die Erben einem Hausgenossen des Erblassers, der sich um die Pflege desselben oder in sonstiger Beziehung um seine Person besonders verdient gemacht hatte, in Anerkennnung hierfür durch eine feste Summe oder eine Rente oder in anderer Weise eine Zuwendung machen, wobei es ohne Einfluß verbleibt, ob sie dieses neben einem vom Erblasser ausgesetzten bezüglichen Legat über solches hinaus oder ausschließlich für den Erblasser vornehmen, ob sie vom Erblasser in einer den gesetzlichen Formen nicht genügenden Weise zu einem derartigen Vorgehen angewiesen sind oder nicht. Daß in Fällen der letzteren Art die Befreiungsvorschrift keine Anwendung finden kann, dürfte sich aber auch schon aus der Erbschaftssteuerbefreiung des § 11 Ziffer 4 h ergeben. Nach dieser Vorschrift sollen Personen, die in einem Dienst- oder Arbeitsverhältnis zum Erblasser gestanden haben, von der Erbschaftssteuer befreit bleiben, sofern der Wert ihres Erwerbes den Betrag von 3000 Mk. nicht übersteigt. Wenn also der Erblasser einer Verpflichtung, die doch in erster Linie zunächst nur ihn selber trifft, nachkommt, so läßt das Gesetz nur eine Steuerbefreiung eintreten, wenn es sich um Personen in einem Dienst- oder Arbeitsverhältnisse handelt und wenn die Zuwendung sich innerhalb bestimmter geringerer Grenzen bewegt. Demgegenüber müßte es widersinnig erscheinen, wenn eine Schenkung, welche von den Erben ausgeführt wird, mit Rücksicht auf eine sittliche Pflicht, welche auf diesen doch nur durch die Person des Erblassers vermöge ihrer Verbindung mit diesem und auf alle Fälle sehr in zweiter Linie ruhen kann, gänzlich von der Steuer befreit bleiben sollte, also ohne Rücksicht auf das Vorhandensein eines Dienst- oder Arbeitsverhältnisses zum Erblasser und ohne Rücksicht auf den Wert. Es ist ausgeschlossen, daß der Gesetzgeber derartiges gewollt habe. — In gleicher Weise wie bei den Unterhaltsschenkungen an Bedürftige kann es auch hier vorkommen, daß durch die Höhe der Schenkung das durch die sittliche Pflicht und die auf den Anstand zu nehmende Rücksicht gebotene Maß überschritten wird, so daß die Schenkung sich zu einem Teil als durch die Befreiungsvorschrift privilegierte, zum anderen Teil als gewöhnliche Schenkung darstellt. In diesem Falle greift für den ersteren Teil die Befreiungsvorschrift Platz, während der Teil, welcher über das durch sittliche Pflicht und Anstand gebotene Maß hinausgeht, steuerpflichtig ist und zwar nach dem Steuersatze, wie er sich lediglich für diesen überschießenden Betrag ergibt; a. M. Dr. A. Hoffmann Anm. 3 c zu § 56, welcher den Gesamtbetrag der Schenkung für steuerpflichtig ansieht; für die hier vertretene Ansicht U. Hoffmann Note 3 zu § 56 [desgleichen auch 2. Aufl. Anm. 3 b zu § 56]; zu vgl. oben Note 18 insbesondere auch das dort angeführte Urt. d. RG. vom 12. März 1909, RGE. Bd. 70 S. 383.

22. Zu dem Begriff der „sittlichen Pflicht“ sind verschiedene reichsgerichtliche Entscheidungen ergangen. In dem Urt. d. RG. vom 16. Oktober 1908 (RGE. Bd. 70 S. 15, JW. 1908 S. 754 Nr. 26, BlfBF. 1909 S. 62, Sächs. BBl. 1909 S. 152) ist ausgeführt, daß der Sprachgebrauch des gewöhnlichen Lebens unter „Erfüllung einer sittlichen Pflicht“ auch die Fälle zu begreifen pflegt, in denen es sich lediglich um Betätigung der allgemeinen Nächstenliebe handelt, daß das Gesetz aber den Begriff enger begrenzt; unter „sittlicher Pflicht" im Sinne des § 56 Abs. 2 muß eine „besondere aus den konkreten Umständen des Falls erwachsene, in den Geboten der Sittlichkeit wurzelnde Verpflichtung" verstanden werden; auch für den vermögenden Arbeitgeber kann aber eine solche besondere Pflicht zur Gründung und Ausstattung von Unterstützungskassen für die Witwen und Waisen der Angestellten im allgemeinen nicht anerkannt werden; die Zuwendung, welche eine Hypotheken- und Wechselbank dem Witwen- und Waisen-Unterstützungsverein ihrer Beamtenschaft zur Erfüllung seiner Aufgaben gemacht hatte, wurde folgeweise als nicht unter die Befreiungsvorschrift fallend bezeichnet. Den gleichen grundsätzlichen Standpunkt nimmt auch das Urt. d. RG. vom 12. März 1909 (RGE. Bd. 70 S. 383, JW. 1909 S. 286 Nr. 26, BlfBF. 1909, S. 174, Sächs. BOBl. 1909 S. 1096) ein und führt aus, daß eine in den Geboten der Sittlichkeit wurzelnde Verpflichtung nicht ohne weiteres als gegeben angesehen werden könne, wenn Angehörige einer Religionsgemeinschaft ihrer Gemeinde Zuwendungen machen; im allgemeinen lasse sich wohl sagen, Wohltätigkeit sei eine Tugend und Tugendübung sei sittliche Pflicht, dieser allgemeine sozusagen verschwommene Begriff sei aber im RErbStG. ebensowenig wie in den verschiedenen Bestimmungen des BGB. (§§ 534, 1446, 1641, 1804, 2113, 2205, 2330) gemeint; die Anwendbarkeit der Befreiungsvorschrift auf Zuwendungen an eine jüdische Gemeinde für eine Altersversorgungsanstalt und zur Errichtung einer gynäkologischen Anstalt im jüdischen Krankenhause war deshalb verneint. Zu einem anderen Endergebnis, das aber doch nur scheinbar mit den vorberührten Entscheidungen in einem gewissen Widerspruche steht, kommt das Urt. d. RG. vom 10. Februar 1910 (RGE. Bd. 73 S. 46, BlfBF. 1910 S. 190), indem es den Zuwendungen, welche die Berliner Handelsgesellschaft alljährlich aus den Geschäftsüberschüssen an die Pensionskasse für ihre Angestellten und deren Hinterbliebenen aussetzt, die Befreiung von der Schenkungssteuer zuerkennt, weil die Zuwendungen einer auf den Anstand zu nehmenden Rücksicht entsprechen; es handelte sich dabei aber um Zuwendungen der Handelsgesellschaft an eine seit 1867 bestehende und von ihr selbst begründete Pensionskasse, welche seitdem jährlich aus dem Reingewinn gemacht wurden, so daß die Angestellten der Gesellschaft von vornherein auf solche rechnen konnten und eine Anstandspflicht der Gesellschaft gegeben war, diese Erwartung nicht zu täuschen. Gleichzeitig ist in dem letzten Urteil anerkannt, daß sich der Begriff des Anstandes auch auf juristische Personen d. h. auf die als ihre Willensorgane auftretenden physischen Personen übertragen lasse. Zu Letzterem erkennt ein Rundschreiben des Reichskanzlers (Reichsschatzamt) vom 5. April 1911 II 1776 an, daß es sich bei dem Betriebe von Aktiengesellschaften um eine Betätigung privater Interessen handele und daß man die für die Vertreter der Gesellschaften geltenden Gebote des Anstandes auf die Rechtshandlungen der vertretenen Gesellschafter selbst übertragen könne; es erscheine aber zu weit gehend, den Begriff des Anstandes auch auf die Willensäußerungen der öffentlichen Korporationen, des Staates und des Reiches zu übertragen. In einem Urt. d. RG. vom 15. November 1910 (mitgeteilt durch Schreiben des Reichsschatzamts vom 3. Januar 1911 II 16436/10) ist ferner ausgesprochen, daß bei Zuwendungen der fraglichen Art die sittliche Pflicht nicht schon aus der günstigen Lage des Arbeitgebers herzuleiten sei, daß es vielmehr noch des Vorhandenseins besonderer persönlicher Beziehungen bedürfe, wenn eine Schenkung zugunsten von Angestellten nicht bloß als Betätigung der allgemeinen Nächstenliebe, sondern als Ausfluß des Gebots einer sittlichen Pflicht angesehen werden solle. Ein neuestes Urt. d. RG. vom

3. Januar 1911 (mitgeteilt durch Schreiben des Reichsschatzamts vom 25. März 1911 II 2553) hat das Vorliegen einer sittlichen Pflicht oder einer auf den Anstand zu nehmenden Rücksicht im Sinne des § 56 Abs. 2 RErbStG. für eine Schenkung verneint, die einer Aktiengesellschaft für Zwecke der im § 12 Abs. 1 Ziff. 3 bezeichneten Art von dem Vorsitzenden des Aufsichtsrats und einstigen Gründer dieser Gesellschaft gemacht worden ist. Die Stellungnahme, welche sich aus den ergangenen reichsgerichtlichen Entscheidungen für die Verwaltungsbehörden bezüglich der Zuwendungen von Arbeitgebern an Unterstützungskassen für ihre Angestellten oder deren Hinterbliebenen ergebe, hat ein Rundschreiben des Reichskanzlers (Reichsschatzamt) vom 5. April 1911 II 1776 dahin bestimmt: auf Zuwendungen zu Neugründungen von derartigen Kassen findet die Steuerbefreiung der auf sittlicher Pflicht oder Anstandsrücksichten beruhenden Schenkungen keine Anwendung, eine Steuerpflicht tritt aber auch nur dann ein, wenn die Unterstützungskassen selbständige Rechtspersönlichkeit haben; bei Zuwendungen von Arbeitgebern an bereits bestehende Unterstützungskassen können auch nur ausnahmsweise Anstandsrücksichten angenommen werden, es kommt alles auf die Umstände des Einzelfalles an; die Abgabenfreiheit für die bezüglichen Zuwendungen ist aber mindestens davon abhängig zu machen, daß die Kasse schon seit längerer Zeit besteht, wobei auch darauf Gewicht zu legen ist, daß der Arbeitgeber sie selbst hat gründen helfen, daß der Arbeitgeber ihr schon bisher regelmäßige Zuschüsse hat zuteil werden lassen und daß die Kasse zur Erfüllung ihrer Aufgaben dieser Zuschüsse bedarf; die Tatsache, daß in Kreisen der beteiligten Arbeitgeber laufende Unterstützungen an Pensionskassen aus den Reineinnahmen üblich sind, wird für sich allein die Zuwendung eines Arbeitgebers an eine bestehende Pensionskasse seiner Angestellten nicht unter den Gesichtspunkt einer Schenkung aus Anstandsrücksichten zu stellen vermögen. — Allgemein führt eine Entsch. Herzgl. Sächsischen Staatsministeriums zu Gotha vom 24. August 1908 aus, daß im Zusammenhange mit den übrigen Befreiungsgründen nur ein engerer Begriff der sittlichen Pflicht gemeint sein könne, nämlich eine Verpflichtung, die wegen besonderer zwischen Schenker und Beschenkten bestehender Beziehungen, z. B. Verwandtschaft, Arbeitsverhältnis usw. nach allgemeinen sittlichen Anschauungen für Gewährung der unentgeltlichen Zuwendung besteht und als wesentliches Motiv für diese in Betracht kommt. — Eine sittliche Pflicht kann unter Umständen durch die Notlage des Beschenkten begründet sein, Verf. SFM. vom 9. Mai 1910 Nr. 2342.

23. Bezüglich der auf den Anstand zu nehmenden Rücksicht trifft ein durch Schreiben des Reichskanzlers (Reichsschatzamt) vom 19. Oktober 1910 II 12990 mitgeteiltes Urt. d. RG. vom 23. September 1910 (vgl. ZfZuSt. 1910 S. 250) eine beachtenswerte Entscheidung. Nach ihm erfordert der Begriff des Anstandes im Sinne des § 56 Abs. 2 RErbStG. ein Verhalten, das nicht dergestalt gegen die Anschauungen der sozial Gleichstehenden verstößt, daß der Handelnde dadurch bei diesen eine Einbuße in der Achtung und Anerkennung erleidet. Es hat daher das Vorliegen einer Anstandspflicht in einem Falle angenommen, in welchem der Erbe ein ihn von der Erbschaft ausschließendes formungültiges Testament aufrecht erhalten hat, weil er sich sonst nach der Lage der Verhältnisse einer Verletzung der Pietät und der unter Verwandten üblichen Rücksichtnahme schuldig gemacht haben würde — dieses ist in gleicher Fassung grundsätzlich anerkannt in der Entschließung des Bayer. Staatsministeriums der Finanzen vom 2. November 1910 Nr. 34452, BlfBF. 1911 S. 62. Als unzulässig verworfen wird dabei ein Grundsatz des Inhaltes, daß es Anstandspflicht sei, ein formungültiges Testament aufrecht zu erhalten und zu erfüllen. Es ist daraus mithin keineswegs herzuleiten, daß die Erfüllung ungül-

tiger letztwilliger Verfügungen schon an und für sich als eine Anstandspflicht anzunehmen sei. Daß eine sittliche Pflicht an sich im fraglichen Fall nicht gegeben sei, wird anerkannt in der Verf. SFM. vom 18. März 1909 Nr. 1013. Des weiteren ist in einer Verf. SFM. vom 30. Juni 1910 Nr. 3278 ausgesprochen, daß eine Schenkung an den Erben eines früher nicht rechtsgültig Beschenkten nicht auf einer sittlichen Pflicht beruhe. Um die Zuwendung eines Arbeitgebers an eine Unterstützungskasse oder dergl. der Arbeiter als unter dem Gebot des Anstandes erfolgt anzusehen, wird es nach dem in voriger Note angeführten Urt. d. RG. vom 15. November 1910 stets besonderer rechtfertigender Umstände bedürfen; solche werden ausnahmsweise da anzuerkennen sein, wo es sich darum handelt, eine schon längere Zeit bestehende Unterstützungskasse der Angestellten zu kräftigen und lebensfähig zu erhalten; bei Neuerrichtung einer Kasse trifft dieses aber nicht zu; der Umstand, daß sehr häufig von Arbeitgebern höhere Schenkungen zu ähnlichen Zwecken gemacht werden, berechtigt jedenfalls noch nicht zu dem Schlusse, daß diejenigen, die nicht ein gleiches tun, obwohl sie dazu in der Lage wären, in der Achtung und Anerkennung der ihnen Gleichstehenden deshalb Einbuße erleiden müßten. In einem Urt. d. LG. Dresden vom 27. Januar 1910 ist angenommen, daß eine Schenkung aus Anlaß des 25 jährigen Geschäftsjubiläums an die Pensionskasse der Angestellten und Arbeiter von seiten eines Mitinhabers der Firma nicht einer auf den Anstand zu nehmenden Rücksicht oder einer sittlichen Pflicht entspreche. — Schmuckschenkung eines Bürgers für ein neues städtisches Rathaus beruht nicht auf Anstandsrücksicht, Verf. SFM. vom 1. März 1910 Nr. 1074. [Nach U. Hoffmann 2. Aufl. Anm. 3 e II a. E. zu § 56 ist in Verfügungen PrFM. als über die Anstaltspflicht hinausgehend und deshalb steuerpflichtig angesehen: eine Rente für einen arbeitsfähigen Arbeiter, Verf. vom 18. März 1910 III 2848; eine Pension für eine bis dahin ausreichend bezahlte Wirtschafterin, Verf. vom 28. April 1910 III 4061; 6000 Mk. an einen Arbeiter bei einem Dienstjubiläum, Verf. vom 18. September 1909 III 15359.]

24. Daß die Anwendung der Befreiungsvorschrift des § 56 Abs. 2 auf Zuwendungen der in § 12 Ziffer 4 bezeichneten Art nicht schon durch die in der letzterwähnten Bestimmung vorgesehenen Steuerermäßigung ausschlossen werde, spricht Urt. d. RG. vom 16. Oktober 1908 (RGE. Bd. 70 S. 15, JW. 1908 S. 754 Nr. 26, BlfBF. 1909 S. 62, Sächs. VBl. 1909 S. 152) aus; der § 12 Abs. 1 Ziffer 4 regele die Besteuerung für den Erwerb, der anfällt Kassen oder Anstalten, welche die Unterstützung der zu dem Erblasser in einem Dienst- oder Arbeitsverhältnisse stehenden Personen, sowie der Familienangehörigen solcher Personen bezwecken, die Regelung sei aber nicht derart erschöpfend, daß die für Schenkungen unter Lebenden im § 56 Abs. 2 gegebenen Befreiungsvorschriften auch dann ausgeschlossen wären, wenn deren gesetzliche Voraussetzungen zutreffen. In gleicher Weise enscheidet Urt. d. RG. vom 12. März 1909 (RGE. Bd. 70 S. 383, JW. 1909 S. 286 Nr. 26, BlfBF. 1909 S. 174, Sächs. VBl. 1909 S. 1096).

25. Zu weiteren Erörterungen hat der Fall Anlaß geboten, wenn der Erblasser einen Dritten aus besonderen Gründen formell gültig zum Erben eingesetzt hat, diesen Dritten dann aber in nicht rechtsgültiger Weise verpflichtet hat, die gesamte Erbschaft an diejenigen, denen sie der Erblasser eigentlich zugedacht hatte, herauszugeben, wodurch der zum Erben Eingesetzte tatsächlich mehr als Testamentsvollstrecker wie als Erbe erscheint. Der auf diese Weise Eingesetzte wird rechtlich Erbe, ebenmäßig wird er auch durch die Erbschaft voll bereichert, denn es besteht keine rechtliche Verpflichtung zur

Herausgabe der Erbschaftsmasse; unzweifelhaft hat er daher die volle Steuer für den Wert der Erbschaftsmasse nach seinem Verhältnis zu dem Erblasser zu entrichten. Überweist der Erbe die Erbschaftsgegenstände an diejenigen, welchen sie vom Erblasser zugedacht waren, so stellt sich diese Zuwendung ohne rechtliche Verpflichtung unbedingt als Schenkung dar und würde dementsprechend steuerlich zu behandeln sein. Bei einer milderen Auffassung, der in einem gewissen Grade auch das in Note 23 angeführte Urt. d. RG. vom 23. September 1910 Rechnung trägt, würde man zu der grundsätzlichen Annahme kommen können, daß in den fraglichen Fällen die Schenkung stets unter die Befreiungsvorschrift des § 56 Abs. 2 fallen müsse, weil der Schenker lediglich einer Pflicht des Anstandes gefolgt sei. Eine allgemeine Anerkennung dieser Auffassung würde aber notwendig zur Folge haben, daß der fragliche Weg häufiger zur Umgehung der Erbschaftssteuer eingeschlagen werden würde, eine Umgehung, wie sie gerade durch die Einführung der Schenkungssteuer verhindert werden sollte. Demgemäß dürfte die Auffassung als der Absicht des Gesetzgebers entsprechend nicht angesehen werden können und man wird der strengeren Auffassung den Vorzug geben müssen, welche die allgemeine Annahme einer Anstandspflicht für die Fälle der bezeichneten Art als nicht zulässig und als im Widerspruch mit der Absicht der Gesetzgeber stehend erachtet. Dieses muß dahin führen, daß die Erbschaftssteuerämter in den fraglichen Fällen stets die Schenkungssteuer neben der Erbschaftssteuer zur Hebung zu bringen haben. Für diejenigen Fälle, in denen ganz besondere Umstände das Einschlagen des zur Erörterung stehenden Weges für den Erblasser als notwendig und aus Zweckmäßigkeitsrücksichten geboten erscheinen ließen, würde die doppelte Besteuerung aber immerhin eine an sich nicht gerechtfertigte Härte bedeuten. Diese Härte würde in den geeigneten Fällen durch eine Erstattung der Steuer aus Billigkeitsrücksichten vom Bundesrat entsprechend auszugleichen sein. Bei Vorliegen der sonstigen Voraussetzungen würde eine solche Erstattung insbesondere dann einzutreten haben, wenn für die Zuwendung von den Beteiligten an Erbschafts- und Schenkungssteuer mehr zu zahlen wäre, als sie zu zahlen gehabt hätten, wenn der Empfänger der Zuwendung vom Erblasser in einer gültigen letztwilligen Verfügung bedacht worden wäre; wäre der letztere Betrag höher als der Betrag der gezahlten Erbschaftssteuer allein, so ist die Schenkungssteuer nur bis zur Erfüllung dieses höheren Betrages zu erlassen; nicht begründet ist aber ein derartiger Teilerlaß, wenn der Betrag, den der Empfänger der Zuwendung, falls diese durch formrichtige letztwillige Verfügung erfolgt wäre, zu zahlen gehabt hätte, nicht nur niedriger als der Gesamtbetrag der Erbschafts- und Schenkungssteuer, sondern auch niedriger als der Betrag der Erbschaftssteuer allein gewesen wäre. Der letzteren Auffassung, welche auch in einem Rundschreiben des Reichskanzlers (Reichsschatzamt) vom 18. November 1910 II 14083 vertreten ist, hat im wesentlichen der Bundesrat durch Erlaß der Schenkungssteuer aus Billigkeitsrücksichten in geeigneten bezüglichen Fällen (vgl. Protokolle des Bundesrats, Session 1911, § 49) zugestimmt; vgl. auch oben Note 14 zu § 54 a. E.

26. Die fernere besondere Befreiung bei Schenkungen beweglicher Sachen zum persönlichen Gebrauch an die Verwandten und Verschwägerten der ersten drei Steuerklassen im zweiten Satz des Absatz 2 des § 56 hat wiederum die Kommission des Reichstags in das Gesetz gebracht. Nachdem der Kommissionsbericht (S. 33) bemerkt, daß die fragliche Befreiung nur vorgeschlagen sei „um alle Härten zu beseitigen", weist er zur weiteren Begründung derselben darauf hin:

„1. daß es sich hier nur um Schenkungen unter Verwandten der bezeichneten Art handele,

2. daß in dem Antrage nur von beweglichen Gegenständen, nicht von Grundstücken, die Rede sei,

3. daß die geschenkten Gegenstände nur zum Gebrauche (nicht zum Verbrauche) und zwar zum persönlichen Gebrauche des Beschenkten oder seiner Angehörigen bestimmt sein müßten; gemeint seien also z. B. Bücher, Schmucksachen, Möbel, Hunde, Pferde, nicht aber Geld oder Lebensmittel usw."

Nach Maßgabe des Vorstehenden und der allgemeinen Lage der Sache ist der innere Grund für die Befreiungsvorschrift darin zu sehen, daß in der Schenkung ein besonderes innigeres Verhältnis zwischen dem Schenker und dem Beschenkten insofern zum Ausdruck kommt, als der Schenker durch die engere Anpassung des geschenkten Gegenstandes an die Person des Beschenkten und die Zuspitzung jenes Gegenstandes auf den unmittelbaren persönlichen Gebrauch dieses letzteren in einer eigenartigen Weise der Person des Beschenkten förderlich sein will, und es deshalb als eine Härte erscheinen würde, wollte man nicht derartig sich kennzeichnende Schenkungen unter den im REStG. allgemein bevorzugten Verwandten und Verschwägerten und bis zu einer gewissen Wertgrenze nach demselben Maße behandeln wie ohne jede weitere Einschränkung die Schenkungen aus sittlicher Pflicht oder Anstandsrücksicht und die Schenkungen an Bedürftige zur Ausbildung. Folgeweise ist bei der Beurteilung der Tragweite der Befreiungsvorschrift stets das Hauptgewicht auf das Bestimmtsein des geschenkten Gegenstandes zum persönlichen Gebrauch des Beschenkten zu legen. Die Befreiungsvorschrift ist insoweit einschränkend auszulegen, als unbedingt zu fordern sein wird, daß das letztere Moment unverkennbar und scharf ausgesprochen in der Schenkung zum Ausdruck kommt. So wird die Befreiung keineswegs schon Platz zu greifen haben, wenn nur im allgemeinen feststeht, daß der geschenkte Gegenstand dem persönlichen Gebrauch des Beschenkten dienen *kann*; es ist vielmehr unter allen Umständen der genaue Nachweis zu verlangen, daß der Schenkungsgegenstand in dem besonderen Fall zu dem persönlichen Gebrauch des Beschenkten auch wirklich *bestimmt* ist, daß er in deutlicher Weise auf die Person des Beschenkten zugeschnitten wurde. Ebensowenig wird es behuf Anwendung der Befreiungsvorschrift als genügend anzusehen sein, daß der geschenkte Gegenstand nebenher oder in weiterem Sinne auch tatsächlich dem persönlichen Gebrauch des Beschenkten dient, aber nicht in erster Linie für den letzteren bestimmt ist. Schenkt beispielsweise jemand einem mit vollständigem Hausstand versehenen Verwandten Möbel oder Einrichtungsgegenstände, so fällt diese Schenkung nicht ohne weiteres unter die Befreiungsvorschrift, weil diese Gegenstände an sich zum Gebrauch bestimmt sind und somit auch rein grundsätzlich dem persönlichen Gebrauch des Beschenkten zu dienen vermögen. Handelt es sich dabei um Möbel und Einrichtungsstücke, welche von dem Beschenkten lediglich im allgemeinen innerhalb seines Hausstandes zu verwerten sind, bei welchen aber ein unmittelbarer eigener, also ein wirklich persönlicher Gebrauch des Beschenkten nicht in Betracht kommt, so sind die Anforderungen der Befreiungsvorschrift nicht erfüllt, diese kann nicht zur Anwendung gelangen. Sollen die Möbel usw. aber ausdrücklich der Person des Beschenkten dienen, etwa um die Einrichtung eines im unmittelbaren eigenen Gebrauch des Beschenkten stehenden Zimmers zu vervollständigen oder eine in diesem befindliche geringere Einrichtung durch eine bessere zu ersetzen, so ist die Befreiungsvorschrift in ihren Anforderungen erfüllt und dementsprechend anzuwenden. Letzteres würde ebenmäßig zutreffen, wenn die Möbel usw. einem Verwandten, der sich, etwa behuf Selbständigmachung, eine eigene Hauseinrichtung schafft, bei dieser Gelegenheit zugewendet und von dem Beschenkten dementsprechend in Gebrauch genommen werden; der Begriff des persönlichen Gebrauchs wird dabei an und für sich schon als ein etwas erweiterter erscheinen können. — Der persönliche Gebrauch ist hier aber auch nicht etwa gleichbedeutend mit Gebrauch zu eigenem Nutzen. Das Charakteristische der Vorschrift ist gerade, daß sie auf den Gebrauch durch die Person des Beschenkten zugespitzt ist, nur ein solcher kann die Befreiung begründen. Es scheiden danach in der Hauptsache namentlich diejenigen Schenkungen aus, welche dem Beschenkten in erster Linie oder ausschließlich zu seinem Geschäftsbetriebe, zur Förderung seiner Erwerbstätigkeit gemacht werden. Schenkt z. B. jemand einem Fuhrunternehmer Pferde, welche letzterer nur in seinem Gewerbebetriebe verwenden kann, so greift die Befreiung nicht Platz, obwohl der Beschenkte die Pferde zugleich für sich gebrauchen kann und unter Umständen auch einmal gebraucht, jedenfalls sie stets in eigenem Nutzen verwendet; es macht dabei ebenmäßig keinen Unterschied, ob der Beschenkte die Pferde selbst in seinem Gewerbebetrieb führt, sie also in diesem Sinne gebraucht, oder nicht. Anders würde sich die Sache aber gestalten, wenn einem in entsprechenden Verhältnissen Lebenden größeren Fuhrunternehmer lediglich in Rücksicht auf seinen persönlichen Gebrauch ein Reitpferd geschenkt würde, welches für den Gewerbebetrieb ohne Bedeutung bleiben müßte; auf diesen Fall ist die Befreiungsvorschrift anzuwenden, selbst wenn der Beschenkte das Pferd unter Umständen mit bei Leitung oder Beaufsichtigung seines Gewerbebetriebes benutzen würde. Ebenso wird es sich regelmäßig mit der Schenkung eines Pferdes an einen Offizier verhalten, da bei dieser stets der persönliche Gebrauch als das ausschlaggebende anzusehen ist, obgleich auch eine Benutzung im Dienst stattfindet. — Endlich ist noch zu beachten, daß dem Sinne und dem inneren Grund der Vorschrift nach die Schenkung als Ganzes die vorgeschriebene Eigenart besitzen muß, um von der Steuer befreit zu werden. Die ganze Schenkung ist für die Regel einheitlich zu behandeln und es kann nicht zulässig erscheinen, einzelne Gegenstände einer solchen, wenngleich für sie die die Steuerbefreiung begründenden Momente an sich vorhanden sein könnten, herauszugreifen und daraufhin im Gegensatz zu der Behandlung der Hauptmasse der Schenkung von der Steuer frei zu lassen, denn in einem derartigen Fall wird die Schenkung als solche, und damit auch in ihren einzelnen Teilen, nicht als vom Schenker zum persönlichen Gebrauch des Beschenkten bestimmt anzusehen sein. Wenn beispielsweise ein ländliches Anwesen mit allem Zubehör einschließlich Wohnhaus mit Hausgerät oder auch nur ein Wohngebäude mit vollständiger oder teilweiser innerer Einrichtung verschenkt ist, so wird nicht etwa der Wert des Hausgeräts oder der Einrichtung, sofern er die betreffende Wertgrenze nicht überschreitet, abgesetzt und von der Steuer befreit werden können, weil es sich dabei um bewegliche Gegenstände handelt und diese dem persönlichen Gebrauch des Beschenkten dienen können und eventuell auch dienen. Die Schenkung als Ganzes kann nicht unter die Befreiungsvorschrift fallen, weil sie in der Hauptsache einen unbeweglichen Gegenstand betrifft: damit muß es aber ausgeschlossen sein, auf einzelne Teile der Schenkung die Befreiungsvorschrift anzuwenden. Ebenso würde es zu beurteilen sein, wenn einem Hotelbesitzer eine Anzahl gleichartiger Möbelstücke geschenkt wird, die er nach Lage der Sache im wesentlichen nur zur Ausstattung seiner Hotelwirtschaft verwenden kann: es wird in diesem Falle wiederum nichts ausmachen, wenn der Hotelbesitzer eines dieser Stücke im eigenen Zimmer zum persönlichen Gebrauch nimmt; er wird dann selbst für dieses eine Stück die Befreiung nicht beanspruchen können, weil die Schenkung insgesamt nicht nach Maßgabe der Befreiungsvorschrift geeigenschaftet ist. [And. M. U. Hoffmann 2. Aufl. Anm. 4 zu § 56, welcher annimmt, daß die Befreiung für den Teil nicht ausgeschlossen sei, bei dem die Voraussetzungen erfüllt sind.] — Mit Rücksicht auf die verschiedene Gestaltung der Verhältnisse im praktischen Leben wird sich eine scharfe äußere Abgrenzung für die Anwendung der Befreiungsvorschrift nicht weiter geben lassen. Es wird stets nur nach näherer Prüfung des einzelnen Falls eine Entscheidung zu treffen sein, wobei das Ausgeführte zum Anhalt dienen mag. Im allgemeinen wird man aber mit der Zulassung der fraglichen Befreiung schon um deshalb nicht zu weit gehen dürfen, weil nach dem ausgesprochenen Willen des Gesetzgebers die Befreiungsvorschrift lediglich getroffen ist, um Härten zu beseitigen, und nicht, um eine Schenkungsgruppe in einer besonderen Weise durch die Befreiung zu bevorzugen und insofern zu privilegieren. Vgl. hierzu meinen Aufsatz in der ZfZuSt. 1909 S. 137ff. Daß die Wertgrenze für die Schenkung insgesamt, also für Gesamtheit der Schenkungsgegenstände und nicht etwa für den einzelnen Gegenstand gesetzt ist, kann keinem Zweifel unterliegen.

27. Zweifel waren entstanden, in welchem Verhältnisse die Befreiungsvorschriften des § 11 Ziff. 4f und des § 56 Abs. 2 Satz 2 in bezug auf Schenkungen unter Lebenden zu einander stehen, ob beide Befreiungsvorschriften neben einander und unabhängig von einander anzuwenden sind oder ob nur eine der beiden und zwar die für den Steuerpflichtigen günstigste. Hierüber ist auf Anregung und im Einverständnisse des Reichskanzlers (Schreiben des Reichsschatzamts vom 4. April 1900 II 3772) durch Verf. PrFM. vom 16. April 1910 III 7455 (PrZBl. 1910 S. 184) und Entsch. BayStMdF. vom 19. April 1910 Nr. 12856 (BlfBF. 1910 S. 158) eine Entscheidung dahin getroffen, daß, wenn den Gegenstand einer und derselben Schenkung neben den im § 11 Nr. 4f bezeichneten Sachen noch sonstige zum persönlichen Gebrauch bestimmte bewegliche Sachen, z. B. Schmucksachen, bilden, der § 56 Abs. 2 Satz 2 nicht Anwendung finden kann, wenn der Wert der geschenkten Gegenstände insgesamt mehr als 3000 Mk. beträgt. Überschreitet der Wert der unter § 11 Nr. 4f fallenden Sachen für sich allein auch den Betrag von 5000 Mk., so findet eine Steuerbefreiung überhaupt nicht statt. Bleibt er unter 5000 Mk., der Gesamtwert der Sachen aber über 3000 Mk., so sind die sonstigen zum persönlichen Gebrauch bestimmten Gegenstände, z. B. Schmucksachen, nach Maßgabe ihres Werts allein steuerpflichtig.

Zur Veranschaulichung dienen folgende Beispiele:

Gesamtwert der geschenkten beweglichen Sachen	Wert der unter § 11 Ziff. 4 f fallenden Sachen	Wert der sonstigen Sachen (z. B. Schmucksachen)	Steuerpflichtig in Höhe von
M	M	M	M
2900	2000	900	frei
3200	2600	600	600
6900	5600	1300	6900
4800	4000	800	800

Vgl. Bremisches Amtsbl. 1910 S. 190; ZfZuSt. 1910 S. 116.

28. In dem dritten Satz des § 56 Abs. 2 wird noch besonders hervorgehoben, daß die sogenannten remuneratorischen Schenkungen, die Schenkungen unter Auflage und die in die Form eines lästigen Vertrages gekleideten Schenkungen von der Steuerpflicht nicht ausgeschlossen sind. Es steht hiermit dasjenige, was wir oben in den Noten 5—7 zu § 55 ausführten, im Einklang, bzw. findet dadurch noch eine besondere gesetzliche Bestätigung. Die Motive des Regierungsentwurfs sagen hierüber folgendes:

„Bei den im § 61 Abs. 2 Satz 2 (jetzt § 56 Abs. 2 Satz 3) genannten remuneratorischen Schenkungen kann es sich auch um Schenkungen der im vorangehenden Satze genannten Art handeln. Trifft dies zu, so sind sie von der Steuer gleichfalls frei. Gratifikationen an Beamte, Privatangestellte usw. werden überhaupt nicht als Schenkungen anzusehen sein, weil es sich bei dergleichen Zuwendungen um eine nachträgliche Abgeltung der von den Remunerierten geleisteten Dienste handelt, solche Zuwendungen daher unter demselben Gesichtspunkte wie lästige Verträge beurteilt werden können."

Der Bericht der Reichstagskommission hat nachstehende Ausführungen:

„Die Berichterstatter bemerkten ferner: Nach dem Schlußsatze des Absatzes 2 sei an und für sich, d. h. wenn keiner der gesetzlichen Befreiungsgründe vorliege, die Schenkungssteuer auch zu erheben bei Schenkungen sub modo, bei verschleierten und bei remuneratorischen Schenkungen. Mit Recht zähle die Begründung der Vorlage die sogenannten Gratifikationen an Beamte, Angestellte u. dgl. nicht zu den letzteren, rechne sie überhaupt nicht zu den Schenkungen.

Die gemischten Schenkungen, d. h. solche, die mit entgeltlichen Geschäften verbunden sind und also neben diesen für den überschießenden Wert gelten sollen, seien im Entwurfe nicht besonders erwähnt; es könne aber nicht zweifelhaft sein, daß bei ihnen der den Wert der Gegenleistung übersteigende Wert der Leistung zur Schenkungssteuer heranzuziehen sei. So sei es auch auf Grund der Rechtsprechung des Reichsgerichts in der bisherigen Steuerpraxis gehalten worden."

Die in die Form eines lästigen Vertrages gekleideten Schenkungen, verschleierte Schenkungen, werden sich tatsächlich stets als gemischte Schenkungen darstellen und sind dementsprechend zu behandeln, vgl. Note 7 zu § 55. Den Beweis, daß tatsächlich eine Schenkung vorliegt, wird in diesen Fällen die Steuerbehörde zu führen haben; vgl. Urt. d. RG. vom 6. Oktober 1899 (JW. 1899 S. 735 Nr. 28).

Zu Absatz 4.

29. Zu der Erstattungsvorschrift des Abs. 4 geben die Motive des Regierungsentwurfs folgende Begründung:

„Die Steuerpflichtigkeit einer Schenkung setzt deren Gültigkeit und Rechtswirksamkeit, bei schenkweise versprochenen Leistungen nach § 518 BGB. also die gerichtliche oder notarielle Beurkundung des Versprechens, voraus. Daß im Falle der Nichtigkeit, sei es ursprünglicher oder infolge Anfechtung (§ 142 BGB.) herbeigeführter Nichtigkeit, sowie im Falle der Unwirksamkeit der Schenkung (§§ 1446, 1641, 1804 BGB.), Erstattung der gezahlten Steuer einzutreten hat, ist im Gesetz als sich von selbst verstehend nicht besonders erwähnt. Die Erstattung soll nach § 61 Abs. 4 (jetzt § 56 Abs. 4) aber auch ferner insoweit eintreten, als das Geschenk wegen eines auf Gesetz beruhenden Rückforderungsrechts hat herausgegeben werden müssen. Hierher gehören nach dem BGB. die Fälle des § 528 (Verarmung des Schenkers), 2287 (Schenkung zur Beeinträchtigung des Vertragserben), 2288 (schenkungsweise Veräußerung oder Belastung zur Beeinträchtigung des Vermächtnisnehmers), 2329 (Anspruch des Pflichtteilsberechtigten gegen den Beschenkten). Im Falle des § 528 Abs. 1 Satz 2 soll der Herausgabe die Abwendung der Herausgabe durch Zahlung des für den Unterhalt erforderlichen Betrags gleichstehen. Ein gleicher Grund für die Anerkennung eines Erstattungsanspruchs liegt im Falle des § 519 BGB. (Verweigerung der Erfüllung eines schenkweise erteilten Versprechens) vor. Von dem auf Gesetz beruhenden Rückforderungsrechte ist der Fall zu unterscheiden, in dem es für die Rückforderung noch einer in der Willkür des Rückfordernden liegenden vorausgehenden Handlung (des Widerrufs) bedarf (vgl. §§ 530 ff. BGB.). Die Erstattung auch hierauf auszudehnen, liegt keine Veranlassung vor."

30. Mit dem Absatz 4 des § 56 hat keineswegs eine eigene und vollständige Regelung für die Erstattung der Schenkungssteuer getroffen werden sollen, wie solches schon die angeführten Motive zum Regierungsentwurf ersehen lassen. Der Absatz 4 schließt sich nach seiner inneren Bedeutung unmittelbar an den Absatz 1 des Paragraphen an, welcher allgemein die für die Erhebung und Verwaltung der Erbschaftssteuer gegebenen Vorschriften auf die Schenkungssteuer zur Anwendung bringt. Bezüglich der Erstattung entrichteter Schenkungssteuer sind durch den Absatz 1 des § 56 die allgemeinen für die Erbschaftssteuer gesetzlich näher festgelegten Grundsätze in erster Linie zu maßgebenden gemacht. So ist es insbesondere für die Schenkungssteuer entsprechend zu berücksichtigen, daß nach § 18 Abs. 2 der Wert einer auf die Lebenszeit einer Person beschränkten Nutzung oder Leistung wegen vorzeitigen Erlöschens der letzteren nach Maßgabe der wirklichen Dauer zu bestimmen und die gezahlte Steuer bis auf den diesem Wert entsprechenden Betrag zu erstatten ist, daß im Falle bedingten Erwerbs nach § 21 Abs. 2 beim Eintritt der auflösenden Bedingung die gezahlte Steuer bis auf den der wirklichen Bereicherung entsprechenden Betrag erstattet wird, daß bei bedingter Belastung nach § 22 Abs. 1 bei Eintritt der aufschiebenden Bedingung die gezahlte Steuer bis auf den der veränderten Rechtslage entsprechenden Betrag

erstattet wird, daß nach § 22 Abs. 3 bei zweifelhaften Lasten ebenmäßig das vorbezeichnete Verfahren stattfinden soll, daß nach § 23 ein gleiches wie in den vorberührten Fällen eintreten kann, wenn der Erwerb oder die Last von einem Ereignis abhängt, das nur hinsichtlich des Zeitpunkts seines Eintritts ungewiß ist, und ebenso nach § 24 bei ungewissen oder unsicheren Rechten sowie nach § 25 bei unbekannten Ansprüchen, daß ferner nach den §§ 26 und 27 bei einem Erwerb von Vermögen ohne die Nutzung unter gewissen Voraussetzungen eine Erstattung der entrichteten Steuer Platz greifen soll. Es ist keinerlei innerlicher Grund vorhanden, welcher den Gesetzgeber hätte bestimmen können, jene allgemeinen Grundsätze nur bezüglich der Erbschaftssteuer und nicht bezüglich der Schenkungssteuer zur Anwendung zu bringen; im Gegenteil wird man nach der ganzen Lage der Sache nur annehmen können, daß eine übereinstimmende Behandlung auch bezüglich der Erstattung, wie sie allein als das Richtige und Zweckentsprechende anzusehen ist, vom Gesetzgeber gewollt ist. Für eine entgegenstehende Annahme bietet der Absatz 4 keinerlei Anhalt. Derselbe will lediglich eine Erstattung der Steuer in gewissen besonderen Fällen, wie sie sich aus der Eigenart der Schenkung ergeben und daher nur für die Schenkungssteuer in Frage kommen können, einführen. Daß die Motive des Regierungsentwurfs die oben angeführten allgemeinen Erstattungsgründe nicht berühren, verschlägt nichts; die Erstattung nach Absatz 1 des § 56 hat ebenso als selbstverständlich zu gelten wie die Erstattung wegen Nichtigkeit des unterliegenden Rechtsgeschäfts; in gleicher Weise wie im letzteren Fall das Gesetz die Erstattung nicht zu berühren brauchte und tatsächlich nicht berührte, war es auch nicht notwendig in den Motiven auf die weiteren allgemeinen Erstattungsgründe, welche das Gesetz für die Erbschaftssteuer festgelegt hatte, Bezug zu nehmen. Vgl. Dr. von Rogister, Einige Fragen aus dem RESt G. III, BlfBF. 1907 S. 104ff.

31. Eine allein für die Schenkungssteuer in Betracht kommende Erstattung entrichteter Steuer läßt das Gesetz unter drei besonderen einzelnen Voraussetzungen zu. Einmal soweit das Geschenk wegen eines auf Gesetz beruhenden Rückforderungsrechts hat herausgegeben werden müssen. Maßgebend ist wiederum das BGB., welches ein bezügliches Rückforderungsrecht in den folgenden Fällen gewährt:

„§ 528. Soweit der Schenker nach der Vollziehung der Schenkung „außer Stande ist, seinen standesmäßigen Unterhalt zu bestreiten und „die ihm seinen Verwandten, seinem Ehegatten oder seinem früheren „Ehegatten gegenüber gesetzlich obliegende Unterhaltspflicht zu erfüllen, „kann er von dem Beschenkten die Herausgabe des Geschenks nach „den Vorschriften über die Herausgabe einer ungerechtfertigten Be„reicherung fordern.....

„§ 1301. Unterbleibt die Eheschließung, so kann jeder Verlobte von dem „anderen die Herausgabe desjenigen, was er ihm geschenkt oder zum „Zeichen des Verlöbnisses gegeben hat, nach den Vorschriften über die „Herausgabe einer ungerechtfertigten Bereicherung fordern. Im Zweifel „ist anzunehmen, daß die Rückforderung ausgeschlossen sein soll, wenn „das Verlöbnis durch den Tod eines der Verlobten aufgelöst wird.

„§ 2287. Hat der Erblasser in der Absicht, den Vertragserben zu be„einträchtigen, eine Schenkung gemacht, so kann der Vertragserbe,

„nachdem ihm die Erbschaft angefallen ist, von dem Beschenkten die „Herausgabe des Geschenkes nach den Vorschriften über die Herausgabe einer ungerechtfertigten Bereicherung fordern.

„Der Anspruch verjährt in drei Jahren von dem Anfalle der Erbschaft an.

„§ 2288. Hat der Erblasser den Gegenstand eines vertragsmäßig angeordneten Vermächtnisses in der Absicht, den Bedachten zu beeinträchtigen, zerstört, bei Seite geschafft oder beschädigt, so tritt, soweit „der Erbe dadurch außer Stand gesetzt ist, die Leistung zu bewirken, „an die Stelle des Gegenstandes der Wert.

„Hat der Erblasser den Gegenstand in der Absicht, den Bedachten zu „beeinträchtigen, veräußert oder belastet, so ist der Erbe verpflichtet, „dem Bedachten den Gegenstand zu verschaffen oder die Belastung zu „beseitigen; auf diese Verpflichtung finden die Vorschriften des § 2170 „Abs. 2 entsprechende Anwendung. Ist die Veräußerung oder die „Belastung schenkweise erfolgt, so steht dem Bedachten, soweit er Ersatz nicht von dem Erben erlangen kann, der im § 2287 bestimmte „Anspruch gegen den Beschenkten zu.

„§ 2329. Soweit der Erbe zur Ergänzung des Pflichtteils nicht verpflichtet ist, kann der Pflichtteilsberechtigte von dem Beschenkten die „Herausgabe des Geschenkes zum Zwecke der Befriedigung wegen des „fehlenden Betrags nach den Vorschriften über die Herausgabe einer „ungerechtfertigten Bereicherung fordern. Ist der Pflichtteilsberechtigte „der alleinige Erbe, so steht ihm das gleiche Recht zu."

Übereinstimmend ist zu diesen Fällen zu bemerken, daß eine Erstattung der entrichteten Steuer nur dann stattfinden kann, wenn das auf Gesetz beruhende Rückforderungsrecht verwirklicht worden ist, wenn eine Herausgabe des Geschenkten tatsächlich stattgefunden hat. Wird das ganze Geschenk zurückgegeben, so ist naturgemäß die ganze Steuer zu erstatten. Sofern nur ein Teil des Geschenkes zur Herausgabe gelangt, wie solches namentlich in den Fällen der §§ 2288 und 2329 vorkommen kann, findet nur eine teilweise Erstattung statt. Die Erstattung ist dabei so zu bemessen, daß nur ein Betrag von der entrichteten Steuer innebehalten wird, wie er demjenigen entsprechen würde, was der Beschenkte nach der ihm verbliebenen Bereicherung an Steuer zu zahlen gehabt haben würde. Verringert demnach die Herausgabe den Wert des Geschenkes in der Weise, daß bezüglich der beim Beschenkten verbleibenden Bereicherung nach Maßgabe des § 10 Abs. 2 REStG. ein geringerer Steuersatz zur Anwendung zu bringen sein würde, als bezüglich des ganzen Geschenks zur Anwendung zu bringen war und tatsächlich zur Anwendung gebracht ist, so ist dem bei der Erstattung entsprechend Rechnung zu tragen; die letztere ist auf dasjenige Mehr auszudehnen, das infolge des angewandten höheren Steuersatzes an Steuer zunächst von dem ganzen Geschenk zu entrichten war; dieses Mehr oder der Unterschied zwischen dem höheren und dem niederen Steuersatz ist auch bezüglich des beim Beschenkten verbleibenden Teils des Geschenkes zu erstatten. Bei der Berechnung der zu erstattenden Beträge ist lediglich der tatsächliche Stand zur Zeit der Besteuerung der Schenkung, also im Augenblick des Erwerbs der letzteren zugrunde zu legen; alles dasjenige, was nach diesem Zeitpunkt, der allein für die Besteuerung und die sich lediglich wiederum an diese angliedernde Erstattung maßgebend sein kann, mit dem Geschenk sich ereignet hat, was also eventuell den Wert der Schenkung nach oben oder nach unten hin verändert hat, bleibt vollständig außer Betracht. Folgeweise ist die Bereicherung, welche der Beschenkte durch den der Herausgabe unterliegenden Teil der Schenkung erfahren hat, auch wenn er sie nicht mit herauszugeben hat, unberücksichtigt zu lassen. Weiter findet eine besondere Erstattung bei der Schenkungssteuer statt, wenn die Herausgabe des Geschenks nach Maßgabe des § 528 Abs. 1 Satz 2 BGB. abgewendet worden ist. Der § 528 BGB., dessen erster Satz oben schon zum Ausdruck gebracht ist, lautet in seinem 2. Satz und den weiteren, welche für die praktische Durchführung Bedeutung haben, folgendermaßen:

„§ 528..... Der Beschenkte kann die Herausgabe durch Zahlung des „für den Unterhalt erforderlichen Betrags abwenden. Auf die Ver„pflichtung des Beschenkten finden die Vorschriften des § 760 sowie „die für die Unterhaltspflicht der Verwandten geltende Vorschrift „des § 1611 und im Falle des Todes des Schenkers auch die Vor„schriften des § 1613 entsprechende Anwendung.

„Unter mehreren Beschenkten haftet der früher Beschenkte nur inso„weit, als der später Beschenkte nicht verpflichtet ist."

In diesem Falle bleibt die Schenkung als solche zu Recht bestehen, sie wird aber mit einer dem Schenker zu gewährenden Leibrente belastet. Dadurch wird die Bereicherung des Beschenkten entsprechend vermindert; es hat nach Maßgabe dieser Verminderung, also nach dem Wert der Leibrente, eine Erstattung der entrichteten Steuer stattzufinden. Für den Wert der Rente ist maßgebend einerseits die Höhe derselben, die sich wieder nach den jeweiligen Verhältnissen des einzelnen Falles bestimmt, anderseits die Art der Zahlung, in welcher Beziehung die Vorschrift des angezogenen § 760 BGB., daß die Leibrente im voraus zu entrichten, die Geldrente für drei Monate vorauszuzahlen usw. Platz greift, endlich auch die sonstigen Sonderumstände. Im übrigen sind bei der Wertermittelung die Grundsätze des REStG. speziell die des § 18 desselben zur Anwendung zu bringen. Da es sich hier um eine erst später und selbständig eintretende Belastung der Schenkung handelt, so kann für die weiteren Festlegungen nur der Zeitpunkt des Entstehens der Belastung maßgebend sein. Dieser Zeitpunkt kommt für die Bemessung nach dem Alter des Schenkers und nach der Dauer der Rente in Frage; ein besonderer, mit der Zeit wechselnder Wert des zu leistenden Gegenstandes wird nicht gegeben sein können, da nur eine Geldzahlung den Gegenstand bildet. Findet nach dem so berechneten Wert der dem Schenker zu gewährenden Rente eine Erstattung der Steuer, bei welcher übrigens wie oben der bei dem geringeren Wert der Schenkung selbst sich etwa entsprechend ermäßigende Steuersatz zu berücksichtigen sein würde, statt, so ist der Steuerfall damit noch nicht endgültig erledigt. Es kann vielmehr der Absatz 2 des § 18 REStG. noch Platz greifen und eine Wiedererhebung eines Teils der erstatteten Steuer stattfinden, wenn wegen des in kürzerer Frist erfolgenden Ablebens des Schenkers eine Wertberechnung nach der Dauer der Rente zugrunde zu legen ist, wobei wiederum eine Änderung des Steuersatzes möglich und zu berücksichtigen sein kann. Endlich ist eine besondere Erstattung entrichteter Schenkungssteuer noch gegeben, wenn der Schenker die Erfüllung des schenkweise erteilten Versprechens auf Grund des § 519 BGB. verweigert hat.

„§ 519. Der Schenker ist berechtigt, die Erfüllung eines schenkweise „erteilten Versprechens zu verweigern, soweit er bei Berücksichtigung „seiner sonstigen Verpflichtungen außer Stande ist, das Versprechen zu „erfüllen, ohne daß sein standesmäßiger Unterhalt oder die Erfüllung „der ihm kraft Gesetzes obliegenden Unterhaltspflichten gefährdet wird. „Treffen die Ansprüche mehrerer Beschenkten zusammen, so geht der „früher entstandene Anspruch vor."

Hier liegt die Sache am einfachsten. Wird die Erfüllung des Schenkungsversprechens in seiner Gesamtheit verweigert, so ist die Steuer im vollen Umfange zu erstatten. Tritt nur eine teilweise Verweigerung, wie sie gesetzlich zulässig erscheint, ein, so wird nur ein entsprechender Teil der entrichteten Steuer erstattet. Für die Wertbemessung ist der Zeitpunkt der Schenkung, nicht der der Erfüllungsverweigerung maßgebend. Würde für den verbleibenden Teil der Schenkung ein geringerer Steuersatz zur Anwendung zu bringen sein, wie bei der Festsetzung der Steuer nach dem anfänglichen Gesamtbetrage der Schenkung untergelegt worden ist, so ist dem entsprechend, wie oben hervorgehoben, Rechnung zu tragen.

Vgl. meinen Aufsatz in ZfZuSt. 1909 S. 58ff.

32. Keinen Erstattungsgrund für die Schenkungssteuer bildet der Widerruf der Schenkung, welcher für einen besonderen Grund gleichfalls hätte in Frage kommen können. Die Motive zum Regierungsentwurf führen ausdrücklich an, daß man sich nicht hätte veranlaßt sehen können, die Erstattung auch auf diejenigen Fälle auszudehnen, in welchen es wie beim Widerruf für die Rückforderung der Schenkung noch einer in der Willkür des Rückfordernden liegenden vorausgehenden Handlung bedürfe. Das BGB. läßt bezüglich der Schenkung zu einmal ein Widerrufsrecht wegen groben Undanks:

„§ 530. Eine Schenkung kann widerrufen werden, wenn sich der Be„schenkte durch eine schwere Verfehlung gegen den Schenker oder einen „nahen Angehörigen des Schenkers groben Undankes schuldig macht."

(Nähere Bestimmungen dazu sind im folgenden Absatz und in den §§ 531—533 gegeben.)

und sodann ferner ein Widerrufsrecht des unschuldigen Teiles im Falle der Ehescheidung:

„§ 1584. Ist ein Ehegatte allein für schuldig erklärt, so kann der „andere Ehegatte Schenkungen, die er ihm während des Brautstandes „oder während der Ehe gemacht hat, widerrufen." .....

Wenn U. Hoffmann in Note 10 zu § 56 auch den vorangeführten Paragraphen als einen besonderen Erstattungsanspruch begründend unter Gleichstellung mit § 1301 BGB. anzieht, so beruht dieses wohl nur auf einem Versehen [in der 2. Aufl. Anm. 9 Abs. 2 zu § 56 in der gleichen Weise geschehen].

Von einer Erstattung entrichteter Schenkungssteuer kann selbstredend nicht die Rede sein, wenn die Beteiligten später aus freien Stücken eine vertragsmäßige Vereinbarung bezüglich der Schenkung treffen, durch welche die Schenkung tatsächlich ganz oder zum Teil wirkungslos gemacht wird. Je nach den besonderen Umständen des Falles wird die Möglichkeit nicht ausgeschlossen sein, daß in derartigen Vereinbarungen eine neue selbständige Schenkung des ersten Beschenkten an den ersten Schenker liegt.

33. Auf das Verfahren bei der Erstattung von Schenkungssteuer finden die Vorschriften des § 29 BRAusfB. entsprechend Anwendung. Die näheren Bestimmungen über dasselbe haben die obersten Landesfinanzbehörden für die einzelnen Bundesstaaten zu treffen.

XXV. Rechtsweg.

Vorbemerkungen zu § 57.

1. Die Vorschriften über die Zulässigkeit des Rechtsweges waren in dem Regierungsentwurf in den beiden §§ 51 und 52 nach den Vorschriften über den Erbschaftssteuerbescheid, die Rechtsmittel im Verwaltungswege gegen diesen und die Stundung gegeben, also vor die Strafbestimmungen gestellt. Die Kommission des Reichstages hat denselben den jetzigen Platz hinter der Regelung der Schenkungssteuer zugewiesen; der Kommissionsbericht sagt dazu: „Die Bestimmungen über die Zulässigkeit des Rechtsweges weiter an das Ende des Gesetzes zu schieben, sei angezeigt, weil sie sich gleichmäßig auch auf die Schenkungssteuer bezögen." Letzteres trifft nun aber nicht nur bezüglich der Regelung des Rechtsweges, sondern in ganz dem gleichen Maße auch bezüglich einer ganzen Reihe anderer Vorschriften zu, und so besonders bezüglich der oben angeführten, aus deren an sich gegebenen Zusammenhang die Rechtswegregelung nunmehr herausgelöst ist. Weshalb gerade letzteres notwendig erschien, ist nicht weiter begründet und auch nicht recht erfindlich. Die Zusammenziehung aus den ursprünglich zwei Paragraphen in einen, welche die Kommission ohne dafür eine nähere Begründung zu geben weiter vorgenommen hat, ist ohne wesentliche materielle Änderung erfolgt. Hauptsächlich ist nur eine durch die Änderung des § 47 des Gesetzes bedingte Erweiterung des ersten Satzes im ersten Absatz des Paragraphen vorgenommen, worüber unten Note 7 das Nähere gibt.

2. Dadurch, daß der Rechtsweg bezüglich der Erbschaftssteuer in vollem Umfange zugelassen wurde, ist der Steuerpflichtige in doppelter Weise bezüglich etwaiger Rechte geschützt: er kann unabhängig voneinander einmal das Beschwerdeverfahren im Verwaltungswege durch drei Instanzen nach Maßgabe des § 46 des Gesetzes verfolgen, und er kann des weiteren im Wege Rechtens gleicherweise durch drei Instanzen vorgehen. Wenn aus der Praxis zum Teil geltend gemacht ist, daß eine derartige Häufung der Rechtsmittel über das Bedürfnis hinausgehe und bei Gefährdung der Einheitlichkeit in den Entscheidungen der Verwaltungsinstanzen und der Gerichte zu Verwirrungen führen müsse, so ist anderseits durch die Theorie eine Regelung wie die fragliche gerade als das sachgemäßeste hingestellt; so bezeichnet Schäffle in seiner Steuerlehre als die einzige allgemeine Bemerkung, welche dem Steuerreklamationswesen zu widmen ist: „Die Steuerreklamation ist in beiderlei Form einzuräumen, in derjenigen der Beschwerde

auf dem Verwaltungswege und derjenigen der Klage auf dem gerichtlichen Wege. Das gerichtliche Klagerecht beider, der Steuerbehörden und der Steuerpflichtigen, ist grundsätzlich heute kaum mehr bestritten" (Schäffle, Die Steuern, Allgemeiner Teil I, Leipzig 1895, § 252 S. 389). Meist ist allerdings in der bisherigen Gesetzgebung und so namentlich durchweg in der älteren der Rechtsweg wegen öffentlicher Abgaben ausgeschlossen oder doch nur in einem beschränkteren Grade zugelassen, und stellt sich demgegenüber die Regelung des RErbStG. als eine abweichende und neue dar. Mit Rücksicht auf die verhältnismäßig weitergehende Ausgestaltung der Erbschaftssteuer und auf die Höhe der eventuell eintretenden Steuersätze scheint aber eine tunlichste Sicherung der Steuerpflichtigen nur angebracht zu sein.

§ 57.

In Ansehung der nach den Vorschriften dieses Gesetzes zu entrichtenden Steuern ist der Rechtsweg zulässig; über die Frage jedoch, ob Stundung in Gemäßheit des § 47 eintreten soll, entscheidet endgültig die Steuerbehörde. Die Klage muß binnen einer Frist von sechs Monaten erhoben werden. Die Frist beginnt mit der Zahlung oder Stundung der Steuer; kann jedoch die gänzliche oder teilweise Erstattung der gezahlten oder die gänzliche oder teilweise Niederschlagung der gestundeten Steuer wegen eines nachträglich eingetretenen Ereignisses verlangt werden, so beginnt die Frist erst mit dem Eintritte dieses Ereignisses.

Auf den Lauf der in Abs. 1 bezeichneten Fristen finden die für die Verjährung geltenden Vorschriften der §§ 203, 206, 207 des Bürgerlichen Gesetzbuchs entsprechende Anwendung.

Für die Berechnung der Fristen dieses Gesetzes sind die Vorschriften der Zivilprozeßordnung maßgebend.

Zuständig für die im Abs. 1 vorgesehene Klage sind ohne Rücksicht auf den Wert des Streitgegenstandes ausschließlich die Landgerichte. Für die Revision sowie für die Beschwerde gegen Entscheidungen der Oberlandesgerichte ist das Reichsgericht zuständig.

Zu Absatz 1.

3. Im ersten Satz des Abs. 1 ist der Rechtsweg in Ansehung der nach den Vorschriften des Gesetzes zu entrichtenden Steuern, abgesehen von der Frage der Stundung (vgl. Note 7), uneingeschränkt zugelassen. Demgemäß ist nicht nur eine Klage wegen Erstattung gezahlter oder Niederschlagung gestundeter Steuer, Leistungsklage, zulässig, sondern auch eine Feststellungsklage nach Maßgabe des § 256 ZPO., wenn die Voraussetzung derselben zutrifft, mithin der Kläger ein rechtliches Interesse daran hat, daß das Rechtsverhältnis durch richterliche Entscheidung alsbald festgestellt werde. Vorbedingung der Feststellungsklage gegen die Steuerbehörde wird es aber immer sein,

daß die letztere amtlich in einer Weise tätig geworden ist, aus welcher zu schließen, daß sie von dem Vorhandensein eines steuerpflichtigen Erwerbes ausgeht. Die Feststellungsklage wird nur dann angestellt werden können, wenn besondere Umstände vorliegen, welche ein Interesse des die Klage Anstellenden daran begründen, daß das betreffende Rechtsverhältnis alsbald festgestellt werde; Urt. d. RG. vom 3. Juli 1903 (JW. 1903 S. 313 Nr. 4). Die Wahrscheinlichkeit, daß die Steuerbehörde nach Abschluß der Ermittelungen dazu kommen werde, einen Steuerbescheid zu erlassen, kann allein nicht ausreichend angesehen werden, ein rechtliches Interesse an alsbaldiger Feststellung darzutun. Ein solches Interesse und damit die Berechtigung zur Anstellung der Feststellungsklage kann aber auch für eine steuerfreie Person gegeben sein, um die aus der Steuerfreiheit eines Erbanfalls herzuleitende Nichtverpflichtung einer Steuererklärung festzulegen und dadurch die Anwendung der bei Versäumung der Einreichung einer Steuererklärung Platz greifenden Strafvorschriften abzuwenden; Urt. d. RG. vom 17. Juni 1895 (RGE. Bd. 36 S. 210; JW. 1895 S. 382 Nr. 16). Die Feststellungsklage ist an sich von der Leistungsklage unabhängig: tatsächlich wird sie letztere meist unnötig machen oder ausschließen. Die positive wie die negative Feststellungsklage verfolgen denselben Zweck, das Bestehen oder Nichtbestehen eines Rechtsverhältnisses festzustellen; ein Urteil, welches eine Feststellungsklage nicht wegen Mangels des Interesses sondern als sachlich unbegründet abweist, enthält in sich die Feststellung über das Bestehen oder Nichtbestehen des Rechtsverhältnisses: Urt. d. RG. vom 4. Januar 1892 (RGE. Bd. 29 S. 345) und Urt. d. RG. vom 24. Februar 1902 (RGE. Bd. 50 S. 426); eine Ausnahme davon findet nur dann statt, wenn aus der Begründung des die Feststellungsklage abweisenden Urteils zu ersehen ist, daß das Gericht eine bestimmte Entscheidung über das Bestehen oder Nichtbestehen des streitigen Rechtsverhältnisses nicht hat abgeben wollen: Urt. d. RG. vom 30. April 1894 (JW. 1894 S. 361 Nr. 8). Als Regel gilt es, daß, wenn eine Leistungsklage gegeben ist, eine entsprechende Feststellungsklage unzulässig ist; Urt. d. RG. vom 29. Mai 1888 (GruchotsBeitr. Bd. 32 S. 1178). Diese Regel gilt jedoch nicht unbedingt; sie läßt Ausnahmen zu, sobald ein Interesse an alsbaldiger Feststellung des Rechtsverhältnisses durch besondere Umstände begründet ist: Urt. d. RG. vom 2. Dezember 1899 (GruchotsBeitr. Bd. 45 S. 939) und vom 3. Juli 1903 (JW. 1903 S. 313 Nr. 4). Unter letzterer Voraussetzung ist auch der Übergang von einer Leistungsklage zu einer Feststellungsklage zulässig; Urt. d. RG. vom 11. November 1902 (JW. 1903 S. 18 Nr. 48). Ebenso wie die Feststellungsklage ist aber auch eine Klage auf Rückgabe einer bestellten Sicherheit zulässig; Urt. d. RG. vom 1. November 1901 (JW. 1901 S. 862 Nr. 62; GruchotsBeitr. Bd. 46 S. 1160). Über die Unzulässigkeit des Rechtswegs im Falle des § 24 vgl. Note 4 zu § 24. Die Klage auf Erstattung gezahlter oder auf Niederschlagung gestundeter Steuer steht in erster Linie dem Steuerpflichtigen zu, sei es, daß er selbst oder durch einen Vertreter die Steuer eingezahlt bzw. Stundung für dieselbe erlangt hat, sei es, daß solches von einem Dritten geschehen ist, dem er wiederum ersatzpflichtig ist. Klagberechtigt ist daneben aber auch der Dritte, welcher die Steuer einbezahlt oder eine Stundung gegen Sicherheitsleistung oder ohne eine solche erlangt hat. Zur Anstellung der Feststellungsklage hat jeder das Recht, welcher ein rechtliches Interesse nach Maßgabe des § 256 ZPO.

nachzuweisen vermag. Zu erheben ist die Klage stets gegen den Steuerfiskus desjenigen Bundesstaates, dessen Steuerbehörde die Steuer eingezogen bzw. gestundet hat oder das Steuerverfahren entsprechend eingeleitet hat; welcher Behörde die Vertretung des Steuerfiskus in Klagesachen obliegt, bestimmt sich nach der Landesgesetzgebung des betreffenden Bundesstaates. Für Preußen ist zur Vertretung des Fiskus die zur Verwaltung der indirekten Steuern bestimmte Provinzialbehörde (Oberzolldirektion) berufen, in deren Bezirk das Erbschaftssteueramt die Steuer festgesetzt und gefordert hat, ohne Rücksicht darauf, wo die Zahlung der Steuer geschehen ist; Urt. d. RG. vom 5. Dezember 1889 (RGE. Bd. 25 S. 247). Im Königreich Sachsen ist das Finanzministerium, in Baden die Steuerdirektion zu der fraglichen Vertretung berechtigt.

4. Der Rechtsweg ist jederzeit und vollkommen in sich selbständig gegeben. Namentlich ist derselbe gänzlich unabhängig von den im Verwaltungswege zulässigen Schutzmitteln; die Durchführung des Beschwerdeverfahrens im Verwaltungswege bildet keine Voraussetzung für das Klagerecht. Grundsätzlich zulässig erscheint es danach, die gerichtliche Klage gleichzeitig mit der Beschwerde bei den Verwaltungsbehörden oder auch beliebig zu jedem Zeitpunkt während des Schwebens der letzteren anzustellen. Andererseits hat aber die Beschreitung des Klageweges durch den Steuerpflichtigen keinen Einfluß auf das Verwaltungsverfahren, und auch soweit noch eine Einziehung in Frage kommt, uneingeschränkt weitergeht; dem Gerichte, bei welchem eine Feststellungsklage bezüglich der Nichtverpflichtung zur Zahlung der Steuer erhoben ist, steht nicht die Befugnis zu, die Einstellung des zur Beitreibung der Steuer anhängigen Verwaltungszwangsverfahrens durch einstweilige Verfügung anzuordnen; Urt. d. RG. vom 20. Mai 1890 (RGE. Bd. 25 S. 406).

5. Für die Klage auf Erstattung bzw. Niederschlagung, also die Leistungsklage, ist des weiteren maßgebend der § 812 Abs. 1 BGB.:

„Wer durch die Leistung eines Andern oder in sonstiger Weise auf „dessen Kosten etwas ohne rechtlichen Grund erlangt, ist ihm zur „Herausgabe verpflichtet. Diese Verpflichtung besteht auch dann, wenn „der rechtliche Grund später wegfällt oder der mit einer Leistung nach „dem Inhalte des Rechtsgeschäfts bezweckte Erfolg nicht eintritt."

Bezüglich der Beweislast gilt der allgemeine Grundsatz, daß derjenige zu beweisen hat, welcher auf Grund eines bestehenden Anspruchs oder auf Grund seiner Befreiung von einem Anspruch vom Gegner etwas verlangt; Urt. d. RG. vom 13. August 1883 (RGE. Bd. 9 S. 337) und Urt. d. RG. vom 20. Mai 1896 (JW. 1896 S. 370 Nr. 5). Der Umstand, daß der Steuerfiskus vermöge seiner bevorzugten öffentlichrechtlichen Stellung die Steuer ohne weiteres einzuziehen in der Lage war, darf die Stellung des Steuerpflichtigen in der Klagesache nicht verschlechtern. Daraus, daß das Gesetz ausdrücklich für eine bestimmte Frist einen Anspruch auf Rückzahlung gewährt, ohne diese an weitere Voraussetzungen zu knüpfen, folgt ohne weiteres, daß eine vorläufige Einziehung nach keiner Richtung hin präjudizieren und daß an den allgemeinen Grundsätzen über die Verteilung der Beweislast nichts geändert werden soll; Urt. d. RG. vom 30. Juni 1892 (RGE. Bd. 30 S. 173). Sache des Fiskus ist es daher, wenn im Wege der Klage eine gezahlte oder im administrativen Zwangsverfahren beigetriebene Steuer zurückgefordert wird, darzulegen und zu beweisen, daß die tatsächlichen Voraussetzungen der Steuerpflicht vorgelegen haben; Urt. d. RG. vom 30. Mai 1890 (RGE. Bd. 26 S. 46; JW. 1892 S. 400 Nr. 21). Macht der Kläger geltend, daß er wegen besonderer Verhältnisse, wie nähere Verwandtschaft mit dem Erblasser, Vorhandensein nicht berücksichtigter Schulden, nur einen geringeren Steuerbetrag wie den eingezahlten zu entrichten verpflichtet sei, daß wegen eines vorliegenden Befreiungsgrundes eine Steuerentrichtung überhaupt nicht in Frage kommen könne, daß eine Steuererleichterung für ihn Anwendung finden müsse, so hat er bezüglich dieser Umstände stets den Beweis zu führen; Urt. d. RG. vom 13. Mai 1896 (GruchotsBeitr. Bd. 41 S. 173). Ob die Zahlung der Steuer unter Vorbehalt oder ohne solchen geschehen ist, bleibt ohne Einfluß, denn die Nichtzahlung würde in jedem Falle eine zwangsweise Einziehung der Steuer zur Folge gehabt haben; demgemäß wird jede Einzahlung ohne weiteres als zur Abwendung der administrativen Zwangseinziehung erfolgt anzusehen sein; Urt. d. RG. vom 16. Mai 1899 (RGE. Bd. 44 S. 207; JW. 1899 S. 460 Nr. 84).

6. Für den Erstattungsanspruch selbst kommt der § 818 Abs. 1 und 4 BGB. in Frage:

„Die Verpflichtung zur Herausgabe erstreckt sich auf die gezogenen „Nutzungen sowie auf dasjenige, was der Empfänger auf Grund eines „erlangten Rechtes oder als Ersatz für die Zerstörung, Beschädigung „oder Entziehung des erlangten Gegenstandes erwirbt.

„Von dem Eintritte der Rechtshängigkeit an haftet der Empfänger nach den allgemeinen Vorschriften."

sowie des ferneren der § 291 BGB. mit den darin angezogenen §§ 288 Abs. 1 und 289 Satz 1:

„§ 291. Eine Geldschuld hat der Schuldner von dem Eintritte der „Rechtshängigkeit an zu verzinsen, auch wenn er nicht im Verzug ist; „wird die Schuld erst später fällig, so ist sie von der Fälligkeit an „zu verzinsen. Die Vorschriften des § 288 Abs. 1 und des § 289 „Satz 1 finden entsprechende Anwendung.

„§ 288 Abs. 1. Eine Geldschuld ist während des Verzugs mit vier „vom Hundert für das Jahr zu verzinsen.

„§ 289 Satz 1. Von Zinsen sind Verzugszinsen nicht zu entrichten."

Dementsprechend sind die zu erstattenden Steuerbeträge vom Eintritt der Rechtshängigkeit an mit vier vom Hundert zu verzinsen (vgl. Planck, Kommentar zum BGB. unter b in Note 3 zu § 818). Der Zeitpunkt der Rechtshängigkeit bestimmt sich nach § 263 Abs. 1 ZPO.:

„Durch die Erhebung der Klage wird die Rechtshängigkeit der Streit„sache begründet."

Für die Zeit von der Zahlung der im Rechtswege zurückzufordernden Steuer bis zur Erhebung der Klage kann eine Verzinsung nicht gefordert werden; Urt. d. RG. vom 17. Februar 1903 (RGE. Bd. 54 S. 25; JW. 1903 S. 129 Nr. 18). Ebensowenig kann aus besonderen Umständen eine höhere Verzinsung als vier vom Hundert in Frage kommen; Urt. d. RG. vom 5. Januar 1899 (JW. 1899 S. 118 Nr. 85). Der Zinsanspruch steht dem Steuererstattungsanspruch gleich; Urt. d. RG. vom 13. Juni 1902 (JW. 1902 S. 450 Nr. 25; GruchotsBeitr. Bd. 48 S. 126).

7. Nach der ausdrücklichen Bestimmung im ersten Satz ist die Entscheidung der Steuerbehörde, also eventuell die der letzten Instanz, endgültig, wenn es sich um die Frage handelt, ob Stundung in Gemäßheit des § 47 eintreten soll oder nicht. Hier ist demnach die gerichtliche Klage ausgeschlossen. Nach der ersten Fassung des angezogenen Stundungsparagraphen im Regierungsentwurf durfte dieses als schon an sich nach der Natur der Sache gegeben angesehen werden, da die Frage danach als eine eine rein steuerliche Verwaltungsmaßregel betreffende sich darstellt, in bezug auf welche im Gesetz dem Steuerpflichtigen ein lediglich nach dem Ermessen der Steuerbehörde sich bestimmender Anspruch beigelegt war. Nachdem aber durch die jetzige Fassung des § 47 der Steuerpflichtige die Stundung fordern, die Steuerbehörde dieselbe bei Sicherheitsleistung nicht verweigern kann, war es erforderlich, wenn man die Klage für die Stundung ausschließen wollte, eine bezügliche besondere Bestimmung zu treffen. In der Kommission des Reichstags wurde die Frage angeregt, „ob der Rechtsweg auch zulässig sei, wenn der Steuerpflichtige gegenüber der entgegenstehenden Auffassung der Steuerbehörde behaupte, einen Anspruch auf Stundung zu haben. Ein Regierungsvertreter verneinte diese Frage. Auf seine Anregung wurde demnächst der bezügliche Zusatz im ersten Satz des Paragraphen gemacht (Kommissionsbericht S. 34).

8. Wenn das Gesetz ferner vorschreibt, die Klage muß binnen einer Frist von sechs Monaten erhoben werden, so bezieht sich dieses nur auf die Klage auf Erstattung gezahlter oder Niederschlagung gestundeter Steuern, also auf die Leistungsklage, welche allerdings wohl weitaus in erster Linie überhaupt in Betracht kommen wird; es folgt solches deutlich aus der nachstehenden Regelung des Fristbeginns. Auf die gleichfalls zulässige Feststellungsklage (vgl. oben Note 3) bezieht sich die Frist nicht; diese ist vielmehr nach der Natur der Sache an keine Frist gebunden. Das gleiche gilt für die Klage auf Rückgabe einer bestellten Sicherheit; Urt. d. RG. vom 1. November 1901 (JW. 1901 S. 862 Nr. 62; GruchotsBeitr. Bd. 46 S. 1160). Die hier gesetzte Frist ist eine Verjährungsfrist und keine Ausschlußfrist. Es ergibt sich dieses in der Hauptsache daraus, daß es sich um einen Anspruch handelt; Ansprüche unterliegen regelmäßig der Verjährung, während Rechte, die sich nicht als Anspruch darstellen, nur durch den Ablauf einer Ausschlußfrist erlöschen können, vgl. Planck, Kommentar zum BGB. Vorbemerkung 2 zum fünften Abschnitt des ersten Buches, Allgemeiner Teil, sowie Urt. d. RG. vom 27. September 1886 (RGE. Bd. 17 S. 206), Urt. d. RG. vom 14. Dezember 1896 (GruchotsBeitr. Bd. 41 S. 413) und Urt. d. RG. vom 16. Mai 1899 (RGE. Bd. 44 S. 207; JW. 1899 S. 460 Nr. 84). Da eine Verjährungsfrist in Frage steht, so findet auch der § 222 Abs. 1 BGB.:

„Nach Vollendung der Verjährung ist der Verpflichtete berechtigt, die „Leistung zu verweigern."

hinsichtlich der Wirkung entsprechende Anwendung. Folgeweise ist der Fristablauf nur dann zu berücksichtigen, wenn sich der beklagte Steuerfiskus darauf beruft, nicht aber ohne weiteres von Amts wegen. Dem Steuerfiskus steht an sich das Recht zu, auf den Einwand des Fristablaufs zu verzichten. Vgl. v. Staudinger, Kommentar zum BGB. 5/6. Aufl. Bd. 1 S. 621; Vorbemerkung 3 zum fünften Abschnitt, Allgemeiner Teil; Urt. d. RG. vom 9. Mai 1901 (RGE. Bd. 48 S. 157).

9. Über den Beginn der Frist trifft der letzte Satz des Abs. 1 nähere Vorschrift. Die Zahlung ist erfolgt, wenn die Zahlstelle in den Besitz des Steuerbetrages gelangt ist; als Zeitpunkt der Zahlung kommt demnach der des Eingangs des Steuerbetrages bei der Einzahlungsstelle in Betracht. Wenn die Steuerbehörde die Steuerzahlung unter dem Vorbehalt, daß möglicherweise noch eine endgültige Regelung des Steuerbetrages stattfinden werde, gefordert hat und folgeweise die Zahlung der Steuer nicht als endgültige, sondern nur als vorläufige vom Steuerpflichtigen geleistet wurde, so ist dieses für den Beginn und den Lauf der Klagfrist ohne Bedeutung, denn das Gesetz kennt nur wirkliche Zahlungen ohne eine Unterscheidung von vorläufigen und endgültigen; Urt. d. RG. vom 20. Mai 1897 (JW. 1897 S. 371 Nr. 16), Urt. d. RG. vom 16. Mai 1899 (RGE. Bd. 44 S. 207; JW. 1899 S. 460 Nr. 84). Kommt eine Stundung in Frage, so ist die Zustellung der Stundungsbewilligung für den Beginn der Klagfrist entscheidend. Ist die Erstattung wegen eines nachträglich eingetretenen Ereignisses zu fordern, so soll die Frist mit dem Eintritt dieses Ereignisses beginnen; es kann dabei nur ein Eintritt in Frage kommen, der gleichzeitig eine Rechtswirksamkeit des Ereignisses zur Folge hat. Die erst nach Ablauf der Überlegungsfrist erklärte Genehmigung des Ehemannes zu der Erbschaftsentsagung seiner Ehefrau kann, da sie rechtlich ohne Bedeutung, auch die Eigenschaft eines den Beginn der Klagfrist begründenden Ereignisses nicht haben: Urt. d. RG. vom 22. Januar 1894 (Gruchots Beitr. Bd. 38 S. 1089).

10. Die Kosten des Rechtsstreits, welche die Steuerbehörde im Fall ihres Unterliegens zu tragen hat (Näheres darüber gibt Josewski in den Noten 4—6 nebst Zusätzen zum § 57 an), sind zu den Verwaltungskosten zu rechnen; sie werden daher dem Bundesstaate, welchem das verklagte Erbschaftssteueramt angehört, zur Last fallen, denn die Verwaltungskosten sind von den Bundesstaaten, ohne daß das Reich dazu einen Beitrag oder eine Entschädigung zahlt, zu tragen. Ob die Zinsen, zu deren Entrichtung der Steuerfiskus verurteilt ist, in gleicher Weise den Verwaltungskosten zuzurechnen sind, kann an sich zweifelhaft erscheinen; für Bejahung der Frage Dr. A. Hoffmann Anm. 16 und 17 zu § 57; auch wir müssen dem beitreten, zumal auch der Bundesrat grundsätzlich diese Auffassung teilen dürfte, da er in § 138 der Ausführungsbestimmungen zum Reichsstempelgesetz vom 15. Juli 1909 vorschreibt, daß die den Bundesstaaten nach § 105 des Gesetzes gewährte Verwaltungskostenvergütung „zugleich als eine Entschädigung für die ihnen in Reichsstempelprozessen erwachsenden Kosten und die etwa zu zahlenden Verzugszinsen anzusehen" sei.

Zu Absatz 2.

11. Auf den Lauf der für die Klageerhebung gesetzten Frist sollen die §§ 203, 206 und 207 BGB. entsprechende Anwendung finden. Diese Paragraphen lauten:

„§ 203. Die Verjährung ist gehemmt, solange der Berechtigte durch „Stillstand der Rechtspflege innerhalb der letzten sechs Monate der „Verjährungsfrist an der Rechtsverfolgung verhindert ist.

„Das Gleiche gilt, wenn eine solche Verhinderung in anderer Weise „durch höhere Gewalt herbeigeführt wird.

„§ 206. Ist eine geschäftsunfähige oder in der Geschäftsfähigkeit be„schränkte Person ohne gesetzlichen Vertreter, so wird die gegen sie „laufende Verjährung nicht vor dem Ablaufe von sechs Monaten nach „dem Zeitpunkte vollendet, in welchem die Person unbeschränkt „geschäftsfähig wird oder der Mangel der Vertretung aufhört. Ist „die Verjährungsfrist kürzer als sechs Monate, so tritt der für die „Verjährung bestimmte Zeitraum an die Stelle der sechs Monate. „Diese Vorschriften finden keine Anwendung, soweit eine in der „Geschäftsfähigkeit beschränkte Person prozeßfähig ist.

„§ **207.** Die Verjährung eines Anspruchs, der zu einem Nachlasse „gehört oder sich gegen einen Nachlaß richtet, wird nicht vor dem „Ablaufe von sechs Monaten nach dem Zeitpunkte vollendet, in welchem „die Erbschaft von dem Erben angenommen oder der Konkurs über „den Nachlaß eröffnet wird oder von welchem an der Anspruch von „einem Vertreter oder gegen einen Vertreter geltend gemacht werden „kann. Ist die Verjährungsfrist kürzer als sechs Monate, so tritt „der für die Verjährung bestimmte Zeitraum an die Stelle der sechs „Monate."

Der Lauf der Frist zur Klageerhebung wird daher nur nach Maßgabe der vorstehenden Vorschriften gehemmt, nicht aber durch weitere Ursachen und so namentlich auch nicht durch die Gerichtsferien, wenngleich nach dem § 201 ZPO. sonst eine Fristhemmung durch dieselben begründet wird. Eine Verf. PrFM. vom 4. Mai 1908 III 7970 (PrZBl. 1908 S. 251) ordnet an: Nachdem das Reichsgericht in dem Erkenntnis vom 4. Februar 1908 (JW. 1908 S. 255 Nr. 29) ausgesprochen hat, daß der Lauf der im § 26 des Stempelsteuergesetzes vorgeschriebenen sechsmonatigen Klagefrist ungeachtet der Vorschrift des § 28 daselbst durch die Gerichtsferien nicht gehemmt werde, ist in Zukunft bei Klagbeantwortungen dieser vom Reichsgericht ausgesprochene Grundsatz zugrunde zu legen; ebenso ist in Reichsstempel- und Erbschaftssteuersachen zu verfahren.

12. Über die Unterbrechung der Frist, welche unter entsprechender Anwendung des § 217 BGB. die Wirkung haben würde, daß die bis zur Unterbrechung verstrichene Zeit nicht in Betracht kommt, trifft der § 57 keine besondere Bestimmung. Nach Lage der Sache ist aber anzunehmen, daß eine solche Unterbrechung durch die ordentliche gerichtliche Geltendmachung des Klageanspruches eintritt und werden hierfür wiederum die allgemeinen Vorschriften des bürgerlichen Rechts als maßgebend angesehen werden müssen. Dementsprechend wird eine Unterbrechung des Fristlaufes erfolgen nicht nur durch die Klageerhebung selbst (Leistungsklage wie Feststellungsklage), für welche, da es sich nach Absatz 4 des Paragraphen nur um landgerichtliche Kompetenz handeln kann, lediglich der § 253 ZPO. bestimmend ist, sondern in der gleichen Weise auch durch diejenigen Handlungen, welche nach dem bürgerlichen Recht der Erhebung der Klage gleichstehen, soweit sie überhaupt zur Wirkung kommen können. In letzterer Beziehung wurde also der § 209 Abs. 2 BGB. zu beachten sein, der lautet:

„Der Erhebung der Klage stehen gleich:
„1. die Zustellung eines Zahlungsbefehls im Mahnverfahren;
„2. die Anmeldung des Anspruchs im Konkurse;
„3. die Geltendmachung der Aufrechnung des Anspruchs im Prozesse;

„4. die Streitverkündigung in dem Prozesse, von dessen Ausgange „der Anspruch abhängt;
„5. die Vornahme einer Vollstreckungshandlung und, soweit die „Zwangsvollstreckung den Gerichten oder anderen Behörden zuge-„wiesen ist, die Stellung des Antrags auf Zwangsvollstreckung."

Zu Absatz 3.

13. Die Berechnung der Fristen soll nach den Vorschriften der Zivilprozeßordnung erfolgen. Diese Vorschriften gibt der § 222 ZPO.:

„Für die Berechnung der Fristen gelten die Vorschriften des Bürger-„lichen Gesetzbuchs.
„Fällt das Ende einer Frist auf einen Sonntag oder allgemeinen „Feiertag, so endigt die Frist mit Ablauf des nächstfolgenden Werk-„tages.
„Bei der Berechnung einer Frist, welche nach Stunden bestimmt ist, „werden Sonntage und allgemeine Feiertage nicht mitgerechnet."

Das BGB. trifft in den §§ 187 und 188 die maßgebenden Bestimmungen, welche wir schon oben in der Note 10 zu § 18 angezogen haben; auf die dortigen Ausführungen ist hier zu verweisen.

Zu Absatz 4.

14. Der Absatz 4 regelt die Zuständigkeit, welche er ohne Rücksicht auf den Wert des Streitgegenstandes ausschließlich den Landgerichten beilegt. Durch diese Regelung der sachlichen Zuständigkeit ist aber das Mahnverfahren, obwohl es lediglich vor den Amtsgerichten stattfindet, nicht ausgeschlossen, wie fälschlich in der ersten Auflage hervorgehoben war, denn das Mahnverfahren erstreckt sich auch auf solche Ansprüche, für welche im ordentlichen Verfahren die Landgerichte ausschließlich zuständig sein würden; vgl. Urt. d. RG. vom 19. September 1889 (RGE. Bd. 24 S. 198); Gaupp-Stein, Komm. z. ZPO. Anm. II zu § 688; Sydow-Busch, Komm. z. ZPO. Anm. 2 zu § 688. Die örtliche Zuständigkeit wird durch die §§ 12 und 18 ZPO. bestimmt:

„§ 12. Das Gericht, bei welchem eine Person ihren allgemeinen Ge-„richtsstand hat, ist für alle gegen dieselbe zu erhebenden Klagen zu-„ständig, sofern nicht für eine Klage ein ausschließlicher Gerichtsstand „begründet ist.

„§ 18. Der allgemeine Gerichtsstand des Fiskus wird durch den Sitz „der Behörde bestimmt, welche berufen ist, den Fiskus in dem Rechts-„streite zu vertreten."

Zuständig ist danach das Landgericht, in dessen Bezirk die nach der Landesgesetzgebung zur Vertretung des Steuerfiskus zuständige Behörde ihren Sitz hat (vgl. auch Note 3 a. E.). Der Ort der Zahlung der Steuer als solcher kommt dabei nicht weiter in Frage.

15. Als Rechtsmittel sind zunächst die Berufung und die Revision herauszuheben. Die Berufung ist in Gemäßheit des § 511 ZPO.:

„Die Berufung findet gegen die in erster Instanz erlassenen End-„urteile statt."

zulässig und ist für dieselbe nach § 123 Ziffer 1 des Gerichtsverfassungsgesetzes:

„Die Oberlandesgerichte sind zuständig für die Verhandlung und Ent-
„scheidung der Rechtsmittel:
„1. der Berufung gegen Endurteile der Landgerichte in bürgerlichen
„Rechtsstreitigkeiten; . . . . ."

das dem zuerst urteilenden Landgericht überstellte Oberlandesgericht zuständig. Die Revision ist zulässig nach Maßgabe der §§ 545 und 547 Ziffer 2 ZPO.:

„§ 545. Die Revision findet gegen die in der Berufungsinstanz von
„den Oberlandesgerichten erlassenen Endurteile statt.
„§ 547. Ohne Rücksicht auf den Wert des Beschwerdegegenstandes
„findet die Revision statt:
„2. in den Rechtsstreitigkeiten über Ansprüche, für welche die Land-
„gerichte ohne Rücksicht auf den Wert des Streitgegenstandes aus-
„schließlich zuständig sind."

Die Zuständigkeit des Reichsgerichts für die fragliche Revision ist im RESt G. ausdrücklich ausgesprochen und gründet sich des ferneren auf den § 135 des Gerichtsverfassungsgesetzes:

„In bürgerlichen Rechtsstreitigkeiten ist das Reichsgericht zuständig
„für die Verhandlung und Entscheidung über die Rechtsmittel:
„1. der Revision gegen die Endurteile der Oberlandesgerichte;
„2. der Beschwerde gegen Entscheidungen der Oberlandesgerichte."

Ebenmäßig anwendbar ist aber auch die Beschwerde nach Maßgabe des § 567 ZPO.:

„Das Rechtsmittel der Beschwerde findet in den in diesem Gesetze be-
„sonders hervorgehobenen Fällen und gegen solche eine vorgängige
„mündliche Verhandlung nicht erfordernde Entscheidungen statt, durch
„welche ein das Verfahren betreffendes Gesuch zurückgewiesen ist."

Für die Beschwerde ist zunächst nach Ziffer 4 des oben angeführten § 123 des Gerichtsverfassungsgesetzes:

„4. der Beschwerde gegen Entscheidungen der Landgerichte in bürger-
„lichen Rechtsstreitigkeiten;"

das Oberlandesgericht und demnächst wiederum nach ausdrücklicher Bestimmung des RESt G. und des oben gleich entsprechend vollständig zum Abdruck gebrachten § 135 des Gerichtsverfassungsgesetzes das Reichsgericht zuständig.

XXVI. **Zuschläge zu der Steuer.** (§ 58).

§ 58.

Den Bundesstaaten bleibt überlassen, für eigene Rechnung Zuschläge zu der nach den Vorschriften dieses Gesetzes veranlagten Steuer zu erheben.

1. Zu dem § 58 und gleichzeitig zu dem folgenden § 59 führen die Motive zum Regierungsentwurf folgendes an:

„Nach § 2 Abs. 2 des Entwurfs eines Gesetzes, betreffend die Ordnung des Reichshaushalts und die Tilgung der Reichsschuld erhält unter den dort bezeichneten Voraussetzungen das Reich einen Teil des Rohertrags der nach dem vorliegenden Gesetze veranlagten Steuer. Der den einzelnen Bundesstaaten hiernach verbleibende Anteil muß aber mindestens ein Drittel ihrer Roheinnahme an der Erbschaftssteuer erreichen. Letztere Begrenzung ist vorgesehen, weil den Bundesstaaten im allgemeinen ihre bisherige Einnahme an Erbschaftssteuer zuzüglich ihres natürlichen weiteren Zuwachses belassen werden soll, und dieser Zweck hinsichtlich der meisten deutschen Staaten, in denen nur geringe Erbschaftsabgaben erhoben werden, schon erreicht werden wird, wenn ihnen ein Drittel der Einnahme verbleibt.

Bei einer Anzahl Staaten, zu denen namentlich die Hansestädte und Elsaß-Lothringen gehören, trifft diese Annahme allerdings nicht zu, teils weil die Steuersätze für die im Entwurfe besteuerten Personenklassen nach den betreffenden Landesgesetzen schon jetzt höher oder doch ebenso hoch wie im Entwurfe sind, teils weil die im Entwurfe von der Steuer freigelassenen Abkömmlinge und Ehegatten in jenen Staaten, die Ehegatten wenigstens teilweise, zur Steuer herangezogen werden. Da es für diese Staaten nach Lage ihrer besonderen Verhältnisse, insbesondere ihrer sonstigen Steuerverfassung, schwierig sein wird, ohne weiteres Deckung für den künftigen Ausfall an ihrer bisherigen Einnahme aus der Erbschaftssteuer zu finden, will der Entwurf ihnen dadurch entgegenkommen, daß er sämtlichen Bundesstaaten gestattet, für eigene Rechnung Zuschläge zu der nach den Vorschriften des Gesetzes veranlagten Steuer zu erheben und die im Gesetze von dieser freigelassenen Abkömmlinge und Ehegatten unabhängig von den Vorschriften des Gesetzes ausschließlich der Landeskasse verbleibenden Abgaben vom Erwerbe von Todes wegen zu unterwerfen (§§ 62, 63, jetzt §§ 58, 59). Auf die Erhebung der Zuschläge haben im übrigen die Vorschriften des Gesetzes gleichmäßig Anwendung zu finden. Dagegen haben die Bundesstaaten in der Ausgestaltung der Steuer von Abkömmlingen und Ehegatten, insbesondere in Ansehung dessen, was als Erwerb von Todes wegen anzusehen ist, freie Hand. Es darf aber vorausgesetzt werden, daß die Landesgesetzgebungen den ihrer Regelung überlassenen Gegenstand tunlichst im Einklange mit dem vorliegenden Gesetz ordnen werden."

2. Der nach der vorstehenden Note in den Motiven des Regierungsentwurfs angezogene weitere Gesetzentwurf ist jetzt das Gesetz, betreffend die Ordnung des Reichshaushalts und die Tilgung der Reichsschuld vom 3. Juni 1906 (RGBl. 1906 S. 620 ff.). Der § 2 Abs. 2 dieses Gesetzes bestimmt:

„Von dem Rohertrage der nach Maßgabe der anliegenden Vorschriften „wegen Besteuerung der Erbschaften veranlagten Steuer erhält das „Reich zwei Drittel, den einzelnen Bundesstaaten verbleibt ein Drittel „ihrer Roheinnahme."

Nach dem Entwurf der Bundesregierungen waren die Bundesstaaten eventuell günstiger gestellt: es sollte nämlich das Reich, soweit seine sonstigen Einnahmen und die durch Überweisungen gedeckten Matrikularbeiträge im Soll zur Deckung des ordentlichen Ausgabebedarfs nicht ausreichten, einen Teil des Rohertrags der Erbschaftssteuer erhalten, welcher je durch das Etatsgesetz festzustellen gewesen wäre; der den einzelnen Bundesstaaten hiernach verbleibende Anteil müßte aber mindestens ein Drittel ihrer Roheinnahme an Erbschaftssteuer erreichen. Um aber den Bundesstaaten den Übergang in die neuen Verhältnisse zu erleichtern, ist durch das oben angezogene Gesetz des weiteren im § 7 bestimmt, daß bis zum Ablaufe des Rechnungsjahres 1910 den einzelnen Bundesstaaten mindestens der Betrag ihrer Durchschnittseinnahme an Erbschaftssteuer in den Rechnungsjahren 1901—1905 verbleiben solle, wozu ein Bundesratsbeschluß vom 31. Oktober 1907 (§ 765 der Protokolle des Bundesrats, Session 1907) die nähere Regelung gab. Eine Verschiebung in diesem Stande brachte sodann das Gesetz betr. Änderung im Finanzwesen vom 15. Juli 1909 (RGBl. 1909 S. 743), welches im Artikel I § 5 Abs. 1 vorschreibt:

„Von dem Rohertrage, welcher aus der Besteuerung der Erbschaften aufkommt, erhält das Reich $^3/_4$, den einzelnen Bundesstaaten verbleibt $^1/_4$ ihrer Roheinnahmen."

Nach Artikel VI des angeführten Gesetzes ist diese Vorschrift mit der Wirkung vom 1. April 1909 an in Kraft getreten. Daneben blieb aber die Übergangsbestimmung des Gesetzes vom 3. Juni 1906, welche den Bundesstaaten ihre frühere Durchschnittseinnahme an Erbschaftssteuer von 1901/05 bis zum Ablaufe des Rechnungsjahres 1910 vorbehielt, bestehen. Mit dem Rechnungsjahr 1911 kommt aber ausschließlich nur noch die Bestimmung des Gesetzes vom 15. Juli 1909 zur Anwendung; von da an verteilt sich also der Ertrag der Erbschaftssteuer nach der Roheinnahme zwischen dem Reich und den Bundesstaaten dauernd in der Weise, daß das Reich drei Viertel und die Bundesstaaten ein Viertel jenes Ertrages erhalten.

3. Für die Verrechnung der Erbschaftssteuer zwischen dem Reich und den Bundesstaaten war zunächst maßgebend, was der Bundesrat in seiner Sitzung vom 28. Juni 1906 (§ 545 der Protokolle, Session 1906) betreffend die Ergänzung und Änderung der Bestimmungen zur Regelung der Abrechnung zwischen der Reichshauptkasse und den Landeskassen sowie der Bestimmungen über die Feststellung der Einnahmen an gemeinschaftlichen Abgaben beschlossen, worüber die Einzelheiten in der ersten Auflage Note 4 zu § 58 angegeben wurden. Inzwischen sind durch Beschluß des Bundesrats vom 23. Juni 1910 (§ 759 der Protokolle, Session 1910) neue „Bestimmungen für Regelung der Abrechnungen zwischen der Reichshauptkasse und den Landeskassen" erlassen worden, welche im Zentralblatt für das Deutsche Reich 1910 S. 351 ff. veröffentlicht und sofort in Kraft getreten sind. Die Erbschaftssteuer ist dabei vollkommen unter die übrigen für Rechnung des Reichs erhobenen Einnahmen eingereiht; es gelten für dieselbe durchweg die allgemeinen Vorschriften, welche übrigens gegen früher eine wesentliche Änderung nicht erfahren haben. Es dürfte erübrigen hier auf das einzelne näher einzugehen.

4. Die §§ 58 und 59 geben den Bundesstaaten die Möglichkeit, sich neben dem aus dem Ertrage der REStG. zufließenden Anteile noch besondere Einnahmen aus den Erb- und Schenkungsfällen zu verschaffen. Dieses kann wiederum in einer doppelten Weise geschehen, einmal nach § 58 allgemein unter Anlehnung an die Besteuerung des Reichs durch Zuschläge zur Reichssteuer und sodann nach § 59 lediglich für Abkömmlinge und Ehegatten durch eine selbständige Besteuerung, mag diese auf schon vorhandenen oder auf noch zu erlassenden Gesetzen beruhen. Die Zuschläge zu der RESt., wie sie der § 58 zuläßt, müssen in der gleichen Weise wie letztere veranlagt werden: die Bundesstaaten sind daher nicht

befugt, durch ihre Landesgesetzgebung bezüglich der zu erhebenden Zuschläge irgend welche Änderungen in der grundsätzlichen Regelung der Steuerveranlagung, wie sie das RESt G. gibt, zu treffen, während sie im übrigen für eine gesetzliche Sonderordnung freie Hand haben. Demgemäß können die Zuschläge sowohl allgemein für sämtliche Steuerpflichtige wie auch nur für einzelne Klassen derselben eingeführt werden, welche letztere beliebig nach den Sondergrundsätzen des Einzelstaats herausgegriffen werden können; auch in verschiedener Höhe dürfen die Zuschläge erhoben werden, für einzelne Klassen von Steuerpflichtigen höher für andere niedriger. Mit Rücksicht auf die Notwendigkeit eines Anschlusses an das RESt G. wird es für den Bundesstaat, welcher Zuschläge nach § 58 erheben will, eines besonderen neuen Aktes der Gesetzgebung bedürfen, denn eine vor Erlaß des RESt G. bestehende höhere Besteuerung gewisser Steuerpflichtiger würde als den Zuschlägen entsprechend nicht in Frage kommen können. Von der durch § 58 eingeräumten Befugnis haben bislang nur vier Staaten Gebrauch gemacht: Lübeck in dem Gesetz vom 14. November 1906, Hessen in dem Gesetz vom 30. März 1907, Bremen in dem Gesetz vom 3. Juli 1907 und Elsaß-Lothringen in dem Gesetz vom 29. Juni 1907. Lübeck erhebt Zuschläge zu der veranlagten RESt., welche sich von 25 bis zu 100% abstufen; in Hessen werden, insoweit die in dem Gesetz, die Erbschafts- und Schenkungssteuer betr., vom 22. Dezember 1900 festgesetzten Steuersätze die nach § 10 RESt G. im einzelnen Fall anzuwendenden Steuersätze übersteigen, solche als Zuschläge zu der nach den reichsgesetzlichen Bestimmungen veranlagten Steuer für Landesrechnung weiter erhoben; Bremen erhebt zur RESt. einschließlich der Schenkungssteuer einen Zuschlag von 2% des Wertes des Erwerbes; in Elsaß-Lothringen wird die RESt. zu dem einfachen Satz veranlagt, sodann aber dazu noch bei den einzelnen Kategorien zu deren prozentualen Steuersätzen vier bis sechs Prozente zugeschlagen.

XXVII. Besondere Steuer von Abkömmlingen und Ehegatten. (§ 59).

§ 59.

Den Bundesstaaten bleibt ferner überlassen, in Ansehung der nach § 11 Nr. 4a bis e von der Erbschaftssteuer befreiten Personen für den Erwerb von Todes wegen sowie für Schenkungen unter Lebenden Abgaben zu erheben, von Kindern, denen die rechtliche Stellung ehelicher Kinder zukommt, und eingekindschafteten Kindern sowie von Abkömmlingen solcher Kinder jedoch nur insoweit, als die gleichen Abgaben auch von ehelichen Kindern erhoben werden.

1. Die in Note 1 zum § 58 angezogenen Ausführungen der Motive des Regierungsentwurfs beziehen sich, wie schon dort bemerkt, auch mit auf den § 59. Für letzteren Paragraphen allein fügen die Motive noch folgendes hinzu:

„Die Vorschrift des § 63 (jetzt § 59) würde ohne den Zusatz am Schlusse des Paragraphen die Folge haben, daß die Landesgesetze, die zwar die ehelichen Kinder von der Erbschaftssteuer freilassen, dagegen die anderen im § 13 Nr. 2a (jetzt § 11 Nr. 4a) genannten Kinder der Steuer unterwerfen, in letzterer Hinsicht in Kraft bleiben würden. Dies erscheint nicht erwünscht. Durch den Zusatz wird gleichzeitig erreicht, daß es zur Aufhebung der entgegenstehenden landesgesetzlichen Vorschriften nicht erst des Erlasses besonderer Landesgesetze bedarf."

2. Die Bezugnahme im § 59 auf „§ 11 Nr. 4a bis e" statt auf „§ 11 Nr. 4a bis d" beruht, wie namentlich auch nach der Begründung, welche für die bezügliche Wiederherstellung der richtigen Fassung durch den dem Reichstag in der Session 1907/09 vorgelegten Entwurf über Abänderung des RESt G. gegeben wurde (Reichstagsdrucksachen Nr. 999, 12. Legislaturperiode I. Session 1907/09) anzunehmen ist (vgl. des weiteren dazu die Ausführungen in der 1. Auflage in Note 2 zu § 59, sowie den Aufsatz von A. Hoffmann in ZfZuSt. 1907 S. 18 und meine Aufsätze daselbst 1906 S. 245 und 1907 S. 53), auf einem Druckfehler in dem ersten Kommissionsbericht des Reichstags, der dann aber die volle gesetzliche Anerkennung gefunden hat, so daß die Vorschrift des § 59, wie sie jetzt lautet, als Gesetz anzusehen ist. Für den § 59 wird dieser Umstand kaum von einer praktischen Bedeutung sein, wohl aber für den § 60, bei welchem näher darauf zurückzukommen ist; vgl. Note 4 zu § 60. Grundsätzlich wird es allerdings nach dem Wortlaute der gesetzlichen Vorschrift des § 59 zulässig erscheinen, daß ein Bundesstaat eine Sonderabgabe neu zur Einführung bringt für den vom RESt G. steuerfrei belassenen Erwerb, welcher Eltern, Großeltern und entfernteren Voreltern, unehelichen vom Vater anerkannten Kindern und deren Abkömmlingen sowie an Kindes Statt angenommenen Personen und deren Abkömmlingen, soweit sich auf diese die Wirkungen der Annahme an Kindesstatt erstrecken, bis zu dem Betrage von 10000 Mk. anfällt; ein derartiges Vorgehen eines Bundesstaats wird aber als im höchsten Grade unwahrscheinlich erachtet werden müssen.

3. Die Vorschrift des § 59 unterscheidet sich von der des § 58, wie schon hervorgehoben (vgl. Note 4 zu § 58) grundsätzlich dadurch, daß sie den Bundesstaaten bezüglich der Ausgestaltung der besonderen Steuer für Abkömmlinge und Ehegatten vollkommen freie Hand läßt und sie in keiner Beziehung an die durch das RESt G. gegebene Ordnung der Veranlagung usw. bindet. Die einzige Beschränkung gibt der § 59 selbst, indem er vorschreibt, daß Kinder, denen die rechtliche Stellung ehelicher Kinder zukommt, und eingekindschaftete Kinder sowie Abkömmlinge solcher Kinder nur insoweit mit der besonderen Abgabe belastet werden dürfen, als die gleichen Abgaben auch von den ehelichen Kindern erhoben werden. Um die besondere Steuer von Abkömmlingen und Ehegatten zu erheben, bedarf es daher keineswegs eines neuen gesetzlichen Aktes des bezüglichen Bundesstaats; in Verbindung mit der Vorschrift des § 60 kann vielmehr die Erhebung auf Grund einer schon bestehenden Gesetzgebung lediglich unter der vorbezeichneten Beschränkung erfolgen.

4. Eine Besteuerung des an Abkömmlinge fallenden Erwerbes und in gewissem beschränkteren Umfang des an Ehegatten fallenden Erwerbes fand vor Erlaß des RESt G. nur in einzelnen Bundesstaaten

statt; sie ist auch nur für diese Staaten — für Lübeck und Elsaß-Lothringen unter Neuregelung durch die schon im § 58 Note 4 angeführten Gesetze — bestehen geblieben; zu einer Neueinführung hat sich kein Bundesstaat veranlaßt gesehen. Der derzeitige Stand in fraglicher Beziehung ist danach folgender: Lediglich eine Besteuerung für die Ehegatten bei unbeerbter Ehe, nicht aber eine solche für die Abkömmlinge haben Schwarzburg-Sondershausen (Ges. vom 9. Februar 1892) und Reuß älterer Linie (Ges. vom 3. März 1875); der Steuersatz beträgt bei beiden 3%. Nur eine Erbschaftssteuer von den Abkömmlingen (2% für Kinder, 4% für Enkel mit gestaffelten Zuschlägen bis auf das Doppelte bei Anfällen von mehr als 900000 Mk.) und nicht von den Ehegatten erhebt Hamburg (Ges. vom 2. März 1903). Lübeck (Ges. vom 14. November 1906) und Bremen (Ges. vom 7. Juni 1904) besteuern die Ehegatten, aber nur die in unbeerbter Ehe (2% mit gestaffelten Zuschlägen bei Lübeck bis auf das Doppelte, bei Bremen bis auf das Anderthalbfache) und die Abkömmlinge (Lübeck Kinder 2%, Enkel 4%, Bremen Kinder und Enkel 2%, je mit den gleichen Zuschlägen wie bei den Ehegatten). Elsaß-Lothringen endlich (Ges. vom 29. Juni 1907) hat einmal eine Besteuerung der Ehegatten sowohl bei beerbter Ehe (1% bis zum Betrage des gesetzlichen Erbteils, darüber 3%; dabei staffelförmige Steigung nach dem Wert wie im REStG.) wie auch bei unbeerbter Ehe (3% mit der Steigung der Steuersätze nach dem Anfallwert wie im REStG.) und ferner eine solche der Abkömmlinge (1% mit dem Ansteigen der Steuersätze wie bei den Ehegatten). In den Hansestädten ist die Grenze, mit welcher die Sonderbesteuerung beginnen soll, in die Höhe geschoben, so daß ein Betrag von 3—5000 Mk., unter besonderen Umständen bis zu 10000 Mk. steuerfrei bleibt. Elsaß-Lothringen und Schwarzburg-Sondershausen lassen nur den gleichen Betrag wie das REStG., also 500 Mk. steuerfrei; Reuß ä. L. kennt für seine Sonderbesteuerung einen steuerfreien Betrag nicht.

XXVIII. Übergangsvorschriften. (§§ 60, 61.)

§ 60.

Die Vorschriften der Landesgesetze, welche die Erhebung einer Abgabe von dem den Gegenstand der Erbschaftssteuer bildenden Erwerbe von Todes wegen (§§ 1 bis 4) sowie von Schenkungen unter Lebenden (§ 55) oder den über solche Schenkungen ausgestellten Urkunden betreffen, treten insoweit außer Kraft, als den Bundesstaaten nicht die Erhebung besonderer Abgaben (§ 59) überlassen ist.

1. Die Motive des Regierungsentwurfs führen zum § 60 das folgende aus:

„Mit dem Inkrafttreten des vorliegenden Gesetzes müssen die Landesgesetze, soweit sie eine Besteuerung des Erwerbes von Todes wegen im Sinne der §§ 1 bis 6 (jetzt 4) und die Besteuerung von Schenkungen unter Lebenden (§ 60, jetzt 55) oder von den über solche Schenkungen ausgestellten Urkunden enthalten, außer Wirksamkeit treten, soweit nicht den Bundesstaaten die Erhebung besonderer Abgaben (§ 63, jetzt 59) überlassen ist. Nicht berührt werden dagegen die landesgesetzlichen Urkundenstempelabgaben von letztwilligen Verfügungen, Erbrezessen u. dgl., da diese Abgaben nicht den Erwerb von Todes wegen zum Gegenstande der Besteuerung haben. Das gleiche gilt von den in den Landesgesetzen für gerichtliche oder notarielle Aufnahmen und Beglaubigungen vorgeschriebenen Stempeln (Taxen, Sporteln usw.). Ebensowenig liegt es in der Absicht des Entwurfs, die Erhebung landesgesetzlich bestehender Stempelabgaben von der Auflassung von Grundstücken und die Erhebung sonstiger Abgaben von Besitzübergängen von Grundstücken oder diesen gleichgeachteten Rechten auszuschließen, wenn sie Grundstücke oder Rechte betreffen, die den Gegenstand eines Erwerbes von Todes wegen oder einer Schenkung bilden. Die Aufnahme einer ausdrücklichen Vorschrift in das Gesetz erschien aber entbehrlich, da die Erhebung dieser Abgaben auf der Tatsache des Eigentums- oder Besitzüberganges als solchen fußt, ohne Rücksicht auf den besonderen Rechtsgrund, auf dem der Übergang beruht."

2. Eine weitere Erläuterung über die Tragweite der verlautbarten Gesetzesvorschrift gibt der Kommissionsbericht des Reichstages (a. a. O. S. 35) in folgendem Wortlaut:

„Ein Kommissionsmitglied fragte, inwieweit durch die, die Schenkungen unter Lebenden betreffenden Bestimmungen des § 64 (jetzt § 60) die entsprechenden Vorschriften der Landesgesetze beeinflußt würden und insbesondere, ob im Falle der Auflassung eines schenkungsweise veräußerten Grundstücks an den Erwerber, neben der Schenkungssteuer auf Grund des vorliegenden Gesetzes, der landesgesetzliche Auflassungsstempel zur Hebung komme.

Hierauf erwiderte ein Regierungsvertreter, zunächst sei daran festzuhalten, daß der Entwurf, da er den Erwerb durch Schenkungen unter Lebenden besteuern wolle, zur Vermeidung einer mehrfachen Besteuerung desselben Erwerbes die Landesabgaben außer Kraft setze, welche gegenwärtig, sei es von dem Akte der Schenkung selbst, sei es — für diejenigen Rechtsgebiete, in denen nur die beurkundete Schenkung steuerpflichtig ist — von der Schenkungsurkunde zu entrichten seien. Diese Außerkraftsetzung sei im § 64 (jetzt § 60) ausgesprochen. Darüber hinaus aber solle, nach der Absicht des Entwurfs, in die Landesgesetzgebung nicht eingegriffen werden. Beispielsweise würden also, wie die Begründung hervorhebe, die für die gerichtliche oder notarielle Aufnahme von Schenkungsurkunden landesgesetzlich etwa vorgeschriebenen Abgaben oder Gebühren auch fernerhin erhoben werden können. Aus dem gleichen Grunde würde auch der preußische Auflassungsstempel von der Vorschrift des § 64 (jetzt § 60) nicht berührt werden. Doch werde im Gebiete des preußischen Rechts schon auf Grund der bestehenden Landesgesetzgebung, die in dieser Beziehung auch in Zukunft allein maßgebend bleibe, die von dem Herrn Fragesteller befürchtete Doppelbesteuerung kaum eintreten. In dem preußischen Stempelsteuergesetze vom 31. Juli 1895 sei zwar im Absatz 1 der Tarifstelle 8 allgemein eine Stempelabgabe von 1 v. H. für Auflassungen von inländischen Grundstücken vorgesehen, nach Absatz 3 daselbst seien aber die Auflassungserklärung und der Umschreibungsantrag diesem Wertstempel nicht unterworfen, wenn mit der Verlautbarung oder mit der Einreichung derselben oder innerhalb einer mit dem Tage der Zustellung der Aufforderung zur Zahlung der Gerichtskosten beginnenden Frist von zwei Wochen die das Veräußerungsgeschäft enthaltende, in an sich stempelpflichtiger Form (also etwa auch in einfacher Schriftform) ausgestellte Urkunde in Urschrift, Ausfertigung oder beglaubigter Abschrift vorgelegt werde. Es bedürfe somit nur der, auch nachträglich noch zugelassenen, Vorlegung einer Urkunde über die Grundstücksschenkung, um die Zahlung des Auflassungsstempels zu vermeiden. Auch die Auflassungserklärung selbst würde als solche Urkunde anzusehen sein, wenn das Veräußerungsgeschäft, die schenkungsweise Überlassung des Grundstücks, darin angegeben sei. Der Vollständigkeit halber sei noch zu bemerken, daß der Umstand, ob die vorzulegende Urkunde steuerpflichtig oder steuerfrei ist, und ob sie im ersteren Falle vorschriftsmäßig versteuert worden ist oder nicht, nach dem Gesetze vom 31. Juli 1895 für die Abstandnahme von der Erhebung des Auflassungsstempels ohne Belang sei."

3. Durch die in den vorstehenden Noten wiedergegebenen Ausführungen in der Begründung des Regierungsentwurfs und in den Kommissionsverhandlungen des Reichstags ist im allgemeinen die Grenze bestimmt, bis zu welcher die Landesgesetzgebung der Bundesstaaten auch soweit sie sich nicht unmittelbar auf die Erbschaftssteuer bezieht, wie namentlich die Stempelsteuer, in einzelnen Richtungen als aufgehoben anzusehen ist. Für den einzelnen Fall wird es bezüglich Entscheidung der Frage, ob eine landesgesetzliche Bestimmung als aufgehoben zu gelten hat oder nicht, stets auf die besondere Ausgestaltung der Bestimmung nach Gehalt und Form ankommen, welche unter der Mannigfaltigkeit der Sonderverhältnisse in den einzelnen Bundesstaaten wiederum eine sehr verschiedenartige sein kann. Es muß daher ausgeschlossen erscheinen die Aufhebungsgrenze im einzelnen genau festzulegen; es wird vielmehr stets Entscheidung für den einzelnen Sonderfall zu treffen sein. Allgemeine Grundzüge für die Aufhebung bzw. das Bestehenbleiben der Landesgesetzgebung stellt Dr. A. Hoffmann in den Anm. 2 und 3 zu § 60 zusammen. Als von genereller Bedeutung sei nur hervorgehoben, daß Landesgesetzgebung hier im weiteren Sinne zu nehmen ist; es ist unter derselben nicht nur dasjenige, was die gesetzgebenden Organe des Landes unmittelbar als Gesetz festlegen, zu verstehen, sondern auch dasjenige, was auf Grund einer derartigen gesetzlichen Festlegung von der Autonomie der öffentlichen korporativen Verbände wie Provinz, Kreis, Gemeinde formgültig angeordnet worden ist. Im übrigen bieten die Vollzugsvorschriften, welche die einzelnen Bundesstaaten zu dem RESt G. erlassen haben, bezüglich des Fortbestehens oder Nichtfortbestehens der landesgesetzlichen Sondervorschriften vielfach einen näheren Anhalt.

4. Nach dem § 60 sollen die landesgesetzlichen Vorschriften über die Erbschafts- und Schenkungssteuer insoweit außer Kraft treten, als den Bundesstaaten nicht die Erhebung besonderer Abgaben (§ 59) überlassen ist. Dadurch, daß das Fortbestehen der bundesstaatlichen Landesgesetzgebung in der fraglichen Weise von dem § 59 abhängig gemacht ist, kommt hier die nur auf Grund eines Irrtums

oder Versehens untergelaufene erweiterte Fassung jenes Paragraphen (vgl. Note 2 zu § 59) zu einer besonderen unmittelbar praktischen Bedeutung. Nach dem § 59, wie er derzeit in Geltung ist, wird den Bundesstaaten die Erhebung besonderer Abgaben nicht nur von den Abkömmlingen und Ehegatten, sondern, wenigstens für den Erwerb bis zu 10000 Mk., auch von den leiblichen Eltern, von den Großeltern und entfernteren Voreltern, von den unehelichen, von dem Vater anerkannten Kindern und deren Abkömmlingen, sowie von den an Kindes Statt angenommenen Personen und deren Abkömmlingen, soweit sich auf diese die Wirkungen der Annahme an Kindes Statt erstrecken, gestattet; folgeweise ist bezüglich aller dieser Personengruppen, welche unter dem in den § 59 eingefügten Buchstaben c der Ziffer 4 des § 11 angezogen sind, auch die bisherige Landesgesetzgebung durch das RESt.G. nicht aufgehoben, sondern noch nach dem 1. Juli 1906 zu Recht bestehen geblieben. In dem Entwurf eines Gesetzes wegen Änderung des Erbschaftssteuergesetzes, welcher von den verbündeten Regierungen dem Reichstag in der Session 1907/09 vorgelegt wurde, ist dieses als eine „höchst unerwünschte Folge" bezeichnet und weiter hervorgehoben, daß die Vorlegung des Entwurfs die geeignete Gelegenheit biete, diesem Zustand ein Ende zu machen. Infolge der Ablehnung des Entwurfs durch den Reichstag wurde dieses jedoch vereitelt, so daß die erhebliche Beeinträchtigung in der Einheitlichkeit der Erbschaftssteuergesetzgebung im Deutschen Reich fortbesteht. Von einer praktischen Bedeutung ist dieses einerseits da, wo bezüglich der betreffenden Personengruppen die Landesgesetzgebung in ihren Steuersätzen über die nach dem RESt.G. zur Anwendung kommenden hinausgeht, wie beispielsweise bezüglich der leiblichen Eltern die von Hessen, Lübeck, Bremen, Hamburg, bezüglich der unehelichen, von dem Vater anerkannten Kinder die von Sachsen (Königreich), Schwarzburg-Sondershausen, Reuß älterer Linie, Lippe, Bremen, andererseits aber auch allgemein bezüglich des nach dem RESt.G. befreiten Erwerbs (bis 10000 Mk.) der in Frage stehenden Personengruppen, wo dieser bislang in den einzelnen Bundesstaaten zur Steuer herangezogen ist, was in der einen oder anderen Richtung fast für sämtliche Bundesstaaten mit einer äußerst bunten Verschiedenheit in Betracht kommt und dementsprechend wohl als das für die Frage wesentlichste anzusehen ist. Der Zustand wurde dadurch nicht gebessert, sondern noch verworrener, daß die einzelnen Bundesstaaten das bezügliche Fortbestehen ihrer Landesgesetzgebung vielfach wenigstens anfangs zum Teil auch dauernd überhaupt nicht beachteten. In Preußen hatte man zunächst nach der allgemeinen Verfügung des Finanzministers und des Justizministers betreffend die Erbschaftssteuer und die von Schenkungen zu entrichtenden Abgaben vom 26. Juni 1906 (vergleiche unten Preußische Vollzugsordnungen II) das Fortbestehen der Landesgesetzgebung bezüglich des hier allein in Frage kommenden, oben zu weit berührten allgemeinen Punktes als nicht gegeben betrachtet, glaubte dann aber gegenüber dem Wortlaut des Gesetzes hieran nicht festhalten zu können und bestimmte durch eine gleiche weitere allgemeine Verfügung vom 26. März 1907 III 7277 (PrZBl. 1907 S. 133; vgl. unten Preuß. Vollzugsordnungen III) folgendes: „Solange nicht seitens der Gerichte abweichende Entscheidungen ergehen, ist die preußische Erbschaftssteuer, der Schenkungsstempel und die im Art. 2 § 2 des Gesetzes vom 22. Juni 1875, betreffend das Sportel-, Stempel- und Taxwesen in den Hohenzollernschen

Landen bestimmte Abgabe nach Maßgabe der bisherigen Vorschriften zu erheben, wenn unehelichen, vom Vater anerkannten Kindern oder deren Abkömmlingen aus dem Vermögen des Vaters ein Erwerb von Todes wegen oder durch Schenkung unter Lebenden anfällt, dessen Wert den Betrag von 10000 Mk. nicht übersteigt; soweit die Vorschriften des Reichs-Erbschaftssteuergesetzes und des preußischen Erbschaftssteuergesetzes in Ansehung der Wertberechnung voneinander abweichen, sind die Vorschriften des Reichsgesetzes für die Entscheidung der Frage maßgebend, ob ein der landesgesetzlichen Besteuerung überlassener Fall vorliegt, während, wenn diese Frage zu bejahen ist, der der Berechnung der landesgesetzlichen Abgabe zugrunde zu legende Wert sich nach den Vorschriften des Landesgesetzes bestimmt." Für Bayern war schon durch die Vollzugsordnung vom 3. Juni 1906 § 29 (vgl. unten) vorgeschrieben, daß Erbfälle, welche an die leiblichen Eltern, Großeltern oder entfernteren Voreltern des Erblassers gelangen und den Wertbetrag von 10000 Mk. nicht übersteigen, in seitheriger Weise der landesgesetzlichen Besteuerung unterliegen, sofern nicht die Befreiungsvorschrift RESt G. § 11 Nr. 4g Platz greift: die Gesetzmäßigkeit dieser Anordnung ist durch einen Beschl. d. BayVGH. vom 24. Mai 1909 Nr. 97 III/08 (BlfVF. 1909 S. 276) ausdrücklich anerkannt; die ungünstigen Wirkungen sind näher in einem besonderen Aufsatz, BlfVF. 1909 S. 276, erörtert. Für Sachsen (Königreich) ist durch die Verordnung vom 23. November 1906 bestimmt, daß dem Sächsischen Urkundenstempel noch unterliegen die Urkunden über Schenkungen an leibliche Eltern, Großeltern und entferntere Voreltern, sowie an an Kindes Statt angenommene Personen und deren Abkömmlinge, soweit sich auf diese die Wirkungen der Annahme an Kindes Statt erstrecken, wenn der Wert des Erwerbes den Betrag von 10000 Mark nicht übersteigt (Verordnungsblatt d. Sächs. Zoll- u. Steuer-Dir. 1907 S. 27); demnächst ist aber durch das Gesetz, die Aufhebung der über die Erbschaftssteuer erlassenen Gesetze sowie einige Abänderungen des Gesetzes über den Urkundenstempel betr. vom 5. April 1908 (vgl. unten Sächs. Vollzugsordnungen Anhang II) die frühere Erbschaftssteuergesetzgebung allgemein aufgehoben, soweit solches nicht schon durch § 60 RESt G. geschehen. In Württemberg sind nach der Anweisung des Steuerkollegiums vom 24. Juli 1907 (Amtsblatt 1907 S. 113) landeserbschaftssteuerpflichtig geblieben leibliche Eltern, Großeltern und entferntere Voreltern, uneheliche von dem Vater anerkannte Kinder und deren Abkömmlinge, an Kindes Statt angenommene Personen und deren Abkömmlinge, soweit sich auf sie die Wirkungen der Annahme an Kindes Statt erstrecken, wenn der Wert des Erwerbes mehr als 500 Mk. beträgt und den Betrag von 10000 Mk. nicht übersteigt. Nach den Vollzugsordnungen für Baden (vgl. unten Bd. II § 57) und für Hessen (vgl. unten H 24) kommt eine bezügliche landesgesetzliche Besteuerung dort nicht in Frage, bzw. hat als beseitigt zu gelten. Für Braunschweig ist durch Verf. d. Staatsministeriums vom 10. Juli 1907 Nr. 2320 A angeordnet, daß Erbanfälle oder Schenkungen an uneheliche von dem Vater anerkannte Kinder und deren Abkömmlinge — nur bezüglich dieser würde eine Landesbesteuerung Platz greifen können — in Höhe von 10000 Mk. und weniger von der landesrechtlichen Erbschaftssteuer- und Stempelsteuer befreit bleiben sollen.

§ 61.

Die Steuerpflicht für einen Erwerb, der bereits zur Zeit des Inkrafttretens dieses Gesetzes begründet ist, bestimmt sich nach den bisherigen Gesetzen.

1. Zum § 61 geben die Motive des Regierungsentwurfs die folgende Begründung:

„Daß ein Erwerb, der vor dem Inkrafttreten dieses Gesetzes angefallen ist, nach den bisherigen Gesetzen zu beurteilen ist, folgt aus allgemeinen Grundsätzen. Umgekehrt würde an sich ein Erwerb, der als nach diesem Zeitpunkt angefallen anzusehen ist, dem gegenwärtigen Gesetze zu unterstellen sein, auch wenn die Veranlassung des Erwerbes, insbesondere also der Erbfall (Tod des Erblassers), vor dem bezeichneten Zeitpunkte läge. Hierher gehört u. a. der Erwerb unter einer aufschiebenden Bedingung (§ 23, jetzt 21, Abs. 1 des Gesetzes) und die Nacherbschaft (§ 29, jetzt 27, des Gesetzes und § 2139 BGB.). Aus der Anwendung verschiedener Gesetze, besonders in dem Falle, wo die mehreren Erwerbe auf denselben, vor dem Inkrafttreten des vorliegenden Gesetzes eingetretenen Erbfall zurückgehen, ergeben sich aber unter Umständen unerwünschte Folgen. Der § 65 (jetzt 61) schreibt daher vor, daß sich die Steuerpflicht für einen Erwerb, der bereits zur Zeit des Inkrafttretens dieses Gesetzes begründet ist, stets nach den bisherigen Gesetzen bestimmen soll. Hierbei ist der Ausdruck „begründet" in dem Rechtssinne gebraucht, in dem er z. B. in § 404 BGB. angewendet ist (vgl. Planck, BGB. 3. Aufl. Bd. 2, Erläuterung 1 zu § 404 S. 278). Daß ein Erwerb durch Eintritt eines Lehns- oder Fideikommißfalls (§ 3 Nr. 1 des Gesetzes) in dem bezeichneten Sinne nicht früher als mit diesem Eintritte selbst als begründet angesehen werden kann, daß insbesondere die Errichtung des Lehens oder Fideikommisses nicht schon als Grund des Erwerbes in diesem Sinne gelten soll, wird nicht näherer Ausführung bedürfen." Zu letzterem vgl. Note 3 zu § 3, speziell auch die dort angeführte Verf. SFM. vom 21. Oktober 1908 Nr. 4020.

2. Die frühere Gesetzgebung in ihrem vollen Umfang also auch bezüglich der von ihr gegebenen Vorschriften über das Verfahren ist demnach noch überall da anwendbar, wo vor dem Inkrafttreten des REStG. der Erbfall stattgefunden oder die Schenkung rechtswirksam geworden ist. Wird ein Erblasser zur Zeit der Geltung des REStG. gerichtlich für tot erklärt, als Zeitpunkt des Todes aber ein vor dem Inkrafttreten des fraglichen Gesetzes liegender Termin festgesetzt, so ist für die Erbschaftssteuererhebung die Landesgesetzgebung, wie sie zu dem gedachten Termin in Kraft stand, maßgebend; Entsch. WürttFM. vom 7. Juli 1908 Nr. 4413 (Beibl. 4 z. Württ. Amtsbl. 1908 S. 107). Eine ähnliche Regelung wie die des REStG. — wie sie tatsächlich meist in der bisherigen landesgesetzlichen Erbschaftsbesteuerung in den in Frage kommenden Beziehungen vorhanden ist — vorausgesetzt, wird die Anwendung der früheren Landesgesetzgebung noch in verhältnismäßig zahlreicheren, aus der Zeit vor dem Inkrafttreten des REStG. herrührenden Einzelfällen stattfinden müssen, so bei dem bedingten Erwerb, sei es bezüglich der Versteuerung eines von einer aufschiebenden Bedingung abhängenden Erwerbes, sei es bei der Steuererstattung für einen unter

einer auflösenden Bedingung geschehenen Erwerb, ebenso auch bei der bedingten Belastung, mag eine Steuerfestlegung wegen einer aufschiebenden oder wegen einer auflösenden Bedingung notwendig werden, desgleichen bei dem Erwerb und der Belastung, welche von einem nur hinsichtlich des Zeitpunktes des Eintritts ungewissen Ereignis abhängig sind, ferner, wenn wegen ungewisser oder unsicherer Rechte nach eingetretener Klarheit über dieselben eine anderweite Steuerfestsetzung Platz greifen muß oder wenn nachträglich unbekannte Ansprüche der Masse oder an die Masse zu berücksichtigen sind, oder wenn bei einem Erwerb von Vermögen ohne die Nutzung bzw. bei der in entsprechender Weise zu behandelnden Vor- und Nacherbschaft irgend wie die Versteuerung hinausgeschoben war, sowie endlich in allen Fällen, in denen aus besonderen in der Sache liegenden Gründen von einer sofortigen Besteuerung abgesehen und die Aussetzung derselben bis zu einem späteren Zeitpunkte verfügt war. Demnach wird die ganze Organisation der früheren landesgesetzlichen Erbschaftssteuererhebung auch für die Folge noch in ziemlich umfangreicher Weise in Tätigkeit zu verbleiben haben, wobei es natürlich der Landesgesetzgebung überlassen ist, diese Organisation unverändert neben einer neuen Organisation für die Reichserbschaftssteuer bestehen zu lassen, oder die eine an die andere in entsprechender Weise, die aber immer mit den reichsgesetzlichen Bestimmungen im Einklang stehen müßte, anzugliedern. Zeitlich wird sich die Tätigkeit der früheren Organisation, wenn auch der Umfang nach und nach ein immer geringerer werden wird, gleicherweise verhältnismäßig lange hinausziehen, da gerade bei der Erbschaftssteuer die Festlegung auf längere Zeit hinausgeschoben sein kann.

3. Die Erhebung der Steuer nach der bisherigen Landesgesetzgebung und nach dem REStG. muß von den einzelnen Bundesstaaten jedenfalls so geregelt sein, daß die Verrechnung der alten Landessteuer und der neuen Reichssteuer eine vollständig getrennte bleibt, da die Berechtigung auf die bezüglichen Erträgnisse eine verschiedene ist. Alles, was nach der früheren Landesgesetzgebung nachträglich an Erbschaftssteuer zur Hebung gelangt, fließt ausschließlich in die Kasse des hebenden Bundesstaats, während von den nach dem REStG. zu hebenden Beträgen jetzt drei Viertel anstelle der ursprünglichen zwei Drittel an die Reichskasse abzuführen sind.

XXIX. Schlussvorschrift. (§ 62.)

§ 62.

Die Ausführungsbestimmungen zu diesem Gesetz erläßt der Bundesrat.

1. Die Schlußvorschrift fand sich in dem Regierungsentwurfe nicht und ist erst durch die Kommission des Reichstags dem Gesetze eingefügt worden, ohne daß in dem Kommissionsberichte eine nähere Begründung gegeben worden ist.

2. Nach Artikel 7 Ziffer 2 der Verfassung des Deutschen Reichs vom 16. April 1871 (BGBl. 1871 S. 63 ff.) hat der **Bundesrat** über die zur Ausführung der Reichsgesetze erforderlichen allgemeinen Verwaltungsvorschriften und Einrichtungen zu beschließen, sofern nicht durch Reichsgesetz ein anderes bestimmt ist. Auch ohne eine bezügliche besondere Verlautbarung im Gesetz müßte danach der Bundesrat für befugt angesehen werden, Ausführungsbestimmungen zu dem Erbschaftssteuergesetze zu erlassen. Eine nochmalige ausdrückliche Einräumung der allgemeinen Befugnis zum Erlaß von Ausführungsbestimmungen ist in sonstigen Steuergesetzen des Reichs, ohne daß solches auf die Ausübung der fraglichen Befugnis irgend wie von Einfluß gewesen wäre, regelmäßig nicht verlautbart, so nicht in dem Salzabgabegesetz von 1867, in dem Spielkartenstempelgesetz von 1878, in dem Tabaksteuergesetz von 1879, in dem Branntweinsteuergesetz von 1895, in dem Zuckersteuergesetz von 1896, in dem Reichsstempelgesetz von 1900 und in dem Schaumweinsteuergesetz von 1902; nur in dem Wechselstempelgesetz vom 10. Juni 1869 (BGBl. 1869 S. 193) § 28 — ebenmäßig auch in der neuen Fassung desselben von 1909 (RGBl. 1909 S. 825) § 30 — und in dem Brausteuergesetz vom 31. Mai 1872 (RGBl. 1872 S. 153) § 43 findet sich die gleiche allgemeine Vorschrift, die dann aber wieder in den neuesten Steuergesetzen des Reichs vom Jahre 1909, so dem neu gefaßten Brausteuergesetz, desgleichen Tabaksteuergesetz und Reichsstempelgesetz, sowie dem Zigarettensteuergesetz, dem Zündwarensteuergesetz und dem Leuchtmittelsteuergesetz fehlt.

Erbschaftssteuer-Ausführungs-bestimmungen.

Beschluß des Bundesrats vom 16. Juni 1906.

(Zentralblatt für das Deutsche Reich, Jahrgang XXXIV, 1906, Nr. 30, S. 829 ff.).

Vorbemerkungen.

I. Nach seiner verfassungsmäßigen Befugnis, welche in dem § 62 RESt G. noch eine ausdrückliche Bekräftigung erfahren, hat der Bundesrat in seiner Sitzung vom 16. Juni 1906 (§ 466 der Protokolle des Bundesrats, Session 1906) Ausführungsbestimmungen zum RESt G. beschlossen, welche in den Zentralblatt für das Deutsche Reich 1906 S. 829 ff. veröffentlicht wurden. In der ersten Auflage ist die Entstehung dieser Ausführungsvorschriften sowie die Anordnung und Ausgestaltung derselben nach allgemeinem System — unter Ausscheidung nach dem Erwerb von Todes wegen und den Schenkungen unter Lebenden — und nach äußerer Form näher dargestellt. Diese Darstellung, zu welcher irgend welche Änderungen nicht zu machen sein würden, ist nunmehr fortgelassen, da sie an und für sich nicht mehr das gleiche Interesse wie unmittelbar nach Erlaß des RESt G. bieten dürfte und gegebenenfalls ein Rückgriff auf die erste Auflage Weiterungen nicht veranlassen kann. Da in dem Beschluß über die Ausführungsbestimmungen zum RESt G. der Bundesrat gleichzeitig verlautbart hatte, daß „über Erlasse der Erbschaftssteuer aus Billigkeitsrücksichten der Bundesrat zu entscheiden habe und daß solche Erlasse von ihm nur mit Zustimmung der beteiligten Landesregierung bewilligt werden sollen", so war in der ersten Auflage gleicherweise unter den Vorbemerkungen zu den Ausführungsbestimmungen (VI) eine eingehendere Darlegung über die Erlasse aus Billigkeitsgründen gegeben; auch diese ist in der zweiten Auflage nicht wiederholt, nachdem die Erlasse aus Billigkeitsrücksichten jetzt in der Note 14 zu § 54 des Gesetzes entsprechend berührt worden sind.

II. Abänderungen hat der Bundesrat an den Ausführungsbestimmungen nicht vorgenommen, doch dürften demnächst solche in Aussicht stehen, wie unten zu § 20 näher berührt werden wird. Zunächst ist zur Ergänzung der Ausführungsbestimmungen ein Verzeichnis der Erbschaftssteuerämter und Oberbehörden unter Angabe ihrer Geschäftsbezirke veröffentlicht worden; das weitere darüber wird unten zu § 1 A ausgeführt. Die zunächst vorbehaltenen Bestimmungen über die Erbschaftssteuerstatistik sind nach eingehenderen Beratungen unter Anhörung der einzelnen Bundesregierungen festgelegt und in der Sitzung des Bundesrats vom 16. Mai 1907 (§ 445 der Protokolle des Bundesrats, Session 1907) beschlossen worden. Die Statistik ist auf einer sehr breiten Grundlage ausgestaltet, weil man möglichst eingehende Nachweisungen für notwendig erachtete, um die finanziellen Wirkungen des RESt G. in seinen Einzelvorschriften übersehen zu können und für etwaige Gesetzesänderungen eine brauchbare Grundlage zu gewinnen. Die Einzelheiten zu den mit dem 1. April 1907 in Kraft getretenen Bestimmungen über die Erbschaftssteuerstatistik werden unten behandelt werden.

III. Bei der nachstehenden Wiedergabe der vom Bundesrat erlassenen Ausführungsbestimmungen sind die Noten in der Hauptsache auf kurze Verweisungen beschränkt und ist dabei ein gleichmäßiges Verfahren beobachtet. Unter a sind stets die Paragraphen des Gesetzes angegeben, auf welche sich die Ausführungsbestimmung im ganzen oder in ihren einzelnen Teilen, sei es unmittelbar oder sei es auch nur mittelbar in einem weiteren Sinne bezieht. Unter b ist sodann regelmäßig das Verhältnis zu den weiteren Vollzugsvorschriften der besonders berücksichtigten Bundesstaaten Preußen (PA.), Bayern (ByA.), Sachsen (SA.), Württemberg (WA.), Baden (BdA.), Hessen (HA.) und Braunschweig (BrA.) klargelegt, jedoch auch nur kurz in der Weise, daß die ergänzenden Bestimmungen nicht inhaltlich, sondern nur nach ihrer Stellung unter Ziff. § usw. aufgeführt sind. Es sind dabei die soeben in Klammern beigefügten Abkürzungen gebraucht; die römischen Zahlen, welche nur da vorkommen, wo der einzelne Bundesstaat mehrere Regelungen zum Vollzuge des Erbschaftssteuergesetzes getroffen hat, entsprechen der Reihenfolge und Bezeichnung, unter welcher die fraglichen Einzelregelungen der betreffenden Bundesstaaten demnächst angeschlossen werden; des weiteren sind mit arabischen Zahlen die Ziffern und Paragraphen der Regelungen angegeben. Weitere besondere Bemerkungen zu dem Inhalt usw. sind endlich unter c aufgeführt. Die Muster und Anlagen waren in der ersten Auflage, wenn auch im Druck enger zusammengezogen wörtlich wiedergegeben. Ob für eine derartige Aufnahme in den Kommentar tatsächlich ein Bedürfnis besteht, muß zweifelhaft erscheinen; es dürfte wohl anzunehmen sein, daß von dem fraglichen Abdruck doch nur in verhältnismäßig untergeordneterem Maße Gebrauch zu machen steht. In der vorliegenden Auflage sind die Muster und Anlagen in der gleichen Weise wie auch das Verzeichnis der Erbschaftssteuerämter und Oberbehörden (vgl. c zu § 1A) nicht wieder zum Abdruck gebracht, um den dadurch frei werdenden Raum für die zweifellos wichtigere Ausdehnung der Erläuterung des Gesetzes selbst nützen zu können. Wesentliche Einzelheiten aus den Mustern und Anlagen sind in den Erläuterungen zu den einzelnen Paragraphen der Ausführungsbestimmungen angegeben; die Anlage 6 ist entsprechend zu § 23A in vollem Umfang aufgenommen.

Erbschaftssteuer-Ausführungsbestimmungen.

I. Erbschaftssteuerämter und Oberbehörden. § 1.

§ 1.

(1) Die zur Verwaltung des Erbschaftssteuerwesens, insbesondere zur Feststellung und Erhebung der Erbschaftssteuer befugten Steuerstellen (Erbschaftssteuerämter) und die Oberbehörden, denen sie unterstehen, werden von den Landesregierungen bestimmt und öffentlich bekannt gemacht. Soweit eine solche Bestimmung nach Maßgabe der bestehenden Erbschaftssteuergesetze bereits erfolgt ist, bedarf es einer erneuten Bekanntmachung nicht. Ein Verzeichnis der Erbschaftssteuerämter und Oberbehörden ist unter Angabe ihrer Geschäftsbezirke dem Reichskanzler zur Veröffentlichung im Zentralblatte für das Deutsche Reich mitzuteilen. Das Gleiche hat mit etwaigen späteren Veränderungen zu geschehen.

(2) Die Veröffentlichung im Zentralblatte für das Deutsche Reich kann auf das Verzeichnis der Oberbehörden beschränkt werden.

a. Der § 1 bezieht sich unmittelbar auf den § 34 RESt G., welcher die Verwaltung des Erbschaftssteuerwesens regelt.

b. Der Paragraph wird ergänzt durch PA. I unter Ziff. 1 und 12 (die bisherigen Erbschaftssteuerämter, welche den Kgl. Oberzolldirektionen (früher Provinzialsteuerdirektionen), je nach der Provinz in verschiedener Zahl — meist zwei oder drei, aber auch mehr —, angegliedert sind und abgesehen von der Rheinprovinz und der Provinz Hessen-Nassau ihren Sitz regelmäßig an dem Sitz der Oberzolldirektion haben, bleiben bestehen, ebenso als Oberbehörden die Kgl. Oberzolldirektion und für die Hohenzollernschen Lande die Kgl. Regierung in Sigmaringen), durch ByA. unter § 1 (die Rentämter haben die Geschäfte der Erbschaftssteuerämter zu versehen, die Regierungsfinanzkammern die der Oberbehörde; das Staatsministerium der Finanzen ist oberste Landesfinanzbehörde), durch SA. unter Ziff. 1 (Hauptzollämter sind zu Erbschaftssteuerämtern bestellt und führen als solche die Titulatur „Hauptzollamt als Erbschaftssteueramt"; Oberbehörde ist die Kgl. Zoll- und Steuerdirektion zu Dresden), durch WA. I (als Erbschaftssteuerämter sind die Kameralämter und das Hauptsteueramt Stuttgart, als Oberbehörde das Steuerkollegium Abteilung für Zölle und indirekte Steuern bestimmt), durch BdA. I § 1 und II § 1 (die Geschäfte der Erbschaftssteuerämter haben die Notariate zu erfüllen, Oberbehörde ist die Großherzogl. Steuerdirektion zu Karlsruhe), durch HA. I (für das Großherzogtum besteht ein Erbschaftssteueramt zu Darmstadt, Oberbehörde ist das Großherzogl. Ministerium der Finanzen Abteilung für Steuerwesen) und durch BrA. I und II 1 (für das Herzogtum ist ein besonderes Erbschaftssteueramt gebildet und in ähnlicher Weise wie in Preußen der Herzogl. Zoll- und

Steuerdirektion zu Braunschweig angegliedert, die letztere waltet als Oberbehörde). Bezüglich der obersten Landesfinanzbehörde bedurfte es durchweg einer besonderen Bestimmung in den bundesstaatlichen Ausführungsbestimmungen nicht, da dieser Begriff allgemein ein zweifellos festliegender ist.

c. Die Veröffentlichung der Erbschaftssteuerämter und der Oberbehörden im Zentralblatt für das Deutsche Reich durch den Reichskanzler ist mit Bekanntmachung vom 11. August 1906 in Nr. 50 des Blattes S. 1103 ff. erfolgt. In der ersten Auflage ist das Verzeichnis vollständig zum Abdruck gebracht, worauf hier in gleicher Weise wie auf die allgemeinen Angaben in Note 3 zu § 34 des Gesetzes Bezug genommen werden soll. Eine gleiche Aufnahme in die zweite Auflage ist unterlassen, weil dieselbe für den praktischen Gebrauch nur von untergeordnetem Wert erschien und der gewonnene Raum zweckentsprechender für eine Erweiterung der Gesetzeserläuterung nutzbar gemacht werden konnte. Eine Veränderung des Verzeichnisses der Erbschaftssteuerämter ist bislang nur in geringem Maße vorgekommen; so ist die Amtsbezeichnung der Preußischen Oberbehörden eine andere geworden, statt Provinzialsteuerdirektion und Provinzialsteuerdirektor muß es jetzt Oberzolldirektion heißen; in Preußen ist außerdem eine weitere Abteilung zu dem Stempel- und Erbschaftssteueramt errichtet einmal in Hannover (RZBl. 1910 S. 100), woselbst schon vorher die beiden getrennten Stempel- und Erbschaftssteuerämter zu einem solchen mit drei Abteilungen (PrZBl. 1907 S. 152) vereinigt waren, und ferner in Breslau, Frankfurt a/M., Cöln und Düsseldorf (RZBl. 1900 S. 132), wobei gleichzeitig auch die Einteilung der Geschäftsbezirke der letzten drei Stempel- und Erbschaftssteuerämter etwas verschoben ist; in Elsaß-Lothringen endlich ist in Straßburg ein Erbschaftssteueramt errichtet, welches die bis dahin von dem Verkehrsamt Straßburg I mit versehenen Geschäfte in Erbschaftssteuerangelegenheiten vorzunehmen hat (RZBl. 1910 S. 415) und weiter sind die beiden Verkehrssteuerämter Verny und Vigy nach Metz verlegt und zu einem Verkehrssteueramt Metz III vereinigt.

Erster Abschnitt.

Erwerb von Todes wegen.

II. Totenlisten. § 2.

§ 2.

(1) Die Standesämter haben von den von ihnen beurkundeten Sterbefällen den Erbschaftssteuerämtern Mitteilung zu machen. Die Mitteilung erfolgt durch besondere Totenlisten, welche den Zeitraum eines Monats zu umfassen haben und in den ersten zehn Tagen nach Ablauf des Monats dem Erbschaftssteueramt einzureichen sind.

(2) Die oberste Landesfinanzbehörde kann die Aufstellung der Totenlisten in kürzeren oder längeren Zeiträumen anordnen. Sie

kann ferner eine Vereinfachung der Totenlisten zulassen, soweit in anderer Weise dafür gesorgt ist, daß die darin vorgesehenen Mitteilungen dem Erbschaftssteueramte zugehen.

(3) Sind in dem betreffenden Zeitabschnitte keine Sterbefälle eingetreten, so ist dies dem Erbschaftssteueramte binnen gleicher Frist schriftlich anzuzeigen.

(4) In die Totenlisten sind auch die im Ausland erfolgten Sterbefälle von Deutschen sowie von solchen Ausländern, welche im Inland ihren Wohnsitz oder gewöhnlichen Aufenthalt hatten oder welche im Inlande Vermögen hinterlassen haben, aufzunehmen, falls sie in glaubhafter Weise zur Kenntnis der Standesämter gelangt sind.

(5) Der pünktliche Eingang der Totenlisten ist durch die Erbschaftssteuerämter zu überwachen. Bei unterlassener rechtzeitiger Einsendung der Totenliste ist das Standesamt mit kurzer Frist zu mahnen. Nach fruchtlosem Ablaufe der Frist ist Beschwerde bei der vorgesetzten Aufsichtsbehörde zu führen.

(6) Den Erbschaftssteuerämtern ist ein Verzeichnis aller in ihrem Verwaltungsbereiche vorhandenen Standesämter mitzuteilen. Das Gleiche hat mit Veränderungen in der Zahl oder in dem Bezirke der Standesämter zu geschehen.

(7) Zu den Totenlisten dient das anliegende Muster 1 nach Maßgabe der vorgedruckten Anleitung. Die Standesbeamten sind verpflichtet, auch die in den Totenlisten enthaltenen Fragen, über welche das Sterberegister keine Auskunft gibt, zu beantworten, soweit sie es aus eigenem Wissen oder infolge Befragung des den Sterbefall Anmeldenden vermögen. Zur Anstellung weiterer Ermittelungen sind sie nicht verpflichtet.

(8) Die zur Beurkundung der Sterbefälle von Deutschen ermächtigten diplomatischen Vertreter und Konsuln des Reichs sind zur Mitteilung der von ihnen beurkundeten Sterbefälle von Deutschen verpflichtet. Die Mitteilung ist alsbald nach der Beurkundung dem Reichskanzler (Auswärtiges Amt) oder der sonstigen Amtsstelle, die von diesem bestimmt wird, zur weiteren Veranlassung zu übersenden.

a. Der § 2 bezieht sich unmittelbar auf den § 40 Ziffer 1 des Gesetzes.

b. Der Paragraph wird ergänzt durch PA. I unter den Ziffern 6 und 12 (beziehen sich auf Abs. 1 und 2), durch ByA. § 5 (bezieht sich auf Absatz 1, 2 und 6), durch SA. unter Ziffer 4 (bezieht sich auf Abs. 7), durch WA. II unter Ziffer 1 (bezieht sich auf Abs. 2 und 6), durch BdA. I § 2 (bezieht sich auf Abs. 1, 6 und 7) und II § 9 (bezieht sich auf Abs. 5 und 7), durch HA. 2 (bezieht sich auf Abs. 1), 3 (bezieht sich auf Abs. 2) und 4 (bezieht sich auf Abs. 3).

c. **Absatz 7.** Nach der auf dem Muster zur Totenliste gegebenen Anleitung für die Aufstellung und Einsendung derselben ist die Totenliste beim Beginne des Monats anzulegen; die einzelnen Sterbefälle sind darin sofort nach ihrer Beurkundung einzutragen. Die Totenliste hat alle in dem betreffenden Monat im Standesamtsbezirke vorgekommenen Sterbefälle zu umfassen; sind keine Sterbefälle eingetreten, so ist darüber in der Totenliste eine Fehlbescheinigung auszustellen. In die Totenliste sind auch die im Ausland erfolgten Sterbefälle von Deutschen oder von solchen Ausländern, welche im Inland ihren Wohnsitz oder gewöhnlichen Aufenthalt hatten oder welche im Inland Vermögen hinterlassen, aufzunehmen; sind solche Fälle nicht bekannt geworden, so ist darüber eine Bescheinigung in bestimmter Form zu vollziehen. Im einzelnen ist in der Totenliste näher nachzuweisen: Familienname, Vorname, Stand oder Gewerbe, Geburtsort, Staatsangehörigkeit, Wohnort, Familienstand, Alter und Sterbetag des Gestorbenen; Vorhandensein und eventuell Aufbewahrungsort eines Testaments, Erbvertrags usw.; Bestellung eines Testamentsvollstreckers oder Vertreters; Vorhandensein von Abkömmlingen und Eltern, sowie eventuell nähere Bezeichnung derselben; ungefährer Betrag des Nachlasses und Aufbewahrung desselben. In Preußen sind die Totenlisten von den Standesämtern in den Städten und Landgemeinden von mehr als 25000 Einwohnern innerhalb der ersten 10 Tage jedes Monats, von den übrigen innerhalb der ersten 10 Tage jedes Vierteljahrs einzureichen.

III. Todeserklärungen. § 3.

§ 3.

(1) Rücksichtlich des Nachlasses verschollener, durch richterliches Erkenntnis für tot erklärter Personen vertreten die Urteile die Stelle der Totenliste. Die Amtsgerichte haben alsbald nach Erlassung des die Todeserklärung aussprechenden Urteils eine beglaubigte Abschrift des Urteils dem zuständigen Erbschaftssteueramte mitzuteilen. Der Ablauf der im § 976 der Zivilprozeßordnung bestimmten Frist ist nicht abzuwarten.

(2) In diesen wie in sonstigen Fällen, in welchen dem Erbschaftssteueramte von anderen Behörden Mitteilungen zu machen sind (§§ 4, 5, 7 Abs. 3, 12 Abs. 4, 13 Abs. 6, 30, 31) sind diese letzteren, soweit die Bestimmung im § 1 Abs. 2 zur Anwendung kommt, an die Oberbehörde zu richten.

a. Der § 3 bezieht sich unmittelbar auf den § 40 Ziffer 2 des Gesetzes und berührt in seinem zweiten Absatz besonders auch den § 1 Abs. 2 desselben. Es sind die Noten zu den bezüglichen Gesetzesvorschriften zu vergleichen.

b. Ergänzt wird der § 3 durch PA. II Ziff. 3 sowie durch BzA. § 6 (zu Abs. 1) und § 7 (zu Abs. 1 und 2).

c. **Absatz 1.** Die in Abs. 1 a. E. berührte Frist bezieht sich auf die Anfechtungsklage, welche nur innerhalb der Frist von einem Monat zulässig ist.

IV. Verfügungen von Todes wegen. § 4.

§ 4.

(1) Die Gerichte und die Notare haben dem zuständigen Erbschaftssteueramte die von ihnen eröffneten Verfügungen von Todes wegen in Urschrift oder beglaubigter Abschrift alsbald nach der Eröffnung zu übersenden. Hat das Gericht oder der Notar die Verfügung nach der Eröffnung an das Nachlaßgericht abgeliefert, so liegt die Übersendung dem Nachlaßgericht ob; sie hat alsbald nach Eingang der eröffneten Verfügung bei dem Nachlaßgerichte zu erfolgen.

(2) Im Falle der Eröffnung eines gemeinschaftlichen Testaments oder eines Erbvertrags ist nur Abschrift desjenigen Teiles zu übersenden, welcher verkündet worden ist.

(3) Die Gerichte und die Notare haben bei der Übersendung diejenigen für die Erbschaftssteuererhebung erheblichen Umstände mitzuteilen, welche ihnen bei Gelegenheit der Eröffnung bekannt geworden sind. Als solche Umstände kommen in Betracht:

1. Veränderungen in der Person der Erben oder der Vermächtnisnehmer sowie der Testamentsvollstrecker, insbesondere das Ableben dieser Personen, Änderungen des Namens, Berufs oder Wohnorts,
2. die Wohnung der zu 1 bezeichneten Personen,
3. Angaben über den Betrag des Nachlasses; wird eine Gerichtsgebühr nach dem Werte des Nachlasses berechnet, so genügt die Angabe des Wertes, welcher der Gebührenberechnung zu Grunde gelegt wird.

(4) Sind derartige Angaben in der Eröffnungsverhandlung enthalten, so kann die Mitteilung durch Übersendung eines Auszugs aus der Eröffnungsverhandlung erfolgen. Enthält die Verhandlung Angaben, die für die Beurteilung der Rechtsgültigkeit eines eigenhändigen Testaments und, sofern nach früherem Erbrechte privatschriftlich errichtete Nachzettel eröffnet sind, für die Beurteilung der Rechtsgültigkeit dieser Nachzettel von Bedeutung sind, so ist sie insoweit auszugsweise mitzuteilen. Einer Mitteilung von Angaben, die dem Gericht oder dem Notar erst nach Abgang des Übersendungsschreibens bekannt geworden sind, bedarf es nicht.

(5) Die Übersendungsschreiben an die Erbschaftssteuerämter haben zu enthalten:

die Bezeichnung der Verfügung von Todes wegen,
den Namen und Stand des Erblassers,
seinen Wohnort und Sterbetag,
die Bezeichnung des Standesamts, bei welchem der Tod des Erblassers eingetragen ist, sowie die Nummer des Sterberegisters,
den Tag der Eröffnung.

a. Der § 4 bezieht sich unmittelbar auf den § 40 Ziffer 3 des Gesetzes; die dazu oben gegebenen Erläuterungen sind zu vergleichen.

b. Der § 4 wird ergänzt durch PA. II Ziff. 3, durch ByA. § 6 (zu Abs. 1), durch WA. II 2 und III 1 (zu Abs. 1), BdA. II § 3 (zu Abs. 1) und HA. 5 (zu Abs. 1, 2 und 4).

V. Genehmigung der zuständigen Behörden bei einem Erwerbe von Todes wegen. § 5.

§ 5.

Wenn ein Erwerb von Todes wegen der Genehmigung einer Behörde bedarf, und die Genehmigung zur Annahme von der Vollziehung einer Anordnung abhängig gemacht wird, so hat diese Behörde nach Erteilung der Genehmigung dem zuständigen Erbschaftssteueramte von der getroffenen Anordnung Mitteilung zu machen.

a. Der § 5 steht in unmittelbarer Beziehung zu dem § 1 Abs. 2 Ziff. 2 des Gesetzes.

c. Die Vorschrift wird nach § 30 BRAusfB. auch zur Anwendung zu bringen sein, wenn es sich um die Genehmigung einer Schenkung unter Lebenden handelt.

Sofern die erforderliche Genehmigung von dem Landesherrn zu erteilen ist, wird die Mitteilung von der die landesherrliche Genehmigung erwirkenden Behörde oder von einer durch letztere entsprechend angewiesenen Stelle zu machen sein.

VI. Weitere Behandlung der Totenlisten und der sonstigen Anzeigen. §§ 6–8.

§ 6.

Die Grundlage für die steuerliche Behandlung eines Erwerbes von Todes wegen bilden die Totenlisten (§ 2) und die im § 8 bezeichneten sonstigen Sterbefallsanzeigen.

a. Der § 6 steht in entfernterer Beziehung zu § 40 des Gesetzes.

b. Als eine Ergänzung des § 6 ist ByA. § 4 anzusehen.

§ 7.

(1) Die Totenlisten sind alsbald nach ihrem Eingange sorgfältig zu prüfen und erforderlichenfalls durch Einziehung weiterer Auskunft von den Standesämtern oder durch Anfragen bei den Orts- und Bezirksbehörden, den Gerichten, den Erbberechtigten usw. zu vervollständigen.

(2) Ergeben die Eintragungen in der Totenliste, die etwa weiter dazu angestellten Erörterungen oder die dem Erbschaftssteueramte zugegangenen Verfügungen von Todes wegen, daß nur erbschaftssteuerfreie Erwerber der im § 11 Abs. 1 Nr. 4a bis d des Gesetzes bezeichneten Art vorhanden sind oder daß der gesamte Nachlaß oder daß der einzelne Erwerb den Betrag von 500 Mark nicht übersteigt, so ist die Sache, unter entsprechendem Vermerke zur Totenliste, als erledigt anzusehen. Die aus der Erledigung der Totenlisten entstandenen, die Steuerfreiheit ergebenden Verhandlungen — Freibelege — sind mit der Ordnungsnummer der Totenliste und ihrer laufenden Nummer zu versehen und ebenso wie die Totenlisten vierteljahrsweise in einer festzuhaltenden Reihenfolge geordnet aufzubewahren.

(3) Sind in der Totenliste Sterbefälle enthalten, die nicht zur Zuständigkeit des Erbschaftssteueramts gehören, so werden sie dem zuständigen Erbschaftssteueramt unter Übersendung einer Abschrift aus der Totenliste überwiesen. Das zuständige Amt hat sogleich nach dem Eingange des Überweisungsschreibens dem überweisenden Amte eine Empfangsbestätigung zu übersenden, deren Eingang in der Totenliste zu vermerken ist.

a. Der § 7 steht nur in entfernter Beziehung zu dem § 40 des Gesetzes und berührt nebenher den § 11 Abs. 1 desselben.

b. Der § 7 wird ergänzt durch SA. 4 (zu Abs. 1) und 5 (zu Abs. 2), sowie durch WA. IIa, I 1 und 2.

c. **Absatz 1.** Die Verpflichtung der Standesämter zur Auskunfterteilung ist durch § 2 Abs. 7 BRAusfB. enger begrenzt, die sonstigen Verpflichtungen bestimmen sich nach den §§ 40—42 des Gesetzes und erstrecken sich auf das Gesamtgebiet des REStG.

Absatz 3. Die Zuständigkeit ist zunächst durch die §§ 33 und 34 des Gesetzes bestimmt und sodann im einzelnen durch die §§ 1 und 12 Abs. 2 BRAusfB. Die Überweisung muß sich über das ganze Gültigkeitsgebiet des REStG. erstrecken und ist nicht durch die Grenzen der einzelnen Bundesstaaten beschränkt.

§ 8.

Soweit dem Erbschaftssteueramt in anderer Weise als durch die Totenlisten der in seinem Geschäftsbereiche belegenen Standesämter Sterbefälle bekannt werden — Mitteilungen der ergangenen Todeserklärungen, Überweisungen von Sterbefällen seitens eines nicht zuständigen Erbschaftssteueramts, Anzeigen über Sterbefälle im Ausland usw. —, so sind diese Fälle in das nach Anleitung des Musters 2 zu führende Verzeichnis der aus der Totenliste nicht ersichtlichen Sterbefälle (Toten-Beiliste) einzutragen. Auf die Erledigung dieser Sterbefälle finden die Bestimmungen über die Behandlung der Totenlisten entsprechende Anwendung. Das Verzeichnis ist für den Zeitraum je eines Kalenderjahrs zu führen. Die mit der laufenden Nummer des Verzeichnisses zu versehenden Belege über die steuerfrei erledigten Sterbefälle sind geordnet in einem Sammelaktenstück aufzubewahren.

a. Der § 8 steht in entfernterer Beziehung zu § 40 des Gesetzes.

b. Der § 8 wird ergänzt durch SA. 5 und 6.

c. Nach dem Muster 2 sind in der Toten-Beiliste folgende Einzelpunkte anzugeben: Tag des Eingangs des Schriftstücks; Grund der Eintragung (Todeserklärung, Überweisung, Ableben im Auslande, sonstige Gründe); des Erblassers Namen, Stand, Wohnort und Todestag; Übernahme zur Erbschaftssteuerliste nach Halbjahr und Nummer; steuerfreie Erledigung.

VII. Übertragung der Erbfälle in die Erbschaftssteuerlisten.

§§ 9, 10.

§ 9.

Das Erbschaftssteueramt trägt die in den Totenlisten und die in der Toten-Beiliste enthaltenen Erbfälle, soweit sie nicht nach Maßgabe des § 7 Abs. 2, 3 zu erledigen sind, alsbald in die Erbschaftssteuerliste unter fortlaufender Nummer ein. Die Eintragung hat auch rücksichtlich derjenigen Erbfälle zu geschehen, die zwar zunächst steuerfrei sind, aber steuerpflichtig werden können und deshalb zu überwachen sind (§ 26). Gleichzeitig ist die Spalte 15 der Totenliste und die Spalte 7 der Toten-Beiliste durch Vermerk der Nummer auszufüllen, welche der Erbfall in der Erbschaftssteuerliste erhalten hat.

a. Der § 9 steht zu keinem Paragraphen des Gesetzes in besonderer Beziehung.

b. Der § 9 wird ergänzt durch BhA. § 9 und durch SA. 7.

§ 10.

(1) Für jedes der beiden Halbjahre des am 1. April beginnenden Rechnungsjahrs ist je eine Erbschaftssteuer-Hauptliste und eine Erb-

schaftssteuer-Nachtragsliste zu führen, für welche das Muster 3 zum Vorbilde zu dienen hat.

(2) In die Hauptliste sind die in dem Halbjahr eingetretenen Erbfälle einzutragen, soweit sie bis zum Abschlusse der Liste dem Erbschaftssteueramte bekannt geworden sind.

(3) In die Nachtragsliste sind aufzunehmen:

a) die Erbfälle aus der Toten-Beiliste, welche dem Erbschaftssteueramte zu spät bekannt geworden sind, um in die Hauptliste des Halbjahrs, in dem der Erblasser gestorben ist, aufgenommen zu werden. Bei Todeserklärungen ist als Todestag des Erblassers der im Urteile festgestellte Zeitpunkt anzunehmen;

b) die Erbfälle, welche nicht bis zum Abschlusse der vorhergehenden Haupt- oder Nachtragsliste durch Einzahlung der Steuer, durch erwiesene Uneinbringlichkeit einzelner oder sämtlicher Steuerbeträge oder durch Sicherheitsleistung in den Fällen der §§ 21 bis 23, 26 des Gesetzes vollständig erledigt sind;

c) die Erbfälle, bei denen ein eingestelltes Steuerermittelungs- oder Erhebungsverfahren wieder aufzunehmen ist;

d) die Erbfälle, die in die Überwachungsliste aufgenommen worden sind, nach Wegfall des Grundes der Aussetzung der Erbschaftssteuererhebung.

(4) Die Haupt- und die Nachtragslisten sind nach Ablauf des Halbjahrs, auf das sie lauten, noch 9 Monate für die Aufnahme und Erledigung der Erbfälle offen zu halten. Die oberste Landesfinanzbehörde kann für größere Erbschaftssteuerämter die Frist für den Abschluß der Erbschaftssteuerlisten auf ein Jahr festsetzen.

(5) Nach Ablauf der Frist sind die Erbschaftssteuerlisten abzuschließen und mit einer Bescheinigung des Amtsvorstandes zu versehen, daß sämtliche in die Erbschaftssteuerliste einzutragenden Erbfälle aufgenommen und daß diejenigen der eingetragenen Erbfälle, die bis zum Abschlusse der Liste unerledigt geblieben sind, in die Nachtragsliste für das folgende Halbjahr übertragen worden sind.

(6) Zu den Erbschaftssteuerlisten ist nach dem Ermessen der obersten Landesfinanzbehörde von den Erbschaftssteuerämtern ein fortlaufendes nach der Buchstabenfolge geordnetes Namensverzeichnis zu führen.

a. Der § 10 steht zu keinem Paragraphen des Gesetzes in besonderer Beziehung; nebenher berührt werden die §§ 21—23 und 26.

b. Der § 10 wird ergänzt durch PA. I 7 (zu Abs. 1, 4 und 6), durch ByA. § 9 (zu Abs. 1), § 10 (zu Abs. 3) und § 11 (zu Abs. 1, 4 und 6), durch SA. 8 (zu Abs. 1) und 9 (zu Abs. 6), durch WA. II 3 (zu Abs. 6), durch BdA. I § 10 (zu Abs. 6), durch HA. 6 (zu Abs. 4) und 7 (zu Abs. 6), sowie durch BrA. II 2 (zu Abs. 1), 3 (zu Abs. 4) und 4 (zu Abs. 6).

c. **Absatz 1.** Die Erbschaftssteuerliste weist die gesamte Behandlung des Erbfalls bei dem Erbschaftssteueramte und die dafür wesentlichen Umstände nach, so den Anlaß zur Behandlung (Totenliste), die maßgebenden Verhältnisse des Erblassers, die Art der Erbfolge, den Gesamtbetrag des Nachlasses und der Steuer, die Weiterführung in der Überwachungsliste, Übernahme in die Nachtragsliste, Verrechnung des Steuerbetrages, Prüfung durch die Oberbehörde, besondere die Erledigung beeinflussende Umstände usw.

Absatz 4. In Preußen ist die Frist auf ein Jahr festgesetzt für die Erbschaftssteuerämter der Provinz Brandenburg mit Berlin, der Provinz Schlesien und der Rheinprovinz, in Hessen und Braunschweig allgemein.

Absatz 6. Die Führung eines fortlaufenden nach der Buchstabenfolge geordneten Namensverzeichnisses ist fast durchweg angeordnet so in Preußen, Bayern, Sachsen, Württemberg, Baden, Hessen, Braunschweig.

Allgemeine Bemerkung. Daß die Erbschaftssteuer-Haupt- und Nachtragslisten sowohl für den Erwerb von Todes wegen wie für die Schenkungen unter Lebenden halbjährlich geführt werden sollen, hat für Baden mit seinen 163 Erbschaftssteuerämtern von meist kleinerem Umfang zu Beschwerden geführt. Es ist deshalb Ausgang des Jahres 1910 ein Zusatz zu § 10 und zu § 33 der BRAusfB. folgenden Inhalts beantragt: „Die oberste Landesfinanzbehörde kann eine von den vorstehenden Vorschriften abweichende Führung der Erbschaftssteuerlisten anordnen."

VIII. Belehrung über die Pflichten bei dem Anfall eines steuerpflichtigen Erwerbes von Todes wegen. § 11.

§ 11.

(1) Sobald dem Erbschaftssteueramt ein seiner Zuständigkeit unterliegender Erwerb von Todes wegen bekannt wird, bei dem es eine Steuerpflicht als vorliegend ansieht, übersendet es ohne Rücksicht auf die gesetzlichen Fristen dem zur Anmeldung des Erwerbes Verpflichteten einen Druckabzug einer nach Anleitung des Musters 4 zu entwerfenden Belehrung über die Pflichten des Erwerbers eines steuerpflichtigen Anfalls.

(2) Sind bei einem Erbfalle mehrere zur Anmeldung verpflichtete Personen vorhanden, so unterliegt es dem Ermessen des Erbschaftssteueramts, welchen von ihnen die Anleitung zuzusenden ist. Wenn mehrere steuerpflichtige Erben vorhanden sind, ist die Anleitung in der Regel nur einem der Erben zu übersenden, und zwar demjenigen, von dem angenommen werden kann, daß er mit den in

Betracht kommenden Verhältnissen am besten vertraut sein wird. Die Anleitung kann auch Testamentsvollstreckern, Nachlaßpflegern und gesetzlichen Vertretern der Erwerber zugesandt werden.

(3) Im Falle des § 36 Abs. 2 des Gesetzes ist die Anleitung erst mit der Aufforderung zur Einreichung der Erbschaftssteuererklärung zu übersenden.

(4) Die Zusendung kann unterbleiben, wenn nur Auskunft über bestimmte den Erwerb betreffende tatsächliche Verhältnisse einzuholen ist.

a. Der § 11 steht insgesamt schon in einer gewissen Beziehung zu dem § 36 des Gesetzes und streift in seinem Absatz 2 die §§ 38 und 39, sowie in seinem Absatz 4 den § 42.

b. Der § 11 wird ergänzt durch BhA. § 12, durch SA. 10, durch WA. II 4 und IIa I 4, durch BdA. I §§ 3 und 6 und II §§ 11, 12 und 14, sowie durch HA. 8 (zu Abs. 2).

c. **Absatz 1.** Die vom Bundesrat in Muster 4 entworfene Anleitung zur Anmeldung und weiteren Behandlung eines steuerpflichtigen Erwerbes von Todes wegen und einer steuerpflichtigen Schenkung unter Lebenden erläutert in zwei getrennten Abschnitten den Erwerb von Todes wegen und die Schenkungen unter Lebenden und daran anschließend die Strafbestimmungen; während der zweite Abschnitt nicht weiter eingeteilt ist, scheidet der erste die Anmeldung, die Steuerbefreiungen, die Erbschaftssteuererklärung mit besonderer Berücksichtigung des Nachlaßverzeichnisses und der vom Pflichtigen zu gebenden Darlegung der für die Steuerpflicht in Betracht kommenden Verhältnisse, sowie die Haftung für die Erbschaftssteuer aus. Das Muster ist nicht unbedingt in der entworfenen Form für die Belehrung über die Pflichten eines Erwerbers eines steuerpflichtigen Anfalls zur Anwendung zu bringen; es wird nur in den Hauptsachen zum Anhalt dienen müssen.

IX. Anmeldung des Erwerbes von Todes wegen. § 12.

§ 12.

(1) Die Anmeldung eines steuerpflichtigen Erwerbes von Todes wegen hat bei dem zuständigen Erbschaftssteueramte fristgemäß schriftlich oder zu Protokoll des Erbschaftssteueramts zu erfolgen.

(2) Zuständig ist das Erbschaftssteueramt, in dessen Bezirke sich der Wohnsitz oder Aufenthaltsort des Erblassers oder Erwerbers befindet, der nach § 33 Abs. 1, 3 des Gesetzes für die Zuständigkeit des Bundesstaats zur Erhebung der Erbschaftssteuer maßgebend ist. Hatte der Erblasser im Falle des § 5 Abs. 1 des Gesetzes keinen inländischen Wohnsitz, so ist das Erbschaftssteueramt des Bundesstaats, dem er angehörte, zuständig. Sind in diesem Bundesstaate mehrere Erbschaftssteuerämter vorhanden und befindet sich der Gegenstand des steuerpflichtigen Erwerbes oder dessen größerer

Teil im Bezirk eines von ihnen, so ist dieses Erbschaftssteueramt, andernfalls das Erbschaftssteueramt der Hauptstadt des Bundesstaats zuständig.

(3) Ist die Anmeldung bei einem unzuständigen Erbschaftssteueramt eingegangen, so ist sie von diesem unter Mitteilung des Tages des Einganges an das zuständige Amt abzugeben. Der Anmeldende ist hiervon in Kenntnis zu setzen.

(4) Ist wegen eines der Besteuerung unterliegenden Grundstücks die Zuständigkeit eines weiteren Erbschaftssteueramts begründet (§ 33 Abs. 2 des Gesetzes), so bedarf es einer besonderen Anmeldung bei diesem Erbschaftssteueramte nicht. Das für die Steuererhebung im übrigen zuständige Erbschaftssteueramt hat dem Amte der belegenen Sache von der bei ihm erfolgten Anmeldung alsbald Mitteilung zu machen. In der Mitteilung ist anzugeben, binnen welcher Frist der Anmeldende zur Einreichung der Erbschaftssteuererklärung aufgefordert worden ist. Eine — gegebenenfalls auszugsweise — Abschrift der Anmeldung und der Verfügung von Todes wegen sowie ein Auszug aus der Totenliste ist beizufügen.

(5) Die Anmeldung soll enthalten:

Vor- und Familiennamen, Stand oder Gewerbe und Wohnort (auch Straße und Hausnummer) des Erblassers und des Erwerbers sowie Todestag und Sterbeort des Erblassers,

die Staatsangehörigkeit des Erblassers,

den Gegenstand des Erwerbes,

die Angabe, ob der Erwerb auf gesetzlicher Erbfolge, auf einer Verfügung von Todes wegen oder auf welchem anderen Rechtsgrunde beruht,

die Angabe, ob der Erwerber in einem Verwandtschaftsverhältnisse zum Erblasser steht, und in welchem,

die überschlägige Angabe des Wertes des Erwerbes,

die Angabe, ob etwa ein in einem anderen Bundesstaate belegener Grundbesitz den Gegenstand des Erwerbes bildet, unter genauer Bezeichnung des Bundesstaats und des Grundbesitzes.

(6) Die Anmeldung ist mit der Angabe ihres Tages sowie des Wohnorts (auch Straße nnd Hausnummer) des Anmeldenden zu versehen und von diesem zu unterschreiben.

a. Der § 12 bezieht sich unmittelbar auf den § 36 und im Anschluß daran auch auf die §§ 38 und 39 des Gesetzes; er berührt sodann nebenher allgemein den § 34 und in seinem Abs. 1 den § 5 Abs. 1 und den § 33 Abs. 1 und 3, sowie in seinem Abs. 4 den § 33 Abs. 2 des Gesetzes.

b. Ergänzt wird der § 12 durch ByA. § 2 (bezieht sich auf Abs. 2), durch SA. 10 (bezieht sich auf Abs. 5 und 6) und 11 (bezieht sich auf Abs. 2), durch WA. I und II 4 und 5 (beziehen sich auf Abs. 2), sowie III 3 (allgemein), durch BdA. I § 1 (bezieht sich auf Abs. 2), § 3 (bezieht sich auf Abs. 1) und § 6 sowie II § 10 (bezieht sich auf Abs. 1).

c. **Absatz 5 und 6.** Wenn in einer in genügender Form, namentlich mit der Unterschrift des Anmeldenden angebrachten Anmeldung einzelne Angaben überhaupt nicht oder nur unvollständig gemacht sind, so gilt die Anmeldung als erstattet; sie wird entsprechend zu ergänzen sein, es kann aber keine Strafverfolgung wegen unterlassener Anmeldung nach § 49 Abs. 1 des Gesetzes stattfinden. Bezüglich wissentlich unrichtiger Angaben greift eventuell die Strafbestimmung des § 50 Platz.

X. Erbschaftssteuererklärung. § 13.

§ 13.

(1) Der zur Anmeldung eines Erwerbes von Todes wegen Verpflichtete ist zur Einreichung der Erbschaftssteuererklärung auf Erfordern auch dann verbunden, wenn es nach § 36 Abs. 2 des Gesetzes einer Anmeldung nicht bedurft hat.

(2) Die Erbschaftssteuererklärung ist zu erfordern, sofern auf Grund der Angaben in der Anmeldung oder in der Verfügung von Todes wegen die Steuerfreiheit des Erwerbes sich nicht zweifelsfrei ergibt oder die Erbschaftssteuer sich nicht ohne weiteres berechnen läßt.

(3) Sind ein oder mehrere steuerpflichtige Erben vorhanden, so hat die Erbschaftssteuererklärung die zum Nachlasse gehörigen Gegenstände unter Angabe ihres Wertes sowie die Nachlaßverbindlichkeiten vollständig anzugeben und für jeden einzelnen der den Nachlaß betreffenden steuerpflichtigen Anfälle die für die Steuerpflicht in Betracht kommenden Verhältnisse darzulegen. Ist ein Testamentsvollstrecker ohne Beschränkung der Verwaltungsbefugnis auf einzelne Gegenstände oder ist ein Nachlaßpfleger bestellt und haben diese Personen die Verwaltung übernommen, so ist die Erbschaftssteuererklärung von ihnen, andernfalls von dem steuerpflichtigen Erben oder dessen gesetzlichem Vertreter zu erfordern. Sind mehrere steuerpflichtige Erben vorhanden, so soll die Erbschaftssteuererklärung in der Regel nur von einem von ihnen, und zwar von demjenigen erfordert werden, von dem die genaue Kenntnis des Nachlasses und der sonstigen Verhältnisse zu erwarten ist, insbesondere also von demjenigen, der sich im Besitze des Nachlasses befindet. Die Erbschaftssteuererklärung hat nach Maßgabe des anliegenden Musters 5 zu erfolgen.

(4) Ist ein steuerpflichtiger Erbe nicht vorhanden, so ist die Erbschaftssteuererklärung über den nicht auf Erbfolge beruhenden steuerpflichtigen Erwerb von dem einzelnen Erwerber in Ansehung des ihm angefallenen Erwerbes zu erfordern. Die Abgabe einer Erbschaftssteuererklärung in diesem beschränkten Umfange kann von ihm auch im Falle des Abs. 3 gefordert werden, wenn nur er zu einer zuverlässigen Erklärung imstande ist. Das Erbschaftssteueramt bestimmt, inwieweit die Erklärung nach Maßgabe des Musters 5 abzugeben ist.

(5) Der Einreichung der Erbschaftssteuererklärung steht die Abgabe dieser Erklärung zu Protokoll des Erbschaftssteueramts gleich.

(6) Gehören nach der Erbschaftssteuererklärung zum Nachlasse Grundstücke oder diesen gleichstehende Berechtigungen, welche in einem anderen Bundesstaate belegen sind, so ist dem in bezug auf sie zuständigen Erbschaftssteueramt alsbald Abschrift der Steuererklärung und auszugsweise Abschrift des Nachlaßverzeichnisses zu übersenden. Hierbei ist die Nummer der Erbschaftssteuerliste anzugeben, unter welcher der Erbfall eingetragen ist. Der Eingang der Schriftstücke ist unter Angabe der Nummer der eigenen Erbschaftssteuerliste dem überreichenden Amte zu bescheinigen.

a. Der § 13 steht in unmittelbarer Beziehung zu dem § 37 und durch ihn besonders in Abs. 3 auch zu § 38 des Gesetzes und berührt in seinem Abs. 1 nebenher den § 36 Abs. 2 desselben.

b. Der § 13 wird ergänzt durch ByA. § 12 (zu Abs. 2), durch WA. IIa, I 4 und III 3 (allgemein), durch BdA. I § 6 und II § 27 (allgemein) und durch HA. 9.

c. **Absatz** 3. Das dem Steuerpflichtigen vom Erbschaftssteueramt zutreffendenfalls stets mitzuteilende (ausdrücklich hervorgehoben in dem Muster 4 zu § 11 Abs. 1 BRAusfB., Abschn. 1 Ziff. III) Muster (5) zur Erbschaftssteuererklärung zerfällt in zwei Teile: A. Verzeichnis der zu der steuerpflichtigen Masse gehörenden Gegenstände (Nachlaßverzeichnis), in welchem in 17 Abteilungen die Aktiven der Masse (1. Grundstücke und diesen gleichstehende Berechtigungen. 2. Geld mit Einschluß des Papiergeldes, Banknoten. 3. Wertpapiere. 4. Forderungen mit Einschluß der Hypotheken-, Grundschuld- und Rentenschuldforderungen. 5. Gegenstände aus Edelmetall, Juwelen und sonstige Kostbarkeiten. 6. Kunstgegenstände. 7. Kleidungsstücke und Leibwäsche. 8. Betten und Wäsche. 9. Haus- und Küchengerät (Möbel usw.). 10. Bücher, Landkarten, Schriften. 11. Instrumente, Waffen. 12. Handwerkszeug, Maschinen und sonstige zu gewerblichem Betriebe bestimmte Geräte. 13. Fahrzeuge und Geschirre. 14. Tiere. 15. Vorräte zum Verbrauch in der Hauswirtschaft. 16. Warenvorräte, gewerbliche Vorräte, land- und forstwirtschaftliche Vorräte, soweit sie nicht Zubehör der Grundstücke sind. 17. Sonstige Sachen und Rechte.) und in einer 18. die Verbindlichkeiten der Masse in vier Unterabteilungen (1. Eingetragene Hypotheken, Grundschulden, Rentenschulden und sonstige Lasten, soweit sie zur Zeit des Anfalls noch zu Recht bestehen. 2. Beerdigungskosten. 3. Kosten der gerichtlichen und außergerichtlichen Regelung des Nachlasses und der für die Masse geführten Rechtsstreite. 4. Sonstige Nachlaßverbindlichkeiten.) nachzuweisen sind, sowie B. Darlegung der für die Steuerpflicht in Betracht kommenden Verhältnisse, welche zehn in sich wiederum mehrfach in Einzelheiten zergliederte Fragen enthält, deren Beantwortung unter der Versicherung, die Angaben nach bestem Wissen und Gewissen gemacht zu haben, zu geschehen hat.

XI. Ermittelung des Wertes der Masse. § 14.

§ 14.

Der Ermittelung des Betrags der Masse ist, soweit nicht im § 16 Abs. 2 des Gesetzes ein anderes bestimmt ist, der gemeine Wert zur Zeit des Anfalls zu Grunde zu legen. Unter dem gemeinen Werte ist der Verkaufs- oder Verkehrswert zu verstehen, der durch den Preis bestimmt wird, welcher im gewöhnlichen Geschäftsverkehre nach der Beschaffenheit des Gegenstandes ohne Rücksicht auf andere ungewöhnliche oder lediglich persönliche Verhältnisse zu erzielen ist.

a. Der § 14 bezieht sich unmittelbar auf den § 16 des Gesetzes und zwar namentlich auf den Abs. 1 desselben.

b. Ergänzt wird der § 14 durch VyA. § 13, durch WA. IIa II 1, durch VdA. I § 4 und II §§ 15—17 und 19—22, sowie durch HA. 10.

XII. Ermittelung des Ertragswerts. §§ 15—22.

Vorbemerkung zu XII §§ 15—22.

Bei der drängenden Eile, mit der die Ausführungsbestimmungen zum REStG. 1906 beschlossen werden mußten, blieb nichts anderes übrig, als für die Vorschriften über die Berechnung des Ertragswerts land- und forstwirtschaftlicher Grundstücke die Grundsätze zum Anhalt zu nehmen, die in Preußen in dieser Beziehung für die Veranlagung der direkten Steuern als Richtlinien aufgestellt waren. Dabei war aber von vornherein bereits darauf hingedeutet, daß die Berechnung unter Zugrundelegung des wirklichen Reinertrages der drei letzten Wirtschaftsjahre (§ 19 ff.) nur in den selteneren Fällen würde Platz greifen können, weil die Besitzer kleinerer Landstellen gar keine oder jedenfalls nur höchst unvollständige Bücher zu führen pflegten, aber auch die Besitzer größerer Güter, auf denen eine geordnete Buchführung stattfinde, ihre Bücher häufig durch Angabe allzu niedriger Werte der Erträge und allzu hoher Werte für ihre Aufwendungen zur Bewirtschaftung des Gutes in einer für die Staatskasse so ungünstigen Weise führten, daß von ihnen ein praktischer Gebrauch im fraglichen Falle nicht zu machen stände. Eine unausbleibliche Folge davon war, daß die Steuerbehörden zum Zwecke einer gerechten Veranlagung meist auf die Schätzung zurückgreifen mußten. Für diese Schätzung selbst aber, die wie bekannt eine der schwierigsten Aufgaben selbst für den erfahrenen Landwirt bildet, beschränkt sich der § 22 der Ausführungsbestimmungen in der Hauptsache auf die Vorschrift, daß sie durch Sachverständige zu erfolgen habe. Es ist sodann im Jahre 1909 über die praktische Handhabung der fraglichen Vorschriften in den einzelnen Staatsgebieten von den Reichsbevollmächtigten eine Ermittelung angestellt worden, welche mit größter Deutlichkeit gezeigt hat, wie sich die Erbschaftssteuerämter bei Ausmittelung des Ertragswerts vor eine für sie geradezu unlösbare Aufgabe gestellt gesehen haben. Eine Buchführung überhaupt und eine brauchbare Buchführung insbesondere war nur in Ausnahmefällen vorhanden; wo eine Ermittelung des wirklichen Reinertrages trotzdem auf Grund von Angaben der Beteiligten, die sich zu dieser mühsamen Arbeit gewöhnlich nur ungern bereit finden ließen, stattgefunden hat, hat sie meist zu ganz unbrauchbaren, teils zu hohen, teils zu viel zu niedrigen Ergebnissen geführt usw. Unter diesen Umständen ist den Erbschaftssteuerämtern, um nur überhaupt zu einem Ergebnis zu kommen, vielfach nichts anderes übrig geblieben, als mit Zustimmung der Steuerpflichtigen den Verkehrswert der Erbschaftssteuerberechnung zugrunde zu legen, bzw. auf den Wert zurückzugehen, zu dem die Grundstücke bei Veranlagung der direkten Steuern angenommen worden sind.

Das Vorstehende wurde in einem Schreiben des Reichsschatzamts vom 25. Juni 1910, welches zunächst an den preußischen Finanzminister und gleichzeitig an die Bundesregierungen von Bayern, Sachsen, Württemberg, Baden, Hessen, Mecklenburg-Schwerin, Sachsen (Großherzogtum) und Oldenburg, sowie an den Statthalter von Elsaß-Lothringen gerichtet war, später aber auch den übrigen Bundesregierungen mitgeteilt wurde, näher mit dem Bemerken ausgeführt, daß es geboten erscheine, den Erbschaftssteuerämtern zuverlässige Grundsätze für die Berechnung des Ertragswerts an die Hand zu geben und demnach die Ausführungsbestimmungen zum Erbschaftssteuergesetz einer eingehenden Änderung zu unterziehen. Gleichzeitig wurde dabei hervorgehoben, daß es sich empfehlen werde, von den bisherigen §§ 19 und 20 künftig ganz abzusehen und zu Schätzungsgrundsätzen überzugehen, die von den mündlichen und schriftlichen Nachweisungen des Grundbesitzers unabhängig sind; ob auch die Bestimmungen des § 21 zu ändern sein würden, bleibe zunächst dahingestellt. Bei einem Schätzungsverfahren nach objektiven Gesichtspunkten dürfte sich auch die Unterscheidung von selbstbewirtschaftetem und verpachtetem Besitz und damit die Frage der Zulässigkeit eines Abzugs des Arbeitseinkommens des selbstwirtschaftenden Besitzers und seiner Angehörigen bei Berechnung des Reinertrags aus dem Rohertrag von selbst erledigen. Daß bei land- und forstwirtschaftlichen Grundstücken der gemeine Wert in der Regel nicht hinter dem

Ertragswert zurückbleiben wird, ist anzunehmen. Sofern sich demnach der gemeine Wert des landwirtschaftlichen Grundbesitzes mit Sicherheit ermitteln läßt, wird er als ein Korrektiv in dem Sinne angewendet werden können, daß, wenn der errechnete Ertragswert höher als der feststehende gemeine Wert ist, im Mangel von Bedenken der gemeine Wert der Erbschaftssteuerberechnung zugrunde zu legen ist. Auch wird kein Bedenken bestehen, im Einverständnis mit dem Steuerpflichtigen sogleich den gemeinen Wert zugrunde zu legen, wenn der Steuerpflichtige sich außerstande erklärt, eine zuverlässige Berechnung des Ertragswerts zu geben. Das Reichsschatzamt hat sein Einverständnis erklärt, wenn schon jetzt nach letzteren Grundsätzen verfahren werde.

Die Verhandlungen über eine Abänderung der fraglichen Vorschriften schweben zurzeit noch im Bundesrat; daß in kürzerer Frist eine Umgestaltung erfolgen werde, ist aber mit Sicherheit anzunehmen. Besonders eingehende Bestimmungen über die Ermittelung des Ertragswerts der landwirtschaftlichen Grundstücke sind für Württemberg durch die Verf. des Steuerkollegiums, Abteilung für Zölle und indirekte Steuern vom 22. Februar 1908 Nr. 15713 erlassen worden, welche unten bei den Vollzugsordnungen für Württemberg unter II b zum Abdruck gebracht ist.

§ 15.

Zu den landwirtschaftlichen Zwecken im Sinne der §§ 15, 16 des Gesetzes sind der Obst- und Gartenbau nur zu rechnen, sofern sie in unmittelbarer wirtschaftlicher Verbindung mit einem landwirtschaftlichen Betrieb erfolgen.

a. Der § 15 fällt ebenso wie die folgenden §§ 16—18 unter die Überschrift „Ermittelung des Ertragswerts" nur insofern als hier nähere Erläuterungen bzw. Vorschriften bezüglich derjenigen dauernd land- und forstwirtschaftlichen Zwecken dienenden Grundstücke gegeben werden, bei deren steuerpflichtigem Erwerb einerseits der Wertermittelung der Ertragswert zugrunde zu legen ist und anderseits auch und zwar in erster Linie die Steuererleichterungen nach § 15 des Gesetzes einzutreten haben; danach beziehen sich die genannten Paragraphen unmittelbar sowohl auf den § 16 Abs. 2 des Gesetzes, welcher die Zulässigkeit der Wertermittelung nach dem Ertragswert regelt, wie auf den § 15 über die Steuererleichterungen bei steuerpflichtigem Erwerb von Grundstücken.

b. Ergänzt wird der § 15 durch PA. I 4.

c. Bei der Beratung über diesen Paragraphen in den beteiligten Ausschüssen des Bundesrats herrschte Einverständnis darüber, daß Obst- und Gartenbauanlagen auch dann nach den §§ 15 und 16 des Gesetzes zu behandeln seien, wenn sie schon an sich als ein landwirtschaftlicher Betrieb sich darstellen; vgl. PA. I 4.

§ 16.

Grundstücke, bei denen die Ergebnisse des Wirtschaftsbetriebs dem Boden unmittelbar entnommen werden, wie Sand-, Lehm-,

Tongruben, Stein-, Schiefer-, Kalk- oder Kreidebrüche, Torfstiche usw. sind zu den Grundstücken, die land- oder forstwirtschaftlichen Zwecken zu dienen bestimmt sind, zu rechnen, sofern die Ausbeutung in unmittelbarer Verbindung mit einem Land- oder Forstwirtschaftsbetrieb erfolgt.

a. Der § 16 steht in unmittelbarer Beziehung zu den §§ 15 und 16 Abs. 2 des Gesetzes; vgl. Note a zu § 15.

§ 17.

(1) Zu den land- oder forstwirtschaftlichen Zwecken dienenden Gebäuden sind außer den dem land- oder forstwirtschaftlichen Betriebe dienenden Wohn- und Wirtschaftsgebäuden auch solche Gebäudeanlagen zu rechnen, die dem Betrieb eines land- oder forstwirtschaftlichen Nebengewerbes (Brennerei, Brauerei usw.) dienen, sofern der Betrieb des gewerblichen Unternehmens in unmittelbarer Verbindung mit dem land- oder forstwirtschaftlichen Wirtschaftsbetriebe des Landguts, zu dem sie gehören, erfolgt, insbesondere die zu verarbeitenden Rohstoffe ausschließlich oder doch in der Hauptsache jenem Wirtschaftsbetrieb entnommen oder die Erzeugnisse oder Rückstände in diesem verwendet werden.

(2) Zu dem Zubehöre sind bei einem Landgute das zum Wirtschaftsbetriebe bestimmte Gerät und Vieh, die landwirtschaftlichen Erzeugnisse, soweit sie zur Fortführung der Wirtschaft bis zu der Zeit erforderlich sind, zu welcher gleiche oder ähnliche Erzeugnisse voraussichtlich gewonnen werden, sowie der auf dem Gute vorhandene Dünger zu rechnen, bei Gebäuden, die zu einem landwirtschaftlichen Nebenbetriebe dauernd eingerichtet sind, die zu dem Betriebe bestimmten Maschinen und sonstigen Gerätschaften, soweit sie nicht schon als Bestandteile der Gebäude in Betracht kommen.

a. Der § 17 steht in unmittelbarer Beziehung zu den §§ 15 und 16 Abs. 2 des Gesetzes, vgl. Note a zu § 15; er berührt sodann auch den § 7 des Gesetzes.

§ 18.

Auf land- oder forstwirtschaftlich genutzte Grundstücke, deren gemeiner Wert durch ihre Lage als Bauland bestimmt wird, finden die §§ 15, 16 des Gesetzes keine Anwendung, wenn sich nicht aus den Umständen ergibt, daß die Grundstücke dauernd land- oder forstwirtschaftlichen Zwecken zu dienen bestimmt sind.

a. Der § 18 steht in unmittelbarer Beziehung zu den §§ 15 und 16 Abs. 2 des Gesetzes; vgl. Note a zu § 15.

b. Ergänzt wird der § 18 durch BdA. II § 18 und durch HA. 11.

§ 19.

(1) Bei nicht verpachteten landwirtschaftlichen Grundstücken darf als der dem Ertragswerte zu Grunde zu legende Reinertrag der Grundstücke der Reinertrag angesehen werden, der nach dem Durchschnitte der drei letzten, dem Tode des Erblassers vorangegangenen Wirtschaftsjahre von den Grundstücken wirklich erzielt worden ist, sofern nicht nach Lage der besonderen Verhältnisse anzunehmen ist, daß die bisherige Bewirtschaftung nicht ordnungsmäßig gewesen ist, oder daß der in den bezeichneten Wirtschaftsjahren im Durchschnitte wirklich erzielte Reinertrag nicht dem Reinertrag entspricht, den die Grundstücke nachhaltig gewähren können. Das Gleiche gilt von Grundstücken, die samt Inventar verpachtet sind, sofern die Ergebnisse der Wirtschaftsführung des Pächters bekannt sind.

(2) Bei Grundstücken der im § 16 bezeichneten Art, bei denen die Ergebnisse des Wirtschaftsbetriebs dem Boden unmittelbar entnommen werden, ist bei Berechnung des Reinertrags ein der fortschreitenden Erschöpfung des Bodens entsprechender Abzug zu machen.

(3) Soweit die den Gegenstand des Erwerbes bildenden Grundstücke nebst dem Zubehöre zu einer wirtschaftlichen Einheit verbunden sind, ist der Reinertrag unter Berücksichtigung dieser Zusammengehörigkeit von den Grundstücken als einheitlichem Ganzen zu berechnen. Gehen bei Vererbung eines Landguts dieses selbst und einzelne zu ihm gehörig gewesene Grundstücke oder gehen das Landgut und die an sich zu dessen Zubehör zu rechnenden Gegenstände an verschiedene Erwerber über und ist die Höhe des wirklich erzielten Reinertrags bei dem Landgut oder bei den einzelnen Grundstücken oder Zubehörstücken durch ihre wirtschaftliche Zusammengehörigkeit bedingt, so ist der Reinertrag zu Grunde zu legen, den das Landgut oder die Einzelgrundstücke oder Zubehörstücke ohne Rücksicht auf ihre bisherige Zusammengehörigkeit gewähren können.

a. Der § 19 steht in unmittelbarer Beziehung zu dem § 16 Abs. 2 des Gesetzes.

c. **Absatz** 3. Die Vorschrift des zweiten Satzes des Abs. 3 soll, wie der Wortlaut ergibt, nur Anwendung finden, wenn durch die Vererbung als solche, also auf Grund einer bezüglichen letztwilligen Verfügung, ein Übergang der Grundstücke usw. auf verschiedene Erwerber stattfindet; geschieht letzteres infolge einer Auseinandersetzung der Erben, so ist die Anwendung der Vorschrift ausgeschlossen. [U. Hoffmann 2. Aufl. Anm. 30 zu § 19 will den letzten Satz des Absatz 3 nur für den Erwerb aus Vermächtnissen und dgl. gelten lassen, jedenfalls nicht für den Erwerb von Miterben, da der Wert nach den Verhältnissen zur Zeit des Anfalls zu bestimmen ist, ohne Rücksicht auf die Art der Auseinandersetzung.]

§ 20.

(1) Der wirkliche Reinertrag ist zu berechnen aus der gesamten Roheinnahme des Wirtschaftsjahrs unter Abzug der Wirtschaftskosten und unter Berücksichtigung des bei Beginn und am Schlusse des Wirtschaftsjahrs vorhandenen Bestandes an Vorräten.

(2) Für die Berechnung des wirklichen Reinertrags gilt folgendes:

I. In Einnahme sind zu stellen:

1. der erzielte Preis für alle gegen Barzahlung oder gegen Stundung veräußerten Erzeugnisse aus allen Wirtschaftszweigen sowie für die Verleihung von Zugkraft und anderen Wirtschaftsmitteln;
2. der Geldwert aller Erzeugnisse, welche zur Bestreitung des Haushalts des Besitzers oder des Pächters, zum Unterhalte seiner Angehörigen sowie der nicht zum Wirtschaftsbetrieb angenommenen Hausgenossen verbraucht oder sonst zu ihrem Nutzen oder ihrer Annehmlichkeit verwendet sind. Hierher gehört namentlich auch der Aufwand an Naturerzeugnissen für die Beköstigung des zur persönlichen Bedienung gehaltenen Gesindes, für die Unterhaltung von Luxuspferden und dergleichen. Bei Pachtgrundstücken ist auch in Rechnung zu stellen der Geldwert der vom Pächter neben dem Pachtpreis übernommenen Lieferungen und Leistungen, soweit sie in Erzeugnissen der Wirtschaft oder in Arbeitsleistungen des Pächters, seiner Angehörigen, Dienstleute und Wirtschaftsgespanne bestehen;
3. der Mietswert der vom Eigentümer oder vom Pächter und seinen Angehörigen selbst bewohnten oder zur Führung des Haushalts benutzten Gebäude (§ 17 Abs. 1);
4. der Geldwert des am Schlusse des Wirtschaftsjahrs vorhandenen Bestandes an Wirtschaftserzeugnissen, soweit sie zur Verwertung durch Verkauf oder zum Verbrauch im Haushalte bestimmt sind;
5. der Geldwert der Nutzung von etwaigen Gerechtsamen gegenüber anderen Grundstücken und anderen Zubehörungen.

II. Von der Einnahme sind als Bewirtschaftungskosten in Abzug zu bringen die Ausgaben:

1. für Unterhaltung — nicht auch für die Erweiterung oder den Neubau — der Wirtschaftsgebäude, Tagelöhnerwohnungen und der übrigen dem Wirtschaftsbetriebe dienenden oder ihn sichernden baulichen Anlagen (Deiche, Mauern, Zäune, Wege, Brücken, Brunnen, Wasserleitungen, Schleusen, Entwässerungsanlagen);

2. für die Erhaltung und Ergänzung — nicht auch für die Verbesserung und Vermehrung — des lebenden und toten Wirtschaftsinventars;
3. für die Versicherung der Wirtschaftsgebäude, des lebenden und toten Wirtschaftsinventars, der Vorräte an Wirtschaftserzeugnissen sowie der noch ungeernteten Feld- und Gartenfrüchte — nicht aber der Haushaltungsgegenstände — gegen Feuer-, Hagel- und anderen Schaden;
4. für Heizung und Beleuchtung der Wirtschaftsräume — nicht auch der für den Haushalt benutzten Räume;
5. für Samen, Pflanzen, Futter und Düngemittel, Rohstoffe und sonstige Vorräte, welche für den laufenden Wirtschaftsbetrieb einschließlich der etwaigen Nebenbetriebe zugekauft worden sind;
6. für Gehalt, Lohn und sonstige Dienstbezüge — soweit sie nicht den Wirtschaftserzeugnissen entnommen sind — an die zum Wirtschaftsbetriebe, nicht auch an die zum Haushalt oder zu persönlichen Dienstleistungen angenommenen Personen;
7. die gesetz- oder vertragsmäßig vom Eigentümer oder Verpächter für die zum Wirtschaftsbetrieb angenommenen Personen zu leistenden Beiträge zur Invaliden-, Kranken- usw. Versicherung usw.;
8. die im landwirtschaftlichen Betrieb oder Nebenbetriebe zu entrichtenden indirekten Abgaben (Branntwein-, Brausteuer usw.);

Hierzu kommt

9. der Geldwert der aus dem vorausgegangenen in das folgende Wirtschaftsjahr übernommenen Bestände an Vorräten der zu I Nr. 4 bezeichneten Art.

III. Für die Abnutzung der zum Wirtschaftsbetriebe notwendigen Gebäude, Maschinen, Gerätschaften kann ein angemessener Bruchteil des Sachwerts in Abzug gebracht werden.

IV. Bei denjenigen Betrieben, in welchen der Bestand der Vorräte (I Nr. 4 und II Nr. 9) am Schlusse der einzelnen Wirtschaftsjahre wesentlichen Schwankungen nicht zu unterliegen pflegt, kann ihr Geldwert sowohl bei der Einnahme als auch bei der Ausgabe unberücksichtigt bleiben.

(3) Bei land- oder forstwirtschaftlichen Nebenbetrieben der im § 16, 17 Abs. 1 bezeichneten Art ist der gesamte Betrieb bei Ermittelung des Reinertrags als Ganzes zu behandeln. Für die aus dem einen Wirtschaftszweig in den andern übernommenen Rohstoffe, Erzeugnisse und Rückstände sind hiernach weder bei dem ersteren Abgabepreise in Einnahme, noch bei dem letzteren Anschaffungswerte in Ausgabe zu stellen.

a. Der § 20 steht in unmittelbarer Beziehung zu § 16 Abs. 2 des Gesetzes.

c. **Absatz** 2. Bei Ermittelung der jährlichen Reinerträge landwirtschaftlich genutzter Grundstücke sind die Grund- und Gebäudesteuern nicht als abzugsfähig anzusehen; vgl. Note 21 zu § 16 des Gesetzes. [And. M. U. Hoffmann 2. Aufl. Anm. 35 zu § 20 BRAusfB.] Daß persönliche Steuern nicht abziehbar, dürfte keinem Zweifel unterliegen. [Nach U. Hoffmann 2. Aufl. Anm. 35 zu § 20 anerkannt durch die Verf. PrFM. vom 16. Februar 1909 III 1788 und 28. April 1910 III 3342.]

§ 21.

Bei Forsten (Holzungen) ist, soweit eine ordnungsmäßige Bewirtschaftung auf Grund eines nach forstlichen Grundsätzen aufgestellten Bewirtschaftungsplans stattgefunden hat und außergewöhnliche, nicht innerhalb der regelmäßigen Nutzung liegende Abtriebe nicht vorgekommen sind, zunächst der Gesamtreinertrag während des dem Tode des Erblassers vorangegangenen, der Zahl der Jahre der Wirtschaftsperiode entsprechenden Zeitraums zu berechnen. Hierbei sind in Einnahme zu stellen der Erlös für die in dem maßgebenden Zeitraum aus dem regelmäßigen Abtriebe, den Zwischen- und Nebennutzungen erzielten Erzeugnisse, in Ausgabe die Aufwendungen für Aufsicht und Verwaltung, Schlagen, Aufbereitung, Rücken und Flößen der Hölzer, sowie für Unterhaltung der Baulichkeiten (Forsthäuser, Brücken, Wege usw.). Der Berechnung des Ertragswerts nach dem fünfundzwanzigfachen ist der Reinertrag zu Grunde zu legen, der durchschnittlich auf ein Jahr der Wirtschaftsperiode entfällt. Von der Berechnung des Ertragswerts nach dem wirklichen Reinertrag sind diejenigen Flächen auszuscheiden, hinsichtlich deren während des maßgebenden Zeitraums Neubeforstungen behufs Erweiterung des Forstbestandes oder Abtriebe zu dem Zwecke stattgefunden haben, um die Kulturart der bisherigen Waldfläche zu ändern, oder um sie als Bauplatz usw. zu verwenden.

a. Der § 21 steht in unmittelbarer Beziehung zu § 16 Abs. 2 des Gesetzes.

c. Bezüglich der Abzugsfähigkeit der Aufforstungskosten ist in einer Verf. des Reichsschatzamts vom 10. August 1910 II 9832 (ZfZuSt. 1910 S. 215) ausgeführt: Nach § 21 BRAusfB. sind von der Berechnung des Ertragswerts nach dem wirklichen Reinertrage bei Forsten diejenigen Flächen auszuscheiden, hinsichtlich deren während des maßgebenden Zeitraums N e u beforstungen behufs E r w e i t e r u n g des Forstbestandes stattgefunden haben, so daß insoweit naturgemäß auch ein Kostenabzug nicht in Frage kommen kann. Im übrigen sind für die Berechnung des

Reinertrags Sonderbestimmungen lediglich für die einzelnen Einnahmeposten getroffen. Für den Umfang der abzugsfähigen Ausgaben bleiben somit die allgemeinen Bestimmungen maßgebend und es werden daher im Hinblick auf § 20 Abs. 2 Ziff. II, 5 und 6 die im regelmäßigen Forstbetrieb entstehenden Kosten für Wiederaufforstungen den bei Berechnung des wirklichen Reinertrags abzuziehenden Bewirtschaftungskosten zuzurechnen sein.

§ 22.

(1) Soweit nicht nach den vorstehenden Bestimmungen der tatsächlich erzielte Reinertrag zu Grunde gelegt werden kann, ist der Reinertrag, den die Grundstücke nach ihrer bisherigen wirtschaftlichen Bestimmung bei ordnungsmäßiger Bewirtschaftung nachhaltig gewähren können, durch sachverständige Schätzung zu ermitteln. Die Vorschriften in den §§ 19 Abs. 2, 3; 20 Abs. 3 finden entsprechende Anwendung.

(2) Inwieweit als Hilfsmittel für die Beurteilung der verschiedenen Bodengüte der Grundstücke die nach den Grundsteuergesetzgebungen der einzelnen Bundesstaaten festgesetzten Grundsteuerreinerträge benützt werden können, wird im Einvernehmen mit dem Reichskanzler durch die obersten Landesfinanzbehörden bestimmt.

(3) Bei verpachteten Grundstücken kann, sofern eine ordnungsmäßige Bewirtschaftung stattfindet und die Höhe des bedungenen Pachtzinses nicht durch besondere persönliche Verhältnisse beeinflußt ist, der vereinbarte Pachtzins zuzüglich des Geldwerts der vom Pächter neben dem Pachtzins übernommenen Lieferungen und Leistungen zum Anhalt genommen werden. Dabei ist indessen zu berücksichtigen, daß der selbstwirtschaftende Besitzer in den Ergebnissen des Wirtschaftsbetriebs zugleich eine angemessene Verzinsung seines Betriebskapitals und Ersatz für seine eigene Tätigkeit und die Mitarbeit seiner Angehörigen finden muß, und es ist deshalb dem Pachtzinse der Regel nach ein entsprechender Zuschlag hinzuzurechnen.

a. Der § 22 steht in unmittelbarer Beziehung zu § 16 Abs. 2 des Gesetzes.

b. Ergänzt wird der § 22 durch ByA. § 13 (bezieht sich auf Abs. 1 und 2), durch WA. II 6 (bezieht sich auf Abs. 1), durch BdA. I § 4 (bezieht sich auf Abs. 1) und durch HA. 12 (bezieht sich auf Abs. 1).

c. **Absatz** 2. Bezügliche Bestimmungen sind, soviel bekannt, bislang nicht erlassen. [Nach U. Hoffmann 2. Aufl. Anm. 38 zu § 22 sind für Preußen keine Bestimmungen getroffen.]

XIII. Ermittelung des Kapitalwerts von Nutzungen. § 23.

§ 23.

Der Kapitalwert der auf bestimmte Zeit beschränkten Nutzungen oder Leistungen (§ 17 Satz 1, 2 des Gesetzes) ist nach der beigefügten Hilfstafel zu ermitteln.

a. Der § 23 steht in unmittelbarer Beziehung zu § 17 des Gesetzes.

c. Die Anlage 6 wird nachstehend zum Abdruck gebracht:

Hilfstafel

über den gegenwärtigen Kapitalwert einer Rente oder Nutzung im Werte von 1 Mark auf eine bestimmte Anzahl von Jahren behufs Berechnung der davon zu entrichtenden Erbschaftssteuer.

(Zu § 17 Satz 1 und 2 des Gesetzes).

Anzahl der Jahre.	Kapitalwert		Anzahl der Jahre.	Kapitalwert		Anzahl der Jahre.	Kapitalwert	
	Mark.	Pf.		Mark.	Pf.		Mark.	Pf.
1	1	0,0	29	17	66,8	57	23	22,0
2	1	96,2	30	17	98,4	58	23	32,7
3	2	88,6	31	18	29,0	59	23	43,0
4	3	77,5	32	18	58,9	60	23	52,8
5	4	63,0	33	18	87,4	61	23	62,4
6	5	45,1	34	19	14,8	62	23	71,5
7	6	24,2	35	19	41,1	63	23	80,8
8	7	00,2	36	19	66,5	64	23	88,7
9	7	73,3	37	19	90,8	65	23	96,9
10	8	43,5	38	20	14,8	66	24	04,7
11	9	11,1	39	20	36,8	67	24	12,3
12	9	76,0	40	20	58,5	68	24	19,4
13	10	38,5	41	20	79,8	69	24	26,4
14	10	98,6	42	20	99,3	70	24	33,0
15	11	56,3	43	21	18,6	71	24	39,5
16	12	11,8	44	21	37,1	72	24	45,6
17	12	65,2	45	21	54,9	73	24	51,6
18	13	16,6	46	21	72,0	74	24	57,8
19	13	65,9	47	21	88,5	75	24	62,8
20	14	13,4	48	22	04,8	76	24	68,0
21	14	59,0	49	22	19,5	77	24	73,1
22	15	02,9	50	22	34,2	78	24	78,0
23	15	45,1	51	22	48,2	79	24	82,7
24	15	85,7	52	22	61,8	80	24	87,2
25	16	24,7	53	22	74,8	81	24	91,5
26	16	62,2	54	22	87,3	82	24	95,7
27	16	98,3	55	22	99,8	83	24	99,7
28	17	33,0	56	23	10,9	84 u. mehr.	25	00,0

XIV. Feststellung und Einziehung der Steuer. §§ 24—26.

§ 24.

(1) Nach Berechnung der Erbschaftssteuer ist ein Erbschaftssteuerbescheid nach dem Muster 7 zu erteilen und den Beteiligten (Abs. 2 ff.) zuzustellen. Die Zustellung hat nach den in dem betreffenden Bundesstaate für amtliche Zustellungen in Verwaltungssachen maßgebenden Vorschriften zu erfolgen.

(2) Der Steuerbescheid ist, wenn ein Testamentsvollstrecker ohne Beschränkung der Verwaltungsbefugnis auf einzelne Gegenstände oder wenn ein Nachlaßpfleger bestellt ist und diese Personen die Verwaltung übernommen haben, diesen Personen, anderenfalls dem Erben zuzustellen. Die Zustellung an den Erben erfolgt ohne Rücksicht darauf, ob er für seine Person steuerpflichtig ist. Sind mehrere Erben vorhanden und hat einer von ihnen dem Erbschaftssteueramte gegenüber die Berichtigung der Erbschaftssteuer übernommen, so hat die Zustellung an diesen, im übrigen nach Auswahl des Erbschaftssteueramts an einen von ihnen zu erfolgen.

(3) Dem Erbschaftssteueramte bleibt überlassen, hinsichtlich eines einzelnen steuerpflichtigen Erwerbes einen als solchen zu bezeichnenden Auszug aus dem Steuerbescheide, nach dem Muster 8 auch dem einzelnen Erwerber — im Falle des § 12 Abs. 1 Nr. 3 des Gesetzes dem mit der Zuwendung Beschwerten — zuzustellen. War eine Erbschaftssteuererklärung abgegeben und weicht der Steuerbescheid von der Erklärung ab, so ist der Steuerbescheid oder ein Auszug aus dem Steuerbescheide stets auch demjenigen zuzustellen, der die Erklärung abgegeben hat.

(4) Hinsichtlich eines steuerpflichtigen Erwerbes, der nicht aus dem Nachlaß anfällt (§ 1 Abs. 2 Nr. 2, §§ 2, 3, 4 Abs. 2, 3 des Gesetzes), ist der Steuerbescheid dem Erwerber zuzustellen.

a. Der § 24 bezieht sich unmittelbar auf den § 45 des Gesetzes und berührt nebenher in seinem Abs. 3 den § 12 Abs. 1 Nr. 3 sowie in seinem Abs. 4 § 1 Abs. 2 Nr. 2, §§ 2, 3 und 4 Abs. 2 und 3 desselben.

b. Ergänzt wird der § 24 durch ByA. § 16 (zu Abs. 1), durch SA. 12 (zu Abs. 1), durch WA. II 7 (zu Abs. 1) und 8 (zu Abs. 3) sowie IIa, I 6, durch BdA. I § 7 (zu Abs. 1) und II §§ 26, 33, 34 (zu Abs. 1) sowie § 35 (zu Abs. 2) und §§ 39—42, ferner durch HA. 13 (zu Abs. 1).

c. Absatz 1. Das Muster zum Erbschaftssteuerbescheid gibt zunächst den festgesetzten, in der fraglichen Erbschaftssteuersache insgesamt zu entrichtenden Steuerbetrag nebst der Weisung, wo und bis wann dieser Betrag zu entrichten ist unter Belehrung über die gegen den Bescheid zulässigen Rechtsmittel an. Des weiteren ist in den einzelnen Rubriken nachzuweisen: der Vor- und Familienname der Erwerber, das Verhältnis der Erwerber zum Erblasser, der Betrag des steuerpflichtigen Erwerbes im einzelnen und im ganzen, der einfache Steuersatz, die eventuell zur Anwendung zu bringende Staffelung desselben, der Gesamtsteuersatz, der Gesamtbetrag der Steuer, sowie unter den Bemerkungen die Abweichungen des Steuerbescheides von der Steuererklärung. Wenn in der Rubrik 10 des Musters 7, Bemerkungen, der Betrag der „steuerpflichtigen Masse" nach den Feststellungen anzugeben ist, so sind als „steuerpflichtige Masse" nur diejenigen Beträge anzusehen, welche tatsächlich zur Steuer herangezogen werden, nicht aber auch solche, welche zwar an sich steuerpflichtig sein würden, solches aber im betreffenden Falle nicht sind, weil sie unter der Grenze der Steuerpflicht bleiben, weil der Erwerber Steuerfreiheit genießt usw.

Absatz 3. Das Muster 8 entspricht in allen Einzelheiten dem Muster 7.

§ 25.

(1) Die oberste Landesfinanzbehörde ist ermächtigt, anzuordnen, daß die Einziehung und Verrechnung der Steuer durch eine andere Behörde als das Erbschaftssteueramt erfolgt. Sie erläßt in diesem Falle die zur Regelung des Geschäftsverkehrs mit dieser Behörde und dem Erbschaftssteueramt erforderlichen besonderen Bestimmungen.

(2) Im Erbschaftssteuerbescheid ist die zur Empfangnahme der Zahlung zuständige Kassenstelle zu bezeichnen.

(3) Zur Niederschlagung von Erbschaftssteuer wegen Uneinbringlichkeit sind nur die Oberbehörden zuständig.

a. Der § 25 steht in unmittelbarer Beziehung zu dem § 45 des Gesetzes und berührt auch den § 34 desselben.

b. Ergänzt wird der § 25 durch PA. I 8 (zu Abs. 1), durch ByA. § 17 (zu Abs. 1 und 3), durch WA. II 9 (zu Abs. 1), durch BdA. I §§ 11—14 (zu Abs. 1), durch HA. 14 (zu Abs. 1) und durch BrA. II 5 (zu Abs. 1).

c. Absatz 1. Die Einziehung und Verrechnung der Steuer haben in Bayern, Sachsen und Württemberg die Erbschaftssteuerämter; in Preußen erfolgt nach Verf. PrFM. vom 2. Dezember 1907 III 20272 (PrZBl. 1908 S. 189) die Einziehung und Vereinnahmung durch die Zollkassen, die Verrechnung durch die Oberzollkasse, in Baden durch die Bezirksfinanzbehörden, in Hessen durch die Bezirkskassen und in Braunschweig durch die Hauptsteuerämter, die Steuerämter und die Steuerrezepturen.

Absatz 3. Nach einer Verf. PrFM. vom 28. Februar 1910 III 4135 kann die Steuer niedergeschlagen werden, wenn sie im Inland nicht zu erlangen ist und der Schuldner dauernd im Ausland wohnt; vgl. Note 3 zu § 48 des Gesetzes.

§ 26.

(1) Alle diejenigen Fälle, in welchen nach den Bestimmungen des § 4 Abs. 3 oder der §§ 18, 21 bis 23, 26, 27 des Gesetzes die

Versteuerung auszusetzen ist oder die nachträgliche Erhebung einer Erbschaftssteuer eintreten kann, hat das Erbschaftssteueramt aus den Erbschaftssteuerlisten unter fortlaufender Nummer in eine Überwachungsliste zu übertragen, für welche das Muster 9 als Anhalt dient. Insoweit in den Fällen der §§ 18, 21 bis 23, 26 des Gesetzes nur eine Erstattung von Erbschaftssteuer in Frage kommt, hat eine Überwachung des Erwerbsfalls und seine Eintragung in die Überwachungsliste nicht zu erfolgen.

(2) Zur leichteren Ermittelung ist nach dem Ermessen der obersten Landesfinanzbehörde von den Erbschaftssteuerämtern ein nach der Buchstabenfolge geordnetes Namensverzeichnis zu den in die Liste aufgenommenen Erbfällen zu führen.

(3) Falls die Erbschaftssteuer nicht nach einer bestimmten Zeit fällig wird, sind nach näherer Anordnung der obersten Landesfinanzbehörde von Zeit zu Zeit Erhebungen darüber anzustellen, ob der Grund zur Überwachung noch fortdauert.

(4) Sobald sich die weitere Überwachung erübrigt, ist der Fall in die laufende Erbschaftssteuer-Nachtragsliste aufzunehmen und bis zur vollständigen Erledigung fortzuführen.

(5) Falls in besonderen Fällen ein Bedürfnis hierzu vorliegt, ist auch die Versteuerung ungewisser und unsicherer Rechte und anderer zur sofortigen Wertermittelung nicht geeigneter Gegenstände durch die Überwachungsliste zu überwachen.

a. Der § 26 steht in näherer Beziehung zu dem § 45 des Gesetzes und berührt in seinem Abs. 1 den § 4 Abs. 3 und die §§ 18, 21—23, 26 und 27, sowie in seinem Abs. 5 den § 24 desselben.

b. Ergänzt wird der § 26 durch PA. I 7 (zu Abs. 2), durch ByA. § 10 (zu Abs. 1) und § 11 (zu Abs. 1 und 2), durch SA. 9 (zu Abs. 2) und 14 (zu Abs. 1 und 3), durch WA. II 3 (zu Abs. 2) und 10 (zu Abs. 3), durch BdA. I § 10 (zu Abs. 2) und § 8 (zu Abs. 3), durch HA. 15 (zu Abs. 2) und 16 (zu Abs. 3), sowie durch BrA. II 4 (zu Abs. 2) und 6 (zu Abs. 3).

c. **Absatz 1.** In der Überwachungsliste ist nach Muster 9 folgendes anzugeben: Übernahme aus der Haupt- oder Nachtragsliste nach Halbjahr und Nummer; bei einem Erwerb von Todes wegen Namen, Stand, Wohnort und Todestag des Erblassers, bei Schenkungen unter Lebenden Namen, Stand und Wohnort des Schenkers und des Beschenkten, sowie Tag der Schenkung; Überwachungsgrund; Bezeichnung und Hinterlegung der Sicherheit; Übertrag in die Nachtragsliste nach Halbjahr und Nummer bei Wegfall des Überwachungsgrundes.

Absatz 2. Ein nach der Buchstabenfolge geordnetes Namensverzeichnis zu der Überwachungsliste ist in Preußen, in Bayern, in Sachsen, in Württemberg, in Baden, in Hessen und in Braunschweig zu führen.

Absatz 3. [Nach U. Hoffmann 2. Aufl. Anm. 48 zu § 26 sind fragliche Erhebungen für Preußen dem Ermessen der Behörden überlassen.]

XV. Stundung. § 27.

§ 27.

(1) Stundung oder Bewilligung von Teilzahlungen für festgestellte Erbschaftssteuer ist in der Regel nur gegen Sicherheitsleistung zulässig. In welcher Art für gestundete Erbschaftssteuer Sicherheit zu leisten ist, wird, soweit das Gesetz nicht ein anderes vorschreibt, durch die oberste Landesfinanzbehörde bestimmt. Die letztere bestimmt ferner, inwieweit es zur Stundung ohne Sicherheitsleistung der Genehmigung der Oberbehörde oder der obersten Landesfinanzbehörde bedarf.

(2) Eine Verzinsung der gestundeten Steuerbeträge findet nicht statt.

(3) Die Gewährung von Teilzahlungen ist an die Bedingung zu knüpfen, daß bei dem Ausbleiben auch nur einer Teilzahlung die sofortige Beitreibung der ganzen noch rückständigen Steuerschuld erfolgen wird. Die Beitreibung hat jedoch erst zu geschehen, wenn eine Mahnung zur Entrichtung der fälligen Teilzahlung erfolglos geblieben ist.

(4) In dem Falle des § 47 Abs. 2 des Gesetzes ist die Gewährung von Teilzahlungen zu versagen, wenn nach den obwaltenden Verhältnissen die Annahme ausgeschlossen ist, daß die sofortige Einziehung der Steuer mit Härten verbunden sein würde. Dies wird der Regel nach z. B. bei Grundstücken, die offenkundig Spekulationszwecken dienen, sowie dann zutreffen, wenn der steuerpflichtige Erwerb neben dem Grundbesitze Barvermögen umfaßt, aus welchem die Steuer ohne irgend welche Härte gedeckt werden kann. Im Falle des Verkaufs eines Grundstücks vor Ablauf der Stundungsfrist ist die Stundungsbewilligung zurückzuziehen, falls nicht etwa die Fortgewährung billigerweise gerechtfertigt erscheint.

a. Der § 27 bezieht sich unmittelbar auf den § 47 des Gesetzes.

b. Ergänzt wird der § 27 durch PA. I 9 (zu Abs. 1) und 5 (zu Abs. 4), durch BγA. § 17 (zu Abs. 1), durch SA. 13 (zu Abs. 1), durch WA. I 11 und 13 (zu Abs. 1), durch BdA. I § 15 (zu Abs. 1) und III §§ 9—13 (zu Abs. 1), durch HA. 17 (zu Abs. 1) und durch BrA. II 7 (zu Abs. 1).

c. **Absatz 1.** Die Bewilligung einer Stundung ohne Sicherheitsleistung ist meist entweder allgemein oder unter bestimmten Voraussetzungen der Entscheidung der Oberbehörde vorbehalten.

Absatz 2. Bezüglich der Nichtverzinsung der gestundeten Steuerbeträge vgl. Note 7 zu § 47 des Gesetzes.

XVI. Sicherstellung der Erbschaftssteuer. § 28.

§ 28.

(1) Hat in den Fällen der §§ 21 bis 23, 26 des Gesetzes die Leistung einer Sicherheit einzutreten, so hat das Erbschaftssteueramt den sicherzustellenden Betrag zu berechnen und die Verpflichteten zu einer Erklärung aufzufordern, in welcher Weise sie die Sicherheit leisten wollen. Die Annehmbarkeit der angebotenen Sicherheit ist von dem Erbschaftssteueramte zu prüfen. Von dem Ergebnisse der Prüfung sind die Verpflichteten zu benachrichtigen. Die verlangte Sicherheit ist binnen einer bestimmten Frist zu bestellen. Wird der Aufforderung nicht Folge geleistet, so ist die zwangsweise Einziehung der Sicherheit herbeizuführen.

(2) Die kassen- und rechnungsmäßige Behandlung der hinterlegten Sicherheiten erfolgt nach den bestehenden landesrechtlichen Bestimmungen.

a. Der § 28 steht in Beziehung zu den §§ 21 bis 23 und 26 des Gesetzes.

b. Ergänzt wird der § 28 durch PA. I 8 (zu Abs. 1 und 2), durch SA. 13 (zu Abs. 1 und 2), durch WA. II 12 und 13 (zu Abs. 1 und 2), durch BdA. I § 9 (zu Abs. 1 und 2) und § 17 (zu Abs. 2), II §§ 36—38 (zu Abs. 1 und 2) und III § 16 (zu Abs. 2), sowie durch HA. 18 (zu Abs. 1) und BrA. II 7 (zu Abs. 1).

c. **Absatz 1 und 2.** Hinsichtlich der Sicherstellung der Erbschaftssteuer greifen nach den erlassenen Vollzugsvorschriften der einzelnen Bundesstaaten durchweg die allgemeinen in dieser Hinsicht geltenden landesgesetzlichen Ordnungen Platz.

XVII. Erstattung. § 29.

§ 29.

(1) Über Anträge auf Erstattung zu Unrecht gezahlter Erbschaftssteuer entscheidet die Oberbehörde des Erbschaftssteueramts, welches die Erbschaftssteuer festgestellt hat.

(2) Eine Erstattung der Erbschaftssteuer kann auch von Amts wegen erfolgen, wenn sich bei Nachprüfung der Erbschaftssteuerakten offenbare Unrichtigkeiten ergeben, diese auch nicht auf andere Weise z. B. durch niedrige Wertschätzung des Gegenstandes des Erwerbes ausgeglichen erscheinen und es sich bei der Überhebung um einen Betrag von mindestens 3 Mark handelt.

(3) Die näheren Bestimmungen über das Verfahren bei Erstattungen trifft die oberste Landesfinanzbehörde.

a. Der § 29 berührt im besonderen keinen der einzelnen Gesetzesparagraphen, man wird ihn nur als zu dem § 45 in gewisser Beziehung stehend ansehen können und ferner, soweit es sich um gesetzliche Erstattungen zunächst rechtmäßig gezahlter Steuer handelt, zu den §§ 18, 21—25, 27 und 56.

b. Ergänzt wird der § 29 durch PA. I 8 (zu Abs. 3), durch ByA. §§ 19 und 27 (zu Abs. 3), durch SA. 14 (zu Abs. 3), durch WA. II 14 (zu Abs. 3), durch BdA. I § 16 (zu Abs. 3) und II §§ 40—42 (zu Abs. 3), durch HA. 19 (zu Abs. 3) und durch BrA. II 8 (zu Abs. 3).

c. **Absatz 1.** Die in der Sitzung des Bundesrats vom 23. Juni 1906 — § 521 der Protokolle — erlassenen Vorschriften über das Verfahren bei Nacherhebung und Erstattung von Zöllen, Steuern und Gebühren (RZBl. 1906 S. 945) finden auf die RESt., welche ausdrücklich ausgeschlossen ist, keine Anwendung (PrZBl. 1906 S. 1319). Der Grund hierfür lag darin, daß die Veranlagung der Erbschaftssteuer von derjenigen der Zölle und der übrigen Steuern wesentlich abweicht und auf einer weit schwankenderen Grundlage beruht, wodurch allein schon Zuviel- und Zuwenigerhebungen sich vielfach ausgleichen. Es ergab sich daraus die Notwendigkeit, bei Nacherhebungen und bei außerhalb des geordneten Rechtsmittelverfahrens erfolgenden Erstattungen den Verwaltungsbehörden ein gewisses Ermessen zu lassen.

Absatz 2. Dem vorbezeichneten Gesichtspunkt trägt die Vorschrift des Absatz 2 durch eine freiere Regelung unter weiteren Grenzen Rechnung. In anderen Fällen steht es im Ermessen der Oberbehörde, ob eine Erstattung von Amts wegen anzuordnen ist, da die Erstattung nach getroffener Vorschrift erfolgen kann, aber nicht muß. Diese Bewegungsfreiheit ist gelassen worden, weil auch höhere Beträge als 3 Mk. nach Lage der Verhältnisse zu geringfügig sein können, namentlich wenn die Erstattung zu Weiterungen führen würde, die dem Betrage der zurückzuzahlenden Erbschaftssteuer nicht entsprechen. Übereinstimmend ist hierzu durch Schreiben des Reichsschatzamts vom 30. November 1907 II 9820 und Verf. PrFM. vom 20. Dezember 1907 III 21680 angeordnet, daß auch von Nacherhebungen der Erbschaftssteuer Abstand zu nehmen sei, wenn sie zu Weiterungen führen, die außer Verhältnis zur Höhe des Betrages stehen, und daß es als zulässig zu erachten sei, zu wenig erhobene Steuerbeträge nur insoweit nachzuerheben, als es sich nicht um erhebliche Beträge handelt; ob ein Steuerbetrag als unerheblich anzusehen ist, kann nur von Fall zu Fall entschieden werden, die Festsetzung einer Höchstgrenze erscheint nicht zweckmäßig; die Entscheidung darüber, ob eine Erstattung von Amts wegen oder eine Nachforderung stattfinden soll, muß demnach in jedem Einzelfalle dem Ermessen der Oberbehörden nach Lage der in Betracht kommenden Umstände überlassen bleiben; die Oberbehörden werden in allen Fällen davon abzusehen haben, in denen die Erstattung oder Nachforderung den Eindruck einer allzuweit gehenden Kleinlichkeit machen würde.

Über die Verjährung des Erstattungsanspruchs vgl. das in Note 4 zu § 54 des Gesetzes Ausgeführte.

Zweiter Abschnitt.

Schenkungen unter Lebenden.

XVIII. Schenkungen unter Lebenden. §§ 30—36.

§ 30.

Auf die Schenkungen unter Lebenden finden die Vorschriften des ersten Abschnitts mit der Maßgabe sinngemäße Anwendung, daß an Stelle der Verhältnisse des Erblassers und des Erwerbers die Verhältnisse des Schenkers und des Beschenkten berücksichtigt werden.

a. Der § 30 bezieht sich zunächst unmittelbar auf die §§ 55 und 56 des Gesetzes, welche die gleiche Verweisung auf die Vorschriften über die Besteuerung des Erwerbes von Todes wegen wie hier der § 30 enthalten. Demgemäß steht der § 30 indirekt auch mit allen den einzelnen Gesetzesparagraphen, welche im vorstehenden zu den §§ 2 bis 29 der Ausführungsbestimmungen angezogen worden sind, in Berührung, soweit dieselben für die Besteuerung der Schenkungen unter Lebenden überhaupt in Frage kommen können und soweit nicht in den nachstehenden Paragraphen für das einzelne besondere Bestimmungen getroffen sind.

b. In Folgewirkung von dem eben unter a Ausgeführten muß der § 30 auch durch alle diejenigen bundesstaatlichen Ausführungsbestimmungen, welche zu den einzelnen hier sinngemäße Anwendung findenden Paragraphen der bundesrätlichen Ausführungsbestimmungen (§§ 2 bis 29) im vorstehenden anzuführen waren, als ergänzt betrachtet werden, sofern jene Vorschriften an sich für die Schenkungssteuer zur Anwendung zu bringen sind, und sofern die Einzelregelungen in den nachfolgenden Paragraphen nicht entgegenstehen. In den bundesstaatlichen Vollzugsordnungen findet sich eine ausdrückliche Bezugnahme auf die Schenkungssteuer in der Regel nicht; auf die Gültigkeit der bezüglichen Ordnungen für die Schenkungssteuer hat dieses aber keinen Einfluß, da solche durch die allgemeine Vorschrift des § 30 schon ohne weiteres bedingt ist. Besonders auf den § 30 nehmen PA. I 7 (Führung eines Verzeichnisses für die Überwachungslisten) und 9 (bei der Regelung der Stundung), sowie BhA. § 20 (allgemein) Bezug; auch HA. 20 verlautbart ausdrücklich die Anwendbarkeit der Bestimmungen auf die Schenkungen unter Lebenden.

§ 31.

(1) Die Gerichte und die Notare haben dem zuständigen Erbschaftssteueramte beglaubigte Abschriften der von ihnen beurkundeten Schenkungen unter Lebenden alsbald nach der Beurkundung zu übersenden. Auf den Urschriften ist zu vermerken, wann und an welches Erbschaftssteueramt die Übersendung geschehen ist.

(2) **Ergibt der Urkundeninhalt nicht das Verwandtschaftsverhältnis zwischen dem Schenker und dem Beschenkten und den Wert der Schenkung, so ist der Schenker hierüber zu befragen. Dessen Angaben sind dem Erbschaftssteueramt ebenfalls mitzuteilen.**

a. Der § 31 gibt für die Schenkungen unter Lebenden noch besondere Bestimmungen bezüglich desjenigen, was für den Erwerb von Todes wegen oben in den §§ 2—4 geordnet ist und was hier sonst auch entsprechend zur Geltung zu kommen haben würde; er steht danach in näherer Beziehung zu dem § 40 des Gesetzes.

b. Nach besonderer Hervorhebung ergänzt wird der § 31 durch PA. II Ziff. 3, durch BhA. §§ 6 und 20 (zu Abs. 1), sowie durch BdA. II § 3 (zu Abs. 1).

c. **Absatz 1.** Durch Verf. PrFM. vom 2. Juli 1907 III 12028 ist bestimmt, daß von allen Schenkungen, welche bei Gelegenheit der Einkommensteuer- und der Ergänzungssteuer-Veranlagungsarbeiten zur Kenntnis der Vorsitzenden der Einkommensteuer-Veranlagungskommissionen gelangen, seitens der letzteren dem Erbschaftssteueramt ihres Bezirks Mitteilung zu machen ist; nicht erforderlich sind Mitteilungen über Schenkungen von Eltern an Kinder und zwischen Ehegatten. Eine gleiche Verfügung ist für Braunschweig vom Staatsministerium unter dem 3. August 1907 Nr. 2751 A erlassen worden.

Im Einverständnis mit dem Reichskanzler ist durch Verf. PrFM. vom 1. März 1910 III 4190 angeordnet, daß den Erbschaftssteuerämtern beglaubigte Abschriften solcher Schenkungsurkunden, die lediglich Schenkungen von Eltern an leibliche Abkömmlinge oder von Eheleuten unter einander enthalten, nicht mehr mitzuteilen sind. Von dem preußischen Justizminister war eine gleiche Verfügung bereits unter dem 10. Februar 1910 erlassen. Die für die Zustimmung des Reichsschatzamts maßgebenden Gründe sind in einem vom Reichskanzler (Reichsschatzamt) unter dem 9. März 1910 II 2789 ergangenen Schreiben (ZfZuSt. 1910 S. 85) des näheren ausgeführt, mit welchem Schreiben den Bundesregierungen anheimgestellt wird, gleiche Anordnung zu treffen.

§ 32.

Die dem Erbschaftssteueramte nach § 31 mitgeteilten, von den Verpflichteten angemeldeten oder sonst zu seiner Kenntnis gelangten Schenkungen sind in das nach Anleitung des Musters 10 zu führende Verzeichnis der Schenkungen unter Lebenden einzutragen.

a. Der § 32 steht mit dem vorgehenden § 31 in einem engeren Zusammenhang und gilt das bei a zu diesem Paragraphen Ausgeführte teilweise und entsprechend auch hier. Gleichzeitig berührt der Paragraph gewissermaßen zugleich dasjenige, was die §§ 6—8 für den Erwerb von Todes wegen regeln. Da die Schenkungen unter Lebenden im wesentlichen nur einzeln und nicht in einer Liste — wie die Sterbefälle in der Totenliste — zur Kenntnis des Erbschaftssteueramts gelangen, so war die Anlegung eines besonderen Verzeichnisses der Schenkungen unter Lebenden notwendig, wie sie der Paragraph anordnet.

b. Ergänzt wird der § 32 durch BhA. § 20 und durch SA. 6.

c. Nach dem Muster 10 soll das Verzeichnis der Schenkungen unter Lebenden Auskunft über alle für die Besteuerung wichtigen Punkte geben, so über den Tag des Eingangs der Schenkungsurkunde bzw. der Anmeldung der Schenkung, über Namen, Stand und Wohnort des Schenkers und des Beschenkten, über den Tag der Schenkung, über die Übernahme in die Erbschaftssteuerliste B und über die steuerfreie Erledigung.

§ 33.

(1) Soweit die in dem Verzeichnisse Muster 10 enthaltenen Schenkungen nicht nach Maßgabe des § 7 Abs. 2, 3 zu erledigen sind, werden sie alsbald in die Erbschaftssteuerliste B über Schenkungen unter Lebenden unter fortlaufender Nummer eingetragen.

(2) Für jedes der beiden Halbjahre des Rechnungsjahrs ist je eine Erbschaftssteuer-Hauptliste B und eine Erbschaftssteuer-Nachtragsliste B zu führen, für welche das Muster 11 als Vorbild dient.

(3) Maßgebend für die Aufnahme in die Hauptliste ist der Tag der Schenkung.

a. Im § 33 wird des weiteren eine besondere Regelung für die Schenkungen unter Lebenden zu demjenigen vorgenommen, was für den Erwerb von Todes wegen oben in dem § 10 bestimmt ist; eine unmittelbare Beziehung zu einem Gesetzesparagraphen findet nicht statt.

b. Besonders ergänzt wird der § 33 durch PA. I 7 (zu Abs. 1 und 2), durch ByA. § 20 (zu Abs. 1), durch SA. 7 (zu Abs. 1) und durch BrA. II 2 (zu Abs. 1 und 2).

c. **Absatz** 2. Das Muster 11 zur Erbschaftssteuer-Hauptliste B und -Nachtragsliste B entspricht im wesentlichen dem Muster 3 zur Erbschaftssteuerliste A nur mit den durch die Sonderheiten der Schenkungen unter Lebenden gebotenen Abweichungen.

Vgl. auch allgemeine Bemerkungen zu § 10 betreffs des Antrags Badens wegen anderweiter Festlegung des Zeitraums für die Listenführung.

§ 34.

(1) Die Anmeldung einer steuerpflichtigen Schenkung soll enthalten:

Vor- und Familiennamen, Stand oder Gewerbe und Wohnort (auch Straße und Hausnummer) des Schenkers und des Beschenkten,

die Zeit der Schenkung,

die Staatsangehörigkeit des Schenkers,

den Gegenstand und den Wert der Schenkung,

die Angabe, ob der Beschenkte in einem Verwandtschaftsverhältnisse zum Schenker steht, und in welchem,

die Angabe, ob die Schenkung beurkundet ist oder nicht,
die Angabe, ob etwa ein in einem anderen Bundesstaate belegener Grundbesitz den Gegenstand der Schenkung bildet, unter genauer Bezeichnung des Bundesstaats und des Grundbesitzes.

(2) Die Anmeldung ist mit der Angabe ihres Tages sowie des Wohnorts (auch Straße und Hausnummer) des Anmeldenden zu versehen und von diesem zu unterschreiben.

a. Der § 34 enthält die Änderungen, welche für die Schenkungen unter Lebenden an den für den Erwerb von Todes wegen in dem § 12 getroffenen Vorschriften notwendig erschienen. Es ist danach für den Paragraphen gleicherweise eine Beziehung zu § 36 des Gesetzes in Verbindung mit § 56 desselben begründet.

b. Eine besondere Ergänzung des § 34 findet sich in SA. 10 und WA. II 4.

§ 35.

(1) Die im § 11 bezeichnete Anleitung ist nur im Falle der Aufforderung zur Einreichung der Steuerklärung gleichzeitig mit der Aufforderung zu übersenden.

(2) Die Zusendung der Anleitung und die Aufforderung zur Steuererklärung kann unterbleiben, wenn es zur Feststellung der Steuerfreiheit der Schenkung oder zur Berechnung der Steuer nur einer Auskunft über bestimmte tatsächliche Verhältnisse bedarf.

(3) Die Abgabe der Steuererklärung ist nicht an ein bestimmtes Muster gebunden.

a. In demselben Verhältnis wie der vorhergehende § 34 zu dem § 12 der Ausführungsbestimmungen steht der § 35 zu dem § 13 derselben; entsprechend ist hier die Beziehung zu dem § 37 des Gesetzes gegeben.

b. Besonders ergänzt wird der § 35 durch SA. 10 und HA. 21.

§ 36.

Die Erteilung des Steuerbescheids erfolgt nach dem Muster 12.

a. Der § 36 gibt eine Sonderbestimmung zu dem im übrigen Platz greifenden und zunächst für den Erwerb von Todes wegen maßgebenden § 24 der Ausführungsbestimmungen und steht zu dem § 45 des Gesetzes in Verbindung mit dem § 56 desselben in entsprechender Beziehung.

c. Das Muster 12 für den Steuerbescheid schließt sich eng lediglich unter Berücksichtigung der für die Schenkung unter Lebenden gegebenen Sonderheiten an das Muster 7 für den Erbschaftssteuerbescheid an.

Dritter Abschnitt.

Kosten.

XIX. Kosten. § 37.

§ 37.

(1) Das Verfahren in Erbschaftssteuerangelegenheiten ist, soweit nicht hinsichtlich der Kosten im § 42 Abs. 4 und im § 43 Abs. 2 des Gesetzes ein anderes bestimmt ist, kosten-, gebühren- und stempelfrei. Die Freiheit erstreckt sich auf das gesamte Steuerermittelungsverfahren, einschließlich des Beschwerdeverfahrens und des Verfahrens wegen Erstattung der Erbschaftssteuer.

(2) Zu den Kosten des Verfahrens ist auch die Postgebühr zu rechnen, welcher die Sendungen der Steuerbehörden an die Steuerpflichtigen unterliegen; sie fällt daher den letzteren nicht zur Last. Dagegen haben die Steuerpflichtigen die Postgebühr für die von ihnen an die Steuerbehörden zu richtenden Sendungen zu tragen.

a. Der § 37 steht in unmittelbarer Beziehung zu § 53 des Gesetzes und berührt nebenher in seinem Abs. 1 den § 42 Abs. 4 und den § 43 Abs. 2 desselben.

b. Ergänzt wird der § 37 durch ByA. § 28 (Abs. 1), durch WA. II 15 (zu Abs. 1), durch BdA. I § 18 (allgemein) und HA. 14 (allgemein).

Vierter Abschnitt.

Aktenführung, Buchführung, Prüfungsverfahren.

XX. Aktenführung. § 38.

§ 38.

(1) Über jeden einzelnen in die Erbschaftssteuerlisten aufgenommenen Erbfall sind besondere Akten anzulegen, in welche alle Eingänge und die darauf erlassenen Verfügungen nach der Zeitfolge geordnet aufzunehmen sind. Die Akten sind derart zu führen, daß sich eine Nachprüfung nach ihrem Inhalt ermöglichen läßt.

(2) Nach erfolgter Erledigung und Nachprüfung sind die Akten wegzulegen und nach Halbjahren geordnet aufzubewahren.

(3) Die Akten über die in die Überwachungsliste aufgenommenen Erbfälle sind nach der fortlaufenden Nummer dieser Liste geordnet für sich besonders aufzubewahren.

a. Der § 38 ist allgemeinen Inhalts und bezieht sich nicht auf einen besonderen Gesetzesparagraphen.

b. Ergänzt wird der § 38 durch SA. 15 (zu Abs. 1) und durch BdA. I §§ 20 und 21 (zu Abs. 1—3) und II §§ 5 und 6 (zu Abs. 1).

c. [U. Hoffmann 2. Aufl. Anm. 61 zu § 38 BRAusfB. gibt näheres über die Einsicht und Mitteilungen aus den Akten an Steuerpflichtige und Dritte an, dem als den allgemeinen Grundsätzen entsprechend durchweg beizupflichten ist.]

XXI. **Buchführung.** § 39.

§ 39.

(1) Über die Erhebung der Erbschaftssteuer für den Erwerb von Todes wegen werden zwei Bücher geführt, ein Erbschaftssteuer-Sollbuch und ein Erbschaftssteuer-Einnahmebuch. Beide Bücher umfassen den Zeitraum des Rechnungsjahrs.

(2) Das Sollbuch ist nach Anleitung des Musters 13 zu führen. Durch das Sollbuch ist zugleich der rechtzeitige Eingang der Steuerbeträge zu überwachen.

(3) Das Sollbuch wird am Schlusse des Rechnungsjahrs abgeschlossen. Insoweit bei diesem Abschlusse die zum Soll stehenden Steuerbeträge noch nicht oder nicht vollständig zur Erhebung gekommen sind, werden die Rückstände in den Spalten 16 und 17 vermerkt und in das Sollbuch für das folgende Rechnungsjahr übernommen. Von einem an der Kassenführung nicht beteiligten Beamten ist in dem Sollbuche zu bescheinigen, daß die in den Erbschaftssteuerlisten eingetragenen Erbfälle und die in den Erbschaftssteuerakten festgestellten, in Abgang gebrachten oder niedergeschlagenen Steuerbeträge in das Sollbuch richtig und vollständig eingetragen, sowie daß die am Jahresschlusse rückständig gebliebenen Steuerbeträge in das Sollbuch für das folgende Rechnungsjahr übertragen worden sind.

(4) Das Einnahmebuch ist nach Anleitung des Musters 14 zu führen.

a. Der § 39 steht nach Maßgabe seines allgemeinen Inhalts zu keinem Gesetzesparagraphen in besonderer Beziehung.

b. Ergänzt wird der § 39 durch PA. I 8 (zu Abs. 2—4) durch ByA. § 16 (zu Abs. 2) und §§ 17 und 22 (zu Abs. 4), durch SA. 16 (zu Abs. 1), durch WA. II 16 (zu Abs. 1 und 3), durch HA. 22 (zu Abs. 2 und 4) und durch BrA. II 5 (zu Abs. 2 und 4).

c. **Absatz 2.** In dem Sollbuch ist nach Muster 13 nachzuweisen: der Tag der Eintragung und des Erbschaftssteuerbescheides; Halbjahr und Nummer der Erbschaftssteuerliste; der Name des Erblassers oder des Schenkers; Name, Stand und Wohnort des Zahlungspflichtigen; der

Betrag der Steuer unter Trennung für den Erwerb von Todes wegen und für Schenkungen unter Lebenden; etwaiger Abgang infolge anderweiter Festsetzung oder durch Niederschlagung (getrennt); berichtigtes Soll; Ablauf der Zahlungsfrist; Näheres über Stundung, Teilzahlung usw.; Einzahlung und Buchung der Steuer nach Datum, Nummer und Betrag; Rückstand der Steuer nach Betrag und Übertragung.

Absatz 4. In dem Einnahmebuch sind die Einzahlungen unter bis zum Jahresschlusse fortlaufender Nummer einzutragen; das Buch ist monatlich abzuschließen, aber fortlaufend bis zum Vierteljahrsschluß aufzurechnen; die Summen der vier Vierteljahre sind am Jahresschlusse zu wiederholen und aufzurechnen. Das Einnahmebuch bringt nach Muster 14 Nachweise über folgende Einzelheiten: Tag der Einzahlung; Nummer des Sollbuches; Name des Erblassers oder Schenkers und Name des Zahlungspflichtigen; Tag des Erbschaftssteuerbescheides; Halbjahr und Nummer der Erbschaftssteuerliste; Betrag der eingezahlten Erbschaftssteuer, getrennt für den Erwerb von Todes wegen und für Schenkungen unter Lebenden; Tagessumme.

Absatz 2 und 4. Nach den Mustern 13 und 14 ist das Sollbuch und das Einnahmebuch vor der Ingebrauchnahme mit einer auf der Titelseite angesiegelten Schnur zu durchziehen und mit einer Bescheinigung über die Anzahl der im Buche enthaltenen Blätter zu versehen. Da sich dieses in gewisser Beziehung als unzweckmäßig im praktischen Gebrauch erwiesen, so hat sich der Reichskanzler (Reichsschatzamt) durch Schreiben vom 23. Dezember 1910 II 15512 allgemein damit einverstanden erklärt, daß künftig nur in den Fällen das Durchziehen der Blätter der bei den Kassen- und Amtsstellen der Zollverwaltung zu führenden Bücher mit einer Schnur noch beizubehalten sei, in denen die Bücher nur geheftet in Gebrauch genommen werden, daß es dagegen bei Büchern, die in einem festen Einband gebunden und beschnitten sind, zur Verhütung der Herausnahme von Blättern genüge, wenn sie vor dem Gebrauche möglichst auf mechanischem Wege mit Blatt- oder Seitenzahlen versehen werden und die Gesamtzahl der letzteren auf dem Titelblatte mit einer den bisherigen Mustervordrucken entsprechenden Bescheinigung vermerkt wird.

XXII. Prüfungsverfahren. §§ 40—42.

§ 40.

(1) Die sämtlichen in den Erbschaftssteuerlisten eingetragenen Erbfälle sind durch die Oberbehörden einer Prüfung zu unterziehen. Sobald ein Erbschaftssteuerfall durch Feststellung und Einziehung oder Sicherstellung des Steuerbetrags oder auf irgend eine andere Weise erledigt ist, sind die Akten unverzüglich der Oberbehörde zum Zwecke der Prüfung vorzulegen. Für Erbschaftssteuerämter, die sich nicht am Sitze der Oberbehörde befinden, kann die Einreichung in bestimmten Fristen vorgeschrieben werden. Nach Prüfung sind die Akten entweder mit dem Vermerke, daß sich nichts zu erinnern gefunden habe, oder mit den Prüfungserinne-

rungen in Urschrift dem Erbschaftssteueramte zurückzugeben. Die Erinnerungen sind ungesäumt zu erledigen und danach die Akten nochmals der Oberbehörde zur erneuten Prüfung vorzulegen.

(2) Die Akten über diejenigen Erbfälle, in denen eine Stundung der Erbschaftssteuer oder deren Entrichtung in Teilbeträgen vom Erbschaftssteueramte bewilligt worden ist, sind alsbald, gegebenenfalls nach bewirkter Sicherheitsleistung, der Oberbehörde zur vorläufigen Prüfung vorzulegen und in das Prüfungsverzeichnis (Abs. 3) einzutragen. Die endgültige Prüfung dieser Erbfälle erfolgt erst nach der vollständigen Zahlung der Steuer.

(3) Die mit der Prüfung betrauten Beamten der Oberbehörde haben für jedes Erbschaftssteueramt ein Prüfungsverzeichnis zu führen, für welche das Muster 15 als Vorbild dient und in welches die einzelnen zur Prüfung eingehenden Erbfälle unter fortlaufender Nummer einzutragen sind. Diese Nummer ist auf der Urschrift der Verfügung, mit welcher die Akten an das Erbschaftssteueramt zurückgelangen, anzugeben. In der hierfür vorgesehenen Spalte der Erbschaftssteuerliste vermerkt das Erbschaftssteueramt die erfolgte Prüfung durch Eintragung der Nummer des Prüfungsverzeichnisses. Für Erbschaftssteuerämter mit großem Bezirk ist für jedes Kalenderjahr ein neues Verzeichnis anzulegen, für kleinere Erbschaftssteuerämter kann das Verzeichnis für mehrere Jahre fortlaufend geführt werden.

(4) Auf besonderes Ersuchen sind dem Reichskanzler die von ihm zu bezeichnenden Akten der Erbschaftssteuerämter zu übersenden.

a. Der § 40 steht in einer gewissen mittelbaren Beziehung zu dem § 34 des Gesetzes und in seinem Abs. 4 auch zu § 35 desselben.

b. Ergänzt wird der § 40 durch WA. II 17 (zu Abs. 1) und II a I 7, sowie durch BdA. I § 19 (zu Abs. 1).

c. **Absatz 3.** Das Prüfungsverzeichnis hat nach Muster 15 über folgende Einzelheiten den Nachweis zu enthalten: Nummer und Halbjahr der Erbschaftssteuerliste, getrennt für den Erwerb von Todes wegen und für Schenkungen unter Lebenden; Name des Erblassers oder Schenkers; Tag des Eingangs und der Rückgabe der Erbschaftssteuerakten; Bemerkungen insbesondere wenn eine Wiedervorlage zu erfolgen hat und wenn die Prüfung nur eine vorläufige war.

Über die Verbindung des Prüfungsverfahrens mit dem Beschwerdeverfahren und den Einfluß des letzteren auf ersteres vgl. Note 7 zu § 46 des Gesetzes.

Absatz 4. Der Abs. 4 steht in Verbindung mit der vom Reich auszuübenden Kontrolle. Der Erlaß einer derartigen Vorschrift war schon in den Motiven zum Regierungsentwurf für das Gesetz angedeutet, vgl. Note 1 zu § 35 des Gesetzes a. E.

§ 41.

(1) Die Erbschaftssteuerlisten sind innerhalb vier Wochen nach dem für ihren Abschluß bestimmten Zeitpunkt ohne die Erbschaftssteuerakten der Oberbehörde einzureichen. Hierbei ist die Erbschaftssteuer-Haupt- und Nachtragsliste des vorhergegangenen Halbjahrs zur Prüfung, ob die unerledigt gebliebenen Fälle in der Nachtragsliste Aufnahme gefunden haben, wieder beizufügen. Auf Grund des Prüfungsverzeichnisses ist ferner festzustellen, ob die der Prüfung unterliegenden Erbfälle sämtlich der Oberbehörde unterbreitet worden sind.

(2) Nach erfolgter Prüfung wird die abgeschlossene Erbschaftssteuer-(Haupt- und Nachtrags-) Liste ohne Erbschaftssteuerakten der obersten Landesfinanzbehörde überreicht behufs Auswahl und Einforderung derjenigen Erbfälle, welche zur Nachprüfung geeignet erscheinen. Nach Wiedereingang ist die Erbschaftssteuerliste dem Erbschaftssteueramte zur Aufbewahrung zurückzugeben.

(3) Die Totenlisten, die Toten-Beilisten und die Freibelege sind nach näherer Bestimmung der obersten Landesfinanzbehörde von Zeit zu Zeit durch die Oberbehörden einer probeweisen Prüfung zu unterziehen. Der obersten Landesfinanzbehörde ist bei Einreichung der Erbschaftssteuerlisten anzuzeigen, in welchem Umfang eine solche probeweise Prüfung stattgefunden hat.

(4) Abweichungen von den vorstehenden Bestimmungen (§§ 40, 41) können von der obersten Landesfinanzbehörde angeordnet werden.

a. Auch der § 41 kann nur als in einer gewissen mittelbaren Beziehung zu dem § 34 des Gesetzes stehend angesehen werden.

b. Ergänzt wird der § 41 durch PA. I 7 (zu Abs. 1), durch ByA. § 26 (zu Abs. 1, 2 und 4), durch SA. 17 (zu Abs. 3), durch HA. 23 (zu Abs. 3) und durch BrA. II 9 (zu Abs. 3).

§ 42.

Die im § 39 bezeichneten Kassenbücher werden nach Ablauf des Rechnungsjahrs mit den dazu gehörenden Belegen an die Oberbehörde zur Prüfung eingereicht. Auf die Erledigung der Erinnerungen finden die für die Zollverwaltung in dieser Beziehung erteilten Vorschriften sinngemäße Anwendung.

a. Bezüglich des § 42 ist gleicherweise nur eine gewisse mittelbare Beziehung zu dem § 34 des Gesetzes hervorzuheben.

b. Ergänzt wird der § 42 durch ByA. § 26 und durch BdA. III § 18.

c. Besondere Vorschriften für die Prüfung der über die Zölle und Reichsabgaben geführten Bücher und Belege sind in neueren Zeiten und seit Bestehen des Reichs nicht erlassen. Als Grundlage für das zurzeit geübte Verfahren sind die Vorschriften der §§ 225 und 226 der Preußischen Instruktion zur Geschäftsführung eines Hauptzollamts vom 28. Mai 1818 anzusehen, die den Prüfungsbehörden eine genaue Revision sämtlicher Register und der dazu gehörigen Belegstücke zur Pflicht machen und eine Beschränkung dieser Revision oder probeweise Prüfung nicht vorsehen. Da diese Vorschriften der Preußischen Geschäftsinstruktion in die Zollvereinigungsverträge übergegangen sind, so ist anzunehmen, daß die Bundesstaaten ohne Genehmigung des Bundesrats nicht befugt sind, den Umfang der Buchprüfungen einzuschränken. Dementsprechend werden auch die Kassenbücher über die Erbschaftssteuer nebst den dazu gehörigen Belegen einer genauen Prüfung zu unterziehen sein.

XXIII. Aufbewahrungsfristen. § 43.

§ 43.

(1) Die Aufbewahrungsfrist beträgt für die Totenlisten, die Toten-Beilisten und die Verzeichnisse des Musters 10 sowie für die Freibelege 10 Jahre, für die Erbschaftssteuerlisten, die dazu gehörenden Namenverzeichnisse, die Erbschaftssteuerakten sowie für die Kassenbücher (§ 39) 30 Jahre.

(2) Die Überwachungsliste und die dazu gehörenden Namenverzeichnisse sind dauernd aufzubewahren.

a. Der § 43 steht nach seinem allgemeinen Inhalt zu keinem Paragraphen des Gesetzes in einer besonderen Beziehung.

§ 44.

Die §§ 37 bis 43 finden auf Schenkungen unter Lebenden entsprechende Anwendung.

a. Der § 44 steht in Wechselbeziehung zu dem § 30 oben, indem er bezüglich der Schenkungen unter Lebenden das gleiche, wie letzterer für den ersten Abschnitt, für den dritten und vierten Abschnitt bestimmt.

Anhang zu den Erbschaftssteuer-Ausführungsbestimmungen.

Reichserbschaftssteuer-Statistik.

Vorbemerkungen.

1. Von Anfang an war beabsichtigt, die durch das RESt. tatsächlich erzielten Erfolge in ihren Einzelheiten dauernd statistisch näher festzulegen. Da aber die hierfür zu treffende Regelung besonderer und umfassenderer Vorbereitungen bedurfte, welche wiederum nur in einem längeren Zeitraum zu erledigen waren, so mußte man davon absehen, in den ersten Erlaß der Ausführungsbestimmungen, welcher sich möglichst unmittelbar an den des Gesetzes selbst anzuschließen hatte, die Regelung der Statistik einzubeziehen. Die letztere erfolgte durch den Bundesratsbeschluß vom 16. Mai 1907 (§ 445 der Protokolle des Bundesrats, Session 1907), durch den die nachstehenden „Bestimmungen über die Erbschaftssteuerstatistik" nebst den die Formulare für die Erhebungspapiere enthaltenden Anlagen zur Annahme gelangten, welche dann wiederum in dem Zentralblatt für das Deutsche Reich 1907 S. 239 (vgl. auch PrZBl. 1907 S. 175, Sächs. VBl. 1907 S. 95, Württ. ABl. 1907 S. 77) veröffentlicht wurden.

2. Da man sogleich damit rechnen mußte, daß sich im Laufe der Zeit sowohl eine Erweiterung wie auch eine Änderung der RESt. im einzelnen als notwendig erweisen könnte, so war man gezwungen, die Statistik in einer verhältnismäßig breiten Weise auszugestalten, um so die finanziellen Wirkungen des Gesetzes in allen seinen Einzelvorschriften und nach den verschiedenen Richtungen hin übersehen und zahlenmäßig nachweisen zu können. Nur so ließ sich für etwaige Gesetzesänderungen eine brauchbare Grundlage gewinnen. Die Erhebungsformulare sind folgeweise umfangreichere und gehen sehr in das einzelne. Durch die regelmäßige Ausfüllung derselben, die zudem einer besonderen Sorgfalt und Aufmerksamkeit bedarf, erwächst den damit betrauten Behörden der Bundesstaaten eine nicht unerhebliche Arbeitslast, die sich nur durch besondere Arbeitskräfte bewältigen lassen wird. Die den Bundesstaaten obliegenden Verwaltungskosten, für welche das Reich eine Vergütung nicht zahlt, werden dadurch in nicht zu unterschätzender Weise erhöht. Die außerordentliche Belastung der Erbschaftssteuerämter und Oberbehörden durch die Statistik hat in neuester Zeit (Mai 1911) zu einem Antrag an den Bundesrat geführt, die Aufstellung der Nachweisungen III A und B bis auf weiteres fallen zu lassen; gerade die Aufstellung dieser Nachweisungen erfordere besonders große Mühe und erheblichen Zeitaufwand; in den für die ersten Jahre vorhandenen Nachweisungen sei genügendes Material geboten, um daraus Folgerungen für eine etwaige Änderung in der bestehenden Gesetzgebung zu ziehen, eventuell würde es genügen, nach Ablauf einiger Jahre die bezüglichen Festlegungen zu wiederholen. Eine Entscheidung des Bundesrats ist bislang noch nicht erfolgt.

3. Im nachstehenden werden wir die bundesrätlichen Bestimmungen über die Erbschaftssteuerstatistik nach ihrem Wortlaut angeben, die in den 5 Anlagen enthaltenen Formulare für die zur Statistik regelmäßig zu gebenden Nachweise aber der Raumersparnis wegen nicht mit zum Abdruck bringen. Der Inhalt der letzteren soll in den sich anschließenden Noten zu den einzelnen Ziffern der Bestimmungen in gedrängterer Weise dargestellt werden. Des weiteren werden in den Noten etwaige Abänderungen und Ergänzungen der Bestimmungen berührt und erforderlichenfalls Erläuterungen zu denselben gegeben werden.

4. In einem besonderen Aufsatz ist die Reichserbschaftssteuerstatistik von Menzel-Zittau in ZfZuSt. 1909 S. 15 ff. behandelt worden.

Bestimmungen über die Erbschaftssteuer-Statistik.

1. Die Erbschaftssteuerämter haben über den bei ihnen nach dem Gesetze vom 3. Juni 1906 zur amtlichen Behandlung kommenden Erwerb von Todes wegen und durch Schenkung unter Lebenden und über die von diesem Erwerb entrichtete Erbschaftssteuer je für den Zeitraum eines Rechnungsjahrs statistische Anschreibungen nach Maßgabe der Anlagen 1 bis 5 zu führen.

2. Die Anschreibungen dienen dem statistischen Nachweis über

a) die Verteilung des der Erbschaftssteuer unterliegenden Gesamtvermögenserwerbes von Todes wegen und durch Schenkung unter Lebenden und der davon entrichteten Erbschaftssteuer auf die einzelnen Gruppen der Erwerber, unterschieden nach der Höhe des Einzelerwerbes (Anlagen 1 bis 3),

b) die Verteilung des von der Erbschaftssteuer befreiten Erwerbes von Todes wegen, unterschieden nach den einzelnen Befreiungsgründen (Anlage 4, Spalten 1 bis 12),

c) die für den Erwerb von Todes wegen und durch Schenkung unter Lebenden eingetretenen Befreiungen und Ermäßigungen zugunsten land- und forstwirtschaftlicher Grundstücke (Anlage 4, Spalten 13 bis 15),

d) die Verteilung des Gesamtwertbetrags des steuerpflichtigen Nachlasses und der steuerpflichtigen Schenkungen auf unbewegliches und bewegliches Vermögen und die darauf ruhenden Verbindlichkeiten (Anlage 5, Spalten 1 bis 10),

e) den Umfang der Stundung der Erbschaftssteuer (Anlage 5, Spalten 11, 12).

3. Der Reichskanzler ist ermächtigt, die Muster der Anlagen 1 bis 5 abzuändern, sofern sich in der Folge ein Bedürfnis hierzu ergibt.

4. Die Vordrucke zu den Anschreibebüchern und den Nachweisungen werden durch Vermittelung des Kaiserlichen Statistischen Amtes hergestellt und den Erbschaftssteuerämtern in der erforderlichen Anzahl zugestellt.

5. Zum Zeichen der erfolgten statistischen Anschreibung ist, soweit eine Erhebung oder Erstattung von Erbschaftssteuer stattgefunden hat, bei deren Berechnung, andernfalls bei der die Erledigung des Erbfalls aussprechenden Verfügung zu den Akten ein entsprechender Vermerk zu bringen, z. B. „Anschreibebuch A, Nachweisung III A stat. angeschr.".

Bei den Geschäftsprüfungen und, sofern die Kassenführung bei den Erbschaftssteuerämtern erfolgt, auch bei den Kassenprüfungen sind die statistischen Anschreibungen durch die prüfenden Beamten probeweise mit den Akten zu vergleichen. Über das Ergebnis der Prüfung ist ein Vermerk in die Verhandlung aufzunehmen.

6. Bis zum 1. Mai des folgenden Rechnungsjahrs sind die auf Grund der abgeschlossenen Anschreibebücher A, B aufgestellten Nachweisungen I A, B zusammen mit den Anschreibebüchern und die abgeschlossenen Nachweisungen II, III A, B, den Oberbehörden zu übersenden. Die Oberbehörden stellen die Endziffern der Nachweisungen der einzelnen Erbschaftssteuerämter in Hauptnachweisungen für ihren Bezirk zusammen und senden die Hauptnachweisungen mit den Anschreibebüchern und Nachweisungen der Erbschaftssteuerämter bis zum 15. Juni desselben Jahres an das Kaiserliche Statistische Amt ein.

Im Einvernehmen mit dem Reichskanzler (Reichsamt des Innern) kann die oberste Landesfinanzbehörde anordnen, daß die Erbschaftssteuerämter die Nachweisungen nebst den Anschreibebüchern dem Kaiserlichen Statistischen Amte unmittelbar einsenden.

7. Das Kaiserliche Statistische Amt hat auf Grund der Nachweisungen Zusammenstellungen zu fertigen und zu veröffentlichen.

8. Die Straffälle in bezug auf die Erbschaftssteuer sind in der durch den Bundesratsbeschluß vom 26. Juni 1880 (Zentralblatt für das Deutsche Reich S. 494) vorgeschriebenen Nachweisung der Straffälle unter Ziffer 13 nachzuweisen.

9. Die vorstehenden Bestimmungen treten mit Wirksamkeit vom 1. April 1907 ab in Kraft.

Zu Ziffer 1 und 2.

1. Um den unter Ziffer 2 a berührten statistischen Nachweis erbringen zu können, hat das Erbschaftssteueramt zunächst die Anschreibebücher A (für Erwerb von Todes wegen) und B (für Schenkungen unter Lebenden) über die Verteilung des der Erbschaftssteuer nach dem Gesetze vom 3. Juni 1906 unterliegenden Gesamtvermögens (A) von Todes wegen
(B) durch Schenkung unter Lebenden
und der davon entrichteten Erbschaftssteuer auf die einzelnen Gruppen der Erwerber unterschieden nach der Höhe des Einzelerwerbs zu führen, welche als Grundlage für die Aufstellung der des weiteren den Zweck der Ziffer 2 a erfüllenden Nachweisung I A (für Erwerb von Todes wegen) und B (für Schenkungen unter Lebenden) gelten; bezüglich der Nachweisung I vgl. unten Note 4. Beide Anschreibebücher sind für den Zeitraum eines Rechnungsjahres zu führen. Die Anschreibungen in ihnen sind gleichzeitig mit der Eintragung der Zahlungen ins Erbschaftssteuer-Sollbuch auf Grund der der

Vereinnahmung oder Erstattung zugrunde liegenden Feststellungen zu bewirken. Nähere Bestimmungen sind für eine Reihe von Sonderfällen getroffen, so wenn Beziehungen zum Ausland mit in Frage kommen, wenn zu dem Gesamterwerb Grundstücke, für welche in einem anderen Bundesstaate die Steuer zu entrichten ist, gehören, wenn Teilzahlungen bei gestundeten Steuerbeträgen Platz greifen, wie bei Erstattungen und Nacherhebungen, desgleichen bei Anfällen, für welche die Steuer ganz niedergeschlagen wurde, zu verfahren ist. Endlich ist auch geordnet wie nach Abschluß des Rechnungsjahrs die Bücher aufzurechnen bzw. in Einzelheiten zusammenzuziehen und abzuschließen sind.

2. Das Anschreibebuch A für den Erwerb von Todes wegen weist in bestimmten nach der Höhe des Einzelerwerbes gebildeten Abschnitten je die Zahl der Anfälle, den Gesamtwertbetrag der Anfälle und den Steuerbetrag für die einzelnen Arten der Erwerber zunächst bezüglich der regelmäßigen Fälle nach und berücksichtigt sodann in der gleichen Weise, was infolge von Erstattungen in Abgang und infolge von Nacherhebungen in Zugang kommt. Die nach der Höhe des Einzelerwerbes gebildeten Abschnitte sind in folgender Weise im einzelnen begrenzt: Einzelerwerb von 500—5000 Mk., von 5000 bis 10000 Mk., von 10000—20000 Mk., von 20000—30000 Mk. und so weiter genau nach den einzelnen Stufen der Steuerstaffelung des Absatz 2 des § 10 des Gesetzes bis zu dem letzten Abschnitt mit dem Einzelerwerb von mehr als einer Million Mark. Im Anfange sind hier abweichend von der unteren Grenze des Beginns der Staffelung im § 10 Absatz 2 des Gesetzes noch einige besondere Staffeln gebildet worden, weil es mit Rücksicht auf den besonderen Zweck der Statistik von Bedeutung erachtet wurde, Aufschluß über den Anteil gerade dieser kleineren Erwerbsfälle am Gesamtertrage zu erlangen. Nach den Arten der Erwerber sind geschieden: leibliche Eltern; voll- und halbbürtige Geschwister; Großeltern; entferntere Voreltern; Schwiegereltern und Stiefeltern; Schwiegerkinder und Stiefkinder; Abkömmlinge zweiten Grades von Geschwistern; uneheliche vom Vater anerkannte Kinder und deren Abkömmlinge; an Kindes Statt angenommene Personen und deren Abkömmlinge; Geschwister der Eltern; Verschwägerte im zweiten Grade der Seitenlinie; Erbberechtigte der im § 10, IV des Gesetzes bezeichneten Art; inländische Kirchen (öffentlich zugelassene Religionsgesellschaften), inländische Stiftungen; Gesellschaften, Vereine, Anstalten, getrennt je nachdem sie ausschließlich auf der einen Seite kirchliche, auf der anderen Seite mildtätige oder gemeinnützige Zwecke verfolgen, oder Zuwendungen, die ausschließlich gleichen Zwecken gewidmet sind; Kassen und Anstalten zur Unterstützung von Arbeitern und Angestellten der Erblasser usw.; ausländische Anstalten der beiden zuvor genannten Arten und Zuwendungen zu derartigen Zwecken im Auslande gemäß § 12 Abs. 4 des Gesetzes. Das Anschreibebuch A zerfällt demnach in 18 Abschnitte nach der Höhe des Erwerbes und jeder einzelne Abschnitt des weiteren wiederum in 18 Spalten, so daß wir auf eine Gesamtzahl von 324 Spalten kommen. Für jede Spalte gliedert sich aber die drei Momente (Zahl der Anfälle, Gesamtwertbetrag der Anfälle, Steuerbetrag) umfassende Eintragung nochmals in dreifacher Weise, je nachdem es sich um den regelmäßigen Fall, um eine Erstattung oder um eine Nacherhebung handelt, so daß sich also die Zahl der einzelnen Eintragungsmöglichkeiten auf 972 und die Zahl der einzelnen Rubrikdaten auf 2916 berechnet. Der Hinweis hierauf sollte nur veranschaulichen, wie ungemein weit sich die Statistik in das einzelne verzweigt. Daß eine derartige umfassende Materialzerlegung nur in umfangreicher, mit größter Sorgfalt durchzuführender Arbeit zu bewältigen sein wird, dürfte auf der Hand liegen. Andererseits ist aber auch nicht zu verkennen, daß nur bei einer

derartig weitgehenden Ausdehnung der Statistik sich die derselben gesetzten Ziele erreichen lassen werden.

3. Das Anschreibebuch B (für den Erwerb durch Schenkung unter Lebenden) ist im Interesse einer Vereinfachung der Anschreibungen abweichend vom Anschreibebuch A ausgestaltet. Da die Erwerbsfälle durch Schenkung unter Lebenden gegenüber dem Erwerbe von Todes wegen einen verhältnismäßig geringen Raum einnehmen, so mußte es einfacher erscheinen die einzelnen Fälle zunächst nach der Reihenfolge ihrer steuerlichen Erledigung vorzumerken und auf Grund dieser Anschreibungen am Schlusse des Rechnungsjahres die erforderlichen Zusammenstellungen vorzunehmen. Folgeweise ist in dem Anschreibebuch B für jeden nach der Nummer des Erbschaftssteuersollbuchs gekennzeichneten Fall einmal der Erwerber nach der Steuerklasse d. h. nach den beim Anschreibebuch A gemachten Unterscheidungen nach der Art der Erwerber zu bezeichnen und daneben nur anzugeben der Wertbetrag der Schenkung — durch diese Angabe fällt die Ausscheidung in Abschnitte nach der Höhe des Erwerbes weg — und der Betrag der Steuer. Außerdem sind endlich noch die Erstattungen und Nacherhebungen berücksichtigt, für welche anzugeben, welcher Wertbetrag und welcher Steuerbetrag durch dieselben in Abgang bzw. in Zugang kommt. Nach Abschluß des Rechnungsjahres sind unter Berücksichtigung der Erstattungen und Nacherhebungen die einzelnen Erwerbsfälle getrennt nach der Höhe des Einzelerwerbs gemäß der aus den Abschnitten des Anschreibebuches A sich ergebenden Staffelung und gesondert nach den Gruppen der Erwerber gemäß der im Anschreibebuch A unterschiedenen Arten zusammenzustellen.

4. Nach Schluß des Rechnungsjahrs hat das Erbschaftssteueramt auf Grund des Abschlusses des Anschreibebuches A und der aus dem Anschreibebuch B zu fertigenden Zusammenstellung eine Nachweisung je besonders für den Erwerb von Todes wegen und für den Erwerb durch Schenkung unter Lebenden aufzustellen. Es sind dieses die Nachweisungen I A und I B über a) die Verteilung des der Erbschaftssteuer nach dem Gesetze vom 3. Juni 1906 unterliegenden Gesamtvermögenserwerbes und der davon entrichteten Erbschaftssteuer auf die einzelnen Gruppen der Erwerber, b) die Verteilung des vorbezeichneten Gesamtvermögenserwerbes nach der Höhe des Einzelerwerbes. Die Nachweisung I A betrifft den Erwerb von Todes wegen, die Nachweisung I B den Erwerb durch Schenkungen unter Lebenden. Beide stimmen der Form nach genau überein; für beide ist die Übereinstimmung mit dem Einnahmebuch in bezug auf die Schlußsummen der gezahlten Steuerbeträge zu bescheinigen. Das Formular der Nachweisungen unterscheidet zunächst in der Längsspalte den Erwerb nach den Arten der Erwerber: es sind dabei im einzelnen ganz die gleichen Arten der Erwerber wie in dem Anschreibebuch A berücksichtigt, nur sind hier daneben auch noch die bezüglichen Arten der Erwerber für die Steuerklassen des § 10 bzw. die Steuerermäßigung nach § 12 des Gesetzes zusammengezogen, ebenso wie auch für den Erwerb insgesamt eine Schlußsumme berechnet ist: die gebildeten Ausscheidungen sind daher hier von 18 auf 23 angewachsen. Für jede dieser Ausscheidungen in der Längsspalte ist nach dem Kopf des Formulars die Zahl der Erwerbsanfälle, der Gesamtbetrag der Erwerbsanfälle und der Betrag der Steuer wiederum geschieden nach der Höhe des Einzelerwerbes nachzuweisen. Die Ausscheidung nach der Höhe des Erwerbes erfolgt ebenmäßig in der gleichen Weise wie bei dem Anschreibebuch A: es findet daneben aber noch eine Zusammenziehung auf eine Gesamtsumme statt, so daß die Zahl der Abschnitte sich von 18 auf 19 erhöht. Die Zahl der Einzeldaten beläuft sich danach für jede der Nachweisungen I A und I B auf 1311 (23 × 19 × 3).

5. Der unter b und c der Ziffer 2 der Bestimmungen bezeichnete statistische Ausweis soll durch die Nachweisung II über

a) den von der Erbschaftssteuer nach dem Gesetze vom 3. Juni 1906 befreiten Erwerb von Todes wegen,
b) die nach diesem Gesetze für den Erwerb von Todes wegen und durch Schenkungen unter Lebenden zugunsten von land- und forstwirtschaftlichen Grundstücken eingetretenen Ermäßigungen und Befreiungen erbracht werden. — Die Nachweisung ist für den Zeitraum eines Rechnungsjahres zu führen und am Schlusse eines solchen aufzurechnen.

Dem Ausweis unter b dienen die Spalten 2—12 der Nachweisung. Bei der hierdurch bewirkten statistischen Erfassung der Steuerbefreiungen gemäß der §§ 11 und 12 des Gesetzes sind die Schenkungen unter Lebenden unberücksichtigt geblieben und auch von dem Erwerb von Todes wegen diejenigen Erwerbsfälle ausgeschieden, deren Befreiung auf dem § 11 Ziffer 1, 2, 4 a—d des Gesetzes beruht. Maßgebend war hierfür, daß eine Anmeldepflicht für das steuerfrei vererbte und verschenkte Vermögen nach dem Gesetze nicht besteht, daß der in Rede stehende Erwerb mithin zur Kenntnis des Erbschaftssteueramtes überhaupt nur in den Fällen gelangt, in denen neben steuerfreien auch steuerpflichtige Erben vorhanden sind oder in denen der Erwerb auf letztwilliger Verfügung oder auf einer beurkundeten Schenkung beruht, daß daher bezüglich der in der Nachweisung außer Betracht gelassenen Fälle die statistischen Anschreibungen zu lückenhaft sein würden, um irgend wie verwertbar zu sein. Wie überhaupt so soll auch in den Fällen der Steuerbefreiung gemäß § 11 Ziffer 4 c—f die Anschreibung des Wertbetrages der Anfälle nur geschehen dürfen, wenn sie sich ohne besondere Ermittlungen nach dem Akteninhalte bewirken läßt, da die Befreiungen ihren wesentlichen Grund gerade in der Absicht haben, ein lästiges Eindringen in die inneren Familienverhältnisse zu vermeiden. Doch wird schon wegen der Verteilung der von dem steuerpflichtigen Erwerbe verhältnismäßig in Abzug zu bringenden Schulden und Lasten in den meisten Fällen eine nähere Angabe über die Höhe des steuerfreien Erwerbes sich notwendig machen und sich hiernach ein schätzbarer Anhalt für den Umfang dieser nicht unwichtigen Befreiungsfälle gewinnen lassen. In die Nachweisung sind die bezüglichen Einzelfälle nach der Nummer der Erbschaftssteuerliste einzutragen. Zunächst ist der Betrag des steuerfreien Gesamterwerbes anzugeben und darauf sind im einzelnen die Summen, mit welchen sich der Betrag auf die einzelnen Befreiungen verteilt, zum Teil unter Berücksichtigung der Zahl der Anfälle, nachzuweisen. Die besonders berücksichtigten Befreiungen sind folgende: Befreiung von einer Schuld infolge der Notlage des Schuldners, § 11 Ziffer 3; Befreiung für den Erwerb von nicht über 10000 Mk. nach § 11 Ziffer 4 e und zwar getrennt je nachdem ein Erwerb einerseits von Eltern anderseits von sonstigen befreiten Personen in Frage steht; Befreiung für den Erwerb von Hausrat im Betrage von nicht über 5000 Mk. nach § 11 Ziffer 4 f und zwar wiederum getrennt je nachdem der Erwerb einerseits an Geschwister und Abkömmlinge ersten Grades von Geschwistern anderseits an Schwieger- und Stiefeltern und -Kinder fällt; Rückerwerb von Sachen nach § 11 Ziffer 4 g einerseits an Eltern, anderseits an Großeltern und entferntere Voreltern; Erwerb von nicht über 3000 Mk. an Personen, die in einem Dienst- oder Arbeitsverhältnisse zum Erblasser gestanden haben nach § 11 Ziffer 4 h; Erwerb an Familienstiftungen von Todes wegen nach § 11 Ziffer 5; Erwerb von nicht über 5000 Mk. an inländische Kirchen nach § 12 Absatz 1 Ziffer 1; Erwerb von nicht über

5000 Mk. an inländische Stiftungen usw., die ausschließlich kirchliche, mildtätige oder gemeinnützige Zwecke innerhalb des Deutschen Reichs oder der deutschen Schutzgebiete verfolgen und Zuwendungen zu Zwecken dieser Art nach § 12 Absatz 1 Ziffer 2 und 3 unter Trennung nach dem kirchlichen Zweck auf der einen und nach dem mildtätigen oder gemeinnützigen Zweck auf der anderen Seite; Erwerb von nicht über 5000 Mk. an Kassen oder Anstalten zur Unterstützung von Arbeitern oder Angestellten nach § 12 Absatz 1 Ziffer 4; Erwerb von ausländischen Anstalten usw. mit ausschließlich kirchlichen, mildtätigen oder gemeinnützigen Zwecken und Zuwendungen zu derartigen Zwecken im Auslande nach § 12 Absatz 4.

Für den Ausweis nach Ziffer 2 c der Bestimmungen über die zugunsten von land- und forstwirtschaftlichen Grundstücken eingetretenen Ermäßigungen und Befreiungen sind die Spalten 13—15 der Nachweisung II bestimmt. Die Anschreibungen sollen hier vollständig erscheinen und nicht nur den Erwerb von Todes wegen sondern auch den durch Schenkungen unter Lebenden umfassen; es lag hier kein Grund vor, den letzteren Erwerb auszuscheiden, da bei derartigen Grundstücksschenkungen die gerichtliche oder notarielle Verlautbarung nicht zu umgehen ist, diese Schenkungen also auch dann, wenn sie nach § 15 Absatz 2 steuerfrei sind, gemäß § 40 Nr. 3 des Gesetzes von den Gerichten und Notaren zur Kenntnis der Erbschaftssteuerämter gebracht werden müssen. Gehören zu dem Erwerbe außer den Grundstücken noch andere Vermögenswerte, so ist solches durch die Bezeichnung „Teilerwerb" kenntlich zu machen. Die Eintragung hat, wenn die Feststellung des steuerfreien Erwerbsanfalls in Verbindung mit steuerpflichtigem Erwerbe stattgefunden hat, gleichzeitig mit der Anschreibung des letzteren in dem Anschreibebuche A oder B, sonst bei Erledigung des Steuerfalls zu erfolgen. Die einzelnen Nachweisungen sind getrennt zu geben, je nachdem die bezüglichen Ermäßigungen oder Befreiungen auf Grund des § 15 Absatz 1 oder für die Steuerpflichtigen der Klasse I auf Grund des § 15 Absatz 2 erfolgen; im letzteren Fall ist weiter danach geschieden, ob Ermäßigung oder Befreiung nach Satz 1 oder nach Satz 2 des Absatz 2 des § 15 eingetreten ist; im einzelnen ist für jede der genannten Ausscheidungen anzugeben die Zahl der Anfälle, der in Wegfall gekommene Steuerbetrag und der Steuersatz, bei der Ausscheidung nach § 15 Absatz 1 daneben auch die Steuerklasse des betreffenden Pflichtigen.

6. Den unter d und e der Ziffer 2 der Bestimmungen bezeichneten statistischen Ausweis über die Verteilung des Gesamterwerbswerts auf unbewegliches und bewegliches Vermögen und über den Umfang der Stundungen soll die Nachweisung III über

a) die Verteilung des der Erbschaftssteuer unterliegenden Gesamtvermögens auf unbewegliches, bewegliches Vermögen und über die darauf ruhenden Verbindlichkeiten,

b) den Umfang der Stundung der Erbschaftssteuer erbringen.

Die Nachweisung ist gleicherweise für das Rechnungsjahr zu führen und zwar getrennt für den Erwerb von Todes wegen, Nachweisung III A, und für Schenkungen unter Lebenden, Nachweisung III B. Die Anschreibungen haben gleichzeitig mit der Eintragung der Steuerzahlungen ins Erbschaftssteuer-Sollbuch auf Grund der der Vereinnahmung zugrunde liegenden Feststellungen und, soweit Stundung bewilligt worden ist, am Schlusse des Rechnungsjahrs zu erfolgen; am Schlusse des Rechnungsjahrs ist eine Aufrechnung vorzunehmen. Bezüglich der Nachweisungen nach Ziffer 2 d ist für die Anschreibungen die Rechtslage des Vermögens in der Hand des Erblassers maßgebend; hat daher der Erblasser an einem ihm gehörigen Grundstück dem einen das Eigentum, dem andern den Nießbrauch vermacht, so ist der Wert des Grundstücks, wie er sich ohne Rücksicht auf den Nießbrauch stellt, einzutragen; ebenso ist das Substanzvermögen in den Fällen der Einsetzung eines Vorerben und des Eintritts eines Lehns- oder Fideikommißfalls zur Grundlage der Anschreibung zu nehmen. Im einzelnen ist bei den nach der Nummer des Erbschaftssteuer-Sollbuchs zu kennzeichnenden Anschreibungen zunächst der Gesamtwertbetrag des steuerpflichtigen Nachlasses oder der steuerpflichtigen Schenkung ohne Berücksichtigung der Verbindlichkeiten anzugeben und daneben nachzuweisen, wieviel von dem Betrage auf unbewegliches Vermögen — hierbei getrennt land- und forstwirtschaftliche Grundstücke nach dem Ertragswerte, sonstige Grundstücke nach dem gemeinen Werte —, auf zinstragendes bewegliches Vermögen und auf sonstiges bewegliches Vermögen entfällt. Sofern im Falle von Pauschversteuerungen (§ 44 des Gesetzes) eine Zerlegung der der Besteuerung als Grundlage dienenden Wertsumme in entsprechender Weise nicht möglich ist, sind diese Steuerfälle unter „Pauschversteuerungen" in einer besonderen Unterabteilung aufzuführen. Nach einer im Einverständnis des Staatssekretärs des Innern ergangenen Verfügung des Kaiserlichen Statistischen Amts vom 18. Mai 1909 III b 4417 ist in der gleichen Weise (Anschreibung in einer besonderen Unterabteilung der Nachweisung III) in denjenigen Fällen zu verfahren, bei denen es sich nur um die Versteuerung von nicht auf bestimmte Nachlaßteile angewiesenen Vermächtnissen handelt und in den zu den Akten nicht bekannt geworden ist, woraus der Nachlaß besteht. In gleicher Weise ist sodann der Gesamtbetrag der in Abzug kommenden Verbindlichkeiten anzuführen und hierneben ferner, wieviel von dem Betrag auf unbewegliches Vermögen allein, und zwar auf land- und forstwirtschaftliche Grundstücke einerseits, auf sonstige Grundstücke andererseits, und wieviel auf das Gesamtvermögen entfallen. Bezüglich des Ausweises nach Ziffer 2c über die Stundungen ist für den einzelnen berührten Fall der Gesamtbetrag der Erbschaftssteuer (berichtigtes Soll) anzuschreiben und anschließend wieviel am Schlusse des Rechnungsjahres einerseits für das folgende Rechnungsjahr und andererseits über das folgende Rechnungsjahr hinaus gestundet war.

Zu Ziffer 3.

7. Der Reichskanzler hat bislang von der ihm erteilten Ermächtigung die Muster abzuändern, keinen Gebrauch gemacht.

Zu Ziffer 6.

8. Daß die statistischen Nachweisungen von den Erbschaftssteuerämtern den Oberbehörden übersandt und von diesen zusammengestellt werden sollen, beruht auf der Erwägung einmal, daß die den Oberbehörden vorzulegenden Nachweise erfahrungsgemäß sorgfältiger bearbeitet werden, weil diese in der Lage sind, schlecht geführte Nachweisungen disziplinarisch zu rügen, ferner daß die Oberbehörden sich zur Entscheidung von Zweifelsfällen die entsprechenden Erbschaftssteuerakten vorlegen lassen können, und endlich daß das ganze Prüfungsgeschäft hierdurch vereinfacht und die Aufmachung der Statistik in kürzerer Zeit bewerkstelligt werden kann. Die Oberbehörden sind deshalb zu einer sachlichen Nachprüfung der statistischen Nachweise der Erbschaftssteuerämter verpflichtet und dürfen sich nicht etwa nur mit einer mehr formalen Kontrolle zu begnügen, wie eine Verf. PrFM. vom 14. Mai 1909 III 7806 besonders hervorhebt.

9. Was die Einsendungstermine anlangt, so hat der Bundesrat in seiner Sitzung vom 9. Dezember 1909 — § 976 der Protokolle — beschlossen, daß die Einreichungsfristen für die statistischen Nachweisungen und Anschreibebücher (Ziffer 6 der Bestimmungen über die Erbschaftssteuerstatistik) auf den 1. Juni für die Erbschaftssteuerämter und auf den 1. Oktober für die Oberbehörden verlegt werden (RZBl. 1909 S. 1499, ZfZuSt. 1910 S. 28, Sächs. BBl. 1909 S. 1168, Württ. ABl. 1910 S. 3). Diese Änderung in den Fristen ist wohl wesentlich vorgenommen, um eine sorgfältigere Prüfung der statistischen Nachweise vor Abgabe derselben an das Kaiserlich Statistische Amt zu ermöglichen.

Zu Ziffer 7.

10. Von einer Veröffentlichung der Erbschaftssteuerstatistik für das Rechnungsjahr 1907 ist nach dem Bundesratsbeschluß vom 9. Dezember 1909 (§ 976 der Protokolle) abgesehen worden. Für das Rechnungsjahr 1908 hat sodann zum erstenmale eine Veröffentlichung der Ergebnisse der fraglichen Statistik in den Vierteljahrsheften zur Statistik des Deutschen Reichs (19. Jahrgang 1910 Heft I S. 170 ff.) stattgefunden, welcher sich eine weitere Veröffentlichung für das Rechnungsjahr 1909 in wesentlich derselben Weise an gleicher Stelle (20. Jahrgang 1911 Heft I S. 238 ff.) anschließt. Die erste Veröffentlichung für 1908 enthält 12 Übersichten. Die Übersichten I bis V behandeln ausschließlich den Erwerb von Todes wegen, wobei die Übersicht I einen Überblick über den gesamten im Deutschen Reich versteuerten Reinerwerb von Todes wegen, wie er sich auf die einzelnen Erwerberklassen und Wertstaffeln verteilt, gibt, die Übersicht II dazu entsprechend Verhältniszahlen zur Erleichterung der Vergleichung zum Ausdruck bringt, die Übersichten III und IV die Ergebnisse für die einzelnen Bundesstaaten und Bundesteile und zwar III mit Zerlegung nach Wertstaffeln, IV mit Zerlegung nach Erwerberklassen nachweisen und endlich Übersicht V ersehen läßt, wie sich der versteuerte Reinerwerb von Todes wegen aus Rohwerten und Verbindlichkeiten zusammensetzt. Die Übersichten VI bis X geben in der Anordnung der Übersichten I—V Nachweis über die Besteuerung der Schenkungen unter Lebenden. Die Übersicht XI legt den von der Erbschaftssteuer nach den §§ 11 und 12 des Gesetzes befreiten Erwerb von Todes wegen und die zugunsten von land- und forstwirtschaftlichen Grundstücken nach § 15 des Gesetzes eingetretenen Ermäßigungen und Befreiungen von Erbschafts- und Schenkungssteuer nach Bundesstaaten und Landesteilen klar, wozu Übersicht XII noch besonders die Verteilung der auf Grund des § 15 des Gesetzes zugunsten land- und forstwirtschaftlicher Grundstücke außer Ansatz gebliebenen Steuerbeträge auf die einzelnen Wertstaffeln und Steuerklassen berücksichtigt. In der Bearbeitung für 1909 sind die Übersichten II und VII fortgefallen, weil die in dieselben aufgenommenen Verhältniszahlen in ihren kleinen Beträgen kein deutliches Bild zu geben vermochten und so entbehrlich erschienen; dementsprechend ändern sich die Bezeichnungsziffern der Übersichten von II ab. Es steht zu erwarten, daß eine Veröffentlichung der Ergebnisse der Reichserbschaftssteuer-Statistik in der Folge für jedes Rechnungsjahr in der gleichen Weise und an dem gleichen Orte geschieht. In den Rechnungsjahren 1909 und 1908 (die Zahlen für 1908 stehen in Klammern) sind ausweislich der veröffentlichten Statistik im Deutschen Reich von Todes wegen und durch Schenkungen unter Lebenden 110465 (107034) Erwerbsanfälle vorgekommen mit einem Reinwerte von 791786609 Mk. (727085353 Mk.) und einem Steuerbetrage von 50511640 Mk. (45563685 Mk.), außerdem 35 (23) Anfälle mit 415266 Mk. (201297 Mk.) Wert und 32640 Mk. (12479 Mk.) Steuer, bei welchen eine Niederschlagung der Steuer wegen Uneinbringlichkeit hat eintreten müssen.

Zu Ziffer 9.

11. Mit Rücksicht auf den späteren Erlaß der Bestimmungen über die Statistik ist als Zeitpunkt des Inkrafttretens der 1. April 1907 gewählt. Die Statistik etwa durch nachträgliche Anschreibungen auch auf das Rechnungsjahr 1906 auszudehnen, wurde von keinem besonderen Wert erachtet, da in diesem Jahr die Wirkungen des Erbschaftssteuergesetzes noch kaum in die Erscheinung hätten treten können. Dem wird beizupflichten sein, wenngleich Menzel (a. a. O. S. 16/17) meint, es wäre nicht uninteressant gewesen, zu erfahren, wie sich der Verkehr in der Reichserbschaftssteuer gerade in der ersten Zeit nach dem Inkrafttreten des RESt G. nach Art und Umfang gestaltet habe.

Vollzugsordnungen zum Reichserbschaftssteuergesetz

des Königreichs Preußen, des Königreichs Bayern, des Königreichs Sachsen, des Königreichs Württemberg, des Großherzogtums Baden, des Großherzogtums Hessen und des Herzogtums Braunschweig.

Vorbemerkung.

Die einzelnen Bundesstaaten des Deutschen Reichs haben wohl durchweg besondere Vollzugsordnungen zu dem Reichserbschaftssteuergesetz erlassen, einerseits um über diejenigen Punkte, bezüglich derer ihnen vom Gesetz oder den dazu vom Bundesrat gegebenen Ausführungsbestimmungen die Regelung vorbehalten war, die nötige Entscheidung zu treffen, anderseits um das neue Steuergesetz des Reiches in seinen Einzelheiten entsprechend in die ganze Verwaltungsorganisation des eigenen Staates einzufügen. Alle diese Vollzugsordnungen wiederzugeben, erschien mit Rücksicht auf Rahmen und Umfang des Werkes ausgeschlossen; die Aufnahme ist daher auf diejenigen der oben bezeichneten sieben Staaten beschränkt. Diese Vollzugsordnungen sind durchweg bei dem Inkrafttreten des RESTG. erlassen, dann aber im einzelnen später noch verschiedentlich ergänzt und erweitert. Sowohl in der Form wie im Inhalt, namentlich der mehr oder weniger großen Ausdehnung des letzteren, weichen sie nicht unwesentlich voneinander ab, wenngleich insofern bis zu einem gewissen Grade auch eine Übereinstimmung bedingt war, als eine Anzahl gleicher Punkte von allen den einzelnen Ordnungen zu regeln stand, wobei die Regelung selbst natürlich wiederum eine verschiedenartige sein konnte.

Näher textlich, sei es im ganzen, sei es getrennt in Noten, zu den bezüglichen Bestimmungen zu erörtern, inwiefern bezüglich der Einzelheiten zwischen den einzelnen Ordnungen eine Gleichmäßigkeit herrscht, inwiefern auf der anderen Seite Abweichungen und Sonderheiten sich zeigen, mußte ausgeschlossen erscheinen. Es konnte deshalb nach dieser Richtung hin nur zu den einzelnen Paragraphen und Nummern der Vollzugsordnungen durch kurze lediglich formelle Heraushebung auf diejenigen Stellen der Vollzugsordnungen der anderen Staaten verwiesen werden, an welchen derselbe Gegenstand, sei es überhaupt, sei es auch in ähnlicher oder gleicher Weise eine Regelung gefunden hat. Diese Verweisungen sind überall ohne weitere Erklärung in einer vollkommen übereinstimmenden Form gegeben.

Die Verweisungen sind aber immer nur zu den einzelnen Paragraphen oder Nummern — ausnahmsweise auch für einzelne Absätze derselben — in eins gegeben und ziehen ebenso stets nur die einzelnen Paragraphen und Nummern der anderen Vollzugsordnung an. Sie sind aber überall auch da gegeben, wo sie nur in beschränkter Weise oder bezüglich einer Einzelheit tatsächlich zutrafen, wenn also nur in beschränkter Weise oder bezüglich einer Einzelheit das gleiche sich geordnet fand; ohne besondere textliche Erläuterungen, die im Interesse der Kürze ausgeschlossen sein sollten, konnte letzteres nicht besonders bezeichnet werden. Bei der Benutzung der Verweisung ist dementsprechend Rechnung zu tragen. Wenn zu einem einzelnen Paragraphen bzw. Nummer ein Paragraph bzw. Nummer einer anderen Vollzugsordnung angezogen ist, so hat dieses demnach nicht die Bedeutung, daß beide Paragraphen oder Nummern bezüglich ihres ganzen Inhalts irgendwie übereinstimmen, sondern vielfach nur die, daß sie bezüglich eines Teiles, selbst eines nur untergeordneteren Teiles ihrer Regelung übereinstimmen, ein Umstand, der allerdings nicht weiter ersichtlich zu machen war.

Abgesehen von diesen Verweisungen auf die etwa entsprechenden Bestimmungen der Vollzugsordnungen der anderen Bundesstaaten ist dann regelmäßig nur noch herausgehoben, ob und wie die einzelnen Paragraphen und Nummern sich wiederum auch auf die Paragraphen des Erbschaftssteuergesetzes und der Ausführungsbestimmungen des Bundesrats dazu beziehen. Die von den Bundesstaaten mit den Vollzugsordnungen vorgeschriebenen besonderen Formulare und Muster waren in der ersten Auflage mit aufgenommen, sind aber in der zweiten der Raumersparnis wegen nicht wiederum mit zum Abdruck gebracht.

Königreich Preußen.

I. Allgemeine Verfügung des Finanzministers vom 25. Juni 1906 Nr. III 10180, betreffend die Ausführung des Erbschaftssteuergesetzes vom 3. Juni 1906.

(Zentralblatt der Abgaben-Gesetzgebung und Verwaltung in den Königl. Preuß. Staaten, 1906, Nr. 15, S. 1158 ff.)

An sämtliche Herren Provinzialsteuerdirektoren und die Kgl. Regierung zu Sigmaringen.

Der Bundesrat hat in der Sitzung vom 16. ds. Mts. Ausführungsbestimmungen zum Erbschaftssteuergesetz vom 3. Juni 1906 („Erbschaftssteuer-Ausführungsbestimmungen") beschlossen, die in der von dem Reichsschatzamt herauszugebenden und Ew. Hochwohlgeboren in einer Anzahl von Exemplaren demnächst zugehenden Handausgabe des Erbschaftssteuergesetzes (vgl. Verfügung vom 13. Juni ds. Jrs. — III 9066 —) zum Abdruck kommen werden. Ew. Hochwohlgeboren wollen nach diesen Bestimmungen verfahren lassen.

Dabei bemerke ich noch folgendes:

1. Unter Oberbehörden im Sinne des § 34 des Gesetzes sind die Provinzialsteuerdirektoren (jetzt Oberzolldirektionen), für die Hohenzollernschen Lande die Königliche Regierung in Sigmaringen zu verstehen.

Zu § 34 des Gesetzes und § 1 BRAusfB. Dasselbe ist geordnet in ByA. § 1; SA. 1; WA. I BdA. I § 1; HA. 1; BrA. I u. II 1.

2. Nach der Begründung zu § 60 des Gesetzes (§ 64 des Entwurfs) müssen aus Gründen staatsrechtlicher Natur auch die Vereinbarungen unberührt bleiben, die ein Bundesstaat bezüglich der Erbschaftssteuer mit einem ausländischen Staate vor dem Inkrafttreten des Gesetzes geschlossen hat. Im Verhältnis zu Österreich ist daher auch ferner nach den bisherigen Grundsätzen (vgl. den Erlaß des Kaiserlich Österreichischen Justizministeriums vom 17. September 1875 — ZBl. S. 195 — sowie die von hier aus erlassene Verfügung vom 29. Juni 1891 — ZBl. S. 199 —) zu verfahren.

Zu § 60 des Gesetzes.

3. Nach § 61 des Gesetzes bestimmt sich die Steuerpflicht für einen Erwerb, der bereits zur Zeit des Inkrafttretens des Gesetzes begründet ist, nach den bisherigen Gesetzen. In der dem Reichstage vorgelegten Begründung des Entwurfs zum Erbschaftssteuergesetze (§ 65) heißt es wörtlich wie folgt:

„Daß ein Erwerb, der vor dem Inkrafttreten dieses Gesetzes angefallen ist, nach den bisherigen Gesetzen zu beurteilen ist, folgt aus allgemeinen Rechtsgrundsätzen. Umgekehrt würde an sich ein Erwerb, der als nach diesem Zeitpunkt angefallen anzusehen ist, dem gegenwärtigen Gesetze zu unterstellen sein, auch wenn die Veranlassung des Erwerbes, insbesondere also der Erbfall (Tod des Erblassers), vor dem bezeichneten Zeitpunkt läge. Hierher gehört u. a. der Erwerb unter einer aufschiebenden Bedingung (§ 23 Abs. 1 des Gesetzes) und die Nacherbschaft (§ 29 des Gesetzes und § 2139 des BGB.) Aus der Anwendung verschiedener Gesetze, besonders in dem Falle, wo die mehreren Erwerbe auf denselben, vor dem Inkrafttreten des vorliegenden Gesetzes eingetretenen Erbfall zurückgehen, ergeben sich aber unter Umständen unerwünschte Folgen. Der § 65 schreibt daher vor, daß sich die Steuerpflicht für einen Erwerb, der bereits zur Zeit des Inkrafttretens dieses Gesetzes begründet ist, stets nach den bisherigen Gesetzen bestimmen soll. Hierbei ist der Ausdruck „begründet" in dem Rechtssinne gebraucht, in dem er z. B. in § 404 des BGB. angewendet ist (vgl. Planck, BGB. 3. Auflage Bd. 2, Erläuterung 1 zu § 404 S. 278). Daß ein Erwerb durch Eintritt eines Lehens- oder Fideikommißfalls (§ 3 Nr. 1 des Gesetzes) in dem bezeichneten Sinne nicht früher als mit diesem Eintritte selbst als begründet angesehen werden kann, daß insbesondere die Errichtung des Lehens oder Fideikommisses nicht schon als Grund des Erwerbes in diesem Sinne gelten soll, wird nicht näherer Ausführung bedürfen."

Gegen diese Ausführungen ist bei der Beratung im Reichstage von keiner Seite Widerspruch erhoben; die Erledigung dieser Fälle einschließlich der Aufstellung und Einreichung der Erbschaftssteuertabellen sowie des Prüfungsverfahrens, hat daher nach den bisherigen Vorschriften zu erfolgen mit der Maßgabe, daß wegen des Inkrafttretens des Reichserbschaftssteuergesetzes am 1. Juli ds. Js. die Erbschaftssteuer-Haupttabelle nicht einen halbjährigen, sondern den Zeitraum vom 1. April bis 1. Juli ds. Js. umfaßt.

Zu § 61 des Gesetzes. — Dasselbe ist geordnet in BzA. § 29; BdA. II § 57; HA. 24.

4. In § 15 der Ausführungsbestimmungen heißt es:

„Zu den landwirtschaftlichen Zwecken im Sinne der §§ 15, 16 des Gesetzes sind der Obst- und Gartenbau nur zu rechnen, sofern sie in unmittelbarer wirtschaftlicher Verbindung mit einem landwirtschaftlichen Betrieb erfolgen."

Bei der Beratung über diesen Paragraphen in den beteiligten Ausschüssen des Bundesrats herrschte Einverständnis darüber, daß Obst- und Gartenbauanlagen auch dann nach den §§ 15 und 16 des Gesetzes zu behandeln seien, wenn sie schon an sich als ein landwirtschaftlicher Betrieb sich darstellen.

Zu §§ 15 und 16 des Gesetzes und § 15 BRAusfB.

5. Bei der Beratung über § 47 des Gesetzes (§ 50 des Entwurfs) in der Kommission des Reichstags (Sitzung vom 4. April ds. Js.) ist von dem Herrn Staatssekretär des Reichsschatzamtes folgende Erklärung abgegeben:

„Im Hinblick auf die besonderen Verhältnisse des Grundbesitzes geht die Regierung von der Auffassung aus, daß bei einem erbschaftlichen Erwerbe von Grundstücken oder von Berechtigungen, für welche die sich auf Grundstücke beziehenden Vorschriften galten, der Fall des § 47 Abs. 1 der Regel nach, ohne daß es noch eines besonderen Nachweises der dort bezeichneten tatsächlichen Voraussetzung bedarf, als gegeben anzusehen ist. Die Regierung wird daher dem § 47 die Auslegung geben, daß bei einem erbschaftssteuerpflichtigen Erwerbe der vorbezeichneten Art die Erbschaftssteuerbehörden der Regel nach ohne weiteres gehalten sind, einem Antrag auf Stundung und auf Gestattung der Abführung der Steuer in Jahresteilbeträgen gegen Bestellung ausreichender Sicherheit stattzugeben. Es bestehen regierungsseitig auch keine Bedenken, daß die Entrichtung der Jahresteilbeträge bei vorhandenem Bedürfnisse bis auf einen Zeitraum von 10 Jahren erstreckt werden dürfe. Die Gestattung von Teilzahlungen zu versagen, muß aber allerdings für Fälle vorbehalten werden, wo nach den besonderen Verhältnissen die Annahme, daß die sofortige Einziehung der Steuer mit Härten verbunden sein würde, als ausgeschlossen angesehen werden muß. Dies könnte z. B. zutreffen bei Grundstücken, die offenkundig Spekulationszwecken dienen oder auch in dem Falle, daß der steuerpflichtige Erwerb neben dem Grundbesitz erhebliches Barvermögen umfaßt. Ebenso muß vorbehalten bleiben, die Stundungsbewilligung im Falle eines Verkaufs des Grundstücks vor Ablauf der Stundungsfrist zurückzuziehen. Doch würde auch von einer solchen Zurückziehung nur Gebrauch gemacht werden, wenn die Fortgewährung billigerweise nicht gerechtfertigt erscheint."

Zu § 47 des Gesetzes und § 27 Abs. 4 BRAusfB.

6. Die Einsendung der Totenlisten seitens der Standesämter an die Erbschaftssteuerämter hat in den bisherigen Zeiträumen zu erfolgen. Der Herr Minister des Innern ist von mir ersucht worden, den Standesämtern hiernach Mitteilung zu machen und sie mit den neuen Formularen zu den Totenlisten versehen zu lassen.

Durch Verf. PrFM. vom 9. November 1909 III 18733 ist bestimmt, daß die Standesämter in den Städten und Landgemeinden von mehr als 25000 Einwohnern die Totenlisten an die Erbschaftssteuerämter vom 1. Januar 1910 ab in den ersten zehn Tagen jedes Monats einzusenden haben. Im übrigen hat die Einsendung zufolge der früheren Verfügungen in vierteljährlichen Abschnitten in den ersten 10 Tagen der Monte Januar, April, Juli und Oktober zu geschehen.

Zu § 40 Ziffer 1 des Gesetzes und § 2 Abs. 1 und 2 BRAusfB. Dasselbe geordnet in ByA. § 5; WA. III; HA. 2.

7. Die erste Erbschaftssteuer-Hauptliste A und die erste Erbschaftssteuer-Hauptliste B ist für das Vierteljahr vom 1. Juli bis 1. Oktober ds. Js. aufzustellen, von letzterem Zeitpunkte ab noch 9 Monate für die Aufnahme und Erledigung der Erb- und Schenkungsfälle offen zu halten und alsdann abzuschließen und einzureichen (§ 41 der Ausführungsbestimmungen). Für diejenigen Verwaltungsbezirke, in denen die Frist für den Abschluß der Tabellen über preußische Erbschaftssteuer auf ein Jahr festgesetzt ist, findet diese erweiterte Frist allgemein auch auf den Abschluß der Erbschaftssteuer-Hauptlisten und Erbschaftssteuer-Nachtragslisten Anwendung.

Demnächst hat die Aufstellung der Erbschaftssteuer-Hauptlisten regelmäßig für einen halbjährlichen Zeitraum zu erfolgen.

Zu den Erbschaftssteuerlisten ist ein fortlaufendes nach der Buchstabenfolge geordnetes Namensverzeichnis zu führen, dessen Einrichtung den Erbschaftssteuerämtern überlassen bleibt.

Ein gleiches Verzeichnis ist auch für die in die Überwachungsliste aufgenommenen Fälle anzulegen, dessen Einrichtung den Erbschaftssteuerämtern ebenfalls überlassen bleibt (§ 26 Abs. 2 und § 30 der Ausführungsbestimmungen).

Absatz 1 und 2: Zu den §§ 10, 33 und 41 BRAusfB. Dasselbe ist bzw. auch in ähnlicher Weise geordnet in ByA. §§ 11, 20 und 26; HA. 6; BrA. II 2 und 3.

Absatz 3 und 4: Zu § 26 Abs. 2 und § 30 BRAusfB. Eine gleiche Ordnung findet sich in ByA. § 11; SA. 9; WA. II 3; BdA. I § 10; HA. 7 und 15; BrA. II 4.

8. Durch die allgemeine Verfügung des Finanzministers betr. die Vereinnahmung und Verrechnung der Erbschaftssteuer vom 2. Dezember 1907 III 20272 (PrZBl. 1908 S. 189) ist die Nr. 8 der Verf. vom 20. Juni 1906 III 10180 aufgehoben und mit Rücksicht auf die vom 1. April 1908 ab zur Ausführung kommende anderweite Einrichtung des Kassenwesens in der Verwaltung der indirekten Steuern durch nachstehende Vorschriften ersetzt:

1. Einziehung der Reichserbschaftssteuer. Die Einziehung und Vereinnahmung der Reichserbschaftssteuer erfolgt durch die Kassen der Hauptzollämter und Zollämter (Zollkassen), ihre Verrechnung durch die Oberzollkasse des Oberzolldirektionsbezirks. Die Erbschaftssteuerämter haben die festgestellten Steuerbeträge nach Eintragung in den nach dem Vordruck, Anlage 1, zu führenden Einnahmenachweis der Reichserbschaftssteuer mit einer Ausfertigung der ersten Seite der erlassenen Steuerbescheide den Zollkassen zu überweisen, in deren Hebebezirk die Beteiligten wohnen. Beträge von 10000 Mk. und mehr haben die Erbschafts-

steuerämter unmittelbar bei der Oberzollkasse einzahlen zu lassen, während der Nachweis der Vereinnahmung auch in diesen Fällen in den Büchern der Zollkasse zu erfolgen hat, in deren Bezirk der Beteiligte wohnt. Die Oberzollkasse ist davon vom Erbschaftssteueramte besonders zu benachrichtigen. Die Aufrechnung solcher unmittelbaren Einzahlungen regelt sich nach den Vorschriften der Kassenanweisungen.

Die Zollkassen haben nach Eingang eines Steuerbescheides die darin festgestellte Erbschaftssteuer sofort in das Erbschaftssteuer-Sollbuch einzutragen und die Nummer des Sollbuchs, unter der die Eintragung erfolgt ist, dem zuständigen Erbschaftssteueramt mitzuteilen. — Anlage 2 —.

Das Erbschaftssteueramt hat in der Erbschaftssteuerliste in der für die Nummer des Sollbuches vorgesehenen Spalte auch den Ort der Kasse zu vermerken, in deren Sollbuch der Steuerbetrag eingetragen ist.

Die Zollkassen haben über die bei ihnen erfolgte Einzahlung dem Einzahler entweder auf dem von ihm vorgelegten Steuerbescheid oder besonders Empfangsbescheinigung unter Beifügung der Nummern des Einnahme- und Sollbuchs zu erteilen, bei Einzahlungen mit Postanweisung, Geldbrief oder durch Überweisung im Giroverkehr jedoch nur dann, wenn eine Empfangsbescheinigung ausdrücklich verlangt wird. Derartige Bescheinigungen sind, falls sie nicht an der Kasse in Empfang genommen werden, mit der Post als „Portopflichtige Dienstsache" auf Kosten des Empfängers abzusenden.

Überschreitet durch die Einzahlung der Steuer der Bestand der Zollkasse den dafür festgesetzten Höchstbetrag, so hat die Ablieferung noch an demselben Tage zu erfolgen.

Geht eine Zahlung in der dafür festgesetzten Frist nicht ein, so hat die Zollkasse dem zuständigen Erbschaftssteueramt hiervon Nachricht zu geben und dessen etwaigem Ersuchen um zwangsweise Einziehung des geschuldeten Betrages zu entsprechen.

Von jeder einzelnen erfolgten Einzahlung an Reichserbschaftssteuer ist dem Erbschaftssteueramt unter Benutzung des Vordruckmusters — Anlage 3 — Mitteilung zu machen. Diese Mitteilungen sind von dem Kurator der Zollkasse zu prüfen und zu bescheinigen und alsbald an das Erbschaftssteueramt abzusenden. Von der Oberzolldirektion kann für Zollkassen in größeren Städten ausnahmsweise eine halbmonatliche Absendung zugelassen werden.

2. Sicherstellung. Die von den Erbschaftssteuerämtern für annehmbar erklärte Sicherheit ist in der Regel von den zu benachrichtigenden Zollkassen anzunehmen und bei den Hinterlegungen zu buchen, die an der Oberzollkasse zur Aufbewahrung abgeführt werden. Die Abführung hat alsbald nach der Annahme zu erfolgen. Die Oberzollkassen haben über die Niederlegung und Aufbewahrung der Sicherheit einen Pfandschein zu erteilen und den Erbschaftssteuerämtern die Nummern mitzuteilen, unter denen die niedergelegten Werte in ihrem Wertbuch und Wertgegenbuch oder im Hinterlegungsbuch eingetragen sind.

Den Verpflichteten kann nach Umständen von den Erbschafssteuerämtern auch aufgegeben werden, die verlangte Sicherheit unmittelbar der Oberzollkasse zu übergeben, wovon diese zu benachrichtigen ist.

3. Erstattung. Das Verfahren bei Erstattungen richtet sich nach den für die Landeserbschaftssteuer erlassenen Vorschriften.

4. Buchführung. Das Erbschaftssteuer-Sollbuch und Einnahmebuch ist von den Zollkassen vorschriftsmäßig zu führen. Die am Schlusse des Rechnungsjahres rückständig gebliebenen Beträge werden ausschließlich im Sollbuch festgehalten und sind in das Sollbuch des folgenden Rechnungsjahres zu übertragen. Im Einnahmebuch wird nur die Isteinnahme nachgewiesen.

Die nach § 39 Abs. 3 der A. B. abzugebende Bescheinigung des abgeschlossenen Sollbuchs ist vom Kassenkurator zu erteilen und hat, wie folgt, zu lauten: „Es wird bescheinigt, daß die nach den Mitteilungen der Erbschaftssteuerämter festgestellten und davon infolge anderweiter Festsetzung oder durch Niederschlagung in Abgang gebrachten Steuerbeträge im Sollbuch richtig und vollständig eingetragen, sowie daß die am Jahresschlusse rückständig gebliebenen Steuerbeträge in das Sollbuch für das folgende Rechnungsjahr übertragen worden sind."

Die den Zollkassen zugehenden Mitteilungen der Erbschaftssteuerämter über die Feststellung des Steuersolls, seine Abtragung und Änderung bilden die Belege zum Sollbuche. Von den Erbschaftssteuerämtern ist besonders darauf zu achten, daß den Zollkassen bei Abänderung früher ergangener Steuerbescheide die erforderlichen Belege darüber vollständig zugefertigt werden, und daß ihnen mitgeteilt wird, welcher Betrag in Abgang zu stellen ist.

Ziffer 1: Zu § 45 des Gesetzes und § 25 Abs. 1 BRAusfB. Dasselbe geordnet in ByA. § 17; BdA. I §§ 11—14; HA. 14; BrA. II 5.

Ziffer 2: Zu den §§ 21—23 und 26 des Gesetzes sowie zu § 28 BRAusfB. Dasselbe geordnet in SA. 15; WA. II 12; BdA. I § 9, II §§ 36—38 und III § 16; HA. 18; BrA. II 7.

Ziffer 3: Zu den §§ 18, 21—25, 27, 45 und 56 des Gesetzes sowie zu § 29 BRAusfB. Dasselbe geordnet ByA. §§ 19 und 27; SA. 16; WA. II 14; BdA. I §§ 16 und 17, II §§ 40 bis 42; HA. 19; BrA. II 8.

Ziffer 4: Zu § 39 BRAusfB. Dasselbe geordnet in ByA. § 22; WA. II 16; HA. 22; BrA. II 5.

Allgemein: Durch Verf. PrFM. vom 14. Juni 1907 III 10396 ist den Provinzialsteuerdirektoren anheimgestellt für ihren Verwaltungsbezirk Maßregeln zur Verhütung der Unterschlagung von Erbschaftssteuer anzuordnen. Anlaß hatte ein Unterschlagungsfall in Magdeburg gegeben, woraufhin für den Verwaltungsbezirk Magdeburg vom Provinzialsteuerdirektor eingehendere bezügliche Maßnahmen, welche sich teils auf die Sicherung der Übertragung aller steuerpflichtigen Fälle aus den Totenlisten in die Erbschaftssteuerliste, teils auf die Verhütung einer Verfälschung der Erbschaftssteuerlisten, teils auf die Verhütung der Vereinnahmung von Steuerbeträgen seitens der Beamten des Erbschaftssteueramts bezogen, erlassen worden waren; letztere wurden den Provinzialsteuerdirektoren unter dem Bemerken mitgeteilt, daß einheitliche Regelung für den Staat sich bei der Verschiedenheit bezüglichen Bedürfnisses nicht empfehlen könne.

9. Die Bestimmung darüber, inwieweit es zur Stundung festgesetzter Steuerbeträge ohne Sicherheitsleistung der Genehmigung der Oberbehörde bedarf, wird den Provinzialsteuerbehörden überlassen. Die Erbschaftssteuer-

ämter sind in dieser Beziehung mit entsprechender Anweisung zu versehen. Sollten in dem einen oder dem anderen Falle gegen eine Stundung ohne Sicherheitsleistung Bedenken obwalten, so ist an mich zu berichten.

Hinsichtlich der Art der Sicherheit kommen die für die Sicherstellung gestundeter preußischer Erbschaftssteuer im allgemeinen geltenden Bestimmungen, insbesondere die Allgemeine Verfügung vom 16. März 1881 — ZBl. S. 86 —, auch für die Sicherstellung von Reichserbschaftssteuer- und Schenkungssteuerbeträgen zur Anwendung.

Zu §§ 47, 55 und 56 des Gesetzes sowie zu §§ 27 und 30 BRAusfB. Dasselbe geordnet in ByA. § 17; WA. II 11; BdA. I § 15, III § 9—13; HA. 17; BrA. II 7.

10. Die den Ausführungsbestimmungen beigegebenen Muster 2, 3, 4, 5, 6, 7, 8, 9, 10, 11, 12, 13 und 14 wird das Hauptstempelmagazin drucken lassen und den Erbschaftssteuerämtern bezw. den Hauptämtern auf Verschreibung liefern.

Für die Ueberweisung der Erbschaftssteuer- und der Schenkungssteuerbeträge seitens der Erbschaftssteuerämter an die Hauptämter sind entsprechende Formulare (Muster 7a und 12a) vorgesehen, die von dem Hauptstempelmagazin gleichfalls bezogen werden können.

Die bei Bearbeitung der Landes-Erbschaftssteuersachen im Gebrauch befindlichen Formulare

zum Einnahme-Register (Muster L 6 des Drucksachenverzeichnisses),
zum Strafregister (Muster L 6),
zu Bescheinigungen über eingezahlte Erbschaftssteuer (Muster L 12),
zu Übersendungsschreiben mit Auszug aus der Totenliste (Muster L 13),
zu Bescheinigungen über Erbfallüberweisungen (Muster L 14)

sollen zunächst auch für Reichserbschaftssteuer- bzw. Schenkungssteuersachen verwendet werden, bis die vorhandenen Bestände annähernd aufgebraucht sein werden. Die etwa erforderlichen Aenderungen sind mit der Feder vorzunehmen. Bei einem Neudruck dieser Formulare werden die neuen Bestimmungen Berücksichtigung finden.

Im übrigen kommen wegen der Bezeichnung der zur Empfangnahme der Zahlung zuständigen preußischen Kassenstellen sowie wegen der Führung des Einnahme-Registers und des Strafregisters der Erbschaftssteuerämter die für die preußische Erbschaftssteuer erlassenen Vorschriften auch für die Reichserbschafts- und die Schenkungssteuer zur Anwendung (vgl. auch die Allgemeinen Verfügungen vom 4. Dezember 1877 — ZBl. 1878 S. 18 — und vom 6. Februar 1879 — ZBl. S. 86 —).

Zu den §§ 8, 10, 11, 13, 24, 26, 32, 33, 36 und 39 BRAusfB.

11. Die Erbschaftssteuerämter sind auch ferner berechtigt, bei einzuleitenden Strafsachen die Führung der Untersuchung den Hauptzoll- und Hauptsteuerämtern (in den Hohenzollernschen Landen den Steuerämtern) zu übertragen, die nach ergangener Entscheidung der Erbschaftssteuerämter oder der Oberbehörden auch die Verrechnung der Einnahmen und Ausgaben in der Strafsache zu übernehmen und im Strafgelderauszuge, zusammen mit den ihnen zur Verrechnung überwiesenen, von den Erbschaftssteuerämtern in Angelegenheiten der Reichs- und preußischen Erbschaftssteuer sonst verhängten Strafen nachzuweisen haben.

Gemäß der vorgenannten Gesetzesbestimmung steht (an Stelle der Hauptamtsleiter) den Vorständen der Erbschaftssteuerämter die Befugnis zu, vor Erlaß des Strafbescheides auf Grund der Ziff. 3 der Allgemeinen Verfügung vom 6. Oktober 1897 — III 12757 — (ZBl. 1897 S. 408), Zuwiderhandlungen gegen das Reichserbschaftssteuergesetz, die lediglich Ordnungsstrafen nach sich ziehen, und sonstige Zuwiderhandlungen dieser Art, bei denen die in Frage kommenden Abgaben drei Mark nicht übersteigen, im Wege der Nachsicht straffrei zu lassen.

Zu § 51 des Gesetzes. Dasselbe geordnet in BrA. II 11.

Ew. Hochwohlgeboren ersuche ich, hiernach das Erforderliche anzuordnen. Der Bedarf an Abdrücken dieser Verfügung ist anzuzeigen.

Zusatz für Altona:

12. Die Insel Helgoland wird vom 1. Juli d. Js. ab dem Geschäftsbezirk der Abteilung I des dortigen Erbschaftssteueramts zugewiesen. Der Herr Minister des Innern ist von mir ersucht worden, das Standesamt auf Helgoland mit den Mustern zu den Totenlisten versehen und auf die ihm nach § 2 der Ausführungsbestimmungen obliegenden Pflichten aufmerksam machen zu lassen. Die Aufstellung der Totenlisten wird in vierteljährlichen Abschnitten und die Einsendung an das dortige Erbschaftssteueramt in den ersten zehn Tagen der Monate Oktober, Januar, April und Juli erfolgen.

Zu § 34 des Gesetzes und § 2 BRAusfB.

II. Allgemeine Verfügung des Finanzministers und des Justizministers vom 26. Juni 1906, betreffend die Erbschaftssteuer und die von Schenkungen zu entrichtenden Abgaben.

(Zentralblatt der Abgaben-Gesetzgebung und Verwaltung in den Königl. Preuß. Staaten, 1906, Nr. 16, S. 1207 ff.)

Den Provinzialbehörden der Verwaltung der indirekten Steuern mitgeteilt durch Verfügung des Finanzministers vom 4. Juli 1906. Nr. III 10797.

1. Durch das Erbschaftssteuergesetz vom 3. Juni 1906 (Reichs-Gesetzbl. S. 654) ist das preußische Erbschaftssteuergesetz, insoweit es sich nicht um einen Erwerb der unter Nr. 2 bezeichneten Art handelt, außer Kraft getreten; außerdem sind die Vorschriften über die Erhebung von Abgaben von Schenkungen unter Lebenden oder der über solche Schenkungen ausgestellten Urkunden außer Kraft getreten. Der im § 60 des Gesetzes für die Fälle des § 59 gemachte Vorbehalt ist für Preußen ohne Bedeutung, da von den dort bezeichneten Personen in Preußen Erbschaftssteuer oder eine Abgabe von Schenkungen nicht erhoben wird. Es wird demnach der in Tarifstelle 56 des Stempelsteuergesetzes vorgeschriebene Stempel für Schenkungen nicht mehr erhoben, soweit sich nicht aus Nr. 2 ein Anderes ergibt. Als eine in Wegfall kommende Abgabe von Schenkungen ist auch die nach Art. 2 § 2 des Gesetzes vom 22. Juni 1875, betreffend das Sportel-, Stempel- und Taxwesen in den Hohenzollernschen Landen (Gesetz-Samml. S. 235), im Falle der Auflassung auf Grund einer Schenkung unter Lebenden zu erhebende Abgabe anzusehen. Dagegen ist der Stempel für Familienstiftungen (Tarifstellen 23, 24 des Stempelsteuergesetzes) unberührt geblieben, da das Stiftungsgeschäft nur insoweit

dem Erbschaftssteuergesetz unterliegt, als es sich um die Zuwendung des Stiftungsvermögens an die Stiftung handelt (vgl. § 55 Abs. 3 des ESt.G.).

Zu §§ 59 und 60 des Gesetzes. Dasselbe geordnet in ByA. § 29. Vgl. hierzu die Verf. v. 26. März 1907 unten unter III.

2. Die Steuerpflicht für einen vor dem 1. Juli 1906 begründeten Erwerb bestimmt sich nach dem bisherigen Gesetze (§ 61 des RESt.G.). Als begründet ist auch ein Erwerb anzusehen, der noch von einer aufschiebenden Bedingung abhängt. Soweit es sich um einen Erwerb von Todes wegen handelt, sind die alten Vorschriften maßgebend, sofern der Erbfall vor dem 1. Juli 1906 eingetreten ist; nach den bisherigen Vorschriften ist die Nacherbfolge auch dann zu behandeln, wenn der Erbfall vor dem 1. Juli 1906, dagegen der Fall der Nacherbfolge später eingetreten ist. Bei Schenkungen unter Lebenden kommt es darauf an, ob die Vollziehung oder, wenn der Vollziehung ein rechtswirksames Schenkungsversprechen vorhergegangen ist, die Beurkundung des Versprechens vor dem 1. Juli 1906 erfolgt ist. Ist ein Schenkungsversprechen vor dem 1. Juli 1906 nur privatschriftlich beurkundet, ohne daß der Mangel der Form vor diesem Zeitpunkte durch Bewirkung der versprochenen Leistung geheilt wäre (§ 518 BGB.), so sind die landesgesetzlichen Abgaben nicht zu erheben und, wenn sie bereits erhoben sein sollten, zu erstatten.

Zu § 61 des Gesetzes. Dasselbe geordnet in ByA. § 29; BdA. I § 23, II §§ 57 und 58, III § 19; HA. 24; BrA II 5.

3. Für die von den Gerichten und den Notaren den Erbschaftssteuerämtern zu machenden Mitteilungen sind die in der Anlage 1 abgedruckten Vorschriften der §§ 3, 4, 31 der Ausführungsbestimmungen des Bundesrats zum Erbschaftssteuergesetze maßgebend.

Die Erbschaftssteuerämter sind angewiesen, den von ihnen ermittelten Betrag des Nachlasses den Gerichten mitzuteilen, wenn dieser Betrag den bei der Errichtung oder Eröffnung der Verfügung angenommenen Wert so erheblich übersteigt, daß die Nachforderung eines namhaften Gerichtskostenbetrags begründet ist. Um die Erbschaftssteuerämter in die Lage zu setzen, diese Mitteilungen zu machen, ist bei Übersendung der beglaubigten Abschriften der Verfügungen von Todes wegen in dem Übersendungsschreiben zu bemerken, nach welchem Werte die Gebühren für die Errichtung und Eröffnung berechnet sind. Ist die Verfügung nicht gerichtlich errichtet, so ist der Wert anzugeben, nach dem die Gebühren für die Eröffnung und, wenn die Verfügung in besondere amtliche Verwahrung gebracht war, für die Aufbewahrung berechnet sind. Hat zur Zeit der Übersendung der Abschrift der Verfügung von Todes wegen die Berechnung der Gebühren noch nicht stattgefunden, so ist dies in dem Übersendungsschreiben zu bemerken und demnächst nach erfolgter Berechnung der Gebühr dem Erbschaftssteueramte hierüber eine besondere Mitteilung zu machen.

Der vom Erbschaftssteueramt ermittelte Wert des Nachlasses ist für die Berechnung der Gebühren für die Errichtung und Aufbewahrung der Verfügungen von Todes wegen, welche sich nach dem Werte des Vermögens zur Zeit der Errichtung oder Übergabe zur Aufbewahrung richten, nicht ohne weiteres maßgebend; ist aber der Wert des Nachlasses erheblich höher, so wird sich hieraus Veranlassung zur Anstellung von Ermittelungen ergeben, ob nicht auch das Vermögen zur Zeit der Fälligkeit der Gebühren den angegebenen Betrag überstiegen hat.

Die Mitteilungen des Erbschaftssteueramts erfolgen in allen Fällen an das Nachlaßgericht. Soweit die Gebühr, deren Nachforderung in Frage kommt, bei einem anderen Gericht angesetzt ist, hat das Nachlaßgericht diesem Gerichte von der Mitteilung des Erbschaftssteueramts Kenntnis zu geben.

Für das Schreiben, mit welchem die Gerichte den Erbschaftssteuerämtern beglaubigte Abschriften der von ihnen eröffneten Verfügungen von Todes wegen übersenden, ist das in Anlage 2 abgedruckte Formular zu verwenden.

Die Vorschriften der Allgemeinen Verfügungen des Justizministers vom 17. Oktober 1899 und 9. September 1901 (Just.-Minist.-Bl. S. 293 und 229) treten außer Kraft, soweit es sich nicht um Erbfälle handelt, die vor dem 1. Juli 1906 eingetreten sind.

Zu § 40 des Gesetzes und den §§ 3, 4 und 31 BRAusfB.
Dasselbe ist in ähnlicher Weise geordnet in HA. 5.

4. Wird eine Schenkung notariell beurkundet, so ist der in der Tarifstelle 45 bestimmte Stempel von 1,50 Mark zu erheben: dagegen sind gerichtliche Beurkundungen einer Schenkung nach Tarifstelle 53 Abs. 2 stempelfrei, da die Schenkung nicht mehr zu den im Tarife zum Stempelsteuergesetze besteuerten Verhandlungen gehört.

5. Auflassungen auf Grund einer Schenkung unterliegen dem Auflassungsstempel, der Auflassungsstempel bleibt aber nach Maßgabe der Tarifstelle 8 Abs. 3, 4 unerhoben, wenn in der vorgeschriebenen Frist eine in an sich stempelpflichtiger Form ausgestellte Urkunde über die Schenkung vorgelegt wird. Als eine an sich stempelpflichtige Form ist bei Urkunden über Schenkungen entsprechend der bisher in Tarifstelle 56 getroffenen Bestimmung auch eine die Erklärung des Schenkers enthaltende Privatschrift anzusehen.

Eine Anrechnung des Auflassungsstempels auf die Schenkungssteuer findet nicht statt, da eine der Tarifstelle 8 Abs. 5 ensprechende Bestimmung im Reichsgesetze nicht getroffen ist. Den Parteien ist daher in allen Fällen, in denen der Auflassung eine Schenkung zugrunde liegt, zu empfehlen, eine Urkunde über die Schenkung einzureichen, da die Schenkungssteuer, soweit sie zu erheben ist, auch dann fällig wird, wenn die Beurkundung unterbleibt und die Nichteinreichung einer Urkunde zur Folge hat, daß neben der etwaigen Schenkungssteuer der Auflassungsstempel zu erheben ist. Die Beteiligten sind hierüber bei der Auflassung zu belehren. In dem Formular I der Allgemeinen Verfügung vom 29. Februar 1896 über das gerichtliche Stempelwesen (Just.-Minist.-Bl. S. 63) werden im vorletzten Satze die Worte „sowie bei Schenkungen zwischen Eltern und Kindern oder zwischen Ehegatten" gestrichen. Dies Formular erhält folgenden Zusatz:

„Bei Schenkungen ist die Erhebung der Schenkungssteuer nach Maßgabe des Erbschaftssteuergesetzes vom 3. Juni 1906 (Reichs-Gesetzbl. S. 654) unabhängig von der Beurkundung der Schenkung, während die Vorlegung einer Urkunde über die Schenkung den Wegfall des Auflassungsstempels zur Folge hat. Es empfiehlt sich daher in allen Fällen, in denen der Auflassung eine Schenkung zu Grunde liegt, eine Urkunde über die Schenkung vorzulegen. Es genügt eine privatschriftliche Erklärung des Schenkers."

6. Wird behufs Ausschließung des Auflassungsstempels eine privatschriftliche Schenkungsurkunde vorgelegt, so hat das Grundbuchamt eine beglaubigte Abschrift dieser Urkunde dem Erbschaftssteueramte zu übersenden.

7. Die Vorschriften der Nr. 5, 6 finden entsprechende Anwendung auf Anträge auf Eintragung einer Hypothek oder Grundschuld oder einer wiederkehrenden Geldleistung sowie auf Eintragung der Verpfändung oder Abtretung einer Hypothek oder Grundschuld (Tarifstellen 58 III und 2 Abs. 4 und 8 des Stempelsteuergesetzes).

8. Für diejenigen Fälle, in denen der auf Schenkung beruhende Erwerb vor dem 1. Juli 1906 begründet ist, kommen statt der Nr. 5 bis 7 die bisherigen Bestimmungen zur Anwendung.

Ziffer 4—8: Zu § 61 des Gesetzes.

Anhang: Gewissermaßen als Ergänzung der vorstehenden allgemeinen Verfügung sind zwei Sondervorschriften anzusehen, nämlich

a) die Verf. PrFM. vom 2. Juli 1907 III 12028, welche bestimmt, daß von allen Schenkungen, welche bei Gelegenheit der Einkommen- und der Ergänzungssteuer-Veranlagungsarbeiten zur Kenntnis der Vorsitzenden der Einkommensteuer-Veranlagungskommission gelangen, seitens der letzteren dem Erbschaftssteueramt ihres Bezirks Mitteilung zu machen ist; nicht erforderlich sind Mitteilungen über Schenkungen von Eltern an Kinder und zwischen Ehegatten.

b) die Verf. PrFM. vom 28. Februar 1910 II 2321 (den Oberzolldirektionen mitgeteilt durch Verf. vom 15. März 1910 III 5183), welche im Anschluß an die Rundverfügung vom 26. März 1895 II 5017 betr. die Benutzung der Erbschaftssteuerakten für die Veranlagung zur Einkommen- und Ergänzungssteuer folgendes bestimmt: Wenn durch Vergleichung der Erbschaftssteuerakten mit den Einkommen- und Ergänzungssteuer-Veranlagungsakten festgestellt wird, daß das im Erbschaftssteuerinteresse ermittelte Nachlaßvermögen von den Erben zu niedrig angegeben worden ist, haben die Vorsitzenden der Einkommensteuer-Veranlagungs-Kommissionen den Erbschaftssteuerämtern bei Rücksendung der Erbschaftssteuerakten Mitteilung zu machen. Von einer Übersendung der Veranlagungsakten ist hierbei abzusehen.

III. Allgemeine Verfügung des Finanzministers und des Justizministers vom 26. März 1907, betreffend die Erbschaftssteuer und die von Schenkungen zu entrichtenden Abgaben.

(PrZBl. 1907, S. 133.)

Den Provinzialsteuerdirektoren usw. mitgeteilt durch Verf. PrFM. vom 16. April 1907, III 7277.

Nach § 60 des Reichs-Erbschaftssteuergesetzes vom 3. Juni 1906 (Reichs-Gesetzbl. S. 654) treten die Vorschriften der Landesgesetze, welche die Erhebung einer Abgabe von dem den Gegenstand der Erbschaftssteuer bildenden Erwerbe von Todes wegen sowie von Schenkungen unter Lebenden oder den über solche Schenkungen ausgestellten Urkunden betreffen, insoweit außer Kraft, als den Bundesstaaten nicht die Erhebung besonderer Abgaben (§ 59) überlassen ist. Nach § 59 ist den Bundesstaaten unter anderem die Erhebung besonderer Abgaben in Ansehung der nach § 11 Nr. 4 e von der Erbschaftssteuer befreiten Personen überlassen. Zu diesen Personen gehören die unehelichen, von dem Vater anerkannten Kinder und deren Abkömmlinge, welche von der Reichs-Erbschaftssteuer befreit sind, sofern der Wert des Erwerbs den Betrag von 10000 Mark nicht übersteigt. Bezüglich aller übrigen im § 59 genannten Personen kann ein Zweifel daran, daß sie der landesgesetzlichen Besteuerung nicht unterworfen sind, nicht bestehen, weil sie entweder von der Erbschaftssteuer und dem Schenkungsstempel kraft Landesgesetzes befreit sind oder durch den im § 59 gemachten Vorbehalt wegen der Kinder, denen die rechtliche Stellung ehelicher Kinder zukommt, und der eingekindschafteten Kinder sowie der Abkömmlinge solcher Kinder von der Besteuerung ausgeschlossen werden. Auch bezüglich der erwähnten unehelichen Kinder und deren Abkömmlinge begegnet die Annahme, daß sie für einen den Betrag von 10000 Mark nicht übersteigenden Erwerb der landesgesetzlichen Besteuerung unterworfen bleiben, mit Rücksicht auf die Fassung und die Entstehungsgeschichte des Gesetzes und auf die mannigfachen Unstimmigkeiten, die sich aus der Annahme der Fortgeltung des preußischen Erbschaftssteuergesetzes in einem so beschränkten Umfang ergeben, gewichtigen Bedenken. Nach nochmaliger Erwägung haben wir indessen diesen Bedenken gegenüber dem Wortlaute des Gesetzes ausschlaggebende Bedeutung nicht beimessen können und bestimmen daher in Abänderung der Allgemeinen Verfügung vom 26. Juni 1906, die von der Annahme der vollständigen Beseitigung des preußischen Erbschaftssteuergesetzes ausgeht, folgendes:

Solange nicht seitens der Gerichte abweichende Entscheidungen ergehen, ist die preußische Erbschaftssteuer, der Schenkungsstempel und die im Artikel 2 § 2 des Gesetzes vom 22. Juni 1875, betreffend das Sportel-, Stempel- und Taxwesen in den Hohenzollernschen Landen (Gesetz-Samml. S. 235) bestimmte Abgabe nach Maßgabe der bisherigen Vorschriften zu erheben, wenn unehelichen, vom Vater anerkannten Kindern oder deren Abkömmlingen aus dem Vermögen des Vaters ein Erwerb von Todes wegen oder durch Schenkung unter Lebenden anfällt, dessen Wert den Betrag von 10000 Mark nicht übersteigt; soweit die Vorschriften des Reichs-Erbschaftssteuergesetzes und des preußischen Erbschaftssteuergesetzes in Ansehung der Wertberechnung voneinander abweichen, sind die Vorschriften des Reichsgesetzes für die Entscheidung der Frage maßgebend, ob ein der landesgesetzlichen Besteuerung überlassener Fall vorliegt, während, wenn diese Frage zu bejahen ist, der der Berechnung der landesgesetzlichen Abgabe zu Grunde zu legende Wert sich nach den Vorschriften des Landesgesetzes bestimmt.

Inwieweit der hiernach anzusetzende Stempel für eine Schenkungsurkunde zu den Gerichtskosten einzuziehen ist, bestimmt sich nach den bisherigen Vorschriften. Soweit dies der Fall ist, hat das Gericht zu ermitteln, ob der Wert des Erwerbs 10000 Mark übersteigt oder nicht. Ist der Stempel in Natur zu verwenden und bestehen Zweifel wegen der Höhe des Wertes, so ist davon auszugehen, daß die Beteiligten von Strafe frei bleiben, wenn sie die Urkunde innerhalb der für die Verwendung des

Stempels vorgeschriebenen Frist der Steuerbehörde zur Versteuerung vorlegen und dieser das Weitere überlassen. Von einer Straffestsetzung wegen Nichterfüllung der Anmeldungsfrist (§§ 36, 49, 56 des Reichs-Erbschaftssteuergesetzes) ist abzusehen, wenn in denjenigen Fällen, in welchen der Stempel zu einer dem Gerichte vorgelegten Urkunde vom Gericht einzuziehen ist, die Urkunde vor Ablauf der Stempelverwendungsfrist dem Gerichte vorgelegt ist, es sei denn, daß der Wert des Erwerbs offenbar 10000 Mark übersteigt; ergibt die Prüfung des Gerichts, daß die Reichssteuer zu erheben ist, so sind die Beteiligten zur Anmeldung des Anfalls bei der Steuerbehörde aufzufordern. Die Verpflichtung der Gerichte und Notare, von den von ihnen beurkundeten Schenkungen den Erbschaftssteuerämtern Mitteilung zu machen (§ 40 Nr. 3 des Reichs-Erbschaftssteuergesetzes), besteht auch in denjenigen Fällen, in denen der Schenkungsstempel zu erheben ist; bei der Übersendung der beglaubigten Abschrift (§ 31 der Erbschaftssteuer-Ausführungsbestimmungen des Bundesrats) ist der Betrag des angesetzten oder verwendeten Stempels anzugeben.

Die Vorschriften in Nr. 3 und 6 der Allgemeinen Verfügung vom 26. Juni 1906 gelten in allen Fällen, auch wenn der Anfall der landesgesetzlichen Besteuerung unterliegen sollte.

Nr. 4 der Verfügung bleibt außer Anwendung, wenn der Schenkungsstempel zu erheben ist.

Bei Auflassungen an uneheliche, vom Vater anerkannte Kinder oder deren Abkömmlinge ist der in Nr. 5 der Verfügung angeordnete Zusatz zu dem Formular I zur Abgemeinen Verfügung vom 29. Februar 1896 über das gerichtliche Stempelwesen wegzulassen oder, falls er in den Vordruck aufgenommen ist, zu streichen. Die Beteiligten sind in diesem Falle mündlich zu belehren, daß bei Erwerben über 10000 Mark die Vorlegung einer Schenkungsurkunde in allen Fällen zweckmäßig sei, während bei Erwerben bis zu 10000 Mark den Beteiligten nur die Vorlegung einer etwa vorhandenen Scheckungsurkunde zu empfehlen ist.

Zu § 60 des Gesetzes. Dasselbe ist in gleicher Richtung geordnet in BayA. § 29; WA. III a; in entgegengesetzter Richtung SA. Anh. II; BrA. II Anh. 1.

Königreich Bayern.

Bekanntmachung der K. Staatsministerien der Justiz, des Innern und der Finanzen vom 10. August 1906, den Vollzug des Erbschaftssteuergesetzes vom 3. Juni 1906 betreffend.

(Gesetz- und Verordnungsblatt für das Königreich Bayern, 1906, Nr. 48, S. 509 ff.)

Zum Vollzuge des Erbschaftssteuergesetzes vom 3. Juni 1906 — RGBl. S. 654 — werden mit Bezug auf die zu diesem Gesetze ergangenen Ausführungsbestimmungen des Bundesrats — Gesetz- und Verordnungsblatt 1906 S. 236 — nachstehende Anordnungen erlassen:

I. Erbschaftssteuerämter und Oberbehörden. Zuständigkeit.

§ 1. Die Verwaltung des Erbschaftssteuerwesens, insbesondere die Feststellung und Erhebung der Erbschaftssteuer obliegt den Rentämtern unter der Leitung der Regierungsfinanzkammern und unter der Oberaufsicht des Staatsministeriums der Finanzen (Art. 28 des Gesetzes über die Erbschaftssteuer vom 18. August 1879 in der Fassung der Bekanntmachung vom 11. November 1899, §§ 1, 2 der Kgl. Verordnung vom 10. Mai 1903, die Neuorganisation der Rentämter betreffend — Gesetz- und Verordnungsblatt S. 315 —, § 4 der Geschäftsanweisung für die Rentämter vom 4. Juni 1903 — Fin.-Min.-Bl. S. 248 —, § 1 Abs. 1 der Ausführungsbestimmungen des Bundesrats).

Zu § 34 des Gesetzes und § 1 BRAusfB. Dasselbe ist geordnet in PA. I, 1; SA. 1; WA. 1; BdA. I § 1; HA. 1; BrA. I u. II 1.

§ 2. Zuständig ist das Rentamt, in dessen Bezirk sich der Wohnsitz oder Aufenthaltsort des Erblassers oder Erwerbers befindet, der nach § 33 Abs. 1, 3 des Erbschaftssteuergesetzes für die Zuständigkeit Bayerns zur Erhebung der Erbschaftssteuer maßgebend ist.

Gründet sich die Steuerpflicht in Bayern lediglich darauf, daß in Bayern gelegener Grundbesitz (§ 7 Abs. 1, 3 des Erbschaftssteuergesetzes) den Gegenstand des Anfalls bildet, so ist das Rentamt zuständig, in dessen Bezirk der Grundbesitz oder dessen größerer Teil gelegen ist.

Hatte der Erblasser keinen Wohnsitz im Deutschen Reich, war er aber zur Zeit seines Todes oder sofern der Erwerb bei seinen Lebzeiten anfällt, zur Zeit des Anfalls an den Erwerber, bayerischer Staatsangehöriger, so ist das Rentamt, in dessen Bezirk sich der Gegenstand des steuerpflichtigen Erwerbs oder dessen größerer Teil befindet, anderenfalls das Stadtrentamt München II zuständig.

Sind mehrere Rentämter zuständig und kommt eine Einigung wegen Übernahme der Steuerbehandlung nicht zustande, so wird das Rentamt, welches die Erbschaftssteuer festzustellen und einzuheben hat, von der vorgesetzten

Regierungsfinanzkammer und wenn die Rentämter in verschiedenen Regierungsbezirken sich befinden, vom Staatsministerium der Finanzen bestimmt.

Zu § 33 des Gesetzes und § 12 BRAusfB. Ähnliche Ordnung (Abs. 3) in WA. I; BdA. I § 1.

§ 3. Ergeben sich bei einem Rentamte Zweifel, ob die Erbschaftssteuer von ihm oder von dem Erbschaftssteueramt eines anderen Bundesstaates zu erheben ist, so hat das Rentamt unter Vorlage der Akten an die vorgesetzte Regierungsfinanzkammer zu berichten. Erkennt die Regierungsfinanzkammer die Zuständigkeit des anderen Bundesstaates zur Erhebung der Erbschaftssteuer an, so erteilt sie dem Rentamte die entsprechende Weisung; andernfalls legt sie die Akten dem Staatsministerium der Finanzen vor, damit erforderlichenfalls die Entscheidung des Bundesrats (§ 33 Abs. 4 des Erbschaftssteuergesetzes) eingeholt wird.

Zu § 33 des Gesetzes.

II. Verfahren bis zur Erlassung des Erbschaftssteuerbescheides.

§ 4. Die Tätigkeit der Rentämter wird in der Regel mit der Entgegennahme der Mitteilungen beginnen, die nach § 40 des Erbschaftssteuergesetzes und § 5 der Ausführungsbestimmungen des Bundesrats von den Standesämtern, den Gerichten, den Notaren, und den Verwaltungsbehörden den Erbschaftssteuerämtern zu machen sind.

Zu § 40 des Gesetzes und § 6 BRAusfB.

§ 5. Die Totenlisten der Standesämter sind nach den Ausführungsbestimmungen des Bundesrats für den Zeitraum eines Monats anzulegen und in den ersten zehn Tagen nach Ablauf des Monats dem Rentamte zu übersenden. Auf Grund der im § 2 Abs. 2 der Ausführungsbestimmungen des Bundesrats erteilten Ermächtigung wird jedoch für Bayern bestimmt, daß die Totenlisten in Gemeinden von mehr als 10000 Einwohnern allmonatlich dreimal und zwar am 10., 20. und letzten des Monats abzuschließen und in den nächstfolgenden drei Tagen dem Rentamte zu übergeben sind.

Die Totenlisten sind von den Standesämtern stets demjenigen Rentamte zu übersenden, zu dessen Bezirk der Standesamtsbezirk gehört. Sind in den Totenlisten Sterbfälle enthalten, die zur Zuständigkeit eines anderen Rentamts oder eines Erbschaftssteueramts eines anderen Bundesstaats gehören, so hat das Rentamt sie dem zuständigen Rentamt oder nichtbayerischen Erbschaftssteueramt unter Übersendung eines Auszugs aus der Totenliste mitzuteilen.

Das im § 2 Abs. 6 der Ausführungsbestimmungen des Bundesrats erwähnte Verzeichnis der Standesämter wird den Rentämtern durch die Distriktsverwaltungsbehörden mitgeteilt.

Zu § 40, 1 des Gesetzes und § 2 BRAusfB. Dasselbe ist geordnet in PA. I 6; WA. II 1; HA. 2.

§ 6. Wegen der Verpflichtung der Gerichte und Notare zur Mitteilung der Ausschlußurteile, durch welche eine Todeserklärung ausgesprochen wird, und zur Mitteilung der von ihnen beurkundeten Schenkungen wird auf die §§ 3, 31 der Ausführungsbestimmungen des Bundesrats verwiesen.

In Ansehung der im § 40 des Erbschaftssteuergesetzes und im § 4 der Ausführungsbestimmungen des Bundesrats vorgeschriebenen Mitteilung von Verfügungen von Todes wegen wird folgendes bestimmt:

1. Die bayerischen Amtsgerichte haben die Mitteilung der Verfügungen von Todes wegen in der Regel dadurch zu machen, daß sie nach der Eröffnung der Verfügung die Nachlaßakten dem Rentamte übersenden; zu dem Übersendungsschreiben ist das anliegende Formular I zu verwenden. Es hängt von den Umständen des Falles ab, ob, wenn Beteiligte, die im Eröffnungstermine nicht anwesend waren, noch vernommen werden müssen, die Übersendung der Nachlaßakten vor oder nach der Vernehmung der Beteiligten erfolgt; zu beachten ist dabei, daß es einerseits für das Rentamt häufig von Wert ist, die Äußerung aller Beteiligten zu kennen, andererseits naturgemäß die Verfügung dem Rentamte rechtzeitig mitzuteilen ist.

2. Wenn die Mitteilung durch Übersendung der Nachlaßakten aus besonderen Gründen untunlich ist, hat die Mitteilung durch Übersendung einer beglaubigten Abschrift zu erfolgen.

Ist die Mitteilung einem nichtbayerischen Erbschaftssteueramte zu machen, so hat sie stets durch Übersendung einer beglaubigten Abschrift zu erfolgen.

Zu dem Schreiben, mit dem die beglaubigte Abschrift übersendet wird, ist das anliegende Formular II zu verwenden.

3. Die Urschrift einer Verfügung von Todes wegen darf von den bayerischen Amtsgerichten ohne die Nachlaßakten nicht an ein Rentamt oder ein nichtbayerisches Erbschaftsteueramt übersendet werden.

4. Die bayerischen Notare haben, vom Falle des Abs. 2 abgesehen, den Rentämtern oder nichtbayerischen Erbschaftssteuerämtern von Verfügungen von Todes wegen keine Mitteilung zu machen; die Mitteilung der von bayerischen Notaren eröffneten Verfügungen liegt mit Rücksicht auf § 4 Abs. 1 Satz 2 der Ausführungsbestimmungen des Bundesrats und § 40 der Nachlaßordnung vom 20 März 1903 (J.-M.-Bl. S. 111) den Amtsgerichten ob; hat der Notar im Falle der Eröffnung eines gemeinschaftlichen Testaments oder eines Erbvertrags nach § 40 Abs. 1 Satz 2 der Nachlaßordnung dem Amtsgericht eine beglaubigte Abschrift des verkündeten Teiles der Verfügung zu übersenden, so hat er die Abschrift in zwei Exemplaren zu übersenden; eines von ihnen verwendet das Amtsgericht für die Mitteilung an das Rentamt oder nichtbayerische Erbschaftssteueramt.

Hat der Notar die Verfügung von Todes wegen eines Ausländers eröffnet und liefert er sie nicht an ein deutsches Gericht ab, so hat er dem Rentamt oder nichtbayerischen Erbschaftssteueramt eine beglaubigte Abschrift unter entsprechender Benützung des Formulars II zu übersenden.

Erhält das Rentamt die Mitteilung von der Verfügung von Todes wegen dadurch, daß ihm die Nachlaßakten übersendet werden oder wird ihm von einem nichtbayerischen Gericht oder Notar die Verfügung von Todes wegen in Urschrift übersendet, so hat das Rentamt von der Verfügung von Todes wegen eine Abschrift zu den Erbschaftssteuerakten zu fertigen und die übersendeten Nachlaßakten oder die in Urschrift mitgeteilte Verfügung von Todes wegen dem Gericht oder Notar baldmöglichst zurückzugeben.

Von der Anfertigung von Abschriften der Verfügungen von Todes wegen kann Umgang genommen werden, wenn und soweit es sich nur um Zuwendungen an erbschaftssteuerfreie Erwerber der im § 11 Abs. 1

Nr. 4 a bis d des Erbschaftssteuergesetzes bezeichneten Art oder um Anfälle handelt, die den Betrag von 500 Mark nicht übersteigen. In solchen Fällen genügt die Vormerkung zum Steuerakt, daß insoweit Abschriften nicht angefertigt wurden, lediglich Erwerber und Anfälle der erwähnten Art in Frage stehen.

Zu § 40, 2 u. 3 des Gesetzes und den §§ 3, 4 u. 31 BRAusfB. Dasselbe ist geordnet in WA. II 2.

§ 7. Da von dem Vorbehalt im § 1 Abs. 2 der Ausführungsbestimmungen des Bundesrats für Bayern kein Gebrauch gemacht ist, sind die Mitteilungen der Todeserklärungs-Urteile sowie die im § 3 Abs. 2 der Ausführungsbestimmungen des Bundesrats bezeichneten Mitteilungen an die Rentämter zu richten.

Zu § 40, 2 des Gesetzes und § 3 BRAusfB.

§ 8. Das weitere rentamtliche Verfahren insbesondere die Behandlung der eingekommenen Totenlisten und sonstigen Mitteilungen, die Anlage und Führung der Erbschaftssteuerlisten und der Überwachungslisten, die Entgegennahme der Erbfallsanmeldung und der Erbschaftssteuererklärung sowie die Ermittelung des Wertes der steuerpflichtigen Masse hat sich nach den Vorschriften in den §§ 6 bis 23, § 26 der Ausführungsbestimmungen des Bundesrats zu bemessen.

Zu den §§ 6 bis 23 und 26 BRAusfB.

§ 9. Die Erbschaftssteuerlisten (Hauptlisten und Nachtragslisten) dienen nicht, wie die bisherigen bayerischen Erbschaftssteuerhauptlisten, zur Sollstellung der Erbschaftssteuerbeträge; sie sind vielmehr lediglich dazu bestimmt, die in den Totenlisten oder Totenbeilisten enthaltenen Fälle, in denen nicht ohne weiteres feststeht, daß nur erbschaftssteuerfreie Erwerber der im § 11 Abs. 1 Nr. 4 a bis d des Erbschaftssteuergesetzes bezeichneten Art oder nur Anfälle von nicht mehr als 500 Mark in Frage stehen, festzuhalten. Die Fortführung dieser Fälle in den Erbschaftssteuerlisten endigt nicht schon dann, wenn die Erbschaftssteuer festgestellt und in das Sollbuch (§ 39 der Ausführungsbestimmungen des Bundesrats) eingetragen ist, sondern vielmehr erst dann, wenn entweder das Steuerermittelungsverfahren wegen Nichtinbetrachtkommens einer Erbschaftssteuer endgültig eingestellt oder die Erbfälle durch Einzahlung der Steuer, durch erwiesene Uneinbringlichkeit der Steuerbeträge oder durch Sicherheitsleistung in den Fällen der §§ 21 bis 23, 26 des Erbschaftssteuergesetzes vollständig erledigt sind.

Zu §§ 9 und 10 BRAusfB.

§ 10. Ergibt sich in einem in den Erbschaftssteuerlisten eingetragenen Falle, daß der Anfall zwar zunächst steuerfrei ist, aber steuerpflichtig werden kann (§ 4 Abs. 3, §§ 18, 21 bis 23, 26, 27 des Erbschaftssteuergesetzes) so ist der Fall in die Überwachungsliste überzutragen. Eine weitere Fortführung des Falles in den Erbschaftssteuerlisten findet alsdann nicht mehr statt. Erst nach Wegfall des Grundes der Aussetzung der Erbschaftssteuererhebung ist der Fall unter entsprechendem Vermerk in der Überwachungsliste wieder in die Erbschaftssteuerliste (Nachtragsliste) überzutragen.

Hinsichtlich der in der Überwachungsliste festgehaltenen Fälle sind von den Rentämtern, falls die Erbschaftssteuer nicht nach einer bestimmten

Zeit fällig wird, alljährlich Erhebungen darüber anzustellen, ob der Grund der Überwachung noch fortdauert.

Zu §§ 10 und 26 BRAusfB. Dasselbe ist geordnet in SA. 14; WA. II 10; BdA. I § 8; HA. 16; BrA. II 6.

§ 11. Die Erbschaftssteuerlisten sind nach § 10 der Ausführungsbestimmungen des Bundesrats für jedes der beiden Halbjahre des am 1. April beginnenden Rechnungsjahres anzulegen und nach Umfluß des Zeitraums, für den sie lauten, noch 9 Monate zur Aufnahme und Erledigung der Anfälle offen zu halten. Die erstmalige Anlage hat für die Monate Juli, August und September 1906 zu erfolgen.

Die Überwachungslisten sind für eine größere Anzahl von Jahren anzulegen.

Zu den Erbschaftssteuerlisten und den Überwachungslisten sind fortlaufend nach der Buchstabenfolge geordnete Namensverzeichnisse zu führen. Die Führung solcher Namensverzeichnisse kann jedoch Rentämtern, bei denen mit Rücksicht auf die geringe Zahl der vorkommenden Anfälle ein Bedürfnis hiezu nicht besteht, von der vorgesetzten Regierungsfinanzkammer erlassen werden.

Zu §§ 10 und 26 BRAusfB. Dasselbe wie im Absatz 1 ist geordnet in HA. 6; BrA. II 3. Die gleiche Ordnung wie im Absatz 3 erster Satz findet sich in PA. I 7; SA. 9; WA. II 3; BdA. I § 10; HA. 7 und 15; BrA. II 2 und 4.

§ 12. Zur Belehrung über die Obliegenheiten wegen der Anmeldung des Erwerbs (§ 36 des Erbschaftssteuergesetzes) hat das Rentamt nach § 11 der Ausführungsbestimmungen des Bundesrats, sobald ihm ein seiner Zuständigkeit unterliegender Erwerb von Todes wegen bekannt wird, bei dem es eine Steuerpflicht als vorliegend ansieht, dem zur Anmeldung Verpflichteten eine Anleitung zur Erbfalls-Anmeldung (§ 36 des Erbschaftssteuergesetzes) zu übersenden. Die Zusendung einer solchen Anleitung kann in einfach gelagerten Fällen unterbleiben, wenn nur Auskunft über bestimmte, den Erwerb betreffende tatsächliche Verhältnisse einzuholen ist. Beruht der Erwerb auf einer von einem deutschen Gericht oder einem deutschen Notar eröffneten Verfügung von Todes wegen, so ist, da in diesem Falle eine Verpflichtung zur Anmeldung nicht besteht (§ 36 Abs. 2 des Erbschaftssteuergesetzes), die Anleitung nur dann und erst dann zu übersenden, wenn Anlaß zur Einholung einer Erbschaftssteuererklärung (§ 37 des Erbschaftssteuergesetzes) besteht.

Eine Erbschaftssteuererklärung (§ 37 des Erbschaftssteuergesetzes ist einzufordern, sofern auf Grund der Angaben in der Anmeldung oder in der Verfügung von Todes wegen die Steuerfreiheit des Erwerbs sich nicht zweifelsfrei ergibt oder die Erbschaftssteuer sich nicht ohne weiteres berechnen läßt. (§ 13 Abs. 2 der Ausführungsbestimmungen des Bundesrats.)

Zur Herbeischaffung der für die Festsetzung der Erbschaftssteuer erforderlichen Unterlagen sind die Rentämter ferner befugt, von allen auf den Nachlaß eines Erblassers bezüglichen Verhandlungen der Gerichte und Notare Einsicht zu nehmen (§ 41 des Erbschaftssteuergesetzes) sowie nach Maßgabe des § 42 des Erbschaftssteuergesetzes von den dort erwähnten Personen Auskunft über die den Erwerb betreffenden tatsächlichen Verhältnisse zu fordern.

Die Auflage eidesstattlicher Versicherungen oder eidliche Einvernahmen sind nach dem Erbschaftssteuergesetz nicht zulässig.

Zu §§ 36, 37, 41 und 42 des Gesetzes und den §§ 11 und 13 BRAusfB. Dasselbe ist geordnet in WA. II a 1 4.

§ 13. Für die Berechnung der Erbschaftssteuer ist der gemeine Wert (Verkaufswert, Verkehrswert) der Masse zur Zeit des Anfalls maßgebend. Soweit jedoch Grundstücke, die dauernd land- und forstwirtschaftlichen Zwecken zu dienen bestimmt sind, einschließlich der dazu gehörenden, denselben Zwecken dienenden Gebäude und des Zubehörs, den Gegenstand des Erwerbes bilden, wird der Berechnung der Erbschaftssteuer der Ertragswert zu Grunde gelegt (§ 16 des Erbschaftssteuergesetzes.

Als Ertragswert gilt das Fünfundzwanzigfache des Reinertrags, den die Grundstücke nach ihrer bisherigen wirtschaftlichen Bestimmung bei ordnungsgemäßer Bewirtschaftang nachhaltig gewähren können (§ 16 Abs. 2 des Erbschaftssteuergesetzes). Hinsichtlich der Berechnung des wirklichen Reinertrags sind in den §§ 20, 21 der Ausführungsbestimmungen des Bundesrats die näheren Vorschriften getroffen. Insoweit die Anwendung dieser Vorschriften nicht möglich ist, kann der Reinertrag, den die land- und forstwirtschaftlichen Zwecken dienenden Grundstücke nach ihrer bisherigen wirtschaftlichen Bestimmung bei ordnungsgemäßer Bewirtschaftung zu gewähren vermögen, durch sachverständige Schätzung ermittelt werden (§ 22 Abs. 1 der Ausführungsbestimmungen des Bundesrats).

Nach § 22 Abs. 2 der Ausführungsbestimmungen des Bundesrats kann gestattet werden, daß als Hilfsmittel für die Beurteilung der verschiedenen Bodengüte der Grundstücke, die nach der Grundsteuergesetzgebung festgesetzten Grundsteuerreinerträge benützt werden. Es ist in Aussicht genommen, für Bayern von dieser Befugnis Gebrauch zu machen. Die hiewegen im Einvernehmen mit dem Reichskanzler zu erlassenden Vorschriften werden später bekannt gegeben werden.

Zu dem § 16 des Gesetzes und den §§ 14 sowie 20 bis 22 BRAusfB.

§ 14. Werden die Wertsangaben der Beteiligten vom Rentamte nicht als dem wahren Werte entsprechend erachtet, so hat das Rentamt nach § 43 des Erbschaftssteuergesetzes zu verfahren. Den Pflichtigen bleibt es überlassen, falls sie sich durch die Anforderung der nach § 43 des Erbschaftssteuergesetzes festgesetzten Erbschaftssteuer für beschwert erachten, gegen den ergangenen Steuerbescheid gemäß § 46 des Erbschaftssteuergesetzes Beschwerde zu erheben oder den Rechtsweg (§ 57 des Erbschaftssteuergesetzes) zu betreten.

Zu § 43 des Gesetzes.

§ 15. Anträge auf Gestattung der Pauschversteuerung sind vom zuständigen Rentamte zu instruieren und sodann mit gutachtlichem Bericht der vorgesetzten Regierungsfinanzkammer behufs Einbeförderung an das Staatsministerium der Finanzen in Vorlage zu bringen.

Zu § 44 des Gesetzes. Dasselbe ist geordnet in WA. II 19; BdA. II § 50.

III. Erbschaftssteuerbescheid, Einhebung und Beitreibung der Erbschaftssteuer.

§ 16. Sobald die Erbschaftssteuer berechnet ist, erläßt das Rentamt den Erbschaftssteuerbescheid, der die im § 45 des Erbschaftssteuergesetzes und im § 25 Abs. 2 der Ausführungsbestimmungen des Bundesrats bezeichneten Angaben zu enthalten hat.

Hinsichtlich der Zustellung des Erbschaftssteuerbescheides finden die Bestimmungen im § 6 der Vollzugsvorschriften vom 25. Januar 1901 zum Gesetze vom 8. August 1878 betreffend die Errichtung eines Verwaltungsgerichtshofes und das Verfahren in Verwaltungsrechtssachen — Ges.- u. V.-Bl. 1901 S. 41 — entsprechende Anwendung mit der Maßgabe, daß die Bezeichnung der zuzustellenden Schriftstücke als „Verwaltungssache" in Wegfall zu kommen hat.

Gleichzeitig mit der Erlassung des Erbschaftssteuerbescheides hat das Rentamt die festgesetzten Erbschaftssteuerbeträge im Sollbuch (§ 39 der Ausführungsbestimmungen des Bundesrats) zu Soll zu stellen.

Zu § 45 des Gesetzes und den §§ 24 und 39 BRAusfB. Dasselbe ist geordnet in SA. 12; WA. II 7; BdA. I § 7; HA. 13.

§ 17. Nach Umfluß der im Erbschaftssteuerbescheid für die Entrichtung der Steuer bestimmten Frist (§ 45 Abs. 1 des Erbschaftssteuergesetzes) erfolgt die Einziehung der Steuer nach Maßgabe der für die Einhebung und Beitreibung der Staatsgefälle geltenden Vorschriften vorbehaltlich jedoch des § 48 des Erbschaftssteuergesetzes, wonach, wenn der Steuerpflichtige ein Deutscher ist, zum Zwecke der Einziehung der Erbschaftssteuer die Zwangsversteigerung eines Grundstücks ohne seine Zustimmung nicht stattfinden darf. Die Einlegung der Beschwerde und der weiteren Beschwerde sowie die Beschreitung des Rechtswegs durch einen Pflichtigen (§§ 46, 57 des Erbschaftssteuergesetzes) hat keine aufschiebende Wirkung.

Zur Bewilligung von Stundungen und Teilzahlungen (§ 47 des Erbschaftssteuergesetzes und § 27 der Ausführungsbestimmungen des Bundesrats) sind, falls die Bewilligung sich auf nicht mehr als drei Monate erstreckt, die Rentämter, im übrigen die Reichsfinanzkammern zuständig. Die bewilligende Behörde oder Stelle entscheidet, soweit das Gesetz nicht ein anderes bestimmt (§ 47 Abs. 2 Satz 3 und 4 des Erbschaftssteuergesetzes), zugleich auch darüber, ob und in welcher Art die Sicherheit zu leisten ist.

Die Zurücknahme einer erteilten Stundungsbewilligung (§ 47 Abs. 2 Satz 2 des Erbschaftssteuergesetzes) erfolgt durch die Behörde oder die Stelle, welche die Bewilligung erteilt hat. Werden einem Rentamte Gründe bekannt, welche die Zurücknahme einer von der Regierungsfinanzkammer bewilligten Stundung rechtfertigen, so hat das Rentamt der Regierungsfinanzkammer Anzeige zu erstatten.

Die einnahmliche Buchung der eingegangenen Erbschaftsteuerbeträge findet im Einnahmebuch (§ 39 der Ausführungsbestimmungen des Bundesrats) statt.

Zur Niederschlagung von Erbschaftssteuerbeträgen wegen Uneinbringlichkeit sind die Regierungsfinanzkammern zuständig (§ 25 Abs. 3 der Ausführungsbestimmungen des Bundesrats).

Zu den §§ 45—48 und 57 des Gesetzes sowie den §§ 25 und

27 BRAusfB. Dasselbe wie im Abs. 1 ist geordnet in PA. I 8; BdA. I § 11—14; HA. 14; wie im Abs. 2 und Abs. 3 in PA. I 9; WA. II 11; BdA. I § 15, III §§ 9—13; HA. 17; BrA. II 7.

IV. Beschwerdeverfahren, Rechtsweg, Erstattungen.

§ 18. Binnen der im § 46 des Erbschaftssteuergesetzes festgesetzten Fristen findet gegen den Erbschaftssteuerbescheid Beschwerde zur vorgesetzten Regierungsfinanzkammer und gegen die Entscheidung der Regierungsfinanzkammer weitere Beschwerde zum Staatsministerium der Finanzen statt. Außerdem ist wegen der nach dem Erbschaftssteuergesetze zu entrichtenden Erbschaftssteuern auch die Beschreitung des Rechtswegs nach näherer Maßgabe des § 57 des Erbschaftssteuergesetzes zulässig.

Die Einlegung der Beschwerde kann bei dem Rentamte, das den Steuerbescheid erlassen hat oder bei der vorgesetzten Regierungsfinanzkammer, die Einlegung der weiteren Beschwerde kann beim Rentamte, das den Steuerbescheid erlassen hat, bei der vorgesetzten Regierungsfinanzkammer oder beim Staatsministerium der Finanzen erfolgen. Auf den einkommenden Beschwerden und weiteren Beschwerden ist sofort der Tag des Einlaufs vorzumerken.

Bei den Rentämtern kann die Einlegung der Beschwerden und weiteren Beschwerden auch mündlich erfolgen; in diesem Falle sind die Erklärungen und Anträge der Beschwerdeführer unter Angabe des Datums zu Protokoll zu nehmen.

Die bei den Rentämtern eingelegten Beschwerden, sowie die bei den Rentämtern oder den Regierungsfinanzkammern eingelegten weiteren Beschwerden sind, sofern nicht das Rentamt bzw. die Regierungsfinanzkammer Abhilfe eintreten läßt (§ 46 Abs. 1, 3 des Erbschaftssteuergesetzes), alsbald samt den Akten der zur Entscheidung berufenen Stelle in Vorlage zu bringen.

Auf die Zustellung des Beschwerdebescheides findet der § 16 Abs. 2 gleichmäßig Anwendung.

Zu den §§ 46 und 57 des Gesetzes. Dasselbe ist geordnet in BdA. II §§ 43—48.

§ 19. Insoweit Anträge auf Erstattung einer zu Unrecht gezahlten Erbschaftssteuer auf dem Wege der Anfechtung des Erbschaftssteuerbescheides geltend gemacht werden, bemißt sich das Verfahren nach § 46 des Erbschaftssteuergesetzes.

Erbschaftssteuererstattungen können aber auch außerhalb des im § 46 des Erbschaftssteuergesetzes geregelten Beschwerdeverfahrens sich ergeben. Die Rentämter sind befugt, Erstattungen, die nach den §§ 18, 21 bis 25, 27 und 56 des Erbschaftssteuergesetzes unzweifelhaft begründet sind oder die auf einer offensichtlichen Unrichtigkeit beruhen, in eigener Zuständigkeit zu verfügen. Im übrigen hat die vorgesetzte Regierungsfinanzkammer die Entscheidung zu treffen (§ 29 der Ausführungsbestimmungen des Bundesrats).

Zu den §§ 18, 21—25, 27, 45, 46 und 56 des Gesetzes und dem § 29 BRAusfB. Dasselbe ist geordnet in PA. I 8; SA. 16; WA. II 14; BdA. I §§ 16 und 17, II §§ 40—42; HA. 19; BrA. II 8.

V. Schenkungen unter Lebenden.

§ 20. Schenkungen unter Lebenden unterliegen nach § 55 des Erbschaftssteuergesetzes der gleichen Steuer wie der Erwerb von Todes wegen, jedoch mit der Maßgabe, daß an Stelle der Verhältnisse des Erblassers und des Erwerbers die Verhältnisse des Schenkers und des Beschenkten berücksichtigt werden. Auf die Erhebung und Verwaltung der Steuer finden die Vorschriften über die Erbschaftssteuer Anwendung (§ 56 des Erbschaftssteuergesetzes).

Insoweit Schenkungen unter Lebenden gerichtlich oder notariell beurkundet werden, sind die Gerichte und die Notare verpflichtet dem zuständigen Rentamt oder nichtbayerischen Erbschaftssteueramt Abschriften der betreffenden Urkunden zu übersenden (§ 40 Ziff. 3 des Erbschaftssteuergesetzes, § 31 der Ausführungsbestimmungen des Bundesrats). Im übrigen ist der Beschenkte verpflichtet, die Schenkung beim zuständigen Rentamt oder nicht bayerischen Erbschaftssteueramt anzumelden (§ 36 des Erbschaftssteuergesetzes).

Die von den Gerichten und Notaren mitgeteilten sowie die von den Beschenkten angemeldeten oder die sonst zur Kenntnis des Rentamts gebrachten Schenkungen werden in das Verzeichnis der Schenkungen unter Lebenden eingetragen. Soweit sich alsdann nicht ohne weiteres ergibt, daß eine Steuerpflicht nicht in Betracht kommt (z. B. weil nur steuerfreie Personen oder steuerfreie Anfälle unter 500 Mark in Frage stehen), erfolgt der Übertrag der Schenkungen in die für Schenkungen unter Lebenden bestimmte Erbschaftssteuerhauptliste B bzw. in die Erbschaftssteuernachtragsliste B, in welchen Listen die Fälle bis zur vollständigen Erledigung festgehalten werden

Sobald die Steuer festgestellt ist, wird sie zur Überwachung der Einhebung in das zugleich auch für die übrigen Erbschaftssteuern bestimmte Sollbuch eingetragen Die wirklich eingegangenen Steuerbeträge werden in dem Einnahmebuch, in dem auch die Erbschaftssteuern vom Erwerbe von Todes wegen zur Vereinnahmung gelangen, gebucht.

Zu den §§ 40, 55 und 56 des Gesetzes und den §§ 30—33 BRAusfB. Dasselbe ist geordnet in PA. I 7; BrA. II 2.

§ 21. Der Erhebung und Verwaltung der Erbschaftssteuer von Schenkungen unter Lebenden haben die Rentämter bei der Schwierigkeit des Gegenstandes besondere Sorgfalt zuzuwenden. Insbesondere ist zu beachten, daß die Steuerpflicht der Schenkungen unter Lebenden nicht dadurch ausgeschlossen wird, daß die Schenkung zur Belohnung oder unter einer Auflage gemacht oder in die Form eines lästigen Vertrags gekleidet wird.

Geeignete Kontrolle ist namentlich in allen denjenigen Fällen zu üben, in denen eine bisher versteuerte Kapitalrente unter Berufung auf eine Kapitalshingabe an andere Personen von der Kapitalrentensteuer abgemeldet wird. Auch ist anläßlich der örtlichen Gebührenrevisionen bei den Notaren und Gerichten seitens der treffenden Prüfungskommissäre darüber zu wachen, ob alle für die Erhebung der Erbschaftssteuer von Schenkungen unter Lebenden in Betracht kommenden Beurkundungen von den Notaren und Gerichten den zuständigen Rentämtern oder nichtbayerischen Erbschaftssteuerämtern mitgeteilt wurden.

Zu § 56 des Gesetzes.

VI. Kassenbücher.

§ 22. Die Paraphierung der Sollbücher und Einnahmebücher geschieht nach Maßgabe der für die Paraphierung der rentamtlichen Kassenbücher beitehenden Vorschriften.

Die im § 39 Abs. 3 der Ausführungsbestimmungen des Buudesrats vorgeschriebene Bestätigung im Sollbuche erfolgt gelegentlich der im § 26 Abs. 2 unten erwähnten örtlichen Erbschaftssteuerprüfung durch den von der Regierungsfinanzkammer abgeordneten Prüfungskommissär.

Zu § 39 BRAusfB. Dasselbe ist geordnet in PA. I 8; WA. II 16; HA. 22; BrA. II 5.

VII. Verrechnung und Ablieferung.

§ 23. Die Grundlage für die Berechnung der Erbschaftssteuer bildet das Einnahmebuch (§ 39 der Ausführungsbestimmungen des Bundesrats). Das Einnahmebuch ist am letzten eines jeden Monats abzuschließen. Auf Grund dieses Abschlusses haben die Rentämter eine Deklaration über die Isteinnahme an Erbschaftssteuer in dem betreffenden Monat nach dem anruhenden Muster III anzufertigen, wobei als Anteil Bayerns (Rubr. 4) ein Drittel und als Anteil des Reichs (Rubr. 5) der Betrag von zwei Dritteilen der in Rubrik 3 ausgewiesenen Einnahme vorzutragen ist. Diese Deklarationen bringen die Rentämter bis zum 4. des folgenden Monats der vorgesetzten Regierungsfinanzkammer in Vorlage. Die Regierungsfinanzkammern stellen auf Grund der rentamtlichen Deklarationen eine Deklaration nach gleichem Muster für den Regierungsbezirk her. Hierin sind die Einnahmen lediglich summarisch ohne Ausscheidung auf die einzelnen Rentämter vorzutragen. In den Deklarationen der Regierungsfinanzkammern für die Monate Juni, September und Dezember ist auch der Gesamtbetrag der bis dahin seit Beginn des Rechnungsjahres angefallenen Einnahmen sowie der Anteil Bayerns und des Reichs hieran auszuweisen. Von diesen Deklarationen senden die Regierungsfinanzkammern bis spätestens 10. eines jeden Monats je ein Exemplar an die Hauptbuchhalterei des Reichsschatzamts, an das Staatsministerium der Finanzen und die Zentralstaatskasse ein. Ein Exemplar ist auch der einschlägigen Kreiskasse mitzuteilen.

§ 24. Am Schlusse eines jeden Rechnungsvierteljahres haben ferner die Rentämter eine Übersicht der Einnahmen an Erbschaftssteuer nach dem anruhenden Muster IV anzufertigen. Hierin sind die gesamten Einnahmen an Erbschaftssteuern für den jedesmal abgelaufenen Teil des Rechnungsjahrs, also z. B. in der Übersicht für das 1. bis 3. Vierteljahr die Einnahmen für April bis einschließlich Dezember, auszuweisen; als Anteil Bayerns (Rubr. 4) ist ein Drittel (nach Reichsgesetz vom 15. Juli 1909 ein Viertel), als Anteil des Reichs (Rubr. 5) der Betrag von zwei Dritteilen (drei Viertel) der in Rubrik 3 ausgewiesenen Einnahme einzustellen. Diese Übersichten werden bis zum 4. Juli, 4. Oktober, 4. Januar und 4. Mai jeden Jahres der vorgesetzten Regierungsfinanzkammer in Vorlage gebracht. Die Regierungsfinanzkammern weisen den in Rubrik 4 der Übersichten ausgewiesenen Betrag der Bayern verbleibenden Einnahme zur einnahmlichen Verrechnung in den Staatsfondsrechnungen der einzelnen Rentämter ein und stellen sodann eine

Übersicht nach dem anruhenden Muster 13 zu dem Bundesratsbeschluß vom 28. Juni 1906 — § 545 der Protokolle — für den Regierungsbezirk auf. Je ein Exemplar dieser Übersicht ist bis spätestens 15. Juli, 15. Oktober, 15. Januar und 15. Mai jeden Jahres an den Ausschuß des Bundesrats für das Rechnungswesen zu Händen des Kaiserlichen Zoll- und Steuer-Rechnungsbureaus in Berlin, an das Staatsministerium der Finanzen und die Zentralstaatskasse zu übersenden. Ein Exemplar der Übersicht ist auch der Kreiskasse mitzuteilen.

Dem Staatsministerium der Finanzen ist bis zum 20. Oktober eines jeden Jahres anzuzeigen, ob die von den Regierungsfinanzkammern für das 1. bis 4. Viertel des abgelaufenen Rechnungsjahres aufgestellte Übersicht infolge der Revision und Superrevision einer Vervollständigung oder Berichtigung bedarf. Bedarf die Übersicht einer Berichtigung, so ist eine schließliche Übersicht nach dem Muster 13 zum Bundesratsbeschluß vom 28. Juni 1906 anzufertigen und bis längstens 1. November an den Ausschuß des Bundesrats für das Rechnungswesen zu Händen des Kaiserlichen Zoll- und Steuer-Rechnungsbureaus und an das Staatsministerium der Finanzen einzusenden. Gleichzeitig sind die abrechnenden Kassen behufs Berichtigung ihrer Abrechnungen mit der Zentralstaatskasse sowie die Zentralstaatskasse behufs Berichtigung ihrer Abrechnung mit der Reichshauptkasse durch Mitteilung eines Exemplars der schließlichen Übersicht zu verständigen.

§ 25. Gleichzeitig mit der Einsendung der den Regierungsfinanzkammern zum 4. Juli, 4. Oktober, 4. Januar und 4. April jeden Jahres vorzulegenden Deklarationen liefern die Rentämter den an das Reich abzuführenden Teil der im verflossenen Vierteljahre aufgekommenen Erbschaftssteuereinnahme an die Kreiskasse ab. Von den Kreiskassen werden sodann die dem Reiche gebührenden zwei Dritteile (drei Viertel) der Erbschaftssteuereinnahme des Regierungsbezirks bis 10. Juli, 10. Oktober, 10. Januar und 10. April jeden Jahres an die Zentralstaatskasse geliefert.

Die Ablieferung an die Reichshauptkasse und die Abrechnung mit dieser wird von der Zentralstaatskasse nach Maßgabe der hiefür bestehenden Vorschriften bewirkt.

Die buchmäßige Behandlung der Ablieferungen erfolgt bei den Kreiskassen und Rentämtern in den Staatsfondskassebüchern.

Die §§ 23—25 enthalten eine besondere Landesordnung über die Verrechnung und Ablieferung (auch an das Reich) der Erbschaftssteuer, welche unmittelbar in keiner Beziehung zu einem Paragraphen des Gesetzes oder der BRAusfB. steht.

VIII. Prüfungsverfahren.

§ 26. Hinsichtlich der Prüfung der Erbschaftssteuerlisten und Kassenbücher (Sollbücher, Einnahmebücher) hat es bei den im § 41 Abs. 1 Satz 1 und 2, § 41 Abs. 2 und § 42 der Ausführungsbestimmungen des Bundesrats getroffenen Anordnungen zu bewenden, wonach diese Behelfe innerhalb 4 Wochen nach dem für ihren Abschluß bestimmten Zeitpunkt beziehungsweise nach Ablauf des Rechnungsjahres zur Prüfung an die Regierungsfinanzkammern einzusenden sind.

Dagegen wird auf Grund des § 41 Abs. 4 der Ausführungsbestimmungen des Bundesrats verfügt, daß die Durchsicht der Totenlisten und Totenbeilisten, die Durchsicht der Verzeichnisse über die Schenkungen unter Lebenden, dann die Prüfung der auf das Erbschaftssteuerwesen bezüglichen Akten in Bayern nach Maßgabe der über die örtliche Prüfung des Gebührenwesens bestehenden Vorschriften am Sitz der Rentämter durch abgeordnete Kommissäre der Regierungsfinanzkammern erfolgt.

Bei der Prüfung der Kassebücher (§ 42 der Ausführungsbestimmungen des Bundesrats) ist ein besonderes Augenmerk darauf zu richten, ob die von den Rentämtern während des Rechnungsjahres erstatteten Deklarationen und Vierteljahrsübersichten mit den bezüglichen Abschlüssen des Einnahmebuchs sich in Übereinstimmung befinden.

Mit den Kassebüchern sind alljährlich auch die Überwachungslisten samt Belegen den Regierungsfinanzkammern zur Prüfung in Vorlage zu bringen.

Zu den §§ 41 und 42 BRAusfB. Dasselbe ist geordnet in PA. I 7; SA. 19; HA. 23; BrA. II 9.

§ 27. Ergeben sich aus Anlaß der Prüfungsverhandlungen Nachholungen an Erbschaftssteuern, so sind die Nachholungsbeträge im Sollbuche zu Soll zu stellen und nach Einzahlung im Einnahmebuche zu verbuchen. Rückvergütungen (Erstattungen) sind im Sollbuch (Rubrik 8) in Abgang zu bringen und in ein mit dem Rubrikenbau des Einnahmebuchs zu versehendes Rückvergütungsregister einzustellen. Das Rückvergütungsregister wird allmonatlich abgeschlossen und die Summe der Rückvergütungen beim jeweiligen Monatsabschlusse des Einnahmebuchs an der Summe der Einnahmen gekürzt.

Zu § 29 BRAusfB. Dasselbe ist geordnet in PA. I 8; SA. 16; WA. II 14; BdA. I §§ 16 und 17, II §§ 40—42; HA. 19; BrA. II 8.

IX. Kosten.

§ 28. Die Kosten des amtlichen Verfahrens in Erbschaftssteuersachen fallen, insoweit nicht im § 42 Abs. 4 und im § 43 Abs. 2 des Erbschaftssteuergesetzes ein anderes bestimmt ist, der Staatskasse zur Last. (§ 53 des Erbschaftssteuergesetzes, § 37 der Ausführungsbestimmungen des Bundesrats).

Die Staatskasse trägt auch die Kosten für die in den Ausführungsbestimmungen des Bundesrats sowie in gegenwärtiger Bekanntmachung angeordneten Formulare mit Ausnahme jedoch der Kosten für die Formulare zu den von den Standesämtern einzusendenden Totenlisten sowie mit Ausnahme der Kosten für die von den Notaren zu ihren Mitteilungen zu benützenden Formulare.

Die Kosten für die Formulare zu den gerichtlichen Mitteilungen werden bei den Gerichten aus den gerichtlichen Regiemitteln beziehungsweise aus den Regieaversen der Gerichtsvorstände bestritten. Die übrigen von der Staatskasse zu tragenden Kosten für Formulare werden bei den Rentämtern samt den der Staatskasse zur Last fallenden Kosten des amtlichen Verfahrens (Abs. 1) in ein Verzeichnis eingestellt, das gleichzeitig mit dem zum 4. Juli, 4. Oktober, 4. Januar und 4. Mai jeden Jahres zu erstattenden Übersichten (§ 24) der Regierungsfinanzkammer zur Prüfung und Einweisung in Vorlage zu bringen ist. Die

Einweisung erfolgt auf sächliche Ausgaben auf die Erbschaftssteuern (T. II Abt. III Abschn. II Ziff. III Kap. 1. § 2 der Staatsfonds-Rechnung).

Zu § 53 des Gesetzes und § 37 BRAusfB. Dasselbe ist geordnet in WA. II 15; BdA. I § 18; HA. 14.

X. Schluß- und Übergangsbestimmungen.

§ 29. Nach § 60 des Erbschaftssteuergesetzes vom 3. Juni 1906 treten die Vorschriften der Landesgesetze, welche die Erhebung einer Abgabe von dem den Gegenstand der Erbschaftssteuer bildenden Erwerbe von Todes wegen sowie von Schenkungen unter Lebenden oder den über solche Schenkungen ausgestellten Urkunden betreffen, insoweit außer Kraft als den Bundesstaaten nicht die Erhebung besonderer Abgaben (§ 59 des Erbschaftssteuergesetzes) überlassen ist. Nach § 61 des gleichen Gesetzes bestimmt sich ferner die Steuerpflicht für einen Erwerb, der bereits zur Zeit des Inkrafttretens des Erbschaftssteuergesetzes begründet ist, noch nach den bisherigen Gesetzen

Hiernach sind mit dem 1. Juli 1906 außer Kraft getreten:

1. Das bayerische Gesetz über die Erbschaftssteuer vom 18. August 1879 in der Fassung der Bekanntmachung vom 11. November 1899, soweit es sich nicht handelt:

a) um Erwerbe, welche bereits zur Zeit des Inkrafttretens des Erbschaftssteuergesetzes vom 3. Juni 1906 (1. Juli 1906) begründet waren. Hierunter fällt der Erwerb durch den Eintritt einer Nacherbfolge oder einer aufschiebenden Bedingung auch dann, wenn zwar der Eintritt der Nacherbfolge oder der aufschiebenden Bedingung erst nach dem Inkrafttreten des Erbschaftssteuergesetzes vom 3. Juni 1906, der Tod des Erblassers aber noch unter der Herrschaft des bayerischen Erbschaftssteuergesetzes stattgefunden hat. Dagegen kann ein Erwerb durch den Eintritt eines Lehens- oder Fideikommißfalles nicht früher als mit dem Eintritt des Lehens- oder Fideikommißfalles als begründet angesehen werden, da die Errichtung des Lehens oder Fideikommisses nicht schon als Grund des Erwerbs im Sinne des § 61 des Erbschaftssteuergesetzes vom 3. Juni 1906 gilt;

b) um nach dem 30. Juni 1906 begründete Erwerbe, bei denen der Anfall an leibliche Eltern, Großeltern und entferntere Voreltern gelangt und den Betrag von 10000 Mark nicht übersteigt. Soweit jedoch der Anfall in Sachen besteht, die die leiblichen Eltern, Großeltern und entfernteren Voreltern ihren Abkömmlingen durch Schenkung oder Übergabevertrag zugewandt hatten (§ 11 Nr. 4g des Erbschaftssteuergesetzes vom 3. Juni 1906) unterliegt er dem bayerischen Erbschaftssteuergesetze nicht.

2. Die Gesetze vom 9. Juli 1904 und vom 24. Dezember 1905 (Ges.- u. V.-Bl. 1904 S. 235, 1905 S. 699), soweit nach diesen Gesetzen zu der Erbschaftssteuer ein Zuschlag erhoben wird. Unberührt bleibt jedoch die Erhebung des Zuschlags in denjenigen Fällen, in denen nach Ziffer 1 vorstehend das bayerische Erbschaftssteuergesetz vom 18. August 1879 in der Fassung der Bekanntmachung vom 11. November 1899 anzuwenden ist.

3. Der Art. 145 des Gesetzes über das Gebührenwesen in der Fassung der Bekanntmachung vom 11. November 1899 soweit es sich um Notariatsurkunden über steuerpflichtige Schenkungen unter Lebenden handelt. Wird

mithin eine steuerpflichtige Schenkung unter Lebenden notariell beurkundet, so wird für das Schenkungsversprechen eine Staatsgebühr nicht mehr erhoben.

Dagegen bleiben insbesondere unberührt:

1. Die Vorschriften des Gebührengesetzes über die Gebühren für die Errichtung, Beurkundung, Übernahme und Eröffnung der Verfügungen von Todes wegen (vergl. insbesondere Art. 111, 163, 164, 166 des Gebührengesetzes in der Fassung der Bekanntmachung vom 11. November 1899).

2. Die Vorschriften des Gebührengesetzes über die Gebühren für dingliche Rechtsänderungen, auch wenn die Rechtsänderung auf einer Verfügung von Todes wegen oder einem Schenkungsversprechen beruht. Insbesondere sind also die Auflassung, durch welche einem Miterben im Vollzug einer Erbteilung ein Nachlaßgrundstück übereignet wird (vergl. Art. 118, 146, 147 des Gebührengesetzes) oder durch welche der Schenker dem Beschenkten das geschenkte Grundstück übereignet, ferner die Zuweisung einer zum Nachlasse gehörenden Hypothek an einen Miterben, die Bestellung bezw. Eintragung einer Hypothek, Grundschuld oder einer wiederkehrenden Geldleistung oder die Verpfändung oder Abtretung einer Hypothek oder Grundschuld auf Grund einer Schenkung (vergl. insbesondere Art. 119 des Gebührengesetzes) auch künftighin mit den im Gebührengesetze vorgeschriebenen Gebühren zu belegen.

3. Die Vorschriften über die Gebühren für die Auseinandersetzung eines Nachlasses oder des Gesamtguts einer ehelichen oder fortgesetzten Gütergemeinschaft.

4. Die Besitzveränderungsgebühren (Art. 249, 250 des Gebührengesetzes) insbesondere die von der Erbgemeinschaft geschuldeten.

In den in Abs. 2 Ziffer 1a vorstehend bezeichneten Fällen bleiben auch die bisherigen Vollzugsvorschriften zum bayerischen Erbschaftssteuergesetze (Min.-Bekanntmachung vom 27. Dezember 1899 — Fin.-Min.-Bl. S. 341 und ff. —) in Kraft.

Zu den §§ 60 und 61 des Gesetzes. Dasselbe ist geordnet in PA. I 3, II 1, III; SA. Anh. II; WA. III a; BdB. II § 57; HA. 24; BrA. II Anh. 1.

Abs. 2 Ziff. 1 b: Daß Erbanfälle, welche an die leiblichen Eltern des Erblassers gelangen und den Wert von 10 000 Mk. nicht übersteigen, in Bayern in bisheriger Weise der landesgesetzlichen Besteuerung unterliegen, ist ausdrücklich anerkannt in dem Beschl. d. Bayer. VGH. vom 24. Mai 1909 Nr. 97 III/08 (BlfVF. 1909 S. 276). Vgl. zu der Frage den unter der Bezeichnung E. A. erschienenen Aufsatz BlfBF. 1907 S. 33 ff.

Abs. 3 Ziff. 4: Durch Entsch. Bayer. Staatsministeriums der Finanzen vom 3. September 1910 Nr. 24 926 ist zusätzlich folgendes bestimmt: Es sind Zweifel über die fortdauernde Anwendbarkeit der Bek. vom 19. Dezember 1902, den Vollzug des Gesetzes über die Erbschaftssteuer betr. (JMBl. 1902 S. 226, FinMBl. 1903 S. 7) aufgetaucht. Im Einverständnis mit dem K. Ministerium der Justiz ist das Ministerium der Finanzen der Ansicht beigetreten, daß die erwähnte Bekanntmachung für die Fälle noch fortgilt, in denen es sich um einen Erwerb handelt, der zur Zeit des Inkrafttretens des RErbStG. bereits begründet war, während sie für spätere Erwerbe auch dann durch die Bek. vom 10. August 1906 (GVBl. 1906 S. 509) ersetzt worden ist, wenn der Erwerb der im früheren Bayerischen Erbschaftssteuergesetze bestimmten Steuer unterliegt.

§ 30. Die Erbschaftssteuerbeträge, die auf Grund der Vorschriften in den §§ 60, 61 des Erbschaftssteuergesetzes vom 3. Juni 1906 nach dem Inkrafttreten dieses Gesetzes noch nach Maßgabe der bisherigen bayerischen Gesetzesbestimmungen veranlagt werden (vergl. § 29 Abs. 2 Ziff. 1 a, b) sind ebenso wie auch die in diesen Fällen nach den Gesetzen vom 9. Juli 1904 und vom 24. Dezember 1905 noch zur Erhebung gelangenden Zuschläge (vergl. § 29 Abs. 2 Ziff. 2) nicht in die für die Erbschaftssteuer nach dem Gesetze vom 3. Juli 1906 vorgeschriebenen Einnahmebücher sowie in die in den §§ 23, 24 vorstehend erwähnten Deklarationen und Übersichten einzustellen, sondern in Anwendung der §§ 15 bis 17 und des § 24 Abs. 1 der bisherigen Vollzugsvorschriften zum bayerischen Erbschaftssteuergesetze (Min.-Bekanntmachung vom 27. Dezember 1899) gesondert nachzuweisen und für die bayerische Staatskasse zu verrechnen.

Zu den §§ 60 und 61 des Gesetzes. Dasselbe ist geordnet in PA. I 8: BdA. II § 58, III § 19: HA. 24; BrA. II 5.

Königreich Sachsen.

Bei Inkrafttreten des REStG. wurden die erforderlichen Vollzugsvorschriften durch die Generalverordnung der Königl. Zoll- und Steuerdirektion vom 30. Juni 1906, Vorschriften zum Vollzuge des EStG. vom 3. Juni 1906 betreffend, Nr. 1397 D a gegeben, welche nebst Anlagen in der ersten Auflage zum Abdruck gebracht ist. Nachdem zunächst eine die Ziffer 11 berührende Änderung durch Generalverordnung vom 17. Juni 1907 Nr. 957 G b (Sächs. VBl. 1907 S. 189) getroffen war, wurde unter Aufhebung der bisherigen Vorschriften eine vollständige Neuregelung durch die nachstehende Generalverordnung vorgenommen.

Generalverordnung der Kgl. Zoll- und Steuerdirektion vom 8. Oktober 1907, Vorschriften zum Vollzuge des Erbschaftssteuergesetzes vom 3. Juni 1906 betreffend, Nr. 1969 G.

(Verordnungsblatt der Kgl. Sächsischen Zoll- und Steuerdirektion, Jahrgang 1907, 9. Stück, S. 233 ff.)

Mit Genehmigung des Königlichen Finanzministeriums wird die Generalverordnung vom 30. Juni 1906 Nr. 1397 D a (ZVB. S. 1409 flg.) in Verbindung mit der Generalverordnung vom 17. Juni 1907 Nr. 937 G b (ZVB. S. 189) aufgehoben und durch folgende Bestimmungen ersetzt.

1. Amtliche Ausfertigungen in Erbschaftssteuersachen sind von den zu Erbschaftssteuerämtern bestellten Hauptzollämtern mit der Unterschrift „Hauptzollamt als Erbschaftssteueramt“ zu vollziehen.

Zu § 34 des Gesetzes und § 1 BRAusfB. Dasselbe ist geordnet in PA. I 1; ByA. § 1; WA. I; BdA. I § 1; HA. 1; BrA. I u. II 1.

2. (1) Bei Ermittelung des Werts steuerpflichtiger Erwerbe ist zwar einerseits im Auge zu behalten, daß das fiskalische Interesse eine möglichst zutreffende Wertsermittelung erheischt; anderseits ist aber auch der Rücksicht auf die Steuerpflichtigen tunlichst Rechnung zu tragen.

(2) In Fällen, in denen sich die Erbschaftssteuerämter mit der Wertangabe der Beteiligten nicht begnügen zu können meinen, ist nach folgenden Grundsätzen zu verfahren. Sind die in Frage kommenden Vermögensbestandteile früher schon aus einem anderen Anlasse von einem zuverlässigen Sachverständigen abgeschätzt worden, so wird es in der Regel unbedenklich sein, den hierbei ermittelten Wert, gegebenenfalls unter Berücksichtigung der inzwischen etwa eingetretenen Umstände, die eine Erhöhung oder Verminderung herbeigeführt haben, auch der Steuerfestsetzung zugrunde zu legen. Bei Grundstücken wird der aus den Grundakten zu ermittelnde letzte Kaufpreis öfters einen brauchbaren Anhalt für die Wertsermittelung bieten. Ist jedoch eine besondere Abschätzung von Vermögensbestandteilen unter Zuziehung von Sachverständigen im Steuerinteresse unerläßlich, so ist sie auf dem einfachsten und mindest kostspieligen Wege und ohne formale

Weitläufigkeiten auszuführen. Insbesondere werden übertrieben ausführliche und technisch ins Einzelne gegliederte Gutachten, bei Grundstücken auch die vielfach üblichen eingehenden Beschreibungen fast in allen Fällen entbehrt werden können.

Zu § 43 Abs. 1 des Gesetzes.

3. (1) Die Vorstände der Erbschaftssteuerämter haben das Recht zur straffreien Erledigung von Zuwiderhandlungen innerhalb der für diese Befugnis in Zollstrafsachen gezogenen Grenzen.

(2) Eingebrachte Strafbeträge mit Einschluß der auf Grund von § 42 Abs. 4 des Erbschaftssteuergesetzes aufgekommenen Ordnungsstrafen sind in sächsischen Urkundenstempelmarken zu den Akten zu verwenden.

Zu § 51 des Gesetzes.

4. (1) Die in Spalte 4 unter b) und in den Spalten 8, 10 bis 14 der Totenlisten enthaltenen Angaben der Standesämter sind nicht unter allen Umständen als maßgebend anzusehen. Die in § 7 Abs. 1 der Ausführungsbestimmungen vorgeschriebene Prüfung hat sich deshalb nicht nur auf die Vervollständigung der Totenlisten in Ansehung der von den Standesämtern nicht beantworteten Fragen, sondern gegebenenfalls auch auf die Richtigstellung solcher von den Standesämtern eingetragener Angaben der Beteiligten zu erstrecken, die dem Erbschaftssteueramte nicht ohne weiteres als zuverlässig, glaubwürdig und erschöpfend erscheinen.

(2) Die Standesämter sind nur um solche Auskünfte zu ersuchen, die sie aus den Standesregistern zu erteilen vermögen. Um die Vornahme von Befragungen oder sonstigen Erörterungen sind die Standesämter auch dann nicht anzugehen, wenn sie der Vorschrift in § 2 Abs. 7 Satz 2 der Ausführungsbestimmungen nicht oder nicht genügend nachgekommen sind.

Zu § 40 Abs. 1 des Gesetzes, sowie zu § 2 Abs. 7 und § 7 Abs. 1 BRAusfB. Gleiche Ordnung WA. II a I 1 u. 2.

5. Die Totenlisten sind vierteljahrsweise, die Totenbeilisten sind jahrsweise je mit den zugehörigen Freibelegen in der vorgeschriebenen Reihenfolge in Sammelakten einzuheften. An Stelle des Einheftens in Sammelakten ist auch das bloße Zusammenschnüren zu Aktenbündeln zulässig; es ist jedoch solchenfalls durch eine Aufschrift auf einem besondern Deckblatte der Bündel genau anzugeben, welchem Vierteljahre oder Jahre die Listen und Belege angehören.

Zu § 7 Abs. 2 und § 8 BRAusfB. Gleiche Ordnung WA. II a I 1 u. 2.

6. Maßgebend für die Eintragungen in die Totenbeiliste oder in das Verzeichnis der Schenkungen unter Lebenden ist nicht der Tag des Todesfalls oder der Schenkung sondern der Tag des Eingangs der Mitteilung oder der Anmeldung beim Erbschaftssteueramte (Spalte 2 der Muster 2 und 10 zu den Ausführungsbestimmungen).

Zu § 8 und § 32 BRAusfB.

7. Die Eintragung eines Erbfalls oder einer Schenkung in die Erbschaftssteuerliste hat, wenn nicht der Fall bis dahin nach § 7 Absatz 2, 3 der Ausführungsbestimmungen erledigt ist, spätestens drei Monate nach dem Tage zu erfolgen, an dem die Anzeige beim Erbschaftssteueramte eingegangen ist.

Zu § 9 und § 33 Abs. 1 BRAusfB.

8. Rechnungsjahr für das Erbschaftssteuerwesen ist das Reichsrechnungsjahr.

Zu § 10 Abs. 1 BRAusfB.

9. Zu den Erbschaftssteuerlisten und der Überwachungsliste sind nach der Buchstabenfolge geordnete Namensverzeichnisse mit der Feder anzulegen, die die Angaben in den Spalten 1, 4 bis 7 der Erbschaftssteuerlisten bez. in den Spalten 1, 3, 4 der Überwachungsliste sowie die Bezeichnung des in Gemäßheit der Ziffer 16 Absatz 4 gebildeten Aktenzeichens zu enthalten haben.

Zu § 10 Abs. 6 und § 26 Abs. 2 BRAusfB. Die gleiche Ordnung haben PA. I 7; ByA. § 11; WA. II 3; BdA. I § 10; HA. 7 und 15; BrA. II 4.

10. (1) Für die Anmeldung steuerpflichtiger Erwerbsfälle sind den Beteiligten auf Verlangen Vordrucke nach den unter A und B beigefügten Mustern unentgeltlich zur Verfügung zu stellen.

(2) In geeigneten Fällen haben die Erbschaftssteuerämter bei Hinausgabe von Anleitungen nach Muster 4 der Ausführungsbestimmungen und bei Erlaß von Aufforderungen zur Abgabe von Steuererklärungen die entsprechenden Vordrucke zur Benutzung durch die Beteiligten beizufügen.

Zu § 11, § 12 Abs. 5 und 6, §§ 34 und 35 BRAusfB. Das Gleiche ist geordnet in WA. II 4. Die beigefügten Muster A und B sind die gleichen geblieben wie früher.

11. Hatte der Erblasser in Sachsen mehrere Wohnsitze, und entstehen aus diesem oder einem anderen Grunde Meinungsverschiedenheiten zwischen verschiedenen sächsischen Erbschaftssteuerämtern über die Zuständigkeit für die Erhebung der Erbschaftssteuer, so wird das zuständige Erbschaftssteueramt von der Zoll- und Steuerdirektion bestimmt.

Zu § 12 Abs. 2 BRAusfB.

12. (1) Die Zustellung des Erbschaftssteuerbescheids erfolgt entweder

a) durch die Post nach den Bestimmungen über die Bestellung von Briefen mit Zustellungsurkunde im Wege der vereinfachten Zustellung oder

b) durch Aushändigung des Bescheids an den Beteiligten (§ 24 Abs. 2 der Ausführungsbestimmungen) zu Protokoll des Erbschaftssteueramts oder einer von diesem darum ersuchten Behörde oder damit beauftragten Dienststelle.

(2) Als Zustellung gilt auch die mündliche Bekanntgabe des Bescheids an den Beteiligten zu Protokoll des Erbschaftssteueramts oder einer von diesem darum ersuchten Behörde oder damit beauftragten Dienststelle. Dem Beteiligten soll hierbei eine Ausfertigung des Bescheids ausgehändigt werden, sofern er nicht ausdrücklich darauf verzichtet.

(3) Hat die Zustellung des Erbschaftssteuerbescheids oder Steuerbescheids im Auslande zu erfolgen, so geschieht sie durch Einschreibsendung mit Rückschein gemäß § 26 der Postordnung vom 20. März 1900 (GVB. S. 128). Ist dies nach den postalischen Vorschriften unzulässig, so ist dem Königlichen Finanzministerium durch Vermittelung der Zoll- und Steuerdirektion Anzeige zu erstatten.

(4) Die Vorschriften der Absätze 1 bis 3 finden auf die Bekanntgabe des Auszugs aus dem Erbschaftssteuerbescheide oder Steuerbescheide (§ 24 Abs. 3 der Ausführungsbestimmungen) und der Erteilung einer Stundung (§ 57 des Erbschaftssteuergesetzes) entsprechende Anwendung.

Zu §§ 45 und 57 des Gesetzes, sowie zu § 24 BRAusfB. Dasselbe ist geordnet in ByA. § 16; WA. II 7; BdA. I § 7; HA. 13.

13. Die Erbschaftssteuerämter sind befugt, auf Ansuchen die in Erbschaftssteuerbescheiden oder Steuerbescheiden nach § 45 des Erbschaftssteuergesetzes bestimmten Fristen auf längstens drei Monate, vom Tage der Zustellung des Bescheids ab gerechnet, zu erstrecken, sofern nicht im einzelnen Falle das Steuerinteresse gefährdet erscheint.

Zu § 45 des Gesetzes.

14. (1) Die Überwachungsliste ist fortlaufend zu führen.

(2) Die Erhebungen darüber, ob die Gründe für die Überwachung der eingetragenen Erwerbsfälle noch fortdauern, sind in jedem Jahre einmal anzustellen, und zwar sind die Erörterungen, sofern dazu nicht schon zeitiger Anlaß gegeben war, jährlich spätestens zu Anfang des Monats einzuleiten, in dem die Erwerbsfälle in die Liste aufgenommen worden sind.

Zu § 26 Abs. 1 und 3 BRAusfB. Dasselbe ist geordnet ByA. § 10; WA. II 10; BdA. I § 8; HA. 16; BrA. II 6.

15. Auf Sicherheitsleistungen in Erbschaftssteuersachen finden, soweit sich nicht aus dem Erbschaftssteuergesetze und den Ausführungsbestimmungen Abweichendes ergibt, die Vorschriften der Stundungsordnung für Reichsabgaben vom 24. Dezember 1906 — ZBB. S. 1711 ff. — Teil I §§ 10 bis 15 und Teil II § 38 nebst den dazu ergangenen Ausführungsvorschriften sowie den etwaigen sie abändernden und ergänzenden Bestimmungen entsprechende Anwendung.

Zu § 47 des Gesetzes, sowie zu § 27 Abs. 1 und § 28 BRAusfB. Dasselbe ist geordnet in PA. I 8; WA. II 12; BdA. I §§ 9 und 17, II §§ 36—38, III § 16; HA. 18.

16. Für das Verfahren bei der Erstattung von Erbschaftssteuern finden, soweit sich nicht aus dem Erbschaftssteuergesetze und den Ausführungsbestimmungen Abweichendes ergibt, die Vorschriften über das Verfahren bei Erstattung der anderen für Reichsrechnung erhobenen Abgaben entsprechende Anwendung.

Zu den §§ 18, 21—25, 27, 45 und 56 des Gesetzes und zu § 29 Abs. 3 BRAusfB. Dasselbe ist geordnet PA. I 8; ByA. §§ 19 und 27; WA. II 14; BdA. I §§ 16 und 17, II §§ 40—42; HA. 19; BrA. II 8.

17. (1) Alle Benachrichtigungen über Sterbefälle und über Schenkungen sind zunächst in die allgemeine hauptzollamtliche Registrande einzutragen und dann unverzüglich daraufhin zu prüfen, ob die angezeigten Fälle ohne weiteres nach § 7 Absatz 2, 3 der Ausführungsbestimmungen erledigt werden können. Soweit dies zutrifft, ist die zu fassende und kurz zu begründende Entschließung auf der Benachrichtigung selbst niederzuschreiben. Für die übrigen Fälle ist — für jeden besonders — ein Aktenbogen anzulegen, der mit dem Hinweise auf die Benachrichtigung zu beginnen und deren wesentlichen Inhalt nachrichtlich wiederzugeben hat. Soweit dem Falle eine in die Totenbeiliste einzutragende Benachrichtigung zugrunde liegt und diese nur einen Erbschaftssteuerfall betrifft, ist die Benachrichtigung selbst als Aktenbogen zu verwenden. Hierauf sind diese Steuerfälle in eine besondere Registrande, das Erbschaftssteuerregister, nach der Zeit ihres Eingangs fortlaufend numeriert, einzutragen. Alle weiteren Eingänge, Beschlüsse und Abgänge in diesen Sachen sind nicht mehr in der Hauptregistrande sondern im Erbschaftssteuerregister und zwar hinter dem ersten jede Sache betreffenden Eintrage, wieder in sich fortlaufend numeriert, in derselben Art nachzuweisen, wie es hinsichtlich der Prozeßvorgänge im Prozeßregister geschieht.

(2) Das Erbschaftssteuerregister ist für das Reichsrechnungsjahr zu führen. Ein Abschluß des Registers am Jahresende ist nicht erforderlich; das Register bleibt für unerledigte Sachen ohne zeitliche Beschränkung offen

(3) Im übrigen ergibt sich die Art und Weise der Führung des Erbschaftssteuerregisters aus den Vordrucken dazu, die auf dem geordneten Wege zu beziehen sind.

(4) Aus den Buchstaben ER, der Registernummer und dem Jahre des Eintrags in das Register ist für jeden eingetragenen Erbschaftssteuerfall ein Aktenzeichen zu bilden, das links oben auf dem ersten Aktenblatte anzubringen ist. Darunter sind mit roter Tinte die Eintragungen der Sache in die nach den Ausführungsbestimmungen zu führenden Listen und Register abgekürzt zu vermerken.

(5) Soweit die Eingänge, Beschlüsse und Abgänge der Erbschaftssteuerämter nicht im Erbschaftssteuerregister nachzuweisen sind, haben sie Aufnahme in der Hauptregistrande zu finden.

Zu § 38 Abs. 1 BRAusfB. Dasselbe ist geordnet in BdA. I §§ 20 u. 21, II §§ 5 und 6.

18. Das Sollbuch hat tunlichst der Hauptzollamtskontrolleur, das Einnahmebuch hat in der Regel der Hauptzollamtsrendant zu führen.

Zu § 39 Abs. 1 BRAusfB. Dasselbe ist geordnet in WA. II 16; HA. 14 c.

19. Die Prüfung der Totenlisten, Totenbeilisten und Freibelege erfolgt jährlich mindestens einmal durch die Oberbehörde.

Zu § 41 Abs. 3 BRAusfB. Dasselbe ist geordnet in ByA. § 26; HA. 23; BrA. II 9.

20. (1) Die Erbschaftsteuer ist in den Kassenbüchern der Erbschaftssteuerämter, den Verwaltungsabschlüssen und im Anhange zur Staatshaushaltsrechnung in der durch die Übersicht der Einnahme an Reichssteuern bestimmten Reihenfolge nachzuweisen.

(2) Die Erbschaftssteuer ist von den Erbschaftssteuerämtern kassenmäßig so zu behandeln, als ob sie ihrem vollen Ertrage nach eine Reichseinnahme wäre.

Anhang:

I. Zur Ergänzung der vorstehenden Generalverordnung ist später erlassen die folgende

Generalverordnung der Kgl. Generalzolldirektion vom 26. November 1909, Vereinfachungen in der registrandenmäßigen Behandlung der Erbschaftssteuersachen betreffend.

(Sächs. VBl. 1909 S. 1146.)

Mit Genehmigung des Königlichen Finanzministeriums wird unter Aufhebung der entgegenstehenden Bestimmungen in der GV. vom 8. Oktober 1907 Nr. 1969 G (ZVB. S. 233) zur Vereinfachung der registrandenmäßigen Behandlung der Erbschaftssteuersachen Folgendes verordnet.

I. Die Erbschaftssteuerämter haben ein den Zeitraum eines Kalenderjahres umfassendes „Eingangsverzeichnis für Totenlisten" zu führen. Durch dieses Verzeichnis ist der fristgemäße Eingang der Totenlisten oder Fehlanzeigen — § 2 (1, 3) der AB. zum Reichserbschaftssteuergesetze vom 3. Juni 1906 —, die nicht mehr in die allgemeine Registrande einzutragen sind, zu überwachen und festzuhalten. In Spalte 1 des Verzeichnisses sind die einzelnen Standesämter nach ihren Ordnungsnummern, in Spalte 2 mit ihren Namen aufzuführen, während in die Spalten 3 bis 14 die Tage des Eingangs der von den Standesämtern einzusendenden Totenlisten oder Fehlanzeigen in der Reihenfolge der Kalendermonate einzutragen sind. Der Tag des bei Nichteinhaltung des Termins abzulassenden Erinnerungsschreibens an das säumige Standesamt ist mit Bleistift in der entsprechenden Monatsspalte zu vermerken. Nach Eingang der Totenliste oder Fehlanzeige ist diese Bleistiftsangabe durch die mit Tinte zu bewirkende Angabe des Eingangstags zu ersetzen.

II. Die gemäß § 7 (1) der AB. zum Reichserbschaftssteuergesetze an die Standesämter usw. gerichteten Anfragen und die Antworten darauf sind weder in der allgemeinen Registrande noch im Erbschaftssteuerregister festzuhalten, sondern ihrer zeitlichen Folge nach auf einem für den betreffenden Sterbefall anzulegenden Notizbogen unter Beifügung fortlaufender Ordnungsbezeichnungen (a, b, c usw.) nachzuweisen. Diese Anschreibungen sind mit den Vermerken „steuerfrei" (unter entsprechender Begründung) oder „zum Erbschaftssteuerregister" abzuschließen. Die Notizbogen dienen zugleich zur Aufbewahrung der in ihnen vermerkten Freibelege. Als Ersatz für die Notizbogen können die Übersendungsschreiben (§ 4 der AB. zum Reichserbschaftssteuergesetze) und die Überweisungsschreiben (§ 7 [3] a. a. O.) Verwendung finden.

III. Erbschaftssteuerakten, die der Oberbehörde zur Prüfung vorzulegen sind (§ 40 der AB. zum Reichserbschaftssteuergesetze), sind sowohl bei ihrem Abgange als auch bei ihrem Wiedereingange lediglich im Erbschaftssteuerregister und nicht auch in der allgemeinen Registrande festzuhalten.

IV. Diese Generalverordnung tritt am 1. Januar 1910 in Kraft.

II. Bezüglich der weiteren Erhebung einer Abgabe von den über Schenkungen unter Lebenden ausgestellten Urkunden wurden nähere Vorschriften durch eine Verordnung des Königl. Finanzministeriums, den Einfluß des Reichserbschaftssteuergesetzes vom 3. Juni 1906 auf die fernere Erhebung des Urkundenstempels von Schenkungen betr., vom 23. November 1906 Nr. 1505 c (Sächs. VBl. 1907 S. 27) getroffen. Demnächst wurde dann aber dem durch das RESt.G. geschaffenen Stande durch eine besondere gesetzliche Regelung Rechnung getragen mit dem

Gesetz, die Aufhebung der über die Erbschaftssteuer erlassenen Gesetze sowie einige Abänderungen des Gesetzes über den Urkundenstempel betr., vom 5. April 1908 Nr. 26.

(Gesetz- und Verordnungsblatt für das Königreich Sachsen, 1908, S. 134 ff.).

Der § 1 dieses Gesetzes bestimmt: „Die über die Erbschaftssteuer erlassenen Gesetze vom 13. November 1876 (GVBl. S. 449), 3. Juni 1879 (GVBl. S. 218) und 9. März 1880 (GVBl. S. 16) werden — unbeschadet ihrer ferneren Geltung für die im § 61 RESt.G. vom 3. Juni 1906 (RGBl. S. 654) bezeichneten Erwerbe — auch insoweit aufgehoben, als sie nicht schon durch § 60 RESt.G. außer Kraft gesetzt worden sind." Des weiteren ist in dem § 2 des Gesetzes der Tarif zum Gesetze über den Urkundenstempel vom 13. November 1876 in der Fassung der Bekanntmachung vom 10. Juni 1898 (GVBl. S. 153, 163) wesentlich in der Weise abgeändert worden, wie es durch das Eingreifen des RESt.G. bedingt war.

Zu § 60 des Gesetzes. Dasselbe ist in gleicher Richtung geordnet in BrA. II Anh. 1; in entgegengesetzter Richtung in PrA. III; ByA. § 29; WA. III a.

III. Durch die

Verordnung des Ministeriums der Justiz, die Mitteilungen in Erbschaftssteuersachen betreffend, vom 24. März 1910

(Sächs. VBl. 1910, S. 271)

ist im Einverständnisse des Reichsschatzamts und des Königl. Sächsischen Finanzministeriums bestimmt wie folgt: „Die Gerichte und die Notare haben in Zukunft Abschriften solcher Schenkungsurkunden, die nur Schenkungen von Eltern an leibliche Abkömmlinge oder von Ehegatten unter einander enthalten, nicht mehr den Erbschaftssteuerämtern zu übersenden."

Königreich Württemberg.

I. Bekanntmachung des Finanzministeriums vom 27. Juni 1906, betreffend die Verwaltung des Erbschaftssteuerwesens.

(Staatsanzeiger für Württemberg, 1906, Nr. 149, S. 1069 und Amtsblatt des Königl. Württembergischen Steuerkollegiums, Jahrgang 1906, Nr. 25, S. 289.)

Gemäß § 1 der vom Bundesrat am 16. Juni 1906 beschlossenen Ausführungsbestimmungen zum Erbschaftssteuergesetz vom 3. Juni 1906 (Reichsges.Bl. S. 654) wird zur allgemeinen Kenntnis gebracht, daß für Württemberg als Erbschaftssteuerämter im Sinne von § 34 des Erbschaftssteuergesetzes die Kameralämter und das Hauptsteueramt Stuttgart und als Oberbehörde, welcher diese Erbschaftssteuerämter unterstehen, das Steuerkollegium Abteilung für Zölle und indirekte Steuern bestimmt worden sind, und daß als Erbschaftssteueramt der Hauptstadt im Sinne von § 12 Abs. 2 Satz 3 der Ausführungsbestimmungen des Bundesrats das Hauptsteueramt Stuttgart zu gelten hat.

Zu § 34 des Gesetzes und den §§ 1 und 12 Abs. 2 BRAusfB. Dasselbe wie in dem allgemeinen Satz zu Anfang ist geordnet in PA. I 1; BayA. § 1; SA. 1; BdA. I § 1; HA. 1; BrA. I und II 1, wie im speziellen in dem Schlußsatz in BayA. § 2; BdA. I § 1.

II. Anweisung des Steuerkollegiums Abteilung für Zölle und indirekte Steuern vom 27. Juni 1906, betreffend den Vollzug des Erbschaftssteuergesetzes vom 3. Juni 1906.

(Amtsblatt des Königl. Württembergischen Steuerkollegiums, Jahrgang 1906, Nr. 25, S. 289 ff.)

Unter Bezugnahme auf das Erbschaftssteuergesetz vom 3. Juni 1906 (Reichsges.Bl. S. 654) und die Ausführungsbestimmungen des Bundesrats vom 16. Juni 1906 (Zentr.Bl. f. d. D. R. S. 829) wird mit Genehmigung des K. Finanzministeriums nachstehende Vollzugsanweisung erteilt:

1. Die Standesämter in den Gemeinden dritter Klasse haben die Totenlisten vierteljährlich einzureichen. Von dieser Anordnung sind die Standesämter bei der Angabe der Ordnungsnummer, welche den Totenlisten dieser Ämter von dem Erbschaftssteueramt erteilt worden ist (Ziff. 3 der „Anleitung" auf Muster 1, Totenliste) in Kenntnis zu setzen.

Um die Mitteilung eines Verzeichnisses der in dem Bezirke des Erbschaftssteueramts vorhandenen Standesämter ist das Amtsgericht unter gleichzeitiger Bezugnahme auf § 2 Abs. 6 Satz 2 der Ausführungsbestimmungen zu ersuchen.

Zu § 40 Ziffer 1 des Gesetzes und § 2 Abs. 2 und 6 BRAusfB. Dasselbe ist geordnet PA. I 6; BayA. § 5; HA. 2.

2. Werden die von den Gerichten oder den Notaren eröffneten Verfügungen von Todes wegen dem Erbschaftssteueramt in Urschrift übersandt, so ist eine Abschrift oder ein Auszug von den für den Steueransatz erheblichen Bestimmungen dieser Urkunden zu den Akten zu bringen.

Zu § 40 Ziffer 3 des Gesetzes und § 2 Abs. 1 BRAusfB. Dasselbe ist geordnet in ByA. § 6.

3. Zu den Erbschaftssteuerlisten und zu den in die Überwachungsliste aufgenommenen Erbfällen ist je ein fortlaufendes Namensverzeichnis zu führen. Die Vordrucke (Anlage A und B) sind von der Materialienverwaltung zu beziehen.

Zu § 10 Abs. 6 und § 26 Abs. 2 BRAusfB. Die gleiche Ordnung findet sich in PA. I 7; ByA. § 11; SA. 9; BdA. I § 10; HA. 7 und 15; BrA. II 4.

4. Die Vordrucke (Anlage C und D) zu den Anmeldungen sind regelmäßig mit der gedruckten Anleitung zur Anmeldung und weiteren Behandlung eines steuerpflichtigen Erwerbs zu übersenden.

Zu § 36 des Gesetzes und § 11, § 12 und § 34 BRAusfB. Ähnliches ist geordnet in SA. 10.

5. Örtlich zuständig ist das Erbschaftssteueramt, in dessen Bezirk der Erblasser zur Zeit seines Todes oder, sofern der Erwerb bei seinen Lebzeiten anfällt, zur Zeit des Anfalls an den Erwerber seinen Wohnsitz gehabt hat.

Hatte der Erblasser keinen Wohnsitz im Deutschen Reich, war er aber zur Zeit seines Todes oder, sofern die Erbschaft bei seinen Lebzeiten anfällt, zur Zeit des Anfalls an den Erwerber, württembergischer Staatsangehöriger, so ist das Erbschaftssteueramt, in dessen Bezirk sich der Gegenstand des steuerpflichtigen Erwerbs oder dessen größerer Teil befindet, andernfalls das Hauptsteueramt Stuttgart zuständig.

War der Erblasser ein Ausländer oder ein Deutscher, der einem Bundesstaate nicht angehörte, so ist, wenn er zur Zeit seines Todes oder, sofern der Erwerb bei seinen Lebzeiten anfällt, zur Zeit des Anfalls an den Erwerber seinen gewöhnlichen Aufenthalt in Württemberg gehabt hat, das Erbschaftssteueramt zuständig, in dessen Bezirk sich der Erblasser aufgehalten hat. Im Falle des § 6 Abs. 2 des Erbschaftssteuergesetzes ist dasjenige Erbschaftssteueramt zuständig, in dessen Bezirk der Erwerber zur Zeit des Anfalls seinen Wohnsitz oder in Ermangelung eines solchen seinen gewöhnlichen Aufenthalt gehabt hat.

Zu den §§ 33 und 36 des Gesetzes, sowie dem § 12 Abs. 2 BRAusfB.

6. Wird eine Schätzung des Reinertrags von Grundstücken nach Abs. 1 dieses Paragraphen erforderlich, so bleibt die Auswahl der Sachverständigen für die einzelnen Fälle dem Erbschaftssteueramt überlassen.

Zu § 16 Abs. 2 des Gesetzes und § 22 Abs. 1 BRAusfB. Dasselbe ist geordnet BdA. I § 4.

7. Die Zustellung einer Ausfertigung des Steuerbescheids kann sowohl durch Unterbeamte der Steuerverwaltung als durch Vermittlung der Ortsvorsteher oder der Post bewirkt werden.

Das zuzustellende Schriftstück muß vor der Übergabe an den Unterbeamten bzw. den Ortsvorsteher oder die Post in einen zu verschließenden, mit Stempel oder Dienstsiegel sowie der Adresse der Person, an welche die Zustellung erfolgen soll, zu versehenden Briefumschlag gebracht werden.

Zustellungen am Sitz des Erbschaftssteueramtes erfolgen regelmäßig durch Unterbeamte dieses Amts. Zustellungen innerhalb des übrigen Steuerbezirks regelmäßig durch Vermittlung der Ortsvorsteher.

Die mit der Zustellung beauftragte Person (Amtsdiener rc.) hat die erfolgte Übergabe sowie den Tag der Übergabe zu beurkunden. Diese Beurkundung ist für die Zustellung maßgebend.

In betreff der Personen, an welche die Zustellung wirksam geschehen kann, und in Ansehung des Orts, an welchem sie zulässig ist, gelten die Vorschriften der §§ 180 Abs. 1, 181, 183, und 184 Abs. 1 der Zivilprozeßordnung. Im einzelnen wird hiezu noch folgendes bestimmt:

a) Die Zustellung für nicht geschäftsfähige Personen erfolgt an die gesetzlichen Vertreter derselben. Wer im Einzelfall gesetzlicher Vertreter ist, richtet sich nach den Vorschriften des bürgerlichen Rechts. Im allgemeinen hat hienach die Zustellung für Minderjährige an den Vater, nach dessen Ableben an die Mutter oder den Vormund, die Zustellung für entmündigte Geisteskranke oder sonst aus irgend einem Grund unter Vormundschaft stehende Personen an den Vormund zu geschehen.

b) bei juristischen Personen erfolgt die Zustellung an den Vetreter; bei mehreren Vertretern genügt die Zustellung an einen derselben.

c) Wenn seitens eines Steuerpflichtigen ein Bevollmächtigter bestellt worden ist, so hat die Zustellung an Stelle des Steuerpflichtigen an dessen Bevollmächtigten zu erfolgen.

d) Die Zustellung hat unbeschadet der Bestimmung des § 180 Abs. 1 der Zivilprozeßordnung wenn irgend möglich in der Wohnung oder in dem Geschäftslokal des Betreffenden zu erfolgen.

Auf die Zustellung durch Vermittlung der Post finden die §§ 211 und 212 der Zivilprozeßordnung entsprechende Anwendung. Diese Zustellungsart ist regelmäßig dann zu wählen, wenn Zustellung an außerhalb des Steuerbezirks wohnhafte Steuerpflichtige erfolgen soll; doch ist die Zustellung durch die Post auch an die im Steuerbezirk wohnenden Personen dann statthaft, wenn eine Zustellung durch Vermittlung des Ortvorstehers nur schwer ausführbar oder aus anderen Gründen nicht tunlich erscheint.

Die Zustellung gilt — sowohl bei Vermittlung durch die Unterbeamten und Ortsvorsteher, als bei Vermittlung durch die Post — auch dann als vollzogen, wenn die Annahme des zuzustellenden Schriftstücks verweigert wird. Wird die Annahme verweigert, so ist das zu übergebende Schriftstück am Ort der Zustellung zurückzulassen.

Zur Nachtzeit, sowie an Sonntagen und allgemeinen (bürgerlichen) Feiertagen darf eine Zustellung nicht vorgenommen werden. Wegen Berechnung der Nachtzeit vergl. § 188 der Zivilprozeßordnung.

Die außerhalb Württembergs zu bewirkenden Zustellungen können auch durch Postsendungen mittelst eingeschriebener Briefe erfolgen; die Zustellung gilt mit der Aufgabe zur Post als vollzogen.

Sind Wohnsitz und Aufenthalt des Steuerpflichtigen unbekannt, so kann die Zustellung an ihn durch Anheften des zuzustellenden Schriftstücks an der zu Aushängen der Gemeinde mit dem Sitz des Erbschaftssteueramts bestimmten Stelle erfolgen; der Tag des Aushangs ist auf dem zuzustellenden Schriftstück zu vermerken; die Zustellung gilt als bewirkt, wenn seit der Anheftung zwei Wochen verstrichen sind.

Zu §§ 45 und 46 des Gesetzes und § 24 Abs. 1 BRAusfB.
Dasselbe ist geordnet in BhA. § 16; SA. 12; BdA. 1 § 7; HA. 13.

8. Die Zustellung von Auszügen aus dem Steuerbescheide an die einzelnen Erwerber bzw. deren Bevollmächtigte oder Vertreter wird insbesondere dann geboten erscheinen, wenn nicht in sichere Aussicht zu nehmen ist, daß von dem einen zur Zahlung aufgeforderten Erben der gesamte Steuerbetrag entrichtet werden wird.

Zu § 45 des Gesetzes und § 24 Abs. 3 BRAusfB.

9. Sofern der Wohn- oder Aufenthaltsort des Zahlungspflichtigen sich nicht am Sitze des Erbschaftssteueramts befindet, kann das letztere die Erbschaftssteuer dem Ortssteuerbeamten des Wohn- oder Aufenthaltsorts zum Einzug überweisen, was in der Regel unter Benützung des hiefür aufgestellten Vordrucks (Anlage E) zu geschehen hat.

Zu § 45 des Gesetzes und § 25 Abs. 1 BRAusfB.

10. In den Fällen des § 26 Abs. 3 der Ausführungsbestimmungen ist der Eintritt der für den endgültigen Erbschaftssteueransatz maßgebenden Bedingungen oder des maßgebenden Zeitpunkts von den Erbschaftssteuerämtern zu überwachen; dieselben haben alljährlich hierüber entweder von den beteiligten Personen selbst oder von dritten Personen oder Behörden glaubhafte Nachweise beizubringen, daß eine Änderung in den Verhältnissen nicht eingetreten ist, sofern sie dies nicht aus eigener Kenntnis bestätigen können. Das Ergebnis der Ermittelungen, bzw. die amtliche Bestätigung, ist in Spalte 8 der Überwachungsliste einzutragen; dieser Eintrag muß für jedes Rechnungsjahr auf 15. März erfolgt sein.

Zu § 26 Abs. 3 BRAusfB. Dasselbe ist geordnet in ByA. § 10; SA. 14; BdA. 1 § 8; HA. 16; BrA. II 6.

11. Die Stundung oder Bewilligung von Teilzahlungen für festgestellte Erbschaftssteuer hat im Falle des § 47 Abs. 1 des Erbschaftssteuergesetzes in der Regel nur gegen Sicherheitsleistung zu erfolgen. Für die bewilligte Stundung ist volle Sicherheit zu leisten. Für eine Frist bis zu drei Monaten kann jedoch auf Antrag die Abgabe auch ohne Sicherheitsleistung gestundet werden, falls nicht Gründe vorliegen, welche den Eingang gefährdet erscheinen lassen. Gesuche um weitergehende Stundung ohne Sicherheitsleistung sind dem Steuerkollegium Abteilung für Zölle und indirekte Steuern zur Entscheidung vorzulegen. Die Stundungsbewilligung kann jederzeit zurückgenommen werden, sobald die Voraussetzungen für dieselbe nicht mehr vorliegen.

Die Sicherheit kann, soweit nicht die besonderen Bestimmungen des § 47 Abs. 2 des Erbschaftssteuergesetzes Platz greifen, durch Hypothek, durch Verpfändung von Forderungen, durch Wechsel und durch Bürgschaft geleistet werden. Hinsichtlich der zulässigen Sicherheiten finden die §§ 24—27, § 30 Abs. 1, 2 und 4 (zweiter Fall) und § 31 der Vorschriften für die Stundung der Zölle und Reichssteuern vom 15. Januar 1900 (ABl. d. StK. S. 73), sowie die §§ 17, 18, 21 und 22 der Dienstanweisung vom 19. Januar 1900 zum Vollzuge dieser Vorschriften (ABl. d. StK. S. 97) entsprechende Anwendung. Die Vordrucke für die über die Verpfändung von Forderungen und die Bürgschaftsleistung auszustellenden Urkunden sind von der Materialienverwaltung zu beziehen.

Zu § 47 des Gesetzes und § 27 Abs. 1 BRAusfB. Dasselbe ist geordnet in PA. 19; ByA. § 17; BdA. I § 15, III §§ 9—13; HA. 17; BrA. II 7.

12. Die Entscheidung der Frage, ob in den von dem Gesetze bezeichneten Fällen Sicherheitsleistung zu verlangen ist, bleibt dem pflichtmäßigen Ermessen des Erbschaftssteueramts überlassen, welches in jedem einzelnen in Betracht kommenden Falle Beschluß hierüber zu fassen hat.

Bezüglich der Bewirkung der Sicherheitsleistung kommen die Vorschriften des §§ 232 ff. des BGB. zur Anwendung.

Haben die Beteiligten die Sicherheit binnen der ihnen zu bestimmenden Frist nicht geleistet, so hat das Erbschaftssteueramt die Sicherheitsleistung gemäß den Vorschriften, betreffend die Zwangsvollstreckung wegen öffentlichrechtlicher Ansprüche (Art. 10, 12 und 13 des Ges. v. 18. August 1879, RegBl. S. 202), herbeizuführen.

Die auf die Sicherheitsleistungen bezüglichen Urkunden, sowie Wertpapiere sind bei dem Erbschaftssteueramt zu hinterlegen, welches die hinterlegten Gegenstände in der Amtskasse sicher zu verwahren hat. Wenn die verpfändeten Wertpapiere den Betrag von 5000 Mark übersteigen, so sind die mit den Wertpapieren zu hinterlegenden Zinsscheine 2c. einer Bank zur Aufbewahrung zu übergeben.

Hinsichtlich des Ausstellung des Hinterlegungsscheins, der Verzinsung des hinterlegten in das Eigentum des Staats übergehenden Geldes, der Ausfolge der Hinterlegungsgegenstände gegen Rückgabe des Hinterlegungsscheins und gegen Quittung finden die Vorschriften der Verfügung der Ministerien der Justiz und der Finanzen, betr. das Hinterlegungswesen, vom 1. Dezember 1899, RegBl. S. 995, entsprechende Anwendnng.

Hinterlegtes in das Eigentum des Staates übergehendes Geld ist in der Wirtschaftsabgabenrechnung unter der Rubrik „sonstige fremde Gelder“ bei der Einzahlung in Einnahme, bei der Rückzahlung in Ausgabe zu verrechnen. Die fällig gewordenen Zinsen sind in das unten (Ziff. 15) vorgeschriebene Kostenverzeichnis aufzunehmen.

Zu den §§ 21—23 und 26 des Gesetzes sowie § 28 BRAusfB. Dasselbe ist geordnet in PA. I 8; SA. 15; BdA. I § 9, II §§ 36—38, III § 16; HA. 18.

13. Von sämtlichen Sicherheitsleistungen ist in dem besonders zu führenden Verzeichnis der auf die Erbschaftssteuer bezüglichen Sicherheitsleistungen Eintrag zu machen. In dem Verzeichnisse sind die Gegenstände der Hinterlegung genau zu bezeichnen: bei Wertpapieren sind die zu denselben gehörigen Zins-, Dividenden- und Erneuerungsscheine anzugeben. Auf einem Blatt darf nicht mehr als eine Sicherheitsleistung vorgetragen werden. Über jede in der Sicherheitsleistung eingetretene Änderung ist in dem Verzeichnisse vollständiger Nachweis zu geben.

Bezüglich der weiteren Behandlung der eingelegten Sicherheiten ist der Erlaß der Oberrechnungskammer vom 11. Juli 1888, betreffend die Verwahrung von Sicherheitsleistungen und hinterlegten Inhaberpapieren (ABl. d. Oberfinanzkammer S. 205) maßgebend.

Anläßlich der Jahreskassenrevision ist das Augenmerk zugleich darauf zu richten, ob hinsichtlich der geleisteten Sicherheiten nicht eine derartige Wertsverminderung eingetreten ist, daß die Ergänzung der Sicherheit geboten ist. Über den Vollzug dieser Prüfung ist ein besonderes Protokoll aufzunehmen.

Zu den §§ 21—23, 26 und 47 des Gesetzes, sowie den §§ 28 und 29 BRAusfB. Dasselbe ist geordnet in BdA. I § 17.

14. Die Erbschaftssteuerämter sind befugt, in eigener Zuständigkeit Erstattungen, welche nach den §§ 18, 21 bis 25, 27 und 56 des Erbschaftssteuergesetzes unzweifelhaft begründet sind, zu verfügen. Im übrigen hat das Steuerkollegium Abt. für Zölle und indirekte Steuern die Entscheidung zu treffen.

Zu den §§ 18, 21—25, 27, 45 und 56 des Gesetzes, sowie § 29 Abs. 3 BRAusfB. Dasselbe ist geordnet in PA. I 8: ByA. §§ 19 und 27; SA. 16; BdA. I §§ 16 und 17, II §§ 40—42; HA. 19; Br. II 8.

15. Die durch die Verwaltung der Erbschaftssteuer entstehenden, in der Wirtschaftsabgabenrechnung zu verrechnenden Kosten sind in besonderen Verzeichnissen zusammenzustellen, welche vierteljährlich — vom Hauptsteueramt Stuttgart monatlich — mit den Erbschaftssteuerakten an das Steuerkollegium Abt. für Zölle und indirekte Steuern zur Prüfung und Genehmigung einzusenden sind.

Diejenigen Kosten, welche den Steuerpflichtigen zur Last fallen, sind in einer besonderen Abteilung des Kostenverzeichnisses aufzuführen.

Zu den §§ 42 ff. und 53 des Gesetzes und § 37 Abs. 1 BRAusfB. Dasselbe ist geordnet in ByA. § 28; BdA. I § 18; HA. 14 m.

16. Das Erbschaftssteuer-Sollbuch und das Erbschaftssteuer-Einnahmebuch hat der Kassenbeamte des Kameralamts bzw. des Hauptsteueramts zu führen. Die im Abs. 3 letzter Satz vorgeschriebene Bescheinigung hat der Kassenkontrolleur abzugeben.

Zu § 39 BRAusfB. Dasselbe ist geordnet in PA. I 8; ByA. § 22; SA. 18; HA. 14 c und 22; BrA. II 5.

17. Die Akten über die erledigten Erbschaftssteuerfälle sind von dem Hauptsteueramt Stuttgart in den ersten zehn Tagen jedes Monats, von den übrigen Erbschaftssteuerämtern in den ersten zehn Tagen der Monate Juli, Oktober, Januar und April zur Prüfung vorzulegen.

Zu § 40 Abs. 1 BRAusfB. Dasselbe ist geordnet in BdA. I § 19.

18. Die Festsetzung der Ordnungsstrafe erfolgt, wenn der Verpflichtete schuldhafterweise der Anordnung nicht nachkommt, durch Beschluß des Erbschaftssteueramts. Gegen den Beschluß findet die Beschwerde an das Steuerkollegium Abt. für Zölle und indirekte Steuern statt.

Die Ordnungsstrafe kann, solange der Steuerpflichtige der Anordnung nicht entspricht, wiederholt erkannt werden.

Zu § 42 Abs. 4 des Gesetzes.

19. Anträge auf Pauschversteuerung sind dem Steuerkollegium Abt. für Zölle und indirekte Steuern mit näher begründetem Antrag vorzulegen.

Zu § 44 des Gesetzes. Dasselbe ist geordnet in ByA. § 15; BdA. II § 50.

Den Erbschaftssteuerämtern wird nachstehend die Verfügung des Kgl. Justizministeriums vom 27. Juni l. J., in welcher über die Mitwirkung der Gerichte, Grundbuchämter und Notare bei der Verwaltuug des Erbschaftssteuerwesens eine nähere Anordnung getroffen worden ist, zur Kenntnis gebracht (siehe unten III).

II a. Verfügung des Steuerkollegiums Ableilung für Zölle und indirekte Steuern vom 3. Mai 1907, Nr. 3012 Z.

(Durch besonderen Druck bekannt gegeben.)

Bei der Prüfung der bisher eingekommenen Reichserbschaftssteuerakten hat sich ergeben, daß die für die Reichserbschaftssteuer geltenden in wesentlichen Punkten von dem württ. Landeserbschaftssteuerrecht abweichenden Vorschriften sowohl in formeller wie in materieller Beziehung vielfach nicht richtig angewendet worden sind.

I. Was die formelle Behandlung der Reichserbschaftssteuerfälle betrifft, so ist folgendes zu beachten:

1. Die Totenlisten sind alsbald nach ihrem Eingang in formeller und materieller Richtung sorgfältig zu prüfen und erforderlichenfalls, sei es, daß eine der Spalten 4 beziehungsweise 8—14 der Totenliste von den Standesämtern nicht ausgefüllt ist, oder daß die Einträge der Standesämter, soweit sie nur auf Angaben der Beteiligten beruhen, nicht zuverlässig und erschöpfend erscheinen, durch Anfragen bei den Standesämtern u. s. w. zu vervollständigen (§ 7 Abs. 1 der Ausführungsbestimmungen zum Reichserbschaftssteuergesetz).

2. Ergibt sich bei der Prüfung oder Ergänzung der Totenliste, daß nur erbschaftssteuerfreie Erwerber der in § 11 Nr. 4a—d des Reichserbschaftssteuergesetzes bezeichneten Art vorhanden sind, oder daß der gesamte Nachlaß beziehungsweise der einzelne Erwerb den Betrag von 500 Mk. nicht übersteigt, so ist alsbald in der Totenliste entsprechender Vermerk zu machen, womit der Fall erledigt ist.

Bei den nicht zur Zuständigkeit des Erbschaftssteueramts gehörenden Sterbefällen (§ 33 des Gesetzes, § 12 Abs. 2 der Ausführungsbestimmungen und Ziff. 5 der Anweisung) ist dieser Vermerk alsbald nach Eingang der von dem zuständigen Amte zu übersendenden Empfangsbestätigung zu machen (§ 7 Abs. 2 und 3, § 9 der Ausführungsbestimmungen).

Für Ziffer 1 und 2: Zu § 7 BRAusfB. Dasselbe ist geordnet in SA. 4 und 5.

3. Die Erbfälle, bei welchen das Erbschaftssteueramt aus den Einträgen in der Totenliste ohne weiteres entnehmen kann, daß ein seiner Zuständigkeit unterliegender steuerpflichtiger Erwerb vorliegt, sind alsbald nach der Prüfung der Totenliste in die Erbschaftssteuerliste einzutragen; bei denjenigen Erbfällen, bei welchen dieser Eintrag nicht ohne vorhergegangene Erhebungen stattfinden kann, sind die Erhebungen so zu beschleunigen, daß der Eintrag spätestens innerhalb eines Monats nach Eingang der Totenliste erfolgen kann. Keinesfalls darf mit dem Eintrag in die Erbschaftssteuerliste zugewartet werden, bis die Nachlaßakten nach Erledigung der Auseinandersetzung vom Nachlaßgericht mitgeteilt werden (Ziff. 1 der Just.Min.Verf. v. 27. Juni 1906 A.Bl. d. St.K. S. 294).

Der Eintrag hat in die Erbschaftssteuerhauptliste des Halbjahrs zu erfolgen, in dem der Erblasser gestorben ist, es sei denn, daß die in § 10 Abs. 3 der Ausführungsbestimmungen bezeichneten Ausnahmen zutreffen.

Zu § 9 BRAusfB.

4. Bezüglich der weiteren Behandlung der in die Erbschaftssteuerliste eingetragenen Erbfälle sind zu unterscheiden

A. **die Fälle, in denen eine Anmeldepflicht als vorliegend anzusehen ist**, wo also eine Verfügung von Todes wegen vom Nachlaßgericht nicht eingekommen ist und eine solche auch nach den Einträgen in der Totenliste nicht in Aussicht steht.

In diesen Fällen hat das Erbschaftssteueramt gleichzeitig mit dem Eintrag in die Erbschaftssteuerliste dem zur Anmeldung des Erwerbs Verpflichteten (§§ 36 Abs. 1, 38 und 39 des Gesetzes, § 11 Abs. 2 der Ausführungsbestimmungen) die gedruckte Anleitung zur Anmeldung und weiteren Behandlung eines steuerpflichtigen Erwerbs (Muster 4 der Ausführungsbestimmungen) mit einem Vordruck zur Anmeldung zu übersenden unter Hinweis auf die in § 36 Abs. 1 des Gesetzes vorgeschriebene Frist für die Einreichung der Erbschaftssteueranmeldung und auf die am Schluß der Anleitung angefügten Strafbestimmungen. Die Zusendung der Anleitung (nicht aber des Anmeldeformulars) kann unterbleiben, wenn nur Auskunft über bestimmte den Erwerb betreffende tatsächliche Verhältnisse einzuholen ist (§ 11 Abs. 4 der Ausführungsbestimmungen). In der Anmeldung, für welche das vorgeschriebene Formular in der Regel benützt werden soll, kann auf das Protokoll über eine während der Anmeldefrist bereits vollzogene Nachlaßauseinandersetzung Bezug genommen werden. Trifft dies zu, so ist eine Abschrift des Auseinandersetzungsprotokolls oder ein beglaubigter Auszug von den für den Steuersatz erheblichen Bestimmungen der Anmeldung anzuschließen.

a) Kann nun auf Grund der Angaben in der Anmeldung oder in dem etwa angeschlossenen Nachlaßauseinandersetzungsprotokoll die Erbschaftssteuer ohne weiteres berechnet werden oder ergibt sich zweifelsfrei die Steuerfreiheit des Erwerbs, so ist eine Erbschaftssteuererklärung nicht einzuverlangen (§ 13 Abs. 2 der Ausführungsbestimmungen). Das Nachlaßauseinandersetzungsprotokoll kann jedoch als Grundlage für die Steuerberechnung nur unter der Voraussetzung benützt werden, daß der Wert des Nachlasses unter Beachtung der gesetzlichen Vorschriften und der Ausführungsbestimmungen (vergl. insbesondere § 16 Abs. 1 und 2 des Gesetzes) ermittelt worden ist, was in jedem einzelnen Fall von dem Erbschaftssteueramt an der Hand der Anleitung Muster 4 der Ausführungsbestimmungen III A Ziff. 1—8 nachzuprüfen ist.

Durch die bloße Übergabe des Protokolls über die amtliche Auseinandersetzung des Nachlasses durch das Nachlaßgericht ist der gesetzlichen Anmeldepflicht nicht genügt, da das Reichserbschaftssteuergesetz im Gegensatz zu Art. 15 Abs 4 des bisher geltenden württ. Erbschaftssteuergesetzes eine Anmeldung bei einem Nachlaßgericht nicht kennt.

b) Hat die Prüfung der Anmeldung ergeben, daß von dem Einverlangen einer Erbschaftssteuererklärung gemäß § 13 Abs. 2 der Ausführungsbestimmungen nicht Abstand genommen werden kann, so ist alsbald eine Erbschaftssteuererklärung innerhalb einer auf mindestens einen Monat zu bestimmenden Frist einzuverlangen (§ 37 des Gesetzes, § 13 Abs. 3 Satz 2 und 3, Abs. 4 der Ausführungsbestimmungen).

Die Erbschaftssteuererklärung hat nach Muster 5 der Ausführungsbestimmungen zu erfolgen (§ 13 Abs. 3 letzter Satz der Ausführungsbestimmungen); ein etwa vom Steuerpflichtigen oder Nachlaßgericht eingereichtes Nachlaßauseinandersetzungsprotokoll kann die Erbschaftssteuererklärung nicht ersetzen; doch wird nichts dagegen erinnert, wenn die Wertbeträge der einzelnen Abteilungen der Steuererklärung unter Bezugnahme auf das der Erbschaftssteuererklärung etwa angeschlossene Auseinandersetzungsprotokoll oder auf etwaige Auszüge aus demselben summarisch vorgetragen werden.

Da ein amtliches Nachlaßauseinandersetzungsprotokoll als Hilfsmittel für die Ermittlung des steuerpflichtigen Werts des Nachlasses von nicht zu unterschätzender Bedeutung sein kann, darf in allen Fällen, in welchen eine amtliche Nachlaßauseinandersetzung in Aussicht steht, auf Ansuchen des zur Einreichung der Erbschaftssteuererklärung Verpflichteten die ursprünglich bestimmte Frist verlängert werden; doch ist durch entsprechende Bemessungen der Fristverlängerungen dafür Sorge zu tragen, daß die Auseinandersetzung nicht zu weit hinausgeschoben wird.

B. Bedarf es einer Anmeldung nicht (§ 36 Abs. 2 des Gesetzes), so sind die von einem Gericht oder Nachlaßgericht in Urschrift oder beglaubigter Abschrift übersandten Verfügungen von Todes wegen alsbald nach Eingang daraufhin zu prüfen, ob, falls nicht ein steuerfreier Erwerb in Frage kommt, die Erbschaftssteuer auf Grund der Angaben in der Verfügung von Todes wegen ohne weiteres berechnet und von dem Einverlangen einer Erbschaftssteuererklärung Abstand genommen werden kann. Ist dies nicht der Fall, so ist alsbald unter Übersendung der Anleitung zur Anmeldung und eines Vordrucks eine Erbschaftssteuererklärung einzufordern und im übrigen nach den unter A b gegebenen Ausführungen zu verfahren.

Die Gerichte sowie die Vorsitzenden der Nachlaßgerichte sind nötigenfalls auf § 4 Abs. 1 der Ausführungsbestimmungen hinzuweisen, wonach sie die eröffneten Verfügungen von Todes wegen alsbald nach der Eröffnung oder dem Eingang der eröffneten Verfügung zu übersenden haben.

Gebühren für Abschriften der Verfügungen haben die genannten Behörden und Beamten nicht anzusprechen.

Von der Anfertigung von Abschriften der Verfügungen von Todes wegen oder von Auszügen hieraus kann abgesehen werden, wenn und soweit es sich nur um Zuwendungen an steuerfreie Erwerber der in § 11 Nr. 4 a bis d des Gesetzes bezeichneten Art oder um Anfälle handelt, die den Betrag von 500 Mk. nicht übersteigen. In solchen Fällen genügt eine Beurkundung in den Akten, daß lediglich Erwerber und Anfälle der erwähnten Art in Frage stehen.|

Zu §§ 11 und 13 BRAusfB. Dasselbe ist geordnet in ByA. § 12 und in BdA. I § 3.

5. Trägt das Erbschaftssteueramt Bedenken, die Wertangaben in der Erbschaftssteuererklärung als richtig anzunehmen, so ist in Verhand-

lungen mit dem Steuerpflichtigen einzutreten (§ 43 des Gesetzes), keinesfalls darf das Erbschaftssteueramt von sich aus die Angaben in der Steuererklärung abändern und dem Steuerpflichtigen erst in dem Steuerbescheid hievon Kenntnis geben.

Zu § 43 des Gesetzes.

6. Die Urschrift des Steuerbescheids ist stets den Akten einzuverleiben und den Beteiligten nur eine Ausfertigung desselben zuzustellen (§ 24 Abs. 1 und 2 der Ausführungsbestimmungen, Ziff. 7 Abs. 1 der Vollzugsanweisung). Soweit den Akten eine Erbschaftssteuererklärung beiliegt und die Spalten 1—9 von Seite 2 und 3 des Steuerbescheids eine wörtliche Wiederholung der Angaben in Spalte 1—11 von Seite 7 und 8 der Steuererklärung bilden, kann in der Urschrift des Steuerbescheids auf die betreffenden Spalten der Erbschaftssteuererklärung verwiesen werden.

Zu § 24 BRAusfB.

7. Was die vierteljährliche beziehungsweise beim Hauptsteueramt Stuttgart monatliche Vorlage der Erbschaftssteuerakten betrifft, so sind nur diejenigen Erbfälle vorzulegen, welche durch Feststellung und Einziehung oder Sicherstellung des Betrags oder auf irgend eine andere Weise erledigt sind (§ 40 Abs. 1 der Ausführungsbestimmungen). Die Anzahl der vorgelegten Fälle ist in dem Begleitbericht anzugeben.

Zu § 40 BRAusfB.

II. In materieller Beziehung sind es hauptsächlich folgende Punkte, welche von den Erbschaftssteuerämtern vielfach nicht beachtet werden.

1. Bei Prüfung der Wertangaben in der Erbschaftssteuererklärung.

a) Nach § 16 Abs. 1 des Gesetzes ist der Ermittlung des Betrags der Masse der Wert zur Zeit des Anfalls, d. h. zur Zeit des Todes des Erblassers (Erbfalls) zugrunde zu legen.

b) Zu den land- oder forstwirtschaftlichen Zwecken dienenden Gebäuden (Abt. 1 a der Steuererklärung) gehören nicht nur die zu Ökonomie-, sondern auch die zu Wohnzwecken für den wirtschaftenden Besitzer und seine Familie dienenden Gebäude beziehungsweise Gebäudeteile (§ 17 Abs. 1 der Ausführungsbestimmungen). Ebenso ist das zum Wirtschaftsbetrieb bestimmte Geräte und Vieh als Zubehör bei Berechnung des Reinertrags zu berücksichtigen (§ 17 Abs. 2 der Ausführungsbestimmungen) und nicht etwa mit einem Verkaufswert in Abteilung 13 und 14 der Steuererklärung aufzunehmen.

Bei der Frage, ob im einzelnen Fall der Ertragswert zugrunde zu legen ist, kommt es nicht auf die Absicht des Erwerbers hinsichtlich der künftigen Verwertung der Grundstücke an, sondern auf die objektive Bestimmung des Grundstücks zur Zeit des Anfalls; die Ertragswertsberechnung hat daher auch dann stattzufinden, wenn der Erwerber einen landwirtschaftlichen Betrieb nicht hat, sogar dann, wenn während des Auseinandersetzungsverfahrens das Grundstück verkauft worden ist.

c) Bei den übrigen Grundstücken (Abt. 1 b der Steuererklärung) ist darauf zu achten, daß in der Steuererklärung die für die Wertermittlung notwendigen Angaben gemacht und die erforderlichen Nachweise vorgelegt werden (vergl. III A Ziff. 3 a—c der Anleitung).

d) Bei den Abteilungen 2—17 der Steuererklärung ist darauf zu achten, daß die gesetzlichen und Ausführungsbestimmungen, wie sie in III A Ziff. 4—7 der Anleitung zusammengefaßt sind, eingehalten werden.

e) Bezüglich der in Abteilung 18 der Steuererklärung aufgeführten Nachlaßverbindlichkeiten haben zwar die Erbschaftssteuerämter gemäß § 42 Abs 3 des Gesetzes nach freier Überzeugung darüber zu entscheiden, ob die von den Steuerpflichtigen behaupteten Schulden usw. vorhanden sind, doch sollten in der Erbschaftssteuererklärung die abzugsfähigen Beträge unter Angabe des Schuldgrunds und der Gläubiger einzeln aufgeführt werden (vgl. III A Ziff. 8a der Anleitung, letzter Satz).

Bei den Vermächtnissen für Verpflegung bildet im Gegensatz zum bisherigen Recht die Verpflegung für sich keinen Befreiungsgrund; solche Vermächtnisse sind daher nur insoweit steuerfrei zu belassen, als durch das Vermächtnis vom Erblasser ein schon bestehendes Forderungsrecht des Verpflegenden anerkannt wird und somit seitens des Erblassers das Vermächtnis einer Schuld an den eigenen Gläubiger vorliegt. Wird dem Vermächtnisnehmer mehr zugewendet, als derselbe vertragsmäßig oder ortsüblich anzusprechen hatte, so ist die darüber hinausgehende Bereicherung des Vermächtnisnehmers steuerpflichtig.

Zu §§ 16—20 des Gesetzes und § 14 BRAusfB.

2. Bei Berechnung der Erbschaftssteuer.

a) Die nach § 28 Abs. 1 des Gesetzes nach dem ganzen Erwerb jedes einzelnen Beteiligten für diesen besonders zu berechnende Steuer wird gemäß § 29 Abs. 1 des Gesetzes von dem Betrage berechnet, um welchen der Erwerber durch den Anfall (vergl. oben II, 1, a) bereichert worden ist. Hieraus ergibt sich, daß bei einer Mehrheit von Erben für jeden einzelnen Erben, soweit ihm nicht in der letztwilligen Verfügung einzelne Bestandteile des Nachlasses als sein ausschließlicher Erbteil zugeschieden sind, der Erbteil, d. h. der quotiell bestimmte Anteil des Miterben am Nachlasse und nicht etwa der Wert der ihm durch die Auseinandersetzung tatsächlich zugewiesenen Nachlaßgegenstände der Berechnung der Steuer zugrunde zu legen ist. Dieser Anteil ist auch hinsichtlich der in §§ 11 und 15 des Gesetzes enthaltenen Bestimmungen über Steuerbefreiungen und Steuerermäßigungen maßgebend.

Dies hat für die hauptsächlichsten Anwendungsfälle nachstehende Behandlung im Gefolge:

aa) Ist die Fahrnis von den Erben vor der endgültigen Auseinandersetzung verkauft worden, so wird die Steuerfreiheit derselben, wenn die sonstigen Voraussetzungen des § 11 Ziff. 4 lit. f zutreffen, nicht aufgehoben, die einzelnen Erben bleiben vielmehr mit dem Betrag steuerfrei, welcher dem auf ihren Erbteil entfallenden Anteil am Erlöse entspricht.

Ist die Fahrnis bei der Auseinandersetzung in natura verteilt worden, so ist für die Berechnung des steuerfreien Betrags des Fahrniserwerbs maßgebend nicht die tatsächliche

Zuweisung der Fahrnisgegenstände an den einzelnen Erben, sondern der jeden Erben nach seinem Erbteil treffende Anteil an dem Gesamtwert der Fahrnis.

Dasselbe gilt, wenn eine Verteilung der Fahrnis vor der Steuerberechnung nicht stattgefunden hat.

bb) Bezüglich des Viertelabzugs bei Grundstücken, welche dauernd land- oder forstwirtschaftlichen Zwecken zu dienen bestimmt sind (§ 15 Abs. 1 des Gesetzes) ist zu bemerken, daß auch bei dem Erwerb solcher Grundstücke nicht maßgebend ist, welchen der Erben durch die Auseinandersetzung die Grundstücke zugewiesen worden sind, vielmehr haben sämtliche Erben ohne Rücksicht auf die tatsächliche Übernahme von Grundstücken nach dem ihrem Erbteil entsprechenden Anteil an dem Gesamtwert der Grundstücke Anspruch auf den Viertelabzug.

Bei Berechnung dieses Viertelabzugs ist ebenso wie bei dem Fahrniserwerb (s. u. d) eine verhältnismäßige Verteilung der Schulden und Lasten nach § 9 des Gesetzes vorzunehmen und in übersichtlicher Weise in den Erbschaftssteuerakten darzustellen, damit eine Nachprüfung der Steuerberechnung ohne weiteres vorgenommen werden kann. Bezüglich der Abrundung der sich bei dem Viertelabzug ergebenden Steuer auf volle Mark wird im Interesse der Geschäftsvereinfachung bis auf weiteres nichts dagegen erinnert, wenn die Abrundung erst bei Feststellung des gesamten, von dem Steuerpflichtigen zu entrichtenden Steuerbetrags erfolgt. Dem entgegenstehende Prüfungsbemerkungen werden hiedurch aufgehoben.

b) Der Fahrniserwerb ist gemäß § 11 Ziff. 4 lit. f beim Zutreffen der sonstigen Voraussetzungen nur dann steuerfrei, wenn der Erwerb in Kleidungsstücken, Betten, Wäsche, Haus- und Küchengeräte (Abt. 7, 8 und 9 der Steuererklärung) besteht. Bezüglich der der Verwendung dieser Gegenstände ist maßgebend nicht der Verwendungszweck des Erben, sondern der des Erblassers.

c) Wenn der Gesamterwerb durch Einrechnung der Fahrnis den Betrag von 500 Mk. übersteigt und daher Steuer anzusetzen ist (autographierter Erlaß vom 27. Februar 1907 Nr. 1689 Z.), so ist die Vorschrift des § 14 Abs. 2 des Gesetzes bezüglich der Wertgrenze zu beachten. Dabei wird bemerkt, daß nach der Auslegung, welche das Reichsschatzamt der Befreiungsvorschrift des § 11 Ziff. 1 gegeben hat, auch in § 14 Abs. 2 unter „Erwerb" der Gesamterwerb zu verstehen ist; hienach bildet also beispielsweise bei einem Gesamterwerb von 610 Mk., welcher sich aus 550 Mk. Wert der Forderungen und 60 Mk. Wert der Fahrnis zusammensetzt und mit 610 — 60 Mk. = 550 Mk. steuerpflichtig ist, der die Wertgrenze — 500 Mk. — übersteigende Betrag nicht etwa 50 Mk., sondern 110 Mk., die Steuer würde somit bei einem Steuersatz von 10% nicht 25 Mk., die Hälfte des die Wertgrenze übersteigenden steuerpflichtigen Betrags von 50 Mk., sondern 55 Mk. zu betragen haben.

d) Falls Schulden und Lasten an der Nachlaßmasse zum Abzug kommen, so ist, wenn die Fahrnis auf Grund von § 11 Ziff. 4 lit. f steuerfrei bleibt, die letzte Zeile dieser litera zu beachten, wonach die Schulden und Lasten, falls sie nicht auf bestimmten Gegenständen haften, verhältnismäßig auf die steuerfreien und steuerpflichtigen Teile der Masse zu verteilen sind. Diese Verteilung hat in den Akten des Erbschaftssteueramts in genauer und übersichtlicher Weise zu geschehen.

e) Das Verwandtschaftsverhältnis der einzelnen Erben und Vermächtnisnehmer ist nach Muster 4 III B 2 der Ausführungsbestimmungen zu bezeichnen.

Zu § 29 des Gesetzes.

3. Bei Schenkungen unter Lebenden ist zu beachten, daß sich nach §§ 55 und 56, vergl. mit § 33 des Gesetzes, die Zuständigkeit für die Erhebung und Verwaltung der Steuer hieraus außer in den Fällen des § 6 Abs. 2 des Gesetzes im Gegensatz zu dem bisher geltenden Recht nicht mehr nach dem Wohnsitz des Beschenkten, sondern nach dem des Schenkers bestimmt.

Zu §§ 55 und 56 des Gesetzes.

4. Unter § 61 des Gesetzes fällt insbesondere der Erwerb durch den Eintritt einer Nacherbfolge (z. B. bei gemeinschaftlichen Testamenten von Ehegatten) oder einer aufschiebenden Bedingung auch dann, wenn zwar der Eintritt der Nacherbfolge oder der aufschiebenden Bedingung erst nach dem 1. Juli 1906, der Tod des Erblassers aber noch unter der Herrschaft des württembergischen Erbschaftssteuergesetzes stattgefunden hat.

Zu § 61 des Gesetzes.

II b. Verfügung des Steuerkollegiums Abteilung für Zölle und indirekte Steuern vom 22. Februar 1908, Nr. 1571 Z., Ermittlung des Ertragswerts der landwirtschaftlichen Grundstücke gemäß § 16 Abs. 2 des Reichserbschaftssteuergesetzes betr.

(Durch besonderen Druck bekannt gegeben.)

Mit Genehmigung des K. Finanzministeriums werden den Erbschaftssteuerämtern nachstehende Weisungen erteilt, die bei Ermittlung des Ertragswerts der landwirtschaftlichen Grundstücke zu beachten sind:

1. Nach § 16 Abs. 2 des Reichserbschaftssteuergesetzes gilt bei Grundstücken, die dauernd landwirtschaftlichen Zwecken zu dienen bestimmt sind, einschließlich der dazu gehörenden, denselben Zwecken dienenden Gebäude und des Zubehörs als Ertragswert das 25fache des Reinertrags, den die Grundstücke nach ihrer bisherigen wirtschaftlichen Bestimmung bei ordnungsmäßiger Bewirtschaftung nachhaltig gewähren können. Auszugehen ist daher von einem ideellen, fingierten Reinertrag, der sich weder mit dem wirklichen, tatsächlich erzielten Reinertrag deckt, der bei der Einkommensteuer zugrunde zu legen ist, noch auch dem mittleren, durchschnittlichen Jahresertrag entspricht, auf dem der Grundsteueranschlag beruht.

Dieser nachhaltig erzielbare Reinertrag kann nach den Ausführungsbestimmungen des Bundesrats auf zweierlei Weise ermittelt werden:

1. Durch Berechnung des wirklichen Reinertrags der drei letzten, dem Tode des Erblassers vorangegangenen Wirtschaftsjahre und des Durchschnitts daraus, soweit über den Wirtschaftsbetrieb ordnungsmäßige Bücher geführt worden oder Aufschriebe vorhanden sind, die eine Berechnung nach A.B. § 20 ermöglichen; sie ist zulässig unter den in A.B. § 19 Abs. 1 genannten Voraussetzungen;

2. in allen übrigen Fällen ist nach A.B. § 22 Abs. 1 der nachhaltig erzielbare Reinertrag durch sachverständige Schätzung zu ermitteln.

II. Bei der Ermittlung des Reinertrags und des Ertragswerts der landwirtschaftlichen Grundstücke hat zunächst derjenige, dem die Verpflichtung zur Anmeldung eines steuerpflichtigen Erwerbs von Todes wegen obliegt (Ges. § 36 Abs. 1, § 38 und § 39 und A.B. § 11 Abs. 2), in Tätigkeit zu treten. Nach § 37 des Ges. und § 13 der A.B. hat er auf Verlangen des Erbschaftssteueramts eine Erbschaftssteuererklärung einzureichen und darin unter A Abt. 1a Spalte 2a und 3 (A.B. Muster 5) den nachhaltig erzielten Reinertrag der zum Nachlaß gehörenden landwirtschaftlichen Grundstücke samt Gebäuden und Zubehör und dessen 25fachen Betrag als Ertragswert anzugeben.

Wie der in der Steuererklärung Spalte 2a verzeichnete Reinertrag ermittelt ist, ob die Angabe auf der Berechnung des wirklichen Reinertrags (oben I 1) oder auf Schätzung (oben I 2) beruht und auf welche Weise die Schätzung erfolgt ist, ist aus der Steuererklärung nicht zu ersehen, da hierüber den Verpflichteten in der ihm zugestellten Anleitung (A.B. Muster 4) und in dem Vordruck zur Steuererklärung nichts vorgeschrieben ist.

III. Es ist nun Sache des Erbschaftssteueramts, die Angaben über den Reinertrag und den Ertragswert zu prüfen, nachdem festgestellt ist, daß die Grundstücke (auch in der Hand der Erben oder sonstigen Erwerber) dauernd landwirtschaftlichen Zwecken zu dienen bestimmt sind und mitverzeichnete Gebäude und Zubehör dazu gehören und denselben Zwecken dienen (vergl. hiezu den besonders gedr. Erlaß 3. Mai 1907 Nr. 3012 Ziff. II 1a und b — oben unter II a abgedruckt).

Diese Prüfung hat an der Hand der nachstehenden Anhaltspunkte zu erfolgen:

1. Auszugehen ist, soweit nicht der Verkaufswert einen brauchbaren Anhalt bietet (vergl. unten Abs. 2 und Ziff. 3), als geeignetstem Hilfsmittel von den Ergebnissen der Einkommensteuereinschätzung und deren Unterlagen, insbesodere auch von der Einkommensteuernachweisung und den sonstigen Einkommensteuerakten des Erblassers (bei verpachteten Grundstücken auch des Pächters), sowie von den Normalsätzen, die in den letzten drei Jahren in der betreffenden Gemeinde der Schätzung des landwirtschaftlichen Einkommens für 1 ha der in Frage stehenden Größenklasse zugrunde gelegt worden sind, und von den Aufzeichnungen über die Grundsätze und die Berechnungen, die bei Feststellung der Normalsätze maßgebend waren.

Hiebei hat aber das Erbschaftssteueramt nicht aus dem Auge zu verlieren, daß es sich um Feststellung des nachhaltig erzielbaren Reinertrags handelt und daß es nicht in der Absicht des Gesetzgebers liegt, durch Ermittlung des Ertragswerts einen erheblich höheren Wert zu erreichen, als sich bei Zugrundelegung des Verkaufswerts ergeben hätte (vergl. Kommentar von U. Hoffmann § 15 Anm. 1 und § 16 Anm. 1). Der Einkommensteuerveranlagung gegenüber muß also vor allem beachtet werden, daß das Einkommen des Erblassers „aus Grundstücken, sowie aus dem Betrieb der Landwirtschaft" (Einkommensteuergesetz Art. 6 Ziff. 1) ganz speziell von der Persönlichkeit des Erblassers, seiner besonderen Wirtschaftsart, dem Umfang des Betriebs, der Lage und dem Zusammenhang oder der Zerstückelung der Grundstücke (vergl. A.B. § 19 Abs. 3), außergewöhnlicher Viehhaltung, sowie von anderen mehr oder weniger besonderen persönlichen zufälligen oder vorübergehenden Umständen abhängig war, während diese Umstände bei der Schätzung des nachhaltig erzielbaren Reinertrags zurücktreten müssen. Sonst würde namentlich bei selbstwirtschaftenden tüchtigen Kleinbauern der Ertragswert im Sinne des Erbschaftssteuergesetzes leicht zu hoch berechnet werden.

Ein Abzug für eigene Arbeit und Tätigkeit des Besitzers und die Mitarbeit seiner Angehörigen ist bei der Schätzung des nachhaltig erzielbaren Reinertrags wie beim landwirtschaftlichen Einkommen nicht angängig (vergl. A.B. § 20 Abs. 2 II 6 und § 22 Abs. 3; beachte übrigens die Bestimmung in § 19 Abs. 3 Satz 2 A.B.). Andererseits kann — ebenfalls wie bei der Einkommensberechnung — für Abnützung der zum Wirtschaftsbetrieb notwendigen Gebäude, Maschinen, Gerätschaften usw. ein angemessener Bruchteil des Sachwerts abgezogen werden (vergl. A.B. § 20 Abs. 2 III).

Zu beachten ist ferner, daß unter Abteilung 12 bis 16 der Erbschaftssteuererklärung (A.B. Muster 5) solche Nachlaßgegenstände, die als Zubehör der landwirtschaftlichen Grundstücke gelten und deren Ertragswert daher schon unter Abt. 1 a der Steuererklärung inbegriffen ist, nicht aufzuführen sind, sowie daß auch der auf den landwirtschaftlichen Betrieb entfallende Mietswert der Wohnung des Wirtschafters und seiner Angehörigen in den Ertragswert einzurechnen ist (vergl. A.B. § 20 Abs. 2 I 3).

2. Weitere Anhaltspunkte für die Prüfung der Wertangabe in der Erbschaftssteuererklärung sind dem Erbschaftssteueramt in den Nachlaßakten an die Hand gegeben, die ihm nach der Vollz.Verf. des K. Justizministeriums vom 27. Juni 1906 Abs. 3 Ziff. 1 (A.Bl. des St.K. S. 294 — unten unter III abgedruckt) mitzuteilen sind, wenn eine amtliche Inventarisation oder Auseinandersetzung des Nachlasses durch das ordentliche Nachlaßgericht stattgefunden hat.

3. Zur Prüfung der Wertangabe kann weiterhin auf Grund von §§ 42 und 43 vergl. mit § 38 des Gesetzes von denjenigen, welchen ein Erwerb von Todes wegen anfällt, sowie von Testamentsvollstreckern, Nachlaßpflegern und gesetzlichen Vertretern der Erwerber Auskunft einverlangt werden über die nach der Anleitung (A.B. Muster 4) im 1. Abschnitt III A 3 a bis c für die „übrigen Grundstücke" in der Steuererklärung anzugebenden Punkte, nämlich:

a) über den letzten Erwerbspreis und das Jahr des Erwerbs, sowie über Umfang und Größe der Grundstücke und über den jährlichen Pacht- und Mietertrag (vergl. auch A.B. § 22 Abs. 3);
b) über eine etwaige Schätzung aus neuerer Zeit und das Jahr der Schätzung;
c) über den erzielten oder voraussichtlichen Kaufpreis, wenn nach dem Tode des Erblassers die Grundstücke von den Erben bereits verkauft worden sind oder ihr Verkauf in Aussicht zu nehmen ist,

während der Brandversicherungsanschlag und Gebäudesteueranschlag bei den zu landwirtschaftlichen Grundstücken gehörigen Gebäuden in der Regel amtlich erhoben werden kann.

Hiezu wird angefügt, daß der gemeine Wert (Verkaufswert) für rein landwirtschaftliche Grundstücke in der Regel von dem Reinertrag abhängig sein wird und daher im allgemeinen der Bewertung nach dem gemeinen Wert ein von dem Ertragswert nicht wesentlich verschiedenes Ergebnis zu erzielen sein sollte; es wird deshalb der Verkaufswert öfters einen brauchbaren Anhalt für die Prüfung der Wertangabe bieten.

Ergibt sich bei der Vergleichung des Verkaufswertes der Grundstücke mit dem Ertragswert ein bedeutender Unterschied, so wäre darüber Grund zu machen und nötigenfalls weitere Ermittlung anzustellen.

4. Bei verpachteten Grundstücken kann unter den in A.B. § 22 Abs. 3 genannten Voraussetzungen der vereinbarte Pachtzins zum Anhalt genommen werden (vergl. auch Anw. des St.K. Abt. für direkte Steuern vom 14. Juni 1904, betr. die Ausführung des Einkommensteuergeſ. § 7 III A.Bl. S. 113).

5. In einzelnen geeigneten Fällen, z. B. in den Fällen des § 19 Abs. 3 Satz 2 A.B. können als Hilfsmittel zur Prüfung der Wertangabe noch die Grundsteuerkapitale zum Vergleich herangezogen werden, wobei sich bei einer Mehrzahl von Grundstücken empfehlen kann, ein Auszug aus dem Steuerbuch zu den Akten zu bringen (vergl. Art. 1 des Ges. vom 20. Dezember 1899 und §§ 2 und 3 der Vollz.Verf. vom 18. Januar 1900, abgedruckt in der Sammlung der Württ. Staatssteuergeſ. 2. Teil S. 507 und 509).

Bei Benützung der Grundsteuerkataster sind aber die Ausführungen in § 7 II der oben in Ziff. 4 genannten Anweisung vom 14. Juni 1904 zu beachten. Auszugehen ist daher von dem gekürzten Steuerkapital, dem noch ein nach den ortsüblichen, die Verköstigung einschließenden Taglohnssätzen zu berechnender Zuschlag für die von dem Besitzer und seinen Angehörigen im Betrieb geleistete Arbeit, sowie eine angemessene Rente von dem Gebäudesteueranschlag der Wirtschaftsgebäude und der Mietwert der eigenen Wohnung des Besitzers einzurechnen sind.

IV. 1. Hat das Erbschaftssteueramt auf Grund dieser Prüfung keinen besonderen Anlaß, die Wertangabe in der Erbschaftssteuererklärung zu beanstanden, so ist diese Wertangabe für die Erbschaftssteuer anzunehmen.

Auf welcher Grundlage und mit welchem Ergebnis die Prüfung erfolgt ist, ist in den Akten unter Beifügung der Kulturart und des Flächengehalts der Grundstücke kurz zu erläutern.

Bei der Berechnung der Erbschaftssteuer und des Viertelabzugs ist nach Ziff. II 2 a bb des angeführten gedruckten Erlasses zu verfahren.

2. Trägt das Erbschaftssteueramt Bedenken, die Wertangabe in der Erbschaftssteuererklärung als richtig anzunehmen, so hat es dem Steuerpflichtigen hievon unter Bezeichnung der beanstandeten Punkte und unter Bestimmung einer angemessenen Frist zur Gegenerklärung Mitteilung zu machen. Erst wenn innerhalb der gesetzlichen Frist keine Gegenerklärung erfolgt oder die Verhandlungen nicht zu einer Einigung führen, ist das Erbschaftssteueramt befugt, selbständig den Wert zu ermitteln (§ 43 Abs. 1 des Ges.).

Soweit hienach eine Wertermittlung des Erbschaftssteueramts erforderlich wird, hat es sie auf Grund der mit dem Verpflichteten geführten

Verhandlungen und der oben unter III 1—5 verzeichneten Anhaltspunkte, insbesondere unter Berücksichtigung der Einkommensteuerveranlagung des Erblassers und der bei den Einkommensteuereinschätzungen gesammelten Erfahrungen, des etwaigen Erwerbspreises oder des letzten Kaufpreises und des Pachtzinses vorzunehmen. Das Erbschaftssteueramt hat hiebei auch die Möglichkeit, dem Steuerpflichtigen selbst anheimzugeben, eine Bescheinigung der Ortsbehörde oder von Sachverständigen über den Ertragswert beizubringen (ähnlich A.B. Muster 4 a. a. O. A 3 b). Im übrigen bleibt die Schätzung ganz dem pflichtmäßigen Ermessen des Erbschaftssteueramts überlassen, welches dabei jederzeit die Befugnis hat, von sich aus geeignete Sachverständige beizuziehen.

Die Schätzung durch Sachverständige ist stets auf dem einfachsten und bei aller Zuverlässigkeit billigsten Weg, sowie ohne förmliche Weitläufigkeiten auszuführen, übrigens tunlichst zu vermeiden, wenn die Schätzungskosten in keinem entsprechenden Verhältnis zu dem Wert der Grundstücke ständen.

Zu § 16 Abs. 2 des Gesetzes und §§ 15—22 BRAusfB.

III. Verfügung des Justizministeriums vom 27. Juni 1906, betreffend den Vollzug des Erbschaftssteuergesetzes vom 3. Juni 1906.

(Amtsblatt des Kgl. Württembergischen Steuerkollegiums, Jahrgang 1906, Nr. 25, S. 294 ff.)

Mit dem 1. Juli ds. Js. tritt gemäß § 1 Nr. 4, § 8 des Reichsgesetzes vom 3. Juni 1906, betreffend die Ordnung des Reichshaushalts und die Tilgung der Reichsschuld (ReichsgesBl. S. 620), das Erbschaftssteuergesetz vom gleichen Tage (ReichsgesBl. S. 654) nebst den vom Bundesrat hiezu erlassenen Ausführungsbestimmungen vom 16. Juni 1906 (ZentrBl. f. d. D. R. S. 829) in Kraft. Gemäß § 60 des Erbschaftssteuergesetzes werden hiedurch die Vorschriften des württembergischen Gesetzes, betreffend die Erbschafts- und Schenkungssteuer, in der Fassung der Bekanntmachung der Ministerien der Justiz und der Finanzen vom 26. Dezember 1899 (RegBl. S. 1296) sowie der dazu ergangenen Vollzugsverfügungen, insbesondere der Verfügung der genannten Ministerien vom 27. Dezember 1899 (RegBl. S. 1318) außer Wirksamkeit gesetzt; nach § 61 des Erbschaftssteuergesetzes bestimmt sich jedoch die Steuerpflicht für einen Erwerb, der bereits zurzeit des Inkrafttretens dieses Gesetzes begründet ist, noch nach den bisherigen Gesetzen.

Zu §§ 60 und 61 des Gesetzes.

Wenngleich demzufolge vom 1. Juli ds. Js. an, soweit es sich nicht um einen zu diesem Zeitpunkt bereits begründeten Erwerb handelt, die Verrichtungen, welche nach dem bisherigen Recht einzelnen unter der Dienstaufsicht des Justizministeriums stehenden Behörden sowie den Notaren in Erbschafts- und Schenkungssteuersachen obliegen, als solche in Wegfall kommen, so hat doch auch künftighin eine Mitwirkung mehrerer der Aufsicht des Justizministeriums unterstellter Behörden und der Notare bei dem Vollzug des Erbschaftssteuergesetzes stattzufinden. In dieser Hinsicht kommen insbesondere in Betracht:

für die Standesämter die Vorschriften in § 40 Nr. 1 des Gesetzes und in § 2 der Erbschaftssteuer-Ausführungsbestimmungen;

für die Gerichte die Vorschriften in § 40 Nr. 2 des Gesetzes und in § 3 der Ausführungsbestimmungen;

für die Gerichte und Notare die Vorschriften in § 40 Nr. 3, § 41 des Gesetzes und in §§ 4, 31 der Ausführungsbestimmungen;

für die Gerichte und Verwaltungsbehörden die Vorschriften in § 40 Nr. 4 des Gesetzes.

Zu §§ 40 und 41 des Gesetzes, sowie zu §§ 2—4 und 31 BRAusfB.

Im Einvernehmen mit dem Kgl. Finanzministerium wird des weiteren im Wege der Dienstaufsicht nachstehendes verfügt:

1. Findet eine amtliche Inventarisation des Nachlasses oder eine Auseinandersetzung desselben durch das ordentliche Nachlaßgericht statt, so hat der Vorsitzende des Nachlaßgerichts alsbald nach Erledigung des Geschäfts die Akten dem zuständigen Erbschaftssteueramt zur Einsichtnahme mitzuteilen.

Zu § 40 des Gesetzes und den §§ 4 und 31 BRAusfB.

Durch einen Erlaß des Steuerkollegiums Abteilung für Zölle und indirekte Steuern vom 19. Dezember 1906 (Württ. ABl. 1906 S. 558) ist eine Verfügung des Justizministeriums vom 7. Dezember 1906 betr. Mitteilungen an die Erbschaftssteuerämter über Todesfälle russischer Staatsangehöriger veröffentlicht worden, durch welche die Vorsitzenden der ordentlichen Nachlaßgerichte angewiesen werden, dem zuständigen Erbschaftssteueramte von jedem zu ihrer Kenntnis gelangenden Todesfall eines russischen Staatsangehörigen, welcher Vermögen im Inland hinterläßt, sowie von den für die Berechnung der Erbschaftssteuer in Betracht kommenden Verhältnissen, soweit sie ihnen amtlich bekannt sind, unverzüglich Mitteilung zu machen.

2. Gelangen im Fall der öffentlichen Auseinandersetzung eines Nachlasses Tatsachen, welche den Einzug der Steuer als gefährdet erscheinen lassen, zur Kenntnis des Nachlaßgerichts, so hat der Vorsitzende desselben hievon unverweilt dem zuständigen Erbschaftssteueramt Mitteilung zu machen; eine entsprechende Mitteilung wird gegebenenfalls den Vorsitzenden der Nachlaßgerichte auch dann anheimgestellt, wenn sie von solchen Tatsachen, ohne daß eine öffentliche Auseinandersetzung des Nachlasses stattfindet, Kenntnis erlangen.

Zu §§ 40 und 41 des Gesetzes.

3. Wenn auch in dem Reichsgesetz eine Mitwirkung des Vorsitzenden des Nachlaßgerichts bei der Anmeldung eines steuerpflichtigen Erwerbs und bei der Erbschaftssteuererklärung, wie sie nach dem bisherigen Landesgesetz bei der Erfüllung der Auskunftspflicht stattfindet, nicht vorgeschrieben ist, so wird doch den Vorsitzenden der Nachlaßgerichte, namentlich soweit eine amtliche Inventarisation des Nachlasses oder eine Auseinandersetzung desselben durch das ordentliche Nachlaßgericht erfolgt, im Interesse der Steuerpflichtigen empfohlen, den Beteiligten geeignetenfalls auf Wunsch — übrigens natürlich unbeschadet der eigenen Verantwortung der letzteren — bei der Anmeldung eines steuerpflichtigen Erwerbs und bei der Abgabe der Erbschaftssteuererklärung beizustehen (vergl. § 5 Abs. 2 der Verfügung des Justizministeriums vom 6. November 1899, betreffend die Abgrenzung

der amtlichen Geschäfte der Bezirksnotare und sonstigen Beamten der freiwilligen Gerichtsbarkeit, Amtsbl. S. 407).

Zu §§ 36 und 37 des Gesetzes, sowie §§ 12 und 13 BRAusfB. Ähnliche Ordnung hat BdA. 1 § 3.

4. Die Amtsgerichte haben, wenn bei ihnen eine Nachlaßsache gemäß Art. 78 des Ausführungsgesetzes zum Bürgerlichen Gesetzbuch oder infolge Todesfalls ein Verfahren nach Art. 93 dieses Ausführungsgesetzes anhängig wird, das Erbschaftssteueramt von dem Anfall der Angelegenheit in Kenntnis zu setzen.

5. Die Grundbuchämter haben von den Eintragungen in das Grundbuch, welche den Übergang des Eigentums an Grundstücken einer bei ihrem Tod außerhalb des Deutschen Reichs wohnhaft gewesenen Person auf die Rechtsnachfolger betreffen, demjenigen Erbschaftssteueramt, in dessen Bezirk die Grundstücke gelegen sind, Mitteilung zu machen.

In der Anlage wird ferner die Anweisung des Kgl. Steuerkollegiums Abteilung für Zölle und indirekte Steuern vom 27. Juni 1906, betreffend den Vollzug des Erbschaftssteuergesetzes vom 3. Juni 1906, mit dem Anfügen zur Kenntnis gebracht, daß für Württemberg als Erbschaftssteuerämter im Sinne von § 34 des Erbschaftssteuergesetzes die Kameralämter und das Hauptsteueramt Stuttgart und als Oberbehörde, welcher die Erbschaftssteuerämter unterstehen, das Steuerkollegium Abteilung für Zölle und indirekte Steuern bestimmt worden sind und daß als Erbschaftssteueramt der Hauptstadt im Sinne von § 12 Abs. 2 Satz 3 der Ausführungsbestimmungen des Bundesrats das Hauptsteueramt Stuttgart zu gelten hat (vergl. Bekanntmachung des Kgl. Finanzministeriums vom 27. Juni 1906 in Nr. 149 des Staatsanzeigers für Württemberg von 1906 S. 1069 und RegBl. S. 158 — oben unter I abgedruckt).

III a. Verfügung des Justizministeriums vom 3. Oktober 1907, betreffend die fortdauernde Geltung des württembergischen Erbschafts- und Schenkungssteuergesetzes vom 26. Dezember 1899 für gewisse Erbfälle und Schenkungen.

(Amtsblatt des Königl. Württembergischen Steuerkollegiums, Jahrgang 1907, Nr. 20, S. 185 ff.)

I. Nach § 61 des Reichserbschaftssteuergesetzes vom 3. Juni 1906 (Reichsges.Bl. S. 654) bestimmt sich die Steuerpflicht für einen Erwerb, der bereits zur Zeit des Inkrafttretens dieses Gesetzes (1. Juli 1906) begründet war, nach den bisherigen Gesetzen. Es sind daher in Württemberg auf einen solchen Erwerb die Vorschriften des Landeserbschafts- und Schenkungssteuergesetzes in der Fassung der Bekanntmachung der Ministerien der Justiz und der Finanzen vom 26. Dezember 1899 (Reg.Bl. S. 1296) sowie der dazu ergangenen Vollzugsverfügungen, insbesondere der Verfügung der genannten Ministerien vom 27 Dezember 1899 (Reg.Bl. S. 1318) in vollem Umfang zur Anwendung zu bringen; zu vgl. Abs. 1 der Verfügung des Justizministeriums vom 27. Juni 1906, betreffend den Vollzug des Reichserbschaftssteuergesetzes vom 3. Juni 1906 (A.Bl. S. 137 — oben unter III abgedruckt). Die in § 16 der Verfügung vom 27. Dezember 1899 vorgeschriebenen Verzeichnisse und Fehlanzeigen kommen jedoch künftighin in Wegfall.

Zu § 61 des Gesetzes.

II. Weiterhin sind zufolge des Vorbehalts in §§ 59, 60 verbunden mit § 11 Nr. 4 e des Reichserbschaftssteuergesetzes für gewisse Erbfälle und Schenkungen, auch soweit sie vom 1. Juli 1906 an stattfinden, die Bestimmungen des Landeserbschafts- und Schenkungssteuergesetzes maßgebend. In dieser Hinsicht wird hiemit Abs. 1 der vorerwähnten Verfügung des Justizministeriums vom 27. Juni 1906 richtiggestellt und ergänzt.

Bei jenen der Landessteuer nach wie vor unterworfenen Erbfällen und Schenkungen kommt nur noch ein Erwerb in Betracht, der anfällt:

leiblichen Eltern,
Großeltern und entfernteren Voreltern,
unehelichen, vom Vater anerkannten Kindern und deren Abkömmlingen,
an Kindesstatt angenommenen Personen und deren Abkömmlingen, soweit sich auf sie die Wirkungen der Annahme an Kindesstatt erstrecken,

und zwar bloß dann, wenn der Wert des Erwerbs mehr als 500 Mk. beträgt und den Betrag von 10000 Mk. nicht übersteigt.

Wenn auch für die eben erwähnten Anfälle die Vorschriften des Landeserbschafts- und Schenkungssteuergesetzes, insbesondere die Art. 15, 18 und 19 über die Erfüllung der Anmeldungs- und Auskunftspflicht gegenüber dem ordentlichen Nachlaßgericht oder dem zuständigen Bezirksnotar noch Geltung haben, so war es doch nicht geboten, auch insoweit die Vollzugsverfügung der Ministerien der Justiz und der Finanzen vom 27. Dezember 1899 (Reg.Bl. S. 1318) in vollem Umfang aufrechtzuerhalten. Vielmehr sind in einer Anweisung des K. Steuerkollegiums Abteilung für direkte Steuern vom 24. Juli ds. Js. (A.Bl. d. St.K. S. 119) über die Anwendung der Landeserbschafts- und Schenkungssteuergesetzes auf die noch der Landessteuer unterworfenen Erbfälle und Schenkungen im engen Anschluß an die Ausführungsbestimmungen zum Reichserbschaftssteuergesetz neue vereinfachte Vorschriften erlassen worden. Diese Anweisung wird hiemit in der Anlage unter Weglassung der Formulare bekannt gegeben.

Hienach hat neben der schon durch das Reichs-Erbschaftssteuergesetz und die Vollzugsbestimmungen hiezu für Erbfälle und Schenkungen vorgeschriebenen Mitwirkung der Justizbehörden und Notare eine weitere Tätigkeit derselben in Absicht auf die erwähnten, auch seit dem 1. Juli 1906 der Landessteuer unterworfenen Vermögensanfälle nicht stattzufinden, soweit nicht eine solche in dem Landeserbschafts- und Schenkungssteuergesetz selbst angeordnet ist. Es wird jedoch den Amtsgerichten, den Vorsitzenden der ordentlichen Nachlaßgerichte und den Bezirksnotaren zur Pflicht gemacht, auch im Gebiet der noch aufrechterhaltenen Landeserbschafts- und Schenkungssteuer die Bezirkssteuerämter hinsichtlich der Ermittlung steuerbarer Vermögensanfälle auf Ersuchen tunlichst zu unterstützen.

Zu §§ 59 und 60 des Gesetzes. Dasselbe ist in gleicher Richtung geordnet in PrA. III; ByA. § 29; in entgegengesetzter Richtung in SA. Anh. II; BrA. II Anh. 1.

Für die Anwendung des Landeserbschafts- und Schenkungssteuergesetzes vom 26. Dezember 1899 auf die in Gemäßheit der §§ 59—61 des REStG. noch der Landeserbschaftssteuer unterworfenen Erbfälle und Schenkungen ist mit Genehmigung des Königl. Finanzministeriums eine eingehende Regelung durch die Anweisung des Steuerkollegiums Abteilung für direkte Steuern vom 24. Juli 1907 (Württ. ABl. 1907 S. 119) erfolgt. Dieselbe behandelt in fünf Abschnitten die Erbschaftssteuer (Kreis der landeserbschaftssteuerpflichtigen Personen, Ermittlung der steuerbaren Anfälle, Anfallverzeichnis, Erbschaftssteuerakten des Bezirkssteueramts, Ermittlung des steuerpflichtigen Werts, Erbschaftssteuerbeschluß und Erbschaftssteuerverzeichnis, Eröffnung des Steueransatzes, Einzug und Stundung der Steuer und Sicherheitsleistung für dieselbe, Vormerkungsverzeichnis über vorsorglich angesetzte Erbschaftssteuern, Einsendung der Erbschaftssteuerakten zur Prüfung), die Schenkungssteuer (Ermittlung der steuerpflichtigen Schenkungen, Schenkungsverzeichnis, Prüfung der Schenkungssteuerakten), die Buchung und Verrechnung der Erbschafts- und Schenkungssteuer, die Kosten und Übergangsbestimmungen.

Großherzogtum Baden.

I. Verordnung des Großherzoglichen Ministeriums der Finanzen vom 21. Juni 1906, den Vollzug des Reichserbschaftssteuergesetzes betreffend.

(Gesetzes- und Verordnungsblatt, 1906, S. 124 ff., desgleichen Verordnungsblatt der Großherzoglich Badischen Steuerdirektion, 1906, Nr. 8, S. 35 ff.)

Zum Vollzug des Reichsgesetzes vom 3. Juni d. J. (RGBl. S. 654) und der hierzu erlassenen bundesrätlichen Ausführungsbestimmungen wird im Einverständnis mit Großherzoglichem Ministerium der Justiz, des Kultus und Unterrichts nachstehendes verordnet:

§ 1. 1. Die Festsetzung der Erbschafts- und Schenkungssteuer liegt den Notariaten als Erbschaftssteuerämtern ob. Auch sind die Notariate zur Erkennung der Ordnungsstrafen nach § 42 Abs. 4 des Gesetzes zuständig. Der Einzug der Steuer und die Erkennung von Steuerstrafen nach § 49 des Gesetzes bleibt, wie bisher, den Bezirksfinanzbehörden bestimmt.

2. Als Erbschaftssteueramt der Hauptstadt im Sinne des § 12 Abs. 2 Satz 3 der bundesrätlichen Ausführungsbestimmungen wird das Notariat I in Karlsruhe vorbehalten.

3. Oberbehörde im Sinne des § 34 des Gesetzes ist die Steuerdirektion.

Zu §§ 34, 42 und 49 des Gesetzes, sowie zu §§ 1 und 12 Abs. 2 BRAusfB. Dasselbe wie im Abs. 1 und 3 ist geordnet in PA. I 1; BayA. § 1; SA. 1; WA. I; HA. 1; BrA. I und II 1. Eine ähnliche Ordnung wie im Abs. 2 findet sich in BayA. § 2; WA. I.

§ 2. 1. Erstreckt sich ein Standesamtsbezirk über mehrere Notariatsdistrikte, so ist für jedes Notariat eine besondere Totenliste aufzustellen.

2. In die Totenliste für das einzelne Notariat sind aufzunehmen:

a) die Erblasser, die im Distrikt des Notariats ihre Wohnung hatten,

b) soweit diese Voraussetzung nicht vorliegt oder die Wohnung nicht festgestellt werden kann, wer im Notariatsdistrikt gestorben ist.

3. Bei den Sterbfällen, die nicht in die Distriktsliste aufzunehmen sind, ist gleichwohl die Sterberegisternummer in Spalte 2 der Totenliste einzutragen. Im übrigen genügt es, wenn in Spalte 3 das Notariat bezeichnet wird, in dessen Totenliste der Sterbefall aufgenommen ist.

4. Die Totenlisten erhalten auf dem Titelblatt — unter dem Vordruck: Aktenzeichen des Erbschaftssteueramts — die Ordnungsnummer, die dem Standesamt nach der alphabetischen Reihenfolge der Gemeinden des Notariatsdistrikts entspricht. Das Notariat hat dem Standesamt die ihm hiernach zukommende Nummer bekannt zu geben.

5. Die Vordrucke für die Totenlisten werden von der Steuerverwaltung geliefert.

Zu § 40 Abs. 1 des Gesetzes und § 2 Abs. 1, 6 und 7 BRAusfB.

§ 3. 1. Das Notariat hat die zur Anmeldung eines steuerpflichtigen Erwerbs Verpflichteten über ihre steuerlichen Verpflichtungen auf ihr Verlangen näher — auch mündlich — zu belehren und ihnen bei den Anmeldungen und Steuererklärungen sowie bei der Aufstellung des Nachlaßverzeichnisses behilflich zu sein.

2. Wird die Steuererklärung zu Protokoll abgegeben, so hat das Notariat auf Verlangen das Nachlaßverzeichnis kostenfrei aufzustellen. Für die Richtigkeit und Vollständigkeit des Verzeichnisses bleibt der zur Anmeldung Verpflichtete haftbar.

3. Bei der Übersendung der Anleitung (§ 11 A.B.) hat das Notariat den Anmeldepflichtigen darauf aufmerksam zu machen, daß, wenn er die ordnungsmäßige Anmeldung oder Erbschaftssteuererklärung nicht innerhalb der bestimmten Frist schriftlich einreichen wolle oder nicht ordnungsmäßig einreichen könne, er innerhalb der gleichen Frist die kostenfreie Aufnahme des Nachlaßverzeichnisses durch das Notariat beantragen könne. Das Notariat soll bei der Übersendung außerdem dem Anmeldepflichtigen einen Termin bestimmen, in dem er zur Abgabe seiner Erklärungen erscheinen kann.

4. Wenn notarielle Verhandlungen zur privatrechtlichen Nachlaßregelung stattfinden, so sind die beiden Termine zu verbinden. Der Übersendung einer Anleitung bedarf es in diesem Fall nicht.

5. Fehlen die Voraussetzungen einer solchen Verbindung, so soll der Termin im Sinne des Abs. 3 gleichwohl an dem in § 136 der Rechtspolizeiordnung bezeichneten Orte abgehalten werden, wenn der Anmeldepflichtige es beantragt und überwiegende Gründe der Zweckmäßigkeit dafür sprechen. Jedoch ist auch in diesem Falle auf Kostenersparung Bedacht zu nehmen, und deshalb der Termin in der Regel auf einen Amtstag oder Grundbuchtag (§ 36 der Rechtspolizeiordnung, § 14 der Grundbuchvollzugsverordnung) zu bestimmen.

Zu § 36 des Gesetzes und §§ 11 und 12 BRAusfB. Eine ähnliche Ordnung hat WA. II a I 4 und III 3.

§ 4. Zur Ermittelung des Werts von Gegenständen, die zur steuerpflichtigen Masse gehören, hat das Notariat die Schätzung der nach § 48 Abs. 2 und 4 des Rechtspolizeigesetzes öffentlich bestellten oder besonders zuzuziehenden Sachverständigen einzuholen. Das bei der Schätzung einzuhaltende Verfahren richtet sich nach den für die Schätzung in Nachlaßsachen geltenden Vorschriften.

Zu § 16 des Gesetzes und §§ 14 und 16 Abs. 2 BRAusfB. Dasselbe ist geordnet in WA. II 6.

§ 5. Sonstige für die Festsetzung der Steuer in Betracht kommende Verhältnisse wie das Verwandtschaftsverhältnis zwischen dem Erblasser und Erwerber, Vorhandensein von Steuerbefreiungs- oder Ermäßigungsgründen u. a. hat das Notariat, soweit nötig, durch Verhandlungen mit den Anmeldepflichtigen, Erkundigungen bei den Ortsgerichten oder auf sonstige geeignete Weise festzustellen.

Zu §§ 37 und 42 des Gesetzes, sowie § 11 bis 13 BRAusfB.

§ 6. Die Steuerkommissäre und Bezirksfinanzbehörden haben den Notariaten über Verhältnisse, die für die Festsetzung der Erbschafts- und Schenkungssteuer von Bedeutung sind, Auskunft zu erteilen und ihnen auf Verlangen bei Ermittelungen Beistand zu leisten.

Zu § 40 des Gesetzes.

§ 7. 1. Die Zustellung der Steuerbescheide hat nach den für die Zustellungen in Rechtspolizeisachen geltenden Vorschriften zu erfolgen. Der Zustellung bedarf es nicht, wenn der Bescheid zu Protokoll eröffnet wird; in diesem Fall ist dem Pflichtigen Bescheidsausfertigung zu behändigen.

2. Andere Mitteilungen an Beteiligte sind nach den für Behändigungen gegebenen Vorschriften zu übersenden.

Zu § 45 des Gesetzes und § 24 Abs. 1 BRAusfB. Dasselbe ist geordnet in ByA. § 16; SA. 12; WA II 7; HA. 13.

§ 8. Ist die Versteuerung auf unbestimmte Zeit ausgesetzt, so hat sich das Notariat darüber, ob der Grund zur Überwachung noch fortbesteht, nach Ablauf von je fünf Jahren oder schon früher zu verlässigen, wenn nach den Umständen des Falles schon vor Ablauf der fünf Jahre der Eintritt der Steuerpflicht zu erwarten ist.

Zu § 26 Abs. 3 BRAusfB. Dasselbe ist geordnet in ByA. § 10; SA. 14; WA. II 10; HA. 16; BrA. II 6.

§ 9. 1. In allen Fällen der §§ 21 bis 23 und 26 des Gesetzes hat das Notariat über die Annehmbarkeit der vom Steuerpflichtigen angebotenen Sicherheit Entschließung zu treffen. Die Sicherheit ist bei der Bezirksfinanzbehörde zu leisten, in deren Bezirk der Steuerpflichtige wohnt, oder falls er außerhalb des Großherzogtums wohnt, bei derjenigen, in deren Bezirk das Notariat seinen Sitz hat. Das Notariat hat dem Steuerpflichtigen den sicherzustellenden Betrag, die Art der Sicherheitsleistung und die zur Annahme der Sicherheitsleistung zuständige Bezirksfinanzbehörde zu bezeichnen und eine Frist zu bestimmen, innerhalb deren die Sicherheit zu leisten ist. Eine die gleichen Angaben enthaltende Mitteilung hat das Notariat der Bezirksfinanzbehörde, der die Sicherheit zu leisten ist, zu machen unter Beifügung des Namens des Steuerpflichtigen und des Erblassers (Schenkers) sowie des Halbjahrs und der Nummer der Erbschaftssteuerliste, unter welcher der Steuerfall eingetragen ist. Die Bezirksfinanzbehörde hat von der erfolgten Sicherheitsleistung das Notariat sofort zu benachrichtigen. Geht dem Notariat eine solche Nachricht der Bezirksfinanzbehörde innerhalb einer Woche nach Ablauf der dem Pflichtigen zur Sicherheitsleistung bestimmten oder etwa vom Notariat verlängerten Frist nicht zu, so hat es die Bezirksfinanzbehörde um die zwangsweise Einziehung der Sicherheit zu ersuchen.

2. Die Bezirksfinanzbehörde hat die Sicherheit durch Einleitung der Zwangsvollstreckung in die Gegenstände einzuziehen, die als Sicherheit zu stellen sind. Die Zwangsvollstreckung hat nach den für Beitreibung von Steuerforderungen geltenden Vorschriften zu erfolgen.

Zu §§ 21—23 und 26 des Gesetzes, sowie § 28 BRAusfB. Dasselbe ist geordnet in PA. I 8; SA. 15; WA. II 12; HA. 18.

§ 10. Namensverzeichnisse zu den Erbschaftssteuerlisten und den Überwachungslisten (§ 10 Abs. 6 und § 26 Abs. 2 der bundesrätlichen Ausführungsbestimmungen) sind nur auf besondere Anweisung der Steuerdirektion zu führen.

Zu §§ 10 Abs. 6 und 26 Abs. 2 BRAusfB. Eine entsprechende Ordnung findet sich in PA. I 7; ByA. § 11; SA. 9; WA. II 3; HA. 7 und 15; BrA. II 4.

§ 11. 1. Der Einzug der vom Notariat festgesetzten Steuer erfolgt durch die Bezirksfinanzbehörde, in deren Bezirk das Notariat seinen Sitz hat.

2. Das Notariat hat der Bezirksfinanzbehörde alsbald nach der Bekanntgabe des Erbschaftssteuerbescheids an den Pflichtigen eine Erhebungsanweisung nach anl. Muster zuzusenden. Die Anweisung muß vom Notar oder seinem Stellvertreter unterzeichnet und mit Dienstsiegel versehen werden.

3. Die Bezirksfinanzbehörde hat die bei ihr eingehenden Steuerbeträge auf der Erhebungsanweisung zu vermerken und in dem von ihr zu führenden Einnahmebuch (§ 39 der A.B.) zu buchen.

4. Am Schluß eines jeden Monats fertigt die Bezirksfinanzbehörde einen Auszug aus dem Einnahmebuch, der die Einträge über die bei ihr im Lauf des Monats eingegangenen Beträge enthält, und übersendet ihn dem Notariat. Der Auszug muß vom Dienstvorstand der Bezirksfinanzbehörde oder von seinem Stellvertreter unterzeichnet sein.

5. Das Notariat trägt die im Auszug angegebenen Zahlungen in dem Sollbuche ein.

§ 12. 1. Geht der zu erhebende Betrag in der vom Notariat dem Steuerpflichtigen bestimmten Frist nicht ein, so hat die Bezirksfinanzbehörde den Pflichtigen durch ein verschlossen zu übersendendes Schreiben zu mahnen.

2. Erfolgt auf die Mahnung nicht innerhalb acht Tagen die Zahlung, so leitet die Bezirksfinanzbehörde die Zwangsvollstreckung nach den für die Beitreibung von Steuerforderungen bestehenden Vorschriften ein.

3. Der Mahnung bedarf es nicht, wenn Gefahr in Verzug vorliegt.

§ 13. 1. Erweist sich ein zu erhebender Betrag als uneinbringlich, so legt die Bezirksfinanzbehörde die Betreibungsakten der Steuerdirektion unter Angabe der Nummer des Sollbuches, unter welcher der zur Erhebung angewiesene Betrag eingetragen ist, vor.

2. Die Steuerdirektion verfügt, wenn sie nicht weitere Betreibungsmaßnahmen der Bezirksfinanzbehörde anordnet, die Niederschlagung des uneinbringlichen Betrages und benachrichtigt hiervon das Notariat mit der Angabe der Nummer, unter welcher der Betrag im Sollbuch erscheint.

§ 14. 1. Auf Antrag des Steuerpflichtigen kann das Notariat im Steuerbescheid eine andere inländische Steuerstelle als die in § 11 bezeichnete Bezirksfinanzbehörde, insbesondere die Steuereinnehmerei des Wohnorts des Pflichtigen, als Einzahlungsstelle bestimmen. Diese Stelle ist in der Erhebungsanweisung, die auch in solchem Falle der in § 11 bezeichneten Bezirksfinanzbehörde zuzufertigen ist, besonders anzugeben. Die Bezirksfinanzbehörde erteilt sofort der Einzahlungsstelle Annahmeweisung mit dem Ersuchen oder Auftrag, den bei ihr eingehenden Betrag alsbald abzuführen.

2. Die Einzahlungsstelle hat, auch wenn ihr eine Annahmeweisung der Bezirksfinanzbehörde noch nicht zugegangen ist, den vom Steuerpflichtigen übergebenen oder zugesandten Steuerbetrag anzunehmen und der Bezirksfinanzbehörde (§ 11) unter Darlegung des Sachverhalts abzuführen.

3. Eine erforderlich werdende Betreibung hat die in § 11 bezeichnete Bezirksfinanzbehörde einzuleiten.

Für die §§ 11—14:

Zu § 45 des Gesetzes und § 25 Abs. 1 BRAusfB. Dasselbe ist geordnet in PA. I 8; ByA. § 17; HA. 14; BrA. II 5.

§ 15. Die Stundung von Steuerbeträgen kann nach Maßgabe des § 46 der Betreibungsordnung vom 30. November 1899 (Gesetzes- und Verordnungsblatt S. 755) von der mit der Erhebung der Steuer befaßten Bezirksfinanzbehörde bewilligt werden.

Zu § 47 des Gesetzes und § 27 Abs. 1 BRAusfB. Dasselbe ist geordnet in PA. I 9; ByA. § 17; WA. II 11; HA. 17; BrA. II 7.

§ 16. 1. Anträge auf Erstattung zu Unrecht gezahlter Erbschafts- (Schenkungs-) Steuer sind unter Angabe der Gründe, auf die der Anspruch gestützt wird, bei dem Notariat, das die Steuer festgesetzt hat, zu stellen. Der Antragsteller hat den Grund seines Anspruchs, sofern er nicht beim Notariat offenkundig ist, nachzuweisen. Nach Abschluß der etwa erforderlichen tatsächlichen Feststellungen hat das Notariat das Gesuch mit gutachtlicher Äußerung der Steuerdirektion vorzulegen. Erachtet die Steuerdirektion den Erstattungsanspruch nicht für begründet, so hat sie die Entschließung mit Gründen dem Gesuchsteller durch Vermittelung des Notariats zustellen zu lassen.

2. Ist das Gesuch begründet, so weist die Steuerdirektion die Bezirksfinanzbehörde an, den zu viel erhobenen Betrag zurückzuerstatten und benachrichtigt hiervon das Notariat, das den Gesuchsteller in Kenntnis setzt.

Zu §§ 18, 21—25, 27, 45 und 56 des Gesetzes, sowie zu § 29 Abs. 3 BRAusfB. Dasselbe ist geordnet in PA. I 8; ByA. §§ 19 und 27; SA. 16; WA. II 14; HA. 19; BrA. II 8.

§ 17. Das Verfahren der Bezirksfinanzbehörden bei Erhebung, Sicherstellung, Rückerstattung und Buchung der Steuer richtet sich im übrigen nach den von der Steuerdirektion zu erlassenden Vorschriften.

Zu §§ 28 und 29 BRAusfB. Dasselbe ist geordnet in PA. I 8; ByA. §§ 19 und 27; SA. 15 und 16; WA. II 13 und 14; HA. 18 und 19; BrA. II 8.

§ 18. Die vom Notariat gemäß § 42 Abs. 4 des Gesetzes erkannten Ordnungsstrafen sowie die von Steuerpflichtigen gemäß § 42 Abs. 4 und § 43 Abs. 2 des Gesetzes zu tragenden Kosten sind zum Zweck der Erhebung für die Staatskasse ins Kostenregister des Notariats einzutragen.

Zu § 42 Abs. 4 und § 43 Abs. 2 des Gesetzes. Dasselbe ist geordnet ByA. § 28; WA. II 15; HA. 14 k und l; BrA. II 10.

§ 19. Die Notariate mit dem Sitz außerhalb Karlsruhe haben die Akten über die Erbschaftssteuerfälle, die durch Feststellung und Einziehung oder Sicherstellung des Steuerbetrags oder in anderer Weise ihre Erledigung gefunden, auf Schluß des Kalendervierteljahres der Steuerdirektion zur Prüfung vorzulegen.

Zu § 40 Abs. 1 BRAusfB. Das ist geordnet WA. II 17.

§ 20. 1. Die Erbschaftssteuerakten sind von den sonstigen Akten des Notariats getrennt zu führen. Dabei kann auf die in etwaigen rechtpolizeilichen Akten enthaltenen Unterlagen des Erbschaftssteuerbescheids verwiesen werden.

2. Abschriften oder Auszüge aus den rechtspolizeilichen Akten sind nur, soweit unerläßlich, zu den steuerrechtlichen zu bringen.

3. Verfügungen von Todes wegen, die dem Notariat gemäß § 4 A.B. zugehen, sind nach Gebrauch dem Amtsgericht zurückzugeben. Zu den Steuerakten ist eine beglaubigte Abschrift zu nehmen. Die rechtspolizeilichen Vorschriften über die Behandlung von Testamenten bleiben unberührt.

§ 21. 1. Die Steuerakten sind nach vollständiger Erledigung und oberbehördlicher Prüfung an das Amtsgericht zur Verwahrung abzugeben. Die Abgabe erfolgt gegen besondere Bescheinigung, die als Anlage zur Erbschaftssteuerliste zu nehmen ist.

2. Die Erbschaftssteuerlisten verbleiben beim Notariat. Die übrigen Listen, insbesondere auch die Totenlisten nebst Beilisten und Freibelegen, sind zur Verwahrung ans Amtsgericht abzugeben, wenn sie beim Notariat nicht mehr benötigt werden.

Für die §§ 20 und 21:

Zu § 38 BRAusfB. Dasselbe ist geordnet in SA. 17.

§ 22. 1. Die Ausübung der Dienstpolizei über die Notare steht auch hinsichtlich ihrer Tätigkeit als Beamte der Steuerverwaltung den Landgerichten und dem Justizministerium zu.

2. Die Steuerdirektion hat die in § 1 Abs. 2 der Verordnung des Staatsministeriums vom 7. August 1890 (Ges. u. V.Bl. S. 517) bezeichneten Befugnisse.

Von den wegen Säumnis ausgesprochenen Geldstrafen und von den verhängten Ordnungsstrafen ist dem mit der allgemeinen Dienstaufsicht betrauten Landgericht und dem Justizministerium Kenntnis zu geben.

Zu § 34 des Gesetzes.

§ 23. Für das Verfahren in den Steuerfällen, auf welche noch das badische Erbschaftssteuergesetz vom 14. Juni 1899 Anwendung findet, bleiben die bisherigen Vorschriften maßgebend

Zu § 61 des Gesetzes. Dasselbe ist geordnet in PA. II 2; HA. 24; Br. II 5.

Bezüglich der weiteren Anwendbarkeit des Badischen Erbschaftssteuergesetzes vom 14. Juni 1899 vgl. unten Bd. II § 57 und die Note zu diesem Paragraphen.

II. Anweisung der Großherzoglichen Steuerdirektion vom 25. Juni 1906 zum Erbschaftssteuergesetz vom 3. Juni 1906 für die Notariate als Erbschaftssteuerämter.

(Verordnungsblatt der Großherzoglich Badischen Steuerdirektion, 1906, Nr. 8, S. 42 ff.)

Allgemeine Bestimmungen.

§ 1. Das im Zentralblatt für das Deutsche Reich erscheinende Verzeichnis der Erbschaftssteuerämter und Oberbehörden, an welche die nach §§ 7 Abs. 3, 12 Abs. 3, 13 Abs. 6 und 30 der Ausführungsbestimmungen zu machenden Mitteilungen zu richten sind, wird den Notariaten in besonderem Abdruck zugehen.

Soweit Mitteilungen badischer Behörden an Notariate als badische Erbschaftssteuerämter zu gelangen haben, sind sie an diese direkt zu richten.

Zu § 35 des Gesetzes und § 1 BRAusfB.

§ 2. Bestehen Meinungsverschiedenheiten oder Zweifel über die örtliche Zuständigkeit des Notariats (als Erbschaftssteueramt), so ist die Entscheidung der Steuerdirektion einzuholen.

§ 3. Ist ein Notariat selbst das nach §§ 4 und 31 der A.B. zu benachrichtigende Erbschaftssteueramt, so genügt es, wenn statt des besonderen Benachrichtigungsschreibens die mitzuteilenden Tatsachen auf den zu den Erbschaftssteuerakten zu fertigenden Abschriften oder Auszügen aus den Verfügungen von Todes wegen 2c. vermerkt werden. Der Vermerk ist vom Notariat zu unterzeichnen.

Zu § 40 Abs. 3 des Gesetzes und §§ 4 und 31 BRAusfB.

§ 4. Die Schreiben an Beteiligte sind nicht als portopflichtige Dienstsachen, sondern gemäß § 7 Abs. 2 Buchstabe a der Verordnung vom 7. Dezember 1904, das Versendungswesen der Staatsbehörden betr. (Ges. u. V.Bl. S. 451) mit dem Porto-Ablösungsstempel und Dienstsiegel des Notariats versehen abzusenden.

§ 5. Die Totenlisten sind vierteljahrsweise nach der alphabetischen Reihenfolge der Standesamtsbezirke geordnet in einer Mappe oder in einem Umschlag zu verwahren.

Die Freibelege sind nach der Zeitfolge, in welcher die sie betreffenden Sachen ihre Erledigung finden, einem für den Notariatsdistrikt anzulegenden Aktenheft anzuheften.

§ 6. Die Akten über die einzelnen Steuerfälle sind mit einer Aktendecke aus grünem steifem Papier zu versehen.

Zu den Akten über die einzelnen Steuerfälle sind außer den Anmeldungen, Steuererklärungen und Steuerbescheiden auch die Mitteilungen anderer Behörden, die sich auf den Steuerfall beziehen, wie insbesondere Entscheidungen der Oberbehörden über Beschwerden, Gerichtsentscheidungen, Entschließungen der Steuerdirektion über Niederschlagung von Steuerbeträgen usw. zu nehmen.

Für die §§ 5 und 6:

Zu § 38 BRAusfB. Dasselbe ist geordnet in SA. 17.

§ 7. Die zu den Steuergeschäften zu verwendenden Vordrucke einschließlich der Vordrucke für die Totenlisten und Aktendecken, wie auch die an Beteiligte abzugebenden Drucksachen werden den Notariaten auf Rechnung der Steuerverwaltung geliefert.

Die Notariate haben ihren Bedarf sowie den der zu ihrem Bezirk gehörenden Standesämter halbjährlich oder jährlich bei den ihnen bezeichneten Geschäften zu bestellen und denselben den Empfang der gelieferten Vordrucke und Drucksachen zu bescheinigen.

Die für die Standesämter bestellten Vordrucke zu den Totenlisten sind den Standesämtern zu übermitteln.

Die Standesämter in Karlsruhe, Freiburg, Pforzheim, Heidelberg und Mannheim haben die benötigten Vordrucke unmittelbar bei der bezeichneten Druckerei zu bestellen.

§ 8. Der Notar kann mit der Führung der Steuerlisten und des Sollbuches einen Kanzleibeamten beauftragen, die Geschäftsführung desselben hat er zu beaufsichtigen.

Verfahren zur Feststellung der für die Steuerfestsetzung erheblichen Verhältnisse.

§ 9. Die Notariate haben bei der großen Bedeutung, die den Totenlisten für die Steuerfestsetzung zukommt, besonders darauf zu achten und soweit erforderlich durch Belehrung darauf hinzuwirken, daß in den Totenlisten die Angaben möglichst vollständig und richtig gemacht werden.

Werden weitere Erhebungen (insbesondere Ermittelungen der anmeldepflichtigen Erben) nötig, so ist nach der noch ergehenden Weisung des Großh. Justizministeriums zu verfahren.

Zu § 40 Abs. 1 des Gesetzes und § 2 Abs. 5 und 7 BRAusfB.

§ 10. Die Anmeldung und eine Steuererklärung kann nur von demjenigen verlangt werden, dem ein steuerpflichtiger Erwerb zufällt, ferner vom Testamentsvollstrecker, Nachlaßpfleger oder gesetzlichen Vertreter eines steuerpflichtigen Erben, nicht aber von jemanden, der nur steuerfreies Vermögen wie z. B. als Bruder des Erblassers nur steuerfreien Hausrat (§ 11 Ziff. 4 f des Gesetzes) erwirbt.

Zur Auskunftserteilung kann dagegen jeder Erbbeteiligte angehalten werden, soweit es sich um Feststellung von Tatsachen handelt, die für die Festsetzung der Steuer von dem ihm oder einem anderen Erbbeteiligten zukommenden Vermögen erheblich sind.

Zu §§ 36, 37, 38 und 42 des Gesetzes und §§ 12 und 13 BRAusfB.

§ 11. Wem von mehreren anmeldepflichtigen Beteiligten als dem mit den Verhältnissen am besten Vertrauten eine Anleitung (§ 11 der A.B.) zu übersenden sei, wird das Notariat nach dem Stand und Beruf der Erbbeteiligten oder nach sonstigen bekannten Umständen zu beurteilen haben.

Die Mitteilung einer Anleitung ist außer dem in § 11 Abs. 4 der A.B. angeführten Fall regelmäßig dann entbehrlich, wenn das Notariat aus irgend einem Anlaß, wie z. B. bei Eröffnung einer Verfügung von Todes wegen, bei Ausstellung eines Erbscheins, bei einem Antrag auf nachlaßgerichtliche Vermittelung einer Erbschaftsauseinandersetzung, Gelegenheit hat, mit einem Beteiligten zu verhandeln und ihn hierbei über seine Verpflichtung zur Anmeldung usw. zu belehren.

Zu § 11 BRAusfB.

§ 12. Ist zu erwarten, daß die Beteiligten, auch wenn ihnen die Anleitung übersandt würde, die Anmeldung oder die verlangte Steuererklärung nicht ordnungsmäßig einreichen werden und daß noch weitere Verhandlnngen nötig sein würden, so empfiehlt es sich, einen der Beteiligten (außerhalb des Notariatssitzes Wohnhafte zu einem Grundbuch- oder Amtstag) einzubestellen, um ihn über seine Verpflichtung zur Anmeldung und zur Abgabe einer Steuererklärung zu belehren und seine Anmeldung und Steuererklärung entgegenzunehmen.

Die Einbestellung eines Beteiligten wird namentlich dann angebracht sein, wenn der Erblasser bis zu seinem Tode verheiratet war und zur

Feststellung der steuerpflichtigen Masse zunächst zu ermitteln ist, wieweit der überlebende Ehegatte Ansprüche an die vorhandene Masse zu machen hat oder an sie ersatzpflichtig ist.

Zu § 11 VRAusfV.

§ 13. Nimmt das Notariat auf Ansuchen des Anmeldenden den steuerpflichtigen Nachlaß auf, so hat es dabei die Erläuteruug der Anleitung III A (Anl. 4 zu den A.V.) zu beachten.

Wird vom Notariat aus einem rechtspolizeilichen Grund die steuerpflichtige Masse verzeichnet, so ist zu den Steuerakten ein Auszug aus dem Nachlaßverzeichnis zu fertigen, der eine summarische Zusammenstellung der Bestandteile des Nachlasses und ihres Wertes enthält.

§ 14. Zur Feststellung der Verwandtschaftsverhältnisse der Erwerber zu dem Erlasser bedarf es regelmäßig nicht der Erhebung von Standesregisterauszügen; es genügen die Angaben der Anmeldenden, sofern gegen ihre Glaubwürdigkeit kein Bedenken besteht, und die Eintragungen in den Totenlisten.

Zu § 11 VRAusfV.

Feststellung der steuerpflichtigen Masse insbesondere.

§ 15. Werden die zum Nachlaß gehörenden Fahrnisse nicht einzeln, sondern summarisch in den Abteilungen des vorgeschriebenen Formulars (Muster 5 der A.V.) angeführt, so ist darauf zu achten, ob der angegebene Wert in angemessenem Verhältnis zu dem Anschlag in der Feuerversicherungspolice oder zu den Verhältnissen des Erblassers steht.

§ 16. Forderungen sind regelmäßig nach dem Betrag, auf den sie lauten, *unter Hinzurechnung der bis zum Todestag des Erblassers laufenden Zinsen* und wenn sie auf einen anderen Gegenstand als Geld gerichtet sind, nach dem Wert des Gegenstands zu berechnen.

Findet über den mutmaßlichen Wert unsicherer Forderungen eine vorbehaltslose Einigung zwischen dem Steuerpflichtigen und dem Notariat statt, so ist dieser Wert in Ansatz zu bringen. Eine spätere Berichtigung des Wertanschlags nach dem tatsächlichen Eingang des Forderungsbetrags hat dann nicht mehr stattzufinden.

Findet keine Einigung statt, so ist nach § 24 Satz 2 des Gesetzes zu verfahren.

§ 17. Wertpapiere, die einen Kurs haben, sind nach dem Kurs am Todestag oder an dem diesem vorausgegangenen Tag zu berechnen, wie er aus der Frankfurter Zeitung oder einem anderen die Kurse angebenden Blatt zu entnehmen ist. Bei Schuldverschreibungen sind die bis zum Todestag laufenden Zinsen, bei Dividenden tragenden Papieren zu den noch nicht abgehobenen Dividenden 4% vom Nennbetrag der Aktien (bzw. der Einzahlung) für die Zeit vom Jahresbeginn bis zum Todestag hinzuzurechnen, soweit nicht nach der Handelsübung eine andere Berechnung stattzufinden hat.

Bei Wertpapieren, die keinen Börsenkurs haben, ist erforderlichenfalls der Wert durch Anfrage bei einer Bank zu ermitteln.

Für die §§ 15—17:

Zu § 16 des Gesetzes und § 14 VRAusfV. Eine ähnliche Ordnung wie im § 17 findet sich HA. 10.

§ 18. Dafür, ob ein zum Nachlaß gehörendes Grundstück dauernd land- oder forstwirtschaftlichen Zwecken zu dienen bestimmt ist (§ 15, § 16 Abs. 2 des Gesetzes), ist die Eigenschaft des Grundstücks zur Zeit des Erbfalles maßgebend. Auf die Lage der Grundstücke in Stadt oder Land kommt es nicht an; wie in der Stadt ein landwirtschaftlicher Betrieb möglich ist, so dienen hin und wieder auch ländliche Grundstücke, z. B. Landhäuser, nicht landwirtschaftlichen Zwecken.

Bei den von Beteiligten gelieferten Ertragsberechnungen wird es sich unter Umständen empfehlen, sich zu verlässigen, wie hoch der Erblasser mit seinem landwirtschaftlichen Einkommen zur Einkommensteuer veranlagt war. Ist eine Schätzung des Ertragswerts einzuholen, so hat der Notar den Schätzer in geeigneter Weise zu belehren.

Zu §§ 15 und 16 des Gesetzes und § 18 BRAusfB.

Der erste Satz des § 18 hat durch die Verfügung der Großherzogl. Steuerdirektion vom 18. Oktober 1909 Nr. 354 die jetzige Fassung erhalten. Insofern als die erste Fassung für die Berechnung des Ertragswertes die Forderung, daß die Grundstücke usw. „auch in der Hand der Erben oder sonstigen Erwerber" dem landwirtschaftlichen Zwecke dienen müßten, aufstellt, stand sie nicht im Einklang einmal mit dem allgemeinen Grundsatz, daß für die Beerbung ebenso wie für die Besteuerung im einzelnen das tatsächliche Verhältnis im Augenblick des Anfalls maßgebend sein soll, sowie des ferneren mit der ausdrücklichen Vorschrift im ersten Absatz des § 16 REStG., daß der Ermittlung des Betrages der Masse der Wert „zur Zeit des Anfalls" zugrunde zu legen sei.

§ 19. Ruht auf einem Anfall die Last eines oder mehrerer alljährlich abzuhaltender Seelenämter oder Messen (Anniversarien, Jahrestagsstiftungen), so ist der Wert der Last nach der den Notariaten noch besonders zugehenden Anweisung zu berechnen.

In besonderen Fällen ist der Wert der Last im Benehmen mit der zuständigen Kirchenbehörde zu ermitteln, sofern nicht die Angaben der Beteiligten als genügend erscheinen.

§ 20. Vergütungen, die von Erbbeteiligten oder dritten Personen für den Erblasser geleistete Dienste (Verpflegung während seiner letzten Krankheit usw.) und für gemachte Aufwendungen verlangt werden, sind nur insoweit als Nachlaßschulden zu berücksichtigen, als das Bestehen eines Rechtsanspruchs glaubhaft gemacht ist, nicht aber, wenn nach den Umständen anzunehmen ist, daß die Leistungen ohne einen Anspruch auf Entgelt bezw. nur in der Erwartung einer letztwilligen Zuwendung des Erblassers geschehen sind.

§ 21. Der Wert einer unter Zusicherung der Steuerfreiheit gemachten Zuwendung besteht in der Summe, die nach Abzug der zu berechnenden Steuer den zugewendeten Betrag ergibt. Diese Summe wird dadurch gefunden, daß der zugewendete Betrag vervielfältigt wird mit einem Bruch, dessen Zähler 100 und dessen Nenner die Differenz zwischen 100 und dem zur Anwendung kommenden Steuersatz ist,

z. B. $\frac{100}{90}$ $\left(\frac{10}{9}\right)$; $\frac{100}{92}$ $\left(\frac{25}{23}\right)$; $\frac{100}{94}$ $\left(\frac{50}{47}\right)$ usw.

Für die §§ 19—21:

Zu § 16 des Gesetzes und § 14 BRAusfB.

Insbesondere für § 21:

Näheres über die Berechnung und gewisse Einschränkungen der bezeichneten Berechnungsformel in Sonderfällen gibt Mirre ZfZuSt. 1908 S. 59; vgl. oben Note 1 zu § 31 des Gesetzes.

§ 22. Beim Anfall eines Lehens oder Fideikommisses sowie bei Bezügen aus Familienstiftungen ist der Berechnung der nach § 17 ff. des Gesetzes zu ermittelnde Wert der anfallenden Nutzungen oder Bezüge zugrund zu legen.

Zu §§ 16 und 17 des Gesetzes und § 14 BRAusfB.

§ 23. Das im Ausland befindliche Vermögen eines Ausländers ist nicht steuerpflichtig, auch wenn der Erblasser im Inland seinen letzten Wohnsitz oder dauernden Aufenthalt gehabt hat.

Forderungen des Nachlasses gelten nach § 8 des Gesetzes und § 23 ZPO. als im Inland befindlich, wenn der Schuldner zur Zeit des Todes des Erblassers seinen Wohnsitz im (Reichs-) Inland hatte oder wenn sich eine für die Forderung als Sicherheit haftende Sache z. B. ein hypothekarisch haftendes Grundstück im (Reichs-) Inland befindet. Wertpapiere stehen körperlichen Sachen gleich. Zubehörstücke und Früchte der Grundstücke sind wie die Grundstücke zu behandeln.

Zu §§ 6 und 8 des Gesetzes.

§ 24. Sind Schulden deshalb. weil der Nachlaß nur zum Teil der Besteuerung unterliegt, nur teilweise zu berücksichtigen, so gelten Hypothekenschulden in erster Linie als Lasten der für sie haftenden Grundstücke, im Falle der gesamthypothekarischen Haftung nach dem in §§ 2167, 2168 BGB. bestimmten Verhältnis.

Für die Verteilung der übrigen Schulden (auch der Faustpfandschulden) auf den steuerfreien und steuerpflichtigen Nachlaß kommt der Wert der Grundstücke nur insoweit in Betracht, als er den Betrag der sie belastenden Hypothekenschulden übersteigt.

Zu § 9 des Gesetzes.

§ 25. Zum Erwerb von Todes wegen gehört auch, was vergleichsweise zur Befriedigung eines zweifelhaften oder bestrittenen Anspruchs auf einen Erwerb von Todes wegen gewährt wird. Es wird daher, wenn zwischen Erbbeteiligten ein Vergleich über bestrittene Ansprüche zustande kommt, regelmäßig das der Steuerberechnung zugrund zu legen sein, was die Beteiligten nach dem Vergleich aus der steuerpflichtigen Masse oder an deren Stelle erlangen.

Dies gilt jedoch nicht, soweit der Vergleich nur eine Abfindung eines am Nachlaß nutznießungs- oder nießbrauchsberechtigten Beteiligten für den Verzicht auf dieses unbestrittene Recht darstellt.

Zu § 1 des Gesetzes.

§ 26. Solange ein Streit über die Erbbeteiligung nicht durch ein rechtskräftiges Urteil oder einen Vergleich erledigt ist, wird das Notariat den Besitzer des Nachlasses als den Erbberechtigten behandeln können, sofern nicht nach den Umständen des Falles ein anderer als der Besserberechtigte erscheint.

Ist ein baldiger Ausgang des Rechtsstreits zu erwarten und keine Gefahr im Verzug für die Beibringung der Steuer, so kann mit der Steuerfestsetzung bis zur Erledigung des Streits zugewartet werden.

Auf Erwerber, deren Ansprüche durch einen Nachlaßstreit nicht berührt werden, ist die Steuer, sobald die Festsetzung möglich ist, anzusetzen.

Zu § 45 des Gesetzes und § 24 BRAusfB.

§ 27. Das Notariat wird, wie bisher, darauf hinzuwirken haben, daß die Beteiligten bei den Anmeldungen und Steuererklärungen die zur steuerpflichtigen Masse gehörenden Gegenstände und ihren Wert sowie die sonstigen für die Steuerfestsetzung erheblichen Verhältnisse richtig und vollständig angeben.

Soweit es erforderlich erscheint, haben sich die Notariate an die Steuerkommissäre zu wenden, um über die für die Steuerfestsetzung erheblichen Vermögensverhältnisse des Erblassers Auskunft zu erhalten.

Insbesondere können die Steuerkommissäre darüber befragt werden, wie hoch zum Nachlaß gehörende Grundstücke auf Grund des Gesetzes vom 9. August 1900 eingeschätzt worden sind.

Zu §§ 36 und 37 des Gesetzes und §§ 12 und 13 BRAusfB.

Berechnung der Steuer.

§ 28. Was ein Steuerpflichtiger als Testaments- oder Vertragserbe, Vermächtnisnehmer usw. im Gesamten aus einem Nachlaß oder an Stelle desselben erhält, gilt regelmäßig als ein einheitlicher Erwerb von Todes wegen.

Steuerpflichtig ist der Erwerb nur insoweit, als dessen Gesamtwert nach Abzug der auf ihm ruhenden Lasten die Grenzen der Steuerbefreiungen übersteigt.

Zuwendungen an verschiedene juristische Personen sind als verschiedene Erwerbungen zu behandeln, auch wenn die Bedachten unter einer Leitung stehen und gleichartige Zwecke verfolgen.

Zu §§ 28 bis 30 des Gesetzes.

§ 29. In den Fällen des § 15 des Gesetzes richtet sich der Steuersatz nach dem Wert des Erwerbs bei Annahme des vollen Ertragswerts der zum Nachlaß gehörenden Liegenschaften. Es tritt nur eine Kürzung der Steuer ein.

Es würde also, wenn z. B. der Bruder des Erblassers ein landwirtschaftliches Grundstück im Wert von 90000 Mark und daneben andere Vermögenswerte im Betrag von 60000 Mark erbt, die Erbschaftssteuer nach Höhe von $4 \times \frac{15}{10}$ = 6 vom Hundert von 150000 Mark also mit 9000 Mark zu berechnen sein. Von dem hiernach auf das Grundstück entfallenden $^3/_5$ des Steuerbetrags, mithin von 5400 Mark würde ein Viertel oder 1350 Mark unerhoben bleiben.

Zu § 15 des Gesetzes.

§ 30. Für die Berechnung des auf die landwirtschaftlichen Grundstücke entfallenden Teils der Steuer, an welchem die Kürzung nach § 15 des Gesetzes einzutreten hat, kommt gemäß § 15 Abs. 3 des Gesetzes der Ertragswert der Grundstücke nur insoweit in Betracht, als er die auf die Grundstücke entfallenden Schulden übersteigt. Der auf die Grundstücke fallende Schuldenteil berechnet sich entsprechend den in § 24 aufgeführten Grundsätzen.

Besteht z. B. der Nachlaß aus:

Grundstücken mit Zubehör im Wert von . .		25000 Mark	
sonstigen Gegenständen im Wert von		10000 „	
	zusammen	35000 Mark	
worauf Hypothekenschulden . .	10000 Mark		
sonstige Schulden	5000 „	= 15000 „	
lasten,	reiner Nachlaß	20000 Mark,	

so entfallen auf die Liegenschaften die Hypothekenschulden mit 10000 Mark und von den übrigen Schulden $^3/_5$ = 3000 Mark. Die Steuer ist somit nur insoweit zu kürzen, als sie aus dem Betrag von 25000 Mark — (10000 + 3000 Mark) = 12000 Mark zu berechnen ist.

Zu § 15 des Gesetzes.

§ 31. Ist eine Ermäßigung der Steuer nach § 10 letzter Absatz des Gesetzes in Frage, so ist die Steuer nach dem dem Wert des Anfalls entsprechenden und nach dem nächstniedrigeren Steuersatz zu berechnen. Eine Kürzung der nach dem höheren Satz berechneten Steuer hat insoweit zu erfolgen, als sich der Unterschied zwischen den berechneten Steuerbeträgen auf mehr als die Hälfte des Betrags beläuft, um welchen der Anfall die für die beiden Steuersätze maßgebende Wertgrenze übersteigt.

Erbt z. B. der Bruder des Erblassers 50800 Mark, so ist nicht die Steuer in Höhe von 5,2% aus diesem Betrag = 2641 Mark, sondern nur eine Höhe von 4% aus 50800 Mark = 2032 Mark zuzüglich 400 Mark = 2432 Mark festzusetzen.

Das 11/10fache des Steuersatzes

von 5%	kommt bei Erwerbungen von	20202	Mark
„ 6%	„ „ „ „	20242	„
„ 8%	„ „ „ „	20326	„
„ 10%	„ „ „ „	20408	„

und mehr ungekürzt zum Ansatz.

Zu § 10 Abs. 4 des Gesetzes.

§ 32. In den Fällen des § 11 Nr. 1, 4 e, f, h und § 12 Abs. 3 des Gesetzes ist nach § 14 Abs. 2 der aus dem Erwerb zu berechnende Steuerbetrag insoweit zu kürzen, als er sich auf mehr als die Hälfte des Betrags beläuft, um den der Wert des Erwerbs den die Freigrenze bestimmenden Betrag übersteigt.

Wenn z. B. ein mit dem Erblasser nicht verwandter Dienstbote desselben 3400 Mark erbt, so ist nicht der Betrag von 340 Mark sondern nur 200 Mark zu erheben.

Bei Zuwendungen zu gemeinnützigen oder kirchlichen Zwecken ist die Steuer im vollen Betrag zu berechnen, wenn die Zuwendung den Betrag von 5554 Mark übersteigt.

Zu § 11, § 12 Abs. 3 und § 14 Abs. 2 des Gesetzes.

Erbschaftssteuerbescheid.

§ 33. Der Steuerbescheid ist zu erlassen, wenn auf Grund der festgestellten Masse die Steuer festgesetzt werden kann. Eine Aussetzung der Steuerfestsetzung kann, abgesehen von den Fällen der §§ 4 Abs. 3, 18, 21—23, 26 und 27 des Gesetzes, dann geboten sein, wenn über die Erwerbung des Nachlasses usw. ein Rechtsstreit unter mehreren Erbbeteiligten besteht und nicht sicher steht, wer als der Erbschaftsbesitzer zu betrachten ist und in welchem Umfang die Streitteile an den Nachlaß Ansprüche in Wirklichkeit besitzen. Die Beendigung der Auseinandersetzung der Erben untereinander und der Erben mit dem überlebenden Ehegatten ist nicht abzuwarten.

Zu § 45 des Gesetzes und § 24 Abs. 1 BRAusfB.

§ 34. In dem Bescheid ist die Steuer für jeden steuerpflichtigen Erwerber besonders berechnet anzugeben. Die für die Entrichtung der Steuer festzusetzende Frist soll regelmäßig 6 Wochen, von der Eröffnung oder Zustellung des Bescheids an gerechnet, nicht übersteigen.

Zu § 45 des Gesetzes und § 24 Abs. 1 BRAusfB.

§ 35. Der Steuerbescheid ist nach § 24 Abs. 2 der A.B., soweit sich nicht aus den übrigen Bestimmungen ein anderes ergibt, nur einem von mehreren Beteiligten zuzustellen, und zwar demjenigen, der die Steuererklärung abgegeben oder die Entrichtung des für alle Erwerber berechneten Steuerbetrags übernommen hat.

Zu § 45 des Gesetzes und § 24 Abs. 2 BRAusfB.

§ 36. Die Sicherheit, deren Leistung in den Fällen der §§ 21—23 und 26 des Gesetzes aufgegeben wird, soll durch zur steuerpflichtigen Masse gehörende Gegenstände geleistet werden, sofern die Beteiligten nicht in anderer Weise, wie z. B. durch Verpfändung von zur Masse nicht gehörenden Wertpapieren, Sicherheit leisten.

Bei der Bestimmung der Art der Sicherheitsleistung ist hierauf Rücksicht zu nehmen, wie auch darauf zu achten, daß der Bezirkssteuerbehörde durch die ihr aus der Annahme der Sicherheiten erwachsenden Verpflichtungen (Verwahrung der Pfandgegenstände usw.) und bei der Verwirklichung der mit der Sicherheitsleistung eingeräumten Rechte nicht unnötige Schwierigkeiten erwachsen.

In erster Linie ist daher die Hinterlegung vorhandenen baren Geldes und die Verpfändung von zur Masse gehörenden Wertpapieren, oder Sparkassenguthaben, in Ermangelung solcher die Bestellung einer Sicherungshypothek an zur Masse gehörenden Grundstücken, nötigenfalls auch die Bestellung eines Pfandrechts in sonstige Nachlaßgegenstände aufzugeben.

Ist die Bestellung einer Sicherungshypothek auf mehrere Grundstücke erforderlich, so ist die Hypothek als Gesamthypothek zu bestellen.

Es empfiehlt sich die zur Annahme der Sicherheit zuständige Bezirksfinanzbehörde vor der Anordnung der Sicherheitsleistung zu hören.

§ 37. Von der Auflage einer Sicherheitsleistung kann abgesehen werden, wenn die Möglichkeit des Eintritts einer aufschiebenden Bedingung, von welcher der steuerpflichtige Erwerb oder der Wegfall von Lasten abhängt, eine sehr entfernte ist oder wenn nach den Umständen des Falles, insbesondere nach den Verhältnissen der Beteiligten, darauf gerechnet werden kann, daß die Steuer auch ohne Sicherheitsleistung wird entrichtet werden.

In Fällen, in welchen die Bestellung einer Sicherheit in geeigneter Weise nicht wohl möglich ist, kann eine Versteuerung nach § 44 des Gesetzes in Frage kommen.

§ 38. Ist der Grund zur Sicherheitsleistung weggefallen, so ist der Bezirksfinanzbehörde, die die Sicherheit angenommen hat, davon Nachricht zu geben, daß die geleistete Sicherheit zurückgegeben werden kann.

Für die §§ 36—38:

Zu §§ 21—23 und 26 des Gesetzes, sowie § 28 BRAusfB. Dasselbe ist geordnet in PA. I 8; SA. 15; WA. II 12; HA. 18.

§ 39. Nach der Zustellung oder Eröffnung des Steuerbescheids darf der mit dem Bescheid übereinstimmende Steuerbetrag in der Steuerliste A nicht mehr geändert werden.

Sonstige zulässige Änderungen sind so anzubringen, daß die ursprüngliche Eintragung ersichtlich bleibt; der Grund der Änderung ist kurz zu vermerken. Auskratzungen dürfen nicht vorgenommen werden.

Zu § 45 des Gesetzes, sowie §§ 24 und 29 Abs. 3 BRAusfB.

§ 40. Ist die Steuerfestsetzung nachträglich zu berichtigen, so ist der zu den Akten des Steuerfalls zu beurkundende Beschluß des Notariats dem Steuerpflichtigen zu eröffnen oder zuzustellen. Bei einer Ermäßigung oder Aufhebung des Steueransatzes genügt eine formlose Mitteilung des Beschlusses.

Ist der Erhebungsstelle schon eine Erhebungsanweisung zugegangen, so ist dieser auch eine Ausfertigung des Beschlusses über die Änderung der Steuerfestsetzung mitzuteilen; andernfalls ist in der Erhebungsanweisung die Berichtigung des ursprünglichen Steuerbescheids zu vermerken.

§ 41. Eine Herabsetzung der Steuer oder Aufhebung der Steuerfestsetzung hat das Notariat nicht mehr zu verfügen, wenn die im Steuerbescheid festgesetzte Steuer schon bezahlt ist und die Erstattung des bezahlten Betrags beantragt wird, da über den Antrag die Steuerdirektion zu entscheiden hat.

Damit die Bezirksfinanzbehörden ihre Berechtigung, auf die ihnen zugehenden Mitteilungen der Notariate Steuerbeträge zurückzuerstatten, prüfen können, haben die Notariate in den Fällen einer Berichtigung von Amts wegen dem die Weisung zur Rückerstattung enthaltenden Schreiben beizusetzen: „Berichtigung von Amts wegen."

§ 42. In dem einen Steuernachtrag festsetzenden Bescheid ist wie in dem ursprünglich erlassenen Bescheid eine angemessene Zahlungsfrist zu setzen. Der Fall ist in die Nachtragsliste gemäß § 10 Abs. 2 c der A.B. einzutragen.

Bei Ermäßigung oder Aufhebung des Steueransatzes ist der in Abgang genommene Betrag in Spalte 8 des Sollbuchs einzutragen.

Für die §§ 40—42:

Zu § 45 des Gesetzes, sowie §§ 24 und 29 Abs. 3 BRAusfB. Dasselbe ist geordnet in PA. I 8; ByA. §§ 19 und 27; SA. 16; WA. II 14; HA. 19; BrA. II 8.

Verfahren bei Beschwerden usw.

§ 43. Wird beim Notariat eine Beschwerde gegen die Steuerfestsetzung eingereicht, so hat sich das Notariat über die Richtigkeit der zur Begründung der Beschwerde vorgebrachten Behauptungen durch geeignete Erhebungen zu verlässigen und zu prüfen, ob der Beschwerde stattzugeben sei.

Ist die Beschwerde verspätet eingelegt oder nicht begründet, oder ist die Steuer, gegen die sich die Beschwerde richtet, schon bezahlt, so hat das Notariat die Beschwerdeschrift mit den auf den Steueransatz bezüglichen Akten der Steuerdirektion vorzulegen und sich über die Ausführungen des Beschwerdeführers in der Beschwerdeschrift und über die Ergebnisse der gemachten Erhebungen gutächtlich zu äußern.

Ist mit der Beschwerde eine der Steuerfestsetzung zugrund gelegte Schätzung eines zur steuerpflichtigen Masse gehörenden Gegenstandes angefochten, so ist die Entscheidung über die Beschwerde der Steuerdirektion zu überlassen.

§ 44. Wird beim Notariat eine gegen die Entscheidung der Steuerdirektion gerichtete weitere Beschwerde eingereicht, so hat das Notariat die Akten der Steuerdirektion vorzulegen und sich dabei über die in der weiteren Beschwerde enthaltenen neuen Behauptungen, wenn nötig nach angestellten Erhebungen über die Richtigkeit derselben, zu äußern.

§ 45. Die Entscheidungen der Steuerdirektion und des Finanzministeriums werden dem Notariat zur Bekanntgabe an die Beschwerdeführer mitgeteilt. Die Ausfertigungen der Entscheidungen sind den Beschwerdeführern zu behändigen, wenn der Beschwerde ganz stattgegeben worden ist, andernfalls zuzustellen oder zu eröffnen.

§ 46. Soweit der Beschwerde stattgegeben wird, hat das Notariat der Bezirksfinanzbehörde von der Änderung der Steuerfestsetzung Nachricht zu geben und nach § 43 letzter Absatz zu verfahren.

Sind dem Beschwerdeführer nach § 43 des Gesetzes die Kosten einer Wertsermittelung zurückzuerstatten, so ist hierwegen der Bezirksfinanzbehörde, die die Kosten vereinnahmt hat, Anweisung zu geben.

§ 47. Die Beschwerde und die weitere Beschwerde haben keine aufschiebende Wirkung. Es bleibt dem Beschwerdeführer überlassen, bei der mit dem Einzug der Steuer betrauten Bezirksfinanzbehörde um Befristung nachzusuchen.

Für die §§ 43—47:

Zu § 46 des Gesetzes. Dasselbe ist geordnet in BhA. § 18.

§ 48. Wenn Klagen gegen die Steuerfestsetzung, die die Beteiligten gegen die Steuerdirektion, als die zur Vertretung des Fiskus berufene Behörde, zu richten haben (landesherrliche Verordnung vom 18. März 1865 Reg.Bl. S. 121), dem Notariat zugestellt werden, so sind sie der Steuerdirektion vorzulegen. Wird durch rechtskräftiges Urteil eines Gerichts der Steueransatz abgeändert oder aufgehoben, so ist nach § 46 zu verfahren.

Zu § 57 des Gesetzes. Dasselbe ist geordnet in BhA. § 18.

§ 49. Gesuche um gnadenweisen Nachlaß einer Steuer sind der Steuerdirektion mit gutächtlicher Äußerung unter Anschluß der Akten vorzulegen, wenn auch zur gnadenweisen Erlassung der Steuer nur der Bundesrat zuständig ist.

Pauschversteuerung.

§ 50. Wird von einem Pflichtigen nach § 44 des Gesetzes eine Pauschversteuerung beantragt, so ist der Antrag unter Anschluß der Akten und mit einer gutächtlichen Äußerung der Steuerdirektion vorzulegen.

Bis zum Eintreffen der auf den Antrag ergehenden Entscheidung kann von der Auflage, ein Verzeichnis der steuerpflichtigen Masse mit einer Steuererklärung vorzulegen, abgesehen werden.

Zu § 44 des Gesetzes. Dasselbe ist geordnet in VvA. § 15; WA. II 19.

Einziehung der Steuer.

§ 51. Das Notariat hat nur auf besonderes Verlangen des Steuerpflichtigen eine andere Stelle als die im allgemeinen mit der Erhebung der Steuer beauftragte Bezirksfinanzbehörde als Einzahlungsstelle zu bestimmen. Die Stundungsbewilligungen der Bezirksfinanzbehörde sind im Sollbuch zu vermerken.

Den Bezirksfinanzbehörden ist bei der Einziehung der Steuer Beistand zu leisten durch Erteilung von Auskunft über dem Notariat bekannte zugreifbare Vermögensstücke des Zahlungspflichtigen.

§ 52. Ist der zu erhebende Betrag bei dem in der Erhebungsanweisung angegebenen Zahlungspflichtigen nicht beizubringen, so hat das Notariat auf Anfrage der Bezirksfinanzbehörde die für die Steuer haftbaren Personen zu bezeichnen, auch erforderlichenfalls anzugeben, inwieweit die Betreibung gegen diese Personen erfolgen kann.

§ 53. Die eingehenden Auszüge aus dem von der Bezirksfinanzbehörde geführten Einnahmebuch sind als Beilagen zu dem Sollbuch nach der Zeitfolge des Eingangs zu heften.

Für die §§ 51—53:

Zu § 45 des Gesetzes.

Ordnungsstrafen und Kosten.

§ 54. Entschließungen der Notariate, durch welche Ordnungsstrafen nach § 42 Abs. 4 des Gesetzes ausgesprochen oder den Beteiligten die Tragung von Kosten auferlegt werden, sind den Beteiligten zu behändigen oder zu eröffnen.

Den Beteiligten steht gegen die Entscheidung die Beschwerde an die Steuerdirektion zu.

Bezüglich der Behandlung der Schätzungskosten sind im übrigen die vom Großh. Justizministerium erlassenen Vorschriften zu beachten.

Zu § 42 Abs. 4 des Gesetzes.

§ 55. Bestehen nach den dem Notariat aus den Ermittelungen bekannt gewordenen oder sonst bekannten Tatsachen dringende Verdachtsgründe dafür, daß ein Steuerpflichtiger mit der Absicht, die Steuer zu hinterziehen, unwahre Angaben gemacht hat, so hat das Notariat den Sachverhalt der zuständigen Bezirksfinanzbehörde zur etwaigen Einleitung eines Strafverfahrens mitzuteilen. Die Erlassung eines Steuerbescheids ist auszusetzen, wenn nicht eine zutreffende Steuerfestsetzung möglich erscheint. Lehnt die Bezirksfinanzbehörde die Einleitung des Strafverfahrens ab oder stellt sie das Verfahren ein, so ist der Steuerbescheid nach Aktenlage zu erlassen oder weitere Weisung bei der Steuerdirektion einzuholen.

Zu § 49 des Gesetzes.

Schenkungssteuer.

§ 56. Die vorstehenden Vorschriften finden für die Festsetzung der Steuer aus Schenkungen unter Lebenden entsprechende Anwendung.

Zu § 55 des Gesetzes.

Verfahren bei den noch nach dem badischen Erbschaftssteuergesetz zu erledigenden Fällen.

57. Das badische Erbschaftssteuergesetz findet noch Anwendung auf Erwerbungen von Todes wegen, wenn der Erblasser vor dem 1. Juli 1906 gestorben ist, und auf Schenkungen unter Lebenden, wenn der Schenkungsvertrag vor diesem Tag zustande gekommen ist.

Dies gilt auch für bedingte und betagte Erwerbungen, wenn auch die Bedingung oder der Endtermin erst nach dem 1. Juli 1906 eintritt, wie für Erwerbungen von Nacherbschaften, falls der Erblasser den 30. Juni 1906 nicht überlebt hat.

Der Besteuerung nach dem badischen Gesetz unterliegen jedoch nicht mehr die nach dem 30. Juni 1906 auf den Tod des Versicherungsnehmers anerfallenden Versicherungssummen, auch wenn schon vor dem 1. Juli 1906 im Versicherungsvertrag oder in einer besonderen Mitteilung an die Versicherungsgesellschaft der Bezugsberechtigte bezeichnet worden ist.

Zu § 61 des Gesetzes. Dasselbe ist geordnet in PA. I 3, II 2; ByA. § 20; HA. 24; BrA. II 5.

Da nach dem Badischen Gesetz betr. die Erbschafts- und Schenkungssteuer vom 14. Juni 1899 die Eltern bei Anfällen bis zu 10000 Mk. und die unehelichen vom Vater anerkannten Kinder sowie die an Kindes Statt angenommenen Kinder überhaupt steuerfrei waren, so konnte der Umstand, daß im § 59 REStG. die nach § 11 Nr. 4e befreiten Personen mit angezogen waren und nach § 60 REStG. die frühere Landesgesetzgebung dementsprechend zur Aufhebung gelangte (vgl. Note 2 zu § 59 und Note 4 zu § 60 des Gesetzes), für Baden von keinerlei Einfluß sein. Man mußte die frühere badische Gesetzgebung von vornherein für alle nach dem 1. Juli 1906 zur Entstehung kommenden Fälle als gegenstandslos betrachten.

§ 58. Bei den nach dem Badischen Gesetz zu besteuernden Erwerbungen ist noch nach den bisherigen Vorschriften zu verfahren.

Zu § 61 des Gesetzes. Dasselbe ist geordnet in PA. I 3 und 8, II 2; ByA. § 30; HA. 24; BrA. II 5.

III. Anweisung der Großherzoglichen Steuerdirektion vom 25. Juni 1906 zum Erbschaftssteuergesetz für die Bezirksfinanzbehörden.

(Verordnungsblatt der Großherzoglichen Steuerdirektion, 1906, Nr. 8, S. 54 ff.).

§ 1. Die nach dem Reichsgesetz vom 3. Juni 1906 zu erhebende Erbschaftssteuer kommt bei dem Pflichtigen durch die vom Notariat als Erbschaftssteueramt bewirkte Bekanntgabe (Zustellung oder Eröffnung) des Erbschaftssteuerbescheids zur Anforderung. Die Ausfertigung und Zustellung eines Forderungszettels durch die Bezirksfinanzbehörde hat daher zu unterbleiben.

§ 2. Die Bezirksfinanzbehörde hat die vom Notariat festgesetzte Steuer auf Grund der ihr zugehenden Erhebungsanweisung des Notariats einzuziehen. Auf der Erhebungsanweisung ist der Tag des Eingangs zu vermerken, sodann ist ein Eintrag in dem nach beifolgendem Muster zu führenden Erbschaftssteuerbuch zu fertigen.

§ 3. Das Erbschaftssteuerbuch ist für je ein Kalenderjahr (für das Jahr 1906 für die Zeit vom 1. Juli bis Ende Dezember) zu führen. Die am Ende des Jahres, d. h. beim Abschluß des Steuerkassenbuchs, noch nicht erledigten Fälle sind unter entsprechendem Vermerk in Spalte 14/15 in das Erbschaftssteuerbuch des folgenden Jahres zu übertragen.

§ 4. Die eingehenden Zahlungen sind in dem von der Bezirksfinanzbehörde nach Muster 14 zu den Ausführungsbestimmungen zu führenden Einnahmebuch einzutragen. Das Einnahmebuch ist ein Hilfskassenbuch im Sinne des § 79 KRO., es ist monatlich abzuschließen und mit den Monatssummen in das Steuerkassen- und Hauptbuch zu übertragen.

§ 5. Die vom Pflichtigen geleistete Zahlung ist, wenn der Erbschaftssteuerbescheid vom Zahlenden vorgelegt wird, auf diesem, sonst auf einem besonderen Blatt zu bescheinigen.

Auch ist der eingehende Betrag in dem Erbschaftssteuerbuch einzutragen.

Am Schluß des Kalendermonats ist dem Notariat ein Auszug aus dem Einnahmebuch über die im Lauf des Monats eingegangenen Steuerbeträge zuzusenden.

Wird ein Erbschaftssteuerbetrag eingezahlt, bevor der Bezirksfinanzbehörde eine Erhebungsanweisung zugegangen ist, so ist der Betrag in das Vorsportelverzeichnis aufzunehmen. Geht der Bezirksfinanzbehörde innerhalb 8 Tagen nach der eingegangenen Zahlung eine Erhebungsanweisung nicht zu, so ist das Notariat alsbald um Übersendung der Anweisung oder um Aufklärung zu ersuchen.

§ 6. Ist in der der Bezirksfinanzbehörde zugehenden Erhebungsanweisung nicht die Bezirksfinanzbehörde, sondern eine andere Bezirksfinanzstelle, oder eine Steuereinnehmerei als Einzahlungsstelle angegeben, so ist diese Stelle um die Annahme des Steuerbetrags und Aufrechnung zu ersuchen oder mit derselben zu beauftragen. Ist die Einzahlungsstelle eine Steuereinnehmerei, so hat sie den bei ihr eingehenden Erbschaftssteuerbetrag ihrer vorgesetzten Finanzbehörde sofort als erhaltenen Zuschuß aufzurechnen. Diese Bezirksfinanzbehörde hat, wenn sie nicht selbst die Steuerbehörde des Erbfalls (§ 11 der Vollzugsverordnung) ist, an letztere die Steuer im Kontokorrentweg abzuführen; in gleicher Weise ist zu verfahren, wenn eine andere Bezirksfinanzbehörde als Einzahlungsstelle bezeichnet ist.

§ 7. Die Buchung der Erbschaftssteuer hat in der Vorschußrechnung des Steuerhauptbuchs zu geschehen. Zu diesem Zwecke wird unter Rechnungsabteilung III, VI ein besonderer Unterabschnitt „Reichserbschaftssteuer" eröffnet, unter welchem, getrennt von den übrigen Unterabschnitten der Vorschußrechnung, an erster Stelle die Einnahmen an Erbschaftssteuer nach Ausweis des Einnahmebuchs in Einnahme und die vorkommenden baren Rückerstattungen in Ausgabe gebucht werden. Die Vorschrift des § 107[b] KRO. findet auf diesen Unterabschnitt keine Anwendung. Die Ausgleichung wird vielmehr beim Hauptsteueramt Karlsruhe erfolgen. Wie im Hauptbuch, so muß auch im Rechnungsauszug der Unterabschnitt der Reichserbschaftssteuer für sich getrennt aufgeführt werden.

In der laufenden Rechnung sind die Erbschaftssteuer und die Rückerstattungen unter III, VI pos. 9a in Einnahme und Ausgabe vorzutragen; zu diesem Zwecke ist die nötige Anzahl Blätter dem Hauptbuch einzufügen. Die Einnahmeposition 16 der Etatrechnung bleibt für die Anteile der badischen Staatskasse an der Erbschaftssteuer beibehalten.

Die Rückerstattungsanweisungen sind den Rechnungsbelegen in der Reihenfolge ihrer Buchung anzuschließen.

Für die §§ 1—7:

Zu §§ 24 ff. und § 39 BRAusfB.

§ 8. Die Zwangsvollstreckung, die einzuleiten ist, wenn die Zahlung innerhalb der vom Notariat im Steuerbescheid gesetzten Frist nicht erfolgt, hat nach den für die Steuerforderungen geltenden Betreibungsvorschriften zu geschehen. Eine Zwangsversteigerung von Grundstücken des Pflichtigen ist ohne dessen Zustimmung nach § 48 des Gesetzes unzulässig.

Zu § 48 des Gesetzes und § 24 BRAusfB.

§ 9. Stundung der Steuer kann die Bezirksfinanzbehörde nach Maßgabe der Betreibungsordnung § 46 und nach der allgemeinen Verfügung vom 7. März 1900 Nr. 5247 (VBl. S. 67) bewilligen. Eine Verzinsung der Steuer soll nicht ausbedungen werden. Für die Annahme von Sicherheitsleistungen, die bei Stundungsgesuchen verlangt wird, sind die Vorschriften über die Annahme von Sicherheiten usw maßgebend.

Von der Stundungsbewilligung ist unter Angabe der Termine oder der Zahlungsfrist das Notariat in Kenntnis zu setzen.

Die Stundung ist in dem Erbschaftssteuerbuch in Spalte 17 zu vermerken.

§ 10. Nach § 47 Abs. 1 des Gesetzes ist die Stundung regelmäßig nur dann zu bewilligen, wenn und solange die sofortige Einziehung der Steuer mit erheblichen Härten für den Steuerpflichtigen verbunden sein würde. Erhebliche Härten werden dann nicht oder nicht mehr anzunehmen sein, wenn der Steuerpflichtige in der Lage ist, aus dem ihm anerfallenen oder aus seinem sonstigen Vermögen den Steuerbetrag aufzubringen, ohne bei einer notwendig werdenden Veräußerung von Gegenständen namhafte Verluste zu erleiden.

§ 11. Bei einem erbschaftssteuerpflichtigen Erwerb von Grundstücken und zwar auch solchen Grundstücken, die nicht den Zwecken der Land- oder Forstwirtschaft dienen, sowie von Gebäuden und den Grundstücken gleichbehandelten Berechtigungen kann der Steuerpflichtige nach § 47 Abs. 2 des Gesetzes auch dann die Bewilligung von Zahlungsterminen verlangen, wenn die Steuer nicht ohne Härten eingezogen werden könnte.

Ein solches Verlangen ist jedoch unbegründet, wenn der Pflichtige neben dem erworbenen Grundbesitz auch erhebliches Barvermögen erworben hat oder wenn das erworbene Grundstück offenbar Spekulationszwecken dient.

§ 12. Bedarf es nach § 47 der Betreibungsordnung zur Bewilligung der nachgesuchten Stundung in den Fällen § 47 Abs. 1 und 2 des Gesetzes der Genehmigung der Steuerdirektion, so hat die Bezirksfinanzbehörde das Stundungsgesuch des Pflichtigen nach Erhebung der Steuerakten des Notariats und nach etwa nötigen Erkundigungen über die Behauptungen des Gesuchstellers mit gutachtlicher Äußerung der Steuerdirektion vorzulegen.

Mit der Betreibung des Steuerbetrags ist, sofern keine Gefahr für die Steuerkasse vorliegt, bis zum Eingang der auf das Gesuch ergehenden Entscheidung der Steuerdirektion zuzuwarten.

§ 13. Vor der Vorlage des Stundungsgesuchs hat die Bezirksfinanzbehörde regelmäßig mit dem Pflichtigen wegen der von diesem zu leistenden Sicherheit zu verhandeln. Bietet der Gesuchsteller die Bestellung einer Sicherungshypothek nach § 47 Abs. 2 Satz 3 des Gesetzes an, so sind die zu belastenden Grundstücke entsprechend dem Grundbucheintrag, deren Verkehrswert und die auf ihnen eingetragenen Hypotheken oder sonstigen Lasten im Bericht anzugeben. Die Sicherungshypothek auf mehrere Grundstücke ist regelmäßig als Gesamthypothek zu bestellen, sofern nicht eine beschränktere Bestellung der Sicherungshypothek als ausreichende Sicherheit zu betrachten ist.

Für die §§ 9—13:

Zu § 47 des Gesetzes und § 27 BRAusfB. Dasselbe ist geordnet in PA. I 9; ByA. § 17; WA. II 11; HA. 17; BrA. II 7.

§ 14. Kann die Steuer bei der in der Erhebungsanweisung angegebenen Person nicht beigebracht werden, so ist beim Notariat anzufragen, ob und welche andere Personen für die Steuer aufzukommen haben und inwieweit eine Betreibung derselben auf bestimmte (zum steuerpflichtigen Nachlaß gehörende) Vermögensstücke beschränkt ist.

Die Betreibung hat sodann gegen die hiernach namhaft gemachten Personen zu erfolgen, wenn sie auf eine an sie zu richtende Zahlungsaufforderung nicht binnen 8 Tagen Zahlung leisten.

§ 15. Erweist sich ein Steuerbetrag als unbeibringlich, so hat die Bezirksfinanzbehörde unter Vorlage der Betreibungsakten bei der Steuerdirektion Antrag auf Abgangweisung (Niederschlagung) zu stellen. Der in Abgang gewiesene Betrag ist in Spalte 9 des Erbschaftssteuerbuchs einzutragen.

§ 16. Geht der Bezirksfinanzbehörde eine Mitteilung des Notariats zu, wonach eine Sicherheitsleistung wegen Aussetzung der Versteuerung gemäß §§ 21—23, 26 des Gesetzes angeordnet ist, so hat die Bezirksfinanzbehörde die vom Pflichtigen angebotene Sicherheitsleistung, sofern sie der Anordnung des Notariats entspricht, anzunehmen und das Notariat von der erfolgten Sicherheitsbestellung sofort zu benachrichtigen.

Die zur Bestellung der Sicherheit erforderlichen Vereinbarungen sind, soweit tunlich, gemäß den Vorschriften über die Annahme von Sicherheiten mit dem zur Sicherheitsleistung Verpflichteten zu treffen.

Zu §§ 21—23 und 26 des Gesetzes, sowie zu § 28 BRAusfB. Dasselbe ist geordnet in PA. I 8; SA. 15; WA. II 12; HA. 18.

§ 17. Die Erhebungsanweisungen sind nach den Einträgen im Erbschaftssteuerbuch zu numerieren und dem letzteren anzuschließen.

Verfügungen der Notariate und der Steuerdirektion, wonach angesetzte Steuerbeträge herabgesetzt oder ganz in Abgang genommen oder als unbeibringlich niedergeschlagen werden, sind unter entsprechender Bezifferung den zugehörigen Erhebungsanweisungen als Unterbeilagen anzuschließen.

Das berichtigte Soll in Spalte 10 des Erbschaftssteuerbuchs stellt den endgültig zu erhebenden Betrag dar und wird aus den Beträgen in Spalte 6 bzw. 7 nach Abzug der Beträge Spalte 8 und 9 gebildet.

§ 18. Das Erbschaftssteuerbuch ist am Ende des Jahres mit dem Steuerkassenbuch abzuschließen; es bildet eine Beilage zur Jahresrechnung und ist nebst den Beilagen mit dieser zur Abhör vorzulegen.

Für das Einnahmebuch sind die Vorschriften des § 42 der A.B. maßgebend.

Im Übrigen sind die bestehenden Kassen- und Rechnungsvorschriften zu beachten.

Zu § 42 BRAusfB.

§ 19. Die Erhebung und Verrechnung der noch auf Grund des badischen Erbschaftssteuergesetzes angesetzten Steuerbeträge hat nach den bisherigen Vorschriften zu geschehen.

Zu § 61 des Gesetzes. Dasselbe ist geordnet in PA. II 2 und 8; BnA. § 30; HA. 24; BrA. II 5.

Großherzogtum Hessen.

Vorschriften des Großherzoglichen Ministeriums der Finanzen, Abteilung für Steuerwesen, vom 13. August 1906 zum Vollzug der Ausführungsbestimmungen des Bundesrats zum Reichserbschaftssteuergesetz vom 3. Juni 1906.

(Amtsblatt des Großherzoglichen Ministeriums der Finanzen Abteilung für Steuerwesen, Jahrgang 1906, Nr. 57, S. 881 ff.).

Unter Bezugnahme auf das Reichserbschaftssteuergesetz vom 3. Juni d. J. (Reichs-Gesetzblatt S. 654) und die dazu ergangenen Ausführungsbestimmungen des Bundesrats vom 16. Juni 1906 (Zentralblatt für das Deutsche Reich S. 829) werden — soweit erforderlich mit Genehmigung Großh. Ministeriums der Finanzen und mit Zustimmung Großh. Ministeriums der Justiz — die nachfolgenden Vollzugsvorschriften erlassen:

1. Die bisherige Organisation der die Verwaltung der (Landes-) Erbschaftssteuer führenden Behörden wird auch für das Gebiet der Reichserbschaftssteuer nach Maßgabe der nachfolgenden Bestimmungen aufrecht erhalten.

Zur Feststellung der Reichserbschaftssteuer ist für den Umfang des Großherzogtums das Erbschaftssteueramt zu Darmstadt zuständig. Die Einziehung und Verrechnung der Steuer und etwaiger Kosten und Strafen erfolgt unter Ausschluß der Untererhebstellen durch die in dieser Beziehung als Hilfsbehörden des Erbschaftssteueramts anzusehenden staatlichen Kassestellen (Großh. Bezirkskassen und Hauptstaatskasse).

Oberbehörde im Sinne des § 34 des Reichserbschaftssteuergesetzes sowie der Ausführungs- und Vollzugsbestimmungen ist Großh. Ministerium der Finanzen, Abteilung für Steuerwesen.

Zu § 34 des Gesetzes und § 1 BRAusfB. Dasselbe bzw. auch in ähnlicher Weise ist geordnet in PA. I 1; BayA. § 1; SA. 1; WA. I; BdA. II § 1; BrA. I und II 1.

2. Die Formulare für die Totenliste und die zu erstattende Fehlanzeige (vgl. Vollzugsvorschrift zu § 2 Abs. 3) werden von dem Erbschaftssteueramt in entsprechender Anzahl an die Großh. Amtsgerichte verabfolgt und sind durch die Standesämter von diesen nach Bedarf zu beziehen.

Die Standesämter haben die Totenlisten nach Maßgabe der diesen vorgedruckten Anleitung jeweils für den Zeitraum eines Monats aufzustellen und in den ersten 10 Tagen nach Ablauf des Monats dem Erbschaftssteueramt einzureichen.

Zu § 40 Ziff. 1 des Gesetzes und § 2 Abs. 1 BRAusfB. Dasselbe ist geordnet in PA. I 6; BayA. § 5; WA. II 1.

3. Wenn nach Ansicht des Standesbeamten eine Gefahr für den Eingang der möglicherweise zu erhebenden Steuer vorhanden ist (z. B. bei ausländischen oder abwesenden Erben, bei bevorstehendem Wegzug

derselben, bei Nachlaßkonkursen usw.), ist die Anzeige sofort und unabhängig von der Totenliste zu erstatten, der betreffende Sterbefall aber demnächst dennoch unter Bezugnahme auf die vorläufige Anzeige an der nach der Zeitfolge gegebenen Stelle der Totenliste aufzunehmen.

Zu § 40 Ziff. 1 des Gesetzes und § 2 Abs. 2 BRAusfB.

4. Sind in dem betreffenden Monat im Standesamtsbezirk keine Sterbefälle eingetreten und auch dem Standesbeamten im Ausland erfolgte, nach Ziff. 5 der (der Totenliste vorgedruckten) Anleitung zur Aufstellung und Einsendung der Totenlisten in diese aufzunehmende Todesfälle nicht bekannt geworden, so ist unter Verwendung des Formulars Anlage 1 eine Fehlbescheinigung auszustellen und in den ersten 10 Tagen nach Ablauf des Monats an das Erbschaftssteueramt einzusenden.

Zu § 40 Ziff. 1 des Gesetzes und § 2 Abs. 3 BRAusfB.

5. Ausfertigungen und Abschriften, welche die Gerichte dem Erbschaftssteueramt mitzuteilen haben, erfolgen stempelfrei.

Das Erbschaftssteueramt hat den von ihm ermittelten Betrag des Nachlasses dem Nachlaßgericht mitzuteilen, wenn sich ergibt, daß der Berechnung des zu dem Testament, Erbvertrag 2c. erhobenen Stempelbetrags ein zu geringer Wert zugrunde gelegt worden ist (§ 68 Ziff. 6 der Geschäftsordnung für die Gerichtsschreibereien der Amtsgerichte vom 20. März 1900).

Zu § 40 Ziff. 3 des Gesetzes und § 4 Abs. 1, 2 und 4 BRAusfB. Eine ähnliche Ordnung findet sich in PA. II 3.

6. Die Erbschaftssteuerlisten sind nach Ablauf des Halbjahrs, auf das sie lauten, noch ein Jahr für die Aufnahme und Erledigung der Erbfälle offen zu halten.

Zu § 10 Abs. 4 BRAusfB. Dasselbe ist geordnet in PA. I 7; ByA. § 11; BrA. II 3.

7. Zu den Erbschaftssteuerlisten ist ein fortlaufendes Namensverzeichnis nach Muster Anlage 2 zu führen.

Zu § 10 Abs. 6 BRAusfB. Eine gleiche Ordnung findet sich in PA. I 7; ByA. § 11; SA. 9; WA. II 3; BdA. I § 10; BrA. II 4.

8. Ist für einen Nachlaß ein Testamentsvollstrecker oder Nachlaßpfleger bestellt, so ist in der Regel diesem die Anleitung zur Anmeldung des Erwerbs zu übersenden.

Zu § 11 Abs. 2 BRAusfB.

9. Erachtet das Erbschaftssteueramt den Ansatz einer Ordnungsstrafe gemäß § 42 Abs. 4 des Gesetzes für notwendig, so hat es diese in der Form der in Anlage 3 beigefügten Verfügung auszusprechen.

Zu § 42 Abs. 4 des Gesetzes und § 13 BRAusfB.

10. Die Feststellung des gemeinen Werts der Masse hat — soweit erforderlich, unter Benehmen mit dem zuständigen Steuerkommissariat — nach Maßgabe des Art. 15 des Vermögenssteuergesetzes vom 12. August 1899 und der §§ 19 ff. der hierzu erlassenen Anweisung vom 5. Juni 1900 — zu erfolgen. Bei Forderungen und Wertpapieren sind die bis zum Todestag laufenden Zinsen, bei Dividenden tragenden Papieren zu

den noch nicht abgehobenen Dividenden 4% vom Nennbetrag der Aktien (bezw. der Einzahlung) für die Zeit vom Jahresbeginn bis zum Todestag hinzuzurechnen, soweit nicht nach der Handelsübung eine andere Berechnung stattzufinden hat.

Die Steuerkommissariate werden angewiesen, über sämtliche Verhältnisse, die für die Steuerfestsetzung von Bedeutung sind, dem Erbschaftssteueramt Auskunft zu erteilen und ihm auf Verlangen bei Ermittelungen Beistand zu leisten.

Das Erbschaftssteueramt hat umgekehrt den Steuerkommissariaten zur geeigneten Benutzung bei Veranlagung der Steuerpflichtigen zur Einkommen- und Vermögenssteuer nach Ablauf der Monate Juni und Dezember je ein Kalenderhalbjahr umfassende Verzeichnisse der Vermögensanfälle aus Erbschaften 2c. und Schenkungen mitzuteilen, aus denen die Nummer der Erbschaftssteuerliste, der Name und Wohnort des Erblassers, des Erben, Vermächtnisnehmers, Beschenkten usw. sowie der Betrag des Anfalls hervorgehen.

Zu § 16 des Gesetzes und § 14 BRAusfB. Eine ähnliche Ordnung wie im Absatz 1 findet sich BdA. II § 17.

11. Darüber, ob land- oder forstwirtschaftlich genutzte Grundstücke auch dauernd land- oder forstwirtschaftlichen Zwecken zu dienen bestimmt oder als Bauland anzusehen sind, ist regelmäßig die Auskunft des zuständigen Steuerkommissariats einzuholen.

Zu §§ 15 und 16 Abs. 2 des Gesetzes und § 18 BRAusfB.

12. Bei Feststellung des Reinertrags von Grundstücken hat sich das Erbschaftssteueramt mit den Vorsitzenden der zuständigen Veranlagungskommissionen für die Staatseinkommensteuer im Einvernehmen zu halten.

Zu § 16 Abs. 2 des Gesetzes und § 22 BRAusfB.

13. Der Erbschaftssteuerbescheid ist nach Maßgabe des Formulars Anlage 4 zu erlassen und durch die Post im Sinne der §§ 208 bis 213 der Reichszivilprozeßordnung zuzustellen mit der Maßgabe, daß an die Stelle des Gerichtsschreibers das Erbschaftssteueramt tritt, das die unmittelbare Zustellung durch die Post zu veranlassen hat.

Zu § 45 des Gesetzes und § 24 Abs. 1 BRAusfB. Dasselbe bzw. ein Gleiches ist geordnet in ByA. § 16; SA. 12; WA. II 7; BdA. I § 7.

14. Die Erhebung und Beitreibung der Reichserbschaftssteuer, deren Entrichtung durch Beschreitung des Beschwerdewegs (§ 46 des Gesetzes) nicht aufgeschoben wird, erfolgt auf Grund des Erbschaftssteuerbescheids ausschließlich durch die als Hilfsbehörden des Erbschaftssteueramts anzusehenden Großh. Bezirkskassen nach Maßgabe der für diese erlassenen allgemeinen Anordnungen und der nachfolgenden besonderen Vorschriften.

a) Das Erbschaftssteueramt überweist sofort nach Rückkunft der Zustellungsurkunde zum Erbschaftssteuerbescheid unter Benutzung des Formulars Anlage 5 (Hebregister) die festgestellten Steuerbeträge derjenigen Bezirkskasse zur Erhebung und Ablieferung, die nach der bestehenden Organisation der Kassebehörden hierfür zuständig ist; gleichzeitig teilt es die erfolgte Überweisung der Großh. Steuerkontrolle nach Maßgabe des Formulars Anlage 6 mit. Die Überweisung hat immer für den Monat zu erfolgen, in dem die in dem Steuerbescheid angegebene Zahlungsfrist abläuft. Bei den am Ende des Rechnungsjahrs stattfindenden Überweisungen hat jedoch in denjenigen Fällen, in denen zwar die Zahlungsfrist erst im neuen Rechnungsjahr abläuft, die Zahlung der Steuer aber noch im laufenden Rechnungsjahr erfolgen kann, die Angabe des Monats, für den die Steuer überwiesen wird, vorläufig zu unterbleiben und ist auf Ersuchen der Bezirkskasse durch das Erbschaftssteueramt erst nach Ablauf des Rechnungsjahres nachzuholen; ist in diesen Fällen die Steuer im alten Rechnungsjahr nicht bezahlt worden, so ist nachträglich die Überweisung für den Monat auszustellen, in dem die Zahlungsfrist abläuft, andernfalls für den Monat, in dem die Zahlung erfolgte.

b) Da die Anforderung der Steuer bereits in dem Steuerbescheid des Erbschaftssteueramts enthalten ist, hat eine besondere Anforderung durch die Bezirkskasse nicht mehr stattzufinden. Es ist daher, sobald die Steuer nicht bis zum Ablauf der in dem Steuerbescheid festgesetzten und im Hebregister angegebenen Zahlungsfrist an die Bezirkskasse abgeführt wurde, von dieser nach Maßgabe der Vorschriften für das Verfahren der Zwangsvollstreckung im Verwaltungswege die Mahnung und erforderlichenfalls die zwangsweise Beitreibung anzuordnen. Die Zwangsvollstreckung in ein Grundstück (§ 866 Reichszivilprozeßordnung) kann, wenn der Steuerpflichtige ein Deutscher ist, ohne seine Zustimmung nur durch Eintragung einer Sicherungshypothek für die Steuerforderung oder durch Zwangsverwaltung, nicht aber durch Zwangsversteigerung erfolgen (§ 48 des Gesetzes).

Die Bezirkskasse ist verpflichtet, den ihr angebotenen Steuerbetrag auch dann, wenn sie sich noch nicht im Besitze des Hebregisters befindet, anzunehmen, falls ihr bei der Zahlung der Steuerbescheid vorgelegt oder bei Einzahlungen durch die Post die Nummer und der Jahrgang des Sollbuchs angegeben wird.

c) Jede Bezirkskasse hat für das Rechnungsjahr ein Einnahmebuch (§ 39 der Ausführungsbestimmungen) als Hilfstagebuch zu führen und die darin vereinnahmten Beträge an Reichs-Erbschaftssteuer am Schlusse eines jeden Monats sowie unmittelbar vor jeder Ablieferung an die Großh. Hauptstaatskasse in das Allgemeine Tagebuch zu übertragen. Das Einnahmebuch ist nach Ablauf des Rechnungsjahres und zwar bis längstens zum 31. Mai an die Oberbehörde (Großh. Ministerium der Finanzen, Abteilung für Steuerwesen) einzusenden, damit diese eine Prüfung der Einträge sowie eine Vergleichung mit den Hebregistern und den vom Erbschaftssteueramt geführten Büchern durch die Großh. Steuerkontrolle vornehmen lassen kann.

d) Die nach den Hebregistern vom Erbschaftssteueramt überwiesenen Beträge an Reichs-Erbschaftssteuer sind im Handbuch unmittelbar nach den besonderen Erhebungen für die Großh. Hauptstaatskasse unter einer neuen mit „Reichs-Erbschaftssteuer" zu bezeichnenden Abteilung, unter näherer Angabe des Hebregisters in die Soll-, und die nach dem Allgemeinen Tagebuch bezw. Einnahmebuch eingegangenen Beträge in die Abstattungsspalte einzutragen. Die bei Ablauf eines Rechnungsjahres noch rückständigen Beträge sind sämtlich alsbald ohne Rücksicht darauf, daß etwa einzelne derselben in Kürze eingehen werden, in das Handbuch des nächsten Rechnungsjahres zu übertragen.

e) Die Bezirkskasse hat auf Grund des Einnahmebuchs und der ihr zugegangenen Hebregister in jedem einzelnen Fall sofort nach dem

Eingang der Steuer oder eines etwaigen Zielbetrags eine besondere Nachweisung nach Muster Anlage 7 aufzustellen und an das Erbschaftssteueramt einzusenden. Diese Nachweisung ist sofort von dem Erbschaftssteueramt mit dem von ihm zu führenden Soll-Buch zu vergleichen, erforderlichenfalls zu berichtigen oder zu vervollständigen und sodann, mit Prüfungsvermerk versehen, den Akten des betreffenden Falls beizufügen.

f) Gleichzeitig hat die Bezirkskasse das Einnahmebuch abzuschließen und einen Register-Auszug nach Muster Anlage 8 zu fertigen, der bis zum 1. des nächstfolgenden Monats bei der Steuerkontrolle einzureichen ist. Auf Grund dieses Auszugs stellt die Steuerkontrolle die Gesamteinnahme und die Lieferungsschuldigkeit an das Reich fest und nimmt diese in die zu fertigenden Übersichten auf. Falls in einem Monat bei einer Bezirkskasse Überweisungen und Vereinnahmungen von Reichserbschaftssteuer nicht stattgefunden haben, hat die Bezirkskasse an die Steuerkontrolle bis zum 1. des folgenden Monats entsprechende Fehlanzeigen zu erstatten.

Zu e und f:

Die Vorschriften unter e und f haben die von der ursprünglichen (vgl. 1. Auflage) abweichende, jetzige Fassung durch Verfügung des Großh. Ministeriums der Finanzen, Abteilung für Steuerwesen, vom 30. April 1909, Nr. 26117 (HABl. 1909 S. 59) erhalten; durch die genannte Verfügung sind gleicherzeit auch die Muster der Anlagen 7 und 8 entsprechend abgeändert worden. Die neuen Vorschriften sollen auf alle nach dem 30. April 1909 eingehenden Zahlungen Anwendung finden.

g) Über die bei Ablauf eines Rechnungsjahres rückständig gebliebenen Steuerbeträge ist ein Verzeichnis nach Muster Anlage 9 aufzustellen und bis zum 30. Juni jeden Jahres in doppelter Ausfertigung an die Oberbehörde (vgl. oben Ziff. 1 Abs. 3) zur Prüfung einzureichen. Soweit die Rückstände bis zur Aufstellung des Verzeichnisses noch nicht eingegangen und in Beitreibung zu nehmen waren, ist durch Belege urkundlich nachzuweisen, welche Hindernisse der Beitreibung entgegenstanden und weshalb solche nicht zu beseitigen waren (vgl. § 108 der Instruktion für die Großh. Distriktseinnehmer von 1898). Gleichzeitig sind die Hebregister des abgelaufenen Rechnungsjahrs an die Großh. Steuerkontrolle einzusenden.

h) Die Ablieferung der vereinnahmten Reichserbschaftssteuer an die Großh. Hauptstaatskasse erfolgt gleichzeitig mit der Ablieferung bezüglich der sonstigen Einnahmen und Ausgaben. Als spätester Zeitpunkt für die Einsendung der Jahresabrechnung wird der 31. Mai festgesetzt.

i) Die auf Grund des § 42 Abs. 4 des Gesetzes von dem Erbschaftssteueramt angesetzten Ordnungsstrafen werden nach Formular Anlage 10 zur Erhebung und Beitreibung überwiesen.

k) Die auf Grund der §§ 49 und 50 des Gesetzes vom Erbschaftssteueramt verhängten Strafen werden nach den Bestimmungen der Instruktion für das Verwaltungsstrafverfahren und den Erlaß des Verwaltungsstrafbescheids bei Zuwiderhandlungen gegen die Vorschriften der Zoll- und Steuergesetze vom 17. Dezember 1891 (Reg.-Blatt Nr. 40 von 1891) aufgefordert und mit Formular Anlage 11 der Steuerkontrolle zur Kontrollierung überwiesen.

l) Hinsichtlich der Überweisung, Kontrollierung und Verrechnung der nach den hessischen Erbschaftssteuergesetzen erfallenen und ausschließlich für Rechnung des hessischen Fiskus zu erhebenden Erbschafts- und Schenkungssteuer verbleibt es bei den durch die Instruktion vom 28. März 1885 erlassenen Vorschriften.

m) Die gleichen Vorschriften finden Anwendung bei Einziehung von Kosten, welche dem Steuerpflichtigen zur Last fallen.

Zu § 42 Abs. 4, § 45, §§ 49 u. 50, § 61 des Gesetzes und §§ 25, 37 und 39 BRAusfB. Dasselbe ist geordnet in PA. I 8; BhA. §§ 17 und 22; SA. 18; WA. II 15 und 16; BdA. I §§ 11—14 und 18; BrA. II 5.

15. Zu den in die Überwachungsliste aufgenommenen Erbfällen ist ein nach der Buchstabenfolge geordnetes Namensverzeichnis nach Muster Anlage 12 zu führen.

Zu § 26 Abs. 2 BRAusfB. Die gleiche Ordnung findet sich in PA. I 7; BhA. § 11; SA. 9; WA. II 3; BdA. I § 10; BrA. II 4.

16. Falls die Steuer nicht nach einer bestimmten Zeit fällig wird, sind von Zeit zu Zeit Erhebungen darüber anzustellen, ob der Grund der Überwachung noch fortdauert. Zu diesem Zweck ist vom Großh. Erbschaftssteueramt dafür zu sorgen, daß die betreffenden Akten regelmäßig innerhalb eines entsprechenden, niemals aber länger als auf zwei Jahre zu bemessenden Zeitraums in Vorlage gebracht werden.

Außerdem ist den Standesämtern ein Notizbogen nach Muster Anlage 13 über diejenigen Posten mitzuteilen, deren Fälligkeit von einem in dem Bezirk des betreffenden Standesamts vermutlich eintretenden oder doch voraussichtlich zu dessen Kenntnis gelangenden Ereignisse abhängt. Die Standesbeamten haben diese Notizbogen sofern nicht nach Lage der Verhältnisse eine alsbaldige Rückgabe mit sachgemäßer Auskunft möglich ist, nach den Namen der in Betracht kommenden Personen alphabetisch geordnet, in einem besonderen Umschlage zu sammeln und sorgfältig aufzubewahren. Sobald der Standesbeamte von dem Eintritte des in dem Notizbogen angegebenen Ereignisses Kenntnis erhält, hat er den Notizbogen entsprechend auszufüllen und an Großh. Erbschaftssteueramt zurückzusenden. Insbesondere hat der Standesbeamte bei jeder Beurkundung eines Sterbfalls oder einer Eheschließung zu prüfen, ob nicht ein Notizbogen vorliegt, der auf den Sterbfall oder die Eheschließung Bezug hat, und zutreffenden Falles ohne Verzug den betreffenden Notizbogen nach gehöriger Ausfüllung an das Großh. Erbschaftssteueramt abzusenden. Läßt sich der Eintitt des im Notizbogen angegebenen Ereignisses infolge veränderter Umstände (z. B. infolge Wegzugs der in Betracht kommenden Personen) von dem Standesbeamten nicht mehr überwachen, so hat er den Notizbogen mit entsprechendem Vermerk an das Großh. Erbschaftssteueramt zurückzusenden; im Falle des Wegzugs der in Betracht kommenden Personen hat der Standesbeamte, wenn möglich, den Ort anzugeben, an den die Person verzogen ist.

Für die sachgemäße Erledigung eines Notizbogens, mit Ausnahme der Fälle, in welchen ein Notizbogen wegen der Unmöglichkeit der weiteren Überwachung (z. B. infolge Wegzugs der in Betracht kommenden Person) zurückgegeben wird, hat der Standesbeamte eine Gebühr von 50 Pfennig aus der Staatskasse zu beanspruchen. Die Anweisung der Gebühr erfolgt durch die Oberbehörde (Großh. Ministerium der Finanzen, Abteilung für Steuerwesen) auf Grund einer von dem Standesbeamten bei der Rückgabe des erledigten Notizbogens dem Erbschaftssteueramt mit einzusendenden Kostenrechnung.

Zu § 26 Abs. 3 BRAusfB. Dasselbe ist geordnet in ByA. § 10; SA. 14; WA. II 10; BdA. I § 8; BrA. II 6.

17. Die Entscheidung über Gesuche um Stundung oder Bewilligung von Teilzahlungen bleibt der Oberbehörde (Großh. Ministerium der Finanzen, Abteilung für Steuerwesen) vorbehalten; ihr sind alle derartigen etwa bei dem Erbschaftssteueramt oder bei den Bezirkskassen eingehenden Vorstellungen nach Einziehung des Eingabestempels mit eingehender gutächtlicher Äußerung vorzulegen.

Die Beitreibung bewilligter, rückständiger Teilzahlungen darf seitens der Bezirkskassen regelmäßig erst dann stattfinden, wenn eine Mahnung erfolglos geblieben ist.

Zu § 47 des Gesetzes und § 27 Abs. 1 BRAusfB. Dasselbe ist geordnet in PA. I 9; ByA. § 17; WA. II 11; BdA. I § 15, III §§ 9—13; BrA. II 7.

18. Bevor das Erbschaftssteueramt eine angebotene Sicherheit annimmt oder die Stellung einer solchen unter Vorbestimmung einer Frist verlangt, hat es der Oberbehörde (Großh. Ministerium der Finanzen, Abteilung für Steuerwesen) unter Aktenvorlage Bericht zu erstatten.

Die zwangsweise Einziehung der Sicherheit geschieht nach den Vorschriften über das Verfahren der Zwangsvollstreckung im Verwaltungswege.

Hinterlegungen erfolgen auf Anweisung des Erbschaftssteueramts bei der Hauptstaatskasse.

Zu §§ 21—23 und 26 des Gesetzes, sowie § 28 Abs. 1 BRAusfB. Dasselbe ist geordnet in PA. I 8; SA. 15; WA. II 12; BdA. I §§ 9 und 17, II §§ 36—38, III § 16.

19. Gehen bei dem Erbschaftssteueramt Gesuche auf Erstattung angeblich zu Unrecht gezahlter Erschaftssteuer ein, so sind diese unter Angabe der Nummer und des Jahrgangs des Sollbuchs (§ 39 der Ausführungsbestimmungen), Bezeichnung der Bezirkskasse, der die Steuer überwiesen war, sowie der Nummer und des Jahrgangs des Einnahmebuchs der letzteren der Oberbehörde mit gutächtlicher Äußerung vorzulegen.

Zu § 29 BRAusfB. Dasselbe ist geordnet in PA. I 8; ByA. §§ 19 und 27; SA. 16; WA. II 14; BdA. I §§ 16 und 17, II §§ 40—42; BrA. II 8.

20. Auf die Schenkungen unter Lebenden finden die vorausgegangenen Bestimmungen sinngemäße Anwendung.

Zu § 30 BRAusfB.

21. Im Falle der Übersendung der Anleitung ist auf den zweiten Abschnitt derselben ausdrücklich hinzuweisen.

Zu § 35 BRAusfB.

22. Das Soll-Buch ist nach Formular Anlage 14 von dem Erbschaftssteueramt, das Einnahme-Buch von den Bezirkskassen nach Maßgabe der Vollzugsvorschriften zu § 25 zu führen.

Die nach Abs. 3 vorzunehmende Bescheinigung wird durch die Großh. Steuerkontrolle erteilt.

Zu § 39 BRAusfB. Dasselbe ist geordnet in PA. I 8; ByA. § 22; WA. II 16; BrA. II 5.

23. Die Prüfung der Totenlisten, Toten-Beilisten und der Freibelege hat in der Weise stattzufinden, daß im Verlauf von 8 Jahren von jedem Standesamt Totenlisten rc. einer Durchsicht unterzogen sind. Über diese Prüfung sind besondere Verzeichnisse anzulegen.

Zu § 41 Abs. 3 BRAusfB. Dasselbe ist geordnet in ByA. § 26; SA. 19; BrA. II 9.

24. Die hessischen Erbschaftssteuergesetze und die hierzu erlassenen Ausführungsbestimmungen finden noch Anwendung auf Erwerbungen von Todes wegen, wenn der Erblasser vor dem 1. Juli 1906 gestorben ist, und auf Schenkungen, wenn der Schenkungsvertrag vor diesem Tag zustande gekommen ist.

Dies gilt auch für bedingte und betagte Erwerbungen, wenn auch die Bedingung oder der Endtermin erst nach dem 1. Juli 1906 eintritt, wie für Erwerbungen von Nacherbschaften, falls der Erblasser den 30. Juni 1906 nicht überlebt hat.

Insoweit hiernach die seitherigen landesgesetzlichen Bestimmungen in Kraft bleiben, finden jedoch auch die Vollzugsvorschriften zu § 26 Abs. 3 der Ausführungsbestimmungen zum Reichserbschaftssteuergesetz entsprechende Anwendung.

Zu § 61 des Gesetzes. Dasselbe ist geordnet in PA. I 3 u. 8, II 2; ByA. §§ 29 und 30; BdA. I § 23, II § 57 und 58, III § 19; BrA II 5.

Anhang:

Nachdem durch Landesgesetz vom 30. März 1907 (vgl. oben Note 4 zu § 58 des Gesetzes) angeordnet war, daß, insoweit die in dem Gesetz, die Erbschafts- und Schenkungssteuer betreffend, vom 22. Dezember 1900 festgesetzten Steuersätze die nach § 10 RESt G. im einzelnen Fall anzuwendenden Steuersätze übersteigen, sie als Zuschläge zu der nach den reichsgesetzlichen Bestimmungen veranlagten Steuer für Landesrechnung weiter erhoben werden sollten, wurde durch Verfügung des entsprechend ermächtigten Ministerums der Finanzen, Abteilung für Steuerwesen, vom 5. Juni 1907 (HABl. 1907 S. 151) vorgeschrieben, daß die Überweisung, Erhebung und Beitreibung der demnach zu veranlagenden Zuschläge zur Reichserbschaftssteuer in der gleichen Weise in Gemäßheit der vorstehenden Ziffer 24 zu erfolgen habe wie bezüglich der seitherigen Landes-Erbschaftssteuer, soweit sich nicht aus nachstehenden weiter erlassenen Sondervorschriften anderes ergibt:

a) Die Zuschläge werden von dem Erbschaftssteueramt in dem für die Reichserbschaftssteuer zu erlassenden Erbschaftssteuerbescheid festgesetzt und angefordert. Zu diesem Zweck ist auf der dritten Seite des Bescheids zwischen Spalte 9 und 10 eine besondere Längsspalte mit der Überschrift „Betrag der hessischen Zuschlagssteuer nach § 1 des Gesetzes vom 30. März 1907" einzufügen, während die Spalten 6 bis 9 mit dem Wort „Reichserbschaftssteuer" zu überschreiben sind. In der Spalte für Bemerkungen ist kurz anzugeben, in welcher Weise sich der hessische Zuschlag berechnet. Außerdem ist zur Vermeidung von

Irrtümern in jedem einzelnen Fall auf der ersten Seite des Erbschaftssteuerbescheides im Anschluß an den Vordruck genau zu bestimmen, welcher Betrag der festgesetzten Gesamtsteuer für die Reichskasse und welcher Betrag für die hessische Staatskasse zu verrechnen ist.

b) Die Überweisung erfolgt — und zwar gleichzeitig mit derjenigen der Reichserbschaftssteuer — mittels besonderen Hebregisters an die Großh. Steuerkontrolle. In diesem Hebregister ist die im Steuerbescheid vorgeschriebene Zahlungsfrist anzugeben und ausdrücklich auf das Hebregister bezüglich der Reichserbschaftssteuer zu verweisen; umgekehrt ist in dem Reichserbschaftssteuerhebregister auf die Zuschlag-Überweisung Bezug zu nehmen.

c) Die Steuerkontrolle belastet auf Grund des Hebregisters nach den Vorschriften über die Erhebung und Verrechnung der indirekten Abgaben alsbald die ausschließlich zur Erhebung des Zuschlags zuständigen Bezirkskassen mit den für deren Bezirk überwiesenen Steuerbeträgen.

d) Da die Anforderung der Steuer bereits im Steuerbescheid des Erbschaftssteueramts enthalten ist, hat eine besondere Anforderung durch die Bezirkskassen nicht mehr stattzufinden. Es ist daher, sobald die Steuer nicht bis zum Ablauf der in dem Steuerbescheid festgesetzten und im Hebregister angegebenen Zahlungsfrist an die Bezirkskasse abgeführt wurde, von dieser nach Maßgabe der Vorschriften für das Verfahren der Zwangsvollstreckung im Verwaltungswege die Mahnung und erforderlichenfalls die zwangsweise Beitreibung mit Ausnahme der Grundstücks**versteigerung** anzuordnen.

Die Bezirkskasse ist verpflichtet, den ihr angebotenen Steuerbetrag auch dann, wenn sie sich noch nicht im Besitze des Hebregisters befindet, anzunehmen, falls ihr bei der Zahlung der Steuerbescheid vorgelegt oder bei Einzahlungen durch die Post die für die gleichzeitig überwiesene Reichserbschaftssteuer maßgebliche Nummer und der Jahrgang des Sollbuchs angegeben wird.

e) In denjenigen Fällen, in denen die Reichserbschaftssteuer schon vor Veröffentlichung dieses Amtsblattes überwiesen ist, in denen aber infolge der rückwirkenden Kraft des Gesetzes noch der hessische Zuschlag nachträglich anzusetzen ist, sind im Erbschaftssteuerbescheid die Worte „des Sollbuchs" abzuändern in: „der Erbschaftssteuertabelle" oder „der Schenkungssteuertabelle". Bei Vorausbezahlungen durch die Post (d, Abs. 2) ist deshalb in diesen Fällen die Nummer und der Jahrgang der Erbschafts- oder Schenkungssteuertabelle anzugeben. Die weiter erforderlichen Abänderungen des Steuerbescheids-Vordrucks ergeben sich aus dem Gesetz selbst.

Es ist dazu weiter bestimmt, das Erbschaftssteueramt habe sämtliche nach dem Gesetz vom 30. März 1907 steuerpflichtigen Anfälle in eine Liste nach dem Muster der nach der Instruktion zum Erbschaftssteuergesetz vom 30. August 1884/22. Dezember 1900 zu führenden Tabelle einzutragen mit der Maßgabe, daß in der Bemerkungsspalte auf den entsprechenden Eintrag in den nach den Reichserbschaftssteuer Ausführungsbestimmungen vorgesehenen Listen zu verweisen ist.

Herzogtum Braunschweig.

I. Verordnung, betreffend die Errichtung eines Herzoglich Braunschweigischen Erbschaftssteueramts, vom 24. Juni 1906.

(Gesetz- und Verordnungs-Sammlung, 1906, Nr. 48, S. 373 ff.)

Von Gottes Gnaden, Wir, Albrecht, Prinz von Preußen ꝛc. Regent des Herzogtums Braunschweig,

verordnen auf Grund des § 34 des mit dem Reichsgesetze, betreffend die Ordnung des Reichshaushalts und die Tilgung der Reichsschuld, vom 3. Juni 1906 erlassenen Erbschaftssteuergesetzes, was folgt:

Artikel I. Zur Führung der Verwaltung des Erbschaftssteuerwesens wird für das Herzogtum eine mit einem ordentlichen stimmführenden Mitgliede des Herzoglichen Finanzkollegiums oder der Herzoglichen Steuerdirektion besetzte Steuerstelle gebildet, welche den Namen

Herzoglich Braunschweigisches Erbschaftssteueramt

führt und ihren Sitz in Braunschweig hat.

Das Herzogliche Erbschaftssteueramt untersteht der Herzoglichen Zoll- und Steuerdirektion als der Oberbehörde.

Artikel II. Die für das Herzogliche Erbschaftssteueramt erforderlichen Hülfsbeamten werden demselben von unserm Herzoglichen Staatsministerium zugewiesen. Bei Behinderung des mit der Verwaltung des Herzoglichen Erbschaftssteueramtes betrauten Beamten bestimmt dessen Vertretung aus der Zahl der ordentlichen stimmführenden Mitglieder der in Artikel I genannten Finanzbehörden der Vorstand dieser Behörden.

Zu § 34 des Gesetzes und § 1 BRAusfB. Dasselbe ist beziehentlich auch in ähnlicher Weise geordnet in PA. I 1: ByA. § 1: SA. 1: WA. 1: BdA. 1 § 1: HA. 1.

Anhang zu I:

In Ergänzung der vorstehenden Verordnung bestimmt eine weitere Verordnung, betreffend Abänderung der Verordnung vom 24. Juni 1906 Nr. 48 wegen Errichtung eines Erbschaftssteueramts, vom 15. Januar 1908 (Gesetz- und Verordnungs-Sammlung 1908, Nr. 8, S. 17) folgendes:

Das Erbschaftssteueramt ist mit einem ordentlichen oder einem außerordentlichen Mitgliede des Herzogl. Finanzkollegiums oder der Herzogl. Steuerdirektion zu besetzen. Der Zahl derselben Beamten ist auf dem durch Artikel II der Verordnung vom 24. Juni 1906 vorgeschriebenen Wege die Vertretung zu entnehmen.

II. Bestimmungen des Herzoglichen Staatsministeriums vom 25. Juli 1906 zum Vollzuge des Erbschaftssteuergesetzes vom 3. Juni 1906 und der dazu vom Bundesrate am 16. Juni 1906 beschlossenen Ausführungsbestimmungen.

(Veröffentlicht in dem Amtsblatt der Herzogl. Zoll- und Steuer-Direktion vom 5. August 1906, Nr. 13, S. 51 ff.)

1. Durch die Höchste Verordnung vom 24. Juni 1906 (Ges.- und Verordnungs-Sammlung Nr. 48 von 1906) ist die Errichtung eines Herzoglichen Erbschaftssteueramtes in Braunschweig, dem die Herzogliche Zoll- und Steuerdirektion als Oberbehörde vorgesetzt ist, verfügt.

Zu § 34 des Gesetzes und § 1 BRAusfB. Dasselbe ist beziehentlich auch in ähnlicher Weise geordnet in PA. I 1: ByA. § 1; SA. 1; WA. I; BdA. I § 1; HA. 1.

2. Die Erbschaftssteuer-Hauptlisten und die Erbschaftssteuer-Nachtragslisten sind nach den Mustern 3 und 11 der Ausführungsbestimmungen zu führen.

Die ersten Erbschaftssteuer-Hauptlisten (A und B) sind für das Vierteljahr vom 1. Juli bis 1. Oktober d. Js. aufzustellen. Demnächst hat die Aufstellung der Erbschaftssteuerlisten regelmäßig für einen halbjährlichen Zeitraum zu erfolgen.

Zu § 10 Abs. 1 und § 33 Abs. 1 und 2 BRAusfB. Dasselbe ist beziehentlich auch in ähnlicher oder gleicher Weise geordnet in PA. I 7; ByA. §§ 11 und 20.

Über die Einsendung und die Aufstellung der Totenlisten ist das Nähere angeordnet in der Bekanntmachung des Herzogl. Staatsministeriums, die Einsendung der Totenlisten an das Herzogl. Erbschaftssteueramt betr., vom 25. Juli 1906 (Gesetz- und Verordnungssammlung 1906, Nr. 55, S. 391).

3. Die Frist für den Abschluß der Erbschaftssteuerlisten wird auf ein Jahr festgesetzt.

Zu § 10 Abs. 4 BRAusfB. Dasselbe ist beziehentlich auch in ähnlicher Weise geordnet in PA. I 7; ByA. § 11; SA. 8; HA. 6.

4. Zu den Erbschaftssteuerlisten ist ein fortlaufendes, nach der Buchstabenfolge geordnetes Namensverzeichnis zu führen. Ein gleiches Verzeichnis ist auch für die in die Überwachungsliste aufgenommenen Fälle anzulegen.

Zu § 10 Abs. 6 und § 26 Abs. 2 BRAusfB. Eine gleiche Ordnung findet sich in PA. I 7; ByA. § 11; SA. 9; WA. II 3; BdA. I § 10; HA. 7 und 15.

5. Die Erhebung und Verrechnung der Steuer erfolgt durch die Herzoglichen Hauptsteuerämter, Steuerämter und Steuerrezepturen.

Zu dem Zwecke haben diese Hebestellen ein Erbschaftssteuer-Einnahmebuch nach Muster 14 der Ausführungsbestimmungen, jedoch nicht in jährlichen, sondern in vierteljährlichen Zeitabschnitten zu führen. Das

Einnahmebuch ist in gleicher Weise wie die Einnahmebücher für Zölle und die indirekten Reichssteuern abzuschließen und mit diesen abzuliefern.

Vom Erbschaftssteueramte, bei welchem das Erbschaftssteuersollbuch nach Muster 13 der Ausführungsbestimmungen zu führen ist, sind den Hebestellen die festgesetzten Steuerbeträge alsbald nach deren Feststellung mittels eines nach dem anliegenden Muster zu fertigenden Auszuges aus dem Sollbuche zur Erhebung zu überweisen. Der Auszug wird Beleg zum Einnahmebuche.

Nach erfolgter Einzahlung ist dem Einzahler entweder auf dem von ihm vorgelegten Steuerbescheide oder besonders Quittung unter Beifügung der Buchungsnummer des Einnahmebuches zu erteilen, bei Einzahlungen mittels Postanweisung oder Geldbriefs oder durch Überweisung im Giroverkehr jedoch nur dann, wenn eine Empfangsbescheinigung ausdrücklich verlangt wird. Derartige Quittungen sind an auswärtige Einzahler portofrei abzusenden.

Ferner ist nach erfolgter Einzahlung das dem Auszuge aus dem Sollbuche angefügte Rückschreiben abzutrennen und, mit der Buchungsbescheinigung versehen, dem Erbschaftssteueramte zurückzusenden. Erfolgt die Einzahlung des Betrages nicht innerhalb der festgesetzten Frist, so hat die Hebestelle das vorbezeichnete Rückschreiben mit dem Vermerk über die Nichteinzahlung dem Erbschaftssteueramte zuzustellen. Das letztere veranlaßt alsdann gegebenenfalls die zwangsweise Beitreibung.

Bezüglich der künftig noch zu erhebenden Landeserbschaftssteuer ist in bisheriger Weise zu verfahren. Die fraglichen Beträge sind bei den Hebestellen — wie bisher — in dem Einnahmejournal über Stempel und Erbschaftssteuer zu verrechnen.

Zu §§ 45 und 61 des Gesetzes, sowie § 25 Abs. 1 und § 39 BRAusfB. Dasselbe wie in den Absätzen 1—5 ist geordnet in PA. I 8; ByA. § 22; WA. II 16; BdA. I §§ 11—14; HA. 14 und 22; — wie im Abs. 6 in PA. I 8, II 2; ByA. § 30; BdA. I § 23, II §§ 57 und 58, III § 19; HA. 24.

6. Die Erhebungen wegen Überwachung der nach unbestimmter Zeit fällig werdenden Steuer sind alljährlich vorzunehmen.

Zu § 26 Abs. 3 BRAusfB. Dasselbe ist geordnet in ByA. § 10; SA. 14; WA. II 10; BdA. I § 8; HA. 16.

7. Stundungen oder Bewilligungen von Teilzahlungen für festgesetzte Erbschaftssteuer können gegen Sicherheitsbestellung vom Erbschaftssteueramte zugestanden werden. Wegen der Art der Sicherheitsbestellung finden die Bestimmungen der Bekanntmachung, betreffend das bei der Stundung von Eingangsabgaben und indirekten Reichssteuern zu beobachtende Verfahren, vom 5. Januar 1898 (Gesetz- und Verordnungssammlung Nr. 8 von 1898) sinngemäße Anwendung.

Die Wertgegenstände sind auf Veranlassung des Erbschaftssteueramts bei dem zuständigen Hauptsteueramte zu hinterlegen.

Stundungen ohne Sicherheitsbestellungen können von der Herzoglichen Zoll- und Steuerdirektion zugestanden werden, jedoch bleibt es dieser Behörde überlassen, in Zweifelsfällen die Entscheidung des Herzoglichen Staatsministeriums einzuholen.

Zu § 45 des Gesetzes und § 27 Abs. 1 BRAusfB. Dasselbe ist geordnet in PA. I 8 und 9; ByA. § 17; WA. II 11; BdA. I § 15, III §§ 9—13; HA. 17.

8. Die Rückzahlung zu Unrecht gezahlter Erbschaftssteuer erfolgt durch die Hauptsteuerämter auf Anweisung der Zoll- und Steuerdirektion.

Zu §§ 18, 21—25, 27, 45 und 56 des Gesetzes, sowie § 29 Abs. 3 BRAusfB. Dasselbe ist geordnet in PA. I 8; ByA. §§ 19 und 27; SA. 16; WA. II 14; BdA. I §§ 16 und 17, II §§ 40—42; HA. 19.

9. Die probeweise Nachprüfung der Totenlisten, der Totenbeilisten und der Freibelege erfolgt jährlich mindestens einmal durch die Zoll- und Steuerdirektion.

Zu § 41 Abs. 3 BRAusfB. Dasselbe ist beziehentlich in gleicher Weise geordnet in ByA. § 26; SA. 19; HA. 23.

10. Ordnungsstrafen, welche das Erbschaftssteueramt auf Grund des § 42 des Gesetzes festgesetzt hat, werden unter Übersendung einer beglaubigten Abschrift der Strafverfügung dem betreffenden Hauptsteueramte überwiesen, welches dieselben in dem Anhange zur Strafsachennachweisung aufzuführen und in seinem Strafgelderauszuge — und zwar gesondert am Schlusse — zu verrechnen hat. (§§ 5 und 20 der durch Ministerialerlaß vom 31. Mai 1904 Nr. 1387 A genehmigten Anweisung zur Buchführung in Strafsachen.)

Zu § 42 Abs. 4 BRAusfB. Dasselbe ist geordnet in BdA. II § 18.

11. Bezüglich der auf Grund der §§ 49 und 50 des Gesetzes einzuleitenden Strafverfolgungen ist das Erbschaftssteueramt berechtigt, die Führung und Untersuchung einem der beiden Hauptsteuerämter zu übertragen.

Das Strafverfahren sowie die Einziehung und Verrechnung der Strafe regelt sich nach dem Gesetze betreffend das Verwaltungsstrafverfahren bei Zuwiderhandlungen gegen die Zollgesetze ꝛc. vom 16. August 1903 nebst den dazu erlassenen Ausführungsvorschriften.

Zu § 51 des Gesetzes.

Anhang zu II:

1. Des weiteren ist anschließend durch Verfügung des Herzogl. Staatsministeriums vom 10. Juli 1907 Nr. 2320 A bestimmt, daß angesichts der etwaigen, nicht erheblichen Steuerbeträge die Erbanfälle oder Schenkungen an uneheliche, von dem Vater anerkannte Kinder und deren Abkömmlinge in der Höhe von 10 000 Mk. oder weniger von der landesrechtlichen Erbschafts- und Stempelsteuer befreit werden. Da nach dem früheren Braunschweigischen Erbschaftssteuergesetz eine Erbschaftssteuer von leiblichen Eltern, Großeltern und entfernteren Voreltern nicht gehoben wurde und mit Rücksicht auf die ebenmäßig gegebene Steuerbefreiung der ehelichen Kinder nach Maßgabe des Schlusses des § 59 REStG. ein Fortbestehen landesgesetzlicher Besteuerung für an Kindes Statt angenommene Personen und deren Abkömmlinge, soweit sich auf diese die Wirkungen der Annahme an Kindes Statt erstrecken, nicht in Frage kommen kann, so ist nunmehr die Anwendbarkeit der früheren Landes-Erbschafts- oder Stempelsteuergesetzgebung auf einen erst nach dem Inkrafttreten des REStG. begründeten Erwerb von Todes wegen oder durch Schenkung

unter Lebenden auch insoweit ausgeschlossen, als sie nicht schon durch § 60 RESt G. außer Kraft gesetzt worden ist.

Zu § 60 des Gesetzes. In entgegengesetzter Richtung geordnet in PrA. III; ByA. § 29; WA. III a; in gleicher Richtung in SA. Anh. II.

2. Verfügung Herzogl. Staatsministeriums vom 23. September 1909 Nr. 5186 c.

Nach § 60 des Reichserbschaftssteuergesetzes (RGBl. 1906 S. 673) dürfen die in dem Landesgesetze vom 28. Juni 1879 Nr. 39 geregelten Abgaben an die Armen- und Wegebesserungskassen von dem den Gegenstand der Reichserbschaftssteuer bildenden Erwerbe von Todes wegen (§§ 1—4 des Reichsgesetzes) und von den der gleichen Steuer unterliegenden Schenkungen unter Lebenden (§ 52 das.) nicht mehr erhoben werden. Die Erhebung der Abgaben an die Armen- und Wegebesserungskassen ist jedoch nach § 59 des Reichserbschaftssteuergesetzes in Ansehung der nach § 11 Nr. 4 a—e daselbst von der Erbschaftssteuer befreiten Personen für den Erwerb von Todes wegen sowie für Schenkungen unter Lebenden auch weiterhin zulässig. Die Herzoglichen Kreisdirektionen haben künftig hiernach zu verfahren.

Die sog. Abgabe an die Armen- und Wegebesserungskassen stammt aus dem siebzehnten Jahrhundert und diente zunächst lediglich Armen- und Wegebesserungszwecken. Nachdem sie bereits im achzehnten Jahrhundert (Verordnung vom 20. Februar 1756 und 11. April 1758) und später auch im 19. Jahrhundert (Gesetz vom 4. Juli 1851 Nr. 28 und vom 17. Dezember 1873 Nr. 80) in einzelnen Beziehungen Neuregelungen erfahren, ist sie zuletzt durch das Gesetz vom 28. Juni 1879 Nr. 39 besonders festgelegt. Sie ist danach zu erheben „bei allen letztwilligen Verfügungen, welche bei einem Gerichte des Inlands niedergelegt worden sind, von dem Betrage des Nachlasses, über welchen verfügt worden ist, nach Abzug der darauf ruhenden Lasten." Die im Laufe der Zeit unverändert gebliebene Höhe der Abgabe beträgt 1/6 vom Hundert. Die Abgabe fließt in die nach der Kreisordnung für die Kreiskommunalverbände gebildeten Kreiskommunalkassen. Bei der Eigenart der Abgabe bestanden zunächst Zweifel über die Zulässigkeit der allgemeinen Weitererhebung derselben; letztere mußte aber bei näherer Prüfung verneint werden; infolgedessen wurde die angeführte Verfügung vom Herzogl. Staatsministerium erlassen.

Nachträge.

1. Zu § 1 Note 1.

In einer Entsch. Württ.FM. vom 21. Juni 1909 (Württ. ABl. 1911 Beibl. 1 S. 22) wird an praktischem Fall die Frage, ob letztwillige Zuwendung oder nichterbschaftssteuerpflichtige Bezahlung einer Schuld vorliege, behandelt; dabei ist ausgesprochen, daß die Erfüllung einer moralischen Verbindlichkeit die Steuerpflicht einer letztwilligen Zuwendung in keiner Weise aufhebe.

2. Zu § 6 Note 2 und § 9 Note 4.

(§ 6, 2). Ein vom Reichskanzler (Reichsschatzamt) mittels Schreiben vom 27. April 1911 II 4726 den Bundesregierungen mitgeteiltes Urt. d. RG. vom 7. März 1911 (Brem. ABl. 1911 S. 89) entscheidet, daß Geldvermächtnisse ausländischer Erblasser an inländische Erwerber im Sinne des § 6 Abs. 2 Satz 1 REStG. nach Verhältnis der Inlandmasse zur Gesamtmasse des Nachlasses als aus inländischem Vermögen herrührend anzusehen sind. — (§ 9, 4). In dem Urteil wird ferner gebilligt, daß eine persönliche Schuldverbindlichkeit des ausländischen Erblassers an einen inländischen Gläubiger, für welche im Inland befindliche Wertpapiere verpfändet worden sind, von dem inländischen steuerpflichtigen Teile des Nachlasses nur nach seinem Verhältniß zur gesamten Masse in Abzug zu bringen ist, sofern für die Schuld die Erben des ursprünglichen Darlehnsschuldners rechtlich dem Gläubiger nicht nur mit den sicherungshalber als Pfand hingegebenen Wertpapieren, sondern mit dem Nachlaß überhaupt haften.

3. Zu § 10 Vorbem. 3.

Zwei Ehegatten, in Gütergemeinschaft nach Hildesheimer Recht lebend, nach welchem, bei unbeerbter Ehe nach dem Ableben eines Ehegatten der Überlebende Alleineigentümer des gesamten gütergemeinschaftlichen Vermögens wird, hatten in einem gemeinschaftlichen Testament unter ausdrücklicher Anerkennung des vorbezeichneten bestimmt, daß nach dem Tode des überlebenden Ehegatten der Nachlaß je zur Hälfte an die beiderseitigen Verwandten fallen sollte, auch solle der überlebende Ehegatte zur freien Verfügung über die Erbschaft berechtigt sein. Mit Rücksicht darauf, daß der überlebende Ehegatte Alleineigentümer des Gesamtgutes geworden und im Hinblick auf § 2269 BGB. ist in der Verf. PFM. vom 21. Januar 1911 III 903 anerkannt, daß die Steuer für sämtliche Erben aus dem gemeinschaftlichen Testament lediglich nach ihrem Verhältnis zum überlebenden Ehegatten zu berechnen sei. — In einem vom Reichskanzler (Reichsschatzamt) vermittelst Schreiben vom 9. Mai 1911 II 5941 den Bundesregierungen mitgeteilten Urt. d. RG. vom 21. März 1911 ist ausgesprochen, daß die im § 2269 BGB. für gemeinschaftliche Testamente gegebene Rechtsvermutung nur zur Regelung der vom 1. Januar 1900 ab entstehenden, nicht der schon früher entstandenen Rechtsverhältnisse bestimmt sei, gleichwie bei einem vor dem 1. Januar 1900 gestorbenen Erblasser sowohl in betreff der gesetzlichen Erbfolge als auch in betreff der Erbfolge auf Grund einer Verfügung von Todes wegen, ausschließlich das bis zum Jahre 1900 in Geltung gewesene Recht maßgebend sei und dementsprechend für die Fragen der Zulässigkeit, der Gültigkeit des Inhalts und der Wirksamkeit des Testaments eines solchen Erblassers nur die Vorschriften des alten Rechts Anwendung finden könnten.

4. Zu § 11 Note 14.

Wenn in der Note ausgeführt ist, daß vertretbare und verbrauchbare Sachen für die Befreiungsvorschrift des § 11 Ziff. 4g nicht in Frage kommen könnten, so wird sich dieses gegenüber der inzwischen vom Reichsschatzamt in einem Schreiben an die Bundesregierungen vom 31. März 1911 II 3988 (ZfZuSt. 1911 S. 88) gegebenen Auslegung, welche in gleicher Form auch in der Verf. PFM. vom 16. März 1911 III 4594 ausgesprochen ist, nicht in dem vollen Umfang aufrecht erhalten lassen. In dem fraglichen Schreiben ist ausgeführt: Unter Sachen im Sinne der Befreiungsvorschrift § 11 Ziff. 4g sind in Übereinstimmung mit dem BGB. (§ 90) nur körperliche Sachen zu verstehen. Hierbei macht es dem allgemeinen Wortlaut des Gesetzes gegenüber keinen Unterschied, ob die Sachen unvertretbar oder vertretbar, unverbrauchbar oder verbrauchbar sind, vorausgesetzt, daß die vertretbaren oder verbrauchbaren Gegenstände noch als die nämlichen sich erkennen lassen, die der Erblasser seinerzeit von dem Verwandten aufsteigender Linie erhalten hat. Bares Geld, das der Erblasser mit eigenem Gelde vermischt hat, fällt daher nicht unter die Befreiungsvorschrift. Die Befreiungsvorschrift, die erst von der Reichstagskommission in das Gesetz hineingebracht ist, schließt sich dem Artikel 747 des Code civil an, in dem ein Wiederanfallsrecht (droit de retour) der Verwandten aufsteigender Linie für die von ihnen dem Erblasser geschenkten Gegenstände angeordnet ist; und gleichwie dieses Wiederanfallsrecht nur auf diejenigen Gegenstände sich bezieht, die beim Tode des Erblassers unverändert in dessen Nachlaß sich befinden, also nicht auf dasjenige, was er an Stelle und mit Hülfe dieser Gegenstände angeschafft hat, gilt dasselbe auch für die Befreiungsvorschrift § 11 Ziff. 4g REStG. — Inhaberpapiere gehören zu den (körperlichen) Sachen, da sie als Verkörperungen der in ihnen beurkundeten Rechte sich darstellen. In dem Urt. d. RG. vom 20. November 1903 (RGE. Bd. 50 S. 10) wird anerkannt, daß Inhaberpapiere als Sachen im Sinne des BGB. anzusehen sind (vgl. §§ 935, 1006 und 1007 BGB.) und hiermit stimmt es überein, wenn in dem von Reichsgerichtsräten herausgegebenen Erläuterungsbuch zum BGB. Bd. I S. 58 gesagt ist: „Bei Inhaberpapieren folgt das Recht aus dem Papier dem Recht am Papier; die Übertragung und Verpfändung erfolgt nach sachenrechtlichen Grundsätzen." Auch sind die Inhaberpapiere, wenn auch unter sich gleichwertig, durch die ihnen aufgedruckte Nummer unterscheidbar.

Die letzteren Ausführungen über die Inhaberpapiere bekräftigen gleichzeitig die Ansicht, welche in dieser Richtung in Note 3 zu § 8 unter f vertreten ist.

5. Zu § 12 Note 2 und 6.

In dem vom Reichskanzler (Reichsschatzamt) mittels Schreiben vom 19. April 1911 II 3953 den Bundesregierungen mitgeteilten Urt. d. RG. vom 21. Februar 1911 (Sächs. ABl. 1911 S. 212; Brem. ABl. 1911 S. 88) ist ausgesprochen, daß das Vermächtnis an eine Kirche mit der Auflage, den Betrag des Vermächtnisses zu bestimmten kirchlichen Zwecken zu verwenden nach § 12 Abs. 1 Ziff. 3 und nicht nach § 12 Abs. 1 Ziff. 1 REStG. zu behandeln ist. Das Entscheidende dabei ist, daß die Zuwendung nicht schlechthin für kirchliche Zwecke gemacht, sondern daß sie mit rechtlicher Bindung des kirchlichen Instituts, das als Vermächtnisnehmer in Betracht kommt, zugunsten bestimmter oder unbestimmter Dritter erfolgt ist, daß also eine Beschwerung mit einer Auflage vorliegt.

6. Zu § 12 Note 7.

Die in der Note angezogenen Schreiben des Reichkanzlers (Reichsschatzamt) vom 30. Dezember 1910 II 16170 und vom 21. März 1911 II 2165 sind abgedruckt ZfZuSt. 1911 S. 89.

7. Zu § 12 Note 13.

Das in Note 13 zu § 12 a. E. angezogene Urt. d. RG. vom 17. Februar 1911 ist abgedruckt in Brem. ABl. 1911 S. 72 und Thüring. ABl. 1911 S. 13.

8. Zu § 12 Note 22.

Bezüglich der Gegenseitigkeit im Kanton Aargau ist durch Schreiben des Reichskanzlers (Reichsschatzamt) vom 30. Juni 1911 II 7942 den Bundesregierungen zu weiterer Veranlassung folgendes mitgeteilt: „Von dem Regierungsrate des Kantons Aargau ist unter dem 17. März d. J. die verbindliche Zusicherung erteilt worden, daß Erbschaften, Schenkungen und Vermächtnisse, die von im Aargau wohnhaften Erblassern durch letztwillige Verfügung gemeinnützigen, öffentlichen Anstalten des Deutschen Reichs, oder im Reichsgebiete zu verwirklichenden, gemeinnützigen Zwecken zugewendet werden, hinsichtlich der Erbschafts- und Schenkungssteuer behandelt werden sollen, wie ebensolche Zuwendungen im Kanton Aargau wohnender Aargauer zugunsten gleichartiger aargauischer Anstalten oder im Aargau zu verwirklichender Zwecke. Es ist ferner erklärt worden, daß nach dem geltenden aargauischen Recht allen aargauischen Anstalten und Unternehmungen humanitären Charakters sowie den öffentlichen Bildungsanstalten Steuerfreiheit zugebilligt wird. Hiernach sind die Voraussetzungen für die Anwendung des § 12 Abs. 4 RESt. vom 3. Juni 1906 auf letztwillige Zuwendungen und auf Schenkungen im Deutschen Reichsgebiete wohnhafter Erblasser und Schenker gegeben, sofern die Zuwendungen zugunsten öffentlicher aargauischer Anstalten, die ausschließlich gemeinnützige Zwecke verfolgen, ausgesetzt oder solchen im Aargau zu verwirklichenden Zwecken gewidmet werden. Demzufolge habe ich unterm 9. Mai d. J. die verbindliche Zusicherung erteilt, daß, solange die vorstehenden Voraussetzungen zutreffen, Zuwendungen der bezeichneten Art, soweit sie den Betrag von 5000 Mark nicht übersteigen, von der Reichserbschaftssteuer gänzlich befreit sind, daß dagegen Zuwendungen im Betrage von mehr als 5000 Mark der ermäßigten Erbschaftssteuer von 5 vom Hundert unterliegen. Die Auswechselung der Gegenseitigkeitserklärungen ist im diplomatischen Wege erfolgt."

9. Zu § 12 Note 23.

Das in Note 23 zu § 12 (S. 120 unten) angeführte Urt. d. RG. vom 20. Dezember 1910 ist in Brem. ABl. 1911 S. 57 und im Thüring. ABl. 1911 S. 7 zum Abdruck gebracht.

10. Zu § 15 Note 3 und § 16 Note 18.

In einer Entsch. Württ. FM. vom 28. Mai 1909 (Württ. ABl. 1911 Beibl. 1 S. 20) ist davon ausgegangen, daß der Begriff „Grundstücke, welche dauernd landwirtschaftlichen Zwecken zu dienen bestimmt sind", nicht etwa lediglich nach der tatsächlichen Zweckbestimmung im Augenblick des Todes des Erblassers, sondern nach den gesamten zu dem Zeitpunkt bezüglich des Grundstücks gegebenen Verhältnissen festzulegen sei; es ist danach ein Grundstück, welches beim Tode des Erblassers zweifellos in landwirtschaftlicher Nutzung stand, nicht als ein solches, das dauernd landwirtschaftlichen Zwecken zu dienen bestimmt sei, anerkannt, weil dasselbe objektiv nach den Gesamtverhältnissen beim Anfall als ein Grundstück bezeichnet werden mußte, dessen gemeiner Wert durch seine Lage als Bauland bestimmt wird.

11. Zu § 15 Note 4.

Das in Note 4 zu § 15 a. E. angeführte Urt. d. RG. vom 29. November 1910 findet sich in Brem. ABl. 1911 S. 30, Thüring. ABl. 1911 S. 9 und Sächs. VBl. 1911 S. 37 abgedruckt.

12. Zu § 16 Note 15.

Ein in den BlfVF. 1911 S. 123 ff. (vgl. auch Württ. ABl. 1911 Beibl. 2 S. 72) zum Abdruck gebrachtes Urt. d. RG. vom 4. Oktober 1910, welches zwar in einer unter das Preußische Erbschaftssteuergesetz fallenden Sache ergangen ist, für das RESt G. aber die gleiche Bedeutung hat, entscheidet über die steuerliche Behandlung von Fideikommißgrundstücken, die zur Zeit des Fideikommißanfalls keinen Ertrag gewähren, bei denen aber die Erzielung eines Ertrages für die Zukunft angenommen oder mit der Ersetzung durch ein zinstragendes Kapital gerechnet werden kann. Fideikommißanfälle werden nach dem Wert der einjährigen Nutzung und dem Lebensalter des Erwerbenden versteuert (§ 26 Preuß. EStG.). Maßgebend ist der gemeine Wert zur Zeit des Anfalls. Unter Nutzung ist aber nicht der Ertrag zu verstehen, den das angefallene Vermögensstück gerade am Tage des Anfalls gewährt, sondern der Ertrag, den es bei ordnungsmäßiger Benutzung im Durchschnitt jährlich gewähren kann. Die Steuer bleibt also nicht etwa schon deshalb außer Hebung, weil der angefallene Gegenstand, beispielsweise ein Landgut, im Jahre des Anfalls einen Ertrag nicht abgeworfen hat. Hat ein Gegenstand bis zum Anfalle Nutzungen überhaupt nicht gewährt, ist aber anzunehmen, daß er in Zukunft solche gewähren wird, so ist der einjährige Wert durch Schätzung zu ermitteln. Für den Fall, daß eine sofortige Wertermittlung nicht angängig ist, sieht der § 25 Preuß. EStG. (übereinstimmend damit § 24 RESt G.) ein besonderes Verfahren vor. Die Steuerbehörde soll dann zunächst durch Verhandlungen mit dem Steuerpflichtigen den m u t m a ß l i c h e n Wert zu ermitteln suchen. Findet eine Einigung hierüber nicht statt, so kann die Steuer von dem Betrag eingezogen werden, den der Steuerpflichtige in Vorschlag gebracht hat (entspricht der Fassung des Preuß. EStG., nach der hier etwas abweichenden Fassung des RESt G. ist Einziehung nach dem der Steuerbehörde angemessen erscheinenden Werte zulässig); die Steuerbehörde kann sich aber die Berichtigung des Wertansatzes und die entsprechende Nachforderung der Steuer bis zum Ausgang der Verhandlungen, von denen Wertermittlung abhängt, vorbehalten.

13. Zu § 16 Note 15.

Die Entsch. Württ. FM. vom 9. Juli 1909 (Württ. ABl. 1911 Beibl. 2 S. 64) nimmt die Bewertung eines der „Pflege und Förderung des Schönen und Edlen" bestimmten Gebäudes vor; maßgebend ist nicht die Rentabilität und nicht etwa der Ertragswert; auch wird der Wert nicht durch Zusammenrechnung des Werts der Area, des Brandversicherungsanschlags der Gebäude und des Werts der Fundamente gefunden werden können; der wie regelmäßig zugrunde zu legende Verkehrs- oder Verkaufswert ist vielmehr durch Schätzung unter entsprechender Berücksichtigung aller in Frage kommender Einzelumstände bestimmt worden.

14. Zu § 17 Note 4 Abs. 1.

Die Wertermittlung bzw. Schätzung hat sich regelmäßig nach Maßgabe des Verhältnisses zur Zeit des Anfalls zu vollziehen: es ist dabei aber das Gesamtverhältnis mit allen seinen einzelnen Momenten zu berücksichtigen. Handelt es sich um die Nutzung eines bestimmten Vermögensstücks, so ist unter Nutzung nicht etwa der Ertrag zu verstehen, den das angefallene Vermögensstück gerade am Tage des Anfalls gewährt, sondern der Ertrag, den es bei ordnungsmäßiger Benutzung im Durchschnitt jährlich gewähren kann. Vgl. hiezu Urt. d. RG. vom 4. Oktober 1910 (BlfVF. 1911 S. 123) und den Nachtrag für Note 15 zu § 16.

15. Zu § 17 Note 8.

Von einer Endgültigkeit der Wertermittlung und der Steuerberechnung kann aber selbstredend dann nicht die Rede sein, wenn der einjährige Betrag der Nutzung oder Leistung infolge in solcher selbst begründeter Verhältnisse sich zunächst als unsicher oder ungewiß erweist und deshalb eine steuerliche Behandlung nach Maßgabe des § 24 des Gesetzes eintritt. Vgl. hiezu Urt. d. RG. vom 4. Oktober 1910 (BlfVF. 1911 S. 123) und den Nachtrag für Note 15 zu § 16.

16. Zu § 18 Note 7, § 43 Note 6, §§ 19 ff. BRAusfB.

In dem vom Reichskanzler (Reichsschatzamt) mittelst Schreiben vom 18. Mai 1911 II 5410 den Bundesregierungen mitgeteilten Urt. d. RG. vom 21. März 1911 (Brem. ABl. 1911 S. 119) ist folgendes ausgesprochen:

1. Unter „Einigung" im Sinne des § 43 Abs. 1 REStG. ist eine Vereinbarung gedacht, durch welche die Wertermittelung zwischen der Steuerbehörde und dem Steuerpflichtigen nach Art eines Vergleichs im Wege gegenseitigen Nachgebens derart zum Abschlusse gebracht wird, daß beide Teile gebunden sind.
2. Die Vorschriften der §§ 19 ff. BRAusfB. sind nur für die Berechnung des der Feststellung des Wertes von Grundstücken zugrunde zu legenden Ertragswertes gegeben. Zur Ermittelung des Wertes der einjährigen Nutzung im Sinne des § 18 REStG. kann bei Amortisationshypotheken neben den Amortisationsbeträgen nur der Durchschnittsbetrag der zu zahlenden Zinsen vom Rohertrag abgesetzt werden.
3. Steuern und öffentliche Abgaben, die nicht auf einem Stammgut lasten, sondern als reine, dem Stammgutserben obliegende Personalsteuern anzusehen sind, vermindern nicht die aus dem Stammgute zu ziehende Nutzung und können daher bei Bewertung der einjährigen Nutzung von dem Rohertrage nicht in Abzug gebracht werden.

17. Zu § 18 Note 9.

Das in Note 9 zu § 18 a. E. angezogene Urt. d. RG. vom 18. Oktober 1910 ist im Brem.ABl. 1911 S. 9 und im Thüring.ABl. 1911 S. 2 abgedruckt.

18. Zu § 29 Note 15.

Das in Note 15 zu § 29 angeführte Urt. d. RG. vom 19. April 1910 wurde im Württ. ABl. 1911 Beibl. 1 S. 40 zum Abdruck gebracht.

19. Zu § 29 Note 17.

Das unter b angezogene Urt. d. RG. vom 4. Oktober 1910 ist zum Abdruck gebracht ZfZuSt. 1911 S. 92.

20. Zu § 29 Note 22.

Die Entsch. Württ. FM. vom 21. Juni 1910 (Württ. ABl. 1911 Beibl. 1 S. 23) nimmt die volle Steuerpflicht zweier Vermächtnisse an, welche ein Erblasser seiner Nichte zur Belohnung für die Dienste, die sie ihm als Haushälterin seit Jahren treu geleistet habe, zugewendet hat; es sei unzweifelhaft zum Ausdruck gebracht, daß der Erblasser die Beträge seiner Nichte als Vermächtnis habe zuwenden wollen; Vermächtnisse könnten recht wohl remuneratorischen Charakter an sich tragen ebenso wie Schenkungen unter Lebenden; den Vermächtnissen sei im fraglichen Fall ein solcher remuneratorischer Charakter ausdrücklich beigelegt, aber deshalb blieben sie rechtlich einseitige letztwillige Verfügungen, Zuwendungen von Todes wegen; wenn der Erblasser ein bloßes Schuldanerkenntnis im Sinne gehabt hätte, so würde und müßte er dieses in anderer Weise zum Ausdruck gebracht haben.

21. Zu § 33 Note 3.

Zwischen den einzelnen Bundesregierungen waren bei Anwendung des § 33 Meinungsverschiedenheiten darüber entstanden, in welchem Bundesstaate die Versteuerung von Geldvermächtnissen zu erfolgen hat, die nicht auf bestimmte Teile des Nachlasses angewiesen sind, sondern den in einem Bundesstaate befindlichen beweglichen Nachlaß und den in einem anderen Bundesstaate belegenen unbeweglichen Nachlaß gleichzeitig beschweren. Ein Teil der Bundesregierungen wollte die in Rede stehenden Geldvermächtnisse gemäß § 33 Abs. 2 REStG. auf den in beiden Bundesstaaten belegenen Nachlaß verhältnismäßig verteilen und mit dem entsprechenden Betrage von jedem der beiden Bundesstaaten zur Versteuerung heranziehen lassen, während ein anderer Teil sich dafür aussprach, daß für die Versteuerung der Geldvermächtnisse der Bundesstaat des Wohnsitzes des Erblassers allein zuständig sein müsse. Der Reichskanzler (Reichsschatzamt) hat danach in neuester Zeit Veranlassung genommen, einen Beschluß des Bundesrats herbeizuführen, durch welchen in Gemäßheit des § 33 Abs. 4 REStG. bestimmt wird, daß die Versteuerung der Geldvermächtnisse, die nicht auf bestimmte Teile des Nachlasses angewiesen sind, sondern den in einem Bundesstaate befindlichen beweglichen Nachlaß und den in einem anderen Bundesstaate belegenen unbeweglichen Nachlaß gleichzeitig beschweren, durch denjenigen Bundesstaat zu geschehen hat, der nach § 33 Abs. 1, 3 REStG. für die Erhebung der Erbschaftssteuer im allgemeinen zuständig ist. Für die bezügliche Stellungnahme waren wesentlich Zweckmäßigkeitsgründe maßgebend. Der Bundesrat hat in seiner Sitzung vom 26. Mai 1911 (§ 536 der Protokolle, Session 1911) genau dem vorstehenden gemäß beschlossen (RZBl. 1911 S. 387).

22. Zu § 50 Note 4.

Das angezogene Urt. d. RG. vom 7. Oktober 1910 ist abgedruckt in ZfZuSt. 1911 S. 94.

23. Zu § 56 Note 22.

Das in Note 22 zu § 56 (S. 344 oben) angezogene Urt. d. RG. vom 3. Januar 1911 ist in Sächs. VBl. 1911 S. 214 abgedruckt.

24. Zu § 56 Note 22 und 23.

Das in Note 22 zu § 56 (S. 343) und in Note 23 zum gleichen Paragraphen (S. 345) angeführte Urt. d. RG. vom 15. November 1910 ist im Brem. ABl. 1911 S. 9 und ZfZuSt. 1911 S. 122 abgedruckt.

25. Zu § 1 Note c der BRAusfB.

a) Zum 1. April 1911 ist eine anderweite Regelung für das Fürstentum Lippe vorgenommen. Die Verwaltung der Erbschaftssteuer wird vom genannten Zeitpunkt ab nur noch von den Fürstlichen Verwaltungsämtern Blomberg, Brake, Detmold und Schötmar mit der Maßgabe geführt, daß

dem Verwaltungsamte Blomberg die Bezirke der Städte Blomberg und Schwalenberg,

dem Verwaltungsamte Brake die Bezirke der Städte Lemgo und Barntrup,

dem Verwaltungsamte Detmold die Bezirke der Städte Detmold, Horn und Lage sowie des Verwaltungsamtes Lipperode-Cappel und

dem Verwaltungsamte Schötmar der Bezirk der Stadt Salzuflen

hinzugelegt werden. (Sächs. VBl. 1911 S. 76.)

b) Für das Herzogtum Sachsen-Meiningen ist folgende Neuordnung getroffen: Am 1. Juli 1911 wird für das gesamte Herzogtum ein Erbschaftssteueramt mit dem Sitze in Meiningen errichtet. Vom gleichen Zeitpunkt ab werden die bei den herzoglichen Zollämtern bestehenden Erbschaftssteuerämter aufgehoben. Die Obliegenheiten der Oberbehörde werden von der Oberzolldirektion für den Thüringischen Zoll- und Steuerverein in Erfurt wahrgenommen. (RZBl. 1911 S. 398.)

26. Zu §§ 10 und 33 BRAusfB. Allgemeine Bemerkung.

Der am Schluß der allgemeinen Bemerkung zu § 10 berührte Antrag an den Bundesrat hat inzwischen die Genehmigung des letzteren gefunden. In der Sitzung vom 8. April 1911 (Session 1911 Protokolle § 355) hat der Bundesrat beschlossen, den §§ 10 und 33 BRAusfB. je den folgenden weiteren Absatz einzufügen, der beim § 10 die Absatznummer (7), beim § 33 die Nummer (4) erhalten muß:

„Die oberste Landesfinanzbehörde kann eine von den vorstehenden Vorschriften abweichende Führung der Erbschaftssteuerlisten anordnen. Von der Anordnung ist dem Reichskanzler Mitteilung zu machen."

Vgl. RZBl. 1911 S. 165; Sächs. VBl. 1911 S. 159; Württ. ABl. 1911 S. 168; Hess. ABl. 1911 S. 241; Brem. ABl. 1911 S. 87; ZfZuSt. 1911 S. 121.

Sachregister.

Die großen Arabischen Zahlen ohne weitere Vorbezeichnung (z. B. 6) beziehen sich auf die Paragraphen des Gesetzes, die mit denselben verbundenen kleinen Zahlen (z. B. 6, [3]) auf die betreffenden Noten zu den Paragraphen des Gesetzes; die durch „u." oder „—" zusammengefaßten großen Arabischen Zahlen in Verbindung mit kleineren (z. B. 26 und 27,[1] oder 33—35.[3]) beziehen sich auf die Vorbemerkungen zu den entsprechenden Gesetzesparagraphen und die betreffenden Notenzahlen. Mit E ist die Einleitung zum Gesetz angezogen, die beigefügten Römischen Zahlen (E I) beziehen sich auf die Abteilungen der Einleitung. Handelt es sich um Paragraphen der Ausführungsbestimmungen des Bundesrats, so ist den großen Arabischen Zahlen ein A vorgesetzt (z. B. A 5); die beistehenden kleinen Arabischen Zahlen beziehen sich auf den Absatz des Paragraphen. Die Reichserbschaftssteuer-Statistik ist mit A St bezeichnet; die beigefügten Römischen Zahlen (A St I) beziehen sich auf die Vorbemerkungen zur Statistik; die großen Arabischen Zahlen (A St 1) auf die einzelnen, nach den Ziffern abgetrennten Bestimmungen, die weiteren kleinen Arabischen Zahlen (A St 2,[3]) auf die zu den Bestimmungen gegebenen Noten. Die berücksichtigten bundesstaatlichen Vollzugsvorschriften sind durch Anfangsbuchstaben der betreffenden Staaten gekennzeichnet, und zwar Preußen durch P, Bayern durch By, Sachsen durch S, Württemberg durch W, Baden durch Bd, Hessen durch H und Braunschweig durch Br; hinter den Anfangsbuchstaben weisen die Römischen Zahlen auf die einzelne Regelung hin, sofern von dem betreffenden Bundesstaat mehrere Vollzugsordnungen erlassen sind, die Arabischen Ziffern auf die Abschnittsziffer beziehungsweise den Paragraphen in der bezüglichen einzelnen Regelung (z. B. P I 2 oder By 7); wo die Vollzugsvorschriften durch einen oder mehrere Anhänge zu ergänzen waren, ist dieses durch Anh zum Ausdruck gebracht, eventuell unter Beifügung der zur näheren Bezeichnung gebrauchten Buchstaben oder Zahlen. Die am Schluß vor dem Sachregister aufgenommenen Nachträge sind mit N bezeichnet; daneben ist Paragraph (große Arabische Zahl) und Note (kleine Arabische Zahl), welche der Nachtrag betrifft, angegeben.

A.

E.

G.

H.

M.

N.

O.

S.

Z.

Auszug aus dem Gesetz über Aenderungen im Finanzwesen.

Vom 3. Juli 1913.

(RGBl. 1913 S. 521 — Ausgegeben am 12. Juli 1913.)

§ 4. I. Das Erbschaftssteuergesetz vom 3. Juni 1906 (RGBl. S. 654) wird dahin geändert:

1. a) Im § 10 Abs. 1 werden unter I, 2 die Worte „sowie für Abkömmlinge ersten Grades von Geschwistern" gestrichen, und es wird hinter I, 2 folgende Vorschrift eingestellt:

„II. fünf vom Hundert für Abkömmlinge ersten Grades von Geschwistern."

b) In Nr. II daselbst, die künftig Nr. III wird, werden die Worte „4. für Abkömmlinge zweiten Grades von Geschwistern" gestrichen. Die Nrn. 5, 6 erhalten die Bezeichnung 4, 5. In Nr. III, die künftig Nr. IV wird, wird vor Nr. 1, 2, die Nr. 2, 3 werden, folgende Vorschrift eingestellt:
„1. für Abkömmlinge zweiten Grades von Geschwistern;"

c) In Nr. IV, die künftig Nr. V wird, wird das Wort „zehn" durch das Wort „zwölf" ersetzt.

2. Im § 11 Nr. 4e werden die Worte „den in § 10 I 1, II 1, 5, 6 aufgeführten Personen" durch die Worte „den in § 10 I 1, III 1, 4, 5 aufgeführten Personen" und in Nr. 4f daselbst die Worte „den im § 10 I 2, II 2, 3 bezeichneten Personen" durch die Worte „den im § 10 I 2, II, III 2, 3 bezeichneten Personen" ersetzt.

3. Im § 15 Abs. 2 werden die Worte „der Klasse I (§ 10 Abs. 1, I)" ersetzt durch die Worte „der Klassen I, II (§ 10 Abs. 1 I, II)."

4. Im § 56 Abs. 2 werden die Worte „Personen der in § 10 I bis III bezeichneten Art" ersetzt durch die Worte „Personen der in § 10 I bis IV bezeichneten Art."

II. Die vorstehenden Vorschriften treten mit der Verkündigung dieses Gesetzes in Kraft.*) Für einen Erwerb, der bereits zu diesem Zeitpunkt begründet ist, bestimmt sich die Steuerpflicht nach den bisherigen Vorschriften.

§ 5. Von dem Rohertrage, welcher aus der Besteuerung der Erbschaften aufkommt, erhält das Reich $^4/_5$, den einzelnen Bundesstaaten verbleibt $^1/_5$ ihrer Roheinnahme.

*) 12. Juli 1913.

Aus dem Gesetz vom 3. Juli 1913 über Aenderungen im Finanzwesen § 4.
(RGBl. S. 251. — Ausgegeben 12. Juli 1913).

Nach Ziff. II des § 4 sind die Aenderungen am Tage der Verkündigung des Gesetzes (12. Juli 1913) in Kraft getreten. Für einen Erwerb der bereits zu diesem Zeitpunkte begründet ist, bestimmt sich die Steuerpflicht nach den bisherigen Vorschriften.

§ 10. Abs. 1.

Die Erbschaftssteuer beträgt:

I. vier vom Hundert:
 1. für leibliche Eltern;
 2. für voll- und halbbürtige Geschwister (gestrichen: sowie für Abkömmlinge ersten Grades von Geschwistern);

II. fünf vom Hundert für Abkömmlinge ersten Grades von Geschwistern;

III. (bisher II.) sechs vom Hundert:
 1. für Großeltern und entferntere Voreltern;
 2. für Schwieger- und Stiefeltern;
 3. für Schwieger- und Stiefkinder;
 (gestrichen: 4. für Abkömmlinge zweiten Grades von Geschwistern);
 4. (bisher 5.) für uneheliche, von dem Vater anerkannte Kinder und deren Abkömmlinge;
 5. (bisher 6.) für an Kindes Statt angenommene Personen und deren Abkömmlinge, soweit sich auf diese die Wirkungen der Annahme an Kindes Statt erstrecken;

IV. (bisher III.) acht vom Hundert:
 1. für Abkömmlinge zweiten Grades von Geschwistern;
 2. (bisher 1.) für Geschwister der Eltern;
 3. (bisher 2.) für Verschwägerte im zweiten Grade der Seitenlinie;

V. (bisher IV.) zwölf vom Hundert in den übrigen Fällen, soweit es sich nicht um einen Erwerb der im § 12 bezeichneten Art handelt.

Zu Zimmermann, RESt G. 2. Aufl. S. 87.

Aus dem Gesetz vom 3. Juli 1913 über Aenderungen im Finanzwesen § 4. (RGBl. S. 521. — Ausgegeben 12. Juli 1913).

Nach Ziff. II des § 4 sind die Aenderungen am Tage der Verkündigung des Gesetzes (12. Juli 1913) in Kraft getreten. Für einen Erwerb, der bereits zu diesem Zeitpunkte begründet ist, bestimmt sich die Steuerpflicht nach den bisherigen Vorschriften.

---

§ 11. Nr. 4, e und f.

e) **den im § 10 I 1, III 1, 4, 5, aufgeführten Personen,** sofern der Wert des Erwerbes den Betrag von 10 000 Mark nicht übersteigt;

f) **den im § 10 I 2, II, III 2, 3 bezeichneten Personen,** sofern er in Kleidungsstücken, Betten, Wäsche, Haus- und Küchengerät besteht, diese Gegenstände nicht zum Gewerbebetrieb oder zum Verkaufe bestimmt waren und der Wert des Erwerbes dieser Art den Betrag von 5000 Mark nicht übersteigt; auf den Abzug der Schulden und Lasten von dem Werte der bezeichneten Gegenstände finden die Vorschriften des § 9 entsprechende Anwendung.

Zu Zimmermann, RESt G. 2. Aufl. S. 128.

Aus dem Gesetz vom 3. Juli 1913 über Aenderungen im Finanzwesen § 4. (RGBl. S. 521. — Ausgegeben 12. Juli 1913).

Nach Ziff. II des § 4 sind die Aenderungen am Tage der Verkündigung des Gesetzes (12. Juli 1913) in Kraft getreten. Für einen Erwerb, der bereits zu diesem Zeitpunkte begründet ist, bestimmt sich die Steuerpflicht nach den bisherigen Vorschriften.

---

§ 15. Abs. 2.

Für Steuerpflichtige **der Klasse I, II (§ 10 Abs. 1 I, II)** tritt Befreiung von der Steuer ein, soweit im Laufe der dem Anfalle vorhergehenden fünf Jahre die Grundstücke Gegenstand eines nach diesem Gesetze steuerpflichtigen Erwerbes geworden sind. Ermäßigung der Steuer auf die Hälfte tritt ein, soweit der frühere Steuerfall zwar mehr als fünf Jahre, aber nicht über zehn Jahre zurückliegt. Die Befreiung oder Ermäßigung tritt nicht ein, wenn die Grundstücke innerhalb des bezeichneten Zeitraums gegen Entgelt an Personen veräußert worden sind, die nicht dem Veräußerer gegenüber in einem die Befreiung von der Erbschaftssteuer begründenden Verhältnisse stehen.

Zu Zimmermann, RESTG. 2. Aufl. S. 333.

Aus dem Gesetz vom 3. Juli 1913 über Aenderungen im Finanzwesen § 4. (RGBl. S. 521. — Ausgegeben 12. Juli 1913).

Nach Ziff. II des § 4 sind die Aenderungen am Tage der Verkündigung des Gesetzes (12. Juli 1913) in Kraft getreten. Für einen Erwerb, der bereits zu diesem Zeitpunkte begründet ist, bestimmt sich die Steuerpflicht nach den bisherigen Vorschriften.

---

§ 56. Abs. 2.

Eine Befreiung von der Steuer tritt außer in den Fällen des § 11, des § 12 Abs. 3 und des § 13 bei Schenkungen an Bedürftige zum Zwecke ihres Unterhalts oder ihrer Ausbildung oder bei dem schenkungsweise erfolgten Erlasse von Forderungen, die durch Gewährung von Mitteln für solche Zwecke begründet sind, sowie dann ein, wenn durch die Schenkung einer sittlichen Pflicht oder einer auf den Anstand zu nehmenden Rücksicht entsprochen wird. Eine Befreiung tritt ferner ein bei Schenkungen beweglicher Sachen im Werte von nicht mehr als 3000 Mark an **Personen der in § 10 I bis IV bezeichneten Art**, sofern die Sachen dem persönlichen Gebrauche des Beschenkten oder seiner Familienangehörigen zu dienen bestimmt sind. Im übrigen wird die Steuerpflicht nicht dadurch ausgeschlossen, daß die Schenkung zur Belohnung oder unter einer Auflage gemacht oder in die Form eines lästigen Vertrags gekleidet wird.

Zu Zimmermann, RESt G. 2. Aufl. S. 367 Ziff. 2.

Gesetz vom 3. Juli 1913 über Aenderungen im Finanzwesen § 5.
(RGBl. 1913 S. 521. — Ausgegeben 12. Juli 1913).

Von dem Rohertrage, welcher aus der Besteuerung der Erbschaften aufkommt, erhält das Reich $^4/_5$, den einzelnen Bundesstaaten verbleibt $^1/_5$ ihrer Roheinnahme.

Zu Zimmermann, RESt G. 2. Aufl. S. 454 § 25.

Gesetz vom 3. Juli 1913 über Aenderungen im Finanzwesen § 5.
(RGBl. 1913 S. 521. — Ausgegeben 12. Juli 1913).

Von dem Rohertrage, welcher aus der Besteuerung der Erbschaften aufkommt, erhält das Reich $^4/_5$, den einzelnen Bundesstaaten verbleibt $^1/_5$ ihrer Roheinnahme.

FSC
www.fsc.org
MIX
Papier | Fördert
gute Waldnutzung
FSC® C083411

Kolibri 360 GmbH
Ferdinand-Jühlke-Straße 7
99095 Erfurt, Deutschland
produktsicherheit@kolibri360.de